U0748537

中国智慧城市
优秀应用案例集
（2024） 上册

智慧城市大会组委会
中国测绘学会智慧城市工作委员会　主编

海洋出版社

2024 年·北京

图书在版编目（CIP）数据

中国智慧城市优秀应用案例集. 2024. 上册 / 智慧
城市大会组委会，中国测绘学会智慧城市工作委员会主编.
北京：海洋出版社，2024. -- ISBN 978-7-5210-1283-5

Ⅰ. F299.2

中国国家版本馆 CIP 数据核字第 2024MY5630 号

审图号：GS 京（2024）1396 号

策划编辑：江　波
责任编辑：刘　玥　孙　巍
责任印制：安　森

海洋出版社　出版发行

http：//www. oceanpress. com. cn
北京市海淀区大慧寺路 8 号　邮编：100081
涿州市殷润文化传播有限公司印刷　　新华书店发行所经销
2024 年 7 月第 1 版　2024 年 7 月北京第 1 次印刷
开本：787mm×1092mm　1/16　印张：56
字数：1180 千字　总定价：298.00 元（上、中、下册）
发行部：010-62100090　总编室：010-62100034
海洋版图书印、装错误可随时退换

《中国智慧城市优秀应用案例集(2024)》编写组

主　　编：陈向东

编写组成员（按姓氏拼音排序）：

安锡友	白国林	薄　成	薄跃彬	别贤得	蔡凤龙	曹盛源	柴成富
常　海	车军栋	陈恒恒	陈　辉	陈家兴	陈建军	陈　俊	陈　龙
陈　萍	陈庆能	陈苏军	陈　艇	陈万春	陈洋洋	陈泽林	崔　浩
崔丽梅	崔占海	戴雄奇	邓成云	邓晓红	邓章铁	丁俊颖	董景坤
段　伟	段旭宝	范林林	冯　超	付海龙	付　健	高　凡	高婷婷
高旭龙	郜　凯	关代章	关国翔	官　磊	郭德鑫	郭　海	郭明亮
韩　峰	韩功元	韩　佩	韩哨兵	韩文泉	韩哲飞	何嘉珈	何树强
洪伟杰	胡志斌	胡忠建	华　兵	黄　锋	黄俊峰	黄　铜	黄维清
黄　欣	黄　洋	黄滢冰	霍小军	姜丹萍	姜　伟	姜　鑫	姜欣飞
蒋　华	焦　栋	金　松	阚加力	雷文书	雷玉宾	黎海波	黎梓强
李承哲	李　峰	李　佳	李建新	李　剑	李　洁	李金生	李科霖
李　雷	李明涛	李木子	李　娜	李　青	李荣生	李士明	李田养
李晓华	李新文	李雪松	李应涛	李灶强	梁汉媚	梁航琳	梁耀哲
梁勇基	廖光伟	林世国	林泽涛	蔺雪峰	刘德生	刘　东	刘端强
刘国民	刘　恒	刘　璐	刘盼能	刘　鹏	刘鹏飞	刘生华	刘生强
刘　炜	刘文明	刘　瑄	刘晔晖	刘　一	刘艺炫	刘玉财	刘志华
刘子汉	刘祖然	龙慧萍	卢成志	陆建华	陆星宁	罗　文	罗　玉
吕　俊	马宝林	马　超	马继生	马晓彪	马振杨	毛华双	毛旭阳
孟　成	孟宇坤	莫仲婷	倪伟凯	欧阳寒	欧　舟	潘天峰	潘伟华
潘　越	彭海军	彭青顺	彭旭东	祁　耀	钱　路	钱云飞	乔　波

乔小雷	邱成祥	屈停停	任会峰	任康杰	任天宇	任玉荣	荣芳
沙默泉	申杨捷	沈雨	沈钰峰	沈郑伟	盛中杰	石磊	孙慧芬
孙鹏	孙越	覃寿芳	谭持程	田旺	田旭升	田有良	佟绍华
童新建	屠颢	王波	王成	王冲	王刚	王冠英	王敬平
王凯	王萌	王敏	王鹏翔	王权	王若禹	王少一	王思文
王涛	王田田	王义兵	王永峰	王兆洋	王振胜	王卓	韦选
温迪	温嘉翔	文亮	邬毛志	邬文奇	吴晨曦	吴敏格	吴敏婕
吴帅	夏磊	夏石泉	夏友为	向天竹	肖道刚	肖茂林	肖宁
肖鹏	谢明才	谢心	熊栋梁	熊穗	徐琛宇	徐峰	徐嘉良
徐良	徐世安	徐维发	徐晓康	许保刚	许荔娜	许文恭	许雄飞
许炎波	薛慧	闫伟	严建国	杨博璇	杨川石	杨杰	杨正辉
姚尧	叶林飞	叶玉强	叶云涛	尹长林	尤国涛	游华明	于菲菲
于琦	于宇	袁锐伦	袁晓军	曾艳艳	张兵	张丹	张帆
张国梁	张开坤	张凯	张磊	张培文	张强	张西军	赵俊祥
赵鹏	赵元达	折恺	郑柏生	郑俊	钟金明	周川	周大山
周洪月	周良辰	朱杰	朱军辉	朱向军	祝晓坤	卓林浩	宗静
邹超	左涛						

《中国智慧城市优秀应用案例集(2024)》编写单位

主编单位： 智慧城市大会组委会

中国测绘学会智慧城市工作委员会

参编单位（按单位名称拼音排序）：

保定市不动产登记中心

北京大兴国际机场临空经济区（廊坊）管理委员会

北京公维电子信息技术有限公司

北京市测绘设计研究院

北京市大数据中心

北京市勘察设计研究院有限公司

北京市首都公路发展集团有限公司公路资产管理分公司

北京新航城城市运营管理有限公司

苍穹数码技术股份有限公司

长沙市规划信息服务中心

长沙市生态环境局

长沙数智科技集团有限公司

长武县住房和城乡建设局

常州市新北区水利管理服务中心

常州市新北自然资源和规划技术保障中心

成都西南锦云大数据有限公司

城乡院（广州）有限公司

澄迈县清澄水务环境发展有限责任公司

重庆市万州区数字化城市管理中心

崇州市智慧蓉城运行中心

东莞市住房和城乡建设局

东莞市自然资源技术中心

赣州蓉江新区住房和城乡建设局

姑苏区数据局

广东绘宇智能科技有限公司

广东南方数码科技股份有限公司

广西机场管理集团有限责任公司

广西壮族自治区自然资源遥感院

广州城市信息研究所有限公司

广州南方测绘科技股份有限公司

广州南方智能技术有限公司

广州市白云区城市管理和综合执法局

广州粤建三和软件股份有限公司

海纳云物联科技有限公司

航天科工智慧产业发展有限公司

合肥经济技术开发区公用事业发展有限公司

河北建研建筑设计有限公司

河北临空集团

河津市数字智联有限公司

湖北公众信息产业有限责任公司

湖北建科国际工程有限公司

湖北省数字产业发展集团有限公司

湖北省应急管理厅

华为技术有限公司

机械工业勘察设计研究院有限公司

吉奥时空信息技术股份有限公司

济宁市大数据中心

江苏天汇空间信息研究院有限公司

江苏舆图信息科技有限公司

苏州市吴江区盛泽镇人民政府

廊坊经济技术开发区党政办公室

廊坊新智数智未来智能城市有限公司

联通（广东）产业互联网有限公司

临空经济区（廊坊）城市运营中心

泸州市城市综合管理服务指挥中心

泸州市兴泸实业发展有限公司

南京地铁运营有限责任公司

南京泛在地理信息产业研究院有限公司

南京师范大学

南京市测绘勘察研究院股份有限公司

南京市城市地下管线数字化管理中心

南京市鼓楼区人民政府

南京市航道事业发展中心

南京市住房保障和房产局

南宁富航资产管理有限责任公司

南宁市勘测设计院集团有限公司

南宁市住房保障发展中心

南宁市住房和城乡建设局

平潭综合实验区城乡环境发展有限公司

桥头堡指挥部

青岛能源集团有限公司

青岛市行政审批服务局

青岛西海岸新区城市规划设计研究院

厦门市公安局

厦门市数据管理局

陕西华山路桥城市运营有限公司

陕西天诚软件有限公司

上海城市地理信息系统发展有限公司

上海昊沧系统控制技术有限责任公司

上海三高计算机中心股份有限公司

上海市港航事业发展中心

深圳市城市建设档案馆

深圳市前海建设投资控股集团有限公司

深圳市前海数字城市科技有限公司

深圳市深国际湾区投资发展有限公司

深圳市深汕特别合作区深水水务有限公司

深圳市深水宝安水务集团有限公司

深圳市世纪伟图科技开发有限公司

深圳市图元科技有限公司

深圳市智慧城市科技发展集团有限公司

深圳市智慧城市通信有限公司

神木市信息产业发展集团有限公司

沈阳市勘察测绘研究院有限公司

苏州工业园区大数据管理中心

苏州工业园区宣传和统战部

苏州市测绘院有限责任公司

苏州市姑苏区住房和建设委员会

苏州新建元数字科技有限公司

宿迁市宿豫区综合指挥调度中心

太仓市沙溪镇人民政府

泰州市海陵区社会治理服务中心

天津市测绘院有限公司

天津市住房和城乡建设委员会

温州设计集团有限公司智慧城市和大数据研究院

温州市文化旅游信息中心

乌审旗住房和城乡建设局

无锡经济开发区区域社会治理现代化指挥中心

无锡市滨湖区区域社会治理现代化指挥中心

无锡市滨湖区数据局

武汉市建筑工程质量监督站

武汉智博创享科技股份有限公司

西安市雁塔区物业管理协会

西安易川智能科技有限公司

仙桃市政务服务和大数据管理局

襄阳市数据局

兴国县行政审批局

雄安雄创数字技术有限公司

鹰潭市大数据中心

园测信息科技股份有限公司

置威科技（上海）有限公司

中电科电科院科技集团有限公司江苏分公司

中电科数智科技有限公司

中共神木市委政法委员会

中国电信股份有限公司苏州分公司

中国电信股份有限公司仙桃分公司

中国葛洲坝集团三峡建设工程有限公司

中国联合网络通信有限公司广东省分公司

中国联合网络通信有限公司智能城市研究院

中国铁道科学研究院集团有限公司电子计算技术研究所

中国雄安集团数字城市科技有限公司

中国移动通信集团江苏有限公司无锡分公司

中建三局数字工程有限公司

中建三局智能技术有限公司

中交天津航道局有限公司

中煤航测遥感集团有限公司

中山市城市管理和综合执法局

中铁建设集团有限公司

中冶京诚工程技术有限公司

前　言

2024 年是中华人民共和国成立 75 周年，是实施"十四五"规划的关键一年。75 年沧桑巨变，我国如今已踏上以中国式现代化全面推进强国建设、民族复兴的新征程。建设数字中国是数字时代推进中国式现代化的重要引擎，智慧城市是数字中国建设的核心载体和重要内容。《关于深化智慧城市发展 推进城市全域数字化转型的指导意见》提出，到 2027 年，全国城市全域数字化转型取得明显成效，形成一批横向打通、纵向贯通、各具特色的宜居、韧性、智慧城市，有力支撑数字中国建设。到 2030 年，全国城市全域数字化转型全面突破，人民群众的获得感、幸福感、安全感全面提升，涌现一批数字文明时代具有全球竞争力的中国式现代化城市。

为扩大智慧城市各领域开放合作，发挥优秀案例带动作用，携手各方共享创新发展成果，深入推进新型智慧城市发展，智慧城市大会组委会和中国测绘学会智慧城市工作委员会在全国范围内征集智慧城市应用案例。截至 2024 年 5 月，共征集案例 300 余篇，最终遴选出一批技术先进、模式创新、成效显著的智慧城市优秀案例 87 篇集结成册，内容范围涵盖智慧园区、智慧水务、智慧交通、智慧社区、智慧城管、智慧党建、云服务平台等多个方面。相信本书的出版，能够为从事智慧城市相关工作的政府部门、企事业单位和相关技术人员提供有益的参考。

本书的出版得到了各参编单位和行业专家的大力支持，在此表示衷心的感谢！限于编者水平，加之时间仓促，书中难免有不妥甚至谬误之处，欢迎读者批评指正！

目　　录

上　册

中　册

下 册

北京市智慧城市"一图""一码"共性基础平台建设与应用

陶迎春　祝晓坤　曾艳艳　梁汉媚　李　娜　杨川石

北京市测绘设计研究院　北京市大数据中心

一、建设背景

1. 国家方面

我国智慧城市建设稳步推进，发展重点转向统筹城市智能设施布局和共性平台建设方面，自然资源部也在大力推进空间底座建设。2022 年，自然资源部办公厅印发的《关于全面推进实景三维中国建设的通知》明确提出"采用空间身份编码等方式实现其与基础地理实体数据的语义信息关联"。2023 年 9 月，自然资源部办公厅关于印发《全国国土空间规划实施监测网络建设工作方案（2023—2027 年）》提出"以基础地理实体空间身份编码为纽带，衔接不动产单元代码、用途管制电子监管号、建设用地电子监管号等"。自然资源部副部长刘国洪在实景三维中国建设推进会上表示要建立地理实体与自然资源实体、不动产实体等要素之间的时空关联，要以地理实体空间身份编码为纽带，关联地形级、城市级以及部件级成果。

2. 北京方面

北京市智慧城市"一张图"（简称"一图"）和城市码时空标识（简称"一码"）是构建智慧城市的空间载体和底图底座，是智慧城市的空间基础设施，也是北京市大数据"四梁八柱深地基"体系中的重要组成部分，如图 1 所示。《北京市"十四五"时期智慧城市建设控制性规划要求（试行）》中明确规定智慧城市信息化建设必须依托于"一图""一码"等共性基础平台。北京市大数据工作推进小组办公室印发的《北京城市码建设指导意见》明确提出要依托统一的时空标识建立全市统一的实体数据空间索引。2021 年 5 月召开的北京市政府专题会议中明确要求在整合现有数据资源的基础上，形成地上、地下统一的时空基准，在统一地理坐标、编码规则和底图基本要素的基础上，形成全覆盖、立体化、精度高、更新快的智慧城市"一张图"，为智慧城市建设提供重要支撑。

本案例通过开展数据融合、空间编码、一码关联、平台研发、场景服务等关键技术

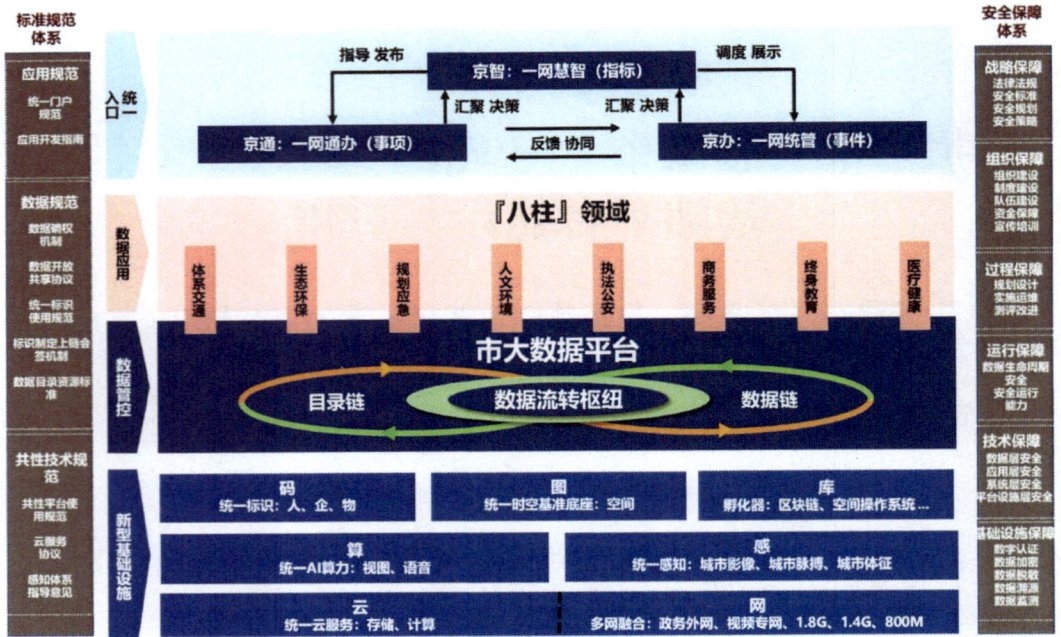

图1　北京市智慧城市规划共性基础平台总体框架体系

研究，打造北京市智慧城市"一张图"通用地图和城市码时空标识的共性基础平台，加强统筹和资源整合，夯实空间数据底座，搭建在线赋码系统。面向政务服务及公众服务，通过北京市政务地理信息共享平台、北京市地理信息公共服务平台、城市码时空标识数据服务系统提供服务，形成了"1（一库）+1（一图）+1（一码）+3（三平台）+N（系列标准和机制）"研究体系，为北京市智慧城市建设提供通用地图支撑和时空标识赋码服务，实现基于时空基座的地理空间数据的整合和关联。

二、建设内容

1. 总体架构

本案例搭建了北京市智慧城市"一图""一码"基础数据库，用于存储多源智慧城市数据，形成智慧城市"一张图"和赋予城市码时空标识，通过无级综合派生技术、地图可视化表达、多场景模板等一体化制图技术和时空标识编码算法、多种匹配算法等技术，构建了通用地图服务、专题地图服务、时空标识赋码、变更、注销和关联服务，各类服务通过北京市政务地理信息资源共享平台、北京市地理信息公共服务平台、城市码时空标识数据服务系统面向北京市各委办局和公众提供服务，利用数据共享迁移技术建立了北京市政务地理信息资源共享平台与北京市地理信息公共服务平台的衔接，城市码时空标识数据服务系统与北京市政务地理信息资源共享平台通过接口服务的方式进行底图、数据的共享与传输，总体架构如图2所示。

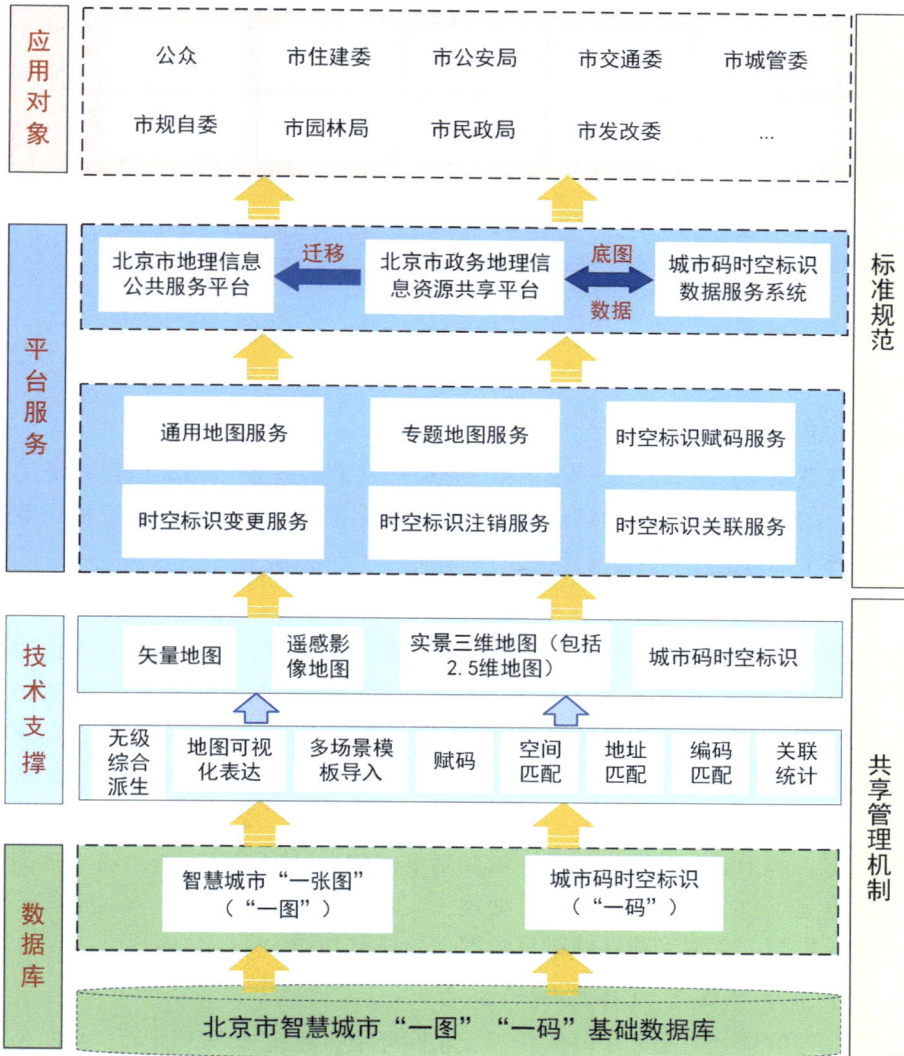

图2 总体架构

2. 数据成果建设

北京市智慧城市"一图""一码"共性基础数据建设通过数据融合、产品拓展、一体化制图等关键技术，结合新型基础测绘北京试点成果，将基础地理数据、普查调查数据、导航、影像等多源数据融合和二三维产品拓展，研发多个软件工具，形成多源异构的智慧城市一张图数据库，并且通过可视化、负载均衡、一体化制图软件自研，形成包含矢量地图、影像地图、三维地图等"北京2000坐标"系统一基准的通用地图成果，数据成果建设如图3所示。

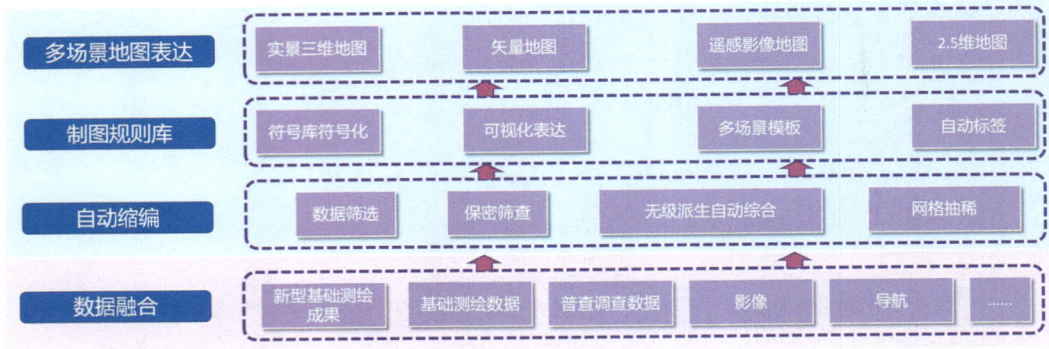

图 3 数据成果建设框架

3. 系统和平台建设

北京市智慧城市"一图""一码"共性基础平台建设主要包括北京市政务地理空间共享服务平台的升级、北京市地理信息公共服务平台的升级、城市码时空标识数据服务系统的建设三个部分。

1）北京市政务地理空间共享服务平台

北京市政务地理空间共享服务平台依托于政务外网环境，面向各委办局提供数据统筹、共享与管理服务，系统如图 4 所示。构建了适用于不同应用场景需求的制图规则库，发布了常规版、影像版、灰色版和极夜蓝版等多种风格地图服务模型，实现了满足LOD 显示效果的多尺度地图的一体化制图功能；基于服务引擎，在线提供了地图数据和地图样式分离的制图模式，采用终端地图渲染方式，可根据配图需求实时对配图样式进行修改并展示。基于微服务架构的跨网域规划审批数据自动迁移方法，通过数据流转中间数据库，建立了数据实时监测、实时处理、实时推送、实时流转、实时审核、实时回溯的消息传递机制，实现了跨网域审批数据自动迁移功能。

2）北京市地理信息公共服务平台

北京市地理信息公共服务平台依托于互联网环境，系统如图 5 所示，面向公众提供在线地图服务，社会公众通过在线地图调用、离线地图服务、定制地图编绘等方式调取地图服务，提供电子地图浏览、查询、调用服务，发布公开版测绘成果及标准地图，扩大基础地理信息和自然资源专题地理信息的开放力度，推动平台由单一地理信息服务向综合地理信息服务转型升级。

3）城市码时空标识数据服务系统

城市码时空标识数据服务系统依托于政务外网和局域内网两个网段环境，分为浏览器端和桌面端两种软件模式，如图 6 所示。其中，在政务外网端提供赋码、匹配、统计、查询、分析等服务；为提供赋码和匹配的准确度，满足测绘数据保密要求，在局域内网环境提供了桌面端的赋码子系统。系统基于地球剖分模型构建了"小加大"预剖分网格编码技术算法（图 7），支持北京市各类智慧城市实体的赋码、变更、注销业务；

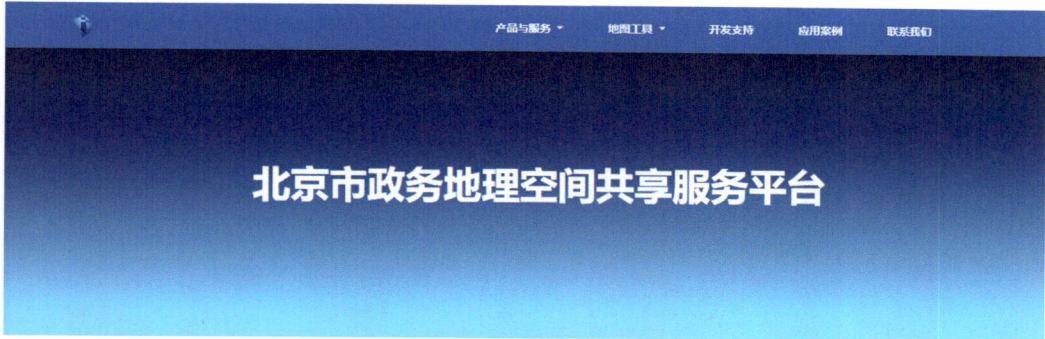

地图服务展示

点击进入

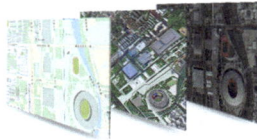

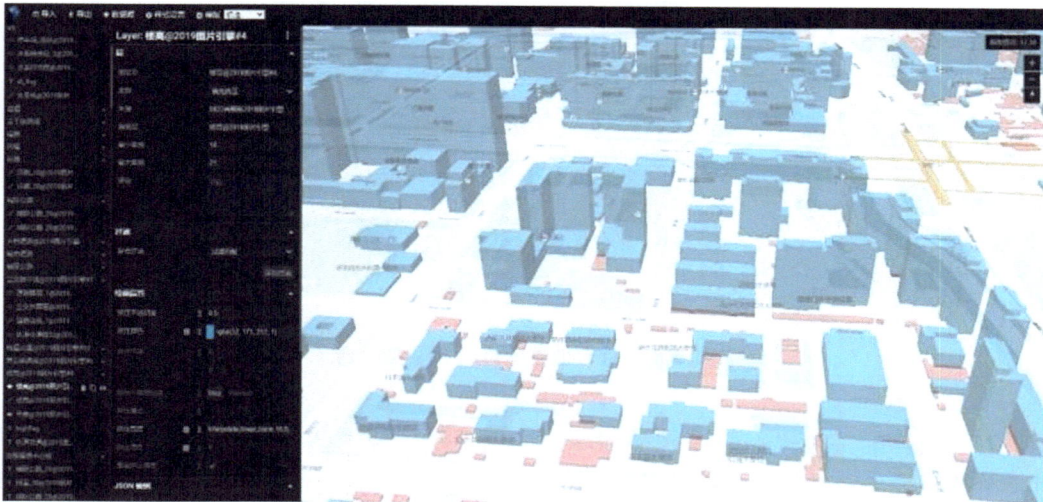

图 4　北京市政务地理空间共享服务平台

为提高智慧城市与地理实体的匹配精度，设计了双网段高精度智慧城市实体匹配技术，通过编码匹配、多指标的空间匹配和地址语义匹配算法，实现了智慧城市实体和地理实

图 5　北京市地理信息公共服务平台

体的自动化匹配，为"一码关联"和后续应用提供了技术基础；为用户提供查询、统计、分析、预警等功能服务，按类型分为首页、业务查询、空间查询、服务情况、关联分析五大模块，涵盖各类指标项 57 个。

4. 典型应用场景

1）服务于北京市领导驾驶舱

智慧城市一张图作为领导驾驶舱的时空数据基底，为领导驾驶舱提供了覆盖城市路

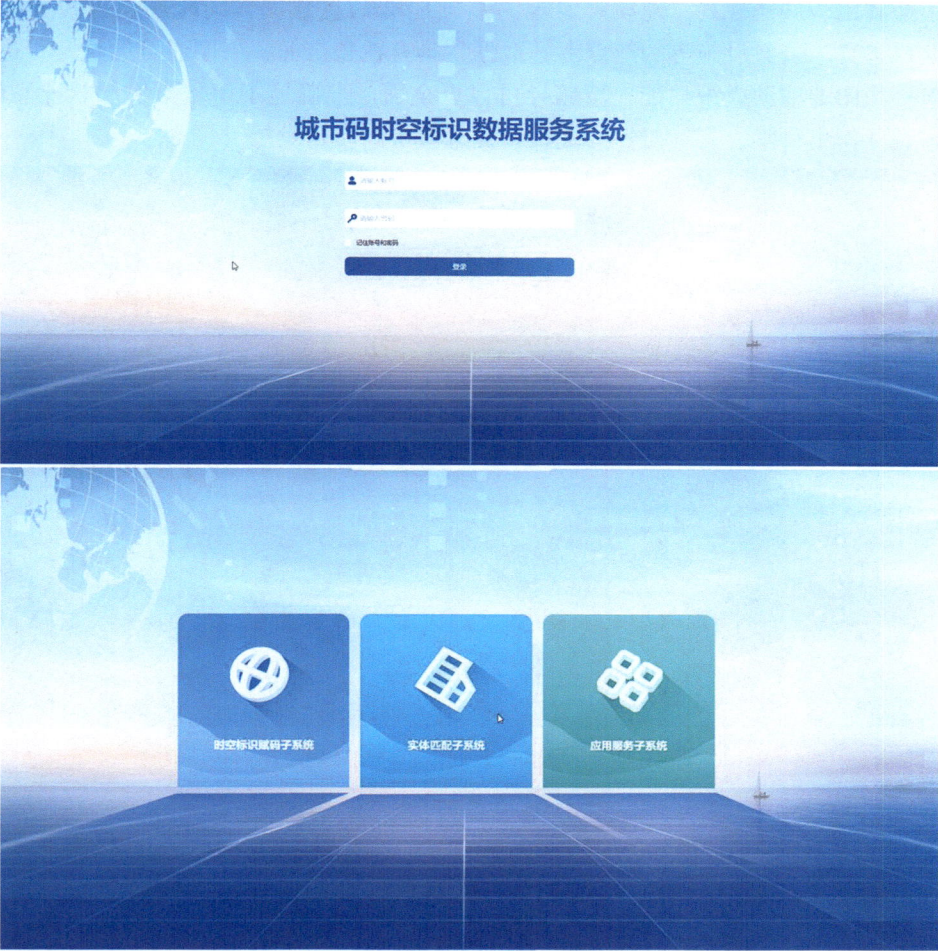

图 6　城市码时空标识数据服务系统

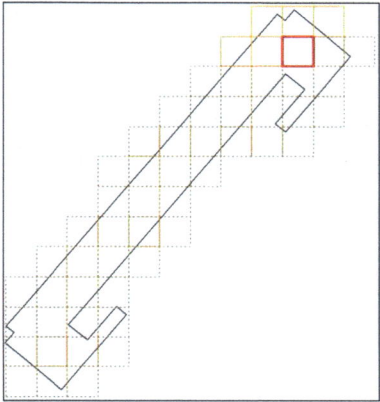

图 7　时空标识"小加大"预剖分网格编码技术

网、土地利用、城建规划、地质灾害等的基础地理信息数据，同时还提供覆盖部门画像、人口态势、公共设施等的热点专题数据，具有覆盖全面、一图通览的优势。通过智慧城市一张图的辅助决策功能，市领导可以更全面、准确地了解城市发展状况和问题，辅助市领导作出科学、有针对性的决策，促进城市高质量发展（图8）。

图8　服务于北京市领导驾驶舱

2）北京市统一一张地理底图调用

智慧城市"一张图"通用地图为满足北京市智慧城市建设要求制作并持续更新，基于大数据的汇聚和协同更新，实现二三维、地上地下全覆盖的城市运行"一张图"。全市委办局通过北京市政务地理空间共享服务平台直接调用服务，服务于全市50多个部门，208个业务系统，覆盖度超过95%，日均访问次数80万次。通过"天地图·北京"为公众提供地图服务，支撑应用500个，约占"天地图"全国总访问量的10%，日调用服务约9 230万次，为千余个委办局和企事业单位提供公共地图服务（图9）。

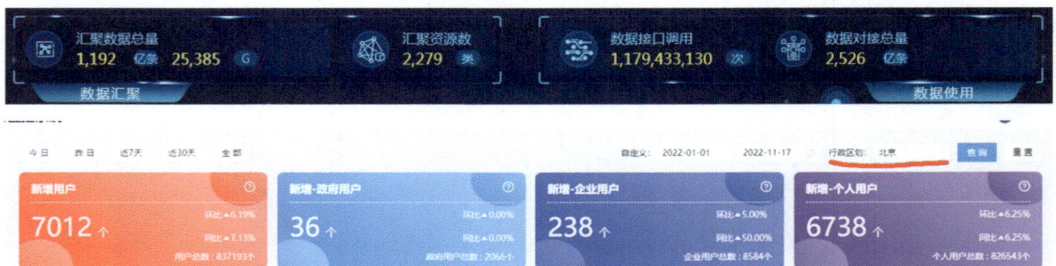

图9　北京市统一底图调用量和新增量

3） 城市精细化治理专题地图应用

智慧城市"一张图"通用地图完善了地理信息资源，夯实了"全市一张图"，成果广泛应用于国土、林业、农业、交通、公安、环保、水务、规划、公众服务等领域；为全市 16 个区，数十个委办局提供行政区划、部件管理、规划监督、耕地保护、疏整促等领域的专题地图。

4） 助力中轴线申遗工作

在北京中轴线申遗工作中，充分利用案例提供的三环范围内的第 18 级矢量图和影像图等成果，编制了中轴线相关规划图件、遗产展示样图等工作用图，用于申遗工作研究以及向联合国教科文组织世界遗产中心、国际古迹遗址理事会等国际组织机构汇报展示等，从规划到实施、从研究到推广，案例成果全方位参与中轴线的保护、传承和发展工作（图 10）。

图 10　助力中轴线申遗工作

5） 助力基层治理数字化管理转型

城市码时空标识应用于左家庄街道"楼宇码"中，通过时空标识构建的"楼宇码"将辖区内各类楼宇信息进行汇总、梳理、治理、分析，形成"楼宇—楼座—楼层—企业"的四级商业楼宇治理体系和"社区—小区—楼栋—单元门"的最小单元管理体系，保障楼宇的常态化管理运行，形成多方参与、共同治理的良性循环（图 11）。

6） "一码关联"助力空间底板挂接

基于城市码时空标识，完成了月坛、拱辰街道等区域的地理实体与不动产单元代码、统一地址的挂接，完成了新华街道区域地理实体与不动产单元代码、控规、审批等

图 11　助力基层治理数字化管理转型

数据的挂接。通过案例成果融合了不动产房屋、地理实体房屋、统一地址、规划审批数据等各种数据信息，贯通过去、现在及未来的多时态信息，实现各类信息的集成建模与综合表达，以时空信息驱动万物互联，支撑数据要素高效流通（图12）。

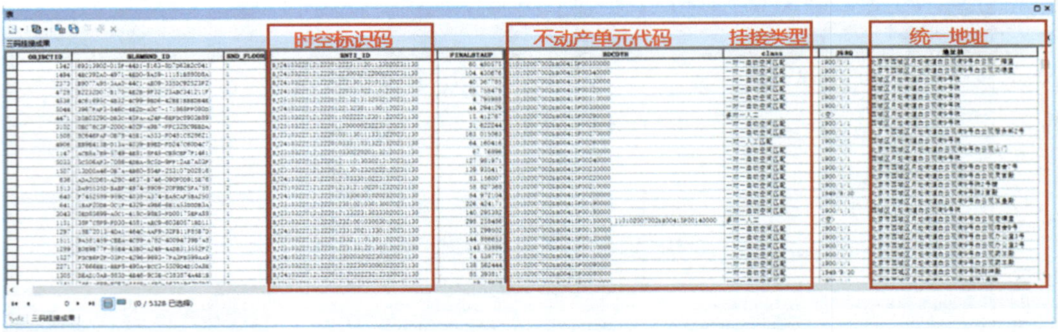

图 12　"一码关联"助力空间底板挂接

三、创新应用

1. 无级派生电子地图技术

结合北京新型基础测绘成果，探索了新型基础测绘成果与其他专题数据融合的技术路径，提出了无级综合表达关键技术，构建了地理实体数据从固定比例尺向无级化综合表达方法。运用知识图谱、智能综合、深度学习等技术，研发了北京市地理实体无级缩编制图系统，解决了几何信息补偿、实体数据综合、制图派生与适配 3 个关键难题，实现了地理实体自动派生成电子地图（图13）。

2. 攻克了北京 2000 坐标系下矢栅叠合技术难点

针对北京大数据中心平台发布的基于北京 2000 坐标系的栅格切片和矢量切片电子地图不能叠加，无法满足经信局和各委办局的业务需求的问题，本案例提出了基于定制 SuperMap 软件的两套电子地图叠加方案，重置底层切片规则，重新定义比例尺和原点，

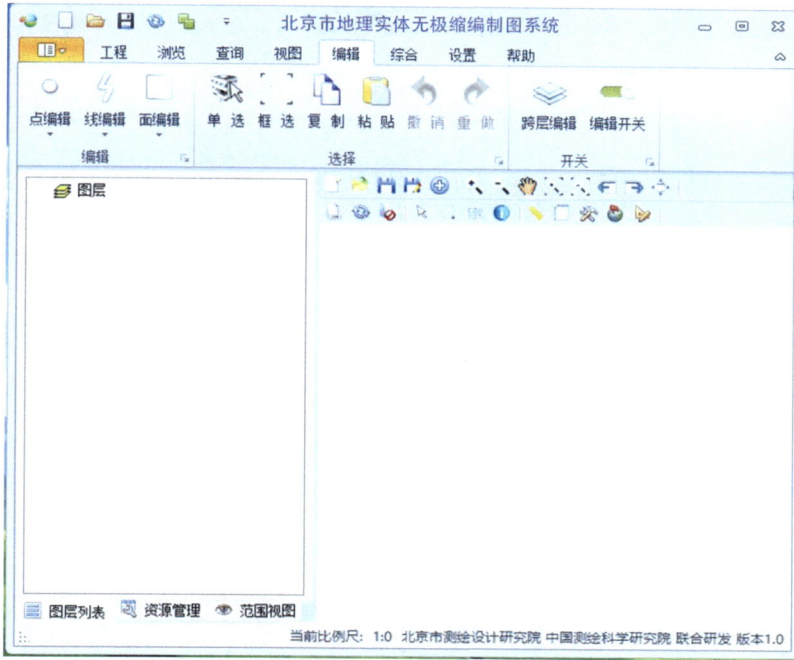

图 13　北京市地理实体无级缩编制图系统

为北京 2000 坐标系在全市应用奠定基础（图 14）。

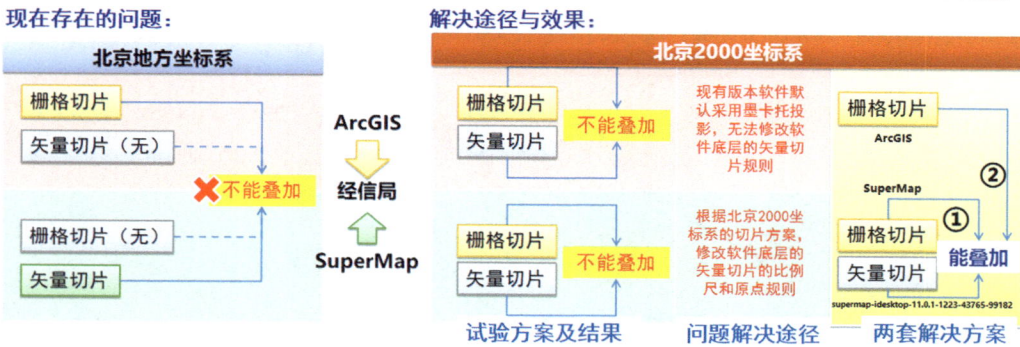

图 14　北京 2000 坐标系下矢栅叠合技术路径

3. 基于剖分网格的信息检索与管理技术

　　传统空间数据查询多基于坐标或者地址进行查询，大数据量的查询效率较慢，本案例根据智慧城市实体的分布和查询需求，基于地球网格剖分模型将空间区域划分为一系列网格，充分利用数据的"空间位置"属性，用时空标识码作为主键，对多源异构数据进行统一标识，构建对象内在的时空关联关系，同时充分发挥网格编码的高效计算特征，对大数据信息进行组织与管理（图 15）。

图 15　基于剖分网格的信息检索和管理技术

4. 首次确定了城市码时空标识赋码规则

在新型基础测绘国家试点的支撑下，首次确定了城市码时空标识赋码规则，为城市码赋予时空的概念，为房屋、道路等智慧城市实体加上了统一的时空标识。利用时空标识，通过"一码关联"，实现多源数据融合治理，解决"万码奔腾"问题，促进多源数据互通共用、推进城市管理和服务线上与线下打通（图16）。

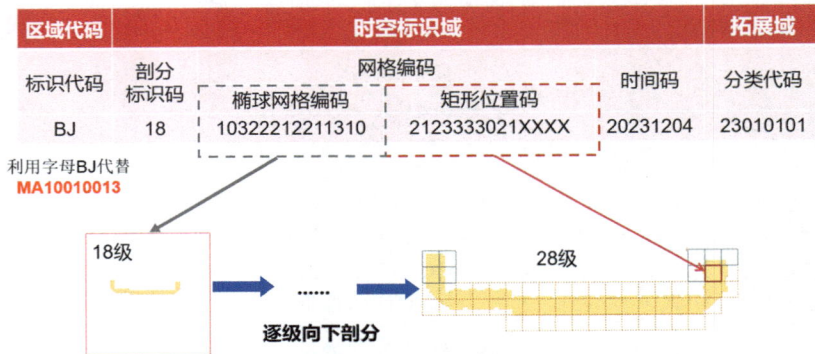

图 16　城市码时空标识赋码规则

四、推广价值

1. 社会效益和经济效益

智慧城市"一张图"和城市码时空标识统一了全市时空数据底座，为北京"智慧城市"建设提供了有力的空间数据支撑。一方面，广泛支撑北京市政府委办局政务信息化系统应用，通过政务外网和互联网，为1 200余个委办局和企事业单位提供公共地图服务，在政府宏观决策、城市规划建设和应急管理等方面发挥了良好的作用。为"70周年国庆阅兵""建党100周年活动""北京城市副中心建设"、北京市"疏解整治促提升"专项行动、"2022年冬奥会建设项目"等重大任务提供及时、准确的地图应用服务，满足了不同部门对个性化领域、区域的专题制图需求，助力城市精细化治理。另一方面，城市码时空标识为全市实体建立了空间联系和时间联系，建立了全市统一的实体数据空间索引。目前，系统支撑完成了左家庄街道的居住建筑、停车场等9类共2 000余个智慧城市实体的赋码工作，后续将稳步开展全市的84类智慧城市实体的时空标识赋码工作，为各委办局提供时空标识赋码服务。案例产生良好的经济效益和社会效益，短期可节省财政资金，5年来共涉及合同金额超4 000万元，长期可达上亿元。

2. 推广价值

（1）提高城市治理水平。智慧城市"一图""一码"的经验推广至其他省市，可以使城市治理更加智能化、精细化，提高城市治理的效率和水平。通过智慧城市"一图"，可以全面掌握城市各方面的信息，为决策提供科学依据；通过"一码"，可以实现各类信息的快速传递和共享，提高城市的响应速度和处理能力。

（2）构建时空数字底座。建立统一的地理空间编码体系，整合汇聚城市多源异构时空数据，建立全市时空立体的、智慧城市的一张底图，依托基础平台，为全市各部门、各领域提供统一地理空间数据服务，支撑各领域业务应用，可以推广至全国其他省市，为其建立时空数字底座提供经验。

智慧南京时空基础设施建设与应用实践

严建国　邓晓红　姜丹萍　王　涛　王　冲

南京市城市地下管线数字化管理中心
吉奥时空信息技术股份有限公司

一、建设背景

2016 年 5 月，国家发改委、中央网信办联合 25 个委办局印发了《新型智慧城市建设部际协调工作组 2016—2018 年工作分工》，明确了测绘地理信息部门在智慧城市建设中的职责。南京市政府积极响应并提出了建立智慧南京时空大数据平台计划，旨在为城市管理提供统一的空间数据支撑和服务平台，提升政府服务效能，为市民提供与生活息息相关的各类地理信息服务。多年来，南京市高度重视基础地理信息建设与应用，通过建立"数字南京"领导小组，建设地理空间框架，加强了信息交流共享，拓宽了地理信息应用范围。

随着智慧城市发展对地理信息数据资源和深层次技术服务需求愈加强烈，数据标准不一、内容形式单一、缺乏统筹管理与有效关联，以及服务高并发、个性化定制与开发支撑不足等问题日趋明显。南京市规划和自然资源局作为自然资源主管部门，面向全市地理信息服务需求，按照自然资源部新时期测绘地理信息工作"两支撑、一提升"的根本定位以及《智慧城市时空大数据平台建设技术大纲（2019 年版）》的指引，完成了智慧南京时空大数据平台建设，为全市提供统一的、权威的、鲜活的基础地理信息"智慧底板"，满足智慧南京对个性化、精细化、深层次时空信息的需求，为提升城市发展质量提供重要的支撑。

二、建设内容

南京作为智慧城市时空大数据平台建设试点城市，以构建实景三维南京为目标，重点通过地理实体数据生产和数据库建设，积极推动基础测绘转型升级，拓展典型示范应用。平台历经两期建设，于 2021 年底全面建成，并且每年持续运维、深化应用，全面赋能各领域对地理信息的资源利用效率，推动城市高质量发展。

1. 平台简述

智慧南京时空大数据平台准确把握南京市信息化新型基础设施的定位，以地理实体为核心，创新基于地理实体的时空大数据聚合方法，实现全市时空地理信息资源汇聚，打造满足智慧南京个性化、精细化、深层次应用需求的地理信息"智慧底板"，通过微服务、数据轻量化，面向政府部门和社会公众提供测绘地理信息服务，实现从"看图"到"用图"的跨越，门户界面如图 1 所示。

图 1　时空大数据平台门户

2. 总体架构

智慧南京时空大数据平台的总体架构采用"中台"设计理念，利用领域驱动设计的建模方法构建"大中台+小前台"的架构模式，在其之上构建软件平台并持续不断地进行迭代，打造"一套标准、一朵云、一中台、N 个应用"，其宗旨是开放核心资源、定义业务标准、支持合作伙伴应用开发，从而构建更大的生态体系。总体架构如图 2 所示。

3. 云支撑环境

基于全国产自主可控软硬件的安全可靠云平台，基础硬件采用华为自主研发设计的鲲鹏 CPU 服务器，云软件采用华为完全自主知识产权的 HCS 平台，底层操作系统采用华为自主研发的欧拉操作系统作为承载，构建了全栈国产化自主的安全可靠云平台。在技术架构上采用分布式架构，统一技术标准、统一运维规范，建设横向互联、纵向贯通、安全自主可控的云平台，保障时空数据的信息安全与可靠。研制了云 GIS 管理平台，并与华为 ManageOne 的北向 API 接口完成系统互通融合、无缝对接，从而形成联合解决方案。实现 Linux 环境下的云中 GIS 服务自动化部署和配置，为云中 GIS 软件在异构云平台上自举与资源自适应分配提供底层支持，保障时空大数据平台长期稳定地运行和持续更新维护。

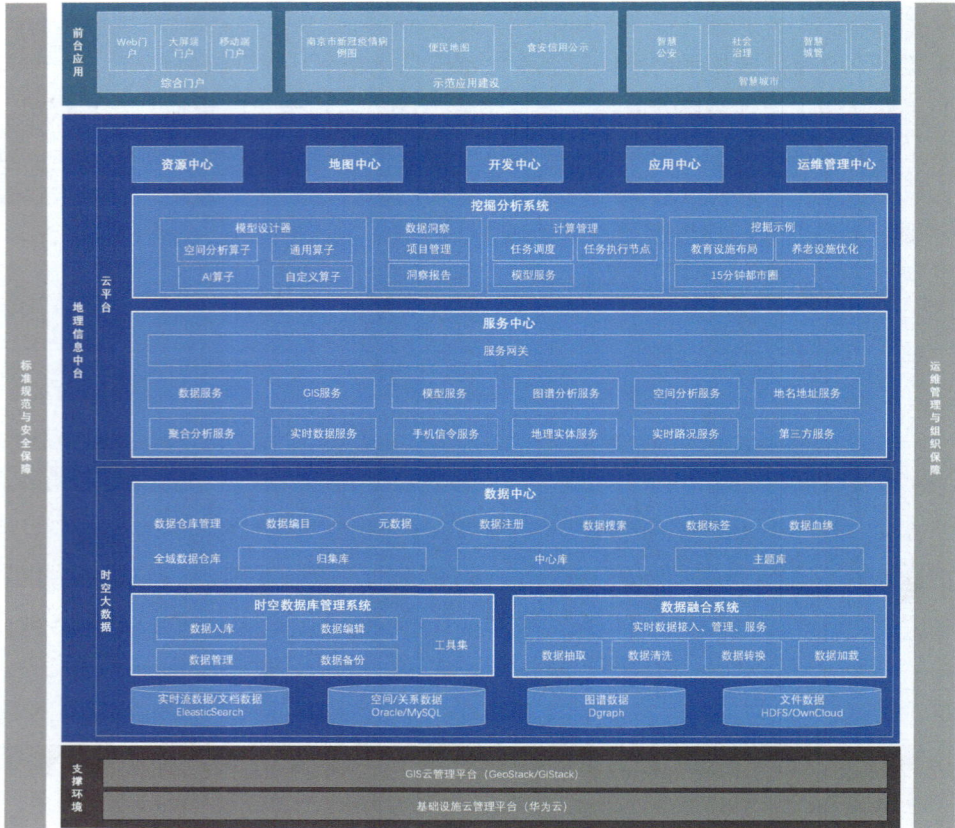

图 2　总体架构

4. 标准规范

在数据标准规范方面，编制了《地理实体数据基本规定》和《地理实体数据规范》，指导南京市地理实体数据生产建库；在软件标准规范方面，编制了《地理实体服务接口规范》和《行业空间数据关联融合规范》，为地理实体服务共享和数据关联融合制定统一的技术规范；同时对服务的接入模式和接入规范进行了清晰定义，特别编制了《第三方服务引擎接入服务中控标准规范》，对异构服务集成工作进行约束。

5. 时空大数据

智慧南京时空大数据平台基于统一的坐标基准和标准规范，汇聚了各类丰富的时空数据，包括基础时空数据、行业空间数据和众源数据三大类，涵盖 40 多小类的 340 多个图层，数据量达到 4 TB，如图 3 所示。

基础时空数据包括全市多版本、多样式的电子地图并实现重点区域月度更新；覆盖 2009—2023 年 13 个版本的影像地图，与市公安局、市民政局合作共享、联动更新，建成全市标准地址库，汇聚南京市 107 万条标准化地址、98 万条兴趣点数据；完成建成区 1 500 平方千米范围内的地理实体数据建设；分步推进"实景三维南京"建设，现已

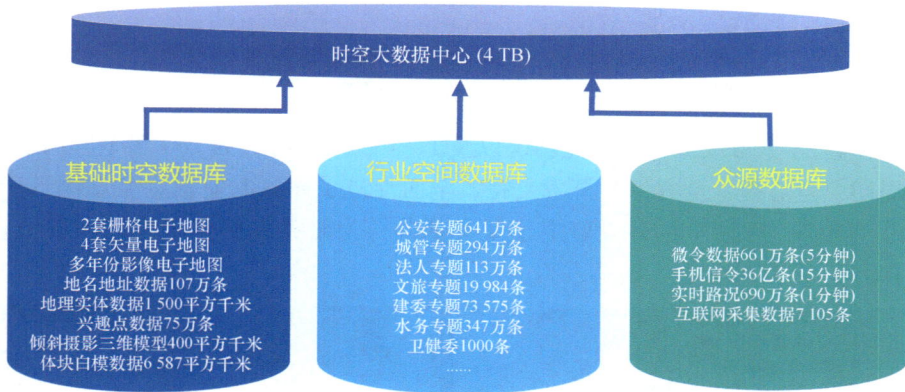

图3 时空大数据成果

建成覆盖全市域 6 587 平方千米的建筑三维白模、重点区域约 400 平方千米倾斜摄影三维数据。

行业空间数据汇集了 24 大类数据，数据量约 27 GB，数据记录数约 1 472 万条，包括统计人口、门楼牌址、工商企业、水位监测、雨量监测等动态数据和疫情防控、城市部件、医院、学校、体育设施等静态数据。数据汇聚主要有前置库、数据接口、线下共享 3 种方式。

众源数据汇聚了政务部门共享的路况数据、微令数据、手机信令数据以及互联网抓取的商品房预售信息、河长制信息、农贸市场菜价信息、道路开通信息，数据量约 1.8 TB，数据记录约 1 368 万条。

6. 云平台

围绕南京市各委办局地理信息服务需求，打造了 1 个地理信息中台，搭建了 3 个综合门户：Web 端、移动端、大屏端，研发了 8 个能力中心：地图中心、资源中心、服务中心、数据中心、开发中心、应用中心、分析中心、运维中心，支撑了 N 个示范应用，最终形成"1+3+8+N"平台应用体系，如图 4 所示。

图4 平台应用体系

7. 示范应用

南京打造了全局唯一的时空信息基础设施，支撑南京市智慧城市的建设与运行，应用到自然资源管理、公共安全、城市管理、生态环境、综合治理等众多行业，如图5所示，服务覆盖35个市级部门、江北新区以及11个区级政府，为160多个应用系统提供了"全周期、全流程、全方位"开发支持，全面促进了南京时空信息生态圈繁荣发展，为南京市"政务一张图"的建设奠定了坚实基础，为服务自然资源管理与各行业需求提供了有力支撑。

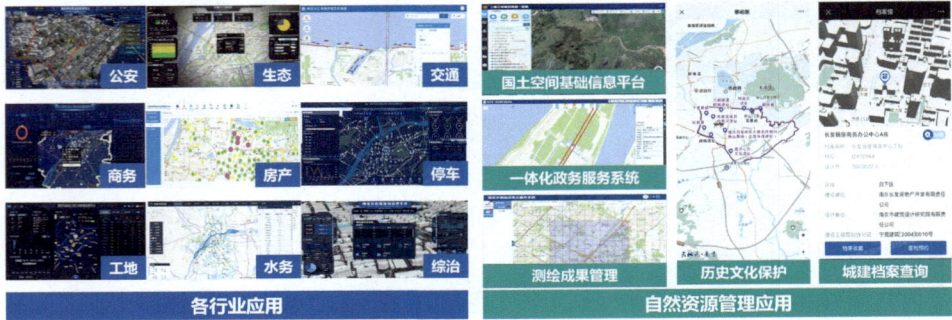

图5　示范应用领域

1）二维地图服务应用

二维地图服务包括公众版、政务版、大屏版、移动版及影像等多尺度、多风格地图服务，已经为南京市公安、城管、教育、水务等单位应用系统提供二维地图服务支撑，年平均调用次数4.66亿次，如图6和图7所示。

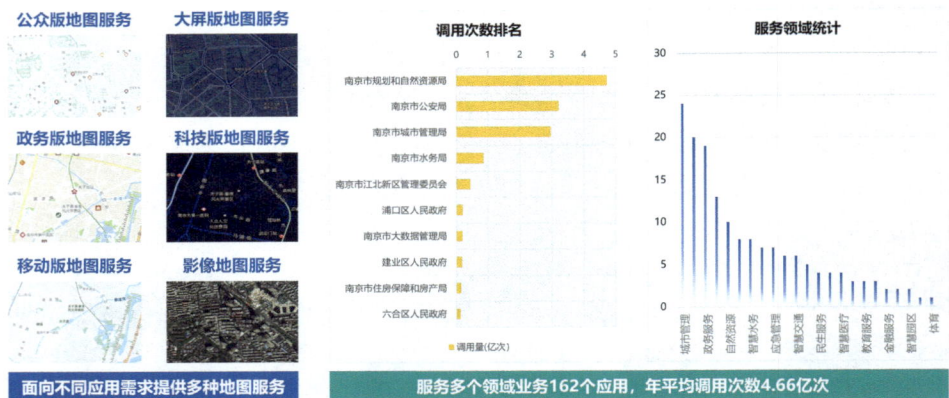

图6　二维地图服务使用情况

2）三维地图服务应用

三维地图服务包括立体房屋、三维白膜、倾斜摄影模型等服务，为建邺区政府、江北新区城市治理中心等单位应用系统提供了三维服务支撑，累计调用次数30.63万次，

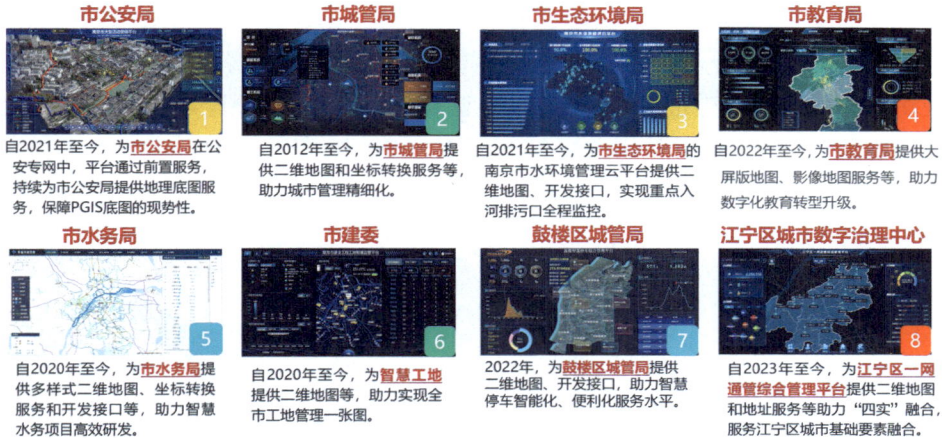

市公安局

自2021年至今，为**市公安局**在公安专网中，平台通过前置服务，持续为市公安局提供地理底图服务，保障PGIS底图的现势性。

市城管局

自2012年至今，为**市城管局**提供二维地图和坐标转换服务等，助力城市管理精细化。

市生态环境局

自2021年至今，为**市生态环境局**的南京市水环境管理云平台提供二维地图、开发接口，实现重点入河排污口全程监控。

市教育局

自2022年至今，为**市教育局**提供大屏版地图、影像地图服务等，助力数字化教育转型升级。

市水务局

自2020年至今，为**市水务局**提供多样式二维地图、坐标转换服务和开发接口等，助力智慧水务项目高效研发。

市建委

自2020年至今，为**智慧工地**提供二维地图等，助力实现全市工地管理一张图。

鼓楼区城管局

2022年，为**鼓楼区城管局**提供二维地图、开发接口，助力智慧停车智能化、便利化服务水平。

江宁区城市数字治理中心

自2023年至今，为**江宁区一网通管综合管理平台**提供二维地图和地址服务等助力"四实"融合，服务江宁区城市基础要素融合。

图7 二维地图支撑应用

如图8和图9所示。

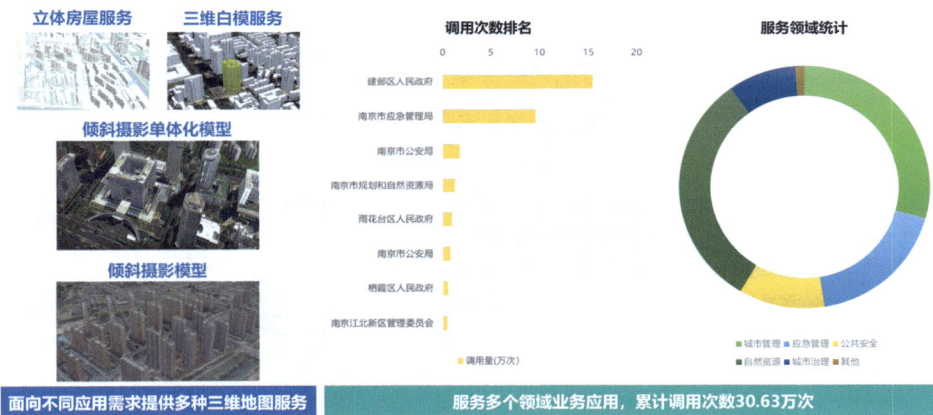

面向不同应用需求提供多种三维地图服务

服务多个领域业务应用，累计调用次数30.63万次

图8 三维地图服务使用情况

江北新区城市治理中心

为江北新区提供立体房屋等服务，实现住房数据上图，人才进房。

建邺区数字治理中心

建邺区接入平台的个性化地图、地理实体、地名地址及三维立体房屋白模服务，实现企业进楼，可实时查询楼宇现状。

建邺区人民政府

为建邺区提供基础底图和立体房屋服务，实现"企业进房"，实现"楼宇经济一张图"。

南京市城建档案馆

支撑城建档案馆实现馆藏档案信息与实体建筑物信息的多维度数据关联。

六合区城运中心

整合政务资源，打造坚实的数据和技术底座，构建可感知、可分析、可处置的综合指挥系统与城市综合展现平台。

江浦街道城市治理中心

为江浦街道社会治理提供了地理支撑，提升了江浦街道社会治理精细化管理，为江浦街道提供了现代化城市管理模式。

图9 三维地图支撑应用

19

3）地理实体服务应用

地理实体服务包括地理实体数据服务、计算服务、组装服务、匹配服务、挂接服务以及矢量服务，已经在江北新区全景江北、建邺区三维经济视图、市人社局人才地图等应用系统中深入应用，累计调用次数 370 万次，如图 10 和图 11 所示。

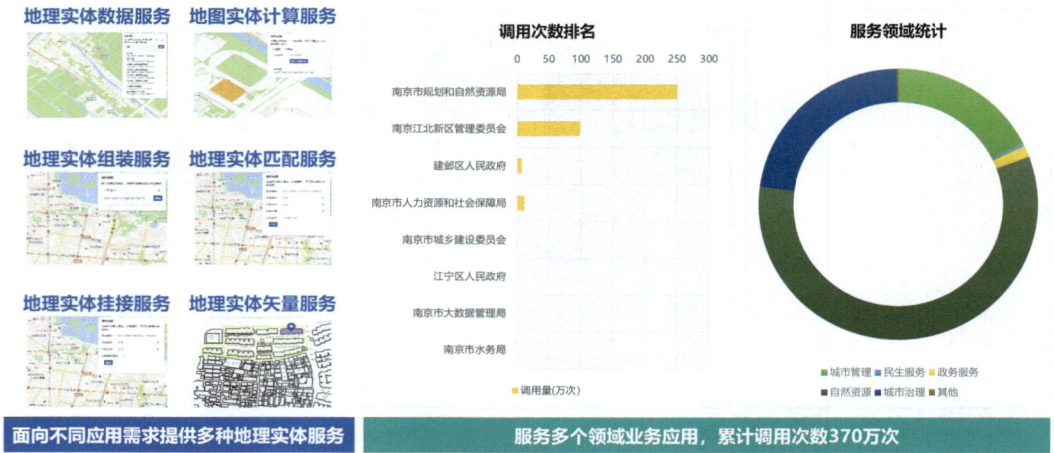

图 10　地理实体服务使用情况

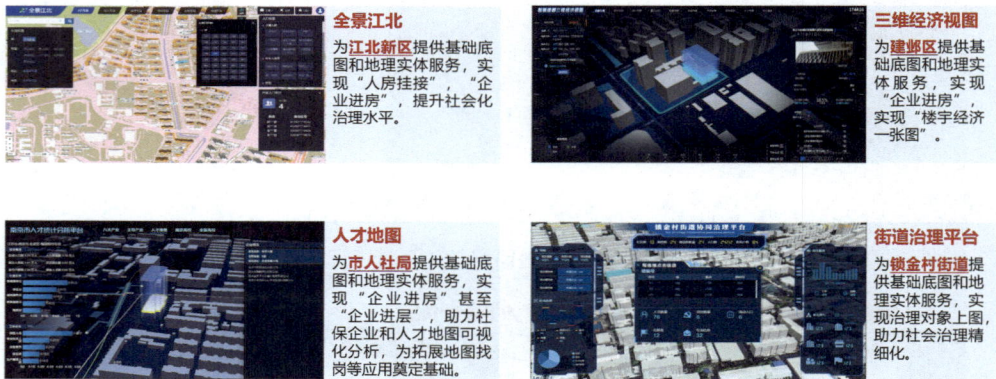

图 11　地理实体服务支撑应用

4）地名地址服务应用

地名地址服务包括智能输入、地理搜索、地理编码、逆地理编码、轨迹纠偏、地址关联等服务，为市生态环境局、智慧交通公司、市人社局、建邺区政府等应用系统提供了 7×24 小时不间断服务支撑，年平均调用次数超过 14 亿次，如图 12 和图 13 所示。

图 12　地名地址服务使用情况

图 13　地名地址服务支撑应用

三、创新应用

1．推广应用

1）在国际上得到高度认可

项目研制的体系框架、标准规范、部分软件和推广模式等成果被纳入国际标准 ISO 37156《智慧城市基础设施-数据交换与共享指南》和 ISO 37172《智慧城市基础设施-基于地理信息的城市基础设施数据交换与共享》，具有重要的示范意义和推广价值。

2）在国内得到积极推广和应用

项目作为部委计划试点项目和江苏省的科研课题，充分贡献了特大城市时空基础设施的构建经验，在全国百余个智慧城市建设中得到应用和推广。项目打造的"支撑环境国产化+时空数据体系化+异构 GIS 集成化"时空基础设施建设新模式，分别在 2020 年和 2021 年中国地理信息产业大会、"2021 年南京创新周——华为南京城市峰会"上做主题报告，向全国介绍项目的技术与管理经验，接待上海、重庆、西安等城市的现场调研和学习。项目成果获得了 2022 年地理信息科技进步二等奖、2022 年江苏省数字化绿色化协同转型发展典型案例、2022 年南京市优质应用场景以及 2023 年数字江苏建设优秀实践成果等荣誉。

3）在南京市得到全面应用

项目成果累计被 35 个市级部门、江北新区以及 11 个区级政府应用，构建了 160 多个综合地理应用系统，2023 年全年服务累计访问量达 34 亿次。项目构建的"智慧南京时空大数据平台"被《南京市城市运行"一网统管"工作三年行动计划》《"十项举措"工作任务分解清单细化举措一览表》以及《南京市 2022 年新型基础设施建设推进工作方案》等市政府重要文件明确为"标准作业底图"或"新型基础设施建设项目"。

2. 创新点

本项目从硬件环境、数据体系与软件平台三方面的一体化建设需求出发，探索特大城市的时空基础设施构建方法与技术，建设"智慧南京时空大数据平台"，主要技术创新如下。

1）超大规模自主可控 GIS 服务运行技术支撑云平台

在智慧城市顶层规划的基础上，创新性设计了涵盖从资源到系统、从部署到运营的时空基础设施系统架构，构建了超大规模 GIS 运行的云支撑平台，形成了全栈国产化自主可控、超大规模集群计算、时空信息业务弹性伸缩的智慧城市地理信息解决方案，实现了巨量城市时空信息及其高并发业务的集约化管理，有力支撑了智慧城市的建设与运行。

2）首创以"中台"理念及 GIS 微服务技术，构建地理信息中台

针对异构 GIS"集成困难、联动乏力"的应用现状，创新性研制了基于 GIS 微服务的异构 GIS 一体化管理技术，构建了超融合架构下异构 GIS 服务的统一中控系统并获得专利，如图 13 所示，实现了不同 GIS 平台能力的扬长避短，协同打造了全南京市地理信息资源最丰富、最权威的"地理信息中台"，支持复杂多样时空信息服务的统一发布、授权与管理，极大地提升了智慧城市的时空信息运营效能。

3）建立了全局唯一地理实体体系，提出了基于地址大数据语义挖掘的多源政务大数据融合技术

基于目前政务大数据空间化难、关联价值差、利用率低等问题，设计了多粒度地理实体分类模型与多层次地名地址语义表达模型，提出了地理实体——地名地址多元关联

的时空数据一致融合方法，构建了统一的智慧城市时空数据体系，攻克了多源城市时空数据一义多表、关联缺失的机制与技术瓶颈，消除了南京时空数据"孤岛"，形成了多源异构智慧城市时空数据的全局视图，有效提高了智慧城市的时空信息服务能力。

四、推广价值

1. 经济效益

智慧南京时空大数据平台投入运行，在硬件环境、数据服务、软件效能三大方面间接地产生了巨大的经济效益。平台累计为 35 个市级部门、江北新区以及 11 个区级政府提供了在线基础地理信息服务，2020 年底上线以来，累计节省财政经费投入约 2.4 亿元。

1）硬件支撑环境产生的经济效益

本项目建设了稳固的华为云支撑环境，并依托 GIS 云管理平台，实现 GIS 云资源的弹性调度，满足全市部委办局对基础地理信息资源的使用，按照一套云环境 200 万元，一套 GIS 云管理平台 100 万测算，通过统一采购、全市共用模式，可累计减少财政资金投入约 1.38 亿元。

2）数据服务共享产生的经济效益

本项目建设了覆盖南京市的基础时空数据库，统一发布全市基础地理信息数据服务，避免各市级部门和区级政府数据重复生产、加工和发布，按每个部门 60 万元的数据更新投入，每年可为市、区两级财政节省数据建设投入约 2 760 万元。

3）软件平台产生的经济效益

平台提供了通用的 GIS 服务，包括地名地址匹配、在线制图、二次开发接口服务、通用分析能力，各业务系统只需调用平台提供的通用 GIS 服务，即可通过二次开发完成系统相关内容建设。各部门业务系统 GIS 服务研发费用按照 50 万元测算，每年可节约软件开发成本约 2 300 万元。

2. 社会效益

首创了全栈国产化的 GIS 云支撑平台构建模式，有效保障时空信息的安全，在全国范围内具有示范效应；指导了时空基础设施在智慧城市建设中的应用实践，开创了从基础设施、到数据、到平台、再到应用的信息化资源按需服务模式，在全国的数字信息基础设施建设中具有标杆作用，项目成果也被纳入 ISO 国际标准。

1）受到南京市委市政府高度评价

南京市委书记韩立明在调度推进全市国土空间规划工作会议上指出，"依托基础地理信息平台，整合各类空间数据资源，提高空间数据精准性和有效性；强化数字赋能城市治理，搭建好智慧城市建设的'数据底盘'，切实把数据资源转化为治理效能。"

2）通过院士和专家鉴定

2019—2023 年，先后组织了 10 余场数据建设、平台研发、示范应用等子项工作验收会，受到了测绘地理信息业内王家耀院士、李满春教授、武文忠司长的高度认可，得到了与会专家的一致好评；2021 年 6 月，南京市被自然资源部列为智慧城市时空大数据平台试点城市，同年 9 月，建设试点技术设计书通过自然资源部国土测绘司组织的专家评审；2022 年 4 月，智慧南京时空大数据平台试点工作通过江苏省自然资源厅预验收，省自然资源厅林颢副厅长、李满春教授出席会议，专家认为平台在异构服务融合管理、时空大数据智能计算方面特色明显；2023 年 6 月，智慧南京时空大数据平台建设试点顺利通过自然资源部验收，自然资源部国土测绘司副司长王瑞幺、省自然资源厅副厅长林颢、中国地理信息产业协会会长李维森等专家出席会议，专家认为项目数据成果丰富、设计理念新颖、行业应用广泛，为城市智慧化管理和基础测绘转型升级提供了有益探索和先进经验。

3）受到应用单位的一致好评

时空大数据平台自上线以来收到来自政府部门、企事业单位的用户报告和应用申请累计 55 份。应用单位一致认为项目成果为各自的智慧应用建设、信息决策等工作提供了良好时空基础设施，具有较高的经济与社会效益。

3. 推广价值

时空大数据平台提供了"一站式"地理信息便捷服务，实现了"一次投入、全市共享"的应用格局。本案例已纳入部自然资源管理丛书，是全国仅有的 4 个"时空大数据平台"案例。不仅在南京市、区两级形成"以点带面"的拓展式应用服务，技术成果还在西安实景三维服务平台、西宁时空云平台等得到推广和应用。

1）政府布局统筹建设

南京市委、市政府高度重视平台建设。2021 年 9 月，南京市政府发布《南京市"十四五"基础测绘规划》，明确持续做好平台建设，并在市政府一网统管、数字政府高质量建设等工作中进一步强调平台作为"时空基础设施"的定位和作用。

2）需求牵引定位方向

坚持需求导向，前期通过与部委办局和企事业单位充分沟通交流，准确把握用户需求，详细开展需求分析，编写可行性研究和总体设计，并通过专家认证，极大地保障了平台的精准建设和服务。

3）市区一体建设模式

时空大数据平台坚持市区一体化建设模式，实现地理实体、地名地址、电子地图核心数据的月度更新，不断提升数据现势性，促进新型基础测绘转型升级，为平台持续提供鲜活的数据资源。

4）友好用户服务模式

时空大数据平台充分展现易用性和便捷性，聚合发布地理信息共性功能，提供"一站式"地理信息服务，助力用户快速搭建，帮助解决二次开发。

5）实施路径可复制

按照集约化建设思路，通过促统筹、定标准、汇数据、搭平台、树典型、保运营的路径建设时空大数据平台，形成权威统一的地理底板平台，支撑各级业务部门和单位在线政务应用。

济宁市数字云底座

孙　越　　张培文　　曹盛源

济宁市大数据中心

一、建设背景

国家政策驱动政府数字化转型，引领数字社会发展。建立健全大数据辅助科学决策和社会治理的机制，推进政府管理和社会治理模式创新，实现政府决策科学化、社会治理精准化、公共服务高效化。以推行电子政务、建设智慧城市等为抓手，以数据集中和共享为途径，推动技术融合、业务融合、数据融合，打通信息壁垒，形成覆盖全国、统筹利用、统一接入的数据共享大平台，构建全国信息资源共享体系，实现跨层级、跨地域、跨系统、跨部门、跨业务的协同管理和服务。

全域数字化与智能化牵引政务云持续演进发展。云计算技术的发展为政务云的建设提供了技术基础。政务云 1.0 从线下数据到云上，以资源为中心；政务云 2.0 是以数据为中心，打通数据共享通道；政务云 3.0 形成政务一朵云、一城一云，以业务为中心，整合应用和服务，解决跨域数据融合，加速业务创新，并形成开放的 SaaS 生态。通过整合互联、资源共享以及系统重构的方式，政务云平台能够承担区域内大多数政府部门电子政务项目，具有虚拟化、高可靠性、高通用性、高可扩展性等优势，可为政府部门提供快速、按需以及弹性的服务。

济宁市信息化建设经过十多年的发展，在数字基础设施领域具备一定的基础，但仍然存在数据中心分散、云基础设施支撑和信息安全管理能力不足，"小、散、乱"现象突出，无法发挥基础设施集约化统筹化建设的优势，难以满足新型智慧城市发展的需求。"济宁市政务云"以数字政府为契机，建立集约共享、融合创新、智能敏捷、安全可控、高效服务的全市政务"一朵云"体系。实现跨层级、跨区域、跨系统、跨部门、跨业务的协同管理和服务，夯实"济宁市政务云"基础支撑服务能力。实现济宁市全市"一朵云"，即以"云网合一、云数联动"为框架，建设全市集政务云、信创云为一体的济宁市政务云平台。

济宁市政务云构建云原生安全体系，搭建"一个中心、七层防线"政务云安全防护体系为济宁市政务云提供全生命周期的安全防御体系，包括提供物理安全、身份认证、网络安全、应用安全、主机安全、数据安全、运维办公安全，为全市政务信息系统进行层层防御，最终形成"多方协同、纵深防护、全局可视、主动响应、持续提升"

的政务云安全体系。保护政务云平台和云上各政务信息系统和政务数据，推动政务云体系等保合规建设，为各委办局全面推进"互联网+政务服务"工作保驾护航。

二、建设内容

按照"集约高效、共享开放、安全可靠、按需服务"的原则，以"云网融合、云数联动"为构架，构建基础设施共建共用、信息系统整体部署、数据资源汇聚共享、业务应用有效协同的政务云。通过济宁市政务云平台，济宁市大数据中心为全市各委办局提供技术领先、性能卓越、科学规范的新一代信息技术应用支撑云平台，提供的云服务能力包含全栈国产化技术/设备组成的计算、存储、网络资源池，以及国产化操作系统、国产化数据库、国产化中间件等，从底层硬件到上层支撑软件全部实现国产化自主可控服务能力。

依托全市政务"一朵云"整体提升政务云服务层级，通过统一规划、统一建设、统一管理，实现云资源的集约共享，拓展云计算、人工智能、大数据、云原生、物联网、IPv6 等新兴 ICT 技术在济宁市政务信息化建设领域的应用深度和广度，为各级各部门提供丰富的云服务，提高效率，降低开支，提升济宁市信息化安全保障能力，支撑上层业务应用的整体协同，保障济宁政务信息化健康稳定发展。

1. 建立一体化，集约共享政务云

以集约共享为目标，构建坚实的新型智慧城市基础底座。依托先进的云计算、云存储、云网络、云安全技术，统一管理和提供可扩展的、安全可靠的云基础资源池，为上层服务和应用提供基础硬件环境和软件运行环境，同时，提供可视化的、自动化的云资源管理和部署服务。形成安全自主可控的全市政务"一朵云"，为各部门和各县（市、区）政务信息化建设提供统一的云服务能力，实现资源的集约共享与按需调度的政务云平台。

济宁市政务云于 2016 年开始建设，从最初"以资源为中心"的政务云 1.0 阶段，到"以数据为中心"的政务云 2.0 阶段，再到如今"以云原生、信创、大数据为中心"的政务云 3.0 时代，济宁市政务云不断提升自身服务能力，为济宁数字政府建设及后续上云应用提供安全、可靠、弹性、高可用、按需供给、据实结算的云服务（图 1）。

图 1　济宁市政务云机房俯视图

27

2. 建立济宁市政务云云原生安全体系

济宁市大数据中心通过构建济宁市政务云云原生安全体系，构建"一个中心、七层防线"政务云安全防护体系，为济宁市政务云提供全生命周期的安全防御体系，包括提供物理安全、身份认证、网络安全、应用安全、主机安全、数据安全、运维办公安全为全市政务信息系统进行层层防御。最终形成"多方协同、纵深防护、全局可视、主动响应、持续提升"的政务云安全体系。保护政务云平台和云上各政务信息系统和政务数据，推动政务云体系等保合规建设，为各委办局全面推进"互联网+政务服务"工作保驾护航（图2）。

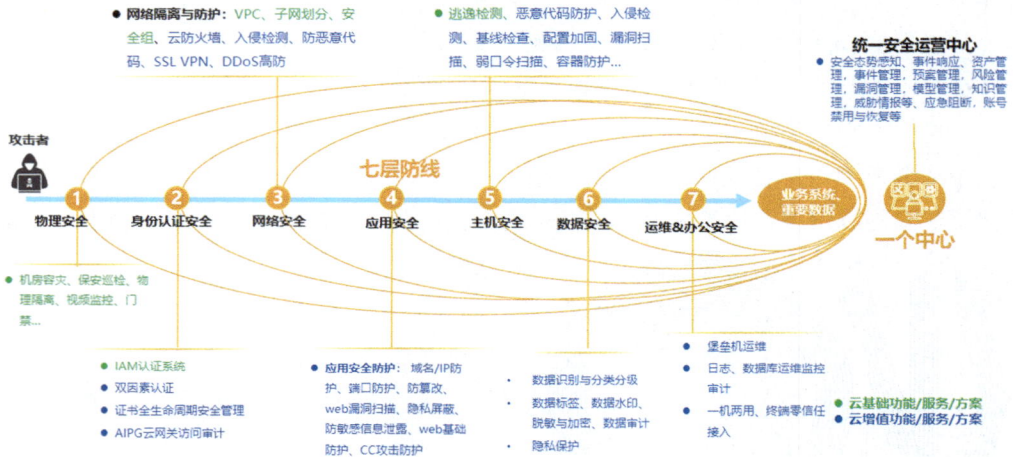

图2 济宁市政务云安全架构

济宁市政务云云原生安全体系建设为济宁市直50多个委办局和14个区县（含功能区）共计300余个业务系统，1 500余台云服务器提供等保二级、三级不同安全体系服务。制定相关安全管理制度和利用相关安全技术产品和工具，加强数据全生命周期的安全监管，强化数据安全防护能力，构建"进不来""拿不走""看不懂"的数据安全保障体系，同时提高整体安全监测、纵深防御、风险监管和应急响应能力。

3. 数据共享，激活数字政府潜能

依托济宁市政务云平台建立完善的数字化基础，推动跨层级、跨地域、跨系统、跨部门、跨业务的数据汇聚、治理与高效共享、有序开发，更敏捷、全面地调动起数据资产，让数据转化为实实在在的数智化服务能力和应用。真正实现让数据多跑路，让群众少跑腿，打通服务群众"最后一公里"，提升政务服务能力，提高济宁市营商环境水平。

4. 一云多芯，安全可信

济宁市政务云基于华为鲲鹏服务器和昇腾服务器搭建HPC高性能信创计算集群，

充分使用安全可信的技术与产品来打造安全、可靠的数字化云底座，为济宁市政府提供高效的政务云服务，保证政务业务平稳、高效、安全地运行。

三、创新应用

1. 济宁政务云原生安全纵深防护体系，安全和业务融合

云上安全，三分靠建设，七分靠运营。随着数字化进入深水区，安全边界模糊，攻击复杂度提升，再加上云原生架构的多租户、虚拟化、弹性扩缩等特点，传统单点安全防护逐渐力不从心。安全建设方面，济宁政务云构筑起了"一个中心+七层防线"的纵深防御体系，以安全云脑为中心，提供覆盖物理、身份、网络、应用、主机、数据和运维层面的全栈云原生安全服务。安全建设与业务伴生，将应用搬上济宁政务云，就意味着可以无缝快速地完成云原生安全防护方案的部署和实施。应用开发者无须修改网络路由、细化安全策略，只需一键开启七层防线全链路防御，即可实现群防群控、联防联控。

济宁政务云平台，提供高效的安全运营保障方案，为业务长治久安保驾护航。云时代，一致的技术架构，全面实时的威胁感知能力，以资产为核心的高效安全运营成为可能，也成为打破安全迷局的关键。济宁政务云以安全云脑为载体，沉淀云厂商（华为云）30多年的运营经验，把云上的安全数据全部接入云脑，通过智能化 AI 模型分析、可视化威胁编排和响应、自动化安全处置，实现近70%威胁 1 分钟闭环、99%的威胁事件 5 分钟自动闭环，无须人工参与。

济宁政务云为云上业务提供了一套全面的安全运营解决方案，帮助济宁政务云构筑云原生立体化安全运营体系。济宁政务云以"安全云脑"为核心，实现全方位感知云上资产安全态势，全天候自动化威胁处置，通过人机共融，互相协同，全面提升整体安全防护能力水平。在合规监管方面，济宁政务云"安全云脑"实现高危安全事件和资产信息实时上报、漏洞和威胁情报信息共享，高效研判，精准治理，助力济宁市数字经济高质量发展。

2. 济宁政务云三大创新升级，开启云原生 2.0 时代，助力创新升级

面对数字时代复杂系统的不确定性，传统的 IT 应用架构研发交付周期长、维护成本高、创新升级难、烟囱式架构、开放性差、组件复用度低，这些都成为数字政府新业务快速发展的瓶颈，而云原生以其敏捷、开放、标准化的特点迅速成为数字政府构建面向未来的应用架构的首选。

济宁政务云的三大创新升级，开启云原生 2.0 时代，助力济宁市数字政府应用创新：济宁政务云从原有的简单叠加的"云原生 ON 基础设施"架构，向"云原生 IN 基础设施"的融合架构升级。解决了计算、网络、存储等基础设施无法感知应用在高可用、高性能、自动弹性等方面的诉求，也无法满足跨集群、跨区域、跨云的全局化业务场景，实现了政务业务与应用真正的"云原生化"，整合架构通过三大创新升级，将云

原生推进到了 2.0 时代。

重定义基础设施：基于华为云擎天架构实现了以应用为中心的资源调度，并且结合软硬协同技术，为企业提供极致性能、极优成本、极佳体验的云原生基础设施。

新赋能泛在应用：基于云原生集群联邦、边云协同等技术打造了多云与边云协同管理平台，能够帮助企业构建高效、可靠、跨云的统一业务平台，提供多云一致的管理体验。

再升级应用架构：云原生基础设施针对企业各类业务的诉求，打造完善的云原生应用生态，统一企业应用架构和全流程生命周期管理，支持 N+云原生应用。

3. 济宁政务云率先通过云平台密评，为租户提供无忧密评服务

密码是保障网络与信息安全的核心技术和基础支撑，是解决网络与信息安全问题最有效、最可靠、最经济的手段。《密码法》的颁布实施，从法律层面为开展商用密码应用提供了根本遵循依据，《国家政务信息化项目建设管理办法》的颁布实施，进一步促进了商用密码的全面应用。

为贯彻落实《密码法》关于信息系统密码应用的要求，结合《国家电子政务建设指导意见》，济宁政务云平台率先通过云平台国产密码测评要求。

济宁政务云平台，通过对系统的现状和密码应用需求进行分析，依据 GM/T 0054—2018《信息系统密码应用基本要求》，从物理和环境安全、网络和通信安全、设备和计算安全、应用和数据安全 4 个层面，结合密钥管理、安全管理等方面，为济宁市政务应用提供全套的密码安全服务。

4. 济宁政务云提供全栈信创解决方案，助力政务应用信息创新

济宁市政务应用信创改造已逐步进入深水区，对基础技术产品的先进性要求随之加深，济宁市政务云平台采用当前先进的 ARM 技术架构，构建全栈信创资源，包括计算、存储、网络、操作系统均满足信创要求的云资源服务，支撑应用系统信创改造需求，为加速数字化转型以及未来核心业务系统信息创新打下了基础。

济宁政务云平台采用鲲鹏服务器作为基础底座，计算节点采用鲲鹏服务器，配套麒麟及统信的操作系统，金蝶及东方通的中间件，高斯数据库及其他国产数据库，业务系统由华为云提供全流程信创改造技术支持，实现了一朵全栈自主可控的信创云，助力济宁市政务应用信创改造升级。

5. 济宁智慧城市云底座 HPC

济宁市政务云于 2016 年正式上线测试并对外提供服务，按照全市"一朵云"的要求，已有 50 余家市直党政部门、300 余个自建信息系统完成云平台部署。济宁市政务云按照"标准化、规范化、集约化"方向，统筹推进新型智慧城市建设，让数据在"运河之都流动"。目前，济宁市政务云已获得等保 3 级证书和密码测评 3 级证书，已启用机柜 50 余台，具备 4 320 TFLPs 算力。济宁市政务云提供 HPC 高性能算力满足济宁市 900 万人日常生活。

四、推广价值

1. 建设济宁全市"一朵云"、构建智慧济宁数字底座

济宁市政务云基于"1+N+M"体系（1个中心、N个区县、M个创新）构建，助力济宁市新型智慧城市建设。基于业界领先的"云原生2.0×分布式"的一朵云，帮助济宁市获取领先的技术与服务；通过云边端一体化的架构，实现市、区县、边缘点间业务和数据的全局统筹和协同；依托济宁市政务云的繁荣生态，聚合M个创新应用，促进全领域的数字化、智能化，解决跨域的数据融合和业务协同问题，加速业务创新，构建持续进化、安全可信的智慧城市体系。

2. 打破信息孤岛，建立"信息桥梁"

依托济宁市政务云，推进政务应用系统从分散的单一业务系统向应用系统大集成、大共享、大协同的方向发展，形成跨区域、跨层次、跨部门的协同大系统。通过政务云网络环境优势，实现多部门的数据、流程和系统打通，促进信息共享，进而实现业务协同。避免信息重复录入和传递，确保数据的准确性和时效性，让"信息多跑路、群众少跑腿"。

3. 基于济宁市政务云，打造"1+4+N"智慧济宁统一架构

智慧济宁以整体协同、共享开放、智能高效为建设方针，围绕"一云一心一大脑"的总体框架，统筹建设智慧城市的基础设施，打破数据壁垒，构建"大安全""大治理""大产业"的创新应用，解决城市治理的痛点、堵点、难点问题，实现城市治理"一屏统览，一网通办，一键联动"。四层基础架构为数据层、能力层、应用层、交互层，包括城市体征监测、事件监测处置、业务协同联动、平战结合指挥。围绕"优政、惠民、兴业、强基"，打造平台支撑体系和赋能应用体系，市大数据中心已建成能力平台和应用平台20余个，为各级各部门提供支撑和赋能。搭建全市统一的赋能中心，呈现济宁城市大脑的7大支撑能力：包括数据、感知、AI、应急、安全、云网、时空能力。在能力支撑下，构建城市大脑6大功能：包括一网统揽、基层治理、专题应用、综合慧治、指挥调度、城市体征。

天汇空间遥感监测云服务平台

黄　铜　佟绍华

江苏天汇空间信息研究院有限公司

一、建设背景

人造卫星作为全球观测最有效的手段，在空间信息的获取及更新方面发挥着越来越重要的作用。随着全球观测时代的到来，卫星遥感已经成为不可或缺的战略和经济资源，对卫星观测地球的连续性、快速性、精确性等也提出了更高要求。高分辨率对地观测卫星能够更全面、更清楚、更深刻地了解地球及其周围环境，成为人类在太空安装的高效"监控眼"。近年来，高分辨率对地观测卫星的发射数量已占遥感卫星发射总数的约41%，而且其有效占比有继续增加的趋势。

根据《国家民用空间基础设施中长期发展规划（2015—2025 年）》，鼓励各用户部门根据自身业务需求和特定应用目标，组合利用不同星座、不同系列的卫星和数据资源，构建本领域卫星综合应用体系，实现多源信息的持续获取和综合应用。积极开展行业、区域、产业化、国际化及科技发展等多层面的遥感、通信、导航综合示范应用，加强跨领域资源共享与信息综合服务能力，加速与物联网、云计算、大数据及其他新技术、新应用的融合，促进卫星应用产业可持续发展，提升新型信息化技术应用水平。《生态环境卫星中长期发展规划（2021—2035 年）》提出积极联合国内遥感卫星应用相关部门，推动遥感卫星数据共享政策落地，实现一星多用、多星共用，提升遥感卫星应用能力和应用效益。《中华人民共和国国民经济和社会发展第十四个五年规划和 2035 年远景目标纲要》（以下简称《"十四五"规划》）中，明确提出打造全球覆盖、高效运行的通信、导航、遥感空间基础设施体系。

我国卫星产业发展虽然取得了一些成绩，但整体规模和应用效果与发达国家相比仍有较大差距，还存在天、地协调不够、信息融合不足、数据共享不充分等问题，需要研究和探讨新形势下卫星高水平应用等发展模式及策略。

当前遥感监测项目的主要类型有遥感应用系统建设和自然保护区遥感监测系统开发，包括水土保持遥感监测项目、森林防火预警监测、林业病虫害遥感监测服务、土地执法监察周期性遥感监测、无废城市建设遥感动态监管、卫片执法遥感监测工具、河道、湖库、近海水质监测服务、农村人居环境遥感监测、国土变更调查、农作物、耕地、秸秆遥感监测服务等监测类型。主要应用方向如图1所示。

环保	城市规划	城管	河湖长	农业	水利
➤ 大气环境监测 ➤ 水环境监测 ➤ 城市环境监测 ➤ 生态环境监测 ➤ 秸秆焚烧监测 ➤ 环境质量评估	➤ 重大工程选址 ➤ 工程进度监测 ➤ 旧城改造拆前现状取证 ➤ 城市历史变迁 ➤ 城市绿地监测	➤ 城市变化监测 ➤ 建设用地变化监测 ➤ 垃圾、工业废料遥感监测 ➤ 违法用地监测 ➤ 疑似违章建筑监测	➤ 岸线管理与保护 ➤ 水土保持监测 ➤ 河道侵占、淤积动态监测 ➤ 重点流域区域污染防治跟踪	➤ 耕地信息提取 ➤ 典型农作物分布 ➤ 农作物病虫害 ➤ 农业灾害评估 ➤ 农作物播种面积 ➤ 大宗农作物长势	➤ 沿岸基础地形调查 ➤ 水底地形调查 ➤ 洪涝灾害监测 ➤ 小流域遥感监测 ➤ 水利设施选址 ➤ 水利设施形变分析

林业	国土	安监	自然灾害	畜牧	交通
➤ 林业资源调查 ➤ 林地资源分布 ➤ 植被病虫害 ➤ 林业盗伐监测 ➤ 森林覆盖率 ➤ 林火预警	➤ 土壤特征分析 ➤ 排水条件监测 ➤ 土地利用评价 ➤ 次地表地物分布情况调查 ➤ 土地变化监测	➤ 形变沉降监测 ➤ 地表采矿活动监测 ➤ 重大灾害评估 ➤ 油田环境监测 ➤ 应急事件上报 ➤ 重大灾害预警	➤ 底表沉降监测 ➤ 灾害评估 ➤ 受灾面积监测 ➤ 地震前后对比 ➤ 火山爆发	➤ 牧场植被覆盖分析 ➤ 牧场环境质量监测 ➤ 牧场植被种类分析 ➤ 牧场土地利用调查 ➤ 牧场植物长势调查	➤ 交通设施形变 ➤ 农村公路调查 ➤ 交通重点建设进度监测 ➤ 公路水毁监测与评估

图 1 遥感应用方向

当前遥感监测类系统的主要配置如下。

典型配置（农业方向）1：遥感监测及数据处理运营服务项目（遥感监测服务、业务管理和数据处理运营服务）。

（1）新建高标准农田工程遥感监测。

（2）全省耕地内种植情况遥感监测（非农非粮、长势、灾害监测）。

（3）已建工程管护遥感监测。

（4）疑似撂荒耕地遥感监测。

（5）业务管理运营服务。

（6）数据处理运营服务。

典型配置（环境监测方向）2：构建天地一体化的生态环境立体遥感监测体系。

表 1 环境监测方向

领域	专题工作
水生态环境	黑臭水体监测服务、蓝藻水华监测服务
	饮用水源地保护区重点风险源跟踪监测
	排污口问题点位跟踪监测
大气生态环境	大气环境遥感监测、高污染工业热源识别
	温室气体浓度监测
自然保护地及生态红线	自然保护地人类活动遥感监测
	生态保护红线人类活动遥感监测
固体废弃物	固体废弃物遥感监测
污染地块	污染地块违法开发利用情况

领域	专题工作
生态环境督察及执法应急监测	督察遥感技术支持
	水土流失动态监测
生态环境问题综合分析及成果展示信息化建设	江河湖库突出问题专项治理
	成果数据规范化及建库
	成果数据查询展示
	成果数据分析应用

典型配置（自然资源方向）3：国土变更调查与自然资源遥感监测变化信息提取。

（1）季度监测技术方案编制。

（2）监测图斑提取。

疑似新增建／构筑物图斑层。

原建／构筑物变化图斑层。

耕地变化图斑层。

林地变化图斑层。

草地变化图斑层。

湿地变化图斑层。

水域及其他变化图斑层。

（3）县级调查举证成果核查。

（4）季度监测成果质量评估。

（5）季度监测成果编制。

（6）监测数据库建设。

典型配置（城市建设方向）4：无废城市建设遥感动态监管。

（1）基于无人机遥感的固体废弃物遥感识别。

（2）基于卫星影像的空旷未利用地固体废弃物遥感监测。

（3）建设用地土壤污染地块遥感动态监管。

（4）省域"无废城市"建设成效数据分析。

二、建设内容

1. 平台概述

天汇空间遥感监测云服务平台是在遥感、气象、地面监测站等多源数据的融合能力建设的基础上，综合利用卫星遥感反演、多源数据融合、大数据分析和云服务等技术，形成覆盖水、土、气、自然生态等政府关注领域的持续监测能力，实现大范围、全天时、全天候、常态和非常态的"空·天·地"一体化遥感监测业务，为生态环境监管、自然资源利用、城市建设管控、乡村振兴等提供决策支持，如图 2 所示。该平台提供"一站式"服务和"一张图"展示能力，通过打造业务支撑环境、发布展示环境以达成向行业应用赋能的目的。

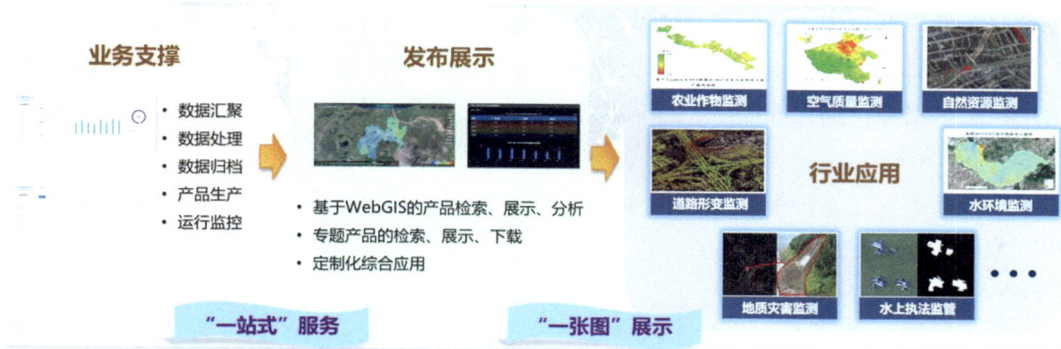

图 2　平台主要功能

该平台的总体框架如图 3 所示。

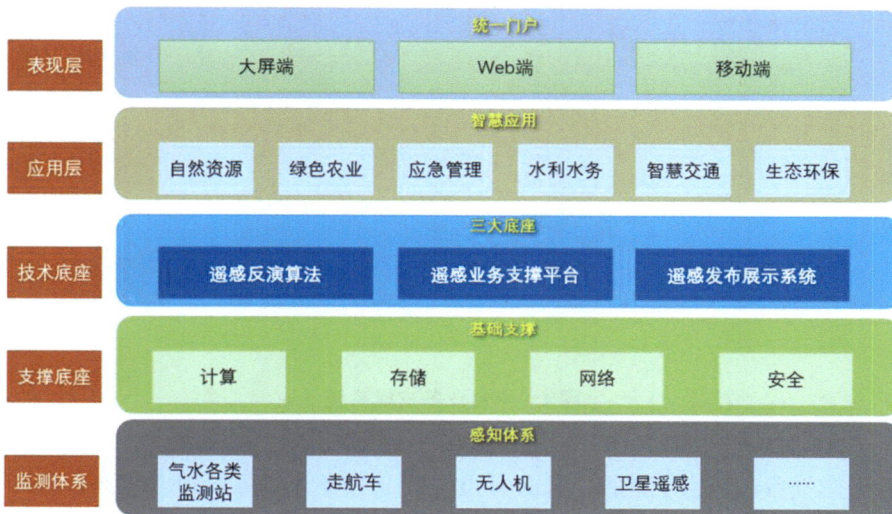

图 3　总体框架

在基础支撑层，实现针对遥感大数据的计算、存储、网络资源和安全保障；在监测体系方面，集成多种数据源的异构数据，包括地面监测站、走航车、无人机、卫星遥感等监测平台与手段；平台集成三大底座，统一数据标准和数据应用，统一技术规范和支撑服务，满足上层的各种业务应用，最终达到以数据驱动、业务牵引的"厚底座、薄应用"的目的。

2. 产品优势

（1）高可用、可拓展：基于分布式、服务化技术，构建高可用、可拓展的遥感支撑云平台，提供数据汇集、数据处理、数据生产、数据发布的全链路产品生产能力。

（2）多元化、定制化：基于插件化构建的平台算法，生产各类遥感监测产品，提供多元化的服务形式，支持服务产品定期推送，具备云平台产品定制化服务能力。

（3）一体化、全面化：实行空天地一体化监测，将遥感与其他的监测手段相结合，给用户提供更加全面化的服务，形成从监测到治理再到评估的闭环服务。

3. 平台构成

平台业务支撑系统是基于多源卫星数据的汇集、处理、存储和产品生产的"一站式"服务系统，如图4所示。

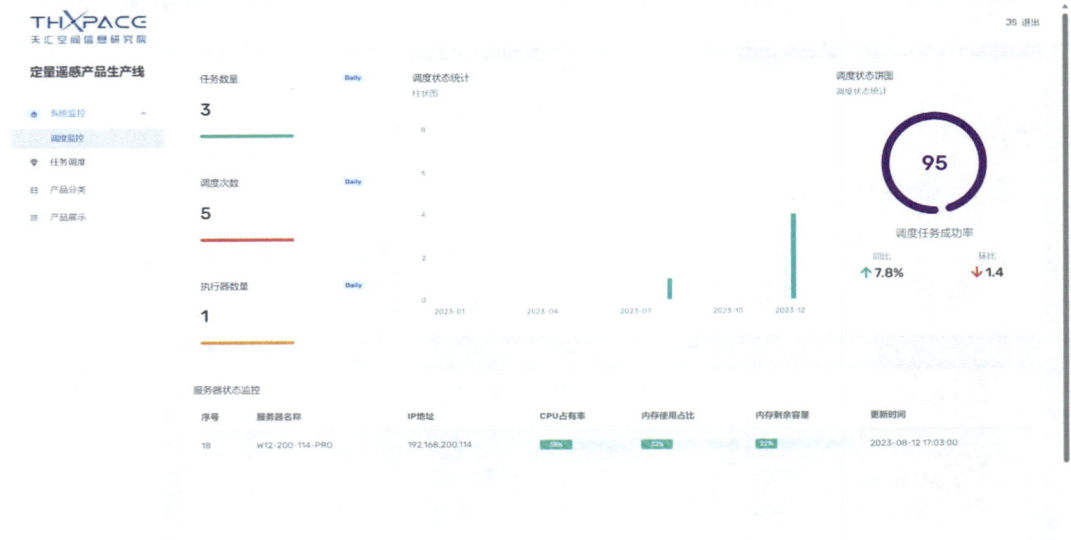

图4 平台业务支撑系统

业务支撑平台涵盖系统监控、任务调度、产品分类、插件管理、字典管理和用户管理。在任务调度模块，系统支持对数据的任务状态查询，可支持对任务的编辑和运行状态的查看；在产品分类模块，支持对数据的查询和分类编辑，支持专题图配色方案编辑和算法插件的绑定；在插件管理模块，支持插件的增、删、改、查，提升插件与系统的兼容程度；在字典管理模块，支持字典的分组和修正。

在基于业务支撑系统的基础上，系统实现大气环境、水环境和生态环境等遥感产品的综合查询与可视化展示。系统支持按时间、空间、产品类型等进行综合查询，支持专题图展示、下载和统计分析等功能，如图5所示。

在集成的定量化遥感信息产品方面，系统支持陆地、水、大气和生态几个方面的遥

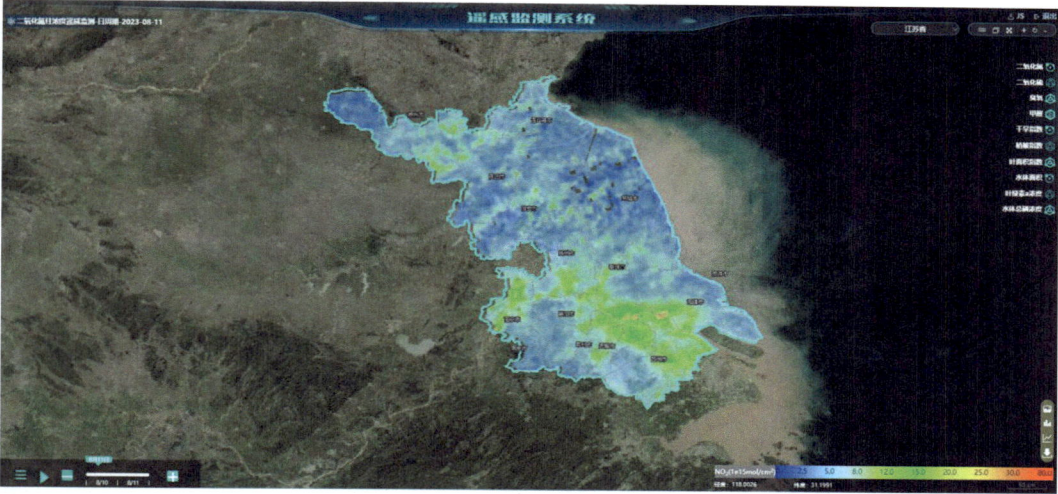

图 5　可视化展示

感算法产品。该系统是依托于天汇空间三大生产线的数据生产能力形成的定量遥感在线云服务平台系统。天汇空间目前基于自动化的数据接收与处理、AI 地表识别与分类、陆水气定量遥感算法形成三条遥感大数据生产线。

在遥感数据的获取方面，以卫星遥感数据为基础、多种数据相结合的模式，集成光学、雷达、高光谱等多种类型的数据。

基于上述数据，天汇空间通过数据辐射定标、大气校正、几何校正、去噪声及数据平滑等遥感数据的自动化预处理方式，形成了针对遥感数据的自动化预处理能力。

在定量遥感的分析模型建设上面，天汇空间当前建设了以共性指数和应用场景特定指数为主的两大类算法模型。在共性指数产品方面，建设了包括植被指数模型：如NDVI、EVI 等，用于监测植被生长状况、覆盖度和生物量的通用共性产品；在地表温度反演模型方面，建设了利用热红外数据反演的地表温湿度等用于环境监测、气候变化和宜居度监测的共性产品；在土地利用和覆盖分类方面，通过 AI 模型识别算法实现基于遥感影像光谱、纹理和时相特征的土地利用类型的自动化分类检测；在地表参数反演模型方面，建设了水体、土壤湿度等为资源管理和环境监测提供相关参数参考的共性产品，相关自动化参数模型如表 2 所示。

在生产线方面，进行了工作流管理和优化。定义、监控和优化遥感处理的工作流程，确保数据处理的效率和准确性；任务调度方面，根据资源的可用性和优先级动态的分配处理任务；数据质量控制方面，在数据处理的过程中实施质量控制检查，确保输出数据的准确性和可靠性；在数据存储和管理方面，基于天汇空间大数据管理中心的数据存储和管理能力，确保数据的安全性和可访问性，为用户提供高效的数据管理、可视化与决策服务。

表 2　自动化参数模型

产品大类	产品细分
陆地产品	地表温度
	干旱指数（TVDI）
	土壤水分
	叶绿素含量
	植被指数
	植被覆盖度
	植被净初级生产力
	植被冠层含水量
	叶面积指数
	植被物候
	森林生物量
	叶绿素荧光
水产品	水体面积
	水体叶绿素 a 浓度
	水体总磷浓度
	水体总氮浓度
	水体溶解氧
	水体透明度
大气产品	气溶胶光学厚度
	大气颗粒物
	大气污染气体
	大气水汽含量
	秸秆焚烧
	温室气体
地物识别	耕地识别
	道路识别
	水体识别
	建筑识别
变化检测	耕地变化检测
	生态红线变化检测

三、创新应用

该平台的创新应用可总结为以下几个方面。

技术进步：该系统采用了最新的遥感技术，包括高光谱、多光谱、微波雷达等新型遥感数据源，以及深度学习、人工智能等先进的数据处理和分析方法。这些技术的应用大大提高了遥感数据的获取和处理效率，增强了遥感监测的精度和可靠性。

数据处理自动化：通过自动化生产线管理系统，实现了遥感数据的自动化处理、分析和输出。这种自动化处理方式减少了人为干预和手工操作，提高了数据处理的速度和准确性，降低了数据处理的成本。

多源数据融合：该系统能够实现多源数据的融合处理，包括不同平台、不同传感器和不同时相的遥感数据。这种多源数据的融合处理能够提高数据的可靠性和准确性，提供更加全面和准确的遥感监测成果。这种多源数据融合处理的应用，有助于消除单一数据源的局限性，提高遥感监测的精度和可靠性。

定制化应用开发：该系统支持定制化开发，可以根据不同领域的需求进行相应的优化和改进。这种定制化开发的应用，能够满足不同领域对遥感监测的特殊需求，提高遥感监测的针对性和实用性。

云服务平台集成：该系统可以与遥感云服务平台集成，实现数据的在线处理、在线分析和在线应用。这种云服务模式能够提供更加灵活和高效的服务方式，降低用户获取和使用遥感监测服务的门槛和成本。云服务平台集成的应用，使得遥感监测服务更加便捷和高效，有助于推动遥感技术的普及和应用。

实时监测和预警：该系统支持实时监测和预警功能，能够快速响应自然灾害、环境污染等突发事件，提供及时的预警信息和应对方案。这种实时监测和预警功能能够提高应急响应的效率和准确性，为灾害防控和环境保护提供有力支持。实时监测和预警功能的应用，有助于提高应急响应的速度和准确性，降低灾害和环境问题造成的损失。

四、推广价值

1. 技术价值

（1）先进性和创新性。该系统集成了最新的遥感技术、自动化技术和数据分析技术，代表了遥感监测领域的前沿水平。其创新性的数据处理流程和分析方法，为遥感技术的进一步发展提供了有力支持。

（2）标准化和模块化。系统的设计和实施遵循国际通用的遥感数据处理标准和规范，同时采用模块化的设计思想，便于系统的扩展和维护。这种标准化和模块化的设计，有助于降低技术推广的难度和成本。

（3）轻量化、定制化和智能化。为多行业提供更为灵活、高效的遥感大数据整合管理与应用服务产品，更好地满足用户对遥感数据的广泛性、多样性、时效性及数据要素价值挖掘的应用需求，为决策管理和行业发展赋值、赋智、赋能。

2. 经济价值

（1）提高效率和降低成本。通过自动化和智能化的数据处理流程，该系统能够大幅提高遥感数据处理的速度和准确性，同时降低人工干预的成本。这对于需要处理大量遥感数据的行业来说，具有显著的经济价值。

（2）促进产业发展和升级。通过汇聚航空、卫星数据，充分发挥航空数据分辨率高、卫星数据更新能力快的特点，提升卫星空间信息数据的空间分辨率和时间分辨率，通过高效数据处理、分发、共享技术，大幅提升应用区域卫星空间数据的完整性和基础性，全面提升区域乃至全国的卫星应用服务支撑能力，降低服务成本，提升综合保障能力和运营服务效率，为卫星空间信息大规模产业推广夯实基础，助力构建具有国际竞争力的现代产业体系，推动区域卫星应用产业辐射周边的服务能力和相关产品"走出去"战略。平台的建设与实施会推动完成资源聚集、客户聚集、产业聚集，形成卫星应用产业正向循环反馈机制，当卫星数据资源、社会属性资源、管理属性资源、行业客户资源、行业技术资源聚集到一定程度，会产生对于卫星应用服务的强大需求，从而吸引产业链相关公司向平台的二次聚集，带动所属区域成为具备特色核心竞争优势和突出影响力的卫星应用综合示范区，带动大数据服务、"互联网+"等新兴产业蓬勃发展，形成支撑区域经济、社会发展的强劲新兴动能。

3. 社会价值

（1）提升公共服务水平。定量遥感自动化生产线系统可以为政府、科研机构和社会公众提供更加准确、及时和全面的遥感信息服务。这将有助于提升公共服务水平，满足社会各界对遥感信息的需求。农业领域的遥感信息产品可以实现高标准农田建设、农业种植管理、农业保险等方面的功能，为现代化农业建设提供技术支持。生态环境领域通过融合卫星遥感、物联网、5G通信、无人机等技术，形成天、空、地水环境综合监管，实现对生态环境的全方位监测，改善人民的生活环境和提高人民的生活质量。自然资源领域采用人工智能算法实现土地覆被"类型、用地变化、图斑提取等"专题分析，实现对自然资源的智能化监管。

（2）增强应急响应能力。系统的实时监测和预警功能，能够在自然灾害、环境污染等突发事件发生时，提供及时的预警信息和应对方案。这将有助于增强社会的应急响应能力，减少灾害和环境问题造成的损失。

4. 环境价值

（1）支持环境保护和可持续发展。该系统可以为环境保护提供准确、可靠的遥感监测数据和分析结果，支持环境保护决策的制定和实施。同时，该系统还可以监测和评估可持续发展的各项指标，为可持续发展的推进提供科学依据。

（2）降低环境影响。通过优化数据处理流程和采用节能技术，该系统可以降低自身的能耗和环境影响。这符合绿色发展的理念，有助于推动遥感技术的可持续发展。

智慧测绘数字化管理平台建设项目

付　健　王义兵　李应涛

广州南方测绘科技股份有限公司
中国葛洲坝集团三峡建设工程有限公司　广州南方智能技术有限公司

一、建设背景

1. 项目实施背景

随着中国葛洲坝集团三峡建设工程有限公司（以下简称"葛洲坝三峡建设公司"）在建项目日益增多，现阶段专业测绘人员数量不能与快速增加的项目相匹配；测绘单位使用简单的工具式软件开展业务，测量内外业联动不足，工作效率较低；测绘成果碎片化、离散化，数据的挖掘和运用深度不够，传统的分散式项目管理和成果管理无法满足数字化管理需要。

依托葛洲坝三峡建设公司现有项目，开展智能建造项目试点建设，为提高测绘生产效率，改变现有的测量工作模式，借助数字化手段提升整体生产效率及管理水平。葛洲坝三峡建设公司拟通过 BIM 技术融合大数据、云计算等技术，按照"平台化、中心化、集约化、数字化"的思路，开发建设智慧测绘数字化管理平台，实现测绘大数据深度挖掘分析、可视化展示和智能化应用。

2. 项目实施目标

根据葛洲坝三峡建设公司"十四五"信息化规划及对测绘数字化中心的功能定位和发展要求，结合测绘行业数字化转型趋势和发展方向，按照"平台化、中心化、集约化、数字化"的要求，开发建设智慧测绘数字化管理平台。

（1）实现三维海量空间数据融合管理与可视化，有效提升项目测绘数据管理效能。

（2）实现智慧测绘内外业一体化的模式，大幅度提升作业效率、有效降低出错概率。

（3）实现测绘数据与 BIM 技术的深度融合，提升项目管理水平、丰富项目管理手段。

（4）实现多接口支撑应用扩展，提升成果数据利用价值。

3. 项目实施意义

（1）建设高集成度实用型管理平台。

基于工程项目实践，充分考虑实际测量作业需求、业务需求与管理需求，融合先进信息化技术，打造实用型综合管理系统，为葛洲坝三峡建设公司相关工程业务开展、运营、管理提供信息化支撑。

（2）打造"一站式"管理驾驶舱。

实时汇总项目数量、完成情况、作业区域、数据量等信息，通过详尽的指标与统计体系，将相关数据和统计结果通过各种常见的图表形象化、直观化、具体化的展示，实时反映工程项目的关键指标和数值情况。让各级管理人员能够"一站式"立体全面地、直观地监测项目进展和总体项目情况，辅助决策与分析，提升整体管理水平。

（3）实现内外业一体化协同作业。

施工人员通过 App 即可控制测量仪器的作业，导出结果报表，上传测量数据，实现外业测量作业的数字化、智慧化。同时，实现内外业数据的加密互传，实时、准确地记录测量成果、项目进度、工程计量等信息，动态掌握现场测量作业情况，实现内外业一体化协同作业。

4. 项目建设必要性和紧迫性

（1）外业测量软件不统一。

葛洲坝三峡建设公司在不同行业均有工程项目需要进行测量作业，但在不同项目实施过程中，基本没有统一的测量软件，造成提交成果的样式也不尽相同，加大了项目管理和成果应用的难度。

（2）项目管理方式落后。

在不同施工项目中，测量项目只占很小一部分，但测量作业又贯穿了整个施工过程，目前整体的测量项目管理方式主要通过文件夹形式进行项目资料、项目进度的管理，和整个工程实施项目的交互方式主要通过网络传输和硬件媒介，造成项目的管理效能比较低下。

（3）成果管理碎片化。

在不同的测量项目中，往往产生成果格式多样化、成果类型多样化的测绘成果数据，如正射影像、全景影像、三维模型，目前不同的成果数据管理形式主要通过硬件媒介存储，展示浏览通过不同的软件打开，需要的软件工具类型多，切换频繁，数据互通困难，难以达到向业主展示汇报和数据管理的需求。

二、建设内容

1. 总体架构

通过建设智慧测绘数据中心管理子系统、智慧测绘三维可视化子系统和智慧测绘移动端子系统实现对项目数据进行统一管理与浏览查询。系统主要包含用户层、应用层、支撑层、数据层、基础设施层五个层级。系统总体架构如图 1 所示。

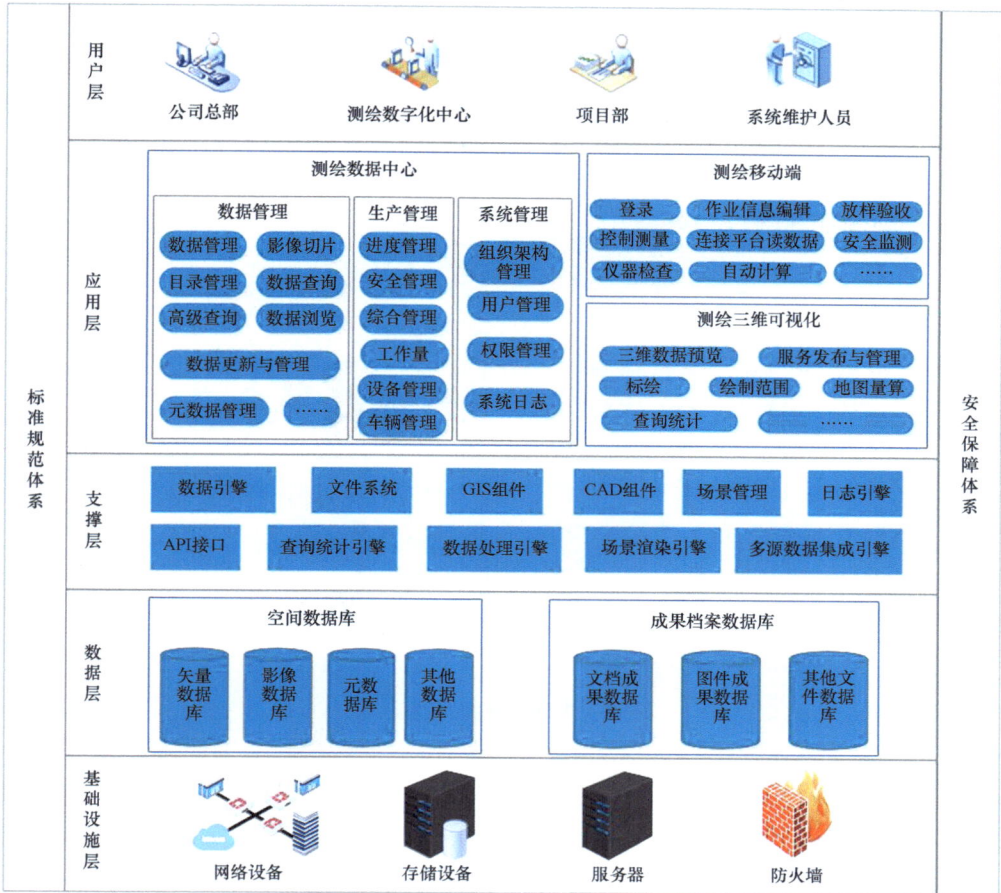

图 1 系统总体架构

2. 平台功能

智慧测绘数字化管理平台分为三个子系统,其中智慧测绘移动端子系统面向数据采集、智慧测绘数据中心管理子系统面向数据管理、智慧测绘三维可视化子系统面向数据展示和应用。整体业务架构如图 2 所示。

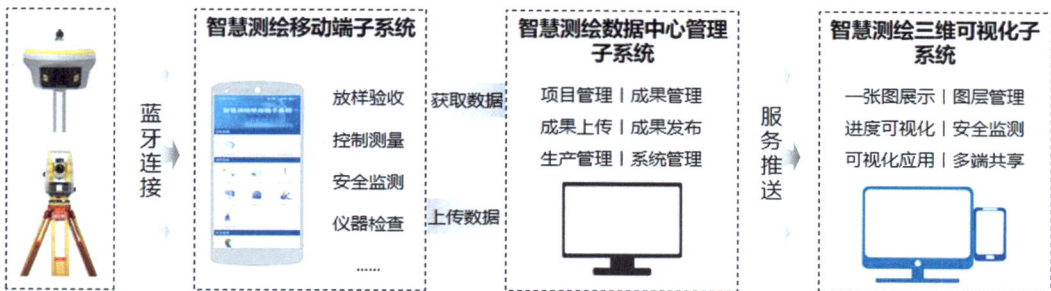

图 2 整体业务架构

43

1) 智慧测绘移动端子系统

智慧测绘移动端子系统主要功能包括放样验收、控制测量、安全监测、仪器检查、作业信息等。通过蓝牙连接设备，测量人员使用智慧测绘移动端子系统自动获取仪器数据，计算、生成结果报表，上传数据，保证了数据的真实性、及时性（图3）。

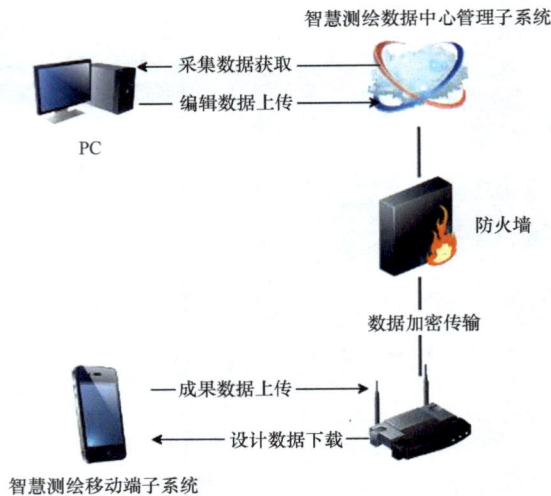

图3 内外业数据互通设计

（1）一键获取控制点数据。作业人员登录App后，可实时连接后台，一键获取并解析项目已有控制点数据（图4）。无须手动输入建站点、后视点等已知点坐标，节省外业时间，减少外业出错概率。

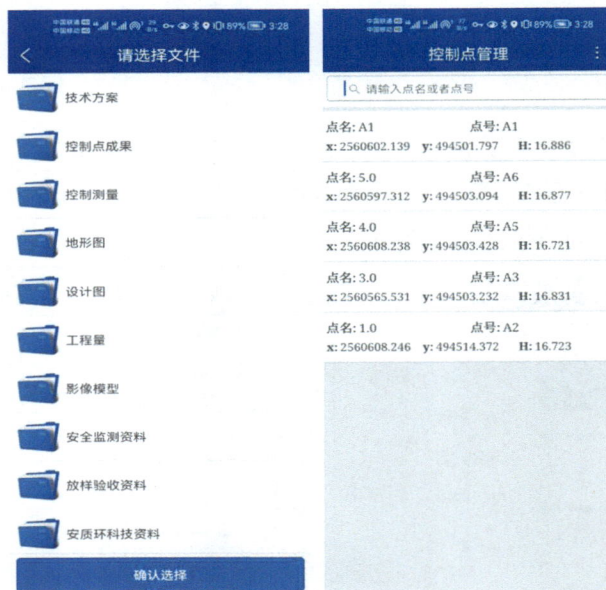

图4 数据一键获取

（2）测量仪器检查自动生成记录表并核算检验成果。利用 App 快速便捷地对全站仪 2C、指标差，GPS 测量误差，水准仪 i 角等进行检查，按设定格式输出检查成果表，并自动上传至测绘数据中心对应的项目（图 5）。

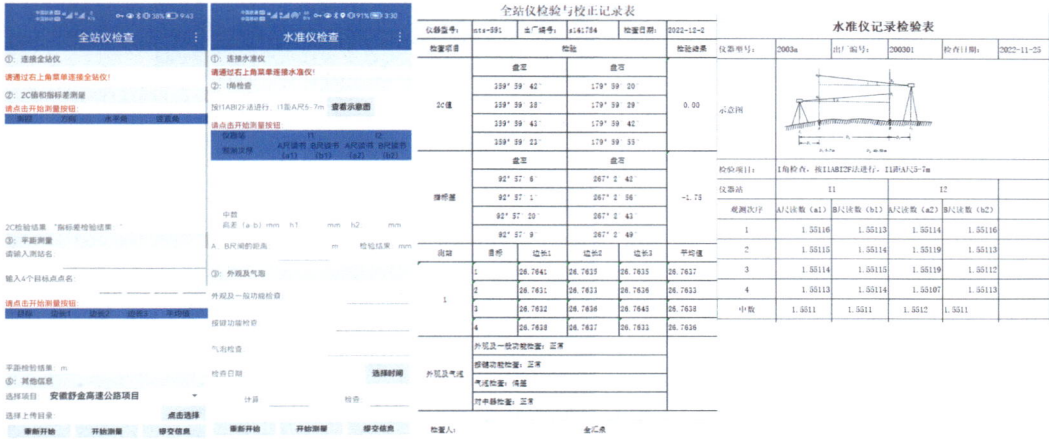

图 5　设备检查及结果

（3）预置多场景放样模式，测量数据一键自动平差，成果表单一键生成。App 内置多场景放样模式，提供常见场景下的放样综合解决方案，可减少在不同场景应用下多种测量 App 的频繁切换，极大地提高测量作业效率和操作便利性。生成的测量成果可自动生成表单，使作业更轻松；成果一键上传至平台，管理共享更便捷（图 6）。

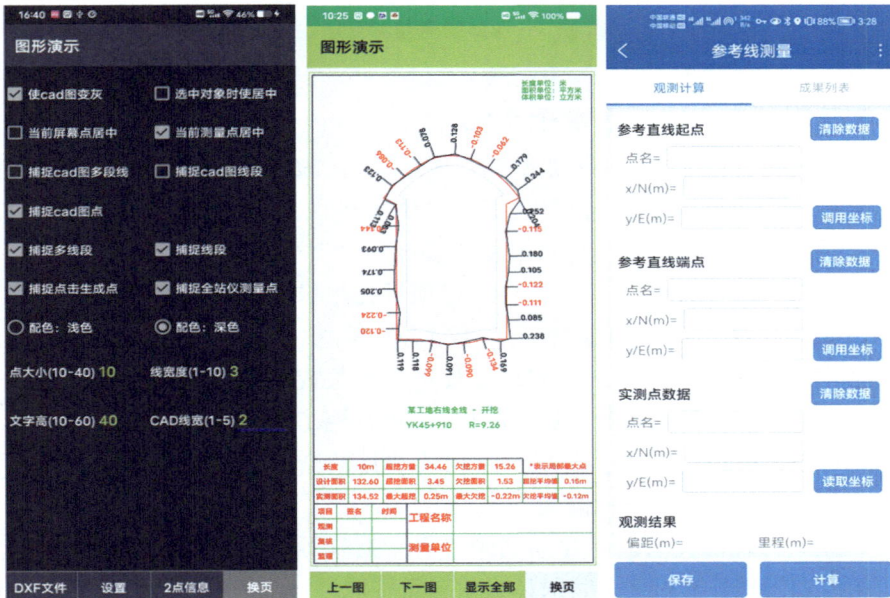

图 6　多场景放样

（4）智能化安全监测与预警。利用 App 一键获取平台上传的监测点号进行观测，观测数据一键上传至平台进行自动计算和管理，能够自动生成历史数据的形变图，并对超限点进行实时预警（图7）。

图 7　形体安全监测测量

2）智慧测绘数据中心管理子系统

通过统一的编码和标准，将测绘数据、成果及文档资料分类整理入库，形成统一的数据库，支持数据管理、查询、浏览、更新、数据导出，满足项目数据日常管理及应用需求，为项目数据的共享、交换与利用奠定基础。

（1）项目数据数字化管理。以各类工程项目为单位进行数据汇交登记入库、支持移动端测量成果自动入库，同时记录入库项目各类信息。

（2）测绘业务全流程管控。可实现工程项目相关成果的汇交、管理，以及基础数据库的更新和维护，并根据作业人员在测绘移动端子系统提交的工作文件等内容，对每个工程项目各项指标进行统计，实现测绘相关项目的全流程信息化覆盖，提升管理水平，创建高效、智能的数据管理模式。

（3）测绘成果标准化管理。建立测绘成果数据资源库，采用数据目录结构对成果数据进行组织和管理。通过建立目录体系对各类资源进行维护和管理，实现对测绘成果数据的标准化管理。

（4）海量空间数据轻量化。采用分布式存储的方式来管理和存储海量二三维时空大数据，针对多源异构数据，提供数据轻量化处理能力，解决三维数据结构复杂、难以兼容、数据体量大、细节缺失及展示困难等问题；将多源异构数据进行坐标转换、网格优化、采用不同策略算法等切片处理，实现三维数据流畅加载与漫游，减少场景浏览时的卡顿，解决三维数据轻量级融合展示及应用的痛点。

3) 智慧测绘三维可视化子系统

（1）多源数据融合处理。通过加强多源异构数据的高效融合能力，解决三维数据难以兼容、规模太大、细节缺失及展示困难等问题，满足多种类型数据叠加展示的需求，实现数据集成与统一服务。使用基于 WebGL 的全空间渲染引擎技术，采用 LOD、视锥体剔除、动态裁切、GPU 纹理压缩、实例化渲染、数据传输节流等方法优化空间数据可视化渲染机制，全面提升海量二三维数据的高效加载和实时渲染能力（图 8）。

图 8　多源数据融合展示

（2）三维可视化多端展示。通过三维浏览功能，实现三维数据的任意视角浏览，支持自动生成场景链接并发送至手机等移动端上进行浏览；同时，可利用全景浏览功能对固定场景进行 720°浏览查看（图 9 和图 10）。

（3）项目进度可视化管理。通过引入 BIM 模型和 WBS 工程进度，App 生成的测量数据与 WBS、BIM 模型、进度计划四者互相对应关联，实现实际进度与计划进度的动态可视化对比，以不同颜色及文字表示进度情况，将进度情况通过 BIM 模型进行呈现。

（4）安全监测实时化三维反馈。移动端测量得到的安全监测坐标实时回传，自动计算得到监测点的平面形变和沉降形变，并结合 BIM 实现监测点位置的可视化查看，多角度了解施工项目情况。

（5）三维可视化辅助决策。利用实景三维地图对项目场景进行辅助操作，将测绘采集的实际数据与 BIM 模型信息、施工业务数据进行智能对比分析，辅助各业务系统

图 9　电脑端浏览

图 10　手机端浏览

开展工程计量、进度管理、变更索赔、安全监测等相关工作（图11）。

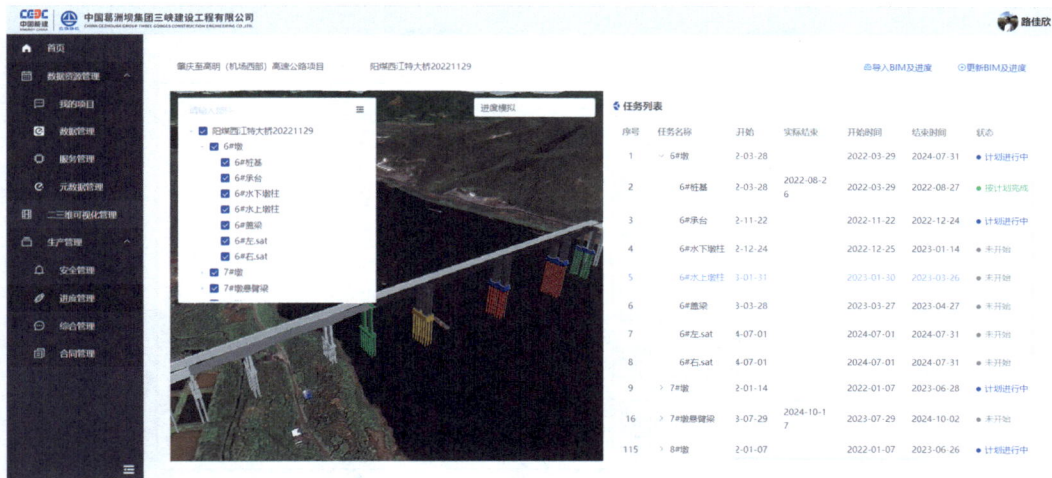

图 11　BIM 进度可视化

3. 典型应用场景

（1）控制测量应用。

控制测量主要应用于小型、紧急的控制测量任务，比较适用于房建、水利、市政等项目。优点在于流程简单、一键调用控制点、自动限差计算、自动记录、一键平差、实时上传标准化成果。

（2）放样验收应用。

通过移动测量 App 在各个项目中的应用，实现前端数据采集的自动化，提高测绘外业作业效率，保障测绘成果质量，降低测绘作业技术门槛，减少成熟测绘人才的需求。

（3）仪器检校应用。

为确保测绘仪器各项指标满足精度要求，必须每月对所用仪器进行常规参数的测定，高等级控制测量前后也要对其参数进行测定。采用 App 进行仪器的自检测定，提高了工作效率，提供了标准化成果。

（4）安全监测应用。

针对施工期安全监测，在多个项目中进行应用，在平台设置了预警阀值、预警信息提示、点位三维展示。历史数据在平台上统一管理，便于追溯和可视化展示（图12）。

（5）多源数据管理展示应用。

BIM 模型、无人机航拍模型、设计图等多源异构数据融合，在电脑、手机端便捷展示，实现施工现场个性化显示、可视化辅助管理决策（图13）。

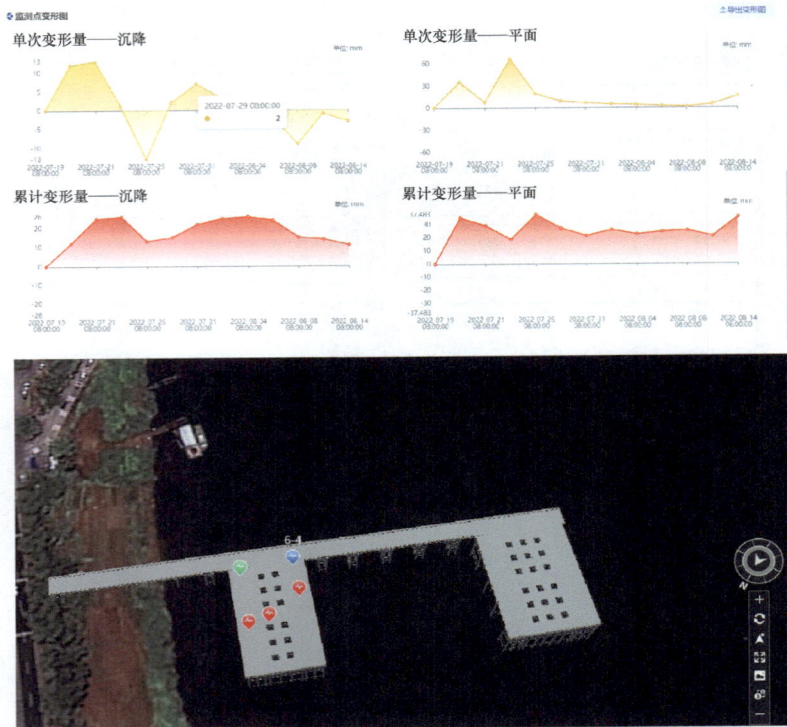

图 12 安全监测实时三维反馈

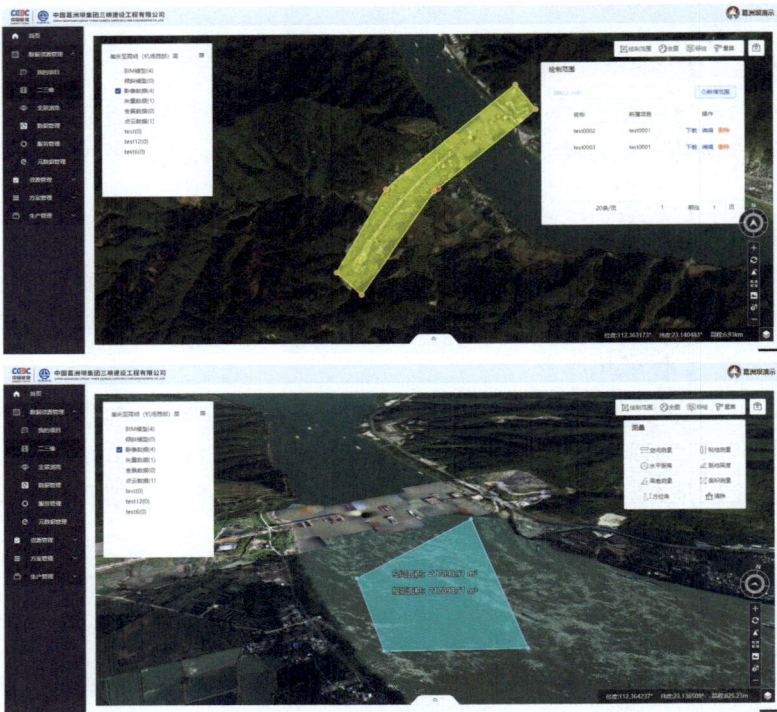

图 13 三维辅助决策

三、创新应用

本项目核心创新亮点主要体现在以下几个方面。

（1）测绘作业轻量化，大幅度提升工作效率。

开发智慧测绘移动端子系统，提供给现场施工人员进行使用，目的是实现测绘生产的数字化建设，减轻作业人员工作负担，提高测量工作的效率，增强数据成果的真实性、可溯性，降低测绘对作业人员技术水平的要求。一是控制点数据一键获取。二是设计图数据一键获取。三是设计参数一键获取。四是观测数据一键自动平差，实现测绘成果实时生成。五是定制化成果表单一键生成，实现测绘成果标准化输出。六是测量成果一键上传，实现测绘成果数字化管理，减少现场工序转换的等待时间。

（2）数据处理平台化，增强数据安全保密性。

一是建立数据中心管理系统，提高数字化管理水平。二是通过数据平台化处理，提高数据应用效率。三是通过数据加密处理，保障数据安全性。

（3）BIM+GIS可视化，强化数字孪生建设。

一是多源异构数据融合展示。二是通过轻量化处理，实现大体量数据无障碍浏览。三是按照集团公司项目管理系统工作分解结构（WBS）原则，将工程项目以实体工作组成维度进行分解。四是安全监测可视化。

（4）基础数据共享，促进业务工作协同。

将巨大海量的测绘数据和BIM数据从图形、文档、表格的形式转变为表单化、可共享的数据形式，让数据活起来。

一是加强主数据管理。二是数据标准化。三是工程量清单数据对比。四是数据共享多样化。

四、推广价值

1. 社会效益

（1）行业引导。

在工程项目管理和测绘领域，智慧测绘数字化管理平台一方面打破了传统测量作业生产模式；另一方面减少了管理人员数量需求，提高了管理效能。相对于该领域的数字化改革建设成果，平台总体达到国际先进水平，在测量内外业一体化应用方面达到国际领先水平，对于整个行业能起到很好的引导性作用。

（2）科技创新。

项目主要科技创新点包括：针对传统测绘内外业数据庞杂、分散的问题，提出了多源数据融合管理方法，开发了智慧测绘数据中心管理子系统，实现了各类空间数据集成管理。针对工程建设项目管理的需要，开发了智慧测绘三维可视化子系统，将三维GIS

与工程 BIM 有机融合，实现了工程项目在各类终端的可视化管理。针对施工测量实时化管理的需要，结合现代网络技术，开发了智慧测绘移动端子系统，实现了测量施工现场的内外业一体化，显著提高了工作效率和智慧化水平。

2. 经济效益

通过平台的运行，目前产生经济效益如下。

（1）采用内外业一体化的高效作业模式，可减少测绘出错机率，提高管理效能。在单个项目应用可减少 2~3 名专业熟练测量人员投入，提升测量工作效率 30% 以上，产生经济效益约 70 万元。在葛洲坝三峡建设公司 5 个项目共产生经济效益 350 万元。

（2）通过监测点号观测，进行形变自动计算和管理，自动生成历史数据的形变图，对超限点进行预警，实现危险大工程智能安全监测。在葛洲坝三峡建设公司 4 个项目应用，共产生经济效益 320 万元。

（3）实时采集项目工程量、进度等信息，基于 BIM 模型进行三维可视化实时进度监控，能够"一站式"全面、直观掌握项目总体情况，辅助分析与决策。在工程计量结算、进度管理方面产生经济效益 450 万元。

综上所述，通过智慧测绘数字化管理平台在上述在建项目的应用，产生经济效益共计 1 120 万元。

3. 推广价值

通过智慧测绘数字化管理平台的建设，能提升测绘作业效率，提高数据管理与利用率，打破传统测量作业管理模式，减少管理人员数量，提高管理效能。同时，通过高质量、规范化地汇聚和管理各类型测绘成果数据，能有效支撑后续测绘成果数据及工程业务数据在管理决策方面的应用，挖掘空间数据在不同应用场景中的价值，对测绘行业与工程项目管理数字化发展具有一定的推广价值。

鹰潭市云服务平台

潘伟华　陈泽林　吴敏格

鹰潭市大数据中心

一、建设背景

鹰潭市紧密围绕"国家 03 专项、城乡融合发展试验区、市域社会治理现代化试点"要求，全力打造"物联鹰潭"新品牌，进一步提升城市运行管理的智慧化水平，提高城市建设发展品质，打造"智慧美城"样板，率先探索出一条现代化中小城市精细化治理的"鹰潭模式"。技术上以新一代信息基础设施为基础、技术支撑中台为核心，建立标准规范，实现一源共享、全域物联；治理上聚焦"大城管""大民生"等融合创新应用，构建"一体化平台、一盘棋治理及一站式应用"的框架体系，支撑治理改革创新，推进治理体系和治理能力现代化。

项目建设内容主要包括：一是打造城市数字底座，实现共性支撑赋能，搭建城域物联管理、视频融合 AI 赋能、数据融合治理等共性技术支撑平台；二是聚焦数据支撑能力，建设人口、法人、地理信息等基础库以及信用、生态等主题库、专题库；三是建设"赣服通"和"赣政通"鹰潭分厅，推进政务服务"一网通办"，提升人民的获得感；四是推进"一网统管"应用场景建设，提升城市综合治理能力，包括智慧市政、智慧环卫、智慧渣土、油烟监测、智慧园林、智慧工地 6 大场景。

二、建设内容

物联大脑（物联鹰潭）建设采用"4+4"的主体设计思路展开。包括新一代信息基础设施、大数据仓、技术支撑中台、创新融合应用；4 大保障体系：安全保障体系、标准规范体系、运维管理体系和运营管理体系。

新一代信息基础设施：城域物联感知接入，接入鹰潭全域已建传感器设备，构建已建物联感知设备模型及接口，构建鹰潭市物联感知网络，如图 1 所示；搭建大数据基础平台，提供大数据基础平台的服务支撑能力。

大数据仓：建设人口、法人、地理空间和宏观经济 4 大基础库，人员、行为、城市运行管理、组织、政务服务、交通、平安、健康、生态、城域物联 10 大主题库，城市部件、城市事件、智慧园林、智慧环卫、社区基础信息、信用专题、项目全生命周期管理、城管网格 8 大专题库，如图 2 所示。

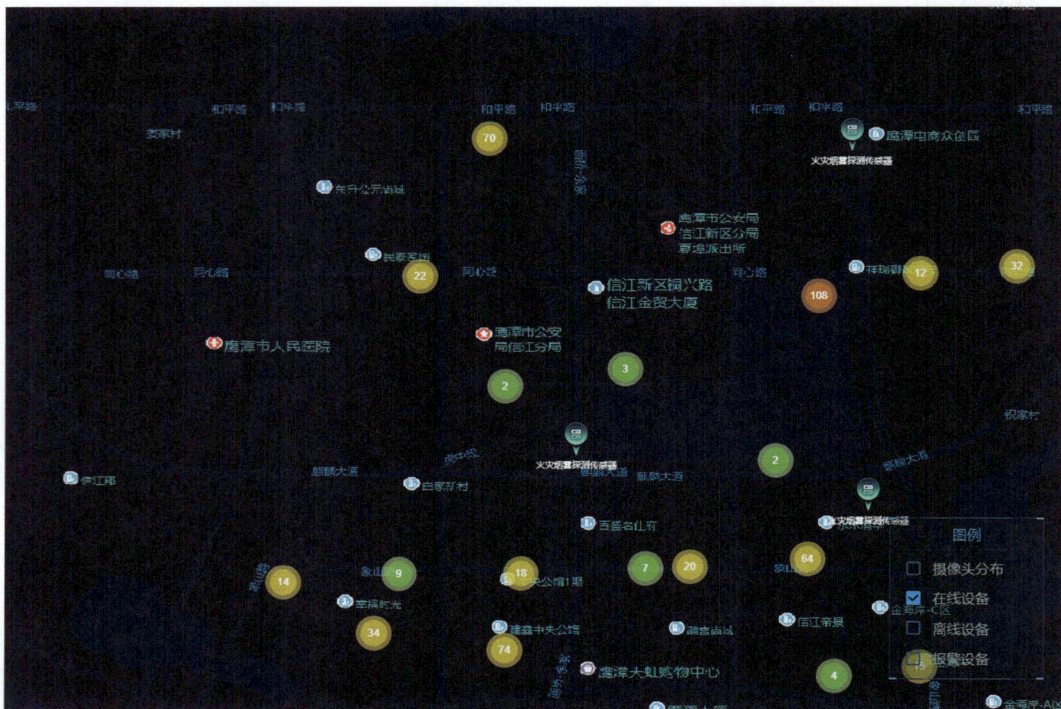

图 1　物联设备聚合撒点图

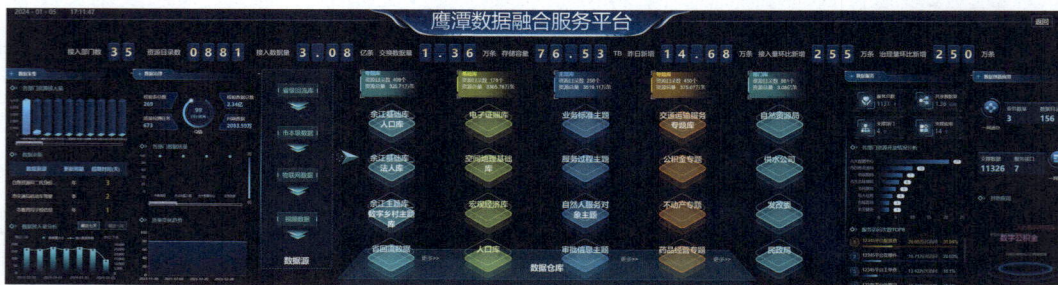

图 2　大数据仓统计图

技术支撑中台：城域物联管理平台实现鹰潭市全量物联感知设备的统一适配、集中管理、远程调控，为智慧城市的物联网多源数据管理和应用赋能；数据融合服务平台汇聚政务数据、互联网数据、城域物联感知数据，提供数据治理、数据交换、数据开放等能力，实现数据"聚、通、用"，有效支撑一网通办、一网统管等创新应用，全面打通数据孤岛；通用功能技术平台新建城市运行管理平台、空间地理信息平台、视频融合 AI 赋能平台、项目全生命周期管理平台，充分整合已有资源，集约化政府投资，为政府、企业提供共性支撑能力。

融合创新应用：主要包含一网通办和一网统管两大部分，一网通办融合创新应用包括 5 部分，其中，赣政通鹰潭分厅按照江西省数字政府建设要求，建设赣政通鹰潭市机关内部"最多跑一次"在线服务平台，实现"一号登录、一个界面、一网融合、一表通办、一键流转"；赣服通——鹰潭分厅结合鹰潭市本地化特点、特色，立足群众需求，在赣服通基础上打造"优政""惠民""兴业"的百姓服务平台，努力实现建设政务服务满意度一等地市。"互联网+社区养老"平台将在信江新区试点建立社区养老平台，打造实现政府监管、养老企业（运营商）、老人、子女、服务人员五方联动的智能化信息服务平台。数字乡村普惠金融实现个人金融信用查询、金融服务展现、一键申请等，提高金融服务城乡融合发展的效率和水平，打造城乡融合发展试验区数字普惠金融鹰潭样板。基于信用专题库，实现信用基础共享共用；构建多种信用模型，持续更新维护信用专题库，为企业、个人提供基于信用分的评估及预警服务。一网统管强化城市综合管理智能化应用，探索创新城市环境卫生、路面井盖井道、渣土车监管、油烟监管、智慧工地、城市噪声等热点、难点问题的智能应用场景和数字化解决方案。

安全保障体系：按照等保三级要求，通过端、网、云、应用、数据及安全管控各个层面的安全技术防护能力建设，形成物联大脑（物联鹰潭）的安全技术体系，全面保障物联大脑（物联鹰潭）安全。

标准规范体系：自顶向下从管理、技术、数据、安全 4 个方面提出物联大脑（物联鹰潭）建设的统一参考和要求，建设全面、统一、详细的鹰潭市信息化项目建设的技术体制和标准规范。

运营服务体系：根据鹰潭市信息化项目运行维护的实际需要建设完备的运营服务体系，明确安全运营管理要求，建设整套运营服务管理制度规范，在项目运营周期内有效支撑物联大脑（物联鹰潭）项目运营服务。

运维管理体系：建立贯穿城市物联网终端、数据资源、上层应用的运行运维管理体系，切实保障物联大脑（物联鹰潭）持续安全稳定运行。

三、创新应用

1. 平台整合

本着整合提升、适度新建原则，对鹰潭市已建的十多个共性支撑平台在系统功能上整合提升，在运营体系上进行统一，确保平台统一、运营统一、服务统一、标准统一，同时适度新建全市统一的物联网平台、空间地理信息平台、视频融合 AI 赋能平台（图 3）和城市运行管理平台，打通各平台的物联数据、政务数据、视频数据、空间地理数据等。

2. 数据共享

通过物联大脑共性支撑平台和大数据仓向全市提供数据赋能服务，成效显著。一是基于空间地理信息平台提供鹰潭市影像数据服务、倾斜摄影数据给月湖区公安局使用，

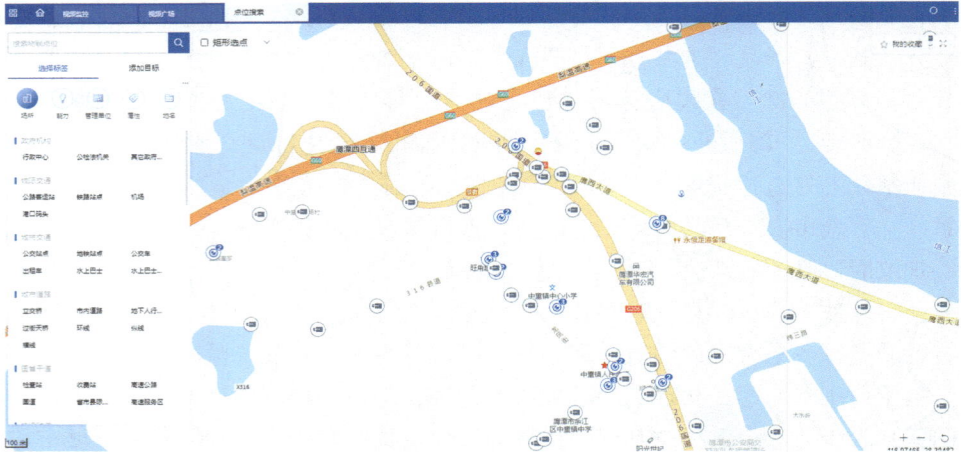

图 3　视频分类撒点图

提供数据服务给月湖区网格化平台使用，如图 4 所示。二是按需推动了部门数据赋能应用。为贵溪市网格化管理平台大屏展示提供了视频 AI 数据，丰富了平台功能，助力实现精准化管理；为气象局提供了滨江公园气象站温度、湿度、气压、风向风速等数据，支撑气象部门开展数据分析应用，促进植物生长；为住建局提供了鹰潭市房地产基础信息，支撑住房保障核查业务应用开展；目前，通过数据共享已完成 18 个业务应用场景的数据赋能，完成 90% 年度数据赋能目标，其中税务局、公积金、教育局、金融办相关部门取得初步成效。

图 4　空间地理信息平台三维地图

3. 集约化建设

目前，鹰潭市各委办拟建项目可通过实验基地已形成的共性支撑能力统一赋能，避免重复建设，从而减少政府投资。鹰潭市各委办拟建项目所需支撑能力，若本项目已经具备的，如城域物联管理平台、数据融合服务平台、空间地理信息平台、视频融合 AI 平台、城市运行管理平台的相关能力，本项目可结合拟建项目的实际需求，提供相关服务。一方面是直接提供相关的能力，如基础数据、AI 分析结果、地图能力等；另一方面可根据项目需要，提供相关增值服务，如某部门需要使用某区域的相关地图数据，本项目具备空间地理信息平台能力但还未采集对应该区域的地图数据，那么该区域的地图数据采集工作，可纳入本项目的增值服务内容进行采集，统一整合到空间地理信息平台后，向该部门提供服务。既满足了该部门的地图需求，又丰富了本项目的共性支撑平台数据，能够为鹰潭市其他委办提供更强的共性平台能力和数据内容，避免重复建设，最大限度地发挥投资效益，推进集约共享。

4. 赋能应用

本案例将 5G、大数据、人工智能技术和鹰潭市产业相融合，基于城市物联网平台、视频融合 AI 赋能平台和空间地理信息平台等各类共性支撑平台，赋能各类城市应用，构建业务融合型标杆示范。具体应用包括以下 4 点。

（1）智慧园林。对公园重点区域加装视频监控、喊话设备，对不文明现象进行监督、取证、劝阻，进行播报消息、紧急事件通知等便民服务，如图 5 所示。对重点区域加装物联网传感设备，如古树名木倾斜探测、土壤湿度检测、井盖传感等，实现自动报警、远程调度，减少园林安全隐患，提高园林养护水平，提高园林管理的工作效率。

图 5　智慧园林设施统计分布图

（2）智慧油烟。改变传统的油烟问题人工巡查或被动发现的方式，依托物联网对油烟超标排放的餐饮企业进行快速锁定，100%固化油烟执法佐证，提升油烟问题处置执法效率，如图 6 所示。

（3）智慧环卫。统一管理各级单位环卫设施设备的数据上报、信息更新渠道，通过信息化手段，对保洁员、环卫车辆，进行作业全过程监管，如图 7 所示。

（4）智慧工地。建立工地科学考核机制和人员实名制系统，提高监管效率。通过

图 6　油烟监测点位告警图

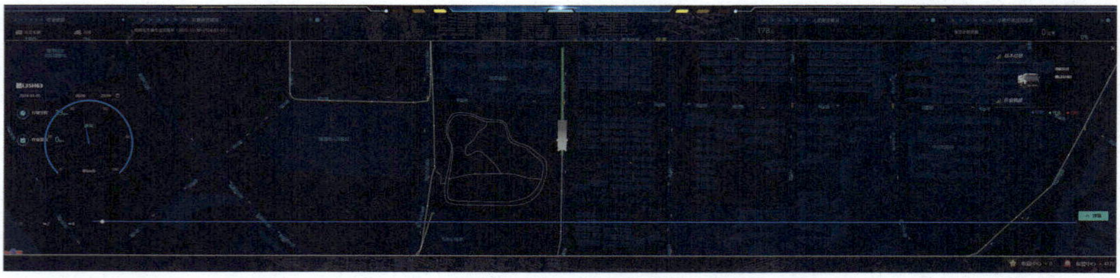

图 7　环卫车辆轨迹监控图

AI 技术实现对"人的不安全行为""物的不稳定状态"的智能预警，发现问题立即通知施工单位整改到位，提升非现场监管效能，有效减少特种设备操作人员违规作业现象，如图 8 所示。

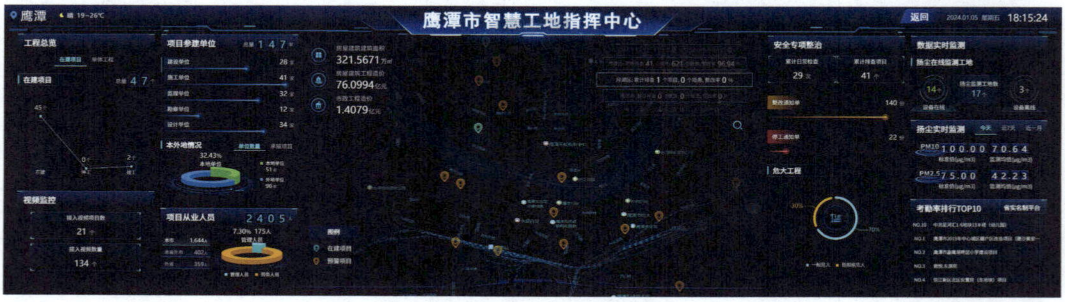

图 8　智慧工地数据统计图

四、推广价值

　　本案例于 2021 年首次运用于江西国际移动物联网博览会，会上展示了鹰潭市物联网建设、智慧应用、信息安全、示范试点等领域的建设成果，按照"小步快跑、分步实

58

施"的建设思路，紧扣"织密城市一张网、高效处置一件事"，鹰潭正式上线了"一网统管1.0"，将全市各平台的事件应联尽联，接入"主动、被动、自动"三类事件，构建了最全数据大脑。在鹰潭馆"一网统管"展区汇聚了12个智慧应用场景，初步展示了鹰潭"一网统管"建设的最新成果，并实现了鹰潭市月湖区网格化试点的探索，通过构建市区两级一网统管平台，打通市区城市管理业务上下联动的通道，对事件的处置全过程进行实时监管，确保处置的及时性，及时反馈效果得以保障，并落实城乡融合发展试验区要求，市、区两级平台联合高效处置了百姓身边的"关键小事"，这一件事情的及时处置增加了百姓的获得感，真正做到"实战管用、基层爱用、百姓受用"。本案例率先探索走出一条现代化中小城市精细化治理的新路子，形成了一套能输出、可持续、可复制的特色中小城市智慧城市建设经验和成果，可以在全国范围内进行复制推广，打造中小城市的现代化治理样板。

1. 经济效益

本案例将充分利旧，为智慧应用提供统一的、规范化、流程化的跨云、物联感知终端的统一管理与运维运营服务，降低基础设施成本，建立城市数据汇聚治理能力，从根本上解决各级部门数据分散、政务信息孤岛的问题，优化政务服务流程，减少群众、企业的办事成本。借助数据融合服务平台开放的政务数据可以转化为产品服务企业和个人，促进 IT 人才就业，带动城市电力、信息、地下管网等基础设施全面向智能化、集成化转型，创造大量的知识型、技术型就业岗位，实现产业经济发展和社会投资发展的高价经济效益。

2. 社会效益

本案例可使公众与政府能够共享政府数据资源，提升服务型政府形象。增强各级管理部门的公信力，改进服务质量，从而加快向服务型政府的转变。通过数据资源的整合汇聚，为政府结合城市自身特点进行智慧发展和智慧决策奠定基础。为市民提供全面、便捷的公共服务，提升民众对政府服务的满意度。政务数据的开放，为政府面向企业、公众提供了必要的创新服务平台，可以带动移动互联网产业、大数据产业及数据服务产业的发展，为社会中小企业提供创造的平台，同时让大数据时代最重要的生产资料数据自由地流动起来，以催生创新，推动知识经济和网络经济的发展。

滨湖区网络安全管理平台

肖　鹏　尤国涛　刘　炜

无锡市滨湖区区域社会治理现代化指挥中心
中国移动通信集团江苏有限公司无锡分公司

一、建设背景与意义

1. 建设背景

1）贯彻落实国家网络安全工作要求

国家安全工作是党治国理政一项十分重要的工作。2014 年，习近平总书记创造性提出总体国家安全观，涵盖政治、军事、经济、文化、网络等诸多领域，为新时代国家安全工作指明了方向。当前，国际环境日趋复杂，我们面临的国家网络安全问题的复杂程度、艰巨程度明显加大。2018 年，习近平总书记在全国网络安全和信息化工作会议上强调："没有网络安全就没有国家安全，就没有经济社会稳定运行，广大人民群众利益也难以得到保障。"2024 年是总体国家安全观提出十周年，深入推进国家网络安全工作建设具有重要现实意义。

2）落实滨湖区网络安全建设要求

推进建设滨湖区网络安全，统筹规划"3+N+1"框架体系建设，实现城市治理"一屏统览，一网统管"，新型智慧城市建设取得了显著成效。随着智慧城市建设蓬勃发展，各种创新应用与服务都离不开互联网、物联网等网络基础设施的保障与支撑，随之而来的网络安全问题日益突出，服务中断、勒索软件攻击、信息泄露等问题屡见不鲜，对智慧城市的日常运营造成了巨大的风险与安全隐患。因此，一个强大而高性能的安全平台，是保障滨湖区网络安全的重要基础。

在保障滨湖区网络安全的同时对数据安全进行了纵深防护，实现数据价值的最大化，充分利用全区数据资源，打通数据壁垒、消除数据孤岛、挖掘数据最大价值，已然成为滨湖区数字化转型和推动数字经济高质量发展的关键。

3）现阶段网络安全形势复杂

一是严峻的网络安全形势对安全运营水平提出高要求。云计算的普及和数字化转型的加快使网络威胁呈指数型爆炸增长，威胁源、威胁类型、威胁事件加速迭代且相互交织利用，隐蔽性和针对性极强，对工具和事件间的联动协作能力要求越来越高。二是新的业务风险与传统安全防护存在矛盾。政务与科技的深度融合也衍生出了更多服务场景和业务场景，网络安全与政务应用业务、日常业务及活动关联更为紧密，导致其安全运营难度及需求增大。三是安全运营人才稀缺。当前科技时代下，新兴技术的人才仍然匮乏，网络安全运营需要去适配个性化以及更深层次的需求，并基于未来发展打造更全面的安全防护和更有力的应急响应。

2. 建设意义

整合多个安全工具信息，建立滨湖区网络安全信息系统全面安全画像，提供整个网络环境的综合视图，直观呈现资产的网络安全状态，实现网络安全防护的"挂图作战"。

1）外部攻击防护

提供实时监测和警报功能，快速发现网络攻击、病毒木马传播、漏洞隐患等风险威胁，通过入侵检测和防火墙等技术，及时发现并阻止未经授权的访问和恶意行为，解决了网络安全管理平台及项目系统面临的外部黑客攻击威胁。

2）内部威胁监测

通过行为分析和权限管理技术等，强化身份验证机制，监测用户网络活动模式，快速识别并记录异常文件访问、大规模数据传输等异常事件，监测和预防了内部威胁和权限滥用行为。

3）数据隐私保护

解决了客户对敏感数据的隐私保护需求，采用了数据加密和访问控制措施，确保只有授权人员可以访问和使用数据，提高了数据采集、存储、处理、应用、提供和销毁等数据全生命周期的保护能力。

二、建设内容

1. 基础平台

无锡市滨湖区网络安全管理平台依托移动政务网络安全管理平台，通过云 Web 防护、云堡垒机、云防火墙、云日志审计等安全资源，构建完善的技术防御体系和统一的安全运维体系，筑牢可信、可控的城市全域网络安全体系，提升信息安全管理、防御和运维能力。

1）网络架构

滨湖区网络安全建设是以一体化的云服务平台，通过提供独立的物理资源池，以云服务的方式承载无锡市滨湖区城市数字平台和丰富的城市智慧应用。总体网络架构由电子政务外网和互联网两大网络区域组成，基于网络安全和业务需求，政务外网区和互联网区通过服务管理区进行逻辑隔离。另外，网络安全管理平台就近部署在无锡本地机房，可减少服务时延；数据本地保存，满足无锡市滨湖区网络安全合规、稳定、可靠和极致的性能体验。网络安全管理平台网络架构如图 1 所示，采用双核心的集中式网关部署模式，整体网络架构依据功能的差异不同分成三层，即云边界、核心层和接入层，在这三层均采用双设备冗余部署，以便于保证网络的可靠与稳定，降低单点故障的安全风险。

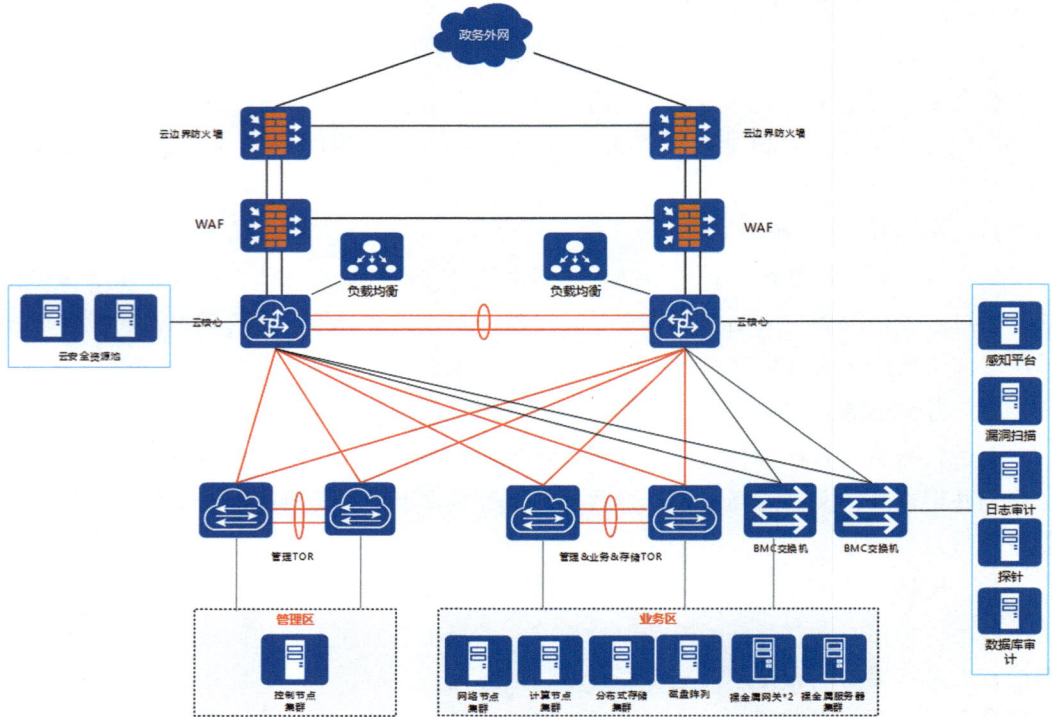

图 1　网络安全管理平台网络架构

2）技术架构

网络安全管理平台主要由基础设施层、资源池层、云服务层、展现层和管理域组成，如图 2 所示。

基础设施层：基础设施层指的是无锡市政务网络安全管理平台实际运行的物理设施（包含计算服务器和存储服务器），通过网络交换机、路由器、防火墙组网互联。

资源池层：将基础设施层提供的硬件设备按照逻辑功能的不同划分为不同功能的资源池，按照提供服务能力的不同可以分为基础服务资源池和数据服务资源池。

云服务层：云服务层作为云服务的后端实现实体，主要完成服务的封装和对资源的自动化分配、使用，实现云资源服务的发现、路由、编排、计量、接入等功能，实现从资源到服务的转换，为数字政务建设提供基础性、通用性、标准化的网络安全管理平台服务，包括基础云计算存储服务、网络安全及大数据平台服务等。

展现层：是网络安全管理平台的对外呈现，分为用户门户及管理员门户。用户门户面向终端租户/用户，管理员门户面向系统运营/运维管理员等。租户/用户可通过服务

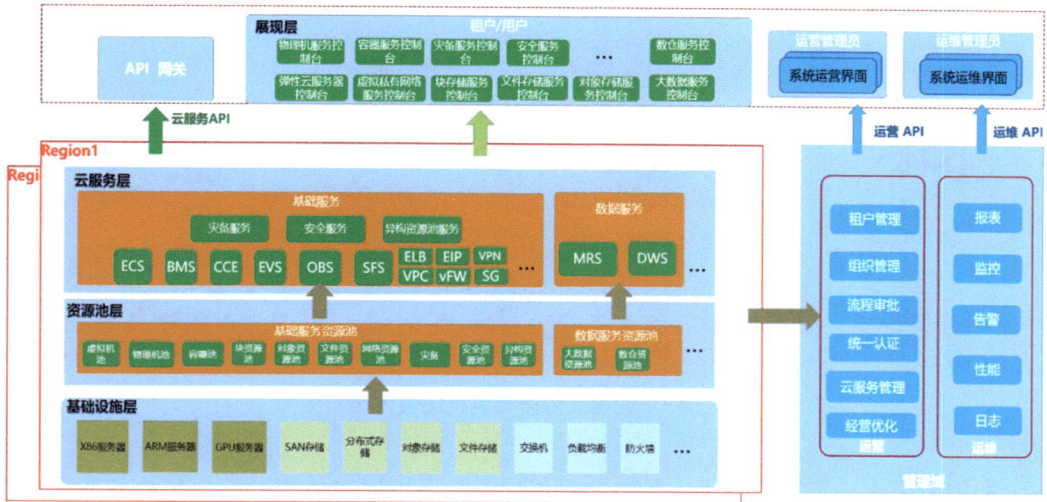

图 2 网络安全管理平台技术架构

控制台自助实现对服务的申请、使用、监控、删除等生命周期管理的操作，运营/运维管理员可以通过管理员门户完成对系统的管理。

2. 应用系统

1）主要系统

依照电子政务外网系列安全标准（GW0204—2014）进行整体网络规划，满足电子政务外网接入和统一出口，以及带外安全管理、业务系统隔离、数据安全交互的标准规范要求。

遵循等级保护标准，进行"一个中心，三重防护"设计和安全措施部署，满足云安全专项标准中对安全责任的明晰；虚拟化安全措施部署和要求满足安全防护、检测、响应三个维度；通过安全设备的安全防护，以及部署边界安全防护措施，有效满足区域边界的访问控制、攻击防护和入侵防范；部署的下一代防火墙、威胁检测探针，均具备2~7层双向安全检测能力；可以和安全管理中心、安全服务云端良好互动，保障快速响应能力。

安全域的划分是安全体系构建的基础，每一个安全边界所包含的区域都形成了一个安全域。这些区域具有不同的使命，具有不同的功能，分域保护的框架为明确各个域的安全等级奠定了基础，保证了信息流在交换过程中的安全性。

严格按照电子政务外网相关标准，以及信息系统的重要性和网络使用的逻辑特性划分安全域，将划分如下确定的安全域。

各委办局通过该区域，连接到电子政务外网网络核心区，访问、使用部署在政务云上的业务系统，如图 3 所示。

为通过电子政务外网接入的各委办局工作人员提供网络交换，访问电子政务相关业务系统；为运维管理人员提供带外的运维管理交换通道。

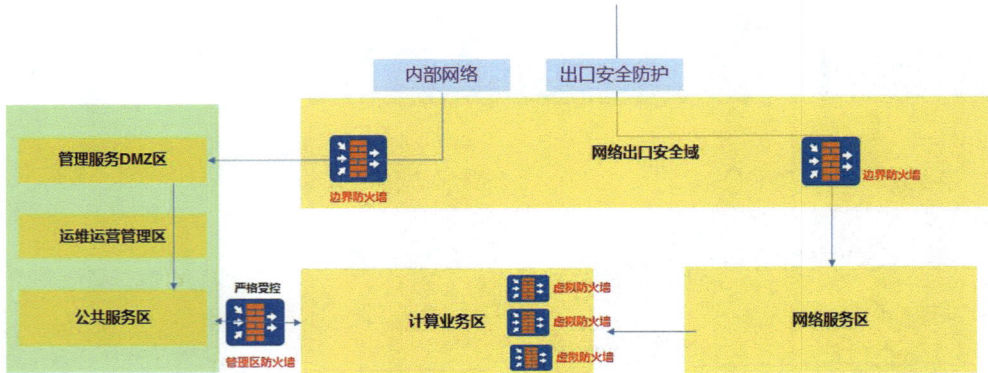

图 3　政务云安全系统网络接入区

利用虚拟化、资源池技术向各委办局提供业务系统迁移前测试服务和业务系统承载服务，包括提供计算、网络和安全等 IaaS 资源。

为各委办局提供数据库中间件形态的 PaaS 以及 IaaS 服务。

安全运营中心系统采用"3+N+1"框架，包括 3 个一体化安全、N 个安全原子能力、1 套安全运营服务，如图 4 所示。

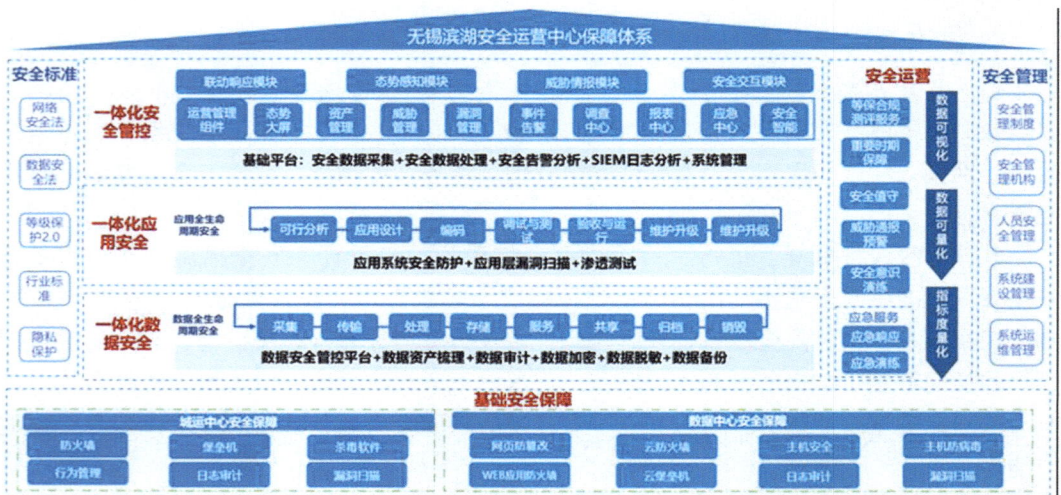

图 4　安全运营中心系统"3+N+1"框架

一体化安全管控中心：实现对全网威胁的统一感知、定位、决策和处置。基于 AI、威胁情报、大数据技术，提供 7×24 小时安全监测服务，为滨湖区城运中心、区域内关键基础设施单位建立监测预警体系，构筑应急联动响应能力（图 5）。

一体化应用安全：统一进行应用安全保障框架的基础能力建设，避免单个应用出现安全短板导致大面积的系统失陷。一体化应用安全功能主要包括：提供业务应用上线前的渗透测试服务；部署 Web 应用安全防护系统保障系统上线后的安全。图 6 为当前接

图 5　平台及业务模块框架

入的系统资产漏洞情况。

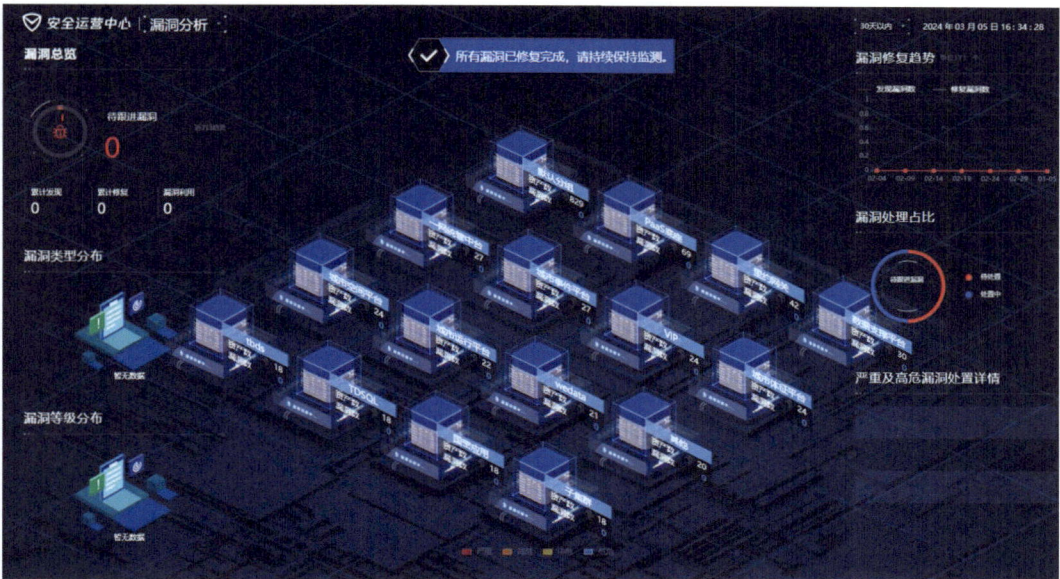

图 6　安全运营中心资产漏洞分析

一体化数据安全：从数据平台面临的安全风险出发，构建全生命周期的数据安全保障方案，主要面向数据平台构建整体数据安全防护体系，围绕数据安全资产管理和数据流转过程中的安全进行设计，实现数据分类分级保护，数据传输/存储的加密，基于数据表和字段的严格访问授权，强化 API/数据库表调用的审计。

基础安全保障：包括区域运中心以及数据中心安全保障，区域运中心提供防火墙、堡垒机、杀毒软件、行为管理、日志审计以及漏洞扫描等模块，数据中心提供网页防篡改、云防火墙、主机安全、主机防病毒、Web 应用防火墙、堡垒机、日志审计、漏洞扫描等模块。

2）应用效果

网络安全管理平台通过构建网络安全系统，成功解决了系统面临的网络安全及数据安全方面的问题。该解决方案提供了全面的安全保障，有效地防止了恶意攻击、数据泄露和未经授权访问等，平台的数据和业务得到了可靠的保护，业务连续性得到了有效的保障。

（1）政务云安全系统。一是保障数据安全。敏感数据得到有效的加密和访问控制，数据泄露的风险大大降低。二是快速发现和应对威胁。威胁检测系统能够及时发现各种威胁，配合快速响应机制，有效地减少了潜在风险和损失。三是保障业务持续运行。通过高可用性的云平台架构和灾备措施，保障了业务连续性，避免了因网络故障或攻击而导致的业务中断。

（2）安全运营中心系统。一方面提升无锡市滨湖区网络安全防护等级，促进新城产业数字化转型，全面提升无锡市滨湖区重要单位和业务系统的安全防护等级；另一方面提升新城网络安全统筹管理能力，建立区级安全运营中心，构建全域安全大脑，形成区域级的网络空间安全预警监测体系，积极响应"全天候、全方位"感知网络安全态势的大战略。

三、创新应用

1. 采集多源数据，构建安全数据湖——对应数据汇聚、数据接口

SOC 构建了日志归一化引擎，实现对各类第三方安全数据进行实时归一化和上下文、情报富化，标准化输出能够支撑多维风险监测的标准化分析对象 Security Logs/Events（安全日志）。经过归一化的安全日志多达 290+字段，用于威胁分类、检测、分析、统计和报表输出。其中，安全日志基本字段类型包括如下维度：日志源、数据类型、基础属性、账号认证、URL 域名、源目的 IP 信息、主机、文件、容器、注册表、Events、流量日志、威胁情报、关联事件、数据库事件等。

SOC 的威胁监测功能，由归一化引擎通过插件方式提供了高可扩展、易用的外部安全数据接入方式。对于新增、需要风险监测和运营的安全设备，通过产品界面配置数据归一化映射策略，即可生成引擎支持的归一化插件，灵活实现对新增安全数据的威胁监测。

SOC 支持不同来源、不同类型、不同格式的数据聚合能力。具体数据源包括以下几方面。

（1）网络流量：通过将核心交换或其他网络节点上的流量旁路到智能态势感知平台的流量探针。

（2）设备、主机和系统日志：支持主流网络设备日志、Windows 系统日志、Linux 系统日志等。

（3）业务及应用的日志：Web 服务器日志（IIS 日志、nginx 等常见 Web 日志）、代理服务器日志、FTP 日志、VPN 日志、RDP 日志、主流数据库日志等。

（4）安全设备事件日志（告警日志）：支持安全设备、安全软件的安全事件日志（蜜罐、哈勃沙箱的分析日志）、防火墙、WAF 的拦截日志以及终端安全软件日志。

另外，对多来源日志不同安全价值区分存储时长，平衡安全运营 ROI，构建安全运营大数据湖。针对不同数据源分析、使用场景，首次提出安全数据的温热分离，将高频使用的高价值数据存储为热数据，低频使用但仍有中高分析价值，或者直接将低价值数据作为温数据存储，根据需求进行基于列的数据搜索，为使用单位节省大数据量的存储开支的同时，也保证分析查询的响应效率。

2. 基于网络流量的分析检测技术——对应数据汇聚、数据接口

在网络流量分析方面，SOC 拥有流量抓包与协议分析引擎，具备完善的协议解析能力，支持 TCP、UDP、HTTP、DNS、DHCP、SMTP、POP3、IMAP、NFS、SMB、FTP、TFTP、VPN、VLAN、MSSQL、MYSQL、ORACLE 等协议识别与解析，可解析出元数据进行存储。能够对网络通信行为进行还原和记录，供安全运营管理人员取证分析，还原内容包括 TCP 会话记录、Web 访问记录、SQL 访问记录、DNS 解析记录、文件传输行为、SSH 登录行为、FTP 登录行为等，并且支持全流量报文、HTTPBODY、SQL 语句等进行存储溯源。对于使用代理的流量，探针支持针对 X-Forwarded-For 字段的解析，分析出真正的攻击源 IP。

针对云场景，支持 VXLAN、VLAN、GRE、IPtunnel 等隧道协议解析，可通过流量分析解析出真实的 CVMIP、租户 ID、VPCID 等，从而在云场景下发挥更大的作用。可以通过 SMTP、IMAP、HTTP、FTP、SMB 等协议对传输的文件进行还原，包括 EXE、DLL、OCX、SYS、COM、APK 等常见可执行文件，RAR、ZIP、GZ、7Z 等压缩文件，word、excel、pdf、rtf、ppt 等文档文件以及 php、jsp、asp 等脚本文件。

对于无须分析的流量，流量引擎可配置规则进行过滤丢弃，从而提高分析性能与节约存储空间，例如 WEB 视频流量、监控视频流量等。

SOC 具备领先的威胁检测识别能力，可以检测已知的各类威胁，包括 Web 攻击、漏洞攻击、僵木蠕毒、命令执行、数据泄露、扫描探测、APT 攻击等。

3. 多源事件关联分析，高效分析已知攻击——对应数据分析、监测预警

SOC 平台支持基于 Flink 技术的实时关联分析引擎，对多源、异构、多维上下文信息进行实时关联分析，对前置威胁检测设备输入的海量告警日志进行分类、过滤、聚合和关联加工，告警策略融合腾讯安全多年安全运营经验，帮助使用单位提升告警准确性的同时，也为其弥补传统安全检测能力的不足提供了能力支撑。

平台内置两大类运营主题、70+安全场景、900+关联规则，提供开箱即用的安全告警策略，可覆盖绝大部分 IT 网络攻击。另外，使用单位也可以灵活自定义符合其业务

需求的关联规则。

两大类安全运营主题：通用场景和重保场景 70+安全场景：扫描探测、钓鱼邮件、Web 投递、DDoS、账号安全、Web 攻击、网络攻击、恶意软件、C&C、主机安全、持续性扫描、持续性攻击、Web 安全场景、漏洞攻击成功场景、账号安全场景、内网渗透、对外攻击、主机失陷、APT 行为、知名 APT 组织等。

4. 安全智能 AI 分析，聚焦关键对象和优先级事件——对应数据分析

SOC 汇聚了大量来自其他安全设施的流量日志、安全日志事件。针对百万级别的安全告警，SOC 采用了传统关联引擎和基于安全知识图谱、时间序列分析算法等多维度智能分析引擎相结合的方式，实现从大量安全事件中提取关键事件、生成具有优先级的告警信息。

SOC 当前机器学习检测框架能够对 C2 通信流量进行全面检测，详情如下。

基于 DNS 协议：DGA 域名检测、可疑域名检测、DNS 隐蔽隧道通信行为检测。

基于 TCP/UDP 协议：使用不基于特征的智能检测模型从网络流量中识别到恶意软件的通信流量，如心跳通信行为检测，识别出疑似失陷主机和 C2 服务器。

攻击关系知识图谱：SOC 提供多种图挖掘算法进行安全事件分析，将图挖掘算法（如 pagerank 算法、louvain 社区发现算法）与关联规则结合，进行威胁量化和攻击图谱的可视化。安全运营人员可以从全局视角查看攻击 IP 关系与事件的发展链路，以提高对异常事件的感知度。

IP 和资产序列分析：SOC 提供一些无监督异常检测方案，针对具有周期序列的异常访问与登录、慢速爆破等安全场景的检测。支持根据检测出的异常事件程度进行优先级的排序与事件追溯。

5. 用户实体异常行为分析（UEBA），发现内部违规风险——对应数据分析

SOC 平台采用安全大数据和智能 AI 分析技术，对用户和设备等关键对象的行为进行细粒度、长时间尺度的持续分析、建模，及时发现偏离模型的异常用户或设备；通过定义关键活动，自动还原和追溯基于用户或设备的行为活动记录，按时间线还原异常行为路径；基于异常检测策略和风险评分策略识别异常行为，并将异常行为按场景归纳合并，使用单位可一目了然地知悉导致用户和设备异常风险得分的趋势和原因。

UEBA 模块为安全分析人员识别优先待关注和处理的用户或设备，并自动关联调查上下文证据信息，辅助其决策判断，进一步提升政府部门安全运营针对内部违规、内部威胁、未知行为和高级威胁的检测与识别能力和效率。UEBA 模块内置了 11 大场景、34 类子场景和 120+异常检测规则。

6. 运营分析以及展示层——对应态势展示

SOC 平台为各层次用户提供可视安全，让安全看得见可评价。安全 BI 支持安全分析人员创建监测仪表板进行实时监控。统计报表为安全管理人员提供统计分析工具，定期对安全运营各维度指标进行复盘。3D 态势大屏为安全管理领导层宏观呈现全局安全

态势，为其对业务安全的持续改进和决策提供全局视角。

基于对用户心理、交互行为和安全的理解，SOC 的可视化呈现方式引入了腾讯在大屏展示方面的优势，利用先进的可视化技术打造了 3D 可视大屏，用户很容易看清业务、看见风险和威胁。同时，SOC 提供高度自定义视图模式，根据业务主题创建监测仪表板，能够让安全运营管理人员更高效地进行风险监测、威胁处置和溯源分析。

提供多块针对不同安全场景的 3D 可视化大屏，包括漏洞分析、告警态势、外部攻击态势、内网攻击态势、系统运行态势、攻防总览、综合态势、攻击态势、资产态势、威胁态势、脆弱性态势、流量态势和租户安全运营大屏，可以直观监测各项值得关注的安全数据。

7. 安全运营工单——对应监测预警

SOC 为使用单位提供处置工单模块，支持人与人、系统与系统之间的处置协作，高效提升日常安全运营效率，并为安全管理者提供安全效率评价指标，支撑其进行科学的指导与管理运营工作。

平台支持单位创建人工处置工单，可基于告警、漏洞和自定义事件，发起工单流程。支持工单在跨团队多人之间流转，并融合腾讯安全攻防实战经验，按处置流程指导各单位对事件分级、分类进行响应处置。主要的处置阶段包括：事件发现、研判、抑制、根除、溯源和关闭。

8. 自动通知策略——对应监测预警

SOC 支持将告警事件通过多种手段通知到人，实现了系统与人之间的协作，及时通知安全运营人员登录平台处理告警。支持通过系统消息中心、邮件、短信等方式通知到人，支持用户自定义通知策略，通知内容支持引用告警变量，更准确和灵活地描述告警事件具体关键属性，例如攻击 IP、受害者资产名称和告警等级等关键信息。

9. 联动阻断封禁——对应监测预警、数据接口

SOC 联动腾讯天幕，在不影响业务的同时，通过向源 IP 和目的 IP 发送 RST 包干扰网络连接，达到对 TCP 流量的阻断效果。腾讯天幕支持百万量级规模的 IP 封禁，阻断率可达 99.99%，该设备可为安全团队提供网络层面的封控管理。

另外，针对网络中部署了代理服务器或者负载均衡的场景，通过 XFF 字段来回溯攻击源 IP 地址。支持一键开启 XFF 阻断，自动封禁 XFF 中的原始 IP 。针对内外部红蓝对抗和网络实战攻防等行动（"等保测评""护航行动"等），可以提供高效稳定的全局攻击源封禁能力。

10. 安全数据归一化与风险监测

安全运营中心专有云 SOC 构建了归一化引擎，通过 SOC 类产品对政务 IT 环境中多源、异构、繁杂且规模庞大的各类安全数据进行统一有效的风险监测和深入分析，实现对各类安全数据的实时归一化和情报富化，输出能够支撑多维风险监测的标准化事件。

1）支持风险监测维度

经过归一化后的标准化事件拥有多达 250+ 字段。其中，基本类别包括基本信息类

字段、资产和 GeoIP 等信息字段、安全相关字段等。

对于告警，除了基本的信息类字段，专有云 SOC 还从网络攻击、入侵的角度定义了"攻击意图""攻击策略"和"攻击方法"字段，实现精准的威胁和案件的管理。

2) 支持行为异常监测

UEBA 使用包含机器学习在内的多种分析方法，对组织内部人员（雇员、员工）、外部人员（第三方供应商、承包商）、实体（端点、服务器、账户、终端）、应用程序的行为以及安全设备的安全事件进行持续分析，如图 7 所示。

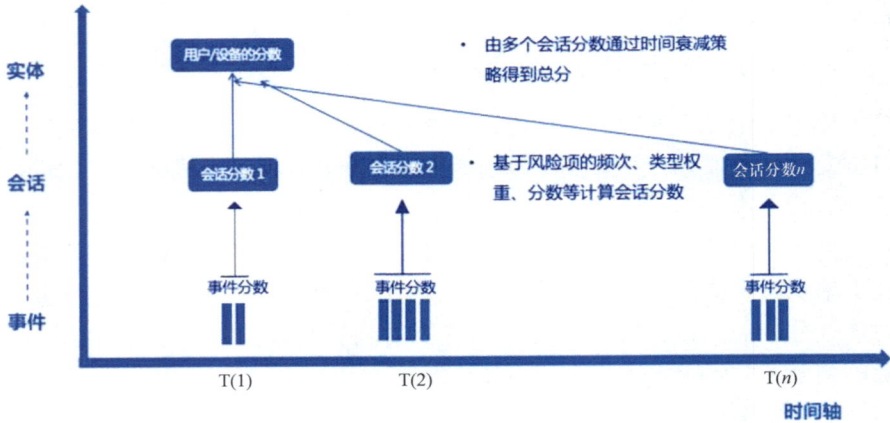

图 7　行为异常监测

采用用户、实体视角的风险和安全态势概览，包括用户/资产的基本信息呈现、用户/资产的综合性安全画像，还包括动态评分和用户实体画像，如图 8 所示。

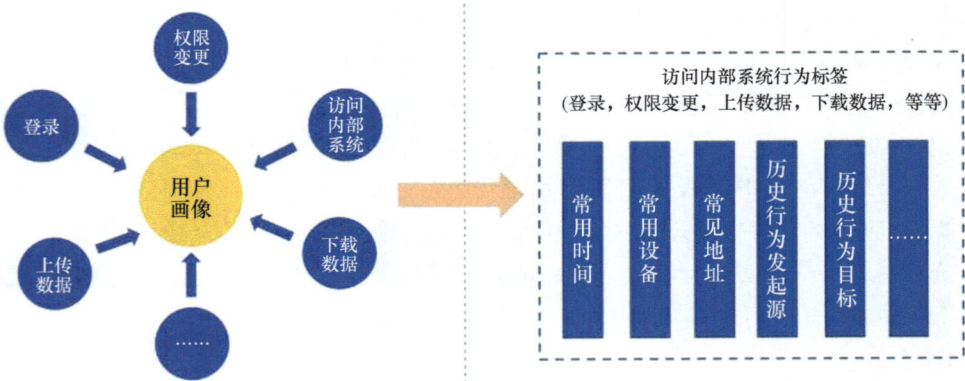

图 8　用户画像

3) 全数据源的监测

安全运营中心专有云 SOC 的归一化引擎通过插件方式提供了高可扩展及易用的数

据源接入方式。对于新增且需要风险监测和运营的安全设备，通过产品界面配置数据归一化过程的映射方式，即可生成引擎支持的归一化插件，从而实现对新安全数据源的风险监测。

11. 滨湖区网络安全管理平台关键亮点技术

1）网络安全技术

滨湖区网络安全主要依托于政务云现有云安全能力，其云安全服务内容符合国家信息安全等级保护三级要求，产品能力包括但不限于云防火墙、主机安全、云 Web 应用防火墙、云堡垒机、日志审计、网页防篡改、业务数据备份服务等。旨在通过智能化识别、精细化控制以及细粒度日志记录等手段，有效防御非法或违规操作，保护滨海区网络安全，构建一个全面、高效的政务云安全管理体系，为滨湖区网络安全稳定保驾护航。

2）SOC 安全运营中心

SOC 采用集中管理方式，统一管理平台内部安全产品，进行统一的安全管理、威胁检测、大数据分析、调查取证和事件响应处置。平台聚焦（Threat Detect Investigate and Respond，TDIR），具备完整的安全评价体系和海量大数据分析处理能力，并且集成了专家经验+联 AI 实现自动调查和响应，为用户提供数据遥测、安全检测、威胁狩猎、调查分析、联动响应、安全可视等威胁闭环运营能力。

3）NDR 网络威胁检测与响应

NDR 网络威胁检测与响应是由 NDR 御界高级威胁检测系统和 NDR 天幕安全治理平台组合而成，具备高级持续性威胁和未知威胁的发现能力，互联网侧（南北向）和内网侧（东西向）的流量威胁检测，以及网络层自动化响应闭环等能力。通过专家规则、TAV 引擎、哈勃沙箱、威胁情报、AI 算法和天幕旁路阻断等技术，实时发现流量中的恶意攻击和潜在威胁，进行全流量分析、溯源和阻断。

4）MDR 安全运营服务

安全运营服务（MDR）以服务外包形式，解决政府部门自建安全团队面临安全人员不足、技能缺失等问题。以强大的网络安全工具为基础支撑，利用云端能力提供服务支持，并充分结合专家经验及完整的服务生态，为用户提供重保攻防演练期间的值守服务、日常运营安全策略优化服务以及安全威胁分析与处置服务等，帮助用户免遭高级威胁攻击，让用户可以在资源有限的情况下保障安全运营效果，降低安全运营成本。

三、推广价值

1. 经济效益

在滨湖区数字化转型建设统筹下，加强网络基础设施、信息技术应用、数据资源共享、信息安全一体化构建，打造数字化转型发展生态。关注 AI、区块链、大数据、云计算、物联网、5G 等新一代信息技术在数字政府改革中的创新应用，深化管理、生产、服务等各领域的融合应用及模式创新，加快政府数字化转型，推进滨湖建设。通过复用滨湖区城运中心网络安全管理平台资源，统筹平台安全管理，可以为政府节省大量资金，节省城市管理成本，实现城市高效发展。

2. 社会效益

推进网络安全信息统筹机制和平台建设，将促进网络安全教育、技术、产业融合发展，形成人才培养、技术创新、产业发展的良性生态。坚持安全可控和开放创新并重，立足于开放环境维护网络安全。落实等级保护、安全测评、密码应用、应急管理等基础制度，健全网络安全管理体系，强化依法监管。整合提升各类应用和服务的安全，加快互联网与政府公共服务体系深度融合，建设面向市民、企业的融合服务体系，提高居民幸福感，推进城市管理、社会治理"碎片式"参与向系统化共建共治转变，为建设智能、宜居、便捷的服务型政府提供支撑。

3. 应用效果

滨湖政务云依据标准要求进行网络安全态势感知平台建设，并将能力以服务形式提供给用户，确保用户进行安全统一监控和管理，降低了使用安全的门槛和费用，形成了具有政务特色的网络安全态势感知最佳实践。网络安全态势感知作为实现网络安全监测、预警和防护的重要手段，在滨湖政务云态势感知平台上已服务于数百个机构用户，帮助用户利用平台积累的安全运营经验和较低的成本，快速应用态势感知技术提升安全防护能力，确保业务更安全和高效的服务于社会，为经济发展提供了有力支撑。

平台从多租户角度切入，管理好租户，及时发现威胁并响应，为业务保驾护航，实现以下具体应用效果：

一是资产风险管理。针对大量资产，通过网络安全态势感知平台对租户服务器日志、应用流量采集、分析，获取用户的资产信息，以资产视角呈现云上风险状况，实时监控云上业务整体安全，辅助租户掌握云环境安全态势，保障资产安全。

二是多租户安全管理。平台侧可通过采集到的用户数据、用户账号、用户业务接口及用户操作的其他可疑行为四个维度进行全面安全检测与分析，形成安全管理方案，对租户异常登陆，异常操作等可疑行为形成租户管理态势面板。

三是云环境下的安全检测。通过流量探针采集流量，解析出租户 ID 和虚拟机 IP，使网络安全态势感知系统可以管理分析租户和虚拟机 IP 维度的告警。

四是威胁事件的快速响应和处置闭环。当真实安全事件发现时，针对需要处置的安全威胁，可以及时有效调度云上防火墙或者网络旁路阻断器等工具，自动化对威胁进行处置。

五是安全事件快速通报预警。针对租户侧各个租户安全能力不同，平台管理员根据平台统一监测感知到当前平台所有租户的威胁事件，针对重大安全事件可立即通知给租户，以提醒租户快速响应解决相关安全问题，解决部分租户安全事件和脆弱性风险长事件未进行闭环。帮助租户实现云上一站式安全运营管理，提升租户云上安全运营效率；同时帮助整个云平台事件"责任共担"的落地。

黄浦江数字孪生系统

王田田　潘　越　张　凯

上海城市地理信息系统发展有限公司　上海市港航事业发展中心

一、建设背景

1. 技术革新驱动

随着物联网、大数据、云计算、人工智能等新一代信息技术的发展与普及，数字化、智能化已经成为现代交通运输管理的重要发展方向。构建黄浦江数字孪生系统，是对新技术应用的一次积极探索，旨在将实体世界的水上管理系统在虚拟空间中复制并深度融合，实现对现实情况的实时感知、智能分析和高效决策。

2. 应对传统挑战

传统的水上交通管理模式在面对复杂多变的环境条件、日益增长的航运需求以及不断提高的安全标准时，存在信息获取滞后、决策效率低、应急反应慢等问题。数字孪生技术的应用，能有效解决这些问题，提升水上交通管理的精细化、智能化水平。

3. 贯彻国家战略

2018 年开始，住建部在全国启动城市信息模型（CIM）平台建设，2020 年住建部与工信部、中央网信办联合发布《开展城市信息模型（CIM）基础平台建设的指导意见》，提出通过融合遥感信息、城市多维地理信息、建筑及地上地下设施的 BIM、城市感知信息等多源信息，探索建立表达和管理城市三维空间全要素的城市信息模型（CIM）基础平台。

2021 年，自然资源部办公厅印发《实景三维中国技术大纲（2021 版）》其中提出：实景三维作为真实、立体、时序化反映人类生产、生活的时空信息，是国家重要的新型基础设施，通过"人机兼容、物联感知、泛在服务"实现数字空间与现实空间的实时关联互通，为数字中国提供统一的空间定位框架和分析基础，是数字政府、数字经济重要的战略性数据资源和生产要素。

上海首个行业数字化转型"白皮书"——《上海市交通行业数字化转型实施意见（2021—2023 年）》发展目标中指出：建设交通领域"云网边端"数字底座，打造数字孪生系统的构建，通过交通领域各行业"新基建"发展，加快智能交通产业应用，促增长、转动能、调结构、育优势，推动交通行业经济蓬勃发展。

二、建设内容

1. 基于数字孪生技术的数字航道

通过对黄浦江核心段航道设施、航道周边及航道水下地形进行高精度建模，搭建黄浦江数字孪生底座，结合智慧港航感知数据、业务运行数据，在虚拟世界实现对港航运行态势实时仿真、全程在线和精准监控。实现水上水下、水域陆域、动态静态一体化展示，满足宏观、微观场景建设需求（图1）。

图1　黄浦江数字孪生系统

2. 黄浦江水上智能监管场景

1）水上客运监管

基于大数据处理和分析技术，系统整合黄浦江游览、对江轮渡等各类水上客运相关的运营数据、航道状况、码头动态、船舶状态等多元信息，形成数据池，并通过机器学习算法进行深度挖掘，依托数字孪生技术，结合旅客流量分析、游船航线模拟等功能模块，对即将开航的航班进行从登船到航行全流程的线路演练，同时可接管游览船舶并模拟驾驶，查看游览船舶周边航道和建筑物的情况，及各个时间段的浦江游览的航线情况。系统支持自定义对船舶航线进行操控，并可以查看船舱内驾驶室驾驶视角，更好地辅助管理人员判断航线航行情况，助力构建更加便捷、舒适、安全的出行环境，同时通过对监管数据的持续反馈与迭代优化，不断提升水上客运监管工作的科学化、智能化水平（图2）。

图 2 浦江游览模拟驾驶

通过构建数字孪生模型，查看对江轮渡的渡船、轮渡站等轮渡信息，实时的每条轮渡航线客流量以及渡船航线开航和停航情况，系统将轮渡船舶根据航线进行实时的航行拟算；根据对江轮渡各航线时刻表，进一步比对对江轮渡船舶实时位置，自动评价各航线当天航班准点率，实现对潜在风险的预判预警，为监管部门提供科学决策依据，提升监管效能和响应速度。

2）航道疏浚监管

系统通过多波束激光扫测技术对黄浦江区域内航道水下地形进行扫测，并进行多源数据融合与处理，汇聚单波束断面扫测数据，构建航道水上、水下一体化的三维高精度模型，实现航道水下地表结构的高分辨率三维重建与动态可视化展示。根据航道水深情况对航道水下地形进行着色处理，让管理人员能够沉浸式查看航道水下地形的起伏情况，不仅为疏浚策略制定提供了科学依据，也增强了航道管理和决策的直观性和预见性（图3）。

系统支持查看多年水下地形变化情况，实现历史与现状的一体化表达。在此基础上，系统将扫测原始的断面数据叠加在数字孪生水下地形中展示，可清晰地查看到实测断面线起伏变化情况，提供选择多种间距的断面扫测数据，展示真实泥面高程数值，满足管理人员不同的使用需求。

系统支持查看黄浦江航道各个区段的维护水深数据，通过构建基于GIS、遥感大数据分析与机器学习算法的智能化淤积分析预警系统，预测航道淤积演变态势，对产生淤积风险的区域进行智能预警，便于管理人员能快速、精准地发现航道淤积区域并合理安排航道疏浚计划，保障航道的畅通有序，从而提升航道维护工作的前瞻性和主动性。

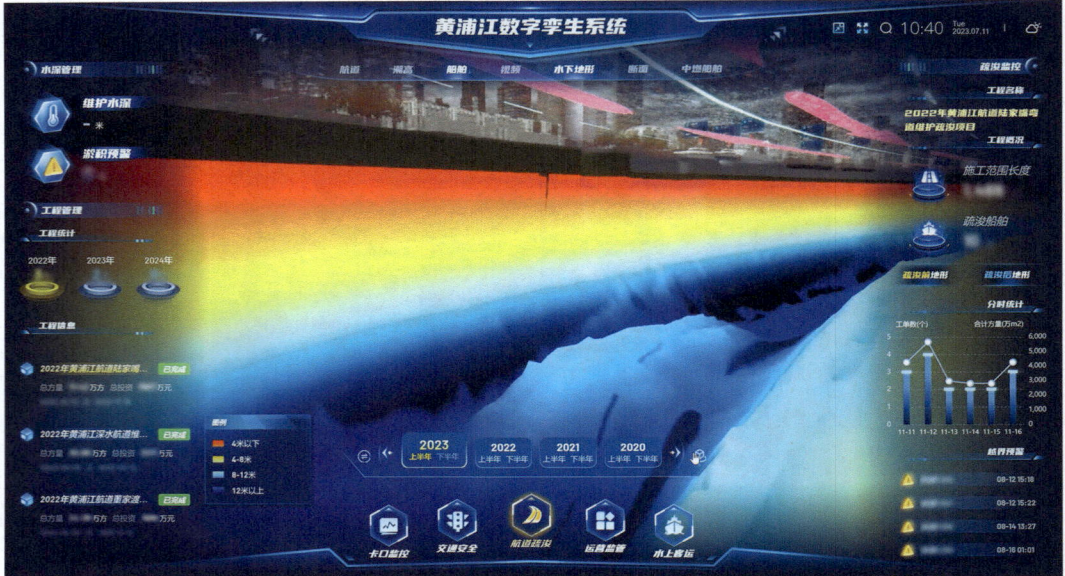

图 3　水下三维高精度地形动态可视化展示

系统集成施工过程数字化监控技术，构建覆盖黄浦江核心段内疏浚工程全生命周期的综合管理平台，实施严格的工程质量和安全监督，包括但不限于施工范围长度、疏浚船定位追踪、疏浚量实时统计以及疏浚前后地形变化情况等，有力支撑疏浚作业按预定目标高效有序地开展，提高施工透明度和合规性。系统展示每天疏浚工程工单量以及疏浚的方量，并可通过数字孪生技术还原挖泥船、运泥船历史挖泥、装泥、运泥情况。如有运泥船航行越过划设的疏浚工程电子围栏，系统将进行船舶越界预警，提醒施工方对该预警船舶进行重点关注，实现航道疏浚监管由单一工程实施向全过程、全生命周期管理模式的转变，全面提升航道疏浚工作的科学化、专业化、智能化水平。

3）交通安全管理

应用空间信息技术与三维实景建模算法，对黄浦江航道进行全面、细致地数字化重构，构建高度逼真的航道虚拟环境。系统整合了黄浦江两岸精模、黄浦江航道通航范围及通航方向、黄浦江航道警戒区、锚地、水上绿色综合服务区等区域以及航标等设施设备的多元数据资源，不仅精确再现航道的地物地貌、标志标牌、航道设施等静态信息，更实时同步反映航道的动态环境变化（图4）。

建立船舶大数据平台，对黄浦江核心区域的船舶身份进行智能识别，并融合区域内所有船舶的动态感知信息以及船舶业务信息。在虚拟世界中，可以根据船舶类型、船舶大小、船舶位置以及船舶行驶速度等信息对船舶实时状态进行1：1的真实还原。以船舶类型为例，系统支持：游览船舶、轮渡船舶、集装箱船舶、散货船舶等不同类型的船舶进行三维建模。系统实现实时船舶身份识别、船舶轨迹回放、黄浦江实时在港船舶航行预测、在港船舶种类分析等功能，能够直观地查看到所显示的所有船舶信息。通过轨

图 4　疏浚船舶作业实时监控

迹回放功能，系统也可以还原船舶在所选时间内的运行轨迹，支持管理人员根据需求，观察船舶轨迹运行情况。通过深度数据挖掘与智能分析算法，将船舶通航信息进行深度融合，提供全面、精准的船舶动态管理、行为分析和决策支持。

　　系统通过接入黄浦江核心段内的航道视频，实现数字孪生与真实世界在三维场景中的虚实融合。同时后台程序根据不同大小、不同类型的船舶分别建立的对应的拟算规则，极大程度上降低了由于 AIS 信号延时性带来的船舶位置误差偏移，做到实际船舶与真实船舶几乎保持一致。航道管理人员可以在虚拟世界中对航道及周边真实情况进行电子巡查，更好地辅助管理人员对航道运营情况进行实时监控（图 5）。

图 5　实景三维虚实融合

为了支持码头企业更好地做好防汛防台保障工作，系统在码头前沿关键位置布置水位和水深传感器，实时对码头前沿水位信息进行获取，并在虚拟世界中对码头水位进行真实还原，并展示码头的水位预警线，如水位高于水位警戒线，则系统将在场景内进行预警提醒。让码头企业管理人员在台风、暴雨等恶劣天气下，掌握查看码头前沿水位实时状态以及潮位变化情况，并根据水位变化启动不同的应急预案，为码头的应急、安全管理作出研判分析。

4）港口运营监管

系统对黄浦江区域内的港口经营企业和运营船舶的运营监管信息进行多维、智能展示，满足宏观、微观不同应用场景的管理需求。

构建一体化港口经营主体数据库，实现对各类港口经营企业的全面信息化管理，涵盖企业港区陆域范围、企业基础信息、货物装卸信息等内容，以确保对每一家港口经营企业的合法合规性、业务能力和信誉度有详尽而实时的数据支持。系统支持查看各港口经营企业所属码头前沿区域的实时视频，确保管理者能够远程了解码头现场作业、泊位占用、货物装卸等重要环节的真实场景。

利用大数据分析、机器学习等先进技术手段，建立一套针对港口经营企业违规行为的智能识别与分析模型，系统能实时抓取各类业务数据流，通过对船舶航行、船舶作业、企业证书信息等行为进行模式匹配和深度挖掘，提前发出预警信号，同时对潜在违规行为的趋势和发展进行预判，包括超等级靠泊预警等多项违规行为，协助监管部门实现精准执法和高效预防，切实维护港口运营秩序和安全生产环境。

5）水上卡口监控

水上智能卡口围绕水上安全管理，集成 AIS、RFID、船舶抓拍设备、激光雷达等多种感知设备，对过往船舶动态信息进行实时感知、自动抓拍、船舶识别、违规行为智能分析。

系统对卡口周边的桥梁、航道、感知设施、设备进行三维建模，构建船舶地理实体，融合船舶现场多源感知信息，对过往的船舶进行 1∶1 还原，提高系统对过往船舶的名称识别率。

此外，系统还能够对经过卡口船舶的违规行为进行智能识别，包括 AIS 未开启、船舶未覆盖、船舶未悬挂国旗、船舶超载等超过 10 种常见违规行为。系统支持查看实时过船列表信息，并可定位所选择的船舶实时位置，查看该船舶详细的基础信息以及该船舶经过卡口的抓拍图片（图6）。

系统根据执法部门非现场执法系统建设需求，将符合水上非现场执法案件管理要求的船舶违规的完整证据信息推送到执法部门案件管理系统，支持执法人员一键立案，有力提升了执法部门水上执法工作效率和现场监管精细化管理水平。

图 6　卡口涉嫌船舶载运易扬尘货物未覆盖分析图片

三、创新应用

1. 数字"可观"：一图观港航

系统利用数字孪生技术，将实体港航设施及运营过程全面映射至虚拟三维空间，对黄浦江核心段航道设施、航道周边及航道水下地形进行高精度建模，搭建黄浦江数字孪生底座，实现港区全貌与航行动态的一体化视图展示。系统不仅集成物联网感知、GIS地理信息系统、实时数据分析等多种先进技术，更引入模拟仿真与预测优化算法，可对未来一段时间内的港航运行态势进行模拟推演，助力决策者预判并优化资源配置，从而降低运营成本，提升整体服务能力与安全性。管理用户仅需通过一张可视化全景图，即可实时掌握港口运营状态、船舶进出港流程、航道通行实况等关键信息，极大地提升了港航管理的直观性与高效性。

2. 数字"可防"：防患于未然

系统通过实时、精准地融合航道实施状况、船舶动态、码头水位等多元信息，构建风险预警模型库，采用先进的大数据分析与人工智能技术，对潜在风险进行提前洞察与智能预警。系统支持实时监控并评估航行环境安全，预测并规避可能导致事故的各种隐患，例如超等级靠泊、航道淤积风险、码头水位超限等情况。系统围绕港航行业安全生产的痛点、风险点，实现对风险预警研判、快速响应。

3. 数字"可管"：全流程闭环管理

利用数字孪生、人工智能、大数据技术主动发现水上案件，通过技术与管理上的融合，实现资源整合，力量融合，为跨部门，跨系统的全流程闭环管理增效赋能。通过构建港口运营管理、交通安全管理、航道疏浚监管、水上客运监管、水上卡口监控等多个智能化场景，围绕构建"智能检测、行业管理、决策分析"三位一体的系统，实现管理高效、服务便捷和决策科学，提升港航行业治理能级的提升。

四、推广价值

1. 数据赋能：提高港航动态信息感知能力

在汇聚港航多源感知信息，包括船舶 AIS、视频、RFID、雷达、业务申报等信息基础上，进行多源数据融合，打造覆盖区域的内河船舶动态感知网络。

2. 服务赋能：优化港航行业监管流程

重新梳理行业监管流程，以完善处理机制、增强管理能力、提升服务水平为导向，通过对现场监管流程的一系列"流程细化再造"，形成港航行业监管闭环管理。

3. 技术赋能：搭建港航行业风险预警模型

围绕行业痛点、堵点构建风险预警模型库，在实战中不断完善模型，提高预警模型的精准程度。

4. 示范赋能：打造港航行业治理新模式

整合多个水上管理部门管理职能，打通行业管理全部环节，践行城市数字化转型的行业治理模式创新、治理方式重塑、治理体系重构。

前海数字孪生城市 CIM 平台数字规划场景应用

李荣生　夏石泉　常　海

深圳市前海建设投资控股集团有限公司
深圳市前海数字城市科技有限公司

一、建设背景

前海作为先行示范区中的示范区，一直致力于数字孪生、CIM、BIM 等技术研究和应用落地，为前海的创新发展提供助力，总结了大量的应用经验，拓展了应用范围，融合了多项数字化技术，探索了多种实施模式，为城市建设积累了大量模型数据，是目前国内区域范围体量最大、专业最全、应用最广、技术融合度最好的典型案例。

（1）积极响应国家关于建设数字孪生 CIM 政策的重要举措。近年来，国家发改委、科技部、工信部、自然资源部、住建部等部委密集出台政策文件，有力推动城市信息模型（CIM）及建筑信息模型（BIM）相关技术、产业与应用快速发展，助力数字孪生城市建设。前海作为中国新一代改革先行实验区，在新技术的应用上敢于先行先试，数字孪生城市 CIM 平台是响应国家关于数字孪生和 CIM 相关政策的重要落实举措，将为前海的创新金融、现代物流、总部经济、科技及专业服务、通信及媒体服务、商业服务等各大领域的发展提供助力。

（2）全面提升前海管理的信息化、数字化水平的重要技术手段。通过数字孪生 CIM 平台的建设，强化前海各部门政务大数据的汇聚整合，促进各部门间数据资源共享与融合，促进跨部门协同。数字孪生城市 CIM 平台以海量跨业务部门数据为基础，可为前海城市管理部门提供专业数据分析和可视化服务，为城市管理各个部门提供支持，支撑数据融合共享、业务跨部门协同、应用模式创新。

（3）前海新城建"规建管服"一体化发展的新名片。深圳市前海管理局于 2020 年 7 月 27 日发布《深圳市前海深港现代服务业合作区城市规划管理办法》（征求意见稿），指出前海合作区建设项目应当通过数字化、信息化、智能化手段提高建设管理水平、提升建设品质，树立大湾区的智慧化、生态化标杆，落实多领域的 BIM 全覆盖，建设现实世界与数字空间孪生共长的"数字孪生城市"，开创性的探索和建设国内第一个片区级的数字城市操作底板，打造数字前海新名片。前海数字孪生城市 CIM 平台将推动城市"规建管服"一体化发展，协同推进城市规划建设和管理，有利于城市规划不走弯路，城市建设可观可控，城市管理有据可依，有力推动前海城市治理创新融合和谐发展，将成为数字前海新名片。

（4）发挥前海的示范引领作用，打造城市智慧运营新途径。前海作为"特区中的特区""尖兵中的尖兵"，需要全面应用BIM/CIM技术，打造智慧城市数字化底座，结合实现城市治理各主题场景的智能化应用，切实解决城市治理的难点、痛点和堵点，实现城市全生命周期的"数字共享、管理联动、全民共创"，平台通过基础数据接入和管理、BIM等模型数据汇聚与融合、三维场景基础应用和网络安全管理、支撑"CIM+"平台应用的开放接口等基础功能，树立数字和现实空间共生的新标杆，继续发挥前海的示范引领作用，打造城市智慧运营的新途径。

二、建设内容

1. 总体架构

前海数字孪生城市CIM平台数字规划应用场景的总体架构由三个结构层级构成，三个平台结构层级由下往上分别为数据资源层、数据服务层、应用场景层，如图1所示。

图 1　总体架构

（1）数据资源层。

数据资源层主要是数据从收集、处理到发布和服务的整个流程，可以有效地管理和利用各种类型的数据，为决策支持、业务优化等方面提供有力的支持。数据汇集库不仅包括二维数据、三维数据、时空大数据，而且包含公共专题数据以及物联感知数据，形成了丰富的前海"数据湖"。数据融合阶段，原始数据通过格式转换、轻量化、语义化等技术融合处理，以形成更有价值的信息。经过处理和分析的数据以服务的形式发布，供用户查询和使用，这不仅包括传统的数据服务，还涵盖了更为复杂的时空大数据服务。

（2）数据服务层。

采用 PaaS 平台服务化形式，具体是在基础平台上融合 BIM 引擎、GIS 引擎、可视化渲染引擎、模型审查等配套服务工具，形成"CIM+"应用的有力支撑。数据服务层包括基础数据服务、数据可视化、空间数据分析以及运维管理。其中基础数据服务具备分类管理、统计查询、权限管理等功能；数据可视化与空间数据分析主要具备基础地理场景可视化、空间交互可视化、OD 分析、聚合分析、城市基础地理空间分析等功能，达到快速分析和呈现的目的；运维管理主要具备用户管理、服务管理、运维日志功能等。

（3）应用场景层。

采用 SaaS 软件服务化形式，集结城市规划管理领域的"CIM+"规划应用，通过终端设备（PC 端、移动端、平板电脑、大屏）为用户提供服务，实现用户需求。具体应用内容包括：用地规划、项目选址、方案比选、山海连城、城市天际线管控等场景应用。

2. 系统和平台

前海 CIM 平台是以"GIS+BIM+语义化融合"为技术底层的高仿真数字孪生平台。秉持"以用促建"原则，以数字孪生手段赋能数字规划协同应用场景。数据资源层实现多源异构数据轻量化整合，并运用语义关联融合行业专题。应用场景层应对前海"规划编制迭代快、实施建设决策频、规划信息整合难"等痛点，服务规划决策、管控与协同过程的核心节点。

（1）数据赋能科学决策。集成湾区、海域、人、地、产数据，支撑规划科学决策。

在三维仿真底盘上接入实时流量数据，建立片区活力、设施服务均好、交通可达等规划评估工具，支撑设施选址、规划验证、宏观谋划场景的科学决策。

（2）场景赋能精致营城。围绕山海连城、环湾风貌与地下空间议题，搭建精细管控场景。

应用场景建设紧扣前海土地特征，关注山海城市风貌特色彰显、滨海慢行体验与特色景观营造及立体空间建设，集成规划核心思路，搭建从宏观到中微观联动的精致营城场景。

在山海连城场景中，集成山海连城"一张蓝图"，总览规划的实施情况。路径分布结合流量模拟，提出设施布局优化的精细化空间指引。

在环湾风貌场景中，对视点、视廊管控要素进行三维化建模，对视线廊道内的规划建设项目进行整体建筑形态、高度、排布模拟，从宏观风貌角度实现对单个项目的空间预控。

在地下空间场景中，集成地下轨道、市政、道路、水务、景观等专项模型，实现规划方案的冲突检测。

（3）平台赋能协同管控。规划成果要素化、检索核查智能化，一平台服务多部门协同。

规划业务协同应用实现地质、规划、建筑、交通、市政等多专业及部门的信息交互与业务协同，降低沟通管理信息差，减轻成本损耗。以国土空间规划、前海单元规划成果为基础，结合城市设计与专项规划结论，对规划管控成果进行要素化、三维化建模。重大项目实施阶段，通过三维管控核查功能，辨认冲突情况，辅助专项规划高质量实施。此外，可进一步衔接可视化三维报建审批，应用于前海规划交底、工规管理、BIM辅助报建等业务环节。

未来，前海CIM数字规划应用将融通建设、运营、治理场景，通过场景驱动，按照小步快跑方式建设，为前海高质量规划建设持续赋能。

3. 典型应用场景

1）全要素画像：数字洞察，辅助科学理性的规划决策

整合多源现状数据，实现规划范围内现状人、地、房、产等要素的全域感知与趋势洞察，针对每类要素提供数据准确、指标合理的画像分析。

（1）人口画像——是一个多维度的概念，它涵盖了人口的多个方面，包括静态特征、职住人口的空间分布及其特征。静态人口画像主要关注人口的基本属性和特征，如年龄结构、教育水平等；而职住洞察则更侧重于人口在职业和居住方面的空间分布及其相关特征，如图2所示。

图2 人口画像

（2）空间画像——从开发建设、交通、公共服务设施和城市活力四方面展开。开发建设反映土地利用和建筑状况，包括建筑高度、开发强度等；交通可达性衡量交通便利度，分析不同交通方式可达性，优化交通规划；公共服务设施支撑居民生活，评估教

84

育、医疗等设施供给状况；城市活力体现生活气息，分析不同时段活力特征。基于以上几个维度的分析，可以对前海产业现状进行整体评估，还可以结合行业发展趋势和市场需求，对前海地区的产业发展前景进行预测和展望，如图3所示。

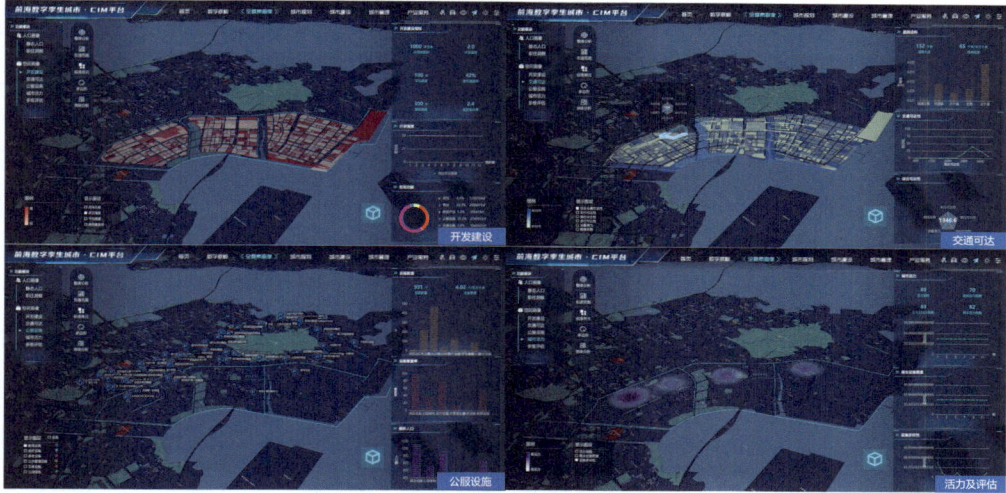

图3 空间画像

（3）产业画像——全面描述和评估前海产业现状与发展状况的工具。它利用企业注册资本、密度、所属行业及专利等多个维度数据进行深入分析，从而揭示前海产业的规模、结构和创新能力。注册资本反映了企业规模和实力，通过统计分析，可了解前海企业的整体规模和资金状况。企业密度则体现产业集聚程度，计算该指标可评估前海的产业集聚情况。所属行业分类统计揭示主导产业和特色，而专利数据则体现创新和技术水平。综合这些维度，我们可对前海产业进行整体评估，并预测其未来发展前景，如图4所示。

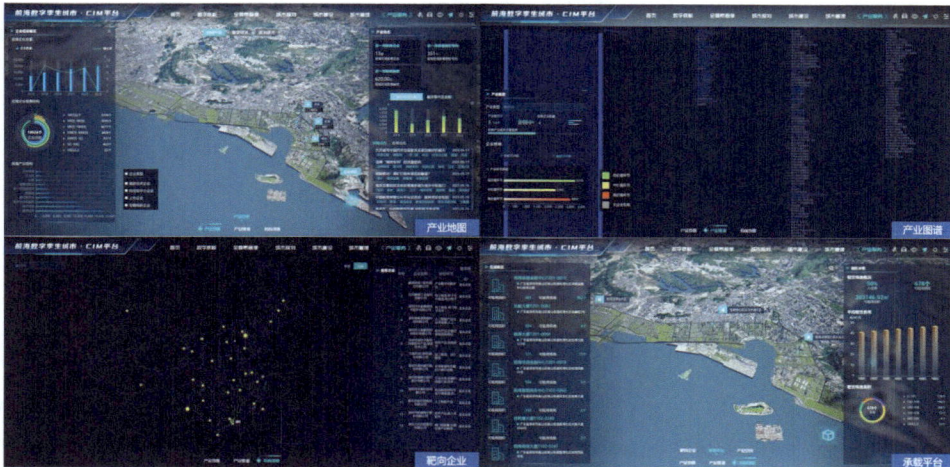

图4 产业画像

2) 设计辅助决策：精致营城，打造贯穿宏、中、微三层次的可视化场景

（1）山海连城——建立宏、中、微三层次场景，"一网统管"前海全域山海廊道。

以串联海湾、公园的滨海蓝带及从山脊引出的山海连廊和水廊，营造连山、通海、贯城、串趣的城市级生态游憩网络，如图5所示。

图5　山海连城

（2）环湾风貌评估——构建五大风貌要素资产，对个案审批进行整体管控。

为凸显前海山海融合的城区空间和独一无二的环形海湾，打造5大功能场景，集成山海、公园、街道、地标和天际线五大风貌系统，一体化统筹大铲湾、宝安中心、大小南山所在的城市片区。通过环湾景观、通海街道场景营造环湾公园、林荫街道和大小南山相织相融相生的生态城区底盘；通过城市地标、山海视廊系统和城区形态预控场景，打造环湾地标鲜明、层次丰富、秩序和谐的城市天际线形态。优化当前规划信息迭代快、主体复杂的业务痛点，辅助直观决策，如图6所示。

图6　环湾风貌

（3）城市天际线——模拟天际线形态及建筑虚实比，直观进行地标协同。

将天际线管控要求分类细化，展示前海环湾的双层天际线管控边界和城市地标及其周边地区，结合建筑虚实比信息，从而优化建设用地布局，把握建筑空间尺度，合理控制建筑规划指标，建立空间协调、视觉清朗、规范有序、品质高端的城市公共空间环境，如图7所示。

图7 城市天际线

3）可视化规建管：精细管控，实现规划、设计、专项、工程等一平台集成

（1）规划指标台账——实现国空、控规、开发单元规划的逐级指标统计。

集成多层级规划信息，提供可视化规划信息及逐级查询规划信息的功能，针对要点输出环节，集成各层次规划信息，一键输出规划要点报告，如图8所示。

图8 规划指标

（2）城市设计管控——集成"一书三图"中城市设计要素，辅助精细管理。

集成前海城市设计管控要素数据，将传统二维呈现的数据三维可视化，展示管控要素更多维度信息，导入需要核查的模型，自动核查方案模型与用地红线、限高等管控要求的关系，辅助用户直观核查方案可行性，如图9所示。

（3）三维管控核查——辨别地下冲突情况，辅助地下专项规划高质量实施。

集成现状及稳定规划模型，对导入平台的模型进行一键碰撞检测，输出碰撞检测报告并可快速定位至碰撞冲突点，辅助各实施专项优先避开刚性条件；同时也可以对导入平台的多个实施专项模型进行碰撞检测，输出碰撞检测报告并可快速定位至碰撞冲突点进行讨论，模拟实施专项协同的工作过程，提供高效沟通协作平台，如图10所示。

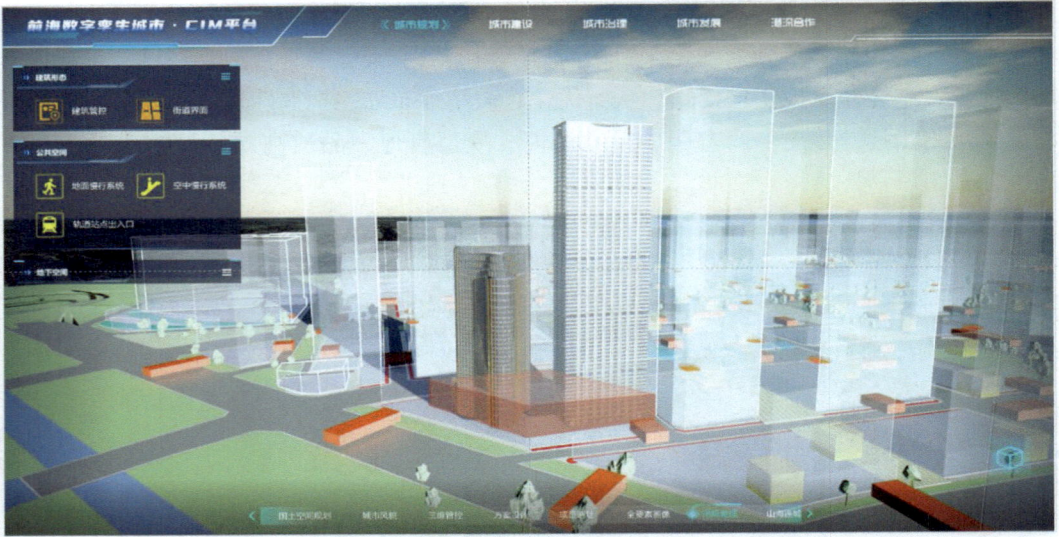

图 9 城市设计三维化

图 10 三维管控核查

三、创新应用

1. 应用总结

深：以前海 CIM 平台为核心，深度融合 BIM/CIM 技术，在近百个建设项目中，开展了城市风貌模拟、日照分析、天际线分析、规划方案比选、规划时序研究、项目选址等多项深度应用，如图 11 所示。

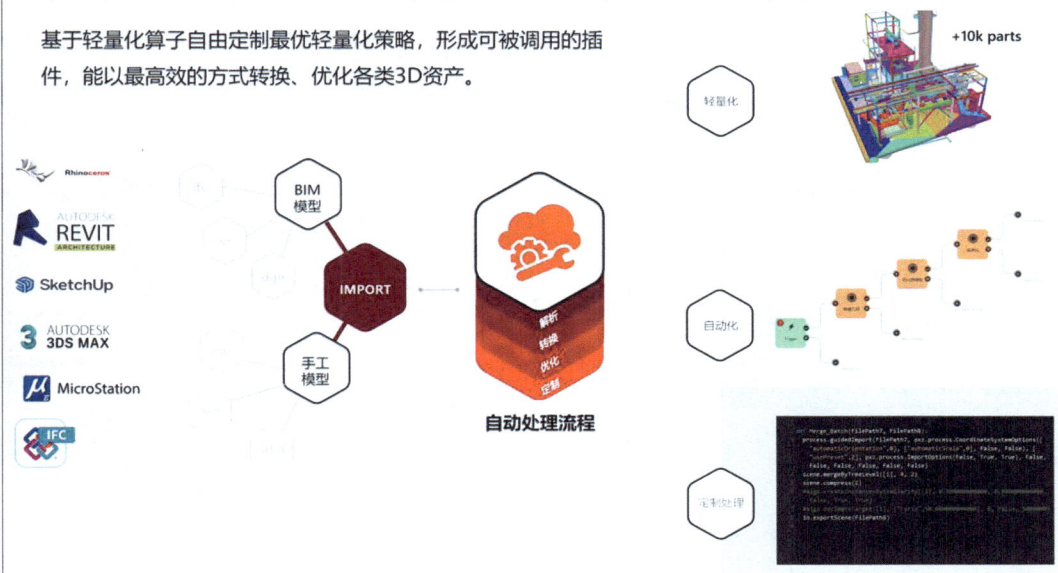

图 11 深度融合处理

细：集成前海 120 平方千米的模型数据及三湾核心片区地上、地下、室内、室外的城市空间模型，逼真还原地上、地下数据，近 80% 模型精度达到 LOD300~LOD400，如图 12 所示。

图 12 三湾模型

实：将数字化手段融入前海城市规划分析与决策，在规划管理项目中累计开展了超百次的数字化技术支撑，如图 13 所示。

图 13　数字化技术支撑项目

联：在城市规划建设方面实现了 11 个管理领域的跨部门跨专业的信息共享和协同决策，助力政府规划审批业务提质增效，如图 14 所示。

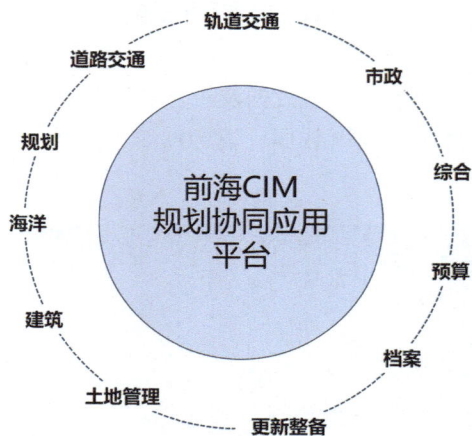

图 14　部门协同

2. 创新性

（1）创新点一：基于大数据的多维度指标分析，驱动科学规划决策。

结合真实人、地、物数据，通过多维度指标评估，为城市的综合规划提供有价值的建议，支撑决策，如图 15 所示。

（2）创新点二：构建规划要素三维语义化标准。

城市规划要素转化为三维模型，并赋予其语义信息，对要素进行精确的描述和定位，开展数据分析和处理，使其具有更丰富的表达能力和更高的信息精度。

图 15　多维度指标分析

通过实现城市规划要素的三维语义化表达，可以提高城市规划和管理效率，促进城市的可持续发展，如图 16 所示。

图 16　规划要素三维语义化

（3）创新点三：BIM/CIM 数字底板融合宏观–中观–微观多层次三维规划元素。

支撑城市新中心总体规划、专项规划、城市设计和建设开发等业务应用，助力城市可持续、高质量发展，如图 17 所示。

图 17　宏中微观多层次三维规划

四、推广价值

1.社会效益

前海数字孪生 CIM 平台作为住建部科技示范项目《前海数字孪生城市的建设与应用》中的城市数字化平台成果,是前海"十四五"重点工作之一,已被纳入深圳市重点示范片区,要求先行先试,为深圳全市域 CIM 平台建设探索建设路径。

CIM 平台全面接入前海城市级 BIM 模型数据信息,使数字城市与现实城市同步规划、建设、运营,目前在前海核心区域——桂湾、前湾、妈湾片区运行完善,即将覆盖至前海全域 120 平方千米范围,是前海智慧城市发展的数字底座平台支撑,通过数据推流与定制化接口开发,推动前海智慧大脑与深圳市"一网统管"应用场景的深度融合。同时,CIM 平台全面接入前海数字孪生智慧公园、建筑、市政等建成板块数据信息,实现从各单体到城市的全面融合联动,强化了城市级统一监管,提升了城市安防与应急管理水平,为前海开展低碳城市、海绵城市、综合管廊等智慧城市项目提供数据融合底板与综合应用支撑。

前海 CIM 平台赋能城市规划建设数字化改革,持续为前海建设项目方案展示和比选提供有力支持,有效助力深圳市、前海重大项目的方案评审、会商协同工作,至今已支撑深圳市裕安一路西延桥、前海国际枢纽中心、南山水厂、深港广场等近百个建设项目的关键工作,覆盖了前海合作区内 60% 以上的房屋建筑、市政基础设施、水务水利等工程项目,极大地提升了传统规划的质量与效率,科学有效助力前海建设可持续发展的现代化新城。近两年,前海数字孪生技术赋能城市规划管理的数字化改革案例入选了"深圳市优秀改革案例""广东自贸试验区最佳制度创新案例",在全省、全市形成标杆示范,并作为典型案例入库备案国务院国资委。

2.经济效益

(1)数据复用:前海 CIM 平台凭借高达 1.38 TB 的丰富模型数据资源,已为深圳市级部门和建设单位提供了高效的数据复用支持。据统计,通过该平台的数据复用,已避免了超过 60% 的数据重复建设,极大地优化了资源配置。

具体而言，前海 CIM 平台已成功为深圳市级单位提供了前海片区模型数据，涉及超过 800 GB 模型数据。通过数据复用，预计已帮助相关单位节省高达数百万元的费用，其中包括避免了重复采集、处理和分析数据的成本，以及减少了因数据不一致而导致的错误和修正工作。这一具体数字的量化不仅凸显了数据复用的经济效益，更进一步证明了其在提升工作效率、优化资源配置方面的巨大价值。随着数据复用技术的不断发展，相信未来还将有更多部门和单位能够从中受益，实现更加高效、精准的工作流程。

　　（2）资产精准投放：基于 CIM 平台的资产精准投放策略通过综合考量空间布局、规划设计、经济状况与运营管理等多元维度，实现基于 BIM/CIM 技术的资产管理的精细化，为决策者展现更全面深入的数据图景，进而精确评估土地等资产的价值潜力，确保资产的精准投放与高效利用。

姑苏区智慧住建 CIM+系统

姜　伟　吕　俊　陆建华

苏州市姑苏区住房和建设委员会　姑苏区数据局
苏州市测绘院有限责任公司

一、建设背景

2020 年 10 月，住房和城乡建设部（以下简称"住建部"）正式将苏州市列入国家"新城建"试点城市。2021 年 2 月，苏州市委办公室、市政府办公室正式印发《苏州市开展新型城市基础设施建设试点工作方案》。2021 年 1 月，苏州市印发《苏州市推进数字经济和数字化发展三年行动计划（2021—2023 年）》，计划提出针对全市市政基础设施进行全面普查，全面掌握市政基础设施的底数、位置、材质、建设年代及现状等基本情况，同时指出，2023 年以 CIM 基础平台作为城市基础性、开放性的操作平台，全面推广 CIM 基础平台在各领域的智慧应用，实现"CIM+"应用 15 个。

依托国家、省、市关于智慧城市、大数据、"互联网+"体系建设的总体目标和框架，结合住建领域在新时代、新理念、新技术运用下的发展需求和工作使命，在"数字经济、数字社会、数字政府"三位一体的数字苏州建设全面推进下，姑苏区立足辖区城市建设和古城保护实际，围绕数据汇聚及应用建设，依托 CIM 基础平台，自 2023 年 7 月起，启动姑苏区智慧住建"CIM+"系统建设工作，以大数据建设助推数字化转型，按照搭建一个综合平台、打造 3 个示范应用、集成 N 个已有信息化系统的"1+3+N"总体架构开展项目推进工作。

项目建成后，将助力打破信息壁垒，消除信息孤岛，实现住建系统跨部门、跨区域信息资源汇聚、交换和共享，大数据支撑决策，优化住建管理与服务；以业务管理实际需求为出发点，不断发挥数字技术在历史文化名城建设管理工作中的积极效应和示范作用，为房地产市场监管、城市生命线管理、工程项目管理等领域提供数字化、智能化支撑。

二、建设内容

姑苏区智慧住建"CIM+"系统以姑苏区 CIM 平台为支撑，数据治理、汇聚、更新为抓手，通过梳理和整合住建委现有信息化建设成果，搭建住建委统一信息化框架，参照制定数据标准体系和共享机制，有效利用现有业务信息化资源，建成智慧住建平台。实现住建系统跨部门、跨区域信息资源汇聚、交换和共享，大数据支撑决策，优化住建管理与服务。系统整体围绕"强基础、汇数据、搭平台、建示范"总体架构开展，主要建设内容如下。

1. 生产基础数据，筑牢基础库

按照统一的数据标准体系和技术规范体系，完善智慧住建孪生数据库，在现有区级地理信息数据基础上，建设涵盖各类市政设施的孪生模型及其属性，形成统一、完备、规范的住建空间数据中心，选取姑苏区部分重点道路（干将路和人民路）进行道路模型建设。道路模型成果如图 1 所示，地下管线模型成果如图 2 和图 3 所示。

图 1　道路三维模型成果

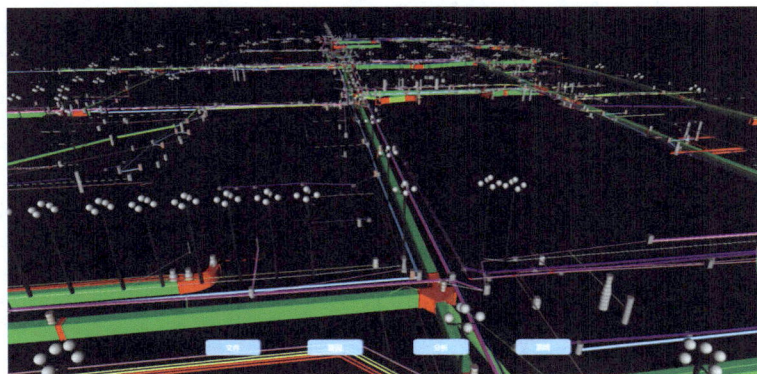

图 2　参数化地下管线三维建模成果

2. 汇聚存量数据，丰富业务库

姑苏区智慧住建"CIM+"系统作为住建委的数据中枢，全面汇聚住建委各类要素资源，通过翔实的数据汇聚，助力城市二三维空间底板全要素建设，实现不同阶段、不同领域业务数据的信息传递和有效共享，主要包括以下 3 个方面。

一是以现有业务为依托，挖掘住建委内部存量数据资源，实现存量数据的"应汇尽

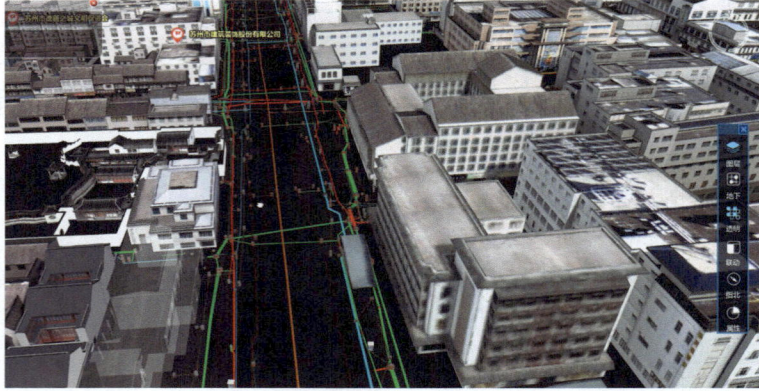

图 3　三维管线场景融合效果

汇"，建立标准数据规范体系，进行数据入库，有效加强数据管理，提升数据利用效能，为平台数据分析提供强有力的支持，按照"房屋专题、工程项目专题、市政专题、水务专题"等业务专项进行分类归集，部分数据如图 4 和图 5 所示。

图 4　监测传感数据

二是姑苏区 CIM 基础平台为整个智慧住建"CIM+"系统提供基础引擎支撑，姑苏区智慧住建"CIM+"系统建设于区级 CIM 平台框架下，与区级共享交换平台、区级 CIM 平台进行接口对接，复用区级电子地图、影像、三维模型等地理数据，实现平台间数据的互通共享。

三是根据数据治理要求，对相关数据资源进行清洗、加工、坐标转换、二三维属性挂接等治理工作，常态化建立健全信息安全和数据保密管理体系，确保图 5 要素数据及

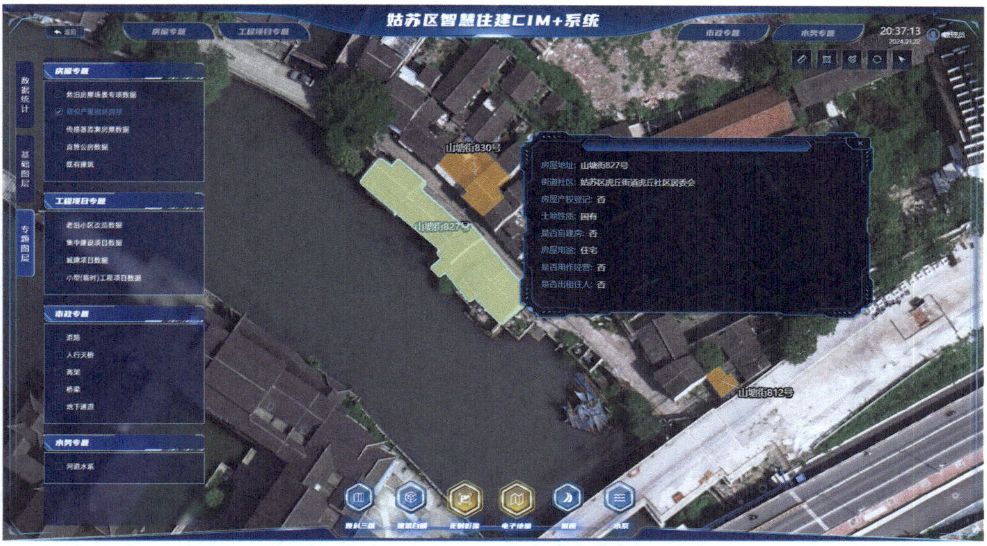

图 5　既有建筑专题数据

时准确、安全可靠，形成可视化的专题属性数据、专题对象活动运行数据和专题对象之间的关系数据等。

3. 搭建综合平台，提升管理水平

通过强基础、汇数据，构建一个住建委综合性大数据库，实现各类型数据的有机汇聚与管理，如图6所示，并以此为基础搭建姑苏"CIM+"住建数据资源综合管理系统，直接建设于区级 CIM 平台框架下，以新增数据资源目录的形式进行融合应用，实现基础数据、业务数据、接口数据的高效应用、查询、管理、共享与更新。

图 6　住建综合大数据统计

姑苏区智慧住建"CIM+"系统作为统一的集成平台,将住建委内已有信息化系统根据业务类型进行分类融合,提供统一的入口,如图7所示。

图 7　已有信息化系统分类

4. 建立示范应用,助力信息赋能

项目结合区住建委实际业务需求,以"务实管用"为目标,在已有数据基础上,建设相关智慧化示范应用,包括小型(临时)工程项目管理系统、房地产市场监管系统、城市生命线安全风险监测预警系统(试点区域),进一步提升建设管理水平,将日常线下业务线上化,以业务流推进数据流,持续丰富"姑苏智慧住建 CIM+"数据库。

1)小型(临时)工程项目管理系统

针对金额在 30 万元以下或面积在 300 平方米以内的不需要进行报建审批的小型(临时)工程类项目,依托小型工程的监管流程及管理要求,记录工程从备案到施工过程巡查,问题整改,再到项目完结全过程的监督管理内容,助推姑苏区小型(临时)建设工程项目监管实现线上化、统一化、便捷化,实现"从跑一次到一次不跑"的转变目标,推动小型(临时)工程项目全周期记录及数字化档案建设,为姑苏区小型(临时)项目监管水平更上一个台阶、全年"零事故"目标达成助力,如图8所示。

系统实现移动端与 PC 端的协同联动,各街道巡查员根据已备案完成项目进行现场巡查,通过移动端及时上传巡查记录及照片,高效迅速传至 PC 端存档,进行全流程跟踪管理,如图9所示。

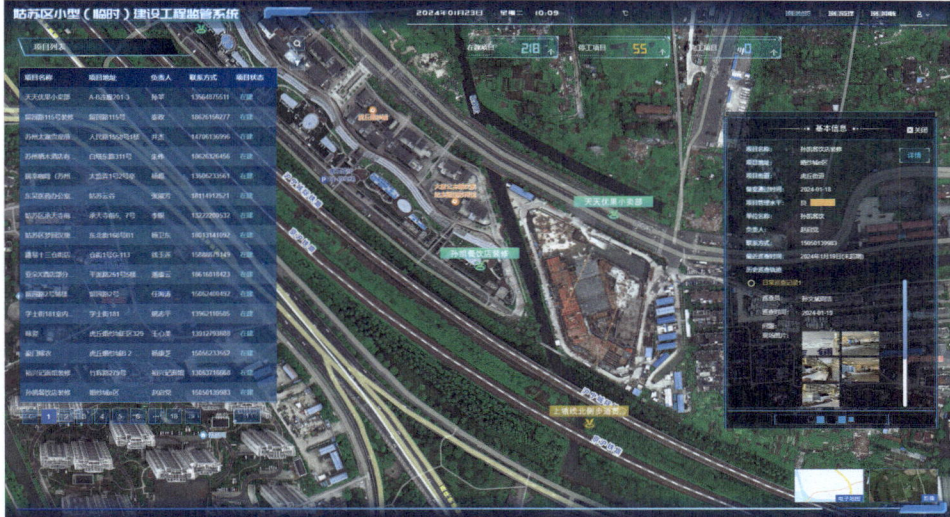

图 8　小型（临时）工程项目巡查记录

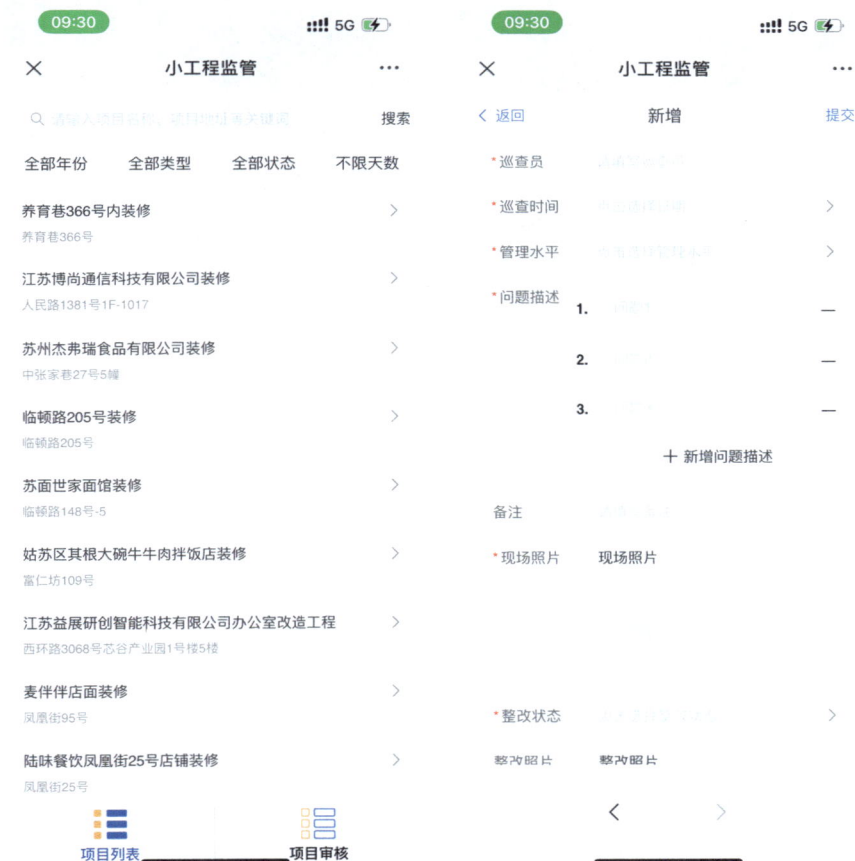

图 9　移动端巡查

2）房地产市场监管系统

通过汇聚房地产方面各类数据，与 GIS 深度集成应用，通过信息化技术建立房地产市场监管系统，使得房地产市场中销售、价格数据公开透明化，解决房地产管理中存在的问题，规范房地产市场的建设与管理，推动房地产业健康发展。

以购房者关注的因素为参考，面对公众开放，搭建网上房屋推介平台，重点展示各楼盘的布局、开售时间、户型及对应销售单价、周边配套设施等，分层分户展示房屋基本信息、销售数据，实现网上房屋推介，全面、直观、立体地展示楼盘在售情况，如图 10 所示。

图 10　分层分户销售场景

通过对接市级平台获取姑苏区内商品房实时销售数据，实现市、区两级数据互联、互通、共享；同时，结合房地产市场实际监管业务流程梳理监管节点，全面融合区级监管职能至对应阶段，实现项目基本信息—土地规划审批—建设审批—销售监管—施工进度管理—售后服务的全流程全周期监管，如图 11 所示。以每套房作为最小数据源起点，结合楼盘各项信息，建立三维模型，搭建销控场景，全面动态掌握房地产市场全貌及发展趋势。

3）城市生命线安全风险监测预警系统（试点区域）

以"综合监管+智慧监测"的推进思路为指导，以住建二三维基础数据库和业务数据库为支撑，基于城市生命线安全工程布设的监测网络，对接设立城市生命线监测预警指标，建立城市生命线安全监测预警系统，实时跟踪监测结果，结合实际情况，制定相应的风险防范措施和应急响应方案，有效保障城市基础设施的安全运行，实现"让'风险可视化'，市民生活更安全"的建设目标。城市生命线安全风险监测预警系统

图 11　全流程监管节点

（试点区域）主要包含燃气爆炸、城市内涝、危旧房屋、桥梁倒塌和路面塌陷 5 个专题模块，危旧房屋场景专项如图 12 所示。

图 12　危旧房屋场景专项

三、创新应用

1. 数字住建建设稳步推进

围绕历史文化名城城市建设特色内容以及业务管理实际需求，探索姑苏区智慧住建"CIM+"平台建设的新模式、新方法、新路径，不断发挥姑苏区智慧住建"CIM+"系统在历史文化名城建设管理工作中的积极效应和示范作用，推动相关标准规范和工作机制落地，实现重点数据的有效汇聚治理。

2. 数据管理能力逐步提升

按照"统一规划、统一要求、资源共享、全面赋能"原则，结合区级 CIM 总平台建设，充分利用和整合现有数据信息和网络平台资源，挖掘住建委内部存量数据资源，实现存量数据的"应汇尽汇"，推动姑苏区智慧住建"CIM+"系统与各信息平台的融合共享。

3. 信息化应用不断深化

以"边建边用、以用促建"为途径，建立完备的信息安全和数据保密管理体系，通过系统培训和全面推广，促进各类应用的落地，充分体现平台应用效能，以"务实管用"为目标，切实发挥信息化赋能作用。以小型（临时）工程项目管理系统为例，系统试运行至今，共完成小型（临时）工程备案 2 762 个，备案率 100%。依托"惠姑苏"平台，系统在姑苏区范围内实现全面推广，近半年，系统访问量达到 187 642 次，实现从区级管理员到街道巡查员使用全覆盖，系统统计分析数据如图 13 所示。

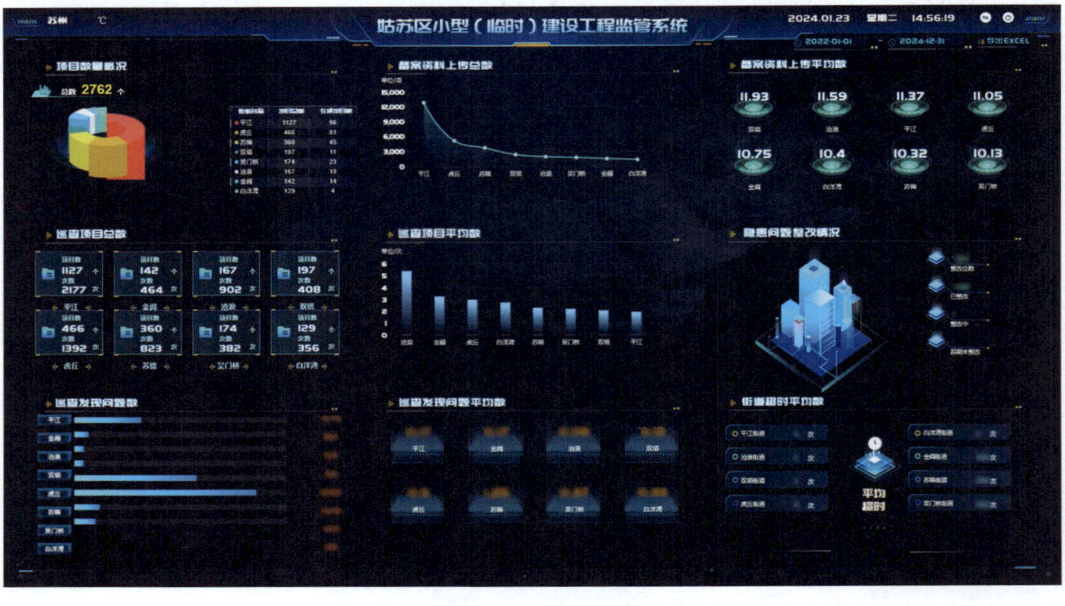

图 13　小型（临时）工程项目统计"一张屏"

四、推广价值

姑苏区智慧住建"CIM+"系统作为综合应用管理平台，在工程监管、城市运行、房地产管理等领域有着广泛应用，以下是该系统的推广价值及应用场景。

1. 城市治理更高效

姑苏区智慧住建"CIM+"系统通过信息化监督管理方式，有效提升城市更新质量和水平，提升住建条线各项业务管理效能，提高城市治理智能化、标准化、精细化水平，节约政府投资，实现古城公共服务的降本增效，为数字城市、智慧社会建设提供基础支撑。

2. 工程监管更精细

平台为小型（临时）工程项目监管提供精细化管理。以数字化管理形式对建设工程进行全流程的跟踪管理，涵盖了从工程备案到过程巡查，问题整改，再到项目完结全生命周期的监督管理内容。实现了从线下申报—纸质备案—工单巡查到全程网上申报备案巡查的转变，实现监管工作的无纸化和线上化。

3. 民生服务更便捷

姑苏区智慧住建"CIM+"系统有效提升市民生活质量。小型（临时）工程项目管理系统和房地产市场监管系统两项示范应用提供了更广阔的民生服务途径，依托"惠姑苏"App建立面向市民的移动端入口，为市民提供线上申报工程监管和网上房屋推介平台，为市民提供了解、沟通、反馈的渠道，助力改善民生。

4. 城市安全运行更有保障

姑苏区智慧住建"CIM+"系统有效保障城市基础设施的安全运行。系统基于城市生命线安全工程布设监测网络，设立城市生命线监测预警指标，实时跟踪监测结果，并结合实际情况，制定相应的风险防范措施和应急响应方案，实现"让'风险可视化'，市民生活更安全"的建设目标。

国土空间规划实景三维智能可视化分析平台

吴　帅　　陈家兴　　陆星宁

广西壮族自治区自然资源遥感院

一、建设背景

2019 年，中共中央、国务院发布《关于建立国土空间规划体系并监督实施的若干意见》，提出要从更深层次、更科学的角度解决空间问题，构建新时代的空间治理体系。2022 年，国务院印发的《关于加强数字政府建设的指导意见》指出，要构建精准感知、智慧管控的协同治理体系，完善自然资源三维立体"一张图"和国土空间基础信息平台，持续提升自然资源开发利用、国土空间规划实施、海洋资源保护利用、水资源管理调配水平，实景三维技术将成为国土空间规划和治理的重要手段。

为顺应国土空间治理能力和治理水平现代化发展的必然趋势，满足新时代下国土空间规划的需求，提高国土空间规划可视化水平与智能决策能力，开展了国土空间规划实景三维智能可视化分析平台（以下简称"平台"）研发与搭建，将平台研发与应用作为亮点工程进行建设。通过实景三维可视化、人工智能监测等技术手段，构建具有立体化、智慧化、可视化能力的广西国土空间规划决策分析和监管体系，建设国土空间规划实景三维智能可视化分析平台，逐步夯实和完善国土空间基础信息平台，提升国土空间规划治理能力，促进治理模式的升级转型。

二、建设内容

1. 技术路线

基于具备自主知识产权的广西实景三维平台和自然资源广西壮族自治区卫星应用技术中心、高分辨率对地观测系统广西数据与应用中心丰富的遥感数据源支撑，将遥感数据、基础地理信息数据、国土规划专题数据、实景三维数据、社会经济统计数据等无缝集成、高效调度，形成国土空间规划实景三维智能数据库，再结合可视化模拟分析评价模型进行规划编制等，结合遥感智能监测模型进行实施监督等，服务国土空间规划全周期管理，优化国土空间开发保护格局（图 1）。

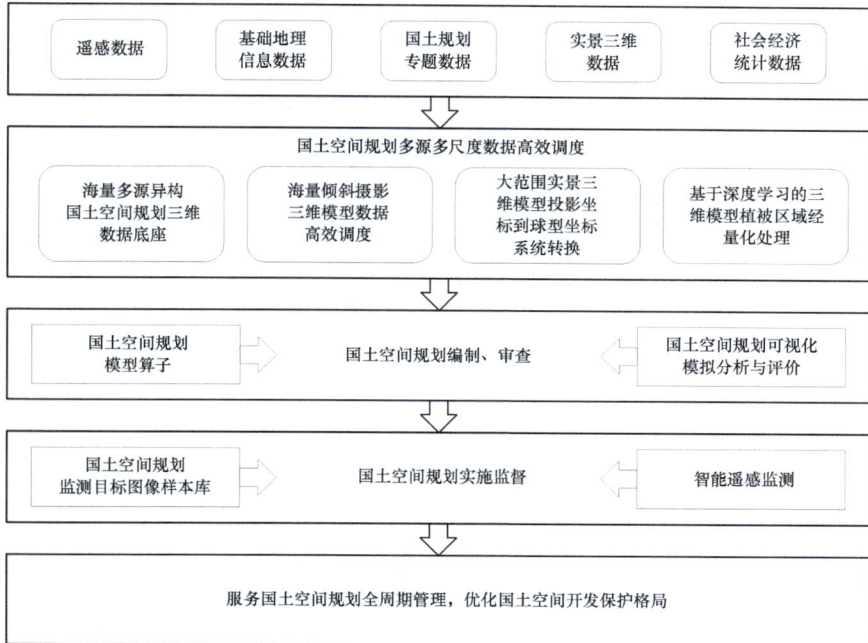

图1　技术路线

2. 总体架构

平台架构分为设施层、数据层、服务层、应用层、用户层、标准规范与管理制度、信息安全与运维保障体系（图2）。

图2　系统总体架构

设施层。包括存储设施、服务设施、输入输出设施、操作系统和数据库等基础性硬件和软件，支撑平台运行。

数据层。构建多源异构数据快速、高效、可靠的访问机制，打造广西省级海量多源异构国土空间规划三维数据底座，包括遥感数据、基础地理信息数据、国土空间规划数据、实景三维数据、社会经济统计数据、模型算子、指标数据等。

服务层。以国土空间规划全周期管理为核心，将实施监测遥感智能识别、三维大数据可视化分析与评价等算法模型封装成服务接口，支撑应用层的功能调用。提供变化检测、智能提取、多场景可视化模拟与分析、规划决策分析与评价等服务，为上层应用提供支撑。

应用层。基于数据和服务支撑，实现平台应用功能，服务平台用户使用，包括国土空间规划实景三维智能数据管理、三维规划分析、规划场景模拟、规划模型管理、规划编制、实施监督模型智能训练、实施监督智能提取与变化监测、城市更新潜力和宜居性分析。

用户层。平台服务广西自然资源厅、各市县自然资源局、各国土空间规划编制单位等，用户包括省级、市级、县级、乡镇级、村级 5 级规划及各重大项目专项规划的规划编制人员、规划审批人员、规划管理人员和普通群众。

标准规范与管理制度。建立统一标准规范和管理规章制度，与国家、行业标准规范衔接，实现平台标准化。

信息安全与运维保障体系。按照国家相关政策和标准要求建立信息安全保障体系，建立运行、维护、更新与安全保障体系，保障平台网络、数据、应用及服务稳定运行。

3. 技术功能

平台建设主要包括国土空间规划实景三维智能数据管理、三维规划分析、规划编制、实施监督等功能模块（图 3）。

1）省级国土空间规划三维数据底座建设与管理

集成了广西全区 23.76 万平方千米大范围多源影像、三维数据、国土空间规划数据、基础地理信息数据、社会经济统计数据、模型算子等，形成多源异构实景三维数据库，打造广西省级海量多源异构国土空间规划三维数据底座。实现三维智能数据管理，支持加载、保存、查询、二维编辑、三维编辑、预览、数据判断等。支持目录管理、模型库管理、标注定制、图例定制、三维视图定制、二三维浏览和地图操作等，实现可定制的三维可视化渲染，为国土空间规划三维可视化模拟与分析提供支撑（图 4）。

2）规划三维分析与场景模拟

通过大范围、大规模、多时相三维地理信息数据与国土空间规划业务专题数据的叠加显示和分析，支撑不同时间、不同天气以及各种自然环境特性的多尺度、细粒度现实模拟仿真，形成国土空间规划实景三维智能可视化技术体系，支持天际线分析（图 5）、控高分析、日照分析、视廊分析等规划分析，支持地形剖面分析（图 6）、淹没分析、

规划编制
- 规划方案对比
- 城市更新潜力评估
- 宜居性分析
- 生活圈查询
- "十五分钟生活圈"
- 生活圈工具
- 意向选址
- 视域分析
- 视线分析
- 眺望点分析
- 洪水淹没分析
- 尾矿库分析
- 城市扩张
- 绘制天际线
- 规划小区日照
- 城市易涝点识别分析
- 洪涝风险控制线校核

三维分析
- 天际线分析
- 控高分析
- 视廊分析
- 日照分析
- 分屏对比
- 坡度坡向分析
- 叠加分析
- 矢量缓冲区
- 等高线分析
- 最佳路径分析
- 土方对比
- 土方量计算
- 淹没分析
- 地形剖面分析
- 测量距离
- 测量面积
- 测量高度
- 测量角度

中心节点：国土空间规划实景三维智能可视化分析平台

实施监督
- 样本库管理
- 模型训练
- 模型去伪优化
- 模型管理
- 变化监测
- 智能提取
- 指标更新
- 指标统计
- 面积统计

数据管理
- 加载数据
- 保存数据
- 要素查询
- 二维数据编辑
- 三维模型编辑
- 三维地形编辑
- 数据预览
- 数据判断
- 数据目录管理
- 模型库管理
- 标注定制
- 图例定制
- 三维视图
- 二三维地图浏览
- 地图操作
- 阴影定制
- 时间滑块
- 相机设置
- 漫游设置
- 查询定位
- 三维模型
- 动态水
- 加载视频
- 绘制对象

图 3　平台功能框架

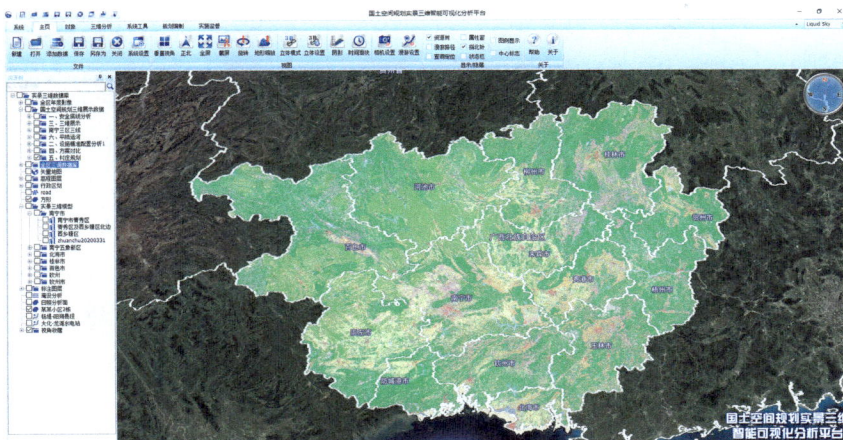

图 4　省级海量多源异构国土空间规划三维数据底座

土方量计算、土方对比、最佳路径分析、等高线分析等地形分析，支持矢量缓冲区、叠加分析等地理分析，支持高度、角度、面积、距离等二三维测量工具，实现规划合理性、可持续性和美观性等多维度三维分析与场景模拟。

图 5　天际线分析

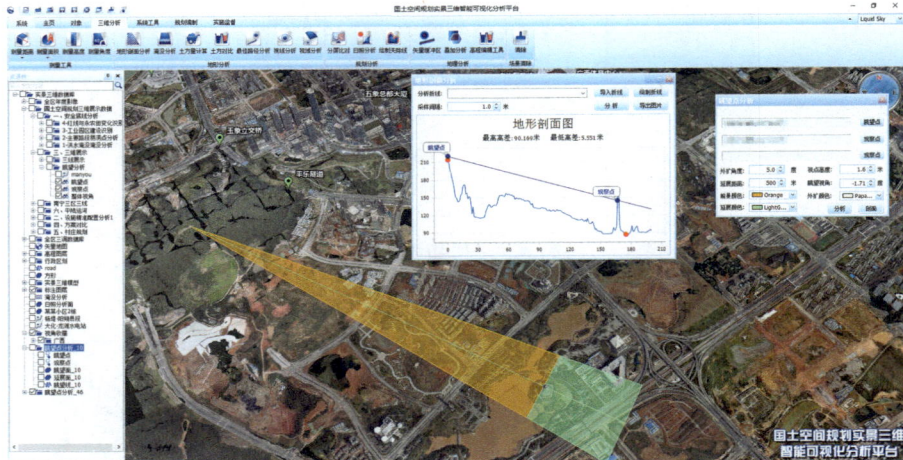

图 6　地形剖面分析

3）规划编制

基于通过实景三维模型数据 1：1 还原真实场景、基于真实三维空间位置的遮挡与相交测试、基于显卡着色器的快速成像原理和三维粒子系统等技术，实现辅助国土空间规划编制，包括规划方案对比、城市扩张、绘制天际线、规划小区日照等规划分析，城市易涝点识别分析（图 7）、洪涝风险控制线校核、尾矿库分析等安全底线，城市更新潜力评估（图 8）、宜居性分析、十五分钟生活圈（图 9）、生活圈分析、生活圈工具、意向选址等设施配置，视域分析、视线分析、眺望点分析等城市景观视廊分析。

图 7　城市易涝点识别分析

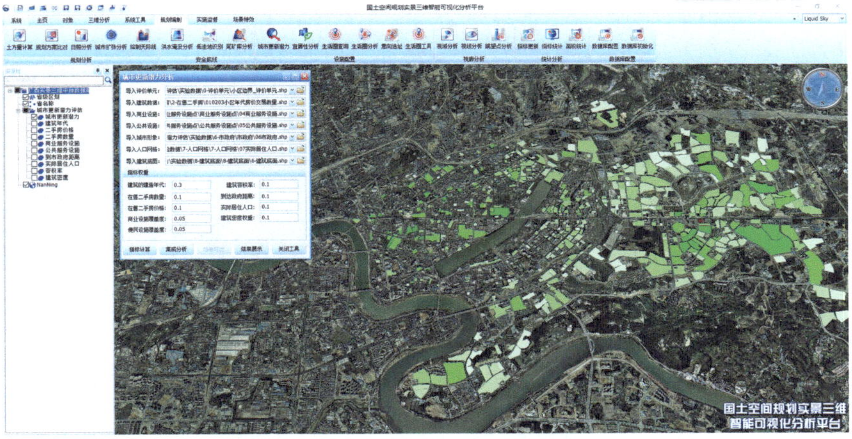

图 8　城市更新潜力评估

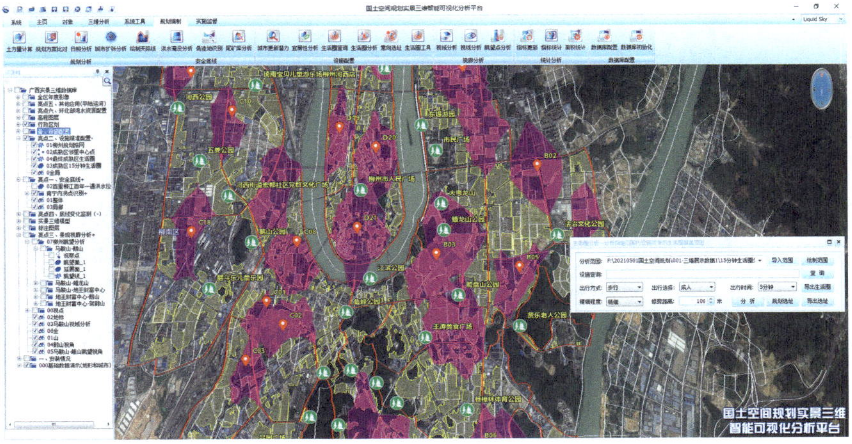

图 9　"十五分钟生活圈"

109

4) 实施监督

建立广西国土空间规划监测目标图像样本库，通过深度特征差异、加权损失惩罚等网络结构，建立顾及小尺度变化碎块和大尺度地物形态差异的遥感影像变化检测与智能模型，结合人机交互去伪提升识别准确率和精度，实现规划实施过程智能化监测，包括监测目标图像样本库管理、智能识别模型训练、智能识别模型去伪优化、智能识别模型管理、规划要素变化监测（图10）、规划建设用地智能提取（图11）、指标更新、指标统计、面积统计。

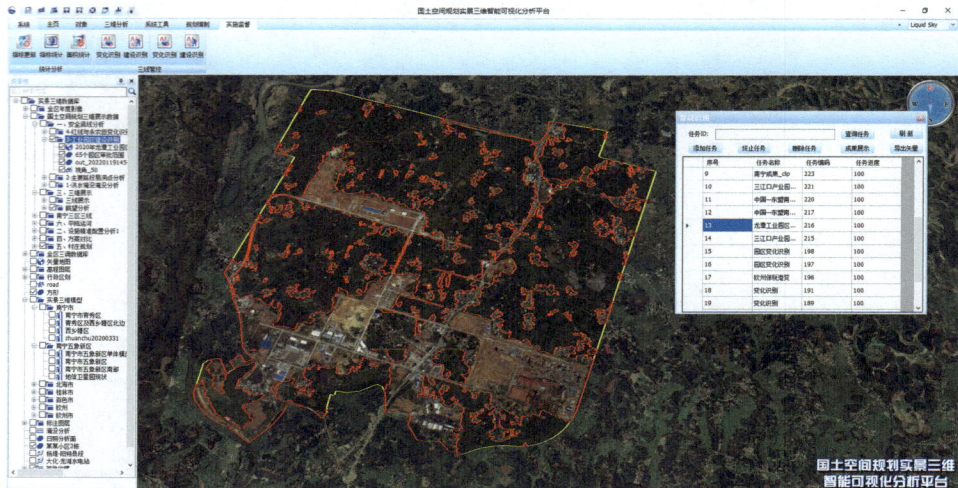

图 10　规划要素变化监测

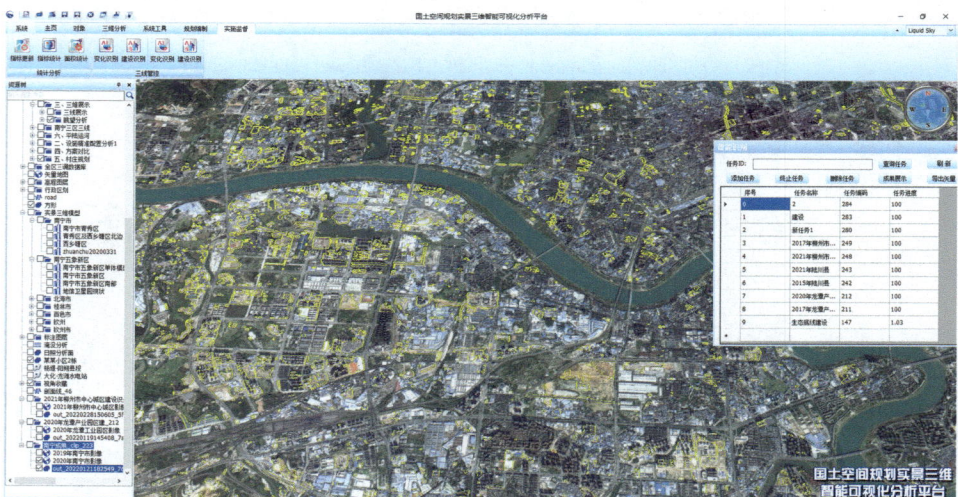

图 11　规划建设用地智能提取

110

三、创新点

1. 省级复杂地形地貌区域的国土空间规划实景三维数据高效加载调度技术

平台通过建立混合索引形成多类型三维数据的组织，通过可见视域优化计算加载方法，形成近似无缝的三维数据浏览加载，保证应用系统的显示效果；通过深度学习的图像分割技术，分割出实景三维模型的植被区域，形成不影响视觉效果和主体精度的简化版实景三维模型。通过自主底层开发的数据组织和轻量化处理算法，提升了省级大场景三维模型数据的可视化效率，突破了传统三维系统中为了保障效率而对显示范围以及角度的限制，实现了全方位的高效实景三维应用能力，从而使多尺度三维数据加载效率提升30%，满足省级国土空间规划对实景三维数据的高效加载、可视化显示、智能化分析需求。

2. 适用于南方破碎地块特征的国土空间规划实施用地遥感变化检测技术

平台基于深度多尺度差异特征的孪生神经网络变化检测模型架构，提升模型对不同尺度空间潜在的变化区域的敏感性；结合特征时空自注意力机制改进变化检测分割网络，增强空间关系特征，提升语义特征信息判别性，减少光照、配准误差造成的伪变化；引入加权二值交叉熵损失，调整漏检变化目标实例的惩罚优化学习过程，提升模型召回率，并保持较高的准确率，最后形成融合多尺度差异特征与加权损失惩罚的卷积神经网络建设用地变化识别模型的创新，建设用地变化识别查全率达到96%，规划建设用地识别效率较传统人工目视解译提升10倍以上，实现了国土空间规划实施智能化监测。

3. 研发平台支撑广西国土空间规划多层级全流程应用

平台充分运用多源时空大数据结合实景三维技术，集成运用大数据、云计算等技术，为规划分析提供新的思路和手段，可视化模拟各种规划场景，提供智能化的分析结果，形成基于三维实景的国土空间规划编制、审查和实施监督全流程应用技术体系，实现基于"人—房—地"一体化的国土空间公共服务设施配置分析和基于斜坡填方量估算的弃土场潜力区选址分析，构建符合广西城市发展实际的城市更新潜力评估模型和可视化的城市宜居性评价指标体系。在广西国土空间规划（2021—2035年）、市、县、乡级国土空间规划、乡村规划、平陆运河弃土场选址、广西工业园区规划建设动态监测等工作中得到业务化应用，实现了广西国土空间规划立体化、智能化、可视化多层级全流程应用。

四、应用成效

1. 支撑国土空间规划的全周期精细化和智慧化编制

高效调度海量多源异构三维数据，通过可视化模拟和智能分析，创新规划编制技术，在国土空间规划领域的支撑作用显著，应用效能明显，提高规划审查工作的精准性和可视化水平，实现了国土空间规划的全周期精细化和智慧化编制，对提高广西全区的国土规划可视化水平以及智能决策能力起到了重要技术支撑作用。支撑完成广西壮族自治区国土空间规划（2021—2035年）编制工作、审查工作（图12），服务市、县及乡镇国土空间总体规划编制、生态保护红线评估、城市体检评估、"一张图"实施监督信息系统等。

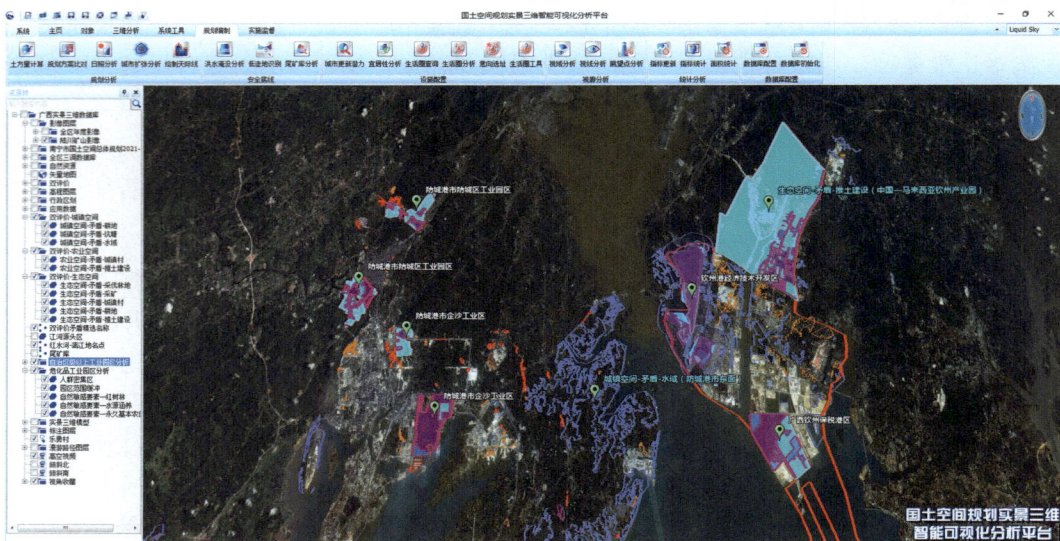

图12　服务广西壮族自治区国土空间规划（2021—2035年）审查

2. 服务村庄规划，助力乡村振兴

平台服务崇左市江州区江州镇保安村叫豆屯、河池市宜州区刘三姐镇小龙村等村庄规划，提供规划前和规划后三维可视化对比（图13），提供多种风貌风格和户型样式对比，做到村庄建筑风貌统一协调又别具特色。智能识别出村屯荒弃可利用建设用地。智能提取现有产业基础，预留未来发展空间和未来用地，科学规划产业项目，规划建设用地，助力一、二、三产业融合发展，助力乡村振兴。近年来，保安村入选全国乡村振兴村级典型范例，小龙村被评为全国首批乡村旅游模范村，小龙村村庄规划项目入选2022年自然资源部第一批村庄规划优秀案例。

3. 高效辅助三条控制线监测与管控

平台运用智能识别模型对南宁市市辖区进行智能监测，识别生态保护红线、永久基本农田、城市开发边界三条控制线内的变化，判别生态保护红线内是否存在连片现状城镇村建设用地、耕地、推土开采建设区域、采伐林地与采矿用地等矛盾图斑，永久基本农田内是否存在连片现状城镇村建设用地与存在推土开采建设等矛盾图斑，城镇开发边界内是否存在连片现状耕地、江河湖等水域与连片坑塘等矛盾图斑，智能划定变化图斑边界，分析统计结果（图14和图15）。做到定位、定界和定性"智能化"，实现违法行

(a) 叫豆屯村庄规划前风貌

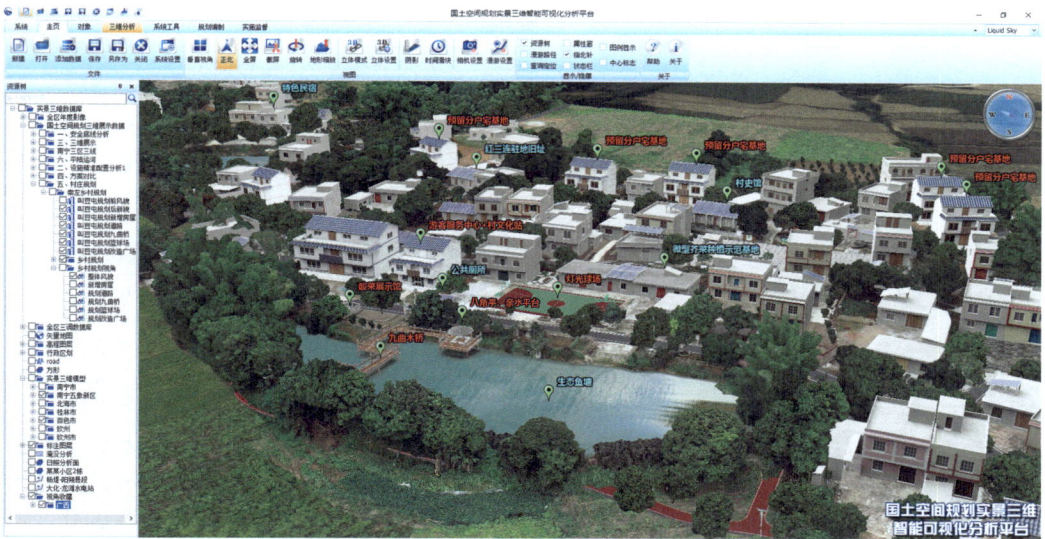

(b) 叫豆屯村庄规划后风貌

图13　服务崇左市江州区江州镇保安村村庄规划

为早发现，高效辅助三线动态监测与管控。

4. 大型工程项目配套设计辅助决策分析

平台服务平陆运河大型工程建设，运用强大的三维地理空间展现能力与数据融合叠加能力，直观对比多方案规划路线差异，辅助平陆运河路线多方案比选。平台结合规划给出限制条件，充分考虑地形要素，结合土方计算工具，对平陆运河沿线进行弃土场潜力区查找、分析，还可以直观可视化地展示堆填土后的场景等（图16）。

113

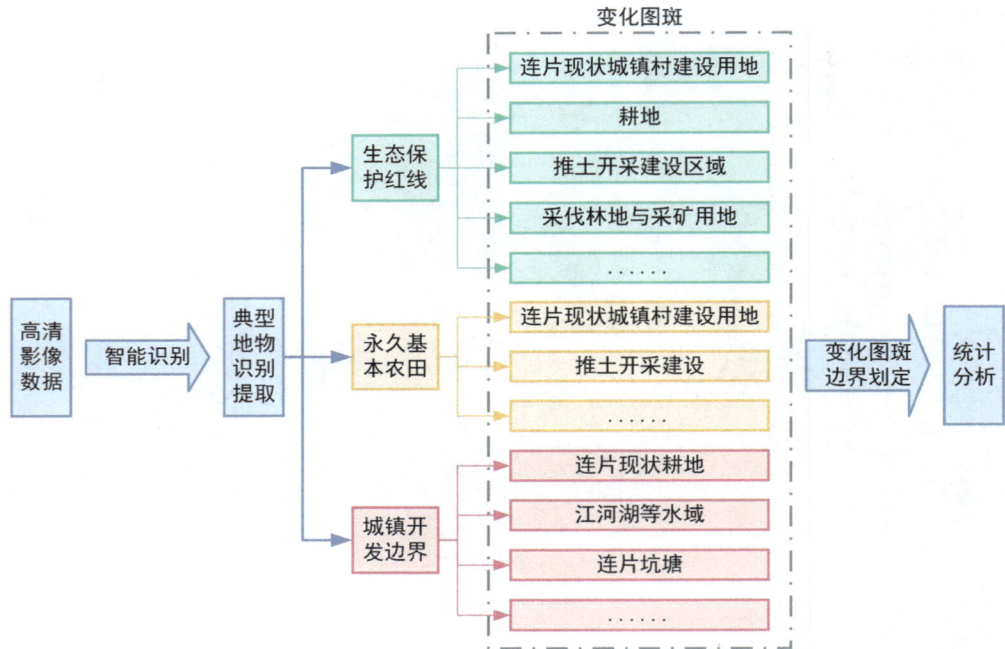

图 14　智能监测与管控变化图斑智能提取流程

图 15　服务南宁市"三线"监测

114

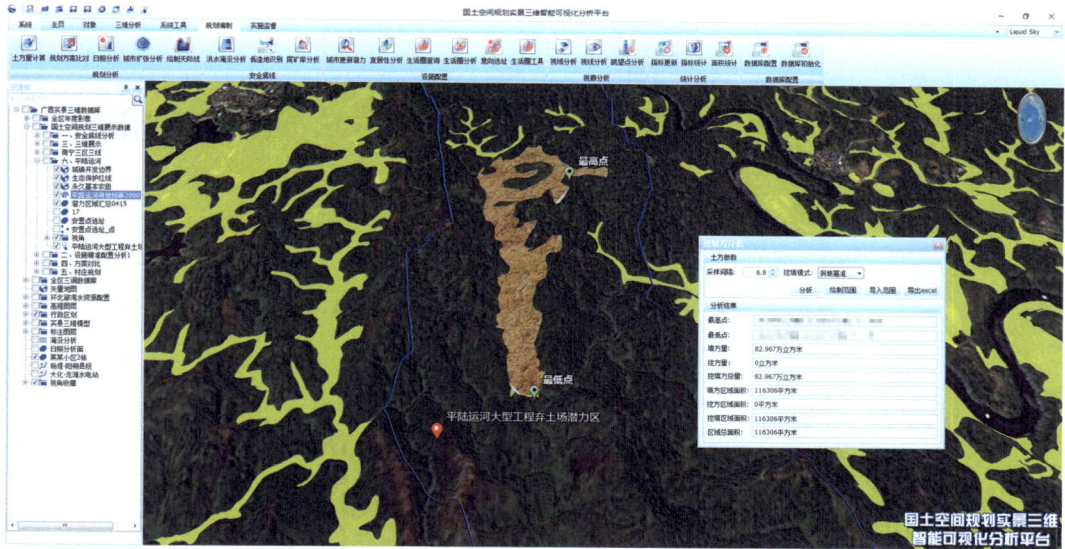

图16　服务平陆运河大型工程

五、推广价值

平台在全国国土空间规划工作中率先将大范围实景三维数据以及可视化平台运用于省级国土空间规划编制、审查工作中，为省级、市级、县级、乡镇级、村级5级规划调研、设计以及征求意见、公示、实施监督等各个阶段提供支撑，真实表达规划效果，智能监测规划实施。

平台坚持以人民为中心，通过实景三维模型可视化智能模拟展示规划，使国土空间规划成为"看得懂"的规划，方便政府部门、规划人员、群众之间沟通交流，激发社会各界参与的热情，引导参与规划设计，让社会各界充分表达对规划建设的意愿，促进规划与群众交流，实现统筹生活、生产、生态综合发展需求，科学布局生产空间、生活空间、生态空间。

平台已在广西自然资源厅、地级市自然资源局、县自然资源局及相关规划编制单位等几十余家安装使用，开展省级、市级、县级、乡镇级、村级5级规划及各重大项目专项规划等相关项目150个。实现了国土空间规划的全周期精细化和智慧化编制，实现了国土空间规划智能化实施监督，形成国土空间规划全周期业务化应用，为科学开展国土空间开发保护、优化国土空间利用格局、提升国土空间治理水平提供了重要支撑。

县域级实景三维数字孪生底座平台建设

杨正辉　左涛　柴成富　王　卓　刘艺炫

中煤航测遥感集团有限公司

一、建设背景

以习近平新时代中国特色社会主义思想为指导，紧密结合《关于推进以县城为重要载体的城镇化建设的意见》《国务院关于加强数字政府建设的指导意见》《乡村建设行动实施方案》以及国家、省、市、县第十四个五年规划和二〇三五年远景目标纲要，抢抓国家推进新基建、数字经济的重大机遇，以推动数字产业化、产业数字化为主线，构建数字政府运行体系，建立健全智慧城市管理、服务、评价"三大体系"，加快建设数字经济、数字社会、数字政府，以数字化转型整体驱动生产方式、生活方式和治理方式变革。用数字政府带动餐饮、农牧业、能源、医疗、交通、水务、建设、教育和城管等领域数字化的发展，构建以底座、中枢、平台互联互通的城市数基，经济、生活、治理数字化"三位一体"的城市数体，政府、市场、社会"多元共治"的城市数治为主要内容的城市数字化架构，形成"一脑智慧管控、一图全面感知、一屏智享生活、一机走遍县城、一体运行联动"智慧城市新格局，为打造民族地区转型升级示范区提供有力的智慧支撑。

为解决实现与省、市数据的互联互通以及摸清相邻区域的横向互联的数字城市地理空间数据结构，实现为县级城市经济社会发展和信息化建设以及市民生活提供可靠、适用、及时的地理信息服务。目前的县域级信息化水平相对滞后，仅有的信息系统大多数为国家级、省级、市级统建平台，主要以使用、上报数据为主，无法实现数字化治理的发展新思路，且现有信息系统未实现互联互通，存在着"信息孤岛"或"信息烟囱"。

因此，为加快推动县域级数字政府未来建设发展规划，亟须摸清全县域数据家底，建设县域级实景三维数字孪生底座平台，夯实全县地理信息空间数据底座，加快基础地理信息资源建设，加强对全县基础地理信息资源的统筹分析，把地理空间数据框架底座建设作为全县国民经济和社会发展的"基座"，以此为基础，加强数据互联互通、共享共用，提升县级城市治理精细化、智能化、现代化管理水平。

二、建设内容

1. 工作内容

县域级实景三维数字孪生底座平台建设项目的主要工作内容如下。

1）开展全县域基础数据生产

（1）卫星遥感数据。

建有"一带一路"卫星应用数据中心，可实时提供不同分辨率的全球卫星遥感影像数据，提供全县域的历史和实时的遥感影像数据，为智慧城市建设提供遥感影像数据底图。

（2）航空摄影测量数据。

建设全县域范围地面分辨率0.2米的正射影像数据，并提供制作完成的高分辨率的正射影像图及县域地理边界信息。

（3）无人机倾斜摄影数据。

建设全县域地形级三维数据以及中心城区和全县乡（镇）政府所在地高分辨率优于0.03米的实景三维mesh模型，并对标志性建筑和重点区域进行精细化建模。

（4）视频在线数据。

平台接入全县重点区域的视频监控实时数据、历史数据，为平台可视化的建设提供重要的视频辅助数据支撑。

（5）公共专题和社会数据。

平台将获取人口数据、经济发展数据、自然资源数据、交通路网数据、水利建设数据、医疗健康数据、教育体系7大行业专题数据，实现数据的共享交互与数据应用。

2）建设县域级实景三维数字孪生底座平台

以数据中台为核心，融合大数据、云计算、物联网和AI技术，打造"县域级实景三维数字孪生底座平台"，实现数据采集、数据汇聚、数据应用以及二三维一体化可视化大屏展示，为县城在智慧行业应用提供平台服务。

2. 平台总体架构

平台的总体架构是基于云计算服务框架，旨在通过一套综合性、高标准和安全的技术体系来实现智慧县域管理的全方位数字化转型。此架构确保了从设备的全生命周期管理到决策支持和应用服务的全面覆盖，致力于为用户提供一个一站式的智慧城市解决方案平台。系统总体架构采用多层架构设计模式，有利于系统的开发、维护、部署以及后期的扩展（图1）。

硬件支撑层：作为系统运行的物理基础，包括了高性能的软硬件系统、稳定可靠的网络和通信设施以及必要的接口系统等，为信息系统的稳定运行提供了坚实的基础。

数据存储层：主要负责存储包括矢量数据、影像数据、三维模型数据、属性数据和物联网数据等在内的各类地理信息资源。这一层通过使用先进的数据库管理系统，并遵循统一的数据管理标准，实现了数据的高效集中管理和应用支撑。

平台服务层：建立在智慧县域级实景三维数字底座平台之上，提供了包括二三维数据可视化、属性查询、数据分析和空间查询等通用服务，以及针对特定需求设计的专题服务，如地图服务和接口服务等。

应用层：基于 B/S 架构，实现了设备管理的标准化和规范化业务模式。该层面向未来，可根据需求发展增加更多智慧应用场景，如全县概览、城区建设和规划发展子系统等。

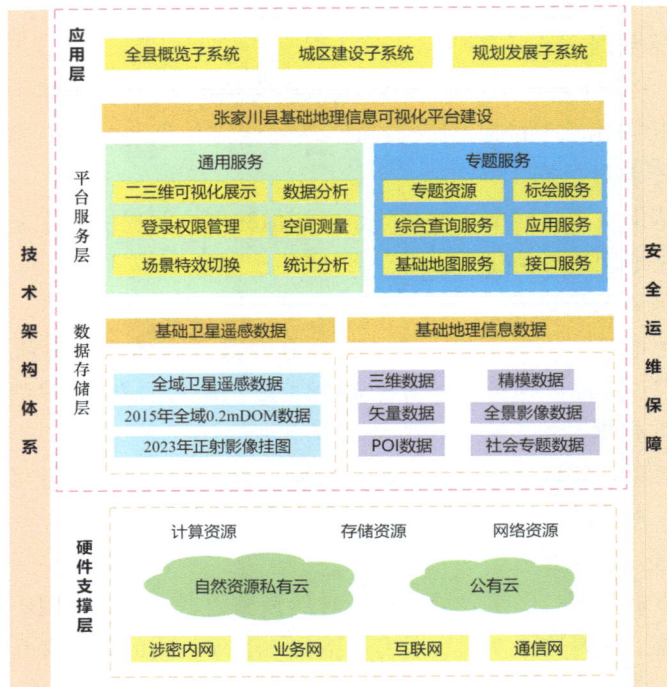

图 1　平台总体架构图

平台利用 Web 端三维引擎的强大能力，本平台为用户提供了一个全方位的、动态互联的县域级实景三维数字体验。支持多种数据格式，包括 Geojson、shp 和 Tiff 等，平台精心构建了全县概览、实景三维、兴趣点（POI）分布、交通水利设施、旅游景点以及规划应用 6 个主要板块。这些板块通过高度集成的 Web 端三维引擎实现了在全球视图上的无缝交互和底图联动，为用户提供了一个互动性极强的视觉展示平台。

平台整合了包括航空和航天摄影测量、无人机倾斜摄影测量、公共专题和社会经济数据在内的丰富数据资源。其中，POI 数据、路网和水网的矢量数据、旅游景点的位置数据以及规划图的矢量数据等，都被巧妙地融合在了这一全景视图中。通过这些详尽的数据和先进的技术支持，平台能够为用户提供从宏观到微观的多维度视角，帮助用户深入理解和分析县域的地理、社会、经济和环境特征。

此外，Web 端三维引擎的高效数据处理和图像渲染能力确保了即使是最复杂的数据集也能被平滑、快速地加载和展示，使用户能够在无缝的交互体验中探索和发现县域内

118

的各种特色和潜在机会。这一创新的技术实现，不仅提升了公众和专业用户的参与度和体验感，也为县域管理、规划和发展提供了强大的支持工具。

3. 应用场景

全县概览板块作为系统的核心界面，利用高分辨率的二维影像数据，为用户提供了一个直观且互动性强的视图入口。这一模块不仅支持影像的缩放和视角调整，还允许用户深入到每个乡镇，探索具体的地理位置和相关信息。通过这种方式，全县的行政区划、社会基础设施和关键经济指标均能一目了然（图2）。

图2 全县概览

主要内容包括以下几点。

人口信息：详细统计包括农村和城镇的常住人口分布、性别比例，至2022年底的具体数据，为政策制定和资源分配提供依据。

社会保障：展示低保人数及2022年低保户补助金额等关键社会保障数据，反映社会福利和支持体系的实际情况。

教育资源：汇总全县的教育设施，包括高级中学、初级中学、小学和幼儿园，共计211所，展示教育资源的分布和可达性。

医疗资源：提供县级医疗机构、基层医疗机构、村卫生所、民营医院和个体诊所的总数（共418个），突显医疗服务网络的密度和覆盖范围。

经济发展：呈现2022年全县第一产业、第二产业和第三产业的生产总值，总计达到37.1亿元，描绘县域经济的总体状况。

"4+2"产业：介绍该县特色发展产业，涵盖餐饮服务业、畜牧养殖业、现代饲草产业、特色养殖业、清洁能源产业和文化旅游业等领域，2022年的产值展示反映了这些产业的发展状况和潜力。

这个全面而详细的全县概览，不仅为政府部门、企业和公众提供了丰富的信息资源，也为进一步的规划和决策提供了坚实的数据支持。通过这种高效、互动的信息展示方式，用户能够迅速把握县域的综合状况，从而促进更加科学和精准的管理与发展。

实景三维模块为用户提供了一个生动且详细的三维可视化体验，覆盖了从重点建筑的精细展示到城市规划的全面分析五大关键领域。综合以上功能，实景三维模块不仅为用户提供了一个全面、细腻的城市三维视图，还开启了一个多功能的分析和管理平台，为城市管理、规划设计及相关领域的专业人士提供了一个强有力的工具（图3）。

图3　重点建筑

分层分户是对建筑物按照每层、每户进行抽拉显示，能够查询房屋的权利人、ID和房屋面积等属性，从而方便住建局和民政局的管理（图4）。

图4　分层分户

120

城市白膜是对城市内建筑物建立白膜，对交通路网采用流光的渲染，突显城区科技感的效果，同时加入智慧公交的设计理念，乘车人能够查询公交的实时位置、车牌号和司机的联系方式等（图5）。

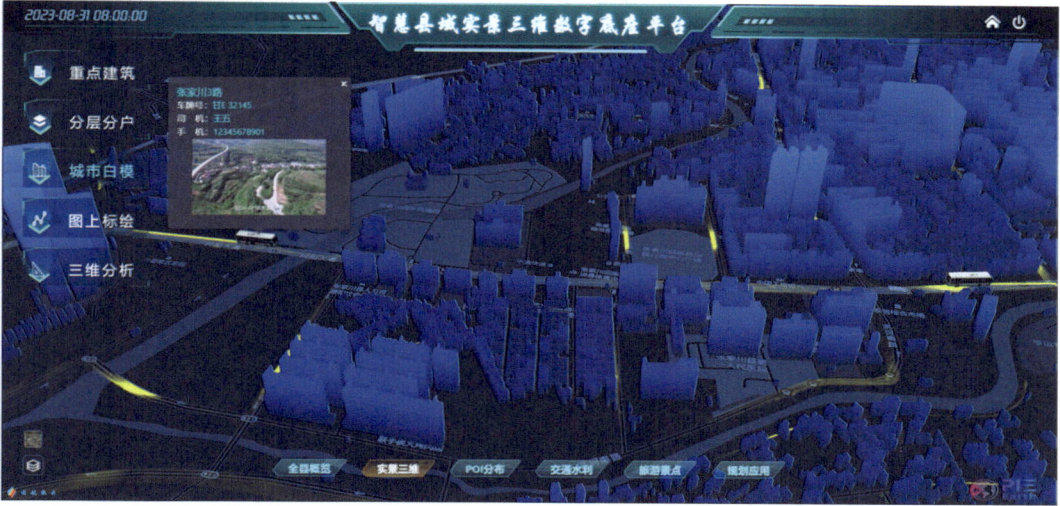

图 5　城市白模

图上标绘是在三维模型上进行标记点、标记线、标记面、标记圆、标记矩形、标记围墙的功能，同时还可以清除标记，也可以导出标记的数据（图6）。

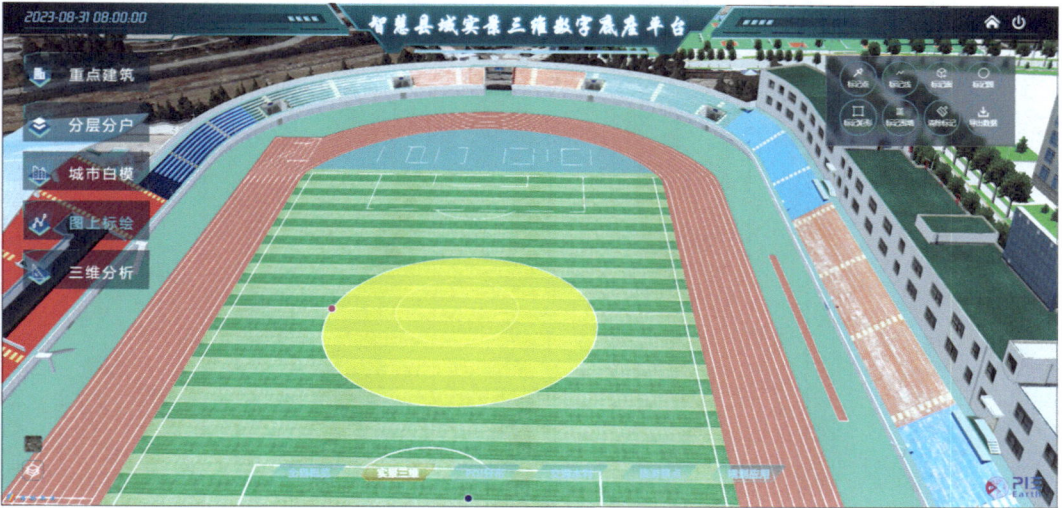

图 6　图上标绘

三维分析包含空间距离量算、贴地距离量算、水平面积、贴地面积、方位角、三角测量、坐标测量、高度差、坡度坡向、淹没分析、等高线、通视分析、可视域分析，需要在地形模型上进行以上操作，能够在规划领域起到重要的指导作用（图7）。

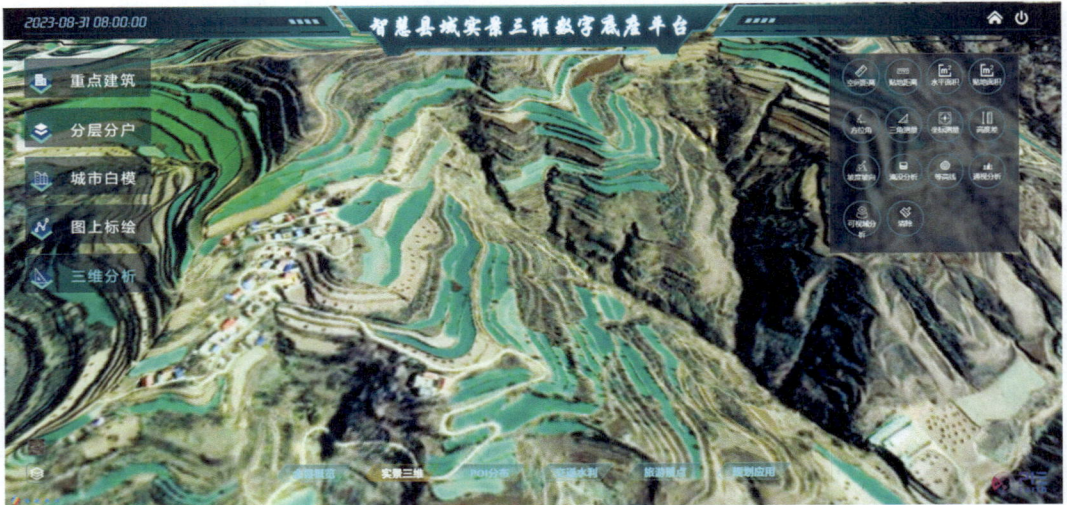

图7　三维分析

POI 分布展示了主城区的商业、医院、学校、工业、商贸等 2 929 处重点点位，在商业列表处可模糊搜索需要查找的点位名称，如输入"行政中心"，可以搜索到行政中心广场，点击行政中心广场，视角推进至该处的实际位置，并展示该处的图片信息（图 8）。

图8　POI 点位分布

交通水利展示了县域境内的五大河流、三大水库，以及主要的公路建设和铁路建设情况。五大河流分别为清水河、后川河、樊河、汤浴河和马鹿河，总长度 174.42 千米，总流域面积 1164.79 平方千米，平均径流量 1.23 亿立方米，修建河堤 75.6 千米。三大水库包括东峡水库，库容 520.8 万立方米；石峡水库，库容 576 万立方米；富川水库，库容 498 万立方米。公路建设动态模拟了县域境内的铁路、国道、省道、县道、乡道和村道的矢量信息和建设总里程（图9）。

图 9　交通水利

旅游景点模块是对该县旅游景点的介绍宣传，包含景点的实际位置、图片、720°全景和文字介绍内容。通过在景区列表中点击景区名称查阅（图10）。

图 10　重点景区

地图可推进放大至景区的实际位置，并且显示景区的图片、720°全景和详细的文字介绍信息，能够让游客通过系统领略县域内的自然风光（图11）。

图 11　重点景区 720°全景展示

规划应用板块包含国土空间规划、新型城镇布局、经济开发布局、城区卫片执法、农牧产业布局和灾害风险分布 6 大模块。国土空间规划模块通过展示县域的国土空间开发功能区划，旨在提高空间利用效率，优化重大基础设施、重大生产力和公共资源布局（图12）。

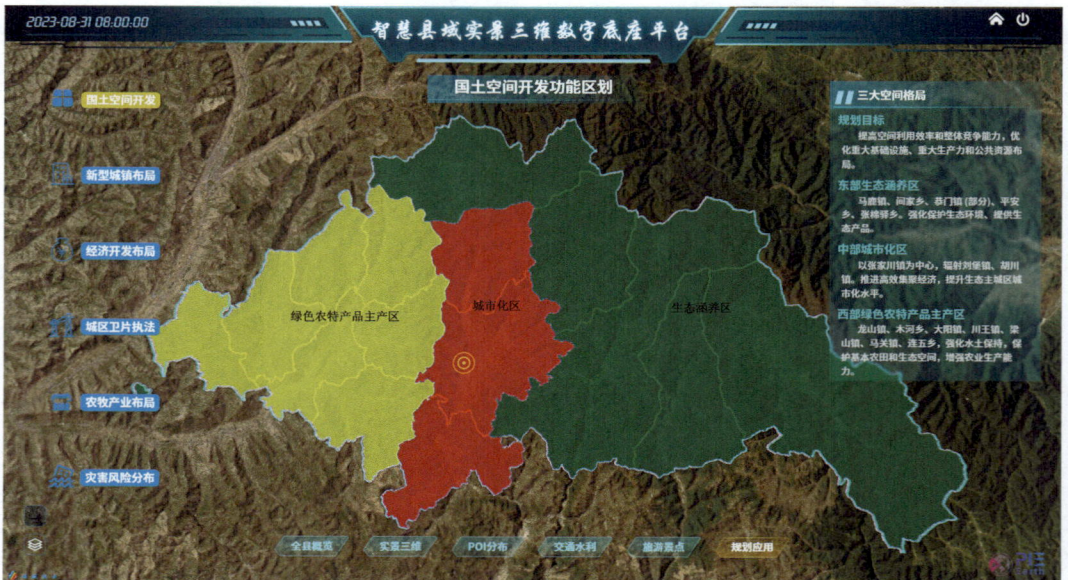

图 12　国土空间规划

新型城镇布局模块通过展示"一城一轴三心"城镇布局，打造以县城中心的生态主城区，以东西城镇形成的发展轴，建立三个服务农民的区域性中心，从而达到优化城镇的发展形态（图13）。

图13　城镇布局规划

经济开发布局着力打造"一区三园两中心"，构建"东进西拓中领，一体两翼，三园互动"的空间发展格局（图14）。

图14　经济空间开发布局

城区卫片执法模块展示了智能城市管理的新境界，通过先进的人工智能技术和遥感影像分析，实现了对城区建筑物的自动识别和违规建筑的精准定位。该模块依托 AI 服务的影像智能处理能力，利用高级的建筑物检测模型，对遥感影像中的建筑物进行自动识别。此模型以 0.98 米分辨率的 3 波段 GF-2 卫星影像为训练基础，通过 Pytorch 1.2 深度学习框架进行优化训练，达到了预测精确度（0.8324），召回率（0.7639），F1 分数（0.8376）以及 MAP（0.7223），展现了人工智能在城市管理领域的强大应用潜力。如图 15 所示为建筑物矢量的提取结果。

　　通过与规划图的对比分析以及用地审批证明材料的核对，城区卫片执法模块不仅能够识别出违章建筑，还能够为城市规划和土地管理部门提供强有力的决策支持。这种高度自动化和智能化的处理方式，显著提高了城市管理的效率和响应速度，同时也减轻了人力资源压力。

　　该模块的成功应用，标志着智慧城市建设在监管和执法方面迈出了重要一步，为实现更加高效、公正、透明的城市管理提供了可靠的技术支持。通过持续优化和升级人工智能模型，未来的城区卫片执法将能够提供更加精准、全面的服务，为构建和谐、有序的城市生活环境贡献更大的力量。

图 15　建筑物矢量提取

　　在城区卫片执法模块中，经过人工智能模型对建筑物的精确识别和提取后，系统将进一步对这些建筑物矢量数据进行深入的分析。通过将这些数据与官方规划图进行对比，并结合用地审批证明材料进行核验，系统能够明确区分并标识出符合规划和潜在违规的建筑。

　　具体而言，系统在界面上使用颜色编码来表示不同状态的建筑物：新建建筑物区域被标记为黄色，而那些未经批准、违反规划许可的建筑物则被标记为红色。这种直观的视觉展示方式不仅大大提高了监管部门对城市建设状态的认识和管控能力，也使得政策执行和城市管理变得更加透明和高效。

通过这一高级功能，城市管理者可以迅速识别和定位违规建设活动，及时采取必要的监管措施，从而有效维护城市规划纪律，促进城市有序健康发展。此外，该系统还为城市规划和土地管理提供了强有力的数据支持，帮助决策者更好地理解城市发展状况，制定更加合理有效的政策和规划指导，提取的建筑物矢量数据与规划图进行对比，参考用地审批证明材料可以得到系统展示界面标黄的区域为新建建筑，标红的区域为违建建筑，如图16所示。

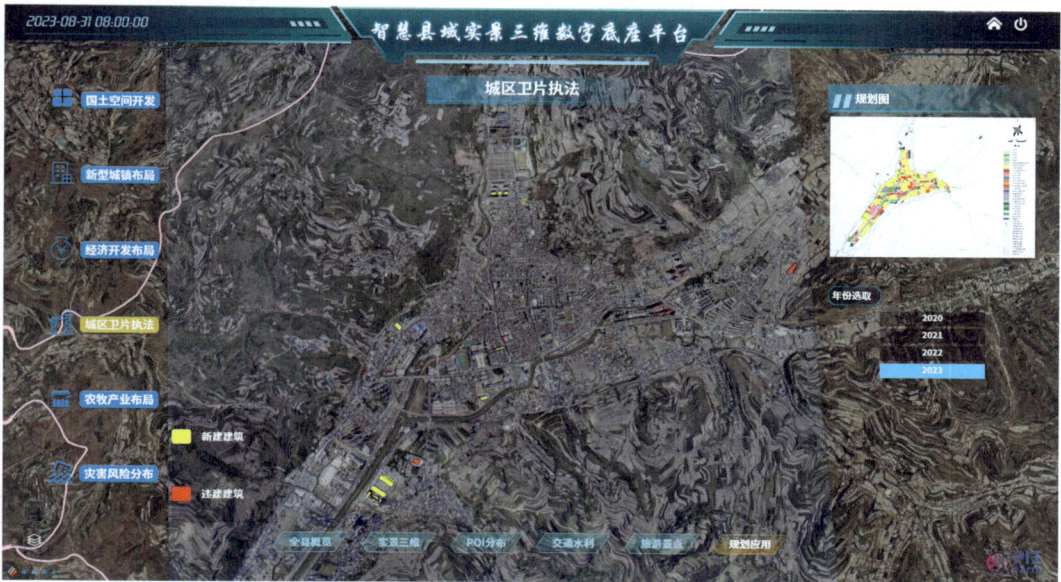

图16　卫片执法

农牧产业布局模块是对县域内现代农业发展规划的精心展示，它基于地区的自然地理特点，即依山傍水的优越环境，策划了两大农业园区和八个专业化农业基地的发展布局。这一布局不仅考虑了地理条件和资源优势，还体现了区域发展的可持续性和生态友好型。在西部区域，项目着重于优质果品的种植，利用当地丰富的水资源和适宜的气候条件，培育和发展各类高品质的水果产业。这不仅提升了当地农产品的市场竞争力，也为农民增收和地区经济发展注入了新的活力。中部区域专注于药材的种植和加工，利用当地独有的地理环境和土壤条件，发展具有地方特色的药材种植产业。通过建立药材加工基地，进一步提升了药材产业的附加值，促进了产业链的延伸和升级。东部区域则致力于畜牧养殖业的发展，依托广阔的草原和优质的水源，发展肉牛、肉羊等畜牧业。这一策略不仅丰富了当地的农牧产品种类，也促进了农牧业的可持续发展，为地区提供了丰富的蛋白质资源。

整个农牧产业布局旨在通过科学规划和区域化发展，实现产业结构的优化和经济效益的最大化（图 17）。通过这种方式，不仅加强了县域内农业和牧业的综合竞争力，也为当地居民提供了更多的就业机会，促进了社会经济的全面发展和农村地区的繁荣。

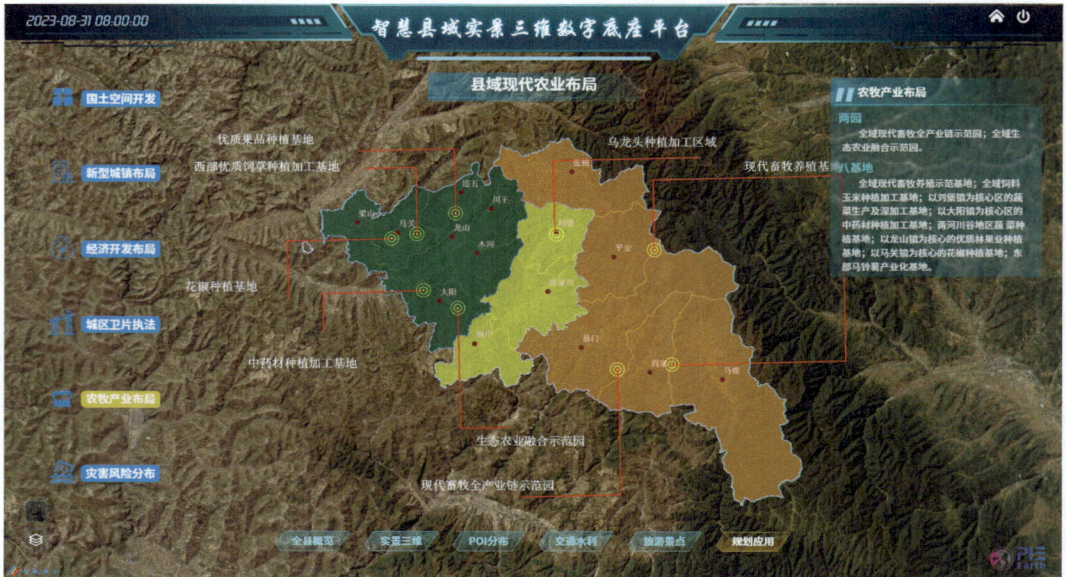

图 17　农牧产业布局

灾害风险分布是对县域自然灾害分布的展示（图 18）。

图 18　县域自然灾害分布

三、创新应用

1. 技术创新与平台设计

在底座平台的构建中，深刻理解到先进技术的重要性，并致力于将这些技术融入远程监控软件平台。通过采纳国际发展前沿的技术解决方案，设计了一个具有出色系统架构、用户友好操作界面以及稳定运行机制的县域级实景三维数字孪生底座平台。该平台不仅展示了卓越的适应性和可靠性，还保证了其在未来技术演进中的持续领先地位，确保了其长期的生命周期。

2. 综合技术应用

该系统平台结合了云计算、物联网、大数据和地理信息技术等多项现代信息技术，旨在提升智能化管理的水平。这种综合技术应用不仅保证了系统的兼容性和开放性，还强化了其可靠性。通过不断地更新现状数据和优化服务流程及质量，平台为用户提供了一个能够实现资源共享和信息持续更新的可扩展环境。

3. 智能化城区监管

城区卫片执法模块是平台的一个亮点，主要采用 AI 算法，通过 Pytorch 1.2 深度学习框架完成建筑物的智能识别。此技术能够将建筑物矢量数据与规划图进行比较，通过用地审批证明材料辨识违章建筑，极大地提高了违规建筑查处的效率和准确性，显著减少了人工排查的时间和成本（图 19）。

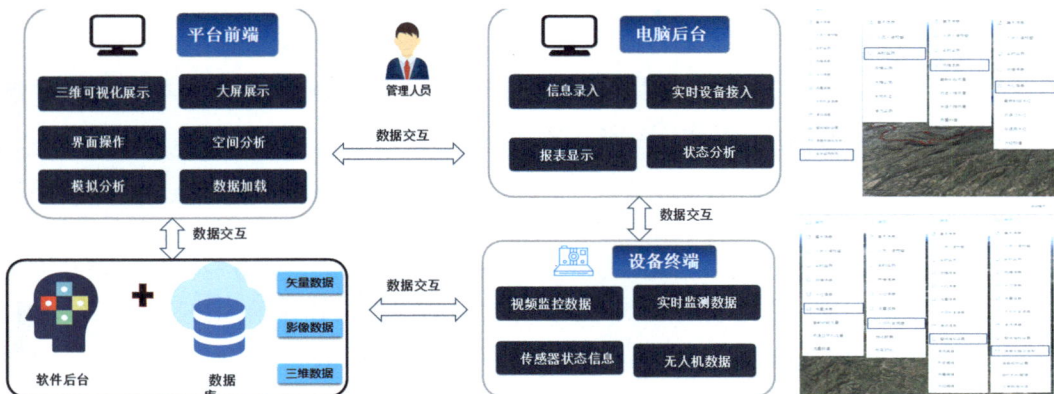

图 19　智能化城区监管

4. 大数据集成与应用

作为一个前沿的智慧县域实景三维数字孪生底座平台，汇聚了超过 15.6 TB 的数据量，涵盖 4 600 余个采集点位和超过 30 万张照片。通过在二维底图和三维模型之间的无缝集成与应用，成功将社会与公共专题数据与地理信息数据相融合，打造出既有视觉冲击力又具备实际应用价值的数字化产品。这一创新不仅为县域提供了一个全方位的信息展示和管理平台，也为未来的城市规划和发展提供了宝贵的数据支持和决策基础。

四、推广价值

通过深度融合和创新应用先进的信息技术，建设的县域级实景三维数字底座平台不仅是技术的展示，更是促进地区综合发展的重要驱动力。它在旅游发展、城市规划优化、城市服务与公共安全提升、城市智能化发展、商业发展支持以及决策管理支持等多个方面发挥出巨大的应用价值，为县域的持续进步提供了坚实的支撑。

1. 拓展应用前景

（1）旅游业振兴。通过精准且生动的三维展示，平台不仅吸引了广大游客的目光，更通过真实的场景再现加深了游客对目的地的理解和兴趣，为旅游业带来了新的生机与活力。

（2）城市规划与管理。利用平台的高精度地理信息和实景模拟，规划部门能够更高效地进行城市规划与管理，确保城市的有序发展和资源的合理配置。

（3）公共服务与安全。平台整合了公共服务资源，并支持安全监控和预警系统，极大提升了城市的公共服务质量和安全管理能力，构建了安全、便捷的生活环境。

（4）智能化城市建设。通过与智能化系统的集成，平台促进了城市管理和服务的智能化，提高了城市运行的效率和居民的生活质量。

（5）商业机会拓展。为商家提供了丰富的市场和位置数据，支持商业决策，促进了商业活动的繁荣与发展。

（6）政策和决策支持。为政府部门提供了全面的数据支撑，使政策制定和决策过程更加科学合理，有效促进了社会经济的健康发展。

2. 未来展望

未来将持续夯实县域级实景三维数字孪生底座平台数据基础资源，完善底座功能，提升应用成效，扩展产品应用模式、延伸基础测绘产品链、完善服务应用链、提升价值链，发挥测绘地理信息作为新型生产要素、新型基础设施的作用，加快实景三维中国、智慧城市时空大数据平台建设，推动时空大数据与自然资源管理深度融合，实现以数据换资源，以数据换空间，更好地服务数字中国建设，赋能绿色低碳发展，形成县域级数字政府建设经验，并向全国县域级城市的推广应用以及市级、省级城市的复制推广，重点打造县域数字化转型治理金名片。

河北省城市体检平台创新与应用

马继生　马晓彪　叶云涛　刘祖然　梁耀哲　赵元达

雄安雄创数字技术有限公司　中国雄安集团数字城市科技有限公司
河北建研建筑设计有限公司

一、建设背景

2017 年，习近平总书记在北京市指导工作时指出建立"一年一体检、五年一评估"的城市体检评估机制，建设没有"城市病"的城市。从 2018 年开始，住房和城乡建设部（以下简称"住建部"）经过 3 年的实践探索，目前已基本形成城市自体检、第三方体检和社会满意度调查相结合的城市体检工作方法。2021 年，中共中央办公厅、国务院办公厅印发《关于推动城乡建设绿色发展的意见》，明确指出城市政府作为城市体检评估的工作主体，开展年度体检评估，制定年度建设和整治行动计划，依法依规向社会公开体检评估结果。

2021 年 3 月 15 日，河北省城市建设管理工作领导小组印发的《2021 年河北省城市体检试点工作方案》提出："今年我省将以唐山市、邢台市、邯郸市、迁安市、黄骅市、高阳县、宁晋县、鸡泽县作为试点开展城市体检。通过城市体检，全面评估城市发展质量，及时发现城市发展中存在的问题和瓶颈，加快补齐城市基础设施短板，强力推动城市更新，提高基础设施抵御风险能力，保障城市安全运行。"

2022 年 7 月，住建部发布《住建部关于开展 2022 年城市体检工作的通知》，通知要求"坚持以人民为中心，统筹发展和安全，统筹城市建设发展的经济需要、生活需要、生态需要、安全需要，坚持问题导向、目标导向、结果导向，聚焦城市更新主要目标和重点任务，通过开展城市体检工作，建立与实施城市更新行动相适应的城市规划建设管理体制机制和政策体系，促进城市高质量发展"，同时指出"各地要运用新一代信息技术，加快建设省级和市级城市体检评估管理信息平台，实现与国家级城市体检评估管理信息平台对接。加强城市体检评估数据汇集、综合分析、监测预警和工作调度，建立'发现问题—整改问题—巩固提升'联动工作机制，鼓励开发与城市更新相衔接的业务场景应用"。随后，住建部印发《城市体检评估技术指南》（试行），并召开 2022 年城市体检工作部署暨培训视频会，在总结近年工作经验和存在问题的基础上，部署 2022 年工作任务，明确相关要求和操作流程。2023 年，在去年的城市体检成果和成效改善的基础上，继续贯彻落实城市体检任务。自 2024 年开始，住建部将在地级及以上城市全面开展城市体检工作，把城市体检延伸到群众身边，将小区、社区、街区列为城市体检的基本单元。

城市体检通过综合评价城市发展建设状况、有针对性地制定对策措施，优化城市发展目标、补齐城市建设短板，是解决"城市病"的一项基础性工作。在河北省搭建城市体检平台，利用 5G、AI、CIM、大数据、云计算等技术，对实施城市体检工作地市的城市数据时空、时序进行对比，多维度呈现信息，深度挖掘数据价值。利用城市体检平台，支撑保定、张家口、衡水等多市、县开展城市体检工作，提高数据采集效率、提升辅助决策能力，辅助编制城市更新规划和任务，促进建设没有"城市病"的城市。

二、建设内容

1. 系统目标

通过搭建城市体检平台，着力全面检测与评估"城市病"，找准病因，查找城市发展和城市规划建设管理存在的问题，推动城市高质量、健康发展，进一步提升城市治理系统化、精细化、智能化水平。

具体来说包括以下 4 个方面。

（1）多维数据，全面摸底城市建设运行状况。依据相关标准及建库规范，分年份构建覆盖市区的空间数据和非空间数据的城市体检指标数据库，实现对生态宜居、创新活力、整洁有序、安全耐久、产城融合等体检成果数据的有序管理、动态入库，形成城市体检工作统一的数据中心，全面摸底城市建设运行状况。

（2）综合展示，统筹把控城市体检情况。基于汇集的城市体检数据资源，形成综合展示"一张图"，为城市体检评估提供底图支撑，辅助用户精准掌握城市体检总体情况及指标数据现状，并提供关键字查询、空间范围查询等功能，便于对信息资源进行快速检索定位。

（3）评估预警，提高城市治理能力和水平。以城市体检指标数据库为基础，结合各部门共享的业务数据、城市管理数据，实现城市体检相关的指标评估、对比分析、监测预警等功能，为精准把脉"城市病"、治理"城市病"提供有效辅助决策，为城市规划建设管理和城市治理提供支撑服务。

（4）公众参与，构筑城市共建共治新格局。项目设置公众参与模块，转变传统"自上而下"的城市治理工作模式，将"自上而下"与"自下而上"相结合，构筑"广泛参与、共建共治"的城市治理新格局，充分发挥各方智慧和力量，促使人居环境更舒适、更便利、更美好。

2. 建设内容

以数字 CIM 平台和城市体检评估指标为底层支撑，搭建城市体检指标评价体系，研发"云调"数据采集小程序与城市体检平台，通过数据采集模块、指标管理模块、分析诊断模块、治理实施模块、城市体检驾驶舱，支撑从数据采集管理到指标分析、问题诊断、治理实施的城市体检全流程业务，辅助管理部门依据城市体检诊断分析结果，编制城市更新专项规划和年度实施计划，为城市发展中的问题和短板提供科学诊断和精准服务。

（1）数据采集模块。建设以移动端云调小程序与 Web 端数据采集管理功能为核心的数据采集模块，确保高效准确获取城市体检指标数据。

云调小程序以"一城一码"的定制化登录功能，支持多个市、县独立开展数据采集工作，以灵活配置的问题设置功能覆盖城市体检指标数据的 4 个维度，以问题定位和问题填报功能支撑数据采集工作便捷开展（图 1）。

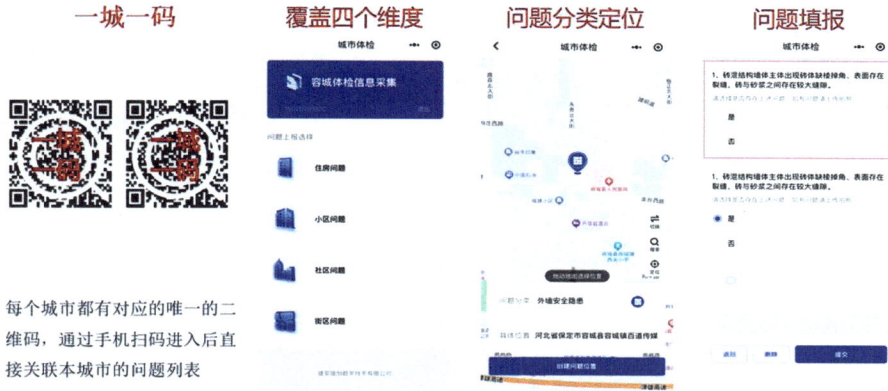

图 1　云调数据采集小程序

与此同时，Web 端数据采集管理功能实时监控数据采集进度、控制数据采集质量、辅助输出问题报表，对接 CIM 平台空间基础数据、在线收集体检数据、采集互联网数据，完成数据汇聚，为"城市病"诊断分析提供数据支撑（图 2）。

图 2　Web 端数据采集管理

（2）指标管理模块。以河北省住房和城乡建设厅印发的《河北省城市自体检工作技术指南（试行）》为基础，结合城市发展现状及长期规划，梳理详细指标体系，构建"基础指标+特色指标"的城市体检总体框架、指标维度及指标定义，实现对指标体系的在线管理（图3）。

图3　指标管理

（3）分析诊断模块。该模块目标为建立体检指标评价标准知识库，借助体检指标标准、专家知识等对体检指标结果进行充分、全方位的分析评估，并进一步作出关于"城市病"问题的诊断，提供异常指标、"城市病"列表。同时将"城市病"与空间匹配，实现主要"城市病"的可视化查询分析，城市尺度、区县尺度、街道尺度对应的主要"城市病"及短板查询，"城市病"的三维空间可视化展示，如城市人口密度超过1.5万人/平方千米的区域，城市开发强度超过150万平方米/平方千米的区域，便民服务设施覆盖率低于标准的社区位置等（图4）。

图4　分析诊断

（4）治理实施模块。该模块主要实现城市更新决策支持、"城市病"治理清单及评估管理，针对全面体检评估后的综合诊断结果，突出体检问题短板、市民城市更新意愿及城市更新要求，结合"城市病"治理清单指导城市更新顶层设计和城市更新方案的编制，并提供项目管理、整改跟踪、效果预演等功能，实现以城市体检问题为导向的更新治理策划及实施（图5）。

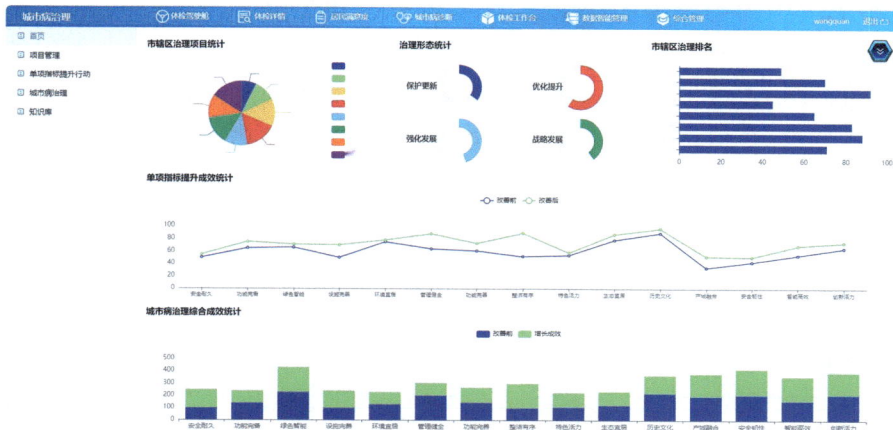

图5　治理实施

（5）城市体检驾驶舱。该模块主要实现城市体检结果的一屏统览，重点展示城市体检指标统计分析结果、城市体征监测数据，帮助管理者快速、全方位了解目前总体评价情况，提示城市未达标指标、预警指标。

3. 建设成效

本次打造的城市体检平台在2023年度辅助了河北省20余个市、县开展城市体检工作，有效支撑了从体检指标体系建立、数据采集、"城市病"诊断、"城市病"治理的全过程。

三、创新应用

1. 多端协同，创新数据采集方式

面向体检指标问卷调查工作，建设移动端数据采集工具，突破传统线下问卷的工作模式，提高数据调查工作便捷性，同时，平台服务端对接已建系统，实现物联感知、行业专题、视频监控、空间基础等多源数据的服务联通。多端协同，丰富城市体检指标数据获取方式，最大限度地为"城市病"诊断提供数据依据，做到主观的民意反馈与客观城市运行现状的指标数据双统一。

2. 智能评估，创新城市病诊断新方法

通过积累多地城市体检成果报告，收集常见"城市病"案例的专业评估结果与

治理建议，构建"城市病"诊断分析评估的知识库体系，实现基于指标数据的自动化诊断评估，自动化匹配治理建议，能够在单项指标长期监测过程中动态调节评价阈值。突破传统城市体检平台被动分析指标数据的诊断模式，提升既往的城市治理建议靠人工的工作方法，真正做到城市体征动态监测、超限预警，城市病治理建议智能输出。

3. 数字孪生，创新城市体检工作呈现新视角

基于 CIM 平台，构建以二三维全空间一体化的城市体检工作底图，将各项城市体检指标全视角呈现在河北省多个数字孪生区县。宏观尺度利用影像、高程、矢量等多类型空间数据，立体化呈现城市体检城区维度指标；微观细节借助 BIM 与视频融合技术，实现住房维度的安全耐久、功能完备等方面指标结果查看。同时提供"城市病"诊断的二三维空间查询能力，快速定位"城市病"问题位置，多角度展示"城市病"治理进度。

四、推广价值

1. 助力精细化治理，推动高质量发展

通过搭建城市体检平台，着力全面检测与评估"城市病"，找准病因，查找城市发展和城市规划建设管理存在的问题，推动城市高质量、健康发展，进一步提升城市治理系统化、精细化、智能化水平。加快推进城市体检平台建设是响应国家政策的重要抓手，是有效防治"城市病"的重要工具，也是促进城市精细化治理和高质量发展的重要环节。

2. 沉淀数据资产，深挖数据价值

将城市体检平台应用于河北各市县的建设过程中，打造城市体检数据管理中心，提高数据可用性、安全性、易用性。避免了数据缺少统一的管理与维护，导致数据冗余、重复和浪费，解决了缺乏数据安全保护手段，防止数据泄漏、丢失问题，规避了传统城市体检报告成果无法有效转化为可分析的数据资产问题。

同时应用智能化分析算法，深度挖掘数据价值，避免城市体检数据成果零散不系统，无法将城市体检成果复用到其他领域，导致成果价值复用程度低的问题，将成果更好地应用于城市治理。

3. 为城市更新指明方向

城市体检平台通过对城市各个领域进行全面监测和评估，可以识别城市发展中存在的问题点，为城市更新工作提供科学依据，使更新工作能够精准定位和修复城市痼疾。同时，通过城市体检平台实时跟踪城市各项指标变化情况，为城市更新工作提供动态调整参考，以及评估更新效果并提出优化建议，这有助于城市更新决策的精准性和项目实施的效率，从而实现城市环境和服务质量的持续提升。

北斗+多技术融合地面沉降监测

盛中杰　　王少一　　闫　伟　　周大山　　周洪月

天津市测绘院有限公司

一、建设背景

地面沉降是指由于自然因素或人类工程活动引发的地下松散土层压缩并导致地面高程降低的地质现象。京津冀平原是目前我国地面沉降最为严重的地区，沉降速率快、范围广，防控形势十分严峻。天津市平均海平面低、地质环境脆弱，受地面沉降损害尤为严重。持续的地面沉降直接致使地面高程不断降低，造成防汛设施的防御能力降低，城区内涝积水，加剧地裂缝和风暴潮灾害；造成河流桥梁净空减少，内河航运受阻，码头受淹；导致深水井井管抬升、倾斜，甚至脱落报废。不均匀地面沉降造成建筑物地基下沉、基础和墙体开裂、房屋等建筑物损坏，严重影响高速铁路、水利工程、机场和油气管线等重大工程运行安全。局部突发地面沉降，严重威胁人民生命财产安全，造成巨大的经济损失和社会影响。

党中央、国务院高度重视京津冀平原地面沉降问题，习近平总书记多次作出重要指示批示，自然资源部会同发展改革委等五部委，组织京津冀三省（市）有关部门，编制印发了《京津冀平原地面沉降综合防治总体规划（2019—2035 年）》（简称《总体规划》），明确了地面沉降防治的指导思想、基本原则、防治目标、重点任务和保障措施。全面准确获取地面沉降信息是科学分析沉降原因、精准制定防治措施的基础和前提。然而，当前天津市地面沉降监测存在诸多挑战，集中体现在以下几个方面。

（1）作为地面沉降监测基准的李七庄基岩点，缺少行之有效的技术手段对其高程稳定性进行监测，导致天津市地面沉降监测结果的可靠性存在一定的风险。

（2）传统以水准测量为主的监测手段，存在监测点密度低、监测频次少、监测精度不均等缺陷，无法满足地面沉降精细化管理需求。

（3）国家考核天津市地面沉降防治工作的技术手段（InSAR）与天津市政府考核各区此项工作的技术手段（水准测量）不一致，不同技术手段的监测基准、监测精度不尽相同，缺少有效的交叉验证和融合分析方法，无法保障相关考核工作的有效衔接和有序推进。

（4）缺少针对局部大量级突发地面沉降的识别、预警和监测能力，对津南八里台"5·31"局部突发地面沉降应急处置的支撑能力不足。

因此，地面沉降监测需要充分顾及监测基准稳定性影响，在水准测量基础上，融合北斗、InSAR等先进技术，建立点、线、面相互补充的立体化地面沉降监测体系，获取高密度、多频次、高精度的地面沉降监测结果，为控沉管理精细化、治理措施精准化提供科学支撑，保障"总体规划"确定的防治目标圆满完成。同时，提升局部突发大量级地面沉降监测能力，实现对重点区域、重要设施、重要工程的沉降监测、风险识别和安全预警，为人民生命财产安全和地区经济可持续发展保驾护航。

二、建设内容

贯彻落实国家北斗战略和习近平总书记地面沉降相关指示精神，针对天津地面沉降监测及防治面临的痛点问题，综合运用北斗卫星导航、航空航天遥感、物联网传感器等现代先进技术，实现李七庄基岩点稳定性的自动化监测与科学评估，建立了点、线、面相互补充的多维立体地面沉降监测体系，在大范围、高密度、多频次、高精度微小地面沉降科学可靠监测基础上，有效提升局部突发大量级地面沉降监测能力，对重点区域、重要设施、重要工程的沉降监测、风险识别和安全预警，为科学分析沉降原因，精准制定防治措施、有效应对突发事件提供有力支撑。

1. 北斗+物联网传感器的基岩标稳定性监测

为了能够充分顾及李七庄基岩标和宝坻基岩标沉降影响，保证天津市地面沉降监测结果的真实性和可靠性，提出了北斗+静力水准基岩标稳定性监测技术，构建了宝坻基岩标和李七庄基岩标高程稳定性自动化监测系统，支持北斗卫星导航数据、静力水准数据的连续采集、无线传输、自动存储和快速处理分析，有效克服长距离水准测量累积误差影响，实现了天津市高程基准和地面沉降监测基准的自动监测和科学评估，在天津市高程基准维持、地面沉降监测等工作中发挥了重要作用。北斗+物联网传感器的基岩标稳定性监测系统示意如图1所示，李七庄基岩标和宝坻基岩标静力水准设备安装情况如图2所示，李七庄基岩标大地高时间序列如图3所示，李七庄基岩标静力水准原始液面位移变化如图4所示。

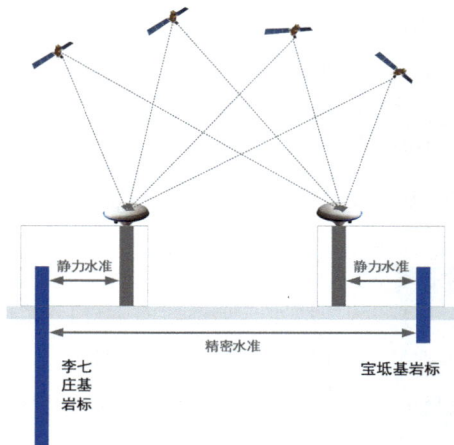

图1　天津市基岩标稳定性监测示意

图2　李七庄基岩标和宝坻基岩标设备安装情况

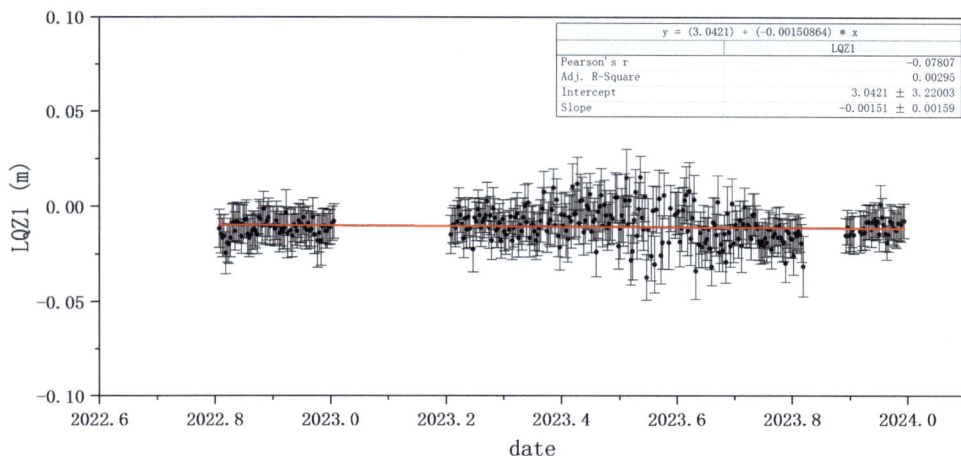

图3　李七庄基岩标大地高时间序列

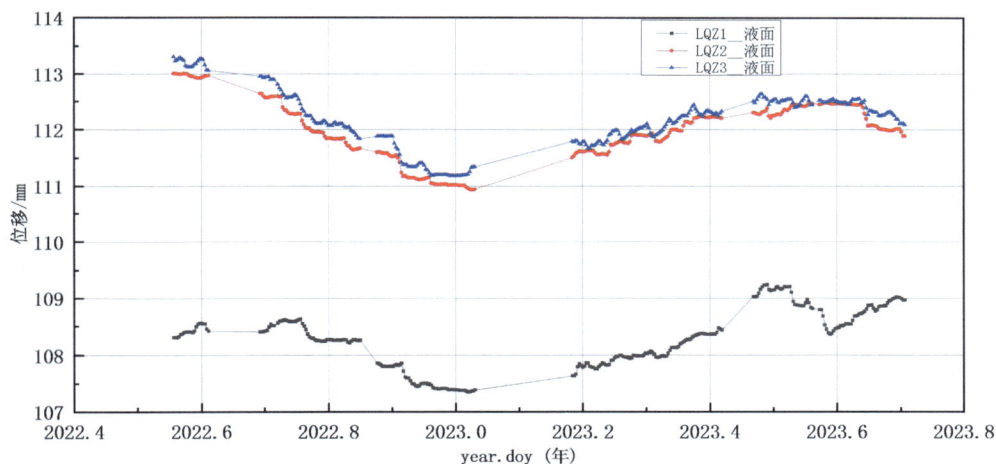

图4　李七庄基岩标静力水准原始液面位移变化

2. 北斗+多源数据融合处理方法

在深刻剖析水准、GNSS、InSAR等地面沉降监测技术特点基础上，围绕多源地面沉降监测数据差异分析和融合处理进行了较为深入、系统的研究，成功构建了InSAR/水准/GNSS多源监测数据融合处理方法，有效解决了单一监测手段监测点密度低、监测频次少、监测精度不均、监测可靠性不足等难题。

1）研究建立了InSAR/GNSS融合方法

针对利用GNSS监测结果对InSAR监测结果系统偏差补偿问题，提出了基于滑动窗口加权平均的任意时段GNSS沉降提取方法，分析给出了沉降提取精度随滑动窗口大小变化曲线（图5），滑动窗口越大，沉降提取精度越高，当滑动窗口大于14，通过增加滑动窗口大小对提取精度的提高逐渐不显著。建议滑动窗口取值为 14，对应 GNSS 沉降提取精度从 10.8 毫米提升到±2.9 毫米，显著提高了 InSAR 同时段 GNSS 沉降解算精度，解决了 GNSS 和 InSAR 观测时点匹配难题。

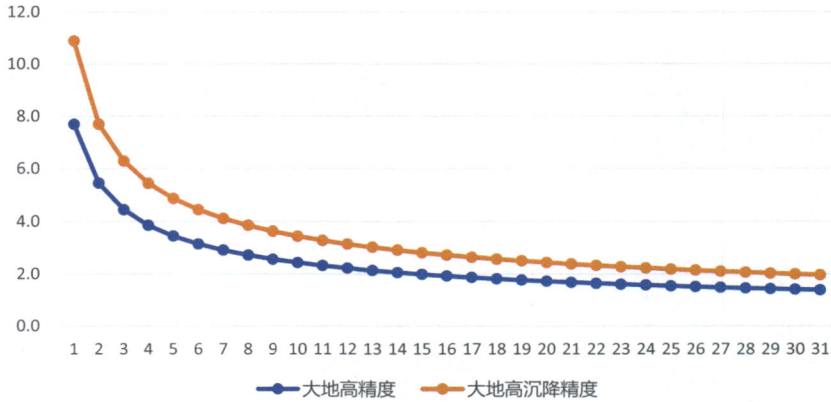

图 5　GNSS 沉降提取精度随滑动窗口大小变化曲线

在此基础上，提出的 InSAR/GNSS 数据融合方法（图 6），能够对 InSAR 系统误差进行有效补偿，显著提高了多频次 InSAR 监测结果的准确度。实验结果表明，融合前 InSAR 监测结果偏差均值 4.74 毫米、标准差 6.27 毫米，偏差绝对值均值 6.35 毫米、标准差 4.64 毫米；融合后偏差均值为−0.56 毫米、标准差 6.27 毫米，偏差绝对值均值 4.85 毫米、标准差 4.02毫米。融合后 InSAR 系统偏差得到有效补偿，偏差平均值减小了 4.2 毫米，偏差绝对值平均值减小了 1.5 毫米，精密度保持不变。利用该技术，实现了天津市地面沉降每年 4 次监测，监测频次为每 3 个月 1 次，及时有效获取了全市，尤其是高速铁路等重大工程沿线地面沉降情况，为科学分析沉降原因，精准制定防治措施提供有力支撑，成效显著。

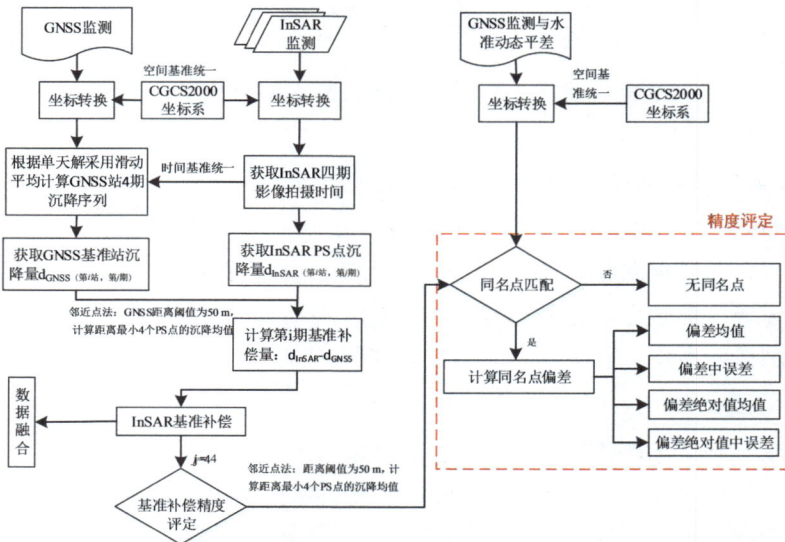

图 6　InSAR/GNSS 数据融合方法

2）研究建立了 InSAR/水准/GNSS 融合方法

设计了基于线性模型的水准/GNSS 联合动态平差方法进行水准和 GNSS 监测结果融合，控制长距离水准观测累计误差影响，有效改善水准观测精度不均问题。利用水准/GNSS 融合结果对 InSAR 系统误差进行计算和修正，统一监测基准，科学有效的获取多频次、高精度、高可靠性的地面沉降监测结果。针对系统偏差计算点选择和系统偏差计算与修正等两个关键问题，提出了参考点周边常数面法、全市均匀分布常数面法、全市二等水准常数面法、全市二等水准趋势面法、全市二等水准反向距离权重法和全市二等水准克里金法等多种方案，基于天津丰富的多源监测数据资料进行实验分析，给出了不同方案对 InSAR 监测结果准确度和精密度的提升效果。通过修正 InSAR 系统偏差，能够全面及时地获取高密度、多频次、高精度、高可靠性的地面沉降监测结果，实验表明，融合前 InSAR 监测结果偏差均值 4.16 毫米、标准差 5.71 毫米，偏差绝对值均值 5.66 毫米、标准差 4.23 毫米；融合后偏差均值为-0.43 毫米、标准差 4.04 毫米，偏差绝对值均值 2.92 毫米、标准差 2.82 毫米。融合后 InSAR 系统偏差得到有效补偿，准确度提升了 2.7 毫米，精密度提升了 1.4 毫米。基于上述研究成果，首次实现了天津市地面沉降水准监测结果、GNSS 监测结果和 InSAR 监测结果的交叉验证和融合统一，有效解决了天津市水准测量监测密度低、监测频次少、监测精度不均等难题，为天津市地面沉降防治提供了权威、可靠的数据支撑。InSAR/水准/GNSS 融合方法如图 7 所示。

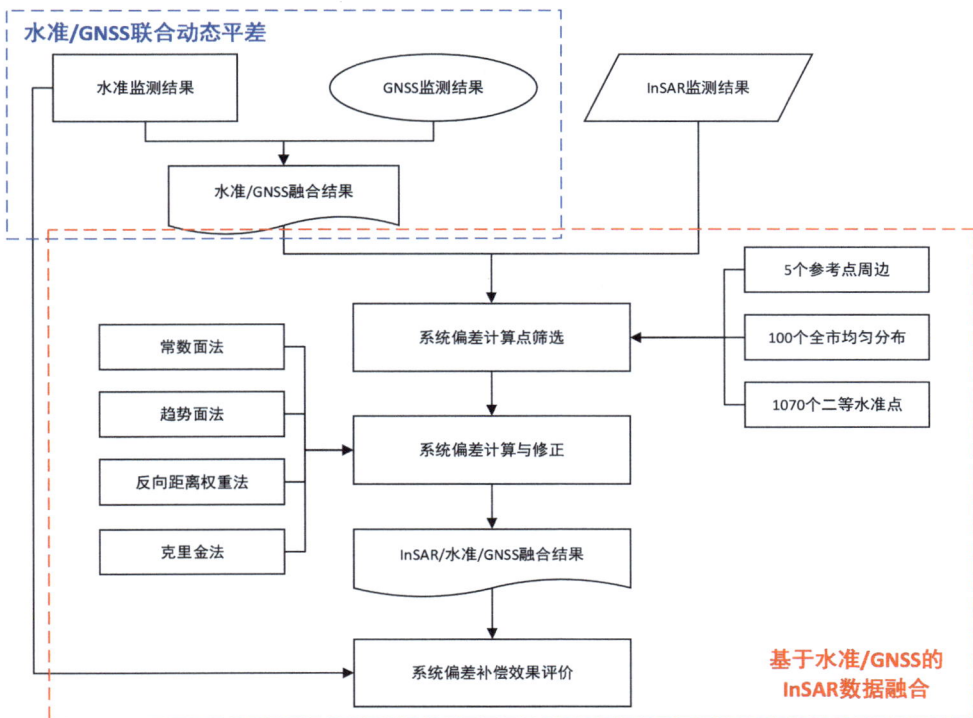

图 7　InSAR/水准/GNSS 数据融合方法

3. 多源数据处理算力设施建设及软件工具研发

针对天津市水准、GNSS、InSAR 多技术并举地面沉降监测需求，通过整合计算资源和专业数据处理软件，构建了多源数据处理服务器集群，基于 FME 构建了系列地面沉降监测成果制作工具，研制了水准点信息查询及照片采集工具，支持天津市全市域 SAR 数据、GNSS 数据和水准数据的快速处理，支持地面沉降统计图表及报告成果的自动/半自动生成，大幅提高地面沉降数据处理及成果编制效率；有效解决了水准外业观测"找点难""找错点"问题，大幅提高水准点照片等信息采集和处理效率，保障天津市地面沉降综合防治专项顺利实施。

4. 研制地面沉降监测水准点运维装置和软件系统

针对天津地面沉降监测水准点每年损毁和丢失严重问题，研制了北斗+物联网传感器的地面沉降监测水准点运维装置和软件系统，总体架构如图 8 所示。系统包括智能监测终端、监控预警平台和监测预警 App，支持水准点周边环境的主动感知和实时监控，当水准点及保护盖遭到破坏时，能够及时预警，并支持语音警告，现场证据的自动采集和回传，在减轻水准点维保工作的同时，达到主动防御、减少破坏、实时防护、现场取证的目的。

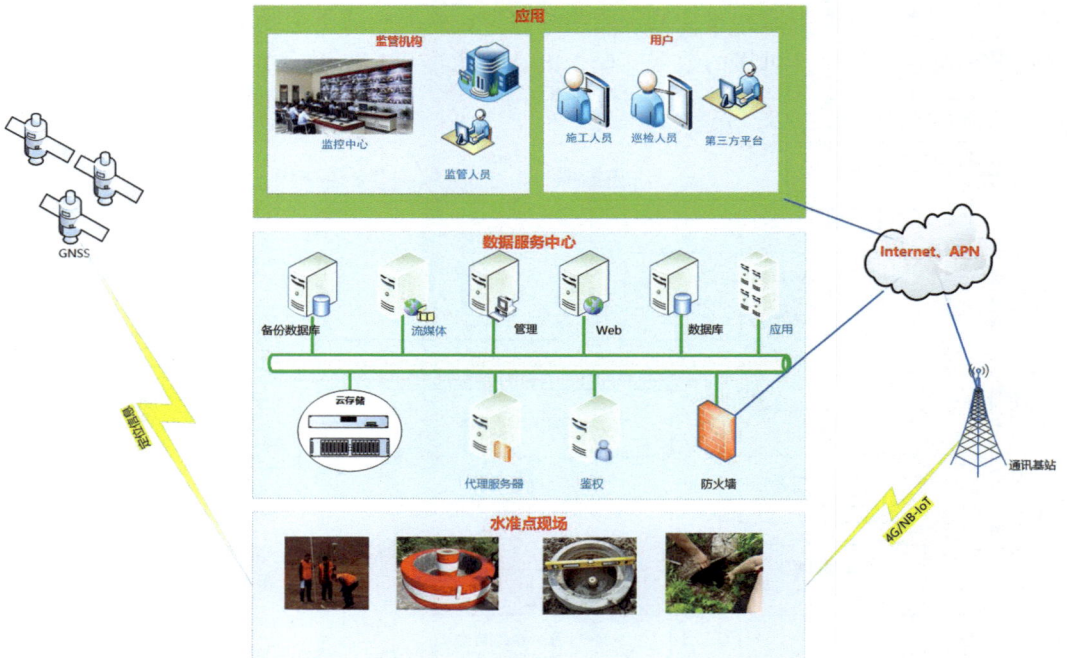

图 8　水准监测点运维装置和软件系统总体架构

5. 北斗局部基准维与实时连续监测系统构建

基于天津市北斗基准网，基于载波相位差分精密测量技术，辅助少量地面水准测量，研究构建了能够快速部署、动态更新的局部基准建立与维持技术方法（图 9），能够为重点局域的长期监测提供全局统一、连续稳定、动态更新的测绘基准。研究构建了北斗连续监测方法和软件系统（图10），对关键点位的水平位移和垂直位移进行7×24小时连续监测，水平监测精度±3毫米，垂直方向监测精度±5毫米，持续获取目标三维形变数据，为科学分析形变特征、准确研判变化趋势、及时采取有效应对措施奠定了坚实基础。

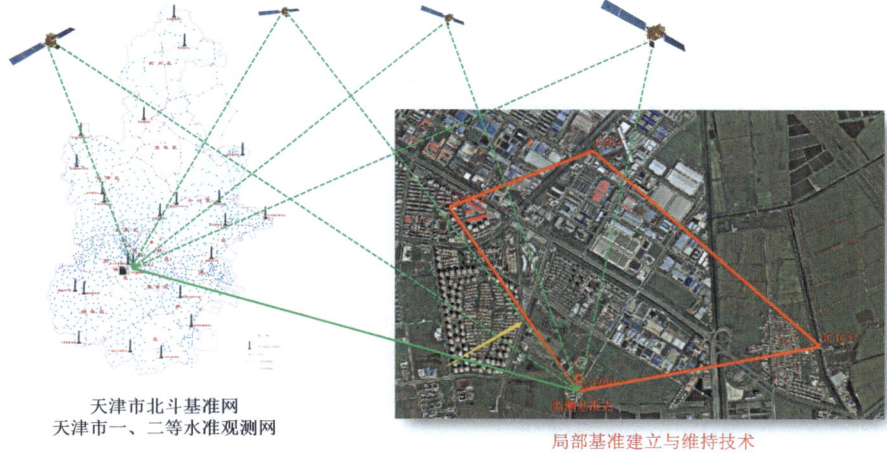

天津市北斗基准网
天津市一、二等水准观测网
局部基准建立与维持技术

图9 北斗局部基准建立与维持技术示意

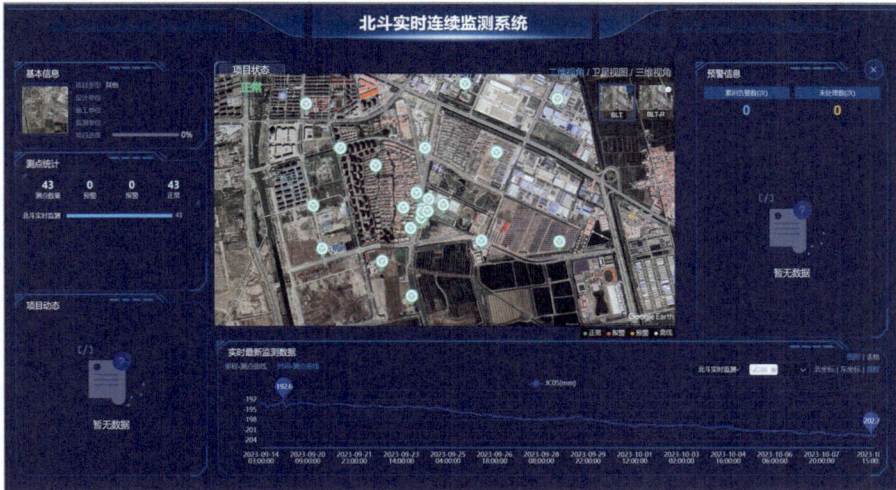

图10 北斗实时连续监测系统

三、应用成效

紧跟《京津冀平原地面沉降综合防治总体规划》（2019—2035年）部署，聚焦天津市地面沉降监测与防治需求，逐步发展构建了具有"天津特色"的北斗+多技术融合地面沉降监测体系，该项目技术难度大，集成度高，整体达到国际先进水平，获2023年卫星导航定位科技进步二等奖，在天津市地面沉降综合防治和津南八里台"5·31"局部突发地面沉降监测应急处置等政府重点任务中发挥了重要作用，取得显著经济效益和社会效益。

1. 天津市地面沉降综合防治应用

依托北斗+多技术融合地面沉降监测体系，连续3年圆满完成天津市地面沉降综合防治专项任务，首次实现了天津市地面沉降水准监测结果、GNSS监测结果和InSAR监测结果的交叉验证和融合统一，有效解决了水准测量监测密度低、监测频次少、监测精度不均等难题，科学有效地获取了全市多频次、高精度、高可靠性的地面沉降监测结果，全面及时的掌握了高速铁路、高速公路、油气管线等重大工程沿线的地面沉降情况，为天津控沉管理精细化、治理措施精准化提供了有力支撑，保障了国家考核天津地面沉降防治工作和市政府考核各区政府此项工作的有效衔接和有序推进，为天津超额完成《京津冀平原地面沉降综合防治总体规划（2019—2035年）》确定的防治目标作出了重要贡献，社会效益显著，近3年创造直接经济效益2 916万元。

2. 津南八里台"5·31"局部突发地面沉降应急处置应用

在津南八里台"5·31"局部突发地面沉降应急处置中，利用北斗卫星导航、LiDAR、InSAR等先进技术，快速确定了沉降范围和沉降量级，利用北斗卫星导航技术，建立和维护了相对稳定的局部基准，对23个关键点位进行7×24小时连续监测，持续获取了碧桂园小区及周边地面沉降信息，为灾害的科学研判和应急处置提供了关键数据支撑，赢得了各级领导的认可，赢得了广大群众的赞誉。LiDAR快速确定沉降范围、北斗实时连续监测点位分布、基于LT-1数据的地面沉降监测结果分别如图11、图12和图13所示。

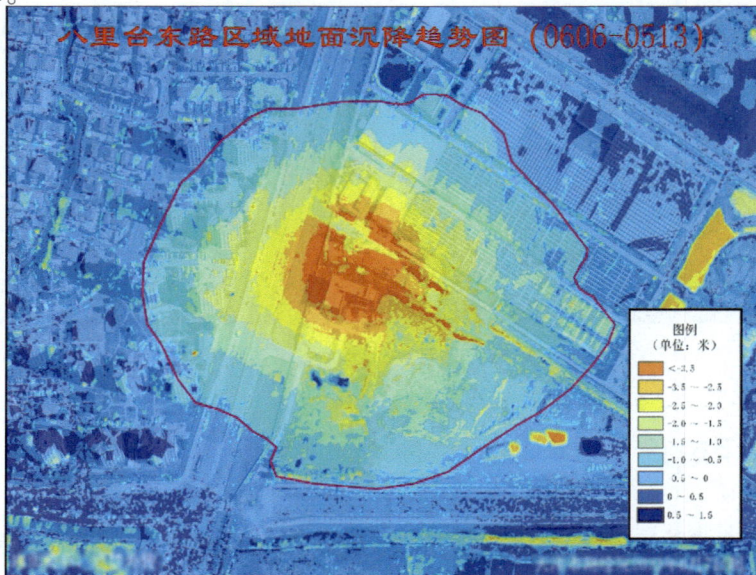

图11　快速精准确定沉降范围

图 12　北斗实时连续监测点位分布

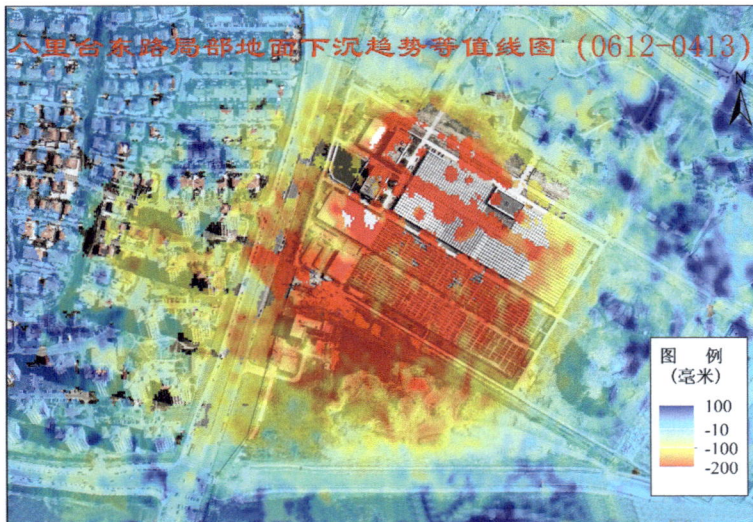

图 13　基于 LT-1 数据的地面沉降监测结果

四、推广价值

地面沉降是一种形成时间长、影响范围广、治理难度大、难以修复的缓变型地质灾害，严重影响地区经济可持续发展，威胁人民群众生命财产安全和重要设施运营安全。

通过北斗+InSAR多技术融合地面沉降监测技术，综合运用北斗卫星导航、航空航天遥感、物联网传感器等现代先进技术，建立点、线、面相互补充的立体化地面沉降监测体系，实现了顾及监测基准稳定性、大范围、多频次、高精度、高可靠性地面沉降监测。其创新点在于综合利用北斗+静力水准开展基岩标稳定性监测，北斗+InSAR进行多源数据融合地面沉降监测，研发多源数据处理设施及软件工具。以上技术创新和实际应用情况，为其他沉降监测类项目提供了可供参考的技术和工作流程，可以为其他单位和项目提供借鉴，对地面沉降的监测、预报、处置具有重要意义，具有广阔的应用前景和推广价值。

湖北省风险隐患监测预警平台

刘志华　黄　洋　陈　萍

湖北省应急管理厅　湖北省数字产业发展集团有限公司

一、建设背景

为深入贯彻落实习近平总书记关于安全生产重要指示精神和《全国重大事故隐患专项排查整治 2023 行动总体方案》工作要求，遵循国务院安委办《关于实施遏制重特大事故工作指南构建双重预防机制的意见》等系列工作指南要求，坚持"人民至上、生命至上、安全第一、预防为主"的原则，通过项目建设强化安全生产事故防范能力，打造具有湖北特色的安全生产风险隐患管理平台，围绕非煤矿山、危险化学品、烟花爆竹、工贸等重点行业领域，聚焦可能导致群死群伤的重大事故隐患，建设风险隐患"一张图"、风险综合管理、隐患整改督办、风险隐患智能分析等应用系统，以及风险分级模型、AI 隐患智能识别、风险隐患知识管理等应用支撑能力，全面建立起先进适用的重预防、全过程、动态化的风险隐患治理体系，实现风险隐患管理的常态化、规范化，推动安全生产治理模式向事前预防转型，坚决守牢兜住安全发展底线，以高水平、高质量、创新型的模式推动湖北应急信息化的发展。

二、建设内容

本项目主要建设内容为"1+3+4"，即完善一套安全生产风险监测预警体系，打造三大应用支撑能力，建设四大核心业务系统。项目涉及湖北省、市、县（区）应急管理部门及非煤矿山、危险化学品、烟花爆竹、工贸等重点行业企业，覆盖省市县三级监管人员。主要为其提供风险隐患监督管理、风险隐患分析、风险隐患督办等服务，用户规模总数 10 000 余人。

1. 完善一套安全生产风险监测预警体系

通过湖北省应急管理厅 IoT 一体化平台接入危险化学品、非煤矿山、工贸和烟花爆竹企业传感器数据，实现对行业重点企业风险隐患数据实时监测。同时，根据湖北省企业实际情况，支持企业自行选择双重预防机制数字化系统建设方式，可以使用湖北省应急管理厅安全生产风险监测预警系统或者使用自建系统。对于使用自建系统的企业，按照统一对接标准将双重预防数据对接至省级各风险管控和隐患排查治理系统，保证各级平台数据的时效性和运行效果评估的一致性（图1）。

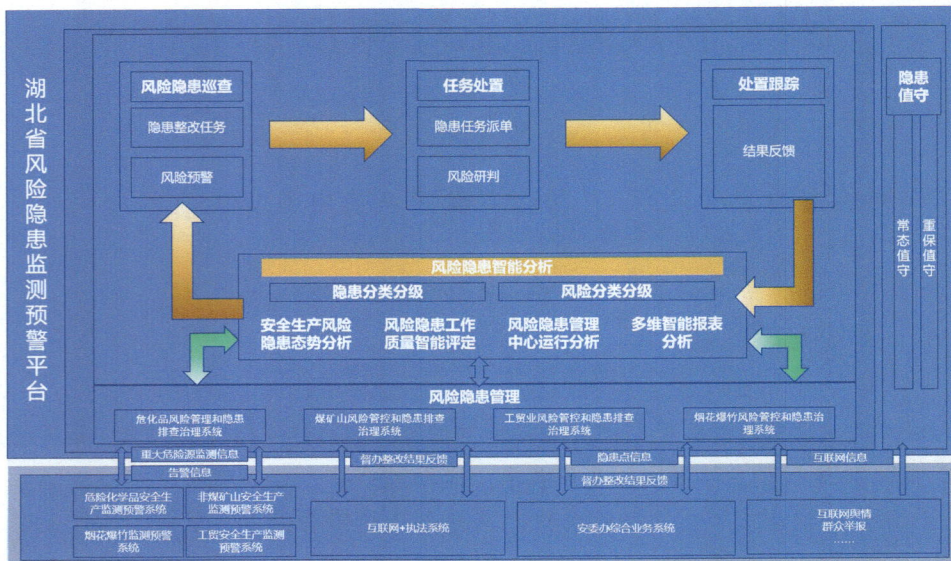

图1　湖北省风险隐患监测预警业务逻辑

建设安全生产风险隐患专题库。按照《湖北省应急管理厅数据治理标准规范》，通过湖北省应急管理厅数据治理平台，基于湖北省应急管理厅现有标准资源、主题资源、专题资源的基础，构建危险化学品、非煤矿山、工贸、烟花爆竹风险隐患专题库，满足湖北省风险隐患监测预警平台的建设需求，按照相关规范建立数据表，包含并不限于风险信息、风险类型、风险等级、风险特征、重大危险源信息、隐患信息、隐患类型、隐患等级、隐患特征等。

2. 打造三大应用支撑能力

1）风险分级模型

风险分级模型存储和管理行业风险点分级标准、风险点分级评价因子及其评价参数，实现行业风险点风险分级计算模型，计算风险点风险级别；风险分级系统还要实现区域和行业风险聚合模型，对区域、行业风险进行聚合，可以对重点类别的区域、重要场所、企业等区域进行计算风险分级。支持模型实时数据计算，计算结果端到端延迟不大于10毫秒；支持计算结果直接输入到模型数据库中，支持模型仓库管理。

2）视频数据采集处理

建立视频数据采集和处理机制，实时采集视频数据，并进行质量分析和处理。建设视频质量智能学习和分析故障能力，实现无须人为参与情况下，智能判断视频中断、视频卡顿原因，及时触发报警并通知相关人员进行处理，提前排除企业监控视频故障；通过视频图像质量检测对因视频监控设备人为或自然破坏导致的视频丢失、视频模糊、模糊异常增强、亮度异常、过暗异常、普通噪声异常、视频干扰、细黑白条纹异常、粗黑白条纹异常、色彩失真、黑白图像异常、画面静止、视频卡顿、对比度异常、抖动异常、视频遮挡、静态异物遮挡、云台运动速度异常、云台运动角度异常、云台镜头缩放异常、场景变更、场景剧变异常等 22 项图像质量问题进行检测，结合人工智能算法进行后台检测分析，提前预警告警，提醒相关人员及时处理和解决问题。可以通过邮件、短信、移动端应用推送等方式发送告警信息，自动通知处理。

3）风险隐患管理助手

建设风险隐患管理助手，系统将能够更好地应对应急风险隐患领域的数据提取需求，提供更准确、高效和专业的语义分析功能，以满足用户在应急风险隐患过程中的关键需求，包括企业人员风险隐患辨识提示、监管人员快速分析风险隐患辨识清单的正确性、分析出辨识的成果等。

3. 建设四大核心业务系统

1）湖北省安全生产风险隐患态势"一张图"

建设安全生产风险隐患态势"一张图"，基于湖北省应急管理厅地理信息系统，通过大屏集中展示湖北省整体风险隐患，实现一屏观全局，全方位管理的目标。一张图支持行业、区域等多维度的下钻，区域下钻可以实现省、市、县（区）、园区（重点区域）、企业（场所）的五级联动下钻；实现企业画像、动态风险隐患、在线监测监控、监测预警、综合分析、处置过程等相关数据的综合展示；支持跟踪处置能力；支持自定义选择重点关注区域、重点关注企业（场所），实时展示风险隐患、在线监测等相关数据；支持通过多种手段实现地图动态变化，数据滚动刷新，包括依据风险隐患上报和监测数据的更新频率，进行定时刷新；报表数据滚动显示，视频监控数据定时轮询，实时掌握全省安全风险隐患态势（图 2）。

图 2　湖北省安全生产风险隐患态势"一张图"

企业画像：结合企业基本信息数据，开发企业安全生产画像，画像维度包含企业基本信息、企业高管、工商变更、经营状况、股东股权、企业风险评分、企业舆情、重大危险源、行政处罚、法律诉讼、化工园区、化工园区专业监管人员配备情况、行业地域特性、企业应急队伍、应急物资配备、风险等级、隐患信息等情况（图3）。

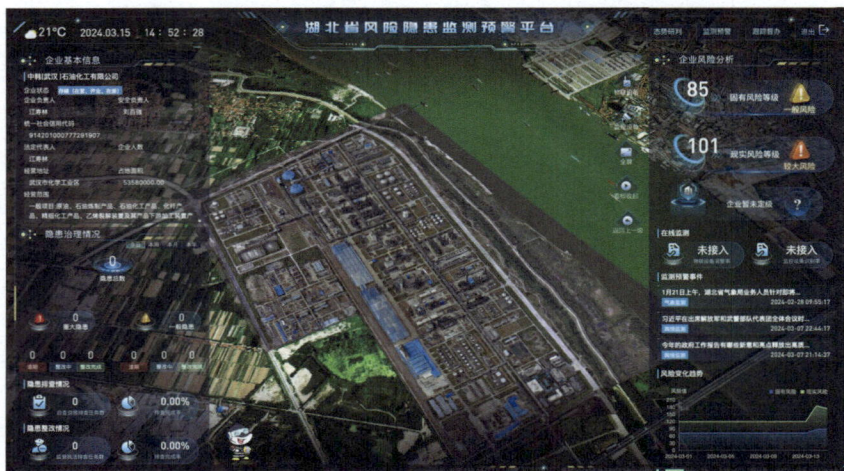

图 3　企业画像

隐患分布：动态展示全省隐患分布情况，支持从面到点进行风险溯源。逐层下钻至县（区）、企业具体区域、设备设施的隐患点，进行风险的溯源。支持按照隐患部位、隐患级别、隐患整改情况、隐患企业、监管责任部门等多维度进行展现与综合统计分析，统计结果以柱状图、饼状图、折线图等形式进行综合展现；支持查看当前重大隐患分布情况、重大隐患整改完成率、一般隐患整改完成率、隐患整改完成时效排名等。实现地图动态变化，数据滚动刷新，包括依据风险隐患上报和监测数据的更新频率，进行定时刷新；报表数据滚动显示，视频监控数据定时轮询，实时掌握全省安全风险隐患态势（图4）。

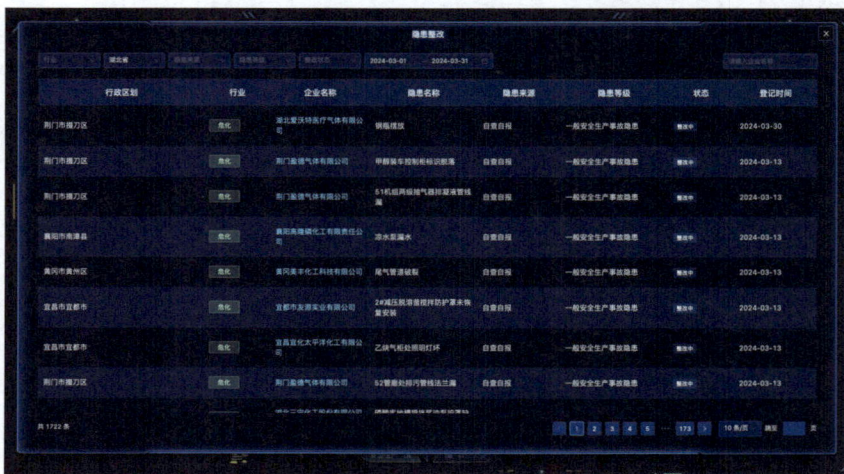

图 4　隐患分布

风险态势：动态展示全省风险整体态势情况，支持从点到面进行风险演变，从多个风险点，判断企业的风险情况，从企业风险情况判断区域风险情况。支持按照风险级别、区域风险、行业风险等多维度进行展现与综合统计分析，统计结果以柱状图、饼状图、折线图等形式进行综合展现；支持查看当前五级风险分布情况，掌握当前风险态势，能够选择某一个区域或者行业查看该区域或该行业的风险情况，包括风险等级、风险防控措施、风险责任人；支持查看当前风险与上年度同一时间的比较变化情况（风险升级、风险降级）以及分析出致使风险发生变化的关键指标及其权重。实现地图动态变化，数据滚动刷新，包括依据风险隐患上报和监测数据的更新频率，进行定时刷新；报表数据滚动显示，视频监控数据定时轮询，实时掌握全省安全风险隐患态势（图5）。

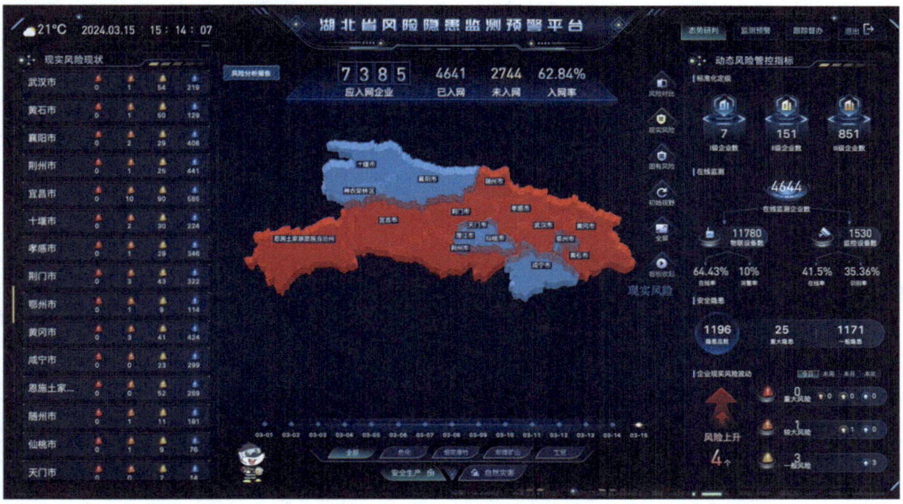

图 5　风险态势

监测预警：基于"一张图"动态展示当前风险整体态势情况，查看当前监管端不同级别（省、市、县、园区）的不同行业类型、风险级别、风险区域的风险情况，用红、橙、黄、蓝四种不同颜色进行区分标注。以地图方式展示企业风险态势预测地域分布，并可对比分析企业分布区域与企业安全状态的关系；以不同行业为横轴，企业风险态势预测信息为度量，展示行业视角的企业安全状态；可查询统计企业过去不同时间段（季、月、周等）安全生产状态变化情况，进行横向对比分析（图6）。

风险处置：支持对接湖北省危险化学品安全生产监测预警系统、湖北省非煤矿山安全生产监测预警系统、湖北省烟花爆竹监测预警系统和湖北省工贸安全生产监测预警等系统的处置能力，跟踪处置流程，动态展示业务处置过程（图7）。

2）风险隐患综合管理系统

建设风险分类分级子系统，支持对危险化学品、非煤矿山、工贸、烟花爆竹等行业安全生产风险数据分类和标准化；支持对安全生产风险辨识、评估、分级和管控数据进

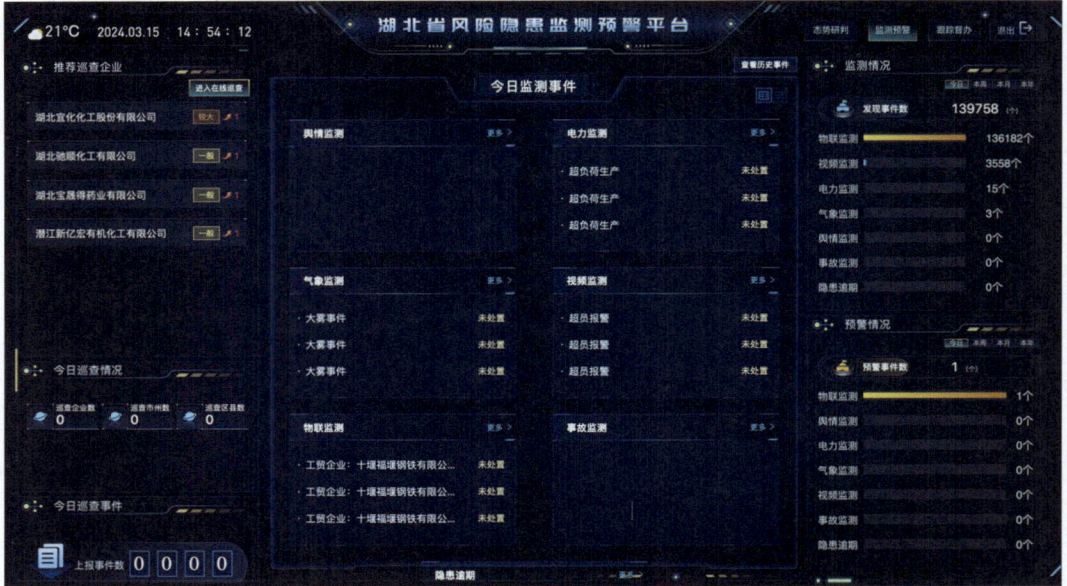

图 6　监测预警

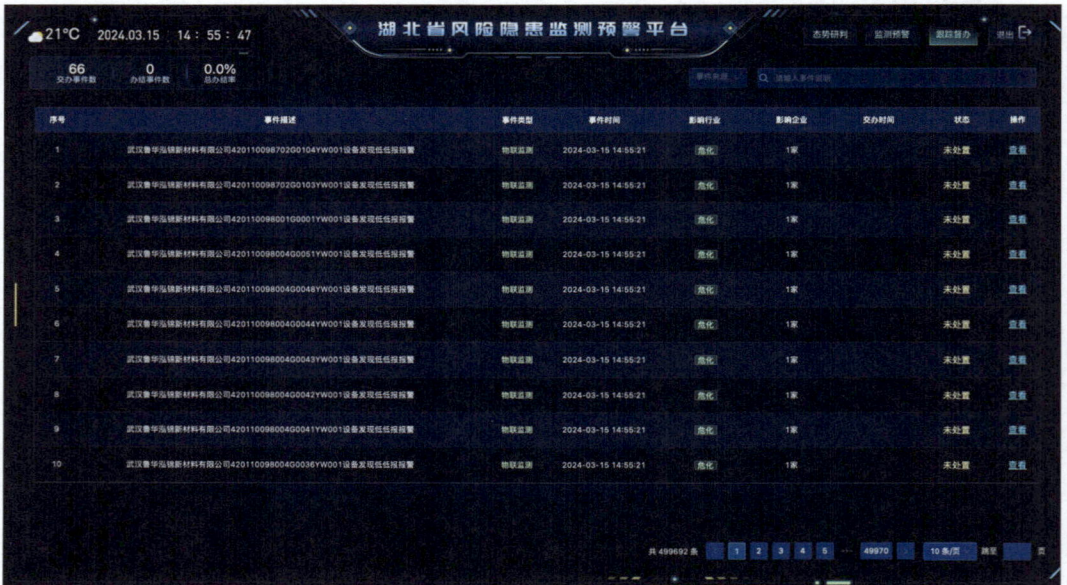

图 7　风险处置

行集中、标准化管理（图 8）。

　　建设风险管控子系统，针对不同的风险等级，支持配备对应的管控措施建议；支持添加自定义管控措施；支持通过风险清单配备相应的管控措施建议；支持对风险清单的新增、编辑、删除、导入及导出等操作；支持对风险数据实时动态监测，对风险点相关

图 8　风险分类分级

环境、设备的稳定性、可靠性、有效性等进行分析，并提供预警接收、浏览、处置、反馈及统计分析等功能（图 9）。

图 9　风险分类管控

支持对危险化学品、非煤矿山、工贸、烟花爆竹等行业安全生产隐患数据分类和标准化；支持对安全生产隐患等级、隐患内容、排查、治理、销号等数据进行集中、标准

153

管理（图10）。

图 10　隐患分级分类

　　支持灵活的数据查询和分析功能，可以根据不同维度的查询条件，获取特定时间段、行业、地区等的隐患等级、隐患内容、排查、治理、销号等数据。支持隐患数据动态更新，对整改进度即时跟踪；支持对隐患数据的统计和分析，生成报表和图表，帮助用户了解隐患分布情况和治理进展等（图11）。

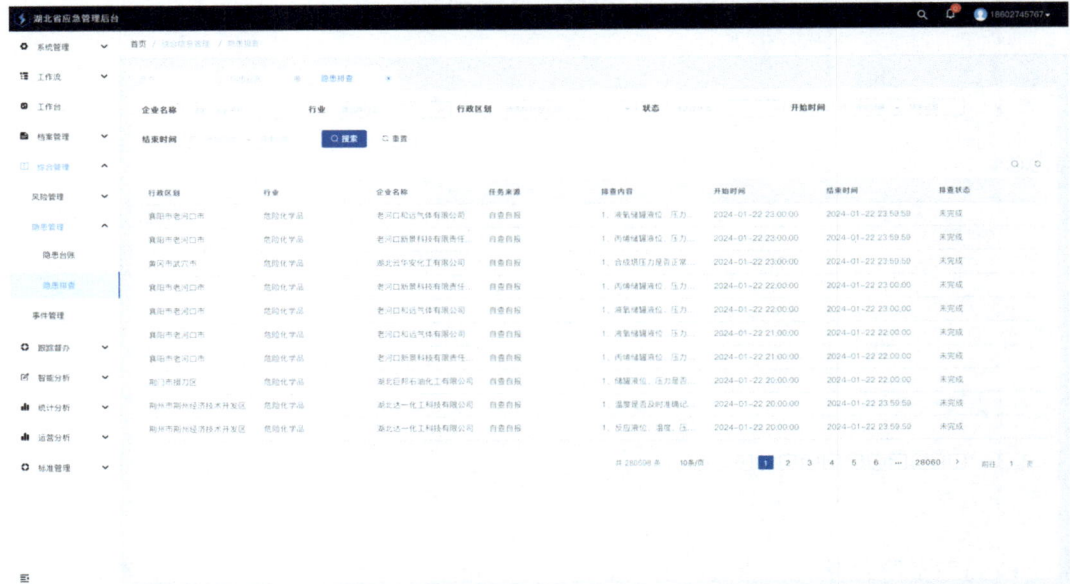

图 11　隐患排查

154

3） 隐患整改督办系统

基于危化品风险监测预警系统、烟花爆竹风险监测预警系统、非煤矿山风险监测预警系统、工贸监测预警系统等数据基础及隐患治理全流程工作闭环实现全省的隐患任务整改监督和评估，对各行业隐患整改情况进行督办（图12）。

图 12　隐患整改督办

系统能记录和管理所有的隐患整改任务，包括任务的来源、描述、责任单位、责任人、截止日期等信息，实时关注系统中任务执行情况、整改措施的执行进度、存在的问题和困难等，包括已完成、进行中和延期等状态。根据任务的截止日期和进展情况，自动发送督办提醒通知给责任单位或责任人。管理员也可以通过系统对任务进行督办和催促，提醒相关人员及时完成任务。

同时针对隐患整改任务的数据进行统计和分析，生成报表和图表。可以统计任务的数量、完成情况、整改周期等指标，帮助管理人员进行整体的隐患治理评估和决策。

4） 风险隐患态势智能分析系统

运用大数据建模，定量定性分析全省风险管控和隐患排查整治情况，形成详尽的分析报告，为监管部门决策提供全面的参考依据。通过大数据建模，可以将全省范围内的风险管控和隐患排查整治数据进行整合和分析，从而深入了解各个领域的风险和隐患状况。在定期定量定性分析过程中，利用大数据技术和算法，对各类风险和隐患进行分类、评估和预测。通过对历史数据的挖掘和分析，可以发现潜在的风险因素和隐患点，为监管部门提供及时的预警和预测。同时，还需要通过对实时数据的监测和分析，及时发现和解决新出现的风险和隐患（图13）。

系统包括对各个领域风险管控和隐患排查整治情况的详细描述和评估，包括风险等

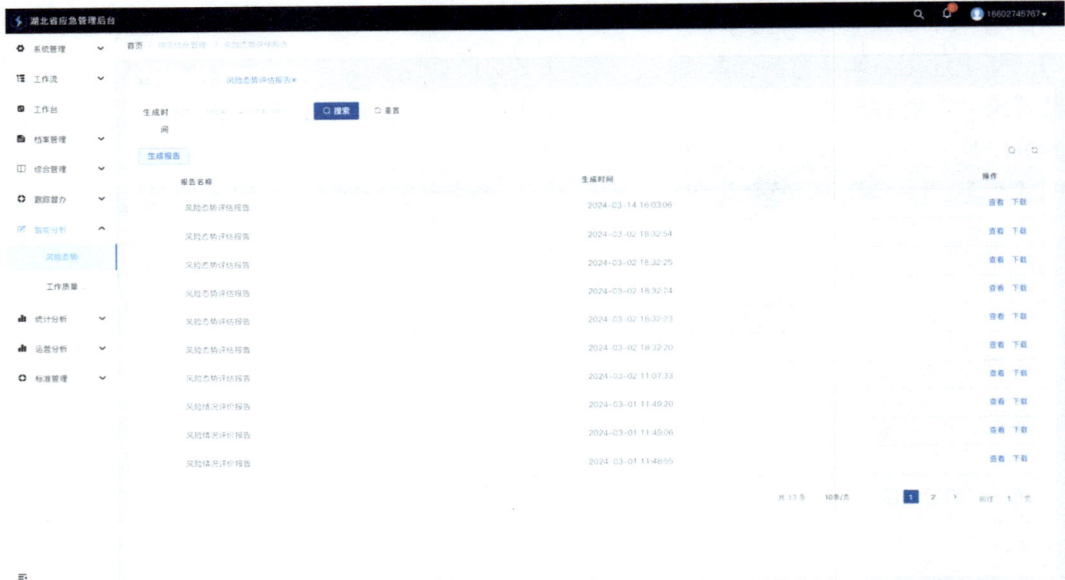

图 13   安全生产风险隐患态势分析

级、隐患数量、整治进展等。同时，还可以通过数据可视化的方式，将分析结果以图表、地图等形式展现，更直观地呈现风险和隐患的分布和趋势。

三、创新应用

1. 创新制定 1+1+N 的风险评估模型

通过收集全国 2000 年以后的典型事故案例，对每个行业的典型事故进行梳理，确定事故风险点，按照企业固有有害能量、物质对应的事故风险点，从高风险工艺、设备、物品、场所、作业 5 个影响事故的因素，按其固有属性特征进行风险赋值。同时，将企业标准化等级作为管理水平的评价指标，将在线监测和隐患整改情况作为风险管控水平的评价指标，采用业务模型法，对企业、行业、县、市进行现实风险分级评估。即采用一个固有风险等级，一个标准化管控水平和 N 个扰动指标评估当前企业现实风险。制定了 72 套规则、127 种标准并与企业基础数据进行匹配关联后的客观评价，具有统一性、真实性和科学性，有效解决风险评估标准缺失导致的企业自查自报数据不准、不真等问题，为评价企业、监管部门风险管控工作质量提供量化参照。

2. 创新建立多元的监测预警机制

通过横向打通气象、电力、舆情监测预警数据，通过科学合理的评估模型，构建科学合理的风险隐患分级分类监测预警评估体系，智能分析全省风险隐患态势，纵向跟踪督办省、市、县各级部门事件隐患处置流程，形成监测—分析—督办的企业风险隐患管理工作闭环，实现风险监测多元化、态势分析数智化、隐患督办实效化。

3. 创新实践应急行业通用大模型应用

创新利用新一代大模型技术塑造湖北省应急管理新模式，通过提取应急风险隐患领域的数据，进行准确高效的语义分析，构建应急行业知识图谱，建立全省应急行业"一企一档，一企一策"，建立风险隐患事故链，提高事故的可防可控性，利用颠覆性的人机交互方式，辅助企业人员辨识风险隐患，协助监管人员快速准确分析风险隐患。

四、推广价值

1. 深入贯彻落实应急管理信息化战略规划的省级实践

本项目建设为省市县（区）三级安全生产风险监测预警中心提供实践价值。按照国务院安全生产委员会办公室和应急管理部联合下发的《关于加快推进危险化学品安全生产监测预警系统建设的指导意见》，要求地方加快推进针对一二级重大危险源的监测预警系统建设工作，其中具体工作要求如下。

（1）应急管理部通过部级系统全面掌握全国危险化学品企业和重大危险源情况，实现全国宏观趋势性风险综合分析和动态监测预警，必要时可对某些区域进行重点监控，为重特大事故应急提供决策支持。

（2）省应急管理部门通过省级系统获取重大风险预警信息，全面掌握本辖区内危险化学品企业和重大危险源状况，以及易造成重大事故风险的重大危险源管控状况，在需要时能够调取辖区内企业的实时图像、数据，督促市级应急管理部门落实安全监管职责，并为事故应急处置提供数据支持。

（3）市、县级应急管理部门通过省级系统或者自建系统，实时监测企业罐区、库区及值班监控室等重点部位的视频图像、监测报警数据，指导各级监管执法人员有针对性地开展执法检查；通过在线巡查、监管反馈实现风险预警信息消除的闭环处置。

2. 通过降低各类事故发生概率直接减少经济损失

通过本项目的建设，提升对安全生产、建筑施工、消防、燃气等多领域的风险防范能力，可以提供大量可靠、实时、有效的监督监管信息，成为一种可行、有效的手段。减少事故经济损失，最大限度地减少及避免人身伤害，降低医疗费用的支出，减少无益的经济消耗和损失，保障社会稳定的重要途径。同时，通过安全生产风险隐患管理平台的建设，增强安全监管部门的动态监管能力，切实加强全员、全过程、全方位、全天候的安全管理，提高整体安全生产工作水平，消除事故隐患，减少企业非生产性经营成本，从而间接地提高企业的经济效益。

3. 提高政府服务能力，推进应急现代化发展

本项目的建设，可以全面排查整改重大事故隐患，着力从根本上消除事故隐患、从根本上解决问题，坚决防范遏制重特大事故，实现各领域风险的预防预警、快速响应、全方位监测监控、准确预测、快速预警和高效处置的运行机制和能力。有助于湖北省应

急管理厅全面履行职责，切实提高保障公共安全和处置突发事件的能力，有助于预防和减少安全生产事故类以及综合防范类突发事件及其造成的公众生命财产损失。切实提高湖北省应急管理厅对突发事件的应急处置能力，有效降低和化解其危害和影响，创造良好公共安全环境。体现了"以人为本"的科学发展观，为构建社会主义和谐社会创造良好的公共安全环境作出贡献，以应急管理信息化助推中国特色大国应急管理体制建设。

深圳市光明区公明街道电动自行车充电设施统一安全监管平台

董景坤　洪伟杰　卓林浩　刘 琪　刘子汉

深圳市光明区公明街道办　深圳市智慧城市通信有限公司

一、建设背景

1. 项目背景

随着国家倡导绿色出行，愈来愈多的人选择电动自行车作为日常出行交通工具。根据国家消防救援局的统计，目前我国两轮电动自行车保有量至少已有 3.5 亿辆，平均每 4 个人中，就有 1 人拥有电动自行车；2023 年全国共接报电动自行车火灾 2.1 万起，相比 2022 年上升 17.4%。电动自行车给居民出行带来便利的同时，也带来了许多安全隐患，除占用机动车道、闯红灯、超速行驶、逆向行驶、违规停放等交通问题以外，充电设施无序建设、不规范使用、设备陈旧老化，也导致了火灾风险的提高，给人民财产与人身安全带来重大安全隐患。2024 年 2 月 23 日凌晨 4 时 39 分，江苏省南京市雨花台区时尚西苑 6 号楼因地面架空层电动自行车引发火灾，造成 15 人遇难，44 人住院治疗。如何加强电动自行车充电设施消防安全监管能力、强化对充电设施运营单位监管、保障居民电动自行车充电的安全性已经成为政府基层治理的工作难题。

近年来，国家及地方各省市也多次出台文件要求加强对充电设施充电安全管理。2022 年 9 月 14 日，深圳市安全管理委员会办公室与深圳市消防安全委员会办公室转发《广东省深化电动自行车领域消防安全综合治理工作方案》的通知中要求打造电动自行车智能监督管理中心，提升电动自行车安全监管科技化水平。

深圳市光明区公明街道共有 4 万余辆电动自行车，群众充电需求旺盛。辖区中约有 1 200 套充电设施，但由于充电设施品牌众多，部分充电设施存在消防安全隐患，每天需要消防网格队员逐一走访排查，费时费力，且成效不高。2019—2021 年，公明街道发生电动自行车火灾事故 15 起，因电动车充电引发自燃 6 起。公明街道出台《公明办事处电动车"正源清违"专项治理实施方案》并加强日常充电设施隐患整治工作，文中要求通过搭建一套智能系统提升消防网格队员工作效率，提高充电设施消防安全防控水平。

2. 监管难点

（1）统计难。各区各街道电动自行车充电设施品牌众多，且站点分散，管理人员采取手工统计方式收集场站信息，工作量大且数据采集存在滞后性，对端口使用效率无法有效统计，更无法对后续充电场站规划工作提供数据支持。

（2）预警难。电动自行车充电设施基本建设在室外，充电设施运营商没有驻点人员看管，烟雾、火苗、改装车充电、线缆老化等安全风险无法第一时间被识别，响应处置机制存在滞后性，只能在险情发生后被动应对。

（3）监管难。电动自行车充电设施现场设备安全巡检工作是预防火情风险的主要举措，目前现场巡检工作是由各充电设施运营单位自行负责。出于成本控制等因素，部分运营单位对待安全巡检工作不够重视，主管部门缺乏有效的监管与考核手段。

3. 建设必要性

（1）提升充电设施消防安全水平。

加强充电设施安全监管可以有效预防充电设施因短路、过载等原因引发火灾，保障用户和设备安全。定期进行消防设备检查、设置火灾报警系统、配备灭火器材等措施能够有效应对突发火灾事件，减少损失。

（2）提高充电设施管理工作效率。

电动自行车充电设施的数量逐年增加，通过人力排查监管效果有限，传统的监管手段已经难以满足需求。建设电动自行车充电设施统一安全监管平台，可以利用实时监控、数据分析等手段，实现风险报警，连通消防和治安等部门，提高安全监管效能。

（3）规范辖区充电服务市场秩序。

电动自行车充电设施市场存在着一些乱象，如充电设施的建设、维护和使用不规范等问题。建设电动自行车充电设施统一安全监管平台可以建立行业标准和规范，对充电设施的建设、维护和使用进行监管，促进市场规范化发展，提升群众满意度。

4. 建设意义

搭建电动自行车充电设施统一安全监管平台，运用物联网、大数据、人工智能等先进技术加强电动自行车充电设施消防安全监管能力、强化对充电设施运营单位监管、保障居民电动自行车充电的安全性，能够有效提升民生服务质量、保障人民生命与财产安全。

二、建设内容

1. 总体架构

利用物联网、大数据、人工智能等新型技术为抓手，建立电动自行车充电设施统一安全监管平台，布设电动自行车智能充电站为基本数据入口，贯穿数据驱动社会治理理念，运用先进人工智能和数据科学技术，形成人—车—电—桩—云的全量数据链条，实现对电动自行车充电设施、充换电设施的智能管理、风险管控、精准执法，一网统管辖区所有不同运营单位、不同 IoT 设备，满足街道监管要求，助力街道完善消防安全体系建设（图 1）。

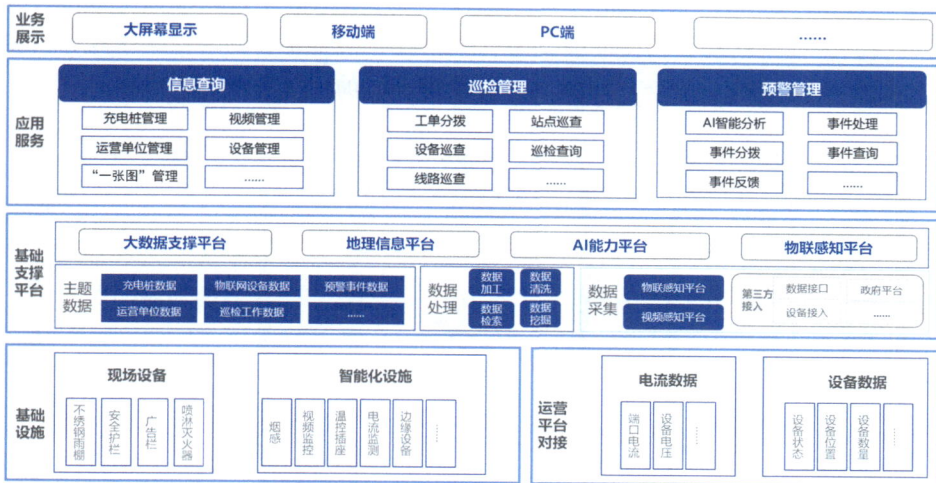

图 1　平台架构

2. 平台主要功能

平台实现的功能作用如下。

（1）档案管理。对辖区内所有充电设施进行建档，可在全市充电设施数据库中完整记录充电设施位置、运营单位、充电口类型、设备在线状态数据等，对充电设施历史与现状进行记录。

（2）实时监测。可根据用户需求，满足用户直观且实时的设备状态查看需求，可第一时间掌握区域内的状态，采用三维建模、二维可视化、设备卡牌等多方式进行设备及数据可视化，协助用户对充电设施进行实时监测（图2）。

图 2　PC 端

（3）安全预警。在设备统一纳管的基础上，通过 AI 算法对充电过程中的电流、电压及电量进行监测，对异常情况实时预警，并将预警信息实时推送至相关车主、运营单位与监管部门，督促其对风险预警进行响应并跟进处理（图3）。

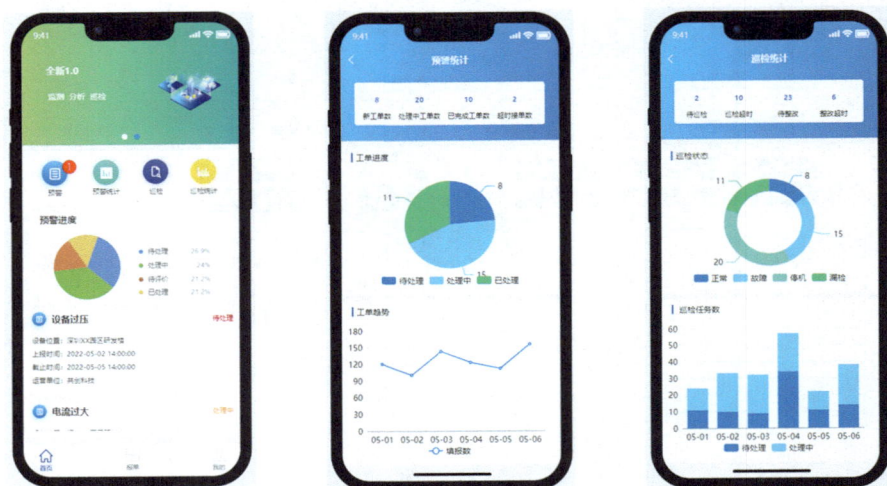

图 3　小程序端

（4）巡检管理。定期推送巡检工单，由运营单位按工作要求对其负责的充电设施进行现场巡检，包括外观、电路、设备状态等，并形成报告记录在档案。实时记录运营单位巡检工作进度，对未按要求巡检或存在异常状态的单位进行风险预警。

（5）决策支持。基于数据接入能力，实现数据治理与指挥中心可视化，协助监管部门实时对充电设施运营状况进行监管，对于突发状况进行及时跟进处理。

3. 应用场景

（1）街道消防人员一图掌握信息。通过设备直连或平台对接的方式，纳管各街道辖区内电动自行车充电设施感知数据，获取地理位置、设备状态、端口使用状态、耗电情况等，并以 GIS 地图的形式呈现，便于监管人员直观了解辖区充电设施运行状况。

（2）充电设施消防风险智能预警。平台内嵌自研电流 AI 分析算法与视频 AI 算法，对充电电流数据与充电设施视频流进行实时分析，可识别电池规格超标车辆、电池老化车辆、劣质电池车辆、烟雾报警、火苗报警等风险隐患，为街道、运营单位安全管理提供有力数据支持，打造"预警在先、提前处置"的风险防控能力。

安全风险预警事件按危害程度分为三级，通过分级处置流程将事件推送至相应责任单位、责任人，并对未按时处置人员进行督办，最终形成工作闭环。

（3）运营单位执行巡检管理。运营单位通过小程序将充电设备、配电箱、线路、消防设施、现场环境等巡检信息拍照上传，监管部门定期检查辖区内各运营单位巡检工作质量，对运营单位管理水平进行考核评分，促进充电设施运营企业的优胜劣汰。

162

三、创新应用

1. 项目成效

自 2023 年深圳市光明区公明街道电动自行车充电设施统一安全监管平台上线运行以来，统一纳管 25 家运营商平台、248 个充电场站、1 143 套充电设施以及 10 109 个充电端口。该街道现有电动自行车约 4 万辆，通过平台累计发现疑似电池规格超标车辆 2.3 万次、充电电流异常车辆 0.34 万次，有效改变街道人力排查改装车辆、被动接收风险信息的工作模式，实现主动发现风险、精准排查（图 4）。

图 4　通过整改后的充电设施现场

2. 创新亮点

项目中的电动自行车充电设施统一安全监管平台获得了两个相关发明专利：多源异构电动自行车数据融合管理系统及办法、基于深度学习的电动自行车充电电流预警方案。平台通过全面数字化和实时感知，实现车辆、人员和充电设施的全状态监测和预警，推动从"人防"到"人防+技防"的全面升级，构建全新的电动自行车充电设施治理安全监管体系，具体有以下几个亮点。

（1）充电设施数据实时汇总。

通过搭建电动自行车充电设施统一安全监管平台，与各运营平台进行实时数据对接，获取辖区内充电设施端口服务数据，提高数据收集效率，对充电设施数量统计与分析，以便更好地反映充电设施的实时状态和使用情况，有效解决电动自行车充电设施底数不清的问题。

（2）提高充电设施端口有效使用比例。

通过充电安全监管平台的充电设施状态监测，可以实时监测充电设施的各个部分的状态，包括端口是否完好，是否存在损坏、异常等情况，并通过智能预警机制及时向管理人员发送提醒，以便及时进行维修和管理。减少充电设备故障和异常情况对用户的影响，优化用户的使用体验，同时为维修和管理提供更及时有效的数据支持，提高充电设施的使用率，提升居民满意度。

（3）精准排查超标车、改装车。

平台通过自研算法对每笔充电数据进行匹配，有效识别出超标车、改装车，并通过系统预警的形式向监管人员、运营单位推送提醒，督促相关人员对超标车、改装车车主进行劝解与执法，避免超标车辆因充电器过载、温度过高等安全隐患导致事故发生。

算法已完成发明专利申报，专利名称《一种电动自行车充电电流预警方法》，专利号：ZL202311181983.9。

（4）充电设施现场火灾实时预警。

针对电动自行车充电设施现场突发灾害，消防管理部门无法第一时间获取信息，实施救援，从而增加了火灾造成的损失。通过在充电设施现场加装烟雾报警与智能 AI 摄像头，实现烟雾与火苗监测，有效提高火灾的提前预警和快速响应，降低火灾发生的风险。并建立火灾处置应急预案，明确火灾处置的流程和责任人，实现快速响应和处置，最大程度降低群众损失。

（5）实时把关现场巡检工作质量。

公明街道利用监管平台，设立一套"发布巡检工作—运营单位上报—后台评估"的巡检工作制度，对充电设施现场巡检工作实时监管和核实，提高充电设施的安全管理水平。

（6）辅助决策充电设施管理工作。

针对街道以手工台账的形式完成电动自行车充电设施的管理工作，统计烦琐且存在滞后性，无法有效为街道工作提供辅助决策作用等情况，通过数据采集与平台对接等方式，实现了以街道、社区、运营商、充电用户等多个维度的数据统计分析，为街道决策提供有力的数据支持。

（7）提高街道网格工作人员人效比。

借助信息化工具，实现充电设施数据"手上掌握"，改变原有传统手工排查工作，将原本的现场排查工作通过系统线上完成，提高区内充电设施管理的工作效率，提高街道网格工作人员人效比。

四、推广价值

平台根据电动自行车建设标准，规范管理区域内所有的电动自行车充电设施，并通过系统进行科学的监督，促进行业和谐发展，达到经济效益与社会效益如下。

1. 经济效益

（1）提高消防安全等级，避免火灾造成人身与财产损失。

通过视频算法、电流算法识别充电设施中的超标车、改装车，助力执法人员精准处理，减少超标车、改装车数量，进而减少辖区内因超标车、改装车造成的消防安全事故，避免人身与财产损失。

（2）提高内部管理效率，减少排查工作人员数量。

通过信息技术搭建平台提高街道网格队员工作效率，减少日常排查人员数量及对应成本。

2. 社会效益

（1）保障充电安全化，打造平安社区。

通过对充电设施的安全监管，从根源上减少电动自行车充电诱发火灾事故，减少人民群众对电动自行车充电引发灾害的担忧和顾虑，实现长治久安，开创社区安全和谐新局面。

（2）提高居民满意度。

通过加强充电设施安全监管，降低消防安全风险隐患，保障居民电动自行车充电服务安全水平，从而提高居民的满意度。

3. 推广价值

（1）有效提高充电设施消防安全防控水平。

近年来，由于电动自行车充电引发的火灾事故数量逐步增多，通过系统平台建设，加强充电设施安全监管，降低消防安全隐患数量，保障居民人身与财产安全。

（2）提高政府监管能力，助力智慧城市建设。

建设电动自行车充电设施统一安全监管平台，以科技手段实现充电设施一网统管，降低消防安全隐患，实现充电设施大数据汇总与分析，有效助力智慧城市建设与发展。

4. 实施路径

需明确牵头部门和参与部门，自上而下全方位协同推进落实，并制定完善的科学治理方案。

（1）辖区摸查。

组织技术团队对辖区内的电动车保有量、分布情况及充电需求进行全面摸查，评估现有充电设备的数量、分布、使用情况，分析辖区内充电设备存在的问题和不足，为后续方案制定提供依据。

（2）制定方案。

根据辖区摸查结果，结合地方政策、技术标准及市场需求，制定电动车充电设施监控平台的建设方案。方案应明确建设目标、功能需求、技术路线、投资预算以及实施计划等关键要素，组织专家对方案进行评审，确保方案的可行性和有效性。

（3）政府牵头。

成立由政府相关部门组成的领导小组，负责统筹推进平台的建设工作，明确各部门的职责和任务分工，建立协调机制，出台红头文件，确保各项工作有序进行。

（4）系统建设。

按照前期制定的方案进行系统开发，通过有效的项目管理保障系统建设工作有序进行，按质按量完成系统建设工作。

（5）数据对接。

根据前期制定的数据对接方案，如数据接口标准、传输协议、数据格式等，实现系统平台与各运营单位平台、充电设施智能设备等进行数据对接，实现充电设施数据的统一接入与管理，并对数据进行清洗与梳理，确保数据可信可用。

（6）平台上线。

完成系统建设和数据对接后，平台进行上线测试工作，测试通过后，正式发布电动车充电设施监控平台，并开始提供服务。

（7）日常运营。

建立专业的运营团队，负责平台的日常运营和维护工作，及时处理用户反馈和投诉，优化用户体验和服务质量。

武汉市地下工程和深基坑监测预警系统

彭青顺　李　青　邬文奇　李新文　范林林

武汉市建筑工程质量监督站　广州粤建三和软件股份有限公司

一、建设背景

深基坑工程是国家明文规定的具有较大危险性的工程之一。基坑事故不仅危及基坑本身，临近的建筑物、构筑物、道路桥梁和各种地下设施也会殃及，会造成十分严重的经济损失和社会影响。通过对近期基坑安全事故的工程实例的总结，传统的人工监测方法已愈加暴露出其数据滞后性、失实性和可利用价值低的特点，已不能适应现代社会对该类工程安全的需求。因此，开发一个安全可靠的、稳定的、功能全面的、操作人性化的地下工程和深基坑安全监测预警系统具有重大的现实意义。

目前，我国正处于城镇化加速发展时期，在高速发展的现代化城市建设中，建设管理日益复杂，地下空间开发利用的广度和深度要求越来越高，地下工程和深基坑四周往往紧贴各种重要的建（构）筑物，如轨道交通设施、地下管线（煤气、水、电、通信管道等）、隧道、防汛墙、天然地基民宅、古建筑、大型建筑物等，施工安全问题日益突出，一旦引发工程安全事故，将给企业带来巨大的财务损失和经营风险，更会给人民群众的生命和财产安全带来严重的威胁，影响社会和谐与稳定。因而借助于信息化手段加强对地下工程和深基坑工程安全监测工作的监管，督促建设、施工、设计和监理等责任主体加强对地下工程和深基坑的安全管控已是迫在眉睫。

本案例借助物联网、区块链、数据仓库和数字建模等信息技术，建设一个覆盖全市地下工程和深基坑工程的安全监测预警系统。该预警系统将对武汉市的地下暗挖、地下明挖等地下工程和深基坑工程以及周边建筑物、管线隐患等进行实时监控并将监测结果进行预警和报警，及时以短信的形式将报警结果发给相关建设方及安全监督机构和建设行政主管部门，并追踪有关监测报警处理情况，使监测结果反馈更具时效性，以便及时采取相应措施，达到防灾减灾的目的。

二、建设内容

本案例通过对自动采集上传的原始数据的实时处理，运用数学模型和回归分析、差异分析等数理方法对采集的各类监测数据进行清洗、整理、分析和判定，对超标结果进行预警或报警，并进行追踪处理，从而督促各责任主体及时采取相应措施消除施工安全隐患。

项目建设主要内容包括以下几个方面。

（1）监测数据自动采集，无线传输。通过对地下工程和深基坑支护结构及周边环境监测，并对现有监测设备进行改造，摒弃各种数据传输软件，实现监测过程中的数据自动采集，充分利用 5G 和 GPRS 无线传输技术，实现不同项目的原始监测数据实时上传，提高监测和监管效率，减少人为因素对监测数据的干扰，确保数据的真实性。

（2）原始监测数据实时处理。原始监测数据实时上传至系统平台后，对水平位移、竖向位移、水位、应力、深部位移等潜在警情进行实时计算和分析处理，形成各类变化曲线和图形、图表，使监测成果形象化（图 1）。

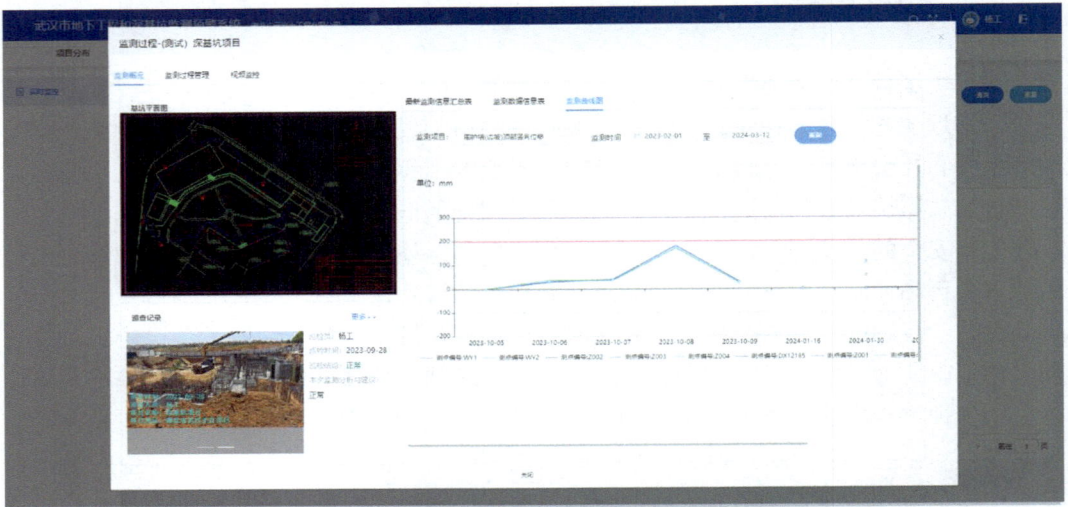

图 1　监测数据实时处理

（3）形式多样的实时报警功能。系统对超出规范值的数据进行警示，状态分为预警、报警和超控制三种报警形态。正常为绿灯、超过预警值为橙灯、超过报警值为黄灯、超过控制值为红灯。对于达到橙灯、黄灯、红灯后，系统自动以短信形式将超范围数据发送到设置好的各责任主体单位、安全监督机构等相关人员手机上；如果有工程出现险情，报警短信就直接发到主管领导的手机上，避免因为层层上报而耽误时间（图 2）。

（4）问题工程追踪处理，落实工作责任制。对于存在潜在问题和报警的工程，落实工作责任制，自动记录所采取的各项措施，并进行实时追踪，判断是否可以继续施工，直到警情解除和问题处理完毕（图 3）。

（5）事前预防，主动监控，效率提升。监测单位、行政主管部门在对地下工程和深基坑工程监测和巡检的同时，可以对自然条件、支护结构、施工工况、周边环境及监

168

图 2　实时监控

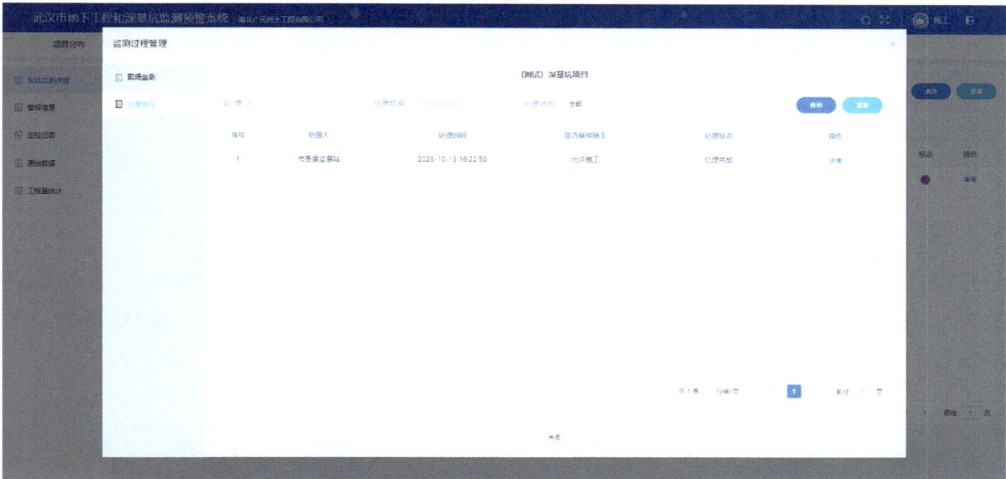

图 3　监测过程管理

测设施的巡视结果和工地形象进度进行拍摄上传，并对各种监测数据进行基坑变形的影响分析，及时采取措施。

三、创新应用

1. 智能化监测

（1）通过传感器、监测设备定时自动采集现场周边管线水平位移、水位等相关监测数据，有效降低人工监测成本和失误，使数据采集过程自动化、智能化。

（2）系统自动对深基坑监测原始数据进行计算。通过智能合约和 SDK 事先设置的规则，自动对传感器传输过来的数据进行处理，避免人为介入操作。数据处理过程智能化，保证了规则一致性和处理结果的真实性。

（3）智能判断监测数据是否满足预警条件，发现异常时通过短信等方式自动通知相关负责人。以这种覆盖广、即时性强、能够在短时间内快速传达重要信息的手段，帮助接收者及时应对潜在风险（图4）。

图4　短信通知

2. 视频监控

打通工地现场视频和云上管理系统，形成统一的数据平台和管理界面，实现资源的有效整合和信息共享，方便管理者直观了解施工现场实况并作出决策，极大地提高了基坑工程的信息化、智能化水平（图5）。

图5　视频监控

3. 可视三维板块地图

以武汉市基坑工程为基础，以三维板块地图、数据分析图表等形式，建立数据驾驶舱做到"一屏感知、一屏管控"，为政府决策和差异化监管提供数字支撑（图6）。

图6　深基坑监测驾驶舱

4. 结合区块链技术，保障数据的真实性、有效性

1）深基坑监测数据无法篡改

深基坑监测数据、深基坑异常及处理数据、处理确认数据通过联盟链智能合约自动处理，经哈希值运算后在链上存证。由于区块链是去中心化分布式存储，上链的监测数据将同步到各联盟节点存证，即多方拥有相同账本，不由单一机构保存和维护。因此，通过修改单一节点的数据并不能影响整个区块链平台上的数据。并且基于区块链机制，每个节点连入区块链网络时会自动验证本地账本与其他节点账本的一致性，一旦发现异常或缺失，将自动同步覆盖，从而保证数据无法篡改和伪造，增强了数据的可信度（图7）。

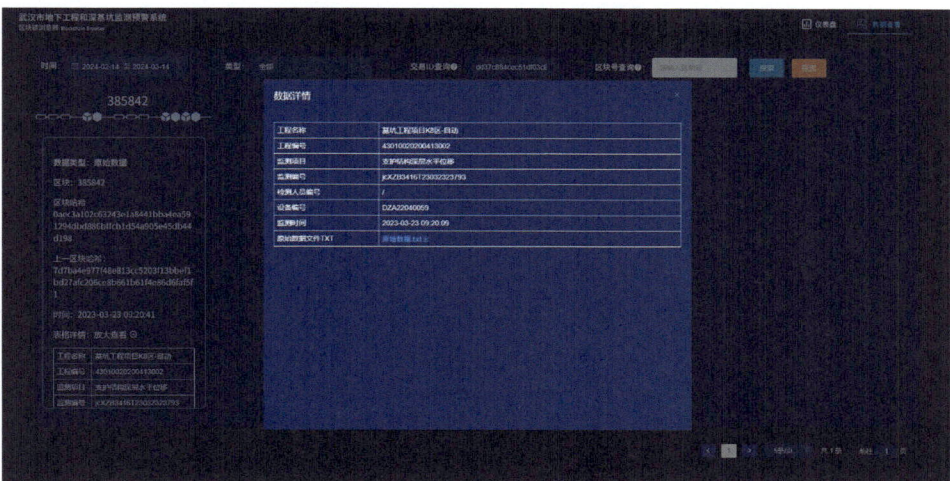

图7　数据详情

2）深基坑监测信息完整可追溯

深基坑监测关键信息均上链存证，由区块链平台提供的可信数据，为监测数据的异常原因排查与归责提供依据。区块链数据不可删除，所有上链数据将被永久保存，保证数据的完整性。当需要查询历史数据或查验某个数据整个生命变化轨迹，只需通过 ID 即可从链上查询出所有关联数据，并基于可信时间戳提供有效数据存储时间。

3）去中心化安全稳定

依托区块链高度去中心化的存证服务，搭建开放的合作生态技术平台，保证了自动化监测系统所采集的数据的真实性和完整性，传感器的自身出错和真实异常变化均同时被记录，通过大数据分析其合理性，在处理过程中要加以甄别，通过这些甄别方法来提高监测数据的可靠性，防止误报警的出现。

4）分布式存储

区块链技术采用分布式存储，每个节点都有一份完整的数据备份，单个节点出现问题也不会对整个系统和数据记录产生严重影响；所以只要有节点在运行，区块链网络就能保证全天 24 小时运行，单一节点因故停机并不会影响系统正常运行。监测及相关数据进行分布式存储并完成容灾备份，在数据被破坏或删除时，可以自动恢复，保障数据安全。

四、推广价值

本项目以工程为主线，通过物联网技术将各类常用的监测设备与监管平台连通，实现监测数据的自动采集、实时传输，形成全市在建地下工程和深基坑工程安全生产数据仓库，并依据多种数学模型自动进行数据整理、分析和判定，对超标结果进行预警或报警，并及时以短信的形式将预警或报警信息发给相关责任方和行政主管部门，使监测结果反馈更具时效性，以便工程责任主体及时采取相应措施消除施工安全隐患，达到防灾减灾的目的。

神木市市域社会综合治理现代化信息平台

何树强　刘生强　刘　东

中共神木市委政法委员会　神木市信息产业发展集团有限公司
机械工业勘察设计研究院有限公司

一、建设背景

市域社会治理是国家治理和基层治理的关键环节，是推动城市高速发展、提升城市文明水平、提高市民整体幸福感的重要手段。党的二十大报告提出"加快推进市域社会治理现代化，提高市域社会治理能力"集中凸显了市域社会治理现代化的重要性和紧迫性。市域在国家治理体系中处于承上启下的关键地位，具有较为完备的社会治理体系，具有解决重大矛盾问题的资源能力和统筹能力，是将风险隐患化解在萌芽、解决在基层的最直接、最有效的治理层级，是推进基层治理现代化的前线指挥部。

神木市隶属于陕西省榆林市，位于陕西北部、秦晋蒙三省接壤地带，黄河揽怀南下、长城横腰西飞。全市国土总面积达 7 635 平方千米，是陕西省面积最大的县级市，辖 14 个镇 326 个行政村，总人口 56 万，社会治理工作任务繁重。

经过多年的不懈努力，神木市信息化建设水平有了很大提高，目前已经建成"9+X"垂直系统、"12345"市长热线、百姓问政系统、市辖麟州街道（神华路社区、华山路社区）、滨河街道（新元社区）、大柳塔试验区、西沙街道、锦界开发区以及部分学校已建成网格化管理系统、智慧社区系统、智慧校园系统等各类信息化系统，这些信息化系统的应用使得政府间的工作效率大幅度提高，极大地促进了政府和百姓间的互动。然而，伴随着各个部门、各个行业信息化建设不断地增加，在实际应用中也产生了新的问题。在基层日常工作中，数据孤岛林立，工作系统多而不通，造成数据重复采集、汇报任务繁多、决策无则可依、居民参与度低等问题接踵而来。

市域社会综合治理现代化信息平台的建立，有效整合了原有信息化平台，打破了"信息孤岛"，消除了"数据烟囱"，充分激发人民群众的积极性、主动性、创造性，做到治理过程让群众参与、治理成效让群众评判、治理成果让群众共享。同时，优化了队伍结构，完善了公共服务，促进了创新发展和社会和谐，切实为基层减负，提高治理效率。

市域社会综合治理现代化信息平台的建立，是全面落实国家重要决策的具体体现，是推进国家治理体系和治理能力现代化的重点领域和实现基层社会治理现代化的重要抓手，是持续提升人民群众获得感、幸福感、安全感的必然要求。

市域社会综合治理现代化信息平台的建立，优化了治理工具，完善了新的指标和评价体系，提升了市域社会治理的科学化、精细化、智能化水平，深化了新时代"枫桥经验"，更好地服务于人民美好生活，以"市域之治"助推"中国之治"再创新高。

二、建设内容

神木市市域社会综合治理现代化信息平台以市域为载体，汇聚多源异构数据，建立市域社会综合治理数据库，构建统一基准的时空信息底座，通过织密"一张网格"、服务"两种模式"、融合"三个平台"、开发"多个应用"、完善"一套处置机制"，为市、镇街、社区（村）、网格各级创新社会综治搭建统一的工作平台，实现上下级、各部门之间信息数据实时交换、社会综治资源共享共用，部门联动协同管理，事件动态跟踪、管理全面覆盖、高效科学管理社会和服务民生的新格局。

平台总体架构如图1所示。

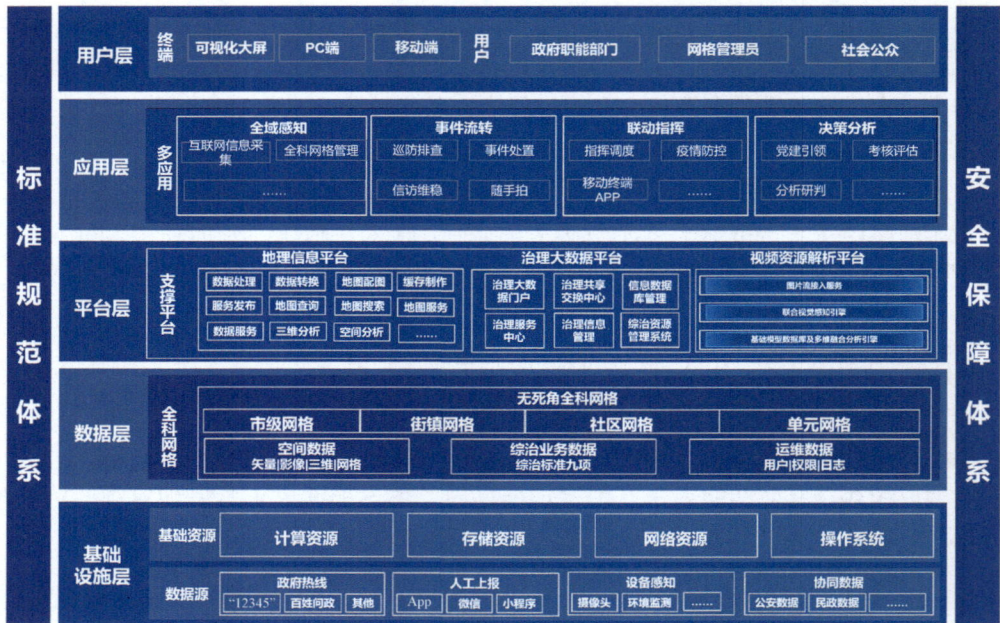

图1　平台总体架构

1. 市域社会综合治理数据库

数据库建设包含基础地理空间数据库和业务数据库。基础地理空间数据库的建设内容包括神木市建成区矢量数据、覆盖全市分辨率优于0.8米卫星遥感数据、神木市建成区分辨率优于3厘米的精细化实景三维模型及单体化数据及单元网格数据。业务数据库的建设内容包括综治组织及综合业务数据、实有人口数据、特殊人群数据、社会治安数据等近百种类型的综治数据。部分数据成果如图 2 所示。

图 2　部分数据成果

2. 一张网格

全面推进全科网格精细化，打破了神木市现有网格交叉重叠、力量分散的情况，融合分散的"网格"，实现从"多网"到"一网"，构建了一个覆盖市、镇街、社区（村）、单元的基础网格，划分全科网格 2 401 个，构建"1+1+N"全科网格员队伍，每个网格选聘 1 名专职全科网格员及若干名兼职网格员，每 3~5 个网格设 1 名网格长，形成精细管理服务新格局。对社会事件、矛盾调解、社情民意等动态信息进行收集、立案、派遣、处理、反馈、结案，形成"人在网中走、事在格中办、网格全覆盖"的良好局面。全科网格系统界面如图 3 所示。

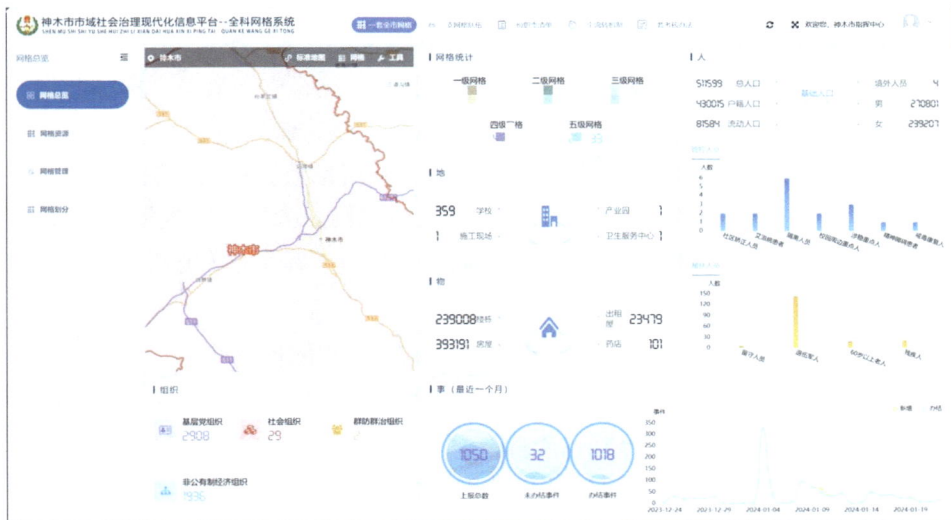

图 3　全科网格界面

3．两种模式

在市域社会综合治理现代化信息平台的基础上，结合相关部门的工作职责，梳理建立高效的"平""战"结合的系统应用流程。在系统应用上实现"平"时侧重市域社会治理信息管理，突出监测预防。"战"时领导统一指挥决策部署，各部门协调联动。

4．三个平台

为满足系统建设的需要，进行地理信息平台、治理大数据平台及视频资源解析平台等支撑平台建设，将公安、交警、交通、民政、卫计、人社、教育、房管、城管和消防部门业务数据与社会管理平台的数据进行融合交换，保证市域社会治理管理平台上人口基础数据、房屋基础数据等信息的完整率、鲜活率和准确率，并为社会管理类数据交换建立相应的标准与规范。

1）地理信息平台

为保证市域社会治理信息平台数据及相关应用的安全，同时响应国家信息化相关规范，进行国产化地理信息平台建设。

地理信息平台实现多种数据源融合，具备专业的数据处理能力、三维空间分析、二三维地图服务发布、空间数据库引擎、地图和数据的管理与聚合、地址匹配服务以及功能扩展开发能力，包含空间处理服务和集群服务，支持服务端服务聚合。

2）治理大数据平台

治理大数据平台是一种全面的信息处理和管理系统，提供数据收集、存储、治理、挖掘分析、共享交换等服务，实现治理大数据的全生命周期管理。

治理大数据平台包含治理信息门户、治理信息服务中心、共享交换中心、治理信息管理、信息数据库管理、综治资源管理6大模块，形成数据治理的完整生态，为政府各种各样的综治业务提供服务，实现降本增效。

3）视频资源解析平台

视频资源解析平台能力主要聚焦在开放接口服务、综合管控服务、智能数据交换引擎、联合视觉感知引擎、基础模型数据库、多维融合分析引擎6大板块，实现了图片流实时接入、存储、管理，并融合AI智能算法实现对视频图像数据检测、识别、特征、属性提取。同时，利用多维融合分析引擎对视图解析形成的海量人脸特征数据进行数据分析，构建常用人档分析服务，实现同行人分析、时空碰撞分析、频繁过人分析等功能。

5．多个应用

通过对全市社会综合治理实际需求的调研，制定全市网格化体系，并在此基础上开展软件应用系统建设，建成"市域全面感知、综治事件流转、全域联动指挥、城市决策分析"4大板块14个业务应用系统，完成对全市的人口、房屋、重点监控及服务人群、社情民意等进行科学、高效、全方位的管理；实现社会矛盾纠纷在线调处、社会治安防控事件在线处置、基于移动平台的社会管理问题的督办和处理、对各类事件及网格员的综合管理、对区域、部门、岗位等对象的分析评价等功能，实现市、乡镇、社区（村）

三级管理，市、乡镇、社区（村）、网格四级服务模式。应用系统如图4所示。

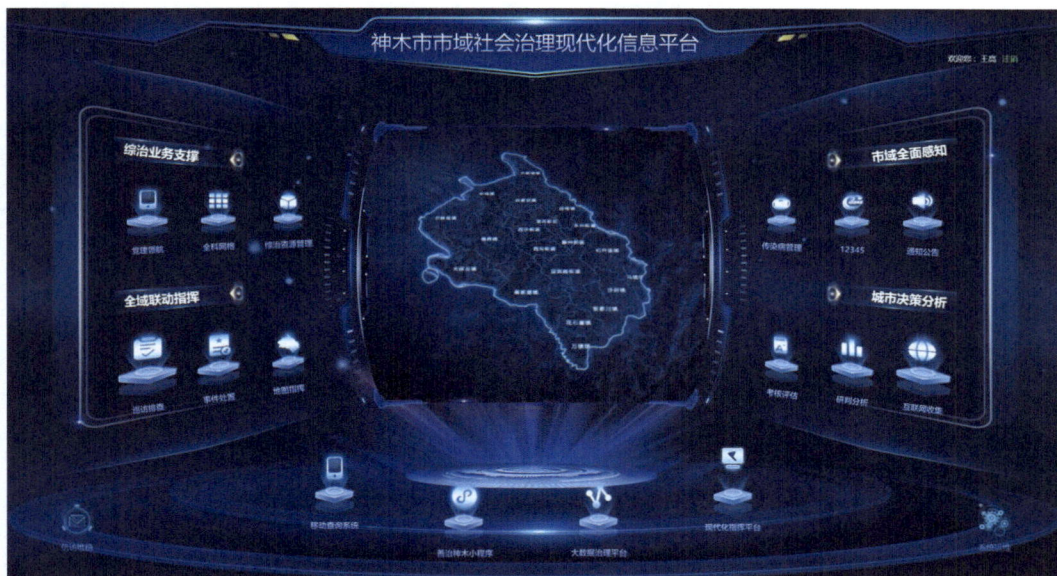

图4　应用系统

6. 一套处置机制

整合与市域治理相关的多个部门的管理资源和业务工作，并为其分设工作平台。各级、各部门既可以在统一的大平台上互联互通、资源共享、流程审批、整体运行，又可以在各自的工作平台上开展业务管理服务，分级负责、归口管理；彻底改变"条块分割、各自为战、松散管理、重复投资"的传统弊端，构建综治问题统一采集、一口受理、分级处理、统一监管考核的处置机制。机制流程图如图5所示。

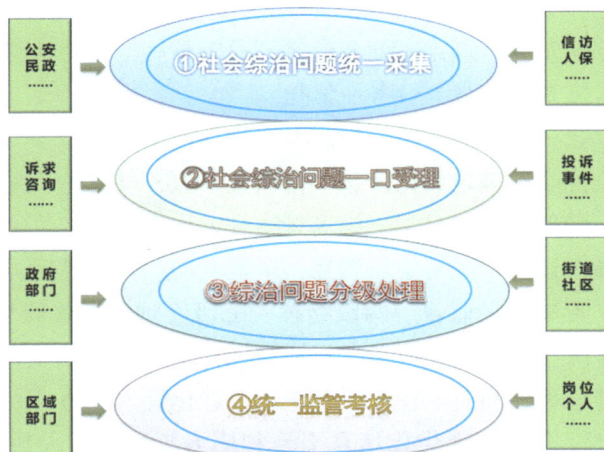

图5　处置机制流程图

建成的市域社会综合治理现代化信息平台可视化大屏端效果如图 6 所示。

图 6 可视化大屏效果

三、创新应用

神木市市域社会综合治理现代化信息平台紧跟国家发展战略、围绕"全国市域社会治理现代化试点工作指引"内容，整合云计算、人工智能、物联网、大数据挖掘、CIM、边缘计算、视频解析等技术，以市域社会治理指挥、基层社会治理、风险防控、政务服务为基本功能，打通不同层级社会治理的数据、信息，形成以三维空间地理信息为基底、以专题数据为基础，事件处置、数据分析研判预警为支柱，以公共安全视频监控联网应用为触角，以指挥调度、监督考评为手段的综合性应用平台。

1. 创新点

创新点一：全域感知，科学决策，打造城市治理的新型智慧大脑。

神木市市域社会综合治理现代化信息平台基于实景三维 GIS "一张图"，汇聚综治"9+X"数据及城市各领域信息资源，实现城市治理场景全覆盖，健全完善横向到边、纵向到底的智慧治理体系。通过全科网格管理系统、互联网收集系统、综治事件流转系统及视频解析系统的架构融合、互联互通，完成对各种关键业务指标和数据等一屏实时聚合呈现，实现社会治理"一图知全域、一网管全城"的目标。同时，平台打破了地图系统与工作管理系统割裂、调用不便和信息不通等弊病，支持地图系统和工作管理系统的双向关联操作，实现了信息与业务一体化。

创新点二：联动指挥，动态管控，提高城市社会治理能力。

神木市市域社会综合治理现代化信息平台以三维 GIS 可视化系统为核心应用，将城市人、地、事、物、情等要素信息与三维场景融合，构建真三维数字孪生城市，实现全域态势总览，打造城市运行特征与全域感知、全程联动、态势呈现、决策研判能力一体的现代化指挥中心，形成一级监督、两级指挥、三级管理、四级联动的综合指挥体系，为市域社会治理提供分析、预测、决策、指挥"四位一体"智治支撑。

创新点三：智能预警，高效治理，提升城市智慧化管理能力。

神木市市域社会综合治理现代化信息平台利用人工智能、大数据、边缘计算等技术，对地理信息、党建、事件、综治、城管和服务等多源异构数据进行融合处理、统筹分析、智能研判，实现重点人员、重点事件、重点管理对象及其他社会风险的智能预警预测，让平台更加智能化、现代化，提升社会治理智治能力。有效促进事件从"事后"

查处到"事前"预警的转变，提高市域社会治理现代化能力。

2. 应用成效

神木市市域社会综合治理现代化信息平台的成功运行，打破了跨区域、跨部门数据壁垒，实现了数据信息"一网汇聚"、风险隐患"一网通防"、协调联动"一网指挥"，全面构建综治问题统一采集、一口受理、分级处理、统一监管考核的处置机制，推动基层治理精准化、公共服务便利化。助力陕西省神木市荣获中国2023社会治理创新优秀城市、2023新时代"枫桥经验"创新实践案例。同时，神木市被中共榆林市委市政府评为"全国市域社会治理现代化试点城市创建先进集体"。

四、推广价值

神木市市域社会综合治理现代化信息平台融合云计算、人工智能、物联网、大数据挖掘、CIM、边缘计算、视频解析等先进技术，围绕"调研摸排、制度建设、软硬件基础设施建设、网格队伍建设、全面整合、试点运行、复盘调整、全面运行"的标准化流程进行建设，实现了市域社会治理人性化服务、科学化决策、智能化管控、精细化管理、便捷化指挥，全面支撑市域基层治理工作。

推广价值主要体现在以下几个方面。

（1）降本增效，可复制推广。

平台的实施，改变了层层递交、层层办理、层层审批的固有方式，通过平台的自动流转，有效节省了人工、时间成本，提高事件办理效率，提升了公共服务水平。同时，总结平台开发的标准化流程，为其他市域社会治理工作提供示范作用。

（2）提升群众获得感、幸福感、安全感。

平台的实施，充分激发人民群众的积极性、主动性、创造性，使治理过程让群众参与、治理成效让群众评判、治理成果让群众共享，提升人民群众的获得感、幸福感、安全感。

（3）维护社会安定。

平台为人们提供了更多的信息获取和交流渠道，为化解矛盾纠纷提供了更多的方式，及时发现、解决治安隐患问题，避免矛盾升级，促进社会和谐安定。

（4）实现智慧化治理和服务。

平台打破了跨区域、跨部门数据壁垒，完成三维指挥大屏端、业务系统中屏端和移动小屏端动态联合，创新市域治理方式，实现社会运行"一网统管"和政务服务"一网通办"，提升智慧治理和智慧服务水平。

（5）推动社会高质量发展。

平台的成功运行，为市域社会治理探索出一种新方法、新模式，是贯彻和落实国家"新质生产力"的实质性表现，是推进国家治理体系和治理能力现代化的重点领域和实现基层社会治理现代化的重要抓手，对推动社会进步，实现社会高质量发展具有重要意义。

泰州市海陵区监测预警智能分析
中心建设项目

马振杨　徐世安　杨　杰

泰州市海陵区社会治理服务中心　园测信息科技股份有限公司

一、建设背景

2020 年 5 月，泰州市经由中央政法委批复入选市域社会治理现代化试点。泰州市委常委、政法委书记孔德平说，全力打造长三角地区最具安全感城市和全国市域社会治理现代化"泰州样本"，是泰州市委全会提出的 2021 年社会发展主要目标之一，锚定战略定位，泰州市突出精准精细精致，全力打造"互通共享、高效联动、精细管理、精准施策"的数据治理新模式。

2021 年 6 月 24 日，在江苏省庆祝中国共产党成立 100 周年系列主题新闻发布活动社会治理专场发布会上，泰州市发布中华人民共和国成立以来特别是党的十八大以来，在市域社会治理方面取得的成果。

一直以来，泰州市积极探索符合时代要求、具有泰州特点的市域社会治理现代化路径，加快构建基层社会治理新格局，群众获得感、幸福感、安全感不断增强。

目前，泰州市平安建设领导小组实现市、县、乡三级全覆盖，九大专项工作组分工协作、各司其职，平安建设协调机制持续完善，市域社会治理试点工作组织体系、制度体系、功能体系、评价体系、保障体系基本形成。重大风险防范化解成效明显，社会治安环境质态持续提升。社会治理现代化指挥中心、大数据中心、县乡智能应用平台建设稳步推进，"大数据可视化实景指挥服务平台"向全省推广。创新实施社会治理"码"上行动，大力推行一码统防、一码统管、一码统办，社会治理精细化、智能化水平显著提升。全面建成市、县、乡、村综治中心（网格化服务管理中心），创树形成"老娘舅"义务调解、平安义工、邻帮邻"互助户治"等特色品牌，实现政府治理和社会调节、居民自治的良性互动，共建共治共享格局初步形成。

为贯彻落实中共中央《关于推进基层整合审批服务执法力量的实施意见》、江苏省《关于推进基层整合审批服务执法力量的实施方案》、泰州市《关于推进基层整合审批服务执法力量的实施方案》、海陵区《加快推进区域社会治理现代化奋力建设更高水平平安海陵法治海陵》《泰州市海陵区推进基层整合审批服务执法力量的实施方案》相关要求及泰州市推进市域社会治理现代化建设更高水平平安泰州现场会精神，泰州市海陵区全力打造"互通共享、高效联动、精细管理、精准施策"的数据治理新模式，打造实战、实效、实用，科学化、精细化、智能化的一体化指挥中心平台。

二、建设内容

近年来，围绕社会治理现代化试点工作要求，海陵区探索"五中心一体化"建设，力争实现社会治理事务"一站式"办结、问题"一条龙"解决、风险"一揽子"防控、应急"一体化"指挥。为此，在市"泰治理"平台的基础上，本着"实战实用实效"的原则，海陵区打造了区综合指挥平台。

1. 海陵区区域社会治理现代化综合指挥中心大屏

（1）态势总览（图1）。该模块通过地理信息、大数据挖掘、全息数字等新一代信息化技术，构建海陵区整个城市运营情况综合分析体，实现城市综合态势可视化、城市运行感知分析。

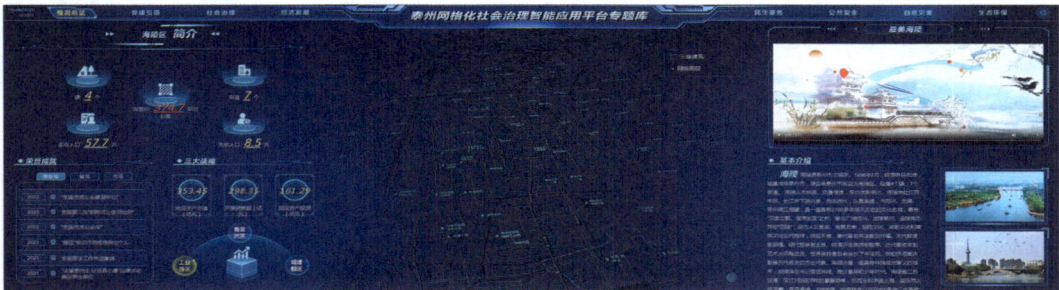

图 1　态势总览

（2）社会治理（图2）。结合海陵区区域治理相关政策以及海陵区政府工作重点内容，依托泰州市数字城市平台相关数据，构建社会治理一张图，对海陵区基础数据、各类型工单、矛盾纠纷的深度挖掘、分析、研判，为各级用户动态实时地掌握社会全貌、科学决策提供信息化支撑。

图 2　社会治理

（3）民生服务（图3）。深度挖掘数据资源价值，大力推动民生服务领域大数据应用，海陵区在健康医疗、教育、救助等领域开展大数据应用示范，多措并举强化保障，健全大数据在民生服务的应用。

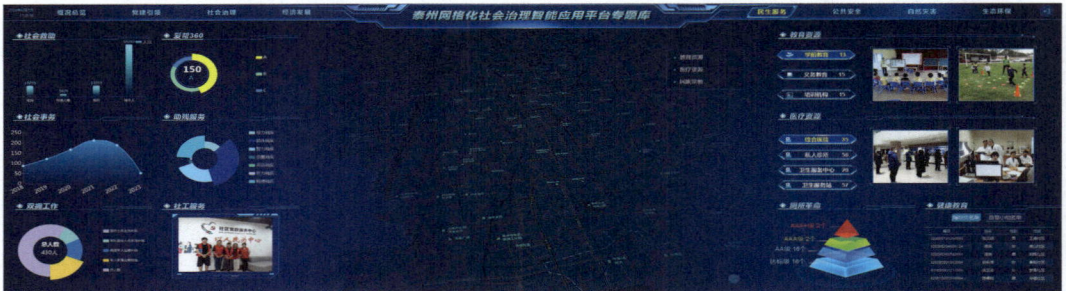

图 3　民生服务

（4）经济发展（图4）。全面构建区整体规划、项目建设、招商引资、经济运行，实现整个区域经济运行体征和招商环境，集中体现在构建区域城市建设管理和产业发展的总体优势。

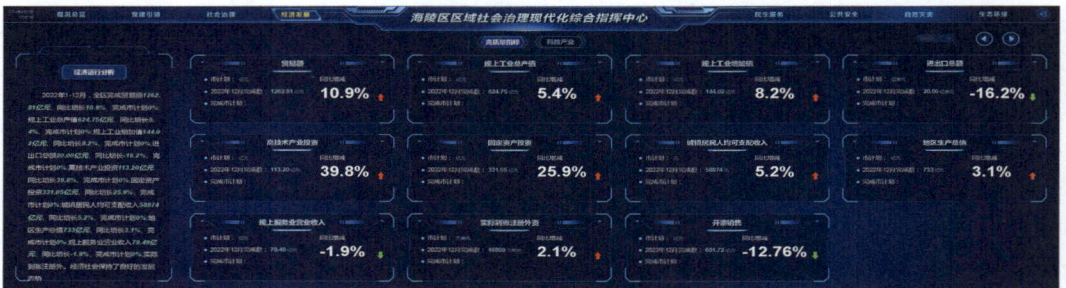

图 4　经济发展

（5）生态环保（图5）。生态环保主题包含空气质量、水环境质量、排污企业展示、垃圾收运等多个模块，融合 GIS 技术、通过物联网等设备对辖区内环境质量实时监控。

图 5　生态环保

182

（6）自然灾害（图6）。包含实时气象、实时水情、应急管理三部分。融合 GIS 技术、通过物联网等设备对辖区气象、水情进行实时监控，利用地图标注各类救援物资、救援队位置信息，结合应急管理预案实现提前预警、立即部署救援等功能。

图 6　自然灾害

（7）公共安全（图7）。通过整合医疗、公安等部门基础数据，对疾病、事故等情况进行分析预警，做到提前布局、及时防控。

图 7　公共安全

2. 业务端后台管理模块

业务端后台管理模块（图8）实现系统内用户、角色、权限自定义配置，可根据不同岗位、人员、部门进行特定业务访问权限的配置，统一认证实现单点登录，可在各业务系统内无感交互，系统管理员查看各子系统的运行情况、用户使用情况，并形成统计报表；可以根据日志记录查找操作人员和操作情况。通过整合各领域运行数据，构建"全区运行全景图"，形成管理关键体征指标（KPI）体系，实现一屏看全局、一屏知态势。

3. 智慧工单平台

智慧工单平台（图9）通过分色分级的形式将工单紧急程度及影响范围与事件等级挂钩，形成网格—社区—镇街—区级四级联动的处置模式。

1）网格"微循环"流程

网格"微循环"负责处理网格员可自行解决的一般问题，在充分发挥网格员自治

图 8　业务端后台管理模块

图 9　智慧工单平台

组织作用的前提下，完成如采集基础信息、收集社情民意、排查安全隐患、排查化解矛盾纠纷等事项内容，将事件案件控制在最早时间、最小层级解决。对网格员自身权利范围之外或解决不了的问题，及时上报转至社区级平台。

2）社区"小闭环"流程

社区平台接收反映问题的信息后，对社区能够处置的问题，及时进行处置；对社区无法协调解决的问题，及时转到镇街平台。镇街责任单位在接到相关信息后，按职责在规定时限内对问题作出处理，处理完毕后将处置结果立即反馈到社区平台。

3）镇街"中闭环"流程

镇街平台接收反映问题的信息后，对社区能够处置的问题，及时转到社区；对镇街责任单位能够处置的问题，及时转到相应责任单位；对镇街无法协调解决的问题，及时转到区级平台。责任单位在接到相关信息后，必须按职责在规定时限内对问题作出处理，处理完毕后将处置结果立即反馈到镇街平台。对需要协调解决或责任单位不按时处理的，镇街平台要及时予以协调或督促处置。

4）区级"大闭环"流程

区级平台接到反映问题的信息后，对镇街单位责任范围的问题，及时转到街道级平台；对区属单位责任范围的问题，及时转到区属责任单位；对需要区级、镇街两级联动办理的事项，由区指挥中心收集意见直接答复；对市级与相邻区责任单位进行协调。区级、镇街责任单位接到信息后，按职责在规定时限内对问题作出处理，处理完毕后将处置结果立即反馈到区级平台。对需要协调解决或责任单位不按时处理的，区级平台及时予以协调或督促处置。

三、创新应用

1. 指挥体系多级联动，横纵无缝衔接

构建海陵区多级指挥调度体系，贯穿事件的事前、事中、事后进行全过程监督指挥。纵向向上无缝对接市级平台，向下对接海陵区乡镇/街道指挥中心平台以及社区平台；横向对接政务相关部门或管理单位。

2. 数据统一汇聚，初步建成数据底座

泰州市海陵区监测预警智能分析中心建设项目基础数据库由地理信息库、人口数据库、法人数据库三大基础数据库组成，采集 13 大类、435 项信息；拓展"泰治理"系统专题库，打通应急管理、气象资源、水利等 13 个部门的资源数据，汇聚政务数据、视频数据、物联感知数据，建立概况总览、社会治理、民生服务、经济发展、生态环保、自然灾害和公共安全 7 大专题数据库，初步形成数据底座框架，具备公共技术能力共建共享的基础，为各个应用场景建设打下良好基础。

3. 数据互通共享，打破信息孤岛

泰州市海陵区监测预警智能分析中心建设项目不仅实现区域各局办间数据共享，还加强与各条线部门沟通协作。通过本项目建设，打通泰州市城市运营管理平台、海陵区"12345"派单流转及处理、泰州市网格化管理系统、镇街一体化平台等多个系统平台，与区域国土、规划、安监、环保、公安、水利、经发、执法、城管等多个领域实现数据共享。打破数据壁垒、畅通信息交换，让综合指挥中心为重大风险预警、安全隐患排查、违法建设巡查、突发事件处置等各类事项提供大数据支撑和智能化支持。

4. 数据融合应用，打造社会治理新模式

泰州市海陵区监测预警智能分析中心建设项目在加强数据采集建设基础上，实现了各部门数据对接，通过三库融合、数据分析打造"1+N"（1个中心，N个应用）社会治理新模式。

三维精细化人房关联。依托于实景三维建筑单体化（本期选择试点区域进行建设），建立精细化的人房关联，直观地表达空间位置信息，使建筑模型和人员情况的展示更加具体，更加生动。精准实现以房查人、以人查房等人房管理，提高社会治理水平。

重点人群分类管控。基于海陵区技防工程，实现辖区内重点人群分布情况包括信访、邪教、刑满释放、社区矫正、吸毒、特质人员、精神病等各类型重点人群地理分布图、个人基本信息、各类型备案信息；结合雪亮工程和智慧社区等后期智能化监控设备对接，构建重点人员的电子围栏预警。

经济发展数字治理。以促进经济高质量发展为导向，构建亩均税收、楼宇经济、土地集约化利用、科技创业载体管控等应用，赋能政府侧，服务市场侧，辅助提升海陵区政府经济治理能力，优化营商环境。

排污企业动态监管。系统实现各类型排污企业、危废企业空间分布情况展示，建立对排污企业的基本信息、巡查、监督管理预警分析。通过巡查上报以及实时监测排污企业，系统自动生成工单信息，同时还会向相关责任人和管理人员推送工单信息，便于工作人员及时制止违章排污，为排污治理提供数据支持和决策依据。

突发事件应急联动。全面整合城市运行、安全管理、风险防控数据资源，从城市"大应急"角度，构建跨部门协同处置流程，增强对城市级各种事故灾难、自然灾害和城市综合风险的协同应对能力。在灾害事故发生时平台进行预警发布，地图上报警图标闪烁提示。根据事件预警类型和预警等级，自动关联相应应急预案，按照应急联动处置预案的响应级别形成智能化的信息推送方案，一键推送给相关单位和部门。

重点场所非法入侵监管。对学校、火车站、客运站、养老院等重点场所进行监管，实现非法入侵实时监测预警，出现报警信息会自动打点，可以查看实时报警详细信息以及周边监控详情，同时对于告警的数据，有直接生成工单的功能，将生成的工单推给智慧工地系统进行处置。

危化品全链条监管。构建集危化品的生产、储存、销售、处理等各个环节为一体的综合安全监测场景，实现危化品全链条监管、全要素监测和全过程管控。将分散、静态的危化品企业多源数据分类汇总，形成整合、动态的图形数据，融合GIS信息，深度呈现监管要素，使管理过程更立体直观。

多维一体化指挥调度。健全海陵区多维指挥调度数字化保障，根据事件位置调取附近在线的人员车辆视频等资源，调阅就近的视频监控；同时通过消息群发、音视频通话等方式对人员、车辆和物资进行任务下达、指挥调度，实现跨部门的信息共享、任务下达、资源调度等功能，实现事件的快速、高效、科学、联动处置。

186

重点项目全生命周期管理。针对海陵区招商重点项目实现对重点项目从跟踪到落地全生命周期的监督服务管理，通过数字化、智能化手段，实现对重点项目清单化、节点化管理，推进招商引资、项目建设提质提速提效，推动项目早落地、快建设、速达效。

四、推广价值

1. 社会效益

1）深化数据融合应用，打造海陵区城市数字名片

建设海陵区涵盖地理空间、政务业务、实时物联等范围的全数据资源池，支撑各业务应用的数据服务和业务功能呈现。构建海陵区特色的城市体征指标体系，全方位、多层次、多维度呈现海陵区政务、经济、生态、社会、民生等专题领域的实时综合态势，实现一屏看全局、知态势，辅助支撑海陵区区域治理决策。

2）多源事件统筹协同，智能精细治理

基于三级联动网格化治理运行模式，构建海陵区社会治理联动体系，实现海陵区社会治理多源事件的统一收集、分拨、处置、反馈、评价的全流程闭环管理；建立 AI 治理机制，首先实现社会治理、公共安全等领域的事件自动识别、智能联动分析和协同上报机制，进而实现自动分拨处置、现场快速执法，提升行政职能效率，实现海陵区社会治理智能化、精细化、高效化。

3）有效推动基层治理体系和治理能力现代化

聚焦街镇、社区面临人少、事多、面广等基层治理难题，结合海陵区联动机制面临着收集民意信息、宣传政策法规、解决民生诉求、调处纠纷矛盾、开展便民服务等基层刚性信息化需求，建设海陵区监测预警智能分析中心，提供重点人群管控、社区民情走访、矛盾调节等智能实用功能，为基层治理提供强有力的智治支撑，切实减轻基层工作负担，实现"一键全调度"。平台建成并投入运行后，社会治理的效能和社会服务的能力大幅度提升，大量的社会矛盾在基层得到有效化解，有效提升人民群众的安全感和幸福指数。

2. 经济效益

泰州市海陵区监测预警智能分析中心建设项目的建设除了明显的社会效益外，还可以产生直接和间接的经济效益，有效整合了信息资源和管理资源，具体表现为以下三点。

1）为基层减负增能，减少重复填报，提高工作效率

本项目聚焦"应用为要、管用为王"的价值取向，做到实战中管用、基层干部爱用、群众感到受用。着眼于"高效处置一件事"，理顺派单、协调、处置、监督的管理流程，推动一般常见问题及时处置、重大疑难问题有效解决、预防关口主动前移。着眼于防范化解重大风险，聚焦最难啃的"骨头"、最突出的隐患、最明显的短板，研究开

发务实管用的应用。着眼于跨部门、跨层级协同联动，压实责任、强化协同，让推诿扯皮没有空间。为基层减负增能，减少不必要的表格填写，让基层有更多时间和精力服务群众。

2）整合数据资源，提升城市治理数据综合利用效益

有效整合信息资源和管理资源，建立海陵区统一的社会治理事件发现、受理、分拨、处置中心，减少各专业单项管理平台的投资开发成本，避免重复建设。通过整合城市治理信息资源，避免重复建设，提高城市治理信息资源利用率，有效降低社会成本，进一步促进智慧化城市的发展。通过平台实现城市治理资源集中统一管理，并通过网络可达到各部门间资源信息的交流和共享，为政府部门提供辅助决策，提高城市治理资源综合利用效益，节省人力、物力和财力。

通过平台的建设，为社会治理数据制定相关的数据标准，实现海陵区社会治理空间数据和业务应用数据的一体化存储与管理。随着城市的发展，通过平台可实现城市社会治理数据的及时补充和更新，避免了数据混乱、资源浪费现象的发生。

3）坚持分层分类分级处置，坚持重心下移、资源下沉

本项目坚持分层分类分级处置，坚持重心下移、资源下沉，推动各类事件处置、风险应对更主动、更及时、更高效。区级、乡镇/街道、社区三级组织统筹管理本辖区内的社会治理事项。区级平台发挥枢纽、支撑功能，强化本区域个性化应用的开发和叠加能力，为区级、乡镇/街道、社区实战应用提供更多有力保障。社区层级平台抓处置、强实战，对城市治理具体问题及时妥善处置，对重点、难点问题开展联勤联动。每一级为下一级赋能，上一级帮助下一级解决共性难题，对疑难杂症进行会诊会商，共同保障城市安全有序运行。

滨湖区经济云大脑平台

肖　鹏　冯　超　陈　艇　焦　栋

无锡市滨湖区数据局　中电科电科院科技集团有限公司江苏分公司

一、建设背景

区委、区政府主要领导提出要建设经济调度中心，赋能经济治理，满足跨部门、跨场景开发和调度需求，为区委、区政府决策提供必要的数据支撑和决策依据。结合《"数字滨湖"建设发展规划（2023—2027年）》的目标要求，建设数实并进滨湖，壮大数字经济，以数字技术与各领域融合应用为导向，推动行业企业、平台企业和数字技术服务企业跨界创新，构筑具有滨湖特色的数字经济发展新优势。

二、建设内容

1. 总体架构方案

总体架构包括基础设施层、平台层、服务层、应用层和用户层，如图1所示。

1）基础设施层

基于滨湖区政务云环境，基础设施层提供信息化基础硬件设施，提供数据采集、传输、存储、计算等运行硬件支撑环境，包括政务网、互联网等网络环境，计算设备、存储设备、网络设备和安全设备等机房硬件设备。

2）平台层

提供多源异构的数据采集模块、实时/离线计算框架、简洁易用的开发环境和平台接口、接入全量原始数据和实时数据。

平台层作为经济云大脑的核心支撑层，立足"数字滨湖"一期建设的数字底座的基座能力及服务。通过服用底座的数据支撑能力，实现经济云大脑内外网数据的采集、汇聚和治理。同时借助人工智能基础能力服务，实现经济分析模型的构建和编排应用。通过调用底座提供的数字空间服务，实现经济数据、指标的可视化综合展示。经济数据中存在大量的敏感、隐私数据，因此对这类数据的加密保护所使用的密钥、算法，也将由密码应用服务提供全量保障。

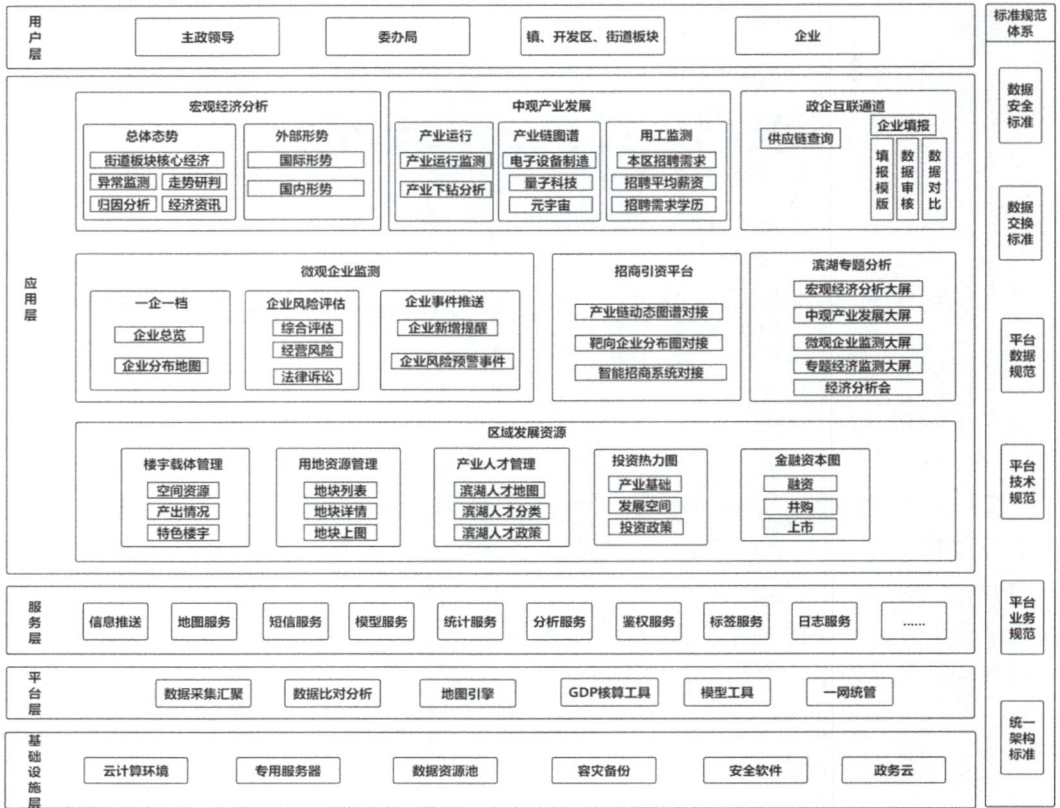

图 1　总体架构设计

3）服务层

服务层负责抽取相同的应用接口需求，将数据库、大数据计算、多媒体处理、应用中间件等资源或服务进行标准化封装，将实例化后的服务通过标准接口对应用层提供支撑。

服务层中的信息推送能力，负责将平台层采集汇聚的经济类数据，向应用层和数字底座、委办局等多向分发。并通过标签服务实现对数据进行多维度标记化，包括如类型、级别、流转、所属等数据属性的标签等。

4）应用层

应用层主要包含了各个业务系统，基于微服务架构思路多模块开发，各个模块通过接口标准化协议 Restful 为用户层提供接口支持，核心业务模块包含了系统管理模块、宏观经济形势，中观经济形势，微观企业监测等。

5）用户层

用户层为使用该平台的用户群体。

190

2. 系统功能介绍

1）平台概况

本项目致力于为滨湖区经济管理工作增效赋能，综合运用数字化、智慧化手段，助力滨湖区实现经济调控精准化和政府决策科学化，从而推动滨湖区走向高质量、可持续的发展道路。根据滨湖区经济云大脑的建设要求和各委办局的业务需求，建设包含 7 个系统模块的经济云大脑架构，实现分管领导和各委办局的分权限管理一屏统览平台。

2）宏观经济分析

（1）宏观看板。

主要从宏观层面辅助区委区政府领导掌握滨湖区经济发展态势和全貌，包括 GDP 态势及核算、三大产业分析、三大需求分析、三大收入分析、八大支出分析等维度；其次，一方面以规上工业、服务业、批零等生产端（GDP 增长）进行分类分析；另一方面以政府投资、社会投资、工业投资、消费、进出口等需求端（GDP 增长）进行分类展示。

（2）核心经济。

滨湖区核心经济指标包括地区生产总值、一般公共预算投入、规上工业总产值、固定资产投资、工业投资、社会消费品零售总额、实际使用外资等，一方面展示当前季度的实际值；另一方面展示该指标的同比增速和环比增速。其次，对核心经济指标从运行监测、结构分析和传导影响分析三个维度进行分析，其中运行监测包括指标趋势监测、指标异常监测（变化幅度趋势、增长趋势、横向对比）、与本市其他地区对比；结构分析包括各细分行业增长分析、行业百强企业分析等；传导影响分析提供对某一指标产值如规上工业总产值的纵深传导分析，逐步分析正向传导和负向传导因素。

（3）异常监测。

展示维度包括近三年异常等级（三级异常）总览分析，近一年指标异常频次概率TOP5 和核心经济指标异常等级状况日历图，并从增长趋势、变化幅度和横向对比三个维度提供指标异常解读信息，同步提供指标累计同比增速趋势图、横向对比监测图等。

（4）走势研判。

对核心经济指标如地区生产总值、一般公共预算投入、规上工业总产值、政府投资、社会投资、工业投资、社会消费品零售总额、实际使用外资等进行预测分析（下一季度），并提供模型精确度、指标历史走势图和预测季度趋势图。

（5）归因分析。

展示地区核心经济指标的产值和同比增速一览图，并针对每个指标提供归因分析，主要从外需、内需、国际环境、国内环境、贸易环境、吞吐量和对外贸易七个维度（包含多个影响因素）对该指标进行监测分析，并同步提供指标的历史走势图。

（6）国际形势。

一方面对 IMF 全球经济增长进行预测（柱状图）以及全球主要经济体 PMI 走势分析，另一方面对市场景气度（下降、提升、中性）、工业生产（下降、提升、中性）、货币环境（紧缩、宽松、中性）和风险等级（低、中、高）进行仪表盘分析展示。此外，对全球股指涨跌幅度、大宗商品价格等进行趋势分析。

（7）国内形势。

提供全国主要经济指标的展示分析，并且对市场景气度（下降、提升、中性）、通货膨胀（下降、提升、中性）、货币环境（紧缩、宽松、中性）和风险等级（低、中、高）进行仪表盘分析展示。此外，对市场景气度（全市各区宏观经济景气指数，中国市场就业景气指数，中国企业经营状况指数和 5 000 户工业企业扩散指数）、通货膨胀（PPI-CPI，PPI-PPIRM，样本住宅平均价格）、货币环境（M1-M2 剪刀差，社会融资规模、金融机构各项存款贷款余额）和风险预警（中国政策波动指数、中国杠杆率和花旗中国意外经济指数）的趋势分析。

3）中观产业发展

（1）产业图谱。

利用知识图谱能力，对关注的行业进行相关的工艺、工程需求、支撑需求的分解展示，对支撑的强弱节点进行分析与理解。展示相应节点的相关滨湖区企业以及具体的数据分析。

（2）行业景气。

利用知识图谱能力，结合全国行业总体情况信息，对滨湖区关注行业景气月度情况进行相关预测，结合历史情况和部分先行指标对下月的行业景气度进行趋势预测。

（3）用工监测。

对接互联网主流招聘平台的招聘信息，对滨湖区驻扎企业的招聘情况进行分析。从滨湖区招聘需求、滨湖区招聘平均薪资、招聘需求学历结构三个角度进行指标监控，对历史情况、现状需求进行可视化相关展示。

4）微观企业监测

（1）一企一档。

基于第五次经济普查结果、委办局数据共享、互联网经济数据等支撑，建立围绕企业的全方位企业画像，便于及时查看、检索相关企业信息，对滨湖区内的企业详情和动态做到实时掌握，支持对企业库和企业信息的增删改查及导入功能。

（2）企业风险评估。

①经营风险。

依托企业风险预警模型的算法逻辑，针对企业经营状况进行分析，输出企业经营评价结果：无风险、低风险、中风险、高风险。展示风险企业列表，并对风险相关的事件详情进行展示，绘制企业动态雷达图，展示综合评价的结果信息，同时展示企业最近的新闻和舆情动态（产品发布、经营风险、涉诉信息、获奖情况等）。

②法律诉讼。

依托企业风险预警模型的算法逻辑，针对企业经营状况、外迁概率和法律诉讼的分析维度，输出企业综合评价结果：利好、提示、警示、高风险。展示风险企业列表，并对风险相关的事件详情进行展示，绘制企业动态雷达图，展示综合评价的结果信息，同时展示企业最近的新闻和舆情动态（产品发布、经营风险、涉诉信息、获奖情况等）。

③企业动态监测。

a. 企业排行。

根据产业类型筛选，展示各产业的规上企业数量，规上企业的产值和增速指标，重点企业数量和名称，并以列表的形式展示各维度的企业排行，如企业营收排行、企业产值排行、增速排行、专利发明排行等。

b. 关联地区。

以滨湖区企业在外投资或者设立分支机构为统计对象，展示对外投资的企业数量、所属"543"产业的企业数量、规上工业产值 50 强企业数量、对外投资总额、智能制造企业数量、专精特新"小巨人"企业数量等，并对所关联的地区统计关联企业数量、占比、总金额等。

5）区域发展资源

（1）楼宇载体管理。

将载体与地理信息绑定，通过载体分类（工业载体、科创载体、商业载体、楼宇载体），将载体、楼宇上图展示，通过全区的载体上图，支持下钻至街道板块的分布情况。

（2）用地资源管理。

针对滨湖区用地资源情况，建立全区用地情况数据库，用翔实和直观的可视化上图展示为领导决策提供辅助依据。

（3）产业人才库。

对接本区智慧人才平台，从办事申请、招聘介绍、育才引才、政策资讯等方面提供全方位的人才服务和人才管理。办事申请提供人才分类认定、租购房补贴、人才公寓申请等流程指导和认定审核；招聘介绍展示全区的企业招聘信息，提供企业和人才的双选通道；育才引才通过人才储备政策的匹配，推送给符合条件的人才，进行精准培养和干部选拔；政策资讯及时展示人才政策和通知公告，汇聚全区政策解读；人才库管理是对人才的多维度统计和人员列表查询。

（4）金融资本图。

依托地方金融局已建系统，以滨湖区企业的融资、并购、上市的事件统计，反映区内金融资本动态，及时推送金融行业内的重大信息，图表展示产业资本的融资金额、融资事件数量、披露并购总额、并购事件总数、上市企业市值总额、已上市企业数量、拟上市企业数量，支持按时间检索查看。以列表的形式展示滨湖区企业有关融资、并购、上市行为的事件详情信息。

（5）投资热力图。

通过投资热力图的绘制，将滨湖区主要产业、载体、政策和投资服务对外展示，直观反映滨湖区投资环境和资源，形成较为完整的线上、动态的"招商手册"。

6）滨湖专题分析

（1）专题经济监测。

经济云大脑围绕"543"产业、载体、项目、科创、人才、金融六个维度，整合相关重点数据指标，产生滨湖区专题经济一屏总览，如图2所示。

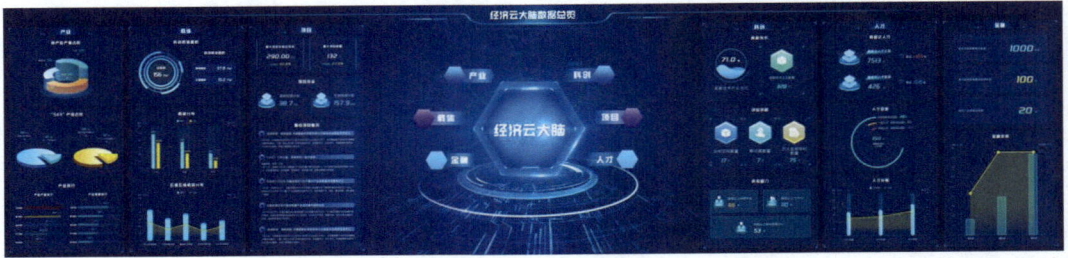

图2　滨湖专题分析

（2）经济分析会。

对关于委办局和街道工作范畴中，影响滨湖区的经济问题进行分析总结，并以文字的方式进行可视化展示。可通过界面切换的方式，对滨湖区面临的问题进行筛选。

7）政企互联通道

（1）诉求反馈。

提供企业诉求反馈通道，对企业的所有需求进行分类展示：资金需求、空间需求、政策需求、人才需求、供应链需求、其他需求，通过图标展示需求分类占比情况。

通过关联城市事件管理系统，对企业诉求进行列表展示，并以工单的形式展示企业需求的处理情况（已解决、解决中、未解决），可供企业查看需求的处理进度等信息。

（2）供应链查询。

提供滨湖区"543"产业链介绍及企业名录，供本地企业了解整体产业发展规模、企业分布、企业主营产品，通过本区产业链的绘制，辅助企业查询与自身相关的上下游产业情况，便于企业就地解决采购、销售等环节，提供企业家沙龙活动的社交端口，定期为企业提供商业交流平台和信息。

（3）企业填报。

可自定义生成企业填报信息的模板，支持增删改企业填报字段，灵活可扩展，通过模板字段的确定，获取企业的有效信息。

企业通过模板填写数据，并通过系统上报，业务人员可进行数据审核，如数据正确无误，则通过审核，进入企业比对数据库，如数据偏差较大，则通过系统返回企业端，进行数据重新填报。

三、创新应用

1. 核心亮点

模型配置工具是基于大数据技术开发的建模分析工具。通过各类数据库、大数据平台资源的快速接入，汇聚数据资源进行挖掘分析。数据建模通过将接入数据资源、业务模型算法等封装转化成组件节点，在建模画布中以拖拉拽、连接组件的方式构建业务逻辑，实现建模从建立到结果的全过程可视化、便捷化呈现。

2. 创新性

（1）实时试算。

实时监测某产业的 GDP 情况，与统计部门的数据进行数据对比和验证。

（2）月度核算。

对滨湖区 GDP 进行月度核算，从第一产业、第二产业、第三产业不同维度，就中观角度进行地区生产总值的月度核算，并与统计部门的数据进行数据比对和验证。

（3）目标拆解。

基于历史 GDP 构成比例数据，将新 GDP 增长指标拆解至各行业、企业，并形成对应的具体指标数据。

（4）风险模拟。

基于知识图谱构成系数，模拟风险事件、舆情事件对滨湖区内行业、产业的逐步冲击情况，按照时间维度查看对企业数量和滨湖区 GDP 的影响；关联其他地区的相关政策，并形成相关政策优化推荐。

（5）冲击模拟。

基于知识图谱构成系数，模拟可能的外贸风险对滨湖区内行业、产业的逐步冲击情况，按照时间维度查看对企业数量和滨湖区 GDP、进出口贸易额等的影响；关联其他地区的相关政策，并形成相关政策优化推荐。

四、推广价值

滨湖区经济云大脑将以数据为核心业务，围绕滨湖区产业、载体、企业、科创、人才等领域，以推动政府经济数据有效利用，用市场化方式推进数字经济建设与创新，更好推动数字经济的发展。通过将数据资源与监管深度融合，实现对经济运行的动态监管、过程监管和实时监控，最终形成一个全方位、多层次、规范化、信息化监管模式，推动政府经济治理模式创新，提升政府治理水平。

实现多部门数据共享和应用，提供惠企服务和互联通道，为滨湖区企业自身发展提供便捷平台和扶持政策，实现区域产业经济有效管理，充分体现信息化建设的成效。通过对各类型产业经济数据进行联合统计分析，为政府领导在区域经济宏观发展方向上提供决策支持，对促进滨湖区各产业的发展具有重要意义。

深圳市"一网统管""深治慧"平台技术服务项目

李士明　欧　舟　韩哲飞

深圳市智慧城市科技发展集团有限公司

一、建设背景

2023 年，深圳市按照数字中国"2522"整体布局及全省"一网统管""1+3+5+N"基本架构，积极贯彻落实《深圳市推进政府治理"一网统管"三年行动计划》工作部署，充分发挥市政府管理服务指挥中心龙头牵引作用，大力构建数字孪生先锋底座和"深治慧"决策指挥平台，探索构建多级协同、一体联动的"一网统管"建设路径，推动形成省、市、区一体化应用格局，不断提升城市治理体系和治理能力现代化水平。

为贯彻落实省、市"一网统管"三年行动计划相关要求，构建"横向到边、纵向到底"、全闭环的数字化治理模式，实现市域治理"一图全面感知、一键可知全局、一体运行联动"，加快数字政府建设，提升政府治理"一网统管"科学化、精细化、智能化水平，开展本项目建设。

二、建设内容

1. 项目概况

本项目围绕经济调节、市场监管、社会管理、公共服务和生态环境保护等五大职能，创新管理模式，优化业务流程，打造城市级"一网统管"决策指挥平台（以下简称"深治慧"平台），建成"1+6+N"的"一网统管"基本架构（图1），具体如下。

1 个空间数字底座：夯实全市智慧城市和数字政府统一数字底座，在市政务网和政务云基础上，建设全市性 BIM、CIM 基础平台，加快基于 BIM、CIM 技术的大数据、物联感知、人工智能等智能中枢能力建设，强化数据治理和融合应用，打造高水平的城市三维空间数字底板，为"一网统管"工作提供先进的基础支撑。

6 大工作体系：构建"一网统管"6 大工作体系，建设多级联动体系、应用协同体系、数据中枢体系、能力中枢体系、安全保障体系，以及制度及运营管理体系，从组织、制度和技术等层面全方位推进和保障"一网统管"工作。

N 个智能化应用：调动各级各部门资源，创新治理模式和治理手段，基于统一数字底座和六大工作体系打造 N 个跨层级、跨地域、跨系统、跨部门、跨业务的城市级协同应用，为市委市政府重点工作提供一体化、数字化、智能化科技支撑，助力破解城市治理难点问题，促进政府管理改革创新。

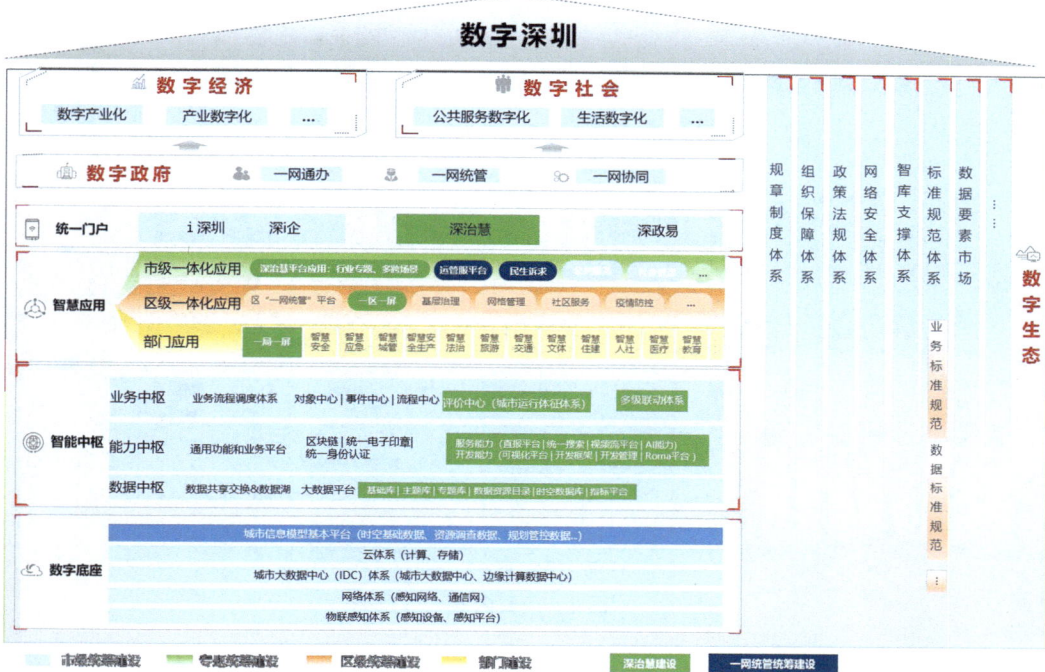

图 1　平台架构

2. 项目内容

项目内容主要包括"深治慧"门户及框架、各区各部门应用、智能中枢（能力中枢服务、数据中枢服务）、安全保障体系服务、制度及运营管理体系服务等内容。

（1）"深治慧"门户及框架。主要包括打造大、中、小屏"深治慧"平台应用门户、城市级监测预警和决策分析、业务联动处置平台定制服务、用户及权限管理、粤治慧对接、BIM 数据融合、专题数据 GIS 落图等内容。

（2）各区各部门应用。包括全量接入 206 个各区各单位应用系统、建设 10 个部门综合应用、4 个区街综合应用、9 个领域应用专题及 11 个跨多应用场景等内容。

（3）智能中枢建设。智能中枢包括能力中枢服务及数据中枢服务。能力中枢服务方面，主要包括建立统一开发底座、智能应用网关（业务连接）、数据库链接中心（数据连接）、消息队列（消息连接）、用户行为分析，提供空间数字平台基础服务、高渲染支撑服务等内容。

（4）数据中枢服务方面。结合本期应用体系建设要求，开展数据目录体系建设、统一目录系统、大数据平台通过地市节点与省一网共享平台对接、数据服务化建设及主题库体系以及外部数据采购等内容。

（5）安全保障体系服务方面。主要开展等级保护建设、提供数据安全、密码安全、开发安全以及网络安全运维服务等内容。

（6）制度及运营管理体系服务方面。主要提供技术标准体系服务和运营管理体系服务等内容。

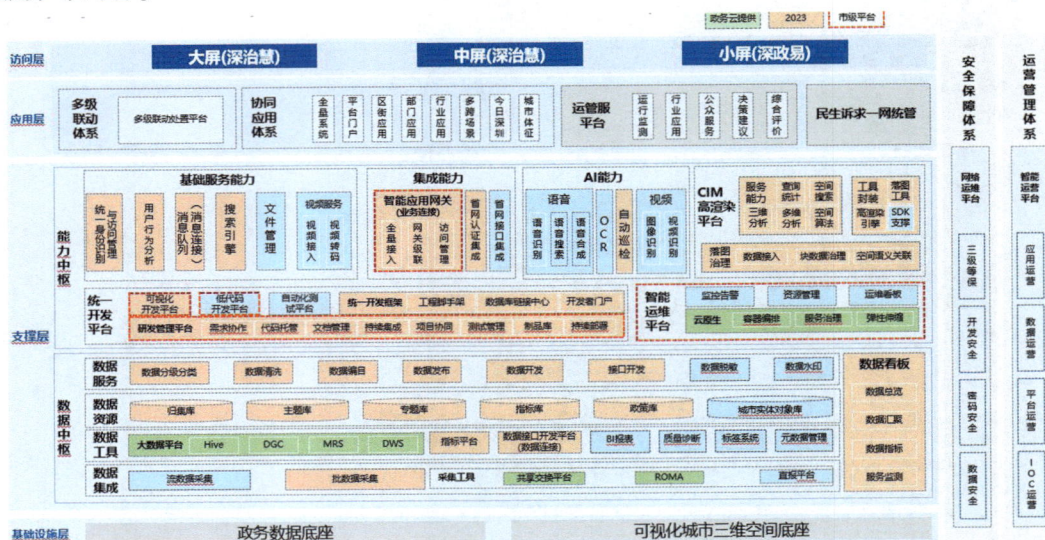

图 2　项目内容

三、创新应用

1. 城市运行重点指标搭建

为推动城市数字化检测，深圳依托"深治慧"平台，初步构建了一套科学、系统、全面的城市运行重点指标。城市运行重点指标是"一网统管"城市级一体化应用的重要抓手，主要用于感知城市运行状态、预警城市重大风险、评估城市发展水平和推动数字化决策分析。基于全市统一的数字底座，以指标统揽"一网统管"专题、场景建设，搭建城市运行指标体系，打造一体化的决策指挥平台，并依托中屏、小屏推送到领导电脑桌面和手机（图 3）。

1）建立指标统领的管理系统

基于城市统一数字底座，打造指标管理系统，对全市的 4 860 项指标进行统一管理。指标管理系统不仅实现了对指标的全面监控和管理，还为各级政府决策提供了科学依据。该系统以构建城市运行重点指标作为重要抓手，统揽"一网统管"专题、场景建设，着力打破数据孤岛和应用烟囱，形成以指标牵引管理城市的新手段，支撑深圳超大型城市运行状态感知、重大风险预警、发展水平评估及运行监测和决策分析。并以城

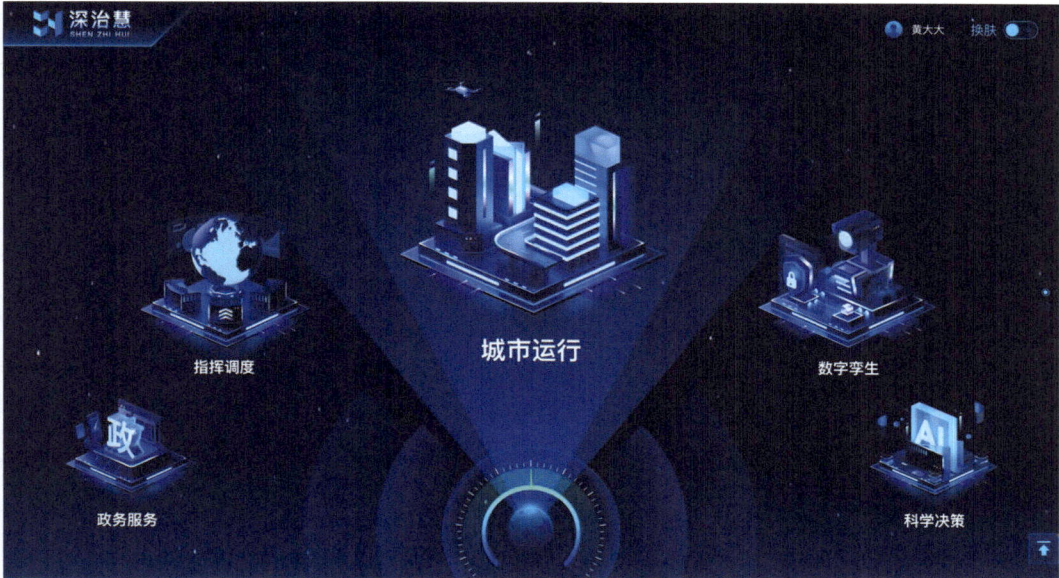

图 3　平台界面

市运行重点指标为切口，打通业务流和数据流，作为纽带，将分置的业务应用按照多元管理需求进行关联重组，作为向导，反向传递"实战实用"需求，驱动数据体系的治理。

2）建立标准和规范体系

基于指标体系化构建和可持续管理，形成统一指标标准和规范体系，依托"深治慧"平台构建全市统一基础指标库。已梳理上线覆盖 49 个单位的重点指标，主要涵盖了经济发展、生态环境、住房建设、政务服务、应急管理、交通运输等 15 个重点领域，高频指标占比 51.8%，并优先依托粤政易推送到领导手机端，成为领导决策指挥"手边账"。近期，围绕高频和经济先行的指标建设要求，重点推进了"十大行业"、人口动态监测、规上企业产值和增加值、税务开票数据等经济先行指标建设。

3）设计重点指标体系

围绕市委市政府中心工作、城市综合评价、城市监测预警等要求，聚焦跨域、高频和经济先行遴选指标，兼顾顶层设计和成熟可行，站在城市运行管理全局视角，设计"人、企、城、政"四大分类，有序构建深圳特色的城市运行指标体系。

4）指标"分类分级"和"一数一源"管理

在指标管理上，基于全市统一的指标管理平台对指标的常态化、数字化、程式化管理，创新"一指标一方案"管理机制，定义指标要素，明确各类属性信息档案，有序落实指标"分类分级"和"一数一源"的动态管理，管控指标责任，压实指标业务管理和数据来源责任，并按照多元管理主体和多样管理需求进行分级分类，明确指标访问及授权权限，强化指标安全管控。

2. 重点专题建设

衔接了省级专题建设任务，围绕市委市政府重点工作，规划了涵盖城市管理、社会治理、环境保护、公共服务等多个领域的专题，为政府治理提供了更加全面、深入的支持。

1）经济运行专题

建设宏观经济分析、产业发展、固定资产投资、财政税收、商务、金融风险防控、国有资产监管等内容，围绕重点产业、重点片区、重点园区等建立分析模型和预警机制，加强对经济运行数据的分析研判，对投资、消费、出口等提出政策措施建议；分析评估政府和社会投资项目的科学合理工期，提升固投工作管理水平；对照双碳目标，做好能源供应保障、一次能源结构等数据归集和分析，为决策提供支撑（图4）。

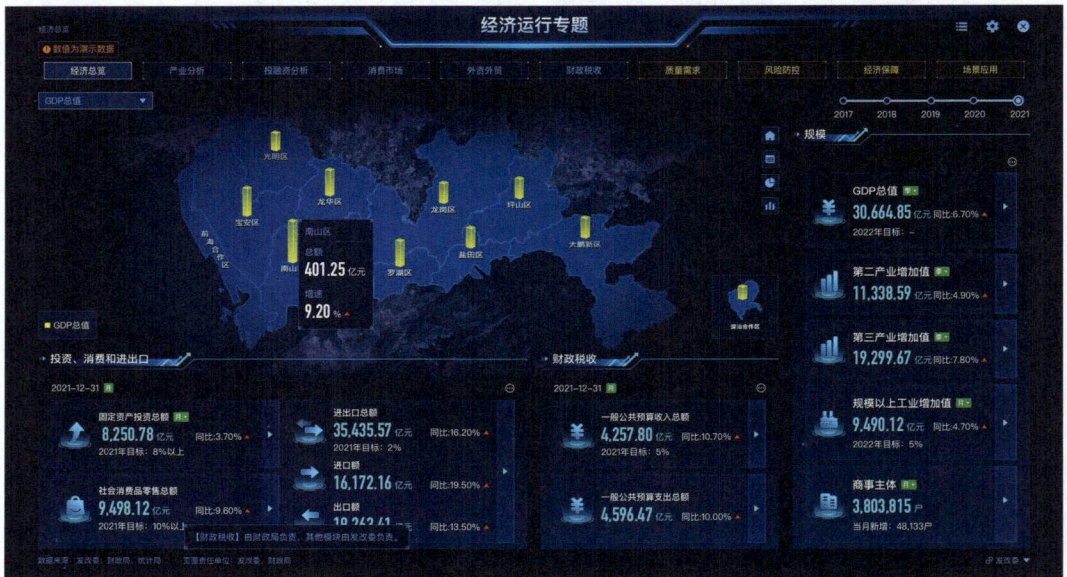

图4　经济运行专题

2）生态环境专题

结合智慧环保建设，全面汇聚生态环境多源数据，重点做好大气、地表水、近岸海域、噪声、固体废物、土壤、环评等模块建设，将大气、地表水、近岸海域、噪声、土壤等监测点位和监测情况以及"三线一单"、项目环评、固定污染源排污许可等数据全部落入 CIM 平台。开展生态环境大数据综合应用和分析研判，构建重要领域"全要素归集、全过程监管、全方位共享、全场景应用"管理态势全景，为重点业务场景提供决策支持服务，全面提升生态环境治理和监管水平（图5）。

3）住房发展专题

展示全市保障性住房、人才住房的建设、供应、轮候等情况，对供需趋势、实施成效等开展辅助决策分析。围绕住房领域数字化、精细化管理需求，实时监测全市不同区

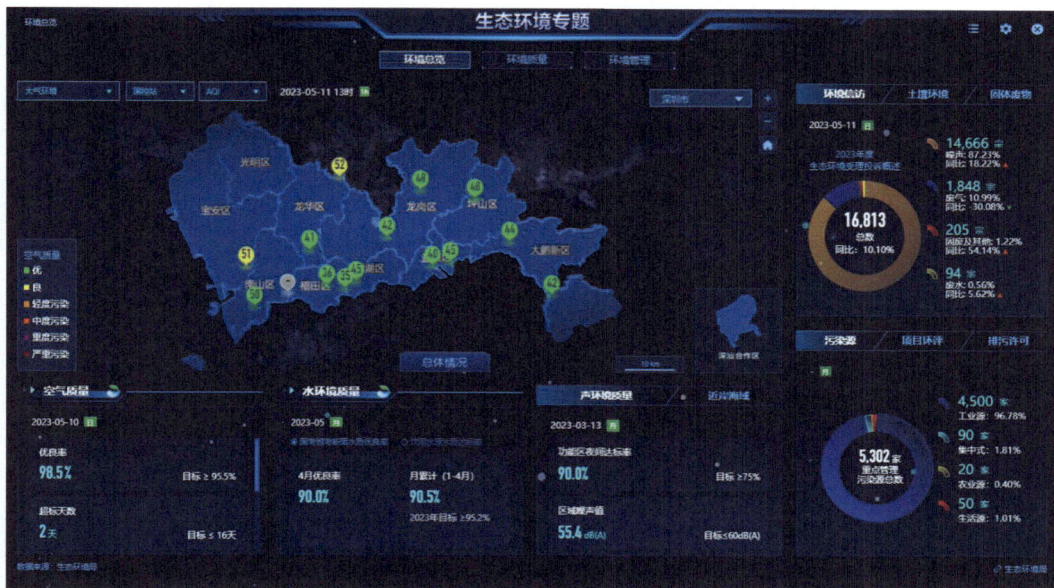

图5　生态环境专题

域新建商品住宅、二手住宅成交价格同比、环比、月度、年度等情况，建立更加精准灵敏的实时房价监测体系。

4）应急管理监测预警指挥专题

坚持"全主体协同治理、全要素系统管理、全过程封闭管理"，夯实"1+11+N"（1个市级、11个区级和 N 个行业领域）应急管理监测预警指挥体系，推进"一库、四平台、N 系统"（应急管理大数据库，宣传教育、监管执法、监测预警、联合指挥平台和各类应用系统）建设，接入水务、燃气、电力等相关单位已建的各类信息化系统，集成供电、供排水、大中小型水库水位、排水口位置、消防栓、城市燃气管道、成品油和高压燃气管道等各类信息，形成闭环管理机制和城市安全运行态势"一网统管"，并在市政府管理服务指挥中心与市应急管理监测预警中心同步应用（图6）。

5）工信发展专题

建设包括工信运行分析、产业空间和产业集群、重点企业、企业服务、双碳双控和工业园区供电改造等内容，多维度呈现全市工业和信息产业发展情况和企业动态，为决策分析提供数据支撑。重点做好 20 个先进制造业园区模块的建设，实现先进制造业空间载体和重大先进制造业项目的匹配分析。

6）规划和自然资源专题

通过资源资产、规划配置、管制利用、保护修复等业务领域协同，梳理形成生产、生活、生态空间科学布局指标体系，以数据驱动业务管理流程优化，实现自然资源资产全生命周期管理，为城市发展资源要素布局与供给提供决策支撑。

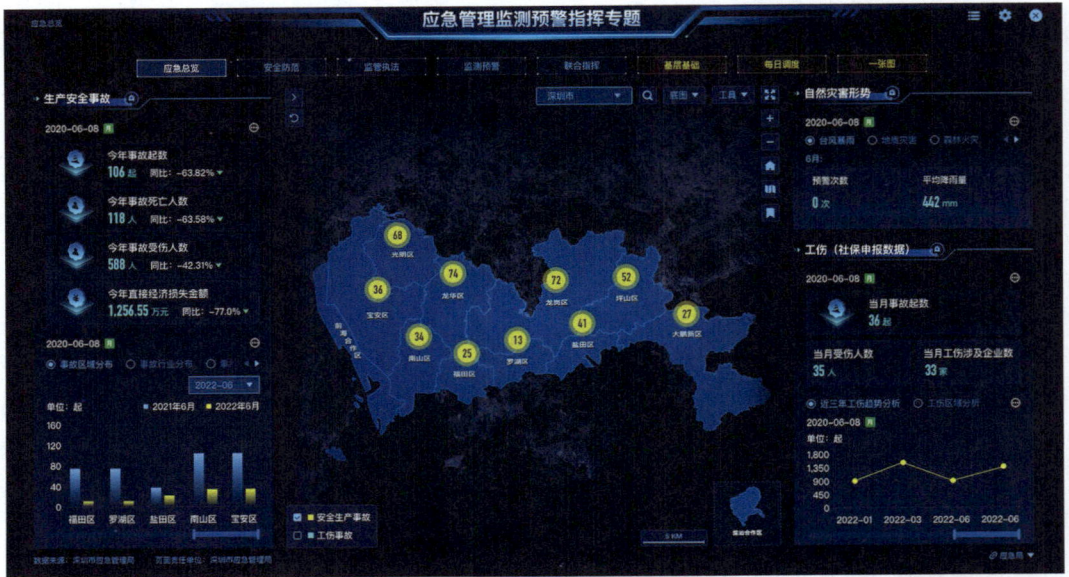

图6　应急管理监测预警指挥专题

7）基层社会治理专题

按照省"粤平安"平台整体规划，结合我市基层治理工作实际，围绕重点人、重点区域、重点事件等社会治理要素，开展"深平安"应用，增强社会风险预警、研判分析、决策指挥能力，提升整体化、智能化、精细化管理水平。

8）民生诉求专题

建立民生诉求"一网统管"工作机制，按照"搭平台、定清单、强队伍、优机制"的总体思路，建立健全为群众办实事长效机制，打造"集中受理、统一分拨、协同处置、多元共治"的民生诉求服务模式，搭建民生诉求办理"一个平台"，编制民生诉求职责"一张清单"，优化民生诉求处理"一支队伍"，完善民生诉求办理"一套机制"，着力解决群众"急难愁盼"问题。

四、推广价值

1．建设能力中枢推动重点指标管理与服务

当前在"一网统管"平台中建立了统一开发框架和平台管理工具，加强了数据资产、应用接口管理、可视化开发、数据对接等方面的能力。目前，可视化平台和智能应用网关等已投入使用，支撑了1 000项城市运行重点指标、动态人口专项、就业社保、人才服务、卫生医保、经济运行、法治政府小屏搭建，支持了"一网统管"项目完成全量接入37个区（部门）的206个应用系统，为城市管理和治理提供了有力支持。

2. 充分利用社会数据提升各领域监测能力

项目汇集了来自市政府多个部门和多家运营单位的多项数据，包括实有人口、户籍人口、常住人口等，这些数据涵盖了政务和社会数据。从社会、人口、资源发展的角度出发，通过将政务数据、信令数据、互联网数据有机融合，开展了辖区人口变化的动态监测、人口数据综合评估分析等服务，围绕深圳市人口数量和人流量两个维度，展示人口相关的统计情况及动态趋势，使领导直观、快速地了解深圳市当前人口情况，实现对人口增长和人口结构变化的监测，为城市管理和决策提供了数据支持。

3. 通过典型应用场景推动"一网统管"取得实效

围绕城市治理的重点、难点、堵点问题，由业务部门牵头建设了多个"多跨"应用场景。这些应用场景打破了"数据孤岛"和"应用烟囱"，推动了城市级一体化应用体系的建设。在经济、产业、社会管理等领域，打造了近百个数字孪生先锋应用场景，重点在投资调度、企业迁入迁出、市场主体信用指数、实有人口动态监测、公共服务重点指标、交通运行监测、城市生命线运行保障、公共安全和应急管理、生态环境质量监测分析等领域取得突破。通过融合基础数据和各委办局业务数据，建立了指标体系，多维度展示该领域的运行监测及智能预警，更好地满足融合分析和辅助决策的需求。

厦门市域治理"一网统管"建设项目

许文恭　林世国　韩哨兵　王冠英　王振胜

姜　鑫　王敬平　陈立德　徐　超

厦门市数据管理局　厦门市公安局　中电科数智科技有限公司

一、建设背景

党的十八大以来，国家治理体系和治理能力现代化已经上升为全面建设社会主义现代化国家的重要动力和保障。习近平总书记在上海考察时提出："推进国家治理体系和治理能力现代化，必须抓好城市治理体系和治理能力现代化。运用物联网、大数据、云计算、区块链、人工智能等前沿技术推动城市管理手段、管理模式、管理理念创新，从数字化到智能化再到智慧化，让城市更聪明一些、更智慧一些，是推动城市治理体系和治理能力现代化的必由之路，前景广阔"，为新时代中国城市治理特别是大城市治理指出了变革方向。

厦门切实落实习近平总书记重要讲话精神，在《厦门市国民经济和社会发展第十四个五年规划和二〇三五年愿景目标纲要》《加快建设高颜值厦门行动方案（2020—2025）》《厦门市"十四五"数字厦门专项规划》《厦门市加快城市大脑建设促进政府数字化改革行动方案（2022—2025年）》等文件中明确提出"建设数字化发展高地、实现市域治理'一网统管'的具体要求"，以有效解决厦门在市域治理发展中面临的建设机制有待完善、"一网统管"体系有待提升、数字底座能力有待加强、数据价值挖掘不够充分等难题。

在"一网统管"建设过程中，厦门市注重整合复用，快速提升城市治理能力。厦门数字政府建设基础扎实，各部门在相关城市治理、社会管理等方面信息化水平较高，通过整合复用和部分新建的方式，搭建了数字体征态势、城市事件协同管理等城市治理平台和物联感知中台、AI中台等统一数字底座，重点开展城市治理中高频事件和跨部门事件的应用场景建设。在保持各部门原有业务系统、工作格局基本架构的同时，围绕"高效处置一件事"，通过强化数据赋能、技术支撑和业务协同，推进流程再造，为跨部门、跨系统、跨层级的联勤联动增效赋智，快速提升城市治理能力。

二、建设内容

结合厦门市数字厦门建设成果，打造厦门市市域治理"一网统管""1+2+N"平台架构，如图 1 所示。在现有信息基础设施支撑下，构建泛在物联感知、数据融合、AI 等能力为基础的一网统管数字底座，通过城市数字体征态势、城市事件协同两个维度打造市区两级市域治理平台，围绕"筑平安、创文明、惠民生、城中村"四大领域推进建设"N"个重点应用场景，全面提升城市治理效能。

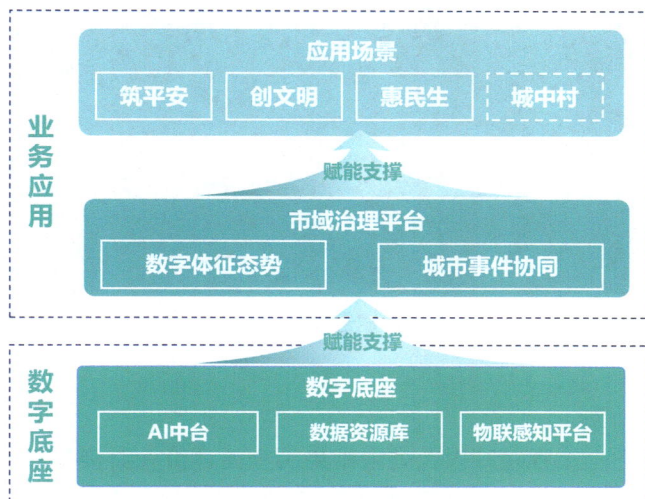

图 1 厦门市市域治理"一网统管""1+2+N"平台架构

1. 技术驱动，夯实"一网统管"数字底座

通过引入"组件化、模块化、共享化"的设计理念，打造分布式城市大脑数字底座，建立物联管理，融合形成数据资源汇聚—治理—共享体系、数据建模分析、多维透视分析、智能预警监测的数据智能管理服务模式。

（1）物联感知网络建设。

汇聚厦门市全域全量的物联感知数据，实现城市神经元体系"应接尽接"；统一市域物联感知体系的建设标准；赋能赋智城市治理"一网统管"的融合应用场景建设。

（2）城市动态人口感知。

实现人口信息数据的标准、格式的统一和共享，利用大数据技术，归集人口数据感知、强化人口数据获取、加速人口数据处理及分析、标准人口信息数据、统一提供人口感知信息服务，从而切实提升各部门政务服务能力，提高政务服务工作效率，增强政府的社会管理水平。

（3）AI 中台建设。

建立 AI 资源管理平台、AI 推理平台、AI 能力训练平台。从构建、应用和管理三个方面，为一网统管提供全面、一体化的人工智能平台。

2. 业务牵引，构建城市治理平台

以"信息可观、业务可管、研判智能、协同指挥"为目标，建设厦门市市域治理"一网统管"平台，实现城市治理事件的统一汇聚、分拨与流转、部门绩效的研判与分析以及突发事件的协同指挥。

（1）城市数字体征。

建立城市治理常态指标管理机制。从宏观、中观、微观等不同维度构建各类计算监测模型，实现城市治理源头问题主动发现和风险隐患预测预警，如图2所示。

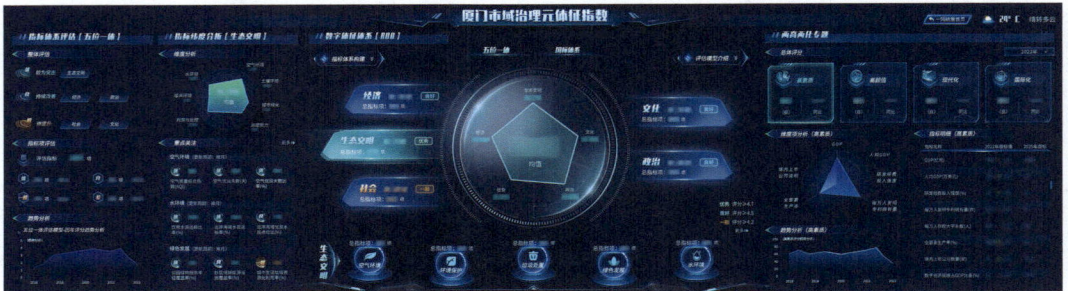

图 2　厦门市域治理元体征指数平台

（2）日常事件管理。

建立事件状态的全流程跟踪以及处置结果的全面评价。对接各部门业务系统，实现全市城市管理相关事件数据的汇聚和共享推送，沉淀全市全量事件库。梳理事项清单，形成协同制度。

（3）"一网统管"基层治理。

构建"一网统管"移动端应用的统一生态体系，实现基层一线的移动端统一平台。

（4）"一网统管"社会共治。

基于厦门百姓等 App，实现群防任务发布、平安宣传、无人机报备等移动端应用。

三、创新应用

基于数据、技术、业务的综合赋能，持续提升态势全面感知、趋势智能预判、资源统筹调度、行动人机协同能力。规划围绕"筑平安、创文明、惠民生、城中村"四大领域打造一系列市域治理应用，支撑实现"高效处置一件事"。

1. 筑平安协同治理场景

运用物联网、AI、大数据等底座能力，支撑跨部门协同联动，共同预防和减少社会风险，提升社会治理的系统化、社会化、精细化、法治化、智能化水平，打造"九小"场所协同管理、综合管廊协同管理等协同治理场景。

"九小"场所协同管理场景：运用物联感知技术实现"九小"场所消防安全实时监测预警，并整合镇、街道消防工作站（所）、消防队伍、市场监督管理所、安监站、城市管理中队、社工站、志愿者服务队、"一警六员"和消防救援站指战员等基层力量，建立物联发现、现场核查、跟踪处置的闭环流程。

综合管廊协同管理场景：运用物联感知技术实现管廊外部入侵、电缆火灾、廊内积水等 6 类异常安全事件的实时监测预警，建立管廊公司、管线单位的事件协同处置机制，对综合管廊或廊内管线的异常事件智能派单，跟进实际需要，协同相关单位进行现场处置。

2. 创文明协同治理场景

以文明城市持续创建为宗旨，以争创全国文明典范城市为目标，支撑城市管理方面问题的解决，打造公园景点协同管理、市容环境文明创建、生态环境协同治理等协同场景。

公园景点协同管理：建立综合管理和协同共治模式，将日常巡查与 AI 相结合，识别城市管理相关事件（如人员聚集、违规越界、占道经营等），研判后市执法局协同公园管理单位、市政园林局、住建局等单位联动处置。

市容环境文明创建：全面梳理文明城市申报条件和测评体系，直观呈现城市当前文明城市申报进度，预估申报结果，对预期成果进行模拟和演练，并获取民生民意，了解文明创建短板以制定针对性措施；在日常巡查过程中发现街面秩序、违章搭建、公共设施不规范使用等违反城市管理条例或其他不文明行为时，市执法局协同市建设局、市政园林局、市属国企等单位联动处置，实现城市文明闭环管理、"三高"问题监管等功能。现已形成"文明创建一张图"，实现对城市文明创建总体情况的把握和针对性提升。

生态环境协同治理：对接厦门市"智慧环保"平台，全面掌握厦门市大气污染产生、大气环境因素、水环境资源、水污染产生以及水质影响因素等信息，辅助进行大气环境、水环境污染溯源分析。联动厦门市各区生态环境局、各区人民政府、市政集团、市交通运输局、路桥集团、港务集团、厦门市各区流域管家、厦门市水利局、厦门市网格化平台等部门，实现大气环境水环境质量管理的全过程闭环运作、全过程留痕、全过程可追溯。

3. 惠民生协同治理场景

强化数据赋能，为政府、企业、百姓提供多维度的应用支撑，共同服务民生、服务民安，推动市域治理效能的持续提升，打造交通运输服务场景。基于百度交通数据，融合五桥两隧信息，结合实时的交通事件信息，为交通运输管理部门预防城市交通拥堵提供数据支持和辅助决策，通过厦门交通微信小程序为公众提供及时的过桥过隧信息指引，实现多源信息发布，便捷居民的交通出行。

4. 城中村现代化治理场景

采取市、区两级平台协同建设模式，打造横向互联互通、纵向贯通的城中村现代化治理平台。平台聚焦"人、地、事、物、组织"社会治理五要素，统一展示城中村数据"聚、治、融、用"情况，通过城中村现代化治理总览及城市管理、网格服务、安全管理等应用专题，全面直观地了解城中村实情动态，综合分析城中村经济发展、综合治理居民、生活便利度等相关数据，为城中村现代化治理的决策、指挥、调度提供支撑，助推城中村治理提质增效。

四、建设成效

1. 强化数据赋能

融合婚姻登记数据、企业用工报备等 80 多类数据，建成包含动态人口库在内的多个基础库，以数据服务形式赋能包含城中村现代化治理、市域治理网格化管理等业务，让相关部门及时准确地掌握人口、企业等相关信息，提升全市基础数据的一致性。

2. 强化技术支撑

（1）AI 能力支撑。

建设市级 AI 统一支撑平台，实现 AI 算力的统一纳管，对算力资源进行按需申请和分时调度，通过集约化建设和管理提升算力资源的利用率；同时建立算法超市，首批纳入 50 余类 AI 算法，赋能各部门、各区的 AI 应用需求。

（2）物联能力支撑。

建设市级物联感知中台，作为全市统一的物联感知数字底座，实时感知城市运行态势，支撑千万级物联感知设备的接入与管理，实现物联感知数据的实时共享交换，具备全市物联感知设备共建共享的运营保障能力，集约化进行物联感知设备建设，快速构建物联应用场景。

3. 支撑事件协同

构建市域治理"一网统管"业务协同平台，汇聚多类市域治理事件，形成全市统一的一网统管事件流转支撑平台，为市域治理一网统管应用提供一体化跨部门协同能力和多源事件统一待办门户，进行事件全流程跟踪，支撑实现"高效处置一件事"。

4. 建立领导驾驶舱

（1）城市治理平台整体联动。

各级各部门与城市治理有关的系统应接尽接，事件应汇尽汇为目标，形成全面、客观的领导驾驶舱，实时、精准的研判城市运行态势和规律，实现"一屏观全域、一网管全城"。

（2）城市体征数据实时感知。

围绕经济、社会、文化、政治、生态文明"五位一体"，构建厦门城市数字体征体系，并初步形成体征指标评价体系，打造日常监测、科学把脉、精准预警的城市管理模式，对城市运行态势、潜在风险及问题，进行数字化呈现和精准映射，为风险防范、联动处置、领导决策提供有力支撑。

5. 推进流程再造

聚焦精准治理体系，以城市治理平台为依托，深入调研厦门市公安局、执法局、生态环境局、市政园林局、消防支队等部门，打通业务壁垒，整合基层力量，与业务主管部门共同梳理并建立多类事件协同流程，构建事件及时发现、快速响应、高效处置的新机制，强化实战应用支撑，形成横向到边、纵向到底、互联互通的业务矩阵，推动市域治理的流程再造和管理创新。

数智科技始终走在助力厦门市域治理"一网统管"建设的第一线，为提高厦门城市治理现代化水平贡献力量。未来，将进一步推进数据治理、加强数字底座赋能、完善市域治理体系、深化流程再造等工作，加快打造协同高效的数字政府，助力厦门市发展提高效率、提升效能、提增效益。

长武县城市运行管理服务平台
建设项目（一期）

计东红　曹建设　任天宇

长武县住房和城乡建设局　西安易川智能科技有限公司

一、建设背景

城市运行管理服务平台的建设是深入推进城市执法体制改革，促进城市发展转型的重要举措，是增进民生福祉的现实需要。2015 年 12 月，中共中央、国务院印发《关于深入推进城市执法体制改革　改进城市管理工作的指导意见》（中发〔2015〕37 号）要求加快数字化城市管理向智慧化升级，实现感知、分析、服务、指挥、监察"五位一体"。中共中央、国务院《关于进一步加强城市规划建设管理工作的若干意见》（中发〔2016〕6 号）要求，加强市政设施运行管理、交通管理、环境管理、应急管理等城市管理数字化平台建设和功能整合，建设综合性城市管理数据库。同时，智慧人防也成为建设的重要课题。党的十八届四中全会提出加快国防建设，全面构建基于信息系统的人民防空综合防护体系，管理方式由传统的经验主义转为技术赋能的现代化模式，治理理念和手段不断发展和创新。

为加快推进城市管理工作，理顺城市管理执法体制，解决城市管理领域面临的突出矛盾和问题，《陕西省深入推进城市执法体制改革　改进城市管理工作实施方案》已明确要求所有市、县建成数字化城市管理平台，并加快升级，实现感知、分析、服务、指挥、监察"五位一体"。

2022 年 4 月 13 日，陕西省住建厅下发《全省城市管理工作要点的通知》，进一步明确城市管理工作要点，要求提高城市精细化管理水平。

咸阳市在落实国家、陕西省相关城市精细化管理方面，相继出台《数字咸阳建设2022 年工作要点》《咸阳市数字政府建设"十四五"规划》《咸阳市环境卫生作业规范与质量标准》等相关通知要求，提出打造集展示、运营、决策、指挥、服务"五位一体"的"数字咸阳"城市大脑，在此之上解决城市管理、人防应急指挥等相关城市管理问题。

2024 年以来，长武县县委、县政府高度重视，结合长武县情，聚焦城区市容环境管理存在的突出问题，研究出台了《长武县城市精细化管理工作实施方案》，以"八项整治"为重点，以"路（段）"长制为抓手，通过整合管理职责、创新管理方式、健全管理体制，抓点、带线、扩面，着力推动城市环境管理实现规范化、精细化、网格化、智能化和常态化。

二、建设内容

1. 总体架构

长武县城市运行管理服务平台（一期）是以计算机硬件与网络通信平台为依托、以标准规范体系为依据、以信息安全体系为保障、以应用系统建设为目标的大型信息系统。系统是以网络基础设施平台、基础软硬件平台、相关标准和信息安全为依托，以城市信息化管理应用为核心。系统总体架构分为六层，包括接入层、设施层、数据层、支撑层、应用层和展示层，系统总体架构如图1所示。

图1 总体架构

接入层：主要是数据对接，包括城管数据和物联数据，城管数据包括事件上报数据、部件数据和定位数据，物联数据主要包括摄像头和监测设备的实时监测数据。

设施层：包括服务器、存储、网络、安全网络等资源，是本次长武县城市运行管理服务平台（一期）的运行环境。

数据层：处于基础设施层之上，通过数据资源的整合管理，为平台层、应用层等提供数据及综合信息服务。本项目中利用长武县住建局已有的部分数据建设成果，更新完善基础空间数据，并进行三维建模，同时构建扬尘、环卫等专题数据库，满足业务应用需要。

211

支撑层：根据本项目建设需要，主要包括 GIS 平台和物联网平台建设，分别解决地理空间数据处理、管理、服务发布、地图分析和物联感知数据接入、管理问题。

应用层：本次建设包含业务指导系统、指挥协调系统、智慧环卫系统、扬尘监测系统、随手拍公众号、运行监测系统、综合评价系统、决策建议系统等应用系统建设；以及数据交换系统、数据汇聚系统、应用维护系统等后台支撑系统建设，为领导决策、管理提供出口。

展示层：本次建设的长武县城市运行管理服务平台（一期），将通过城市综合管理指挥中心/地面人防指挥中心进行展示，服务于县领导、长武县住建局、横向协同部门及社会公众，实现城市的综合管理。

标准规范体系：在平台建设过程中，充分参考国家相关技术规范和行业标准，在技术上和管理上提供标准化依据，逐步形成城市管理的信息化标准。标准规范体系是系统正常运行的重要保障，包含了两方面的含义：数据标准化和管理标准化。数据标准化是指针对空间数据及相关业务数据标准化体系的建立；管理标准化是指针对城市管理各责任主体制定相关工作规范、考核标准等以健全日常工作体系。

安全与运维保障体系：在系统建设过程中，充分考虑各层次的安全措施和安全技术手段，通过软硬件技术和安全管理手段保证系统在安全稳定的环境中运行。

通过机房管理、内外网隔离、数据加密、权限控制等安全机制实现对数据和信息的合法化访问。

2. 系统和平台

长武县城市运行管理服务平台（一期）建设模式为"1+1+1+N+1"模式，即主要为：1 套基础设施建设、1 个城市管理数据资源中心建设、1 个共性赋能平台建设、N 个应用系统建设、1 个指挥中心建设等五大板块。具体分项建设内容如下。

（1）1 套基础设施建设。

包含城管视频监控工程、监测设备建设等。

（2）1 个城市管理数据资源中心建设。

包含城市基础数据库、管理数据库、运行数据库、服务数据库、综合评价数据库和系统支撑数据库建设。

（3）1 个共性赋能平台建设。

包含地理信息支撑平台、物联网支撑平台建设。

（4）N 个应用系统建设。

包含业务指导系统、指挥协调系统、智慧人防信息平台、智慧环卫系统、扬尘监测系统、管网监测子系统、公众服务系统、运行监测系统、综合评价系统、决策建议系统等应用系统建设；以及数据交换系统、数据汇聚系统、应用维护系统等后台支撑系统建设。

（5）1 个指挥中心建设。

包含指挥大厅装修、指挥大屏、数字会议系统、音频扩声系统、会商室显示系统等基础硬件建设和基础支撑软件建设（图2和图3）。

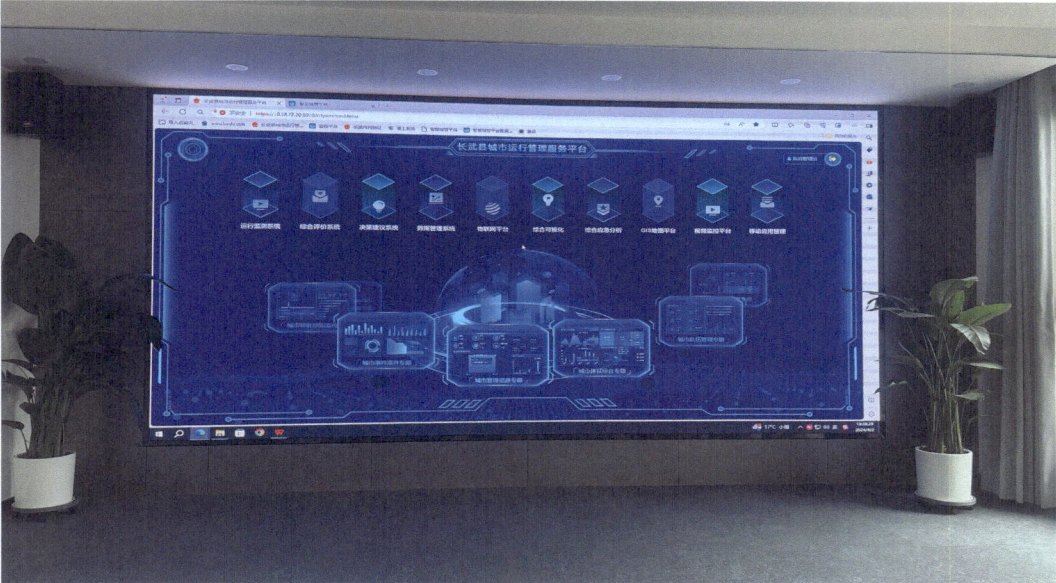

图2　指挥大厅

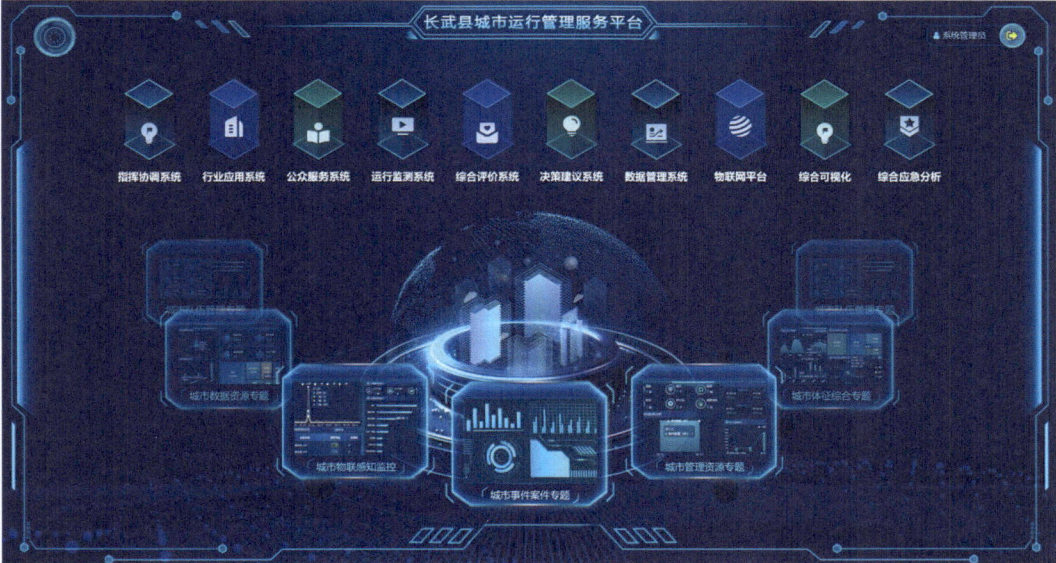

图3　平台系统导航

3. 典型应用场景

1）管理驾驶舱

管理驾驶舱主要围绕日常管理决策工作，根据职责和关注内容收集、整理、组织、加工相关数据，为领导构建数据应用场景，如工程数据管理、警报数据管理、项目督办数据管理、决策相关数据可视化。管理驾驶舱为领导提供精准推送、系统提醒及相关预测、预警（图4）。

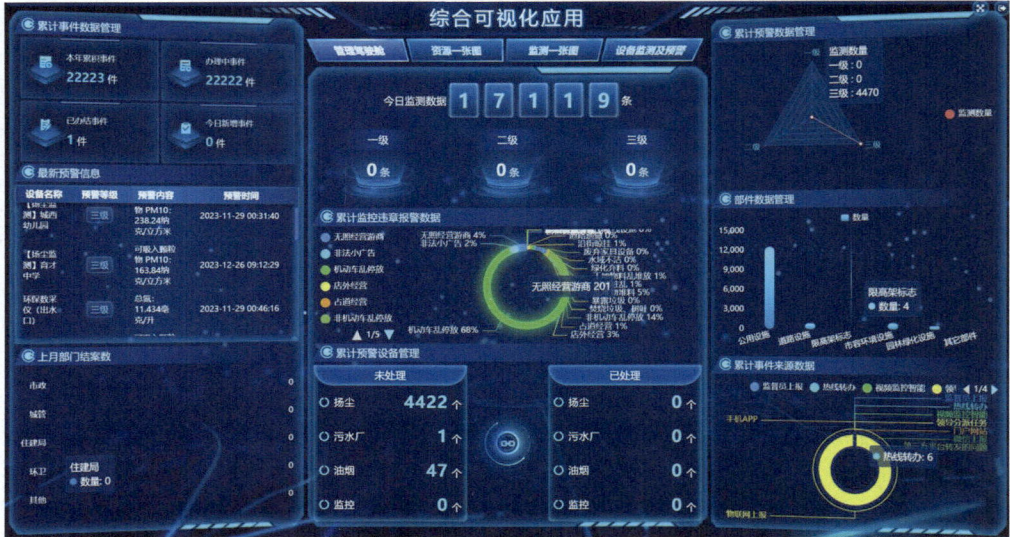

图4　综合可视化应用——管理驾驶舱

2）资源"一张图"

城市运行管理资源"一张图"管理系统，是将城市管理数据资源，包括：指挥机构、重要经济目标，进行统一的采集、整理和清洗，同时支持接入实时监测、视频数据、感知数据、数据模型推送、资源筛选、知识图谱，进行可视化展示（图5）。

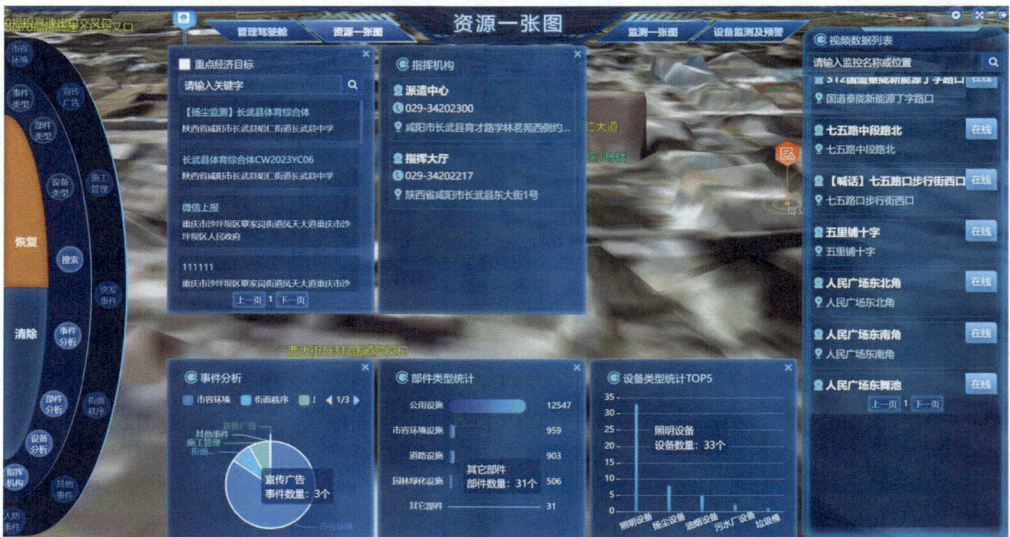

图5　综合可视化应用——资源"一张图"

214

3）监测"一张图"

可视化展示物联设备的最新数据、历史数据、设备位置数据，及时显示设备的报警信息，并发出警示。可通过自定义探索工具对监测设备、监测主题、监测数据模型、监测历史记录进行可视化。其中监测报警数据提供推送、系统内提醒（图6）。

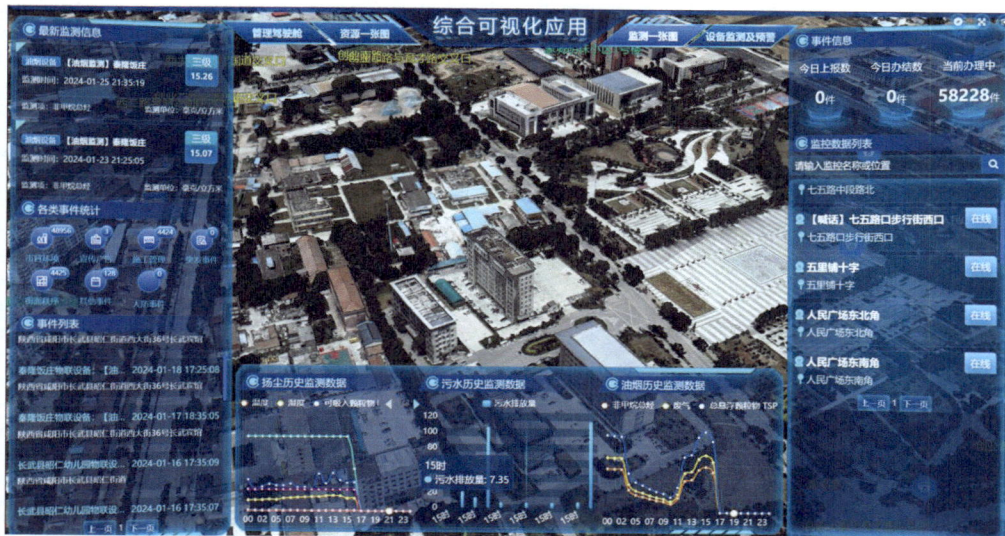

图6 综合可视化应用——监测"一张图"

4）设备监测及预警

通过设备可在地图上展示监测设备的位置，并可查询设备详情，结合三维可视进行展示。其中设备的详情包括：设备编号、监测内容、电量、检修时间及相关信息，提供设备监测综合可视化、监测预警提醒、监测预警分析及相关推送、提醒（图7）。

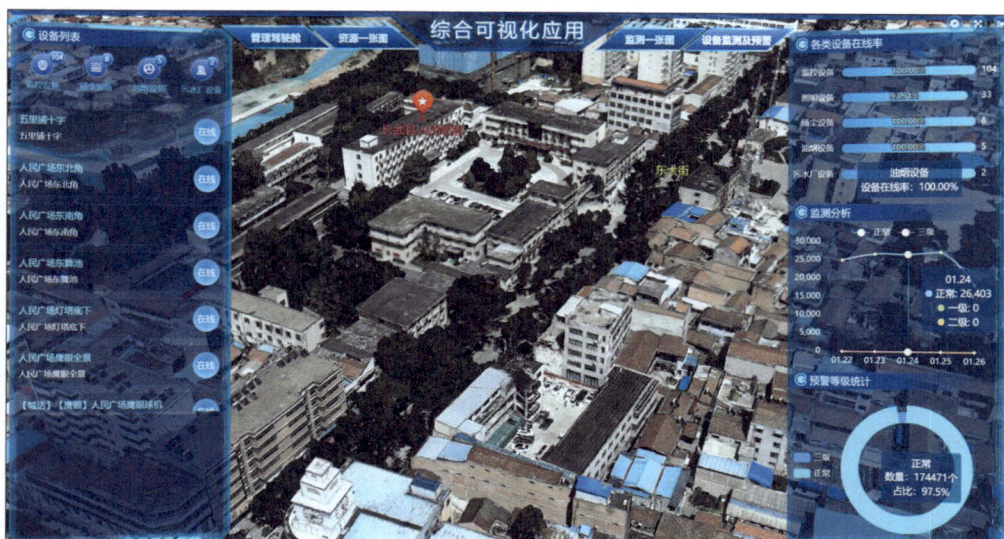

图7 综合可视化应用——设备监测及预警

5) 业务指导系统

城市运行管理服务平台基于空间信息技术、网络通信技术、移动终端技术和工作流协同技术，集城管工作、人防工作等于一体，实现跨部门、打破条块分割，实现政府流程再造的技术与管理紧密融合的城市管理新模式。平台彰显"实战中管用、基层干部爱用、群众感到受用"的价值取向，充分运用物联网、大数据、人工智能、5G等前沿技术，从群众需求和城市治理突出问题出发，把分散式信息系统整合起来，提供"实战中管用、基层干部爱用、群众感到受用"的智能化治理平台。通过对多维城市运行生命体征的感知分析、预报预警、跟踪处置，实现城市运行安全高效健康的目标；通过及时发现、快速处置城市管理部件、事件问题，推动城市精细化管理，实现城市管理干净整洁有序的目标；通过为人民群众提供普惠、便利、快捷的公共服务，及时解决人民群众的"急难愁盼"问题，实现为民服务精准、精细、精致的目标（图8）。

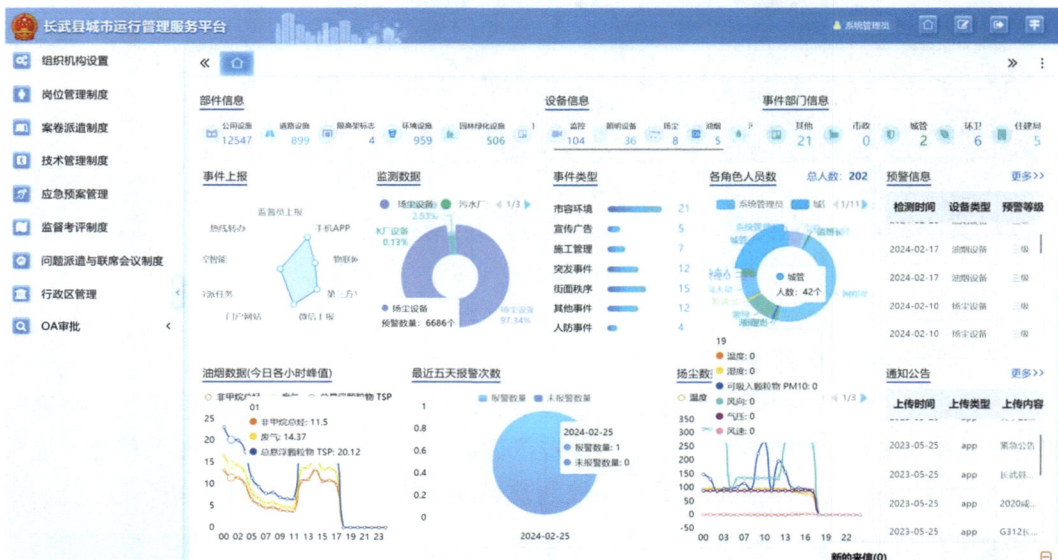

图8　业务指导系统首页

6) 城市管理资源一张图

综合展示城市的事件、环卫、人防等运行情况，显示区域整体运行态势，了解城市整体运行情况，辅助城市运行决策（图9）。

7) 城市体征综合统计

按区域、排名等展示城市的运行体征数据，不同维度对比各个区域的整体情况。对城市基础设施、城市管理等城市重点领域的运行状态进行多维度监测和分析，形成可视化的数据信息服务，综合展示市重点基础建设、信息化建设、"互联网+"政务服务、惠民利企服务的建设成效，并以多样化数据报告展示形式进行展现，以便城市管理者及各综合服务部门及时发现城市运行中存在的问题，并根据行业运行情况调整

216

图 9　城市全景图

相应的政策（图10）。

图 10　城市体征综合"一张图"

8）城市物联感知专题

整合城市环境监测、人防监测设备预警、扬尘监测预警等预警信息，形成统一的预警中心，可以查看预警的处理状态，并可以快速批量地消除无用的预警信息（图11）。

图 11　城市物联感知"一张图"

9) 城市数据资源专题

城市管理资源，是城市管理的重要支撑，建设城市管理资源中心，将人防设备、城市监控设备、环卫设施等按类型、分布区域等进行统计，全面了解城市资源数量以及资源配置（图 12）。

图 12　城市数据资源"一张图"

10）城市事件案件专题

以部门、角色、区域、类型、来源等维度统计城市事件发生的情况，全方位了解城市事件体量分布（图13）。

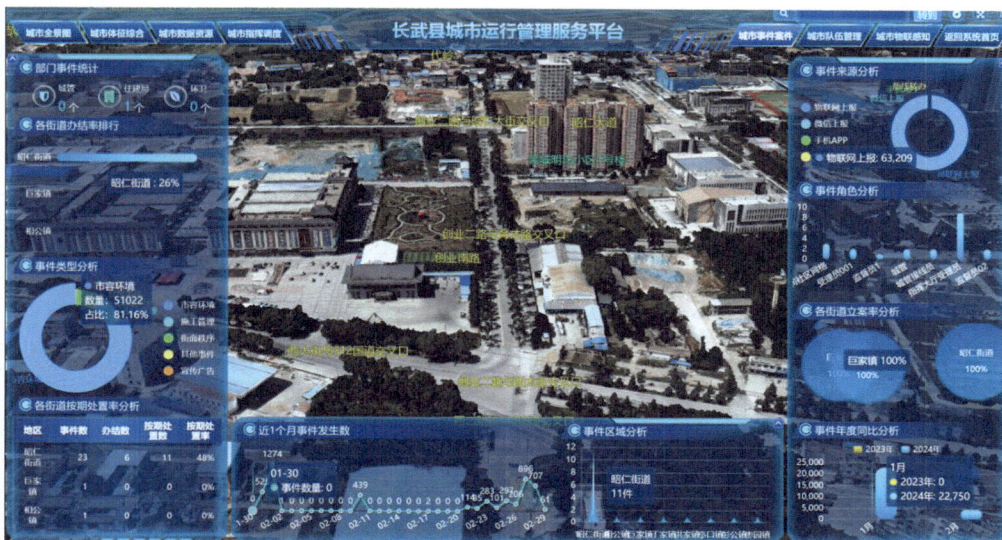

图 13　城市事件案件图

11）城市管理队伍专题

将城市管理相关队伍进行有效整合，包括城管人员、环卫力量等，按位置、类型、时间等维度在地图上进行显示，辅以统计信息，全方位、多维度了解城市力量信息及力量配比（图14）。

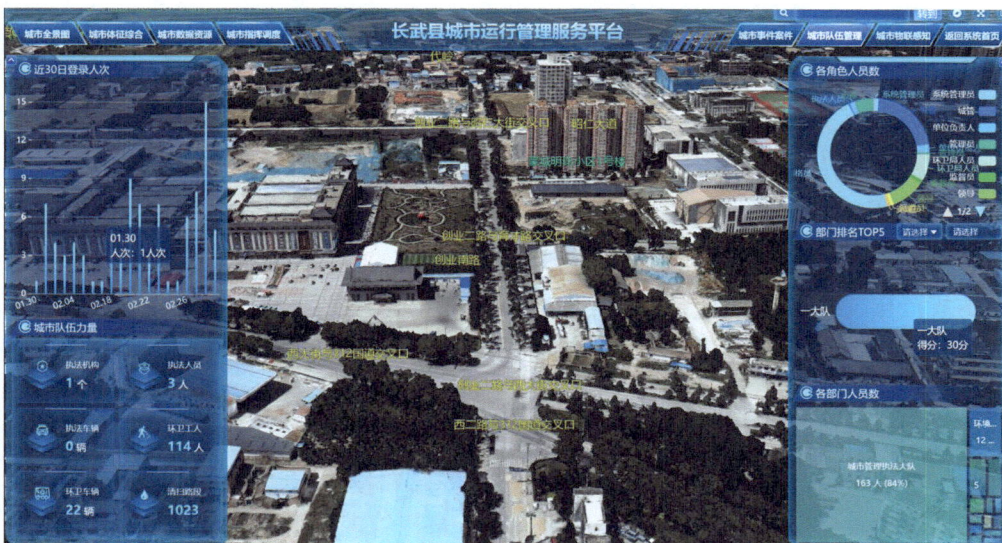

图 14　城市队伍管理图

三、创新应用

该平台建设过程中运用移动互联网、大数据、物联网、三维孪生技术、云计算等现代信息技术，建设城市运行管理服务平台，创新城市管理工作机制，实现城市管理问题主动发现、公共服务综合供给、指挥调度高效协同、决策支持精细定量的目标。平台以高效闭环核心流程为基础，实现城市管理事、部件的高效处理和综合监管。通过智慧化管理流程，长武县住房和城乡建设局统筹管理城市管理主体业务和问题，提高管理能力，实现城区市容环境整洁、有序、安全、优美、宜居的目标，打造富强美好新长武。

综上所述，长武县城市运行管理服务平台建设的创新亮点包括以下 5 点。

（1）现代信息技术融合：平台成功融合了移动互联网、大数据、物联网、三维孪生技术和云计算等现代信息技术，实现了对城市管理各方面的全面覆盖和精细管理。这种技术的融合不仅提升了城市管理的智能化水平，还提高了管理效率和响应速度。

（2）主动发现问题机制：平台通过物联网感知设备和智能分析功能，实现了城市管理问题的主动发现。这种机制改变了传统被动应对的管理方式，使城市管理更加主动、及时和有效。

（3）智慧化管理流程：平台采用了智慧化管理流程，实现了城市管理事、部件的高效处理和综合监管。这种流程不仅提高了管理效率，还使城市管理更加精确、科学和高效。

（4）多元发现机制和协同平台建设：平台通过整合城市管理资源，建立了多元发现机制，提高了综合协调能力。同时，推进协同平台建设，实现了城市管理部门之间的信息互通和协同联动，增强了城市管理的整体性和协同性。

（5）全移动工作模式：平台实现了办公模式从传统 PC 电脑向"全移动"终端的转变，打造了全市城市管理工作移动互联"生态圈"。这种全移动工作模式使各部门业务办理更高效，沟通交流更便捷，提高了城市管理工作的效率和灵活性。

三、推广价值

长武县城市运行管理服务平台（一期）的建设，旨在通过信息化的手段推进城市管理的规范化、常态化，其社会、经济效益和推广价值主要体现在以下几个方面。

1. 社会效益

（1）提升城市管理效率：通过平台集成管理，城市运行管理服务的响应速度和处理效率得到显著提高，有助于优化城市资源配置，提高公共服务的质量和效率。

（2）创新管理机制：平台的建设强调机制创新和技术创新，为其他城市提供了可借鉴的管理模式，推动了城市管理从传统的单一部门管理向跨部门协同治理的转变。

（3）增强监管能力：利用大数据、云计算等现代信息技术，平台可以实现对城市运行状态的实时监控和分析，增强城市管理的预见性和主动性，提升城市安全与应急响应能力。

（4）促进数据共享：平台通过标准统一和信息共享，打破了信息孤岛，实现了不同部门间的数据互通，极大地提高了政府决策的科学性和民主性。

2. 经济效益

（1）降低管理成本：通过信息化平台，可以减少人力物力的重复投入，降低传统的城市管理成本。

（2）促进经济发展：智慧城市的建设吸引了投资，推动了信息技术和相关产业的发展，带动了就业。

（3）优化资源配置：平台通过对城市运行数据的分析和整合，有助于优化资源分配，减少浪费，提高城市运行的经济效益。

3. 推广价值

（1）示范作用：该项目作为智慧城市建设的一个典范，可以为其他城市提供可复制的经验，推广智慧城市的建设模式。

（2）技术普及：平台的建设与实施有助于普及现代信息技术在城市建设中的应用，推动信息技术与城市管理的深度融合。

（3）持续创新：平台的建设是一个持续的过程，它鼓励和促进了在技术和管理上的不断创新，为城市的可持续发展提供了动力。

综上所述，长武县城市运行管理服务平台（一期）的建设不仅提升了城市管理的现代化水平，还对社会、经济的发展产生了积极影响，具有较高的推广价值，为其他城市的智慧化建设提供了有力的参考和借鉴。

河津市智慧城市综合管理应用服务平台

张　兵

河津市数字智联有限公司

一、建设背景

建设面向未来的新型智慧城市，是深入贯彻党的十九大关于建设网络强国、数字中国、智慧社会战略部署的重大举措，是河津市加速城市数字化、智能化发展，推进城市治理体系和治理能力现代化的重要保障。

近年来，河津市深入贯彻党的二十大精神和习近平总书记考察调研山西重要讲话重要指示精神，按照党中央、国务院关于加强数字政府建设、加快推进全国一体化政务大数据体系建设的工作要求，积极推动政务数据治理工作，充分发挥政务数据在调节经济运行、改进政务服务、优化营商环境等方面的重要作用，围绕建立数据要素市场，发挥数据要素作用做了一系列的基础性建设工作。

根据河津市信息化建设现状、目前面临的机遇和挑战，重点聚焦数据中台、时空大数据、城市大脑、城市运营指挥中心等智慧城市综合管理应用服务平台建设内容，依托省市两级已统筹建设的政务云、电子政务外网、政务数据共享交换平台等集约化信息基础设施，提出了以数据共享为核心的顶层规划建议，为推进大数据应用奠定了坚实的基础。通过政务数据共享交换平台，实现了政务服务事项的整合和优化，提高了政务服务的效率和质量，为企业和群众提供了更加便捷、高效的政务服务。

同时，本项目以数据共享为核心驱动力，充分利用省市两级已统筹建设的平台、系统和资源，着重加强河津市新型智慧城市智能中枢体系和智能终端场景建设，促进政务信息共享共用和业务流程协同再造，加快推进政府治理现代化，提升政府治理能力和水平，为河津描绘一个智能、高效、可持续的城市蓝图。

二、建设内容

依托运城市级政务云、电子政务外网、政务数据共享交换平台等集约化信息基础设施，建设河津市智慧城市综合管理应用服务平台。通过运用大数据、区块链、数字孪生等新兴技术支撑能力，实现对城市数据资源的治理、共享和应用。通过数据资源赋能各行各业，让数字资源成为拉动城市发展的助力。并以此为基础，实现政府、企事业单位、社会公众等各个城市主体在各个层面的紧密合作，形成一个良性可持续发展的生态模式。

结合河津市发展现状，依据《山西省加快数字政府建设实施方案》《山西省"十四五"新基建规划》等文件要求，采用"四横三纵"集约化设计。以"强政、惠民、兴业"为建设总目标，按照"需求引领、安全为先、应用为王、迭代发展"的思路，构建"1+9+5+1"的建设框架，真正把"新型智慧城市"打造成河津高质量高速度转型发展的新型基础设施。总体架构（图1）图如下。

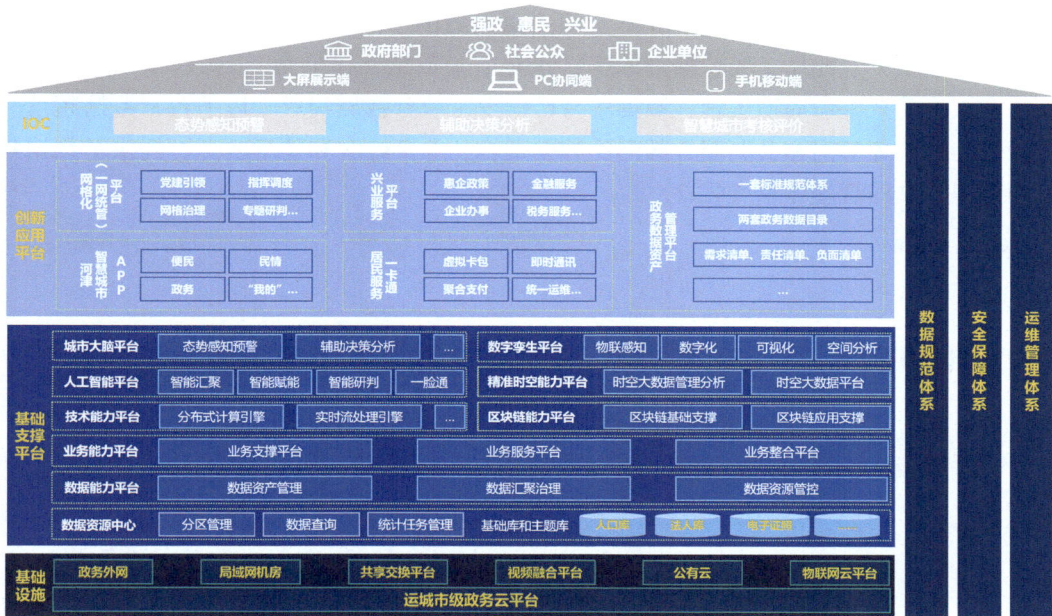

图1 河津市新型智慧城市建设总体架构图

1个基础设施层：依托运城市政务云平台、电子政务外网和网络安全体系等基础设施资源，为智慧城市应用提供基础算力和通信体系。

9大基础支撑平台：主要包括数据能力平台、技术能力平台、业务能力平台、人工智能能力平台、数据资源中心、区块链能力平台、精准时空能力平台、数字孪生平台、城市大脑平台等系统建设。通过集约化统筹建设河津市能力底座，形成强大的数据中枢与赋能中心，在全面归集整合河津数据资源的基础上，通过大数据平台基座赋能与支撑，高质量、高效率、低成本地完成数据协同共享、融合分析、创新应用等过程，为各业务领域的应用提供灵活可靠的赋能与支撑。其中，数据中台涵盖了人口、法人、空间地理、宏观经济、电子证照、公共信用6大基础库以及一网统管、一网通办、一网协同、市民卡4大主题库建设内容。

5大创新应用平台：主要包括一网统管、居民服务一卡通、企业服务平台、智慧城市 App、政务数据资产管理平台，解决"实用"需求，统筹数据归口，探索沉淀河津本地"数智化"经验，不断提升河津市新型智慧城市的规划及建设效率，实现城市内外部和政府部门间各要素互联互通。

1 大展示中心：即新型智慧城市运营指挥中心 IOC 展示窗口。

1. 数据中台

经过深入调研和充分的讨论研判，按照山西省委要求、结合河津市实际情况，我市提出了政务数据治理的"河津模式"，即实施政务数据治理"12321 工程"，打造河津"政务数据资产一本账"（建立 1 套标准规范体系，建立数据资产目录和资源目录 2 套目录，建立"责任清单""需求清单"和"负面清单"3 张清单，建立六大基础信息资源库和若干政务主题库 2 类数据资源库，建立 1 个数据支撑平台），实现了河津市政务和社会数据的全生命周期管理，数据中台已建设了政务数据资产管理平台、数据超市门户等，为各政务部门和公共服务部门的数据融合、业务融合和技术融合，提供了数据集中和有序共享的管理体系（图 2）。

图 2　数据中台

2. 技术中台

技术中台提供分布式计算引擎、分布式 NewSQL 数据库、大规模搜索引擎、实时流处理引擎、分布式交易数据库等基础工具，帮助用户从海量数据中挖掘分析业务价值（图 3）。

3. 人工智能平台

人工智能平台完成了"一脸通""人像多算法应用""人像丰富技战法应用"3 大板块 15 类视频 AI 识别算法开发与应用，为市域治理及市域服务等城市业务智能化赋能（图 4）。

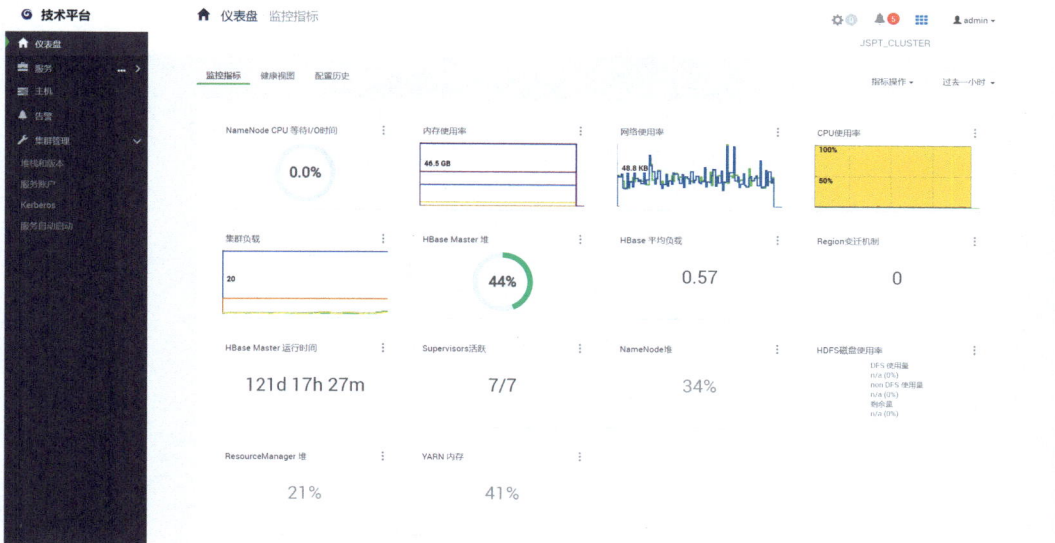

图3 技术中台

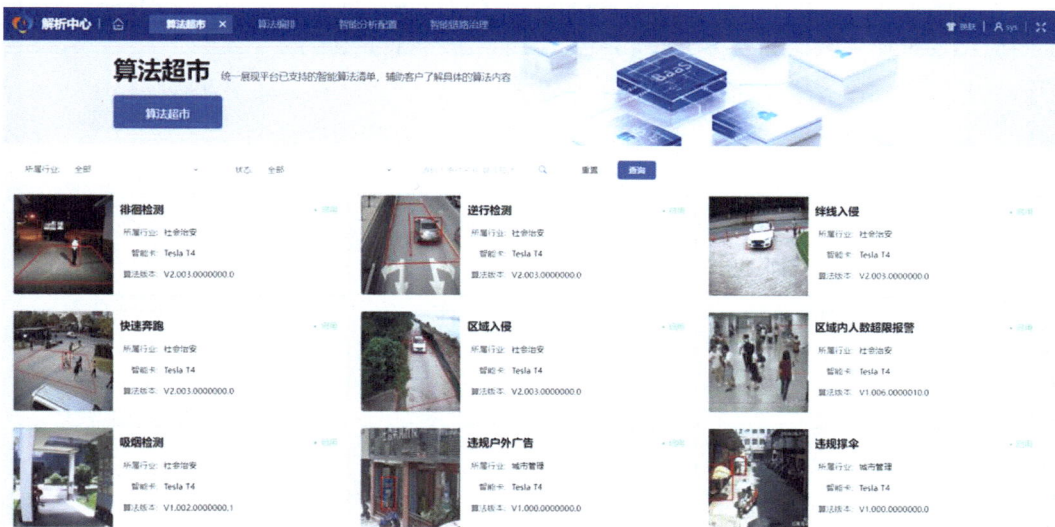

图4 人工智能平台

4. 精准时空大数据平台

精准时空大数据平台完成了河津市 500 平方千米正射影像图、33 平方千米倾斜摄影图以及地理信息服务平台建设，支持上层一网统管等智慧应用系统的集约化使用，助力城市治理精准化（图5）。

5. 数据资源中心

数据资源中心结合河津当地数据情况，已对接了河津市行政审批服务管理局、河津

图 5　精准时空大数据平台

市民政局、河津市交通局等 27 个政府机构，数据资源分为 6 大基础资源以及 8 项主题资源，开发了 280 个数据模板，采集了 906.71 万条数据，通过国家、省、市共享交换平台返还数据 42 个文件、1002 张库表和 63 个接口资源。同时，正在持续动态归集其他部门应用系统业务数据，支撑 IOC 和关键应用系统运行（图 6）。

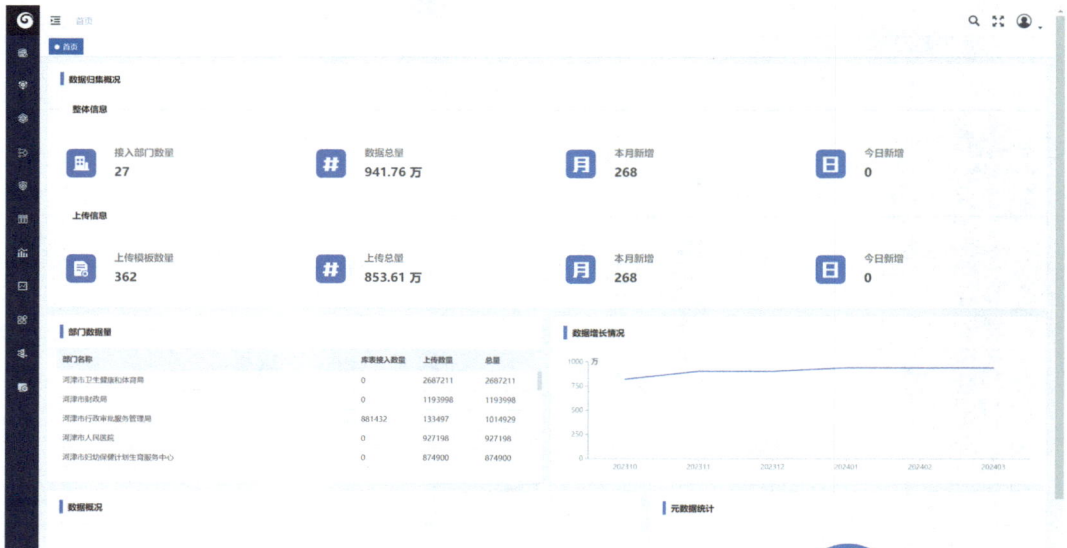

图 6　数据资源中心

6. 数字孪生平台

数字孪生平台利用现有核心区 3 平方千米摄影资源完成三维建模，并与 IOC 系统、倾斜摄影等数据进行了技术整合，打造了虚实交互的多角度城市治理场景，实现城市各要素事件精准发现与智能处置（图 7）。

图 7　数字孪生平台

7. 区块链底层链平台

区块链底层链平台提供了区块链的核心技术功能组件，包括共识算法、加密算法、P2P 通信组件等基本功能，并提供必要的区块链管理服务，包括成员管理、业务链的管理、策略管理、合约管理等区块链使用、管理、运营、维护的服务能力（图8）。

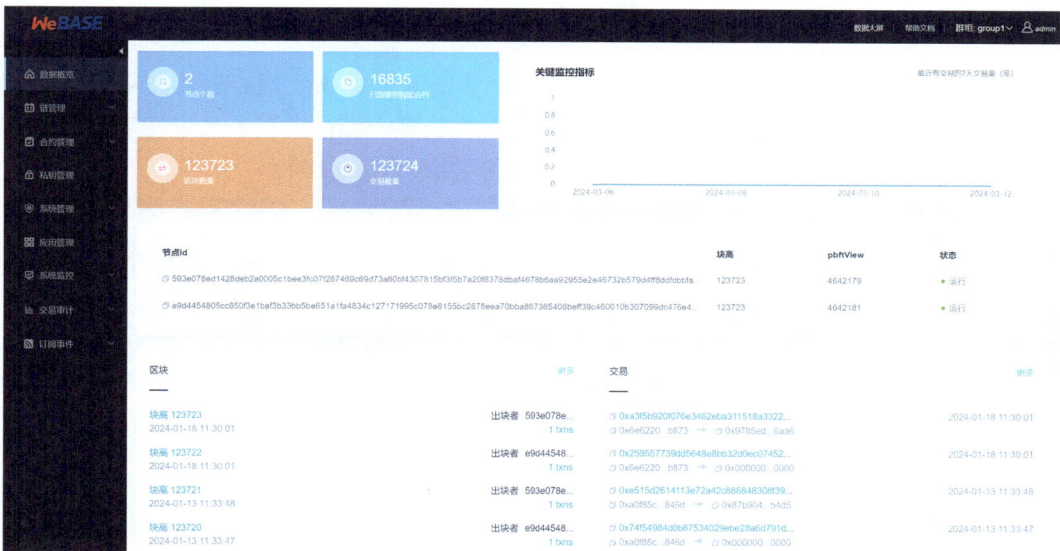

图 8　区块链底层链平台

8. 业务能力平台

业务能力平台完成了河津智慧城市统一身份认证、虚拟卡包平台、统一运维平台、统一运营平台、卡业务管理系统等业务融合应用，实现卡卡互联、虚实结合、一卡通全城（图9）。

9. 城市大脑 IOC 平台

城市大脑 IOC 平台开发了"1+8"共 9 个板块，具体包括 1 个综合态势感知总览

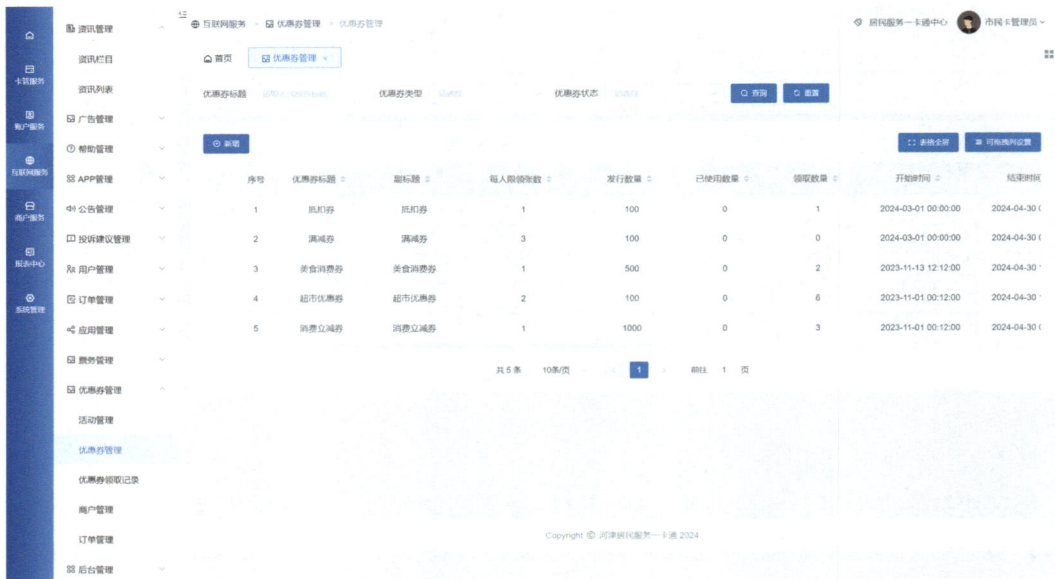

图 9　业务能力平台

屏、网格化（一网统管）、居民服务一卡通、企业服务平台 3 个核心应用分屏，以及宏观经济、一网协同、新型智慧城市考核评估、数据治理、志愿者服务 5 个专题分屏，进一步加强政府对城市运行的全面感知以及决策科学能力（图 10）。

图 10　城市大脑

三、5 大创新应用建设

1. 强政·一网统管

　　一网统管平台借助新一代信息技术，整合问题发现渠道、融合处置资源力量、拓宽群众参与渠道、丰富技术应用场景，对社会治理大数据实现全面汇集，对社会治理事件实现全模式一口受理、全联动指挥处置和全要素智能分析，涵盖城市管理、综合治理、市民热线、安全生产、社会服务等业务领域，是落实主动治理、未诉先办等社会治理新体制、新机制的重要基础设施，是提升治理效能的重要抓手，同时也为推动高质量发展、创造高品质生活提供有力支撑（图 11）。

228

图 11　河津智慧城市 App（我要爆料 我有诉求）

1）党建引领多元共治，基层治理共建共治共享

通过党建引领，党员入格，发动多元共治力量参与基础治理，实现党员与社区工作人员、网格员、社会组织、志愿者一起，为社区居民提供个性化、精细化志愿服务，通过网格员的矛盾排查快速感知，多元化解，实现小事不出村、矛盾不上交。

2）市民移动端互动

河津智慧城市 App 搭建政府和群众之间的桥梁，吸收广大公职人员、志愿者和社会群众作为网格巡查员的补充力量，积极发现身边存在的社会问题和安全隐患。进一步拓宽群众反映诉求和问题渠道，充分发挥群众在反映诉求、建言献策、规范行为等方面的作用，努力形成社会管理人人参与、和谐社会人人共享的良好局面。

2. 全科网格事项整合，一网统筹主动治理

坚持问题导向，突出工作重点，推动"一网统筹"全科网格事项整合。梳理优化网格准入事项，切实发挥网格管理在基层社会治理中的基础性作用，真正实现精准化精细化。树牢"靠前一步、主动作为"理念，加强组织领导，压实工作责任，履行好网格化服务管理的指导、推动和保障职责，通过职责整合，形成工作合力，全面推进网格化服务管理标准建设，全面提升基层社会治理水平（图 12 和图 13）。

3. 信息汇聚一屏总览，人房关联辅助管理

河津市建立信息资源标准规范，明确各类信息资源的来源，更新频率以及更新内容，建立数据采集更新机制，由专人负责数据的采集和定期更新，保障数据的准确性、

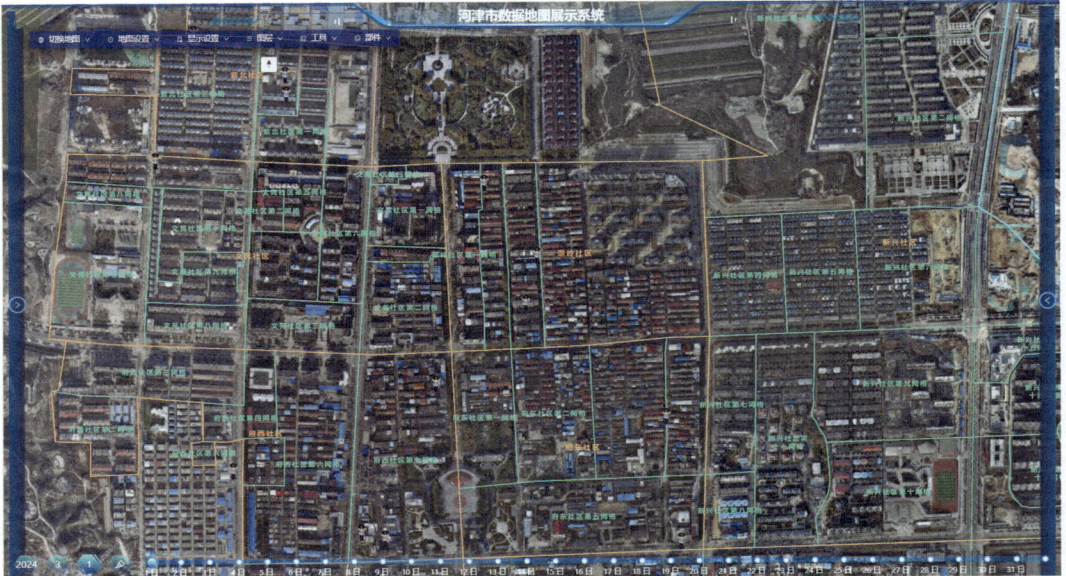

图 12　网格划分

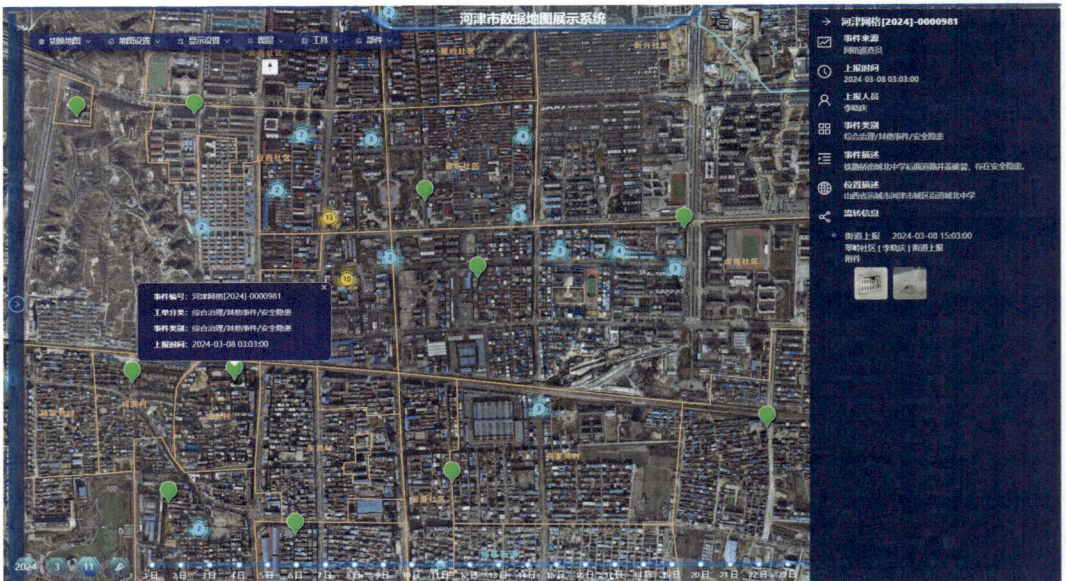

图 13　事件协同处置跟踪

一致性和鲜活性。同时建立数据资源管理体系，开展数据资源汇聚融合共享，建立数据资源标准体系，完善数据资源分析应用体系，实现"用数据说话、用数据决策、用数据管理、用数据赋能"（图 14）。

　　河津市"一网统管"建设将不断进行优化完善，不断提升治理体系和治理能力现

图 14　人房关联

代化水平，将群众对美好生活的向往一一变为现实。

2. 惠民·居民服务一卡通

居民服务一卡通以社保卡为核心载体，坚持以服务人民为中心，以"便民利民惠民"为核心。平台系统与智慧城市 App 后台打通，市民注册智慧城市 App 同时系统后台自动与市民社保卡关联，市民可以用实体社保卡和智慧城市 App 移动端享受"居民服务一卡通"方便快捷支付方式和各类惠民服务，实现"卡码融合、虚实结合"一卡通全城（图 15）。

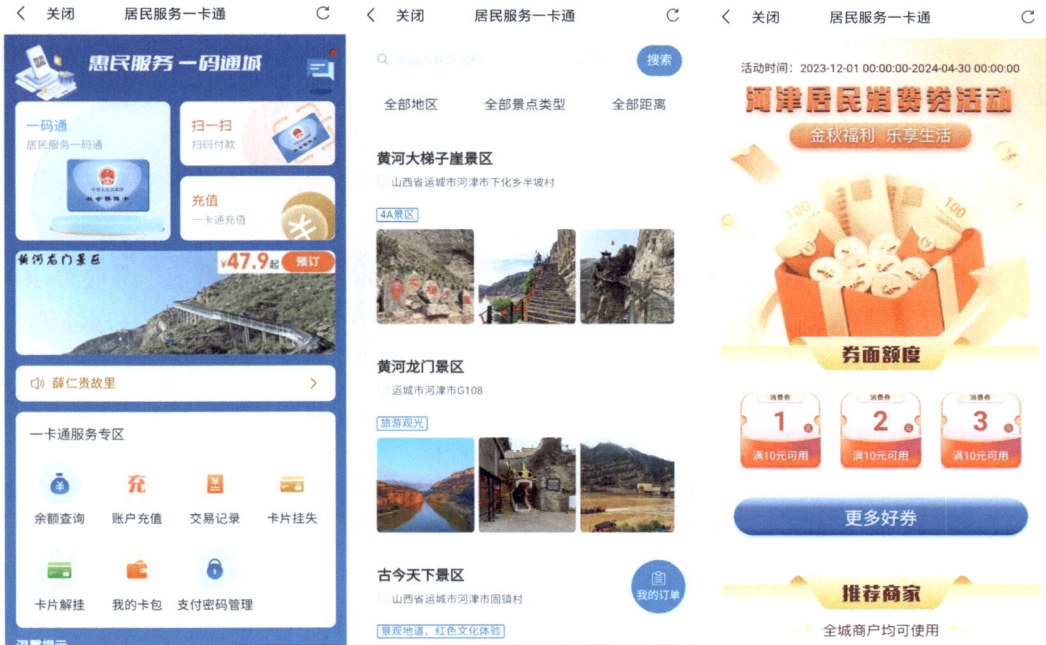

图 15　居民服务一卡通移动端应用

居民服务一卡通拥有金融支付功能，在购物、出行、酒店住宿、商超、旅游、生活缴费等，是市民日常生活的主要消费场景。通过居民服务一卡通的优惠政策，能够激发市民的消费欲望，带动经济消费提高，促进相关行业的发展。

大数据分析平台，用户用卡数据将产生大量交易数据，这些数据反映了居民的生活习惯、消费偏好和需求，是了解民生状况的重要途径。平台对用户的交易数据进行采集、分析，形成丰富多样的数据指标，为政府决策提供有力数据支撑（图16）。

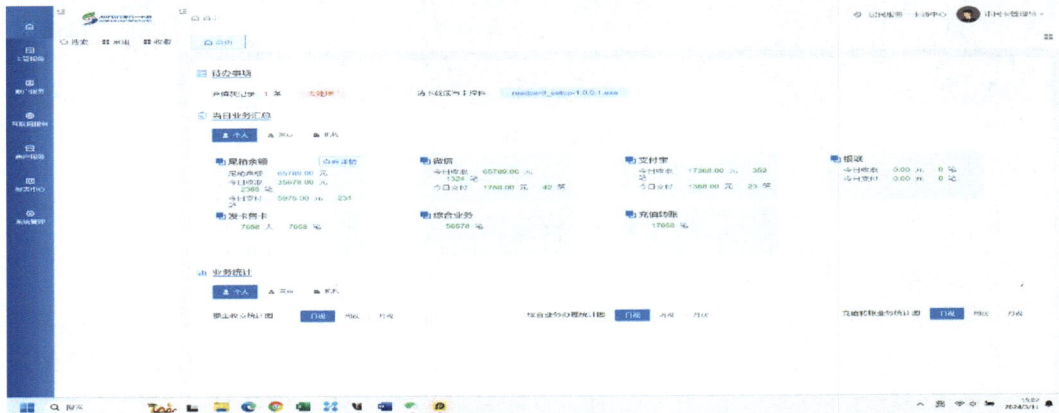

图16 居民服务一卡通管理平台

立足本地特色，实现旅游景点、商超、酒店消费场景，生活缴费等缴费场景，消费券抢券平台、优惠政策等应用场景，旅游景点、美食、广告等宣传场景，为市民提供便捷生活环境和享受政府各种惠民政策。

居民服务一卡通作为政府服务的重要载体，具有广泛的应用前景和社会效益。通过科学的运营管理和推广策略，居民服务一卡通将为城市发展和居民生活带来更多便利。

3. 兴业·企业服务应用平台

企业服务应用平台主要包括经济运行分析、惠企政策匹配、企业诉求、涉企办事等系统。政府领导可以在 IOC 大屏上直观地看到产业经济运行现状、发展趋势和惠企政策推送情况；企业可在 App 上方便地享受以下 6 项"一站式"服务（图17）。

惠企政策：发布近期河津市针对企业的各项优惠政策，方便企业经营者及时了解相关政策要素，包括优惠内容、政策时限、申报条件等。

企业办事：当前已发布 400 余项涉企政务服务事项，方便企业查看办事指南、网上提交申请，实现企业端政务服务"掌上办"。

企业诉求：为企业搭建了与政府之间的"互通桥梁"，可以直接在手机上对政府有关部门提出"诉求"或是"反映问题"，通过一网统管平台立案派遣相关职能部门进行处置解决。

金融服务：为有资金需求的企业提供了权威、便捷的融资信息获取渠道，为有效解决小微企业融资难提供了一种可行的解决方案。

232

图 17　企业服务平台

我要办税：为企业提供了"掌上办税"功能，直接对接了国家税务局移动办税平台，办理企业和员工税务手续更简单。

人才服务：为企业发布用工需求、人才寻找工作机会提供了掌上供需对接平台，助力企业解决"用工难"问题。

同时，系统后台能够根据惠企政策受理条件，在河津市企业库中匹配适合的企业名单，通过短信、App 消息等方式为适用企业精准推送政策申报提醒，让企业能够及时掌握惠企政策的动态，助力营商环境提升（图 18）。

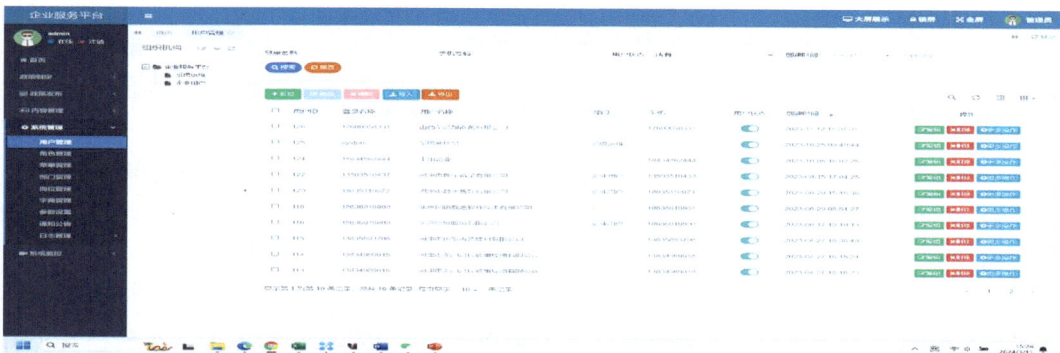

图 18　后台管理

4. 河津智慧城市 App

河津智慧城市 App 以智慧城市数据资源中心和业务平台为基础，以"数据集中、资源共享、高效便民"为宗旨，向市民全面开放多个场景模块。App 包含首页、便民、政务、民情和"我的"5 个功能板块，集成了河津融媒体新闻频道、河津电视台、网格化（一网统管）市民端、居民服务一卡通频道、兴业服务频道、新时代文明志愿者频

233

道等 16 个主题栏目、56 项便民服务、810 项政务服务。

App 首页上方的"我要上报"、"居民服务一卡通"、"兴业服务"分别对应了智慧城市"三大应用"。河津市民可以在手机上直接上报垃圾抛洒、乱停乱放、市政设施损坏等事件，后台将第一时间给相关部门"按责转派"，实现河津版"接诉即办"；也可以通过"虚拟市民卡"功能在医院、药店、文旅景区享受便捷的消费体验；企业可以在"兴业服务"栏目查询惠企政策、涉企政务服务，也可以在手机端方便地享受金融、人才、法律等企业关注的高频热门服务（图 19）。

图 19　河津智慧城市 App 功能页面

5. 政务数据资产管理平台

通过实施政务数据治理"12321 工程"，即建立 1 套标准规范体系，编制 2 套政务数据目录，编制数据共享需求清单、责任清单、负面清单等 3 张清单，整合完善基础库、主题库 2 大类信息资源库，构建一个功能完善的政务数据资产管理平台等工作。完善我市政务数据标准规范体系，基本形成政务数据资源底账，并基本实现及时、准确动态更新，同时完善数据共享应用基础支撑功能，初步建立由需求清单、责任清单和负面清单构成的常态化数据共享协调机制，促进政务数据治理能力有效提升；河津市政务数据资产实现"一本账"管理，人口、法人、空间地理、电子证照、公共信用和宏观经济 6 大基础信息资源库更加完善，数据治理和开发利用水平大幅提升，政务数据在提升政府治理能力方面发挥的作用更加突出。

四、推广价值

河津市智慧城市综合管理应用服务平台项目是"强政、兴业、惠民"的重要手段，本项目极大限度地整合资源，打破"信息孤岛"和"信息壁垒"，充分利用城市各类智慧信息，为政府、事业单位、企业单位、市民提供便捷的信息服务。同时，项目中人工

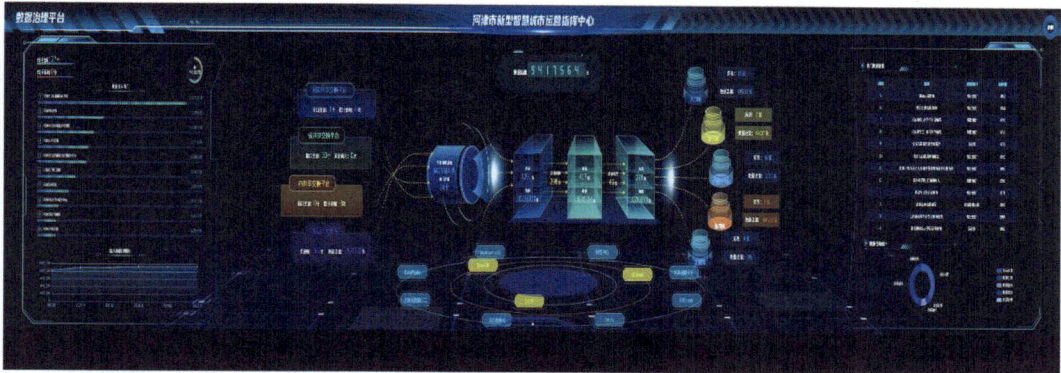

图 20　数据治理平台

智能、云计算、物联网、大数据及区块链等新兴技术的应用，最大化提升了河津市智慧化水平及创新能力，加快了政府信息服务能力及行政效率。下面从经济效益、社会效益及创新引领 3 个方面分析本项目的推广价值：

1. 经济效益方面推广价值分析

1）促进数据资源价值转化

依托于数据底座中台，实现对公共数据源、市级数据湖、市级数据库、数据共享交换平台等进行全面的数据资源的管理。通过优化数据管理流程、挖掘数据潜在价值、促进数据决策支撑等方式，实现数据资源价值的行业应用转化。

2）深化政务信息资源共享

河津市智慧城市综合管理应用服务平台的建设：一方面，将促进跨部门、跨行业、跨地区的政务信息共享和业务协同，强化信息资源社会化开发利用，通过推广智慧应用和新型信息服务，将实现公共服务便捷化的目标，降低政务运行成本；另一方面，可加强信息资源的开发利用，使数据资源发挥更高的经济价值。

3）创造新的经济增长方式

智慧城市的建设可以进一步促进河津市信息技术等相关高新技术产业的发展。以云计算平台技术为支撑，进一步提升政府数据中心能力，培育公共服务平台，建立面向重点行业的信息数据中心，广泛实现数据信息共享，促进数据信息产业发展；以面向公众服务的需求为导向，带动大数据、软件开发集成、信息系统运维、内容服务等相关产业的发展，为数据产业链的发展带来巨大的经济效益。

2. 社会效益方面推广价值分析

1）提升政府科学决策水平

城市 IOC 运营指挥中心将沉淀大量政务数据、物联网数据和社会数据，可监测河津市整体运行态势，为政府科学决策提供数据支撑，促使政府从基于"经验"的决策模式向基于"实证"的决策模式转变，提升政府决策科学化水平。

2）打造综合服务样板工程

河津市政务服务中心可使用本项目系统采集、分析的各类数据，实时掌握河津市政务服务效能及企业群众满意度，进一步优化政府服务流程。以"为入驻企业提供沟通面对面、服务零距离的便捷服务"为目标，把河津市政务服务中心打造成集中办公、一站式办理的综合服务窗口，为全省政务服务信息化树立标杆。

3）提高数据共享共用能力

本项目的落地，助力河津市跨部门业务系统实现互联互通和资源共享，通过加强数据资源规划、采集、存储、共享、开放，健全"一数一源"数据更新维护和核验机制，推进各部门基础信息资产数字化转化，让社会数据资源有效汇聚，实现政务部门和社会公众的数据共享共用，提高了综合治理能力。

4）增强市民城市幸福体验

以市民为中心，融合市民在城市生活中的政务、商业、沟通和关怀等各类服务，为市民提供便捷的服务手段，让市民能够极大提升对城市的认同感和归属感，进而改善市民对智慧城市的认知，极大提升市民对于智慧城市生活的体验，从而加快人与城市的融合。

3. 创新引领方面推广价值分析

该项目基于大数据处理、云边协同、虚拟现实等先进技术，打造数据中台、一网通办、一网通管、一网通服、智慧城市 IOC 运营指挥中心及智慧 App 6 大行业的创新应用，实现了底层数据融合、上层信息共享和业务协同，形成城市管理一张图，使政府行政效能和城市管理水平大幅提升，成为山西省县域智慧城市的标杆。

1）建立公共数据支撑，实现多源数据管理

提供集成时空基础、规划管控、资源调查、公共专题和物联感知等空间数据，构建全要素、全空间、多维度、多尺度的数据资源池，为各类上层服务应用提供数据支撑。

2）打破政府数据孤岛，增强部门业务协同

区块链底层链平台为需要数据共享、业务协作等各方应用部门之间搭建了一个分布式数据库，前期已建设系统或者新建系统均可以通过业务协同（API 接口）、数据系统（数据库）、文件协同、视频协同、消息协同等共享数据。数据实时性高，可以实现跨部门协作，有效规范各类行政行为，增强部门业务协同，大大提高政府的行政效率，大幅节省政府行政成本。

3）提升政府治理能力，实现政务数据共享

政务数据的共享与整合是提升政府治理能力的关键。通过构建政务数据共享交换平台，河津市政府各部门可以实现信息互通、业务协同，大大提高政府决策的科学性和公共服务的质量。此外，通过大数据分析技术，政府可以更精准地把握城市发展的脉搏，为市民提供个性化的服务。

4）打通协同办公路径，创新政务服务模式

在数据共享的基础上，河津市致力于打造"一网通办"、"一网统管"的政务服务模式。这意味着市民和企业可以通过一个平台办理各类事务，而政府各部门也可以实现跨部门协同办公，提高行政效率。通过数据共享，河津市正逐步实现政务服务的智能化，让市民真正感受到智慧城市建设带来便捷的生活环境。

泸州市城市综合管理服务平台（一期）

刘生华　张国梁　谢　心

泸州市城市综合管理服务指挥中心　泸州市兴泸实业发展有限公司
深圳市图元科技有限公司

一、建设背景

为贯彻习近平总书记关于提高城市管理科学化、精细化、智能化水平的重要指示精神，落实全国住房和城乡建设工作会议部署，以及破解城市治理难题和提高城市管理问题发现解决效率和公共服务水平，推进城市治理现代化，以打造宜居、韧性、智慧城市为出发点，泸州市按照国家住房和城乡建设部《城市运行管理服务平台建设指南（试行）》《城市运行管理服务平台技术标准》《城市运行管理服务平台数据标准》的要求，推动构建城市运行管理"一网统管"，促进城市管理提质增效。平台于 2022 年 7 月启动建设，建设过程得到泸州市经济和信息化局、泸州市城市管理行政执法局、泸州市兴泸实业发展有限公司等多个单位的鼎力支持，经过承建单位泸州市兴泸实业发展有限公司与深圳市图元科技有限公司一年多奋战，已经全面投入运行。

二、建设内容

1. 总体架构

泸州市城市综合管理服务平台建立在完善的标准规范体系和信息安全体系基础上，通过构建"1+1+1+N"的城市数字治理体系，实现与全市各委办局单位、省级平台、国家平台的横纵互通。平台聚焦泸州市城市治理中的"人、物、动、态"，围绕"观、管、防"，以数据、指标、事件与场景为核心，驱动城市管理与协同，提升城市治理水平，全面构建泸州市数字社会治理新格局，总体架构如图1所示。

2. 典型应用场景

泸州市城市综合管理服务平台（一期）按照"1+1+1+N"的基本架构，形成 1 个城市综合管理服务数据中心；1 个城市综合管理服务平台；1 张图系统（行业监督可视化系统）；N 项行业应用（包括桥梁健康监测系统、智慧环卫系统、智慧污水系统、智慧停车系统、智慧执法系统、户外广告系统 6 个行业应用系统），具体应用场

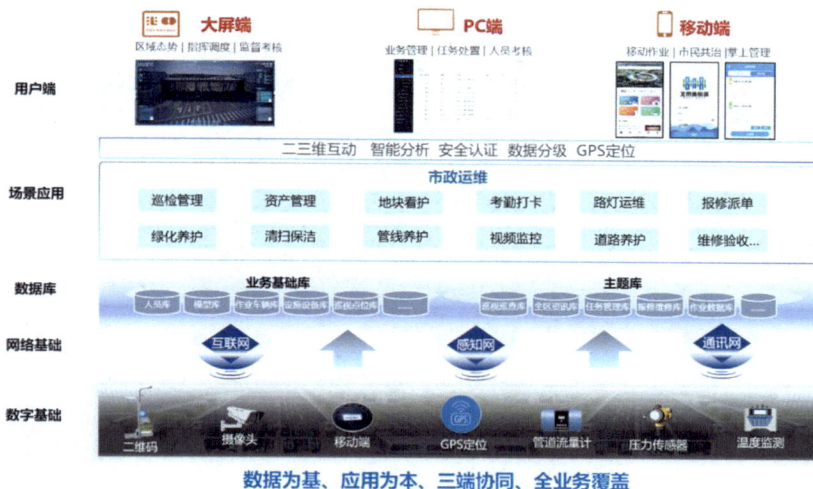

图 1　泸州市城市综合管理服务平台总体架构

景如下。

1) 城市综合管理服务数据中心

"1中心"为城市综合管理服务数据中心，包括数据汇聚系统和数据交换系统等，实现对各类相关数据的有序管理、共享交换和应用服务。目前，平台实现了数据跨系统、跨行业、跨部门共享运用，有效破除"信息孤岛""数据壁垒"，为城市运行管理服务行业赋能、专题应用、指挥调度、决策分析、效率提升提供了精准大数据支撑。平台全面完善和丰富了城市管理部件基础数据，对建成区 160 平方千米范围城市管理部件进行全面普查更新，普查建库的城市部件共 5 大类、121 小类，对 60 余万个城市管理部件标明统一标识编码，形成"数字身份证"。

2) 泸州市城市综合管理服务平台

"1平台"即泸州市城市综合管理服务平台，建有业务指导系统、指挥协调系统、公众服务系统、数据交换系统、数据汇聚系统、应用维护系统 6 个基本子系统，拓展建设有监督可视化系统和视频智能分析平台 2 个特色子系统。纵向上部署全面贯通市、区（县）、街道（乡镇）的三级联动协同指挥系统，横向上与全市城市运行管理相关行业部门形成协调联动和多层次协同，实现对全市城市管理工作的统筹协调、指挥调度、监督考核和综合评价，如图 2 所示。

3) 行业监督可视化

"1张图"即监督可视化系统，包括"城市体征""行业应用""数字城管""公众服务"四大板块。通过"1张图"展示城市体征、市政公用、市容环卫、城管执法等城市日常管理相关数据，对城市日常管理状态进行全方位监管，供领导全面掌握城管动态和决策使用，如图 3 所示。

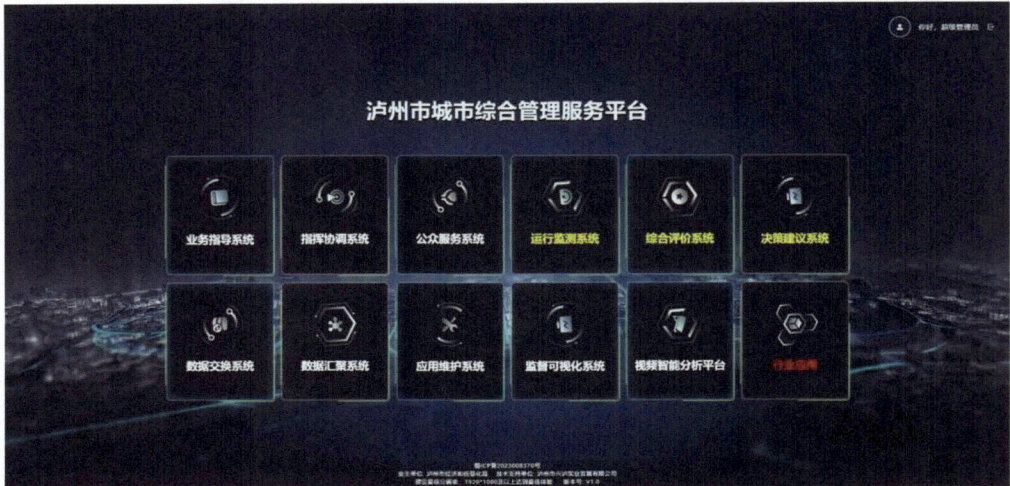
图2 泸州市城市综合管理服务平台

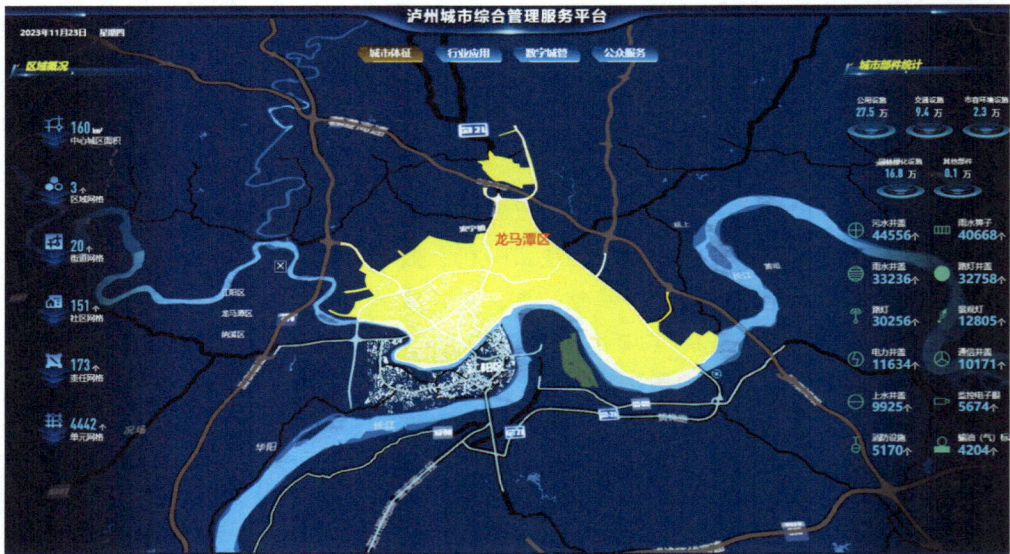
图3 行业监督可视化系统

4）N 项行业应用

平台围绕城市管理职责，按照"有则共享，无则新建"的经济性原则，整合接入桥梁健康监测系统、智慧环卫系统、智慧污水系统、智慧停车系统、智慧执法系统、户外广告系统 6 个行业应用系统。未来将会结合城市管理需要，接入更多的行业应用子系统，如图 4 所示。

平台秉承全面增强城市运行风险防控能力的理念，深度贯彻《全国安全生产专项整治三年行动计划》《城市建设安全专项整治三年行动实施方案》等文件精神，对泸州市

图4 泸州市城市综合管理服务平台·行业应用

18 个污水处理厂、沱江一桥、沱江二桥、沱江三桥、国窖大桥、沱江六桥及忠山隧道 5 桥 1 隧道进行科学监测。按照"分区域、分级别、网格化"原则，实行城市生命线安全风险全面辨识和预警，全面节省养护、巡查成本，提高设施的安全性。以沱江六桥为例，通过实时监测沱江六桥环境与荷载指标、结构整体响应指标、结构局部响应指标等，及时"感知桥梁"，在桥梁结构危险萌芽阶段发出预警，尽早发现桥梁结构自身及行车所面临的危险状况，保障人民生命财产安全。并通过记录异常事件过程，为桥梁安全评估、维护经费制定提供数据支持，改变以前主要依靠人工巡检、热线报修的运维方式，大量减少车辆、人员等费用，大幅度提升城市桥梁管理和运维效率，有效降低运维费用，延长桥梁使用寿命，推动城市运行应急处置向事前预防预警转变，全面保障泸州市城市运行安全，如图 5 和图 6 所示。

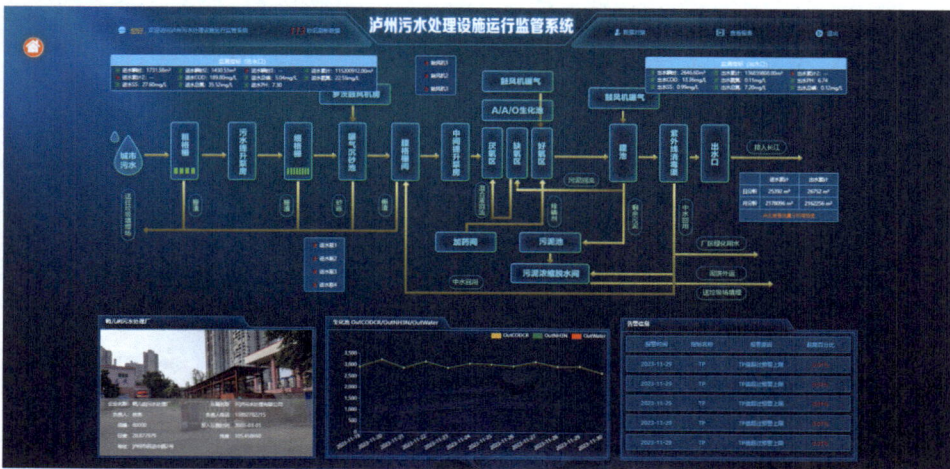

图5 泸州污水处理设施运行监管系统

图 6　桥梁健康监测管理系统

　　平台对主城区多家环卫服务企业、1 000 余名环卫作业工人、70 余台作业车辆进行科学监管，通过泸州市智慧市容环卫信息系统对全市环卫企业、作业人员、车辆的规范化管理，做到监管有抓手，考核有依据的数据管理、数据说话的新模式。通过智慧化技术，全市环卫企业的人员、车辆配置率提高到 100%，建成区道路机械化清扫率达到 92%，道路扫净率达到 95%，市容质量提升了 70%，政府资金投入使用率达 100%。此外，平台对接了智慧广告一体化平台和泸州市静态交通可视化平台，实现户外广告和停车数据的信息化管理，如图 7 所示。

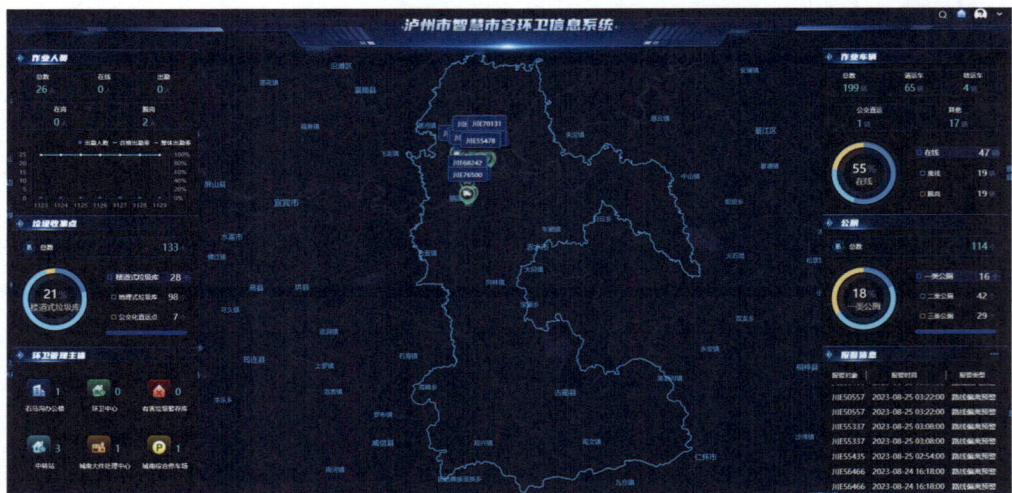

图 7　泸州市智慧市容环卫信息系统

三、创新应用

1. 创新管理模式，打造四川标准样本

泸州市城市综合管理服务平台指挥协调系统按照"1+3+69+N"的三级管理体系搭建，"1"为市级指挥协调一级平台；"3"为 3 个区级（江阳区、纳溪区、龙马潭区）指挥协调二级平台；三级平台分为"69"个市属各部门、企业、社会团体责任单位处置终端、"N"个各区所属街道（社区）和各区属部门处置平台，形成市级大循环、区级小循环、街镇社区微循环，第一时间发现问题，第一时间控制风险，第一时间解决问题，协同高效处置一件事，做到城市问题一网统管，运行模式既符合住建部技术标准，又符合泸州特色，走在全国前列，为四川省地级市智慧城管、"运管服"平台建设打造了标准样本。

2. 积极探索 AI+城市管理，提升城市智慧化能力

泸州市城市综合管理服务平台充分利用 AI+城市管理，接入长江、沱江重点区域 122 路城市管理视频监控，后台采用 14 种算法，AI 场景覆盖市容环境、街面秩序、公用设施、突发事件、城市违建、违章停车等城市管理类事件，并以"中心计算+边缘计算"模式，提供"智能分级，算力适配"服务，构建"天上有云、中间有网、地下有格"的智慧化管理模式，如图 8 所示。

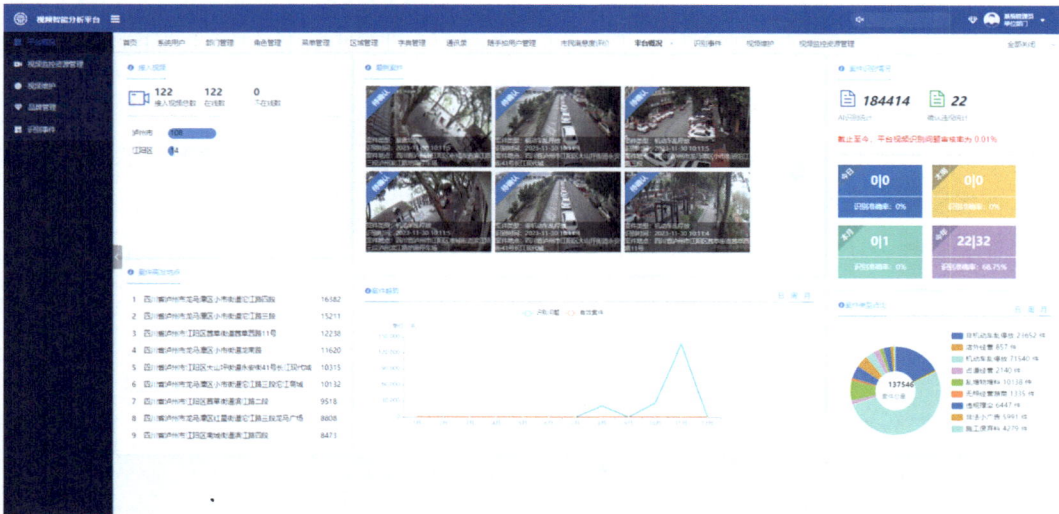

图 8　智能视频分析平台

3. 创新城市运行监测机制，全面增强城市运行风险防控能力

泸州市综合管理服务平台秉承全面增强城市运行风险防控能力的理念，深度贯彻《全国安全生产专项整治三年行动计划》《城市建设安全专项整治三年行动实施方案》

等文件精神，对全市 18 个污水处理厂、滨水区域、沱江一桥、新沱江二桥、沱江三桥、国窖大桥、沱江六桥及忠山隧道 5 桥 1 隧道进行科学监测，按照"分区域、分级别、网格化"原则，实现城市生命线安全风险全面辨识和预警。基于城市管理大数据 GIS 服务，创建城市生命线分布图，关联桥梁、污水处置等市政设施的权责主体、管护单位、视频资源、应急队伍、应急预案、管护作业等基本要素，加快推进在线安全监测监控、预测预警，实施重大事故隐患挂牌督办，实现在"大屏、计算机、手机"三端在线监管，要素齐、权责清、状态明，并提供城市运行安全监管清单管理、风险分级分类管理、监测预警管理等场景，将风险清单自动分派至具体主管部门及管护部门，隐患处置过程通过平台可全程进行监管和督办，确保落实到人，及时处理，推动城市运行应急处置向事前预防预警转变，全面保障泸州市城市运行安全。

4. 智慧赋能城管，缩减问题处理周期

平台通过融入移动办案、疑似案件分析等手段，实现提质增效，形成城市管理"扁平化"模式，从根本上缩减城市管理问题处理周期，将原来每宗案件人工派遣的平均时间 10 分钟缩短到案件的分拨处置在 2 秒内完成，事件处置效率较之前提升 30%，有效提升了泸州市城市科学化、智慧化管理水平。平台自 2023 年 8 月上线以来，共受理案件 64 398 件，自行快速处置 11 654 件，派遣到责任单位 52 744 件，处置率 98.93%，结案率 98.74%。受理、承办群众投诉、咨询案件 470 件，已办结 456 件，办结率 97%，市民满意率 95%，极大地提升了泸州市城市管理水平和百姓幸福感。

5. 下足绣花功夫，形成智慧环卫泸州模式

泸州市城市综合管理服务平台打造分级管理和协同调度、智能感知和实时采集的新型智慧环卫系统，重点对全市有害垃圾暂存库、公厕、垃圾处置场、垃圾中转站、环卫车辆进行综合监管，对全市有害垃圾暂存库等环卫设施的作业规范性和卫生状态进行远程可视化监控，实时动态地对环卫实施的规划、运行、建设和企业作业过程进行监管，推进环卫管理工作精细化，打造智慧环卫泸州模式。

四、推广价值

1. 推广价值

泸州市城市综合管理服务平台是四川省首个由多部门联合统建的综管服平台，平台在充分参考住建部建设指南、技术规范的基础上，结合泸州市城市治理实际需要统一规划、统一建设，其中"1+1+1+N"的整体框架与三级管理体系、数据横纵联通的实现模式、城市运行安全监管思路、行业应用精细化管理模式等多项建设举措具备可推广性，平台建设完成后，已获得 2022 年四川省数字化转型优秀案例表彰，并有多个兄弟城市到泸州交流学习，泸州市城市综合管理服务平台建设经验值得向全省乃至全国进行推广。

2. 社会效益

泸州市城市综合管理服务平台是泸州市城市治理体系的重要组成部分，将会大大提升泸州市城市治理水平，实现城市管理工作的科学化、信息化，全面提升城市管理单位相关业务及事件处理能力，真正成为应对城市管理的有效保障，使泸州市"创文""创卫"工作更上一层楼。

泸州市城市综合管理服务平台将系统化、智慧化、可持续发展、协同工作等城市管理理念和以人为本、全民参与、职能整合、全面协同、立足实践的原则，与管理体制、管理技术创新及成熟的智慧城市技术运用相结合，实现了城市管理模式的转变。对一些权属不清、责任不明，特别是一些关系到群众生命财产安全的案件，受理单位应先行进行处置；通过现场踏勘、现场处置、案件处置协调会议等有效措施，不断增强案件处置的针对性和实效性。市、区各相关单位处置案件准时到岗，联络及时，反应快捷，出动迅速，处置及时，大大缩短了问题处置时间，从而提高城市管理效率。

3. 经济效益

（1）泸州市整合了各级城市管理队伍，发现、处置的专业化分离，帮助城市管理人员明确责任，各尽其职，提高了工作效率。

（2）泸州市建立了统一的城市管理综合数据平台和业务数据库，既可以提高城市管理的效率，又可以降低日常管理成本。

（3）泸州市建立科学、智慧的桥梁结构监测系统，能够帮助预先识别风险并报警，非常有利于监测对象的风险防控，有利于实现各种紧急、突发情况的及时布控。此外，管养人员可更为精准地定位桥梁病害位置及类型，从整体上考虑养护的办法和优先顺序，可通过对比养护前后的数据变化来核实养护措施的效果及其可持续性，从而实现管养效益最大化。

下一步，泸州市将按照住建部、省住建厅相关要求和专家组验收意见，对照住建部城市运行管理"一指南四标准"要求，完善城市运行管理"一网统管"架构，建设运行监测系统、综合评价系统、决策建议系统，利用大数据、云计算、物联网、人工智能、5G等技术，进一步深化智慧化应用内容的扩展建设，例如开发建设数字值机员系统、智能采集机器人，让城市变得更聪明、更智慧，实现城市运行管理"一网统管"的目标，提升市民对城市运行管理工作的满意度和获得感，让泸州市城市环境更加精致精美。

中山市垃圾处理全流程监管平台

胡忠建　黎梓强　袁晓军

中山市城市管理和综合执法局

一、建设背景

习近平总书记在党的十九大报告中指出："我们既要全面建成小康社会、实现第一个百年奋斗目标，又要乘势而上开启全面建设社会主义现代化国家新征程，向第二个百年奋斗目标进军"，"要建设人与自然和谐共生的现代化，既要创造更多物质财富和精神财富以满足人民日益增长的美好生活需要，也要提供更多优质生态产品以满足人民日益增长的优美生态环境需要"。特别在党的十九大报告中，明确了"加强固体废弃物和垃圾处置"的要求。"十四五"时期，国家发展改革委、住房城乡建设部组织编制了《"十四五"城镇生活垃圾分类和处理设施发展规划》（发改环资〔2021〕642号），要求到2025年底，直辖市、省会城市和计划单列市等46个重点城市生活垃圾分类和处理能力进一步提升；地级城市因地制宜基本建成生活垃圾分类和处理系统。

目前，生活垃圾中含有有机物质较多，易腐烂变质，滋生和招引害虫，易传染疾病危害健康。其中，厨余垃圾因具有经济价值被市场上很多商贩非法收集，餐厨、厨余垃圾被制作成养殖饲料或地沟油进入食物链，对人体健康造成很大的伤害，而病死禽畜垃圾大部分是经黑色商户处理后流入偏远市场进行交易，然后端上餐桌进行食用，已然是违反了相关的法律法规，危害民众的饮食安全。在问题存在的同时，生活垃圾因其富含有机物也可作为潜在的能源供应体。

中山市与时俱进，紧随发展步伐，利用信息时代的科技手段，在应对环卫快速发展的现状中，中山市城市管理主管部门深刻地认识到环卫管理走上现代化道路的重要性。目前，中山市三大组团垃圾综合处理基地正在运作中，加强对生活垃圾的管理，是保障有效运营的保证和重要前提，借鉴生活垃圾管理规范的城市的成功案例，必须引入信息化手段，实现生活垃圾、建筑垃圾等垃圾"全线"有效管理。

综上所述，中山市结合自身实际情况，打造了垃圾处理全流程监管平台，实现数据的实时传输和监测，提供全面、完整、及时的动态信息；实现过程中的各种形式的查询、统计和分析评估；实时掌握各类垃圾处置各环节对周边环境的影响，找出深层次的问题进行综合分析。为各类垃圾处理管理的综合调度、应急指挥、运行管理、环境监控、监管考核、辅助决策、经费核算提供可靠的依据；为各级领导提供决策支持，为中山市的经济发展服务。

二、建设内容

1. 整体架构

中山市城市管理和综合执法局垃圾处理全流程监管项目将打造一个统一的垃圾收运处理全业务覆盖平台，建立数据应用中心，充分利用互联网、物联网和政务外网，通过分层建设，达到平台能力及应用的可成长、可扩充。

中山市城市管理和综合执法局垃圾处理全流程监管项目总体架构体系采用分层模式，从满足整体需求出发，根据系统建设的设计原则和技术路线，采用面向业务、面向逻辑、面向接口的技术架构设计方法做指导，描述中山市城市管理和综合执法局垃圾处理全流程监管项目用户交互层、业务应用层、应用支撑层、数据资源层、基础设施层的分层架构。总体架构以大平台架构和大数据架构为核心，以业务架构、逻辑架构、接口架构为支撑，形成中山市城市管理和综合执法局垃圾处理全流程监管项目总体技术框架的完整模型。系统架构如图 1 所示。

图 1　系统架构

2. 系统和平台

本项目充分利用大数据、云计算、物联网、移动通信（4G、5G）、人工智能等信息新技术，秉承业务主导、立足实际、统筹规划、整体推进、多级应用、分级实施、资源共享的建设原则，按照大数据、大平台、微应用、全互联的设计原则，建设"1+1+N"的中山市城市管理和综合执法局垃圾处理全流程监管平台，实现垃圾"全覆盖、全流程、分层次"管理。

1）一个综合数据管理平台

建立信息互联互通、数据共享交换、业务功能协同的过程，大数据与大平台是中山市城市管理和综合执法局垃圾处理全流程监管项目建设的一个整体，大数据是平台的信息源和提供有价值知识数据的支撑，大平台为数据的应用提供环境。平台致力于建设所有相关基础数据的台账式、数字化管理，目的在于摸清家底，将分散在各系统、各科室的台账信息整合到中山市城市管理和综合执法局垃圾处理全流程监管项目平台中，借助数据库技术及可视化技术，对各类基础数据进行统一的整理分析和展示。综合数据管理平台包括数据录入及上报、数据更新、数据建库、数据交换、数据治理等内容，其中数据建库方面包括地理信息库、基础库、业务库等内容。数据资源的开发和综合应用是中山市城市管理和综合执法局垃圾处理全流程监管项目规划建设的核心需求，通过对数据的采集、清洗、抽取、汇聚、挖掘、分析从而获取具有经验、关联、知识、智能、价值的数据信息，使数据具有全局性、战略性、决策性的特点。

2）一个分析决策中心

项目致力于创新"用数据来说话、用数据来管理、用数据来决策、用数据来创新"的管理手段。中山市城市管理和综合执法局垃圾处理全流程监管项目分析决策中心涵盖垃圾全流程态势监管、治理分析，通过大数据对垃圾处理全流程工作中呈现出的问题、态势、诱发原因、分布规律、影响范围、运营管控等进行深入分析、辅助决策。实现"发现问题原因，提出管理策略，发起管理任务、推动服务工作、跟踪服务结果、评估服务效能"的闭环管理流程，达到"科学运营、高效服务"的目标。

分析决策中心展示垃圾处理全流程管理运行基本数据情况，根据垃圾处理全流程管理重点以及日常运营数据的变化情况，动态调整更新管理运行体征相关数据。垃圾处理全流程管理运行态势涵盖环卫管理基础数据、养护对象数据、工单办理情况、垃圾分类情况、日常养护完成情况、垃圾收运情况、垃圾处置情况、日常巡查情况等整体环卫工作运行情况的综合展示（图2）。

3）N个业务应用系统

（1）清扫保洁监管子系统。清扫保洁方面针对清扫保洁机械化作业和人工作业，重点梳理作业主体的日常投入情况、作业质量情况、违规情况，并通过前端智能感知设备配合后端数据分析技术实现对作业结果的科学统计和多维评价，进而实现环卫作业精细化管理。清扫保洁精细化管理方面实行"定岗位、定时间、定任务、定质量、定责任"的五定管理，确保环卫企业按合同履约、按规范作业，通过作业资源投入及作业结果的综合分析为优化清扫保洁作业模式、资源投入以及提升机械化作业水平提供数据支撑（图3）。

图 2　分析决策中心系统

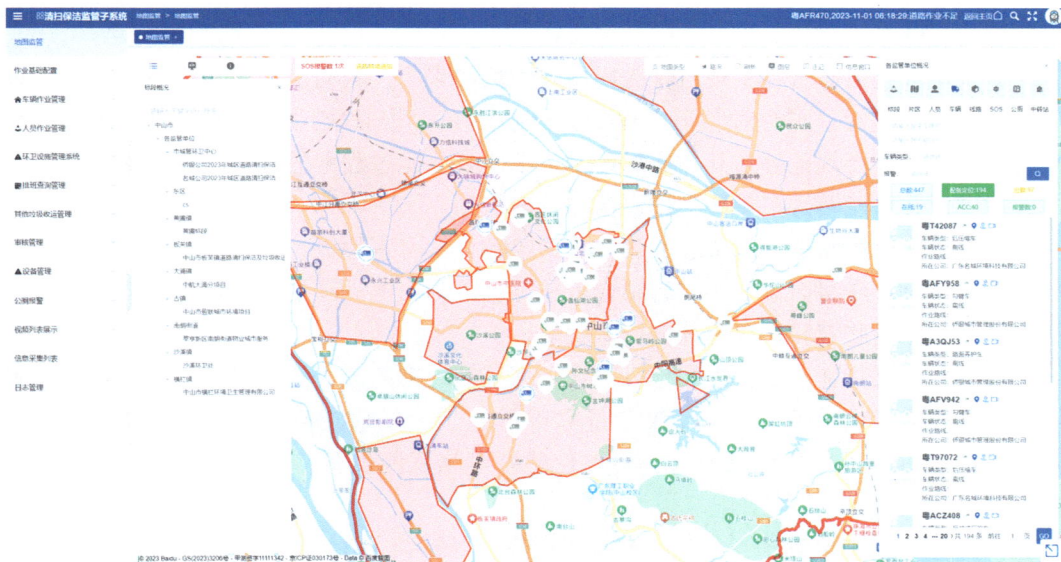

图 3　清扫保洁监管子系统

（2）生活垃圾监管子系统。实现对车辆、司机、收集点、企业、转运站、处理厂、排班、道路等基础信息的登记录入管理，通过 GIS 可视化方式在地图上呈现，并支持资源关联、查询、搜索等功能（图 4）。

其他垃圾收运监管基于传统的垃圾收运业务流程，通过安装车载终端设备、移动端系统，对收运车辆的位置信息、收集点的收运状态进行监控，并通过数据处理，形成收运轨迹、收运可视化的展示效果，提升垃圾收运业务的智能化、精细化、规范化，为收

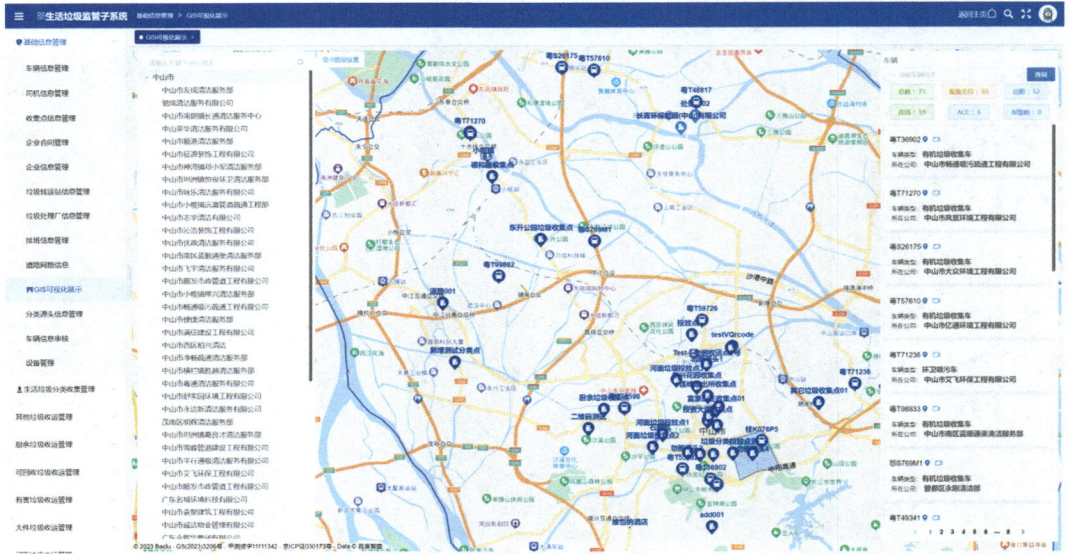

图 4　生活垃圾监管子系统

运车辆的行驶线路优化提供有效的数据支撑。

厨余垃圾收运监管将实现对辖区内厨余垃圾的来源、去向、产生量、清运量、处理量的实时在线监管，同时对收运过程的监管包括是否按时收运、是否按照收运路线工作、收运过程是否规范等。其主要目的是为了监督收运过程中的规范化作业情况、避免二次污染，并且能够为主管部门提供执法管理依据。

其余生活垃圾收运监管主要实现对可回收垃圾、有害垃圾、大件垃圾的收集管理和数据统计分析；对河面垃圾的监管结合电子工牌，利用电子围栏、地图定位等技术实现河面垃圾的作业监管和作业统计分析等功能。

垃圾处置监管基于三大组团垃圾综合处理基地现有的监管业务流程，充分利用处置场所现有的信息化手段，包括垃圾计量称重系统、工况监控系统、视频监控系统等方式，部署（对接现有的）摄像头、相关传感器等物联网设备，以提升垃圾处置监控的智能化、规范化。

（3）建筑垃圾监管子系统。应用地理信息系统（GIS）、全球卫星定位（GPS+北斗）、云计算、物联网、大数据智能分析等先进技术，实现建筑垃圾运输基础信息的电子化统一管理；实现过程量化、实时监控的动态监管等建筑垃圾运输过程和质量的有效监管；实现建筑垃圾运输作业考评事件处理信息化流转；实现对建筑垃圾运输业务数据进行统一分析，为领导决策提供数据支撑；科学地建立建筑垃圾运输监管平台，将很大程度地减轻建筑垃圾运输监管等的工作量，管理效率得以提高，信息管理系统在合理有效的投入人力、财力以及物力的同时，为城市规划设计提供数据参考，提升城市环境，建设美丽家园（图5）。

（4）考核督查子系统。主要形成城管业务一体化考核（如环卫、市政、园林等），

250

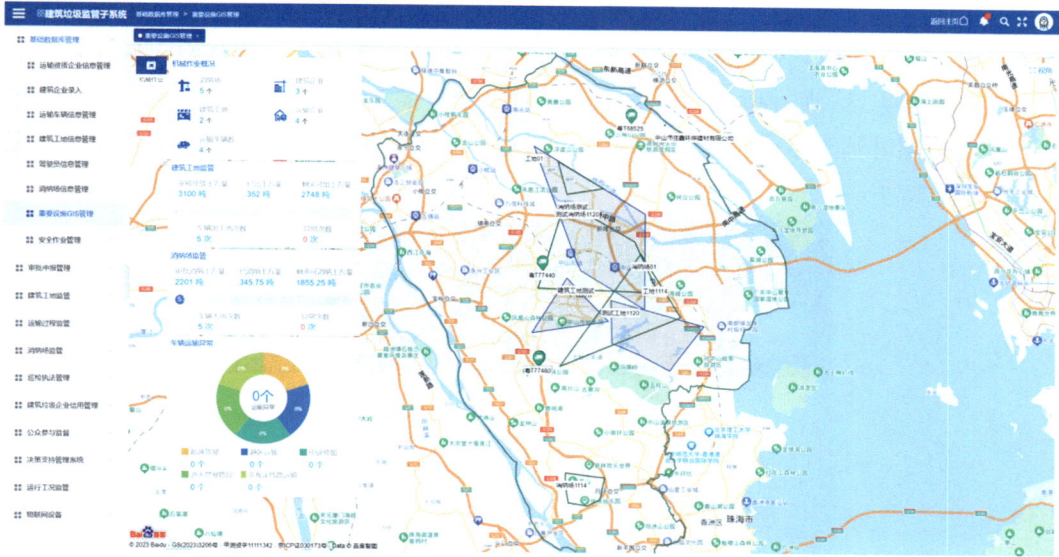

图 5 建筑垃圾监管子系统

推动形成全市各级统一考核标准、统一考核系统、统一考核队伍。通过完善考核机制实现城管业务全方位一体化考核，形成城管业务水平能力评价模型，找准城市管理缺项、漏项，定点提升。

基于巡检考核的管理要求，设计考核督查业务流程，包括任务生成、任务派遣、任务处置（反馈）、考评结果4个节点。考核督查业务流程如图6所示。

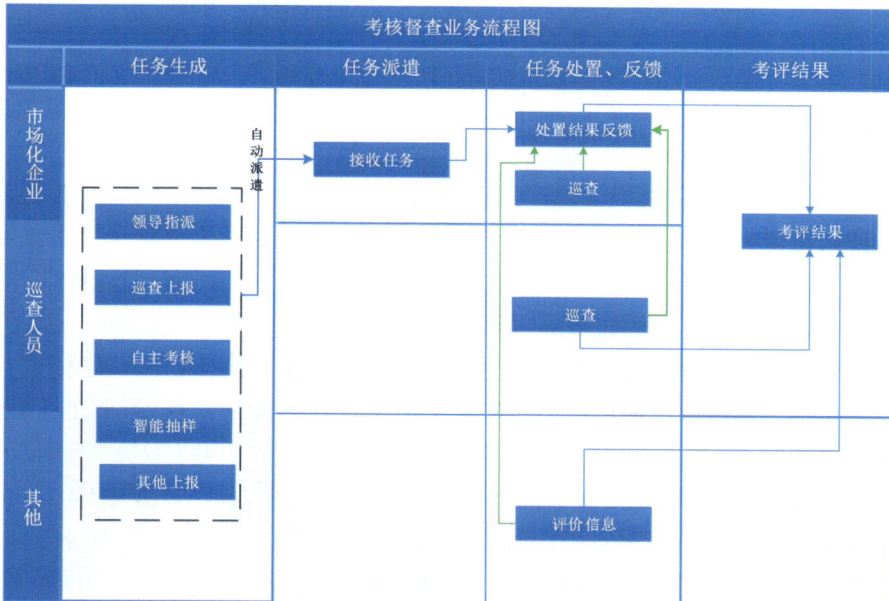

图 6 考核督查业务流程

251

（5）移动业务管理子系统。以粤政易或小程序形式提供给管理人员、巡查人员动态办公需求；基于现有"中山智慧城管"微信小程序，集成开发本项目小程序应用功能，满足管理人员、巡查人员巡查问题的快速处置反馈需求，实现作业的移动化管理和巡查监管。同时基于移动巡查形成巡查、处置、反馈、考核闭环管理，实现集约化建设。如图7所示。

图7 移动业务管理子系统

为了保证整个业务系统的扩展性与跨平台支撑，并与已有系统产品数据对接，构建环卫的业务支撑服务管理平台，为本项目建设定制统一业务工作流程，设置组织机构，并能够方便快捷地完成样式调整、业务流程修改、人员权限变动等日常维护工作，实现统一用户服务、单点登录、消息服务、报表服务等。运行支撑系统可以统一维护系统业务应用的工作模型，管理人员可以方便地调整系统使之适应用户需要，实现环卫监管系统业务的可扩展，并可以在使用中不断地优化系统配置，无须软件开发者的干预，充分赋予了用户自维护、自发展、自适应的能力。系统的权限管理可以实现基于部门、岗位和人员的分别管理，分级控制，不同的人员登录只能修改本人权限之内的配置信息。

（6）平台对接。本项目需与广东省数字政府平台对接（包括省统一身份认证、粤政易、广东政务服务网等），与中山市城市大脑对接（包括物联网平台、视频共享交换及智能分析平台、地理空间一张图等），与其他业务系统对接（包括数字环卫管理系统、智慧城管系统、生活垃圾分类数据台账收集系统、三大组团垃圾综合处理基地信息

252

系统、协同办公平台、数据共享交换平台、工程车轨迹系统、市信用服务中台等）。

三、创新应用

1. 分析管理短板，推动问题源头治理

传统环卫管理模式，环卫管理问题停留在发现问题解决问题的阶段，未能考虑如何从源头减少问题的发生，在解决问题过程投入了巨大精力，导致作业成本提高，同时影响整体作业质量。通过汇聚各街镇的运行数据，精确管控环卫各项目工作作业情况，了解作业异常，确保服务企业按标准、按质量安全、高效作业，保障企业履约到位，针对性分析作业盲点、梳理重点服务区域，对各类整改问题进行精细化、多维度分析，为各服务项明确管理薄弱点，提高整体运营服务水平，得出其管理短板，找出环卫管理问题源头，形成针对性作业计划及整改计划，从源头解决市容环卫相关问题。

2. 变革管理模式，推动作业提质增效

传统管理模式作业区域的划分、作业计划制定往往以历史经验来划分及配置，作业区域划分的不合理常常导致作业量提高，作业计划制定不合理导致作业工作量提高、资源利用低。可根据日常监管数据、考核巡查数据综合评估作业结果分析业务优化方向，清扫保洁方面依据作业对象分布、作业标准组合作业对象形成作业网格，按照作业均衡、作业便利、人员复用的原则不断优化作业网格及作业人员配备，形成优化的清扫保洁作业配置方案，最大程度减少作业工作量、均衡人员工作量、合理配置作业计划，确保作业任务落实，保障作业质量，提升整体成效。通过作业模式的优化，准确掌握环卫作业完成情况、作业异常情况，问题及时整改，推动提高全面掌握作业态势，合理规划作业计划，提高资源分配的科学性，促进全面增效。

3. 量化工作任务，考核评价有据可依

本项目实现环卫作业质量及达标结果的自动化生成，并可根据相关条件组合生成评估分析结果，实现作业考勤、作业完成情况、违规情况的自动统计，通过比对作业规则实现任务执行情况的精细化管理，实时掌握环卫作业质量、作业成效生成过程考核结果，在减少人工统计工作量的基础上也为管理决策提供了精确的分析结果，改变传统仅仅通过回访轨迹来核算工作量的模式，为环卫车辆管理、企业考核提供量化数据支撑，实现任务量化考核。

四、推广价值

本项目的建设，对市容环境卫生的现状进行集成分析，利用智能化手段，加强市容环境各环节的监管力度，通过系统功能的变化适应行业的管理发展。本项目建设完成后，将带来如下的社会效益和经济效益。

1. 资源要素"全覆盖"

按照"业务流程统一，作业要求统一，考核标准统一"的原则，将全市市容环卫涉及的人、车、事、物及相关资源要素的全采集、全接入和全覆盖，实现实时数据采集、运行监控与数据分析。

2. 精细管控"全流程"

全流程实现对全市市容环卫清扫保洁、垃圾分类、垃圾清运、垃圾转运、垃圾处置、公厕运行、化粪池运行、水域垃圾、建筑垃圾等全流程、全环节的精细化分析管控，对垃圾全生命周期实现全物流监控管理，实现可视化、可分析、可溯源。

3. 监督管理"全智能"

借助前端物联感知设备和后端智能分析算法，可对环卫车辆盲区及周边道路进行检测，同时可对司机超速、疲劳驾驶（不目视前方、打哈欠）、打电话、抽烟等危险驾驶行为进行智能监测预警；同时针对环卫各环节结合管理要求也实现了从人工监管到系统智能监管的转变，如环卫作业人员一人多机、超作业网格、迟到、早退等作业异常等全场景的智能化监管应用。

4. 决策分析"全数据"

充分利用数据共享支撑能力，汇聚各街镇相关市容环卫数据，实现内部系统之间互联互通、资源共享、内外业务协同，通过智能化大数据分析，形成市容环卫管理的各种运行体征指标，为全市市容环卫管理提供精准的数据支撑，使市容环卫管理方式从"经验治理"向"科学治理""精准治理""智慧治理"转变，提高城市的综合竞争力。

5. 应急处置"全调度"

通过市、街镇、企业3级的管理体系，对问题处置实现常态的扁平化、快捷化、移动化的高效处置；可以全时空的资源调度，实现"一呼到低、一呼全应"。

"智慧蓉城" 崇州市城市运行管理平台

王　成　毛华双　韩　佩

崇州市智慧蓉城运行中心　成都西南锦云大数据有限公司

一、建设背景

为贯彻落实国家、四川省、成都市对新型智慧城市建设的要求，结合四川省第二批新型智慧城市试点目标、成都市加快推进"智慧蓉城"建设、崇州市委、市政府中心工作和《崇州市"十四五"大数据产业及智慧城市发展规划》的规划部署，崇州市按照成都市已印发的智慧蓉城建设指南，根据利旧和新建相结合的原则，搭建区（县）／镇（街）两级智慧蓉城运行管理平台、物联感知体系、数据资源体系、"城市一张图"等，并开展区（县）级城市运行数字体征体系预警应用，聚焦"联勤联动、高效处置"，有效整合基层巡查处置力量，推进与"微网实格"平台融合贯通，纵向打通城市运行管理末端。建立应用超市、积分管理等创新模式，探索打造大划街道微网格数字街区等实战管用的特色场景，助力提升城市运行敏捷治理、科学治理水平。

二、建设内容

1. 构建管理体系，强化职能职责

以"三项清单+四个机制"推进市域基层治理体系创新。

一是构建职能职责管理体系。编制形成职能职责管理制度等系列配套制度，对市级部门及其下属各类机构的职责清单编制和使用工作提出具体要求。

二是建设集约高效的指挥体系。将防汛视频调度系统、综治视频调度系统和应急视频调度系统接入城运中心。通过视频融合技术，实现跨视频系统的市、镇（街）、村（社区）三级互联互通、实时调度。

三是应急预案数字化。开展应急事件调研和梳理工作，进一步融合应急基础数据，进行数据梳理、业务场景应用和预案数字化制定。

四是建立微网实格管理体系。编制形成《网格员队伍管理办法》《网格事项准入和退出机制》《网格划分规范》等相关制度，标准化网格工作事项。

2. 夯实数据底座，赋能应用体系

搭建数据中台及数据监控看板（图1），对接市委办等31个部门，109个业务系统，

250 余个资源项约 1.4 亿条数据。建成人、房、产等基础库，体征体系主题库。结合数据接入范围和质量管控需求，形成数据汇聚单位、系统和资源分析专题，赋能城市运行管理和应用场景建设。

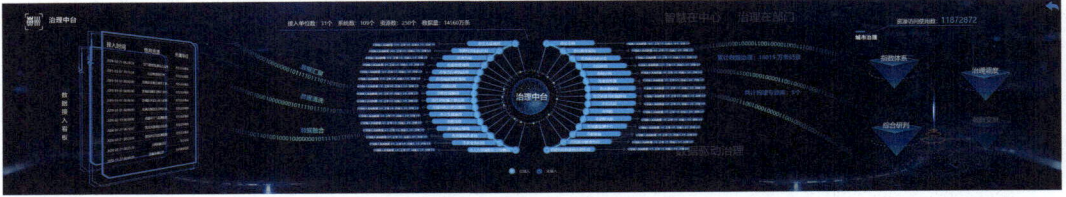

图 1　数据治理中台监控看板

搭建物联感知平台（图 2），接入物联设备总共 36 类共计 2 万余个，实现基础信息、报警信息的采集和传输，并对市本级 15 个街道城运中心提供物联感知数据下沉赋能，支撑镇（街）级事件感知源，提升基层治理、城市安全等重点工作能力。

图 2　崇州物联感知平台

3. 落实统战联动，打造城运平台

1）一屏管全局

构建"1+15"的市级、镇（街）级统联战的城市运行体系（图 3），梳理对接空气质量、森林防火、燃气监测、防汛预警、安全监测等风险预警信息，统览市本级事件工单实时监测分析，建立事件红黄牌机制、催办机制、提级调度机制，实现"一网统管"体系建设。

2）一屏观态势

搭建城市运行体征指数调度平台（图 4），以数据中台城市数据资源体系为基础，形成城市数据资源体征体系；以城市运行体检为目的，"三公一经"为范围设计城市整

256

图3　"智慧蓉城"崇州市城市运行管理平台

体运行状态体征；通过业务数据或基础数据的进行底层数据体征的设计和规划，形成城市三级指数指标体系，通过预警预案进行分数和颜色区分，对城市进行精准画像，指数监控实时动态更新，高效辅助领导驾驶舱决策。

图4　城市运行体征指数调度平台

精细梳理城市体征指数指标及构建规则（图5），从纷繁复杂的指标中选取多项具有代表性、可量化、综合性强的指标，结合指数说明、计算规则、权重、纳入依据，构建系统、科学、直观的城市运行指数体系结构，为城市运行管理与决策提供依据，确保城市运行安全、有序和高效。

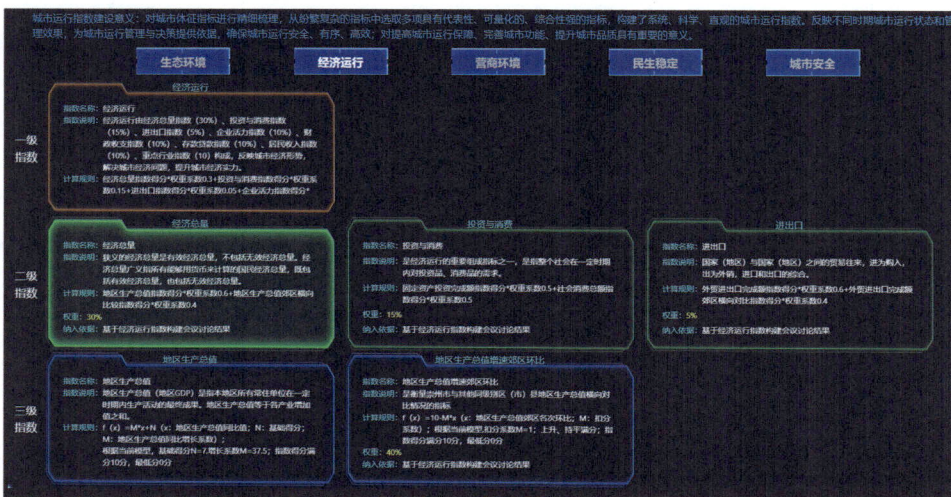

图5　城市体征指数指标构建规则

3）一屏调指挥

依托于融合通信能力和应急预案设计，建设融合指挥系统（图6）；汇集网络力量4 000余位，城市重点场所500余个，天网、雪亮等视频资源8 000余路形成"城市之眼"，整合各类通信终端如蓉政通、移动电台、卫星电话、IP电话、即时通信App等，实现多维度多端融合的实时通信；建立融合指挥值班值守制度、应急指挥制度，保障整体融合指挥体系运转。实现感知源、基层处置力量等"一张图"展示，进一步提升城市预警感知和快速调度处置能力。

图6　崇州重力融合指挥系统

4）高效处置一件事

聚焦"高效处置一件事"，立足实战管用目标，结合"微网实格"健全城运事件联勤联动运行机制，上线"慧派单"事件中枢（图7），接入市城运事件、网格上报事件、数字城管事件、网络理政事件、警城联动事件、天府市民云、大联动微治理等7类事件，依据成都市镇（街）属地管理重点领域责任分工清单梳理形成200余项巡查清单，做深做实镇街级城运平台建设，持续推动镇（街）、社区、网格城运事件全流程闭环高效处置和城运平台全流程闭环展示呈现（图8）。

图7　"慧派单"事件中枢

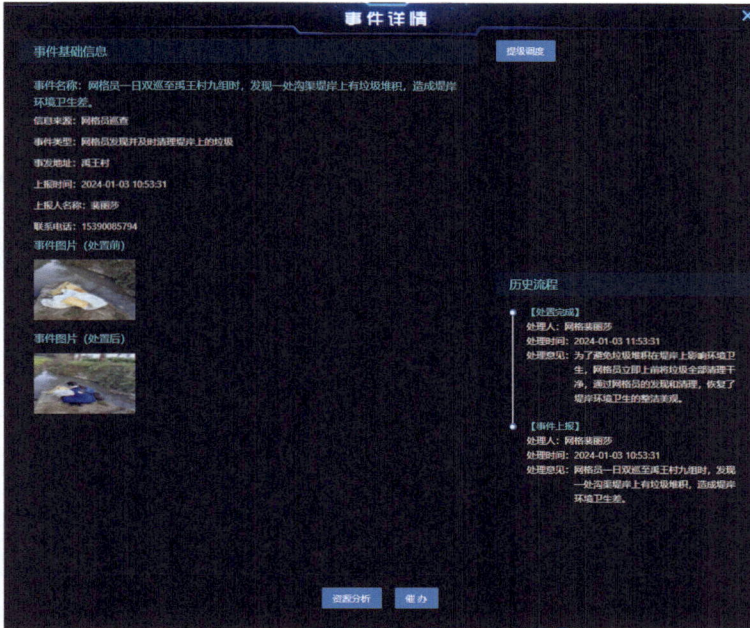

图 8　事件处置闭环示例

设计和部署结构化应急预案（图 9），实现事项应急指挥快速匹配和配置，推动实现事件处置规范化、智能化。

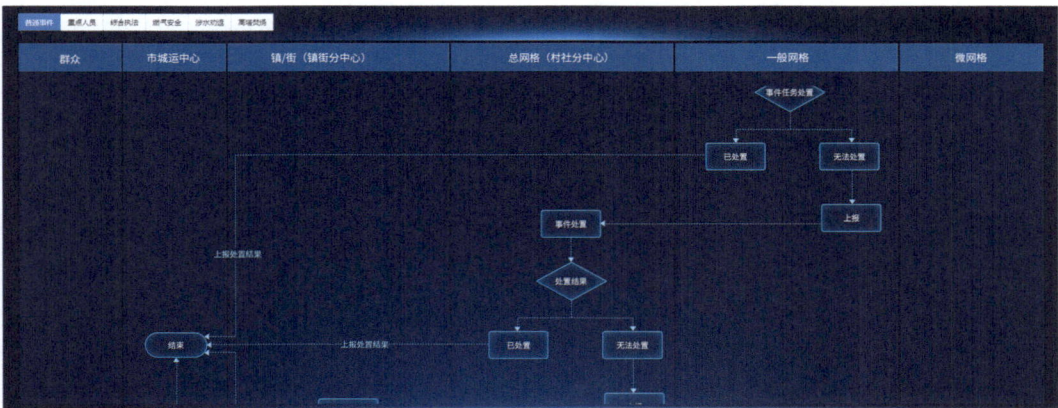

图 9　应急事件结构化预案

4. 强调需求指引，打造场景应用

1）推动网格精细化管理场景

搭建网格精细化管理平台（图 10），创新落实"微网实格"划分标准，推动村（社区）、村民小组行政体系与"3+1""微网实格"治理体系深度融合、功能互补、共同促进，将传统的网格员、部门业务人员、镇街工作人员和治理事件入网、入格，实现基层治理全覆盖、业务清晰管理、人员精细管理，构建镇（街）事件分中心。固化现有网格，作为事项巡查、信息采集、指挥调度的基本单元，数据化网格边界，梳理整合各类网格事项。截至目前，全市划分总网格 172 个，以村民小组为单位划分一般网格 2 182 个，微网格 3 660 个。

图 10   网格精细化管理平台

2）打造重大项目生命周期场景

搭建项目全生命周期智慧调度平台（图 11），作为政府管理侧场景应用。管理接入市本级项目、招商引资项目、上级垂管项目等数据可视化呈现，开展项目调度管理工作，为领导总览全局、综合决策和及时调度提供丰富的内容保障、及时的通信保障和科学的决策保障，项目全生命周期调度系统初步具备综合展示和支撑项目调度的相关能力。

图 11   项目全生命周期智慧调度平台

3）打造公共安全的便民场景

搭建崇州市景区数字名片（图 12），支撑镇（街）级区域旅游景区的安全管理，提高旅游服务质量，通过统一对外的吃喝玩乐住的门户小程序，实现景区整体出入预约、民宿餐饮预订、卡口智能放行、游玩指南推送等功能；通过景区承载能力分析进行相关预警，及时暂停景区预约，减少游客拥堵时间，让游客在景区游玩的安全、省心、便捷。

图 12　景区数字名片

构建重点人群管理、秸秆禁烧、涉水劝返特色场景（图 13），依托前端 AI 智能摄像头进行违法行为感知，依托平台事件枢纽处置将告警信息自动形成业务工单，自动派发工单到手持移动端的基层管理人员，开展现场处理、劝告，再通过移动端进行处理结果反馈，形成场景应用监管全闭环。

图 13　涉水劝返场景

三、创新应用

以"智慧蓉城"建设为牵引,聚焦基层治理服务能力,创新试点搭建以崇州市大划街道微网实格数字街区,大划街道针对人口"潮汐式"流动带来的管理特点,聚焦一体推进"智慧蓉城"与"微网实格"深度融合、双向赋能。围绕"保安全、抓闭环、提效率"总体需求,着力夯实数据基础、提升治理效能、丰富治理手段,推动共建共治共享,打造城市精细管理、法治政府建设、特殊重点人群服务管理、应急安全等多项政府管理侧场景,全力打通基层治理"最后一百米"。

1. 搭建 CIM 系统,街区全要素管理

落实完善"王"字形架构街道级城市运行管理平台,搭建以房屋房间二维码为单位的"城市 CIM 系统(微网实格数字街区系统)"(图14),融入人、地、事、物、情、组织等各类数据10万余条,1:1还原搭建三维空间数字街区底座,建立与现实街道、网格、社区级城市信息模型,实现城市治理可感、可视、可防、可治。

图 14 大划街道微网实格数字街区

2. 搭建"码上办",打通基层神经末梢

搭建"微网实格码上办"小程序(图15),建立街道、社区、村民小组、专属网格、微网格的5级网格体系,街道城运中心实体化运行,通过数据的共享、更新、维护,突出解决治理资源和力量碎片化问题,形成高效处置一件事的工作合力。梳理细化327项高频易发、无须专业技能和技术检验检测就能识别的巡查事项,形成针对微网格员的11类37项实用快捷巡查事项,结合"微网实格码上办"小程序移动工作端,植入

"一键采集""一键巡查""一键上报"等快捷功能。

图 15　微网实格"码上办"

3. 开展数据汇聚，筑牢全域感知体系

完善前端感知源接入，利旧新增视频资源 300 余路，物联感知源 3 000 余个，构建形成街道级"城市之眼"。利用"码上办"微信小程序，动态开展数据摸排，建立包括特殊人员、重点人群、"三产"服务业等 30 项数据指标在内的人、房、产数据底座，双线结合打造数据底座，同步建立数据"保鲜"机制，赋能支撑微网实格落地落实。

以房屋建筑为基础标识，通过对辖区内 219 个微网格逐"格"编码，制作并张贴房屋二维码 2 000 余个，并以此开展基础数据更新维护 10 万余条，做到辖区基础数据清晰。

4. 做强网格力量，提升事件处置水平

以查处分离、专兼结合为指导原则，按需开展网格员队伍的"引、育、培"工作。同时对标全科网格，围绕执法、医疗、司法等专业性高、难度大的治理事项，下沉机关干部入网，组织民警、执法队员、家庭医生、法律顾问等专业力量下沉网格，全面提升网格事件闭环处置水平。截至目前，收集居民诉求 100 余个，关心关爱困难群众 50 余人，年度矛盾纠纷案件同比下降 32%。

5. 构建运行机制，推动事件高效处置

搭建事件智能工单系统（图 16），集中收集上级转办、基层上报、群众诉求、物联感知、预测预判 5 类事件来源的事项，依托五级网格体系构建巡查上报、街道城运中心"中脑"派单处置、网格员验收评价的闭环工作流程，实现"隐患及时发现、问题实时追踪、处置有迹可循"的全过程闭环。排查处置事件 1 万余次，排查发现安全隐患 855个，完成整改 850 个，整改率高达 99%。

图 16　事件智能工单系统

四、推广价值

通过本项目建设，崇州市已实现成都市智慧蓉城"三级平台、五级运用"的"王"字形总体架构要求，崇州智慧城市建设总体规划更加清晰，物联感知体系、城市体征体系、数据资源体系、基层治理体系等基础底座更加牢固，人、房、产等城市治理数据要素汇聚治理、共享应用更加全面，公共安全、公共管理、公共服务、经济运行等行业领域智慧应用场景建设成效更加显著，跨部门、跨层级高效联动处置的工作格局也同步形成，区县级城市敏捷治理、科学治理水平也在不断提升，人民群众获得感、幸福感和安全感不断增强。

万州区智慧城管综合执法系统项目

谢明才　李晓华　官　磊

重庆市万州区数字化城市管理中心　深圳市图元科技有限公司

一、建设背景

中共中央、国务院《关于深入推进城市执法体制改革改进城市管理工作的指导意见》和《关于全面推行行政执法公示制度执法全过程记录制度重大执法决定法制审核制度的指导意见》对加快执法体系建设、信息化建设作出了重要指示。住房和城市建设部《关于推行城市管理执法全过程记录工程的通知》和《全国城市管理执法队伍"强基础、转作风、树形象"三年行动方案》中进一步强调了执法信息化建设的重要性和要求利用科技手段推动执法规范化、制度化、智能化。万州区智慧城管执法系统项目建设是落实国家政策的重要举措，通过信息化平台的建设，着力推进执法透明、规范、合法、公正，不断健全执法制度、完善执法程序、创新执法方式、加强执法监督，全面提高执法效能，推动形成权责统一、权威高效的行政执法体系和职责明确、依法行政的政府治理体系，确保行政机关依法履行法定职责，切实维护人民群众的合法权益，为落实全面依法治国基本方略、推进法治政府建设奠定坚实基础。

二、建设内容

1. 总体架构

根据总体建设目标，万州区智慧城管综合执法系统的总体架构可以归纳为"1+3+6"，"1"即建设一套标准规范体系，"3"是实现三屏融合的统一门户，"6"是指万州区智慧城管综合执法系统的六大体系，最终实现"感知、分析、服务、指挥、监察"五位一体目标，总体架构如图1所示。

1）建设一套标准体系

标准规范体系是数据融合、互动的基础，万州区智慧城管综合执法系统的标准体系包括标准组织体系、标准制度体系、执法规范体系、数据规范体系和安全保障体系。通过标准体系来统筹总体框架，在符合市级标准的同时，结合万州实情，构建一套具有万

| 应用层 | App | Web | …… |

业务层：执法案件管理体系　执法辅助管理体系　执法监督考核体系　执法勤务管理体系　执法指挥调度体系　数据分析研判体系

数据层：地理数据　单元网格　执法事由　权责清单　执法依据　执法文书　执法业务　审批数据　执法机构　执法人员　社会主体　法人数据　征信数据　……

前端感知：现场采集照片、视频、录音　单兵执法记录仪、无人机、视频监控、移动车载监控……

标准规范体系　数据安全体系

图 1　总体架构

州特色的综合执法管理标准体系。

2）实现三屏融合的统一门户

建设统一的综合执法工作平台，实现大屏、电脑和手机终端三屏融合，三屏融合充分利用现有的平台和资源，以执法主体用户为核心，在三屏之间形成很好的资讯互补和服务统一，从而推动彼此的价值提升。在不同网络之间为执法者提供关联匹配的业务，使执法管理者可以随时随地享受到多终端融合的使用方式，为用户带来三屏的持续体验。大屏侧重于执法管理、运行监控、调度指挥、数据分析与展示；电脑屏侧重于执法办案、业务处理、协同工作和数据统计；移动端则采用全移动模式，实现执法办案现场取证、案件批转、指挥调度、数据分析、督查督办等功能。

3）覆盖综合执法六大体系

在响应综合行政执法体制改革大要求下，针对综合行政执法一线需求，万州区智慧城管综合执法系统运用物联网、互联网、云计算、大数据等现代信息技术，从日常执法管理、执法办案和执法监督需求出发，根据辖区综合执法工作任务和综合执法力量等因素合理划分单元网格，将监管力量下沉至各单元，将日常监管基本工作任务和职责落实到具体单位和具体人员，使网格内各类监管问题得到有效监管，实现定区域、定任务、定责任，全面覆盖执法案件管理、执法监督考核、执法勤务管理、执法辅助管理、执法指挥调度、数据分析研判六大执法应用体系，如图 2 所示。

2. 执法案件管理体系

执法案件管理体系依托移动端+PC 端的"两端"应用模式，实现执法办案、执法案件全流程在线办理，通过标准化、常态化的工作模式，能够有效、及时发现并应对执

266

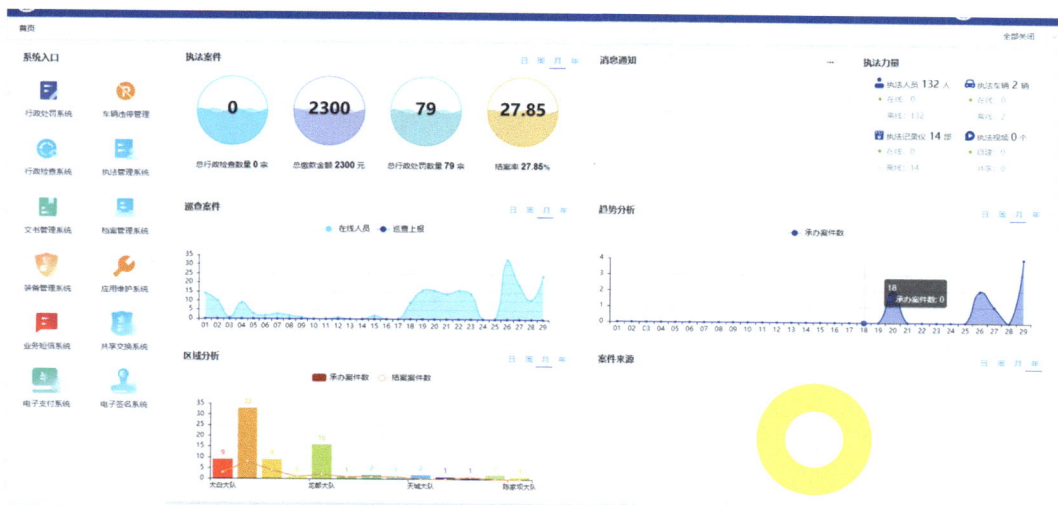

图 2　平台首页

法过程中出现的文书制作不规范、处罚结果不公平、法律适用不准确等问题，提升执法办案水平，提升执法办案质量，提升执法部门对外形象。执法文书管理如图 3 所示，移动执法通如图 4 所示。

图 3　执法文书管理

3. 执法监督考核体系

执法监督考核体系通过对执法依据的细化梳理和分级分类，能够防止用错法规、用错条款、处罚不当等行为的发生，通过全过程记录制度丰富了执法过程的事中监管，依托城市管理综合执法监督管理平台和相关管理办法，法制部门需定期对执法案卷进行评查工作，以此打造事前、事中、事后的执法监管工作体系。

图 4   移动执法通

4. 执法勤务管理体系

执法勤务管理依托移动执法终端、执法记录仪、便携式车载动态取证系统等完善的执法装备，实现"人车物事"泛在感知，为日常执法监督工作的开展实现实时化、精细化的管理。通过智能排班、智能考勤、脱岗预警、巡查抽查等方式，实现对每一个执法人员、每一辆执法车辆、每一个执法案件、每一个执法过程的实时动态监督，以监督促考核，助力法治政府阳光执法体系的建设（图5）。

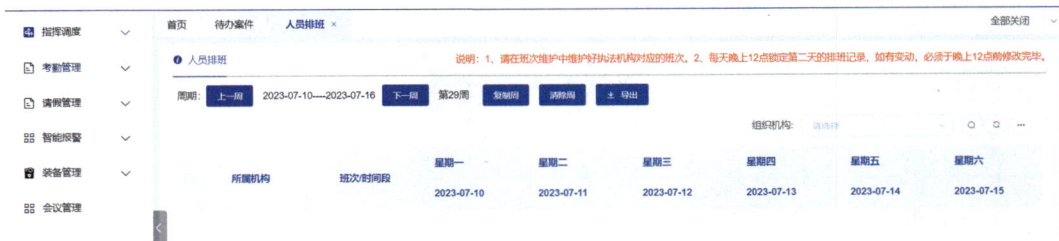

图 5   执法勤务管理

5. 执法辅助管理体系

执法辅助管理体系是对执法过程提供丰富的辅助应用，可以随时随地、方便快捷地使用，主要包含执法应用维护、业务短信、执法 AI 智能助手、执法知识库、执法智慧笔录、执法数据交换等系统。

6. 执法指挥调度体系

执法指挥调度体系可实时查看辖区内的情况，及时有效地防范和控制突发事件发生，将各类突发事件控制在苗头状态，防止把"一般性事件"演变成"突发性事件"，做到"大事控小、小事控了"，实现"情况看得见""指令听得着""位置找得到"的可视化指挥调度，切实提高单位的指挥调度能力，达到整体联动效果。

利用执法指挥调度系统实现城管各类业务数据整合和数据展示、信息共享和综合利用，在电子地图上实现全局资源的可视化。结合城管的日常工作流程，实现"资源清、情况明、反应快、处置明、管理勤"的目标，提高城管信息化管理水平，规范城管突发事件处置过程，提高突发事件处置效率，打通各级信息壁垒，实现可视化指挥调度。如图 6 所示。

图 6 执法指挥调度

7. 数据分析研判体系

通过空间、时间、类型、行业维度对全区城市管理案件情况进行立体分析，多视角地检视城市运行情况，发现和追踪城市管理案件发展趋势、诱发原因、分布规律、影响范围等。在充分理解业务的基础上，对各类问题按行业、小类进行详细拆解，从整体到局部，进行深入地研判分析，发现城市管理短板，助力科学决策。

三、创新亮点

1. 推进"教科书"式执法，保障精准执法、高效执法

按照《行政处罚法》的要求，万州区智慧城管综合执法系统严格按照自由裁量权标准将案件受理、立案、调查、处罚、执行等执法环节在平台中建立规范化的执法流

程，规范每个环节、每个岗位的要求，从源头上约束和规范执法行为。通过对法律法规、自由裁量权、执法文书进行结构化编码处理，实现法律法规在线查询、执法案由智能推选、执法文书标准输出、自由裁量规范使用，执法队员选择相应执法事项后，系统自动关联违则、罚则、自由裁量标准等，帮助执法队员用好法、用对法，不再需要执法队员花很大工夫去查阅资料，避免人情执法、经验执法，从源头保障法律的执行能够公平公正，如图7所示。

图 7　教科书式执法

2. 创新"非接触式"执法，减少执法正面冲突和纠纷

运用大数据信息技术、视频智能分析技术，全时段、全方位、敏捷高效地自动识别违章停车、出店经营、无照游商等违规事件，形成有效的视频证据，派送至执法部门，并自动将违法事实处罚决定通知到当事人，实现"零口供"办案，为执法人员实施"非接触式"执法提供证据链，破解城市管理执法成本高、时段管理难、依法取证难等问题，有效减少执法正面冲突和纠纷，提高执法办案效率，"非接触式"执

270

法如图 8 所示。

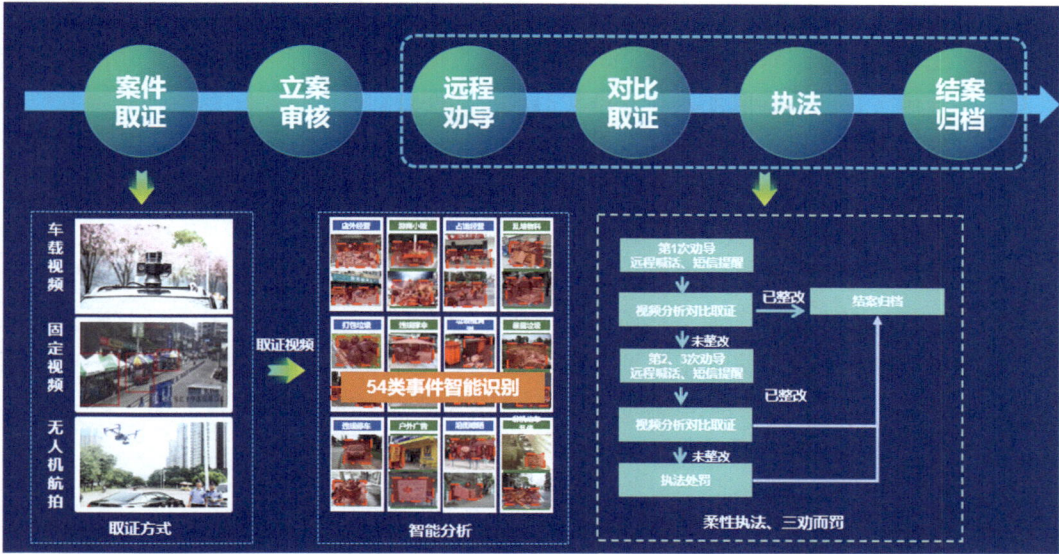

图 8 "非接触式"执法

3. 推行"码上付"缴罚款，增强群众满意度、幸福感

为进一步强化执法服务，通过与非税系统贯通，万州区落实简易程序案件当场处罚电子化收缴，推出行政处罚电子化的缴纳方式。针对占道经营、人行道违停等违法行为的处罚，案件当事人对处罚决定无异议时，可通过扫描二维码，选择微信、支付宝任意一个支付平台完成罚款缴纳。当事人可以通过支付平台进行查阅、下载、打印、查验票据，无须再去现场或指定的地点缴费，实现了缴款人缴费"零跑腿"，整个执法过程只需要短短几分钟，实现了"快查快处"。多样化的缴款方式，使缴纳罚款手续得到简化，更加高效便民，有效提升群众满意度、幸福感。

4. 实现城市管理执法业务数字化、网上办案"一链智管"

按照《行政处罚法》的要求，万州区智慧城管综合执法系统严格按照自由裁量权标准将案件受理、立案、调查、处罚、执行等执法环节在平台中建立规范化的执法流程，规范每个环节、每个岗位的要求，从源头上约束和规范执法行为。

与以往执法过程记录不同，传统综合执法大量检查工作无记录，行政处罚工作大部分采用纸质文书存档形式，万州区智慧城管综合执法系统打造基于时间、空间、音频、视频、文书一体化的完整证据链，实现执法音视频、文书在执法系统中全记录、可查阅，实现案件登记、受理、立案、取证、处置、缴款、结案、归档全流程管理，违章主体自动关联，违法记录一目了然，实现全过程网上办案"一链智管"。

5. 实现城市管理执法业务智能化、业务办理"赋能提效"

基于万州区智慧城管综合执法系统，对行政执法主体、执法人员、执法案件、权责清单、法律法规等以时间、空间、数量等维度进行聚类分析、研判，为部门三定方案修订、权责清单修订等提供科学数据依据，结合大数据为热点敏感问题进行信息收集、部门人员量化考核、依法行政考核等提供实时动态数据支撑；通过拓展智慧化功能，实现案件智能分析、智能调查取证、预警自动推送、案件自动匹配、裁量标准推荐、疑似案件推送、信息自动填充、文书自动生成、语言智能录入、路径自动规划、案件智能督查、执法智能学习，通过智慧化手段赋能，为执法业务办理提质增效。

6. 实现城市管理执法指挥扁平化、远程调度"一呼全应"

万州区智慧城管综合执法系统，通过将指挥调度所需的人、事、物等各要素置于电子地图上，将静态个人置于动态全局中，使执法指挥调度通过信息技术手段打破行政层级，实现横向指挥到面、纵向指挥到点的可视化扁平指挥。在指挥调度的制度上，采用权责同步转移的方式，实现块状扁平化调度、金字塔指挥的运作模式，建立起"呼得通、看得见、调得动"的平战结合响应能力及调度体系。

四、推广价值

1. 增强社会效益、提高经济效益

传统的执法存在文书错误、遗漏，执法程序错误，证据缺失等一系列风险点，通过本项目的实施，能够实现办案操作规范化、办案流程统一化、办案证据完整化、办案信息可追溯化、监管实时化、格式文书标准化，有效降低各类行政复议和诉讼的概率，规避各类执法风险。

通过项目建设，有效提升执法队员、协管员的执法效率和执法效果，节省了人力投入，不需要继续增招协管人员，大大减少人工成本的支出。

另外，执法的很多环节，尤其是办案环节，传统线下方式每个案件整个过程各种文书、各种表格、各种材料等，需要几十页甚至上百页的材料，而本项目实现办案线上化，有效减少了打印纸张的使用，大大节省办公费用。

2. 规范执法行为，提升执法效能

通过项目实施，将执法流程、相关文书进行了标准化并固化到系统中，借助执法系统，有效规范执法人员的执法行为，避免了执法的随意性和不规范性，推进执法行为标准统一。

执法人员通过执法终端开展执法检查、执法办案、执法监督，实时上传全过程工作记录和执法证据，平台自运行以来，查处案件2.1万件，案件评查优良率由80%提升到95%，办理普通程序案件从原来平均7天最快缩短到1天。平台运行以来，依托大数据技术，实时分析苗头性、倾向性问题，第一时间向特定群体推送预警信息，城市管理违法行为反复性、易发性问题明显下降，跨门店经营违法案件数量下降50%，游动摊贩违法案件数量下降46%，群众来电来访投诉量下降32%。

中国智慧城市优秀应用案例集

（2024） 下册

智慧城市大会组委会
中国测绘学会智慧城市工作委员会 主编

海洋出版社

2024 年·北京

图书在版编目（CIP）数据

中国智慧城市优秀应用案例集. 2024. 下册／智慧
城市大会组委会，中国测绘学会智慧城市工作委员会主编.
北京：海洋出版社，2024. -- ISBN 978-7-5210-1283-5

Ⅰ. F299. 2

中国国家版本馆 CIP 数据核字第 2024AV2291 号

审图号：GS 京（2024）1396 号

策划编辑：江　波
责任编辑：刘　玥　孙　巍
责任印制：安　森

海洋出版社　出版发行

http：//www. oceanpress. com. cn

北京市海淀区大慧寺路 8 号　邮编：100081
涿州市殷润文化传播有限公司印刷　　新华书店发行所经销
2024 年 7 月第 1 版　2024 年 7 月北京第 1 次印刷
开本：787mm×1092mm　1/16　印张：56
字数：1180 千字　总定价：298.00 元（上、中、下册）
发行部：010-62100090　总编室：010-62100034
海洋版图书印、装错误可随时退换

《中国智慧城市优秀应用案例集（2024）》编委会

主 任 委 员：邬　伦

副主任委员：顾行发　张新长　朱　庆　陈向东

编　　　　委（按姓氏拼音排序）：

陈　利　陈　应　范占永　关　军　黄　俭

黄先锋　霍向琦　江贻芳　李　洁　李　萍

刘　谦　陆　锋　沈　雨　史文中　王　丹

吴献文　徐　沫　杨必胜　于　洁　张立伟

赵　武　赵　昕　郑丰收

《中国智慧城市优秀应用案例集（2024）》编写组

主　　编：陈向东

编写组成员（按姓氏拼音排序）：

安锡友	白国林	薄　成	薄跃彬	别贤得	蔡凤龙	曹盛源	柴成富
常　海	车军栋	陈恒恒	陈　辉	陈家兴	陈建军	陈　俊	陈　龙
陈　萍	陈庆能	陈苏军	陈　艇	陈万春	陈洋洋	陈泽林	崔　浩
崔丽梅	崔占海	戴雄奇	邓成云	邓晓红	邓章铁	丁俊颖	董景坤
段　伟	段旭宝	范林林	冯　超	付海龙	付　健	高　凡	高婷婷
高旭龙	郜　凯	关代章	关国翔	官　磊	郭德鑫	郭　海	郭明亮
韩　峰	韩功元	韩　佩	韩哨兵	韩文泉	韩哲飞	何嘉珈	何树强
洪伟杰	胡志斌	胡忠建	华　兵	黄　锋	黄俊峰	黄　铜	黄维清
黄　欣	黄　洋	黄滢冰	霍小军	姜丹萍	姜　伟	姜　鑫	姜欣飞
蒋　华	焦　栋	金　松	阚加力	雷文书	雷玉宾	黎海波	黎梓强
李承哲	李　峰	李　佳	李建新	李　剑	李　洁	李金生	李科霖
李　雷	李明涛	李木子	李　娜	李　青	李荣生	李士明	李田养
李晓华	李新文	李雪松	李应涛	李灶强	梁汉媚	梁航琳	梁耀哲
梁勇基	廖光伟	林世国	林泽涛	蔺雪峰	刘德生	刘　东	刘端强
刘国民	刘　恒	刘　璐	刘盼能	刘　鹏	刘鹏飞	刘生华	刘生强
刘　炜	刘文明	刘　瑄	刘晔晖	刘　一	刘艺炫	刘玉财	刘志华
刘子汉	刘祖然	龙慧萍	卢成志	陆建华	陆星宁	罗　文	罗　玉
吕　俊	马宝林	马　超	马继生	马晓彪	马振杨	毛华双	毛旭阳
孟　成	孟宇坤	莫仲婷	倪伟凯	欧阳寒	欧　舟	潘天峰	潘伟华
潘　越	彭海军	彭青顺	彭旭东	祁　耀	钱　路	钱云飞	乔　波

乔小雷	邱成祥	屈停停	任会峰	任康杰	任天宇	任玉荣	荣芳
沙默泉	申杨捷	沈雨	沈钰峰	沈郑伟	盛中杰	石磊	孙慧芬
孙鹏	孙越	覃寿芳	谭持程	田旺	田旭升	田有良	佟绍华
童新建	屠颢	王波	王成	王冲	王刚	王冠英	王敬平
王凯	王萌	王敏	王鹏翔	王权	王若禹	王少一	王思文
王涛	王田田	王义兵	王永峰	王兆洋	王振胜	王卓	韦选
温迪	温嘉翔	文亮	邬毛志	邬文奇	吴晨曦	吴敏格	吴敏睫
吴帅	夏磊	夏石泉	夏友为	向天竹	肖道刚	肖茂林	肖宁
肖鹏	谢明才	谢心	熊栋梁	熊穗	徐琛宇	徐峰	徐嘉良
徐良	徐世安	徐维发	徐晓康	许保刚	许荔娜	许文恭	许雄飞
许炎波	薛慧	闫伟	严建国	杨博璇	杨川石	杨杰	杨正辉
姚尧	叶林飞	叶玉强	叶云涛	尹长林	尤国涛	游华明	于菲菲
于琦	于宇	袁锐伦	袁晓军	曾艳艳	张兵	张丹	张帆
张国梁	张开坤	张凯	张磊	张培文	张强	张西军	赵俊祥
赵鹏	赵元达	折恺	郑柏生	郑俊	钟金明	周川	周大山
周洪月	周良辰	朱杰	朱军辉	朱向军	祝晓坤	卓林浩	宗静
邹超	左涛						

《中国智慧城市优秀应用案例集(2024)》编写单位

主编单位：智慧城市大会组委会

中国测绘学会智慧城市工作委员会

参编单位（按单位名称拼音排序）：

保定市不动产登记中心

北京大兴国际机场临空经济区（廊坊）管理委员会

北京公维电子信息技术有限公司

北京市测绘设计研究院

北京市大数据中心

北京市勘察设计研究院有限公司

北京市首都公路发展集团有限公司公路资产管理分公司

北京新航城城市运营管理有限公司

苍穹数码技术股份有限公司

长沙市规划信息服务中心

长沙市生态环境局

长沙数智科技集团有限公司

长武县住房和城乡建设局

常州市新北区水利管理服务中心

常州市新北自然资源和规划技术保障中心

成都西南锦云大数据有限公司

城乡院（广州）有限公司

澄迈县清澄水务环境发展有限责任公司

重庆市万州区数字化城市管理中心

崇州市智慧蓉城运行中心

东莞市住房和城乡建设局

东莞市自然资源技术中心

赣州蓉江新区住房和城乡建设局

姑苏区数据局

广东绘宇智能科技有限公司

广东南方数码科技股份有限公司

广西机场管理集团有限责任公司

广西壮族自治区自然资源遥感院

广州城市信息研究所有限公司

广州南方测绘科技股份有限公司

广州南方智能技术有限公司

广州市白云区城市管理和综合执法局

广州粤建三和软件股份有限公司

海纳云物联科技有限公司

航天科工智慧产业发展有限公司

合肥经济技术开发区公用事业发展有限公司

河北建研建筑设计有限公司

河北临空集团

河津市数字智联有限公司

湖北公众信息产业有限责任公司

湖北建科国际工程有限公司

湖北省数字产业发展集团有限公司

湖北省应急管理厅

华为技术有限公司

机械工业勘察设计研究院有限公司

吉奥时空信息技术股份有限公司

济宁市大数据中心

江苏天汇空间信息研究院有限公司

江苏舆图信息科技有限公司

苏州市吴江区盛泽镇人民政府

廊坊经济技术开发区党政办公室

廊坊新智数智未来智能城市有限公司

联通（广东）产业互联网有限公司

临空经济区（廊坊）城市运营中心

泸州市城市综合管理服务指挥中心

泸州市兴泸实业发展有限公司

南京地铁运营有限责任公司

南京泛在地理信息产业研究院有限公司

南京师范大学

南京市测绘勘察研究院股份有限公司

南京市城市地下管线数字化管理中心

南京市鼓楼区人民政府

南京市航道事业发展中心

南京市住房保障和房产局

南宁富航资产管理有限责任公司

南宁市勘测设计院集团有限公司

南宁市住房保障发展中心

南宁市住房和城乡建设局

平潭综合实验区城乡环境发展有限公司

桥头堡指挥部

青岛能源集团有限公司

青岛市行政审批服务局

青岛西海岸新区城市规划设计研究院

厦门市公安局

厦门市数据管理局

陕西华山路桥城市运营有限公司

陕西天诚软件有限公司

上海城市地理信息系统发展有限公司

上海昊沧系统控制技术有限责任公司

上海三高计算机中心股份有限公司

上海市港航事业发展中心

深圳市城市建设档案馆

深圳市前海建设投资控股集团有限公司

深圳市前海数字城市科技有限公司

深圳市深国际湾区投资发展有限公司

深圳市深汕特别合作区深水水务有限公司

深圳市深水宝安水务集团有限公司

深圳市世纪伟图科技开发有限公司

深圳市图元科技有限公司

深圳市智慧城市科技发展集团有限公司

深圳市智慧城市通信有限公司

神木市信息产业发展集团有限公司

沈阳市勘察测绘研究院有限公司

苏州工业园区大数据管理中心

苏州工业园区宣传和统战部

苏州市测绘院有限责任公司

苏州市姑苏区住房和建设委员会

苏州新建元数字科技有限公司

宿迁市宿豫区综合指挥调度中心

太仓市沙溪镇人民政府

泰州市海陵区社会治理服务中心

天津市测绘院有限公司

天津市住房和城乡建设委员会

温州设计集团有限公司智慧城市和大数据研究院

温州市文化旅游信息中心

乌审旗住房和城乡建设局

无锡经济开发区区域社会治理现代化指挥中心

无锡市滨湖区区域社会治理现代化指挥中心

无锡市滨湖区数据局

武汉市建筑工程质量监督站

武汉智博创享科技股份有限公司

西安市雁塔区物业管理协会

西安易川智能科技有限公司

仙桃市政务服务和大数据管理局

襄阳市数据局

兴国县行政审批局

雄安雄创数字技术有限公司

鹰潭市大数据中心

园测信息科技股份有限公司

置威科技（上海）有限公司

中电科电科院科技集团有限公司江苏分公司

中电科数智科技有限公司

中共神木市委政法委员会

中国电信股份有限公司苏州分公司

中国电信股份有限公司仙桃分公司

中国葛洲坝集团三峡建设工程有限公司

中国联合网络通信有限公司广东省分公司

中国联合网络通信有限公司智能城市研究院

中国铁道科学研究院集团有限公司电子计算技术研究所

中国雄安集团数字城市科技有限公司

中国移动通信集团江苏有限公司无锡分公司

中建三局数字工程有限公司

中建三局智能技术有限公司

中交天津航道局有限公司

中煤航测遥感集团有限公司

中山市城市管理和综合执法局

中铁建设集团有限公司

中冶京诚工程技术有限公司

前　言

2024 年是中华人民共和国成立 75 周年，是实施"十四五"规划的关键一年。75 年沧桑巨变，我国如今已踏上以中国式现代化全面推进强国建设、民族复兴的新征程。建设数字中国是数字时代推进中国式现代化的重要引擎，智慧城市是数字中国建设的核心载体和重要内容。《关于深化智慧城市发展 推进城市全域数字化转型的指导意见》提出，到 2027 年，全国城市全域数字化转型取得明显成效，形成一批横向打通、纵向贯通、各具特色的宜居、韧性、智慧城市，有力支撑数字中国建设。到 2030 年，全国城市全域数字化转型全面突破，人民群众的获得感、幸福感、安全感全面提升，涌现一批数字文明时代具有全球竞争力的中国式现代化城市。

为扩大智慧城市各领域开放合作，发挥优秀案例带动作用，携手各方共享创新发展成果，深入推进新型智慧城市发展，智慧城市大会组委会和中国测绘学会智慧城市工作委员会在全国范围内征集智慧城市应用案例。截至 2024 年 5 月，共征集案例 300 余篇，最终遴选出一批技术先进、模式创新、成效显著的智慧城市优秀案例 87 篇集结成册，内容范围涵盖智慧园区、智慧水务、智慧交通、智慧社区、智慧城管、智慧党建、云服务平台等多个方面。相信本书的出版，能够为从事智慧城市相关工作的政府部门、企事业单位和相关技术人员提供有益的参考。

本书的出版得到了各参编单位和行业专家的大力支持，在此表示衷心的感谢！限于编者水平，加之时间仓促，书中难免有不妥甚至谬误之处，欢迎读者批评指正！

目　录

上　册

中　册

下　册

澄迈县南部片区城乡供水一体化工程

许炎波　郭明亮　刘国民

澄迈县清澄水务环境发展有限责任公司 中交天津航道局有限公司
广州南方测绘科技股份有限公司 广州南方智能技术有限公司

一、建设背景

党的十八大以来，习近平总书记把治水作为实现"两个一百年"奋斗目标和中华民族伟大复兴中国梦的长远大计来抓，明确提出"节水优先、空间均衡、系统治理、两手发力"的治水思路，把新中国治水提升到新的高度，推动水利改革发展取得新的历史性成就。

海南是多个国家重大战略的交汇地，在国家区域发展和对外开放总体战略中的地位和作用明显提高并日益凸显，全社会对海南水资源利用与保护高度关注。为全面贯彻落实习近平生态文明思想和习近平总书记关于海南生态文明建设的系列重要指示批示精神，海南以水环境综合治理为突破口，系统推进治污水、保供水、排涝水、防洪水、抓节水、优海水 6 项工作，在全省下大力气打一场治水攻坚战。澄迈县作为海南省直辖县，素有"海口后花园"之称，随着澄迈县经济社会的持续快速发展，特别是旅游业的持续快速发展，澄迈县各城镇及周边区域经济日益繁荣，人口及用水需求快速增加，水环境面临重大挑战。

按照"节水优先、空间均衡、系统治理、两手发力"的新时期治水思路和"水利工程补短板、水利行业强监管"的水利改革发展总基调，对标海南自由贸易港建设，澄迈县开展澄迈县南部片区城乡供水一体化基建工程和智慧水务工程建设，其中澄迈县南部片区城乡供水一体化智慧水务工程以解决南部片区城乡供水一体化为契机、以服务基建工程建设管理为基础，围绕治污水、保供水、排涝水、防洪水、抓节水、优海水"六水共治"需求开展智慧水务工程设计，充分利用信息化、智能化工具全面提升流域水资源管理现代化水平和管控能力，打通"六水共治"环节，抱团出击，联动治水，结合场景和智能算法覆盖治水业务的方方面面，全方位支撑澄迈县水生态环境质量持续改善。

二、建设内容

1. 总体架构

澄迈县南部片区城乡供水一体化智慧水务工程（以下简称"智慧水务工程"）总

体框架采用"六横四纵"的架构,其中"六横"包括感知层、基础设施层、数据层、支撑层、应用层和用户层,由下至上完成数据的采集、传输、储存、处理、应用的过程;"四纵"为系统集成应用、信息化标准规范体系、等保三级和安全测评,指导智慧水务工程建设的全过程,整体业务框架如图1所示。

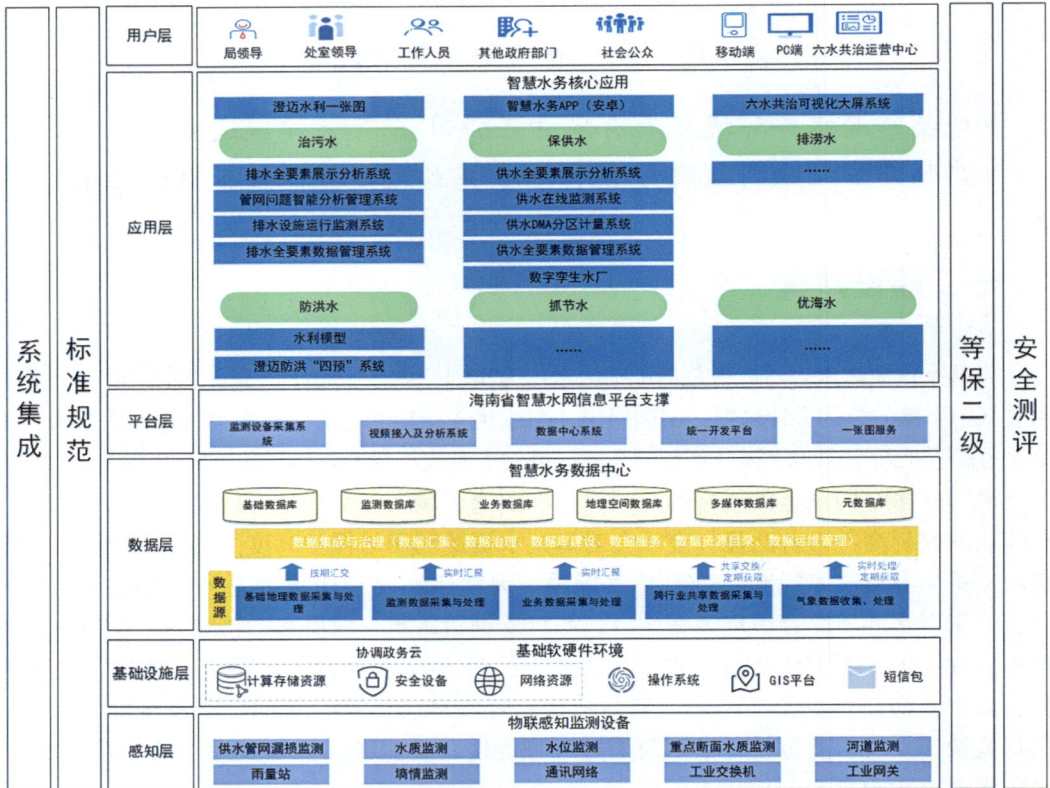

图 1　整体业务架构

2. 重点建设内容

1) 物联感知体系建设

全盘梳理澄迈现有物联感知网络,建立统一物联设计及布点标准,统筹澄迈感知体系布局建设。广泛采用先进技术手段和新仪器新设备,新建 539 个监测点,包括供水管网漏损监测、供水管网水质监测、排水管网水位监测、重点河道断面水质监测、河道水文监测,基本建成覆盖全县的水利感知网络,扩大对流域的监测范围,补充完善监测要素类型和数据内容,为澄迈智慧水务业务管理提供有力的前端监测数据支撑,实时感知运行状态,利用信息化手段辅助实现水利行业监管由弱到强的转变。

2) 智慧水务数据中心建设

遵循"流域一盘棋"思路,按照"整合已建、统筹在建、规范新建"要求,实现澄迈已有水务数据资源的调查和梳理,统筹现有信息化内外部数据资源,建立智慧水务数据标准，有针对性地完成全县 3 098 千米管网普查更新、985 座水务设施标准化处理、20 条省县级河流、234 条镇级河流、5 个县级湖泊（水库）、96 个镇级湖泊（水库）、5 个电灌站、2 个小水坝、4 个大中型灌区等水利基础数据测量、处理、入库等工作，进一步扩展完善基础数据、监测数据、业务管理数据、跨行业共享数据、地理空间数据等数据资源建设，实现各类资源集约节约利用和互通共享，避免重复建设，为澄迈县水务业务应用提供全量的、标准的、干净的、智能的数据，并将数据变成水利行业发展的基础资源（图 2）。

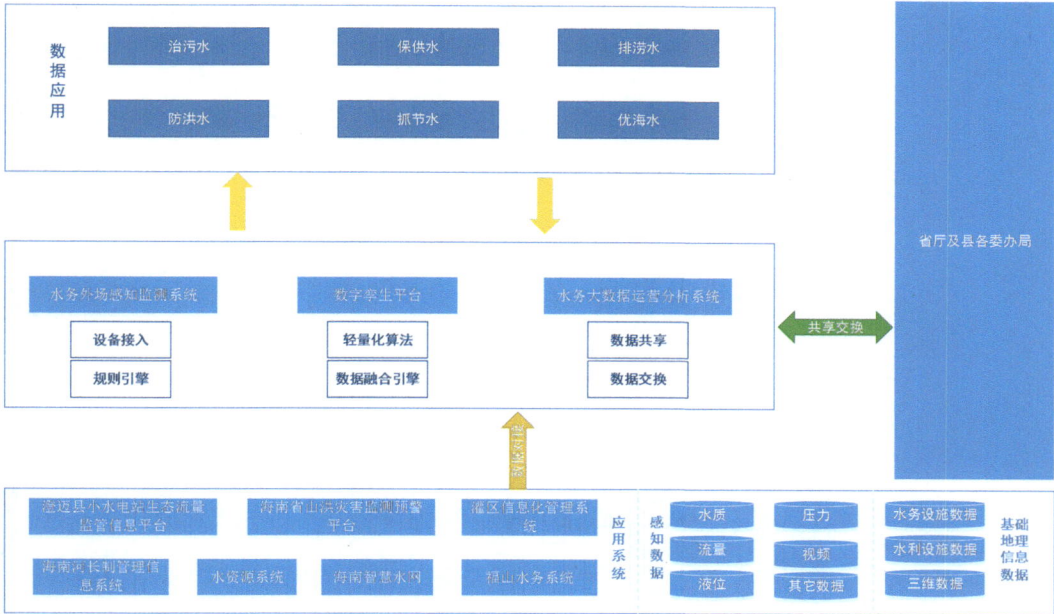

图 2　数据架构

3）智慧水务大脑建设

以物联网、数字孪生、大数据、人工智能等新一代信息技术为基础，以数字孪生引擎为支撑，以水的全生命周期为链条，构建涵盖物联网平台、视频监控平台、数字孪生平台、大数据平台、水务一体化平台的智慧水务大脑，为所有澄迈智慧水务应用提供应用的共性能力，避免每个应用的烟囱式开发方式，减少智慧应用开发难度，降低应用开发工作量，实现治理能力跨越式发展，赋能"六水共治"智慧应用不断创新。

4）智慧水务核心应用建设

为实现智慧水务系统对水务管理业务的支撑和促进，充分考虑业务的实际需求和功能逻辑，建设"治污水、保供水、排涝水、防洪水、抓节水、优海水"6 大业务场景，服务于水务日常业务管理，增加信息化系统对业务应用支撑的深度和广度。

（1）治污水。

围绕"源—网—场—河"一体化管控思路，从源头到末端理清排水设施家底，将澄迈县 11 个镇的排水设施数据汇总成排水设施感知"一张图"进行统一管理（图 3），建设排水全要素展示分析系统、排水管网分析与更新系统、排水设施运行监测系统、排水全要素数据管理系统（CS），实现排水管网设施资产全要素可视化、排水管网数据实时动态更新、排水设施运行状态实时监测预警及设备关联分析，为排水管理部门提供排水设施数据管理、展示、统计分析、科学决策的交互系统，提升排水设施的运行效能，加强对突发事件及内涝灾害的预警和处理能力。

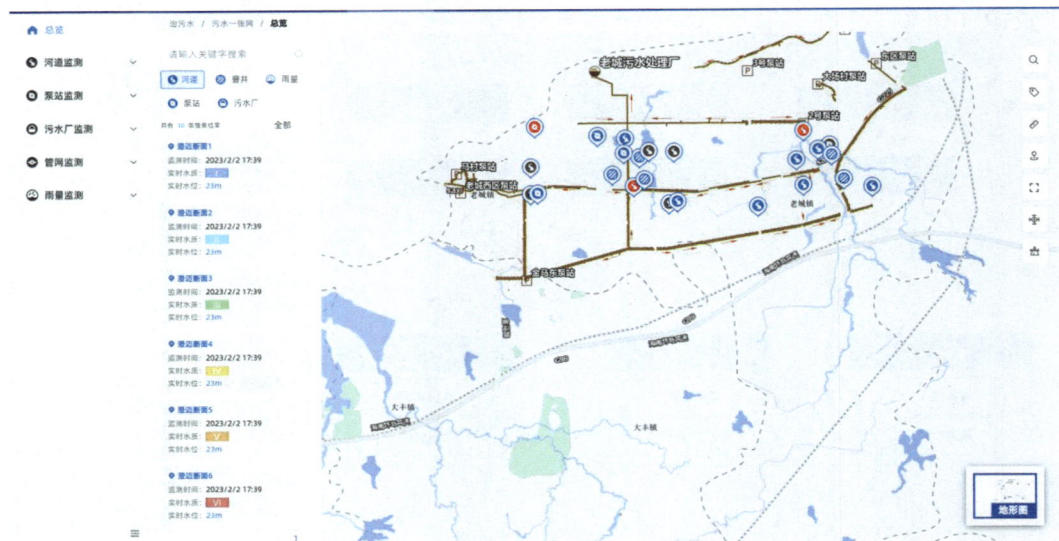

图 3　排水设施感知"一张网"

（2）保供水。

全面接入供水工程和水网基础设施数据，形成澄迈县供水设施总图，以让群众喝上"放心水"为目标，打造供水全要素展示分析系统、供水在线监测系统、供水 DMA 分区计量系统、供水全要素数据管理系统，充分发挥政府监管职能，实现供水全面感知、实时传输、漏损分析、智慧决策，实现供水"提质增效"、减少水资源浪费，保障澄迈城乡供水一体化。

（3）排涝水。

对澄迈县 59 个积水点安装易涝点水位监测设备进行实时监测，建设防涝应急指挥调度系统，实现"一张图"雨洪状态呈现、排水防涝设施管养、排水防涝智能规划、排水防涝业务审批管理、提前内涝预警、内涝应急调度等功能，利用信息化手段及时采取措施应对洪涝灾害，有效地降低损失且保障人民群众的生命安全。

（4）防洪水。

以数字孪生流域为底座，以水利专业模型为支撑，融合多源数据信息，建设流域防洪"四预"系统，利用水文气象耦合、大数据、人工智能等技术实现全流域水模拟与预报调度一体化快速推演，实现流域态势"一张图"（图 4）和"四预"（预报、预警、预演、预案）功能，为风险提前发现、预警提前发布、方案提前制定、措施提前实施提供基础，全面提升流域水灾害防御关口前移和指挥决策能力。

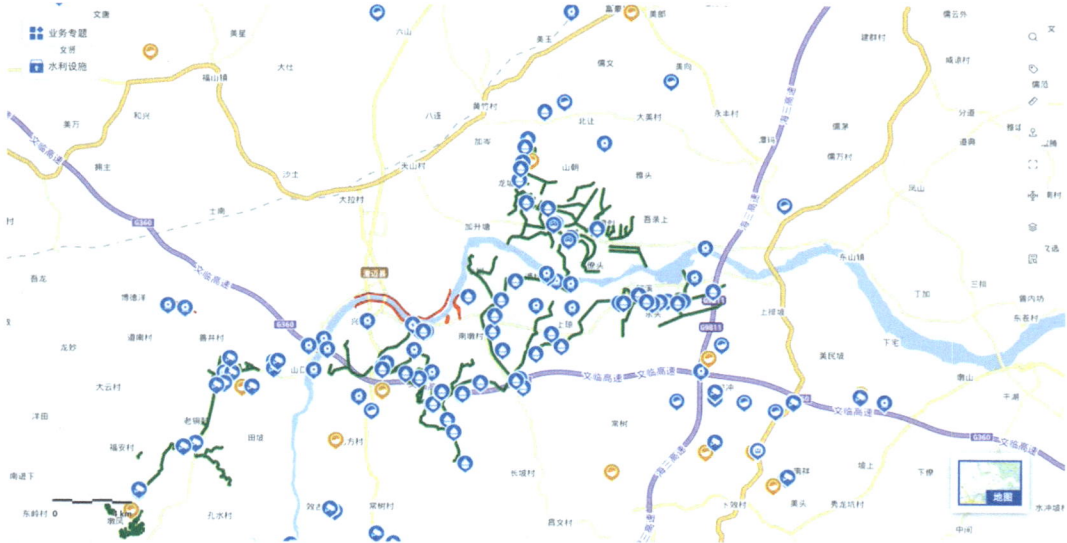

图4　流域态势一张图

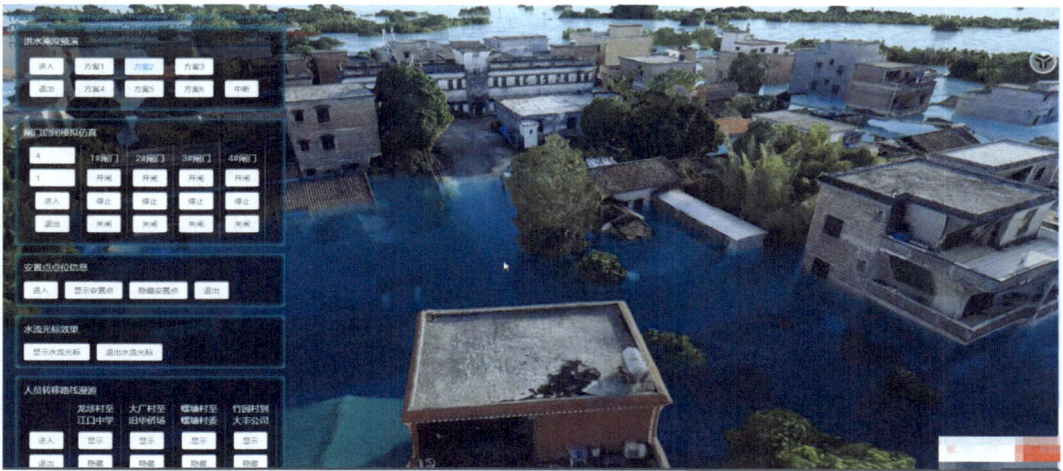

图5　洪涝模拟推演

（5）抓节水。

强化用水单位用水需求和过程管理，建设计划用水信息管理系统和阶梯收费制度，提高计划用水管理规范化精细化水平，计划用水户可实现计划用水申报、调整、节水报表直报等业务线上办理，接收节水管理部门信息推送提醒；水管理部门可实现取用水户信息管理、计划用水管理、超计划用水预警、用水数据分析等功能，同时可对用水状况进行直观分析，算好"节水账"。

（6）优海水。

建立沿海污水治理综合管理系统、河湖湾一体化管理系统，开展"一湾一策"精准治理，全面掌握沿海区域管网分布及运行情况，掌握出海口、入海口水质情况，实现沿海污水管网建设监管、在线监测、生态流量监测等，减少海湾污染。

5）六水共治可视化运营中心建设

以三维 GIS 为地图底板、以三维高渲染可视化引擎为支撑，建设治污水、保供水、排涝水、抓节水、防洪水、优海水六大主题大屏，分门别类地展示不同治水业务重要数据和信息，以数字化手段探索水治理成效综合评价指标，基于数据分析和挖掘，实现治水工作动态监测、智能研判、风险预警，为澄迈县水务局、生态环境局、农业农村局、综合行政执法局等"六水共治"成员单位提供联合指挥作战工具，为领导决策和治理提供数据支撑。

三、创新应用

1. 物理流域与数字孪生流域数字映射、孪生模拟、前瞻预演

通过无人机倾斜摄影、卫星遥感影像获取不同精度的倾斜摄影模型、DEM、DOM 数据，融合水利"一张图"，生成流域整体及重点区域的 L1~L3 级地理空间数据，融合水利基础数据、业务数据、空间数据、监测数据以及跨行业共享数据，实现虚实融合、再现真实场景，为水动力模型计算模拟提供更加直观的场景数据底板。凭借自研的实景三维关键技术与算法优势，采用一维、二维耦合水动力模型，构建水利专业模型、智能识别模型、可视化模型和数字模拟仿真引擎，形成一套集综合态势展示、洪水预报、防洪预警、洪水预演、应急预案于一体的流域防洪"四预"系统，全方位、多视角、递进式地展示流域各类水利对象的相关信息与分析结果，支撑领导会商与调度决策，以数字赋能流域防洪研判及风险管理，提升流域防洪"四预"能力。

2. 建设数字孪生水厂，探索水厂智慧化新篇章

自研专业 BIM 建模软件，结合"实景+点云+图纸"的方法完成水厂逆向 BIM 建模，融合二维 GIS、三维模型、水厂监测、运营等数据，从宏观到微观还原水厂建筑、环境、泵房、设备、管线等全要素，对水质信息、药耗信息、能耗信息、报警信息、设备运行状况等关键指标进行综合监测分析，以可视化方式呈现水处理工艺流程，支撑安全工作模拟还原及演练培训，辅助管理者全面掌控厂区运行态势，让水厂以更稳定、更高效、更智慧的运行状态和更低的能耗提供更优质的用水。

3. 因地制宜打造供排水设施数据更新模式

为解决供排水管网设施家底不清的问题，通过大数据分析、GIS、移动互联网等技术，构建管网数据动态更新机制，打造自动化数据分析——发现问题（Web 端）——现场核查（App 端）——数据修正（App 端）——修补测（C 端）——数据入库全流

程管理业务闭环，为管网数据完善提供技术保障，提高管网数据生命力（图6）。

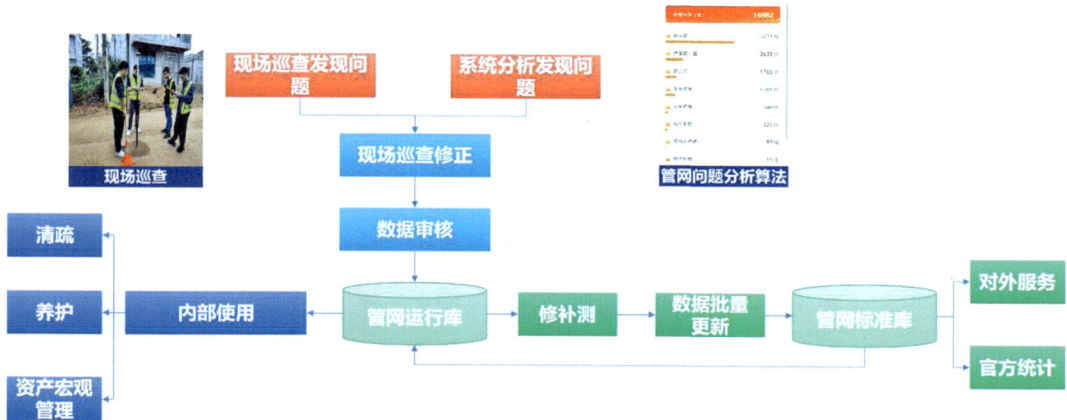

图 6　更新机制

4. 源—网—厂—河一体化监管，实现污水"治理"到"智理"

打通多部门数据，汇集建设进程、排水单元、管网窨井、排放口、流量水质、运维管理等 7 类信息，将澄迈全县污水工程建设、运维、监测等信息全面实时归集至智慧水务数据中心，建立"源—网—厂—河"全过程动态闭环监管模式和应用，实现监测告警上报—任务派发—处置反馈—审核办结的闭环管理过程，形成责任部门和监管部门共同参与、跟踪问题解决全过程的监管闭环，有效实现污水"治理"到"智理"。

5. 构建计划用水流程，推进澄迈节水型社会建设

基于水利行业节水机关相关建设标准规范，利用物联网、5G 通信、大数据分析等高新技术，整合计划用水和用水实时监测数据，建立多端应用、多级协作的计划用水信息管理系统，通过设定下达节水计划的条件，计划用水申报等业务全部在线上办理，无须见面审批，提升水务局对非居民用水监管效率，方便用水户用水申报和缴费流程，提高计划用水管理规范化精细化水平，协助全面推进节水型社会建设。

6. 打造"六水共治"可视化运营中心，直穿一线治水成效

结合 UE 可视化技术和水利模型构建数字孪生场景，紧紧围绕治污水、保供水、排涝水、抓节水、防洪水、优海水六大治水主题打造"六水共治"可视化运营中心，构建"多级互联、统一指挥、协调有序、运转高效"的"六水共治"工作模式，提供治水工作数据统揽、动态监测、智能研判、风险预警等功能，在一个端口上实现水环境治理要素、对象、过程、结果等各类信息的全景呈现，各委办局在一个平台上进行事件集成化、协同化、闭环化处置，赋能提升水环境治理科学化、精细化、智能化水平。

7. 开展排水管网模型分析，为城市管网把脉

以污水处理厂、排水泵站和污水管网等实时监测数据为基础，结合水动力模型、机器学习/深度学习算法和统计学等知识，从全面感知管网运行态势的角度出发，综合分析排

571

水系统运行过程中的关键场景，实现对城市污水管网运行的仿真模拟预测和智能分析，为排水管网的运行调度、养护管理、快速响应提供有效的数据支持，以便于管理者掌握管网实际状况及正确地部署紧急情况下的应急措施，不断提高排水管网的管理水平（图7）。

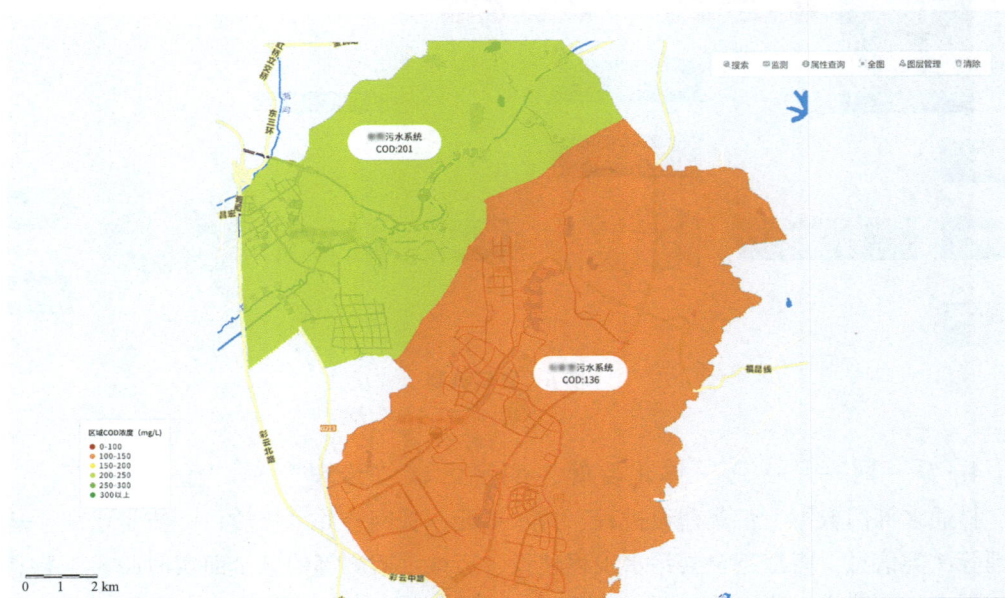

图7　区域浓度分析

四、推广价值

1. 经济效益

（1）实现信息资源高效共享，避免重复性建设。

构建智慧水务工程数据中心，对澄迈县水务水利数据资源进行梳理整合、统一管理、交换共享，并与海南省水利厅进行数据打通，实现横向各水务业务系统数据资源的交互共享，纵向各级部门之间数据的互联互通，达到水务水利数据资源体系健全完善、数据有序交换、高效共享的目标，避免系统、数据重复性建设。

（2）及时预报，快速处置，减少经济损失。

在系统的支持下，可实现对水量、水质、工程安全等变化情况的及时预测预警，进而对山洪灾害、水污染事件进行提前预防，提升突发性水事件快速处置能力，减少经济损失。

（3）提高业务管理水平，有效降低管理成本。

智慧水务工程系统的建设，使水务日常工作从传统的管理方式转变为信息化管理方式，将全面提高澄迈县水务局及下属单位日常业务管理信息化水平，充分提升工作人员的工作效率，有效降低管理成本。

2. 社会效益

（1）夯实工程基础，提升防灾减灾能力。

工程措施的有效发挥依赖非工程措施的支撑，工程措施与非工程措施的协调配合才能充分发挥工程设施预期效能。澄迈水网密布、雨量充沛，通过智慧水务工程进一步完善水务物联感知体系建设，保障污水全收集、全处理，保障水环境，增强抵御各种自然灾害的能力，对有效保障人民生命财产安全和维护社会稳定具有非常重要的意义。

（2）树立海南治水标杆，助力美丽中国建设。

构建澄迈县特色智慧水务平台，帮助澄迈县实现以"智"治水，降低运营成本，提高管理效能，树立海南治水标杆。探索符合澄迈县综合治水的智慧水务建设模式，可以为海南省其他地市治水提供实践经验，助力美丽中国建设。

（3）节能降耗，节约水资源。

澄迈县南部片区（文儒、加乐、中兴、仁兴）城乡供水一体化工程智慧水务工程能够在减少供水漏损方面发挥价值，为节能降耗、节水管理提供直接的支撑。通过对管网压力的持续性监控，既保证供水管网在承压能力范围内，末端用户又有足够的水压，保障澄迈县实现城乡供水一体化。

水上水下一体化的内河航道养护监测方法研究与应用

沈　雨　童新建　韩文泉　李　剑　雷文书

南京市测绘勘察研究院股份有限公司　南京市航道事业发展中心

一、建设背景

中国是水路运输大国，水路运输是我国综合交通运输的基础，水路运输行业是我国经济、对外贸易、社会发展的重要组成部分。我国内河水域面积辽阔，水系四通八达，航道和港口等基础设施完善，使得水路运输有着覆盖范围广、经济投资小、运输能力强、可持续发展等优势。航道是水路运输的基础设施，水运要发展，航道得先行。

航道监测工作的重点是水下地形测量，通过水下地形测量，能够精准掌握航道是否存在碍航物，精准判断航道实际尺度，同时也能够通过多时相的数据计算出航道淤积的变化趋势。目前，广泛使用的传统水下地形测量方法是在载人船只上安装单波束测深仪和 GNSS 定位装置来获得相应点位的水下地形坐标信息。由于载人船只体积大、吃水深，不能随时靠岸和勘测浅滩地区，而灵活轻便的皮划艇在水流湍急的水域又相对危险，因此，水下地形测量受到技术和地形限制而无法测绘出完整的水下地形图。无人船作为水下地形测量数据获取的重要路径，现阶段已逐步代替传统人工测量作业方式。我国自应用无人船技术以来，经多年技术创新发展，无人船水下地形测量技术已趋于成熟，而无人船的航行表现也趋于稳定和智能化。在水下地形测量中，无人船技术应用的最大优势就是高效、安全、轻便及小巧，再加上无人船测量运行成本低的应用优势，让无人船测量技术深受测绘单位的青睐。激光雷达作为一种新型测绘技术，具有成本低、作业周期短、自动化程度高、精度高等特点，因此得到了越来越广泛的应用。

本案例使用无人机载激光雷达沿河航飞，获得水上地形信息。通过无人船搭载多波束系统和无人机搭载激光扫描系统对航道实施数据采集，研究出水上水下一体化数据采集与处理技术流程。基于南京市测绘勘察研究院股份有限公司的三维数字底座平台，在三维状态展示水下地形、淤积与碍航物、水面及河岸水环境等，并选择秦淮河船闸约 2 km 的河段进行试验区方法应用验证。本案例已经成功应用于南京市内河航道养护和船闸管理工作中。

二、建设内容

1. 研究内容

针对城市内河航道管理和河道清淤的需求，进行水下地形多波束扫描数据采集，多波束点云与激光点云融合处理研究，并开发三维水环境数据展示软件，应用于南京秦淮河船闸管理。具体为以下 3 点。

（1）一体化数据采集与处理技术流程研究。

水上水下一体化数据采集，用无人船搭载多波束采集水下数据，用无人机搭载激光扫描对水上数据采集；水上水下数据一体化处理，点云滤噪、配准、融合和分类，基于地表点云地形自动三维建模、自动出河道断面图、自动淤积计算等。

（2）航道三维展示软件开发。

基于已有的三维数字底座平台，开发航道三维展示软件。在三维状态展示水下地形、淤积与碍航物、水面及河岸水环境，满足航道养护监测的需求。

（3）船闸管理应用。

选择秦淮河船闸约 2 千米的航段，进行 3 次高水位的水下地形多波束扫测，验证测量精度；进行 1 次低水位的无人机载激光扫描；进行点云数据处理，包括河底模型构建、河岸及两侧 DEM 和 DOM 生产、河岸两侧和跨河桥梁单体建模。成果数据输入系统，支撑船闸管理应用。

2. 技术方案

1）技术流程

技术流程如图 1 所示。

2）关键技术

（1）数据采集与预处理。

采用无人船搭载多波束进行航道数据采集，无人机搭载激光器和相机进行水面和河岸数据采集。输出多波束点云、激光点云和影像成果。研发聚焦无人船多波束数据采集技术规程和多波束点云原始数据的预处理。

（2）水上水下一体化数据处理算法和软件研发。

研究航道点云数据处理算法，包括点云数据配准与检查、点云数据融合、点云数据分类、点云数据建模、淤积量计算、断面线提取，构建河床三维模型、水上水下融合的DEM，研发数据处理软件。

（3）航道三维展示软件研发。

软件根据地形模型、河床模型、影像、建构筑物模型等构建水上水下一体化三维航道水环境，主要功能有：三维场景构建、航道水环境展示、航道淤积计算与展示、断面线提取与展示、安全应急演练，并开发数据入库工具、量测工具，将来拟接入传感器，

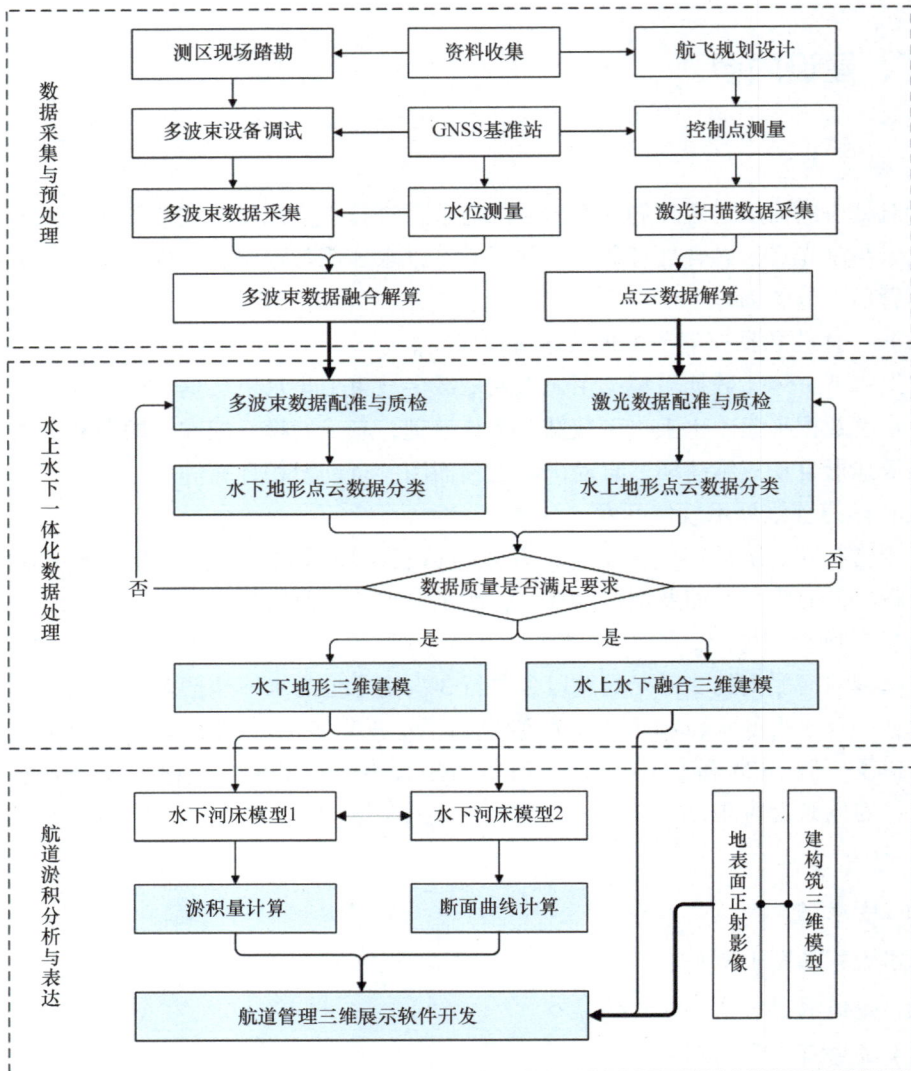

图 1　技术流程

进行船闸、航道及护岸的监测。

3）技术创新

（1）基于无人机激光扫描的航道水位计算方法。

在航道水下地形探测时，需要获得测量作业时测量点的河流水位，以便精确修正测量过程中的误差。航道中水文站分布较稀疏，测量的河段附近经常存在没有水文站的情况，因此在探测水下地形时，传统方法是用 GNSS 接收机直接到河边测量几个点，用测量点代替河流水面高程使用，但这样精度不高。由于镜面反射，利用无人机载 LiDAR 可以获得从飞机垂直向下的水面点云数据，进而获得水面多点的水面高程值。本方法根据 LiDAR 点云全自动计算航道水位，改进了传统测量水位的方式，效率和正确性都得到了提高。具体算法流程如图 2 所示。

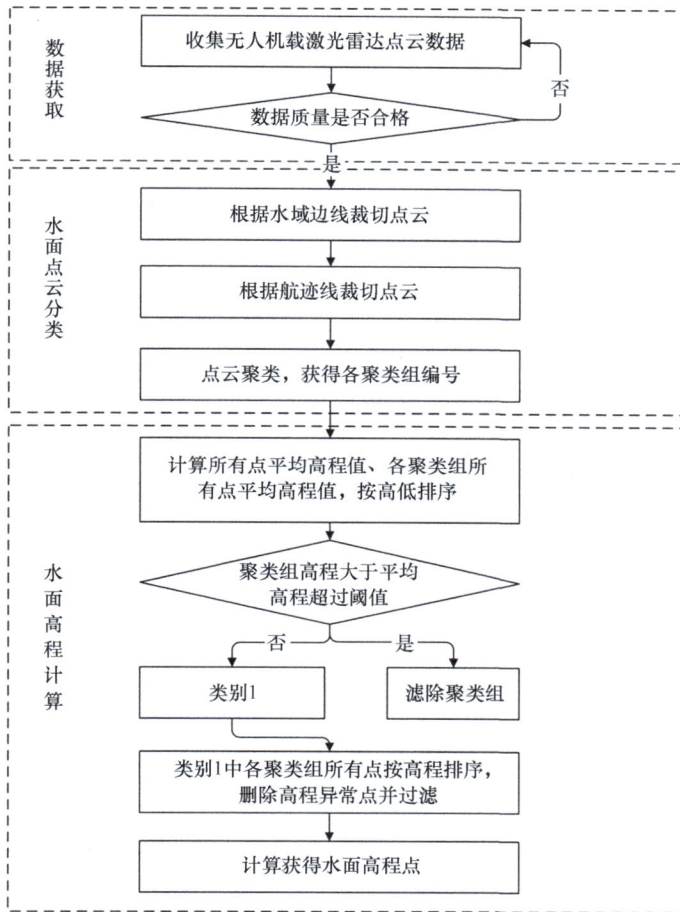

图 2 基于无人机激光扫描的航道水位计算方法流程

（2）船载多波束航带点云配准方法。

船载多波束系统可用于获取水下地形测量数据。船载多波束系统对水下地形扫测，获得条带状的航带表示地形起伏的点云数据，其航带宽度与水深和扫描开角有关。通常一条航道，需要沿着航行方向的多条航带扫描，并在一定间隔设置垂直航行方向的检查扫描航带，这样才能得到完整水下地形，且数据预处理工作复杂而重要。由于多波束系统在数据采集时受 GNSS 接收机、换能器、惯导等系统本身误差影响，易产生航带点云之间不匹配问题，对后期点云分类处理和水下地形建模等造成障碍，甚至造成成果精度不符合要求的严重后果。目前，采用所有航带整体拟合曲面统一改正的方法，这样会忽略局部数据不稳定带来的影响，造成航带间匹配存在粗差。本方法针对现有技术中的不足，提供一种船载多波束航带点云配准方法。具体技术流程如图 3 所示。

3. 航道软件功能

水上水下一体化的内河航道养护监测方法已经集成到数据处理和三维展示的软件之

577

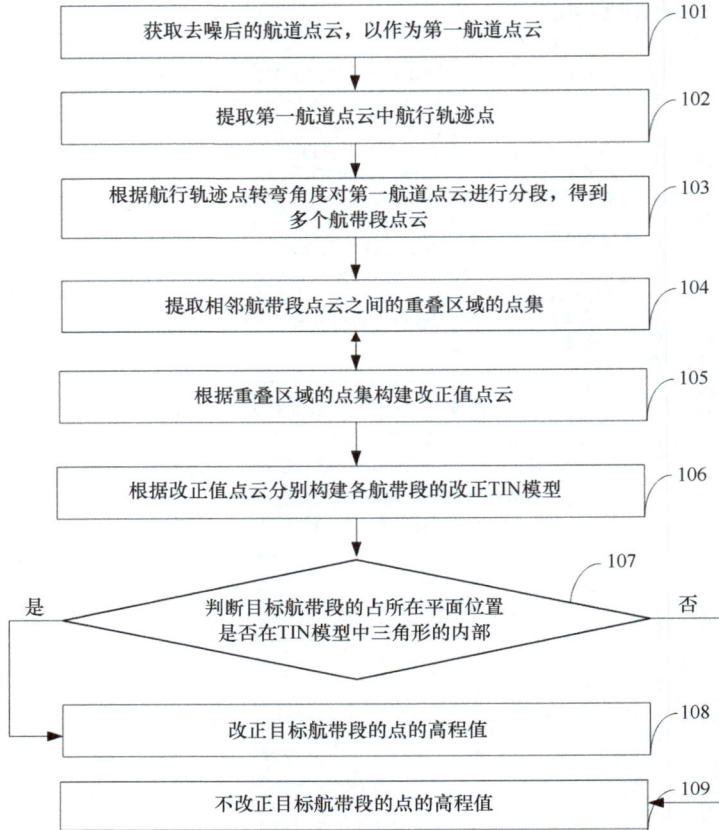

图 3　船载多波束航带点云配准方法流程图

中，下面对航道软件的重要功能进行阐述。

1）数据处理软件

（1）数据处理软件概述。

航道点云智能处理软件（Intelligent Point Cloud for River, iPC-R）使用 C++ 高级语言，基于 PCL 等函数库，在南京市测绘勘察研究院股份有限公司自有点云处理基础软件 iPC（Intelligent Point Cloud）平台基础上开发，主要针对航道水上水下一体化处理工程开发，具有点云数据配准与检查、点云数据融合、点云数据分类、点云数据建模、淤积量计算、断面线提取等核心功能，可以输出河床三维模型、水上水下融合的 DEM 等成果。软件的界面如图 4 所示。

（2）自动化提取三维矢量断面。

基于无人船多波束扫描和无人机激光扫描点云数据融合生成水上水下一体化地表模型数据，根据设计航道断面位置自动化提取三维矢量断面线，批量生成航道断面图，在满足日常航道养护管理中快速获取高精度数字化航道断面图的业务需求。同时，也为智慧航道管理提供了水上水下一体化的精细化、高精度的数字航道三维场景

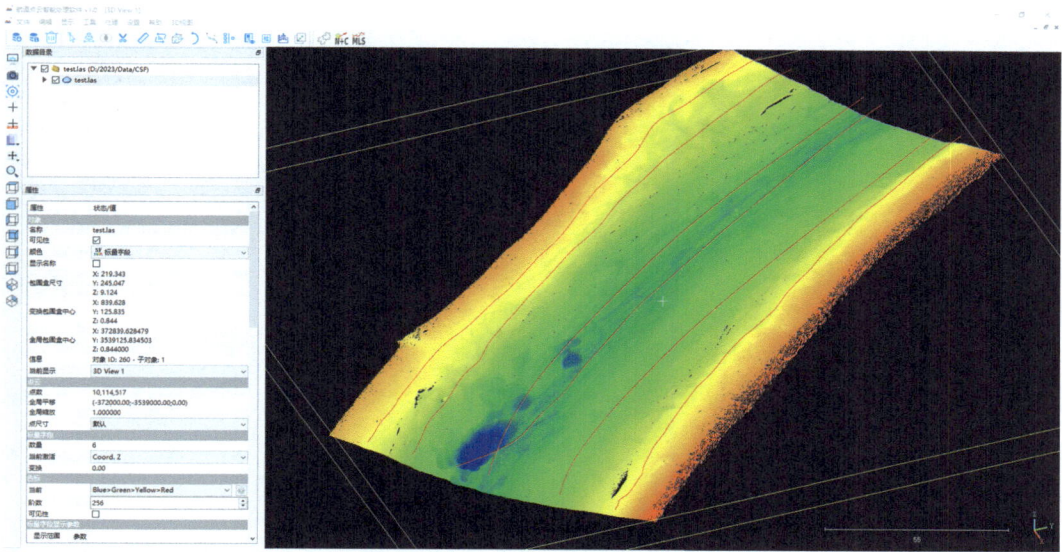

图4　航道点云智能处理软件（iPC-R）界面

呈现，如图5所示。

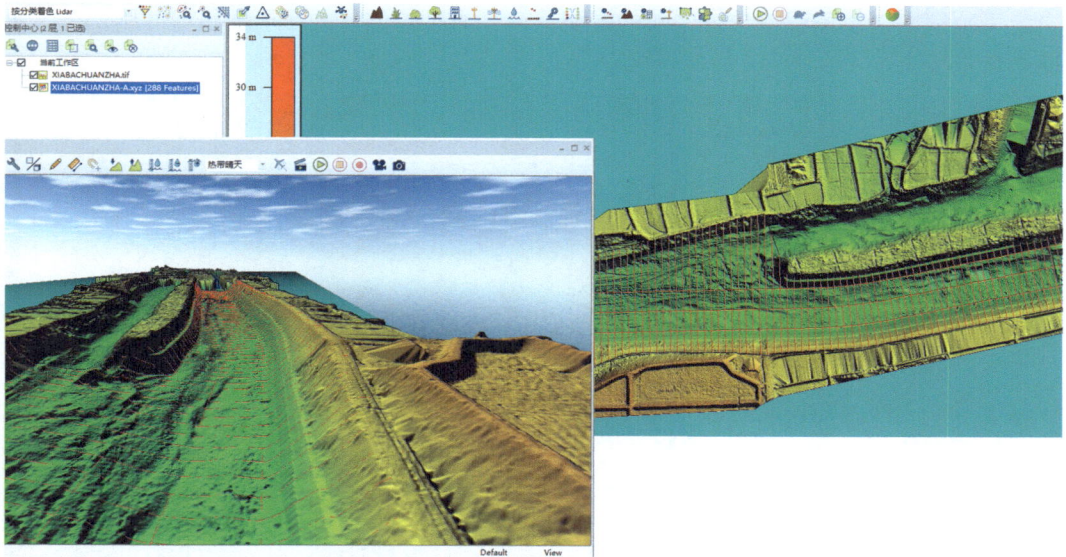

图5　自动化提取三维矢量断面成果展示

2）三维展示软件

（1）三维展示水体效果。

水体效果包含"动态水面""水体不透明度""水位高程"以及"积淹效果"等。以积淹效果为例，模拟船闸防汛防洪演练效果，暴雨环境下水位上涨至各特定节点之后

579

发出警报信息，其中第五个节点 11.5 米代表船闸被淹，如图 6 所示。

图 6　船闸淹没效果

（2）淤积与冲刷展示。

①两期河床对比展示。

选择任意两期河床，计算出两期河床之间的淤积与冲刷体积。进行淤积总量计算、自定义范围内以及里程桩与桩之间的淤积计算，通过颜色分类展示淤积与冲刷部分，如图 7 所示。

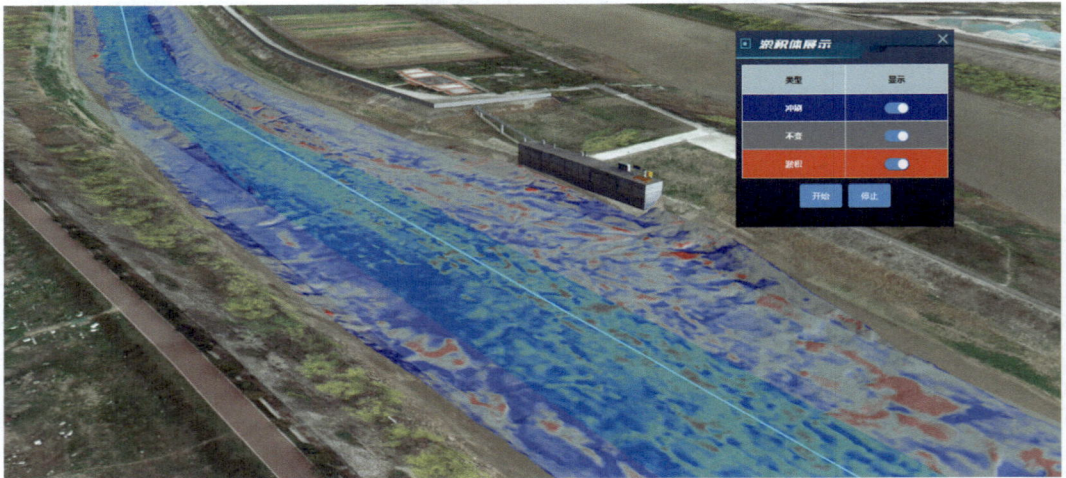

图 7　两期河床对比展示

②河床与设计高程面对比展示。

以设计高程面为基准计算淤积与冲刷体积，进行淤积总量计算、自定义范围内以及里程桩与桩之间的淤积计算，展示淤积与冲刷部分，如图 8 所示。

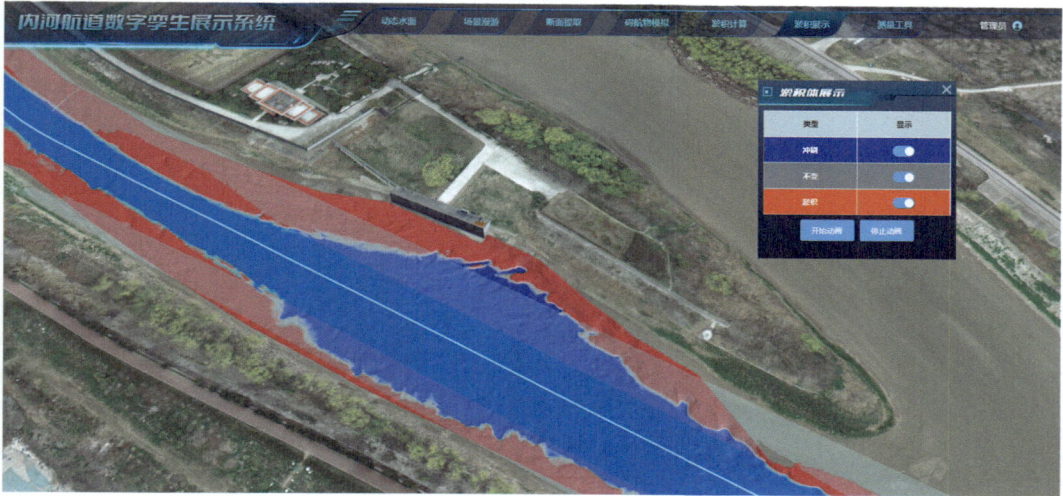

图 8　河床与高程对比展示

（3）横断面三维展示。

根据航道中心线，系统自动获取断面并展示断面高程曲线、航道中心线、通航水位、设计河底标高、航道宽度及航道边坡，如图 9 所示。

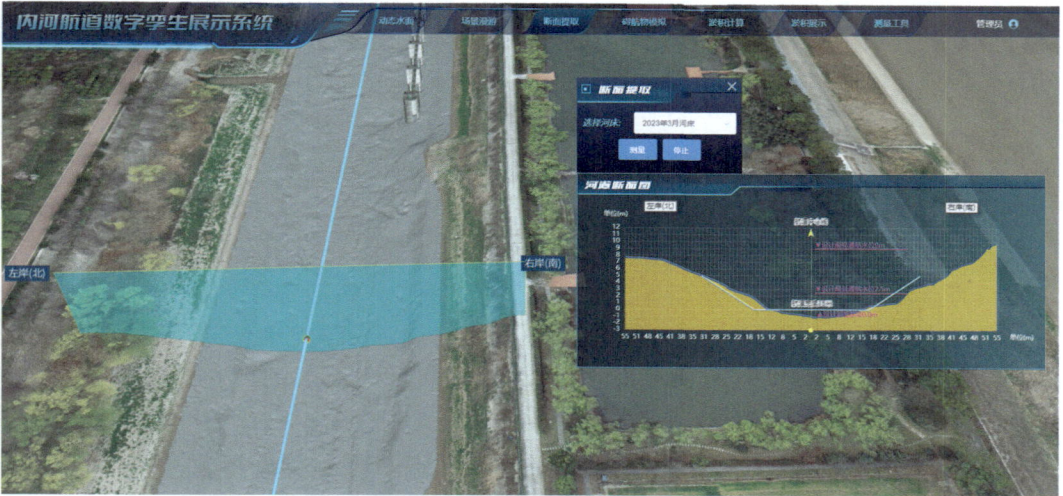

图 9　横断面提取

（4）三维场景位置拾取。

点击拾取包括水下、河岸和岸上的地表点位的 X、Y 坐标和高程信息等数据，如图 10 所示。

图 10　位置拾取

三、创新点

　　研究水下地形采集方法、点云数据处理和三维水下地形计算与建模算法等，并研发三维展示软件，构建基于无人船搭载多波束测深系统获得内河航道水下地形的解决方案。能及时感知航道水下碍航物，辅助开展航道疏浚工作。采用算法自动计算航道断面和淤积，预计生产效率可提升 10% 以上。针对通航水域淤积高发、频发区域，及时找出其淤积深层诱因，确保航道安全和顺畅通行。解决了使用大船扫测"不利于航道应急抢通扫测""扫测要素不齐全"等问题，有益于实现社会效益和经济效益。具体创新性体现在以下几个方面。

　　（1）在管理思路上创新。基于先进的地理信息采集、处理和应用技术，用无人船、无人机等机动灵活的数据采集装备，对航道管养监测工作中不易控制的区域。例如，大船不易到达的浅滩、坡岸以及涨落水护岸区域，进行补充扫测，使航道管养监测工作及时、准确和全方位。推动船闸、航道的养护和管理从粗放型向集约型转变。

　　（2）在技术方法上创新。创造了"一种基于无人机激光扫描的航道水位计算方法"，可以用无人机实时感知到水位变化，利于航道船舶航行管理和水深测量。创造了"一种船载多波束航带点云配准方法和系统"，可以处理多波束多次扫测之间的航带细小误差，大大提高扫测精度。

　　（3）在应用场景上创新。基于 BIM 技术，研发出展示水底、水面、两岸的三维数字孪生模型，并用动画模拟水面波纹、下雨、涨水和淤积变迁。促使日常航道管理中不再翻阅图纸，进一步提高生产和管理效率，对行道障碍清除和疏浚工程起到辅助作用。

四、应用成效

1）实现航道监测的全方位覆盖

通过无人机、无人船和遥感感知技术，实现了对航道的全方位、多维度的监测，包括水上和水下的信息获取，有效填补了传统监测手段的盲区，提高了监测的全面性。

2）预防事故发生和及时清理碍航物

通过扫测数据结果，提前识别潜在的航道障碍物，使航道管理部门得以提前采取措施，预防事故发生，同时在必要时能够及时清理碍航物，确保航道的通畅性。

3）优化航道维护资源配置

通过三维孪生展示系统的数据分析，航道管理部门可以更科学地配置维护资源，集中精力应对重要航道区域的养护，降低了维护成本，提高了资源利用效率。

4）智能化决策支持

三维孪生展示系统为决策者提供了智能化的决策支持，通过数据分析和模拟，使决策更具科学性，减少了决策的盲目性，提高了管理决策的质量。

5）适应智慧航运发展趋势

项目的应用成效契合智慧航运发展趋势，有助于航道管理从传统管理向数字化、智能化方向迈进，提高了管理水平和服务水平。

五、推广价值

1）提高航道管理效率

通过基于无人机无人船的航道养护监测方法和三维孪生展示系统，航道管理部门可以实时获取航道水上水下信息，有助于更迅速、准确地了解航道状况，提高航道管理的实时性和决策效率。

2）降低事故风险

通过提前监测和识别潜在的航道障碍物或危险区域，航道管理部门可以及时采取措施，降低事故的发生概率，提高航道的安全性，保障船舶及水域人员的安全。

3）节约维护成本

采用无人船技术进行航道监测，相较于传统手段，可以减少人力资源的投入和维护成本。数字孪生展示系统的建设也有助于远程监测，减少现场巡查频率，进一步降低维护成本。

4）提升航道服务水平

三维孪生展示系统可以为船舶用户提供实时、可视化的航道信息，使其更好地了解水域状况，提高航行的安全性。这将提高航道管理部门的服务水平，提升用户体验。

5) 促进智慧航运发展

项目的成功推广将有助于推动智慧航运发展，推进航道全要素数字化、运输管理智能化、服务决策智慧化的目标实现。这符合未来航运行业发展的趋势，有望在更广泛的范围内推广应用。

无锡经开区城市内涝数字化智能处置系统

安锡友　　潘天峰　　崔　浩

无锡经济开发区区域社会治理现代化指挥中心

一、建设背景

1. 概述

近年来，汛期降水频频突破历史极值，防汛压力不断加大，城市内涝成为区域治理急需破解的难点、痛点。然而，目前对该类事项的处置方式仍是传统的排水车定点保障，难以及时响应突发积水事件。为此，区城运中心以智慧城市数字底座为支撑，推动信息技术与城市积水应急处置管理、协同服务深度融合，实现积水应急处置的"预警、研判和协同"闭环模式。通过整体现状的详细调研分析，结合经开区防汛管理整体内容，进一步对积水处置流程升级完善，构建"态势总览、监测预警、联动处置、指挥调度"的积水应急处置体系。赋能经开区的城市积水应急处置管理模式的变革，从"所见"到"预判"、从"被动"到"主动"、从"感知"到"闭环"。

2. 技术应用

平台选择基于开放式操作系统进行设计，前端采用 VUE3.0 框架，后端采用 Spring Boot 框架，采用 B/S 架构，选用主流语言（JAVA），支持分布式部署，支持系统后续应用拓展，具备二次开发能力，且需要充分考虑今后系统纵向和横向的平滑扩张能力。同时，视频 AI 算法采用边缘算法提取感兴趣区域获取视频图像中需要检测的积水区域及非积水区域，对两个区域进行分割从而作为深度学习神经网络的输入，并且采用区域生长算法根据事先定义的准则将像素或者子区域聚合成更大区域，在进行语义分割以及像素统计的办法，实现积水的面积、水波纹等积水现象的有效识别。

二、建设内容

本项目在无锡经开区范围内建设一套城市积水应急处置平台，有效支撑经开区城运中心在积水应急处置、决策、调度和指挥层面的实战能力。建设内容包括以下几点。

（1）开发一套城市积水应急处置软件，包括基础管理、积水应急处置后台、积水应急处置驾驶舱展示功能。

（2）采购及部署视频监控终端设备，拟复用已建设的 31 个视频点位摄像头，同时拟增补 15 个积水点位所需的 17 台摄像头，有效支撑经开区范围内 46 个积水点位的视频 AI 感知能力。

（3）完成数据接口开发，实现气象预报、河道水位、雨情、水情、灾情和险情等数据的采集汇聚。

1. 项目总体建设内容

项目总体建设任务包含硬件部分和应用系统模块两部分内容，整体结构如图 1 所示。

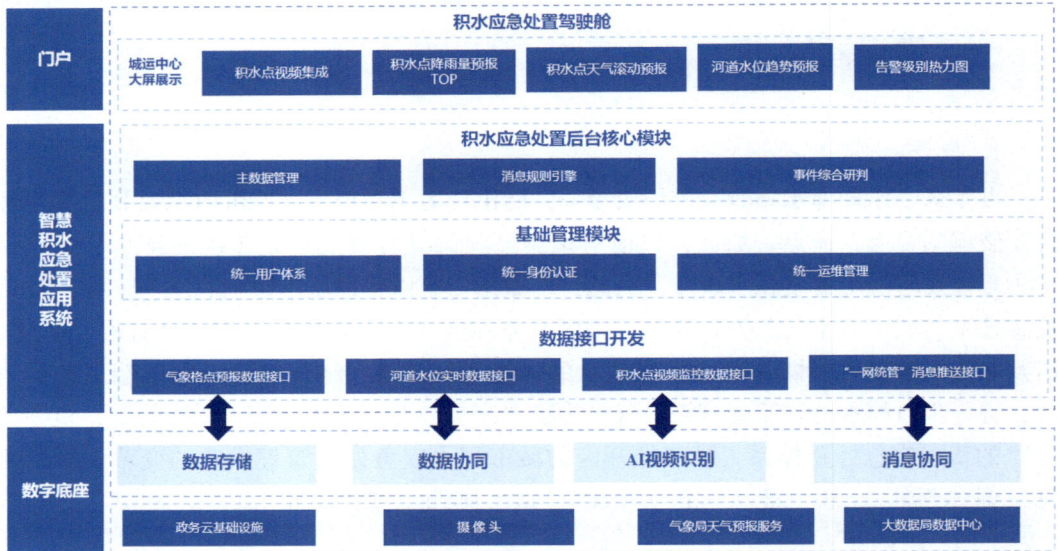

图 1　应用系统模块结构

（1）全面智能感知数据接口开发。统一融合各种积水感知数据，汇聚多源积水数据，打通气象格点预报系统与智慧水务系统实现数据共享，如图 2 所示。

气象格点天气预报数据的感知。无锡市气象局定制开发一个经开区天气格点预报商业数据服务，基于政务外网，无锡市气象局将数据推送到大数据局的数据中心，积水处置应用系统从大数据局的数据中心获取气象预报数据，打通城市积水应急处置系统与之集成，实现气象预报数据和实时数据的智能感知。可以采取推送或拉取格点预报数据的集成模式。

水务数据感知。智慧水务系统已经实施了无锡经开区人行步道靠近河道的 3 个测点的积水监控，基于政务外网，实现城市积水应急处置系统与之集成。

河道管网数据感知。智慧水务系统已经实施了无锡经开区河道管网数据的测点监控，基于政务外网，实现城市积水应急处置系统与之集成。

积水视频数据感知。基于智慧城市一期数字底座的接口集成各积水点的视频数据和

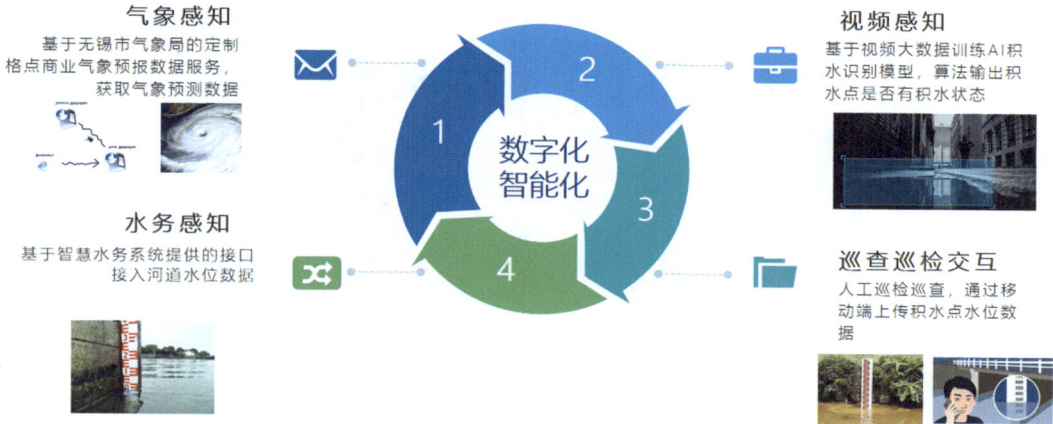

气象感知
基于无锡市气象局的定制格点商业气象预报数据服务，获取气象预测数据

视频感知
基于视频大数据训练AI积水识别模型，算法输出积水点是否有积水状态

水务感知
基于智慧水务系统提供的接口接入河道水位数据

巡查巡检交互
人工巡检巡查，通过移动端上传积水点水位数据

数字化智能化

图 2 智能全面感知积水状况

AI 积水状态研判数据，并且集成经开区 30 000+视频数据的上图展示。

（2）实现城市积水应急处置协同响应机制。

积水应急处置决策的判断逻辑基于多数据源数据：格点天气预报信息、46 个积水点位的视频 AI 积水状态信息和人工巡查巡检上报的积水标尺读数，多种状态逻辑判断，再基于配置的消息模板、告警规则，生成消息推送调度指挥平台去指导处置积水。

（3）实现城市积水应急处置驾驶舱展示。

在无锡经开区城运中心的大屏上就数据的展示、事件处置决策、处置资源调度、处置现场指挥等要求构建积水应急处置管理驾驶舱，驾驶舱大屏主要分为三个部分，分别是数据统计概览、地图、积水点位积水视频监控。驾驶舱展示内容如图 3 所示。

图 3 驾驶舱

1）数据统计概览部分

（1）未来 3 天天气数据，根据气象局天气预报数据直观展示经开区未来 3 天天气情况，支撑积水应急管理（图 4）。

（2）数据概览，统计当前上图管理的保障点位数量，河道水位检测点数量，当前积水事件数，纳入管理的积水点责任人数量（图 5）。

（3）积水事件累积发生次数 TOP6，统计发生积水次数前 6 名的点位（图 6）。

图 4　天气概览

图 5　天气概览

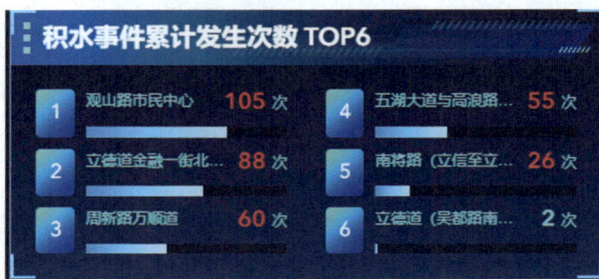

图 6　积水事件累计统计

　　（4）当日积水事件处理状态统计，主要分为已发生事件数量，当前处理中事件数量，处理完成事件数量（图 7）。

　　（5）历史积水事件统计，按照预警等级统计事件处理次数（图 8）。

　　（6）已纳入监测管理的河道水位过去 3 天变化趋势图（图 9）。

　　（7）易积水保障点位历史积水时长统计图（图 10）。

588

图 7　积水事件当日统计

图 8　历史积水事件统计——按预警

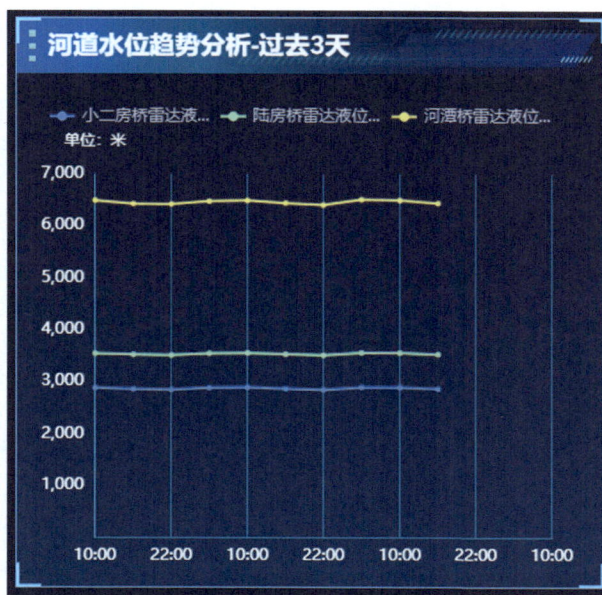

图 9　河道水位趋势分析——3 天

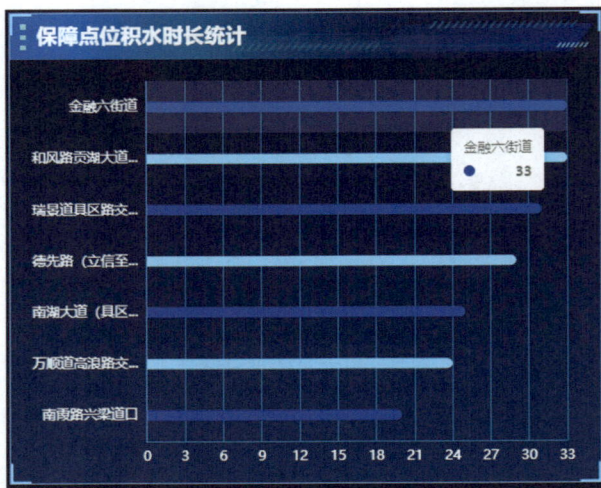

图 10 积水时长统计

2) 地图区域

地图区域按照积水保障等级区分展示积水点位（一级保障点位：红色，二级保障点位：橙色，三级保障点位：蓝色，"12345"热线积水诉求多发点位：绿色）以及河道水位（紫色图标）。已实现无锡经开区46个易积水点位上图、已有视频监控的31个点位的视频利旧接入，易积水点位单兵、责任人融合通信、电话通信。当积水点位发生积水预警时，按照积水预警等级在地图上突出显示报警点位，并且在地图右上角滚动显示当前积水预警清单（蓝色：0~10分钟，黄色：10~20分钟，橙色：20~30分钟，已发生：大于30分钟）。地图左上角可以选择显示地图上要展示的信息，包括积水点位、河道水位、整个经开区30 000+的全量视频、社区网格员、雨水管网图等（图11）。

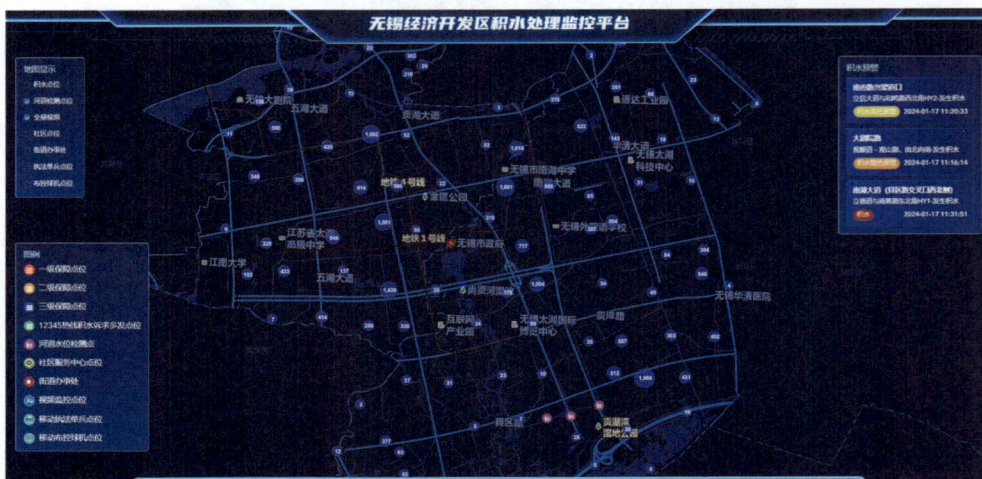

图 11 驾驶舱——地图展示

590

当点击积水点位时，弹出点位信息菜单，显示点位信息以及积水状态信息，并且提供该积水点位的历史积水数据查询、视频监控、融合通信功能（图12和图13）。

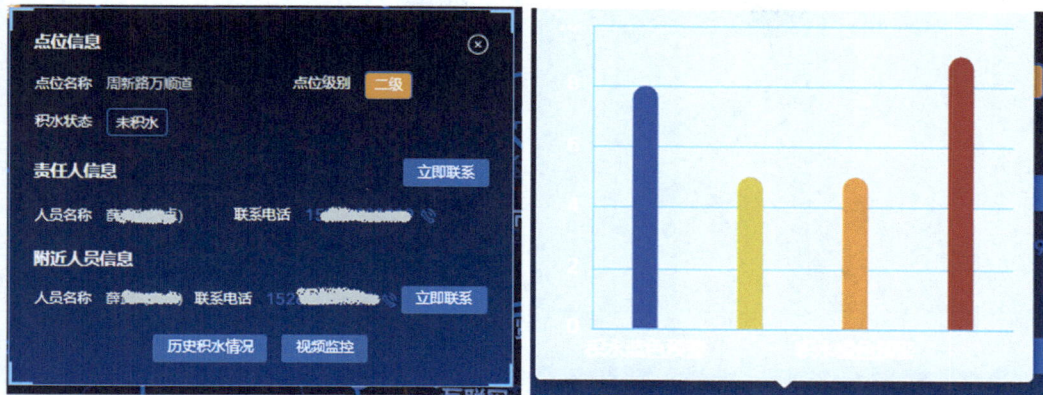

图12　点位信息——负责人

图13　具体点位监控

3）积水点位积水视频监控

积水点位视频监控部分按照分页分等级的布局展示道路积水的实时情况（图14）。

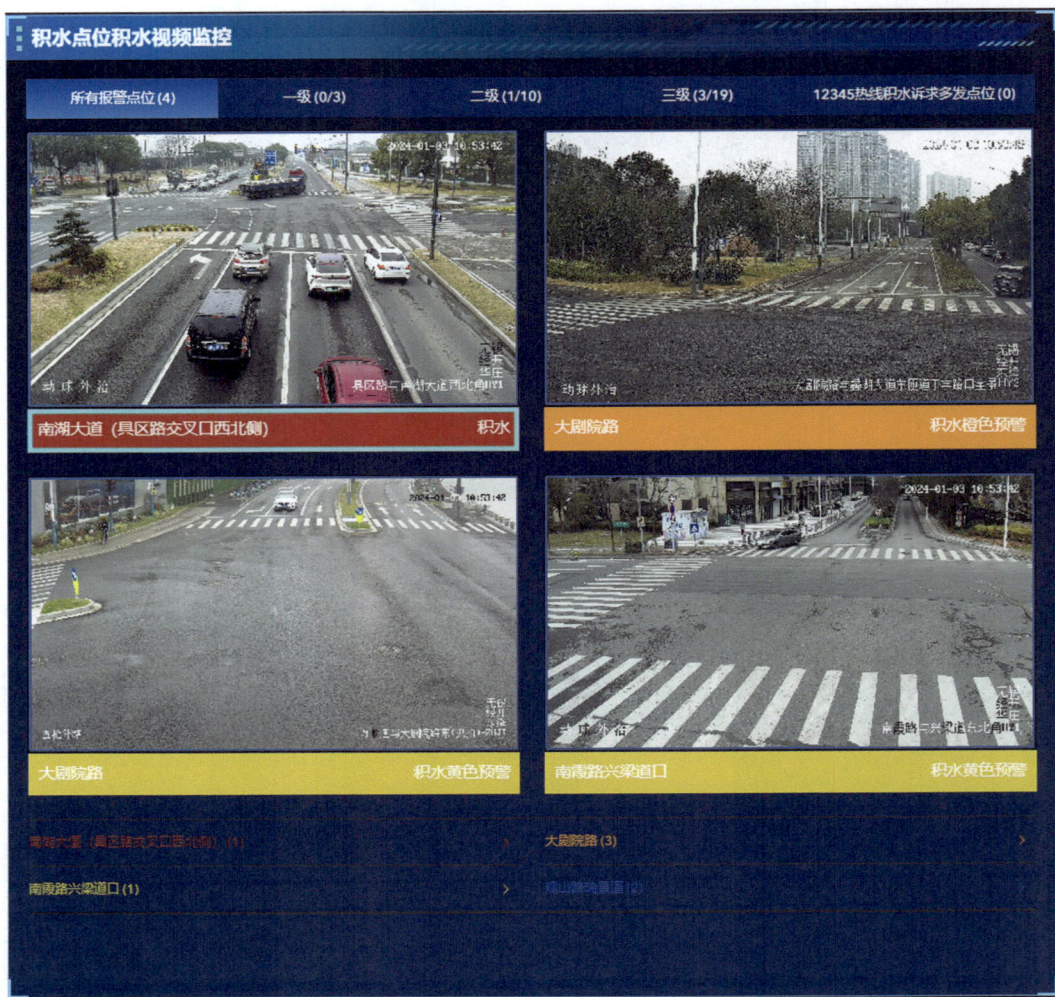

图 14　积水点监控

2. 硬件部分建设

1）终端系统建设

建设 15 处无视频监测点位的视频监控终端，全面覆盖积水点水位视频 AI 感知。无视频监测点位共计 15 处，勘察现场情况如表 1 所示。

表 1　无视频监测点位

序号	点位	保障等级
1	观山路市民中心	一级保障
2	吴都路蠡湖大道下穿	二级保障

592

序号	点位	保障等级
3	吴都路贡湖立交下穿	二级保障
4	立信大道高浪路万思桥河出口	二级保障
5	立德道高浪路万思桥河出口	二级保障
6	观顺道高浪路万思桥河出口	二级保障
7	南湖大道高浪路交叉口	二级保障
8	五湖大道与高浪路路口	三级保障
9	观山路玉兰花园南（观顺-立信段北）	三级保障
10	吴都路南立德道东宝能城公交站台处	三级保障
11	立德道（吴都路南宝能城天桥下）	三级保障
12	观顺道震泽路匝道	三级保障
13	贡湖大道与高浪路路口	三级保障
14	瑞景道（吴都路南侧）	三级保障
15	吴都路与南湖大道西南角	三级保障

2）易涝点附近有监控点位

表 2　利旧监测点位

序号	点位名称	保障等级
1	五湖大道与新园路交叉口	一级保障
2	清舒道博览中心	一级保障
3	贡湖大道高运路路口	一级保障
4	吴都路立信大道立交下穿	二级保障
5	立德道金融一街北方桥浜出水口	二级保障
6	信成道高浪路万思桥河出口	二级保障
7	立信大道金融一街北方桥浜出水	二级保障
8	信成道金融一街北方桥浜出水	二级保障
9	观顺道金融一街北方桥浜出水	二级保障
10	万顺道高浪路交叉口	二级保障

序号	点位名称	保障等级
11	瑞景道具区路交叉口	二级保障
12	观山路瑞景道	二级保障
13	周新路万顺道	二级保障
14	大剧院路	三级保障
15	新园路周新苑	三级保障
16	德先路（立信至立德道段）	三级保障
17	南将路（立信至立德道段）	三级保障
18	观顺道海岸城段	三级保障
19	五湖大道与吴都路交叉口	三级保障
20	立信大道与和鸣路	三级保障
21	金融六街道	三级保障
22	丰润道与震泽路路口	三级保障
23	南霞路兴梁道口	三级保障
24	观山路兴梁道	三级保障
25	南湖大道（和畅路南万科翡翠）	三级保障
26	尚锦城 C 区、观山名筑幼儿园周边	三级保障
27	和风路贡湖大道东北角慢车道	三级保障
28	南湖大道（具区路-清源路）	三级保障
29	贡湖大道西南角慢车道（具区路交叉口）	三级保障
30	清舒道与具区路交叉口	三级保障
31	南湖大道（具区路交叉口西北侧）	三级保障

经现场勘察，附近点位对原有设备进行利旧，利用原有监控画面进行易涝点分析，共计 31 个点位。

3. 部署架构

如图 15 所示，城市积水应急处置系统部署在政务云上，政务云为该系统提供云基础设施（管理系统需要的存储、计算和网络资源）。应用系统分别部署到 2 台一主一备应用服务器中，确保满足应用服务的高可靠性。

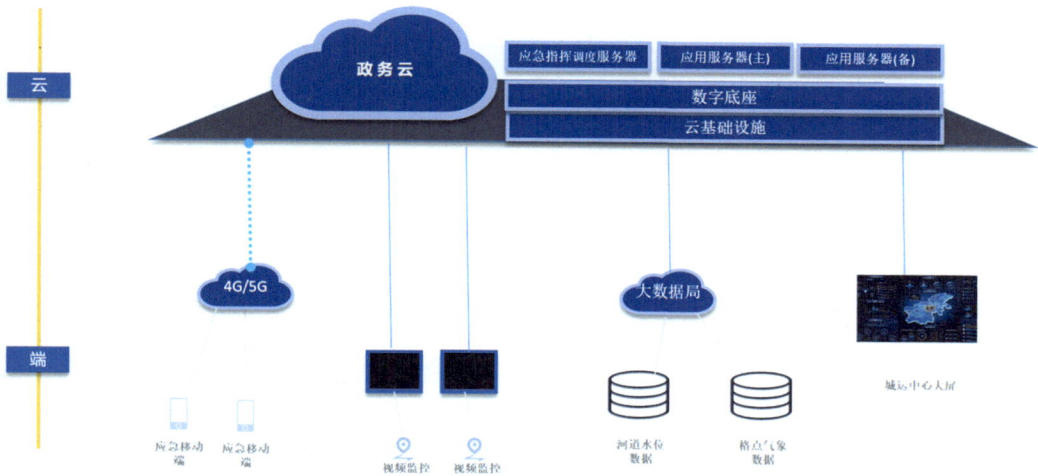

图15 部署架构

4. 实施机制

项目实施机构的设立遵循统一领导、分工明确、职责清楚、层次分明，同时又能协调配合的原则。

建立主要领导责任制，成立经开区积水应急处置信息化工作领导小组，统筹推进积水应急处置项目建设。制定工作推进实施方案，落实组织机构、人员、经费和场地，建立健全配套体制机制。

为此，经开区城市积水应急处置指挥部主要负责同志为项目建设领导小组组长，项目建设领导小组办公室负责管理项目的实施工作。并且根据项目实施分工，划分软件实施组以及硬件实施组，软件实施组主要负责系统平台搭建，驾驶舱展示开发，硬件实施组负责网络搭建，摄像头安装实施以及视频 AI 算法集成。项目实施组织架构如图16所示。

三、项目创新变革

首先，从气象、水务、视频和人工巡查等多渠道全面感知城市积水状况。在城市积水事件处置方面，从以往的先积水后发现、人员巡查积水后协调处置到利用 AI 智能算法主动、自动地积水预警并集中统一发起处置调度的创新变革，让积水事件处置更加主动高效，人员力量投入更低。

其次，通过对各积水点的气象预测，可优化调度指挥积水处置资源，将优先级高、风险大的积水点配备合适的处置资源，提高有限的处置资源的执行效率。基于对积水点气象预测，全过程的动态且更优化的调配积水处置资源，提高积水处置效率。

最后，通过对城市内所有的积水点、视频监控、水务信息和人工巡查信息进行统一

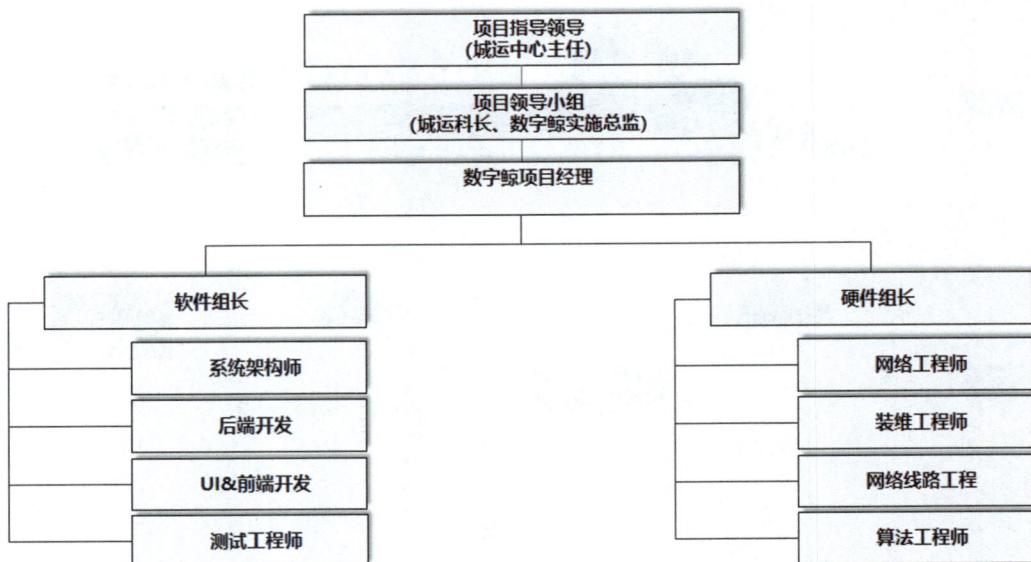

图 16　组织架构

调度和一体化管理，形成成熟的人机联动协调机制，实现科学高效的事前预处理、事中管理调度和事后科学重建的有机统一机制，赋能智慧城市管理建设的协调发展，最终赋能经开区的城市积水应急处置管理模式的变革，从"所见"到"预判"、从"被动"到"主动"、从"感知"到"闭环"。

四、推广价值

近年来，由强降雨引发的道路低洼处、下穿式立交桥和隧道产生大量积水的现象时有发生，给人们的出行带来很大不便，严重时甚至会造成人民生命、财产的重大损失。
本项目的建设将带来如下意义。

1. 提升积水感知能力

从气象、水务、视频和人工巡查等多渠道全面感知城市积水状况。对积水动态监测及自动预警，为政府防汛决策部署提供辅助支撑。基于气象预报信息和实时信息，对积水点实施预报，提前预报积水风险，给积水处置提供支撑和时间保障。

2. 提升积水管控能力

通过对各积水点的气象预测，可优化调度指挥积水处置资源，将优先级高、风险大的积水点配备合适的处置资源，提高有限的处置资源的执行效率。基于对积水点气象预测，全过程的动态且更优化的调配积水处置资源，提高积水处置效率。

3. 赋能智慧城管

通过对城市内所有的积水点、视频监控、水务信息和人工巡查信息进行统一调度管理，形成人机联动机制，实现科学高效的事前预处理、事中管理调度和事后科学重建的统一机制。赋能智慧城市管理建设的协调发展，推进从"所见"到"预判"、从"被动"到"主动"、从"感知"到"闭环"。

智慧排水与水环境综合管控平台建设项目

廖光伟　许荔娜　罗　文

武汉智博创享科技股份有限公司

一、建设背景

排水系统是城市市政基础设施的重要组成部分，与城市经济发展、水资源管理、水环境截污治污管理、人民生命财产安全等息息相关。近年来，随着城市化、工业化的快速发展，逐渐呈现出排水需求增加、管网规模扩大、水面率降低、透水地面减少、地下空间愈加庞杂的发展趋势，面临着排水体系不完善、管道老化增多、淤积严重等诸多问题，导致城市内涝渍水、水环境污染现象频发，造成了严重损失和负面影响。

为了加强城市防洪水、排涝水、治污水等"五水共治"建设需求，国家和各地方政府陆续出台了一系列保护政策。2021 年 11 月，中共中央、国务院印发了《关于深入打好污染防治攻坚战的意见》，持续打好城市黑臭水体治理攻坚战，系统推进城市黑臭水体治理、有效控制入河污染物排放、杜绝污水直接排入雨水管网。2021 年 10 月，中共云南省委、省人民政府印发《关于"湖泊革命"攻坚战的实施意见》，提出全面抓好环湖截污、城乡污染治理，不让污水流入湖泊。2021 年 7 月，红河州人民政府发布《云南省异龙湖"一湖一策"保护治理行动方案》，提出加快环境监测预警体系建设，提高水环境要素及各种污染源全面感知和实时监控、预警能力，建设截污治污体系。2023 年 5 月，中共中央、国务院印发了《国家水网建设规划纲要》，规划期为 2021 年至 2035 年，为统筹解决水资源、水生态、水环境、水灾害等问题指明了方向，并要求各地区各部门结合实际认真贯彻落实。

智慧排水与水环境综合管控平台建设项目积极响应国家号召，致力于全面推进城镇污水管网全覆盖、基本消除城市黑臭水体、增强城市防洪排涝能力、提高城市排水截污治污管理水平等工作。坚持深入打好污染防治攻坚战，坚持"绿水青山就是金山银山"理念，努力解决人民群众最关心最直接最现实的利益问题。本项目以城市智慧排水建设为核心，融合城市截污治污和水环境管控内容，采用物联网、大数据、云计算、水力模型、数字孪生、人工智能等前沿技术，深入推进智慧排水与水环境管控平台建设，促进智慧城市建设与水污染防治。

二、建设内容

平台建设以统一的数据中心为支撑，形成了智慧排水与水环境综合管控平台体系，包括排水数据管理系统、二三维一体化地理信息系统、数字管网孪生平台、物联网设备管理平台、排水许可管理系统、排水管网检测评估系统、排水管网综合监测系统、巡检养护管理系统、防汛排涝管理系统、水体三维水环境可视化平台、排水一体化管控 App 等应用服务。

1. 总体架构

从项目整体建设规划出发，采用多层分布式架构，共分为 6 层，包括基础设施层、数据资源层、平台支撑层、业务应用层、用户层、终端层。建设过程中遵循排水与水环境相关的法规与标准体系规范和运维与安全保障体系，总体架构如图 1 所示。

图 1　总体架构

599

2. 技术路线

平台建设遵循先进性、实用性、标准化、高集成、可靠性、可扩展性等原则，在技术选择上采用国产技术，成熟且适度超前的技术选型，密切跟踪云计算、大数据、人工智能等未来技术发展动向，技术路线如图 2 所示。

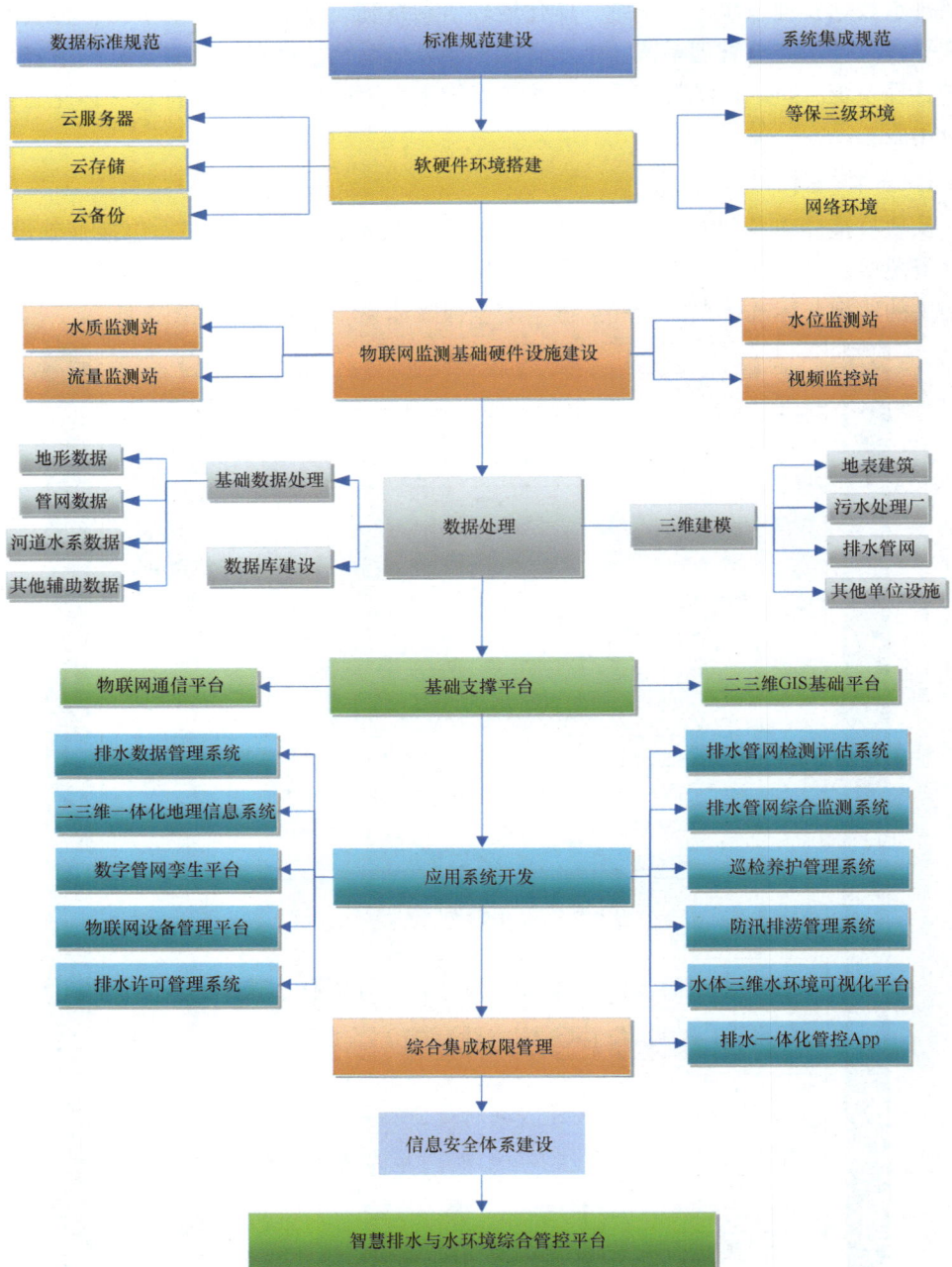

图 2　技术路线

600

3. 数据流架构设计

智慧排水与水环境综合管控平台采用统一的数据中心进行数据库设计，收集汇聚建成区范围内的地形数据、路网数据、污染源数据、排水分区数据、排水管网数据、明沟暗涵数据、排水管网检测数据、河道水系数据、物联网监测数据和业务系统运行数据，实现了对多源异构数据综合管理。数据管理内容包括数据的采集更新、整理提取、质检清洗、数据存储、数据服务等，数据流框架设计如图3所示。

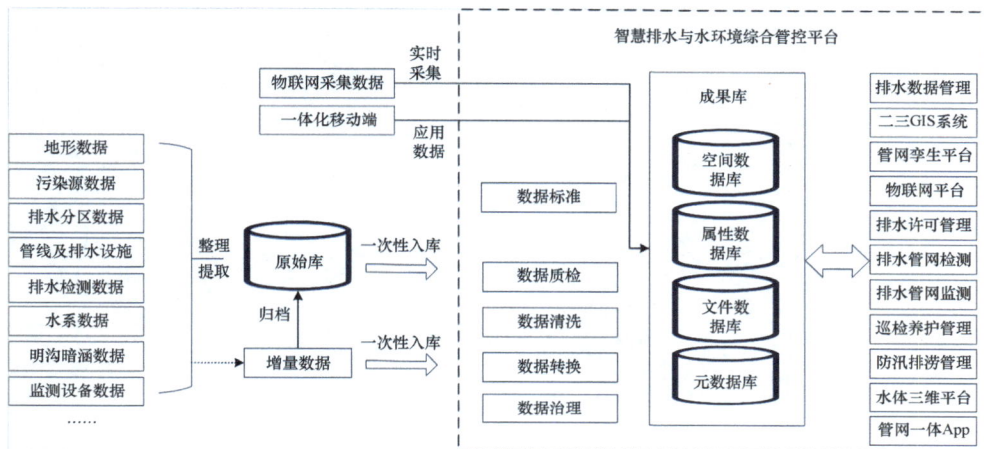

图3 数据流架构

4. 信息化平台建设

1) 排水数据管理系统

排水数据管理系统可快速完成管网数据采集、质检入库和三维建模等工作，主要的功能模块包括数据导入、数据检查、质检规则管理、建模准备、建模规则管理和系统管理等，为用户提供二三维一体化的排水管网数据管理工具，如图4所示。

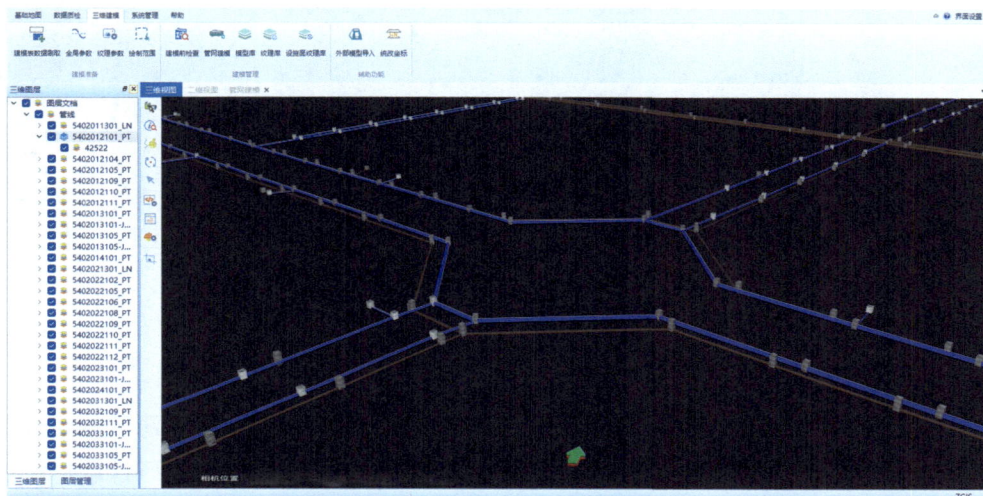

图4 管网三维建模成果展示

2）二三维一体化地理信息系统

采用国产主流 ZGIS 平台，结合"GIS+BIM"技术，构建可表达地上、地下全空间多要素的综合数字孪生底座，直观展示排水户、排水管网、污水处理厂、闸泵设施、排水口、河湖水系和地表建筑等二三维数据，为"污水零直排"、综合监管、挂图作战打好数据基础，数据展示如图 5 和图 6 所示。

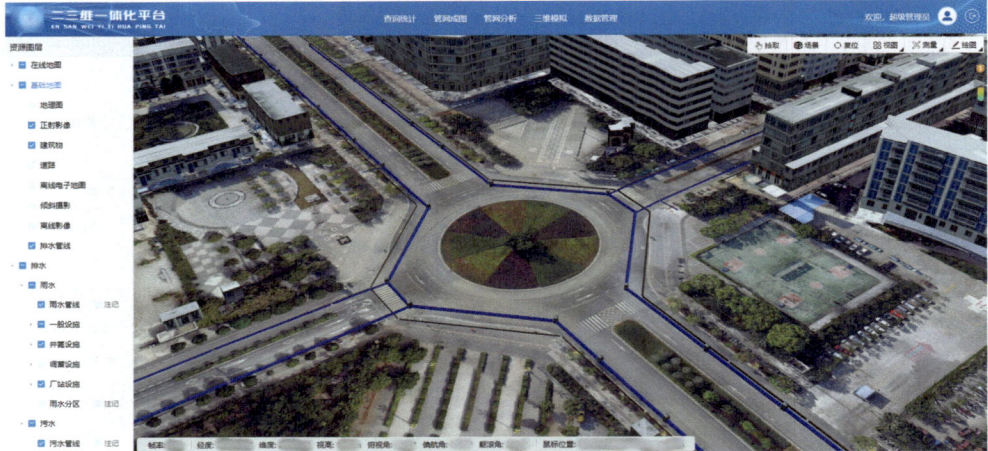

图 5 排水管网数据展示

图 6 污水处理厂数据展示

3）数字管网孪生平台

集成云计算、大数据、物联网等先进信息化技术，进行多场景、多源数据融合，深入挖掘 BIM+应用，构建三维全景仿真可视化孪生平台，包括可表达园区排水户污水处理与备案监管的孪生场景、排水管网横纵剖面与融合物联监测的孪生场景和污水厂污水处理全工艺环节的孪生场景。全面掌握污染源、排污管网、污水处理厂等过程监控及处理详情，为城市排水和污染控制提供高效、科学决策，如图7和图8所示。

图 7　管网孪生驾驶舱

图 8　污水处理厂驾驶舱

4）物联网设备管理平台

由于排水管网与水环境监测体系涉及的监测设备种类、数量较多，且存在后期扩建等情况，因此，建设物联网设备管理平台进行统一管理。该平台具有承上启下的关键作用，前端对接各种物联网硬件设备，集成通信协议服务，接入实时监测数据；后端为业务系统和其他外部系统提供统一的数据服务接口，实现监测数据共享。主要功能模块包括监测"一张图"、设备管理、数据管理、告警管理、传输管理、日志管理等，如图9和图10所示。

图9　物联网监测"一张图"

图10　物联网监测告警管理

5）排水许可管理系统

依据《城镇污水排入排水管网许可管理办法》建设排水许可管理系统，实现排水许可（备案）申报、核查审批、排水许可管理、"一户一档"管理、重点排污单位名录管理、排水户接驳地图管理、排水单元去向分析和排水户监管等功能，并为延期申报、变更申报和注销申报等业务提供快捷办理窗口。建立"排水户—接驳井—支管—主管—排口"的清晰拓扑关系，形成排水系统排查更新机制，为"污水零直排"、污染溯源等提供管理决策和科学依据。

6）排水管网检测评估系统

依据《城镇排水管道检测与评估技术规程》（CJJ 181—2012）建设排水管网检测评

604

估系统，实现排水管道缺陷检测成果管理、管道结构性与功能性状况评估、预警维护等功能，为排水管网清淤养护、破损维修等提供直接支撑，保障排水管网健康运行。

7）排水管网综合监测系统

充分融合物联网监测设备，实现从污染源、排水管网、污水处理厂、排水口到河湖水系的全流程综合监测，并集成城市水雨情监测、内涝渍水监测，全面感知城市排水管网与水环境运行状态，为城市防洪排涝、截污治污等提供数据保障；提供专业分析功能，辅助城市规划改造。

8）巡检养护管理系统

参照《城镇排水管渠与泵站运行、维护及安全技术规程》（CJJ 68—2016），制定符合当地特点的《排水管网运行养护导则》，对排水管网巡检养护的对象、内容、频率等进行规定，并对维修管理、监督考核进行说明，推动排水管网巡检养护管理体系的建设，保障排水管网的长效健康运行。主要功能模块包括巡检监控、片区管理、巡检管理、养护管理、事件管理、维修管理、流程管理等模块。

9）防汛排涝管理系统

防汛排涝管理系统主要是解决城市内涝监测、异常告警和应急处置等业务需求，融合物联网监测、气象预报等数据，建设监测告警、应急事件管理、指挥管理、应急管理等模块，并结合动力学模型，初步建立预报、预警、预演、预案的四预管理模式。

10）水体三维水环境可视化平台

致力于建设可以表达湖泊、河道等水体的三维可视化场景。通过湖底地形与监控点水位的融合可以快速动态计算水资源储量；通过叠加不同位置断面的水质监测指标、富营养化指标、鱼群、藻类等数据，可以深度展示各类指标数据在水体三维空间中的分布和时空变化规律。可以为水体的污染治理、水生态修复、污染溯源等提供科学辅助决策。水体三维类别模型如图 11 所示。

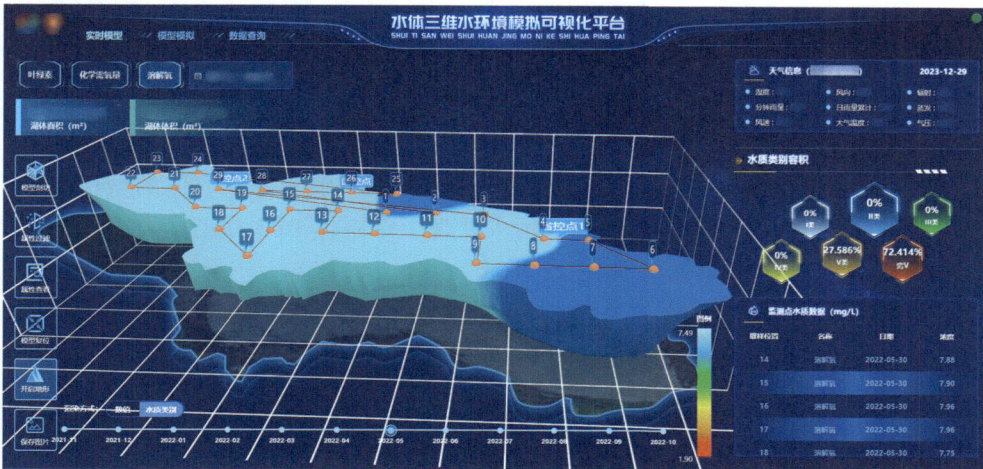

图 11　水体三维类别模型

11) 排水管网一体化管控 App

建设排水管网一体化管控 App，完成与网页端业务体系的配套功能建设，主要有工作台、数据采集、监测管理、运维巡检功能模块，实现管网数据采集、监测数据查看、巡检养护工单处置、告警工单处置等业务办理。

三、创新应用

（1）完善的数据管理体系，包括排水管网数据采集、数据导入、质检入库、编辑维护、三维建模、模型发布等数据更新维护管理功能，提供了城市管网大规模快速建模的参数解析方法和元构建建模法，解决了传统建模速度慢、精度等级低的问题，可以广泛应用于地下市政设施的建模，如图 12 所示。

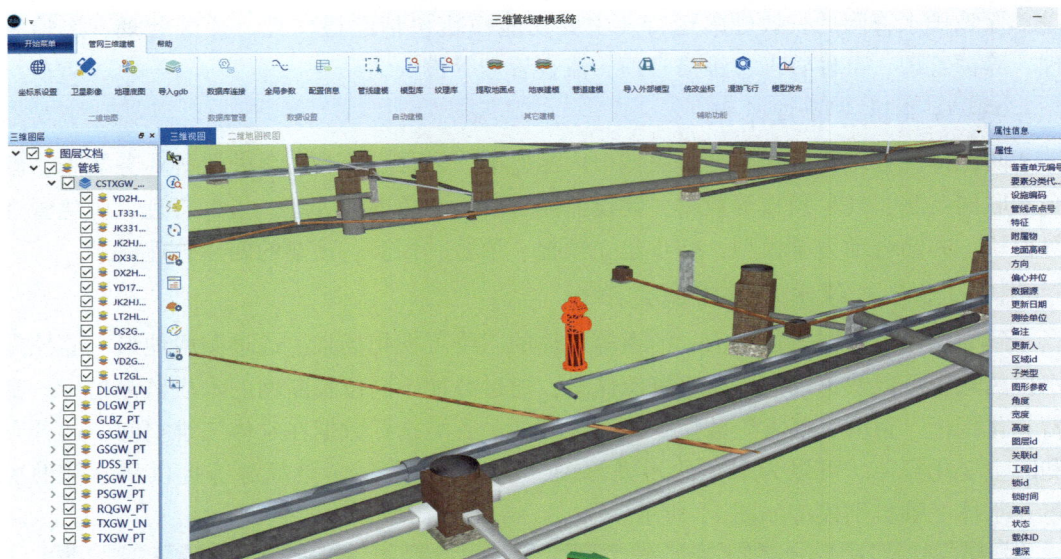

图 12　精细模型快速构建

（2）提出了快速构建数字孪生底座的方法，研究了基于 CAD 地形、倾斜模型、DEM 模型等数据，快速搭建城市建筑、绿化带、路网、水系等于一体的城市地表模型构建方法，并与工业园区、雨污管网、污水处理厂等单体 BIM 模型融合，快速形成了排水管网的数字孪生数据底座，如图 13 所示。

（3）研究并提出了一种在三维场景中的水质单指标类别模型和单指标数值模型建设方法，单指标类别模型可以直观展示不同水质类别的空间分布情况，为水质脱劣、水污染防治等提供直观依据。单指标数值模型可以进一步深入分析水质指标浓度扩散过程、分布规律等，为污染溯源提供参考依据。相互结合可以为水环境污染整治、信息化长效管控提供支撑，如图 14 所示。

图 13　孪生底座构建

图 14　水体三维模型构建

（4）完善了排水管渠运维养护体系。综合集成了排水管网检测与缺陷评估、运行监测、巡查养护等内容，根据定制化的巡检养护导则开展工作，构建了可指挥、强督导、重协调的智慧管理体系，为日常巡检养护、异常问题收集、异常处理提供一体化管理能力，保障管网安全运行。

四、推广价值

1. 经济效益

智慧排水与水环境综合管控平台建设项目可以实现排水管网、流域的综合管理。从城市排水管网信息化管理出发，可以带动整个城市地下管网的信息化发展，促进智慧城市的建设，保障城市"生命线"的安全运行，可保障人民生命安全，极大程度降低排水异常引起的污水溢流、城市内涝渍水等造成的水环境污染、经济损失。

融合了物联网监测设备的管控平台，可以实现城市、湖泊及流域水位、水质、流量、视频等全面监管，实现异常排水监控、污染溯源、厂网湖联动等效果，可以有效、及时发现异常并处理，降低污染的出现及扩散，达到截污治污的目的。同时配合管网巡查、异龙湖巡查等信息化管理实现长期有效的可持续性管理。不仅可以极大程度地降低水体污染、治理等反复带来的费用，还可以为当地的环保、渔业、旅游业等带来巨大的经济效益。

2. 社会效益

智慧排水与水环境综合管控平台属于城市市政管理与水环境管理的信息化建设项目，是异龙湖"一湖一策"项目中流域监测体系、截污治污管理的重要部分。带来的社会效益主要包括以下内容。

1) 实现资产管理，提供城市管网规划保障

通过信息化建设，可以实现排水管网、污水处理厂等相关资产数据的可视化、动态化管理，让相关部门实时掌握资产状况和问题，可以为设计部门提供最重要的数据支撑，为后期规划提供长期的信息化保障。

2) 推动城市发展，提升智慧化水平

智慧排水是智慧城市建设的重要组成部分，是排水行业在城市智慧化运行管理的重要体现，关系到城市管理决策和民生。当前智慧城市更多注重基础设施建设和城市排水、防涝、治污等应用。因此，本项目的建设实施，将有效推动智慧城市的发展。

3) 促进排水改革，保障经济发展

有效管控并解决溢流频繁、水质超标、内涝渍水、排水监测设施薄弱等是制约排水发展的主要问题，智慧排水的建设将提升排水信息化水平，加快排水现代化步伐，能够促进排水改革与发展，保障城市经济发展。有效改善居民的生活环境，给当地居民、游客等带来更好的体验。

4) 完善立体感知，提高排水监管能力

基于物联网监测平台，可长效监管排水管网运行状况，实现从污染源、排水管网、污水处理厂、排水口的全流程监控管理。当监测到排水异常时，提供异常事件预警报警，可进行污染溯源、指派巡查工单，防止异常情况长时间蔓延造成危害。在实时监管的基础上，还提供管网巡查、管网养护、清淤管理等长效管理手段，保障排水系统安全运行，提高运维管理和事故问题处理效率，为居民提供良好的排水条件。

3. 环境效益

智慧排水与水环境综合管控平台建设项目实现了排水管网、水环境的长效监测与管控，全面监控污染源头、围堵扩散途径，从城市管理的角度清理可能存在的水环境污染问题，环境监管能力的增强势必带来环境向好发展的态势。

数字孪生秀水河流域平台

黄　欣　张西军　薄　成

沈阳市勘察测绘研究院有限公司

一、建设背景

现阶段，流域管理呈现粗犷式管理、经验主导等现象，防洪缺乏数据信息支撑，基础信息较为薄弱，信息化监测手段不足，问题预警能力不够等多种问题。为解决流域传统管理的被动局面，国家"十四五"规划纲要明确提出"构建智慧水利体系，以流域为单元提升水情测报和智能调度能力"。水利部高度重视智慧水利建设，将推进智慧水利建设作为推动新阶段水利高质量发展的 6 条实施路径之一，并将智慧水利作为新阶段水利高质量发展的显著标志。2021 年，水利部先后出台了《关于大力推进智智慧水利建设的指导意见》《智慧水利建设顶层设计》《"十四五"智慧水利建设规划》以及《"十四五"期间推进智慧水利建设实施方案》等系列文件，明确了推进智慧水利建设的时间表、路线图、任务书、责任单。2021 年 12 月，水利部召开推进数字孪生流域建设工作会议，要求大力推进数字孪生流域建设，并部署各流域管理机构、地方水行政主管部门和有关水利工程管理单位先行先试。

辽宁省各级水利部门党委（党组）充分发挥总揽全局、协调各方的领导核心作用，按照"全省一盘棋"思路，建立健全各参建单位协作推进和共建共享体制机制，将智慧水利建设作为重点工作纳入党委（党组）重要议事日程，对智慧水利建设重大事项定期进行专题研究和督办落实。协同建设辽宁省数字孪生流域，构建省、市水行政主管部门以及重大水利工程管理单位分级部署和支撑多级应用的智慧水利体系。

沈阳市按照国家和辽宁省"十四五"规划关于数字孪生流域建设要求，逐步完成流域数字孪生的建设，首先选取秀水河作为试点，开展全市数字孪生流域的建设。

二、建设内容

1. 平台总体架构

数字孪生秀水河流域平台（以下简称"平台"）主要由物联感知层、数字孪生平台以及业务管理层构成，项目总体架构如图 1 所示。

物联感知层实现对各类物联感知设备监测数据的接入，反映流域运行动态；数字孪生平台主要由数据底板以及模型平台构成，数据底板能够真实反映流域基础地理情况以及业务管理等信息，并形成数据服务为平台提供"算据"支撑，模型平台包含了以水利专业模型为主的各类专业算法，为平台提供"算法"支撑；业务管理层是数字孪生流域建设的出发点和落脚点，流域防洪（"四预"）应用是业务应用建设的重点内容，以水旱灾害防御为业务核心，建设具备预报、预警、预演以及预案的综合业务平台。

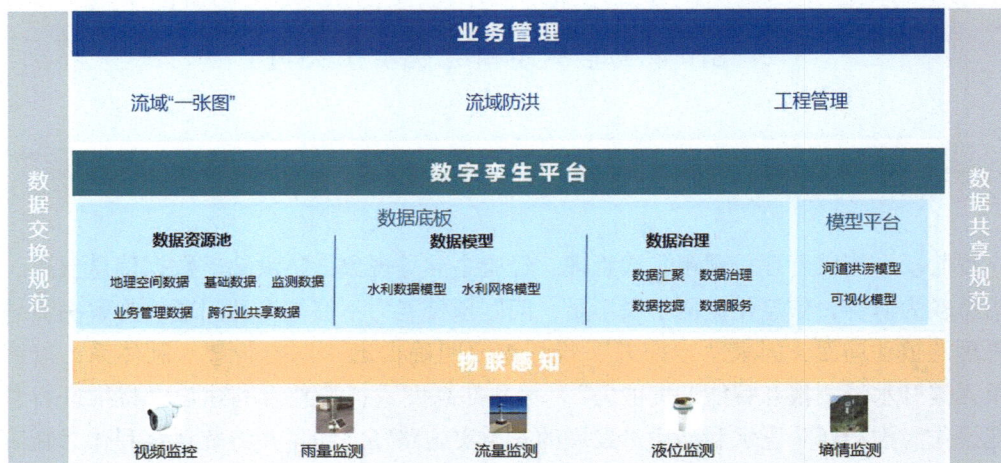

图1　总体架构

2. 物联感知

物联感知设备在数字孪生流域建设中起到了提供实时数据、支持智能分析和预警、促进可持续性和效率提升等重要作用。项目建设过程中，秉承着充分利旧的原则，平台整合流域内已有的物联感知设备数据，接入了水文雨量、气象雨量、河道水位、河道流量、水库水位、土壤墒情等监测数据信息，实现了流域内多要素的实时监测。通过工程施工和设备安装等手段，在河道关键位置安置了全景及细节高清摄像头和水尺，便于用户能够及时了解河道关键断面的水位信息，进而了解河道运行情况。随着技术的不断进步和应用领域的拓展，物联感知设备在数字孪生流域建设中的应用将更加广泛和深入。

3. 数据底板

数据底板包含了地理空间数据、基础数据、监测数据、业务数据、跨行业共享数据共计五大类，其中，地理空间数据建设是重点，地理空间数据主要包括数字正射影像（DOM）、数字高程模型（DEM）、倾斜摄影模型、水下地形模型、建筑信息模型（BIM）等数据。根据《数字孪生流域建设技术大纲（试行）》（以下简称《技术大纲》）相关要求，结合业务实际需要，搭建秀水河流域 L1 ～ L3 级别的数字孪生流域地理空间数据底板。

根据《技术大纲》的相关要求，L1 级 DEM 数据的格网大小优于 30 米，DOM 数据分辨率优于 2 米，L1 级数据底板主要为数字孪生流域中低精度面上建模，主要是秀水

610

河流域范围的 DOM 和 DEM 等数据，通过自行采集数据和处理等技术手段，获取沈阳市中低精度 DOM 和 DEM 数据，构建 L1 级数据底板（图 2）。

图 2　地理空间数据 L1 级效果图

L2 级为流域重点区域精细建模，以中高精度 DEM 数据和高分辨率 DOM 数据为基底，加载流域倾斜模型数据，融合水下地形模型等数据信息，实现流域重点区域的三维可视化浏览（图 3）。利用无人机搭载倾斜摄影系统，实现对流域地理信息的高精度、高分辨率采集，通过倾斜摄影模型数据的获取和处理，成功构建了秀水河流域的倾斜摄影模型，为流域三维场景可视化提供数据支撑。利用测深船搭载多波束测深系统，成功实现了对秀水河高精度水下地形数据的采集，经过对数据处理和融合，实现秀水河水下地形三维模型的建立，并实现水下地形三维模型与流域 DEM 数据的镶嵌与融合，成功实现流域内地形数据的一体化展示。

图 3　地理空间数据 L2 级效果图

L3 级实现流域内重要实体场景建模，以高精度 DEM 数据和高分辨率 DOM 数据为基底，通过叠加流域倾斜模型、水下地形、涉河建筑物以及跨河桥涵 BIM 模型等数据信息，实现流域内重点位置三维场景的精细化展示（图 4）。水利工程模型主要包括工程外观及其周边环境精细化三维模型、工程内部及设施建筑信息模型（BIM）、三维流场（流速、水位、水面和水体）等数据，用于精准化工程调度与交互式数字孪生工作，采用 BIM 技术和三维仿真技术构建重点水利工程模型，主要对左/右岸堤防、穿堤涵以及自排闸等实现模型构建，实现流域 L3 级数据底板建设。

图 4　地理空间数据 L3 级效果图

通过统一数据标准和数据空间化等技术手段，实现对基础数据、监测数据、业务数据以及跨行业共享数据的整理。充分利用数据资源，结合 GIS+BIM 融合技术以及数据治理等技术手段，构建具备空间特征、业务特征、关系特征以及时间特征于一体的水利数据模型，并结合行政区划、自然流域、水资源功能区等需求构建网格化管理模型。经过数据汇聚、数据治理、数据挖掘，形成高效、可靠、灵活以及可扩展的数据服务，为平台提供可视化、可查询、可统计、可分析的服务支撑，实现流域数据资源的一屏统览，效果如图 5 所示。

4. 河道洪涝模型

河道洪涝模型采用松散耦合的方式将水文模型与水动力模型进行耦合，建立秀水河洪水预报模型。收集流域内包括地形、水文、气象、土地利用等各类数据信息，通过多场实测降雨及河道实测水文数据验证模型参数选取的合理性以及模型的可靠性，模拟不同降雨强度下流域内降雨径流过程，对流域内的洪水来水进行预测和预警。通过模拟洪水演进的过程，计算重点河道断面各个时段的水位流量变化数据，实现洪峰水位及峰现时间、洪水流量、水位（流量）过程预报，为防汛部门提供及时的预警，帮助决策者作出正确的应对措施。

可视化模型依托可视化支撑组件，实现自然场景、流场动态、水利工程、水利机

图5 数据底板建设成果图

电设备和水利"四预"过程的可视化表达。可视化支撑组件主要包括可视化组件、可视化渲染服务和可视化场景定制等内容。其中,可视化场景定制模块依托于大数据可视化技术,提供面向基础地理、政务服务、水利行业专题(自然场景、流场动态、水利工程、水利机电设备和水利"四预"过程)等多源、多维、异构数据衍生的不同业务需求和应用场景,实现可视化场景管理、三维场景建模、设计开发、成果发布等功能。

5. 应用场景

1) 数据资源一张图

数据资源一张图以基础地图为依托,通过数据服务方式接入各类数据资源,通过图层叠加,承载流域所有相关数据信息,利用三维可视化技术,实现流域数据底板三维仿真全景展示以及水利工程 BIM 模型的深度演示,为防汛业务提供权威、现势、安全的"一张图"服务。同时,梳理流域内各类专题数据,补充流域内水库、堤防、蓄滞洪区等水利工程基础数据,结合防汛业务需求,建设业务专题模块,支撑流域治理管理工作(图6)。

2) 流域防洪

通过建设流域防洪业务应用,实现了流域水旱灾害防御的信息化管理,基于流域数字孪生体,实现了场景数字化、模拟精准化、决策智慧化,全面提升在水旱灾害预报预警、河流洪水演进等方面的"四预"能力。

(1)预报。

采用自主研发的秀水河洪水预报模型,预报秀水河洪水来水态势,为汛前调度决策提供可视化支撑。利用降雨预报数据、历史洪水数据、地理空间数据、河道数据等信息资源,依托计算机网络环境,遵循统一的技术架构,调用河道洪涝模型微服务,实现不

图 6　数据资源一张图

同降雨强度下的洪水来水预报（图7）。

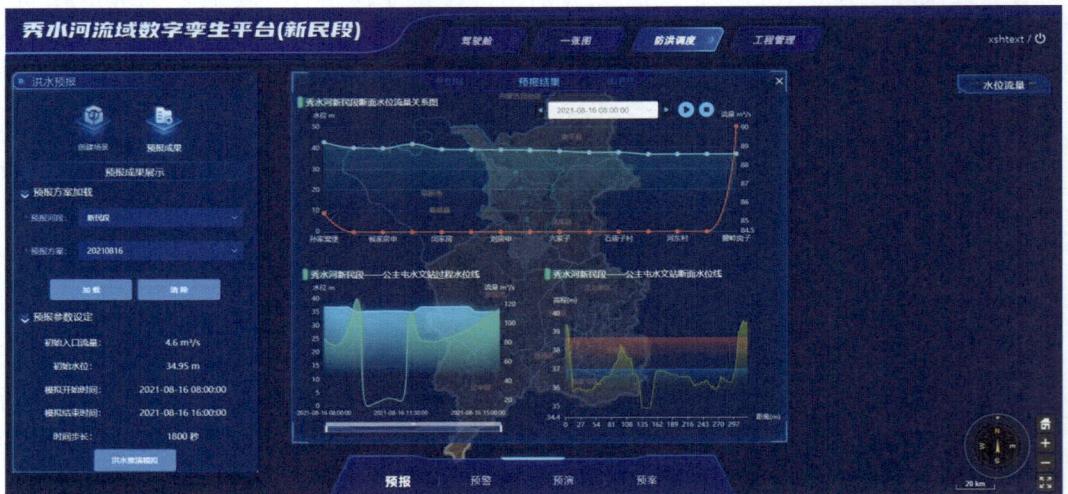

图 7　流域防洪预报

（2）预警。

通过接入流域内物联感知数据信息，实现流域运行动态的实时监测，结合业务预警的阈值数据，置入各类预警指标，实现河道异常运行的自动预警报警（图8）。

（3）预演。

综合运用三维可视化、虚拟现实等技术手段，在三维场景中，模拟河道洪水演进过程，并针对每个河道关键断面，统计分析洪水演进过程中洪水漫滩出现时间、洪水漫滩时长、超设计水位出现时间、超设计水位时长等信息，并形成统计报表展示出来（图9）。

图 8 流域防洪预警

图 9 流域防洪预演

（4）预案。

通过水利设施调度运行预案和河道洪水调度预案，为流域防洪调度提供充分的方案支持，并对防汛物资存储位置、物资内容等信息实现定位和展示。同时，结合现场抢险人员手机端的定位信息和现场照片，提高现场调度时效性，提高预案的指导性和可操作性（图10）。

3）工程管理

实现水利工程项目的信息化管理及电子资料留存管理，支持项目信息的浏览、查询、归档、统计等功能，通过接入工程实时监测数据、视频数据等信息，进而掌握工程

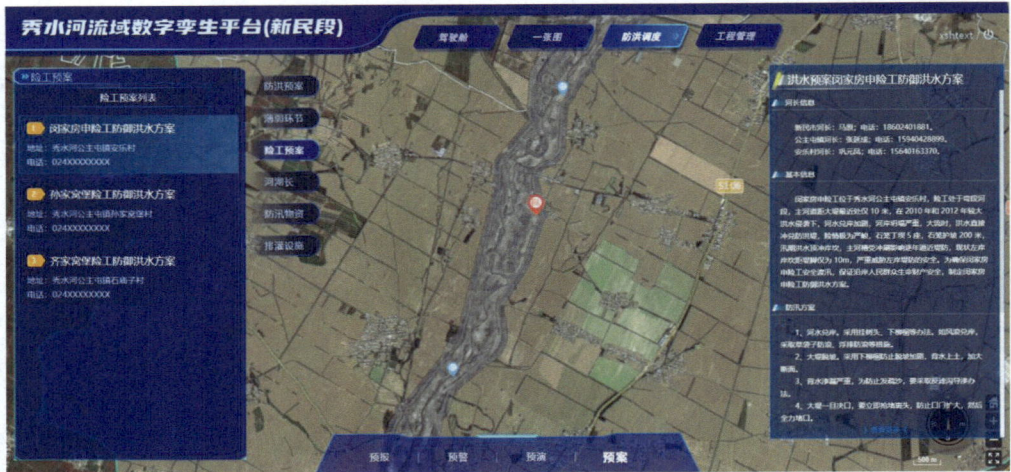

图 10　流域防洪预案

的建设进度、运行动态，提升工程建设、运行管理的数字化、网络化、智能化水平，实现工程从建设到运行维护的全生命周期管理（图 11）。

图 11　工程管理

三、创新应用

1. 自主研发河道洪涝模型

项目采用水文和水动力等基础模型，并通过模型耦合，自主研发了河道洪涝预报模型，模型经过历史场景的参数调优，纳什效率系数已经达到了 0.8 以上，并且模型完全摆脱了国外商业软件的束缚，满足国产化适配要求和安可要求。

利用河道洪涝预报模型，实现对洪水来水的预报预测，并对洪水影响范围进行推测和估算，为汛前指挥调度提供技术支撑，大大减少了灾害造成的损失，保障人民的生命财产安全。通过流域洪水演进的仿真预演，分析洪水演进的路径，为防洪调度和决策提供科学依据，有助于制定更加精准和有效的防洪策略，提高防洪减灾的能力。

2. 构建流域防洪信息化体系

平台以流域防洪实际需求为驱动，通过流域防洪相关技术手段，实现准确预报、全面精准预警、同步仿真预演、精细数字预案。通过数字赋能，将"四预"过程和监管贯穿在业务流程中，为防汛工作提供智能化、科学化技术支持，实现流域从治水走向"智水"。

流域防洪应用场景在防汛事前、事中和事后阶段发挥重要作用。根据预报方案，结合精细化场景渲染，孪生引擎能够对流域干流及重点水利工程洪水演进情况进行仿真预演，分析水位变化过程、洪涝淹没时间以及影响范围，实现了洪水演进的自动化精准识别，支撑精准化决策。

3. 多种类水利感知数据集成

平台实现了多种类水利感知数据的集成，包含雨情、水情、工程、气象、视频等各类监测数据信息。通过通信技术手段对监测数据进行传输和处理，根据监测站点的分布情况和数据传输需求，选择不同的通信方式和数据传输协议，实现感知数据的接收，同时，对采集的数据进行存储、分析和处理，为流域管理提供数据支撑。此外，平台建立了预警和应急响应机制，当水位、流量、水质等要素超过预设阈值时，系统自动发出预警信息，提醒管理部门采取应对措施。

四、推广价值

平台打造秀水河数字孪生流域，开发适用于秀水河流域的预报调度一体化模型，结合数据底板实现秀水河流域洪水演进，自动生成淹没影响范围，根据预案信息提高研判效率。平台为流域防洪的联调联控、统一部署、预警预报提供了完善的技术支持，形成"预报、预警、预演、预案"的流域防洪体系，具有良好的可复制性及推广性。

从社会效益来看，平台有助于提高社会防洪抗旱能力，保障人民的生命财产安全，可以实时监测和辅助预测洪水自然灾害，及时发出预警信息，为防汛抗旱提供科学依据。

从经济效益来看，平台有助于提高流域管理效率，降低管理成本；可以实现对流域的智能化、精细化、高效化管理，降低人工成本和管理成本，提高管理效率。此外，平台可以有效预防洪涝灾害的发生，减少灾害损失，减轻社会和人民财产损失。

综上所述，数字孪生秀水河流域平台的推广价值主要体现在社会效益和经济效益两方面，有助于提高社会的防灾减灾能力、优化水资源管理、促进生态保护和可持续发展，同时也能为区域经济带来新的发展机遇和增长点，因此，应该积极推广，发挥其在社会和经济发展中的重要作用。

深水宝安水务集团供水管网实时在线水力模型

戴雄奇　徐维发　华　兵　朱　杰　徐琛宇

深圳市深水宝安水务集团有限公司　上海三高计算机中心股份有限公司

一、建设背景

建设智慧城市是贯彻党中央、国务院关于创新驱动发展、推动新型城镇化、全面建成小康社会的重要举措。智慧水务是智慧城市中的重要一环。

供水调度是自来水生产中的核心环节，是提升供水安全性、运行经济性的关键。尤其是深圳市提出的要在2025年实现自来水直饮的这一要求，对供水公司管网调度管理提出了更高要求。然而，由于监测数据的准确性、供水系统的复杂性、气候和环境的多样性、需求的多元性等多方面的因素影响，精准的供水调度是很困难的。为了克服这些难点，需要依靠先进的技术手段、精细的数据分析和科学的决策方法来进行精准的供水调度管理，从而实现按需供水、水压平稳、经济高效、高质服务。

二、建设内容

1. 建设目标

本项目基于在线实时水力模型，深化科学决策应用，建设供水自适应调度模块，提高供水调配的反应速度，降低能源消耗和运行成本，同时也能够应对日益复杂的供水管理问题，提高城市供水系统的安全性和可靠性。

（1）利用科学决策手段提高供水安全性，增强调度管理韧性，提升客户服务品质。

（2）在保证安全、稳定供水的前提下，利用水力模型精确制定即时调度指令，满足节能降耗的目的，实现精细化调度决策，提升企业效能。

（3）打造供水行业首创的自动化调度标准体系，提升行业影响力。

2. 主要内容

在线实时水力模型的供水自适应调度是一种基于先进信息技术、场景算法和自动化控制手段的供水管理模式。它通过采集供水数据、监控运行状态，利用水力模型、智能算法和集中控制策略对供水管网进行调度决策，辅助厂站调度管理；实时计算、发布机组调节指令，在优化调度的基础上实现厂站、管网的供需平衡。

1）实时在线模型

定时更新拓扑信息，在线实时更新厂站、管网运行数据、用户水量数据，实现水力模型实时在线自动计算，评估当前运行工况；并以此为基础进行业务应用，如关阀分析、溯源分析等。

2）自适应调度

满足不同工况下管网运行的稳定性，实时计算能耗，优化厂站、管网供需平衡，实现精细化调度管理。

3. 技术路线

1）建设路径

首先，依赖厂站、管网数据在线采集和水力模型引擎服务构建在线实时水力模型系统，并基于水量预测、在线水力计算、智能搜索算法技术开发供水自适应调度模块，以管网稳定运行、厂站安全可控、千吨水能耗优化为目标，优选最合适的调度方案，并与厂站集中控制系统对接，实现厂网供需水量平衡，达到自适应调度管理的目标。建设路径如图1所示。

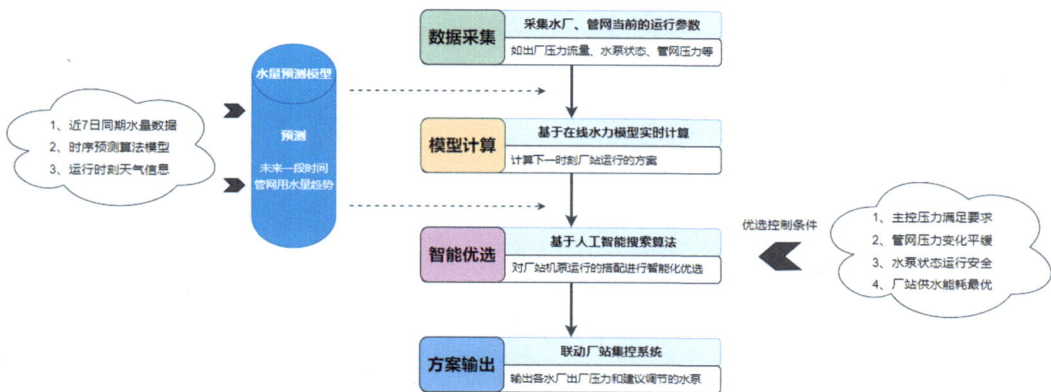

图1　建设路径

供水自适应优化调度的内容：优化调度分两级。一级调度，即在确保管网运行稳定的情况下，确定厂站最佳的出水压力和流量。二级调度，即根据一级优化的结果再进行厂站内机泵组合和转速搭配的优化（图2）。总体目标是在满足用户服务需求的基础上，提高机泵运行效率，降低能耗。

2）步骤划分

在线实时水力模型与供水自适应调度建设如图3所示，可分为以下5个执行步骤。

（1）建立高精度的供水管网在线实时水力模型。

（2）根据历史运行数据，结合人工经验，提取供水生产运行过程中的调度目标、

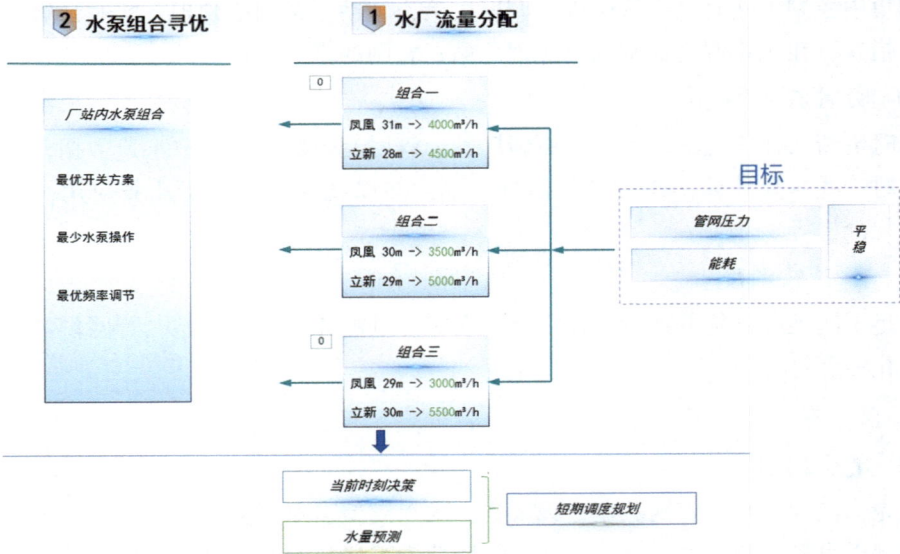

图 2　优化调度内容

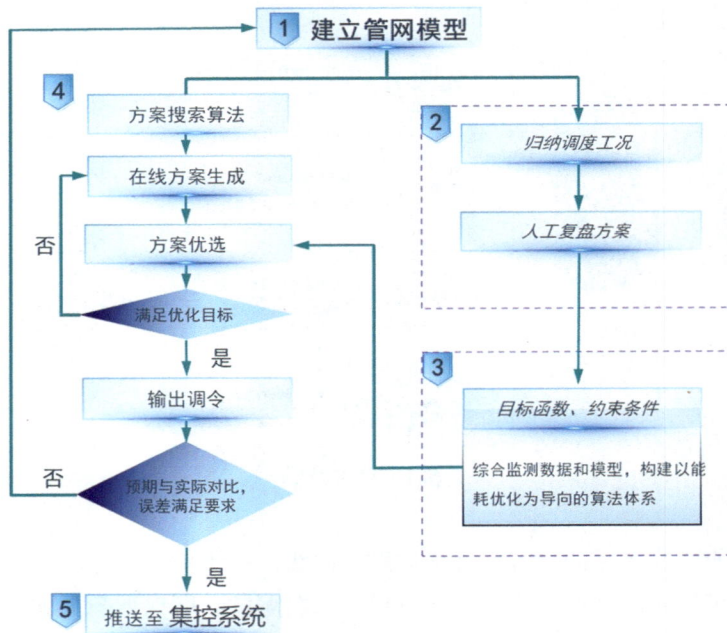

图 3　执行步骤

约束条件。

（3）根据以上调度目标、约束条件，结合管网模型建立能耗优化调度的数学模型。

（4）系统基于能耗优化调度的数学模型，结合模型规模和计算效率要求，选择合适的优化搜索算法，并根据 SCADA 监测信息，自适应校准微观模型和参数，生成能耗优化的调度方案（即时调令）。

（5）将即时调度指令推送到集控系统做精准控制。

3）应用片区选择

福永分公司由凤凰、立新两大水厂联合供水，日供水量约 20 万立方米（2023 年初），自适应调度选择福永片区主要考虑以下内容。

（1）供水格局清晰，管网 GIS 拓扑完整，关系明确，利于高精度水力模型建设。

（2）厂站、管网在线监测数据完整，水量定位达 95% 以上，模型驱动数据质量较好，利于在线实时水力模型建设。

（3）管网共 56 个测压点，分布较为均匀，平均每平方千米 1.12 个，远高于一般要求的每平方千米 2~4 个，有利于水力模型的校验。

（4）区域内由两个水源供水，存在典型的压力平衡问题，以往借助经验很难满足要求，可以充分发挥模型调度优势，具有典型意义。

综上所述，供水自适应调度应用片区选择福永分公司更合适。

4）水力模型建设成果

管网压力精度统计如表 1 所示。

表 1　管网压力精度统计

误差范围/米	数量/个	占比/%	累计占比/%
0.0~1.0	39	89	89
1.0~2.0	5	11	100

5）自适应调度控制目标

（1）调度目标。

①安全性。满足管网用户端压力平稳，波动较小。保证管网自由压力满足供水服务的要求。

②高效性。凤凰、立新水厂机泵能耗低，厂站供水能耗主要是由二泵房机泵耗能产生，通过自适应调度程序合理分配凤凰、立新水厂供水比例，合理设置水泵运行参数等方式进行能耗优化，提升机泵运行效率。

（2）约束条件。

①控制主控点压力在允许区间内：对压力主控点分时段设置约束范围，控制压力在允许范围内（需改造压力主控点的采集频率至 1 分钟/次）。主控点应选择主要输水路径、灵敏度高的测点、供水最不利点。

②机泵运行连续性：系统根据泵房机泵状态进行调节，减少设备启闭带来的压力波动及能量消耗，以保证水泵运行的连续性。

③控制水厂清水池水位：根据对清水池水位的实时监测，评估当前各水厂的供水能力，以保证水厂清水池水位在安全范围内，避免机泵调节对水厂生产造成不利影响。

④将水厂的出厂流量控制在供水能力范围内。

⑤水厂最大开泵数量、开泵顺序、调速泵频率满足合理的调控范围。

⑥支持纳入异常工况的设置，如机泵检修、水厂减产、水厂水池清洗、管网爆管等特殊工况。

6）输出结果

在线实时水力模型与供水自适应调度系统输出以下调令。

（1）凤凰和立新水厂的出厂压力。

（2）凤凰和立新水厂的机泵组合。

7）自控程序介入

在线实时水力模型与供水自适应调度系统的即时调令会通过集控系统控制水泵 PLC 进程。

（1）供水自适应调度将即时调令推送给集控系统。

（2）集控系统按调令要求向 PLC 发起调整逻辑。

4. 应用场景

1）关键供水路径溯源

应用场景：当管网发生水质事件时，市民通过水务热线报告水质问题，在线模型系统及时接收事件信息，通过水力模型计算关键供水路径，结合多点信息，自动生成关键路径，辅助判断水质事件源头，为事件溯源提供智能决策支持。

运行案例：管网多处反应水质问题，通过关键供水路径溯源计算找到最有可能发生污染的管段，结合水质监测，快速定位污染源，辅助关阀操作，降低管网事件影响范围，极大地提高管网事件处置效率，如图 4 所示。

2）自适应调度

应用场景：生产调度过程中，通过调节水厂二级泵房水泵工况，实现水厂、管网供需平衡。传统调度均通过人工经验调节机泵运行状态、水厂出水压力，缺乏科学依据。自适应调度基于先进信息技术和控制策略的供水管理模式。它通过采集供水数据、监控运行状态，利用水力模型、智能算法和控制策略对供水管网进行调度和优化，辅助厂站实际的生产调度，实时计算发布机组调节指令，在优化调度的基础上系统自动实现厂站、管网的供需平衡（图 5）。

运行案例：深圳市福永自来水有限公司日供水量约 20 万吨，自适应调度上线运行，以平峰段工况为例，2023 年 7 月 12 日下午时段的前序时刻，立新水厂开 2#泵且出厂压力为 0.378 兆帕，凤凰水厂开 1#、5#泵且出厂压力为 0.307 兆帕，花园酒店（此为主控点之一）压力为 0.133 兆帕。当前时刻，模型给出的执行方案为：立新水厂开 2#泵且出厂压力为0.371 兆帕，凤凰水厂开 1#、5#泵且出厂压力为 0.304 兆帕，花园酒店预期

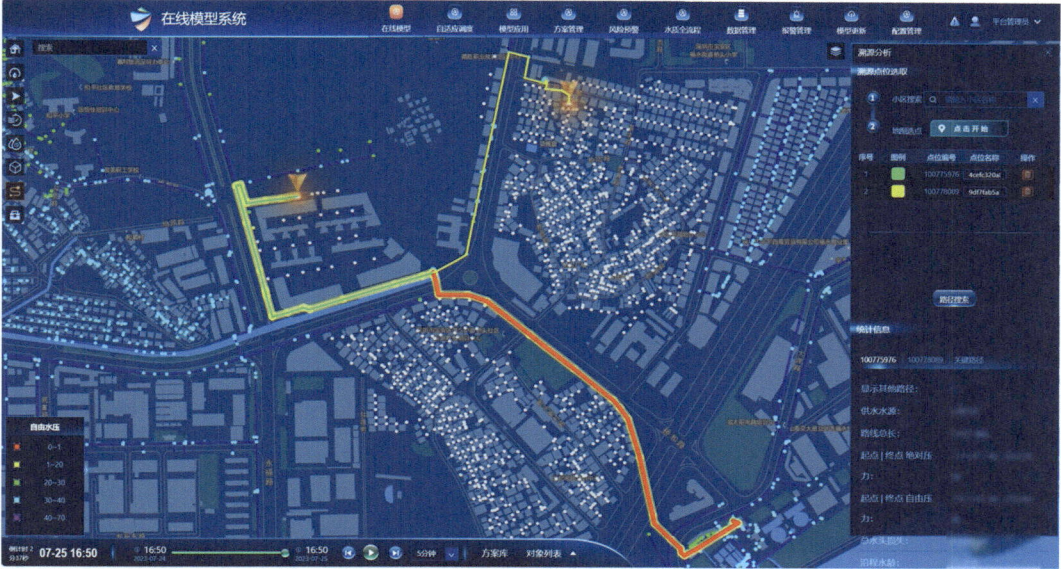

图 4　关键供水路径溯源

压力为 0.123 兆帕，机组搭配功率可下降 40 千瓦，且稳定运行约 2.5 小时。以上结果显示：机组搭配方案具有延续性和稳定性，平峰段能耗下降约 100 千瓦·小时。全天根据模型推荐方案运行，能耗可下降 3%~5%。

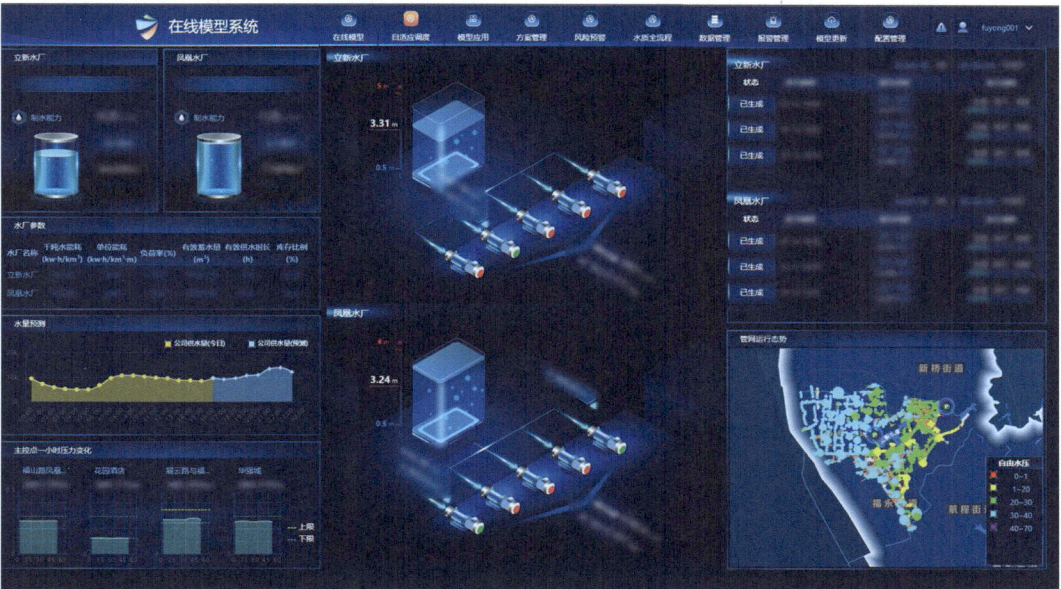

图 5　自适应调度应用场景

三、创新点

1. 优化搜索算法

采用基于工况聚类的多核并行自适应遗传模拟退火搜索算法，通过能耗优化调度的数学模型构造目标函数和约束条件，对相似工况聚类以降低运算量，结合计算机多核并行及分布式运算特性，实现了对能耗最优调度方案的快速搜索。

自适应遗传模拟退火算法是将遗传算法和模拟退火算法结合后形成的优化算法，可以改善优化效果。遗传算法和模拟退火算法有多种结合形式，主要分为串行式遗传模拟退火算法和镶嵌式遗传模拟退火算法。在供水管网中，SCADA 测压点仪表精度一般在0.1 米以上，两种优化算法的结果精度均可达 0.001 米以内，已经远大于测压点的精度。因此，选择计算速度更快的镶嵌式遗传模拟退火算法。

自适应遗传模拟退火算法中，对初代基因的选择会影响算法的稳定性和速度。结合供水管网调度的规律，将泵站历史运行数据与人工调度经验作为训练数据，采用机器学习的基本理论，产生初代基因。通过上述改良，可有效提升计算结果的可靠性。

经典自适应遗传模拟退火算法，在运算的中间过程会产生很多相似工况。针对以上问题，从以下两方面进行改进：一是根据现代计算机存储空间大和读写速度快的特点，对算法中间过程的结果进行递进式存储；二是对相似工况自动进行聚类分析，同类工况只进行一次计算，并在算法收敛的过程中，逐步缩减聚类范围。因此，在不影响算法精度的前提下有效提高了算法运算的速度。

综上所述，在研究搜索能耗优化方案时，通过算法优选、初代基因改良、多核分步计算、工况的聚类运算等方式，在满足能耗优化的基础上提升计算效率。将以上算法机理作为能耗优化调度的后台，开发能耗优化调度软件，系统根据需水量变化，自动计算生成保障安全、能耗优化的调度方案，方案计算速度可达 40 次/秒。在当前福永分公司2 座水厂、10 台水泵、日水量 20 万吨、管线总长 721 千米的背景下，一级管网优化和二级泵房优化的自适应方案可稳定在 1 分钟内寻优完毕，完全满足及时、高效的决策需求。

2. 水量预测模型

水量预测模型：根据城市供水的具体情况，进行预测算法配置、样本数据取数配置、节假气候因素配置，并运用历史数据验证，获得城市水量预测模型。

3. 水力模型自动同步 GIS 数据

在以往模型的建设和使用过程中，遇到的最大问题是需要人工更新和校核 GIS 数据，由于缺乏足够的专业人员致使数据更新不及时、资料复核不准确，进而导致模型的模拟结果准确性差，无法提供精准的工作指导。在本项目中，创造性的引入"水力模型–GIS 集成应用"的革新技术，颠覆传统的人力方式运维，实现模型拓扑全在线更新、全自动纠错、全记录溯源，为建模维护工作节省大量人力和时间成本，保障基本数据精度。

四、应用成效

1. 环境效益

深水宝安很好地应用在线实时水力模型与供水自适应调度技术指导供水决策管理，加强了对输配水体系动态优化和智能管控的能力，有效降低了供水低压区供水不足的风险、减少了重大爆管事故的概率、增强了水司应对突发事件能力、显著提高了供水安全性。

2. 经济效益

1) 降低供水泵站运行成本

应用在线实时水力模型与供水自适应调度技术实现自动调度决策后，福永分公司能耗下降3%~5%，年节省电费约30万元。

2) 节省人力成本

"自适应调度"上线后有效降低了厂站调度人工干预的环节，提升调度灵敏度；实现人工智能指令派发率占总指令数的95%以上，以高技术手段形成智力支持，真正做到机器换人力、智能增效能。至少可节省1名调度员，年节省人力成本约6万元。

3. 管理效益

在项目实施过程中，深水宝安培养了一支优秀的建模团队，建立了一套完善的水力模型建模规范和模型运维管理体系。团队成员可自主建模，并对模型进行应用和维护。在供水系统日常管理和重大工程建设决策过程中，模型管理员可自主开展相关应用，实现将模型分析结果量化，以模拟数据为支撑，实现智能科学决策。

五、推广价值

在线实时水力模型与供水自适应调度系统依赖底层多项业务数据，模型建成后结合在线模型技术，实现水力状态的在线评估与场景应用。

深水宝安在线水力模型建设及应用实践表明，现阶段供水企业已经具备建设高精度在线水力模型的条件，可实时评估管网运行状态，有效提高企业精细化管理水平，提升事件处置效率，实现智能科学决策。

通过挖掘在线模型的潜在能力、拓展模型的应用范围，使在线模型为企业创造更多的价值。

深汕水务公司智慧水务（一期）项目

李明涛　李科霖　谭持程

深圳市深汕特别合作区深水水务有限公司
上海昊沧系统控制技术有限责任公司

一、建设背景

《深圳市深汕特别合作区水务发展"十四五"规划》（以下简称《规划》）中提到智慧水务目标：水务管理智慧化实现水务资产数字化全覆盖，建设数字孪生流域，建成水务预报、预警、预案、预演智慧管理体系；河湖岸线有效管控比例达到100%；人才队伍结构合理，科学素养明显提升；科技创新能力进一步增强，智慧水务建设取得明显进展。

《规划》中水务发展主要任务中重点提到需强化供水监管、建立健全排水长效管理机制、强化河湖监督管理、完善调度决策系统、推进水务智慧管理。加快建设智慧水务感知体系、构建城市智慧水务立体监测体系、完善水务管理基础支撑体系、构建区级城市水务数据中心、打造区域特色智慧应用。

深圳市深汕特别合作区深水水务有限公司位于深圳市第"10+1"个区——深汕特别合作区，主营深汕特别合作区自来水集中生产、输配、经营业务，雨、污水收集处理、回用及再生利用，工业废水处理、污泥处理，水库、河道运维管理等涉水业务。公司运营有1座总规模10万立方米/天的现代化直饮水水厂（西部水厂），3座小型水厂，1座设计规模5万立方米/天的现代化水质净化厂（鹅埠水质净化厂），管理市政供水管网长度为559千米、排水管网已接管长度303千米、28座水库、52条河道。

本项目以创建粤港澳大湾区第一家"综合水务大管家"先行示范样本，打造国内"综合水务大管家"的运营管理范例为建设目标。符合《规划》要求，全面推进深汕水务从标准化、自动化向数字化、智慧化阶段发展。

二、建设内容

本项目建设单位为上海昊沧系统控制技术有限责任公司，运行管理单位为深圳市深汕特别合作区深水水务有限公司。项目建设内容主要包括全厂自控升级改造，信息安全

626

等保 2.0 三级建设，全厂关键工艺位置智能交互屏以及包含厂站和水库河道在内的智慧运营管控平台建设。

本项目结合深汕水务的实际情况，以行业先进技术为标杆，以水司发展战略为导向，以提升绩效表现和决策管理水平为最终目标，提供一套应用于公司的集物联网接入采集、一体化中央监控、移动化管控、大数据分析和科学化决策于一体的高度自动化、智能化、智慧化的智慧水务整体解决方案（图 1）。

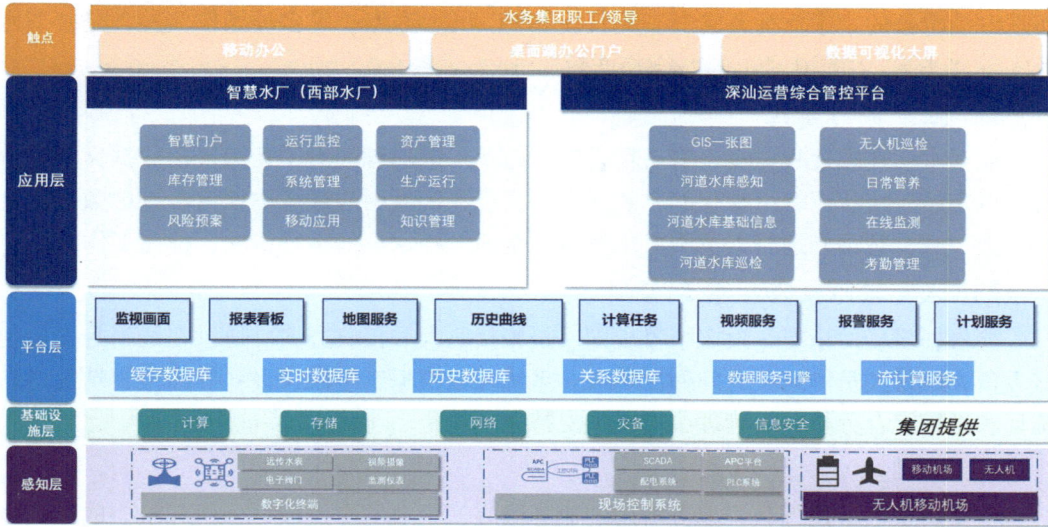

图 1　总体架构

1. 总体架构

感知层：基于 HBase 的分布式时间序列存储，将厂站的生产设备、仪器仪表、传感器、视频监控等进行平台化采集接入，兼容不同厂家的设备协议，并且支持第三方数据接入，智慧感知、按需入网、互联互通，打破信息孤岛，提高数据查询效率。

基础设施层：为上层平台提供算力、存储、通信、安全等基础支撑和运行环境，保证系统能稳定、安全、高效的运行，主要包括数据采集网关、算力基础设施（服务器、存储器等），网络基础设施等。

平台层：设计使用微服务分布式架构，打造组件化的资源包，将核心业务能力以服务的方式进行有效沉淀，实现服务在不同场景中的业务能力重用，提高功能的扩展性，并通过横向扩展服务，有效提高系统并发能力。

应用层：基于多租户、"统一认证、分权分域"原则，提供用于用户使用的系统服务单元，主要包括智慧水厂运管平台和水库河道综合管控平台。

触点（交互层）：支持 Web 网站、移动终端、大屏、交互屏终端的数据交互，使用 Websocket 技术保障数据实时性，重要数据通过 RSA 非对称算法加密保障消息安全性。

2. 系统和平台

平台运用"物联网+移动化+云平台+大数据+三维可视化"等先进技术，采用系统思维构建新一代水务生产运营管理的整体逻辑架构，以移动信息化方式管理水务运营的整体过程，为未来智慧水务的管理和运行提供了统一的运营和管理标准。平台集成了水厂自控、安防、资产管理、算法模型、水库河道监测、运维等多种应用数据，打通深汕涉水业务内在关联，对深汕涉水业务统一监管，提升供排水监管调度的公共服务水平，实现深汕水务的集中化运营管理。并且提供 PC 和移动 App 等多种操作体验，是智慧水务实现"少人/无人值守"的"操作面板"。

1) 生产实时掌控

能对水厂实现远程监视，对现场设备设施及工艺流程的真实运行采集数据做专业分析，以表格、饼状图等可视化的方式展现，实现在调度中心或者中控室看到的数据与现场画面一致，管理和运行人员不去现场也能全面掌控水厂的运行情况，提高工作效率。

2) 运营风险主动报警预警

能根据现场的情况，设定报警规则、报警接收人和接收方式。通过在线消息发给值班人员，值班人员可第一时间作出响应；系统可以根据工艺段，设备等的报警情况进行统计和报警综合分析，为管理决策提供支持。

3) 自动生成统计报表

提供用于数据挖掘和智能分析用的业务报表、集成的专业数据分析和报表的集成方案。通过对整个生产过程数据的统计，令各级管理人员和调度人员能够及时、准确、全面地了解和掌握生产的实时数据和历史数据。管理人员可以随时主动调取水厂的各类运行报表，加强监管。

4) 完善的设备管理

建立完善的全厂设备资产信息化管理流程，对设备台账、设备巡检、设备维修养护等流程建立制度化、流程化、科学化管理，从而提高整个厂区管理人员、执行人员的效率。

5) 数据分析挖掘价值

水厂生产过程中产生大量生产运行数据、水质化验数据、设备运行数据，借助云计算优势，对这些海量数据进行深度挖掘、数据分析，对基础数据进行二次加工，挖掘数据背后价值，如 KPI 指标、设备故障诊断、预防性维护、决策支持等，提升企业科技实力。

6) 建立科学化的决策支持

结合全厂人员组织结构情况，建立一套科学、高效的办公流程方式，在降低人员日常工作劳动负荷的同时，又能对数据进行综合运用，为设备故障诊断、生产调度、方案择优、运营管理提供科学化的辅助决策支持，为各级领导提供更为科学有效的监管考核手段。

7）移动作业应用

借助移动应用 App 实现对平台上的各设备设施的运行状态集中管控，用户可通过移动应用轻松查询已在软件平台上配置的所有测点的实时数据和信息，并以适合移动设备展示的方式浏览和操作使用，办公不再局限地理位置与场合，极大地提高了生产、运营的效率。

8）可感可知的水库河道运维管理

与其他水务公司不同，深汕水务对区域内的自然水体和水库具有管辖权。水库相对于厂站而言距离较远、自动化水平低，自然水体相对管网更难感知，因此需要合理有效的工具进行远程感知与监视。利用无人机和感知层监测等新技术，对河道和水库进行远程监管，结合人员的移动巡查，将水库河道管理在线化。

3. 典型应用场景

1）"智慧运营"——三维、GIS 数字化结合

三维可视化 1∶1 建模整个厂区，使用户在屏幕前就能了解整个厂区全貌及工艺流程，三维可视化同时也展示各工艺点的基本信息、指标数据、工艺画面、报警信息及相关出勤人员任务执行情况。

三维 GIS 地图对当下合作区的水雨情进行监控并进行数据定位，能够在第一时间掌握河道、水库、人员、事件等现场相关信息，做到人在线、数据在线、运营在线三线合一，节约管理时间，降低人工成本。

2）"智慧决策"——专家保障水厂生产

工艺及设备故障预警产生后，自动触发专家决策建议，辅助厂内人员调整工艺及进行设备故障分析，建立完善的工艺决策库。一方面通过对生产过程中工艺或设备的运行数据进行监控分析，提前诊断可能会出现的风险点，并通知运行人员进行处理；另一方面在发生问题后，查找引起问题的具体原因，并为相关人员提供处置方案。

3）"智慧分析"——数据曲线自由组合分析

可自由选择需要关注的数据信息，组合搭配，通过曲线分析掌握当前组合内的水质情况，我们可以配置出厂、站、网一整套水质组合曲线，让运行人员能够清晰地掌握整条链路的水质信息，保障水安全。

4）"智慧统计"——多元化报表统计

通过智能报表、普通报表、ETF 报表等工具，实现报表自定义配置功能，可以根据用户不同需求，自动生成各类统计报表，系统可根据预警定期自动发布的值守工单，将上报数据以报告的方式呈现，无论在防汛工作中，还是在防汛结束后都可随时将最新的值守情况及现场情况汇总导出，生成防汛简报，大大节约了数据收集成本。

5）"智慧管控"——HACCP 水工艺过程监控

通过全厂水工艺环节数据的监测，结合智慧辅助决策，实时掌握水厂工艺运行环节下的风险情况。在面对异常情况时，结合时间回溯及水质数据的依存关系，快速地排查

出原因，并结合辅助决策提供的解决方案，及时调整工艺参数和优化设备控制策略，防止水质突发状况的产生，为保障全厂水质安全提供依据。

6）"智慧预警"——汛期全方位预警、报警研判

汛前预警：结合气象降雨数据，通过模型计算做到汛前超汛预警，及时作出人员调度，超前部署，以应对即将发生的汛情。汛中预警：结合水库水位上升速度及相关水雨情数据加以模型运算进行监测，预测水库多久时间会达到汛限水位，提前采取相应的措施，协调各局办开启底涵泄水。通过此类突发状况的预警监测，能够有效地提前作出相对应决策依据，保障整个汛期的水库河道安全。

7）"智慧监控"——水、陆、空全方位视频监控体系

结合接入的潜航器视频、无人机视频、车载视频、安全帽视频，为管理人员提供多维度的现场实时动态，为相关决策提供依据。

三、创新应用

1. 数字孪生水厂

利用最新的计算机图形技术，结合三维技术，基于三维虚拟现实的最佳形式实现对智慧水厂的真实展现，把"实体空间"和"虚拟呈现"融合在一起，采集"实体空间"生产制造过程中的所有实时数据，在"虚拟呈现"环境中实现集成展示，使虚拟环境中的生产仿真与现实中的生产无缝融合，利用虚拟水厂的灵活优势，促进和提高现实生产水平（图2）。

图2 数字孪生水厂

2. HACCP 水质安全监控

通过全工艺总览，查看全厂关键指标信息。发生报警时，选择相应的回溯时间，在回溯的时间段内，查看对应报警影响测点变化情况，从而获取报警的原因（图 3 和图 4）。

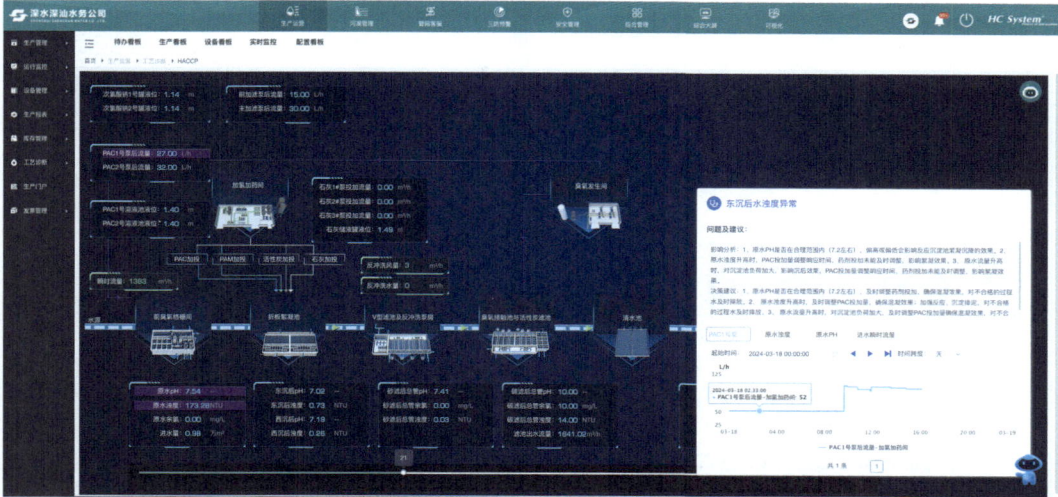

图 3　HACCP 水质安全监控 1

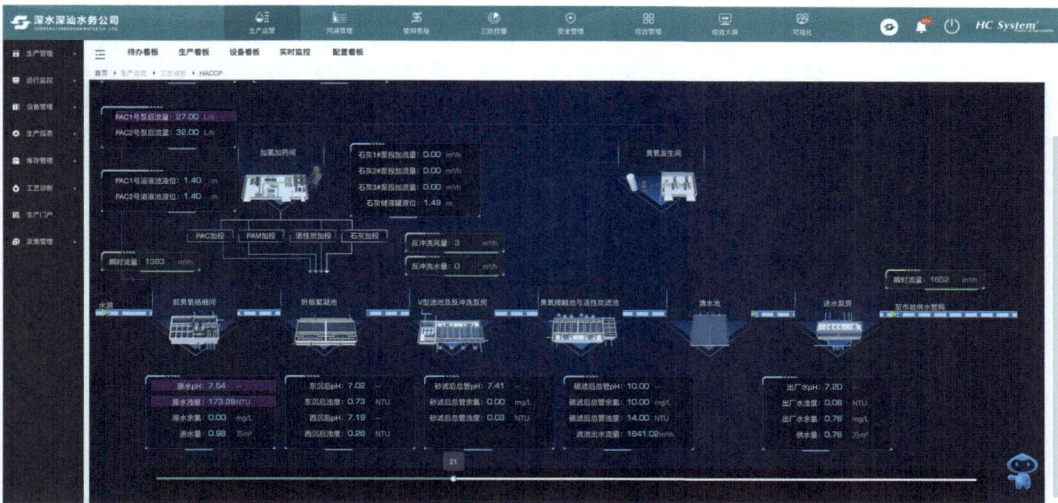

图 4　HACCP 水质安全监控 2

3. 运营业务移动化——口袋里的工厂

打破中控室物理围墙的空间限制，随时随地掌握生产运行情况和设备运行状态，采用流程化移动作业，为规范化运营提供有利保障（图 5）。

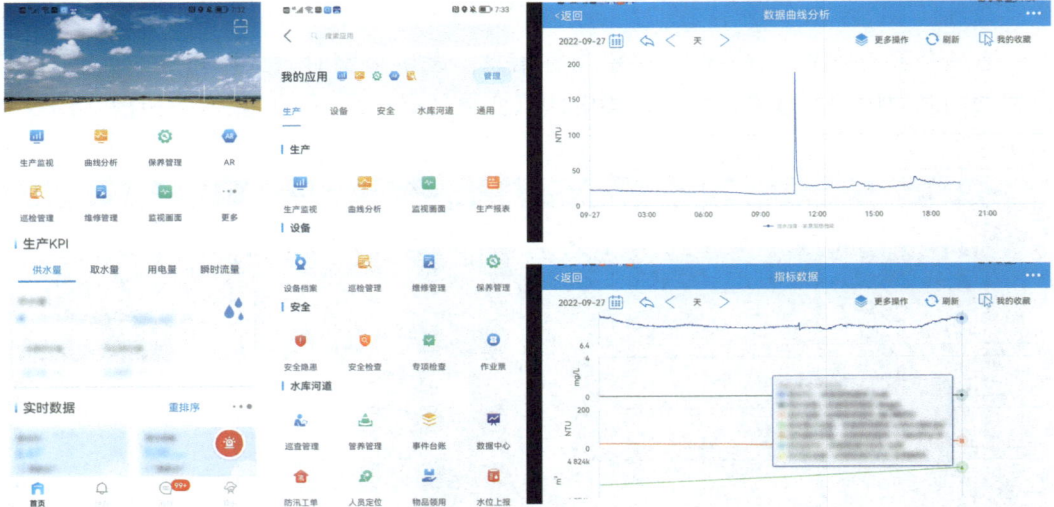

图 5　运营业务移动化

4. 三维 GIS 地图数字化结合——实时数据全面掌握

三维 GIS 地图对当下合作区的水雨情进行监控并进行数据定位，能够在第一时间掌握河道、水库、人员、事件等现场相关信息，做到人在线、数据在线、运营在线三线合一（图 6 和图 7）。

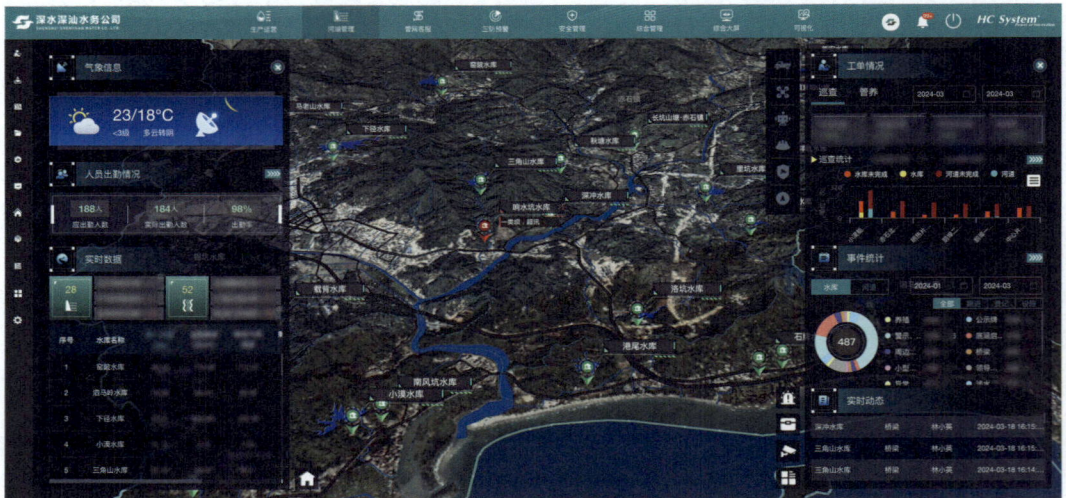

图 6　三维 GIS 地图数字化结合

5. 汛期超汛预警——超前防范

结合深汕合作区的情况，系统在建设防汛专题时始终围绕汛前、汛中、汛后开展工作。汛前：结合气象数据中的降雨量及区内河流的径流系数等相关数据，通过计算模型

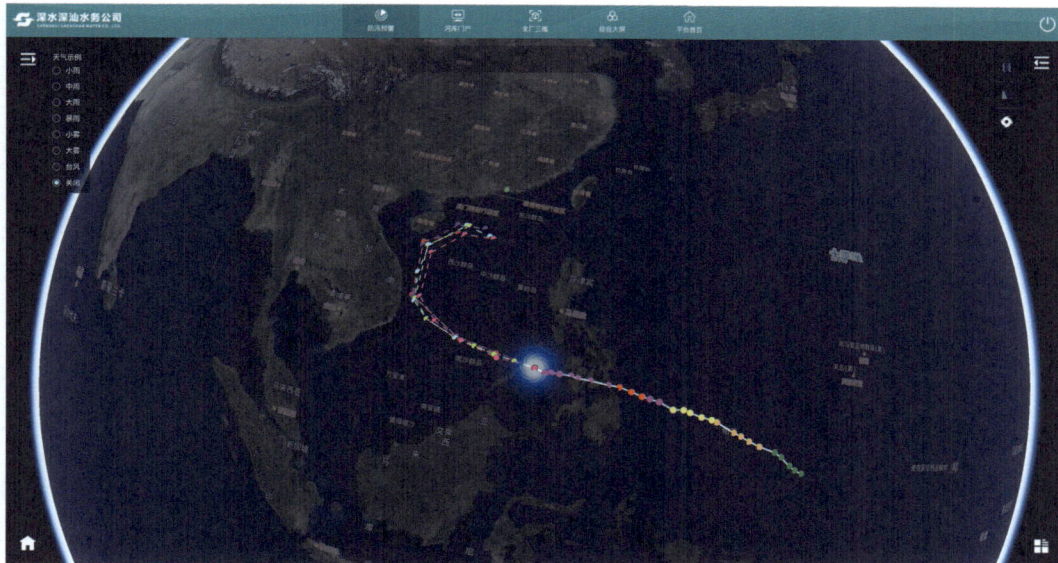

图 7   三维 GIS 地图数字化结合

计算，预测水库多久时间会达到汛限水位，提前采取相应的措施，协调各局办开启底涵泄水；汛中：数据实时收集、分析、归纳，及时协调相关人员处理突发事件；汛后：数据整理、统计，结合数字化运营总结汛期经验，并把相关资料及时提交有关部门，通过此类突发状况的预警监测，我们能够有效地提前作出相对应的决策，保障整个汛期的水库河道安全（图 8 和图 9）。

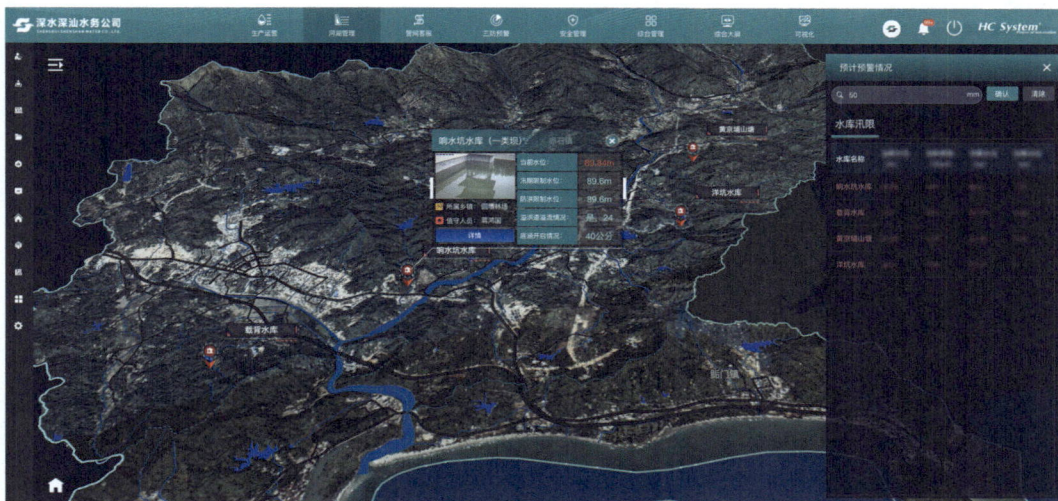

图 8   汛期超汛预警

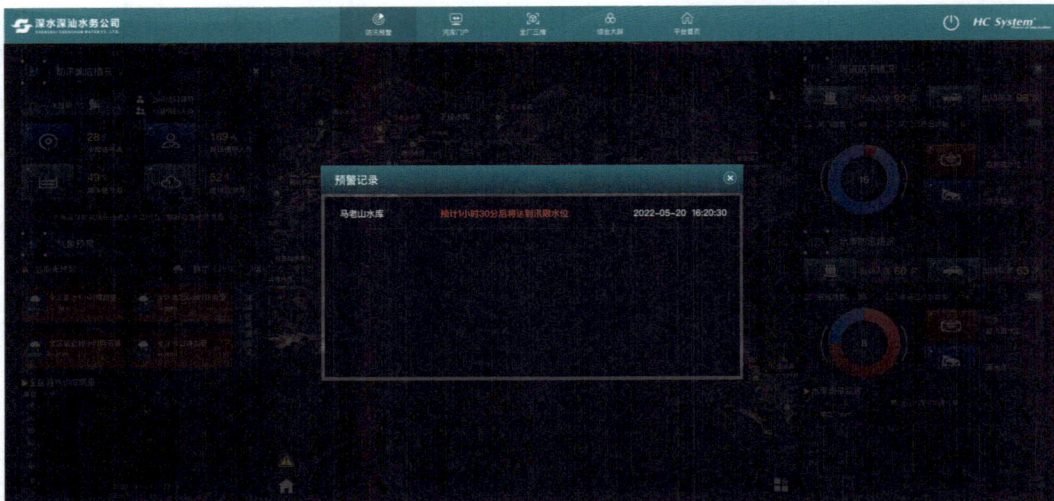

图 9　汛期超汛预警

6. 统计报告一键生成

系统根据预警定期自动发布值守工单，将上报数据以报告的方式呈现，无论在防汛工作中，还是在防汛结束后，都可随时将最新的值守情况及现场情况汇总导出，生成防汛简报报送各单位，大大节约数据收集成本（图 10）。

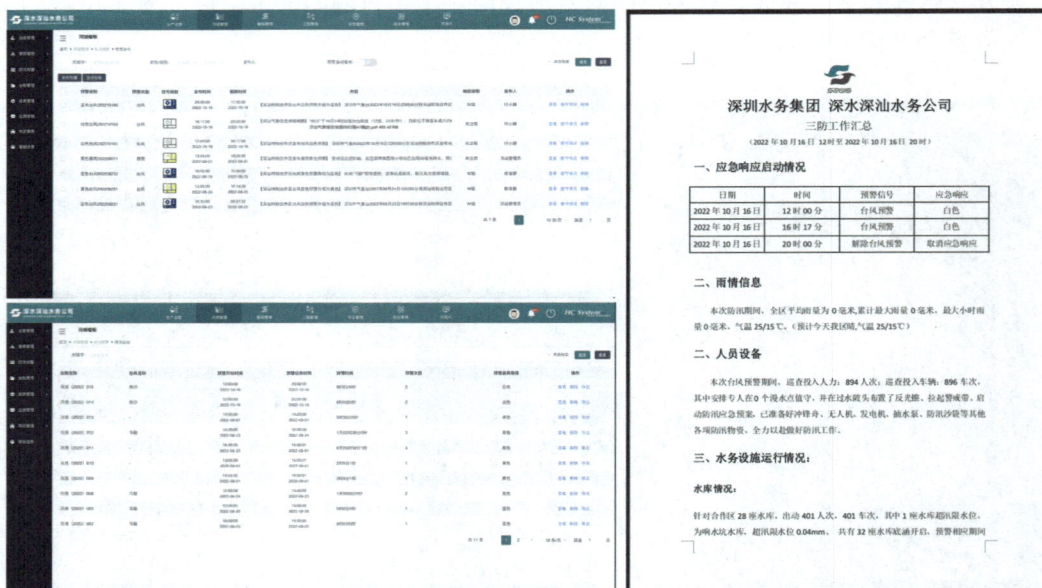

图 10　统计报告一键生成

四、推广价值

1. 平台底座架构是整个系统使用流畅的关键

自 2022 年 11 月项目验收以来，目前，公司的运营业务全面实现在线化、系统化，整个系统的底层数据维护简便、业务流转简洁顺畅、系统展示直观高效，系统运维人员及使用人员的接受度较高，整个系统的使用率及活跃率数据都十分可观。

2. 业务流程标准化，提升工作效率

以往传统线下工作模式，业务流程总是会受到干扰，全面线上运营后，各岗位职责明确，按照系统流程开展工作，各项工作节点清晰，各角色按照职责分工开展工作；有问题可通过系统及时驳回处置，问题处理的及时率和闭环率均得到提升。

3. 数据积累分析，提升运营质量

经过系统使用之后实现数据积累，在系统上可进行数据分析工作，及时发现业务短板，在工作上进行有针对性地调整。之前各阶段的数据经过分析后可以指导下一阶段的运营工作，不同数据之间的关联分析是传统工作模式无法实现的，系统可对任意数据进行关联分析，可以为解决工作难点提供思路。数据积累和分析工作使整体运营工作质量及效率均得到跨越式提升。

4. 协同政府资源，实现数据共享

在本项目建设过程中，通过联合当地政府部门，区水务局、区应急局以及区政数局等单位，逐步完善各项业务板块的在线监测数据、底层地理数据等，为整个系统的底层框架的搭建提供重要的数据支撑，同时通过系统的搭建过程，各单位根据各自的业务需要进行数据互联共享，使数据在区域内得到高效利用。

5. 用先灵活后固化的方式，建立可拓展易运维的系统框架

在系统建立初期，要将业务全面转向在线化、系统化。首先要全面梳理业务流程，定制化开发符合本地业务实际情况的运营系统。从传统的业务办理模式向线上转化是一个逐步转变的过程，需要打破过去工作的思维定式，采用先灵活后固化的方式。在系统框架的设计阶段就需要考虑到业务的现实情况和未来的发展规划，从短期来看，各项业务流程仍未固化，需要开发可以自定义配置的系统供运维人员使用，后期随着系统不断使用，各项业务流程、报表、功能板块可逐步固化，固化的优点是系统在此模式下运转更加高效流畅；从长期来看，要考虑到业务的拓展及远期规划，系统要能够支持业务拓展的配置及接口接入功能，能够将新的业务无障碍纳入系统中进行运营使用。

6. 打通各级水务水利平台，实现信息"一站式"填报

目前，各级水利、水务相关部门均在开发建设信息化系统，且每个系统均需要填报相关信息，建议未来从顶层设计方面，考虑打通各级平台的数据信息，实现"一站式"填报，减轻一线工作压力；同时在数据互联互通方面，政务网和外网实现安全的数据

传输。

7. 充分结合现状痛点并加以解决

生产过程中痛点问题的解决是未来厂站项目建设的基础，是厂站安全生产的前提，是目前提升厂站管理水平的第一要务。要在项目建设前期深度挖掘生产痛点，列入项目建设内容之中，确保项目建设后效果立竿见影。

8. 从传统运营模式向智慧运营模式转变

智慧水厂运营阶段需结合当前运营模式制定过渡阶段运营计划，针对智慧水厂运营模式做试运行，针对人员、操作模式可以做相关测试，但是暂时不做调整，对试运行情况进行总结与评估，确保可靠后逐渐转为智慧水厂运营模式，确保智慧水厂运营模式平稳着陆。

同步还要梳理智慧水厂运营管理制度，对智慧运营模式中的操作进行规范化管理，制定具体操作指导书，形成智慧化运营管理机制。

跟制度匹配相应的组织架构调整，组织架构调整是为了应对新的运营模式，提高组织工作效率，特别对集中运营模式情况下，一定要通过组织架构的调整重新梳理各部门的岗位职责，制定新形势下各部门的岗位说明书，避免因组织架构设置不合理影响智慧化运营。

9. 加强智慧水务运营团队组建

智慧水厂运营需要有综合素质较高的团队，要对各个专业人才加以配置，通过培训以及轮岗丰富成员综合技能，当现有条件无法满足人才需求时可适当引入专业技术人才，并建立人才培养体系。

10. 联合高校及科研院所，提升平台先进性

目前，各水务、水利平台在积极开发，但是模型建设过程中存在技术力量不足以及技术较为落后的情况，建议未来各平台建设单位积极和科研院所及高校合作，将先进的模型技术及成果应用至系统中，促进科研转化的同时提升系统平台的先进性，实现良性产学研转化。

鼓楼区智慧水务大数据综合管控平台

沈　雨　阚加力　郭　海　张　强　王思文　李　雷

南京市测绘勘察研究院股份有限公司　南京市鼓楼区人民政府
江苏舆图信息科技有限公司

一、建设背景

为实践"绿水青山就是金山银山"的发展理念、响应国务院发布的《水污染治理行动计划》，从 2016 年开始，南京市鼓楼区开始对区管 25 条河道进行水环境整治，其中 2016—2017 年完成了消除黑臭水体整治，2018—2020 年基本完成了消除劣五类水体整治工程。整治后如何保持攻坚成果、形成长效机制成为今后的工作重点。为此，鼓楼区水务局紧跟大数据时代智能化管理的时代步伐，充分运用新一代信息技术，提出建设"鼓楼区智慧水务大数据综合管控平台"（以下简称"智慧水务平台"）的建设需求。智慧水务平台通过构建智能感知、数据融合、智慧应用三大体系，实现对城市水环境的精准监测与动态管理，在全面提升城市精细化管理水平的同时，推动了智慧城市的建设步伐，取得了良好的社会反响。

二、建设内容

1. 项目建设总体情况

2018 年，鼓楼区水务局全面启动排水信息化建设，通过公开招标确定由南京市测绘勘察研究院股份有限公司承担实施工作。按照急用先行原则统筹规划设计、分期迭代建设，逐步实现鼓楼区排水管理的精细化管养、精确化预测、精准化调度，建成智慧水务平台。项目累计投入经费 1922.96 万元，覆盖范围为鼓楼区全区，区域面积约 53.35 平方千米。

鼓楼区智慧水务平台通过排水信息资源整合，形成"户—网—站—厂—河"一体化排水数据体系，厘清水务管理设施"一本账"，建成水务设施数据底座，实现水务设施数字资产"一图总览"；通过逐步建设智能物联网感知体系，以信息化手段感知鼓楼区水务基础信息及水情、雨情、工情等水务全息信息，包括河道视频监控、重要泵闸、截流井设施电气控制、流量、液位、水质、水浸监测等，实现重要水务设施的"一网感知"；围绕城市内涝、黑臭水体等城市治理突出问题，应用信息化手段加强河湖水体常态化管护，统筹防汛排涝与水环境多目标协同保障，实现数据管理、实时监控、水质保障、养护监管、防汛调度等"一屏智管"；紧扣水务管理实际业务需求，实现信息化、智能化的排水运营监管移动端 App 应用，打造便捷高效的城市排水管理服务应用体系，实现水务业务管理服务"一机掌控"；充分应用物联网、大数据、人工智能等新技术，集成智能无人机巡河、排口排水 AI 智能识别、水质水情智能预警等应用，建成水务管理"智慧大脑"。鼓楼区智慧水务平台建设与鼓楼区水环境整治攻坚成果同步，始终坚持鼓楼区智慧水务建设过程与应用服务的系统性思维，大力提升水务管理工作质效（图1）。

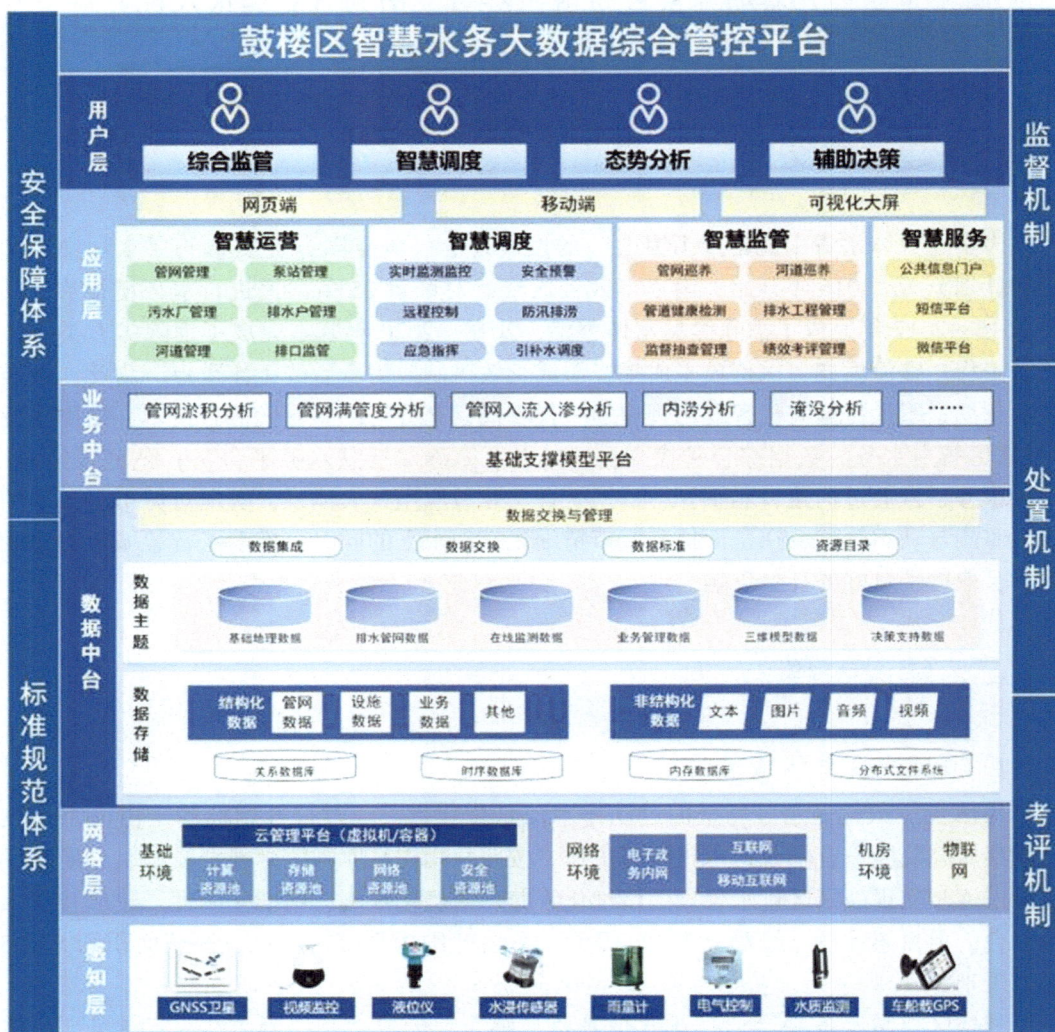

图 1　系统总体架构设计

2. 项目解决的具体问题

通过本项目的建设，有效解决以下具体问题。

638

（1）水务信息资源开发利用不够，内部整合程度低。

在排水管理信息化进程中，信息资源分散，未进行有效的数据整合，缺乏对数据的有效抽取汇集、建库管理、分析加工，对业务决策支撑能力不够强。

（2）监测感知体系较单薄，透彻感知不够。

水务感知监测体系存在覆盖范围不够、数量不足，监测种类不全面，技术标准不统一等问题，导致数据的维护、应用和共享能力不足，无法有效支撑"智慧排水"统筹发展及泛在感知的需要。

（3）模型算法支撑能力不足，系统和业务融合不深入。

水务专业模型算法和服务能力不足，依托预测预报的决策支撑能力相对薄弱，高新信息技术的潜能尚未得到充分挖掘，整体水平不能满足应用需要。

（4）排水养护管理信息化程度低，缺少有效的养护监管手段。

排水管理部门需要定期对辖区内管网及相关设施进行巡查，以确保城市排水安全。传统养护管理手段信息化程度低、养护监管监督能力不足，无法实现管理与养护的信息化和动态化。

（5）辅助决策分析能力不足，"智慧化"程度低。

现有的管网数据管理、监测设备实时数据的"智慧化"分析程度低，服务决策能力不足，难以将海量排水信息进行及时处理与分析，并作出相应地辅助分析决策建议。

3. 项目实施技术路线

1）项目顶层设计

根据对鼓楼区排水管理业务需求的充分调研与工程应用实际需求的理解，进行项目顶层设计。系统总体架构设计采用 SOA 的技术架构，形成"六横两纵"的体系结构，以排水设施基础数据汇聚和各感知监测点数据采集为基础，以平台为核心，通过统一门户实现对排水数据、应用和服务的集成。全面提升智慧水务平台系统效能，实现排水管理更全面地感知、更主动地服务、更科学地决策、更主动地控制和更及时地应对。

2）项目规划内容

鼓楼区智慧水务平台按照急用先行原则统筹规划设计、分期迭代建设，逐步实现鼓楼区排水管理的精细化管养、精确化预测、精准化调度。

第一阶段（2018 年 7 月—2019 年 12 月）：通过全面梳理鼓楼区排水设施现状数据，建成智慧水务"一张图"；通过安装液位仪、监控探头等智能感知设备，建设物联感知"一张网"。

第二阶段（2020 年 5 月—2021 年 5 月）：进一步对排水信息资源进行整合，形成"户-网-站-厂-河"一体化排水数据体系；深化开发"智慧水务"应用场景，实现巡查养护、水质保障、排水运营、养护监管、监控调度方面的智慧应用。

第三阶段（2022 年 4 月—2023 年 6 月）：聚焦鼓楼区智慧水务防汛建设，建立贯穿汛前、汛中、汛后全流程的业务支撑平台，提高城市防汛管理能力。

第四阶段（2022 年 1 月至今）：为保证智慧水务平台的高效运行，开展平台运维项目，确保数据库的及时更新与监测设备及平台功能的稳定性、安全性和高可用性。

3）技术路径

（1）建成排水数据底座，水务数字资产"一图总览"。

通过水务设施数据调查，构建鼓楼区相关的管网、泵闸、排口、截流井、净水站等水务设施的汇聚"一张图"。

（2）构建物联感知体系，重要水务设施"一网感知"。

采用 ES 集群和网关负载均衡协议等大数据技术，建立物联统一接入平台，提高海量数据高效存取效率，实现对排水设施的远程监视和自动控制。

（3）建立智慧管理平台，业务应用"一屏智管"。

充分利用新一代信息技术，采用微服务架构模式，建立水质提升、养护监管、行业监督、防汛指挥四大管理体系，实现从排放水源至受纳水体的全周期智慧水务综合管控。

（4）建设移动互联 App，现场业务"一机掌控"。

应用移动互联技术，开发排水管理移动端应用，实现水务业务管理服务随时、随处可用。

（5）实现水力模型优化，辅助防汛调度"一库智治"。

基于 GIS 的时空分析和集成优势，建立内涝与积水分析、排水调度辅助决策模型等知识库，根据现有雨量、汛情、水位、管网等信息，进行模型预测分析，提供智能化实时管控及预测调度辅助决策。

三、创新点

1. 夯实排水数据底座："排水设施+GIS"

结合国家重点关注的水环境问题，针对水务发展的现状，建成基于排水设施"一张图"的精细化服务平台，为"智慧水务"框架打下坚实的数据基础，涵盖排水相关的管网、泵站、截流井、水闸、排放口、净水站等水务设施，为城市水务的建设、养护、管理提供准确完整、清晰可见的数据，实现水务资产动态实时掌握，各类水务设施数据的精确查询与分类统计。

2. 构建智能感知体系："物联网+水务监控"

排水管理包括整个城市或区域的河流河道、排水管网、设备设施的监测，将中控、监测、视频等感知设备进行串联，在水务监管网络中进行联网，实现对各类数据的收集、汇总，为水务调度提供实时数据支撑。

3. 建立专项知识库："模型分析+智能调度"

集成水质监测、泵站运行、视频监控、河道水位、管道液位、截流井液位、曝气喷泉净水设施运行状态等数据，建立内涝与积水分析、排水调度辅助决策模型，进行模型预测分析，为水务生产运营调度提供辅助决策支持和应急预案支持，实现生产调度智能化和可视化。

4. 落地日常养护抓手："大数据分析+排水养护"

通过日常巡查问题、积淹问题、管网缺陷问题、投诉问题以及问题处置率等数据，分析热点问题、热点区域、周期性问题，为养护计划制订、养护监督计划制订的科学性提供历史数据分析决策支撑。

5. 创新排水 AI 应用："AI 分析+排口监测"

以深度学习技术为核心实现对排口视频数据的 AI 视频边缘分析，实现对排口全天候的 AI 图像识别监测，及时发现排口晴天排水并报警，结合排水管网数据对排口进行溯源分析，定位管道上游可能存在偷排现象的单位，及时上报管理部门对偷排单位给予相关处置。

6. 深挖管理难点、痛点："暗涵+可视化"

针对暗涵管理难点及痛点，通过暗涵整治及可视化监测，在智慧水务平台实现暗涵的可视化监测、报警及溯源分析，为处置污水溢流、污水入河等应急事件提供有效支撑。

四、应用成效

1. 统筹规划引领，高质量下好水务管理"一盘棋"

强化智慧水务建设的顶层设计和项目统筹，总体规划，急用先行，智慧水务平台建设要同步于城市水环境整治攻坚成果，在统筹规划下，逐步推进城市水务管理的智慧化实践，彰显智慧水务平台功能定位、建设过程与应用服务的系统性思维。

2. 把握群众需求，以城市治理突出问题为需求导向

把握群众需求，围绕城市内涝、黑臭水体等城市治理突出问题，以城市治理中的突出问题为需求导向，重点加强河湖水体常态化管护，统筹防汛排涝与水环境多目标协同保障，努力打造人民群众满意的幸福河湖。

3. 创新应用示范，适度超前地使用新产品、新技术

智慧水务平台充分应用物联网、大数据、人工智能等新技术，集成了智能无人机巡河、排口排水 AI 智能识别、水质水情智能预警等应用，提升水务管理的精细化与智慧化水平。

4. 完善运维管理机制，充分发挥水务信息化系统效能

智慧水务平台涉及数据资源及物联感知监测设备众多，为保证数据库和接入监测设备的正常运行，完善运维管理机制，借助信息化手段，通过数据库维护、设备应急维护、硬件网络维护、系统功能维护等，保证平台的高效运行，充分发挥水务信息化系统效能。

5. 打破部门壁垒，创造公共数据的行业应用价值

在全力推进政府数字化改革的大趋势下，鼓楼区水务管理部门积极与相关部门沟通，在地理信息、气象、行政审批等数据方面得到了垂直或横向部门的大力支持与配合。这些数据汇聚到智慧水务平台后，有效支撑水务精细化管理，同时可为海绵城市建设、环境治理工程提供实时和分析决策数据，不断提高行业治理体系和治理能力的现代化水平。

五、推广价值

智慧水务平台的建设实施有效解决因现场情况不明、人员流动资料不清造成的管理问题，减少了工程建设中的重复投入，节省大量成本。同时，平台集成截流井、闸坝、河道曝气喷泉等设施的自动控制系统，实现排水设施的远程自动化控制，减少人员的现场工作量，极大地节约了鼓楼区排水设施运营成本，经济效益显著。

项目成果结合城市建设中的精细化、智慧化管理思路，摸清全区排水管网现状和排水设施现状，可为环境治理工程提供基础数据和分析决策数据。建立了基于排水全过程的监控体系，提升了业务部门的科技执法含量和管理精细化水平，增强了鼓楼区水务部门突发事件应对和处置能力，为鼓楼区防汛调度、水质保障、设施养护、行业监督等提供信息化保障平台和服务平台，取得了良好的社会效益。

经过几年的实践与业务应用打磨，智慧水务平台取得了良好的应用成效。自平台上线以来，受到业主单位的一致认可，获得多家媒体关注报道，同时也吸引了不少其他城市及单位的领导前往鼓楼区水务局参观调研智慧水务平台的建设及应用情况，具有较大的行业影响力。目前，项目运行模式已在多个城市进行同步推广，其成果应用前景和推广价值是显而易见的，对国内其他省市类似项目具有较好的借鉴作用。

"数字草鞋山" 文旅元宇宙应用

高婷婷　霍小军　蒋　华

苏州工业园区宣传和统战部　苏州工业园区大数据管理中心
苏州新建元数字科技有限公司　园测信息科技股份有限公司

一、建设背景

近年来，党中央、国务院和中央领导高度重视虚拟现实产业发展。工业和信息化部、教育部、文化和旅游部、国家广播电视总局、国家体育总局五部门联合发布的《虚拟现实与行业应用融合发展行动计划（2022—2026 年）》中指出深化虚拟现实在行业领域的有机融合，其中文化旅游领域"VR/AR 沉浸式旅游体验"，支持虚拟现实与增强现实技术在旅游领域落地应用，推动景区、度假区、街区等开发交互式沉浸式数字化体验产品，发展沉浸式互动体验、虚拟展示、智慧导览等新型旅游服务。培育云旅游、云直播、云展览等新业态，推出一批沉浸式旅游体验新场景。

《江苏省数字经济促进条例》与《苏州市推进数字经济和数字化发展三年行动计划（2021—2023 年）》相继提出推进文化产业线上、线下融合，推动文化遗产资源的数字化转化，加快数字资源融合，培育发展文旅新业态新模式，实现"文化+科技+产业+旅游"深度融合。

《苏州工业园区关于全面推进数字园区建设的行动计划（2022—2025 年）》提出加快培育数字文旅。积极抢抓数字经济发展机遇，充分发挥园区文化特色和核心竞争优势，大力发展数字文化产业，推动数字文旅建设，打造园区智慧文旅品牌。利用数字技术创新文旅消费场景，培育壮大云旅游、云娱乐、云演艺、云展览、沉浸体验等新型消费形态。

《苏州工业园区数字政府建设 2023 年工作要点》第十五条明确指出："推动应用场景开放创新。聚焦数字化提升政府履职能力，鼓励各部门开发开放特色应用场景，促进元宇宙、数字孪生、区块链等数字化技术在重点领域、关键环节融合应用。支持相关龙头企业在园区开展技术研发和场景应用试验，在文旅、政务服务等领域打造小切口、深应用示范试点，探索'政产学研用'协同创新，营造数字生态，赋能产业发展。"

草鞋山遗址作为苏州工业园区唯一的全国重点文物保护单位，根据上述文件指导，为推进文化产业线上、线下融合，推动文化遗产资源的数字化转化，加快数字资源融合，依托数字孪生、增强现实（AR）等数字化技术手段，构建草鞋山区域 3D 孪生体，还原历史场景，推出"数字化游园"，与游客形成良好的交互，丰富游客的观览体验，成为展示园区特色"江南文化"的"金名片"。

二、建设内容

草鞋山遗址位于江苏省苏州市城东 15 千米唯亭镇东北 2 千米的陵南村、陵北村，现属苏州工业园区。地处东经 120°47′~120°48′、北纬 31°23′~30°25′范围内。草鞋山考古遗址公园总面积 40.2 万平方米，首期建成的遗址公园核心展示区面积约 4 万平方米，结合了"行走在遗址间"主题展厅、考古现场展示、古水稻田场景复原、科技考古工作站等（图1）。

图 1　草鞋山全貌

草鞋山遗址保存有长江下游史前文化完整的发展序列，考古发现马家浜文化——崧泽文化——良渚文化的"三叠层"，被称为"江南史前文化标尺"；草鞋山遗址的文化堆积层厚达 11 米、分为 10 个文化层级、5 种文化类型，各个文化之间的承继关系非常明晰，文化的连续性实属罕见，给出了史前继承与创造性进化的发展样式，被考古界称为具有国际影响力的"江南史前文化标尺"（图2）。

首次在良渚文化墓葬出土玉琮、玉璧等，拉开了对良渚文化时期社会结构、宗教礼仪与文明进程研究的序幕；最早发现有人工灌溉系统的古水稻田，是稻作文化起源的直

图 2 江南史前文化标尺

接例证，被誉为"世界稻作文化原乡"。草鞋山遗址有着极其重要的文物价值和社会价值，1957 年便被公布为江苏省文物保护单位，于 2013 年被国务院公布为第七批全国重点文物保护单位，2022 年被国家文物局公布为第四批国家考古遗址公园立项单位。草鞋山详细建设内容如下。

1. 构建全域鸟瞰数字映像

构建草鞋山考古遗址公园地形、地貌数据，构建河流、池塘、道路、围栏、夷陵山、考古区域和展厅建筑物（主要是展厅）等三维场景（不包含实景树木）。输出草鞋山考古遗址公园全域鸟瞰数字映像（图 3）。

图 3 草鞋山原貌

2. 构建数字孪生体

根据考古资料在草鞋山区域呈现："时空之门"、木骨泥墙、"江南史前文化标尺"、M198 号墓葬等关键历史信息数字孪生体。

（1）根据现场环境设计艺术数字化"时空之门"，模拟现代生活与史前场景的转换（图4）。

图 4　时空之门

（2）参考央视制作的木骨泥墙视频内容，运用三维数字技术设计并制作木骨泥墙的结构以及完整的搭建过程（图5）。

图 5　木骨泥墙

（3）参考草鞋山博物馆"江南史前文化标尺"，运用三维数字技术制作"江南史前文化标尺"孪生体（图6）。

（4）参考史料与已发掘文物，运用数字孪生技术完成马家浜文化时期、崧泽文化时期和良渚文化时期典型代表文物的数字孪生 3D 模型（图7）。

（5）运用三维数字技术对 M198 号墓葬进行数字复原展示。

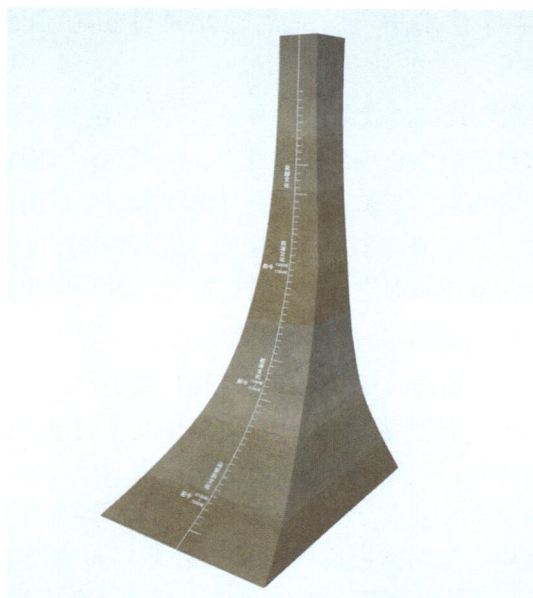

图6 江南史前文化标尺

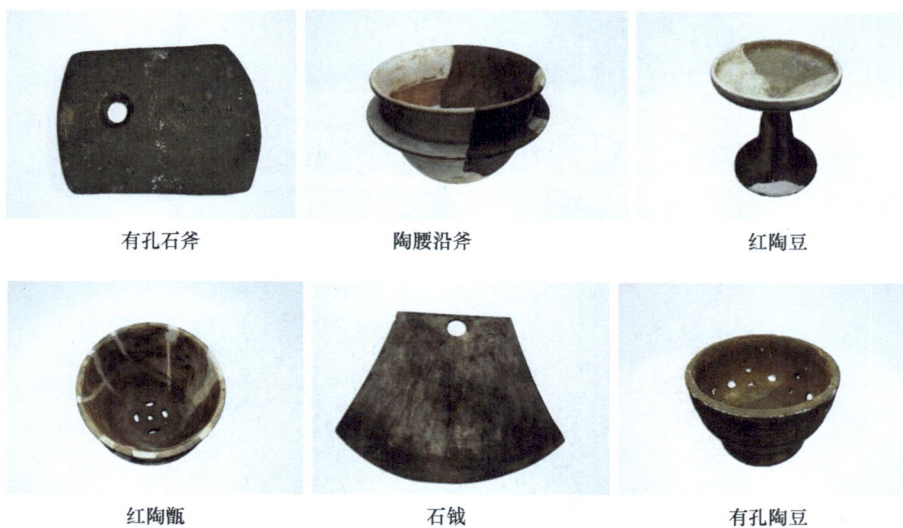

有孔石斧   陶腰沿斧   红陶豆

红陶甑   石钺   有孔陶豆

图7 典型代表文物

3. 复原生活数字化场景和要素数字孪生体

根据考古资料复原马家浜文化时期、崧泽文化时期、良渚文化时期草鞋山先民生活数字化场景，以及史前动物与植物等要素数字孪生体。

4. 复原特色场景

根据考古资料在夷陵山区域呈现堆土成山的过程、良渚时期祭祀等特色场景。

5. 运用增强现实等技术手段，完成适配草鞋山考古遗址公园数字内容的开发与展示

利用 AR 眼镜等手段实现沉浸式多维度导览，AR 眼镜技术作为新兴便捷的可穿戴设备，在创造式构建多维度数字化场景的基础上，给予观众沉浸式导览，在传统单一人工导览和音频导览之上带来新的变革。为提升 AR 技术与草鞋山现场的适配性，需将草鞋山遗址进行空间定位，构建遗址 3D 空间模型，设计不同点位的数字映像浏览内容以满足观众的观览需求，观众可以通过 AR 眼镜设备观看虚拟草鞋山文化内容。

6. 实现 PC 端、移动端交互展示

（1）通过对 PC 端、移动端的开发，让观众轻松实现"掌上互动"，并可实时观看三维复原的数字孪生内容，促进观众主动了解草鞋山文化的相关信息，增强草鞋山遗址文化的影响力。建设内容包括开发草鞋山遗址公园门户、后台管理系统、小程序 3 个板块。门户包含首页展示、全文检索、概述、咨询、典藏、参观导览、服务指南、教育数字化、登录注册、个人中心等功能板块（图 8）。小程序包含游客导航、内容资讯、景观导览、典藏展示、服务指南、教育、数字化技术服务、个人中心等（图 9）。后台管理包含系统管理、预约管理、活动管理、咨询管理、藏品管理、展厅管理等。

图 8　网页端

图9 小程序端

（2）运用数字孪生技术创作数字人导游并实现游客的数字分身与马家浜文化、崧泽文化、良渚文化时期数字场景的交互，并通过小游戏等方式提升游览体验。

①根据草鞋山的文化特征，运用数字孪生等技术手段设计草鞋山虚拟数字人导游（图10）。

图10 草鞋山数字人导游悠悠

②根据草鞋山马家浜时期、崧泽时期、良渚时期地形地貌脚本，借助高拟真引擎、增强现实引擎等开发工具，构建逼真的3D模型和高仿真的生活场景，让游客在场景中，随时拥有"时空穿越"的沉浸式体验；感受草鞋山的先民们依水而生、农耕劳作、建造房屋、纺麻成衣的繁荣生活场景，展现史前文明，体验农耕文化。游客进入场景中，可以选择不同的人物形象，进入不同时期的场景，通过数字人讲解向游客讲述当前时期的历史，增加季节、天气变化及日夜交替功能，能让游客更深入地了解先民的生活状况；在游览过程中，场景将现阶段出土的"籼稻""玉琮""水稻田遗迹"等物品或场

景进行植入，形成"虚实交互"的体验（图 11 和图 12）。

(a) 崧泽文化时期，先民开始制作陶器

(b) 良渚文化时期，先民开始用使用火，并不断改进和美化炊煮、盛食用器具

(c) 马家浜时期，先民创造以水井和水塘为水源的两种灌溉系统

图 11　数字场景

马家浜、崧泽、良渚 3 个大地图融合在一起，可以形成一个更加庞大的虚拟世界。通过传送门，用户可以快速地传送到特定的场景中，实现更加真实的虚拟体验。

③根据草鞋山遗址出土的文物以及历史知识开发线上小游戏，为了增加游戏的趣味性和挑战性，设计一些互动游戏元素。例如，设置任务让游客在遗址中寻找特定的物品，或让游客参与模拟建造过程，了解远古建筑技术（图 13）。

(a)马家浜时期的水稻田

(b)崧泽时期的水稻田

(c)良渚时期的水稻田

图 12　水稻田场景

图 13　场景传送

三、创新应用

在数字政府建设领域，本案例中遗址公园的数字建设是国内首批落地的增强现实（AR）数字化场景应用，解决了遗址古迹的参观困扰——《中华人民共和国文物保护法》第 22 条规定："不可移动文物已经全部毁坏的，应当实施遗址保护，不得在原址重建。"

由于草鞋山考古遗址公园内大部分区域处于未发掘状态，可参观的实景较少，限制了游客在遗址公园内的实地体验，难以深入了解和感受草鞋山遗址的历史风貌，受以上因素影响，游客在遗址公园的参观体验可能难以满足对历史文化的好奇心和求知欲。传统的人工导览和音频导览方式可能无法满足游客多样化的需求，且难以实现与遗址历史风貌的紧密结合，导致游客参观体验不佳，所以运用 AR 眼镜、AR 小程序在实景的遗址场景中叠加展现数字化的草鞋山历史风貌内容，能够激发出体验者强烈的在场感和参与感，让文化遗产焕发新的生命力。

1. 内涵创新

本案例通过数字化影视建设、三维模型建设、特效建设等多元的数字化展现形式，深入展示了草鞋山的丰富历史文化。高品质写实数字化影视建设呈现马家浜文化、崧泽文化、良渚文化时期草鞋山先民的生活画面。三维模型的设计，更是将历史与技术完美结合。草鞋山远古时期的动物不再只是史书上的记载，而是通过模型在虚拟世界中复苏，它们可以与观众进行实时互动，为大家带来一种身临其境的历史体验，引领国内户外遗址公园运用多元数字化方式展示展现历史文化风貌新潮流。

2. 技术创新

草鞋山元宇宙采用最新云渲染技术，这是一种将渲染任务提交给远程服务器进行计算的技术。通过云渲染，可以实现大规模、高逼真的虚拟环境渲染，为用户提供更加流畅、逼真的虚拟体验。同时，云渲染还可以实现分布式计算，提高渲染效率，缩短制作周期。数字导游是草鞋山元宇宙中的一个重要角色，采用"文心一言"语言大模型，能够进行智能化的语音交互和信息传递。通过与数字导游的交互，用户可以更加深入地了解元宇宙中的文化和历史背景，增强沉浸感。

利用 AR 眼镜、AR 小程序等手段实现沉浸式多维度导览，实现国内户外遗址公园首创 AR 眼镜导览项目。AR 眼镜技术作为新兴便捷的可穿戴设备，在创造式构建多维度数字化场景的基础上，给予观众沉浸式导览，为传统单一人工导览和音频导览带来新的变革。为提升 AR 技术与草鞋山现场的适配性，将草鞋山遗址进行大空间定位，构建遗址虚拟孪生空间地图，设计不同点位的数字映像浏览内容以满足观众的观览需求，观众可以通过 AR 眼镜设备观看虚拟草鞋山文化内容。

草鞋山数字化项目通过数字孪生技术还原再现六千年前马家浜文化、崧泽文化、良渚文化时期草鞋山原始风貌及当时草鞋山人的日常生活、饮食起居、男耕女织、纺麻缝衣等生活场景。同时构建游客的数字分身与草鞋山先民互动，让游客能够通过增强现实技术，身临其境地感受到史前人类的生活场景。

3. 项目效益

草鞋山遗址公园的 AR 增强现实建设能在文化传承、教育普及等多个层面为社会带来积极效益。

吸引游客：AR 技术能够使游客获得更加沉浸式的体验，为他们带来与众不同的游览体验，会吸引更多的游客。

提升品牌形象与知名度：利用 AR 技术展示文化遗产，不仅能够使草鞋山遗址公园在技术层面与时俱进，还能进一步提升其在国内外的知名度和品牌形象。

教育与文化普及：AR 技术可以为游客提供更为生动和直观的历史文化教育体验，帮助大众更好地了解和传承草鞋山的历史文化。

环保与文化保护：AR 技术可以为游客展示那些实际上已经受到损害或无法亲近的遗址和文物，这样既可以减少对实际遗址的磨损，又能确保文化传承。

推动技术发展与应用：将 AR 技术应用于公园建设，不仅能推动该技术在旅游领域的发展，并能探索其在其他领域的潜在应用。

四、推广价值

1. 增强互动体验

通过 AR 技术，游客可以在遗址公园中获得更加丰富和生动的互动体验。例如，通过 AR 导览，游客可以在手机或平板电脑上看到遗址的虚拟重建，了解遗址的历史和文化背景。这种互动体验可以吸引更多游客，提高游客的参与度和满意度。

提升教育意义：AR 技术可以用于教育目的，帮助游客更好地了解遗址的历史和文化。例如，AR 互动游戏可以让游客在游戏中学习和了解遗址的相关知识，增强游客的学习兴趣和记忆。

促进数字化展示：AR 技术可以用于数字化展示，将遗址的文物和历史信息以数字化的方式呈现出来。这种数字化展示方式可以保护文物，同时让游客更加深入地了解文物的历史和文化背景。

提高推广效率：AR 技术可以通过手机或平板电脑等移动设备进行推广，方便快捷。同时，AR 技术可以通过社交媒体等渠道进行分享和传播，提高遗址公园的知名度和影响力。

创新商业模式：AR 技术可以与商业结合，为遗址公园带来新的商业模式和盈利渠道。例如，AR 导览可以与旅游纪念品销售相结合，提供更加丰富和个性化的购物体验。

综上所述，AR 技术在遗址公园推广中具有增强互动体验、提升教育意义、促进数字化展示、提高推广效率和创新商业模式等价值。通过合理运用 AR 技术，可以提升遗址公园的吸引力和竞争力，为文化遗产的保护和传承作出贡献。

场景模型的复用性：草鞋山遗址涵盖马家浜、崧泽、良渚文化三个不同历史时期，数字化建设中构建了多种不同类型的三个时期的模型。这些模型可复用在国内马家浜、崧泽、良渚文化相关的历史文化研究或场景展示中。

2. 数字影视场景对外推广的可复制性

草鞋山数字影视内容可作为苏州历史文化地区品牌推广。

"服务找人-E游温州"数字化营销智慧文旅平台

沈郑伟　薛　慧　李承哲

温州市文化旅游信息中心　温州设计集团智慧城市和大数据研究院

一、建设背景

2021年4月，国家文化和旅游部发布了《"十四五"文化和旅游科技创新规划》，规划提出强化科技为民理念，将科技创新贯穿文化和旅游发展全过程，坚持需求牵引，通过科技创新不断满足人民群众日益增长的文化和旅游需求，增强人民群众的获得感和满意度。提出了基础理论和共性关键技术、新时代艺术创作与呈现、文化资源保护和传承利用、文化和旅游公共服务、现代文化产业、现代旅游业、文化和旅游治理、文化交流和旅游推广等8个重点领域，为文化和旅游科技创新明确了主攻方向。

依据国、省、市关于智慧文旅平台建设的相关要求，温州市聚焦"文旅公共服务总入口"，深入挖掘温州山水和历史人文，坚持文化传承与业态创新并举、旅游开发与环境保护统一。项目建成后，实现文旅服务从"人找服务"到"服务找人"的重大转变，为游客提供"吃、住、行、游、购、娱"全要素智慧文化旅游服务，为政府构建互联互通、共建共享的市县一体化文旅数据中心和运营体系，是温州市文旅数字化改革道路的"先行"之举、"创新"之作，也是数字经济时代新产业新技术和文旅行业深度合作的重要成果。

二、建设内容

"服务找人-E游温州"数字化营销智慧文旅平台以全市文旅信息数据为基础，以文旅融合发展的顶层设计为指导思想，搭建"1+1+1+N"框架体系，建设1个综合文旅数据仓、1个综合运营管理系统、1个智慧文旅服务系统和N个特色场景应用。实现公共服务"一站通"，运行监测"无盲区"、宣传推送"快精准"，建成覆盖全面、功能完善、方便快捷的服务平台（图1）。

1. 综合文旅数据仓

全面整合各类文旅服务资源，归集现有海量文旅资源数据和出行配套服务数据，形成全市文旅专题服务数据库；构建纵向贯通、横向协同的文化旅游大数据体系，横向打

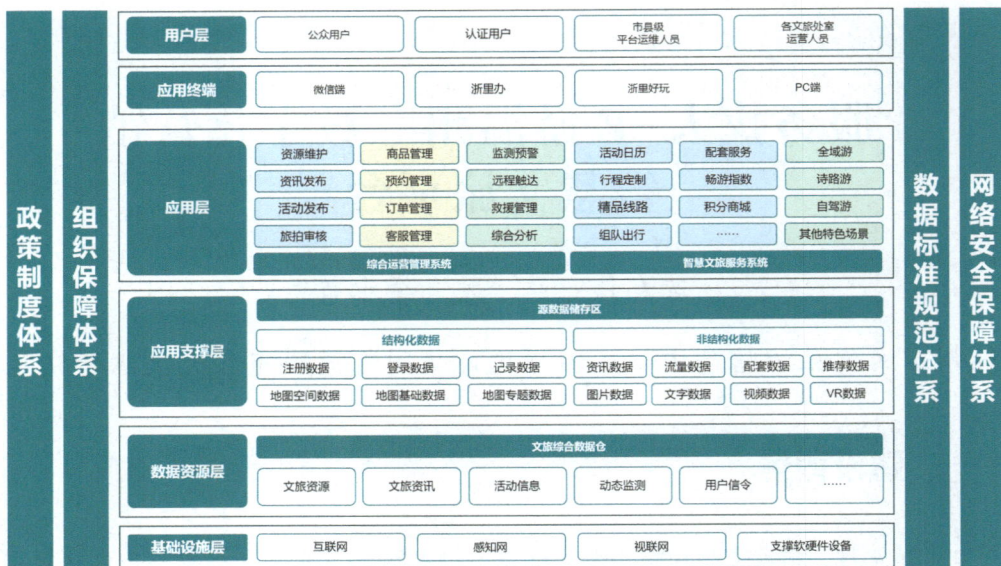

图1　"服务找人–E游温州"数字化营销智慧文旅平台总体架构

通市直有关部门（单位）间数据，纵向打通省、市、县文旅部门的数据连接，深入梳理核心业务，对接 IRS 动态监测数据，推动文旅数据归集共享，实现文旅信息跨部门跨层级共享共用；基于移动信令分析数据分析旅客用户画像，了解用户移动轨迹以及城市交通流量的实时信息，从而优化出行交通引导、突发事件应急响应预案等；并基于数据标准规范、数据内容、数据质量、数据安全等关键指标要求，打造覆盖全面、高效融合、安全可靠的数据中心更新机制（图2和图3）。

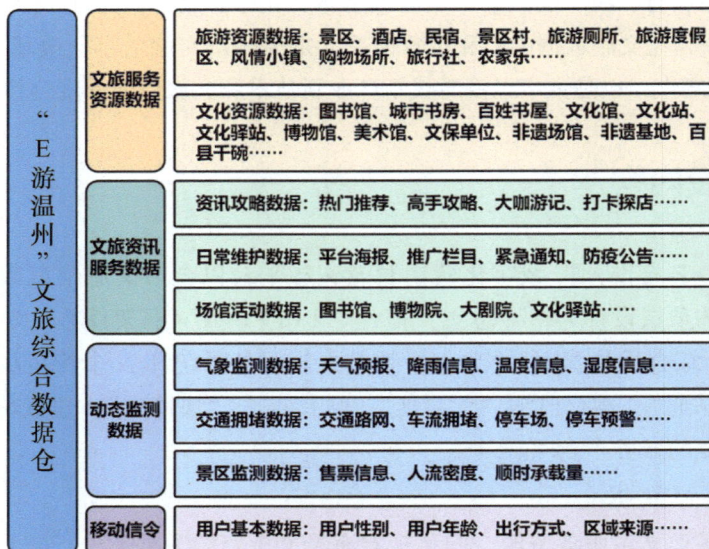

图2　综合文旅数据中心

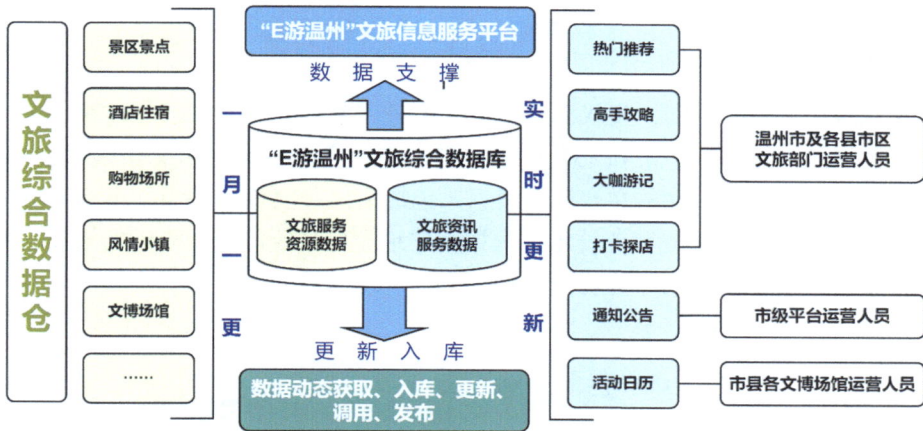

图 3　综合文旅数据中心数据更新机制

2. 综合运营管理系统

第一，系统搭建全要素文旅信息资源运维渠道，确保文旅信息资源的准确性和及时性，包括各类文旅资源的基础信息、旅游信息资源、文化资源和出行配套资源等。第二，提供主题门户灵活搭建工具，让运营管理人员能够自定义创建特色活动门户，展示和宣传各类主题游玩和活动信息，提升特色板块服务。第三，实现主题活动的自主便捷配置，包括抽奖活动页面的灵活配置和自定义设置，方便日常的活动策划、发布、管理和统计。第四，实现运营数据的周期性综合统计分析，通过收集平台的运营数据并进行综合统计分析，生成可视化的报告和汇总，为平台的优化和改进提供依据。第五，建立监测预警应急处置智能响应系统，集成文旅资源监测和预警系统，实时监控景区安全状况并提供决策支持，同时通过多渠道的通知和信息发布系统向游客和相关人员发布紧急通知和指导信息，确保安全应急响应（图 4）。

图 4　运营数据综合监测分析

3. 智慧文旅服务系统

1）活动日历

以文化惠民服务为导向，集成活动信息和服务，推进公共文化服务的精准供给。通过高效可扩展的应用接口系统和安全认证机制，整合全市各类场馆文旅活动接口数据，为游客和市民提供丰富多元的文旅活动信息，包括演出、展览、讲座、市集、非遗活动等。活动日历基于 LBS 位置服务技术，根据用户地理位置智能展示附近的活动，并提供便捷的搜索、报名、预约和评价功能（图 5）。

图 5　活动日历

2）行程定制

以满足出行个性化和灵活化需求，推动旅游形式的个性化、多元化和便捷化。用户可以根据自己的喜好和需求选择感兴趣的景点、活动、交通方式和住宿等，并通过大数据分析和实时交通信息与智能导航算法进行智能规划，确保行程的合理性和可行性。系统还会根据用户的出发地、目的地和时间等信息推送停车场、酒店、餐饮等出行配套服务信息，提供顺畅的旅行体验。用户还可以根据需要随时调整行程，以适应旅途中的变化和个人需求。行程定制功能解决了传统旅游规划的不连贯、目的地单一、行程安排固定和缺乏个性化等问题，提供个性化、灵活性强的旅游行程定制体验，提升旅游体验的质量（图 6）。

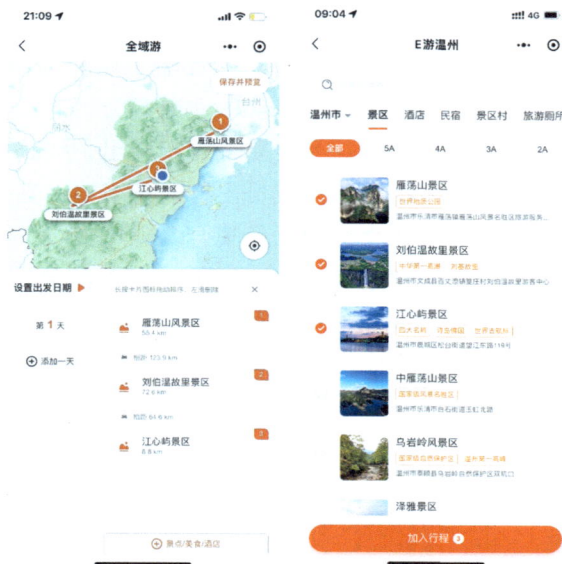

图 6 活动日历

3）精品线路

旨在充分挖掘地区特色，赋予文化内涵，并提供独特、舒适、难忘的旅行体验。通过智能化可视化展示旅游精品线路，用户可以轻松获取直观、清晰的旅游线路信息，包括路径、标记点、交通方式、距离和预计时间等，并提供实时导航指引。用户可以与地图进行交互，探索旅行线路，并通过旅游路书功能获取行程概览和路线规划。精品线路模块解决了官方推荐线路不直观、沿途配套不清晰、交通方式不明确、行程难安排等问题，为用户提供更直观、美观、便捷的旅游线路信息，提升旅行体验（图7）。

图 7 精品线路

659

4）组队出行

以满足用户的出行社交需求，提升出行社交体验。用户可以自主创建旅游队伍，并通过编辑队名、集合点、出游时间、线路玩法、通知公告等信息完成队伍创建，邀请微信好友加入队伍。队长可以关联精品线路或自定义出游线路，便捷生成和个性化定制出游路线，并通过通知公告提醒队伍成员出行注意事项。在旅途中，队长可以使用召集功能召唤队友，发送召集信息提醒队员集合。通过成员手机信令定位技术，队长可以查看队友的基本信息和位置信息，并在地图中实时查看队友的位置，以提高队员管理和安全出行。旅途结束时，队长可以解散队伍，所有成员自动退队。组队出行模块通过社交化出行管理功能，提供了全流程的小团体出行管理工具，解决了团体出行路线规划、通知不到位、人员召集困难等问题，提升了团体出行的便捷性和趣味性（图8）。

图 8　组队出行

5）畅游指数

为用户提供景区畅游的智能推荐功能，包括天气小贴士、景区舒适度和出行穿衣指南等，以满足出游前的地点选择和出行注意事项提醒。该模块基于景区实时人流量监测数据和气象监测数据，通过统计分析和评估模型进行数据加权处理，计算出畅游指数，并将结果与评估等级相关联，分为舒适、拥挤和限流三种状态。这样，游客可以提前了解不同景区的人流量状态，并结合目的地的天气情况等因素，为游客提供温馨的提醒（图9）。

图 9 畅游指数

6）N 个特色场景

（1）全域游。

通过 AIGC 手绘技术生成手绘风地图，并在此基础上进行艺术化处理，突出地形水系、核心景区和城市地标等要素。通过空间瓦片技术，实现了清晰的电子地图缩放展示。该模块基于 GIS 地理信息技术，为用户提供资源查询和展示服务，包括星级景区、酒店、民宿、景区村、文博场馆等核心资源。同时提供点位分布、智能查询、详情展示、语音讲解、景区导览、线路导航、周边配套服务、多层级分享、景区打卡和评价标签等功能，满足用户在旅途中的各个阶段的需求，包括旅行前、旅行中和旅行后的服务需求。通过智慧导览地图模块，用户可以全面了解文旅资源，并获得便捷的导航和信息查询服务（图 10）。

（2）诗路游。

打造独具温州特色和山水诗意的旅游体验。场景集合了温州历代文人墨客相关的文化知识图谱，搭建了诗路、诗人、诗文、诗迹相融合的知识框架体系，并通过 AIGC 技术绘制诗路美景地图，突出展示各条诗路精品线路及周边的文化资源。同时，结合为你读诗、诗路明信片、诗路勋章等互动功能，为用户提供一个在旅途中学习、思考和获取收获的温州特色文旅场景。智慧诗文模块让用户在欣赏美景的同时，深入了解温州的诗词文化，提升旅行的艺术和人文体验（图 11）。

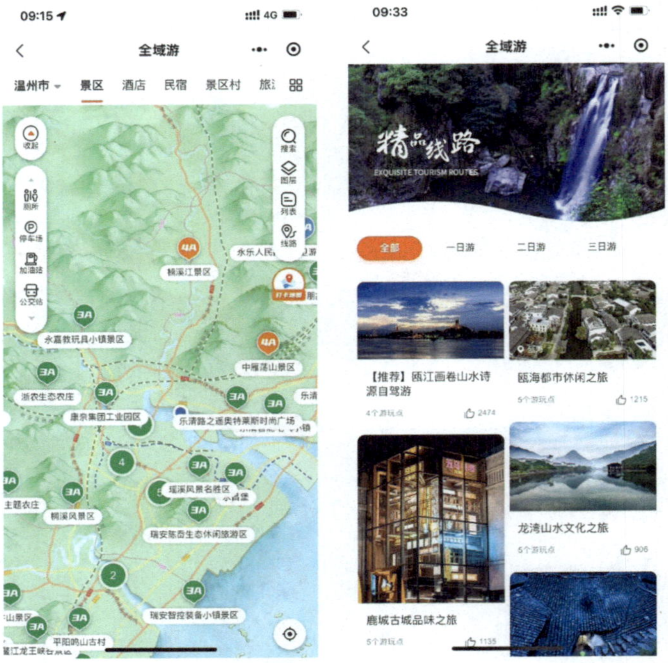

图 10　全域游

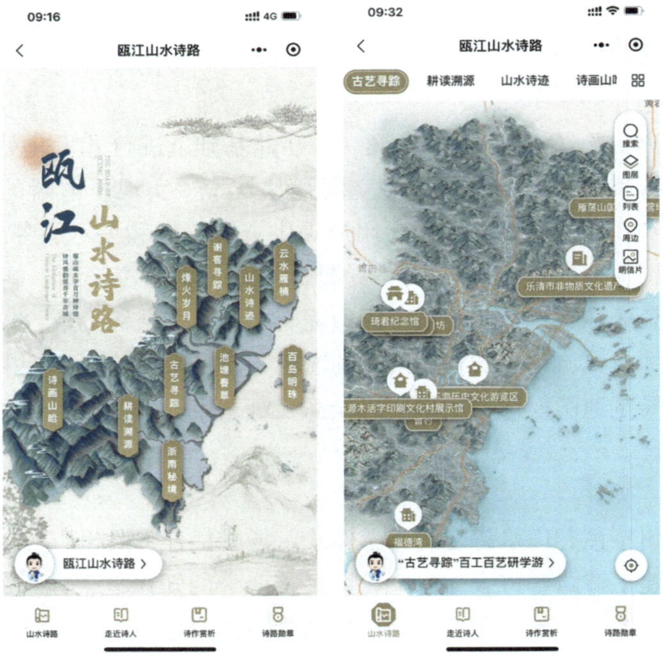

图 11　诗路游

（3）自驾游。

通过使用 GIS 空间分析和智能算法，搭建了自驾游空间智能规划模型。该模型融合自驾主题、区域和类型等关键要素，实现了智能规划自驾游路线，计算出最优解或接近最优解的自驾游路线。最终，从中精选出 20 条自驾路线作为官方推荐的自驾游精品线路。同时，结合线路推荐、行程定制、组队出行、配套服务和我的行程等核心功能，为游客提供更便捷的自助出游方案和工具，提升"一站式"自驾游服务（图 12）。

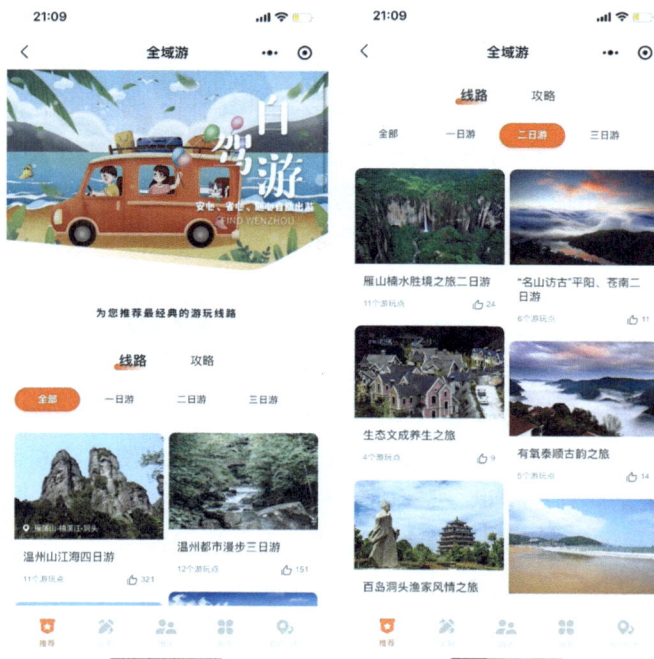

图 12　自驾游

三、创新应用

1. 全景用户兴趣画像标签融合应用创新

基于特定情境下的真实用户行为数据，形成用户属性及其行为的标签集合。基于当前存量用户作为样本数据库，构建科学的用户兴趣画像模型，对平台各类服务资源进行多维度标签化赋值，对用户兴趣进行实时监测，实现对用户特征进行精准定位。该技术为用户匹配更为精准的服务内容，并快速匹配相似用户特征，反哺用户兴趣画像，实现对用户主体的虚拟、完整刻画，为"服务找人"创造了必要条件。

2. 基于用户行为数据的服务指数应用创新

通过记录、挖掘、分析用户行为，综合配套需求、游玩喜好、用户互动、活动参与等关键指数，基于层次分析法构建文旅综合服务评价模型，真实呈现当前文旅服务优势及短板，为领导决策提供依据，朝着用户直接需求的方向不断优化服务内容。配套需求主要包括基于用户 LBS 对找厕所、停车场、便利店、公交站、救援服务的需求分析。游玩喜好主要包括基于用户搜索、收藏、点赞、分享、浏览等喜好数据的采集分析。用户互动主要包括统计分析用户各服务板块的互动频率强弱。活动参与主要包括通过监测活动预约报名人数的热度值。

3. 全渠道精准触达营销推广模式应用创新

5G 融媒精准推送+搜索引擎推广+移动信息平台打造"服务找人"数字化营销新模式。中国移动大数据分析，精准识别来温游客的画像特征，主动进行 5G 融媒彩信的靶向推送。在百度搜索引擎上开设"温州城市名片"栏目，对搜索关键词进行匹配，展现定制化页面，对潜在游客进行目标引导。"E 游温州"作为温州旅游移动端旅游服务总入口，通过微信、浙里办、浙里好玩、支付宝等多渠道向公众提供服务。

4. 创新应用成效

（1）布局文旅消费新赛道，打造数字全媒新经济。

"E 游温州"文旅服务平台深度融合文旅资源，擦亮南戏故里、山水诗发源地两张"金名片"，对接各大服务平台、温州商务局数据资源，整合旅游休闲消费、文化游园会、主题城市书房和文化驿站等形式多样的文旅服务资源，将景区文化场馆从线下搬到线上，在游客心中成功"种草"，全面展示温州城市形象，使游客和市民能够在线了解当地举办的公共文化活动。借助"云旅游"的热度，通过系列"一键式"操作和众多"黏性"服务，引导"E 游温州"服务小程序成为在温游客出行的必备"装备"。此外，还通过"夜赏""夜读""夜演""夜学"等服务内容，形成具有温州夜间消费特色、方便市民和游客夜间消费服务的综合平台，打造"不夜温州"，让游客在温州"多住一晚、多玩一天"。"E 游温州"自上线以来，用户累计访问超 791 万次，实现"流量变留量"，把千千万万的数字"流量"变成实实在在的游客"留量"。

（2）重塑个性化文旅服务新体系，领跑文旅深度融合新高度。

通过打造全域游、诗路游、享夜游、自驾游、AR 游等多个场景应用，细分文旅服务分支领域，形成普惠性个性化服务新体系，满足了不同游客群体的个性化文旅服务需求，让公共文化和旅游服务有深度更有温度，实现了文旅深度融合服务"大而全"又"小而精"的全面升级。通过数字文旅 5G 融媒体彩信推送，实现来温游客的智能消息服务 100%全覆盖，携手"智能亚运一站通"和"世界青年科学家峰会会务服务程序"，实现多渠道服务触达，并基于"相聚浙里"国际人文交流活动，推向 20 余个国家的友好使者和国际人文交流专家代表深入体验全温州诗画山水文化，以国际化水平标准领跑文旅融合新高度。

（3）升级数字化治理新模式，打造服务精细化运营新场景。

汇聚整合温州市文旅服务资源和特色应用，横向打通市直有关部门（单位）间数据应用，纵向打通省市县文旅部门的数据连接，构建纵向贯通、横向协同的文化旅游大数据应用体系，依托数字化、智能化手段，打造文旅融合创新应用，形成温州市"一站式"文旅服务总入口。基于平台运行监测系统大数据，实现用户画像精准分析，为政府决策提供强有力的数据支撑，进一步推动文旅资挖掘分析新治理模式。完善文旅服务市县一体化运营方式，由集中单一式向多点多元式转变，基于平台服务能力实现运营任务拆解，运营账号分配至各县市区文旅部门及文博场馆运营人员，打造"区县自主运营、市级统一管理"的服务精细化运营新场景。

四、推广价值

1. 数据深度挖掘，洞察用户规律

通过建立统一的综合文旅数据仓库为核心，运用先进的数据分析和挖掘技术，打造数据的准确性、一致性和创新性的智慧文旅平台。通过深度分析数据，发现潜在的关联和价值，为温州的文旅产业提供精准的市场洞察和决策支持，推动文旅行业的数字化转型和创新发展，为游客提供更优质的服务和体验。这一平台将数据共享和数字化营销相结合，为温州文旅行业带来更大的发展机遇。

2. 模型算法赋能，辅助决策管理

借助实时数据监测和人工智能机器学习算法，实现了精准的用户画像分析和用户需求行为预测。通过深度数据挖掘和智能算法应用，该平台为政府决策提供了强大的技术支持，助力政府服务的智能化转型。同时，通过个性化服务和推荐机制，为用户提供了定制化的体验，进一步提升了用户满意度。这一技术创新的平台为温州的文旅产业开辟了新的发展道路，为实现数字化转型和智慧化管理注入了新的活力。

3. 多元服务融合，统一便携高效

通过集成多元化的服务资源，打造了文旅服务"一站式"综合总入口，实现了用户线上、线下的无缝衔接。平台通过数字化全流程闭环服务，提高了服务效率，使用户享受到流畅便捷的服务体验。这种整合能力的创新，为用户提供了独特的一站式服务，使得文旅服务更加高效、便利，为用户创造了更加全面和便捷的智慧文旅体验。

4. 千人千面解析，精准服务触达

通过深度用户画像分析和个性化服务精准推荐，为用户提供独一无二的个性化体验。借助先进的推荐算法和智能分析技术，平台能够根据用户的兴趣、偏好和历史行为，精心挑选最适合的服务和体验，实现服务的精准度和效率的双重突破。同时，设立的用户反馈和评价机制能够及时捕捉用户的满意度和需求变化，为平台的调整和改进提供有力支持。通过这些前沿的技术手段和创新的服务模式，将用户的需求和期望置于首位，为用户提供更加贴心、适合的服务体验，并基于算法不断的优化与改进。

5. 文旅融合提升，特色场景体验

以创新的文旅融合服务模式，为用户打造了一个多元化、个性化的数字体验世界。

通过拓展多个特色服务场景，展示文化活动、特色美食、当地民俗等方面的独特魅力，平台通过数据分析和智能推荐算法，为用户量身定制个性化的旅游路线和体验方案。在这个世界中，用户可以深入了解温州的文化底蕴，感受当地的风土人情，并参与互动体验，获得独一无二的旅行记忆，满足用户对特色文旅体验的追求。

深圳市建设项目全生命周期数智化归档与协同管理平台建设

李田养　金　松　李　洁　崔丽梅

深圳市城市建设档案馆　深圳市世纪伟图科技开发有限公司

一、建设背景

随着工程建设数字化管理的不断深入，越来越多的工程文件以电子文件形式直接在业务系统中生成，纸质文件逐渐减少。2023 年 10 月，住建部开展了工程建设项目全生命周期数字化管理改革的试点工作，旨在推动工程建设领域的数字化转型。现代城建档案工作中，电子文件的高效管理和共享利用将会愈发重要。

在"新城建"和"一数一源"理念的指导下，深圳市城市建设档案馆全力推进"全市域、全链条、全周期"深圳市建设项目全生命周期数智化归档与协同管理平台的建设和应用。以充分开发和利用数据资源、促进数据共享流通、实施全生命周期治理为目标，深入开展工程建设项目全生命周期档案数据模型与共享利用研究，创新工程建设项目全生命周期数智化归档模式，实现了跨区、跨部门城建档案数据共享融合利用，为深圳市城建档案协同治理注入了新活力，为城市建设的高质量发展提供了有力支撑。

二、建设内容

深圳市城市建设档案馆基于"新城建"和"一数一源"理念，一是梳理了建设工程文件涉及的多个部门和工程参建的各方企业，形成了可追溯的电子文件归档规范和建设工程文件全生命周期数据模型；二是通过构建建设项目全生命周期数智化归档与协同管理平台，聚焦建设项目全生命周期数据汇聚和业务协同，建立了工程项目招投标、设计、施工、验收、归档等全生命周期数据链条，将分散、多源的档案数据进行关联融合和科学管理，创新建设项目档案全过程数智化管理，实现了住建领域各业务环节电子文件"伴随式"归档模式以及跨部门电子文件共享利用，全面赋能深圳市城市建设档案馆的数字化转型，最终实现对工程项目的一体化管控。

1. 建设项目全生命周期数据汇聚治理

1）明确建设项目全生命周期关键节点

遵循《深圳市建设工程文件归档与档案验收移交指南》（2022 新版），深圳市城市建设档案馆结合实际业务需求，将工程建设项目全生命周期节点划分为项目立项登记、用地规划、工程规划、招投标及合同、设计审查、施工许可、项目施工、竣工联合验收、项目归档 9 个阶段。

2）构建建设项目全生命周期数据模型

以可追溯的电子文件归档和共享利用为出发点，构建"建设项目–生命周期节点–事项或工程专业–文件聚合–文件"五级结构的建设项目全生命周期档案数据层级结构。在此基础上，对建设项目各生命周期节点需要采集的关键信息、各节点需要归档的电子文件以及电子文件之间的关联关系进行深入研究，构建了建设项目全生命周期档案数据模型，如图 1 所示。

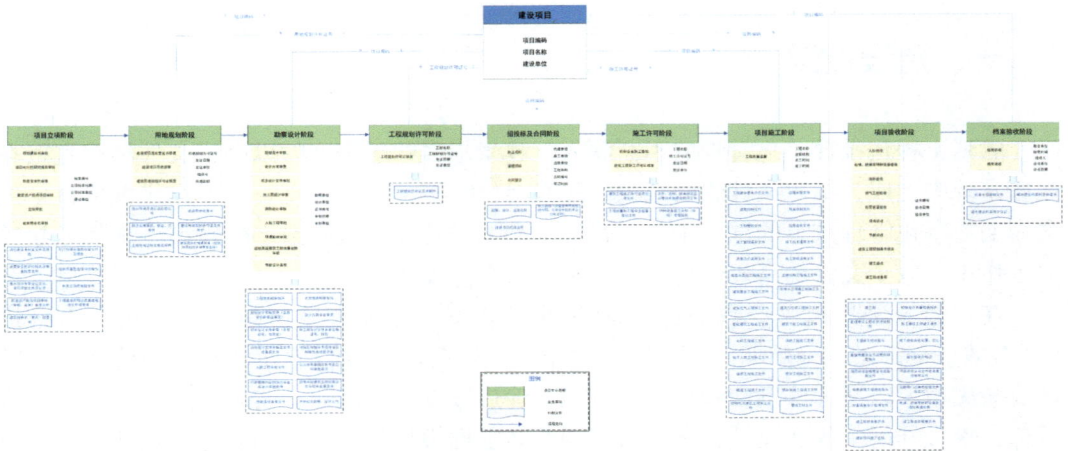

图 1　工程建设项目全生命周期档案数据模型

基于数据模型制定了存量建设项目档案治理规则和增量电子文件归档规则，以及与其他数据库的关联规则，如住建业务的项目基础库、企业库、人员库、房屋建筑基础库，为搭建工程建设项目全生命周期档案数据共享库、建设项目全生命周期数智化归档与协同管理平台提供有力的支撑。

3）促进全生命周期数据归集与数据库建设

依据科学设计的建设项目全生命周期电子档案归档规则，将跨部门、分散于各个业务管理系统的不同数据，以建设项目为主线，通过项目建设的各个环节进行串联，实现对分散、多源的城建档案数据的关联融合，形成涵盖立项、用地、规划、设计、招投标、合同、施工、监督、检测、验收、归档等环节的建设项目全生命周期数据汇聚至平台进行统筹管理，如图 2 所示。

深圳市城市建设档案馆协同工程建设项目各方参建单位、住建相关业务部门等持续建设完善城建基础信息数据库、全生命周期档案数据库、档案空间数据库、竣工档案文件数据库等。推进工程建设项目全生命周期档案数据共享库建设，实现与深圳市"智慧住建"的企业库、人员库、项目库、信用库"四库"全面数据融合，实现与地块、建

668

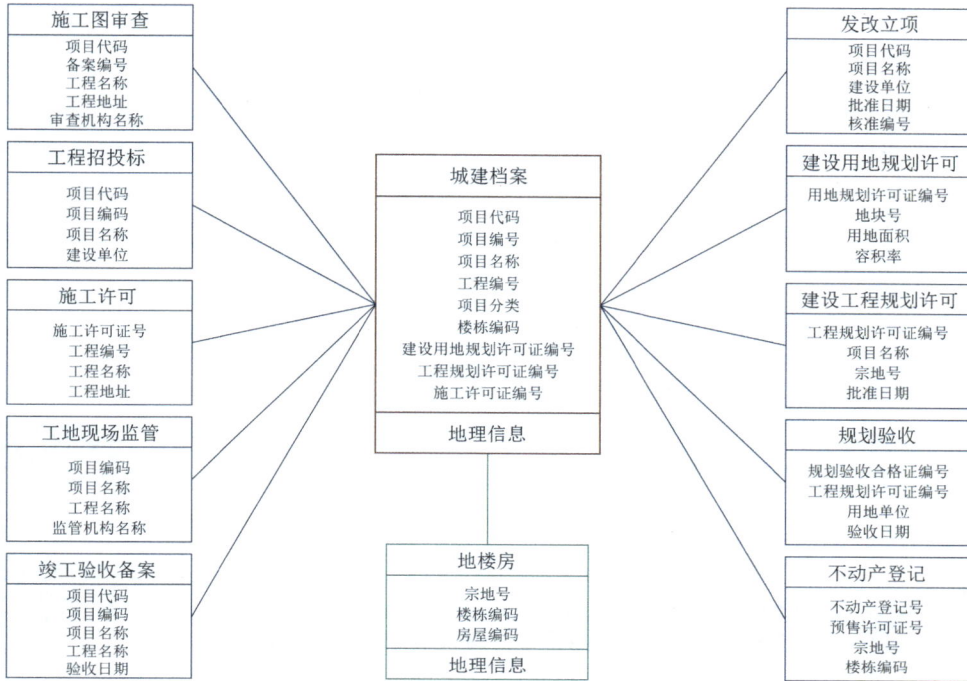

图2 工程建设项目全生命周期档案数据融合

筑物、小区物业等基础数据相融合，实现档案数据资源一次归集、多处应用，如图3所示。目前主要完成与住建项目基础库和房屋基础库的关联，一是以住建项目基础库为匹配底数，通过国家统一项目编码、施工许可年度序列号、项目名称、建设单位等关键信息与工程建设项目档案进行关联匹配清理，二是以房屋建筑工程档案拆分建筑物为匹配底数，通过建筑物唯一编码与房屋基础库关联匹配，最终为市住建各部门提供全生命周期工程文件和各类竣工图。

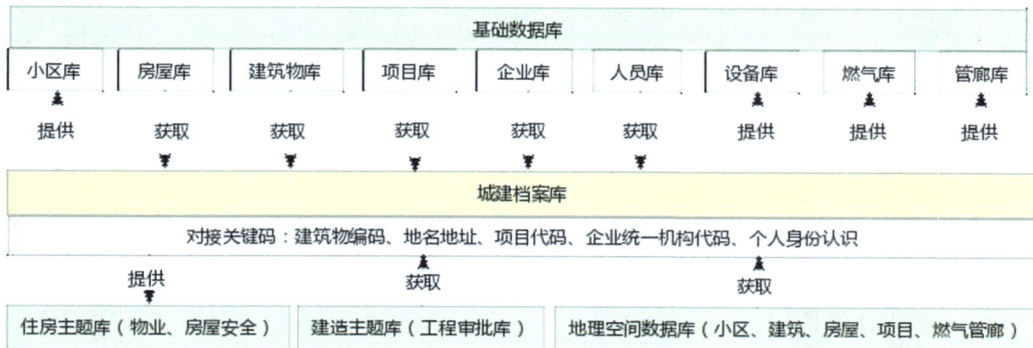

图3 档案数据融合应用

2. 建设项目全生命周期数智化归档与协同管理平台建设

1) 总体架构

以工程建设项目全生命周期档案数据模型及归档规则和档案数据共享机制为指导，深圳市城市建设档案馆提炼出"1+2+5+N"总体架构，"1"是深圳市工程建设项目全生命周期数智化归档与协同管理平台；"2"是开发项目级应用、市区级应用；"5"是创建城建基础信息数据库、全生命周期档案数据库、档案空间数据库、竣工档案文件数据库、共享数据库；"N"是面向档案工作前置、电子文件归档、跨区共享利用、工程质量协同监管等多个业务场景，如图4所示。

图4　总体架构

（1）建设1个共享平台。

建设全市统一标准的深圳工程建设项目全生命周期数智化归档与协同管理平台，实现对工程建设项目档案从立项到档案验收全生命周期的档案归集、管理、共享利用。

（2）开发2级应用。

项目级应用：围绕提升工程建设的质量、安全和进度管理，实现建设、勘察、设计、施工、监理等各方参建单位和工程质量检测等经授权相关单位之间的在线业务协同，并形成实时、真实、可靠的工程建设管理数据和档案。

市区级应用：基于全市、区分级城建档案管理机构一体化管理的基础上，开展全市工程建设项目全生命周期各类文件的云管理、存储、归档和共享。

（3）更新 5 个数据库。

融合文件级应用数据，建设和更新各类档案基础信息数据库、全生命周期档案数据库、档案空间数据库、竣工档案文件数据库、共享数据库 5 大档案数据库，夯实全市建设工程档案资源管理和共享利用的基础。

（4）集成 N 个应用场景。

档案工作前置：将工程档案采集纳入建设工程管理流程中，使档案和业务环环相扣，实时了解工程进度形成的文件，及时进行监督指导，保障档案数据的真实性、完整性，提高档案数据质量。

电子文件归档：对建设工程文件的归档模式、归档存储格式、元数据管理、"四性检测"等关键技术进行研究，降低建设单位的重复归档率，减轻建设单位的负担，实现电子文件归档规范化和档案数据质量的管控，为推动工程建设项目全生命周期数字化管理提供支撑。

跨区共享利用：通过城建档案共享平台的建设，初步实现市区两级、住建各业务部门之间的工程建设项目档案共享查询与利用，打破了项目档案信息壁垒，进一步挖掘了数据资源的潜在价值，为城市规划、建设和管理提供了更为全面、准确的信息支持。

工程质量协同监管：实现对分散、多源的工程文件按项目生命周期进行关联融合，将档案数据中发现的问题及时反馈到工程建设项目现场，使档案数据在项目建设过程中发挥实时指导和监控作用，通过档案管理促进项目管理的整体水平提升。

2）创新"伴随式"归档模式

通过与业务系统对接，平台可以自动关联工程建设项目的审批数据，实时接收由业务系统生成的各业务阶段的电子文件，并进行自动归档处理，从而实现了业务事项档案的"随办随归"高效管理模式。目前，招投标、勘察设计、施工许可、联合验收、消防审查等业务中的 7 个主事项及其 25 个子事项的电子文件，以及施工图审查业务、建设工程检测报告类电子文件，均已实现数字化和智能化归档。

3）实施全流程电子文件归档

利用工程建设项目档案在线收集功能，通过流程化、信息化、规范化的系统设置，服务于建设、勘察、设计、施工、监理等各参建单位。系统全面覆盖从项目立项到档案验收的工程建设项目全流程，确保各单位可通过系统按照项目全生命周期节点分阶段有序地进行项目材料归档工作，如图 5 所示。

在项目立项阶段，深圳市城市建设档案馆提前介入工程档案材料的管理，确保从项目起始阶段就有序、规范地收集、整理和保存相关文件。并在项目全生命周期的每一个节点阶段，加强对参建单位档案工作的监督、检查和指导，实现对各环节应归档文件的精细控制，确保项目电子文件与建设进度同步，实时更新和归档。

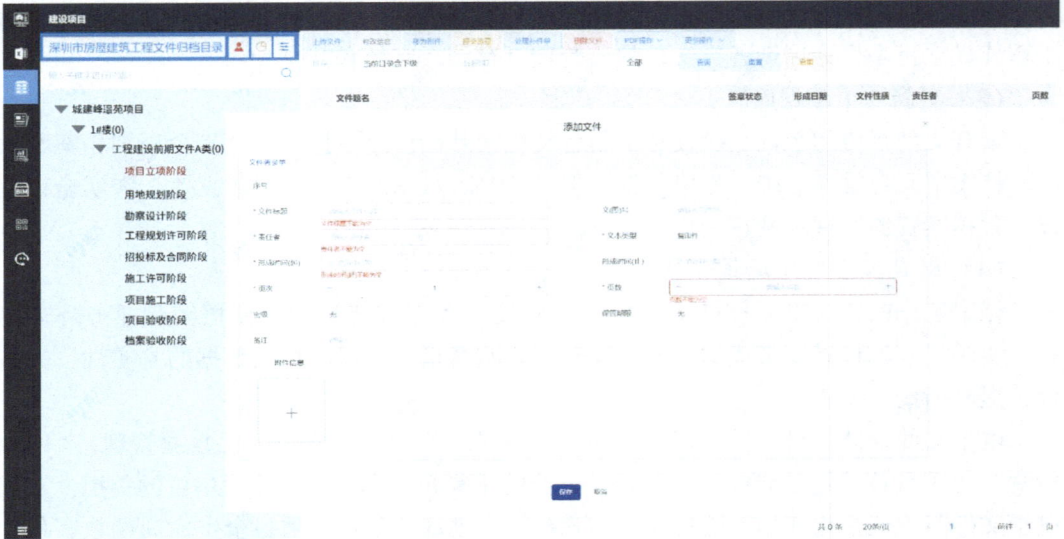

图 5　工程建设项目档案在线收集

4）提升数字档案协同治理能力

（1）强化城建档案资源融合共享、及时利用。

以深圳市城市建设档案馆相关的横向政府部门和纵向参建机构间档案信息资源的共享利用需求为导向，研究制定工程建设项目档案数据共享机制，纳入深圳市住建局资产管理平台，创新档案资源互联互通、综合利用服务，如图 6 所示。

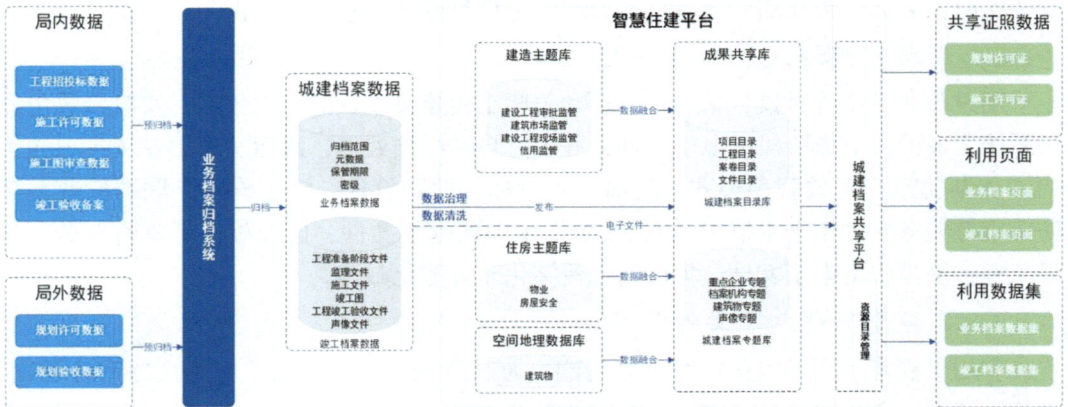

图 6　城建档案数据融合利用

平台提供多种共享查询方式，满足各部门的不同查询需求，包括全文检索、条件查询、目录查询功能，可以实时查看、更新项目文档和信息，确保信息的准确性和一致性。同时还以查询服务接口方式向深圳市住建局全局发布，各住建部门可根据需求通过深圳市住建局资产平台使用"国家统一项目编码""建筑物唯一编码"等搜索词，申请利用对应的城建档案资料。

（2）深化城建档案治理多元协同、共建共享。

平台依托"政务云"，建成基于市区两级城建档案管理机构的协同管理系统，使区级城建档案管理机构不再需要单独建设城建数字档案室系统，打破了各馆室间的数据壁垒，实现共建共享。

平台联合多方建设主体和档案联合验收相关单位，以工程建设项目全生命周期档案数智化归档构造扁平化、网络化、多中心化的档案治理体系，促进局馆协同、档企合作，业务数据和档案数据互联互通，增强城建档案治理合力。

三、创新应用

1. 数据深度融合，建立档案数据共享库

平台以深圳市城市建设档案馆工程建设项目竣工档案数据为基础，对接"智慧住建"数据、建造主题库数据、地理空间数据等，将档案、属性、图片、视频等多源异构数据进行融合治理。以工程建设项目为核心、围绕全生命周期节点实现数据汇聚，形成共享数据库，实现跨地区、跨部门工程建设项目档案数据资源的共享利用，在深入挖掘档案资源，提升档案精准利用服务能力方面有着积极作用。

2. 档案随办随归，业务电子文件自动归档

平台通过与业务系统对接，关联工程建设项目审批数据，实现项目相关的各审批业务办结后及时自动化、智能化归档，实现了工程建设项目业务电子文件的随办随归、及时发布利用。在加强工程建设项目档案管控的同时，减少重复收集造成的资源浪费和数据冗余，提升数据重复利用率和应用水平，实现建设工程文件的多向赋能。

3. 创新工作模式，协同治理主动服务

平台将城建档案管理机构需求和企业需求统筹考虑，突出建设、勘察、设计、施工、监理单位等各方参建单位和有关政府部门对工程建设项目档案的协同管理，通过档案业务协同、档案数据共享、档案实时监管，在线完成多方参与的过程验收、竣工验收和档案验收，形成相互监督、同向发力的工程建设项目档案管理和质量管控机制。在这一过程中，深圳市城市建设档案馆将档案管理工作前置，对项目建设各个阶段的档案材料进行及时跟踪和业务指导，工作模式由被动服务向主动服务转变。

四、推广价值

深圳市建设项目全生命周期数智化归档与协同管理平台以深圳市工程建设项目档案为基础，开展工程建设项目全生命周期数据模型、归档规则以及共享利用的研究，实现了跨地区、跨部门工程建设项目档案数据资源的共享利用和业务协同，真正做到了"一

次建设、多方共享"，解决了"信息孤岛"问题，提升了档案数据价值。该平台为全国其他城市建设档案馆关于城市建设档案数据数智化管理和共享利用方面的研究提供借鉴，展现出良好的经济效益、社会效益。

1. 经济效益

一方面，平台建立工程建设项目档案数据资源共享库，实现了与住建基础数据库、主题库、地理空间数据库等信息的互联互通、交换共享，为深圳市城市建设相关的政府职能部门以及企业、群众等提供工程建设项目档案信息利用服务，实现数据资源一次归集、多处应用，通过数据资源共享促进业务协同工作，避免资源的浪费和重复投入。

另一方面，平台的一体化架构实现不同层级、不同区域城市建设档案管理机构在同一平台的协同共建和资源共享，打造了流程统一、要素集成、管控一体的工程建设项目档案管理体系，提高了工作效率，降低了行政管理成本和系统建设对接成本。

2. 社会效益

1）提升了档案管理效能

平台实现了对工程建设项目档案从立项到档案验收的收集管理、成果展示，真正实现了对工程档案的全生命周期管理，有效解决了工程建设项目档案归档不齐全、档案质量不高的难题。为深入挖掘档案资源，提升档案精准利用服务能力打下了坚实的数据基础。

2）强化了档案监管能力

平台实现对工程建设项目全生命周期档案的全过程跟踪管理，实时监控工程建设项目进展情况和档案收集状态，能够及时发现和反馈工程建设项目过程中出现的问题，为加强项目质量和安全监管提供有力支持。

东莞"图数联动 围合供地"应用

黎海波　黄滢冰　何嘉珈

东莞市自然资源技术中心　广州城市信息研究所有限公司
华为技术有限公司

一、建设背景

自然资源是高质量发展的物质基础和空间载体。做好用地保障、服务全市经济发展大局是自然资源部门的一大工作要义。土地是发展的载体，保障土地要素供给就是保障产业发展。自然资源数据底座方面，落实"统一底图、统一标准、统一规划、统一平台"数字自然建设理念，加强汇聚，建立全域全要素数据体系，构建标准统一、权威唯一、动态更新的数据底座，治理融合全市域自然资源公共基础数据、专业基础数据、公共政务数据和业务管理数据，建立标准统一、上下贯通、动态更新、图数联动的全周期、全领域、全要素自然资源"一张图"；政务应用方面，深入分析当前外部环境、经济下行压力的严峻形势，以解决自然资源要素配给分散、项目用地审批流程冗杂、耗时较长、材料繁多、规则多样的"卡脖子"问题为切入点，推进"互联审批 围合供地"改革，大幅压减重大项目用地申请材料、审批时间，形成市级主导项目快速落地的成熟模式，不断提升自然资源系统支撑和服务全市经济社会发展的能力和水平。

自 2022 年以来，东莞市自然资源局深入贯彻落实习近平新时代中国特色社会主义思想，坚持"以人民为中心"的发展理念，发扬刀刃向内的自我革命精神，针对过往业务链条不畅等情况，梳理以项目落地为核心的全链条同步联办新逻辑，以满足项目招引快速落地为核心，以行政审批流程再造为切入口，推行重大项目"互联审批 围合供地"改革，印发了《东莞市自然资源局重大项目"互联审批 围合供地"改革工作方案》（东自然资〔2022〕256 号），形成了自然资源"一张图"图数联动决策机制和"互联审批 围合供地"支撑服务体系，配套研发了"互联审批 围合供地"协同审批模块。

二、建设内容

以满足项目招引快速落地为核心，以行政审批流程再造为切入口，打破线性串联审批逻辑，实现规划、用地、工程核心审批环节深度融合、并联实施，同时结合标准化产业片区的打造，为政务审批提供全程无纸化跨层级跨部门协同审批环境，为审批决策提供图档关联、图数联动的掌上读图决策环境，为企业特别是制造业企业在东莞投资创造良好的营商环境（图1和图2）。

图1　自然资源"一张图"

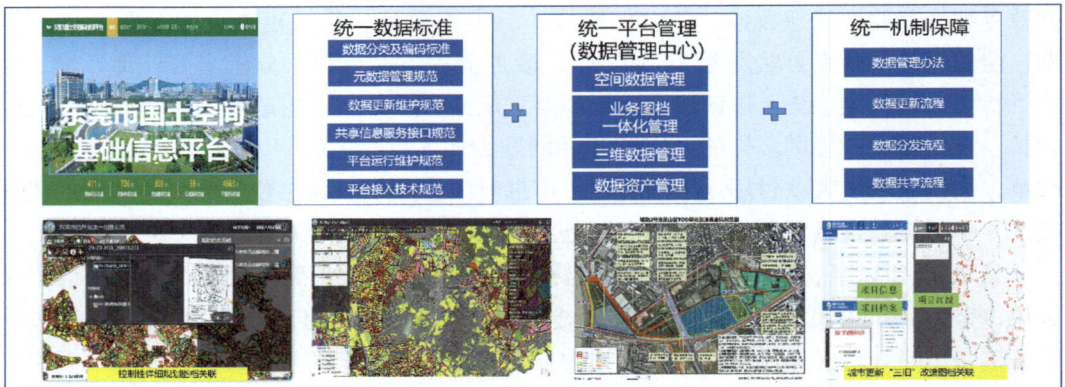

图2　项目"编、审、督"全过程数据底图底数

（1）建设智慧自然资源图数联动掌上决策支持平台。建立空间资源底数底图、空间资源底线管控、空间资源开发利用、土地利用效益和城市建设城市风貌城市形象五大专题，实现自然资源数据高效融合，挖掘自然资源数据的显性价值，推进自然资源业务管理可视化、决策分析智能化，协同支撑数字政府"一网统管"。

（2）形成重大项目"互联审批　围合供地"服务支撑体系。落实重大项目"一表通"并联申报围合供地事项，提供容缺办理、并联审批、项目调度等功能，支撑围合供地三个阶段同步申请、同步办理，或分阶段申请、同阶段同步审批。统一纳入东莞市政务服务管理体系，构建市级统一申报入口，实现跨部门并联审批和项目"一站式"管理。

（3）研究形成重大项目全链条管理和一图督办机制。串联重大项目涉自然资源业务关系，在审批结果法定时序合规基础上提前并联协同开展技术审查。落实项目双向承诺机制和围合供地红绿灯"一图督办"，设计红黄绿灯展示方案，分类预警"互联审批围合供地"各业务时限状态、审批进度、问题节点、补正次数、联办关系等，支持在线监管与督办，提升围合供地督导监管水平。

（4）实现审批过程"多测合一 联合测绘"。推动自然资源行业测绘单位共享测绘成果、降低生产成本、提升测绘效率等。推动审核单位统一生产标准、提升质检效率、确保成果质量等。推动管理部门规范市场、放管结合，加强市场和项目监管、提升成果数据的应用价值。

三、创新应用

（1）提出重大项目"互联审批 围合供地"服务支撑体系。研究印发了一系列政策文件成果（见政策成果部分的描述）。构建了供地业务 20 余项情形"一表通"申请、"互联式"审批和"一图式"督办体系，形成了总体项目统筹、具体业务审批、综合督导监管的围合供地一体化技术支撑闭环，支持规划综合修编、建设用地审批和设计方案综合审查三大阶段同步办理、集中会审和互联审批，可保障核心要素的管控核验和事项的并行同步办理，技术赋能双向承诺机制监控、容缺资料预警和法定时序合规性检测，进一步提升市、功能区、镇三级协同高效供地水平。

（2）搭建低代码集约式自然资源图数联动决策支撑平台板块。采用 Spring Cloud 搭建微服务架构，利用 Web 数据集成技术，使用数据仓库模式实现数据集成，采用 B/S 结构，分层、模块化设计，通过统一规划、设计、开发，有效节约信息化基础设施和公共信息资源重复投资费用。基于 REST API 技术，使用数据仓库模式实现全市空间资源底数地图专题数据更新内容包括增量土地资源、土地收储数据、存量土地资源数据集成，打通协同业务数据，解决不同系统间信息孤岛问题，面向不同横向业务主题及专题的数据挖掘和决策支持应用，保证"一网统管"业务数据协同更新，鲜活准确，高效复用及回流存储更新。已获得信创认证报告。

（3）整合重塑了"极简化"部门政务信息化集成环境。整合重塑东莞市自然资源"一网一图一平台一系统"总体框架，将以更高效便捷安全的"极简风"，助力惠民便企服务更上一层楼。自然资源信息系统总量"只减不增"、建设"只合不分"，信息系统纵横汇聚贯通，推动信息化分类分级合并升级。"一网"融入了全市安全可控环境，非涉密应用及数据库统一纳入全市政务云"一张网"，并优化业务专网拓扑组织，并入市级专网主干网。"一图"完善了自然资源"一张图"标准体系与建设机制，健全数据资源编目，形成完备、更新及时的自然资源数据底座。"一平台"实现了东莞市自然资源全域全要素数据归集管理、分级开放、充分共享。"一系统"支撑了自然资源核心业务一体化跨层级跨部门协同审批，联动"一图""一平台"，库表数据随业务实时更新。

（4）创新打造全流程互联审批模式。对重大产业项目和基础设施项目所涉建设用地审批，统一整合成片开发方案、征地方案、供地方案3个方案审查，融合国土空间规划体系下3项规划修编，叠加建设工程设计方案和人防许可2项建设审查，这一流程的优化打破了传统的线性串联审批逻辑，将各个环节变为并行，以项目最终落地为目标，实现"并肩跑"的工作模式。通过这种方式，可以大大缩短项目审批时间，提高项目落地效率。

（5）创新构建"容缺+双向承诺+一件事"的服务机制。深入推进审批服务便民化，建立"容缺+双向承诺+一件事"的服务新机制，提高审批效率，优化政务服务和营商环境。供地相关业务"一口进出"，20余项政务的多个业务审批科室统一会商会审，统一对外意见。自然资源部门承诺以同步审查的方式限时办结，最大限度容缺受理，以确保政务服务的高效性和便捷性。与此同时，镇街政府和项目主体也应当积极响应，承诺同步并行申办，保证报件质量。自然资源部门、镇街政府和项目主体的承诺是相互关联、相互促进的，共同努力实现政务服务的高效性和便捷性，确保项目质量和进度的按时按质完成。

以上内容如图3、图4、图5所示。

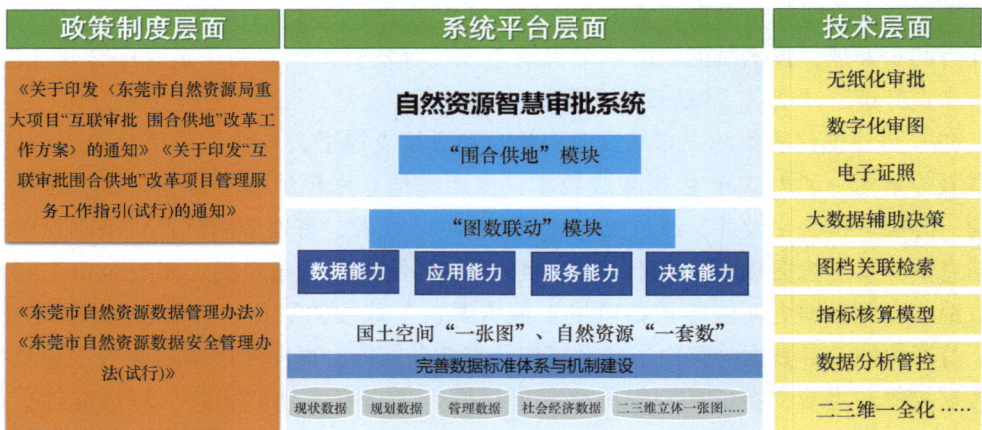

图3　"图数联动　围合供地"应用体系

图4　自然资源"围合供地"一体化服务

图5　应用案例已上架广东数字政府应用超市

四、推广价值

（1）应用案例入选省级基层改革创新经验。"互联审批　围合供地"改革经验做法，不仅被评为东莞市 2022 年度十大优秀改革项目，更于 2023 年 5 月被纳入省委深改委的《广东省基层改革创新经验复制推广清单（第三批）》，作为具有示范意义的改革创新成果向全省推广。

（2）应用案例获得广东数字政府创新应用大赛三等奖，由数字政府建设产业联盟、广东省电子政务协会颁发。东莞"图数联动　围合供地"应用从 426 个参赛作品中脱颖而出，创新应用已上架"粤复用"，充分释放复用价值。

（3）政务协同技术所属项目获得广东省自然资源行业科学技术奖。《东莞市规划管理业务全流程网上服务关键技术》获 2022 年度金粤自然资源科学技术奖二等奖。政务协同研发的产品之一获得中国地理信息产业优秀工程奖。《东莞市国土空间基础信息平台》获得中国地理信息产业优秀工程奖铜奖。

679

（4）"一张图"公众版可供群众随时随地查规划。东莞市自然资源局官网的控制性详细规划成果查询板块自 2019 年对外开放，2022 年的 2.0 升级版支持公众无须注册账号，通过 PC 端或手机端实时在线一图可查，极大地提升了全社会了解城市规划的便捷度。大到整个片区的用地规划，小到一个地块的容积率和用地性质全部一览无余，所见即所得。公众可以了解最新、最全面的详细规划情况，有效提升了自然资源赋能城市治理"一网统管"水平和营商环境。

（5）自然资源图数"多端"应用支持决策"心中有数"。构建全面、动态、可量化的东莞自然资源要素数字掌控 PC 管理与移动手账多端决策应用，通过构建数字化空间资源底数底图、空间资源底线管控、空间资源开发利用情况等自然资源决策应用，实现自然资源管理关键指标、工作进展及时查阅、定时追溯，做到自然资源要素配置"心中有数"，有效提升决策的针对性、科学性与时效性，助力自然资源精细化治理。

（6）实现行政审批提速提效。自然资源项目申报端面向全体政府机构及企事业单位，目前系统记录已办理自然资源业务的建设主体、规划单位、测量单位等 5 950 个，项目审批端覆盖全市域自然资源相关工作人员约 2 000 人。"互联审批 围合供地"改革以项目落地为核心的全链条同步联办新逻辑，实现规划、用地、工程三大核心审批环节深度融合，办理时间和办理材料最多压减 50% 以上，且有效保证各环节无缝衔接、组卷完整规范，大幅度提高审批效能。2022 年以来成功推动 20 个试点项目快速完成供地，供地面积约 2 989 亩，约一半的已供地项目实现了"拿地即开工"，改革成效显著。其中，谢岗镇某产业项目从启动规划修编到摘牌仅用时 133 天（以往的项目一般需要 1~2 年），创造了新纪录。2023 年以来已有 55 个重大产业项目纳入"围合供地"项目清单，涉及用地面积 3 559 亩。

（7）跨部门跨层级数据与业务实现场景化联动。数据底座可支撑东莞市自然资源局各业务审批科室及下属事业单位、各功能区自然资源局、各功能区城市更新及土地储备部门、各镇街自然资源分局、各镇街城市规划管理所等 70 余个单位的 200 余个部门全覆盖共享共用这套数据底板。同时，已通过"广东省数据资源一网共享平台"发布共享了业务过程数据、矢量电子地图和影像电子地图等全市标准底图，为市水务、住建等部门及企业提供遥感影像、控制性详规、土地变更调查等离线数据共享 20 多次，数据服务 120 余项。

（8）低成本最大限度支撑高效决策。结合"数字政府"总体框架，应用省市网络软硬件公共支撑环境，有效节约了信息化基础设施和公共信息资源重复投资费用，通过省市共享机制保障全市域自然资源专题数据全量更新维护、复用可靠，从而极大节省基础数据建设、更新处理的费用，避免政府资金重复投入。截至目前，70 余项政务服务应用及 50 余项专项应用（除涉密外）的软硬件环境全量纳入市公共服务支撑体系进行集约化部署实施。

（9）获得社会积极好评。自然资源数据要素保障及"互联审批 围合供地"改革等在全省乃至全国都少有直接案例参考，是凭借敢闯新路的改革精神作出的大胆创新，获得社会各界一致好评，被中国自然资源报、南方日报、"南方 PLUS"、广东自然资源及东莞自然资源等国家级、省级和市级重点媒体报道 50 余次。例如：《广东东莞重大产业项目用地审批提速》《东莞重大项目落地攻坚　为稳增长撑起"脊梁"》《重大项目为稳增长蓄动能》《审批"瘦身"，服务加码！东莞"互联审批　围合供地"改革上高速》《东莞：数据"一张图"，激发自然资源要素价值》《自然有嘢讲⑨丨城市规划查询"神器"升级了！有需要的市民快来体验》《东莞数字自然①丨数据"一张图"，激发自然资源要素价值》《东莞数字自然②丨业务深度全网办，审批速度快起来》《东莞数字自然③丨整合重塑！信息化"极简风"这样做》等 50 余篇文章刊发报道。

青岛智慧政务全场景体验中心

于　宇　孙　鹏　别贤得

青岛市行政审批服务局　海纳云物联科技有限公司

一、建设背景

为切实破解群众办事和城市运行难点堵点问题，进一步优化创新服务流程，提升城市治理协同服务能力，持续打造数字化精品工程，引领城市数字化转型。2022 年 2 月，数字青岛建设领导小组办公室印发《2022 年青岛市重点推进政务服务"一件事"和城市运行"一个场景"工作方案》的通知，明确要求："各单位要按照职责分工和时间节点，倒排工期、加强协同、形成合力。牵头单位要强化统筹调度，配合单位要主动作为，把工作抓实抓细。涉及新建信息化项目的，3 月底前完成项目方案编制并报审；6 月底前完成项目立项批复；10 月底前实现系统上线运行。新建项目要做好与政务服务、城市云脑等全市统一平台的功能复用和成果输出，避免重复建设，提升集约化水平。"智慧政务全场景体验中心是城市运行"一个场景"的第二个场景，为推进服务的标准化、规范化和便利化指明了政务管理服务工作的发展方向，是提高数字政府建设水平的关键场景。市行政审批局着眼于政务办事中的"难点、堵点、痛点"，结合政务服务提质增效的基本要求，以提高企业和市民线上线下办事体验为目标，以"互联网+智慧政务"为建设理念，推动"一窗受理·一次办好"的改革，规划建设青岛智慧政务全场景体验中心。实现资产管理"集中高效"、大厅运行"安全有序"、办事方式"多样全面"、办事服务"精准贴心"，让体验中心和企业市民之间缩减为指尖触碰的距离，将市民中心打造为能感知、会思考、懂决策的数字化服务与示范中心。

二、建设内容

1. 总体架构

智慧政务全场景体验中心整体设计基于"感、传、知、用、展"的总体框架，分为"五层两翼"。"五层"依次为前端感知层、网络传输层、基础支撑层、应用软件层以及前端展示层；"两翼"是指系统建设必须遵循的法律法规、标准规范和安全保障体系。通过"五层两翼"总体架构，持续推动政务服务质量迭代升级，实现资产管理

"集中高效"、大厅运行"安全有序"、办事方式"多样全面"、办事服务"精准贴心"，让体验中心和企业市民之间缩减为指尖触碰的距离，将市民中心升级为能感知、会思考、懂决策的智慧大厅，让政务服务更贴心、群众更满意。系统架构如图1所示。

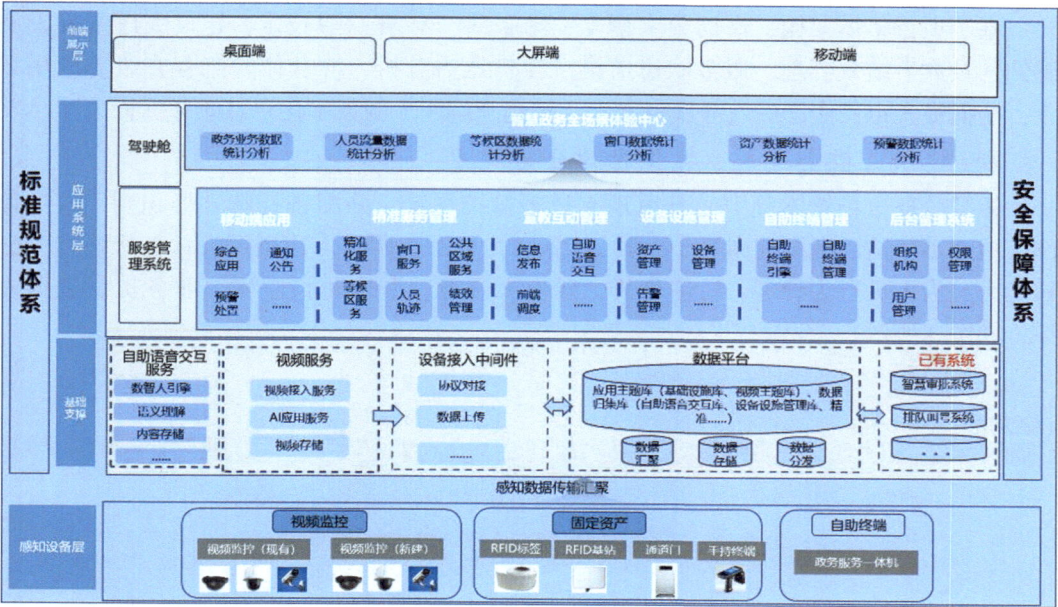

图1　系统架构

1）前端感知层

完善基础硬件设备，通过对市民中心监控点位的有效补充，实现服务大厅视频全覆盖。接入各类设备数据，为青岛市民中心动态感知提供基础支撑。

2）网络传输层

"传输层"建设前端物联网感知传输网络及信息交换共享传输网络。前端感知数据传输网络采用有线专线方式，实现前端传感器采集的数据回传到数据库。

3）基础支撑层

建设涵盖数据平台、自助语音交互系统、视频服务、设备接入中间件、系统对接五大基础支撑平台，集成大厅相关系统接口和服务资源，实现服务能力的统一规范管理及能力输出。

4）应用系统层

以数字赋能、数字素养提升为抓手，为创新场景提供必要的应用支撑，包括精准服务管理、宣教互动管理、设备设施管理、全场景体验中心等系统，助力市民中心数字化转型。

5）前端展示层

以市民中心内各类事件管理要素的空间分布及运行状态为基础，构建数字孪生平台，汇聚市民中心窗口信息、市民等候信息、实时监控信息等要素资源，实现"一图全面感知"。

2. 典型应用场景

基于项目整体架构，借助数字孪生、物联网、AI算法等技术，建设大厅基础设施感知网及数字绩效管理、服务状态监测、窗口压力分析、群众体验流程升级等应用场景，全面提升市民中心的政务服务水平，构建全国领先的数字化智慧政务标杆大厅。

1）视频监控全覆盖，提供行为分析能力

智慧政务全场景体验中心升级现有视频监控系统，并配备特殊人群识别、人员摔倒、地面不整洁、睡岗离岗等十余种AI算法，如图2所示。让摄像头具备智能行为分析能力，为人员行为管理、轨迹分析、残疾人服务、办事时长监测等业务提供数据支撑，如图3所示。

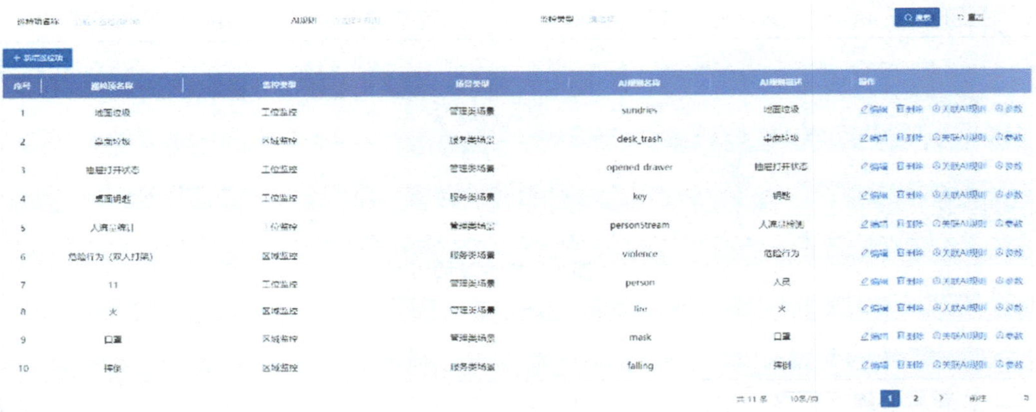

图2　算法清单

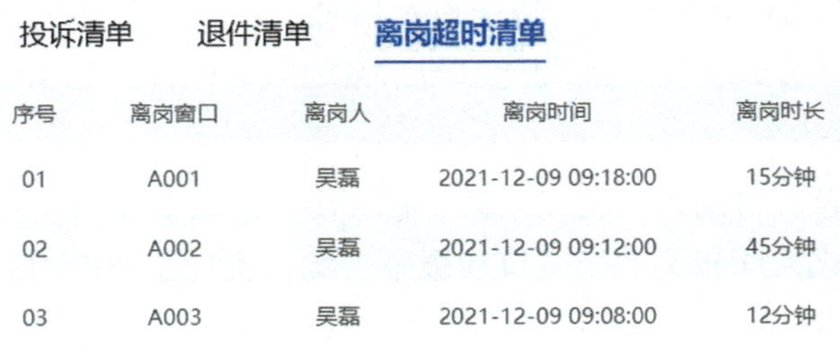

图3　视频预警

2）实时监测窗口压力，预警开放潮汐窗口

智慧政务全场景体验中心增加对人流分布、窗口压力、人流路径、服务评价等专项分析，实时监测窗口压力，预警开放潮汐窗口，有效提高市民办事效率，如图4所示。

窗口办件情况

序号	窗口	所属部门	办件量	平均等待时间
05	李沧区审批大厅	青岛市规划局李沧分局	16	0分钟
06	建管局窗口	李沧区城市建设管理局	48	0分钟
07	李沧区行政审批大厅安监局窗口	李沧区安全生产监督管理局	16	0分钟
08	李沧区财政局	李沧区财政局	16	0分钟
01	青岛市李沧区行政审批服务大...	李沧区卫生和计划生育局	128	0分钟
02	社会工作科	李沧区民政局	48	0分钟
03	劳动关系科	李沧区人力资源和社会保障局	48	0分钟
04	区食药局	李沧区食品药品监督管理局	16	0分钟

图4　窗口压力分析

3）重点人群实时监控，老人残疾人个性关怀

智慧政务全场景体验中心加强"弱势群体"（老年人、残疾人）、特殊人群等监控识别、智能感知的服务，并及时调配相关人员提供保障，为办事群体提供定制化的主动关怀。

4）固定资产实现智慧管理

通过 RFID 基站和 RFID 手持设备等先进设备，可实现对固定资产智慧管理，固定资产离开所属区域，系统自动报警。利用手持设备实现智慧盘点，提升资产管理效率。如图5所示。

图5　资产管理

685

三、创新应用

1. 一屏统管，推进精准绩效评价

传统模式下，为规范管理、考核窗口工作人员，督导员需通过 600 多个视频摄像头查看员工表现，管理难度极大。对此，智慧政务平台通过全面掌握市民中心内各类事件管理要素的空间分布及运行状态，构建起数字孪生平台，并以数字孪生平台为基础，汇聚市民中心窗口信息、市民等候信息、实时监控信息等要素资源，实现"一图全面感知"。督导员只需轻轻一点，即可识别空岗、睡岗、着装不整等，并将违规行为计入绩效评测系统，如图 6 所示。

图6 智慧政务统揽大屏

2. 政务数据共享，政务事项自助查询

通过与智慧审批系统对接，实现了政务服务数据共享。市民利用进驻事项导览展示区的触摸一体机，即可查询需要办理的业务流程、办事指南、办理地点和需要准备的材料等办事信息。有效解决市民排队等候咨询问题时间，提高市民体验，实现了由人工受理向智能自助服务的转变，如图 7 所示。

3. 打通政务地图，就近网点自助查询

为市民提供就近服务网点查询服务，市民可利用就近办体验区的就近办一体机，查询距离家门口最近的政务服务网点，市民可到就近服务网点办理业务，极大地节省了办理业务的交通费用和时间。

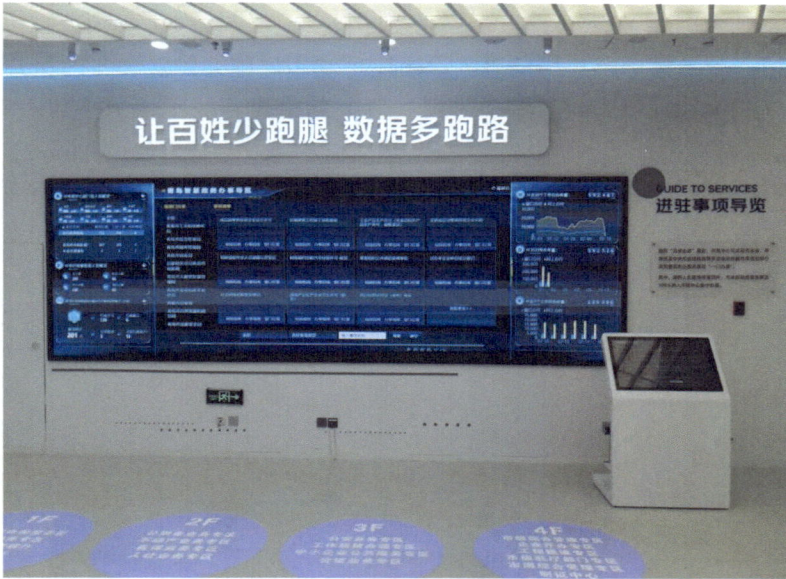

图7　办事指南

4. 多系统协同，丰富线上办体验

通过与智慧审批系统协同，为市民提供政务事项线上办体验。市民利用网上办体验区的网上办一体机，即可实现政务业务网上自助办理。市民利用网上办一体机进行自助申报、自动审核和自助打证。实现了从自助申报、自动受理、自动审批到自助打证的网上办理新模式。有效减少市民在办事窗口排队等候的时间，如图8所示。

图8　线上办

5. 政务事项远程协助服务

为市民提供政务事项远程协助服务，市民可利用远程办体验区的远程办一体机，获得审批局业务专家的远程指导，解决市民办理业务中遇到的困难，提升市民办事体验，如图9所示。

图9 远程办

四、应用成效

为了解决政务办事中的"难点、堵点、痛点"，推动"一窗受理·一次办好"改革，项目从管理和服务两方面入手，整体提升行政审批局工作水准。一是优化内部管理方式，通过对办事窗口、服务人员、资产管理、环境秩序的数字化改革，端正工作态度、提升管理效率、树立文明执政形象；二是融合线上、线下服务模式，突出解决人群识别、窗口压力、超时等待等场景应用，推动政务服务能力下沉，践行全心全意为人民服务宗旨。项目建成后不仅解决行政审批局当下难点问题，也将持续为政府活动带来经济和社会效益。

经济效益：本项目以资源整合为核心思路，充分复用山东省、青岛市前期已建设的平台、基础设施等，建立集约化信息系统，而如果依靠各单位各部门分头建设，由于软、硬件投入相对固定的关系，其建设成本预计提升2倍以上，而其建设效果，将明显低于本项目的实施效果。

社会效益：首先，基于人工智能技术，系统可以优化资源配置，避免资源的重复利用和浪费，提高资源利用效率；其次，办事市民将切实感受到信息化带来的便利和服务，提升市民的满意度，推动"互联网+智慧政务"改革；最后，系统提供公平、公正的服务，每个市民都能享受到平等的待遇，增强社会的公平性和公正性。

五、推广价值

智慧政务面向各省市区县市民中心，巩固政府、企业与市民之间沟通交流互动窗口，广泛服务于老年人、残障人士、企事业单位等不同群体。随着社会的发展和人们对公共服务需求的增加，市民对于更便捷、高效的办事方式有了更高的期望。而智慧政务使得市民中心服务能下沉，可以了解不同群体办事诉求，从而为市民中心提供更加个性化和差异化的服务

当前，随着数字科技的不断迭代，越来越多的新技术被投入到实际应用中来，再加上"互联网+智慧政务"理念的提出，促使更多的机构和企业投入到智慧政务建设中来，以成熟稳定的技术支撑智慧政务的发展。另外，人们的生活观念已发生了改变，从基础的物质需求转变到精致的精神享受，并从日常生活逐渐向政务服务领域蔓延，进而倒逼智慧政务提档升级，这就促使政府机构对企业提供的先进系统需求增大，最终实现市场的持续发展。

深国际湾区投资智慧园区平台项目

王 权 温嘉翔

深圳市深国际湾区投资发展有限公司

一、建设背景

深国际黎光智慧物流港项目位于龙华区观澜街道黎光社区，处于梅观高速和外环高速深圳两大南北、东西重要的高速路交汇点，区位条件优越，是深圳市属国企深国际综合物流港战略实施以来单体建设体量最大、投资额最高、功能定位最先进的项目。项目占地 4.53 万平方米，总建筑面积 26.5 万平方米，总投资额约人民币 30 亿元。

深国际黎光智慧物流港是深圳市"十三五"和"十四五"规划的现代服务业重大项目，也是深国际集团启动综合物流港战略以来单体投资最大的物流园项目，项目将按照"绿色低碳，数字智能；功能齐全，生态发展；集约高效，安全快捷"的设计理念，致力打造成为生态型、智慧型、创新型多业态融合的现代新型标杆物流产业综合体项目。

黎光智慧物流港分为物流和办公、配套住宿两大板块，规划有冷链仓储及展示交易中心、智慧仓及分拨配送中心、电商运营展示中心、宿舍及配套服务中心四大功能。整体建筑密度大，形态复杂，功能高度集约化。

深国际黎光智慧物流港规划容积率高、建筑密度大，创新性的结构设计，增加了建筑面积，极大地提升了项目土地建筑价值；园区同时也具有建筑形态复杂、业态多样、综合配套服务多、设备自动化程度高等特点，也给园区运营管理提出了更高要求。

在基于深圳"双区"国家战略背景，基于深国际湾区投资的战略发展要求，基于数字化转型任务要求，基于智慧园区发展理念和五大特征，在深国际湾区投资智慧园区平台顶层规划设计下，开展本次深国际湾区投资智慧园区平台项目整体建设。

二、建设内容

深国际湾区投资智慧园区平台项目以物流园区为载体，以新一代信息技术为手段，以智能化应用系统平台为支撑，将人、车、货、物等全面感知、数字连接并深度融合，聚焦科技化运营、品质化服务、数字化物流，重配整合园区资源并达到各方利益最大化，实现绿色高效、业务增值、链式效益、协同生态，最终达成可持续发展。

智慧园区平台项目主要建设内容包括：智慧园区管理系统、智慧园区小程序、智慧交通系统、资产管理系统、安全生产系统、AI智能算法模块、业务中台、物联网中台，结合现场运营需要完成智能化子系统接入，并为所承建的可视化IOC运营中心提供数据服务支撑，为业务提供高效、智能、准确的管理方案（图1）。

图1 系统架构

项目以湾区投资智慧园区主营业务为主线，围绕园区运营方、客户方等利益相关者的实际痛点，打造坚实的资产数字化底盘，通过运营数字化、服务数字化两大支柱，支撑智慧物流园区管理数字化的高质量发展目标（图2）。

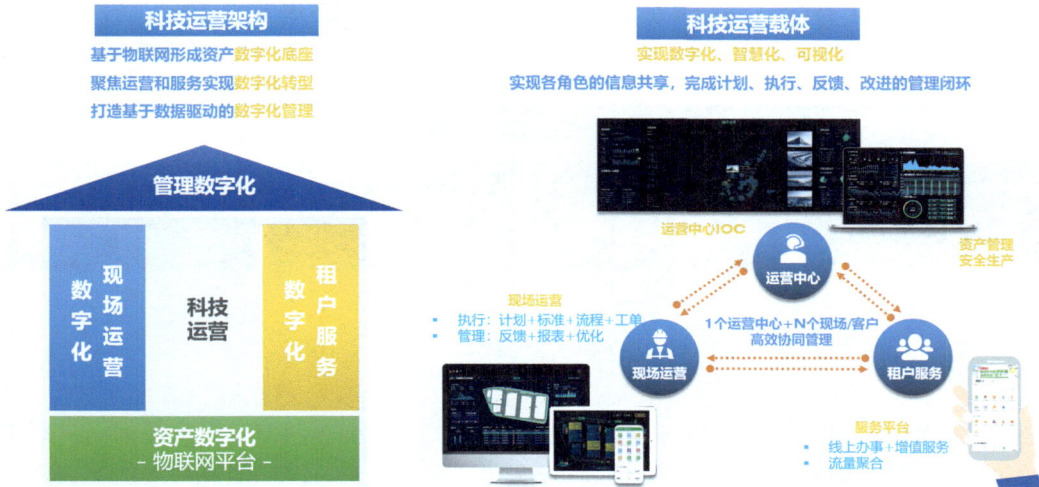

图2 科技运营

项目围绕"零碳"目标,建立绿色零碳 IoT 底座,实现高效能耗管理且已申请绿建二星认证(图3)。未来黎光智慧物流港项目将通过光伏储能建设,最终打造智慧零碳物流园,为提升深国际集团 ESG 评级做贡献。

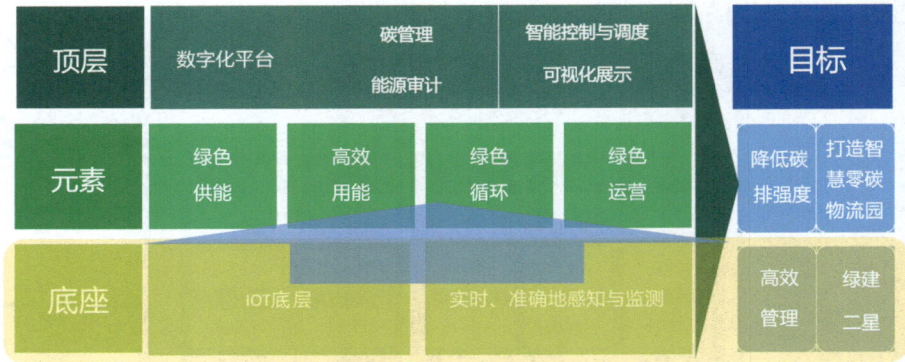

图3 绿色低碳

项目通过物联网 IoT 技术底座,聚焦园区重点管控业务,通过园区内各类传感器、终端设备互联互通,实现物流园区重要信息的动态感知,从静态管控到动态实时掌控(图4)。

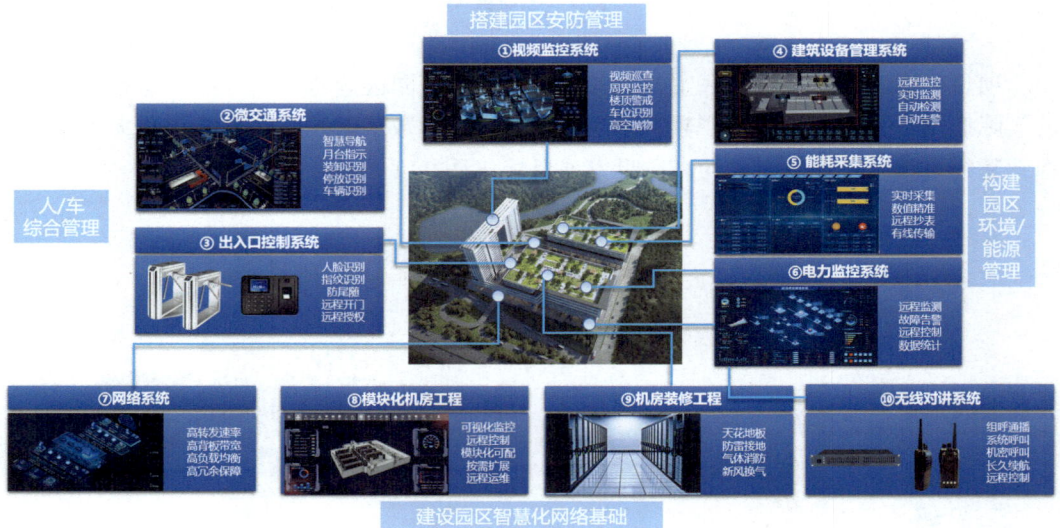

图4 智能化

智慧园区平台集成公司 OA 系统及各业务系统,构建统一门户,为内外部用户提供统一的平台门户和移动办公应用,实现统一账号、统一认证、统一消息待办;完成搭建物联中台服务,集成接入视频、电力、消防子系统,实现统一预警的监控中心,构建运营监控可视化,汇聚园区现场运营数据及状态,为现场值班、管理人员提供直观的现场运营态势、整体状态及异常情况，方便及时响应处置（图5）。

图5 统一门户

智慧园区平台通过微信小程序，搭建平台统一移动端门户，通过集成园区管理、资产管理、安全生产、智慧交通多个业务平台，实现统一工作台、统一消息/待办、统一用户体系，为智慧园区平台内部、外部用户提供移动办公应用（图6）。

图6 移动门户

资产管理系统帮助湾区投资理清家底，对园区资产基础信息、经营信息统一管理和实时监测。系统支持从集团资源性资产平台导入核心资产数据，提供楼宇管理、招商管理、运营管理、财务管理、水电抄表管理和统计分析等功能，实现快捷高效的园区资产管理（图7）。

安全生产系统通过与集团安全生产平台对接，支持隐患来源包括安委办检查、园区检查、飞检隐患、集团检查、企业自查5类隐患数字化管理，将客户线下业务处理流程

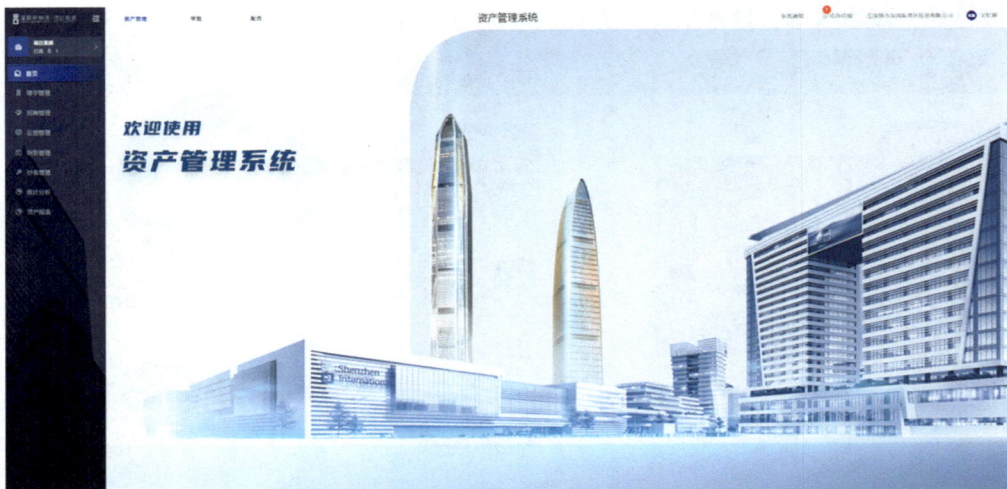

图 7 资产管理

转换为线上，实现园区安全生产管理的信息化和科技化，保障园区的安全生产和正常运营（图 8）。

图 8 安全生产

智慧交通系统利用物联网、边缘计算等技术，提供全场景车辆预约入园、签到、闸口管控、月台分配、车辆调度引导、车辆离园的功能模块，实现园区交通全过程的数字化管控和智能化管理，提高车辆入园预约通行效率，减少交通调度人力，降低园区交通拥堵风险，提升场地周转率（图 9）。

湾区投资智慧园区平台构建 IOC 可视化中心，以黎光项目为示范展示，通过"BIM+"数字可视化提供湾区概览、园区概况、智慧运营、智慧交通、智慧安全和智慧能耗

694

图 9　智慧交通

6 个模块，充分展示湾区投资智慧物流园的数字化应用。

湾区概览提供湾区投资公司物流园区分布一图总览，在全国地图上呈现物流园区的分布情况和区域布局状况，为决策者提供一定的决策依据。管理者通过了解园区的在管面积、区域分布、运营状态，实现对所有园区的整体运营状况的把控。

园区概况提供黎光项目整体展示概貌，确保管理者和观众迅速了解湾区投资企业介绍、经营内容和黎光物流园区整体全貌。同时提供资产租赁情况，用于展示园区整体空间资产使用情况。系统基于 BIM 数字孪生建模技术，可整体展示园区各个空间形态、功能布局和租赁资源，便于园区汇报、参观和招商租赁（图 10）。

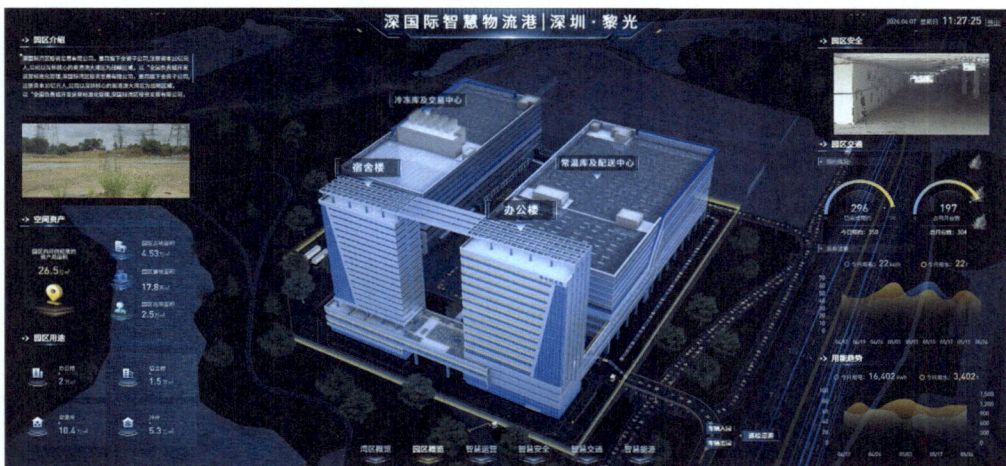

图 10　园区概况

智慧运营模块提供多维度可视化数据分析园区运营态势，依托数据底座的数据统一汇聚能力，基于孪生技术建立统一空间、设备分类，可视化盘清园区资产。实时掌控租户经营趋势，通过各租户用水、用电等数据实时了解其运营健康度，确保园区租赁经营和招商效率（图11）。

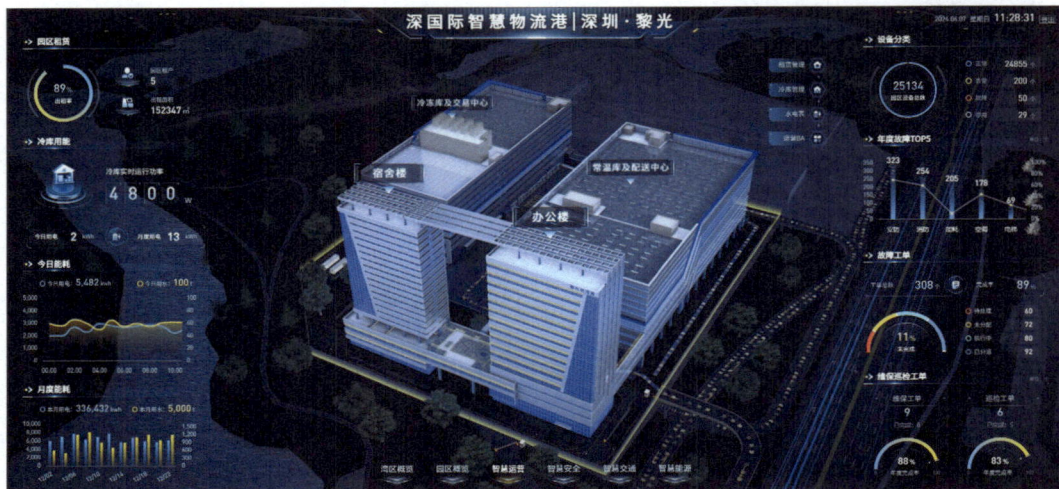

图 11　智慧运营

三、创新应用

本次智慧园区平台项目建设，深国际湾区投资联合英飞拓等合作伙伴，聚焦现场运营及租户服务，构建智慧园区统一的数字底座，建立智慧园区数字化管理标准，实现园区运营管理精准科学决策、降本增效，效果将逐步显现。

1. 打造双数字孪生智慧物流园区

基于智慧园区平台建设的全空间三维物理模型数据和全要素产业运营数据的融合，实时监控掌握当前园区的环境、人、物、事等一切管理对象情况与资源情况，打造双数字孪生智慧园区新标杆，实现物流园区三维可视、可查、可调度，提升运营和运维效能。

2. 建立标准作业流程管理规范

围绕项目现场，建立深国际园区管理设备设施分类标准及台账管理规范，理清园区设备设施，清晰知晓园区设备设施状态。建立园区多岗位标准运营作业体系规范，实现现场作业工单、巡更规范化、标准化、流程化，提升现场工作的作业效率及闭环管理能力。

面向园区管理层，提供异常监控、数据驱动、精准决策能力；面向园区现场，提升现场运营多角色协同的管理及执行规范化、透明化、流程化，提升整体现场工作效率，保障园区安全。面向客户提供高效服务，将提升租户办事效率及整体满意度。

3. 构建主动式智慧安全防御体系

结合多种类智慧化子系统及 AI 智能算法，打造园区智慧主动式安防、消防，提高异常的监管能力，提升异常解决效率，保障园区安全生产。通过智慧能耗数据采集，完成对园区综合能耗的多维度监控、分析，实现远程抄表，提升现场工作效率，提高绿色能耗节能分析、决策能力。通过智慧门禁系统的集成接入，建立园区人员通行的整体管控，提高园区人员通行规范、提升人员进出的监控分析能力。

四、推广价值

通过本项目形成园区标准化管理体系，结合智慧化建设形成智慧高效的管理模式，并通过标杆试点项目打造灯塔型示范园区，沉淀各智能化场景，建立可复制、可持续推广的管理方式，从而提升深国际物流园区科技运营能力。

1. 沉淀运营体系

项目建立园区管理、安全、交通、客户服务运营体系，规范化执行流程，形成统一管控。在运营管理上，以服务园区内客户为中心，实现园区设备设施运维管理、安全隐患主动发现以减少灾害发生。通过智慧化、集中统一调度，提高现场运营效率。针对异常应急响应处置上完成快速执行、系统留存，实现物流园区科技化运营体系建设。

2. 智慧高效协同

项目充分利用各类信息技术，实现园区数据的实时获取和传输，将一切业务数据化、一切资产数据化、一切运行状态数据化，打破信息不对称和信息孤岛的困境，实现基于数字化转型的物流园区业务流程再造、运营模式创新，提升数字资产价值。融合体系，多业务串联，提升各部门协作效率，结合智慧化建设，提升运营管理效率，降低人工成本。

3. 打造标杆示范

沉淀业务场景，形成试点打磨，基于示范试点，形成可复制、可持续推广能力。技术层面上结合园区相关智能化子系统集成接入，以及在业务管理层面进行智慧化应用，整体实现园区资产设施全面接入，并进行系统管理，实现数字化；围绕现场运营安全管理与客户服务管理，推动现场运营服务的数字化与客户服务的数字化建设、标准体系建设。特别对园区安全进行监控、隐患处理、及时响应、事件处理与控制，确保园区人、场、设备、设施等安全。

4. 提升品牌形象

实现湾区投资数字化园区试点落地，建设湾区投资智慧园区平台，打造数智化、规范化、标准化的标杆园区，并形成整体可复制的能力。为后续项目打下基础，从而提升深国际湾区投资可持续发展的品牌影响力。

乌审旗智慧城市"1+4+N"综合管理服务平台

徐　峰　折　恺　白国林

乌审旗住房和城乡建设局

一、建设背景

党的二十大报告提出，"加强城市基础设施建设，打造宜居、韧性、智慧城市"，国家"十四五"规划纲要也明确提出分级分类推进新型智慧城市建设，建设新型智慧城市，是群众对更美好城市生活的向往，也是城市高质量发展的必然追求。近年来，随着城镇化的深入推进，乌审旗城市规模迅速扩张、人口加速聚集、人口密度逐年上升，引发诸多城市公共基础设施服务能力"超载"，暴露出不宜居、不舒适、不便捷、不智能、不现代化的"城市病"，城市智能化、精细化管理水平亟须提升。为保障城市运行安全、高效、健康、智慧、便民，乌审旗在持续推进城市更新和乡村建设的基础上，不断完善城市基础设施、提升城市发展韧性、改善城市人居环境、推进房地产和建筑业提档升级。通过建设"1+4+N"综合管理服务平台，对城市基础设施、城市生命线、城市内涝、建筑工地、房地产业等民生工程进行实时监测，用现代化、智能化手段解决群众反映的难点、堵点、痛点问题，不断增强群众宜居宜业的幸福感、获得感、安全感。

二、建设内容

1. 战略规划

乌审旗智慧城市建设以"基础设施日益完善、公共服务便民高效、城市治理精细协同、城市品质显著提升"为主要目标，全力打造城市运行"一网统管"平台体系建设，推动形成城市建设、管理、运行一体化格局，为乌审旗"三区三基地"建设提供强有力的支撑。按照"一年起势、两年突破、三年大见成效"的总体规划，秉持"建得好、用得上、管得好"的理念，聚焦乌审旗群众急难愁盼、未来所向，引入云计算、物联网、人工智能、大数据、区块链新技术，构建城市生命线、城市内涝预警监测、智慧工地、房地产超市平台，提升城市更新、城市体检现代化水平，打造全国一流城市形象，建设宜居宜业和美乡村、智能高效的"未来之城"。

2. 建设内容

构建"1+4+N"的综合管理服务平台，即 1 个综合数字资源中心、4 个业务平台（城市生命线、城市内涝预警监测、智慧工地、房地产超市）和"N"个数字化应用场景，包括已建成的"城建为民""多多评 乌审通"小程序等多个应用场景（图 1）。

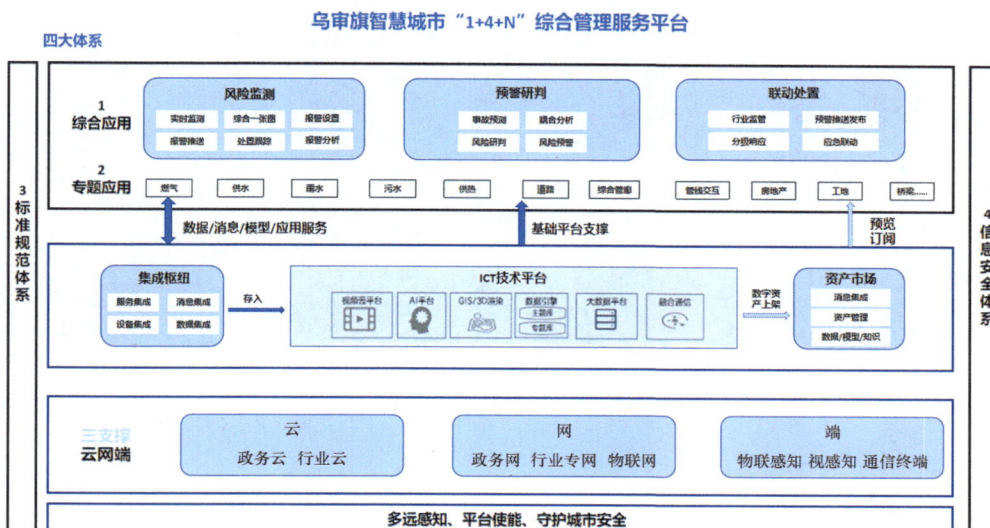

图 1   平台总体架构

1）1 个综合数字资源中心

综合数据资源中心集成相对离散的数字资源，围绕应用全生命周期实现资源要素关联、过程监测、闭环管理；对 4 个业务平台数据资源进行归集，形成数据资源的智能化综合展示，各部门可"一站式"浏览 4 个平台数据资源，推动数据资源跨领域、跨层级共享交换和合理开放利用，为智慧城市平台建设提供数据支撑。

2）4 个业务平台

（1）面向跨主体数据融合的城市生命线平台。

建立统一标准对乌审旗地下水气暖管网、智慧井盖等开展普查，形成涵盖基础地理信息数据、城市市政设施基础数据、隐患数据、典型案例数据等城市地下基础设施综合数据库。将生命线基础设施普查成果数据库全部接入综合数字资源中心，实现对城市地下管网设施的实时监控与预警，确保城市运行的稳定和安全。

（2）基于物联网和大数据的城市内涝预警监测平台。

综合应用网络通信、数字加密、GPS 定位、自动化、大数据分析处理等手段，对物联网设备进行规范化管理和数据的采集分析。新建 10 个易积水点的水位监测、接入城市道路周边的 100 路视频监控、5 处河道排口的水位监测、10 个井盖安全监测仪、5 个车载终端监测仪。打造集设备智控、实时预警、3D 全景及数据可视化于一体的管理系统（图2、图3）。

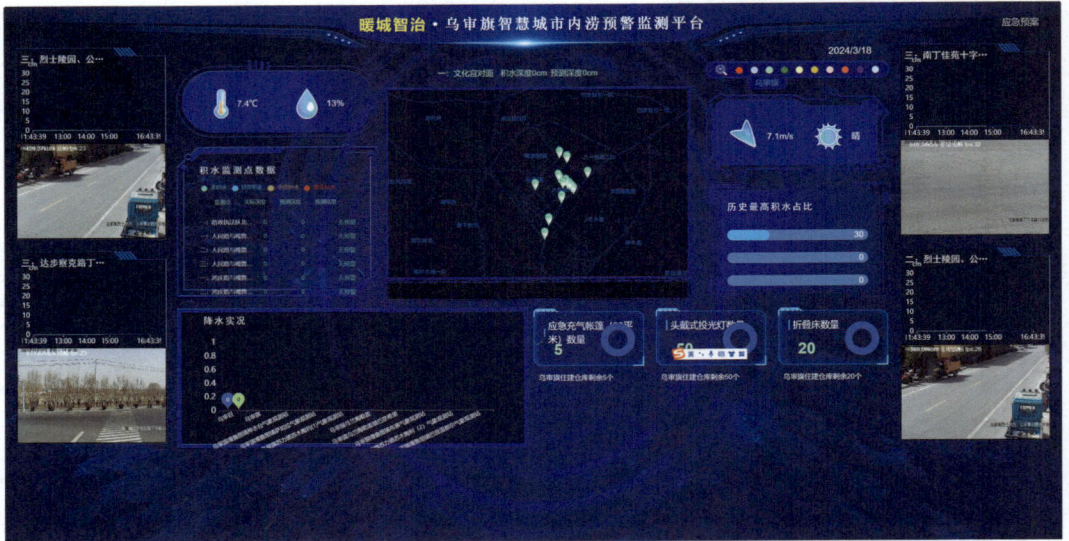

图2　城市内涝预警监测平台

图3　城市内涝预警监测平台管理界面

（3）基于可视化的全方位智慧工地监管平台。

平台建设功能，包括现场安全隐患排查、视频监测管理、高处作业防护预警、扬尘监测管理系统、危大工程管理系统、人员实名制管理系统、项目进度管理系统、项目质量管理系统以及系统配置管理功能。可实现施工现场安全隐患排查、施工现场隐患随手拍、现场移动巡检、运用视频AI分析技术，智能识别安全帽佩戴识别情况、高处作业防护预警、扬尘监测管理、吊钩可视化监管，深基坑监测自动监测预警、人员实名制管理身份识别，保障工地员工安全履职（图4和图5）。

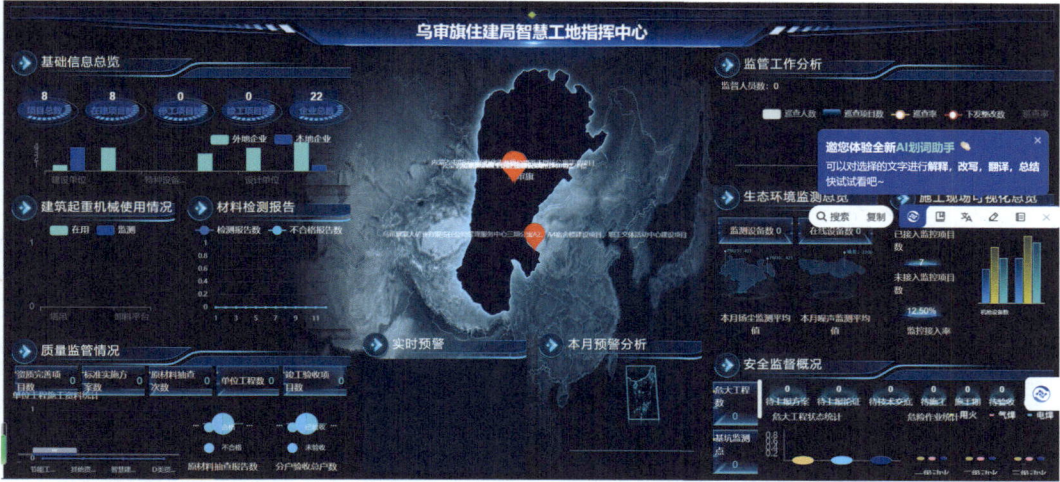

图4　智慧工地监管平台指挥中心界面

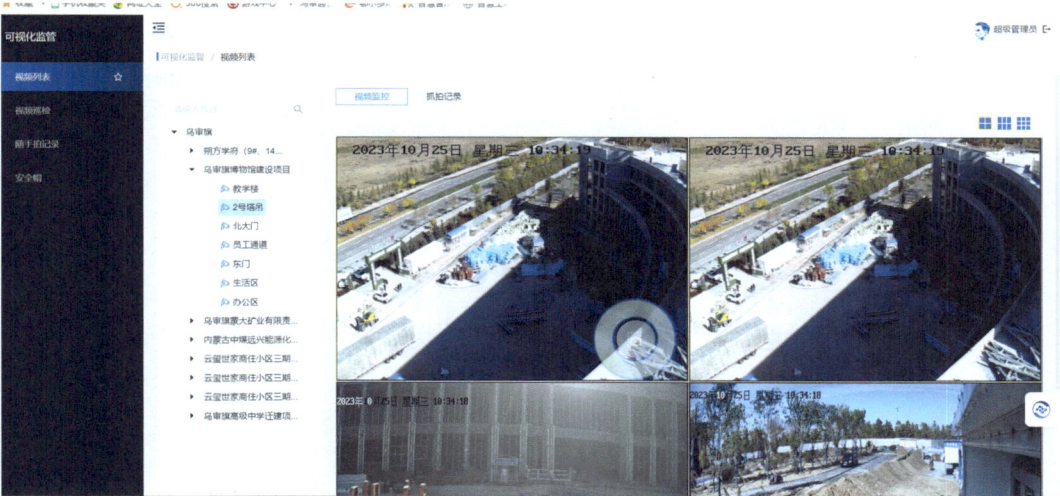

图5　智慧工地监管平台可视化界面

（4）面向全业务流程的房地产超市平台。

"房产超市"分为3大板块，分别为办事大厅、便民服务、政策咨询。其中，办事大厅作为"房产超市"的核心板块，实时展现全旗建设项目全部楼盘、新开盘、品牌地产的套数、面积、价格、门店数量等一系列与房产相关的大数据信息。在便民服务板块，您可以搜索到新商品房、二手房、闲置资产、整租、周边租房等大型交易信息，通过地图找房的功能可以快捷搜索您中意的房屋，发布出租、出售房源信息。同时可以与售楼人员进行实时互动。在政策咨询板块，实时展示政策法规、政策解读、服务指南、招商信息、购房指南、房产资讯等信息（图6）。

3. N 个应用场景

1）"城建为民"小程序

居民可以通过小程序反映环境卫生、绿化美化、房屋质量、基础设施、物业服务、建筑工地噪声扰民、扬尘污染、广告牌匾设置不规范等方面民生问题，实现"小问题、大民生"一站式快捷反映，马上落办目标（图7）。

2）"多多评 乌审通"小程序

居民通过小程序实现水、气、暖线上缴费。实现群众办事流程"随身看"、事项"掌上办"、问题"随时问"、服务"指尖评"（图8）。

图6 房地产超市平台　　　　图7 城建为民小程序　　　　图8 "多多评 乌审通"小程序

三、建设成效

1. 面向跨主体数据融合的城市生命线平台方面

一是摸清地下"家底"。全面查明地下管线的空间分布和属性情况，对各类管网的地上地下分布态势、坐标、走向、管网实时运行情况、管廊管线健康状态、部件工况等信息进行实时监测分析，管网"点、线、面"运营管理全域、全程可视，辅助高效掌握大规模管网运行态势，由被动化管理向主动化、智能化管理转变，有效提升管网安全管理水平。共普查自来水管网 298 千米，污水管网 144.84 千米，雨水管网 112.02 千米，中水管网 112.03 千米，供气管网 377.37 千米，供热管网 576.9 千米。二是描绘地下"脉络"。在前期地下管线排查基础之上，将地下管线信息以数字的形式进行获取、存储、管理、分析、查询、输出、更新，将各项数据进行核查并整合，编绘 1∶500 比例尺综合管线图、专业管线图，建立文件地理数据库，构建地下管网三维立体数字模型，结合城市倾斜摄影数据打造城市地下管网数据底座，实现对全旗市政道路地下管网动态管理维护，为城乡规划建设提供数据支撑，为全旗经济社会发展提供更加坚实的"地下保障"。三是推进智慧城市建设。为城市规划、建设、管理提供了信息资源和技术平台，有效提升了城市"生命线"安全风险防控功能，提高了城市管理的效率与精细化水平，为乌审旗地下空间的合理开发利用、综合管理、城市数字化、智慧城市建设等奠定坚实的数据基础。

2. 基于物联网和大数据的城市内涝预警监测平台

一是提高了防洪排涝科学水平。对城市易积涝点和人行、车辆下穿等低洼地段进行实时监测，适时启动防汛预警联动机制，协调防汛单位快速处置道路积水，消除暴雨带来的安全隐患，保障广大群众人民群众生命财产安全。二是提升了城市防涝应急处置能力。基本实现全旗内涝防控、联勤联动、应急处置，有效提升了各单位之间的协调配合能力，应急处置能力，推动监管从"被动服务""事后处置""全靠人力"转变为"主动发现""事前预警""智能管理"。三是助力了海绵城市建设进度。解决了雨水空间、排放和去路的问题，实现了城市雨水的自然循环，城市内涉及小区、公共建筑、道路广场、公园绿地、水生态修复、内涝积水点等得到修复改善，建立起了收集一体的海绵城市体系（图 9）。

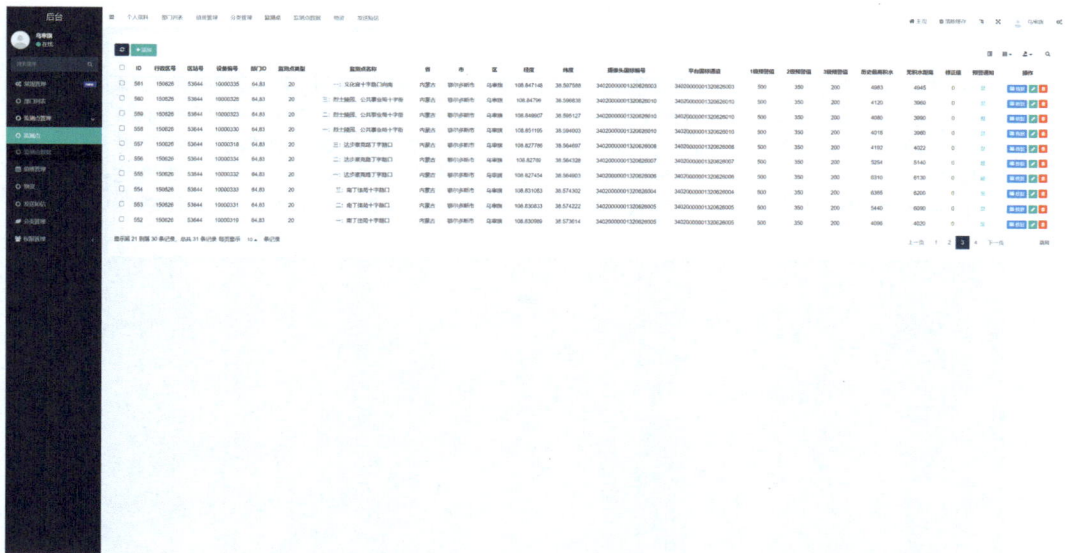

图 9　城市内涝预警监测平台后台管理界面

3. 基于可视化的全方位智慧工地监管平台

一是管理实现"高效化"。实现对建筑工地数字化、精细化、智慧化监管，降低安全隐患风险发生，真正实现质量安全监管的"有的放矢""差别化管理"。提高工地现场管理效率和决策能力。二是考勤实现"智慧化"。有效解决关键岗位人员一人多岗、承接多个项目的违规问题，从源头上落实"人证合一、持证上岗、到岗履职"的管理要求，提升工程质量安全水平。三是监测实现"数字化"。提升扬尘管控效果，实现建筑工地控尘远程智能化，促进工地现场扬尘管控力度，为提升城市人居环境全面助力，加强事中事后监管力度，有利于企业提高对自身项目的综合管理水平（图 10 和图 11）。

图 10　可视化界面

图 11　乌审旗智慧城市"1+4+N"综合管理服务平台界面

4. 面向全业务流程的房地产超市平台

一是实现"多样化"选择。实行买房卖房"一站式"、政务服务"一条龙"，实现了由企业"上菜"、群众"选菜"、政策"配菜"到部门"送菜"的闭环服务，有效缩短了群众选房购房时间，降低了购房成本，满足了市民多样化购房需求。二是实现"多

704

渠道"销售。通过为开发单位和有意向的合作单位、投融资机构搭建对接平台，深入推动解决房地产历史遗留问题，有效盘活房地产项目，帮助企业走出困境，同时通过广泛宣传，吸引更多投资机构合作。三是实现"管家式"服务。为房地产企业搭建起集中展示平台，打造"永不落幕"的房展会，方便企业群众，实现线上政策咨询、选房看房，提供方便快捷的"一站式"购房和"全过程"监管服务。

四、创新应用

1. 紧密结合政策，全方位展示城市管理效果

平台依托物联网、云计算、AI 等新一代信息技术，采用先进的理念进行设计，充分体现新型智慧城市建设成果，全面展示城市运行的智慧化和城市管理的精细化，建立统一的数据综合管理平台，实现技术融合、业务融合、数据融合，信息共享，真正实现城市智慧化、智能化。

2. 地图视频联动，全覆盖实时掌握关键动态

平台实现三维地图与视频监控联动，可精准地掌握现场实时情况，使城市治理管理者能够"看得到、听得到、传得到"，做到城市运行"一网统管"，实现"一网感知态势、一网纵观全局、一网决策指挥、一网协同共治"。

3. 数据精准分析，全领域助力领导科学决策

以大数据挖掘分析为手段，对城市管网运行安全、房地产市场监管、建筑工地、城市内涝预警等重点领域进行深度分析、预研预判，深化城市辅助决策应用场景以及城市应急联动指挥能力，为城市政策制定、应急联动、流程优化、领导决策等提供科学高效的能力支撑。

五、推广价值

1. 有利于整合优势资源，提高城市公共服务水平

作为智慧城市中枢平台，汇聚整合各类数据资源，将散布在城市各个角落的数据连接起来进行关联分析，实现对各个业务系统集成，发挥数据资源整合的优势，实现对城市地下管网、房地产市场、城市内涝、建筑工地监管的精准分析、整体研判和协同指挥，提高城市的运行效率及公共服务水平，让城市智慧化建设更加人性化、精细化和便捷化，增加市民的幸福感、获得感、安全感。

2. 有利于部门协同联动，助力城市精准精细管理

平台可以快捷、方便地掌握宏观信息，及时跟踪和监测城市运营状态，增强宏观调控的主动性和科学性。实现跨部门、跨系统的业务协同，提升城市运营的监测、分析、前瞻预判、决策能力和智能化水平。方便各部门及时、准确、全面地掌握业务数据动

态，提高城市管理和服务效率。更好地服务于企业、居民的生产生活，让城市建设更加人性化、精细化和便捷化。

3. 有利于城市高效治理，引领城市创新融合发展

平台建设以打造一流城市形象，建设宜居宜业和美乡村为出发点，极大地提升了城市治理信息化水平，助力城市决策者快速地了解城市建设和城市治理相关情况，提高城市治理能力，持续改善营商环境，助力塑造高品质城市、带动地区经济社会高质量发展，有效提升市民的安全感、幸福感和满意度。

元极智慧数字应用系统

王 波 王 刚

桥头堡指挥部 青岛西海岸新区城市规划设计研究院

一、建设背景

1. 项目建设背景

青岛桥头堡国际商务区是贯彻落实新发展理念、打造"一带一路"国际合作新平台、服务保障中国（山东）自由贸易试验区青岛片区发展的重要载体，按照党的十九大关于建设网络强国、数字中国、智慧社会的战略部署，推动桥头堡国际商务区智慧城市建设，打造元极智慧数字应用系统，成为世界一流的新时代智慧城市示范标杆。

2. 项目建设目标

打造国内领先的具备统一架构、统一数据、统一标准的三维化、物联化、自反馈、智慧化数字应用系统，以实现城市运行安全智能、城市管理精准高效、城市应用示范领先，为城市级 CIM 平台建设提供工具软件支撑。

3. 项目建设意义

元极智慧数字应用系统是在城市基础地理信息的基础上，建立建筑物、基础设施三维数字模型，表达和管理城市三维空间的基础平台。推进元极智慧数字应用系统建设，能够推动城市物理空间数字化和各领域数据融合、技术融合、业务融合，推动 CIM 平台与城市规划、建设、管理、运行多场景应用融合，实现可视化展示城市运行状态，并运用模拟仿真、深度学习技术，模拟推演城市发展态势。对于推动数字社会建设、优化社会服务供给、创新社会治理方式、推进城市治理体系和治理能力现代化均具有重要意义。

4. 项目建设必要性

元极智慧数字应用系统建设能够推进桥头堡国际商务区数字化进程，对各类城市信息化数据进行"多渠道"采集、"全领域"汇聚，通过对城市数据进行直观的展示、管控和分析，并与现有相关业务系统无缝衔接，掌控桥头堡国际商务区全局信息和空间运行态势，为城市规划、工程建设、公共管理、公共服务、城市治理、公共安全、应急指挥、交通运输和智慧城市运行提供支撑，推动城市"规、设、建、管"全流程决策信息化、智能化、数字化和科学化，辅助城市智慧化治理和科学化决策。

从技术层面看，新一代信息技术为 CIM 平台建设提供技术支撑。物联网、云计算、增强现实、数据融合、空间信息网络、地理信息集成、5G 等新一代信息技术的发展，能够充分融合城市本身及各类数据，集约统筹建设共性资源，优化城市管理与服务，其精细精准的管理模式保障城市安全、高效、便捷、可靠运行，为 CIM 平台建设提供技术支撑。物联网技术及信息传感设备的应用将城市和 CIM 模型连接起来，使可更新且能够用于信息共享与传递的数据库成为可能，云计算、数据融合和空间信息网络等技术进行信息一体化组织与处理，以支持城市运行管理过程中的各种需求和应用。

从需求层面看，数字"孪生"城市，成为数字城市建设和智慧管理的新需求，数字孪生推动城市精准表达和映射，赋予城市生活"智慧"，塑造智能化治理的城市协同 CIM 平台，对接城市管理、生态治理、交通治理、市场监管、应急管理、公共安全等需要，特别是重大事件和特殊场景需求日益严峻。坚持数字城市与实现城市同步规划、同步建设，适度超前布局智能基础设施，推动全域智能化应用服务实时可控，建立健全大数据资产管理体系，打造具有深度学习能力、全球领先的数字城市成为新的需求。

二、建设内容

1. 建设内容

元极智慧数字应用系统项目，主要包括以下两部分建设内容。

（1）应用软件基础能力建设，包括全地理信息处理、三维动态图形处理、自动分析与自反馈、先进的无线系统（如支持 5G）、相互数据传输与感知、定位导航、处理和管理各分系统数据（如各种类型的上传数据）、与各种终端连接互动等。

（2）业务支撑能力建设，服务于城市各类要素的精准化、三维化、可视化表达，以及为各种规划方案等提供三维动态整体展示、智能化评价与提升等，为智慧空间规划与辅助决策提供能力支撑；服务于地下基础设施（如各类管线）各类要素的一体化管理与容量承载力模拟等市政地下管线管理；服务于城市防火、防洪排涝、治安管理等城市安全保障；服务于建设项目管理、质量管理等城市建设管理。

2. 总体架构

元极智慧数字应用系统总体架构包括四个层次和三大体系，即数据层、服务层、平台层和应用层，以及标准规范体系、信息安全体系、运维保障体系。横向层次的上层对其下层具有依赖关系，纵向体系对于相关层次具有约束关系。总体架构支持 C/S 或 B/S 架构的网络应用，具有良好的可扩展性，可支持未来移动客户端应用（图1）。

（1）数据层：建设时空基础库、资源调查库、规划管控库、工程建设库、公共专题库、物联感知库等，为满足更多应用构建三维模型库、空间索引库等 CIM 数据资源体系。

（2）服务层：包含 CIM 数据治理与管理软件，并兼顾数据集成与汇聚等功能。服务层同时包括地理信息平台软件和 CIM 图形处理软件。

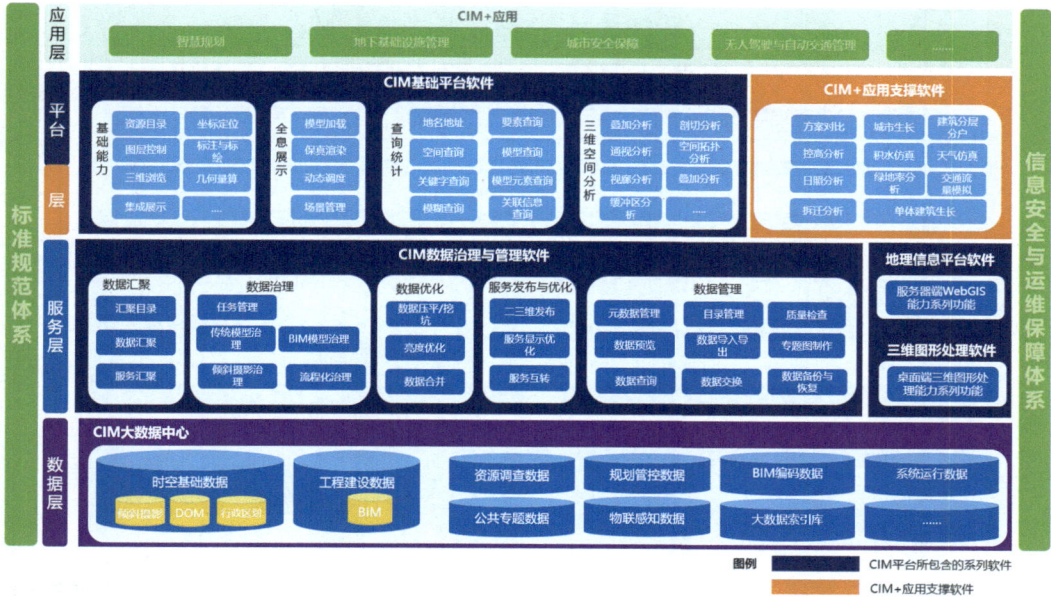

图 1　总体架构

（3）平台层：主要提供 CIM 基础平台软件，同时为"CIM+"应用提供能力支撑。

（4）应用层：政府部门、企事业单位、社会公众可在各种终端访问平台和应用。

（5）标准规范体系：建立统一的标准规范，指导 CIM 平台的建设和管理，与国家和行业数据标准与技术规范衔接。

（6）信息安全体系：按照国家网络安全等级保护相关政策和标准要求建立信息安全保障体系。

（7）运维保障体系：建立运行、维护、更新与安全保障体系，保障 CIM 平台网络、数据、应用及服务的稳定运行。

3. 技术架构

数据存储层采用"混合模式"，采用 PostgreSQL 数据库作为主业务数据库，存储各个子系统的业务逻辑数据，包括：用户角色权限数据、系统日志数据等；空间数据库采用易智瑞成熟的 DataStore 产品，该产品对存储实景三维数据有着很好的支持（图2）。

平台服务层采用微服务架构进行设计，微服务架构是面向服务架构（SOA）的一种变体，把应用程序设计成一系列松耦合的细粒度服务，并通过轻量级的通信协议组织起来。微服务架构将应用构建成一组小型服务，这些服务都能够独立部署、独立扩展，每个服务都具有稳固的模块边界，甚至允许使用不同的编程语言来编写不同服务，也可以由不同的团队来管理。

平台应用层采用 B/S 架构进行设计，端与服务器之间遵循 RESTful 标准，与服务层交互遵循 HTTP 协议，并采用 JSON 进行数据交换。原生具有弹性可伸缩的体系结构，支持热插拔式负载均衡，支持大用户量的 Web 并发访问；支持点对点，无状态的高可

709

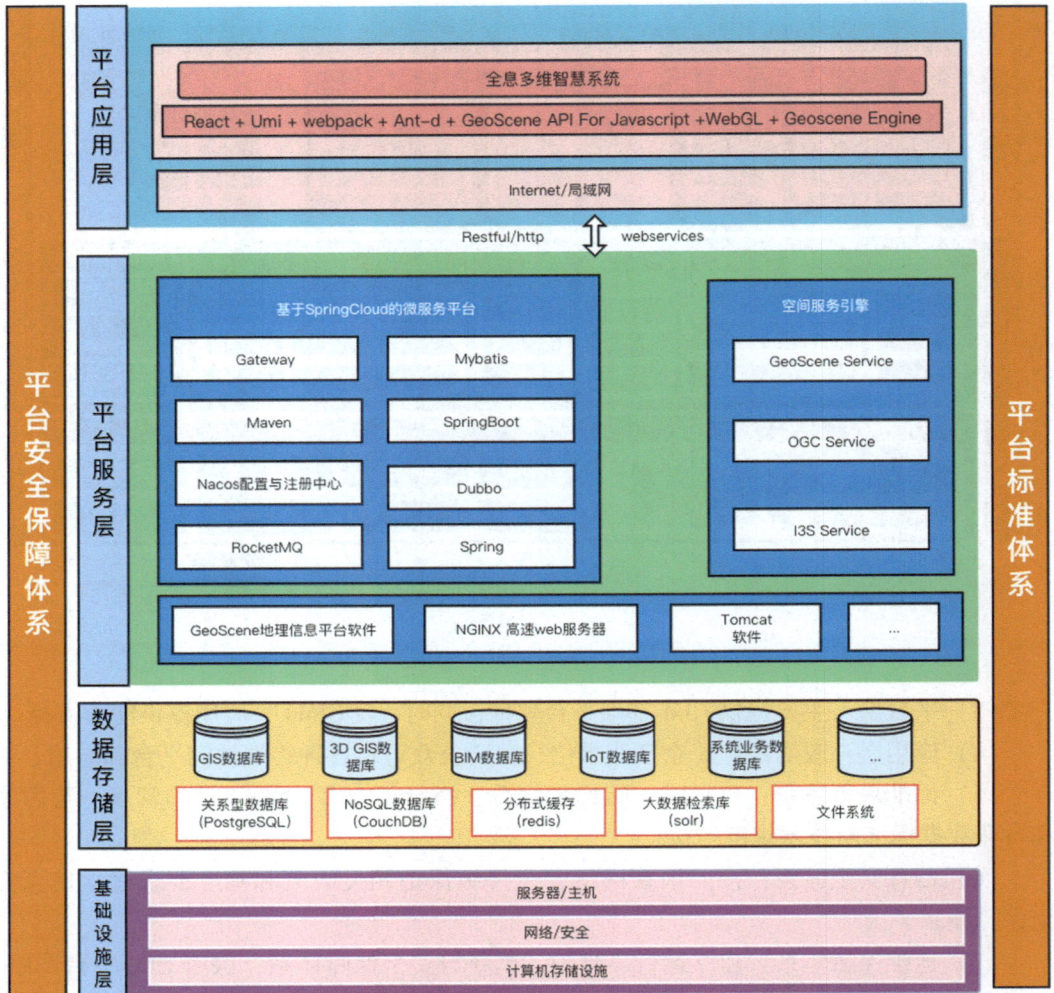

图 2　技术架构

用集群部署。

4. 典型应用场景

1）国土规划—城市现状数据展示

针对当前桥头堡地区的城市现状进行展示。展示内容包括现状行政区划、现状卫星影像、现状建筑物、实景三维现状模型、现状地形、现状管线、土地利用现状、建筑质量现状、现状人口及其他等数据（图3）。

2）国土规划—自然资源分布

展示自然资源的分布情况，包括山地及高山地、农田、林地、河流水系和草地（图4）。

710

图 3　现状数据展示

图 4　自然资源分布

3）规划应用—规划数据展示

针对当前桥头堡地区的规划数据进行展示。展示内容包括国土空间总体规划、国土空间详细规划、国土空间专项规划、规划三维模型等数据（图 5）。

4）规划分析—阴影分析

定量分析桥头堡区域规划建筑物随时间变化的阴影情况。可以查看不同区域的阴影覆盖时长（图 6）。

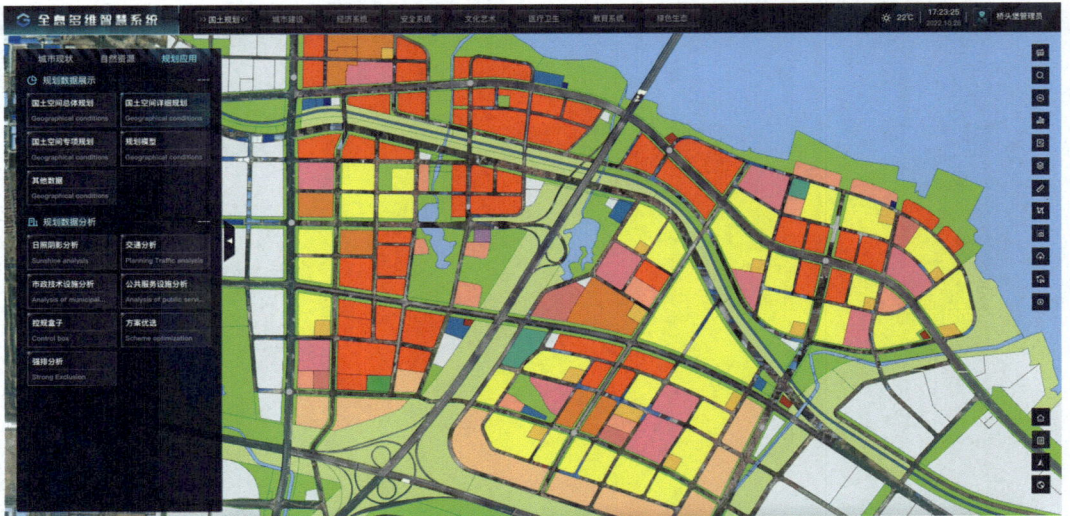

图5　规划数据展示

图6　阴影分析

5) 规划分析—市政基础设施分析

（1）规划管线用量分析：基于规划数据，针对规划管线用量进行分析，包括用水量、污水量、用电量、通信量、燃气量和供热量。支持在图上自定义绘制范围统计用量（图7）。

（2）管网容量预测：针对规划地块，自定义绘制建筑物，计算新增人口、建筑面积、新增流量和计算后的管径，并给出预测结果建议。管线承载力的情况，将动态反映在地图场景中，用不同的颜色进行区分（图8）。

712

图 7　规划管线用量分析

图 8　管网容量预测

6）规划分析—强排分析

强排分析就是根据地块的规划指标排布建筑的基本方案，按照建筑强制性规范尽可能布置建筑轮廓。强排方案的目的主要是为了成本测算及利润率，将项目的开发条件进行梳理，了解项目的利与弊，为营销策划做支撑，便于后期工作的开展（图 9）。

针对选定地块，可以根据地块的用地类型和规则，根据控规指标，在地块内进行建筑物的自动排布。计算结果将显示在面板中，并将模型显示在地图场景中。

（1）根据二维控规要素数据的不同用地性质，调用不同的强排设计规则。

（2）通过计算控规要素数据的属性获取建筑面积，控制地块内的总建筑面积。

（3）根据区域控高、楼间距等条件约束，计算排布在区域内的建筑底面数目和建筑高度。

（4）将二维要素拔高为三维模型呈现。

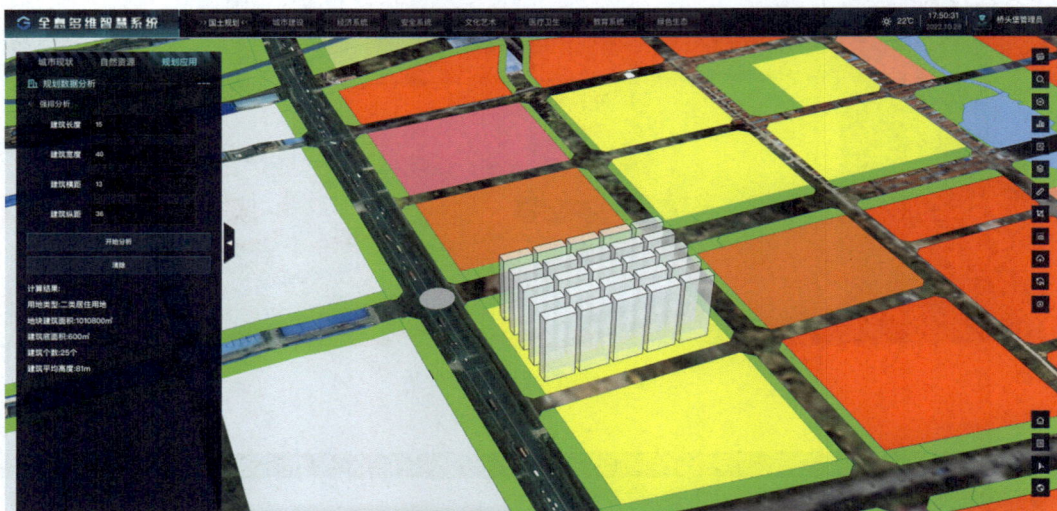

图9　强排分析

7）城市建设—项目展示

针对城市建设项目的分布进行展示，能够在地图上点击项目所在位置查看详细信息。展示的项目信息包括项目名称、项目位置、建设单位、设计单位、监理单位、公共单位、缩略图、视频等（图10）。

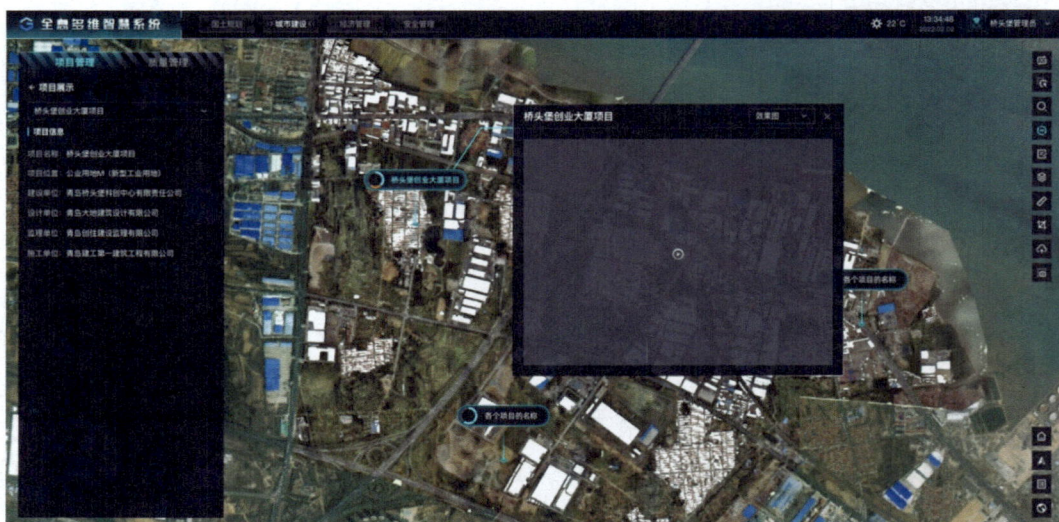

图10　项目展示

8）城市安全—消防设施和设备分布

展示桥头堡区域消防站和消防栓分布信息，可查看消防站信息及服务半径（图11）。

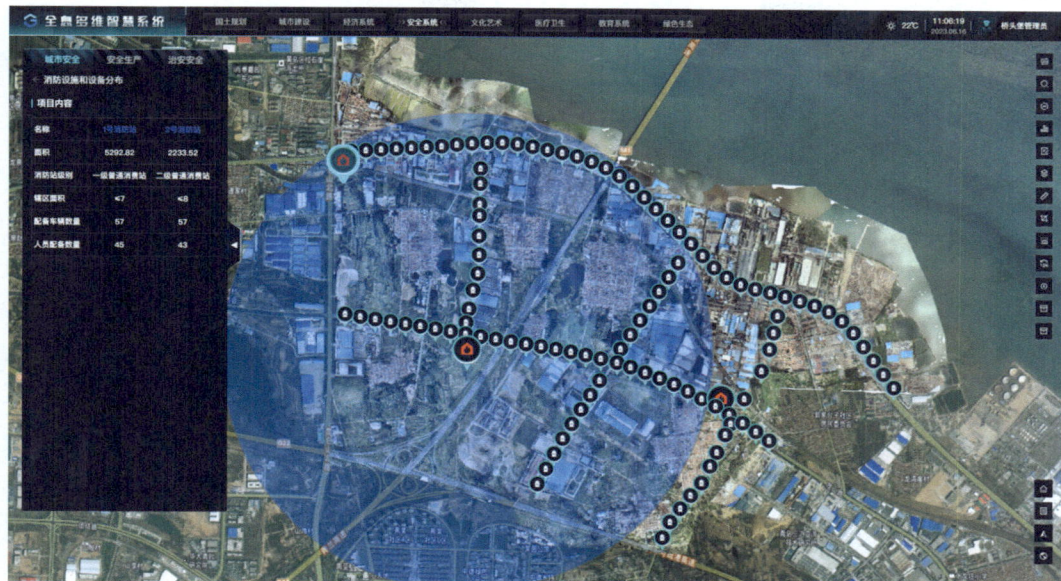

图11　消防设施和设备分布

三、创新应用

系统建设采用先进的技术、方法、软件、硬件和网络平台，紧密结合 5G 技术、AI 技术、多传感器集成技术、物联网、大数据、云计算、数值模拟、多媒体应用等先进技术手段，保证软件的先进性和在国内同行业中的领先地位；使系统依据的基本技术在整个生命周期中保持先进性，在操作方式、运行环境、软件接口或开发计划等发生变化时，具有较强的适应能力。同时兼顾成熟性，使系统成熟而且可靠。系统在满足全局性与整体性要求的同时，能够适应未来技术发展和需求的变化，使系统能够可持续发展。

（1）基于 Spring Cloud 分布式系统框架技术。

（2）基于 J2EE 的 B/S 架构。

（3）基于 ESB 服务总线实现集成。

（4）Web GIS 分布式 GIS 技术。

（5）WebGL 三维渲染引擎技术。

（6）基于镶嵌数据集的海量影像数据管理。

（7）基于矢量切片的海量矢量数据动态展示。

（8）远程桌面、视频同步传输技术。

（9）海量空间数据调度技术。

（10）Redis 内存数据库技术。

（11）基于 OpenAM 的统一身份认证。

四、推广价值

元极智慧数字应用系统充分利用地理信息、5G、大数据、物联网等新一代信息技术，按照分期实施、分层构建、模块应用的原则，通过构建具备统一架构、统一数据、统一标准的三维化、物联化、自反馈、智慧化的动态信息软件和全要素应用平台，实现城市运行安全智能、城市管理精准高效、城市应用示范领先；为城市级 CIM 平台建设提供工具软件支撑。

软件开发保证系统架构的技术领先性，设计采用当前主流的 SOA 高内聚、松耦合的软件架构体系。以统一的时空框架进行组织，应用全息地图的理念形成全尺度、全息、全空间的基础地理信息数据，成为打破信息壁垒的重要技术手段，并成为贯穿不同部门综合应用的主要线索。秉承"信息循环"的理念，让数据信息产生反馈和反应，促进数据信息的开放、共享，实现在开放、共享和反馈中信息的增值、效率的提高。面向地理信息、三维建模、数据管理、图形处理、自动分析与自反馈、5G 传输与感知、定位导航、移动终端等主要使用需求，自主开发和搭建城市三维动态信息软件和应用系统平台。

通过业务应用系统的部署与应用，节约办公经费开支，降低管理成本；有利于整合商贸区各局办信息资源，避免重复建设，节约信息化建设投资；为社会公众提供更加方便、快捷的服务，有效降低社会成本；购买计算机网络设备、软件产品及服务，可有效地带动本地信息产业及相关产业的发展。

本项目的建设为大数据、人工智能、工业互联网、5G 前沿技术提供了最广阔的应用场景和创新空间，是实现城市基础设施数据化建设和应用的基础支撑，对城市管理手段、管理模式、管理理念创新有极大的促进作用。依托元极智慧数字应用系统的建设推动城市从数字化到智能化再到智慧化转型，是推动城市治理体系和治理能力现代化、推动城市提质增效的关键举措。

勘察全过程监管信息化生产与管理系统

夏友为　宗　静　熊　穗

南京市测绘勘察研究院股份有限公司

一、建设背景

"十四五"时期，是加快强国建设的关键阶段，也是智慧建设的跨越发展期。围绕智慧建设，从中央到地方开展了积极地探索实践，尤其《"十四五"工程勘察设计行业发展规划》发布以来，岩土工程全方位向"数"融合，已成行业共识。

数据管理是数据应用的基础，勘察测试数据数量庞大，不同类型的媒体数据难融合、难打通，成为深化大数据应用的绊脚石。打通壁垒实现数据融合，从时间、空间、对象、语义等要素入手，实现视频、图像、音频、文本等不同媒体数据的融合检索，让勘察测试数据从支流汇聚成汪洋，为智慧岩土工程勘察蓄力赋能。

2021年，南京市测绘勘察研究院股份有限公司结合行业技术与管理痛点，以"互联网+勘察"为理念打造"勘察全过程监管信息化生产与管理系统"。一是通过"实人、实时、实地"操作，实现对勘察项目的过程管理和重点环节预警，并对勘察原始文件、成果文件存档，进一步强化质量终身责任制和过程可追溯；二是通过室内试验自动化采集系统，实现检测数据自动采集，以及试验结果自动计算输出，后期可自动接入地方检测监管平台；三是通过建设岩土工程勘察报告编制辅助系统实现勘察报告部分章节自动生成。

1. 国家政策支持

2017年，《住房和城乡建设部关于印发〈工程质量安全提升行动方案〉的通知》发布，提出通过影像留存、人员设备定位和数据实时上传等信息化监管方式，推动勘察现场、试验室行为和成果的质量管理标准化，切实提升工程勘察质量水平。

2. 工程勘察行业质量管理现状

（1）政府层面。仅对勘察成果报告进行审查，缺乏过程监管。

（2）建设单位层面。仅关注勘察钻机进场与成果报告通过审查时间节点，对勘察成果的合理性和准确性重视程度严重不足，普遍采取最低价中标模式，对勘察质量全过程管理基本缺失。

（3）勘察单位层面。因设计总承包、EPC和全过程咨询模式的推行，勘察单位基本丧失话语权；因对地质基础的认知偏差，即使单独招标的建设工程勘察项目也陷入低价竞争的魔咒。

（4）与此同时还存在以下问题。

① 勘察单位挂靠现象普遍，极大程度压缩了守底限、有传统的勘察单位的生存空间，形成劣币驱逐良币的逆淘汰现象。

② 缺乏技术创新，勘察手段原始，从业人员平均技术水平偏低，钻机作业人员主要为 50 岁以上农民工。

③ 部分勘察单位为了缩短勘察工期，减少成本投入，并未严格按照勘察工作要求进行作业，技术人员、机具设备投入不足，质量和流程管理存在漏洞。

④ 实验室由地方协会代为管理，协会仅对试验人员从业资格、仪器设备和实验室资质定期核查，多数单位为节省人力成本，实验室人员仅满足资质规定最低要求，人员配置与实际试验产出不符。

⑤ 实验室过程缺少管理，存在伪造数据、不实数据现象。

3. 勘察质量管理现状导致的后果

（1）勘察外业、内业行为不规范，取样质量差，试验结果与地层实际情况不符，不能正确揭示场地的地质条件；因钻探测试和试验原始数据不全面、可靠性低甚至造假等问题，不能为工程设计、施工提供准确依据，引发工程建设安全风险、投资风险和按期交付风险，对工程运营期安全管理也将存在决策依据准确性问题。

（2）因室内试验设备自动化程度低，为节省人力成本，不做或少做试验，编、造试验数据，为保证工程安全，提供的试验数据过于保守，增加工程造价。

（3）因管理存在漏洞，易发生打破地下管线或地下构筑物等安全事故。

二、建设内容

1. 建设目标

开发勘察全过程监管信息化生产与管理系统，目标是对重点项目外业勘察劳务队伍采用信息化监管；对室内试验尽可能使用自动化采集手段，除了少量特殊试验外，常规土、岩、水试验实现了自动采集、传输、计算统计并生成试验报告；对常规勘察项目中部分章节实现自动生成，在提高质量管控力度的同时，有效降低管理成本，提升客户满意度。

2. 技术线路

1）勘察外业全过程信息化监管技术线路

系统库采用开源数据库 PostgreSQL，前端采用最新主流的 Web 开发框架 VUE，后端采用跨平台 Java 语言开发，使用 Spring Boot 框架搭建，主地图采用天地图的地图接口，手机端采用 uni-app 的 H5 技术路线。

系统采用原型法开发，前期通过搜集业务需求，了解开发内容与实现要求，通过全平台草图、部分页面高保真设计图相结合的方式确定具体开发内容，页面确定后开始编码、测试工作以及试运行等工作。

2）室内试验自动化采集技术路线

根据市场调研，选择通信装置，通过对传统检测仪器外接传感器与数据采集器等方式，将传统检测仪器进行技术设计、改造和整合，把原有独立的检测仪器改造成为具备数据传输功能的智能检测试验仪器，利用相关接口接入系统。

确立各检测仪器的通信协议，利用 C 语言进行程序开发，完成项目研究的系统框架搭建和试验数据采集系统开发。系统分为 3 个模块：原始数据生成模块、原始记录计算处理模块、报告自动生成模块，各模块包括接口和数据传输程序、数据采集程序、数据计算程序等。系统运行环境为 Win7 和 Win10 操作系统。

3）岩土工程勘察大纲及报告编制辅助系统技术线路

基于公司生产使用的理正勘察软件，开发辅助系统读取理正软件生成的 Access 数据库，自动提取其中工程信息、钻孔信息、空间信息、层位信息、地层信息、地下水信息、土工试验信息及各类原位测试信息，按相应规范和标准内置计算核，最终结合预设报告模板，导入需特殊说明的事项，实现勘察报告部分章节自动生成。

3. 主要功能

管理平台建设内容会随着实际项目的推进而逐步丰富和完善，所以本项目采用分期实施的原则，以期通过多期建设逐步迭代完善，目前已实现的主要功能如下。

1）全要素信息综合管理

以空间地理信息为基础，将项目名称、勘察单位、施工进度、人员、设备、预警及整改信息等进行客观、及时、准确的展示，建立驾驶舱大屏，为管理人员科学管理及高效指挥、项目决策提供重要的信息支撑（图1）。

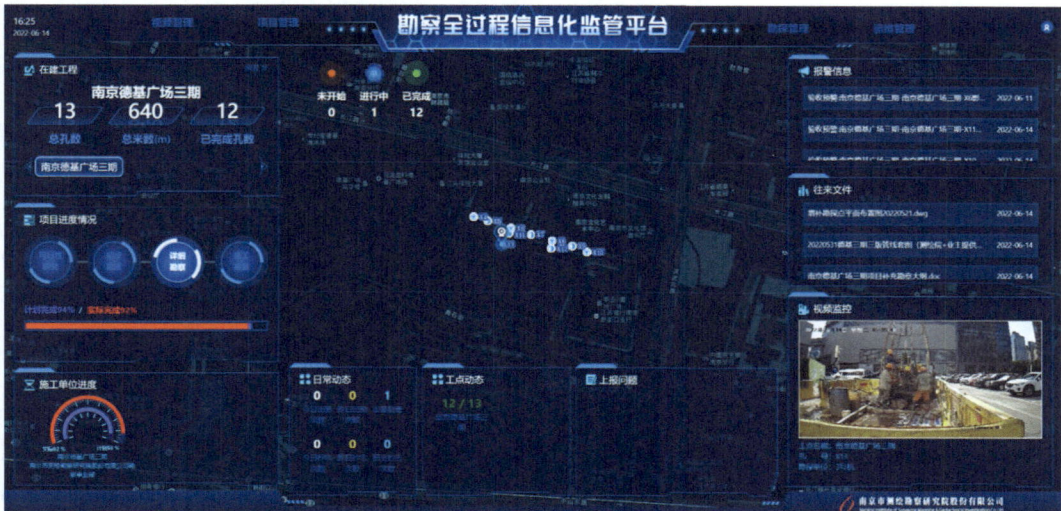

图 1　驾驶舱

2）数据时空属性（实人、实时、实地）

对施工过程开孔、终孔、试验、测试、岩芯和记录等影像进行留存；对设计资料、勘察纲要、成果报告、室内试验数据成果等文件进行留存。各类影像和数据自动绑定时间、位置、人员、行为等特征属性，真实且不可篡改，确保异常数据和违规行为的快速定位和精准到人（监管软件与登录设备绑定实现"实人"，通过卫星定位技术，同步获取外业行为的位置和时间信息，实现"实时"和"实地"）。

3）异常预警分析

确定违规行为的规则，系统会分析并给出"数据报警"（图2），包括：登录人员异常；钻孔深度异常；钻孔完成所用时间不合理；上传影像时空数据与实际偏差大；现场数据不全；现场照片不匹配等。

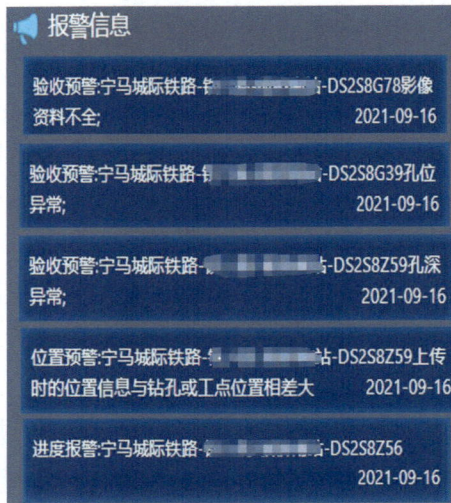

图2　预警信息

4）飞行检查

通过线上线下相结合、信息化赋能与管理人员检查同步开展的多措并举方式，共同推动当地工程勘察外业数据和外业行为的质量监管。检查人员可通过 App 对目标项目的人员/设备到位情况、外业质量和安全措施执行情况等内容进行现场检查和问题反馈。勘察单位管理人员和监管人员可收到短信提醒，同时可在平台上实时查看现场检查情况和检查意见，并及时改正现场不合规行为。

5）视频监控

管理人员通过系统实时查看现场勘探作业视频，远程对现场违规行为进行记录，并且摄像机内置有大容量存储卡，可以实现长达1个月不间断的录像滚动存储，如果对违规行为的判定双方存在争议，可以直接调取录像。外业的硬件设备如图3所示。

720

序号	用户名	申请时间	内容	审核时间	审核状态	操作
1	夏友力	2021-09-10 12:51:01	变更常用设备申请	2021-09-10 12:51:05	审核通过	
2	贾伟伟	2021-09-10 12:50:36	变更常用设备申请		未审核	⊘通过 ⊙不通过
3	陈蕾	2021-09-02 10:09:14	变更常用设备申请		未审核	⊘通过 ⊙不通过

图3　人员与设备绑定

6）检测一体化

实现检测任务分配，检测数据自动采集，原始记录自动计算，单项结论判定，报告生成等检测工作核心环节的全程自动化，并可实时查找、下载原始数据。系统界面为可视化界面，页面上各模块内容可直观显示。

7）成本报告自动生成

岩土报告自动生成系统，通过读取理正软件生成的 Access 数据库，提取其中各类关键数据，按相应规范和标准内置计算核，实现各岩土层承载力，桩基参数等自动计算。同时总结了不同类型勘察报告和大纲中的共同点，在系统内预设报告模板和各类统计表模板，输入指定的和项目有关的各项信息后，即可实现勘察报告部分章节及物理力学统计附表的自动生成。

三、创新点

1. 解决的关键问题

（1）解决外业监控设备能持续、稳定、清晰的传输画面，并实时传输到系统平台，保证 PC 端能进行持续观看。

（2）实现勘察工作基本数据、开孔照片、记录照片、岩芯照片等导入及存储。

（3）实现勘探开孔、终孔等关键节点及施工质量的及时验收。

（4）系统自动记录人员上报照片、考勤打卡等动作时的当前坐标和时间，并通过后台算法自动分析距当前孔位的直线距离，超出范围时提示异常（图4）。

（5）实验室自动采集系统，自动采集原始数据，防止数据的丢失、篡改，提高检测质量，并实现从原始数据自动采集到报告自动输出的智能一体化过程，提高了生产效率，减少人力成本。

（6）岩土报告自动生成系统，通过读取理正软件生成的 Access 数据库，按规范和标准内置计算核，结合预设报告模板，实现了勘察报告部分章节自动生成。

2. 创新点

（1）实现无电、无局域网、频繁移动这样一个特殊环境下的远程实时监控，在内业可以实时了解施工全景，并且通过在摄像头内部的存储卡可以实现长达1个月的影像滚动留存。

（2）通过系统可以实现对勘探过程中开孔、终孔、各类原位测试等关键节点的管控，确保责任可追溯，并且通过"飞行检查"模块弥补了目前信息化手段的不足，通过该模块检查人员可实时将发现的问题通过系统及短信方式反馈至责任人，责任人及时完成整改形成闭环（图5和图6）。

图4　考勤信息

图5　抄告整改

（3）实现勘察全流程作业流痕，通过对用户填报数据、上传影像资料、考勤打卡等操作的时空数据智能分析，实现了"实人、实时、实地"的管理，确保符合要求的人员在正确的地点履行其工作内容，当人员、位置、进度等与设定值存在较大偏差时，系统发出预警信息。

（4）实现内外业各项数据的统计和形象化展示，为管理人员科学管理及高效指挥、项目决策提供重要的信息支撑，同时，各类数据统计表和影像资料通过后台也可一键导出到本地服务器（图7和图8）。

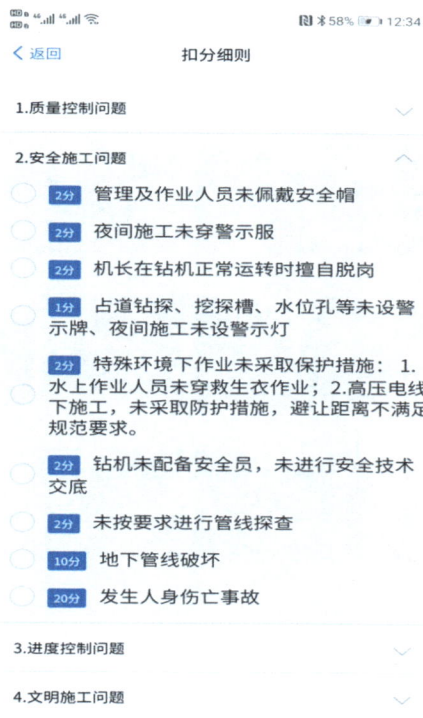

图 6　扣分细则

图 7　外业监控硬件

（5）行业内首家实现土样、岩石同时自动采集传输的单位，从检测任务分配、检测数据自动采集、原始记录自动计算、单项结论判定、报告生成等检测工作核心环节的全程自动化功能，可查找、下载原始数据，避免数据篡改、造假。同时实现全过程无纸化检测，解决当下传统工作模式下纸质原始记录填写、归档问题（图9和图10）。

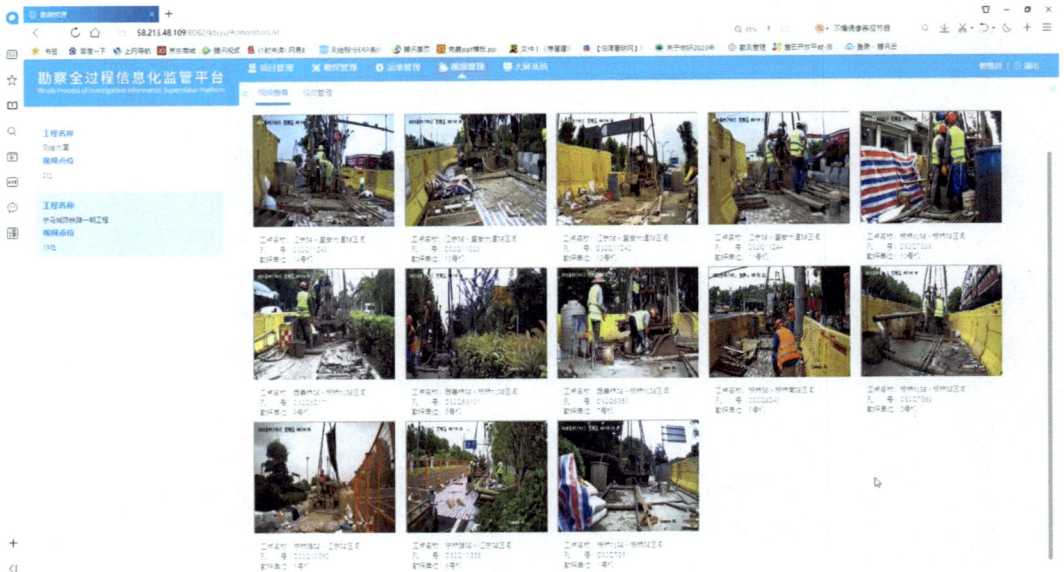

图 8　内业监控室

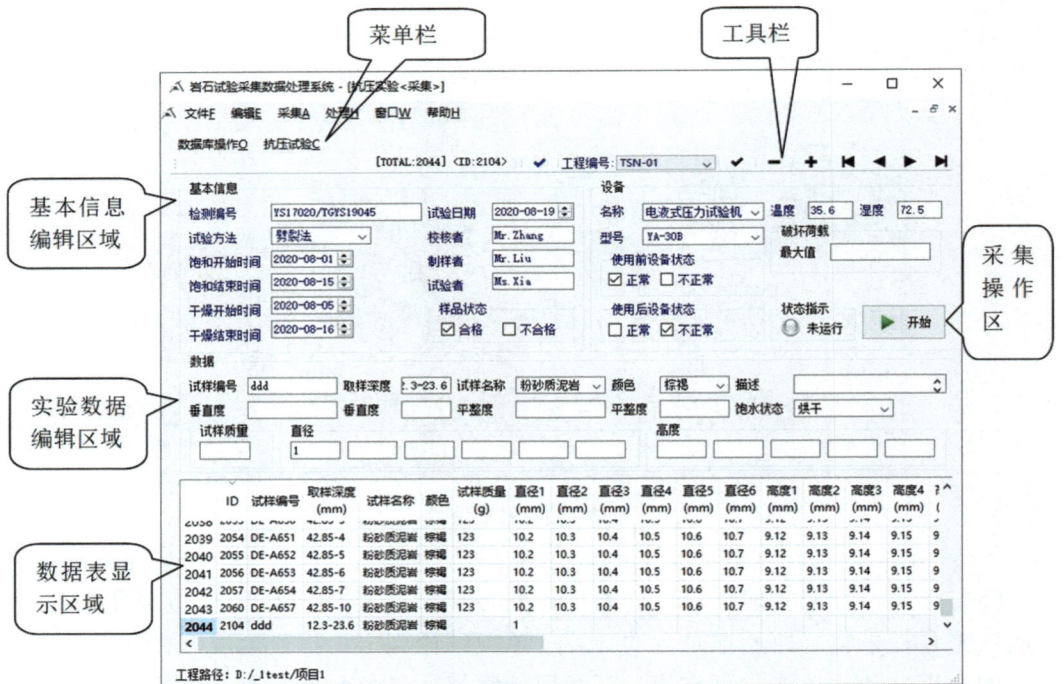

图 9　自主研发的渗透试验系统界面

724

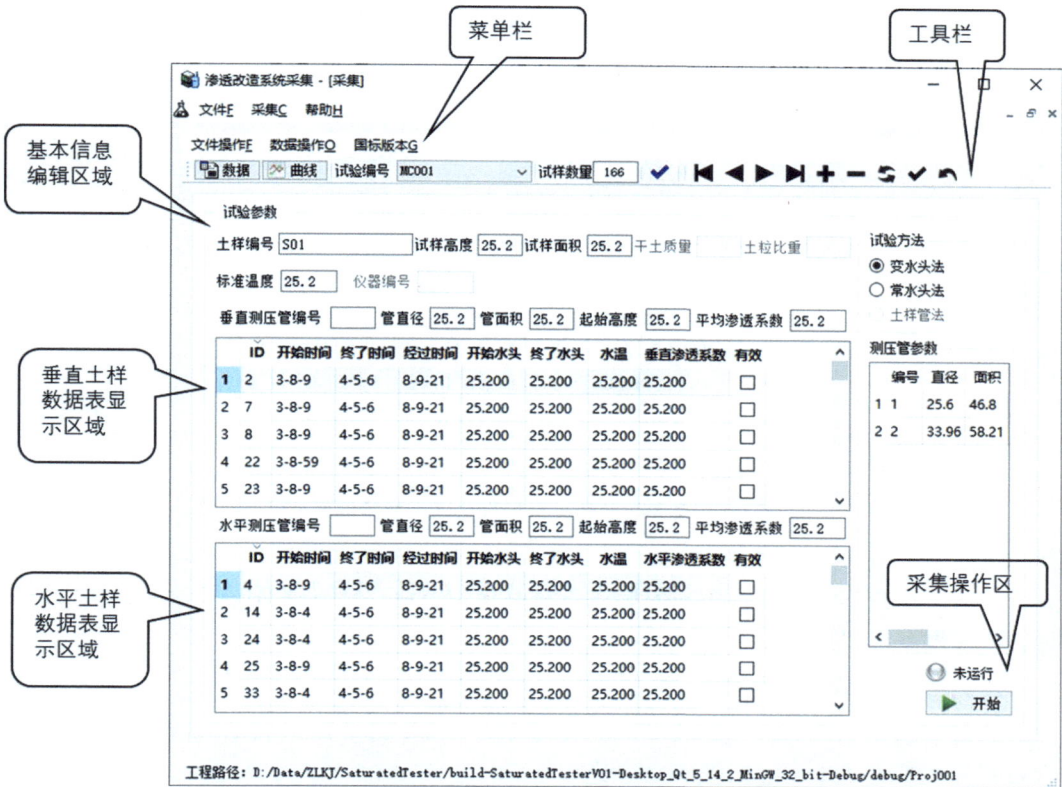

图 10　自主研发的岩石试验自动采集系统界面

（6）室内试验专利技术的通用性强，传统检测设备均可利用专利技术改造，实现数据采集功能。同时通过先进的无线传输技术，使实验室检测仪器部署方式更灵活，检测设备可跨地域部署，实现实验室的无限扩展。

（7）勘察报告编制辅助系统，通过按规范和标准内置的计算核及预设的勘察报告模板，在读取理正软件生成的 Access 数据库提取到关键信息后，实现勘察报告部分章节自动生成，各项物理力学指标统计附表一键导出，使得常规项目报告编制效率大大提升（图11）。

四、应用成效

1. 成果质量显著提高

系统对重点项目外业勘察劳务队伍实现全过程信息化监管，勘察外业劳务施工质量得到了有效管控，提高了钻探原始数据的真实性和准确性。

室内试验自动化采集手段的推广，使实验室质量和效率提高明显，同时节省试验成本，保证数据的真实性、准确性、及时性和数据的随时可复现性。

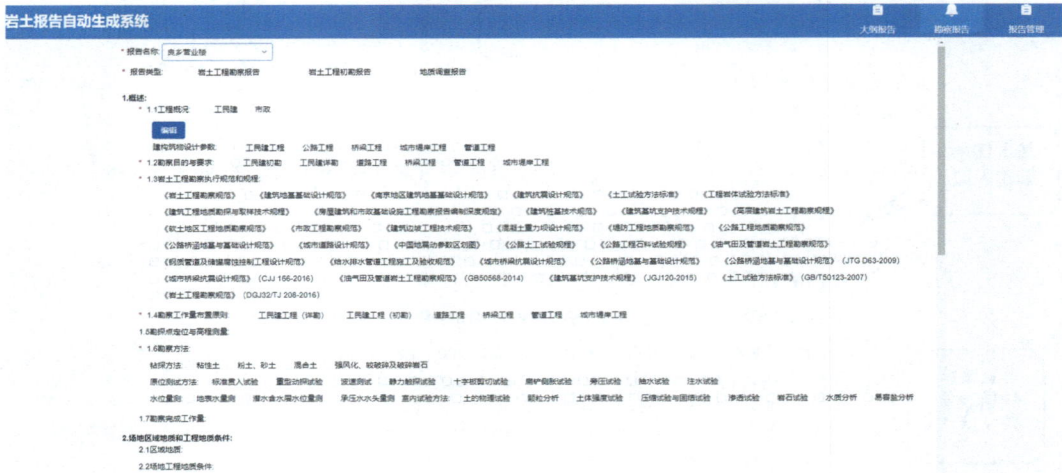

图11　自主研发的成果报告自动生成系统界面

同时，勘察内外业过程中主要影像资料系统均有留存，确保责任可追溯，切实有效地提高了勘察成果质量。

2. 管理成本有效降低

通过信息化生产与管理和技术人员飞行检查，勘察外业质量和室内试验质量得到了有效管控，管理成本明显降低。

3. 客户满意度提升

目前，该系统在轨道交通勘察项目中使用，客户通过登录驾驶舱可以直观了解勘察现场情况，动态作出决策，这样的监管方式和管控效果得到了各级建设单位的认可。

五、推广价值

1. 符合勘察信息化发展的政策要求，推动行业技术进步

勘察全过程监管信息化生产与管理系统通过影像留存、人员设备定位和数据实时上传等信息化监管方式，能推动勘察现场、实验室行为和成果的质量管理标准化，符合国家政策需求，能切实提升工程勘察质量水平。

2. 操作便捷，可复制性强

勘察全过程监管信息化生产与管理系统界面及功能设计简练，易于操作。其中试验自动化采集模块，经过推广，得到较多客户的认可。

廊坊开发区智慧城市运营中心项目

廊坊经济技术开发区党政办公室

一、建设背景

以习近平同志为核心的党中央高度重视数字化发展，明确提出数字中国战略。习近平总书记明确指出，加快数字中国建设，就是要适应我国发展新的历史方位，全面贯彻新发展理念，以信息化培育新动能，用新动能推动新发展，以新发展创造新辉煌。

智慧城市建设是数字中国的重要内容，也是新时代我国立足信息化和新型城镇化发展实际，引领经济高质量发展、提高城市治理能力和现代化水平的新途径，体现了以人为本、统筹协调的发展理念，代表了城市发展的高端形态和未来趋势。党的十九大以来，党中央、国务院高度重视智慧城市建设，习近平总书记多次就新型智慧城市作出重要指示，有关部门先后发布一系列政策文件，这些党和国家的重大决策为推进智慧城市健康发展指明了方向。

在大背景和大趋势引导下，廊坊经济技术开发区（以下简称"廊坊开发区"）积极按照市委、市政府"全面融入京津冀世界城市群建设，打造智慧城市"的工作部署，以建设"数字新城市、美丽开发区"为抓手，以廊坊开发区智慧城市运营中心建设作为突破口，尽快全面启动廊坊开发区智慧城市建设，从而提升廊坊开发区整体治理水平，突破发展瓶颈，实现经济社会活动最优化。

二、建设内容

作为中国国家级经济技术开发区，廊坊开发区立足"数字新城市、美丽开发区"的建设目标，利用大数据、云计算等信息化手段，建设"一个大脑、两个统筹、三个共享、四个领域"的新型智慧城市，实现各类信息共享，完成环境保护、经济运行、城市治理、教育医疗、安全生产、预警应急等 20 多个智慧应用，实现城市的数字化转型和可持续发展。

廊坊开发区拥有优越的地理位置和便捷的交通优势，工业企业蓬勃发展。希望通过新 ICT 技术，提升城市治理效率，优化城市发展结构，打造创新型数字化城市，通过政府率先数字化推动工业企业转型升级，实现开发区经济和社会的全面转型与快速发展。

廊坊开发区智慧城市运营中心项目建设包含一张网络（统一的信息网络）、两个统筹（统筹全区资源信息，统筹建设一套运行机制）、三个共享（云计算资源共享、大数据资源共享、GIS 地理信息资源共享）、20+智慧应用；构建开发区三个能力：运行监测与感知能力、科学分析与决策能力和协同管理能力，目标是在推动经济运行、环境保护、城市治理及民生幸福四个领域发挥巨大作用。

统一的信息网络：建设了覆盖全区 69.4 平方千米的光纤网络和 3 160 套无线 WiFi 热点，部分区域部署 5G 基站，形成无线如有线相互补充、相互融合的综合信息网，实现视频、数据、物联网业务融合。通过链接的各个业务系统及传感器、终端等，可以实时回传到智慧城市运营中心，指令通过 OA 系统实时下达到相关工作人员。无线 WiFi 免费开放给区内市民。

统筹全区资源信息：包括物资资源信息（21 431 个基础设施、16 个道路交通设施、211 个市容环境设施、460 290 个城市绿化设施、教育物资 25 种 1471 套、安全生产物资 26 种 358 套）、数据资源信息（日均产生数据：254 086 条，数据库记录：31 922 196 条）、人力资源信息（重点服务人员：残疾人、90 岁以上老人、80 岁以上老人等）、各部门视频资源信息（1014 个摄像头）等纳入智慧城市运营中心，成为城市管理能力的基础。

统筹建设一套运行机制：制定跨层级、跨部门、跨业务的管理机制及协作机制，建立"动态感知、智能预警、协同治理、综合评价"的智慧城市运营中心，突破城市碎片化的困境。

云计算资源共享：利用华为模块化机房的云数据中心（T3+，10 000+平方米），为全开发区各部门、各单位应用系统提供了统一的 IT 硬件基础环境，避免重复投资，节约建设成本 35%，IT 资源利用率提升 42%，运维效率提升 50%+，业务上线周期从之前的 2 个月缩短至 2 天，安全等级从原来的等保二级提升到等保三级。

大数据资源共享：大数据平台实现了 27 个部门指标数据接入和共享，提高政府办事效率，日产生数据 25 万余条。同时大数据分析服务帮助政府科学决策。

GIS 资源共享：为开发区应用系统提供统一的二维、三维地图服务。二维地图展示全区资源，包括地上、地下各类城市部件，涉及 12 个部门 121 类空间信息资源，其中涉及城市部件达 118 748 个，供水供热管线 103 千米。三维地图实现了开发区倾斜摄影，精度达到 3 厘米，实现 69.4 平方千米矢量电子地图、影像电子地图数据、2548 个兴趣点数据、14.5 平方千米倾斜摄影数据及 22 平方千米的精细模型数据资源，意味着国土、住建、规划、环保等测绘部门不需要外场作业就能达到精准测量，目前已经应用于智慧环保、危化品管理、水务防汛等工作。

四个领域：经济运行实现对经济创新运行状态的感知，通过大数据分析在科技创新和节能减排等方面数措并举，形成"电子信息""大文化和大健康""新材料和新能源"和"高端装备制造"四大新兴产业集群，有 104 家企业，企业数量占 2.5%，整体纳税贡献率达 50.2%。环境保护利用 GIS 地图和空气监测站、河流水质监测断面、重大危险源及危废处置单位的分布,实时监测数据变化,实现环境明显改善,绿地覆盖指标赶超京津冀水平。通过接入社会治安、生产安全、消防安全等部件实现城市治理全景监控,由"12345"市长热线接收市民意见及突发事件申告,值班人员通过位置检索迅速定位事发地点,同时将附近的消防设施等应急资源告知救援人员,提高应急事件响应效率。利用雷达图的方式在医疗环境、社会保障、就业保障、教育环境等9个维度监控居民生活情况,依托数据分析,民生幸福指数呈逐年上升趋势。

1. 技术方案

1) 政务云技术架构

政务云平台划分为政务外网云平台和政务互联网云平台,两区域间设置安全数据交换区,使用安全隔离方法来保证安全和数据传输。政务云平台网络,采用三网分离设计,即计算、存储、管理三网分离。各种节点的服务器有不同的网卡接口,分别对接三个不同网络平面,以达到物理隔离的效果。云平台网络核心骨干设备、出口设备、骨干线路等冗余设计,在网络连接上消除单点故障,提供设备的故障切换能力。云平台满足服务器动态扩展需求,可实现对用户使用的资源做到可视化、精细化管理并提供统计分析功能。

网络架构设计综合考虑性能、灵活性、可扩展性和快速部署,采用的HCSO网络具有强隔离性、安全性。政务云的云数据中心网络架构分为政务互联网区和政务外网区两大分区。两个业务分区,相互独立,物理隔离(图1)。

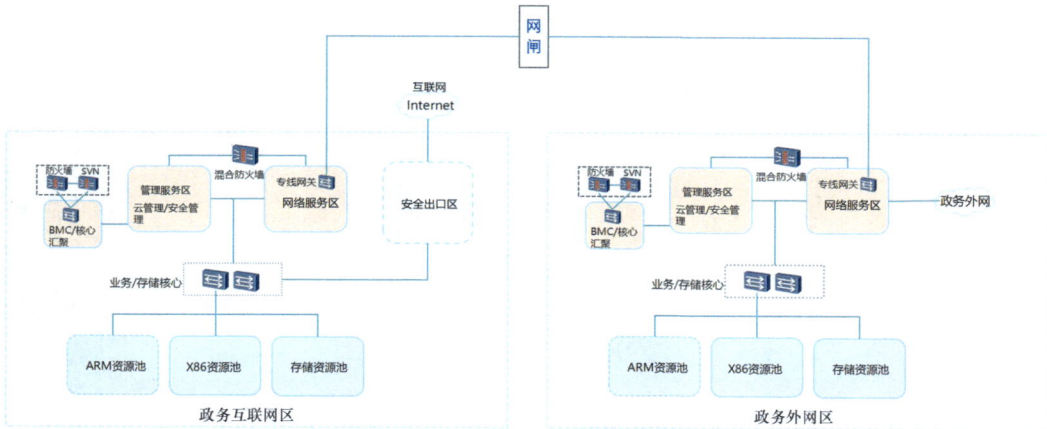

图1 政务云平台架构

基础资源服务:包括网络资源服务、计算资源服务、存储资源服务、数据库服务、安全资源服务等,通过资源池化、分布式统一管理等技术手段,实现统一的云计算、云存储、云网络、云安全服务能力。

应用支撑服务:为政务应用提供中间件、大数据、任务调度、运行环境和开发环境等应用支撑服务,可进行应用开发、部署、测试和运行,提供快速开发、集成复合应用的功能、应用生命周期的管理功能和弹性化的应用运行环境。同时提供可接入第三方中间件服务的能力。

数据资源服务：为政务大数据应用建立各类基础库以及主题库，提供数据治理服务、数据交换共享服务，提供统一的数据资源平台。

云平台运维保障服务：运维服务核心内容包括协助应用迁移、应用部署、运维日志、应急处理、技术培训、IT基础设施运行监控、云业务监控管理等方面。

安全保障：在满足国家相关安全标准要求的前提下，建设统一的信息安全管理体系以及制度规范，满足安全监管诉求，包括安全域管理、安全基线建设、虚拟机安全、数据安全、IT基础设施安全等。为各子系统的运行安全、用户的数据和信息安全提供安全服务保障，实现管理、应用、主机、物理环境等多方面的安全要求。互联网出口区部署DDOS、IDS、网流分析等设备，对互联网进出流量进行安全防护。

云管理平台服务：使用自主的、开放的、适应国际标准的商业化虚拟化软件搭建云管理平台，提供云运营管理服务和云运维管理服务，对IT基础设施进行统一管理。对政务云上的应用、系统和设备提供监控、维护等服务，保障整个平台和系统的正常运行。

2）数据共享交换平台技术架构

结合国家、河北省部署的电子政务重点工作任务，在廊坊开发区政务云数据中心搭建基于云计算架构的统一政务信息资源共享交换平台，平台总体架构如图2所示。

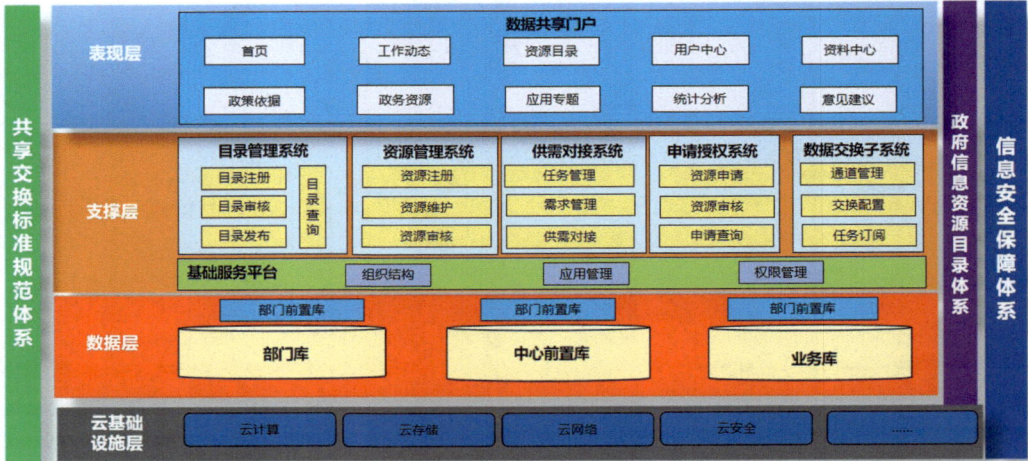

图2　数据共享交换架构

平台总体架构分为四层，在标准规范体系、信息资源目录体系、信息安全保障体系的指导下，依托政务云提供的基础设施，建设表现层、支撑层、数据层、云基础设施层。

在数据层，建设部门库、中心前置库、业务库，以及为各部门进行数据对接。

730

在支撑层，建设目录管理系统完成目录的注册和发布；建设资源管理系统为管理者提供资源的全方位管理功能；建设数据交换系统实现数据库交换及文件交换等；建设申请授权系统完成资源的申请审批流程管理；建设基础服务平台完成组织结构、账号、应用系统的统一管理。

在表现层，建设数据共享门户，为各部门提供统一门户进行数据搜索、数据申请功能支撑。

云基础设施层运行在政务云上，保障网络、存储、安全等能力。

大数据治理与服务建设是政务大数据建设核心，承载着高效使用底层平台能力进行海量数据的动态感知采集和接入、标准化和智能化处理、精细化组织、全维度处理、精准可控的共享服务、多手段集成等关键责任和重任。

3）智慧城市运营中心可视化技术架构

廊坊开发区智慧城市运营中心，基于大数据可视化平台，以"大、中、小屏"结合的方式进行呈现，对接时空地理信息平台、视频云等平台，汇聚各部门的业务数据，对跨部门、跨领域、跨区域、跨层级的数据进行整合，形成数据底座；在此基础上，构建城市运行监测指标体系，采用柱形图、环形图、预警雷达等多种呈现形式，立体化、可视化、动态化展示城市运行状态，辅助领导科学决策，建成全数据、全系统、全网络的智慧城市运营中心，实现跨部门、跨层级一体化指挥，提高城市运行管理的科学化、智能化和精准化水平。

整体设计采用"大平台，小应用"的设计思想，充分整合云计算、大数据、地理信息、视频云等新技术，构建一体化共享共用的一网统管数字能力"大平台"；基于共享共用的"大平台"作为基础，不仅能支撑业务应用快速开发，而且一定程度上消除政府各业务系统的数据孤岛，构建面向智慧城市行业场景的数据分析和价值挖掘能力；对多源异构的数据进行汇聚、整合和分析，形成统一的全量数据和数据底座，实现数据价值挖掘和共享，从而更好地支撑业务协同。

不断融合和横向整合新技术，构建一网统管的信息技术能力。在传承原有信息技术能力的基础上，不断丰富其新能力；通过云、应用和边缘的一体化协同，实现能力的融合、协同与共享。

三、创新应用

廊坊开发区管委会充分运用云计算、大数据、人工智能等先进理念和技术，按照"集约高效、共享开放、安全可靠、按需服务"的原则，以"云网合一、云数联动"为构架，建成廊坊开发区政务云平台，实现全区各单位基础设施共建共用、信息系统整体部署、数据资源汇聚共享、业务应用有效协同，开展大数据开发利用，为企业管理和公共服务提供有力支持，提高为民服务水平。

目前，政务云已成为廊坊开发区数字城市建设的关键基础设施，同时也是智慧城市运营中心项目建设的云底座，为全区 23 家单位 49 个系统提供了云服务，其中包含鲲鹏云桌面、不动产登记系统、数字房产交易系统、"互联网+政务服务"平台、协同办公平台、人力资源登记审批系统、防汛监测系统、危化企业监管系统、热计量采集系统等。

四、推广价值

当前廊坊开发区智慧城市运营中心已部署并上线 20 个项目，基础设施已全部部署完成。已上线应用有：危险化学品全流程管理、智慧环保、城市防汛、智慧警务、安全生产、智慧教育、"互联网+政务服务"、OA 办公、WiFi 无线覆盖等。

全区域：覆盖全区 69.4 平方千米，16 万人口。

全领域：覆盖廊坊开发区全部政府机构与企业。

全应用：20+业务应用，包括基于网格化的城市管理、安全生产、环境保护、工业、教育、医疗。

通过智慧城市建设，带动廊坊开发区及京津冀一体化的经济与社会转型，向全省甚至全国开放能力，打造全球开发区智慧城市管理的范例。

1. 城市治理数字化

统筹建设开发区 GIS 地图，包含二维、三维信息、地下管廊信息、空中航拍影像，通过三维模型对开发区的企业、危险化学品企业、重点危险源、危废处置等单位按照图层管理。

打造网格化管理，包含交通、环保、综治等各类信息，建立跨部门的联动机制，为公众和政府提供全面和权威的信息，支持城市治理的分析和决策。

汇聚整合综治、公安、互联网视频图像信息资源，进行视频结构化大数据分析，人像和车辆智能识别、比对、追踪系统，应用于城市管理、交通事故治理、犯罪事件和恐怖事件的可视化综合预测和实战。

2. 民生服务智能化

政务审批：通过 27+政府单位的数据共享，建设"互联网+政务服务"，实现"一站式"受理与审批，网上办理率达 96%以上。

智慧课堂：把开发区内各个中小学，通过云计算和大数据、视频的方式，将北京及全国的优秀课件，第一时间送到课堂，让开发区 10000+学生直接接受到优质的教育。

新增就业：新增数百个 IT 相关岗位，同时依托企业云的开发平台，降低创新创业的成本，可以快速创业。

市民参与：市民可以更加快速地提交城市发展相关建议与问题，2023 年上半年反馈 1500+建议与问题，同比增长 50%，大大提升市民参与感与满意度。

无线 WiFi：部署 3000 多个 WiFi 热点，让区内市民免费使用，提升了百姓的幸福感。

3. 企业升级现代化

建设新型智慧园区：随着科技的发展，到工业 4.0 后，利用新的云计算、大数据、AI、5G 等各种技术，形成"集聚一流创新要素、营造一流创新环境、实现一流创新产出"的创新发展态势。

通过扶持企业上云及政企"一对一帮扶"等方式，对 18 家大型企业重点推动，打造廊坊科技谷、清华科技园、廊坊中青环保科技孵化器、中关村互联网文化创意产业园等 5 个创新产业园，帮助立邦等在内的 20+传统重污染、高能耗、劳动密集型企业向绿色低碳、技术密集型数字化企业转型升级，辅助一些中小企业往云上迁移业务。

4. 数据智慧化带动城市全面提速

经济运行：四大新兴产业集群，企业 104 家，数量占比 2.5%，纳税 50.2%。

环境保护：空气质量良好同比改善 45 天，全年达到 293 天。

城市治理：政府效率提升了 30%，安全生产突发事件下降 45%。

民生幸福：新增 500 多个 IT 就业岗位，96%以上业务通过网上办理。

中国的国家级、省市级众多经济开发区面临着与廊坊开发区类似的挑战，廊坊开发区智慧城市运营中心对全国成千上万个经济开发区数字化转型、汇聚数据、建设全面感知的城市大脑具有极大的示范意义。

智慧盛泽视频融合赋能平台

沈钰峰　徐晓康　任康杰

苏州市吴江区盛泽镇人民政府　中国电信股份有限公司苏州分公司

一、建设背景

基层治理是国家治理体系的基础，对于推进乡镇和城乡社区的现代化治理具有重要意义。镇街基层治理，重点在于政府主导下的多元治理主体参与，以保障和改善民生为核心，致力于社会问题的有效解决、社会福利的完善、社会矛盾的化解，以推进社会的和谐稳定。

根据 2021 年 4 月中央和国务院发布的《关于加强基层治理体系和治理能力现代化建设的意见》，目标是在大约 5 年内建立一个党组织领导、政府履责、组织协同、群众参与的治理体系，整合自治、法治、德治，建立管理服务平台，提升乡镇在多方面的治理能力。

在此背景下，苏州市盛泽镇作为丝绸之乡，拥有特殊的经济背景和行政属性。经济快速发展的盛泽镇，在推动社会和民生全面提升的同时，还需重视本地产业的升级和经济转型。

创新镇街治理体系将促进盛泽镇政府、社会和居民间的良性互动，提升精细化管理水平，增进人性化服务，以此提高治理现代化能力。对于盛泽镇来说，这样的治理模式将特别有助于促进当地特色产业的持续发展，提升居民生活质量，并激发社区活力，打造和谐稳定的社会环境。

二、建设内容

1. 总体架构

智慧盛泽视频融合赋能平台系统结构框架如图 1 所示。

2. 大屏-驾驶舱

1）综合管理驾驶舱

综合管理驾驶舱针对镇街用户日常管理、分析研判需求进行设计，基于镇街实际组织架构，结合 GIS 地图能力，形成以区域发展、社情民意、公共管理、场所治

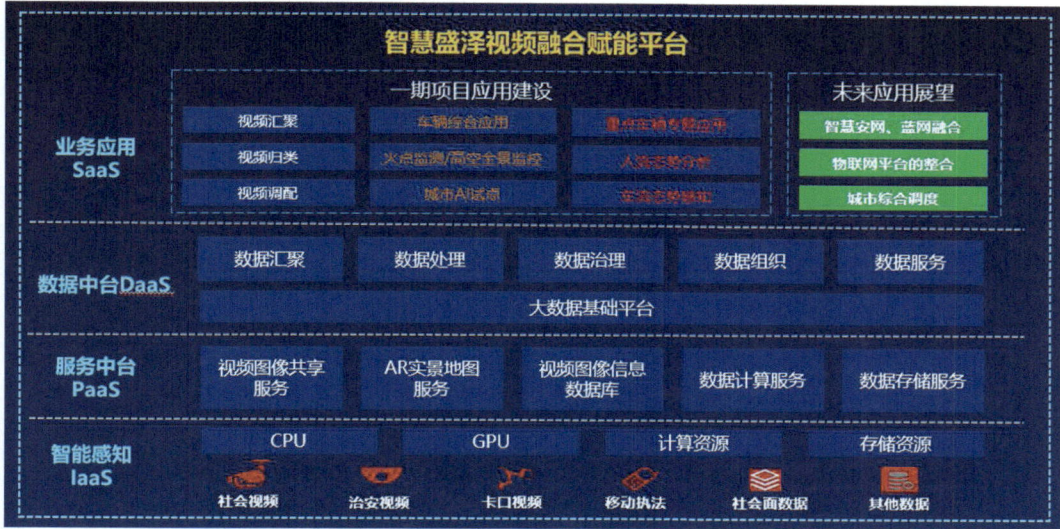

图 1　系统结构框架

理等模块为核心的社区管理一张图。系统采用环比、同比、趋势分析、分类统计等方法接入人房车基础信息状况、异常事件发现状况、异常事件处置状况等数据指标及其动态变化，全面展示辖区内数字化建设状况，辅助镇街管理人员宏观把控辖区内各类事项的整体状况。同时，看板还深度融合了视频应用，通过看板能够精准了解到辖区内视频点位的分布情况，并可进行实时预览，满足用户大屏指挥、联动应用的需求。

（1）镇街概览。

①当日告警统计。

提供镇街所辖区域的告警统计数量展示，如人员分析类、智慧治理类、店铺巡查类、智慧河道类、智慧工地类、区域发展类等，并支持每个板块具体告警类型统计数量的显示，如图 2 所示。

（2）公共管理。

①统计概览及告警统计。

提供所辖区域的点位数、覆盖小区数、覆盖道路数展示；提供所辖区域近 1 个月内事件告警数量和处置率的展示，并对每周数量和占比进行图表展示。

③街面店铺管理。

提供城市管理中的监控点位、智能点位总数、正常告警总数；提供上月违规事件类型分析（垃圾堆积、出店经营、游商摊贩、沿街晾晒、人员异常聚集、机动车违停、非机动车违停、违规物宣传等）；提供本月事件处置类型分析。

（3）场所治理。

提供商铺、广场、河道、工地等重点场所的治理成效呈现模块，包括工地治理成效、河道治理成效、商铺治理成效、广场治理成效等。

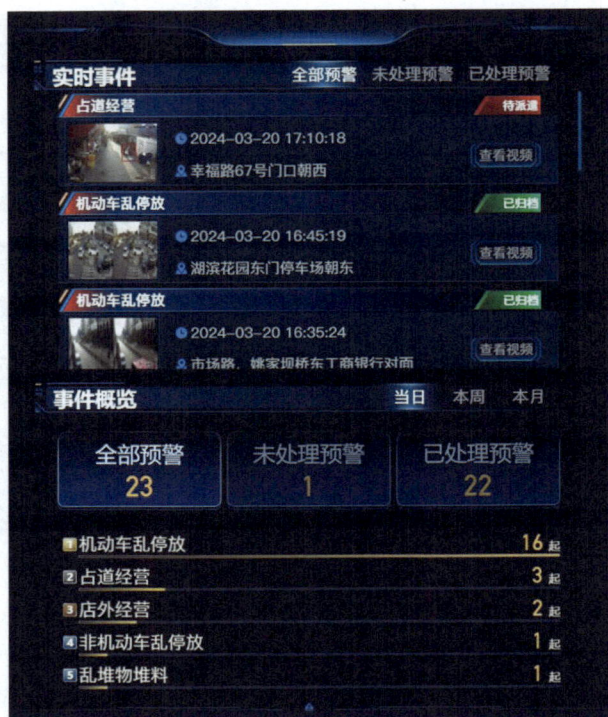

图 2 实时事件模块

（4）地图展示。

①视频点位。

提供镇街所辖区域的视频点位地图展示，可以打开实时视频监控画面。

②店铺信息。

提供镇街所辖区域的店铺地图展示，选择相应的店铺，可以查看店铺画像。

③小区信息。

提供镇街所辖区域的小区地图展示，可以查看小区相关信息。

2）AR 实景驾驶舱

接入镇街高点监控，借助 AR 实景指挥平台能力，以 AR 技术为基础，构建镇街 AR 实景驾驶舱，通过将视频监控资源叠加在地图上，实现地理信息与实时画面同步，能够即时呈现指定区域的监控视频，同时在发生告警事件时也可即时呈现告警信息定位及现场视频。

在 AR 实景地图上可叠加业务标签，包括时空标签、设备标签、小区标签及单元楼标签等。小区标签可展示小区基本信息、人车出入事件、异常报警事件等信息；单元楼标签可展示房屋基本信息、房屋状态、关联人员信息、人员类型标签等，帮助用户了解小区基本信息；视频标签，可展示该区域的视频、文本、图片、报警等信息，并可查看关联视频，以画中画的形式在全景视频中显示，如图 3 和图 4 所示。

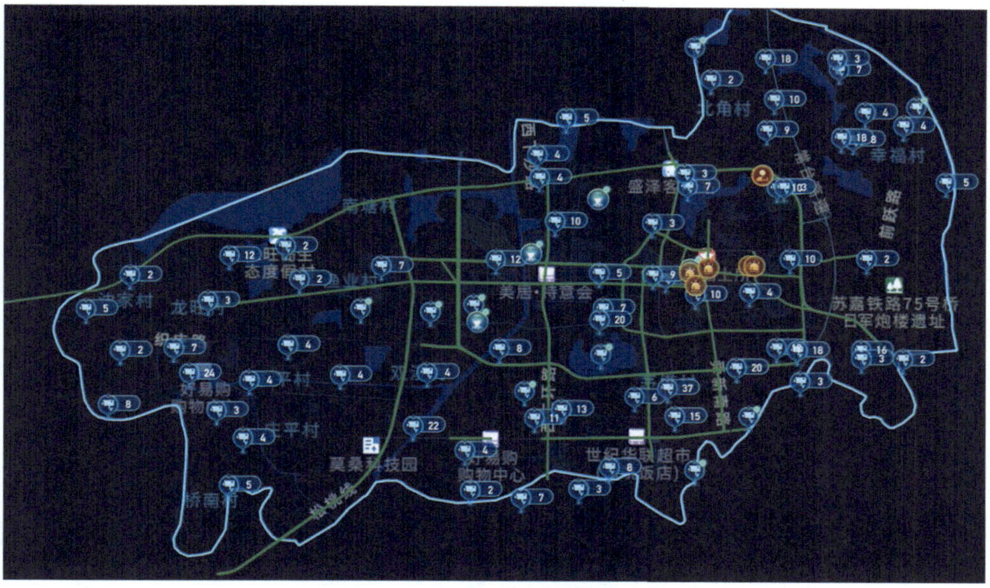

图 3　驾驶舱中心地图

图 4　AR 含标签画面

3. AI 智能服务

AI 智能服务主要由资源管理调度模块、算法仓库、AI 开放平台组成。资源管理调度模块能够实现对智能算法、计算资源及解析任务的统一管理调度；算法仓库能够实现不同厂家、不同类型智能算法的统一管理和接入，并根据智能任务的需求动态调度 GPU

计算资源，并加载合适的智能算法进行分析；AI 开放平台能够对输入的训练样本进行标注，自动训练算法模型，对生成的算法进行封装打包，并下发至前后端智能分析设备。

1）智能任务调度

智能任务调度模块主要对智能管理调度模块下发的解析任务进行进一步管理，并按照任务调度策略将任务派发给合适的智能基础服务（智能基础服务运行在 GPU 分析单元之上），再由智能基础服务加载对应算法来执行解析。智能任务调度不但对任务进行管理调度，同时对 GPU 计算资源进行管理，这是因为在任务派发过程中，智能任务调度模块只有同步 GPU 计算资源的运行信息才能将任务派发给合适的运行在 GPU 分析单元上的智能基础服务。

智能任务调度模块主要包括资源管理和任务管理调度两大功能。

（1）资源管理功能。

主要实现分析集群中解析资源的能力上报，包含集群中解析资源的 GPU 卡类型及当前利用率，便于任务管理调度模块将任务派发到给合适的智能基础服务，如图 5 所示。

资源概览		感知设备概览	执法队伍概览	
车辆卡口设备	53	两瓶设备	1,170	
设备在线率	100%	设备在线率	89%	
热成像设备	4	道路监控设备	1,761	
设备在线率	100%	设备在线率	92%	
人流检测设备	20	高点监控设备	14	
设备在线率	100%	设备在线率	100%	

图 5　资源概览模块

（2）任务管理调度功能。

智能任务调度实现上层资源管理调度平台下发的解析任务的管理，根据任务优先级与任务类型形成解析队列，并对队列进行缓存。

智能任务调度通过灵活的调度策略将任务派发给最合适的智能基础服务，保证调度性能最大化和资源利用率最优化。

当分析集群中的资源充足时，任务不会堆积。智能任务调度可以根据预加载策略判断所有的智能基础服务中是否已经加载了任务所需要的算法来进行任务派发。当分析集群中的资源不足时，智能任务调度会根据优先级策略对任务队列进行优先级排序缓存，优先级高的任务排在队列前面等待执行。而且，智能任务调度在解析任务堆积到一定程度时，可以向资源管理调度平台发起新的计算资源申请，等待资源管理调度平台成功返回资源后，在新的智能基础服务上执行堆积的解析任务。

2）算法分析引擎

智能算法分析引擎能够提供多算法运行的环境，依托算法仓库体系实现多种算法的运行。针对视频监控资源，提供基于流媒体的取流、编解码，从视频流中进行人员、车辆的解析。针对智能相机，图片直存云存储后，对 URL 等相关信息进行转发处理，能够基于图片进行智能解析。最终输出人员、车辆相关的结构化数据及模型信息，为上层应用平台提供检索、模型碰撞等业务应用支撑。

（1）人员图片分析。

人员图片分析是对人员图片进行属性提取、建模比对（基线支持的人员名单库为100 万），其中人员属性包括性别、年龄段、是否微笑、是否戴眼镜、是否戴口罩、是否戴帽子。提取的属性信息用于平台属性检索，建模特征用于模型智能搜索。

（2）车辆图片分析。

车辆分析是将抓拍图片中的车辆图片进行结构化分析，分析车辆相关的特征数据并建模，并根据实战应用需求，将结构化的特征数据按需存储，支撑应用系统功能及实战业务应用，如图 6 和图 7 所示。

图 6　叉车抓拍画面

图 7　渣土车抓拍画面

（3）城管事件分析。

城市管理违规分析通过智能分析实时视频和抓拍图片，识别各类违规行为，主要包括以下三方面。

（1）高发事件：包括占道经营、乱停放、违规广告、垃圾相关问题、沿街晾挂、违规宣传等。

（2）一般事件：涉及积存垃圾、绿地管理、施工占道、不规范垃圾桶、废弃物料和设备、建筑物外挂物品、道路破损等。

（3）低发事件：私搭乱建、道路卫生问题、环境污染、公共绿化及设施管理、非法架设管线、违规动物饲养等情况。

这些违规行为的识别对于城市管理的规范化和秩序维护具有重要作用，有助于提升城市的整体形象和居民生活质量，如图8所示。

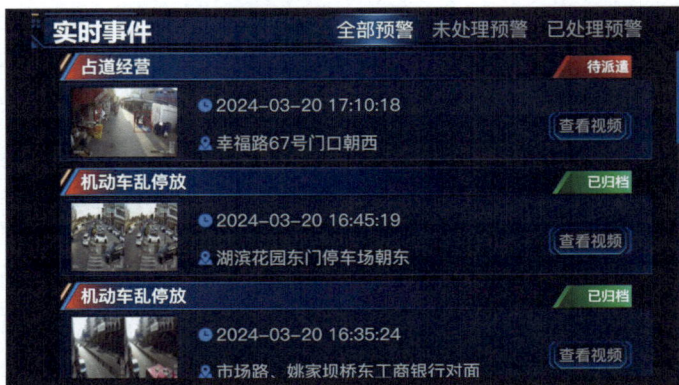

图8　实时事件预警模块

三、创新应用

1. 综合调度引擎

综合调度引擎是智慧镇街管理系统建设中的核心组成部分，综合信息指挥室工作人员能够实时了解各项事件的处置过程，并根据事件的处置状态选择督办、交办、催办等操作介入处置过程，确保所有事件均可流程闭环。

1）处置过程监管

系统支持处置过程监管的功能，综合信息指挥室工作人员能够实时查看所有事件的处置状态，并可针对超期未处理、申请延期及其他特殊事件状态执行交办、共办、协办、督办、催办、上报、延期等操作。该系统确保事件得到及时有效的处理，提高管理效率与响应速度。

2）综合指挥调度

针对重大紧急事件，系统提供镇街级应急指挥调度能力，支持对各方社会力量的基础信息管理，包括物业人员、安保人员、保洁人员等，同时借助系统提供的音视频通信、呼叫控制等基础通信调度功能，视频调度、图上调度等增强调度功能以及即时消息、短消息和位置等数据通信调度，可以最大限度地满足基层政府多样的通信需求，实现跨区域的统一指挥调度，切实提升重大或突发事件的应急处置能力。

系统基于 GIS 地图实现各类资源融合调度，实现镇街指挥中心与基层工作人员及社会各方力量的双向音视频通信（包括视频对讲、语音对讲）、即时消息通信（包括文字、图片、文件、短视频）等功能，提升指挥过程中资源调度效率，如图 9 所示。

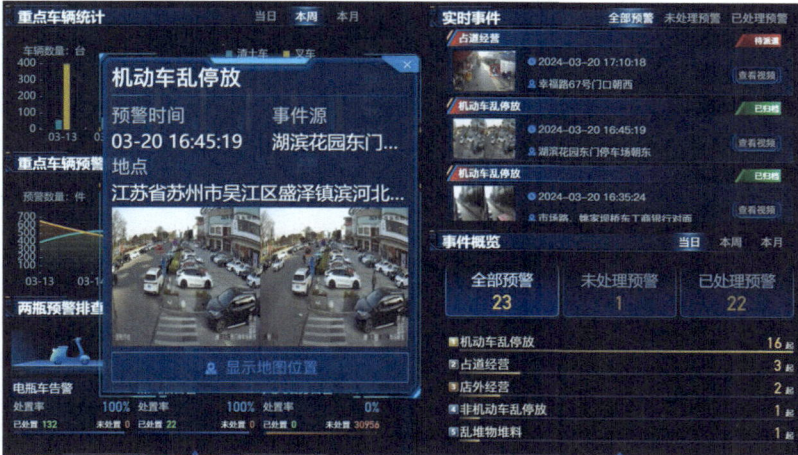

图 9　预警事件指挥调度

（1）紧急事件接报。

当出现紧急事件时，GIS 地图上会同步显示事件定位，镇街领导可查看事件详情并一键框选调度事件周边的音视频资源，实时了解上报的事件信息并进行处置，辅助决策。

（2）图上资源管理。

系统集成 GIS 地图，融合多种应急资源如视频监控、单兵系统、无人机、通信设备等。支持自动和手动资源上图，资源类型多样。允许自定义图层资源包、筛选资源，并提供地图管理功能，包括测量、标记、全屏操作，优化突发事件响应，如图 10 所示。

图 10　GIS 地图资源管理

（3）音视频协同会商。

处置紧急事件时，系统通过整合视频会议和多种音视频资源，实现跨部门音视频协同。支持快速会议创建、多种方式召集成员，并提供主持人控制功能如静音、视频开启、禁言等。会议中，可以共享桌面、使用地图标绘工具共享战术信息，多用户实时共享信息，增强群决策的科学性和协同效率。

（4）图上一键调度。

系统允许在地图上框选或点选，快速展示周边视频点位和人员分布。实现资源一键调度，包括呼叫、通话、消息和视频预览/回放。支持创建通信群组，通过多种方式高效分发指挥调度指令。

（5）图上路线查看。

任务下发后，指挥中心需要实时查看资源调度进度，系统支持移动资源的实时位置上报显示，可一键查看历史路线和路线回放等能力。

2. 车辆技战法

1）同行车辆分析

同行车辆分析多用于车辆尾随研判、同伙挖掘分析的场景。

支持通过车牌号码、车牌颜色、分析时段、分析范围（地图选点、目录选点、标签选点）、最大同行间隔时间、最小同行次数、车辆特征（车辆品牌、车身颜色、车辆类型、车牌类型）等进行分析，搜索与目标车辆同行的车辆信息，如图 11 所示。

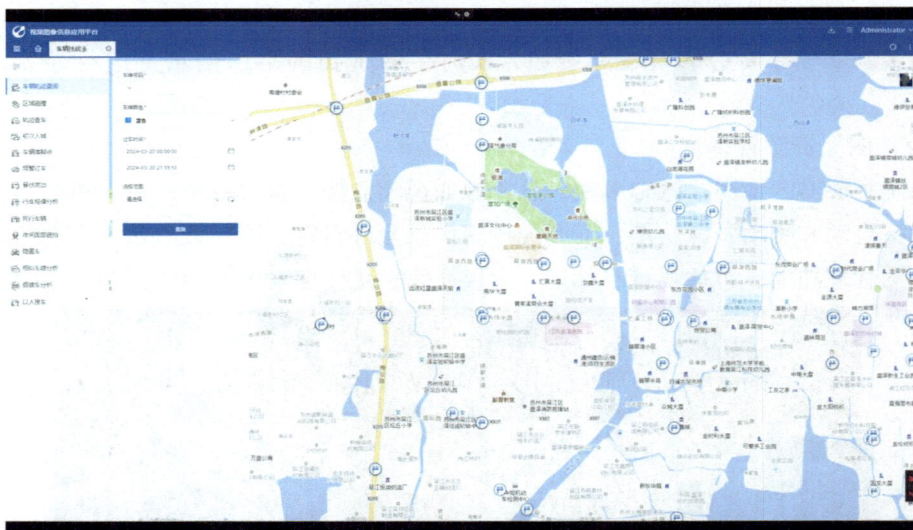

图 11　车辆轨迹查询

2）相似车牌分析

相似车牌分析多用于部分号牌遮挡、改号的场景。

支持通过车牌号码、分析时段、分析范围（地图选点、目录选点、标签选点）、相差位数、车辆特征（车牌颜色、车辆品牌、车身颜色、车辆类型、车牌类型）等进行分析，搜索与目标车牌号有一位或两位不同的车辆过车信息，如图12所示。

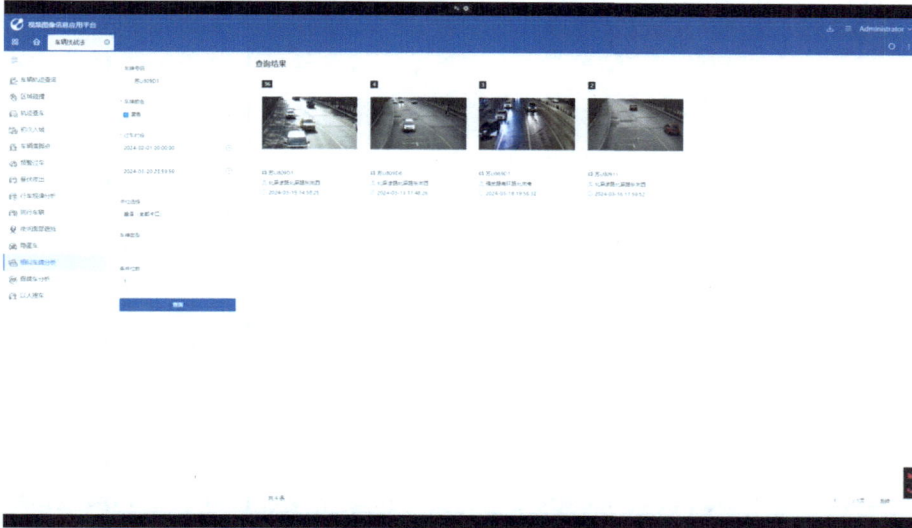

图 12　相似车牌分析

3）车辆轨迹研判

车辆轨迹研判多用于嫌疑人交通工具挖掘的场景。

支持通过多辆车的车牌号码、车牌颜色、分析时段、分析范围（地图选点、目录选点、标签选点）等进行分析，搜索车辆的过车记录。支持在地图上刻画出目标车辆的行车轨迹，如图13所示。

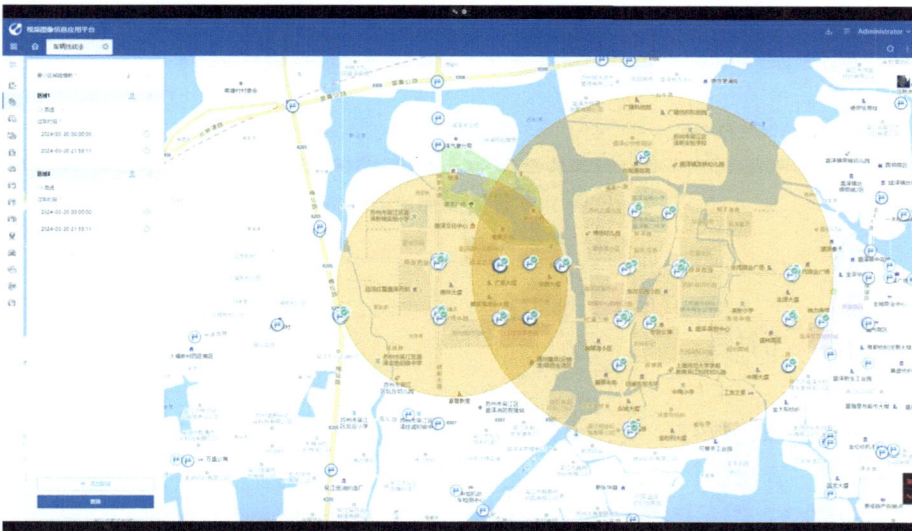

图 13　车辆轨迹研判

4）轨迹查车分析

轨迹查车分析多用于对已知潜逃方向嫌疑车的研判。

支持通过绘制已知的轨迹、轨迹匹配度、分析时段、车辆特征（车牌号码、车牌颜色、车辆品牌、车身颜色、车辆类型、车牌类型）等条件进行分析，搜索匹配该轨迹的车辆信息。

5）行车规律分析

行车规律分析多用于分析车辆在指定时间内的出行规律和路线规律。

支持通过车牌号码、车牌颜色、分析时段等条件分析目标车辆的行车规律。

6）夜间面部遮挡分析

夜间面部遮挡分析用于分析具有夜间遮阳板打开行为的嫌疑车辆。

支持通过分析时段、夜间时段、分析范围（地图选点、目录选点、标签选点）、主/副遮阳板是否打开、车辆特征（车牌号码、车牌颜色、车辆品牌、车身颜色、车辆类型、车牌类型）等进行分析，搜索有遮挡面部行为的车辆信息，如图14所示。

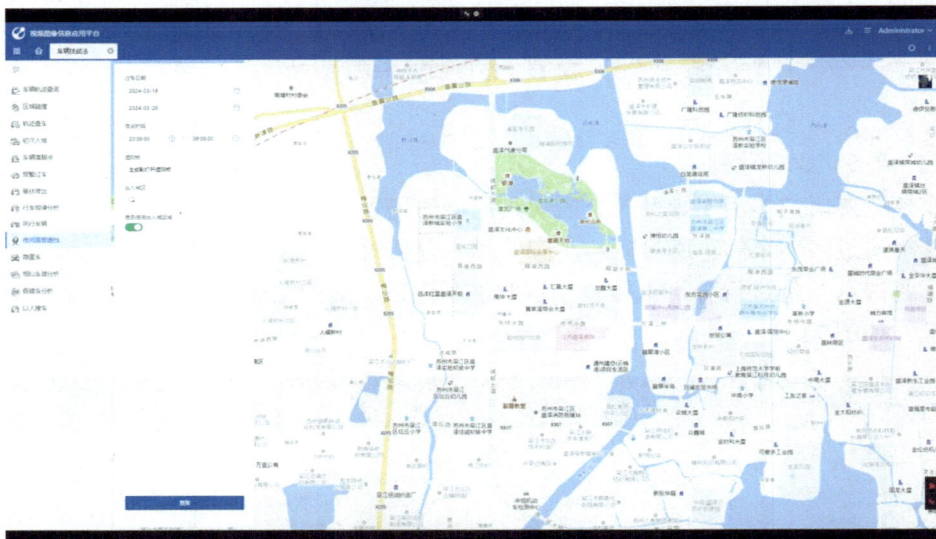

图14　夜间面部遮挡分析

四、推广价值

以"全域感知、数智赋能、场景应用、多方协同、智慧决策"为核心建设思路的新型智慧镇街"智治"体系。

1. 全域感知

针对镇街多变的场景，如住宅区、学校、医院、商业区等，通过部署视频监控、智能门禁、自动抓拍设备、智能消防等感知设备，构建一个全面的多维物联感知网络。这使得镇街管理者能够全面感知并且响应人、车、物、事件等各类要素，确保信息的及时收集和处理。

2. 数智赋能

利用最新的人工智能、大数据、物联网技术，建立镇街级的数智融合赋能中心，以增强数据处理和分析能力。这将支持镇街内部的运营优化，并为镇街政务决策提供科学的数据支持基础。

3. 场景应用

根据镇街各部门的职能和业务需求，提供一系列的场景化应用方案，包括但不限于综合指挥、公共管理、社区服务、平安镇街、生态保护、区域发展和综合执法等。这些方案将帮助镇街更高效地应对特定场景下的治理挑战。

4. 多方协同

构建一个镇街级的事件协同管理中心，实现横向到各个部门、纵向到地方机构和社区网格的高效连接。这将提升内部工作流转的效率，增强部门间的协作能力，优化综合管理水平。

5. 智慧决策

通过集成和分析镇街中的各类数据，包括但不限于视频数据、物联网数据、运营数据、安全报警数据等，支持日常管理和紧急事件响应。数据驱动的决策将有助于替代传统的经验主义，提高决策的准确性和效率。

本项目致力于为个性特征明显的镇街量身定制一个灵活可扩展的智慧管理框架，旨在推进社会治理的现代化进程，显著提升居民的生活质量，并为实现长远的可持续发展奠定坚实基础。

襄阳市城市数字公共基础设施试点项目

肖茂林　陈建军　马　超

襄阳市数据局

一、建设背景

针对城市数字化转型发展中普遍存在信息化覆盖不全、数据标准不统一、信息系统碎片化、数据共享程度低、智能感知能力弱、智能算法支撑少等问题，作为国家城市数字公共基础设施建设（以下简称"数公基"）试点城市，襄阳市政务服务和大数据管理局（以下简称"市政数局"）探索治本之策，定标准、建机制、搭平台、汇数据、促应用，加快搭建统一的城市数字公共基础设施平台底座，建立体系化、标准化应用服务，打造数化襄阳的"万能插座"，为统筹城市规划建设治理，统筹信息化、数字化发展奠定坚实基础。

二、建设内容

按照住建部和省"数公基"专班建设要求，襄阳市构建了"一个底座、五大能力、三大支撑、N类验证（153N）"的"数公基"总体框架，积极搭建 CIM 平台、"一标三实"系统、编码赋码系统为核心的基础平台，全力推动部门应用体系化、标准化建设，创新工作机制，形成系列标准规范，达到了试点工作的预期成效，为全省"数公基"建设贡献了襄阳经验，为推动襄阳数字经济高质量发展奠定了坚实的基础。

1. 高站位建立"33445"工作机制

建立了领导小组总统筹、研究机构总咨询、国资平台总集成的"三总协同"工作机制，采用了"专家+专班+专业力量"的三专联动模式，组建了"领导小组+工作专班+部门专班+基层力量"的四级组织架构，搭建五级培训体系，推动襄阳市"数公基"建设工作高效化、规范化、常态化（图1）。

2. 高起点搭建"数公基"基础平台

按照住建部标准规范要求，完成 CIM 平台 7 大功能模块建设，具备各类基础设施数据汇聚、管理、查看、分析和共享等能力。以 CIM 基础平台为核心框架，融合编码赋码、"一标三实"系统，形成数据动态流转机制，建成基础平台二三维可视化电子地

图1　"三总协同"工作机制

图，实现电子地图向"一标三实"数据采集治理赋能，"一标三实"数据在生产源头与建筑白模挂接，确保"一标三实"数据上图精准。统一三大平台 UI 界面设计规范，形成基础平台统一展示门户，已向各部门逐步开放服务能力。截至目前，基础平台已汇聚图层数量590个，入库数据总量约557万余条；全市完成城市管理对象编码557.1万个，形成各类服务接口572个，各部门累计调用 CIM 图层服务30.9万次（图2）。

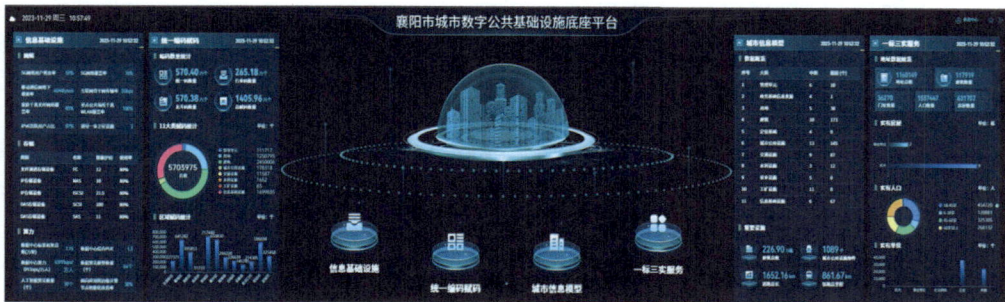

图2　襄阳市城市数字公共基础设施基础平台

3. 高标准建立数据动态更新机制

创新"三先三后"的基础数据治理路径，即"先'一标'后'三实'""先城市、后农村""先门牌楼栋、后户室人口"。在全市范围开展门楼牌清理，解决街路巷、门牌问题8841个；实行"楼栋切入、警网对接、考核驱动、内外协同"工作机制，有力攻克楼栋数据"地址不清、坐标缺失"难题。截至目前，核验楼栋房屋12.5万栋、关联户屋65.3万户、人口162.1万人，统一标准地址覆盖6个区。同时，针对实有单位特别是个体工商户治理难题，创新"社会信用代码绑定标准地址"的治理模式，开发数据核采小程序，通过"两次扫码、五步操作"（社区民警扫地址码、拍门面、选楼栋、填地址，网格员扫码绑单位），实现个体工商户与对应标准地址关联绑定。

4. 高质量编制"数公基"配套标准规范

围绕基础平台、数据共享、分级分类、安全管理、管理运营等开展标准规范编制，积极配合省专班完成1本行业标准和4本湖北省地方标准立项，深度参与省专班工作指南编制工作，编制《襄阳市城市数字公共基础设施基本属性导则》《襄阳市统一标准地址管理工作规范（试行）》等各类标准规范 42 个，明确了"数公基"的工作机制、工作路径、建设内容、注意事项等内容，为全省"数公基"建设贡献了襄阳做法（图 3）。

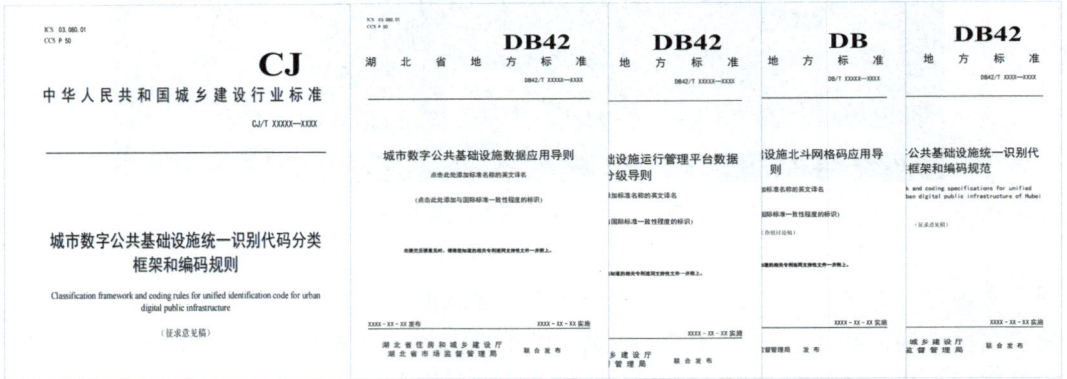

图 3　市政数局配合省工作专班完成的 5 个行业标准和省级标准

5. 高要求推进部门应用体系化标准化建设

深入 52 家市直部门梳理完成应用系统 287 个，关停 31 个系统，减少合并 19 个系统，形成了部门应用系统"一本账"。编制完成 19 个部门的管理对象分类表、管理对象属性表、应用系统台账、应用体系框架图和应用系统整合改造建设方案，即"两表一台账一图一方案"，实现住建、自规、城管、市监、交通、政数、政法等 7 个部门的 10 个应用系统与基础平台完成对接，推动交通、城管、住建 3 个部门的应用系统进行整合改造，各相关部门应用系统向基础平台推送公路、桥梁、路灯、井盖等城市管理对象数据 20 万余条（图 4）。

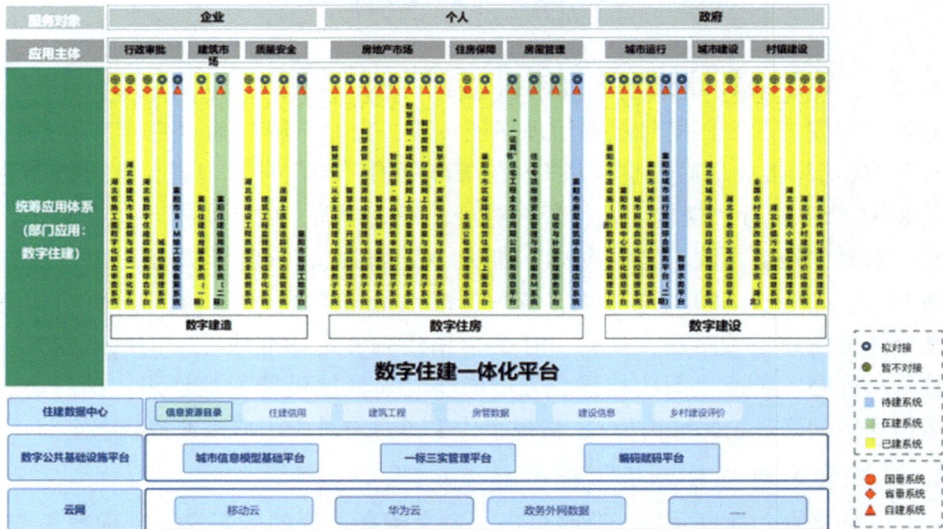

图 4　襄阳市住房和城乡建设局应用体系化规划框架

6. 高效率推动算网融合基础设施建设

加快5G基站建设，已建成5G基站9759个，实现中心城区、热点区域5G重点覆盖和偏远地区4G网络基本覆盖；千兆光纤到户覆盖率达到100%，基本实现"千兆到户、万兆到楼、T级出口"，获评国家"千兆城市"；加快算力中心建设，云计算机柜总量达到1万余个，服务器达到15万台，存储容量超过500P，目前，三大运营商总投资23.1亿元的云计算和算力中心项目正在加快建设，将新增机柜9350个、容量590P；加快车联网建设，我市成功创建全国第5个国家级车联网先导区，着力打造以襄阳为支点，辐射鄂西北的智能网联产业中心，目前已引进链上企业6家，完成产值7000万元（图5）；加快工业互联网建设，2家企业获评国家级工业互联网平台，5家企业获评省级5G全连接工厂，8个项目入选2023年7月公布的湖北首批150个数字经济典型应用场景，累计获评数字化领域国家级试点示范18个、省级试点示范254个，数量稳居全省第2，并获评首批省级数字经济示范城市。

图5　襄阳市车联网运营管理中心

三、创新应用

1. 赋能职能部门政务应用

已向市直相关部门业务系统开放"一标三实"接口服务，日均调用2万余次。助力教育划片招生，市教育局运用实有人口、房屋和标准地址成果提升教育划片招生质效，辖区热点学校全面消除大班额，冷门学校招生显著提升，为教育部门廉洁阳光招生赋能助力（图6）。助力运输企业监管，市交通局对登记的1.8万条运输企业信息与标准地址和实有单位数据进行比对，发现疑似问题企业1074家，"点对点"推送网格员实地核验，有力解决交通运输企业虚假登记逃避监管问题。助力便民服务导引，市城管委运用统一标准地址库及实有单位信息，使钥匙店、修理店等生活设施信息更完善、定位更准确，助力打造"15分钟便民生活圈"。

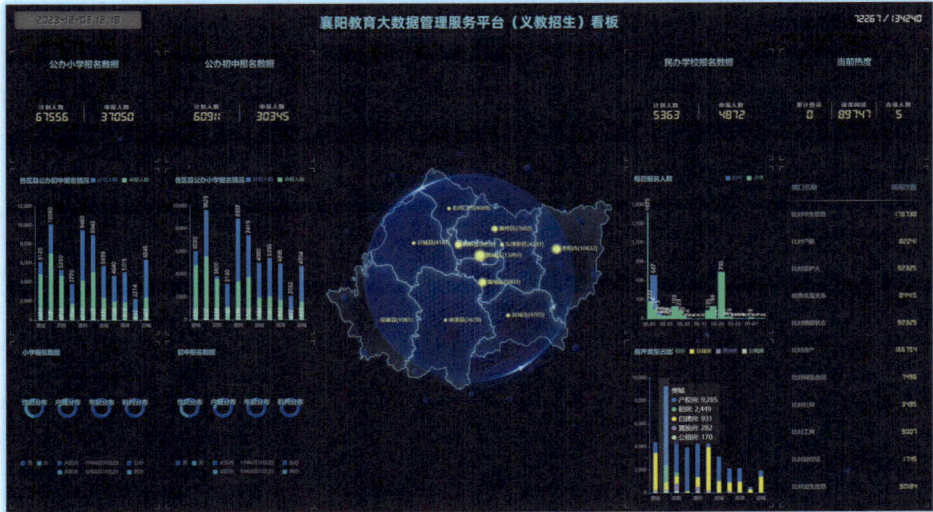

图 6　襄阳市义务教育招生平台大数据看板

2. 驱动流动人口精细化管理

以"一标三实"管理平台的人口数据为基础，搭建数据模型，分析实有人口全生命周期汇聚的房产、社保、教育、医疗、工商登记等数据，快速统计出我市中心城区实有人口数据，供领导决策参考。同时，聚焦人员密集、出租房屋、智慧小区等重点区域流动人口管理，探索了"固定场所流动人口管理""流动人口自主申报""智慧小区实有人口动态管理"三类场景模式，为不同类型流动人员提供了多元化的管理模式（图 7）。

图 7　襄阳市高新区余岗社区智慧小区管理平台

3. 助力大型公共赛事顺利举办

2023年襄阳马拉松赛事期间，通过基础平台赋能，搭建了襄阳马拉松线上指挥平台，将比赛线路、全马半马参赛运动员芯片、AED自动体外除颤器布点、移动公厕点位等各类信息实时上图呈现。通过"一张图"实时掌握9个计时点位选手通过情况，直观查看赛事整体进程和各个点位资源保障情况，为赛事安全顺利举行保驾护航（图8）。

图8　襄阳马拉松线上指挥平台

4. 助力公安"打防管控服"提质增效

制定出台《襄阳市统一标准地址二维码门楼牌管理办法》，将电子二维码门牌与i襄阳、鄂汇办等平台对接，企业和外来人员能够通过扫码即时上报动态信息，拓宽数据采集更新渠道；在公安专网同步搭建完成"一标三实"管理系统，实现政务外网与公安专网"一标三实"数据实时同步，有序推动"一标三实"数据融入接出警、执法办案和政务服务等工作中，增强"地址、人、房、单位"多维度分析精度和深度，提升公安"打防管控服"质效。

5. 助力文旅产业高质量发展

基于实有人口治理成果，整合运营商信令数据、地理信息数据、网络数据等，实时掌握襄阳地区人口和人流信息，对古隆中、唐城、北街、华侨城等各旅游景点客流进行实时动态监测，助力景区加强对景点旅游态势的感知，提升景区数字化管理能力，促进文旅产业的数字化转型。以热门景区"盛世唐城"为例，通过分析比对，襄阳市"五一"期间累计接待游客超百万人次，其中，外地游客以武汉市、河南南阳市、十堰市来源为主，超过50%的游客选择了2天内的短期行程（图9）。

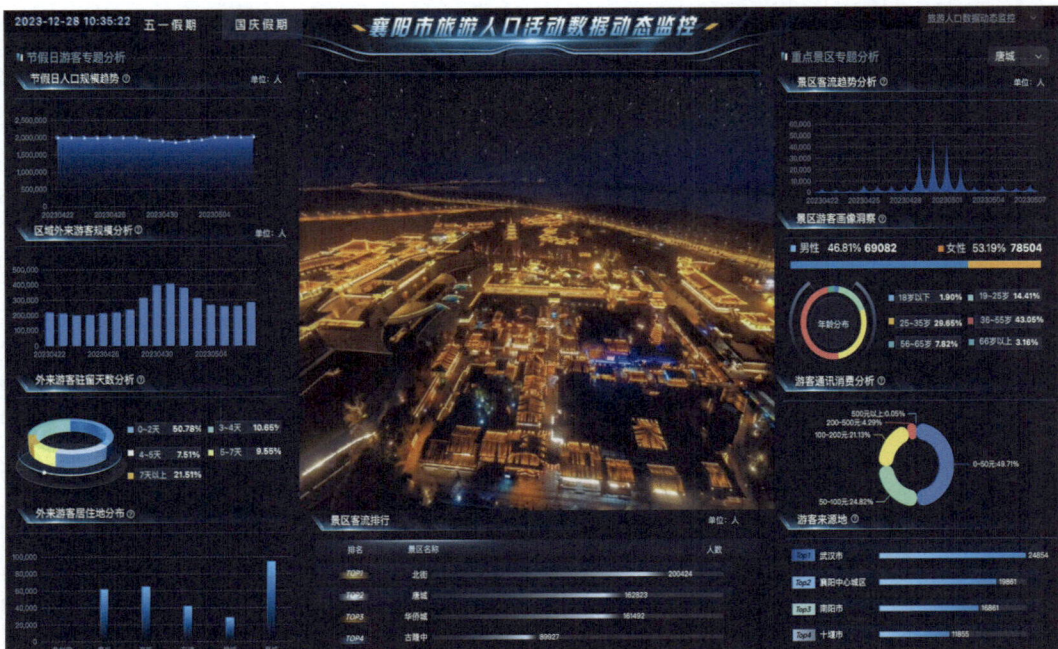

图 9 襄阳市"盛世唐城"景区人流数据分析看板

四、推广价值

1. 创新建设路径，形成可复制的基础成果

一是融合统一三大基础平台。构建了"城市信息模型""统一编码赋码""一标三实服务""信息基础设施"4 个板块为一体的统一门户，建立平台间数据动态流转机制，在 CIM 基础平台中融合展示编码赋码情况、"一标三实"情况，实现了对接入数据的实时监测和质量评估（图 10）。

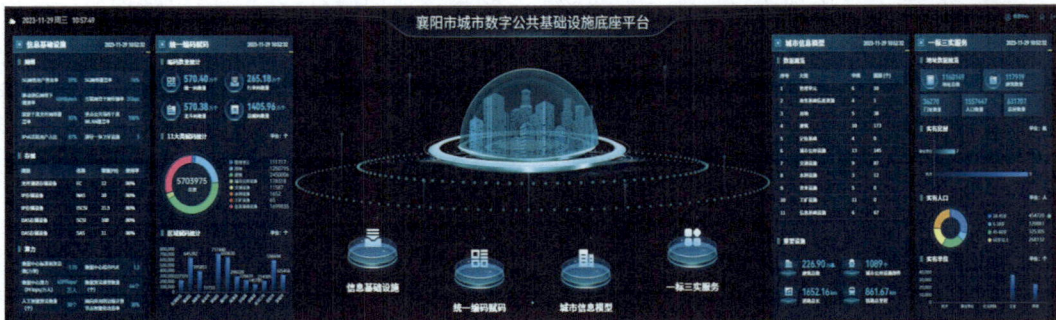

图 10 襄阳市城市数字公共基础设施基础平台门户

二是定制互联网地图。开发上线互联网地图，通过脱密处理和坐标转换，将行政区划、建筑物构筑物白模、水域河流等数据上图展示，为管理对象精准定位、数据采集提供技术支撑（图11）。目前，已在公安、城管、交通、住建等部门推广使用，互联网地图调用次数累计达到600万余次。例如，市住建局利用移动端互联网地图已采集全市窨井信息（井盖）10.93万余个，其中中心城区已采集8.31万个，有效帮助住建局摸清井盖情况，为窨井（井盖）设施采购、更换提供数据支撑。

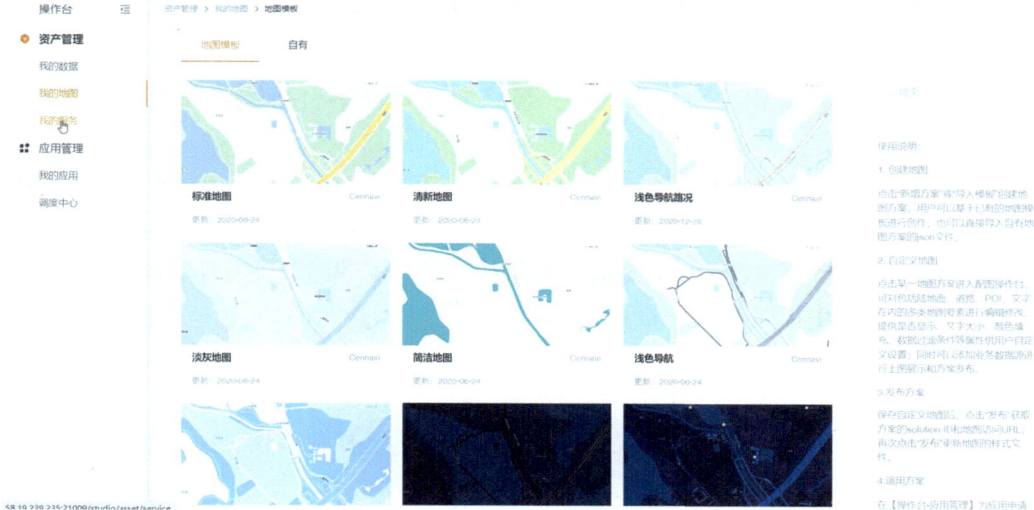

图11 襄阳市统一互联网地图

三是六级联动采数据。初步建立运营运维单位、网格员采集数据，街办（乡镇）、基层权属单位初审，县（市、区）直部门、市直部门复审的数据采集更新机制，推动中心城区1600名网格员、75个部门和运营运维单位3062名采集员一一对应、协同作业、捆绑考核，打通城市管理对象数据采集、核验、更新"最后一公里"。

四是细化实体对象颗粒度。结合部门精细化管理需求，进一步细化城市实体对象颗粒度。例如，将道路由线性细化到断面，管理单元在网格的基础上细化到小区、单位等实体边界。

2. 在问题中求索，逐步形成可推广的工作经验

一是规范标准，探索解决现状数据无法直接关联对接的问题。采取"分层统一法"，即根据数据保密规则和使用情况，按照市域、城镇开发边界、试点片区等不同层级，分别统一数据精度。例如，在试点片区内，根据CIM建模要求，采取分辨率0.03米（优于1∶500）精度进行数据采集，并利用采集结果优化现状基础数据，解决了"数据精度不一致"导致的关联对接问题。采取"两为两明确"工作法，即在数据采集过程中，以二维图层为底图，以标准地址为依据，明确采集标准，明确坐标精度，实现了标准地址、北斗网格码和CIM模型的直接关联，解决了"数据采集标准不一致"导致的关联对接问题。

二是压实责任，探索解决管理对象杂乱无标准的问题。按照业务归口将现有中类、小类分类标准分解至各业务部门，组织各部门从数据归集开始，梳理"一数一源"数据清单，明确"一数一源"责任主体，实现数据溯源的标准化管理，还原整个数据关系目录链，形成"一数一源、多源校核"的标准化流程。

三是分段赋码，探索解决新增建筑和房屋在各部门业务系统中"身份"不一致的问题。聚焦梳理建筑全生命周期管理流程，确定编码赋码的关键节点和内容，抓住工程规划许可、房屋面积测绘、竣工验收备案三个关键节点进行编码赋码和属性数据的更新与完善，启动自规、住建、行政审批等部门相关系统改造，以此建立一套针对新增数据的全生命周期管理自动化、标准化流程，最终实现基础平台持续不断地为部门业务赋能。

四是无缝对接，探索解决部门业务系统缺失导致"一标三实"地址管理流程不畅的问题。在"一标三实"平台增加民政地名地址管理模块，以流程规范民政部门前置街路巷命名，不需要再建新的地名地址管理系统。解决了部门系统重复建设问题和"一标三实"工作流程中街路巷缺失的问题。

五是优化流程，探索解决部分业务主管部门职责边界不清导致管理缺位的问题。针对小区命名无主管部门认定的问题，协调住建、民政，明确部门联动流程：通过"一标三实"平台的小区名称审核备案模块，形成开发商命名、住建审核、民政审批备案的报批流程，解决了小区名与楼盘表不同步的问题。

六是双向赋能，探索解决业务部门基础数据错漏的问题。针对地址生产部门系统数据不完整、质量不高的问题，与市委、市政法委建立数据救济机制，将网格管理系统与"一标三实"系统对接，建立错误、缺漏数据库，完成网格系统小程序适配开发，"点对点"推送网格员进行核验、补录后，作为数据基础赋能标准地址生产部门，实现两者之间双向赋能。

七是协同配合，探索解决标准编制、编码赋码存在交叉重合的问题。针对标准编制中无法通过分类形成关联关系的问题，采取专班与部门共同编制管理对象基本属性表的方式，找到"要素名称""坐标定位"等关键属性字段形成关联关系，实现多部门之间的业务标准通过 21 位统一编码互认共通。

八是转化成果，探索解决缺少基础平台统一标准规范的问题。针对"数公基"建设中缺少标准规范统一的问题，围绕基础平台、数据共享、分级分类、安全管理、管理运营等编制了 42 个标准规范，明确了基础平台的服务能力清单、申请流程、数据交换、安全管理等规则，建立了基础平台与部门应用系统之间的数据共享交换更新机制，探索了"数公基"基础平台建、管、运、维一体化运维运营考核管理路径，即由市信息化领导小组负责统筹组织试点工作，市政数局负责项目规划、立项、审批、监管，国有平台公司负责基础平台建设运维，业务部门根据业务需求共享共用。目前，这些标准规范已在市直各部门开展试用。

九是找准抓手，探索解决部门繁杂海量数据资源整合汇聚治理难下手的问题。针对各部门生产数据种类多、庞杂无章、僵尸数据冗余的现象，以管理对象为牵引，以应用场景建设为重点，指导各部门从"三定"方案入手，梳理管理对象分类、基础属性、应用属性，制定分级分类、数据对接等标准规范，使部门的数据治理思路更加清晰，治理导向更加明确，治理效果更加显著。

宿迁市宿豫区"一网管全域"建设项目

倪伟凯　朱军辉　祁　耀

宿迁市宿豫区综合指挥调度中心

一、建设背景

近年来，宿迁市宿豫区坚持以习近平新时代中国特色社会主义思想为指导，全面贯彻党的二十大精神，以"提升老百姓获得感、助力高质量发展、推进治理体系和治理能力现代化"为目标，以新一代新型基础设施为支撑，聚焦"社会治理更精细、民生服务更便捷、全面赋能数字经济"三大建设重点，构建"四大治理"工作格局，着力推进"三网融合"，构建区级实战指挥、镇街一线处置的区域治理联动体系，全力打造宿豫区"一网管全域"最强智慧大脑，以数字化、智能化赋能基层社会治理，实现"一屏观全城、一网管全城、一端惠全城"的建设目标。

二、建设内容

1）项目建设内容

结合宿豫区发展现状，依据《宿迁市新型智慧城市总体规划》文件要求，宿豫区聚焦经济、政治、文化、社会、生态文明等业务领域，通过总体态势、辅助决策、联动指挥和创新应用四个板块集中反映宿豫区区域治理总体态势。总体态势按照"五位一体"设计思路，对各板块关键指标和重要成果进行全景呈现。辅助决策板块提供智能搜索、监测预警、分析研判、行政问效等功能场景。联动指挥板块提供纵向多级指挥联动、横向多方协同处置技术支撑。创新应用板块汇聚跨部门跨行业创新应用业务场景。

区域治理总体态势建设内容包括经济建设、城乡建设、民生服务、营商环境分析展示，并同步建设涵盖交通、综治、城管、应急四大治理专题。

根据宿豫区"一网管全域"工作实施方案中的重点工作任务，本期建设内容包含政务云资源、数据资源库、区域治理现代化指挥平台、视频感知平台、物联网感知平台、CIM数据、项目信息管理和领导驾驶舱8个板块。

2）项目业务架构

分为基础层、中间层和应用层三个层次，如图1所示。

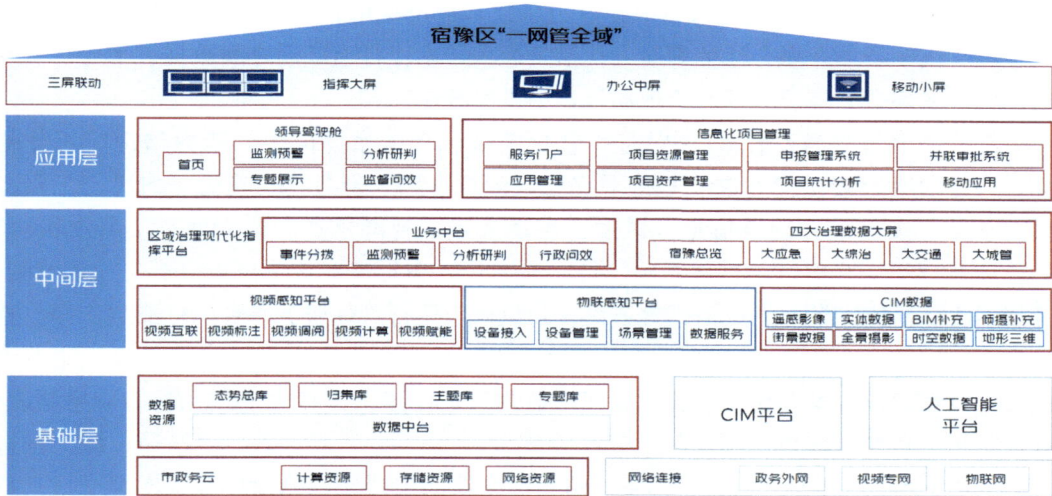

图 1　业务架构

基础层：提供云平台的基础支撑能力，其中云平台包括计算、存储、网络和安全等信息化基础环境资源，本项目利用市级云平台，根据项目建设内容扩容相关资源，不单独建设。数据资源库主要在汇聚区级各职能部门已有政务数据、市级政务数据、主题数据库的基础上，构建宿豫区"一网管全域"的主题库和专题库。

中间层：包含区域治理现代化指挥平台、CIM 数据、视频感知平台和物联网感知平台 4 个板块。充分利用市级 CIM 平台，积极拓展完善宿豫特色 CIM 数据，充分完善宿豫数据底座；建设视频感知平台，为宿豫区其他委办局提供调阅和分析视频数据的统一入口；建设物联网感知平台，统一接入、管理和共享，为全区监测预警感知提供支撑；建设区域治理现代化指挥平台，提供统一事件分拨、监测预警、分析研判和行政问效能力，达到"高效处置一件事"效果。

应用层：包含领导驾驶舱和项目信息管理 2 个板块。

本项目建设内容为图 1 红框中所示，区域治理现代化指挥平台包含业务中台和四大治理数据大屏两个部分。其中，业务中台包含事件分拨、监测预警、分析研判和行政问效 4 个模块；四大治理数据大屏包含宿豫总览、大应急、大综治、大交通和大城管 5 个模块。

3）项目应用场景

第一，聚焦"数据赋能"，建设数字化区域治理机制。一是强化组织领导。宿豫区成立了"一网管全域"工作领导小组，由区政府主要领导亲自挂帅，各重点职能部门主要领导为成员，高位强势推进，部门齐抓共管。二是优化"一网管全域"组织架构。制定印发《宿豫区"一网管全域"工作实施方案》，构建"一局、两中心、一公司"组织架构，全力打造实战应用调度平台。三是整合机构队伍。整合"12345"、数字城管、大数据、网格化等相关职能，成立综合指挥调度中心，实现"一中心管全域"，并在乡镇、街道（园区）建立属地指挥中心。四是夯实科技支撑。通过运用物联网、云计算、大数据、人工智能、融合通信等新一代信息通信技术，打通部门之间数据、平台，实现跨部门业务融合共享，为区域治理现代化提供科技支撑。

第二，聚焦"四大治理"，完善智慧化区域治理体系。构建"四大治理"工作格局。一是"大综治"促和谐。坚持平安稳定治理思路，通过信访投诉、农民工工资支付、事件分拨等平台预警信息，构建"主动发现、智能推送、精准处置、高效联动"的立体化"平安宿豫"治理体系。二是"大城管"树形象。聚焦垃圾分类、油烟监测、环境卫生、沿街店铺、水气治理等方面，建设城市运行管理服务平台，打造"干净、整洁、有序、安全"的城市环境。三是"大应急"保安全。重点推进重大危险源企业物联感知预警建设，整合相关应急职能部门监测数据，建设具备"监测预警、应急调度、联动指挥"的智慧应急，确保区域安全稳定发展。四是"大交通"促畅通。深入推进"城市交通大脑"建设，构建人、车、路和谐共存的现代交通运输体系，实现交通运行状态监控，提升道路通行效率，打造安全有序的交通环境。通过汇聚各职能部门数据和业务系统，构建宿豫区域治理一张图，建设完整的全域运行基本体征指标体系，为跨部门、跨领域、跨系统的联勤联动增效赋能。

第三，聚焦"数据技术"，建设区域治理现代化平台载体。以"一朵云、一个库、一平台+N应用"为核心，全力打造宿豫区"一网管全域"最强智慧大脑。"一朵云"即政务云，统筹推动各职能部门数据接入、集中管理和资源调度。"一个库"即数据资源库，整合共享区内数据资源，促进各类资源有序汇聚、深度共享、关联分析、高效利用，建设24个归集库、10个主题库、7个专题库，累计归集157类1.46亿条数据。"一平台"即区域治理现代化指挥调度平台（图2）。平台汇聚32个职能部门448项指标数据，以37个重点区域全景、11横7纵街景、城区3D倾斜摄影、BIM模型等作为指挥调度数字孪生基础，叠加视频、物联感知终端监测预警数据，建设事件分拨、监测预警、行政问效、分析研判、物联感知、视频感知等业务中台，助力事件闭环处置、重大风险防范、工作效能提升、辅助科学决策，实现区域治理现代化指挥调度（图3）。"N应用"即创新应用场景，强化数智治理应用价值。通过数据治理和数据资源"共建、共治、共享"，创新建设智慧水务、智慧供水、智慧城管、工业用地全生命周期、国有资金监管智慧社区、智慧应急等一大批特色应用场景，赋能基层治理和行业领域监管。

第四，聚焦"风险防控"，健全精准化监测预警体系。一是聚焦全域可视化，识别潜在危险。推动视频感知前端设施建设，构建视频智能感知体系，累计汇聚视频资源3.5万路，构建多模态AI风险防范算法，实现突发事件可视化现场调度、重点区域实时监测的全域可视化能力（图4）。二是聚焦全域监测预警，增强风险源头管控。推动物联感知终端建设，构建全域物联感知体系，建设多场景预警模型，通过事件分拨平台第一时间交办镇街和各职能部门流转办理（图5）。三是聚焦重点领域，推动关键领域专题治理。开发重大危险源管控、城市防涝、水质监测、扬尘管控、油烟监测等跨部

758

图 2　宿豫区态势总览图

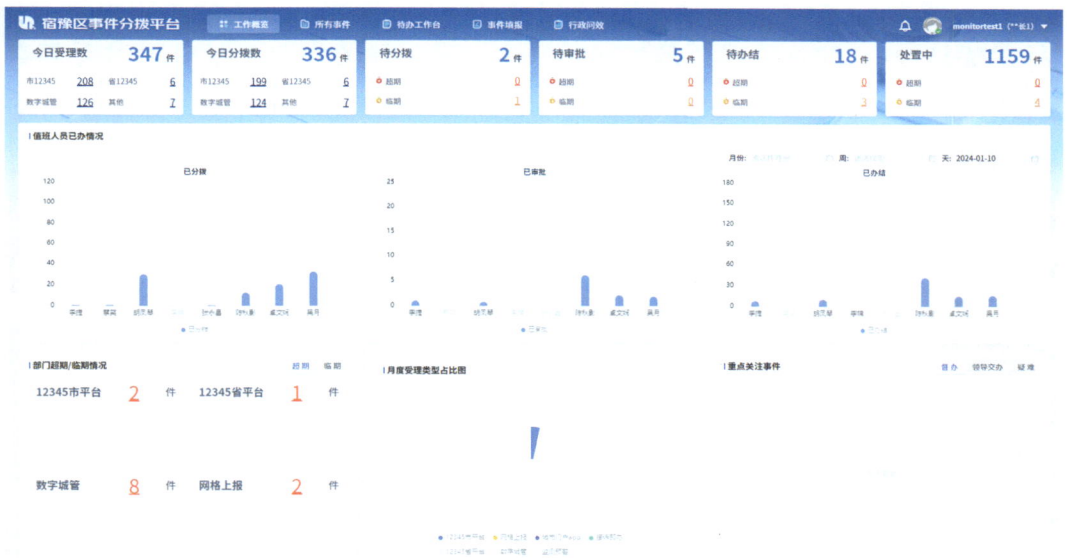

图 3　宿豫区事件分拨平台

门、跨区域、跨层级预警预判应用场景（图 6）。

实现对第三方预警、预警处置、预警消息推送等数据服务的统一管理，包括接口标准化以及接口开发、调试、发布等（图 7）。

第五，深挖"数据价值"，打造科学化指挥调度中枢。一是"大数据+辅助决策"。在区域全量数据汇聚基础上，会同职能部门立足重点监管业务，搭建集监测预警、专题

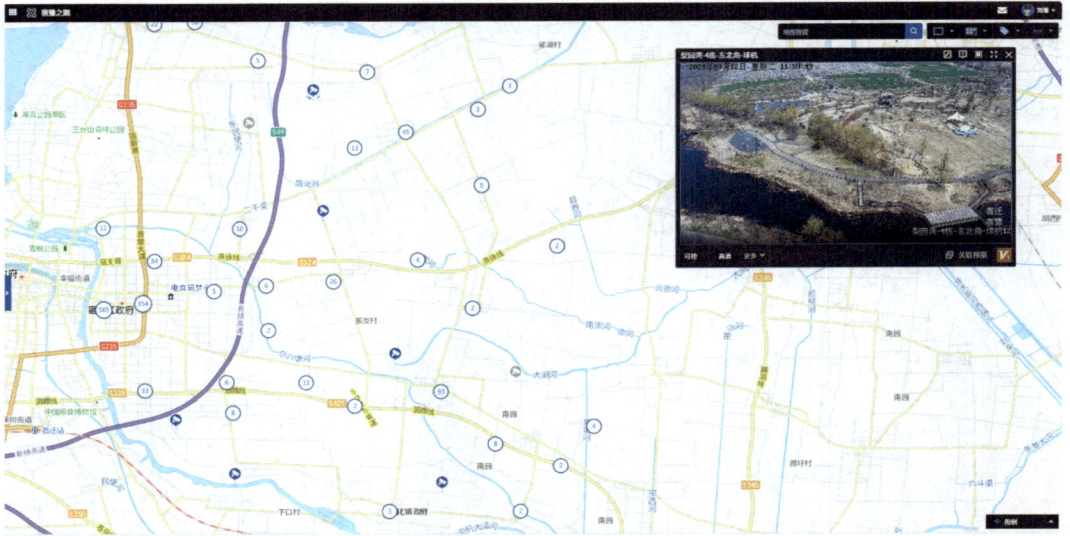

图 4 视频感知平台

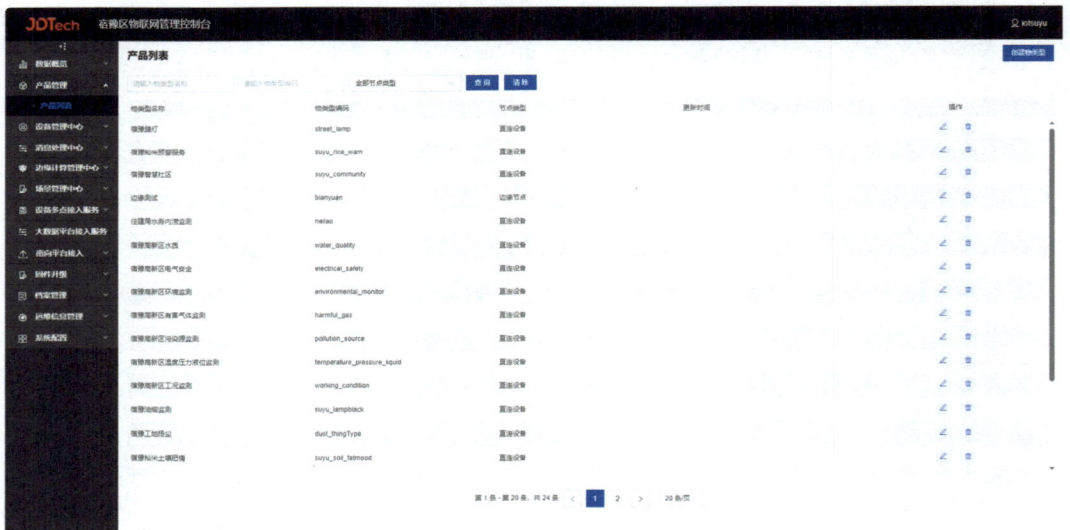

图 5 宿豫区物联感知平台

展示、监督问效等跨场景、跨部门、跨层级领导驾驶舱，辅助政府治理决策。二是"大数据+指挥调度"。依托融合通信视频会议平台、可视化对讲，构建"1+4+15+N"指挥调度体系（"1"即区级指挥中心，"4"即大综治、大城管、大应急、大交通职能部门，"15"即乡镇、街道（园区），"N"即村（社区），建设了"两级联动、权责明确、协同配合"的指挥调度链条，全面提升综合指挥调度能力。三是"大数据+实战演练"。常态化与区级职能部门开展防灾减灾、消防疏散、森林防火、城市防汛排涝抢险等应急演练，在实战中不断优化处置流程，不断提升突发事件应急联动、指挥调度能力。四是

760

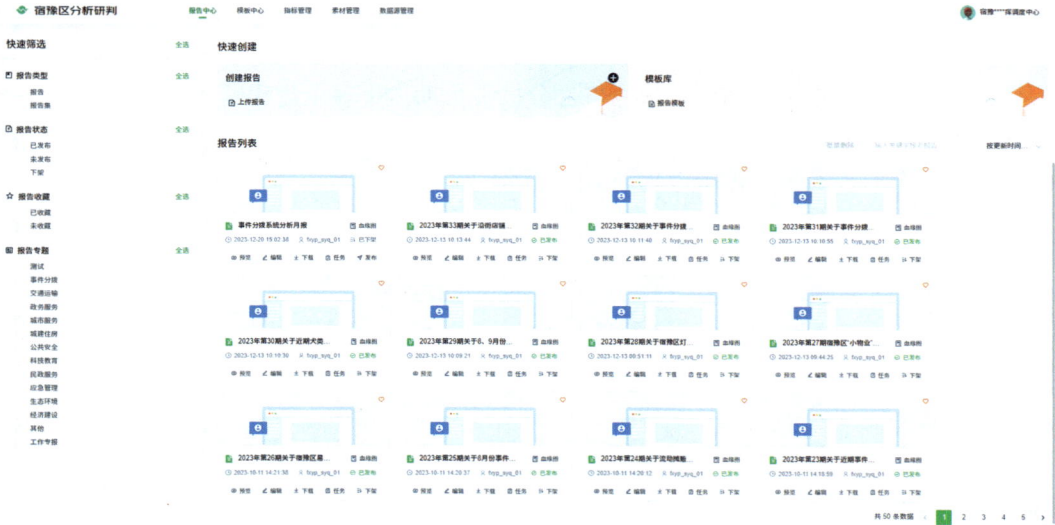

图 6　宿豫区分析研判系统

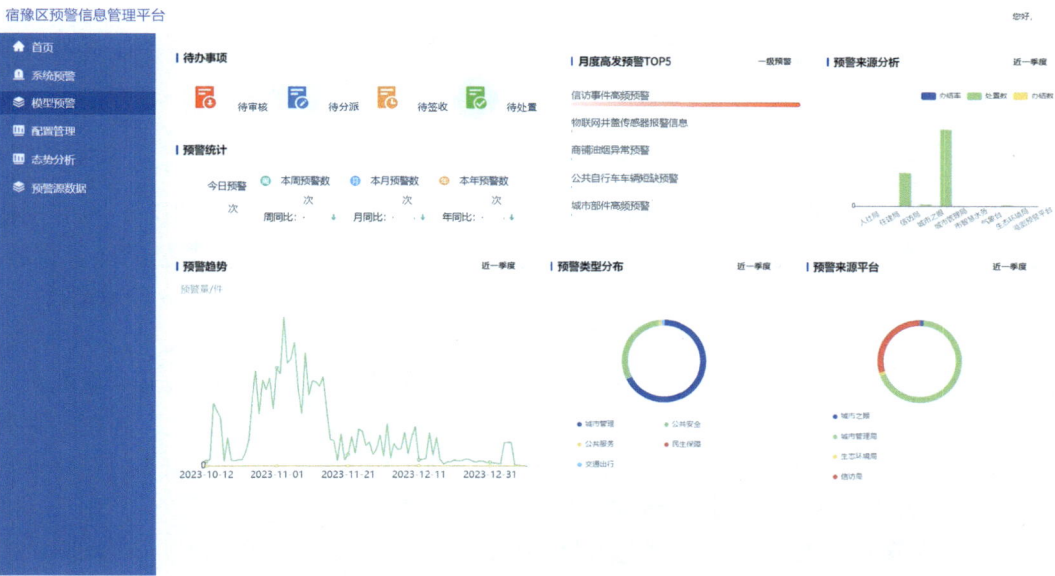

图 7　宿豫区预警信息管理平台

"大数据+分析研判"。充分挖掘数据价值，常态化开展分析研判。根据事件分拨、监测预警等平台数据，分析研究潜在趋势，为政府科学决策提供理论依据，共编发各类分析报告 56 期。五是"大数据+线上巡查"。开展城市运行多场景线上巡查，针对市政设施、沿街秩序、环境卫生、安全生产、城市内涝等城市运行问题，采用物联感知、人工智能感知进行线上巡查预警，累计下发区域动态监测提醒单 188 期，监测预警发现问题 1500 余件。六是"大数据+便民惠企"。围绕做好人民群众满意的"便民服务通道"这一目标，打造便民惠企高速路。依托事件分拨平台助力事件全流程闭环处置，今年以来累计受理工单 13 万余件，集中会办处置疑难案件 60 余次，不断提升各事项满意率、按时办结率，全力提升各类诉求办理质效（图8）。

图 8　一体化政务大数据平台

4）建设成效

（1）建成宿豫"一网管全域"最强智慧大脑。

宿豫区始终立足"高标准、高起点、高站位"，不断强化体制机制创新，充分发挥信息技术赋能作用，高质高效推进区域社会治理现代化进程。以海量数据的融合贯通，来支撑宿豫的智慧大脑。截至目前，区综合指挥调度中心对 50 余家单位开展调研 100 余次，依托区域治理现代化指挥平台和"1+4"审批服务综合执法一体化平台，归集改造各类智慧系统 51 个，完成 10 个主题库建库，累计归集 157 类、443 余万条数据，汇聚了公安、城管、水利、教育等单位 28 000 余路监控。基础平台建设上，建立了政务云、视频感知、物联感知、数据资源库、区域治理现代化指挥平台、CIM、信息化管理系统、领导驾驶舱 8 个基础性平台和 7 个特色应用场景。

（2）打造宿豫"一网管全域"便民惠企高速路。

宿豫区围绕做好人民群众满意的"便民服务通道"这一目标，打造便民惠企高速路。

便民方面，截至 2023 年年底，宿豫区"12345"政府热线接线量约 22 万通；受理各类工单 126 694 件（其中，"12345"省工单 3 966 件、市工单 74 206 件、数字城管 48 134件、其他来源 388 件），按时办结率 99.27%，督办整改率 100%、签收率 100%，综合满意率 97.44%%，省工单满意率 87.96%。

通过事件分拨智能大数据分析，宿豫区针对各类民声诉求开展分析研判，编制 20

期分析研判报告供区领导参考决策。同时，集中会办处置疑难案件 50 余次，联合纪委约谈 1 次，不断提升各类派遣事项满意率、派遣事项按时签收率、派遣事项按时办结率、案件督办整改率，全力提升各类诉求办理质效。

惠企方面，截至 2023 年年底，共受理各类企业诉求工单 7540 个，办结率 92.72%，满意度 95.87%。宿豫区设置"一企来"＋"尚贤人才"专岗，对全区各类企业诉求"即接即办"。

三、创新应用

1. 创新打造"一网管全域"全链条指挥调度

宿豫区按照"1+4+15+N"的思路［"1"即区级指挥中心，"4"即大综治、大城管、大应急、大交通职能部门，"15"即乡镇、街道（园区），"N"即村（社区）］高质量建设指挥调度体系，并在 10 个乡镇（街道）同步建设指挥中心，构建了"两级联动、权责明确、协同配合"的指挥体系，全面提升综合指挥调度能力。目前，宿豫区依托融合通信视频会议平台、可视化对讲、视频感知平台等软硬件设施，已构建上下贯通、左右联动指挥渠道。纵向上，与市指挥中心和 15 个乡镇、街道、园区形成上下贯通；横向上，与各区直部门左右联动，形成了"纵向到底、横向到边"的全链条指挥调度体系。

2. 创新打造"一网管全域"综合执法调度网络

宿豫区重点聚焦建立健全"大数据+指挥中心+执法队伍"工作机制，着力推动以全要素网格管理、区乡两级综合执法为核心的机制融合，以区域治理现代化指挥调度平台为载体，将区级城市管理、交通运输、市场监管、农业农村等 7 支专业领域综合执法队伍、10 个乡镇（街道）综合行政执法局以及 608 名网格员纳入平台统筹管理，依托一体化平台综合执法模块，完善执法人员、执法对象、执法事项等执法信息库，开展综合执法事项联动指挥、交办案件督查督办等，切实构建一张覆盖全区的执法力量调度网络。

四、推广价值

1. 动态感知城市运行，实现城市管理与治理精细化

宿豫区聚集社会治理和民生服务领域信息化数字化转型，为宿豫"一网管全域"建设提供了坚实的基础。通过汇集和分析城市运行与管理过程中的全方位多维度信息，实时监控大应急、大综治、大城管和大交通等业务领域的运行情况，智能分析和定位"城市问题"，智能化联动多部门协同处置，改善城市生产、生活环境，提升城市服务，创建文明、宜业、宜居的城市环境，实现城市的精细化管理与治理。

2. 日常事务协同处置，提升应急响应联动指挥能力

"智慧宿豫"基础底座建成后，实现城市综合管理和突发事件应急联动工作的电子化、网络化和移动化，为城市日常管理和突发公共事件的监测预警、应急处置、预案管理提供技术支撑手段。提高城市综合监测预警的科学性、及时性和准确性，预防和减少突发事件的发生；提高应急处置的响应速度和综合研判能力，提升城市的指挥能力和协调工作效率，最大程度减少突发公共事件造成的直接经济损失和人民生命财产损失，控制、减轻和消除突发事件引起的严重社会危害。

3. 提升数据共享公开，增强惠民便企能力

宿豫区通过整合城市政务运行、经济运行、民生运行、城市运行等信息，及时发布和公开信息，尤其是各类事件处置结果和效能评估的公示，让权力运行透明，让办事流程透明，主动回应社会关切，积极满足群众期待，切实凝聚各方力量，提升政府公信力和社会凝聚力，塑造政府阳光形象。

仙桃市城市大脑顶层设计

欧阳寒　刘　瑄　温　迪

仙桃市政务服务和大数据管理局　湖北公众信息产业有限责任公司
中国电信股份有限公司仙桃分公司

一、建设背景

为深入贯彻党的二十大精神，加快建设网络强国、数字中国，根据《湖北省人民政府关于印发湖北省数字政府建设总体规划（2020—2022 年）的通知》（鄂政发〔2020〕12 号）《湖北省人民政府办公厅关于印发湖北数字经济强省三年行动计划（2022—2024 年）的通知》（鄂政办发〔2022〕34 号）《仙桃市国民经济和社会发展第十四个五年规划和 2035 年远景目标纲要》等文件要求，仙桃市积极谋划，加快推进仙桃信息化、数字化进程，加速新型智慧城市建设，于 2022 年 10 月成功获批仙桃市城市大脑建设项目政府专项债券。

仙桃市城市大脑建设项目对齐省市工作任务，借鉴其他省份先进经验做法，强化顶层思维，全面论证城市大脑与城市运行管理、公共服务管理以及集成服务运营的融合衔接关系，深刻理解在新形势、新时代下城市大脑与基层治理赋能关系，城市大脑与党建引领、产业发展、公共服务、城市治理、生态宜居的共生共享关系，形成了"1146N"总体构架，第一个"1"即搭建一套支撑底座，以"一体化数字资源管理"为核心，构建仙桃城市大脑建设"一本账"，统筹推进基础设施体系、数据资源体系和应用支撑体系集约化建设，有效支撑各层级、各领域应用场景创新；第二个"1"即建设一套基层枢纽，形成"基层综合服务集成平台+基层网格"的基层智治体系，推动六大系统应用在基层综合集成，打造高效协同、整体智治的基层治理体系；"4"即打造"4"大枢纽平台（即一网统管、一网通办、一网协同和一舱共治），促进政府管理模式和服务模式转变；"6N"聚焦"6"大专题领域，重点打造"N"个具有示范效应的数字化应用场景，推动数字化与经济、政治、文化、社会、生态深度融合，实现党建整体智治、数字政务高效协同、数字经济活力迸发、数字社会普惠便捷、数字文化自信繁荣、数字法治保障有力。

仙桃城市大脑是全面提升仙桃市全域信息化的主要抓手，为助力仙桃市新型工业化、新型城镇化、农业农村现代化实现创新发展，推动信息技术与经济社会发展全面深度融合，发挥着"一化带三化、四化同步发展"的示范作用。

二、建设内容

仙桃城市大脑建设依据《数字中国建设整体布局规划》《湖北省流域综合治理和统筹发展规划纲要》等政策文件要求，以"四化"同步发展为宗旨，科学构建仙桃城市大脑"1146N"的整体架构（图1）。

图1　仙桃城市大脑总框架

1. "1"套支撑底座

夯实"云、网、安"等新型基础设施能力，建立集数据基座、公共支撑能力、一体化数字资源系统于一体的数字资源体系，实现数据资源的互联互通及高效利用（图2）。

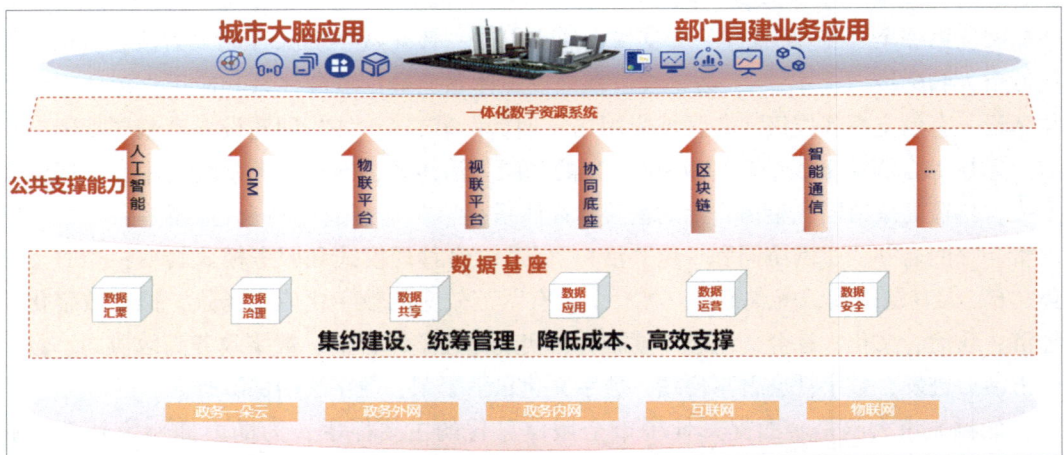

图2　"1"套支撑底座架构

766

2. "1" 个基层枢纽

通过建立基础网格、基层综合服务集成平台，提升基层治理能力，实现城乡"最后一公里"的精准治理和高效服务（图3）。

图3 "1"个基层枢纽架构

3. "4" 大枢纽平台

实现城市治理的"一网统管"、公共服务的"一网通办"、政务运行的"一网协同"、数字化流域综合治理的"一舱共治"，通过建立仙桃市城运中心，实现流域运行态势"一屏统览"、城市协同调度"一体联动"、城市决策智慧"一键下达"，不断提高仙桃市政府决策科学化水平和管理服务效率（图4）。

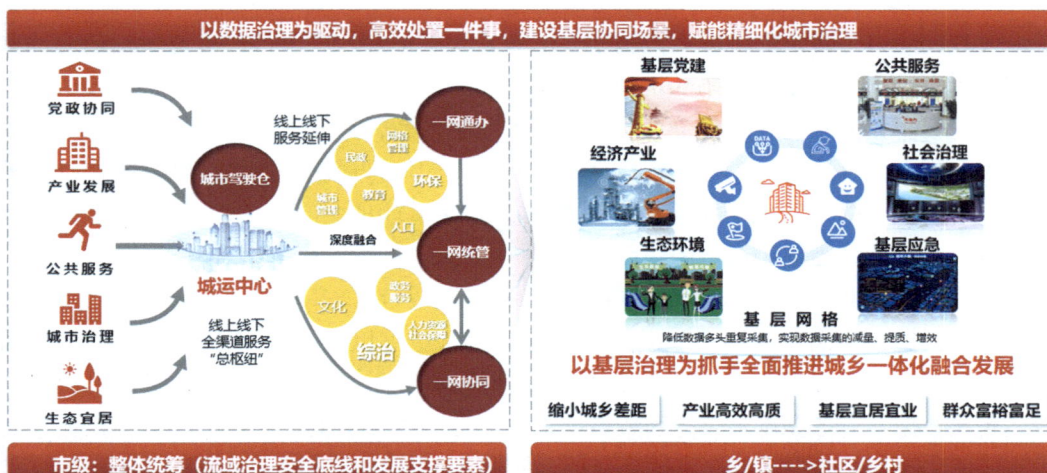

图4 "4"大枢纽平台架构

4. "6"大专题及"N"个应用

"党建统领"先行,"数字经济""数字政务""数字社会""数字文化""数字生态文明"多领域协同推进。以场景为导向,以打造N个"仙桃特色"创新应用为行动路径,系统性、多元性、持续性推动四化,同步发展示范区建设。

三、创新应用

1. 数字资源系统——实现数字家底"一本账"

切实解决仙桃市在进行信息化建设过程中出现的数字资源"家底"不清、应用低水平重复建设、资源流通不畅、配置效率不高、应用绩效指标难量化等痛点、难点问题,通过建设数字门户、能力超市、轻应用开发中心、数字资源管理中心等功能模块,实现主管部门对于云、网、大数据、人工智能、物联网、视联网、数公基等智能资源能力"一本账"管理,行业部门对于所需能力实现"一揽子"申请,为各部门应用需求提供"一站式"开发服务(图5)。

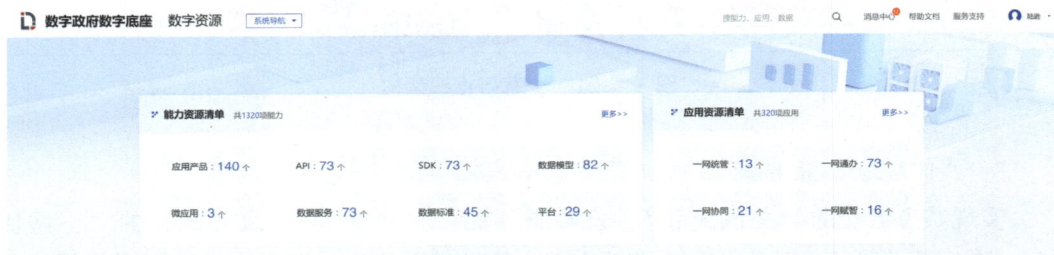

图5 数字资源系统

2. 大数据能力平台——畅通数据大循环

大数据能力平台是仙桃城市大脑建设的重要基础平台,可以帮助实现数据资源的共享和复用,提高数据处理效率和价值,同时也可以促进城市数字化转型和创新。目前,政府部门很多业务系统采用传统理念去建设大数据平台,导致不只业务系统是一个个烟囱,大数据平台也是一个个垂直的数据平台,所以如何打通这些数据并将其按照统一的标准进行建设,以达到数据互通、应用互通、业务赋能的目标,是当前面临的重要问题。数据中台就是为解决这些问题而生。

通过大数据能力平台,实现数据的分层和解耦,沉淀公共的数据能力。汇聚各个业务系统的数据,如人口、法人、空间等信息,同时也可以为AI、数公基、大数据分析等提供数据支撑。提供数据集成、数据开发、数据治理、数据服务、数据可视化等功能,实现数据与业务深度融合,引领数据通道向智能数据中枢转变,将数据生产要素转化为加速实现仙桃数字化转型和数字经济发展的新动能(图6)。

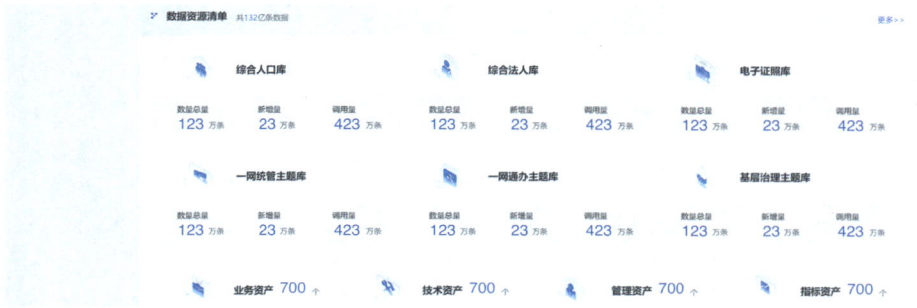

图6 大数据能力平台

3. 数字公共基础设施——城市管理虚实相生

以城市数字公共设施建设为基础，通过万物标识互联、应用体系化标准化，配套管理规则和软硬件支撑，构建城市数字孪生基础生态，推动经济、社会、政府数字化、网络化、智能化转型发展。具体建设内容包括 CIM 平台、编码赋码平台、"一标三实"平台等（图7）。

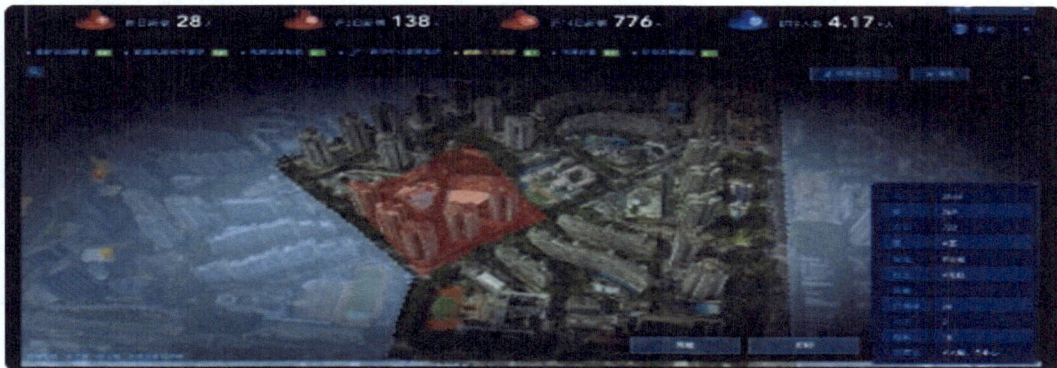

图7 数字公共基础设施

4. 城运中心——城市运营平战结合

组建成立仙桃市城市运行管理中心，依托市镇两级城运中心，充分利用城市大脑建设成果，建设"平时好用，战时管用"的城市运行管理平台，以打造城市日常运行管理、重大活动、应急处置的主要载体为目标，整体实现仙桃市城市治理"运行体征一屏总览、疑难事件一网统管、重大事件一键指挥、风险隐患一脑研判"的管理新格局（图8）。

5. 产业大脑——助力产业数字化

在经济大脑建设基础上，聚焦产业增链、补链、强链、延链，构建赋能仙桃市支柱产业（无纺布、黄鳝、女裤等）转型升级、助力企业孵化创新、带动本地招商引资的

图8 仙桃城运中心平台

产业综合管理服务平台，为决策者、管理者及创新主体的科学决策提供依据和论证，为仙桃市产业创新集聚发展发掘新增长点。平台包含：产业标签管理、产业链构建、产业分析、招商管理、企业诉求管理、企业资源对接等应用板块（图9）。

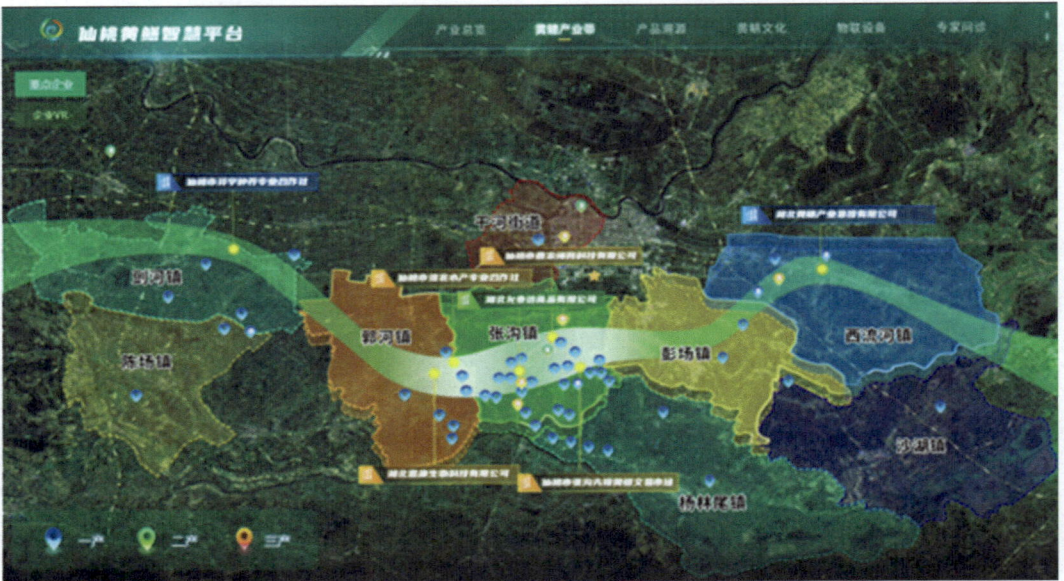

图9 仙桃黄鳝产业智慧平台

四、建设成效

1. 全面提升党的执政能力建设

深入贯彻省政府办公厅对于推进党政机关有序运用新技术手段赋能管理服务的要求，以加强党的全面领导、总揽全局、协调各方为主线，通过建设党委重大任务协同管理、问题整改、辅助决策等应用系统，针对党委核心领域打造以重大任务一贯到底、党务工作一体集成、党的决策一屏统览、党政命令一键智达的管理创新载体，有效提升党委信息化水平，实现党政整体的智慧化治理格局。

2. 全面赋能农业现代化转型创新

农业农村现代化的内涵是把农业建立在现代科学的基础上，用现代科学技术和现代工业来装备农业，用现代经济科学来管理农业，创造一个高产、优质、低耗的农业生产体系和一个合理利用资源、保护环境且有较高转化效率的农业生态系统。助力仙桃以创建国家农业现代化示范区为总目标，推进农业产业数字化升级，促进农业现代化发展。

3. 全面赋能新型工业化提质增效

推动信息化与新型工业化的融合发展，已成为数字经济和实体经济深度融合的主战场，立足产业平台布局，全力以赴抓招商、上项目、延链条、育集群，加快推动主导产业数字化转型、智能化改造，提升工业质效，实现四化引领作用。

4. 全面赋能新型城镇化融合发展

城镇化注重质量和水平同步提升，坚持实施以人为核心、高质量为导向、面向现代化的新型城镇化战略，实现城镇化水平持续提高，城镇化质量全面提升，城镇化空间布局进一步优化。

五、推广价值

1. 梳理先进城市形象，提示城市品牌影响

城市大脑建设的总体目标是提高城市治理管理水平，发展高端低碳的现代产业，改善生活状态，满足市民科技需要。因此在城市大脑的建设过程中，必将充分整合现有独特的经济资源、文化资源、历史资源等优质要素，通过挖掘和创造、调整和优化，提高城市的核心价值和整体形象，打造独具特色的城市品牌，彰显仙桃市的文化个性与魅力。

2. 创造安全宜居环境，构建和谐健康社会

城市大脑的建设不仅大力提倡发展低碳经济和循环经济，推进生态环境与城市发展互相促进、资源节约与可再生资源开发利用并举，还通过一系列关系民生幸福的工程，逐步提高社会保障水平和能力，使改革发展成果能最大限度地惠及全市人民，让社会各个环节更智慧、更快捷，人民更幸福。

3. 集约化打造城市数字化平台，节约建设投资

城市大脑数字底座按照总体规划分步实施的原则进行集约化建设和科学化的管理运维，可满足未来城市发展总体需求，支撑整个城市的智慧城市建设。将为仙桃市各地各部门集中提供信息化基础设施建设及服务，整体提升集约化水平，减少各单位在信息化基础设施方面的重复投资。

4. 加速产业集聚、增加税收

城市大脑建设可进一步巩固城市特色产业的闪亮名片，提升城市招商效率和产业服务水平，优化创新创业环境，加速产业聚集。城市大脑建设项目将进一步促进高科技、高端制造企业入驻，促进产业大规模增长。

新北区农村人居环境长效管理平台

肖　宁　徐　良　钱云飞　叶林飞

常州市新北区水利管理服务中心
常州市新北自然资源和规划技术保障中心

一、建设背景

实施乡村振兴战略是党的十九大作出的重大决策部署，总体要求是产业兴旺、生态宜居、乡风文明、治理有效和生活富裕。近年来，各级政府按照党中央、国务院的部署要求，投入了大量的人力和资源用于乡村人居环境的改造和提升，取得了明显的成效。如何巩固乡村振兴成果，保证资源合理利用，提升乡村人居环境，还需在管理制度方面入手，加强和改进治理方法，创新乡村治理方式，提高乡村善治水平。尤其是需加强农村农业管理的信息化服务建设，依托信息化技术创新管理模式，提升管理水平。中央网信办、农业农村部、国家发展改革委、工业和信息化部于 2020 年联合印发的《关于印发〈2020 年数字乡村发展工作要点〉的通知》中明确要求加快以信息化推进农业农村现代化，优化提升"三农"信息化服务水平。

常州市新北区开展的人居环境长效管理平台建设，瞄准了当前全国范围内普遍存在的美丽乡村人居环境长效管理薄弱环节，以信息化服务为技术支撑，建立和完善考核机制。通过研发的专项微信小程序实现了对农村人居环境整治、基础设施管理、河道治理考核、文明城市考核和积分制管理的横向覆盖和区、镇、村三级管理部门的纵向覆盖，确保美丽乡村建设成果得到有效巩固，农村人居环境得以持续改善，农民幸福指数获得长期提升。

二、建设内容

1. 建设内容

1）数据体系建设

采集与新北区农村人居环境相关的空间信息数据并建立专项数据库，支撑新北区的农村人居环境长效管理平台的正常运行。内容包含自然村的空间位置及相关基本信息、农村污水设施空间位置及基本信息、河道空间位置及基本信息。

2) 平台建设

平台建设旨在解决当前新北区农村人居环境长效管理的瓶颈问题，通过 Web 技术、流程控制技术、GIS 技术建立一套完善的农村人居环境长效管理平台。平台服务于区、镇（街道）政府职能部门和行政村开展农村人居环境的日常管理工作，实现业务的线上流转。通过"互联网+"的方式对现有工作进行改造，降低信息采集、流转和汇总上的人力资源投入，提升工作效率，提高工作成效，支撑新北区在全市人居环境长效管理考核工作中处于领先地位。

2. 总体构架

"新北区农村人居环境长效管理平台"由支撑层、数据层、软件层和应用层及标准规范体系和安全保障体系等构成。整体架构如图 1 所示。

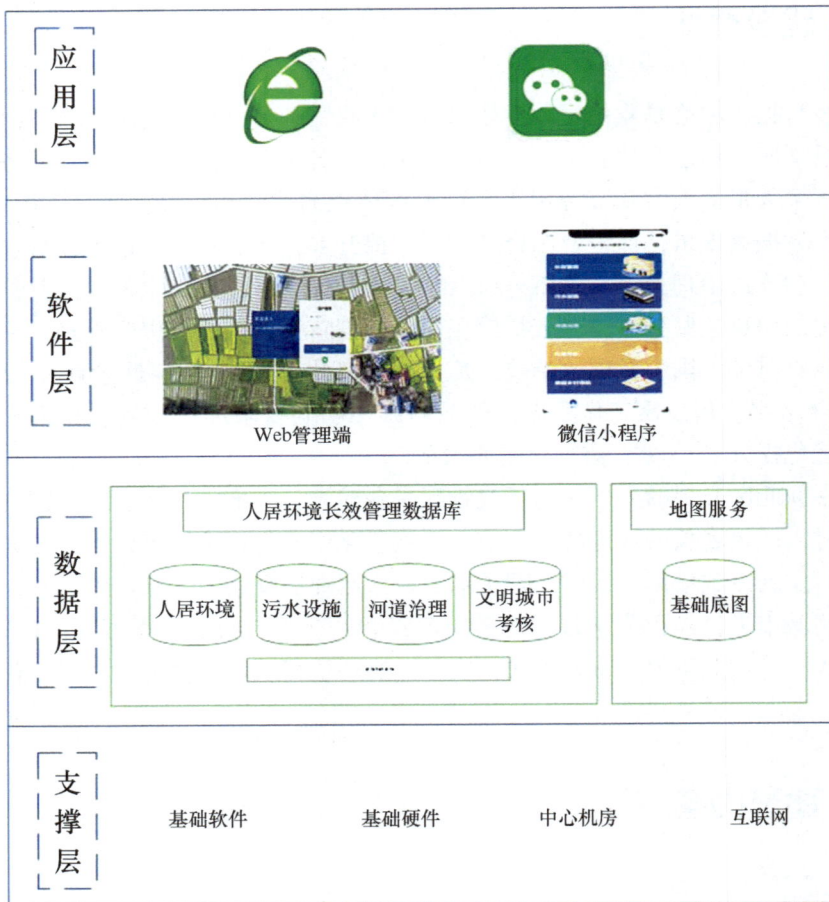

图 1   总体架构

支撑层是通过平台日常运维服务的形式由常州市新北自然资源和规划技术保障中心提供包含基础软件、基础硬件、中心机房、互联网接入和必要的网络安全硬件设备。支

774

撑层为平台的运行提供稳定的硬件环境。

数据层主要包含人居环境长效管理数据库和地图服务。人居环境长效管理数据库存储平台运行所必须的业务信息，包括人居环境长效管理考核的自然村、行政村、镇（街道）基本信息和考核记录，污水设施基本信息和考核记录，河道基本信息和考核记录，文明城市考核，所有考核对象的空间位置。地图服务使用高德地图所提供的各类数据作为基础底图。数据层为平台的软件层提供数据的存储和查询服务。

软件层承接数据层和应用层，为业务系统提供了一种用于搭建和部署应用的架构，使得系统通过接口、服务等形式访问数据层的资源。

应用层直接面向用户的功能需求，以友好的用户界面为用户提供数据管理和业务管理功能。

3. 数据生产与建库

"新北区农村人居环境长效管理平台"数据生产与建库原则上充分利用现有空间数据成果，严格按照区农业农村局提供的台账资料进行数据整合，必要的数据（如污水设施数据）采用野外实地测量方式获取空间数据，通过纸质地图的方式与各镇（街道）长效管理职能部门进行范围核实，确定数据内容后进行质检，质检通过后进行数据入库。共计完成 81 个行政村、1 269 个自然村、192 个农村污水设施、213 条河道的空间位置采集、加工与入库，部分成果（任葛村）如图 2 所示。

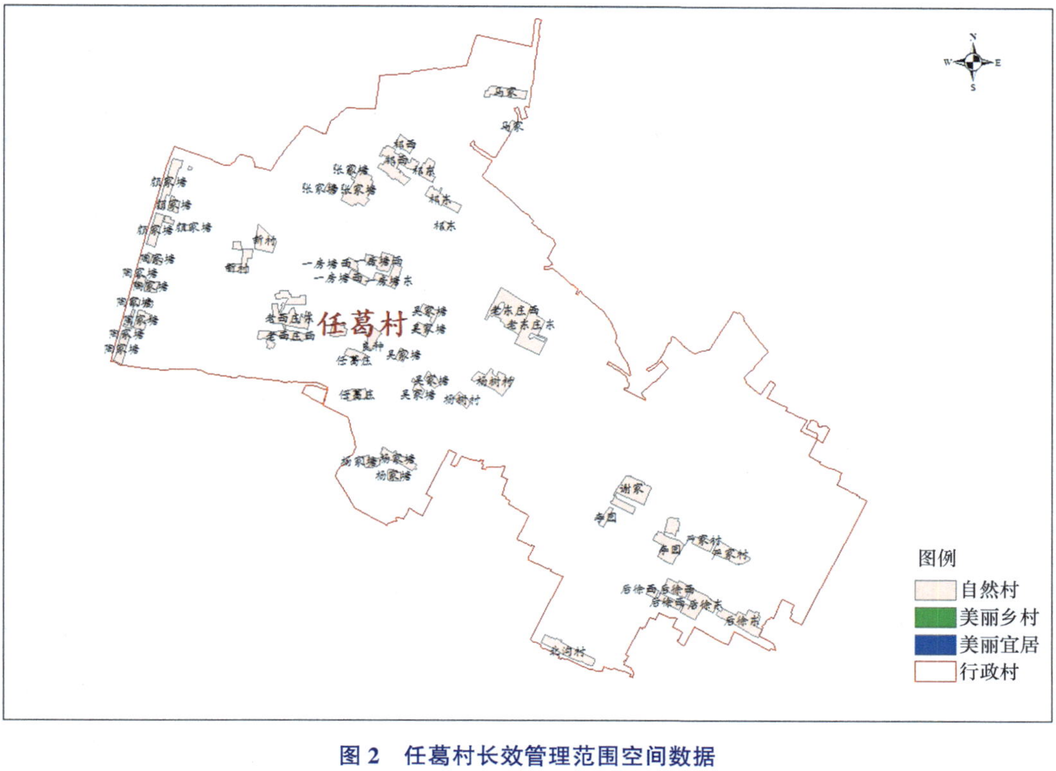

图 2　任葛村长效管理范围空间数据

4. 平台研发

平台建设中，充分考虑了潜在用户的工作场景、知识水平和操作习惯，研发了 Web 端和微信小程序端双终端平台，面向不同用户解决不同工作难题。其中，Web 端（图 3）面向区、镇（街道）两级管理人员，主要实现对农村人居环境长效管理的业务控制，进行管理考核工作的任务分发、检查与信息汇总及平台的各项信息维护。

图 3　Web 端

微信小程序端（图 4）主要面向长效管理工作考核人员和村委一线工作人员，辅助考核人员现场取证、记录人居环境问题，一线工作人员现场整改人居环境或记录日常工作。

平台主要包含系统权限管理、人居环境考核、河道治理考核、污水设施巡查、文明城市考核、积分制考核、位置导航、文档管理和空间分析与数据统计等功能，平台功能结构如图 5 所示。

5. 典型应用场景

1）人居环境长效管理考核场景

人居环境长效管理考核工作主要包括区、镇（街道）两级政府农业农村管理部门定期对各自然村的人居环境情况进行明查、暗访形式的考核，各村委（社区）负责对考核中提出的问题进行整改，区、镇（街道）两级政府农业农村管理部门对整改情况进行汇总、评审和考核成绩公示。平台提供了贯穿考核、整改、评审、公示的全流程信息化支撑，考核人员只需用微信小程序（图 6），现场拍照记录问题，系统将自动记录问题照片的空间位置，并根据系统设置通过短信通知一线工作人员和所在村委、镇（街道）进行整改。一线工作人员接到短信提醒后，打开小程序即可根据问题点的定位导航前往，快速找到问题点，整改完毕后上传照片即完成工作。完成所有整改工作后，由区农业农村管理部门对整改情况进行评审，核实每项问题是否有效整改，评审完毕后根据

776

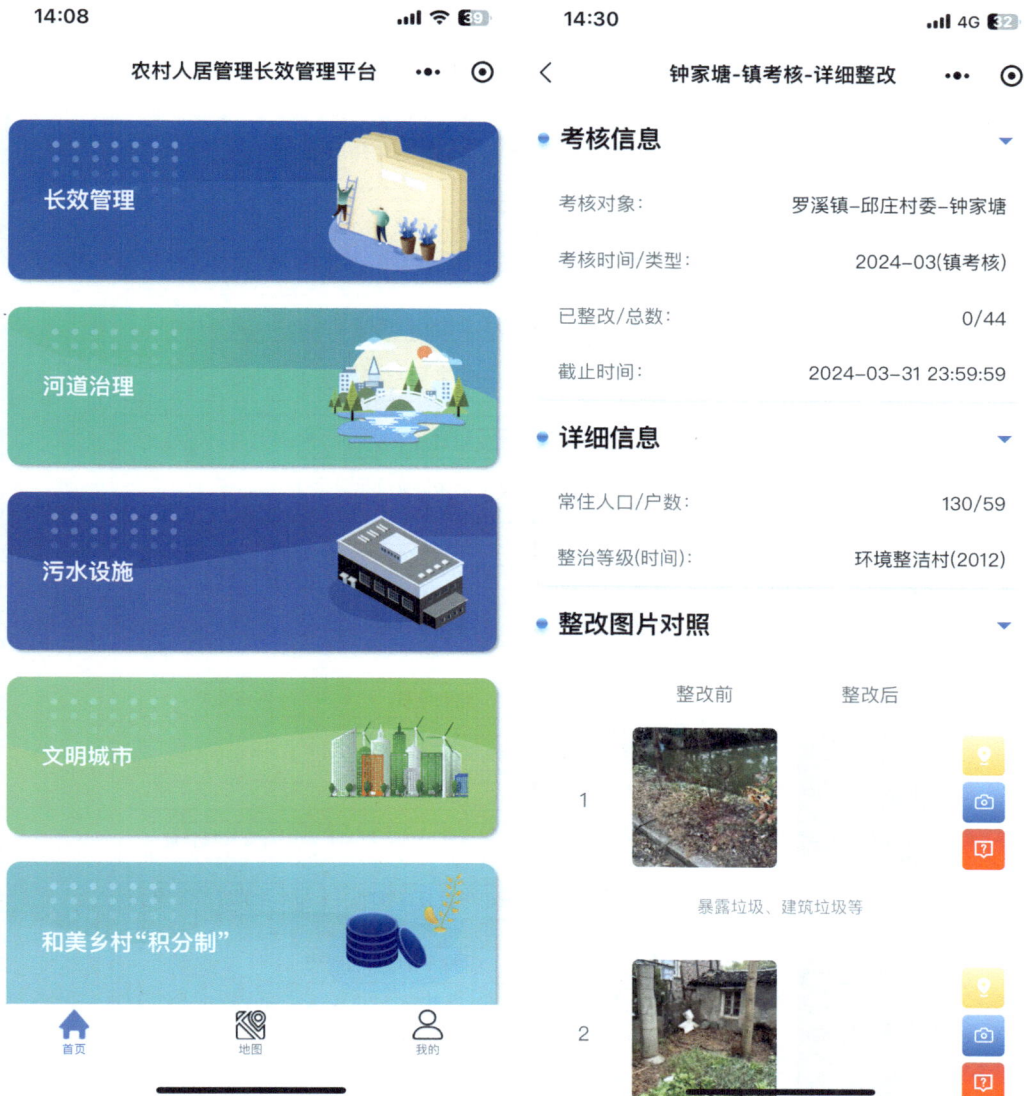

图 4 微信小程序端

评审规则自动生成如图 7 所示的评审结果进行公示。

2）农村基础设施常态化运维监管场景

各级政府按照党中央、国务院的部署要求，投入了大量的人力和资源用于乡村人居环境的改造和提升，建设了大量的健身广场、污水泵站等必备的生活基础设施，并用专项资金聘请养护单位对这些基础设施进行日常巡查维护。但如何监管养护单位的巡查维护工作，确保专项资金的合理使用和基础设施的有效养护是一项难题。平台针对新北区的农村基础设施提供了常态化巡查考核功能，各养护单位工作时使用微信小程序在基础设施限定范围内方可打开巡查数据采集功能（图 8），定期现场拍照，记录设备运行情

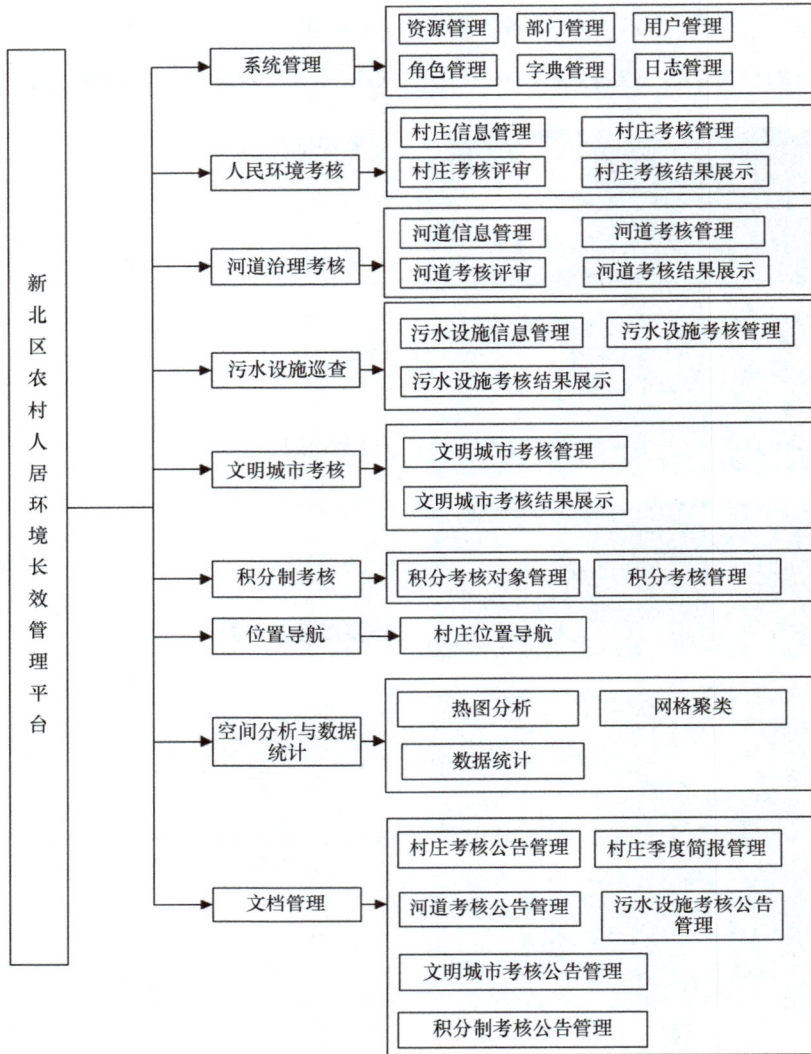

图 5　平台功能结构图

况，上报故障和维修情况。区、镇（街道）两级政府农业农村管理部门可通过微信小程序查看巡查情况，督促巡查工作。

3）农村人居环境问题分析场景

农村人居环境的提升一方面需要常态化的监管、整改及必要的基础设施和经费投入；另一方面还需要分析农村人居环境的问题成因，从源头思考，创新管理方法，提升治理能力，从根本上防止农村人居环境问题的出现。平台通过地理信息技术（图 9）将各时期、各层级查出的人居环境问题进行了空间聚类分析和热力图分析，集合遥感影像图、电子地图等空间数据可分析问题的集聚区域、潜在成因，进而优化管理方法。

图 6　考核问题记录

三、创新应用

1. 全流程全覆盖的线上考核体系

平台针对农村人居环境考核制定了明查、暗访、自查等多种考核模式，从区、镇（街道）、村三级层面加强农村人居环境的检查，确保不留死角，不留空白，考核全覆盖。美丽乡村建设成果得以巩固，人居环境得以持续改善。针对检查中发现的各类问

镇（街道）	11月区明查整改合格率		长效管理负责人签字	考核人员签字
奔牛镇	100.00%			
	100.00%			
	100.00%			
罗溪镇	100.00%			
	100.00%			
	100.00%			
西夏墅镇	100.00%	100.00%		
	100.00%			
	100.00%			
春江街道	100.00%			
	100.00%			
	100.00%			
薛家镇	100.00%			
	100.00%			
	100.00%			
新桥街道	98.97%	98.97%		
	98.97%			
	98.97%			
魏村街道	96.47%	97.29%		
	97.88%			
	97.53%			
孟河镇	88.29%	89.59%		
	90.99%			
	89.49%			

新农简报

第 155 期

【农村人居环境长效管理工作专刊】

常州市新北区农业农村局编　　　2023 年 12 月 18 日

2023 年四季度，新北区农村人居环境整治提升工作领导小组办公室根据工作安排，对全区四季度农村人居环境长效管理工作进行全面督查考核评审，现将情况通报如下：

一、季度考核

（一）镇（街道）考核得分

镇（街道）	奔牛	春江	罗溪	西夏墅	薛家	魏村	孟河	新桥
得分	93.26	91.85	91.45	91.06	90.83	90	88.35	86.92

（二）"红黑榜村"名单

将四季度农村人居环境长效管理考核中排名前 10 名（含并列）的村测评为"红榜村"，排名后 15 名（含并列）的村测评为"黑榜村"，名单如下：

—1—

红　榜　村	黑　榜　村
西夏墅镇　东南村	新桥街道　郭塘村
奔牛镇　奔牛社区	孟河镇　荫沙村
奔牛镇　顾庄村	孟河镇　滕村村
奔牛镇　南观村	魏村街道　新华村
罗溪镇　龙珠山村	罗溪镇　鸦鹊村
春江街道　东海社区	魏村街道　小郡村
罗溪镇　汤庄桥社区	魏村街道　迎龙村
孟河镇　小黄山村	孟河镇　固村巷村
孟河镇　石桥村	孟河镇　小河社区
魏村街道　济农村	魏村街道　灵桥村
	孟河镇　孟城社区
	孟河镇　九龙村
	西夏墅镇　丽江社区
	魏村街道　青城村
	新桥街道　史墅村

（三）考核情况

四季度新北区农村人居环境整治提升工作领导小组办公室组织人员对全区 8 个镇（街道）进行明查暗访，共发现问题点 2891 处，全区整改合格率为 97.88%，各镇（街道）问题点整改合格率排名如下：

镇（街道）	问题点	整改合格率	排名
西夏墅镇	323	100%	1

—2—

图 7　自动生成评审结果

题，依托于微信小程序技术制定了包含问题发现、整改、评审、公示在内的一套完整线上流程，统筹全区村庄、河道、污水设施的管理工作，确保问题第一时间上报，持续跟

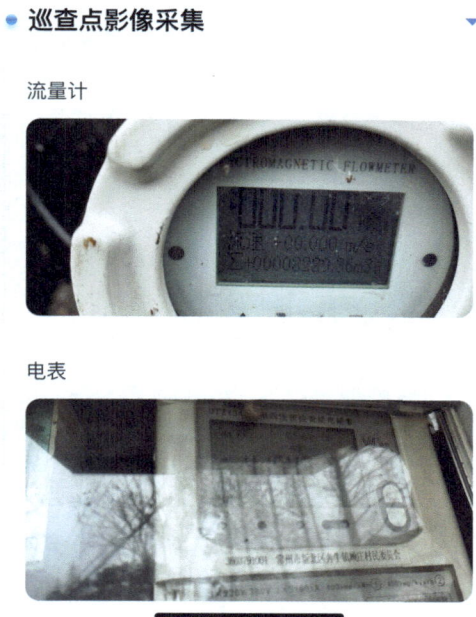

图 8　农村基础设施巡查数据采集

踪和最终实际解决。区、镇（街道）、村三级部门工作人员通过微信小程序即可完成所有信息传递，通过整改前后的在线图片对比保障了各类工作得以有效落实和高效完成。系统根据在线评审情况，依据制定的考核标准，在线智能生成评审结果，提升了人居环境考核评审会议的效率。

2. 基于空间位置的人居环境考核管理

常州市新北区的农村长效管理涵盖 1 269 个自然村，区、镇（街道）两级工作人员难以熟悉所有自然村的具体位置，不便于暗访工作开展。考核时现场进行拍照取证后，如何让整改人员快速找到问题点，有针对性地进行整改也是一个棘手的问题。平台将空

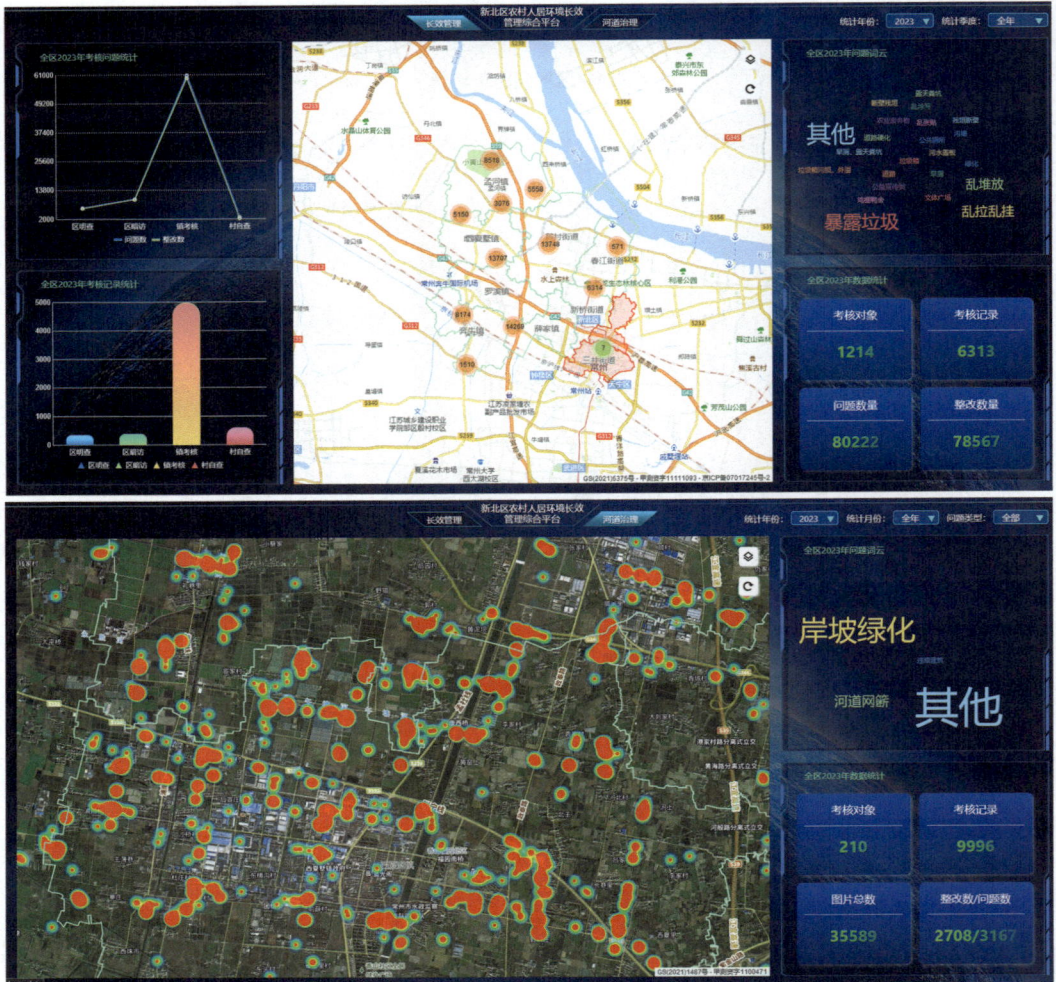

图9　农村人居环境问题空间聚类分析

间位置成功应用于农村人居环境的长效管理。所有自然村、行政村村委驻地、农村基础设施均采集了其空间位置，并与天地图、腾讯地图等数据进行了融合，各级管理人员可利用微信小程序直接导航前往。在问题发现拍照取证过程中利用了手机的定位功能，记录了问题类型和照片的同时，也记录了空间位置，便于整改工作人员通过导航准确前往问题整改点，无须在寻找问题点上耗费大量的时间，将人力、物力集中投放到问题整改和环境改善中。

3. 基于农村长效管理的大数据分析

加强检查和监督是农村人居环境长效管理的有效手段，但并不是治根之方。农村人居环境的长效管理不仅要发现问题、解决问题，还需要了解问题发生的原因，从本质上、源头上做工作来预防问题的发生，才能确保人居环境的长久改善。平台开发的大数据分析与展示功能，从问题的发生时间、发生空间位置、问题类型等入手，结合基础地理信息数据，分析问题背后的时空特性和可能原因，为进一步优化农村人居环境的治理提供决策依据，促进了新北区农村人居环境积分制管理的实行，调动了农村自觉参与环境整改的积极性。

四、推广价值

1. 应用推广情况

"新北区农村人居环境长效管理平台"在常州市新北区推广了3年，成果应用覆盖了10个镇（街道）、81个行政村，500余名工作人员。根据腾讯公司微信小程序官方管理平台记录（图10），工作时间段内高峰期小程序每半小时打开次数在400~500次。2020年10月至今，全区通过平台已开展了2 356次区级明查、暗访工作，各镇总计开展了16 381次镇级考核工作，发现和整改的问题20万余个，全区的农村人居环境得以持续改善。

实时访问次数

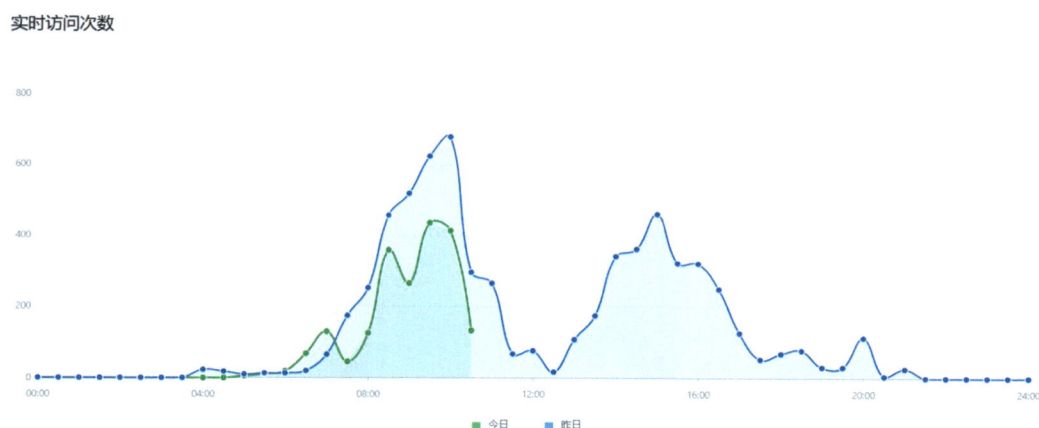

图10　微信小程序日访问次数统计

2. 经济效益、社会效益

平台有效落实农村长效管理责任，完善了农村人居环境整治、农村基础设施养护的检查、监督和考核机制，顺利完成了近3年的考核评审工作。通过软件成果的应用实现了对人居环境长效管理工作的区、镇（街道）、村三级动态实时管理，做到了事事早发现、事事早回应、事事能落实，确保了常州市新北区在全市农村人居环境整治暗访测评中长期名列第一。

通过在常州市新北区开展推广应用可证明，平台的应用明显改进了农村人居环境长效管理的考核模式，提升了工作效率。与应用前的工作模式相比，各镇无须线下收集考核问题并派发整改工作，所有流程线上处理，手机准确定位问题发生点，线上直接评审，节省了大量的人力投入。使用平台后，在经费投入和人员投入没有明显改变的情况下，全区年整改问题量由1.3万余个提升至6.5万余个，工作成效显著提升。各级工作人员可将节省的大量人力和时间投入到农村人居环境的改善中，有效提升了群众的满意度。平台使用当年，新北区农村人居环境长效管理成效在第三方满意度调查报告中取得良好成绩，问卷平均满意度达87.56%，总体评价较高，工作成果得到辖区人民群众一致认可。

沙溪镇集成指挥中心项目

钱　路　张　磊

太仓市沙溪镇人民政府

一、建设背景

沙溪镇作为江苏省经济发达镇行政管理体制改革的首批试点镇，一直积极利用地理信息、大数据、移动互联网、物联感知等信息化技术，全面推进并落实"便民服务一窗口、综合执法一队伍、管理服务一中心、镇村治理一张网"建设，创新了长效化、精细化、智慧化的城镇管理模式，持续提升沙溪镇社会治理水平。

2018 年，沙溪镇通过沙溪镇集成指挥中心平台建设，实现了各部门地理、人口、法人数据资源的汇集整合，提供了资源管理、信息交互、服务共享的渠道。在资源共享平台的基础上，通过专项整治管理、监控联动管理、远程指挥决策建设，构建了综合指挥决策中心，提高了沙溪镇综合治理和应急指挥能力。

2019—2023 年，在沙溪镇集成指挥中心平台一期框架的基础上，有序推进平台的建设，扩展横向覆盖，纵向关联度，通过智慧运营和应用的拓展，为城镇领导统筹、指挥、调度、监督、考核提供支撑。

二、建设内容

太仓市沙溪镇人民政府抓住自身作为江苏省第一批"扩权强镇"试点镇的机遇，在"数字中国""实景中国""三整合改革"战略指导下，建设沙溪镇集成指挥中心平台（即沙溪镇数字综合指挥中心平台），打造了"一平台、一底座、N 应用"。一平台是指基础支撑平台，包括了 Mapmost 数字孪生平台、大数据可视化平台、物联网平台；其中，Mapmost 数字孪生平台是苏州工业园区数字孪生创新坊的领军生态企业——园测信息科技股份有限公司研发，包含了完整的资源管理平台以及软件开发工具，实现了二三维一体化渲染、时空感知孪生映射、时空数据融合治理与地理视角下的多业务融合可视。一底座即打造沙溪数字孪生底座，包括沙溪全镇总面积 52.4 平方千米全域三维白模建模、倾斜摄影数据处理、政府大楼精细化模型建设、400 多个专题图层服务等；N 应用即覆盖沙溪全镇 20 多个部门单位的业务应用（包括党建引领、审批服务、综合执法、网格管理、指挥调度、智慧楼宇、全域整治、数字乡村、企业服务等）。以数字孪生底座为基础，运用 CIM、GIS 等数字孪生技术进行具体应用场景建设，实现数字综合指挥中心和现实集成指挥中心的全过程、全要素、全领域的数字化管理，以数字化映射方式对沙溪进行治理和管理，发挥数字孪生体系优势，进一步实现沙溪乡镇智治，推进政府治理体系和治理能力现代化。构建实时实景数字城镇孪生体，以此开启数字城镇的新篇章，推动沙溪的高质量发展，助力沙溪打造中国式现代化的城镇标杆（图1）。

图1 统一门户

"先锋党建"板块展示了我镇的党建信息和党建分布，从历史文化名镇、生物制药特色小镇、改革扩权强镇、组织力重镇、凝心聚力发展大镇五个方面阐述沙溪镇党建品牌理念；根据苏州市党建平台的党组织、党员、党组织活动数据分析沙溪镇的党组织分布概况、党员结构、党组织生活占比、优秀共产党员等（图2）。

图2 先锋党建

"指挥调度"板块的底图是根据沙溪镇地形数据制作的建筑物白模，可查看某建筑的详细信息并细化至户室信息，包括常住人口、流动人口、空巢老人、重点青少年、刑释人员、精神障碍人员、走访记录等；通过应用网络舆情监测，实现对网络舆情信息包括微博、新闻、论坛、博客、自媒体等各种形式进行采集，实时掌握所关注的舆情信息，并基于收集到的海量信息进行实时汇总分析并出具舆情报告，为了解民意及决策提供参考依据；根据业务端阳光信访审批流程进行统计分析，展示信访基本概况、信访来源分布、类型分布、各村社区案件分布情况、实时案件列表展示等（图3）。

图 3　智慧楼宇

"审批服务"板块展示的数据源来自行政审批局，根据实时调用的接口进行实时更新，用来展示沙溪镇行政审批局的业务运行情况（图4）。

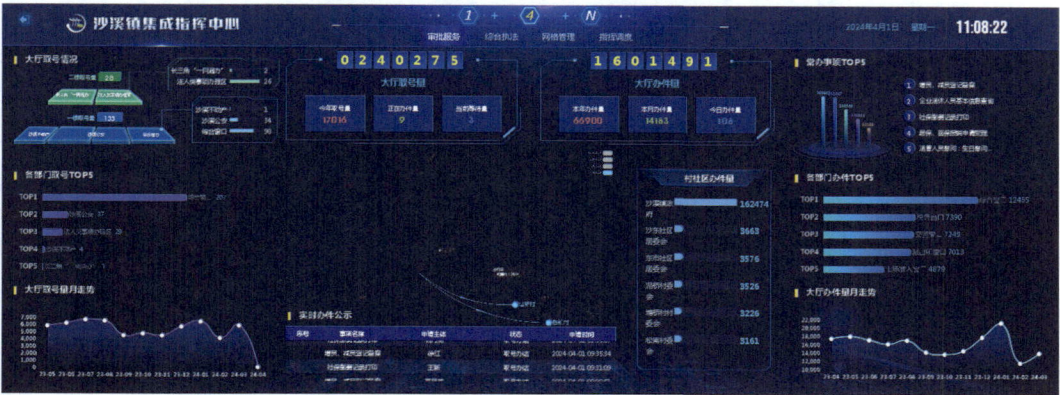

图 4　审批服务

"全域整治"板块主要针对当前重点任务进行实时监督管理，追踪任务的完成进展（图5）。

"综合执法"板块主要展示执法局的日常工作，包括联动流转、来电来访、一般案件、简易案件等；统计各项整治行动的成效，包括违建工单、"散乱污""311整治"、废品回收、户外广告等；对近期各类工单案件进行分类统计、图表展示、点位分析、热

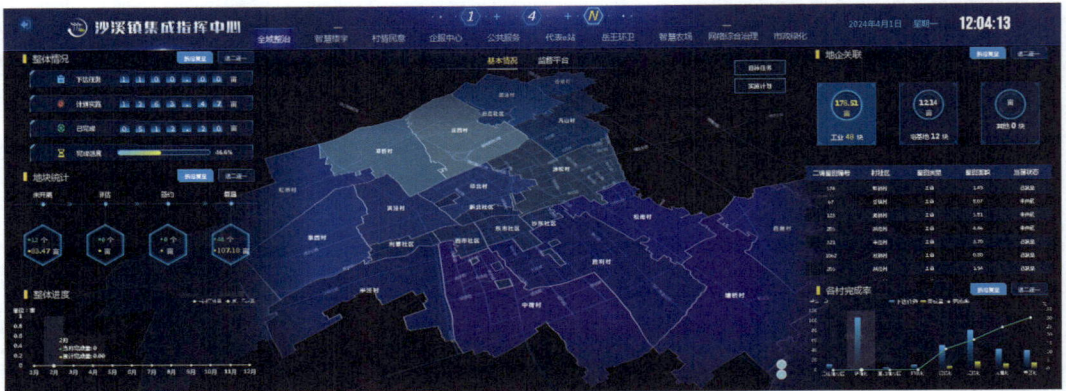

图 5　全域整治

力分析和聚类分析（图 6）。

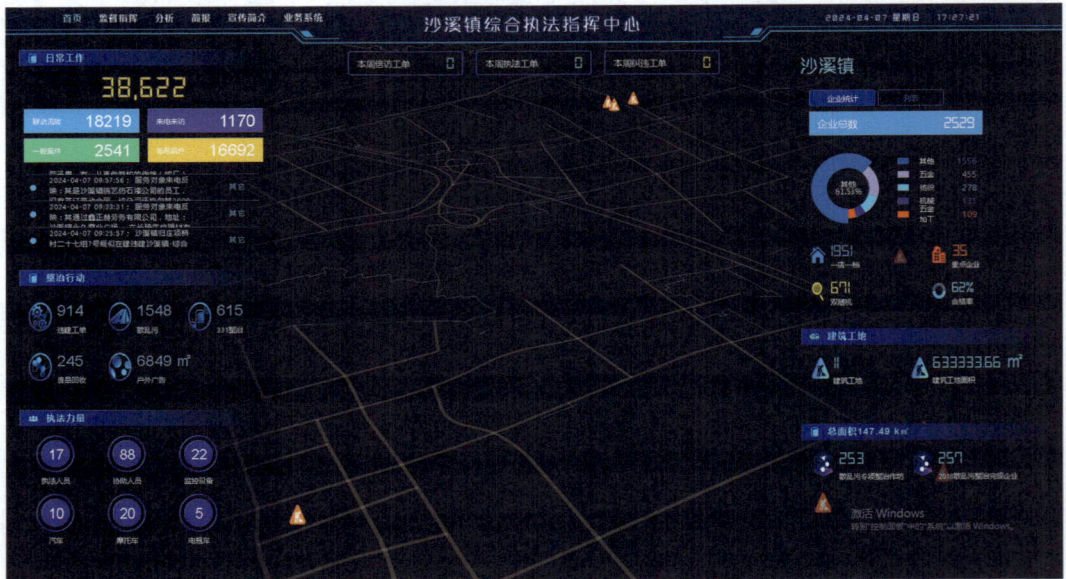

图 6　综合执法

　　"村情民意"板块主要针对纪委巡查内容进行梳理，服务于纪委巡查的事前、事中和事后（图 7）。

　　"网格管理"板块呈现三级网格、城市管理以及网格事件情况：全镇被划分为 77 个网格，实行"一格一人一车"，网格员每天都需要到自己所管辖的范围内巡查，同时用手机端采集提交实时数据，地图上以热力图的形式对网格事件进行分析，直观展示网格事件热度分布情况，颜色越红越密集的地方网格事件爆发量越大、热度越高，两侧则展示网格实时事件的分布情况、事件来源分布、事件类型分布等，并对事件进行综合分析和诊断，辅助领导进行决策分析（图 8）。

788

图 7　村情民意

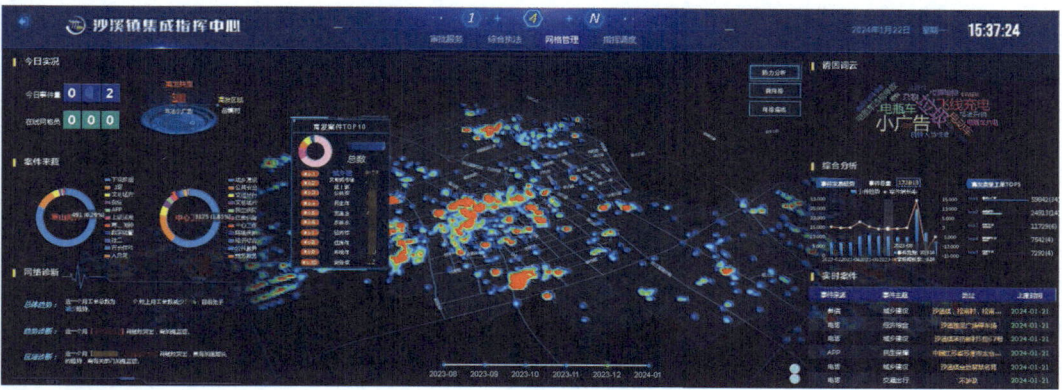

图 8　网格管理

　　"企服中心"板块可以直观地了解到沙溪镇历年经济指标、工业经济结构、工业投资情况、重点项目分布情况、重点项目公示列表展示、新招商项目公示等方面的宏观经济数据指标,为镇领导决策提供数据参考(图9)。

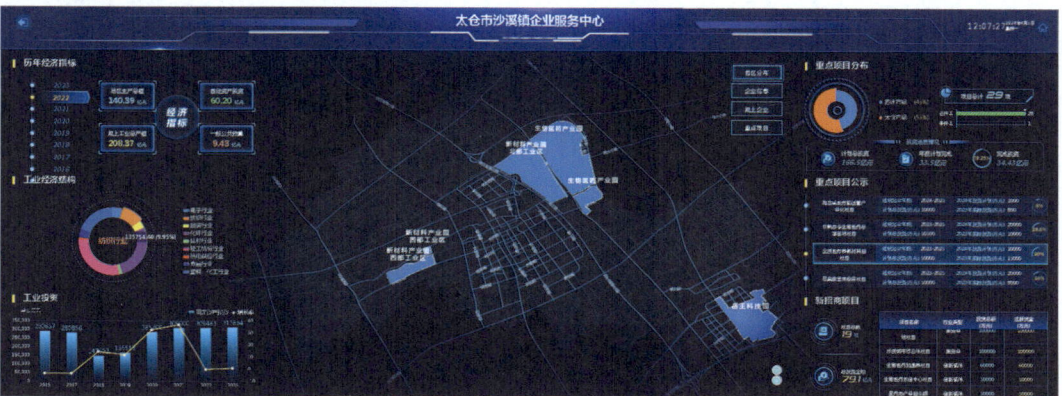

图 9　企服中心

"公共服务"板块主要呈现沙溪镇居民的健康状况和公共服务情况，从健康细胞、健康服务、健康环境几个方面，分析沙溪镇慢病分布情况、健康环境以及社会救助、退役军人、残疾人等分布情况（图10）。

图 10 公共服务

"智慧楼宇"板块通过利用倾斜摄影技术还原大楼周边真实环境，融合大楼日常管理、安防管理、日常维修、能耗分析等动态业务数据，对精细化的三维大楼进行高亮特效等渲染，实现大楼日常管理的实时监控可视化、工单事件报警位置高亮标识。区分白天和晚上的大楼消防安全管理场景，通过对接 AI 监控实时画面与模拟的日照光影效果，准确地反映政府大楼内外的真实情况（图11）。

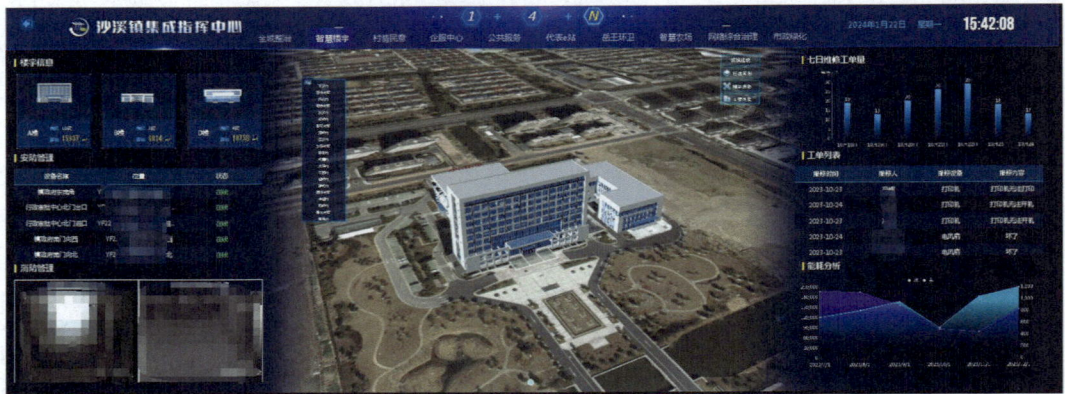

图 11 智慧楼宇

"安全应急"板块通过对"远程+现场""内部+外部"物联感知，监管沙溪镇的重点安监企业的生产安全情况。系统基于最新的影像图，实现重点企业的空间分布分析，可以查看企业的基本信息、自查记录、巡查记录外，系统还接入了企业重点区域的视频监控系统，可以远程监管企业内部重点区域的安全操作情况；在企业外部可以通过无人机航拍侦察执法企业排气、排水、进出车辆、厂房外部等情况，如果感知异常，安全网格员还可以通过远程视频连线远程协同企业安全员整改安全工单（图12）。

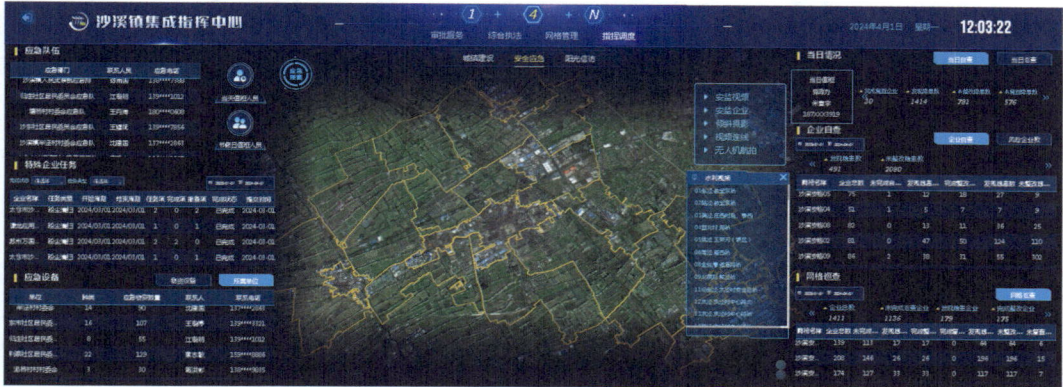

图 12　安全应急

"代表 e 站"板块整合了各类数据资源，包括人大代表信息、议案建议、民意调查等。通过对这些数据的分析处理，可以为人大代表提供更加全面、准确的信息支持，提升履职质量（图13）。

图 13　代表 e 站

三、建设成效

1. 应用成效

依托平台建设项目成果，集约化地进行城镇基层社会治理，能够满足各专项应用及各政府部门在数据与应用方面的各维度需求，为城镇建设节省了部分信息化建设资金，提高了基层工作人员的信息化素养。最终实现沙溪镇上接太仓市指挥中心，下沉到底、横向到边，共建共治共享的日常社会治理工作，实现智慧化、科学化、常态化运行，为推动沙溪镇各项工作迈上新的台阶提供强大动力。

2. 创新点

理念超前：从数字中国到数字政府，数字社会治理成了这个时代的亮点；而沙溪建设数字综合指挥中心已经走了近 5 年，数字社会治理格局已基本形成。沙溪秉持"用数据说话、用数据决策、用数据管理和用数据创新"的理念，建立了《太仓市沙溪镇首席数据官制度》，落实"三整合"改革建设了"1+4+N"模式的数字基层治理模式，实现"大数据+一张图"与社会治理的深度融合，从而实现基层治理决策的科学化和服务的精细化。

应用创新：以"夯实基础、深化应用、创新共享"为指导，全面推进沙溪镇治理中枢建设，构建高效统一、集约安全的数字孪生底座；以此为基础，深化了"大数据+网格化+铁脚板"工作机制，打造了"网络"+"网格"的网络综合治理样本，形成了以图管房、人房关联的疫情防控模式、创新全镇"全要素一张图"的挂图作战指挥中心工作机制、建设了涂淞村为试点的"三农三资五务"合一的数字乡村示范、打造了行政办公大楼安全节能的数字孪生智慧楼宇案例等一系列应用。整体提升了沙溪镇的治理能力现代化水平，助力沙溪打造中国式现代化的城镇标杆。

3. 推广价值

1）应用成效显著

依托于平台建设项目的丰硕成果，沙溪镇在城镇基层社会治理方面实现了集约化的革新。这一模式充分满足了各专项应用和政府部门的多样化数据与应用需求，不仅为城镇建设节省了信息化建设资金，还显著提升了基层工作人员的信息化素养。更为重要的是，沙溪镇已成功地与太仓市指挥中心形成了紧密的连接，构建了一个深入基层、全面覆盖的共建共治共享的社会治理体系。这一体系展现出智慧化、科学化和常态化的运行态势，为沙溪镇未来的持续发展注入了强大动力。

2）创新亮点突出

理念引领未来：沙溪镇在数字社会治理领域已积累了近 5 年的宝贵经验，形成了稳固的数字社会治理格局。始终坚持"用数据说话、用数据决策、用数据管理、用数据创新"的先进理念，并建立了《太仓市沙溪镇首席数据官制度》。这一制度确保了"三整合"改革的有效实施，并构建了"1+4+N"模式的数字基层治理模式，实现了"大数据+一张图"与社会治理的深度融合。

创新应用实践：在应用层面，沙溪镇以"夯实基础、深化应用、创新共享"为指导，全面推进治理中枢建设。构建了一个高效统一、集约安全的数字孪生底座，并在此基础上进一步深化了"大数据+网格化+铁脚板"工作机制。此外，还打造了"网络"+"网格"的网络综合治理样本，形成了以图管房、人房关联的疫情防控模式，实现了全镇"全要素一张图"的挂图作战指挥中心工作机制等。这些创新应用不仅提升了沙溪镇的治理能力现代化水平，更为其成为中国式现代化城镇标杆打下了坚实基础。

3）推广价值巨大

沙溪镇集成指挥中心的建设成果不仅在本地产生了深远影响，更吸引了来自上级部门和同级单位的广泛关注。每年，都会有大量的领导和参观团队来到沙溪镇进行调研和学习。沙溪镇也始终保持着创新升级的态度，不断加强基层治理体系和治理能力现代化建设。这一模式具有极高的推广价值，可以为其他地区提供宝贵的经验和参考。

智慧城市运行管理服务平台

任玉荣　黄　锋　屈停停

陕西天诚软件有限公司

一、建设背景

　　建设智慧城市是贯彻党中央、国务院关于创新驱动发展、推动新型城镇化、全面建成小康社会的重要举措，是适应新型城镇化建设需要，以信息化创新引领城市发展转型，全面推进新一代信息通信技术与城市发展融合创新，加快工业化、信息化、城镇化、农业现代化融合，提高城市治理能力现代化水平，实现城市可持续发展的新路线、新模式、新形态。《国务院关于加强数字政府建设的指导意见》中明确指出，推进智慧城市建设，推动城市公共基础设施数字转型、智能升级、融合创新。加快推进城市运行"一网统管"，着力提升矛盾纠纷化解、社会治安防控、公共安全保障、基层社会治理等领域数字化治理能力，提升城市治理科学化、精细化、智能化水平。《陕西省数字政府建设"十四五"规划》指出，到 2025 年底，纵向贯通、横向协同、覆盖全省的数字政府体系全面建立，大数据、云计算、人工智能等数字技术广泛应用于政府决策和管理服务，政府决策科学化、社会治理精准化、公共服务高效化取得重要进展。

二、建设内容

　　平台以城市运行管理"一网统管"为目标，以城市运行、管理、服务为主要内容，为城市打造了统筹协调、指挥调度、监测预警、监督考核和综合评价等功能，平台"抓统筹、重实战、强考核"，能够第一时间发现问题、第一时间控制风险、第一时间解决问题，统筹协调城市管理及相关部门"高效处置一件事"的一线作战平台。

　　平台运用"四个一"的整体建设思路，即构建"一网""一中心""一平台""一脑""横向到边、纵向到底"的城市运行管理服务工作体系，增强城市管理统筹协调能力，满足城市治理精细化管理、服务要求（图1）。

　　（1）"一网"即打造物联感知平台，利用物联网及新型传感器等技术，建设统一的物联网，提供城市燃气、环卫、井盖、路灯、交通、工地等数据的自动采集、实时监测、智能报警等丰富功能，对设备终端、数据、应用等行业标准化建设，提供统一终端接入、统一数据处理、统一开放接口，构建物联感知建设导则，实现城市运行监测设施

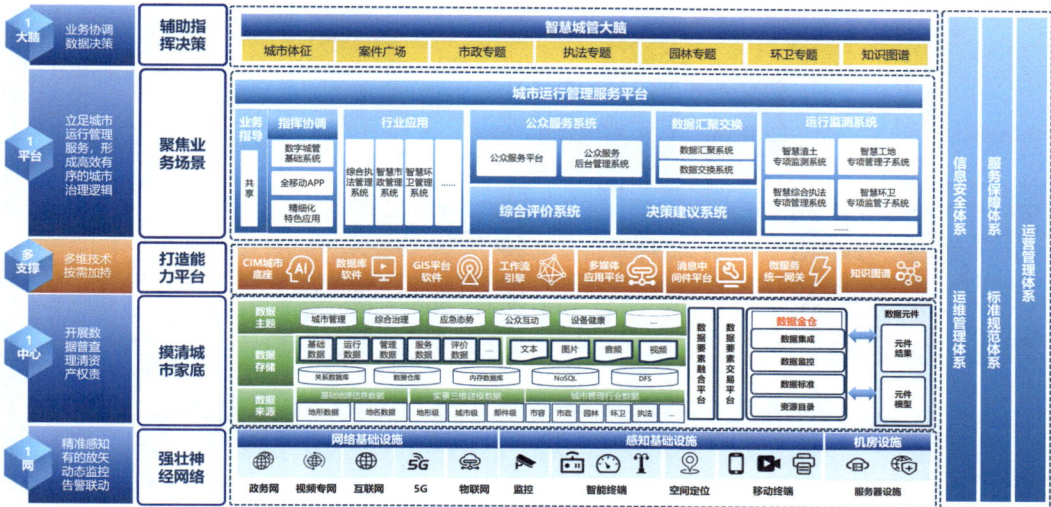

图 1　总体架构

的动态感知、互联互通，增强城市管理的感知能力，及时准确地收集城市运行管理的各种数据，为后续的分析和服务提供可靠的基础，并提升管理效率（图 2）。

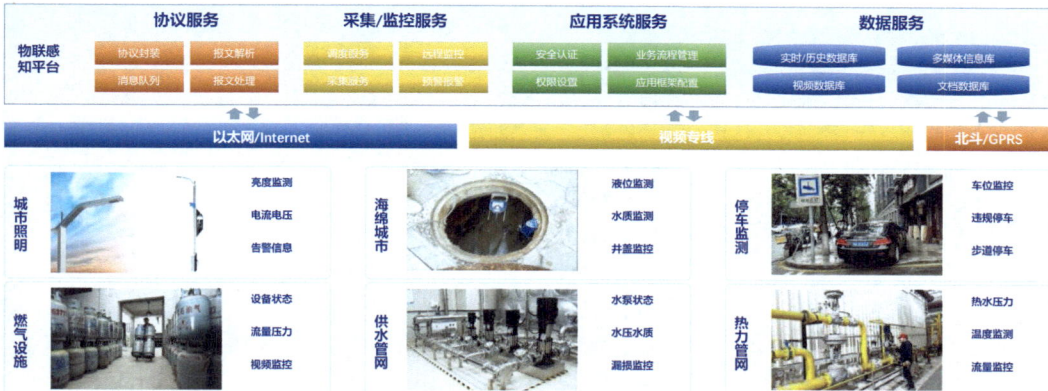

图 2　物联感知平台：基于 5G+ 物联网技术，感知城市脉搏

（2）"一中心"即打造数据要素系统+城市运行管理服务数据库+城市管理大数据服务平台，链接一切事务。通过实现数据要素的管理，可以更好地管理和利用各类数据资源，保障数据的准确性和安全性，为城市管理提供可靠的数据支持（图 3）。对核心区建设精细三维模型，创新打造 CIM 平台数据底座，支撑城市治理应用的建设与运行，实现"一图洞察全局"，并依托 CIM 基础平台和物联网行业感知数据采集，实现对城市基础设施运行状态三维可视化监测和上报，为城市管理工作开展提供可视化、沉浸式的城市管理新模式（图 4）。

（3）"一平台"为用户提供全方位的城市运行管理服务，覆盖了业务指导、指挥协

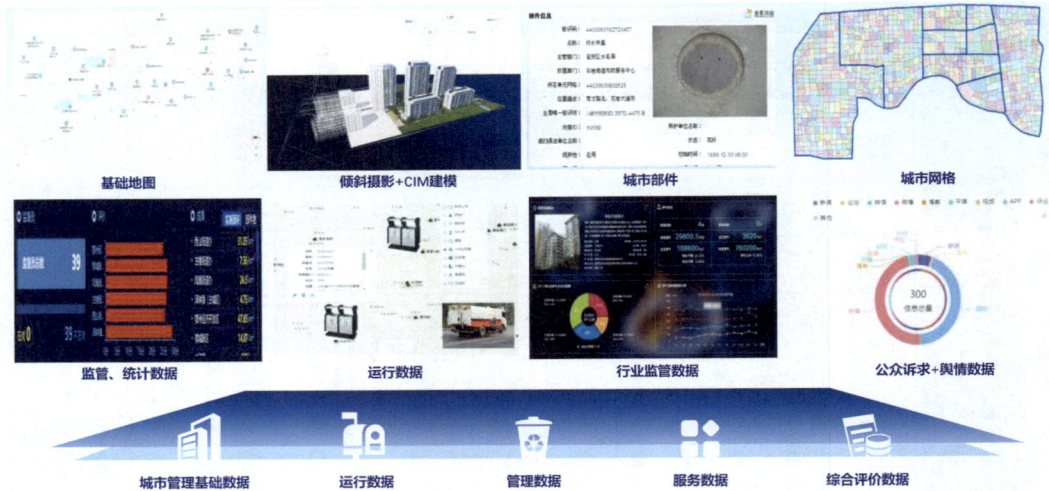

城市管理基础数据　　　运行数据　　　管理数据　　　服务数据　　　综合评价数据

图3　全要素信息采集系统

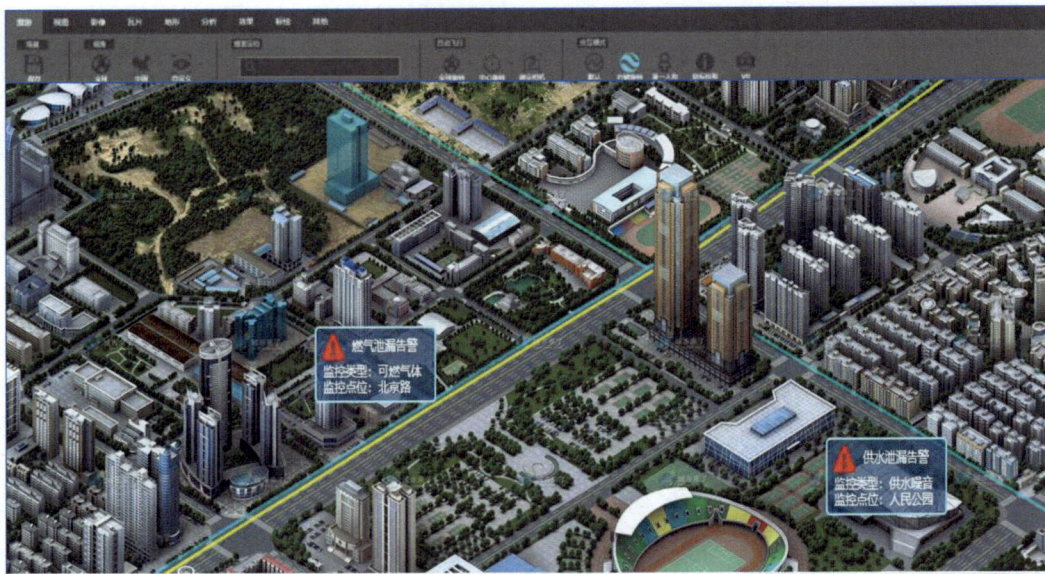

图4　CIM 基础平台

调、行业应用开发、运行监测、公众服务、综合评价、决策建议、数据交换、数据汇聚和应用维护等功能，旨在满足多方需求，促进高效协作和顺畅运作（图5）。该平台集成了多个移动应用，如"城管通""领导通""处置通""考评通"等，为用户提供统一的城市管理入口，实现全面掌控。通过利用先进技术，如无人机、卫星影像、人工智能深度学习算法等，建立建筑物自动识别模型，有效识别和打击违建等违法行为，提升城市治理水平。此外，平台实现了对渣土运输全过程的动态监管，构建了智慧执法闭

796

环，通过物联网技术实时监测市政设施状态，提高公用事业服务质量。通过公众服务系统，汇聚民意，全面监控舆情，及时解决市民问题，提升市民满意度。城市运行监测系统聚焦城市基础设施，实时掌控多个领域的潜在风险，并根据科学评测指标推动城市运行管理服务体系的现代化。最后，将各类数据汇聚到城市运行管理服务大数据中心，为城市综合管理提供全面数据支持，实现数据的清洗、校验、抽取、融合等处理，从而优化城市运行管理服务。

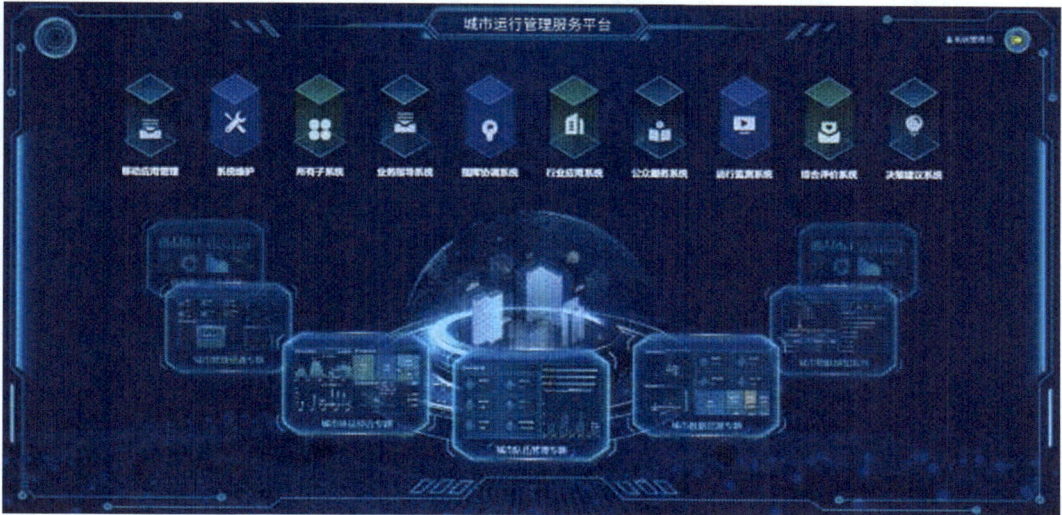

图 5　城市运行管理服务平台

（4）"一脑"，就是通过城市管理大脑建设，智能汇聚城市运行管理服务平台数据，为政府领导提供领导驾驶舱，打造城市管理运行的晴雨表，以"一张图"形式呈现辖区内城市综合管理运行实时状态，如当前案件结案率、各专业部门处置的完好率、案件详情、城管执法人员、执法车辆实时分布等，方便政府领导全局掌握城市管理运行情况（图6）。充分利用大数据分析和 AI 人工智能技术，实现对城市管理难点和热点问题以及各类城市管理数据的智能分析、动态预警和智慧决策，帮助政府科学发现和诊治"城市病"。例如：通过查看案件热力图，能在系统上直观地发现哪些街道是问题高发区域、哪些时间为高发时间；为该区及时调整监管导向，合理优化城市管理资源配置提供数据分析支持。

三、创新应用

延安市安塞区致力于构建智慧城市运行管理服务平台，充分应用云计算、大数据、物联网等先进数字技术，打造"一网""一中心""一平台""一脑"四位一体的城市管理新模式。通过打破数据壁垒、实现运行监管的统筹规划和统一评价体系，建立高效的城市管理问题发现与解决机制。利用"一张图"技术，直观展示辖区内城市综合管

图 6　城市管理大脑

理运行的实时状态，全面提升城市治理水平和治理能力。

四、推广价值

本平台创新城市管理，共建和谐家园，一网管全城，流程"再"造，建成"五位一体"智慧城管新体系，在最低层级、最早时间，以相对最小成本，解决最突出问题，取得最佳综合效应，助推城市治理体系和治理能力现代化。

1. 升级智能监控水平

对老旧监控设施进行升级改造，同时建设视频智能分析系统，对设置的监控区域实行 24 小时动态实时监控检测，通过视频智能分析技术，对监控区域内的违规类型进行实时检测报警。

2. 提高智慧城管能力

运用新技术，打造综合管控平台，整合扩展智慧停车、智慧供水、智慧执法、智慧排水、智慧供热、智慧燃气、智慧环卫、智能路灯等各行业子系统，实现感知、分析、服务、指挥、监察"五位一体"的智慧城管新体系，提高城市科学化、精细化、智能化管理水平。

3. 探索"非现场执法"模式

智慧城管建成后，桥梁、河道、路灯等均配备有智能传感器，大数据后台能实时辅助城市管理，实现城市管理事件会"感知"、城市管理风险早"预知"、城市管理更智慧。通过"非现场执法"模式的探索，进一步提升城市管理执法效率。

798

赣州蓉江新区智慧城市项目

刘德生　黄俊峰　车军栋　彭旭东　罗　玉

赣州蓉江新区住房和城乡建设局
航天科工智慧产业发展有限公司

一、建设背景

为贯彻落实党中央、国务院关于加强数字中国、数字政府建设的重大决策部署，深入落实省委、省政府关于深化数字政府建设，更好地支撑经济社会高质量发展工作要求，推动城市全面数字化转型，建设精准高效的数字政府，打造数字经济引领型城市、国际一流智慧城市，赣州蓉江新区智慧城市项目围绕三大核心目标实施。

（1）加快建设数字政府。以数字技术为支撑，实现政府业务和技术的深度融合，聚焦经济调节、市场监管、社会管理、公共服务、生态环境保护等政府职能，提高政府治理科学化、精细化、智能化水平，提升政府履职效能。

（2）更新城市基础设施。按照国家、省、市相关要求，在城市道路、社区、学校、公园、地下管线等布设多种新型物联监测设施，建设统一的物联网平台，实现新区大范围实时感知，提升全域智慧感知能力。

（3）壮大数字经济产业。以数字经济产业的培育与发展作为新型智慧城市试点工作重点，建设数字经济产业园区，引进培养复合型人才，壮大数字产业集群，实现产城一体化良性发展，为城市建设开发提供数智支撑。

二、建设内容

1. "1411" 顶层规划设计

参考《数字中国建设整体布局规划》"2522"整体框架布局，按照夯实数字基础设施和数据资源体系"两大基础"，推进数字技术与经济、政治、文化、社会、生态文明建设"五位一体"深度融合，强化数字技术创新体系和数字安全屏障"两大能力"，优化数字化发展国内国际"两个环境"的要求，打造赣州蓉江新区智慧城市"1411"顶层规划设计（图1）。即建成一个智能中枢、四大类智慧应用（城市治理、社会民生、产业经济、资源环境）、一个数字底座体系、一套数字基础设施，实现新区功能泛在感知、政务资源共享互通、区域经济动态可视、市民生活便捷安畅，使蓉江新区成为国内新型智慧城市建设示范区。

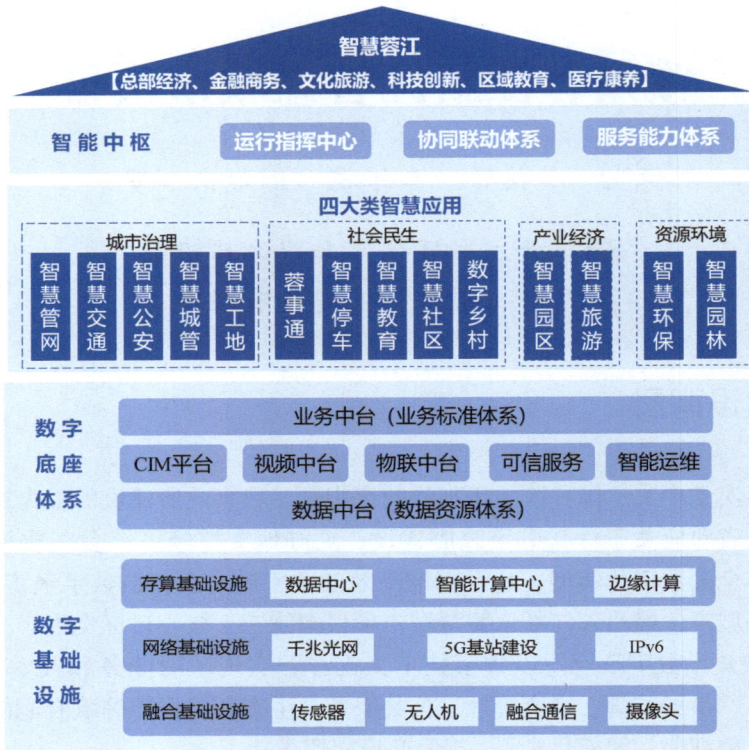

图1 "1411" 顶层规划

2. 一套数字基础设施

部署"高速泛在"网络基础设施。提升5G网络和光纤网络在机关单位、社区、学校、公园、道路、停车场、景区等区域的覆盖，推动城市网络向高速化和智能化升级，实现互联网、电子政务网、物联网的跨网融合，实现"高速泛在"的一体化网络设施。

布局"智能感知"融合基础设施。统筹建设物联、数联、智联"三位一体"的新型城域物联专网，推动智慧交通、智慧停车、智慧公园、智慧管网、智慧环保、智慧园区等领域基础设施智能化建设。目前，在蓉江新区130平方千米区域内，已安装了30余类10万余套物联传感设备（图2）。

构建"云边协同"存算基础设施。依托赣南数据湖，形成150拍字节的光磁融合存储、计算和分析能力，是目前全省存储容量最大且唯一采用光磁一体存储方式并配备云计算、云安全能力的绿色数据中心。

3. 一个数字底座体系

避免重复建设，建设"统一技术标准、统一共性应用、统一运维运营"的数字底座体系，将数据、接口、服务等能力以组件的形式开放，形成共性能力平台，包括CIM平台、视频中台、物联中台、可信服务平台、智能运维平台、数据中台、业务中台。

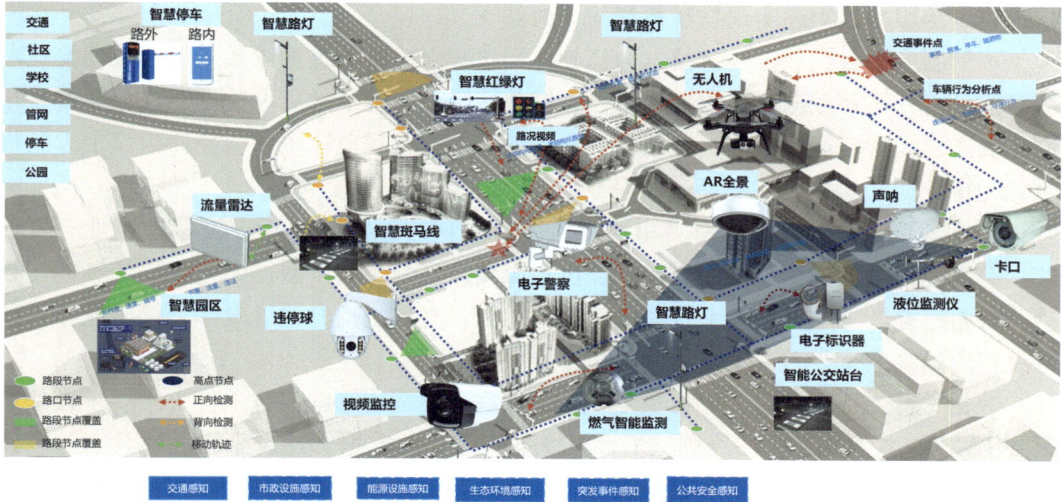

图 2　物联感知体系

CIM 平台：汇聚蓉江新区 130 平方千米内基础地图、道路、社区、工地、管网等多源数据，为专项应用提供二三维影像和矢量地图服务以及三维模型，提供应用调用服务和二次开发工具。面向城市、园区、社区等不同层次的场景，提供全空间覆盖、全周期管控、全业务协同的数字孪生空间治理应用（图 3），有效提升城市空间治理能力。

图 3　CIM 基础平台数字孪生空间应用

视频中台：接入全区 8 000 余路视频，部署 70 种 AI 算法，覆盖工地、社区、学校等重点场所。通过集成基础视频应用、智能 AI 分析、区域布控告警为一体的综合应用管理系统，在场景中实现数据和算法的价值闭环，为公共安全、城市治理等不同业务场景提供丰富的技术支撑，让城市"看得清""辨得明"。

物联中台：按照统一的标准规范接入全区各物联设备，形成统一且数据全面、服务功能强大、应用领域广泛的物联平台。为专项应用提供设备管理、设备接入服务、设备信令控制等服务能力，实现物联数据的全面共享。

可信服务平台：以区块链技术为基础，构建数据确权和追溯体系，保证数据细粒度的可控可管，搭建数据隐私防护体系，支撑数据隐私前提下的可控数据协作，实现城市固定资产、无形资产和数据资产的全生命周期标准化、规范化统一管控，为城市大脑提供行为审计、区块链、数字资产管理等服务能力。

智能运维平台：面向智慧城市整体，统一对网络系统、应用、设备进行业务、性能、容量、安全等多个维度的监控，提供运维操作系统告警、数据库告警、业务应用告警、日常巡检、工单处置、考核评价等服务能力，有效地提升运维效率，保障业务系统持续稳定地高效运行。

数据中台：根据国家一体化政务大数据体系建设指南和江西省工作方案要求，按照"以用促建、共建共享"的原则，汇聚全区各部门业务数据，建设全区共建共享的一体化数据资源体系，完成公共数据资源目录、数据归集、数据治理、数据共享、开放授权等建设，为各业务应用提供数据支撑，同时提供数据分析挖掘、数据算法模型等工具。

业务中台：集中管理智慧城市数字底座服务能力资源，建立各应用间的服务共享机制，提高服务利用率和节约建设资源，将上层应用系统的共性需求提炼为标准化的数据和服务接口，对外输出共性服务能力，以提高服务的协同性和互操作性。为"城市大脑"提供统一用户、统一编码中心、知识中心、标准规范等服务能力。

4. 四大类应用

根据赣州蓉江新区管委会以及下属各委办局用户需求，规划建设了城市治理（管网、交通、工地、城管、公安）、社会民生（教育、社区、数字乡村、蓉事通、停车）、产业经济（旅游、园区）、资源环境（园林、环保）四大类领域应用。

城市治理精细协同。建设智慧管网、交通、工地、城管等应用，全面提升现代化治理能力，形成"动态监测、智能预警、扁平指挥、协同联动、快速处置、精准监管"的城市治理体系。

守护城市"动脉"安全。智慧管网摸清全区管线数据现状，建立二三维一体化模型，安装 10 余类 3 万余套物联监测设备，实现对排水、供水、燃气等管线设施的实时监测、预警、处置，满足管网态势实时感知、异常情况智能预警、应急处置自动分派、科学分析决策建议等业务闭环管理需要，降低城市地下管网爆发系统性安全风险，守护"城市生命线"安全。

编织城市交通"安全网"。智慧交通在全区主次道路安装交通感知设备，建立全要素、多层次的感知体系，全方位监控道路交通状态，集成视频监控、交通违法、交通秩序、交通安全、交通指挥五大业务应用，结合前端感知设备实现车辆信息可追溯管理和智能研判分析（图4），减少交通事故，编织城市交通"安全网"。在主干路段建设两条绿波控制带，减少停车次数，提高通行效率。

社会民生便民利民。围绕教育、出行、社区服务等社会重点关注问题，建设教育、社区、停车、数字乡村、一卡通等应用，为市民提供涵盖民生、教育、医疗、出行等丰

图4 智慧交通智能研判中心

富多样的优质服务。

关注群众办事难点。打造"蓉事通"App，构建便民服务、企业服务、智慧政务、智慧园林、智慧教育等12个应用场景107项社会民生服务事项（图5），市民可通过App、小程序多渠道访问城市服务。与省"赣服通"平台信息同源、服务共享，让政务服务"一触即达""一屏尽享"，让群众随时随地享受"只跑一次"，甚至"一次不跑"就把事办好的便利。

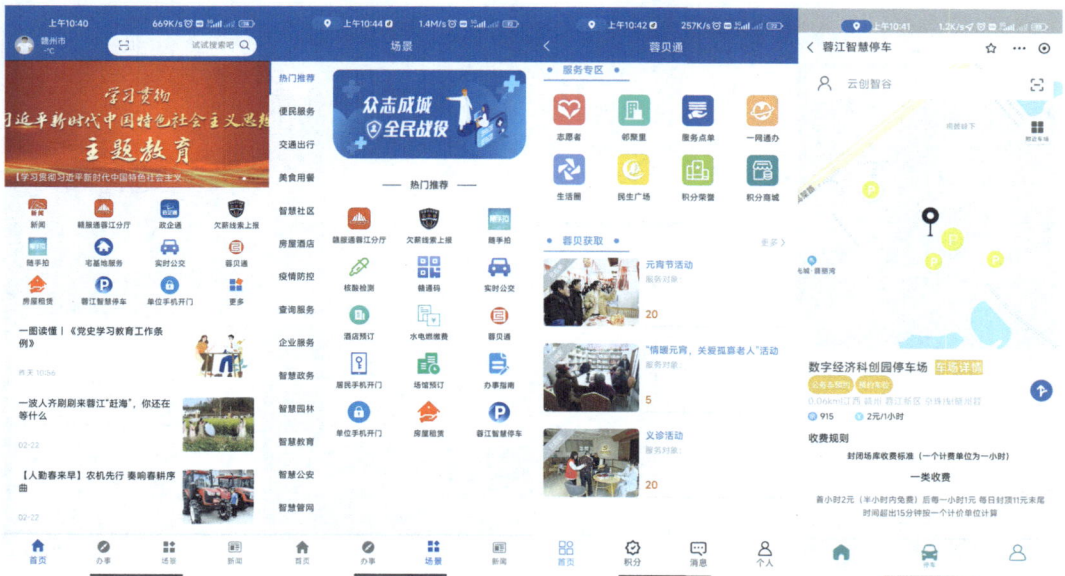

图5 蓉事通（民生服务）

找准民生工作痛点。"智慧停车"将蓉江新区77个停车场，14 925个停车位接入平台统一管理，为车主提供统一停车缴费、无感支付、查看停车余位、一键导航地点、预定停车位、查询剩余泊位数量、车场会员办理、优惠券使用等公众服务（图5），有效化解停车难、停车乱等难题。

产业经济高质高效。根据新区发展定位，将园区产业、数字文旅发展作为项目建设重点，对全区经济运行状态全面感知、监测、预警，实现新一代信息技术与产业深度融合，实现传统产业转型升级、新兴产业创新发展，探索形成协同发展的新业态、新模式。

打造旅游服务新体验。整合"吃、住、行、游、购、娱"六要素资源，打造智慧监管、智慧服务、智慧营销、智慧运营四大板块，对全区旅游资源、旅游安全、旅游态势、行业监管实现动态监管；面向公众，提供文旅消费券、文旅商城、乐游蓉江、食在蓉江、畅行蓉江、夜宿蓉江、虚拟游等特色智慧服务，实施旅游数字（多媒体）营销战略，打造蓉江旅游产品品牌、旅游线路品牌、旅游城市品牌矩阵。

生活环境绿色宜居。建设园林、环保专项应用，实现对城市生态环境数据的实时监测，开展监测数据分析研判，建设城市生态一体化管理体系，实现环境保护与治理过程的信息化与智能化，进一步打造数字化绿色生态。

赋能绿地管理。打造智慧园林管理、养护、服务一体化体系，构建"资源管控、创园指标、养护监管、涉绿监管、公众服务"五件事（图6），形成区（县）、镇（街）两级贯通，全面提升蓉江新区园林绿化管理水平，加快推进园林管理数字化，通过园林要素和事件的智能化识别、跟踪、分析和管理，实现园林管理精细化、智能化。

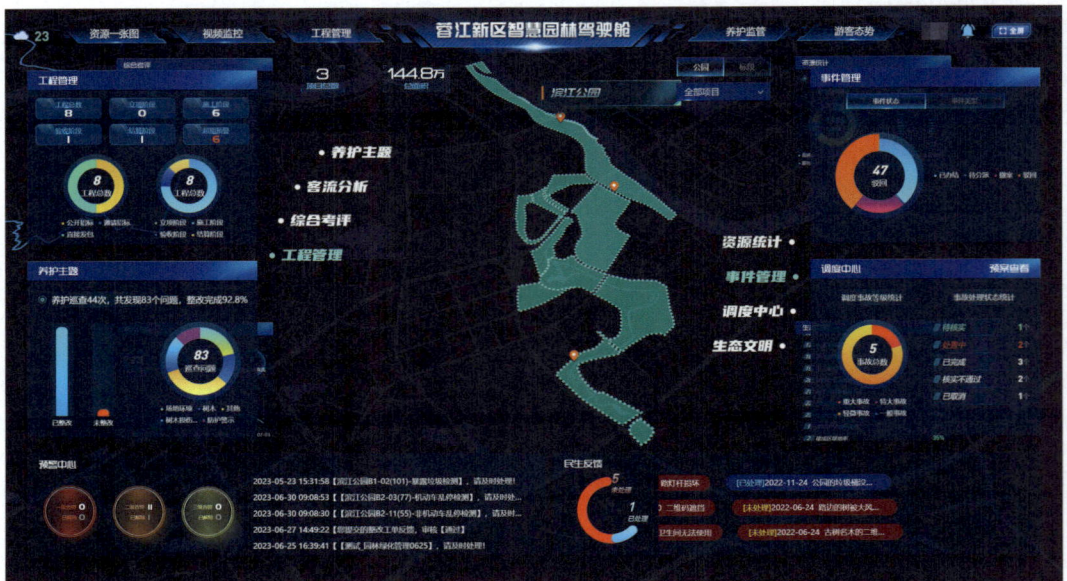

图6　智慧园林驾驶舱

守护一方净土。智慧环保建立全要素、全过程、多层次的环保治理感知体系，在新区部署 4 套无人机基站、1 套水质微站、3 套雨水排口站、6 套水质浮标站、20 套噪声监测设备、13 套大气监测设备，覆盖主要区域，实现整个新区大气、噪声、水环境的实时监测。软硬件结合，建设 1 个驾驶舱、2 端（Web 端、移动端）、4 项核心业务（大气环境、噪声环境、地表水环境和企业污染物治理），构建"1+2+4"的生态环境管理数字化治理体系。

5. 一个智能中枢

建设赣州蓉江新区智慧城市大脑，打造城市智能中枢，增强城市运行的全貌展示、动态监测、智慧分析、决策支撑和联动指挥能力，实现城市运行实时掌控、高效指挥、全面监测和可视化管理（图 7）。基于融合指挥驾驶舱实现可视指挥调度，以大数据挖掘分析为手段，为城市政策制定、应急联动、流程优化、领导决策等提供科学高效的能力支撑。

图 7　物联感知体系

建设城市运行统一指挥中心。成立智慧城市运行调度指挥中心队伍和场所，构建集城市运行数据集中展示、各级各部门统一指挥于一体的"展示中心"和"指挥枢纽"。整合公安、应急、住建、水务、气象等各部门数据进行实时汇聚与分析，集成跨领域、跨部门的城市运行信息调阅、日常运行管理功能，搭建统一监测调度、快速响应、平战结合、综合展示的应急指挥平台，实现城市统一指挥、多部门协同、智能设备管控、城市资源统一调度的能力。

健全大—中—小屏协同联动机制。建立城市大脑"大屏纵览态势、中屏处置管理、小屏实施执行"的协同联动管理机制，推进城市运行指挥中心展示"大屏"综合分析展示全局态势，各部门业务系统"中屏"联动处置流转具体业务事件，工作人员通过"小屏"采集上报信息、接办各类事件、查阅调度事件、协同处置事件，健全各部门高效协同、各层级行动一致、各事件闭环处置的联动机制。

提升城市大脑服务能力。推进集约化业务服务能力建设，打造城市大脑业务共性应用支撑能力体系，为各类信息化应用提供功能完整、性能优良、可靠性高的业务公共组件，解决应用系统建设中的共性需求问题，构建基于底层数据的共性应用组件，对外提供统一可重复应用的可信行为审计、身份认证、图形识别、区块链、人工智能、即时通信、数据加密等能力，提高业务系统的集约化建设能力。

三、创新应用

统一顶层架构。赣州蓉江新区智慧城市在 2019 年通过"1411"工程进行统一顶层规划设计，超前满足《数字中国建设整体布局规划》"2522"的整体框架以及江西数字化项目统筹规划、共建共享、业务协同、安全可靠的要求，以统一的顶层架构指导全区智慧城市集约化、标准化建设。

统一数字底座。建设全区统一的数据中台、业务中台、物联平台、CIM 平台等基础平台。消除数据孤岛，打造区级数据枢纽，对内外提供统一的数据共享、数据治理、数据服务；打造区级能力枢纽，实现数字底座服务能力统一上架、集中管理、灵活调用。

统一技术标准。编制智慧城市总体技术标准规范和各细分领域技术标准规范，全方位指导新区基础设施、硬件、网络、应用等建设，打造标准化应用。通过标准规范的约定，大大提高了跨系统和跨周期的兼容性，提高了整体的建设和接入效率，同时能更好地保障信息安全。

统一共性应用。构建大数据、人工智能、区块链、物联网等共性能力应用服务，赋能城市大脑和业务系统，提供融合通信、事件任务、隐私计算、图像识别、AI 大模型等统一服务能力，实现通用技术组件共建共享，优化技术能力供给渠道，提高先进技术的覆盖面和实用价值。

统一运维运营。针对智慧城市项目建设的各应用系统，搭建统一的智能运维平台，打造统一的运维团队，提供统一的业务和安全运维服务；同时，提供接入外部其他信息系统和设备的能力，最终将支撑整个蓉江新区所有的信息化项目集约化集中化运维服务。

四、推广价值

统一规划，统筹建设。案例遵循"统一顶层架构、统一数字底座、统一技术标准、统一共性应用、统一运维运营"的"五统一"理念和原则，设计了标准化的统筹型新型智慧城市总体架构，并进一步优化成包含基础设施、基础平台、城市大脑、交互矩阵、行业应用的模块化架构体系，可以根据市域、县域的信息化基础设施建设现状和主要需求快速高效地适配，具有极强的适应性、兼容性和伸缩性。

推进政府治理能力。赣州蓉江新区智慧城市项目建成了广覆盖、多层次的智能感知体系，构建了"智能分析+闭环处置"的平急两用城市精细化管理体系，向居民提供多样化普惠便捷的公共服务和便民服务，实现了新区功能泛在感知、政务资源共享互通、区域经济动态可视、市民生活便捷安畅的目标，推进政府治理体系和治理能力现代化，已成为新型智慧城市建设示范区。

促进数字产业发展。实施智慧城市项目，地方数字产业得到了显著壮大，催生了一批专业数字经济人才队伍，为地方数字经济企业的迅猛发展提供坚实的人才保障。部分企业已经具备了自我发展的能力，进入了稳定运营的状态，持续为地方经济贡献新的活力。实现了以项目驱动企业成长，推动产业壮大和数字经济全面发展，形成了相互促进、共同进步的良性发展渠道。

仙桃市城市运行管理中心

姚 尧 张 帆 丁俊颖

仙桃市政务服务和大数据管理局

一、建设背景

从习近平总书记 2019 年在上海考察时指出"要抓一些'牛鼻子'工作,抓好'政务服务一网通办''城市运行一网统管',坚持从群众需求和城市治理突出问题出发,把分散式信息系统整合起来,做到实战中管用、基层干部爱用、群众感到受用"开始,"一网统管"的理念便快速发展。2021 年 3 月 11 日,十三届全国人大四次会议表决通过《中华人民共和国国民经济和社会发展第十四个五年规划和 2035 年远景目标纲要》,提出将数字技术广泛应用于政府管理服务,推动政府治理流程再造和模式优化,不断提高决策科学性和服务效率,提升城市智慧化水平,推行城市楼宇、公共空间、地下管网等"一张图"数字化管理和城市运行"一网统管"。2022 年,住建部决定在开展城市综合管理服务平台建设和联网工作的基础上,全面加快建设城市运行管理服务平台,推动城市运行管理"一网统管"。相关政策的出台,标志着国家对治理体系的认识上升到一个新的高度,数字技术将广泛应用于国家及各级政府的治理体系中,政府的服务及城市治理模式将迎来新变革,城市运行管理"一网统管"成为必然。

湖北省人民政府《关于印发湖北省数字经济发展"十四五"规划的通知》要求构建"一网通办""一网统管"互为表里、相辅相成、融合创新的发展格局,实现"高效办成一件事、全面治理一座城"。仙桃市紧跟新时代新要求,严格落实党和国家重大战略部署,大力推动数字化政府建设,推动实现城市治理体系现代化,以切实解决城市治理痛点、难点和落实基层减负增效为出发点和落脚点,积极探索城市数智化转型,着力推动完善应急管理体系建设和城市运行管理中心建设,通过"一网统管"不断推动城市治理走向科学化、精细化、智能化。通过建设市、镇、村三级城运体系,打通各地各部门数据,将孤立的治理系统连线成网,促进数据在不同部门之间流转,推动多融多跨事件的监测分析和高效协同处置,实现城市治理"运行态势一屏总览、疑难事件一网统管、重大事件一键指挥、风险隐患一脑研判"的管理新格局。

二、建设内容

1. 系统架构

项目整体系统架构为"1+2+N"（图1），主要包括1套基础支撑底座（复用仙桃市城市大脑底座，基础数字资源支撑体系、数据资源体系和一体化数字资源管理系统）；2个平台，即基层综合服务集成平台（基层工作门户、基层运行驾驶舱、基层工作移动端、基层协同联动系统和基层能力系统）和城市运行管理平台（平时运行态势系统、智治协同系统、指挥调度系统、分析研判系统四大系统以及战时智慧应急系统）；N个特色专题场景（对接基层党建、公共服务、经济产业、社会治理和生态环境等多个应用），同时本项目政府端相关应用全部接入仙政通，市民端相关应用全部接入仙办好。

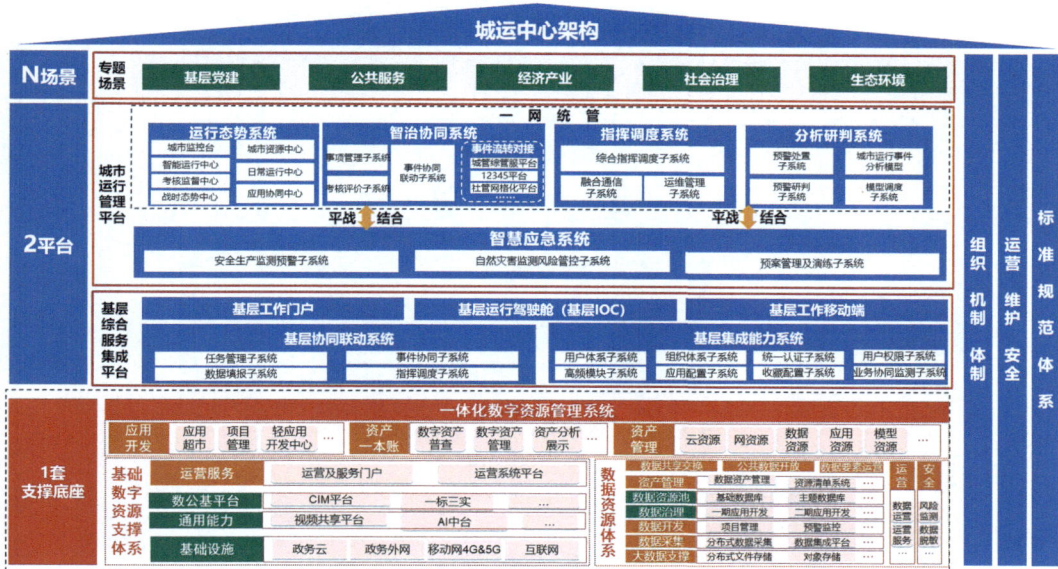

图1 项目整体架构

2. 业务架构

城市运行管理中心负责拟订全市城市运行智能化管理发展规划，研究制定各项运行制度，通过城市运行态势"一张图"（IOC）梳理数字党建、数字经济、数字政务、数字社会、数字文化和数字生态环境6大领域的体征指标，日常监测感知城市运行现状，科学把脉多维评估运行风险；按照平战结合的理念进行设计，平时遵循"一般事件部门自闭环、多跨事件中心大循环"的思路，分为行业日常运转和城运高位协同，战时切换到应急预案演练和指挥调度。平时的行业日常运转主要指目前仙桃管理体系下的各行业业务系统，包括城管的综管服系统、综治的社管网格化系统、应急的安全生产监测系统等。城运高位协同主要指本次项目要建设的智治协同系统、运行流转系统、指挥调度系统和分析研判系统，其中智治协同系统通过事项管理、事件协同联动、考核评价等子系统，梳理多跨疑难事项，推动条块系统整合，强化数据运用，细化事项流程，构建跨系统、跨部门、跨层级、跨业务、跨区域的城市管理高效处置体系；运行流转系统按照国家住建部运管服平台建设标准，建设运行监测和决策建议子系统，实现对全市市政设施、房屋建筑、交通设施和人员密集区域等领域的监测分析以及相关指标数据统计、趋势分析等；指挥调度系统以"事件"为核心，当日常事项升级为疑难复杂事项时，指挥联动，高效处置，实现力量动员、集成联动、统筹调度的城市运转指挥调度体系；分析研判系统依托大数据、云计算、人工智能等技术，推动风险全面感知、隐患及时预警、趋势智能预判、事件联动处置，完善城市安全风险防范体系。战时主要通过应急预案演练，按照预案制定的等级启动应急指挥调度，调动相应的部门、人员和资源（图2）。

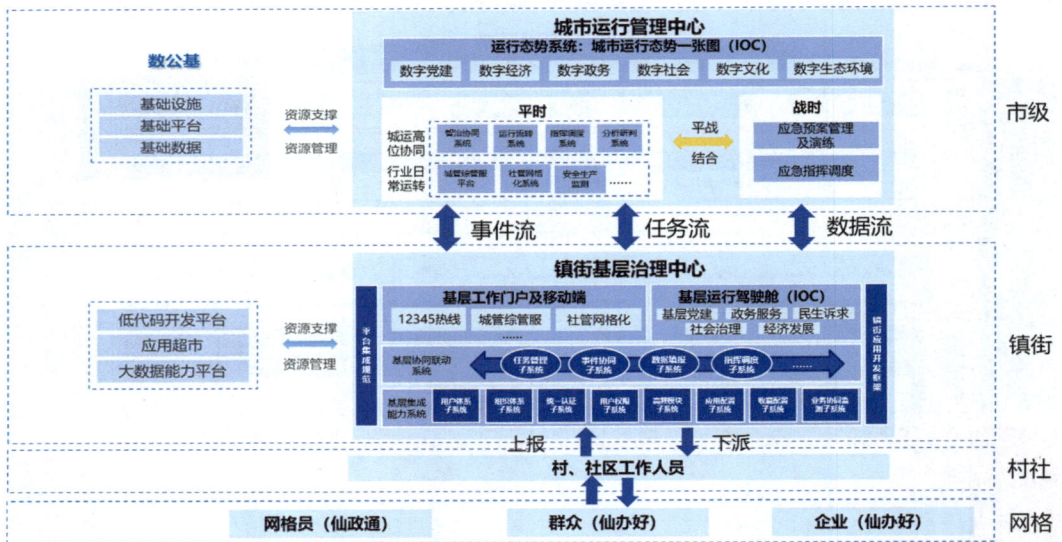

图 2 业务架构

3. 业务流程

建立"平时"和"战时"业务流程（图3），"平时"梳理城运中心事项清单，完成"12345"热线、城管综管服、社管网格化事件的对接，形成多跨疑难事项的协商和流转机制，确保事件在城运平台的顺利流转，并且建立平急转换机制，如果根据城市运行事项清单判断归属应急领域范畴的或者达到应急预案启动的标准，则进入"战时"，由应急局接管，转换到智慧应急系统。

4. 系统内容

1）运行态势系统

梳理数字党建、数字经济、数字政务、数字社会、数字文化和数字生态环境6大领

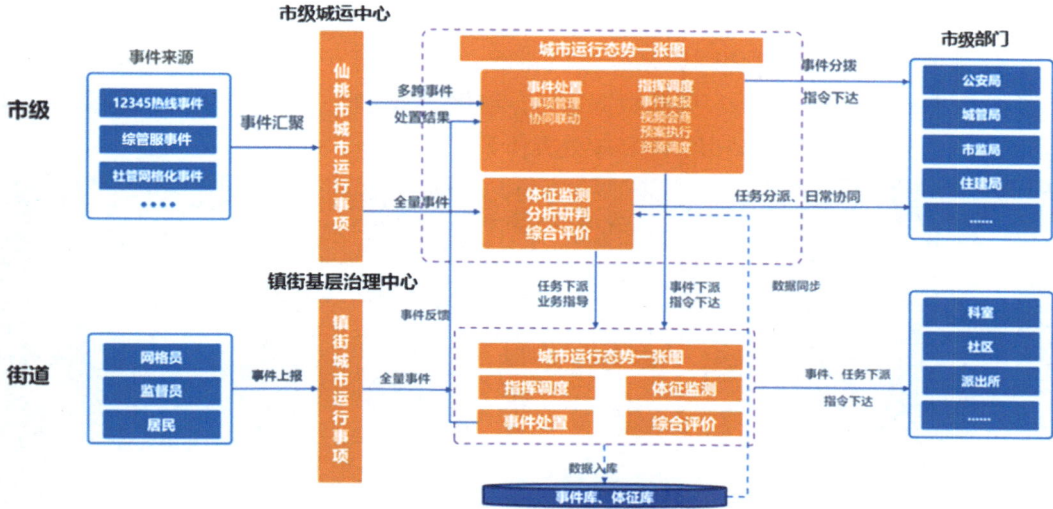

图 3　业务流程图

域的体征指标，日常监测感知城市运行现状（图 4），科学把脉多维评估运行风险。分为行业日常运转和城运高位协同，战时切换到应急预案演练和指挥调度。平时的行业日常运转主要指目前仙桃管理体系下的各行业业务系统，包括城管的综管服系统、综治的社管网格化系统、应急的安全生产监测系统等。

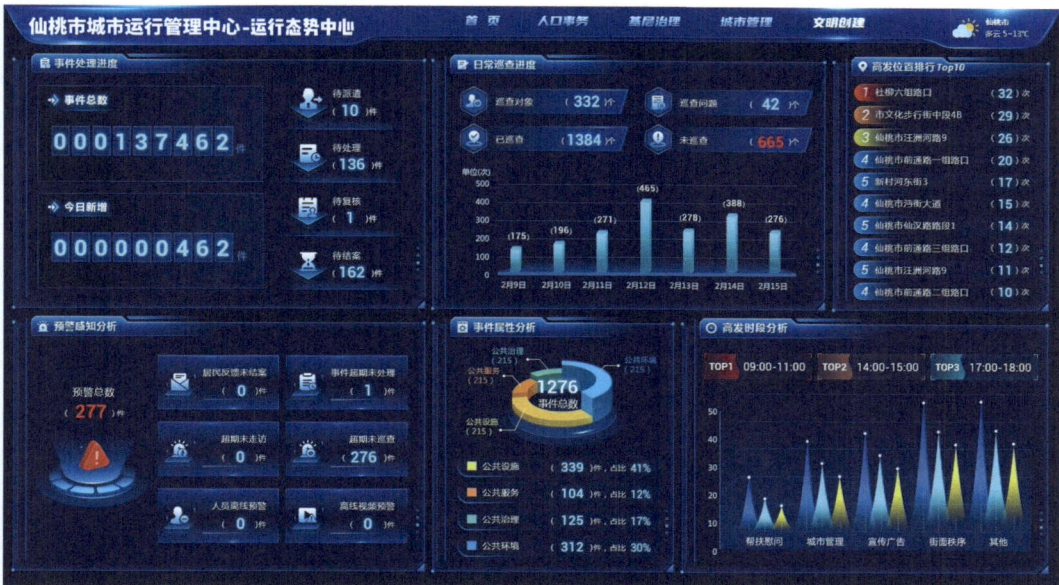

图 4　城市运行态势"一张图"

2) 智治协同系统

通过事项管理、事件协同联动、考核评价（图5）等子系统，梳理多跨疑难事项（图6），推动条块系统整合，强化数据运用，细化事项流程，构建跨系统、跨部门、跨层级、跨业务、跨区域的城市管理高效处置体系。

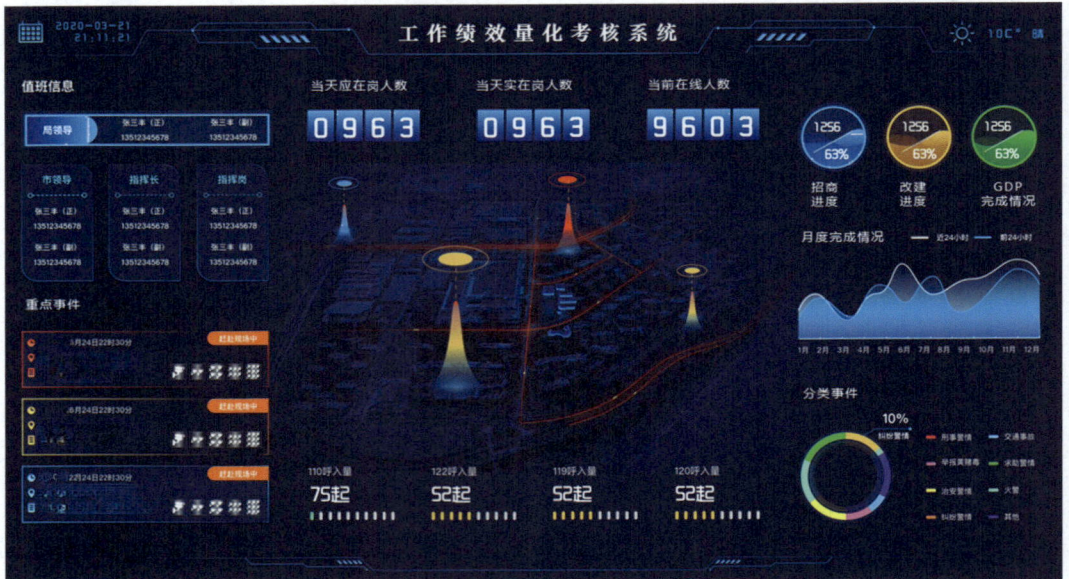

图 5 考核评价系统

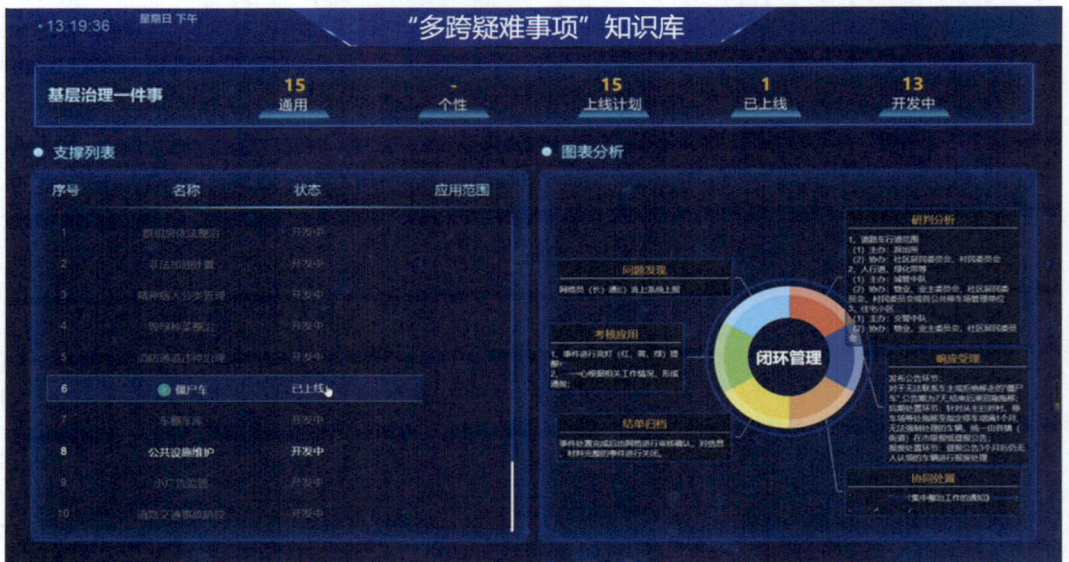

图 6 多跨疑难事项知识库

812

3）指挥调度系统

以"事件"为核心，当日常事项升级为疑难复杂事项时，指挥联动，高效处置，实现力量动员、集成联动、统筹调度的城市运转指挥调度体系（图7）。

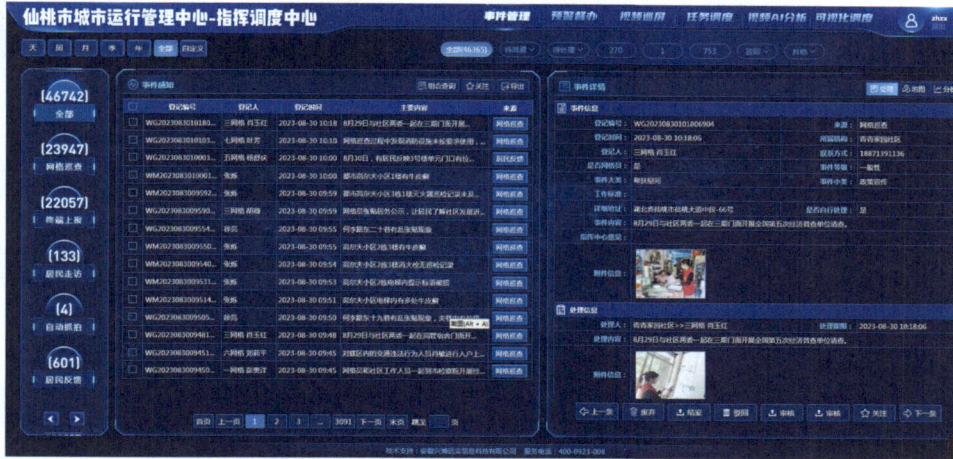

图7　综合指挥调度系统

4）分析研判系统

依托大数据、云计算、人工智能等技术，推动风险全面感知、隐患及时预警、趋势智能预判、事件联动处置，完善城市安全风险防范体系（图8）。

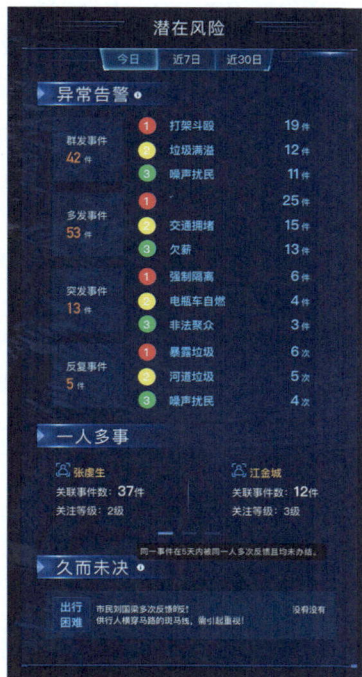

图8　预警研判系统

5) 智慧应急系统

根据应急管理业务，本次建设智慧应急系统应用分为常态化运行与非常态化运行两部分（图9）。

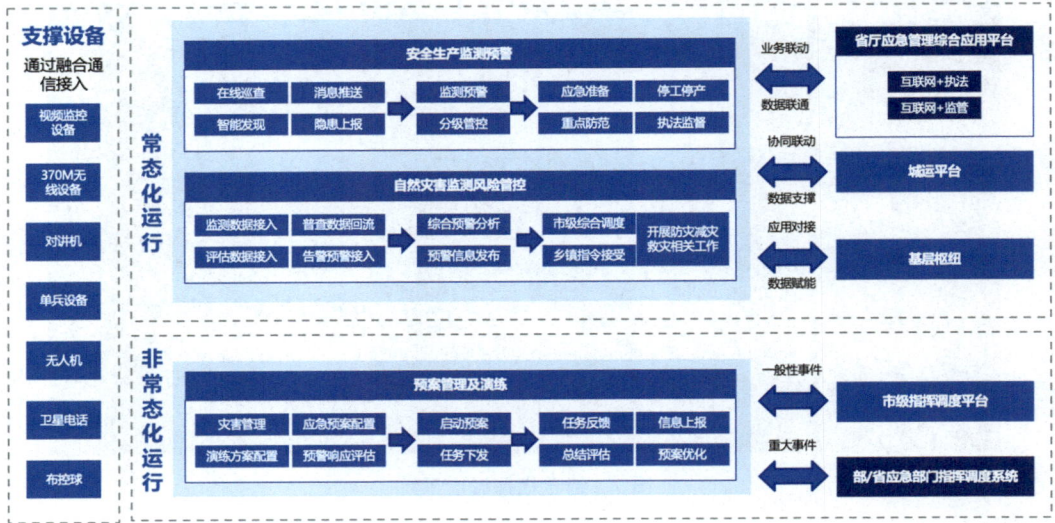

图9 智慧应急系统架构

常态化运行中，基于各渠道接入、共享的视频资源，通过自动巡查、智能发现以及人工上报等方式，进行日常的安全隐患巡查，并根据巡查结果，同时针对风险隐患点与省应急厅的"互联网+执法"和"互联网+监管"形成业务联动，实现隐患的发现与处置闭环。除此之外，针对需要多部门联动的复杂事件，可通过城运平台形成联合处置，大大加强安全生产、自然灾害等风险隐患事件的处置效能，提升仙桃市应急管理的监测预警与监督管理能力。

在非常态化运行中，以预案为抓手，串联各委办部门针对同一应急事件的应急预案，通过预案管理、预案演练、预案响应等，帮助仙桃市应急管理局以及相关委办部门工作人员了解各种灾害情况下的应对措施和行动方案，还可协助用户进行指挥调度，包括资源调配、人员安排、信息发布等方面的工作，以最大程度地提高应急响应效率和减少损失。同时，非常态化运行中划分为一般性事件和重大事件，一般性事件通过市级指挥调度平台进行资源调配与指挥，而面对重大事件，尤其是需要协调并同步至应急部/厅的事件，需要使用部/省级下发的指挥调度系统。

三、创新应用

1. 基于数据指标模型的运行态势系统，实时把握城市运行状态

通过梳理仙桃市城市运行体征，充分掌握城市治理要素，全面透析城市运行状态、

动态研判城市风险隐患，夯实城市体征全息感知体系。运行体征主要展现实时性较强的核心指标与创新指数，同时结合静态的城市基础指标和常态指数，通过多个指标和特定的算法逻辑形成城市体征数据指标模型，展现城市运行指标的趋势变化，对于异常数据进行及时告警，实现"城市面貌，一屏总览"，辅助管理者全面掌控城市运行态势，提升监管力度和行政效率。

2. 基于人工智能技术的智治协同系统，提升多跨疑难事项的分拨处置效率

围绕"高效处置一件事"的项目宗旨，梳理多跨疑难事项，推动条块整合，强化数据运用，细化事项流程，构建跨系统、跨部门、跨层级、跨业务、跨区域的城市管理高效处置体系。通过对历史数据进行算法训练、语义分析后实现对新上报事件的事项智能匹配；基于事件中枢进行事项的流程编排，实现事项匹配后自动分拨、流转；通过对事件内容进行文本分析，从历史事件库中识别出相似的、已结案事件，并进行智能推荐，给未结案的事件提供结案参考建议。

3. 基于融合通信的指挥调度系统，实现"零延迟""全联动"的实时指挥调度

基于融合通信技术实现语音、视频、数据等信息实时互动，将有线/无线语音调度、视频调度、灾害（事故）现场监控和指挥调度融为一体，提高多部门联合协调行动能力，实现统一调度、部门联动、资源共享、快速响应、高效处置。以"平战结合"的思路，"平时为掌"，当日常事项升级为疑难复杂事项时，指挥联动，高效处置；"战时为拳"，当发生重大突发性事件时，无缝切换应急指挥调度系统，实现力量动员、集成联动、统筹调度的城市运转指挥调度体系。

4. 基于大数据智能技术的分析研判系统，实现城市隐性问题预测预警

通过批量数据处理引擎，对"12345"热线、城管、社管网格化等全量城市事件数据进行采集、清洗、转换和加载等处理，形成城市全量事件库，并利用深度挖掘分析、模型分析等 AI 技术，对热点话题、热点诉求、话题关联、诉求处置、市民感受等城市高发、群发问题进行态势感知，自动生成预警工单，及时发现区域性、行业性及系统性风险，识别潜在风险，预警高发隐患，从被动发现问题转化为主动以数据为基底，协助提高城市治理效率。

四、推广价值

1. 强化城市运行管理，构建城市治理新体系

在现代城市管理中，城市运行管理平台发挥着举足轻重的作用。该平台集成了先进的信息技术手段，包括大数据分析、云计算、物联网等，有效提升了城市运行管理的智能化水平。与此同时，结合智慧应急系统，我们构建了一套全新的应急管理体系，实现了对各类突发事件的快速响应和高效处置。这一体系不仅提升了城市的应急管理能力，

也为市民提供了更加安全、稳定的生活环境。通过强化城市运行管理和构建智慧应急新体系，为城市的可持续发展和长治久安奠定了坚实基础。

2. 城市运行数据化，提升管理决策精准性

随着信息化时代的到来，城市运行管理平台正逐步实现数据化。通过对城市运行状态的实时监测和数据分析，平台能够获取大量有价值的信息，为管理者提供精准的数据支持。这些数据不仅可以帮助管理者了解城市的运行状况，还可以为他们的决策提供更加科学、合理的依据。通过数据化手段，城市运行管理平台提升了管理决策的精准性，使城市管理更加高效、精准，为城市的快速发展提供了有力保障。

3. 城市运行管理平台，推动城市治理现代化

城市运行管理平台作为城市治理现代化的重要推动力量，正在引领城市治理体系向更加高效、智能的方向发展。该平台通过引入先进的信息技术和管理理念，推动了城市治理体系的创新和发展。它不仅为城市管理者提供了更加高效、便捷的管理工具和手段，还提升了城市治理的效能和水平。通过城市运行管理平台的建设和应用，能够更好地应对城市发展中的各种挑战和问题，推动城市的可持续发展和长治久安。

4. 平战转换，跨部门协同调度

为了提升城市的应急响应能力，按照"资源共享、能力共建"的原则，建设了城市运行管理平台和智慧应急系统，并实现了二者的有效融合。在日常情况下，城市运行管理平台主要负责城市运行事件的管理和综合业务的指挥调度，确保城市的正常运转。然而，当面对突发事件时，城市运行管理平台能够迅速转换为应急模式，与智慧应急系统无缝衔接，共同应对危机。根据事态的严重程度和预案规则，一旦需要应急接管，城市运行管理平台将立即启动应急指挥流程，包括信息研判、指挥部署、资源调度和总结评估等环节。这种平战转换机制确保了各部门之间的协同配合和信息共享，提高了城市应对突发事件的整体效能。

廊坊临空经济区新型智慧城市建设

石　磊　　徐嘉良　　崔占海

北京大兴国际机场临空经济区（廊坊）管理委员会
河北临空集团　临空经济区（廊坊）城市运营中心
廊坊新智数智未来智能城市有限公司

一、建设背景

廊坊临空经济区开展新型智慧城市建设：一方面，能够推动区域传统基础设施的改造升级，促进道路、水、电、管网等基础设施的互联互通和智能化改造，保障城市基础设施高效、可靠、安全运行；另一方面，能够以信息流带动技术流、资金流、人才流、物资流，推动区域物资、资金、人员、文化等领域的快速发展。利用京津冀区域协同发展的溢出效应，充分释放临空经济区对周边地区的辐射带动作用，提升城市综合承载能力和对外服务支撑效能，使居民充分享受到智慧城市发展成果，促进城市规划、建设和管理更加科学，推动城市公共资源配置更加合理、公共服务体系更加完善、社会生态环境更加优美和谐。

二、建设内容

廊坊临空经济区采用总体规划、分批建设的落地策略，首先推动航企服务岛（北区）2.3平方千米智慧城市建设，通过打造样板区来形成快速复制到其他区的模式和能力。廊坊新智数智未来智能城市有限公司（以下简称"数智未来"）基于客户需求和建设目标组建团队，围绕临空经济区智慧城市"数化万物、智绘未来"的顶层设计理念，以善政、兴业、惠民为目标，遵循"三四七"建设理念，即"三个全面"（全面开展实现城市数据感知，全面对接城市运营系统，全面构建数智运行体系）；"四个一致"（目标一致、架构一致、数据一致、端口一致）；"七个统一"（统一视频接入、统一物联接入、统一数据入湖、统一AI开发训练、统一用户权限、统一空间数据、统一事件管理）；系统谋划网络、硬件、软件"一盘棋"建设（图1）。

当前，域内首个标志性城市综合体"廊坊国际现代商贸物流CBD"内建设运营"数智大脑"——廊坊临空数智城市运营中心，已正式投入运营。以IoT（物联网）、GIS（地理信息系统）、AI算法、大数据、视频云、用户交互等中台能力的数字底座建

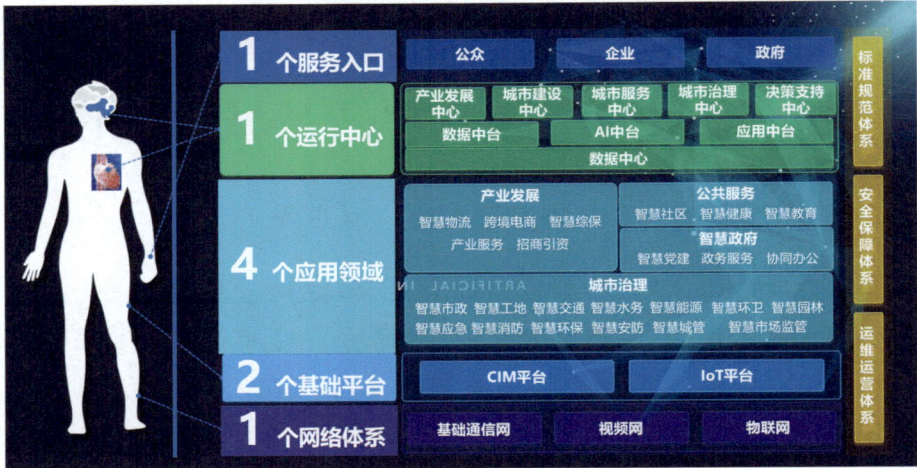

图1 廊坊临空经济区新型智慧城市建设目标

设全面夯实，形成基础设施"泛在感知、监测预警、应急响应、智能管控"的智能闭环。

通过部署60大类、3 000余台物联终端设备（IoT技术），搭建数字孪生地图，实时获取燃气、供热、电力、工地、交通、给排水、消防、环卫等城市运行数据，实时掌握城市地下管网全量信息和地下隐蔽工程，让地下空间运行"看得到、摸得着"。比如，燃气泄漏监测、阀井位移监测、水位监测等，通过三维GIS模型及物联实时数据监测，构建了临空地下管网数字孪生，结合物联监测、巡检车AI识别、固定摄像头AI识别、网格人员巡视等技防和人防手段，在交叉施工监管、燃气泄漏监测、水位监测等多场景应用，保障地下管网设施安全运行。同时为一网统管系统、智慧工地监管系统及各类智慧应用场景提供二、三维可视化地图服务，"一张图"服务"多系统"，真正做到需求导向、统筹集约、多元协作、有序管理（图2）。

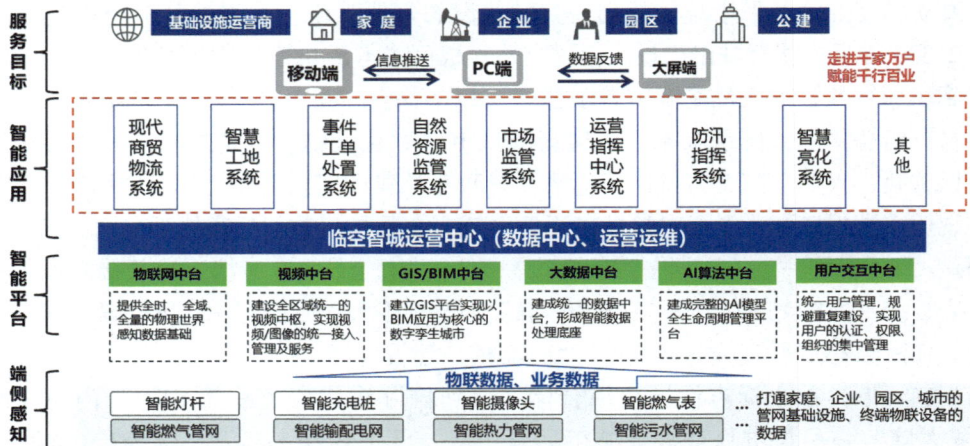

图2 总体架构

818

2023 年，廊坊临空经济区承办"616 廊洽会"，数智未来在临空国际会展中心重点打造"智慧会展系统"，从运营方、参展方、观展方 3 类用户需求着手，开发一键调度综合指挥平台及场馆总览、场馆监测、场馆运维、展会运营等子系统，保障会展智能高效运营。通过搭建网站、App 及小程序开展全链条数字化管理，横向打通 26 类控制系统与 3 000 余个智能设备，实现监测控制、智能报警、工单派发、及时处置的智能化调度，辅助场馆精细化运营管理。

1. 智慧应用

1）数字化办公系统

打造统一工作入口，利用单点登录实现一次登录访问所有系统。用户可在统一的工作门户查看待办、待阅事项并进行处理，查看重点消息、资讯、相关日程安排等信息，快捷使用常用功能以提升工作效率、优化用户体验。当前已实现消息提醒、工作日程、会议管理、督办管理等应用，并通过 OA 智能审批实现全面无纸化、效率化、知识化协同办公，提升企业协同能力，有效处理企业日常运作和管理的工作。

2）数智城市运营中心

运营中心支持全场景语音智能交互，实时感知水务、交通、安全等城市体征，在防汛排涝、交通治堵、应急抢险等领域实现事前预测预警、智能指挥调度。2023 年为"6·16 廊坊经洽会"提供有力支撑，辅助配合防汛调度指挥，实现智慧防火综合管理、工程项目数字化协同管理、城市物业智能管理。依托多跨协同的应用支撑体系，进一步完善便民服务、政务监测、效能评价功能，对相关领域信息进行全面汇集、智能研判、直观呈现，辅助科学决策，提升服务品质，优化营商环境，构建"全区智能化统一服务体系"模式。将各项系统汇集统一，实现一个账号、一次登录，安全便捷地使用多项系统，避免了重复投资建设及数据孤岛，实现了全区"智绘一张蓝图"。目前，实现了全域 100 平方千米数字孪生，汇聚 60 大类、3 000 余项物联感知数据及 42 项 AI 智能算法（图 3）。

3）智慧水利监管平台

智慧水利监管平台共包含雨水专业监测系统、排水专业监测系统、给水专业监测系统、一张图监控分析系统、数据库建设、智慧水管家 App 六大方面。雨水、排水、给水方面通过在前端安装液位计、电子水尺、摄像头、雨量计、河道水位计、流量计等监测设备，对城市水管网的水量、水质、水位等进行监测，实现雨水、排水、给水的在线监测网络建设。同时，建设智慧水管家 App 支持企业及群众在用水、排水及安全防汛等方面进行最新消息查询、查看（图 4）。

4）自然资源智能监管平台

廊坊临空经济区规划范围内共设置监控点 50 个（北片 23 个、南片 27 个），采用双目热成像云台摄像机，监控点位置挂载在 30 米以上的高度，结合后端自然资源智能监管平台，依托 AI 云计算可对于第三方施工、重车碾压、违章占压、森林火灾等多个场

图3　数智城市运营中心

图4　智慧水利监管平台

景进行智能识别，提高自然资源监管的效率与精准度（图5）。

　　以森林区火情监测场景为例，充分运用铁塔高点资源，采用"AI可视化智能监管平台+点位综合规划+铁塔空间挂高+热成像高清网络摄像头+电信级传输+手机App"的一体化解决方案，目前已完成与一网统管平台对接告警事件，可以实现摄像头自动识别上报案件、运营中心人工筛查派发、相关业务人员处置反馈、运营中心查看归档的闭环

图 5 自然资源智能监管平台

流程，为城市环保、交通、水利、森林防火等场景打造"人防+技防"的全方位智慧应用体系，切实提升自然资源监管、生态环境保护、森林草原防火的综合管理水平。

5）一网统管平台

廊坊临空经济区将聚焦城市运行管理难点、堵点，基于统一基础底座，搭建"模块—系统—平台"技术架构，线上线下协同、横向纵向打通，实现数据循环，倒逼管理闭环。廊坊临空经济区"一网统管"目前已完成监督受理、应用维护、多级督办、基础数据等多个子系统。同时，事部件处置作为一网统管的核心功能，业务场景包括森林区/空旷区火情监测、工地/路网设备离线、工地扬尘高值报警等（图 6）。

图 6 一网统管平台

6）智慧工地

临空智慧工地监管平台围绕工程建设全流程质量安全管理，通过对施工现场"人、机、料、法、环"等关键要素的智能化管理和数据信息互联互通，跟踪现场各类作业数据、动态掌握施工现场安全及工程质量控制情况，以"人机结合、智能辅助、系统调度、智慧管理"为目标实现施工现场各责任主体综合管理水平提升，探索建立与智慧化施工相适应的工程施工监管模式与机制。

通过建设项目库、企业库、人员库、企业诚信库等基础数据库，支撑智慧决策数字驾驶舱、劳务实名制模块、视频监控模块、塔机监测模块、扬尘监测子模块、移动端各子模块、告警配置中心、工单管理模块各子系统模块，一方面从宏观角度对施工进度进行管理；另一方面从微观角度对设备运行进行监控，为临空工地项目建设提供强大的数据支持和智能决策建议，助力工地实现高效、安全、绿色的施工目标（图7）。

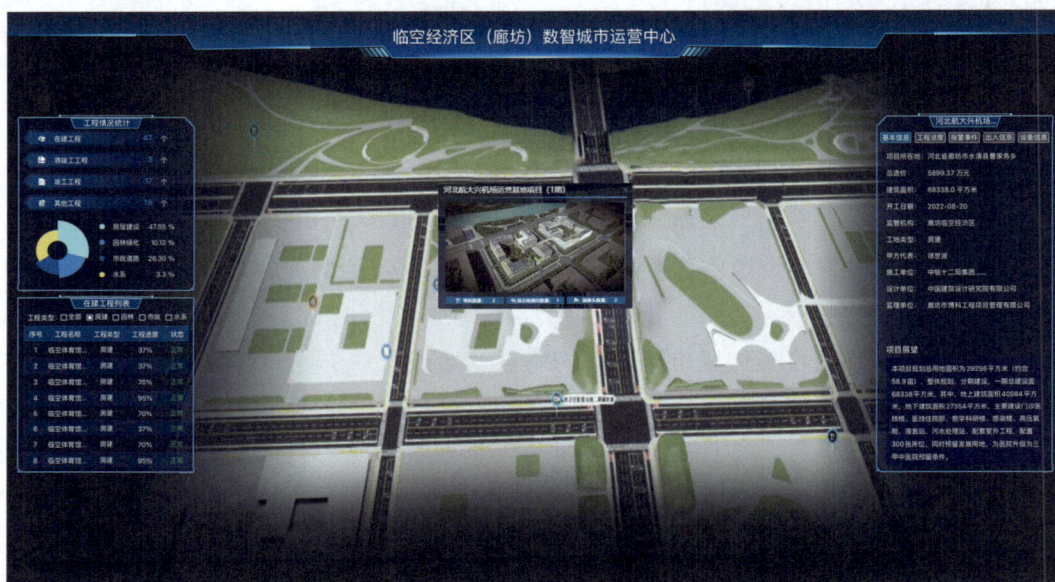

图7　智慧工地

7）智慧食安

当前智慧食安小程序已完成一期建设，包括统计分析、食堂检查、整改核查、食堂台账、检索、检查问题统计、食堂类别统计、整改记录查询等功能。通过建立食堂数据库，实现食堂信息数据化，全面掌握临空经济区食堂底数、超市底数；通过对检查记录数据的采集和分析，能够及时发现市场风险和异常情况，保障市场秩序，提高市场监管的效率和效果（图8）。

8）智慧照明

通过在廊坊临空经济区的路灯等设备中安装"单灯控制器+集中控制器"，根据廊坊临空经济区目前已有的道路建筑照明需求，在物联设备远程操控的基础上，通过算法技术分析亮度需求，调节出最合适的亮度，可达到节能26%的效果，同时减少地区碳排放，提升居民幸福感（图9）。

822

图 8　智慧食安

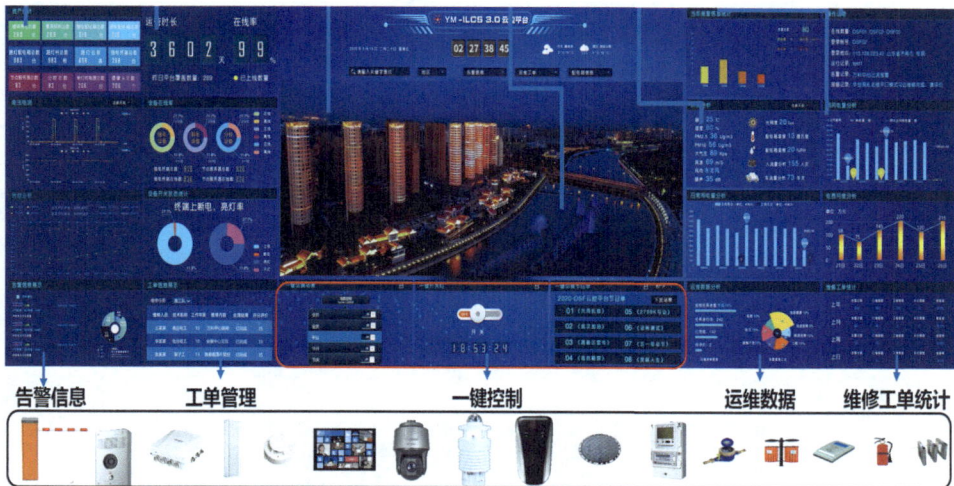

告警信息　　工单管理　　一键控制　　运维数据　　维修工单统计

图 9　智慧照明

三、创新应用

1. 智慧家庭

（1）LoRa 常活燃气表。燃气用户网上充值实时到账；免除电池忧虑，自带大容量锂电池可续航 10 年；阀门实时控制，燃气企业与用户可在紧急情况实时关闭燃气表阀门；避免普通燃气表电池问题影响用气，降低企业服务成本，提升用户满意度；流量异常报警，燃气表检测流量过大或过小时，自动关阀并进行报警。

（2）LoRa 燃气报警器。通过物联设备，燃气企业及用户可通过云端实时查看报警器状态。报警闭环流程：已打通监测燃气泄漏→报警器声光告警→用户手机短信、电话提醒→后台自动生成工单→师傅上门检查的流程；报警器监测燃气泄漏后，常活表内置阀门自动关闭，进一步保障用户安全。

（3）LoRa 智能壁挂炉。安装方便：无须布线，即装即用；网络连接：不需要复杂的壁挂炉连接 WiFi 的过程，一方面提升用户体验；另一方面提升壁挂炉联网率，将智能控制做到互联互通；智能调节：用户可通过小程序一键设定温度，设备自动调节房间供水温度，降低能耗；自动防冻保护：当温控器检测到冷冻低温，自动启动采暖炉保温，防止管道和壁挂炉冻裂；拓展小程序功能：通过用户使用，不断升级完善小程序，提高小程序操作流畅性，进一步提升用户用能体验；LoRa 智能壁挂炉故障告警：告警信息推送用户，同时运营系统触发派单，师傅响应处置，通过数智能力实现从"人找服务"到"服务找人"的主动服务（图 10）。

图 10　智慧家庭

2. 智慧低碳园区（企业）

（1）产品创新。基于数字孪生技术和物联设备全链路监测技术构建"零碳"场景的能碳动态监测管理平台。应用 GIS 建模结合物联 IoT 手段，构建了临空区域航企服务岛的三维可视化实体模型，将各单体的碳排放水平以热力图的形式在模型中进行直观可视化的展示，还根据临空区域的发展规划和建设进度提供碳排放趋势预测和减碳路径规划，助力政府对临空区域的碳排放情况全面掌握和有效治理。

（2）模式创新。基于物联平台统一数据源，建立治理侧、用能侧、供能侧多方联动运营的管理模式。该项目通过在临空区域开展数字化建设和零碳建设，将政府、企业和社会各方利益有机结合，形成了一种新的协调机制和合作模式，实现了经济效益和环境效益的双赢。供能侧的智慧运营管理平台以供能站的能源供应和管理为应用场景，以保供、经济、安全、低碳的目标为牵引，从"安能碳智"四个维度对供能站进行监测、评估和智能调节。立足于设备安全，对能源站设备安全告警及处理闭环情况进行统计分析；通过对能源站碳排放及可再生能源利用率进行量化，评估能源站整体能碳水平；引入智能算法，通过与用能侧的数据互通，实现以需定供，以及多设备组合寻优；用能侧是以建筑的能耗管理为应用场景，以打造建筑的"舒适、低碳、节能、安全"为目标。立足建筑安全，全方位监测建筑的告警信息并跟踪闭环处理；依据能耗和绿建标准，从单位面积能耗强度、碳排强度和可再生能源利用率 3 个指标进行评估与诊断，并可以指导管理者进行碳排放管理；动态监测建筑的室温达标率，在保障环境舒适度前提下，进行智慧调控，达到节能降碳的目标（图 11）。

图 11　智慧园区

3. 智慧基础设施

（1）车载激光气体泄漏巡检设备。云台运动控制采用电击-编码器闭环结构，具备自稳定功能，在颠簸路面上保证精准指向；转向与视频联动，只要在巡检终端的屏幕上点击，云台即可自动计算转角、瞄准目标。搭配智能巡检终端，通过平板电脑操控云台位置，自动记录巡检轨迹，对泄漏点、开挖破坏等事件进行记录；在一套系统中集成顶置、前置泄漏检测和乙烷辨识功能，可以生成巡检报告并上传。适用于人行道、绿化带下管线的泄漏巡检；车顶的高位安装可避免检测光线被遮挡，减少误报。

（2）雷达水位计。采用高频微波雷达技术，通过传感器发射电磁波照射水面并接收回波，该部品自带水面波动滤波算法，为检测单位提供更加精确稳定的水位信息，同时可通过 RS485 接口与 RTU/PLC 等连接，在架线困难的苛刻环境下进行无线数据传输，构成全天候水位监测系统。适用于江河、湖泊、水库、灌渠、河道等自然水域水文监测，以及城市内涝道路积水、防洪防汛、排水管网、窨井等水位监测。

（3）声学多普勒流量计。采用多种断面水动力模型与流量智能积分算法保证流量测量精度，尤其适用于浊度大于 20 mg/L 的流体流量测量，也可应用于固、液两相流的流量测量，具有微功耗、高精度、宽量程等特点，同时可测量流速、水位、流量、水温等数据。适用于城市排水管网、河流以及渠道的流量在线自动监测，为排水管网流量模拟及验证、内涝模拟、排水管网养护、河流水文监测及灌渠信息化提供数据支撑。

（4）遥测终端机。该部品为集数据采集与存储、图片拍照与视频监控、远程控制、4G 全网通和卫星通信方式于一体的工业级遥测终端，以高性能低功耗控制器为核心，具备数据采集、存储、控制、报警及传输等综合功能。适用于水文、水资源、地质灾害、土壤墒情、气象、环保、新能源、水库安全、大坝安全、泵站监控等领域。

（5）窨井综合采集仪。该部品基于 NB-IoT 通信，以高性能低功耗微控制器为核心，在结构上采用一体化设计理念，提供多路配套传感器接入的接口，具有无线网络通信功能，是集数据采集、存储、控制、通信和远程管理等功能于一体的智能遥测数字终端设备。适用于窨井流量与水位监测场景。

（6）雷达电子水尺。该部品采用高频微波测距技术，集水位采集、存储、控制、通信和远程管理等功能于一体。产品使用一体化结构设计理念，支持 NB-IoT 无线网络，内置可充电电池组，可以为监测单位提供精准稳定的水位监测信息。适用于城市低洼道路、立交桥出入口、涵洞和隧道出入口等易积水环境。

四、推广价值

廊坊临空经济区开展新型智慧城市建设，一方面能够推动区域传统基础设施的改造升级，促进道路、水、电、管网等基础设施的互联互通和智能化改造，保障城市基础设施高效、可靠、安全运行；另一方面，能够以信息流带动技术流、资金流、人才流、物资流，推动区域物资、资金、人员、文化等领域的快速发展。

1. 信息基础设施方面

结合廊坊临空经济区信息基础设施现状，科学预测发展趋势，统筹规划布局信息基础设施，建设集约、融合、安全的新一代信息基础设施体系，能为各类智慧应用提供有效支撑，保障廊坊临空经济区智慧城市高效、安全运行。

2. 城市基础设施方面

面对未来3~5年廊坊临空经济区快速的人口增长和经济发展趋势，廊坊临空经济区通过抓住新型智慧城市建设的历史机遇，大力夯实城市基础设施建设，提升城市基础设施智慧化程度。

3. 数据资源方面

廊坊临空经济区通过加强数据资源管理，推动政务数据共享，高效提升政府管理和服务现代化水平。

4. 管理服务方面

建设场所工地管理、拆迁改造、基础设施建设、环境保护整治、公共安全、道路交通建设、市政管网建设和市场监管等工作，通过加快新型智慧城市建设，以信息化助力监管方式创新和制度完善，提升城市管理和服务的精准化和智能化水平。

5. 体制机制方面

廊坊临空经济区通过创新管理体制机制，以新型智慧城市建设为契机，构建以政府部门统筹引导，各部门深度融合协作，面向城市发展的共性需求开展统筹集约建设，引导多元市场主体参与共建，满足不同行业领域和人群对象的个性化、差异化需求。

6. 运营模式方面

创新智慧城市建设投融资机制。坚持财政投资与社会投资并重的原则，建立多元化投融资运营模式，增强智慧城市建设运营资金保障体系。创立智慧城市建设引导基金，引导社会资金加大智慧城市建设的投入。鼓励社会企业投资建设具有运营潜力的智慧城市类项目，增强智慧城市建设可持续性。探索建立"数据运营+生态合作"的新模式，通过战略合作、股权合作、成立创新研究院等方式与行业领域优势企业、科研院校合作成立联合创新中心，构建数据资源要素化、资产化的创新生态，促进长效、可持续运营。

西安国际港务区智慧运管平台应用管理

田　旺　雷玉宾　田旭升

陕西华山路桥城市运营有限公司

一、建设背景

智慧城市平台的建设，源于对现代城市发展的深刻洞察。随着社会经济的蓬勃发展，城市化进程不断加速，人口持续增长，城市面临着诸多挑战。为了应对这些挑战，智慧城市平台应运而生，它以智能化的手段，助力城市实现高效、绿色、可持续的发展。

智慧城市平台的建设，也是对传统城市管理模式的革新。在数字化、信息化的浪潮下，传统的城市管理模式已难以满足现代城市的需求。智慧城市平台通过整合各类资源，实现城市管理的数字化、精细化，使城市建设与城市管理有机融合，为城市的可持续发展提供有力支撑。

1. 城市化进程加速

随着全球城市化进程的加速，城市人口数量不断增加，城市规模不断扩大。这带来了城市管理、基础设施建设、公共服务等方面的巨大挑战。传统的城市管理方式已经无法满足现代城市的需求，建设智慧城市平台成为应对城市化挑战的重要手段。

2. 信息技术不断创新

信息技术的发展为智慧城市平台的建设提供了技术支持。云计算、大数据、物联网、人工智能等技术的不断创新和应用，使得城市信息获取、处理、分析和应用能力得到大幅度提升，为智慧城市平台的建设提供了有力保障。

3. 政府政策支持推动

许多地区政府出台了相关政策，支持智慧城市平台的建设。这些政策为智慧城市平台的建设提供了政策保障和资金支持，推动了智慧城市平台的快速发展。

4. 居民生活需求升级

随着人们生活水平的提高，对城市的居住环境、公共服务、安全保障等方面的需求也不断升级。居民对智慧城市平台的需求和期望，为智慧城市平台的建设提供了动力和方向。

5. 环境保护意识增强

随着全球环境问题的日益严重，人们的环境保护意识不断增强。智慧城市平台通过智能化的管理手段，能够实现节能减排、资源循环利用等目标，为环境保护作出贡献。

6. 公共服务优化需求

公共服务是城市发展的重要组成部分，也是智慧城市平台建设的重要领域之一。通过智慧城市平台的建设，能够实现公共服务的优化和升级，提高公共服务的质量和效率。

7. 区域协同发展需求

区域协同发展是现代城市发展的重要趋势，也是智慧城市平台建设的内在要求。通过智慧城市平台的建设，能够实现区域内城市的互联互通和资源共享，促进区域协同发展。

8. 产业转型升级需求

随着经济的发展和产业结构的调整，传统产业转型升级成为必然趋势。智慧城市平台的建设能够推动产业转型升级，促进新兴产业的发展，提高城市的竞争力和可持续发展能力。

9. 基础设施建设完善

基础设施建设是智慧城市平台建设的基础和前提，智慧城市平台的建设也离不开基础设施的支持和完善。在智慧城市平台建设中，需要不断完善基础设施的建设，包括网络通信、数据中心、智能终端等方面，以满足智慧城市平台的需求。

二、建设内容

为更好地提升城市运营品质，降低设施运维成本，公司利用互联网及区块链技术，自主创新研发打造出智慧运管平台，平台是以智能化和信息化为枢纽把线上、线下融为一体，采用智能模块、远程视频监控运维管理模式服务于城市道路与基础设施。

智慧运管平台分为两大系统，分别为智慧运管平台管理系统和智慧运管平台业务系统，如图 1 和图 2 所示。

1. 智慧运管平台管理系统

1）巡查养护

实现了对道路、给排水、电力、路灯等设施的日常巡检及事件上报。图 1 中绿色和红色图标代表不同的事件，绿色图标代表日常养护事件，红色图标代表应急抢修事件。两者在维修的时效性存在差异，应急抢修事件要求在事件上报 30 分钟内到达现场处置。点开绿色图标，可以看到事件的工单号、上报人员、事件类型、上报时间、具体位置等信息。同时，巡查人员将事件上报至系统后，位置会同步显示到手机端的 App 上，且自动导航到上报事件的地点，方便作业人员及时到达现场进行处置。红色图标以雨水井周

图 1　智慧运管平台管理系统

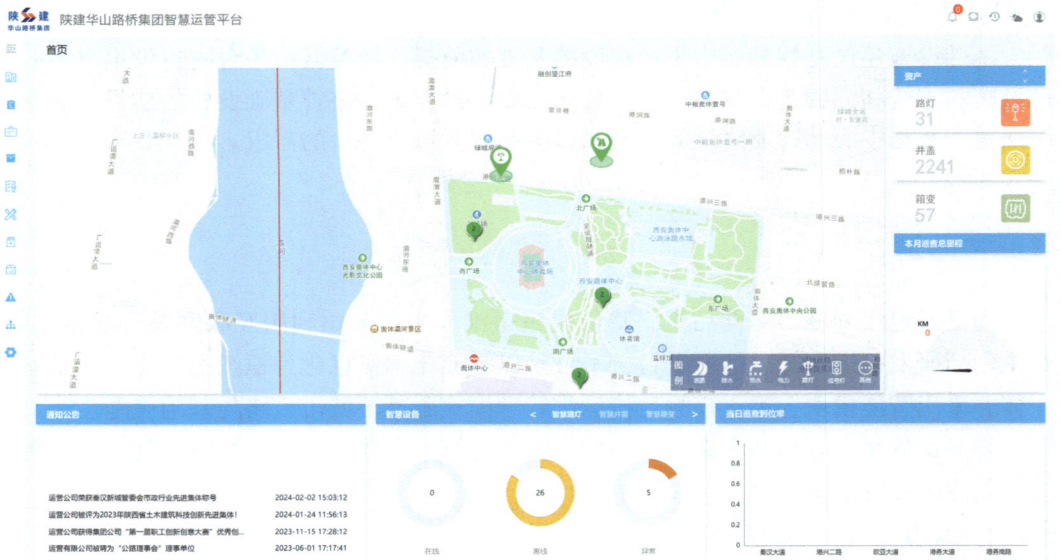

图 2　智慧运管平台业务系统

围塌陷事件为例,其属于应急事件,应急事件比较紧急,对行人及车辆的安全通行影响较大,必须立即处理。图 2 右上角资产模块是巡查员上报的所有待处理事件,对未归档完成的事件工单,平台会实时滚动提醒,待处理完成之后会自动消除归档,实现了无纸化办公并且提升了办公效率。用绿、橙、红三种颜色来区分事件上传至平台的时间,可一目了然地看到事件的情况。在巡检里程和事件统计模块可以看到本月的巡查总里程数及每日事件的统计数据。巡查统计模块可以很清晰地监测每条道路的巡查情况，是否完成了当日的巡查任务。道路情况模块可以查询到每条道路的维修统计情况，道路在维修完成后，可以自动统计到这个系统，方便对下一年度的道路维修提前做决策。

2）巡查车辆

目前，港务区有 50 多台车辆设备穿梭在各个角落，为道路的安全保驾护航。这些车辆都安装了车载 360 度及"五合一"摄像头、GPS 定位。在平台中，我们可以看到车辆的基本信息，通过这些摄像头可以实时地掌握现场施工情况以及车辆周围的环境，实现可视化和高效化的现场管理。同时也可以对车辆在任意时间段内的行驶轨迹进行查询。通过这个功能可以实现对车辆的动态化管理，同时在车辆有特殊情况发生时，可以查询路径，确保人员以及车辆安全。查询模块可以很便捷地查询车辆信息及视频。车辆信息及签到记录这两个模块展示车辆在离线状态、行驶速度、位置以及巡查人员的签到记录。这两个模块对人员管理以及车辆调配起到了重要作用。

3）资产管理

平台涉及的智慧化设施较多，如智慧路灯、智慧井盖、智慧箱变等。传统的设备巡检，需要巡查人员到达现场进行例行检查，比较耗费人力、物力、财力。而改造后的设备都安装了智能模块，通过智能模块可以实时地将现场的情况反馈到平台上来，便于统一管理，如智慧路灯，在平台上可以看到静态数据和动态数据，动态数据比如电流电压等，这里的数据表示的是正常运行，一旦数据超过限制值，系统中对应的图标就会变成红色提示异常，这时可以进入后台，查看基本数据，查询故障原因，还可以警报信息查询故障原因，方便维修人员及时进行处置。可以根据天气状况，对路灯的亮度进行调节，从而达到节能环保的功效。接下来回到我们的主界面，了解一下智慧井盖。目前，港务区有 2200 多个井盖都安装了智能模块，实现了自动报警的功能，如井盖丢失、损坏、非正常打开时，就会发出报警，提醒作业人员采取针对性的维修措施，保证市政道路的安全运行。后期也会将井内水位及气体监测信息及时反馈至平台。对于智慧箱变，安装的智能模块可以实时的监测箱变内的数据，如电流、温度、电压等，达到了提前预警，提前处置的效果，保证市民的用电需求。智能设备的投入使用，大大减少了人力和财力的投入，节能高效、防患未然，同时也保障了辖区内设施的正常运行（图 3）。

4）应急管理

应急管理是在平常工作中应用较多的一个板块。这个板块设置有应急点和防汛点，并且配备了应急设施与车辆，主要针对养护事件的突发性，确保一旦发生应急事件，将以最快的时间投入人力、物力。地图上用图标标示出三个应急站点，三个站点都储备了不同的物资，可以根据不同的情况进行调配。可以从平台查看站点的基本情况及储备物资清单，从而保证物资的及时补给，确保下一次的突发事件来临时，物资充足。由于近几年来西安雨水较多，容易发生由积水导致的交通拥堵情况，所以在港务区也设置了多个雨水点位，可以看到雨水点位的人员及车辆的配备情况，确保一旦发生汛情，防汛人员会第一时间到达每个防汛点进行排查，保障雨期道路畅通。还专门对重点路段设置远

图 3　资产管理板块

程视频监控，安装了积水标尺，实时的监测积水情况，水位一旦超过了限制值，就会发出报警，信息反馈至后台启动防汛应急预案。平台设计了一个应急方案库，目前共有14种相关的施工方案，这个方案库可以同步在作业人员的手机端，在施工现场一旦遇到任何情况，可以第一时间查阅学习。另外，还可以通过道路摄像头窗口及时地掌握道路交通流量及天气的情况，为保证道路畅通提供了第一手资料（图4）。

图 4　应急管理板块

2. 智慧运管平台业务系统

1）目前平台业务系统功能内容

（1）设施档案资产管理。

对港区内设施设备的增加、折损进行数字化全寿命跟踪，评估资产价值。

（2）巡查养护管理。

利用电子地图，建立虚拟坐标点位，用于标记巡查到位情况，生成巡查到位率指标。巡查过程中，发现问题可进行事件上报。此外，通过巡查车上加装的摄像头实时获取现场情况，并记录车辆轨迹，实现轨迹回溯。

（3）事件工单管理。

对上报的各类事件自动生成事件工作流，详细记录工作流中各环节情况，且只有事件完成后才能归档，可实现闭环管理。同时，根据需要，可将已归档的事件导出成报表，满足业务需要，实现无纸化办公。

（4）应急资源管理。

对园区内的应急资源进行管理，并建立应急预案机制，针对园区内发生的事件可第一时间及时响应。

（5）施工工单管理。

智慧平台工单生产是一种基于智慧平台的生产管理模式，通过工单的形式来组织生产，实现生产过程的数字化、智能化和高效化。在这种模式下，企业可以通过智慧平台发布工单，将生产任务细化为具体的作业任务，并分配给相应的生产人员。生产人员可以通过智慧平台查看工单详情，包括作业内容、作业时间、作业标准等信息，并按照工单要求进行生产作业。

2）应用特点

（1）优化生产流程。

通过数字化和智能化的方式，企业可以更加灵活地组织生产，快速响应市场需求，提高生产效率和产品质量。

（2）降低生产成本。

智慧平台工单生产可以实现精细化的生产管理，减少浪费和不必要的支出，降低企业的生产成本。

（3）提高生产人员素质。

智慧平台工单生产需要生产人员具备一定的数字化和智能化技能，这会促使企业加强对生产人员的培训和技能提升。

（4）促进企业创新发展。

智慧平台工单生产可以帮助企业更好地利用新技术、新工艺、新材料等创新资源，推动企业的创新发展。

总的来说，智慧平台工单生产是现代企业数字化转型的重要方向之一，对于提高企业的竞争力和可持续发展能力具有重要意义（图5）。

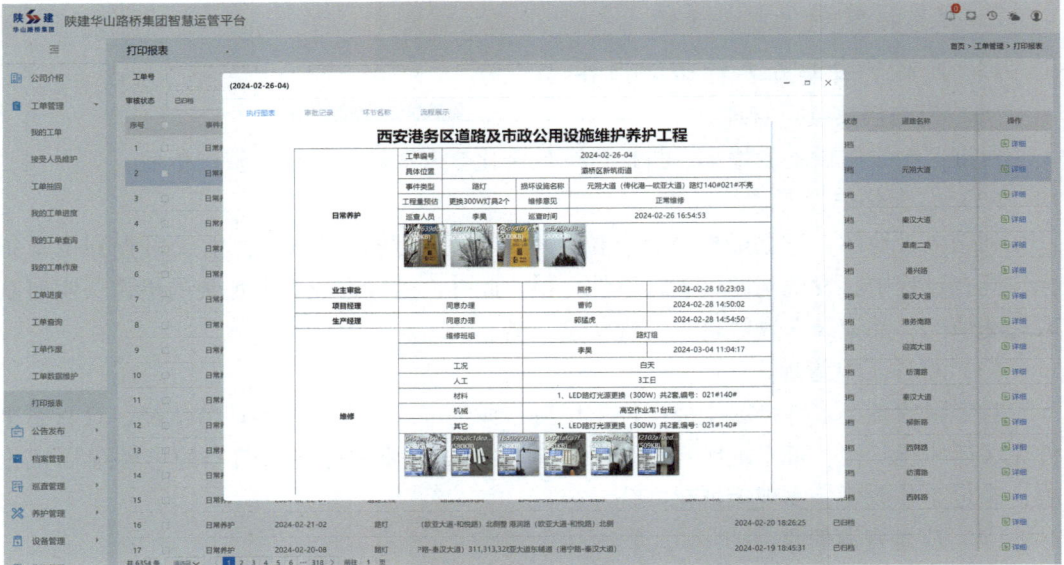

图 5 施工工单管理

三、创新应用

1. 主要功能

从数据层、模型层和功能模块层三个方面构建市政道路及配套设施智慧管养信息系统框架体系,建立涵盖日常巡查、物资管理、养护工程管理、安全风险与应急管理等市政设施全体系智慧管养的信息系统实施方案。并从运维平台的选择与构建出发,考虑模型集成化、模型的优化和轻量化的特点,对市政道路及配套设施智慧管养信息系统技术实施标准、设备编码和运维交互等关键技术进行研究。

数据层:本层用于储存系统所需数据,对数据进行读取、修改、保存等操作,包括BIM 数据、地形数据、业务数据、视频监控数据等。

模型层:本层是运维管理信息系统基础框架的核心部分,其与数据层和功能模块层相链接;也用于导入和储存系统所需的 BIM 模型、对 BIM 模型进行查看、修改、保存等操作。

功能模块层:是系统直接面向客户的应用层部分,该系统的重要功能都集中在这一层中,且根据项目管理的需求不同,其功能模块可适当地扩展或改变;同时,本层也负责数据的处理和传递,即处理用户输入信息,或是处理数据层读取的数据,或是处理功能模块层发出的指令,以实现系统的具体功能目标。

在大量查阅国内外相关文献资料和研究成果的基础上,采用室内试验与现场试验相结合,理论分析与工程实践相结合、技术与管理相结合的方法展开系列研究,主要技术路线如图6所示。

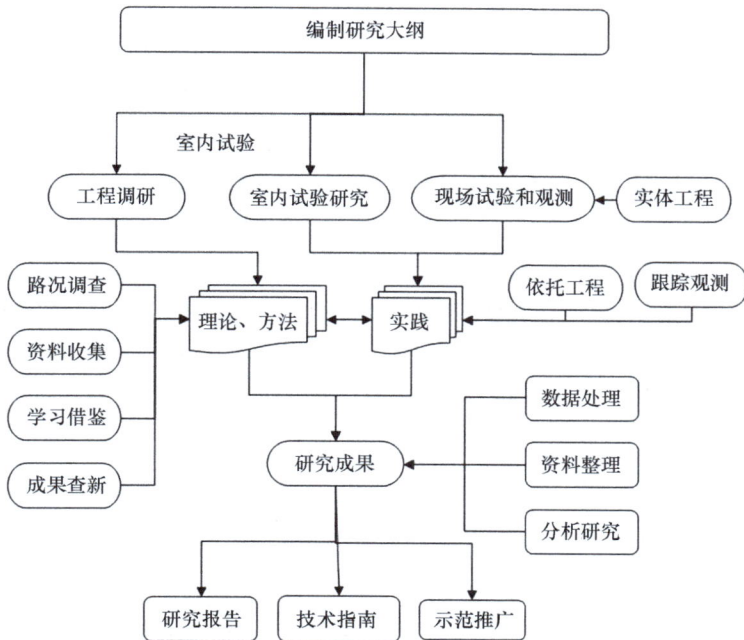

图6 主要技术路线

1）项目的技术难点

（1）构建基于 BIM、GIS、"互联网+"的市政道路及配套设施智慧管养可视化平台。

（2）基于智慧管养可视化平台，进行大数据处理。

2）创新点

（1）提出面向市政道路及配套设施管养功能需求的智慧管养信息系统框架，构建基于 BIM、GIS、"互联网+"的市政道路及配套设施智慧管养可视化平台。

（2）提出城市公用基础设施智慧管养信息化系统实施方案。

2. 场景数据资源

市政道路及配套设施智慧管养系统框架的数据资源是一个集成运维管理所有相关数据的中央数据库，即 BIM 数据库。BIM 数据库包含各种数据信息，其可分为可检索的原始数据和即时更新的可编辑数据两部分内容。前者是设计、施工阶段累计的静态数据，主要包括 BIM 三维竣工模型、市政道路结构信息、市政配套设施信息、市政道路构件信息和设备参数等；后者是运维管养阶段累计的动态数据，主要包括监测安全数据、监控视频数据以及设备运行状态信息等。BIM 数据库充当了存储和交互平台的角色，它使项目各阶段、不同参与者都能够随时随地从数据库中调取所需信息。以全运会主场馆区项目为例，其涉及参与方众多，信息量大且来源广、形式复杂。实现全运会主场馆区项目运维管养中各种信息数据的存储、交换和共享就极其关键。

通过分析可知，本场景信息类型复杂，数据形式多样。项目的信息主要包括设计、施工和运维三个阶段产生的信息，以及其他的项目公共信息，环境、市政道路及配套设施信息和项目运维管养信息等一切因项目建设而产生的原始信息。这些信息的内容、形式互异，通常有各类数字、图表、文字、图纸、照片、视频和声音等，所以除了结构化的信息外，还有非结构化或半结构化的信息，包括管理数据（应急、停车、消防等），设备状态（开关状态、健康情况、故障类型等），环境管理（温度、湿度、$PM_{2.5}$ 等）以及交通情况等。这些属性集成于不同的数据源（如结构传感数据、监控数据、全运会主场馆区设备管理信息系统和日常运维管养系统等），通过定义各数据之间的关系来进行数据集成，并与 BIM 数据结合，形成全面、完整的运维数据库。各种来源的数据都将先进入数据库，然后经过筛选、调整，显示在系统中。

3. 优势特点

通过对比当前同类技术，并对市政设施管理现存问题进行分析，可以看到运管阶段设施管理运管数据量大，易出现信息断层的问题；精细化管控和数字化转型的背景下，各地不断涌现的各类小型智慧运管平台呈现出功能重复、运管对象单一等问题。此外，在新技术发展迭代以及新的管理和服务要求等多因素影响下，智慧运管系统的推广和应用也迫切需要一个统一的、集成式的综合性服务系统。

综上所述，"融合建造、智慧管养、节能环保、美观耐久"的市政辖区智慧运管系统，应用前景广阔，市场需求巨大。

以西安国际港务区 90 平方千米范围内道路及市政公用设施维修养护工程为基础，按照辖区内所包含的市政道路、给水排水、路灯箱变、交通设施、泵站维护、交通信号灯等不同专业划分，分别以试验点的形式装有智慧路灯 80 多盏，智慧井盖 2000 余个、智慧箱变 60 余台，信号灯以及亮化设施 50 余台。通过运管平台对此区域道路及配套设施的维修养护管理，较传统养护模式提高了生产效率，节能高效，具有良好的经济效益和社会效益。

根据区域内智能化养护需求，本项目已投资 1480 万元，用于购置与智慧运维管控平台配套的先进机械设备（图 7）。

4. 运营模式

项目以全运会主场馆区市政基础设施建设工程为依托，结合 "BIM+"、GIS 以及 "互联网+" 等现代信息技术，从城市公用基础设施智慧管养技术方面开展全运会主场馆区公用基础设施智慧管养技术应用研究，最终实现城市公用基础设施运维管理信息化、可视化、智慧化。在此基础上逐步拓展，分片区建立陕西省西安市港务区、未央区、高新区智慧运管平台指挥中心。利用行业最先进的设备和理念，新建、改造城市基础设施，提高设施运行智能化，纵深满足用户需求，缩短服务链路，将园区内的路灯、井盖、箱变、亮化等设施进行智能化提升改造，通过加装传感器，重点区域设置摄像头等操作，提高监管效率。基于互联网、大数据的基础信息架构，通过智能终端和信息服务，打通专业壁垒，为市政设施的高效管理赋能，通过巡查车辆及人员移动端 App 的实

图 7　设备机具配备情况

时巡查上报园区内市政基础设施管养问题，获知现场施工动态，提高区域监管感知度。建立养护工单体系，实现无纸化办公，养护流程线上处理线上归档，提高园区管养效率。从事前预警、事中响应、事后处置三方面出发，着力于监测预警、资源分布、预案管理，提高应急管理水平。

以市政辖区范围内所有设施为底层运管对象，致力于实现一网统管目标，将道路、桥梁、隧道、给排水、电力、路灯、箱变、泵站、交安设施、综合管廊、监控、信号灯、绿化、环卫等市政养护各专业纵向各流程、横向各专业进行有效整合，将人员、物资、设备进行信息化管理，坚持"为城市提升运营品质，为用户降低维护成本"的理念，深度挖掘探索智慧城市运维技术，深入打造"市政辖区运管平台"，从而有效提升区域运维效率，为城市的高效运行提供有力保障。

5. 使用成效

智慧运管平台的建立对城市基础设施维修养护作出了重大改善。首先，它对城市道路建设的基础设施管理更加完备，可以提高城市道路的等级水平。其次，道路及配套设施维护使用可以减少其新建或者改扩建，减少道路用地与能源损耗。另外，通过智慧养护与大量投资于道路建设来解决城市建设问题来对比，不仅节约了大量的资金，而且保持了城市建设和发展的可持续性。

市政道路及配套设施智慧管养技术子项目搭建了智慧运管平台，运用 5G 技术，对传统设备进行智能化改造，在设施上安装智能模块，第一时间将故障信息上报至智慧城市运管平台，10 分钟内到达现场，2 小时内排除故障。在道路巡查车上安装路测系统，对经过的路面进行自动扫描、检测和分析，指挥中心根据具体情况调配人员和设备，及时完成病害处理，真正实现了全区域、全天候的专业城市运维。智能化模块能对资产设

837

备运行情况进行自检，提前预警，把故障处理在萌芽状态，实现了设备与平台之间的互联互通，做到了数据传输的即时性、准确性、全面性，提高了运维作业的质量和效率，具有良好的经济效益和社会效益。如图8-图10所示。

图8　智慧运维在园区设施监管方面的应用

图9　智慧运维在道路交安监管方面的应用

6. 市场空间

市政道路及配套设施智慧管养技术子项目搭建了智慧运管平台，能够解决区域性、

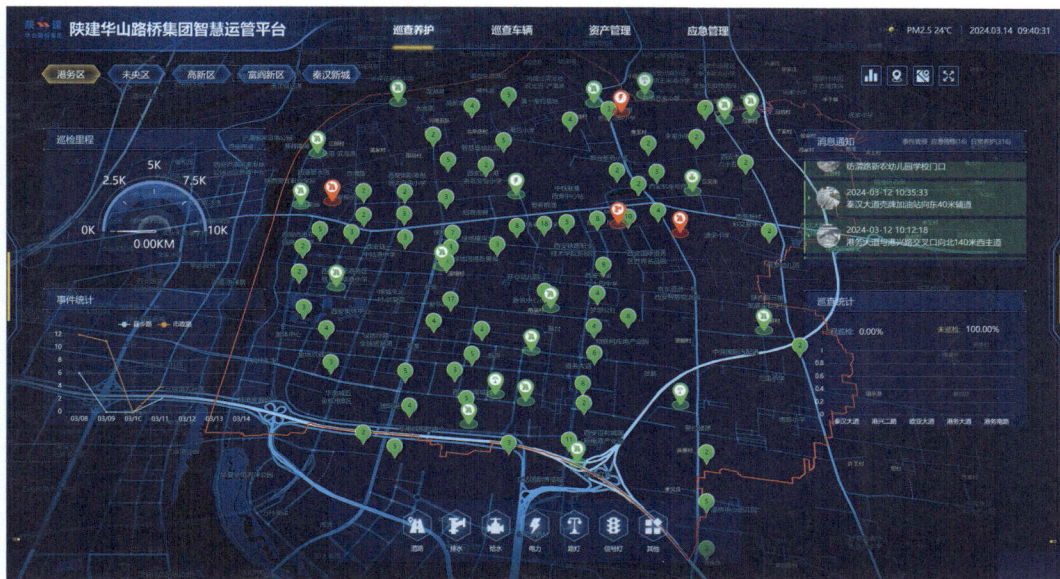

图 10　智慧运维在市政基础设施养护方面的应用

多专业的运维难题，实现数据自动化分析、全设备信息化监测、多专业融合化运行的运维新高度，做到了历史数据的随时查询，未来决策的数据支撑。智慧运管平台实现了市政基础设施的一张图管理，信息数据实时对接，多层次同步进行、多专业协同作业，及时发现问题，快速解决问题，让城市运维低成本、高效率，在全国城市市政公用设施智慧运维方面具有广泛的推广应用前景。

四、推广价值

1. 应用建设要点

自 2019 年年初，集团对标国内城市运营一流企业——上海隧道股份有限公司，引进行业先进智慧运维理念，于 2020 年 4 月在西安国际港务区建立了西北首家智慧运管平台。如图 11 和图 12 所示。

智慧运管平台在当今社会中扮演着越来越重要的角色，它所产生的社会、经济效益及推广价值等各方面都具有深远的影响。

（1）明确目标与定位。明确智慧运管平台的建设目标，包括提高生产效率、优化资源配置、创新业务模式等方面。同时，确定平台的定位，包括服务对象、功能特点等，以确保平台的建设与推广具有针对性和实效性。

（2）跨部门协作。智慧运管平台的建设需要多部门共同参与，因此，建立有效的协作机制至关重要。应明确各部门职责，充分发挥各自专业优势，确保平台建设的顺利进行。

图 11　智慧运管平台指挥中心

图 12　智慧运管平台观摩交流

（3）需求调研与分析。深入开展需求调研，了解用户对智慧运管平台的具体需求。通过分析用户需求，提炼共性需求，为平台的功能设计提供依据。同时，应关注个性需求，为用户提供定制化服务。

（4）制定实施方案。根据需求分析结果，制定详细的实施方案。方案应包括平台架构、功能模块、技术路线、数据接口等方面的设计，以确保平台的建设符合标准要求。

840

（5）培训与推广。在智慧运管平台推广过程中，应注重培训与宣传工作。通过组织培训课程、编写培训教材等方式，提高用户对智慧运管平台的认知度和使用能力。同时，利用各种渠道进行宣传推广，提高平台的知名度和影响力。

（6）持续优化与升级。智慧运管平台的建设是一个持续优化的过程。应定期收集用户反馈，分析平台运行数据，针对存在的问题进行改进和优化。同时，关注技术发展趋势，及时升级平台功能，确保平台始终保持领先地位。

（7）建立评估机制。为了确保智慧运管平台的实施效果，应建立科学的评估机制。通过设定合理的评估指标，定期对平台进行评估，以便及时发现问题并进行调整。同时，将评估结果作为改进和优化平台的重要依据。

（8）建立标准与规范。在智慧运管平台的建设和推广过程中，应制定一系列的标准和规范，以确保平台的标准化和规范化，包括数据标准、技术标准、安全标准等，以便各单位在建设同类平台时能够遵循统一的标准，提高平台的互操作性和兼容性。

（9）引入第三方评估机构。为了确保智慧运管平台的实施效果和标准化程度，可以引入第三方评估机构对平台进行评估和认证。这有助于提高平台的公信力和认可度，促进平台的推广和应用。

（10）建立合作与交流机制。加强与其他单位或组织的合作与交流，共同探讨智慧运管平台的发展趋势和标准化路径。通过分享经验和案例，可以促进各单位之间的合作，共同推动智慧运管平台的发展和应用。

（11）创新商业模式。智慧运管平台不仅具有技术价值，还具有商业价值。因此，应积极探索商业模式的创新，挖掘平台的商业潜力。例如，可以通过提供定制化服务、开发衍生产品、建立合作伙伴关系等方式，实现平台的商业化运营，进一步推动智慧运管平台的发展和推广。

通过以上措施的实施，可以进一步提炼标准化实施路径，为其他单位开展同类工作提供更为全面和深入的启示。在此基础上，各单位可以结合自身实际情况，不断创新和发展，推动智慧平台的广泛应用和社会价值的实现。同时，也有助于提高各单位的核心竞争力和可持续发展能力，为实现数字化转型和升级奠定坚实基础。

2. 应用效益分析

（1）经济效益分析。在市政道路的运管过程中，智慧运管平台系统起着巨大的作用，并且系统的应用对港务区的市政道路营养产生了积极的"降本增效"的影响。经统计，实际的工作效率比传统的方式提高43%左右，成本节约30%左右，产生了较高的经济效益。

（2）社会效益分析。"西安国际港务区智慧运管平台"的建设及应用，对城市公用基础设施智慧运管提供一定的技术支持和工作依据，加快智慧运管技术的应用与发展。

（3）环境效益分析。智慧运管平台可以提高城市运管过程中的信息传递效率，提升了服务质量和水平，减少了资源浪费和建设及运管过程对环境的影响。

中国智慧城市优秀应用案例集

（2024） 中册

智慧城市大会组委会
中国测绘学会智慧城市工作委员会 主编

海洋出版社

2024年·北京

图书在版编目（CIP）数据

中国智慧城市优秀应用案例集. 2024. 中册／智慧
城市大会组委会，中国测绘学会智慧城市工作委员会主编.
北京：海洋出版社，2024. -- ISBN 978-7-5210-1283-5

Ⅰ. F299. 2

中国国家版本馆 CIP 数据核字第 2024RK7001 号

审图号：GS 京（2024）1396 号

策划编辑：江　波
责任编辑：刘　玥　孙　巍
责任印制：安　淼

海洋出版社　　出版发行

http：//www. oceanpress. com. cn
北京市海淀区大慧寺路 8 号　邮编：100081
涿州市般润文化传播有限公司印刷　　新华书店发行所经销
2024 年 7 月第 1 版　2024 年 7 月北京第 1 次印刷
开本：787mm×1092mm　1/16　印张：56
字数：1180 千字　总定价：298. 00 元（上、中、下册）
发行部：010-62100090　总编室：010-62100034
海洋版图书印、装错误可随时退换

《中国智慧城市优秀应用案例集（2024）》编写组

主　　编： 陈向东

编写组成员（按姓氏拼音排序）：

安锡友	白国林	薄　成	薄跃彬	别贤得	蔡凤龙	曹盛源	柴成富
常　海	车军栋	陈恒恒	陈　辉	陈家兴	陈建军	陈　俊	陈　龙
陈　萍	陈庆能	陈苏军	陈　艇	陈万春	陈洋洋	陈泽林	崔　浩
崔丽梅	崔占海	戴雄奇	邓成云	邓晓红	邓章铁	丁俊颖	董景坤
段　伟	段旭宝	范林林	冯　超	付海龙	付　健	高　凡	高婷婷
高旭龙	郜　凯	关代章	关国翔	官　磊	郭德鑫	郭　海	郭明亮
韩　峰	韩功元	韩　佩	韩哨兵	韩文泉	韩哲飞	何嘉珈	何树强
洪伟杰	胡志斌	胡忠建	华　兵	黄　锋	黄俊峰	黄　铜	黄维清
黄　欣	黄　洋	黄滢冰	霍小军	姜丹萍	姜　伟	姜　鑫	姜欣飞
蒋　华	焦　栋	金　松	阚加力	雷文书	雷玉宾	黎海波	黎梓强
李承哲	李　峰	李　佳	李建新	李　剑	李　洁	李金生	李科霖
李　雷	李明涛	李木子	李　娜	李　青	李荣生	李士明	李田养
李晓华	李新文	李雪松	李应涛	李灶强	梁汉媚	梁航琳	梁耀哲
梁勇基	廖光伟	林世国	林泽涛	蔺雪峰	刘德生	刘　东	刘端强
刘国民	刘　恒	刘　璐	刘盼能	刘　鹏	刘鹏飞	刘生华	刘生强
刘　炜	刘文明	刘　瑄	刘晔晖	刘　一	刘艺炫	刘玉财	刘志华
刘子汉	刘祖然	龙慧萍	卢成志	陆建华	陆星宁	罗　文	罗　玉
吕　俊	马宝林	马　超	马继生	马晓彪	马振杨	毛华双	毛旭阳
孟　成	孟宇坤	莫仲婷	倪伟凯	欧阳寒	欧　舟	潘天峰	潘伟华
潘　越	彭海军	彭青顺	彭旭东	祁　耀	钱　路	钱云飞	乔　波

乔小雷　邱成祥　屈停停　任会峰　任康杰　任天宇　任玉荣　荣　芳

沙默泉　申杨捷　沈　雨　沈钰峰　沈郑伟　盛中杰　石　磊　孙慧芬

孙　鹏　孙　越　覃寿芳　谭持程　田　旺　田旭升　田有良　佟绍华

童新建　屠　颢　王　波　王　成　王　冲　王　刚　王冠英　王敬平

王　凯　王　萌　王　敏　王鹏翔　王　权　王若禹　王少一　王思文

王　涛　王田田　王义兵　王永峰　王兆洋　王振胜　王　卓　韦　选

温　迪　温嘉翔　文　亮　邬毛志　邬文奇　吴晨曦　吴敏格　吴敏睫

吴　帅　夏　磊　夏石泉　夏友为　向天竹　肖道刚　肖茂林　肖　宁

肖　鹏　谢明才　谢　心　熊栋梁　熊　穗　徐琛宇　徐　峰　徐嘉良

徐　良　徐世安　徐维发　徐晓康　许保刚　许荔娜　许文恭　许雄飞

许炎波　薛　慧　闫　伟　严建国　杨博璇　杨川石　杨　杰　杨正辉

姚　尧　叶林飞　叶玉强　叶云涛　尹长林　尤国涛　游华明　于菲菲

于　琦　于　宇　袁锐伦　袁晓军　曾艳艳　张　兵　张　丹　张　帆

张国梁　张开坤　张　凯　张　磊　张培文　张　强　张西军　赵俊祥

赵　鹏　赵元达　折　恺　郑柏生　郑　俊　钟金明　周　川　周大山

周洪月　周良辰　朱　杰　朱军辉　朱向军　祝晓坤　卓林浩　宗　静

邹　超　左　涛

《中国智慧城市优秀应用案例集(2024)》编写单位

主编单位: 智慧城市大会组委会

中国测绘学会智慧城市工作委员会

参编单位 (按单位名称拼音排序):

保定市不动产登记中心

北京大兴国际机场临空经济区 (廊坊) 管理委员会

北京公维电子信息技术有限公司

北京市测绘设计研究院

北京市大数据中心

北京市勘察设计研究院有限公司

北京市首都公路发展集团有限公司公路资产管理分公司

北京新航城城市运营管理有限公司

苍穹数码技术股份有限公司

长沙市规划信息服务中心

长沙市生态环境局

长沙数智科技集团有限公司

长武县住房和城乡建设局

常州市新北区水利管理服务中心

常州市新北自然资源和规划技术保障中心

成都西南锦云大数据有限公司

城乡院 (广州) 有限公司

澄迈县清澄水务环境发展有限责任公司

重庆市万州区数字化城市管理中心

崇州市智慧蓉城运行中心

东莞市住房和城乡建设局

东莞市自然资源技术中心

赣州蓉江新区住房和城乡建设局

姑苏区数据局

广东绘宇智能科技有限公司

广东南方数码科技股份有限公司

广西机场管理集团有限责任公司

广西壮族自治区自然资源遥感院

广州城市信息研究所有限公司

广州南方测绘科技股份有限公司

广州南方智能技术有限公司

广州市白云区城市管理和综合执法局

广州粤建三和软件股份有限公司

海纳云物联科技有限公司

航天科工智慧产业发展有限公司

合肥经济技术开发区公用事业发展有限公司

河北建研建筑设计有限公司

河北临空集团

河津市数字智联有限公司

湖北公众信息产业有限责任公司

湖北建科国际工程有限公司

湖北省数字产业发展集团有限公司

湖北省应急管理厅

华为技术有限公司

机械工业勘察设计研究院有限公司

吉奥时空信息技术股份有限公司

济宁市大数据中心

江苏天汇空间信息研究院有限公司

江苏舆图信息科技有限公司

苏州市吴江区盛泽镇人民政府

廊坊经济技术开发区党政办公室

廊坊新智数智未来智能城市有限公司

联通（广东）产业互联网有限公司

临空经济区（廊坊）城市运营中心

泸州市城市综合管理服务指挥中心

泸州市兴泸实业发展有限公司

南京地铁运营有限责任公司

南京泛在地理信息产业研究院有限公司

南京师范大学

南京市测绘勘察研究院股份有限公司

南京市城市地下管线数字化管理中心

南京市鼓楼区人民政府

南京市航道事业发展中心

南京市住房保障和房产局

南宁富航资产管理有限责任公司

南宁市勘测设计院集团有限公司

南宁市住房保障发展中心

南宁市住房和城乡建设局

平潭综合实验区城乡环境发展有限公司

桥头堡指挥部

青岛能源集团有限公司

青岛市行政审批服务局

青岛西海岸新区城市规划设计研究院

厦门市公安局

厦门市数据管理局

陕西华山路桥城市运营有限公司

陕西天诚软件有限公司

上海城市地理信息系统发展有限公司

上海昊沧系统控制技术有限责任公司

上海三高计算机中心股份有限公司

上海市港航事业发展中心

深圳市城市建设档案馆

深圳市前海建设投资控股集团有限公司

深圳市前海数字城市科技有限公司

深圳市深国际湾区投资发展有限公司

深圳市深汕特别合作区深水水务有限公司

深圳市深水宝安水务集团有限公司

深圳市世纪伟图科技开发有限公司

深圳市图元科技有限公司

深圳市智慧城市科技发展集团有限公司

深圳市智慧城市通信有限公司

神木市信息产业发展集团有限公司

沈阳市勘察测绘研究院有限公司

苏州工业园区大数据管理中心

苏州工业园区宣传和统战部

苏州市测绘院有限责任公司

苏州市姑苏区住房和建设委员会

苏州新建元数字科技有限公司

宿迁市宿豫区综合指挥调度中心

太仓市沙溪镇人民政府

泰州市海陵区社会治理服务中心

天津市测绘院有限公司

天津市住房和城乡建设委员会

温州设计集团有限公司智慧城市和大数据研究院

温州市文化旅游信息中心

乌审旗住房和城乡建设局

无锡经济开发区区域社会治理现代化指挥中心

无锡市滨湖区区域社会治理现代化指挥中心

无锡市滨湖区数据局

武汉市建筑工程质量监督站

武汉智博创享科技股份有限公司

西安市雁塔区物业管理协会

西安易川智能科技有限公司

仙桃市政务服务和大数据管理局

襄阳市数据局

兴国县行政审批局

雄安雄创数字技术有限公司

鹰潭市大数据中心

园测信息科技股份有限公司

置威科技（上海）有限公司

中电科电科院科技集团有限公司江苏分公司

中电科数智科技有限公司

中共神木市委政法委员会

中国电信股份有限公司苏州分公司

中国电信股份有限公司仙桃分公司

中国葛洲坝集团三峡建设工程有限公司

中国联合网络通信有限公司广东省分公司

中国联合网络通信有限公司智能城市研究院

中国铁道科学研究院集团有限公司电子计算技术研究所

中国雄安集团数字城市科技有限公司

中国移动通信集团江苏有限公司无锡分公司

中建三局数字工程有限公司

中建三局智能技术有限公司

中交天津航道局有限公司

中煤航测遥感集团有限公司

中山市城市管理和综合执法局

中铁建设集团有限公司

中冶京诚工程技术有限公司

前　言

2024 年是中华人民共和国成立 75 周年，是实施"十四五"规划的关键一年。75 年沧桑巨变，我国如今已踏上以中国式现代化全面推进强国建设、民族复兴的新征程。建设数字中国是数字时代推进中国式现代化的重要引擎，智慧城市是数字中国建设的核心载体和重要内容。《关于深化智慧城市发展 推进城市全域数字化转型的指导意见》提出，到 2027 年，全国城市全域数字化转型取得明显成效，形成一批横向打通、纵向贯通、各具特色的宜居、韧性、智慧城市，有力支撑数字中国建设。到 2030 年，全国城市全域数字化转型全面突破，人民群众的获得感、幸福感、安全感全面提升，涌现一批数字文明时代具有全球竞争力的中国式现代化城市。

为扩大智慧城市各领域开放合作，发挥优秀案例带动作用，携手各方共享创新发展成果，深入推进新型智慧城市发展，智慧城市大会组委会和中国测绘学会智慧城市工作委员会在全国范围内征集智慧城市应用案例。截至 2024 年 5 月，共征集案例 300 余篇，最终遴选出一批技术先进、模式创新、成效显著的智慧城市优秀案例 87 篇集结成册，内容范围涵盖智慧园区、智慧水务、智慧交通、智慧社区、智慧城管、智慧党建、云服务平台等多个方面。相信本书的出版，能够为从事智慧城市相关工作的政府部门、企事业单位和相关技术人员提供有益的参考。

本书的出版得到了各参编单位和行业专家的大力支持，在此表示衷心的感谢！限于编者水平，加之时间仓促，书中难免有不妥甚至谬误之处，欢迎读者批评指正！

目　　录

上　册

中　册

下　册

广州市白云智慧城管系统赋能城市
精"绣""智"理

郑柏生　关代章　陈庆能　李　峰

广州市白云区城市管理和综合执法局

一、建设背景

"人民城市人民建，人民城市为人民。"习近平总书记的重要论述，为我们提高城市治理现代化水平、开创人民城市建设新局面指明了前进方向、提供了根本遵循。开展智慧城管建设是顺应城市管理新形势、改革发展新要求、人民群众新期待的必然要求，是提升城市治理体系和治理能力现代化的必由之路，是下绣花功夫提高城市精细化管理能力，着力解决城市管理突出问题，不断提升城市环境质量、人民生活质量和城市竞争力，不断提升市民对城市管理的满意度的重要举措。白云区行政区域面积约占广州市面积的 1/10，常住人口 400 多万人，占全市 1/5，是广州市面积最大、常住人口最多的中心城区，城市形态多元、城乡二元并存，城市管理情况错综复杂、工作量大、问题高度集中，特别是城中村数量超全市 1/6，生活垃圾日处理量约占全市 1/5，环卫保洁面积约占全市 1/7，治理违建任务占全市 1/5，是整个广州的缩影。近年来，广州市白云区城市管理和综合执法局坚持向科技要动力、向改革要活力，成功打造白云智慧城管系统，推动城市精"绣""智"理。

二、建设内容

1. 一个智慧城管大平台，赋能整体转变

充分运用新一代信息技术成功打造白云智慧城管系统，形成"1+4+N"治理体系，全面构建体现整体性转变的功能系统、支撑全方位赋能的技术框架、适配革命性重塑的治理格局，基本实现了由被动处置型向主动发现型、由经验判断型向数据分析型、由人力密集型向人机交互型、由政府主导型向市民共治型"四个转变"，以创新推动城市管理实现新变革。成功入选"2024 数字中国创新大赛数城百景"，荣获 2024 年度"数字中国城市人气方案"TOP10 奖项，入选中国信息协会"2023 年数字政府创新成果与实践案例（数字政府管理创新类）"，先后走上华为开发者大会、华为全联接大会等高端

平台，多次被《人民日报》《南方日报》《广州日报》等主流媒体宣传报道，吸引住建部城市管理监督局、清华大学、长沙市城市管理综合执法局、珠海市香洲区等近百个单位和地区前来调研参观，智慧城管建设走在全国前列。

2. 四条有机实施新路径，再造治理格局

一是管理部件可视化，智能监管。白云智慧城管系统推动城市部件上图，"一图统管" 6 万余个城市部件、1.7 万余个城管物资，为精细管理、精准执法、精心决策提供数据支撑，有效破解以往要素繁杂、底数不清、缺乏统筹等管理难题，统管城市管理相关一切"物"，如图 1 所示。二是人员考勤线上化，提高效率。勇于打破利益格局，推动人员、作业设备等"考勤线上化"，统管城市管理相关一切"人"。目前，已将 257 个环卫保洁、绿化管养等城市管理社会化项目，8 000 余名城市管理服务人员接入系统动态管理，全区城市管理工作人员上线率和出勤率提升至 90% 以上。三是日常作业工单化，提升效能。构建以工单为核心的业务处理机制，将各项城市管理任务和问题工单化，全流程闭环管理，层层压实责任，统管城市管理相关一切"事"，强力改变以往城市管理体系"慵懒散"的局面。四是群众参与多元化，汇聚合力。坚持党建引领，运用社工手法，先后上线"穗云智慧城管""白云志愿 FUN"等微信小程序，搭建起全域环境治理和居民良性互动桥梁，统管城市管理相关一切"服务"，汇聚推动居民"家门口"环境本质提升强大合力，如图 2 所示。

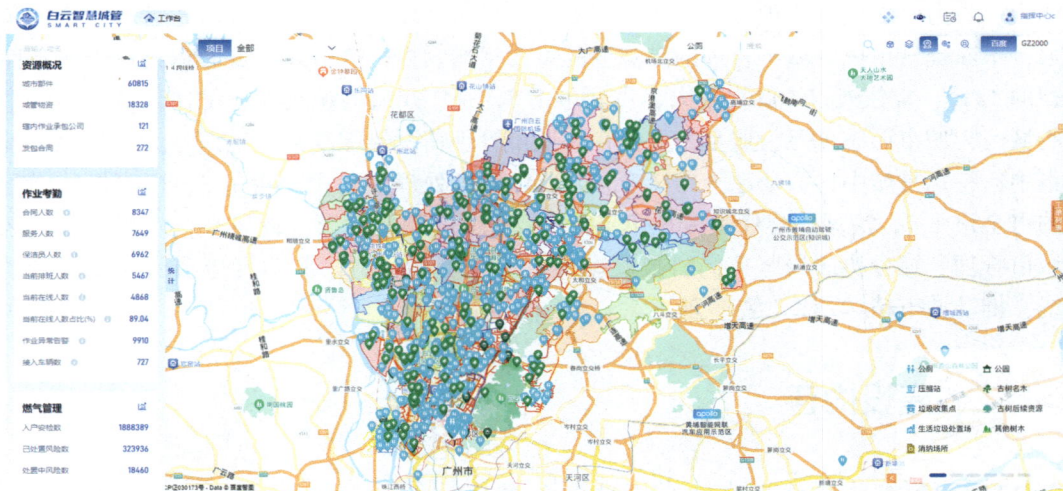

图 1　一图统管

3. 多种城管场景全覆盖，重塑管理机制

白云智慧城管系统涵盖城市管理方方面面的内容，以系统性、深层次的变革焕发城市管理活力，推动治理降本、增效、提质。环卫收费方面，在全省率先建设智慧收费系统，自 2024 年 4 月启用以来收费逾 3.4 亿元，全年累计收费达 3.6 亿余元，较去年收缴总量提升 80% 以上，如图 3 所示。与过去相比，改变的是收费方式，提升的是工作效

图 2 "穗云智慧城管"微信小程序

率，杜绝的是蝇贪乱象，构建了一个高效、透明、廉洁的环卫收费工作机制。燃气管理方面，针对白云区城中村、老旧小区众多，瓶装气使用情况复杂多样的实际，开发"燃气安检模块"，动员城管工作人员、网格员、楼栋长等对全区 326 万套出租屋进行大起底，明底数、清隐患。数据筑底驱动流程再造，形成了送气安检和网格员安检、每周系统自动形成半年内未安检数据工单推送燃气配送企业进行安检两大类安检模式，实现全区瓶装气用户每半年安检一次，夯实安全用气基础。2022—2023 年，实现一氧化碳"零中毒"如图 4 所示。建筑废弃物运输管理，以往只能靠不定时设卡检查管控，监管难、取证难、处罚难。为此选取 50 个重点卡口安装 149 支摄像头，实现 24 小时实时监控，形成了有力震慑，花了小钱、办了大事，如图 5 所示。压缩站管理方面，在全区 59 座压缩站安装了称重、AI 抓拍摄像头、环境监测物联感知等设备，加强对压缩站的动态感知和异常把控，极大压缩"偷倒垃圾"等微腐败乱象生存空间。违法建设治理方面，运用"无人机自动巡航+AI 算法"，堵源头、截过程、固成果，以违建"零容忍"、监管"零死角"力求实现违建"零增长"。垃圾分类监管方面，在全区近千个垃圾投放点安装 AI 识别摄像头，将投放点督导从"桶边"移至"云端"，实现了全时段智能监管、督导，节约大量人力、物力。

图 3　智慧环卫收费

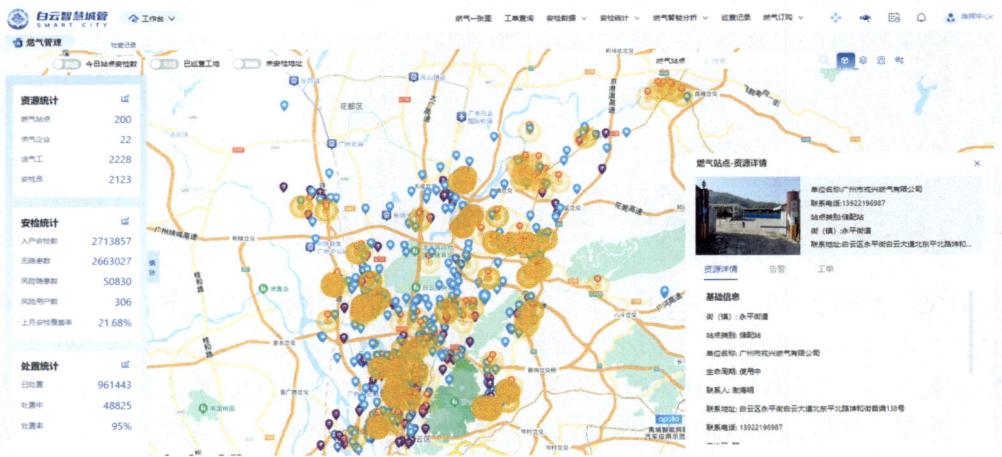

图 4　燃气入户安检统计

同时，白云城管还充分开辟实施新途径，让城市管理更加智慧、更加有效。比如，在"六乱"治理方面，AI 为摄像头加上火眼金睛和智慧大脑，对店外经营、占道广告、暴露垃圾等多种城市管理问题进行智能识别、自动抓拍、生成工单，基本实现全天候、不间断"慧眼识事"，城市管理问题从被动处置走向主动发现。在数据筑底方面，开发"一码扫城"，以平安白云地址码为统一入口成功打通数据壁垒，融通城市管理相关数

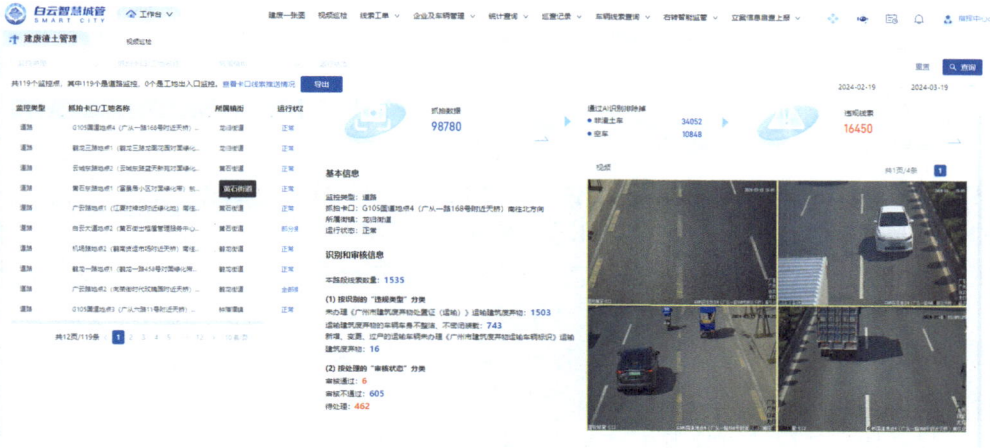

图5 余泥卡口监控

据与平安白云地址数据，业务覆盖全面，操作简单快捷。工作人员根据权限扫码，可以查看环卫缴费、燃气安检、垃圾分类等工作落实情况，清晰感知，让城市管理工作有的放矢。在 AI 大模型应用方面，深化与华为的合作，成立全国首个盘古政务大模型联合实验室，进一步提升城市治理能力和水平。采用盘古政务 CV 大模型，城市"六乱"治理、垃圾分类等业务场景平均识别精度提升 20% 以上。基于盘古政务 NLP 大模型，白云城管数字人新员工"小云"快速上岗变身业务专家，实现政务数据实时交互查询，快速生成业务科学决策建议。

三、创新应用

1. 破解管理困境

一是立足于区域实际，解决难题。白云区城中村众多，居住人员密集，加之村社环卫保洁社会化运营"包而不管"，日常作业粗放低效，问题高发，已成为白云区城市管理突出短板。为此，开发"大物管模式"，通过规范"环卫发包"和加装电子工牌等方式推动人员、作业设备等"考勤线上化"，强化对保洁公司约束，提高作业质量，促进城中村治理更有效。二是着眼于城管实际，解决难题。城市管理要素繁杂、底数不清、缺乏统筹等，在精细化管理的现实要求下日益成为难以回避的矛盾。白云智慧城管系统"一图统管"城市部件、城管物资，涵盖城市管理方方面面，为精细管理、精准执法、精心决策提供数据支撑。三是瞄准管理实际，解决难题。在日常管理中，镇街城市管理有的浮在表面、应付了事，有的只求"还算行""过得去"，有的干脆躺平、只靠"突击"，根本未做到久久为功常抓不懈。为此，构建以工单为核心的业务处理机制，将各项城市管理任务和问题工单化，全流程闭环管理，层层压实责任，强力改变以往城市管理体系"慵懒散"的局面，以系统性、深层次的变革焕发城市管理活力。四是聚焦业务实际，解决难题。城市管理涉及面广，业务痛点多，着力通过解决一个个具体的问题推动城市管理一步步提升。

2. 推动流程再造

一是重新打造运行生态。坚持"人民城市人民建，人民城市为人民"，综合运用物联网、大数据、AI 等新一代信息技术，搭建起集感知、分析、服务、指挥、监察为一体的城市管理信息化平台，把政府部门、城市管理服务公司、市民等多元主体纳入城市问题处置的全链条、全要素、全环节，数字化驱动多元主体全流程协同治理，构建共建、共治、共享城市运行新生态。二是重新梳理管理机制。在镇街，城市管理工作由执法办、城管办、市政所等分别承担，各自为政、缺乏统筹，难以形成合力。结合系统落地督导镇街建立执法办牵头、相关部门各负其责城市管理运行体制，要素重整、力量重组、边界重构，基层城市管理从"九龙治水"走向"攥指成拳"。三是重新优化工单流转机制。改变以往"区局巡检交办镇街—镇街分派—责任单位整改反馈—审核办结"工单交办模式，优化为直接交办责任单位整改反馈闭环管理，减少工单流转程序，工单处置时长从几天缩短至几小时。

3. 强化数据治理

一是做好数据收集。一方面，通过共享并清洗云盾、出租屋等数据，形成统一智慧城管数据底座；另一方面，通过引入区内数万路视频摄像头，自建称重、气味、$PM_{2.5}$、土壤传感等设备，使城市部件具备感知能力，实现数据实时上传、AI 自动识别、数据深度分析等功能，达成万物互联并可编程，为智能监管、统一调度、精心决策及全方位服务奠定坚实基础。二是推动数据集聚。积极推动"城管数据上云"，可共享数据资源全部共享给区大数据平台，打破信息"孤岛"。三是抓好数据融通。目前，正在开发应用的"一码扫城"，为每一栋建筑物设置一个"母码"，为建筑物内的每一个套间设置一个"子码"，一码可以管理白云区内的所有建筑物，不仅方便垃圾分类、燃气安检等城管工作的实施，还对基层治安、消防等工作的开展大有裨益，为党建引领城中村治理提供精准数据支撑。四是搞好数据应用。一方面，通过传感器等物联网设备，准确感知城市管理需求，推动城市管理从"大水漫灌"走向"精准滴灌"。比如，在扬尘多发路段加装 $PM_{2.5}$ 监测设备，"点对点"进行洒水降尘作业，节约高效。另一方面，通过数据分析，精准把握市容环境卫生黑点、盲点、违法建设高发点等城市管理薄弱环节，靶向发力，提升治理效率效果。

四、推广价值

1. 降本增效提质

一是提升环卫收费效能。推出智慧环卫收费系统，集线上缴费、电子发票、底数管理等多种功能为一体，可以根据环卫收费数据底数和收费标准，自动计算缴费数额，推送账单给缴费单位和个人，实现环卫费收缴智能化，有效破解了传统人工上门收费底数不清、效率低下、廉政风险等问题。二是压缩"微腐败"空间。在全区 59 座压缩站安装了称重、AI 抓拍摄像头、环境监测物联感知等设备，采用"物联网＋AI"技术加强对压缩站的动态感知和异常把控，使垃圾量同比下降 300 多吨/天，2022 年节省财政资金近千万元。三是有效提升治理水平。在全区近千个垃圾投放点安装 AI 识别摄像头，实现了对居民分类投放点全时段智能监管、督导，节约大量人力、物力。结合"云站桶""云点赞"等活动，一人可值守多个点位，将投放点督导从"桶边"移至"云端"。同时，居民垃圾分类意识、参与感和获得感也大幅度提升，垃圾分类从"要我分"走向"我要分"。

2. 共建共治共享

在坚持党建引领机制赋能的同时，运用社工手法通过智慧运营服务平台有机联结市民群众和各方力量参与"家门口"的治理。开发"燃气安检模块"，赋能 2 000 余名送气工，实现送气免费安检，2022—2023 年，实现一氧化碳"零中毒""零亡人"。先后上线"穗云智慧城管""白云志愿 FUN"等微信小程序，搭建起全域治理和居民良性互动桥梁，构建问题随时拍、进度随时查、结果随时评的闭环共治体系，把市民对城市管理的金点子变成城市管理的金钥匙。目前，"穗云智慧城管"已上线报事、便民地图、燃气订购、环卫收费、招牌备案等功能。系统上线以来，市民报事 2 万余条。"白云志愿 FUN"投入使用以来，登记社区志愿者 2 万余人，志愿服务时长 50 万余小时。

3. 助力产业发展

坚持走场景做产品、产品铸市场、市场换产业之路，抓住机遇"强合作"，与华为、海康威视等头部企业成立战略合作实验室，进行 AI 算法迭代训练，树立人工智能驱动城市治理升级新标杆。同时，不断推广"走出去"。一方面，借助对口帮扶契机，与福建长汀县城管局达成合作意向，迈出了白云智慧城管产业化第一步；另一方面，受邀积极参与华为全联接大会 2023、华为开发者大会 2023 等活动，分享白云智慧城管建设经验，扩大白云智慧城管系统影响力，做大市场。目前，已在广东省及全国数十个地区进行推广试用，助力区域高质量发展。

"十八里店"智慧社区项目

刘晔晖　朱向军　熊栋梁

置威科技（上海）有限公司

一、建设背景

1. 政策背景

党的十九大以来，在国家"房住不炒"战略定位背景下，政府"租购并举"政策密集出台，其中，利用集体用地建设租赁住房是解决大城市住房突出问题、实现新市民和新青年住有所居的重要举措，此类项目获得了国家政策的大力保障支持，如图1所示，密集的调控政策一直引导着房地产行业的健康发展。

图1　国家针对房地产密集出台保租房相关政策

2022年3月，北京市接连出台《北京市关于加快发展保障性租赁住房的实施方案》和《保障性租赁住房的认定细则及建设标准》等文件。文件针对租赁住房产品设计、建设标准等方面给出了指导性意见，极大地满足了北京市的发展需求。

建设长期保障性租赁住房社区项目，是北京市建立租购并举住房体系、建设国际一流和谐宜居之都的重要举措，也是加快北京市房地产市场供给侧结构性改革、解决区域居住不平衡等问题的重要途径。

2. 项目建设的先进性与必要性

在"房住不炒""租购并举"的政策背景下，如何围绕保障性租赁住房建设，构建既符合城市发展需要，又满足人民日益增长的美好生活需要，还兼顾成本控制的智慧长租社区，无疑是一个巨大的挑战。智慧长租社区通过智慧化应用探索及数字化社区治理体系搭建，能有效提升租赁住房管理的效率，充分发挥数据资产在智慧长租社区管理中的价值。

在智慧长租社区建设过程中，政府部门、运营方、租户，对智慧长租社区建设有着各不相同的诉求。对政府或监管机构来说，社区作为城市经济和民生治理的最小单元，主要关注如何提升社区现代化治理水平，确保租户安全无虞、生活及营商环境的友好以及促进经济高质量的增长。

对社区运营和管理方来说，主要关注点在于能否利用社区的智慧化建设来降低投资风险、实现资产保值增值、实现数据资源的共享和利用、提升经营效益，以及如何通过数字化运营和主动服务，提升 C 端与 B 端用户的满意度，促进社区运营的良性循环、提升社区品牌影响力与美誉度。运营和管理方可以通过社区的统一管理，最大程度满足社区租户对各类服务的即时需求，打造一个互联、协同、共享、高效的社区生态系统。

对于租户和访客来说，期望在社区生活更加安全、健康和舒适，拥有智能、便捷的居住体验，满足其对个性化、智慧化居住环境的迫切需求。

3. 项目背景

十八里店位于北京市朝阳区东南区域，处于 CBD、北京城市副中心及亦庄开发区三个区域辐射的交叉地带，曾经是华北区域最大的石材集散地。原石材市场有经营商户近 600 家，多为"小""散""乱""污"疏解类企业，整个区域道路常年拥堵、流动人口密集、水体污染严重、居住环境恶劣。

而后十八里店乡落实《北京城市总体规划（2016—2035 年）》要求，拓展集体土地用途、壮大集体经济组织、拓宽农民增收渠道、促进集体土地优化配置和节约集约利用。乡政府联合首创城发集团推出西直河地块，建设十八里店集体土地租赁智慧长租社区项目，向市场供应 6 500 套租住房源，成为北京市最大的集租房智慧社区项目。

二、建设内容

1. 十八里店智慧长租社区概览

十八里店西直河集体土地，总占地 11.8 万平方米，总建筑面积 40 万平方米，建成后社区可提供住房面积 25.32 万平方米，租赁住房 6500 余套，承载人口近 2 万人。

在北京市政府及首创城发集团支持下，置威科技（上海）有限公司将十八里店智慧社区项目建设作为试点，以实现政府、社区、租户三方的核心需求为目标，探索一体化智慧长租社区解决方案。十八里店智慧长租社区项目，搭建了智慧长租社区管理平台，构建了一套集超市、书店、健身、餐饮以及各类社区服务业态为一体的管理体系。同时为社区租户提供丰富多元、完备的生活配套设施，形成了独有的"1+6+X"大型智慧长租社区新模式，如图 2 所示。

十八里店智慧长租社区的愿景：共创美好新生活。

十八里店智慧长租社区建设目标：搭建智慧长租社区管理平台，建立完整的长租社区管

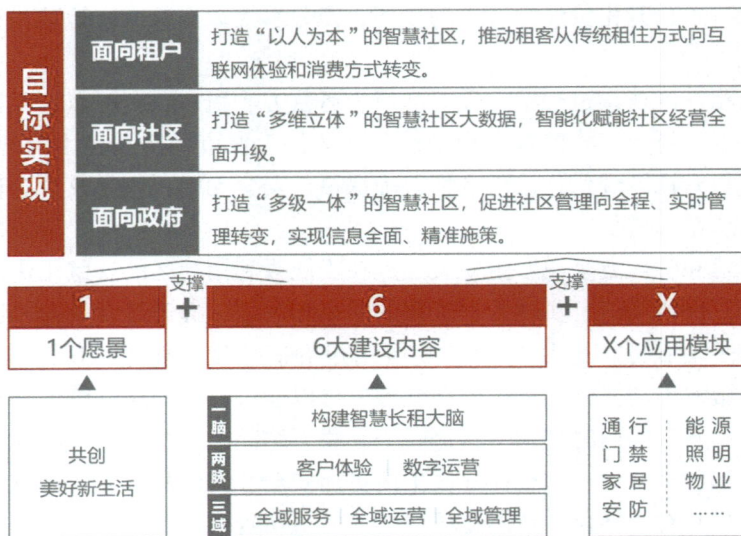

図中文字:

目标实现

面向租户　打造"以人为本"的智慧社区,推动租客从传统租住方式向互联网体验和消费方式转变。

面向社区　打造"多维立体"的智慧社区大数据,智能化赋能社区经营全面升级。

面向政府　打造"多级一体"的智慧社区,促进社区管理向全程、实时管理转变,实现信息全面、精准施策。

1	支撑	6	支撑	X
1个愿景	+	6大建设内容	+	X个应用模块

共创
美好新生活

一脑　构建智慧长租大脑
两脉　客户体验 ｜ 数字运营
三域　全域服务 ｜ 全域运营 ｜ 全域管理

通行 ｜ 能源
门禁 ｜ 照明
家居 ｜ 物业
安防 ｜ ……

图 2　"1+6+X"大型智慧长租社区新模式

理体系,实现长租社区的高效管理及降本增效;以智慧促管理,提升长租社区管理价值与治理水平;满足租户住房、社交、办公、娱乐全链式生活需求,全面提升租户居住体验。

2. 十八里店智慧长租社区整体建设框架

十八里店智慧长租社区建设从智能安防、智慧能源、智慧通行、公共服务、社区O2O、社区活动等多个领域着手,搭建集体租住社区多业态运营管理平台即智慧长租社区管理平台。

项目目标的实现离不开一系列关键技术和基础设施支持,如智慧应用开发、物联网架构搭建、基础设施建设等。十八里店智慧长租社区项目整体建设框架如图 3 所示,包含 5 大应用模块:智慧长租管理、社区智能管理、智慧楼宇管理、社区智能服务、智慧社区运营管理中心。其中各模块内在逻辑关系如图 4 所示。

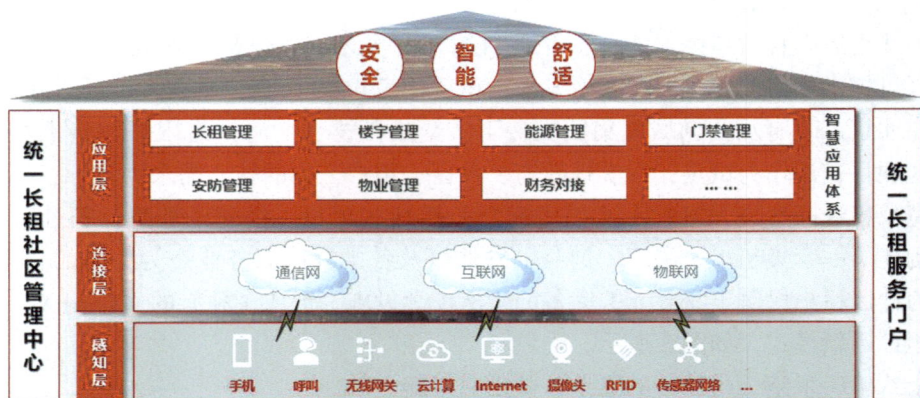

图中文字:

安全　智能　舒适

应用层:长租管理　楼宇管理　能源管理　门禁管理　安防管理　物业管理　财务对接　……

连接层:通信网　互联网　物联网

感知层:手机　呼叫　无线网关　云计算　Internet　摄像头　RFID　传感器网络　…

统一长租社区管理中心　统一长租服务门户　智慧应用体系

图 3　十八里店智慧长租社区整体建设框架

282

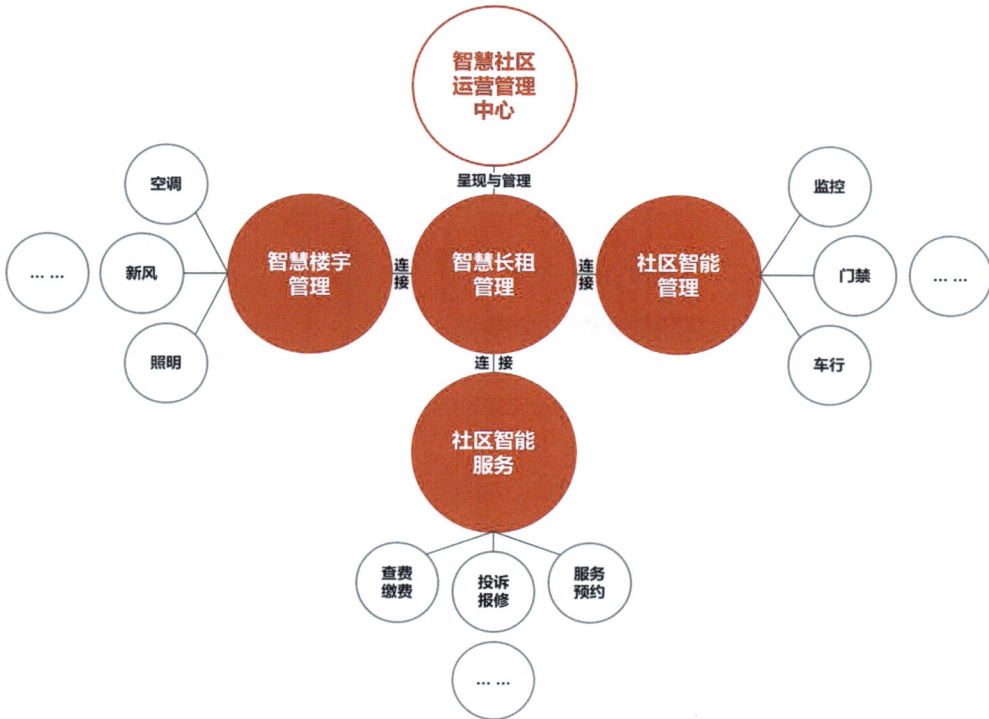

图4 十八里店智慧长租社区应用模块内在逻辑关系

3. 十八里店智慧长租社区整体应用架构

十八里店智慧长租社区以智慧长租管理为核心，连接智慧楼宇管理、社区智能服务、社区智能管理等应用模块。面向政府、社区、租户提供全场景、全周期智能化服务。服务涵盖了住前、住中、住后等多个阶段，全面保障租户能有优质的社区租住体验。同时围绕长租社区生活场景链，推动智慧长租平台、社区智能感知设施和家庭终端联通，打通"最后一公里"社区圈，实现线上线下一体化社区服务。依托社区微生态形成"数据—算法—服务"的正向闭环，推动租户从单体设备、碎片拼凑式场景体验向跨场景全域智能体验升级。

4. 十八里店智慧长租社区应用模块

（1）智慧长租管理。智慧长租管理是智慧长租社区平台的核心内容，包括房源定价、发布展示、在线看房、签约支付、租户用 App 及小程序在线办理入住、合同订单、缴费结算等功能模块。系统后台已打通北京住建委合同备案接口，实现"一键式"在北京住建委进行合同备案。同时建立智能设备一体化管理，可实现远程抄表、远程控锁、在平台缴费后直接生成水费电费账单等功能。智慧长租管理后台及客户端界面如图 5 所示。

（2）社区智能管理。监控管理，在社区重要关口布局监控系统，实时监控（如高

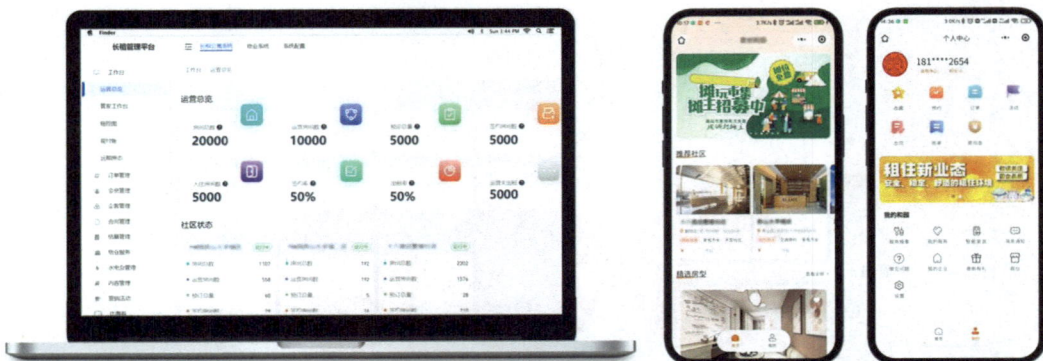

图 5　智慧长租管理后台及客户端

空抛物、违法闯卡等行为自动识别监测），确保社区租户安全。停车场管理，规范社区车辆的停放，方便停车场收费管理、方便租户缴费。访客管理，根据访客类型对其通行权限进行等级划分，访客卡与门禁关联，对访客进出有效管理。海量数据存储和网络数据共享实现访客信息有据可查。登记抓拍、黑名单设置、自动报警功能确保访客管理安全有效。无人化值守，设置闸机实现出入口自动控制。可优化、减少安保人员，有效降低成本，做到无人化值守。车辆、人员出入数据展示如图 6 所示。

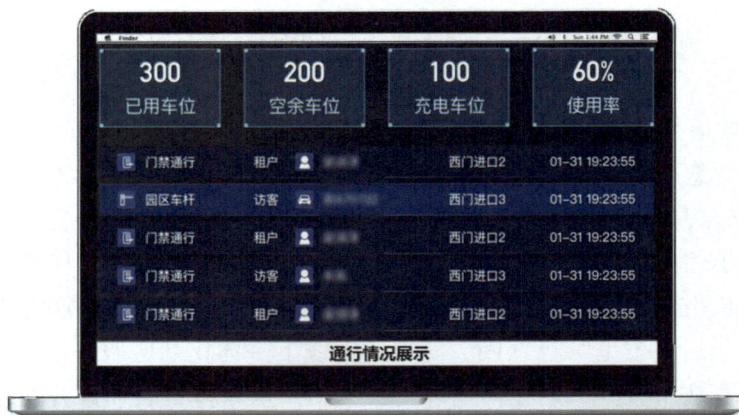

图 6　车辆、人员通行数据

（3）智慧楼宇管理。智慧楼宇管理用于控制、监控楼内的机械和电气设备，包括空调、照明、新风设备等，实现设备、能源等维度的全面管理。能源管控模块可以对各类能源的分散数据进行采集，以便进行集中调度与实时监测、计算分析和处理。通过对建筑照明、水泵、空调等能耗系统进行数据采集、实时监控、状态警报、数据统计、数据分析和能源优化管理，进而提高能源利用率与能源管理水平，营造节能、低碳、健康的长租社区生活环境。设备异常状态报警提示如图 7 所示。

（4）社区智能服务。通过一个 ID 便可高效解决、快速满足租户查费缴费、物业投

284

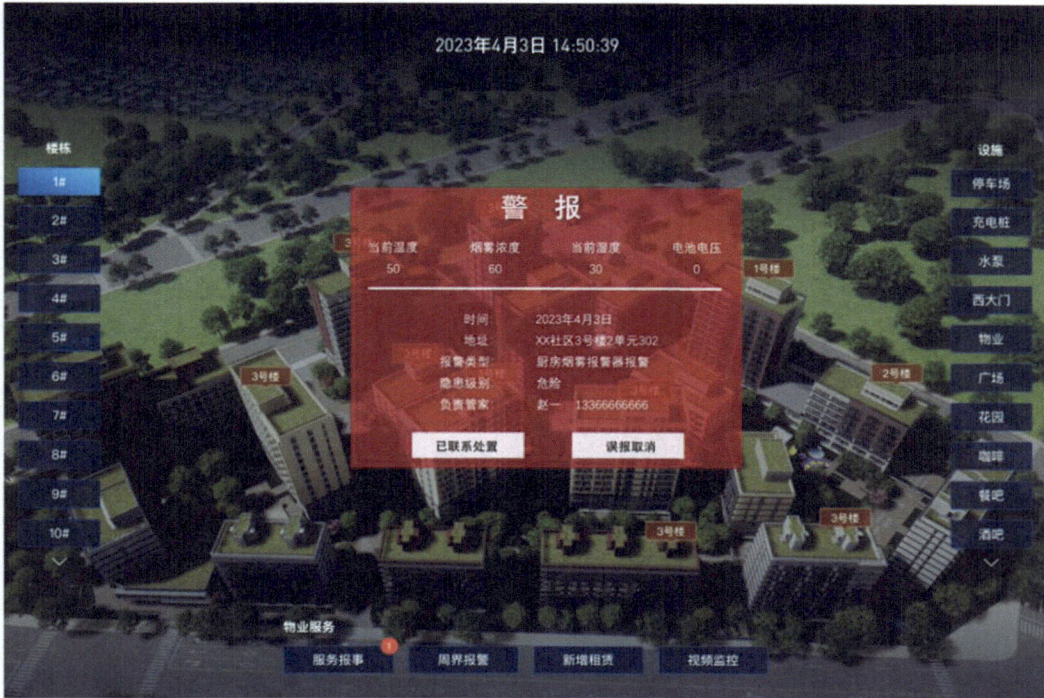

图7 设备状态管理（异常状态警报提示）

诉报修、消费查询、公共服务等需求。租户可通过多种渠道提出服务需求（如移动端在线提交、电话呼叫、来访等）；通过社区智能服务能更好地帮助运营团队进行营销、运营等动作，提升租户满意度与黏性。如图8所示，租户可以线上报名参加社区活动，与社区内其他租户欢聚一堂，畅享"家"的温馨。

图8 举办社区活动线上报名

（5）智慧社区运营管理中心。整个智慧长租社区的中心大脑，对来自社区各方面的数据和运营情况进行实时监控与分析，实现智慧社区运营管理中心一屏览全貌、知全事的特点，并依照数据情况进行管理决策动态调整，更好地管理好社区、提高社区运营服务水平、满足政府租户各方需求。"社区管理运营一张屏"展示如图9所示。

图9　智慧长租社区管理运营一张屏

三、创新应用

1. 项目核心内容

十八里店智慧社区项目以满足长租社区租户基本居住需求为出发点，致力于引入长租社区智慧化科技创新应用，实现"共创美好新生活"这一愿景。通过整合物联网、云资源和网络安全防护技术，依托"1+6+X"的数字模型架构，搭建长租社区智慧化大脑，形成多系统的数据连接共享，打造首创城发集团智慧长租社区管理体系。全面管控长租社区业态各环节，充分发挥数据资产在长租社区管理中的重要价值，显著提高长租社区治理现代化水平，为智慧长租社区的长久运营及未来升级扩展打下坚实基础。

2. 项目创新亮点

（1）智慧社区大脑"运营管理中心"构建

智慧长租社区运营管理中心，不仅扮演着长租社区的"大脑"和管理服务"中枢"角色，更是长租社区运营服务创新的引擎。十八里店智慧长租社区项目创新性地采用"一平台跨专业联动"模式，依托"运营管理中心"这样一位高效的"指挥官"，使用最新的技术整合所有维度的管理。保障"指挥官"能够在客服、设备、能耗、保洁、安全等多个服务领域间迅速协调、转换与响应，实现社区各项服务资源间的高效共享，并促成各服务单位任务执行中的紧密协同。

（2）智慧楼宇管理促进项目降本增效

智慧楼宇管理是建设智慧、环保、低碳长租社区的关键一环，通过社区设施的信息化、可视化管理，使楼宇管理变得更加高效、便捷、智能，有效降低了长租社区运营成本。做到以下几点。一是，运行监控全局化。智慧化手段的应用，可为社区运营管理者提供全面的数据支持与决策依据，做到设施运行监控全局化。二是，运行维护智能化。通过对运行、维护数据的智能化分析，构建设备智能运维模型，提醒社区运营方提前检修、及时处理设备故障，减少安全风险。三是，以上智慧化技术手段的应用，缩短了社区设施设备故障处理等待时间、降低维护成本、延长使用寿命、提高运行效率，有效促进了长租社区项目降本增效。

四、推广价值

1. 社会效益

（1）树立行业运营服务新标杆。

十八里店智慧长租社区项目，整合技术手段、创新业务模式，致力于为租户提供高效能、人性化的社区长租运营和管理服务，并积极推动高品质服务的升级，为租户打造更宜居的生活环境，为行业运营服务树立标杆。

（2）打造智慧社区建设新名片。

与传统的智慧社区建设不同，十八里店智慧长租社区项目更多地关注于"智慧""租赁"方向，将新技术应用与北京智慧城市建设、民生服务体系建设进行深度融合，培育集租、长租领域新商业模式。全方位助力政府进行智慧长租升级，打造朝阳、北京乃至全国智慧长租社区新名片。

2. 经济效益

从经济发展全过程来看，当集体建设用地呈现零散型、集体自主运营时，必然会带来产业的无序化和低端化；而将集体建设用地集中起来并形成规模化的时候，当上万新市民、青年人在十八里店智慧社区安家，享受着"住有所居""职住平衡""租售同权"红利的时候，十八里店乡西直河村环境面貌焕然一新，实现了集体经济增收。

（1）效益提升。

智慧长租社区项目建设，可帮助长租社区运营方实现管理和运营模式的深度改造，重塑其经营与服务模式，实现各环节数据的交互共享。线上线下一体化协同运营，极大地提高了社区运营管理与服务的效益。社区在招租获客、协助签约入住、再到入住后的阶段中，提供一系列全流程、高品质的便利服务，也有助于最大化降低空置率，获得更高的租金溢价，最终实现更好的经营效益。

（2）成本降低。

人力成本降低。在人力资源成本日益提高的当下，智能化管理与人工替代能够帮助企业降本增效、优化资源配置，如依托智慧安防管理，可以减少巡逻人员数量，降低安防成本；依托设备智能运维模型，可以减少巡检次数；依托智慧长租管理平台，实现线上看房定房、线下拎包入住，可降低运营管家的人员成本等。

管理成本降低。在智慧长租社区建设过程中，坚持核心原则"够用、合适"不动摇。在成本可控的前提下最大化地提升租户体验，减少项目初期投资压力；基于智慧长租平台的统一建设，减少了管理过程中的冗余流程，做到自动化、标准化管理，提高了项目的投入—产出比，有效降低了管理成本。

3. 推广价值

（1）行业推广。提供行业标准化经验。依托标准化的智慧长租社区管理体系，可快速实现智慧长租社区的管理、运营经验输出和复制，促进智慧长租社区的规模化发展，为高品质的智慧长租社区管理、运营提供经验。

（2）产业推广。有效促进经济发展、产业升级。十八里店智慧社区项目与企业联合建设，既将该区域集体土地彻底盘活利用，确保了项目全周期内的集体收益，企业也获得了长期的、稳定的现金流收益，且进一步完善了社区周边市政条件及配套环境，辅助区域产业升级，实现了多方的共赢。

（3）社会推广。推动实现数字化社会转型。智慧长租社区项目建设，响应国家"创新驱动、高质量供给引领和创造新需求""数字基建"等号召，在信息技术、数字技术的推动与加持下，为实现数字化社会提供了一个典型优质的范例。

服务到家——鹿城区数智社区全域综合服务平台

周　川　李木子　郑　俊

温州设计集团有限公司智慧城市和大数据研究院

一、建设背景

国家"十四五"规划和 2035 年远景目标纲要中提出了"打造智慧共享的新型数字社区"的政策号召，因此，浙江省政府制定了一系列相关政策推动未来社区的发展。《浙江省未来社区建设试点工作方案》提出推进数字化平台建设、提升公共服务水平、促进社区治理创新等方面内容。同时，《浙江省未来社区专项规划》《关于全域推进未来社区建设的指导意见》也强调了未来社区建设的重要性和必要性，提出了构建"全域未来社区"的目标和具体措施。

2023 年 1 月，浙江省人民政府办公厅引发《关于全域推进未来社区建设的指导意见》提出：到 2025 年，全省累计创建未来社区 1500 个左右、覆盖全省 30% 左右的城市社区，健全全域推进未来社区建设工作的体制机制，使未来社区成为城市社区新建、旧改的普遍形态。到 2035 年，基本实现未来社区全域覆盖，打造共建共享品质生活的浙江范例。

二、建设内容

温州市在第四批未来社区的创建工作中，鹿城区首个采用未来社区全域平台模式完成了花柳塘引领型社区和白鹿州普惠型社区的创建验收工作。全域模式更加注重采用统建和共享的方式，构建区级数字化服务能力和社区九大场景应用服务效果，使社区数据资源整合和运营服务模式更加丰富多样。数智社区全域综合服务平台的建设要素主要由"未来社区全域平台"和"社区数字化运营服务"两部分构成。

1. 未来社区全域平台

未来社区全域平台是通过集成互联网、物联网、大数据、人工智能等技术，构建一个全方位、高效、智能的社区治理和数字化服务体系。以社区居民为中心，以街道或者县市区为单位，搭建统一的数字化平台、数据仓和数字化引擎等基础数字化服务底座，针对未来社区九大服务场景中的共性和高频应用进行统建共享，支持社区个性化应用和社区数字化运营（图1和图2）。

图1　未来社区全域平台总体架构

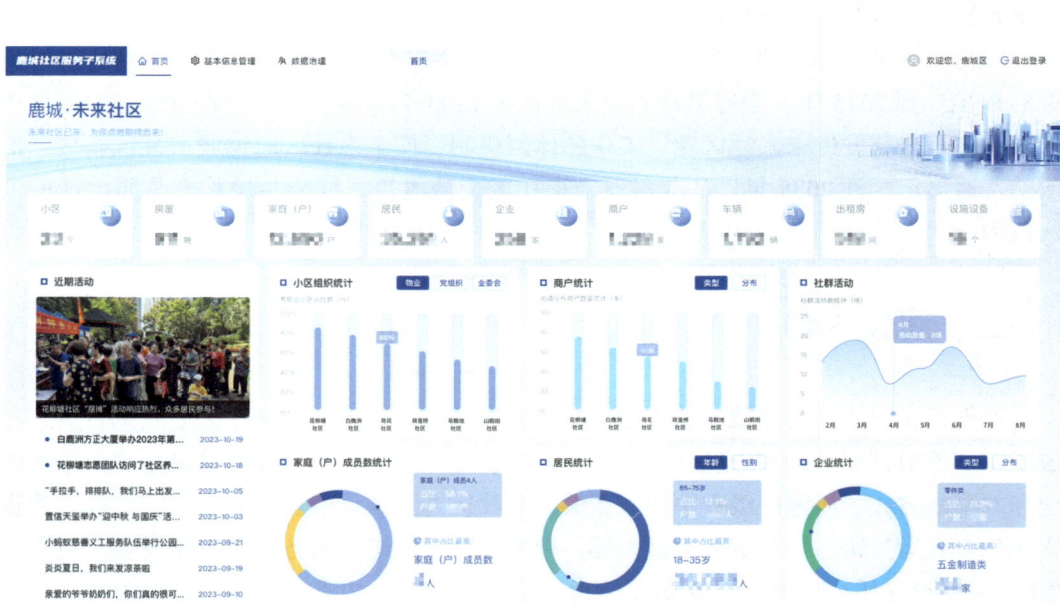

图2　全域平台门户

1）核心特点

区别于"独立创建模式"的传统"智慧社区服务平台"几乎只能用于单一社区，全域平台既保证了平台的统一性和可扩展性，又兼顾了社区的特殊性和多样性，更加注重数据资源和服务模式的区域性统筹规划和建设共享。全域平台会以街道和区级为单位，统一搭建数字化平台和数据、服务引擎等基础底座，有利于提高平台的可扩展性和可维护性，降低建设和运营成本；全域平台在统建的基础上，对辖区内的共性和高频应用进行统建共享，避免重复建设和资源浪费，提高应用的普及率和实用性；全域平台鼓励并支持社区个性化应用的开发和数字化运营。

2）平台技术架构

全域平台采用上下结合贯通和面向服务架构的设计思想，构建"一体化"集成框架。采用层次化设计，实现不同层次间的独立性，保障架构整体运行的稳定性、实用性和可扩展性。通过统一门户、统一接口、统一数据、统一 UI 风格、统一应用集成、统一实施规范，打造跨平台、跨业务、跨层级、跨领域的未来社区全域数字化服务体系，系统整体构建在统一的运维体系、安全体系和保障体系中。

（1）未来社区数据仓建设。

未来社区数据仓，主要解决未来社区建设数据的"存""通""用"。未来社区数据仓具备社区空间人房车企物数据、省级贯通应用数据、应用服务数据、物联感知数据、GIS 数据、BIM 数据与积分数据等资产数据和动态记录数据存储及管理功能，实现数据采集、数据汇聚与数据更新，建立数据动态更新机制，并与省级数据底座贯通融合；同时借助各数仓支撑组件与服务平台，实现数据源管理、数据目录管理、数据治理管理、数据接口管理、数据采集管理、数据交换管理与省级未来社区数据的贯通。在数据安全与隐私保护基础上，通过数据接口与鹿城区公共数据平台实现数据交换和共享，并在 IRS 完成数据编目与归集。围绕着社区治理和服务等相关主题进行建模，并依据居民需求不断更新和优化。同时，数据仓需要整合包括社区基础设施、居民信息、社区服务等多个来源的数据，并消除数据冗余和不一致性。数据仓需要支持实时数据采集和处理，能够及时反映社区居民和基础设施的变化情况。数据仓可以提供灵活、可视化的查询和分析工具，支持社区治理者和居民快速获取所需信息。数据仓需要支持复杂的多维分析和数据挖掘操作，以支持社区治理者进行智能决策和改进社区服务。数据仓需要采取安全措施，确保数据的隐私性和保密性，防止数据泄露和滥用。未来社区数据仓可以提供支持社区治理和服务的数据和信息，帮助社区居民参与社区管理和服务，促进社区的可持续发展（图3）。

（2）应用支撑体系建设。

应用支撑体系是平台建设的重要支撑能力，提供技术支持、数据资源管理、集成和交互、业务流程支持、安全性保障等方面的支持和保障，本次项目主要为可视化引擎、数据分析引擎、BIM 引擎等引擎建设，可以为平台建设提供高效、稳定、安全、可靠的应用程序开发平台，帮助平台快速完成信息化建设和业务系统开发，提升生产效率和竞

图 3   社区数据仓

争力，同时复用区已建数字孪生引擎和全域物联引擎，为平台提供的强大的底座支撑能力、数据共享能力、分析处理能力，实现系统在智能化、可视化、可控化、高效化等各个方面的能力（图4）。

图 4   BIM 支撑引擎

（3）业务应用体系建设。

建设业务应用体系构建全域未来社区统一管理数字化云平台，为了数字化转型和全方位协同，构建一个全面的数字化基础设施和平台，支撑全域业务应用，包含基层服务未来社区数字化平台门户建设、社区服务子系统、应用配置管理子系统、可视化决策分析子系统、空间数据资产子系统、验收评分子系统等，为平台构建提供基础能力支撑。

292

覆盖鹿城全区新建、旧改和双无小区的未来社区服务应用需求，通过重点满足集新社区应用服务需求，打造和沉淀一批共性覆盖面广、复用价值高的未来社区共富单元数字化支撑平台和一揽子应用清单，实现集新社区一地创新，鹿城全域全民共享，从而使政府投资获得最大化收益（图5）。

图5　业务应用驾驶舱

（4）服务入口建设。

居民端、治理端、运营端三端入口接入。政府侧治理端通过浙政钉、驾驶舱实现全区范围内统一管理、统一治理的需求；居民侧服务端通过浙里办，打造居民快捷便利的在线服务窗口；运营主体部门、市场服务商家运营端通过管理平台和移动端，对居民需求进行服务响应（图6）。

图6　服务入口

2. 社区数字化运营服务

秉承社会参与、居民自治、共享收益的理念，政府与运营单位联合构建主体开展数字化运营。聚焦未来社区九大场景，积极投入专业服务力量和公共资源，依托未来社区全域平台设计运营服务闭环和多方分配规则，从而提升服务品质，增强运营收益，塑造长效运营模式。提供社区数字化运营服务，辅助各街道为主体完成人房空间资产等基础数据的"社区治理、区级整合和省级贯通"，技术上采用装配式完成未来社区五大标配场景应用的快速搭建和四项推优场景应用的共建共享。数字化运营服务，将持续支持并探索政府酬金制的运营模式向市场化运营的模式转变（图7）。

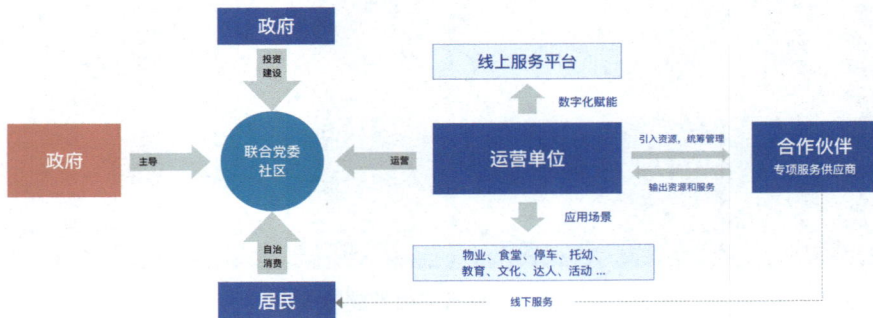

图7　运营模式示意

1）未来社区九大场景数字化应用

基于鹿城社区未来社区平台建设需求，从多维度进行场景建设，主要提供基层服务和居民两类核心服务主体，汇聚开发未来社区全场景服务应用（包含未来邻里、未来服务、未来治理、未来健康、未来教育、未来创业、未来交通、未来低碳、未来建筑等应用)，包括省"浙里未来社区在线"标准应用和12个领域的数字社会应用，提供未来社区一揽子应用清单（图8）。

图8　应用门户及应用清单

具体建设内容如下。

（1）未来邻里场景建设：主要包括搭建闲置共享平台（社区以闲置共享为基础，可以组建维修工作队，队员有志愿者、下沉党员和物业公司工作人员）、特殊人群关爱机制、探访关爱制度、探访人员管理、探访记录管理、限制交易、邻里食堂等功能（图9）。

| 我的信息 | 邻里达人 | 活动报名 | 积分记录 |

图9　未来邻里应用

（2）未来服务场景建设：主要包括建设便民服务、避灾点管理以及社区菜场等功能。实现便民电话展示、展示社区事务情况、社区建设情况、社区避灾点以及社区菜场等信息展示（图10）。

| 基础信息 | 社区活动 | 社区O2O | 便民热线 |

图10　未来服务应用

（3）未来治理场景建设：主要包括群众自治以及志愿服务两大功能。实现架起社区与居民沟通桥梁，促进居民自治，提升居民主人公意识（图11）。

图11　未来治理应用

（4）未来健康场景建设：主要包括建设一鹿关怀模块并对接智慧健康站，实现独居老人居住情况智能分析，加强社区对独居老人的关怀。

（5）未来建筑场景建设：主要包括历史文化建筑导览导视、绿色建筑理念宣传、社区周边古建筑地标性建筑及社区楼宇设计可视化云展示。社区居民可以通过在线预约等线上方式进行预约游览、参观和公共开放空间的功能延伸使用，例如图书馆、美术馆、运动场馆等线上预约。

（6）未来教育场景建设：主要包括建设教育积分、全民学习数据治理、融通线上、线下结合学习等功能。实现居民对工作后的继续学习认同度地提高，解决社区居民参与社区教育的学习日益增长的需求。

（7）未来交通场景建设：主要包括建设访客邀约、共享停车、实时公交等，统筹租售公共车位资源、创新车位共享管理机制，以社区居民提供安全、便捷、智能交通出行环境。

（8）未来低碳场景建设：提供垃圾智能管理等模块，实现社区可持续发展的同时有助于增强居民的生态环保意识和服务水平。

（9）未来创业场景建设：主要包括亲清政策、创享工位等场景为居民提供创业政策解读、提供更好的创业和工作环境，从而实现社区与居民共同发展。

三、创新点

"未来社区全域平台"不仅提高了社区管理的效率，丰富了社区服务的内容，还有效地推动了社区经济循环和发展，打造更美好的未来社区生活环境。全域平台在未来社区创建和实现省、市、区、街、社区的五级贯通过程中沉淀和总结了一批创新的实践的经验。

1. 未来社区全域平台服务能力应用创新

未来社区全域平台在推动智慧社区建设方面，将纵向连贯性和横向融合性相结合，实现了全面整合辖区内的人房、场景运营、前端设备等基础数据，并与省级数据标准吻合。同时，未来社区全域平台还与政府部门和街道社区等已有系统实现双向数据互通，构建数据更新闭环。为智慧社区建设提供了有力的平台技术能力创新应用经验。

2. 未来社区创建工作模式创新

未来社区全域平台始终坚持"统一规划、共享建设"的理念，并在此理念指导下创新了未来社区的构建方式。考虑了资源利用率和效益最大化，有效避免了重复投资和资源浪费，并提高了项目效率。在提供标准化社区应用的同时，也鼓励并支持进行社区个性化应用开发，以满足居民的定制化需求，保障社区服务的多样性。有效平衡了平台标准的统一性和应用服务的可扩展性，兼顾了创建工作推进的高效性和服务的丰富性。

3. 社区数字化运营模式创新

开展多元化、数字化社区运营服务，通过积分系统推行积分激励和收益分配制度，激励居民参与社区活动从而获得个人积分积累，以用于享受各种社区公共服务和社区消费折扣，进一步扩大社区消费经济规模，帮助小商户创收。通过人房关系认证，掌握社区实际收益人口信息，辅助大数据分析，提供精准定制的社区养老、托幼、医疗、救助、社区治理、邻里交往、社区购物等多种未来社区场景的数字化服务。既鼓励了居民参与社区事务，也带动了社区的经济微循环，提高了社区居民的生活质量和幸福感。新的社区服务模式带来了新的职业需求，吸引专业人才加入，为他们提供就业机会，同时推动社区经济的健康发展。

4. 促进城市更新和治理模式创新

未来社区全域平台以数据为支撑，采用前沿技术进行分析与决策，实现敏捷响应和精细化社区治理，引领了数据驱动型城市管理的新模式。通过积分激励等手段，鼓励居民参与到社区事务中来，充分释放生活在社区的人的主体能动性，推动了社区自治方式的创新。借助未来社区全域平台的建设，可以更好地实现城市系统与服务的数字化，并在此基础上提供更加便利、高效的服务，实质性地推动了城市的数字化进程。强调统一规划和建设，以区级为单位进行部署，既保证了平台的统一性和可扩展性，又兼顾了局部社区个性化服务的开发和运营需求。这有助于提升城市规划与建设的科学性，从而更好地应对复杂多变的城市环境，推动城市更新建设和基层治理效果。

四、应用成效

温州市鹿城区住建局以人本化、生态化、数字化为价值导向，以和睦共治、绿色集约、智慧共享为基本内涵，统筹鹿城区内各未来社区建设规划，贯穿省级标准应用，承接数字社会基本应用，覆盖鹿城区共性需求，致力于打造全省乃至全国共同富裕示范区建设的"温州样板"。打造了温州首个"鹿城区未来社区全域平台"，覆盖鹿城全区新建、旧改社区和双非小区，赋能辖区各个未来社区的具体创建工作，实现社区一地创新，鹿城全域共享。鹿城区未来社区全域平台已在鹿城区大南街道花柳塘社区和白鹿洲社区相继上线并完成省级验收，同时提名浙江省未来社区数字化平台优秀案例。

鹿城区采用未来社区全域平台开展未来社区创建工作后，不仅极大地提高了创建效率，还通过统筹合并方式明显节约了全区未来社区创建工作总体投资预算。按照鹿城区的规划，已申报 32 个未来社区的创建计划，原数字化总投资预算超过 6400 万元。而采用全域模式之后进行重新测算，总预算 2400 万元，节约预算高达 62%。全域模式的应用不仅显著提升了数字化公共服务能力，改进了社区治理质量，而且是以更经济、更有效的方式推动了城市建设更新的可持续发展。

除此之外，大南街道采用了运营与数字化服务相结合的方式，实践了一套适应现代社区需求，科技感十足的社区数字化运营模式。以未来社区全域平台为基础，同时扎根于浙江省未来社区在线系统，实现公共数据的互通与共享，让社区运营变得更加智能和高效，为社区内部的各类事务处理构建了一个极其有效的方案，有效提升了居民满意度。

1. 平台门户

平台提供多种访问方式，政府、社区和运营方可以通过 PC 端门户使用后台配置、业务管理和社区治理等功能（图 14）。居民和公众可通过移动端小程序访问应用门户，便捷地使用社区中各数字化服务（图 15）。

图 14　全域平台 PC 端门户

图 15　全域平台移动端门户

基于全域平台和数字化运营的理念，为社区居民提供除了基本的未来社区公共服务应用之外，还提供了一些全域应用服务。

2. 全域驾驶舱

采用空间技术，利用 CIM 平台将社区建筑信息模型（BIM）呈现未来社区总体风貌，整合未来社区九大场景的数字化生态指标，提升社区智治和服务（图 16）。

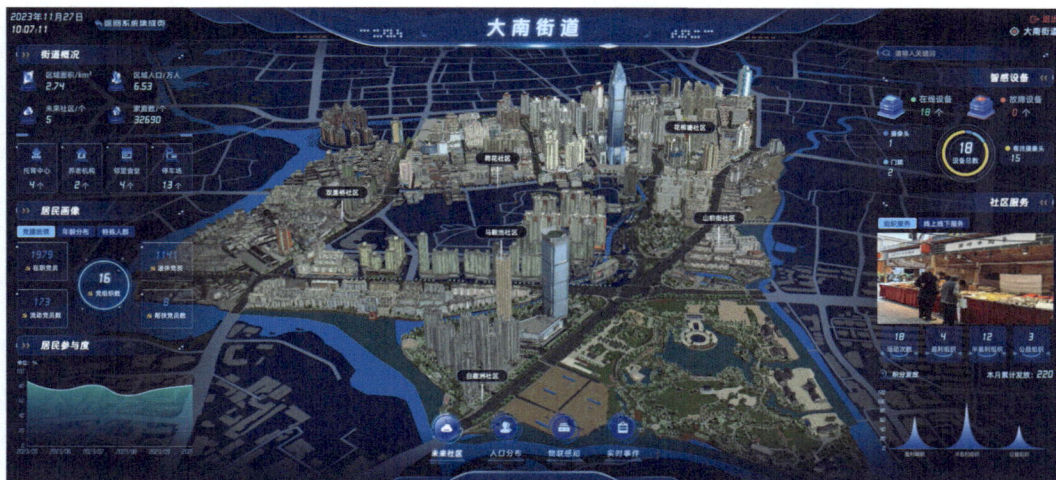

图 16　全域驾驶舱

3. "大南生活"应用

为居民提供社区周边商户折扣信息，促进社区消费。

4. "社区团游"应用

为居民提供社区居民自发组团出游，并提供旅游路书规划、路线导航、团游成员实时位置共享等伴游服务。

5. "诗画山水"应用

定期上线与传统文化相关的诗词歌赋等电子期刊可供居民订阅，甚至还提供独具特色的温州方言版本，让小朋友接近历史文化的同时接续温州特色方言的传承（图17）。

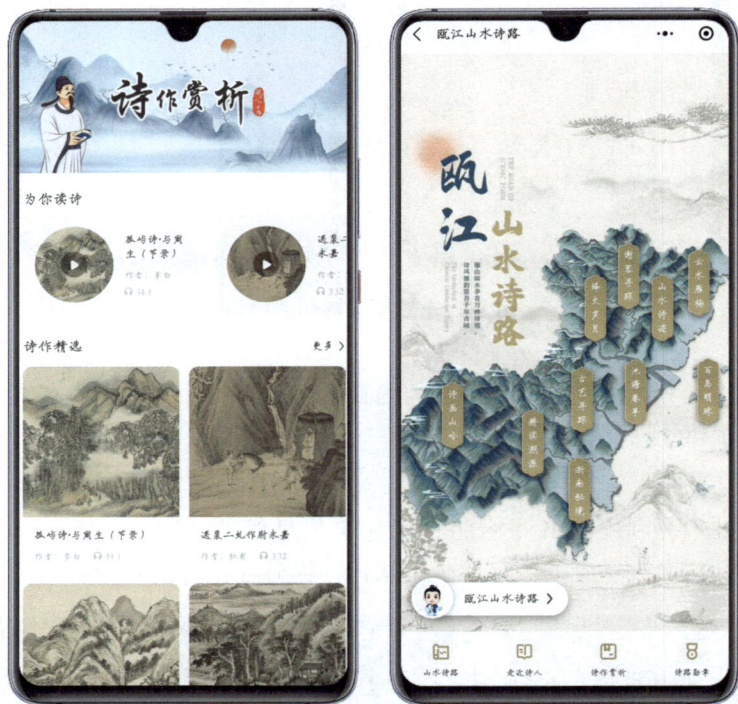

图17 "诗画山水"应用

6. "数字展馆"应用

通过虚拟技术实景呈现数字化展品，供居民在线浏览，将历史文化送到居民手机上，实现不需要到现场就可以身临其境。

依托未来社区全域平台和持续的数字化运营，后续将根据社区特色和居民喜好，提供更多优质的数字化服务内容，满足居民物质和精神文化方面的个性化需求，提高居民满意度和生活幸福感（图18）。

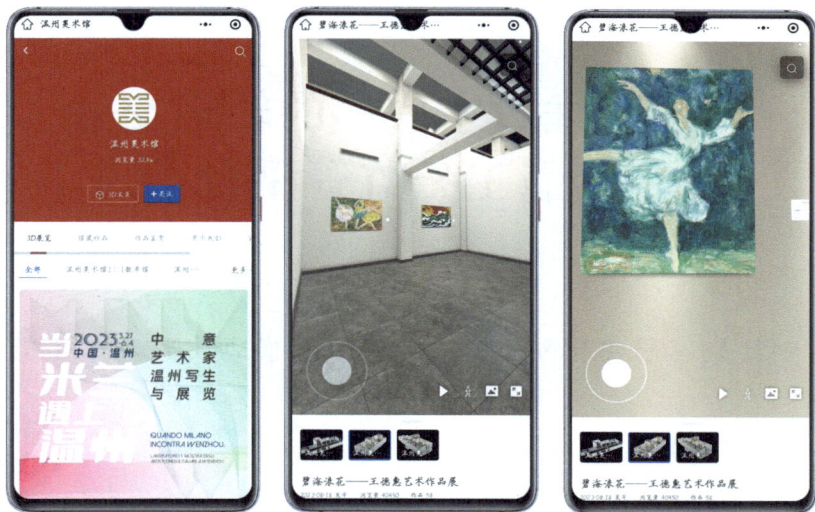

图 18 "数字展馆"应用

五、推广价值

本案例积极响应了国家"十四五"规划和 2035 年远景目标纲要中提出的"打造智慧共享的新型数字社区"的政策号召,为推动我国智慧社区建设提供有益的技术应用探索和实践参考。通过分享未来社区的"全域"平台的建设模式,为其他未来社区的建设方提供一些理论支持和实际操作指导,希望推动智慧社区建设和服务水平的有效提升。

1. 提供成功模板

未来社区全域平台是从实践中摸索、总结出来的成熟模式。浙江省作为未来社区创建的试点,在社区建设过程中,经历了诸多试错和优化,最终形成了被认可并取得显著效果的"全域"模式。全国其他地区可以直接使用这一成熟模式进行未来社区建设,这样就可以避免走弯路,节省时间和资源。

2. 模式复制性强

未来社区全域平台采用统一、标准化的数据平台作为基础,注重规模效应,并在运行中坚持"一次部署,多社区复用"的原则。这使该模式具有极高的复制性和扩展性,能够有效地拓展到更多城市和地区,进而对整个国家乃至全世界的社区改革提供动力。

3. 减轻政府负担

未来社区全域平台通过积分激励机制和人房认证等手段实现了社区功能的自我运行。由于居民自发地参与到社区事务中来,这样就可以显著降低政府在社区管理上的压力,并解放更多公共资源用于其他重要领域。同时,这种机制也让居民享受到了更好、更便利的服务。

基于三维数字底座的轨道交通智慧工务监管平台

张开坤　乔小雷　段　伟　王兆洋　田有良　王　敏

南京市测绘勘察研究院股份有限公司　南京地铁运营有限责任公司

一、建设背景

《"十四五"现代综合交通运输体系发展规划》的"推进基础设施智能化升级政策规划"明确了地铁行业实现智能运维系统的要求。2021年8月26日发布的《江苏省"十四五"制造业高质量发展规划》，明确要求进一步提升车辆、信号、供电、通信、综合监控等系统控制技术等。政策引导地铁行业由规范地铁运营安全逐渐转向地铁的高效运营和智慧维保。轨道交通运营期监测是确保其运营安全的重要性基础工作，通过对轨道交通基础设施及其外部环境等进行全过程、周期性地监测数据采集、解算分析和评估预警，掌握其变化规律，采取针对性预防措施，是保障地铁平稳、舒适、安全运行的基础。

工务是轨道交通全网运营的线路轨道、站桥隧道设施设备维护管理的主要承担者，负责完成其检测、养护、维修、改造，以及轨道交通安全保护区外业巡视、项目监护。近年来，运营线网里程的持续增加，设施设备服役年限的增长，运维工作投入大量的人机料环等，在工务日常管理过程中，存在一些亟待解决的问题，比如：管理方法上过于传统，更多偏向于流程管理；智慧化管控手段及投入严重不足；多专业的有效融合不够深入；风险要素面多点广，风险管控存在缺位；低成本的特征断面式的监控手段无法全面反馈结构安全状态；海量数据综合分析不到位等。如何高效运营、高效维护轨道交通线网是城市轨道交通企业普遍面临的关键问题。

二、建设内容

轨道交通智慧工务监管平台以地铁工务为研究对象，完成工务各子专业资料和数据的整理、标准化，建立地铁工务数据库，并研发各业务管理子系统，完成业务的统一管理，实现设施信息共建共享、数据动态更新，最大程度地实现资源统筹和共享，满足线网管理的综合化、标准化、智能化和高效化要求。

1. 汇聚多源智能传感信息

工务检测数据，包括静态检测数据、车载式线路检查仪数据、钢轨检查数据、轨检车检测数据、病害分析、桥隧变形监测数据、轨道结构监测数据、基础设备设施台账、人工检查记录和工务专业部门维修数据、问题库数据。

通过全站仪获取隧道结构典型断面的实时监测数据；通过水位计实时监测隧道洞口、隧道内部泵房等水位变化情况；通过摄像头实时监控并智能判定隧道洞口异物入侵问题，并形成工单推送至巡检人员；北斗 GNSS 作为边坡位移监测的主要手段，结合拉线式裂缝计、雨量计、土壤湿度计及微动技术成果，综合分析边坡稳定性。轨道移动扫描摄影一体化设备集成激光、摄影等多种感知模块，以每秒百万点速度获取隧道结构全要素点云数据，利用 9 组线阵彩色相机精准识别隧道结构病害，可识别长 0.1 毫米的裂缝（图 1）。

图 1　智慧工务业务场景智能传感设备

2. 建立统一的数据标准

在对隧道、轨道、桥梁结构、附属设施设备等信息化现状及需求做充分的调研后，综合考虑智慧工务平台建设的数据要求及便于地铁工务生产使用，建立各工务专业方向的数据标准，完成标准化建设。根据工务监管内容、支持数据类型、是否开源、数据容量等选择数据库类型，并完成数据库的设计与建立。在隧道结构状态普查方面，外业统一作业标准，建立"永久标靶"，实现归化改正，引入 CPⅢ绝对坐标控制网，统一坐标基准，内业统一病害基准标线类型、标准化图集，确定里程、环号、轨枕编号标识等相结合的穿透定位方式，定位更便捷（图 2）。

图 2　数据标准化模板及数据对接

3. 打造三维数字化底座

根据轨道交通智慧工务综合监管平台的业务和功能需求，梳理数据源，完成底座数据生产。底座数据包括地上、地下及隧道本体。其中，地上空间信息包括周边环境、城市建筑白模（含注记）、道路、保护区、地铁线路、站台、地铁保护区保护桩，地下空间信息包括车站实景模型、管线三维模型、土建设施设备等，隧道信息模型包括隧道管片单体模型、道床模型、轨道模型等（图3）。

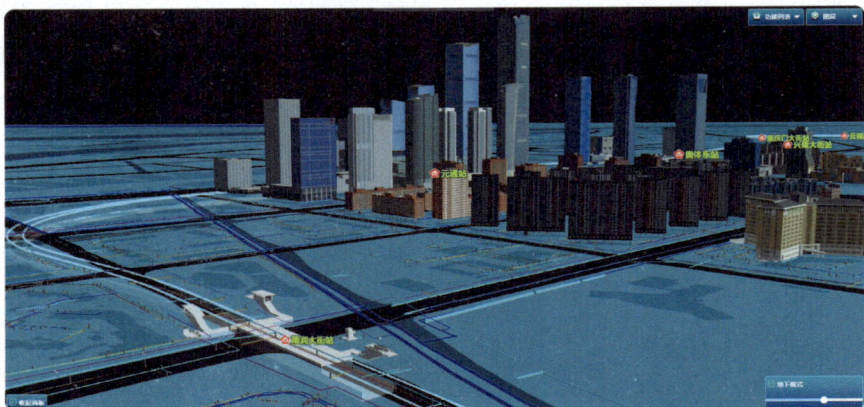

图3　轨道专题三维数字底座

基于南京地铁线路设计图、轨道移动扫描、摄影成果快速自动化构建隧道三维模型，以结构监测、保护区监测、第三方监测、三维激光扫描数据、人工巡视数据、轨道检测数据等轨道交通本体数据库为基础，将数据挂接到同一环管片，形成管片多时态、多样式、多来源的统一管理和展示（图4）。

图4　轨道交通智慧工务综合监管平台

4. 构建智慧化服务平台

1）隧道信息模型（TIM）平台

隧道信息模型（TIM）平台以城市建筑、道路、管线、地下空间等基础地理成果为底座，以移动三维激光扫描、摄影成果，设施设备台账为基础，自动构建叠加隧道结构、设备、轨道、道床等三维模型，"一环一档"挂接监测和检测数据，并根据筛选条件实现模型交互。主要功能包括基础设置、数据上传、线路筛选、病害统计、综合分析、管片查询和漫游、人机交互、三维测量等（图5）。

图 5　隧道信息模型（TIM）平台主页面

通过病害类别、线路钢环、收敛柱状图等筛选操作，管片高亮显示，并可同步定位管片。对应选择的管片，可展示病害、错台、收敛以及灰度图的信息（图6）。

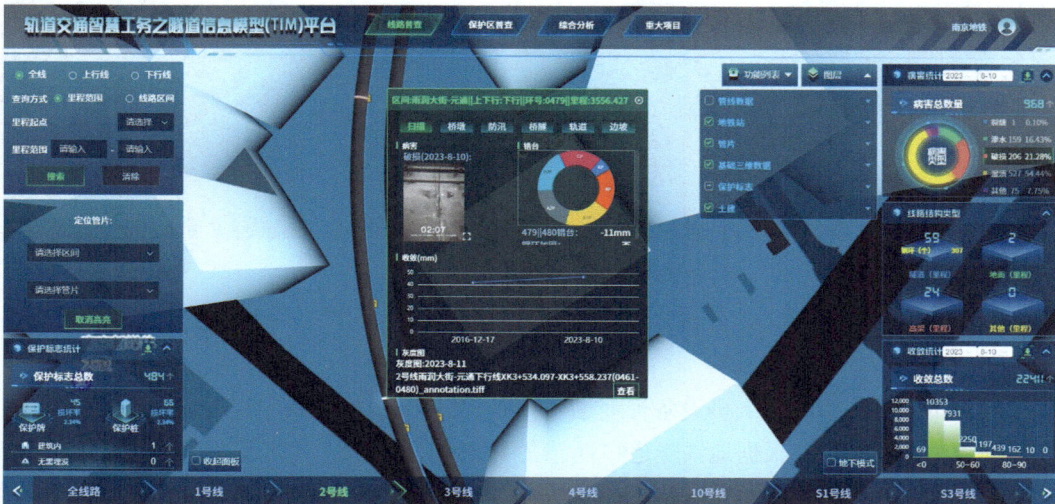

图 6　"一环一档"数据穿刺

南京地铁隧道信息数字孪生平台面向重点关注区段，完成精细化扫描、实景建模、数据接入并进行常态化展示。其突出管片运行态势，具有便捷的交互模式和常态监测感

305

知的特点。

为了提高隧道实景展示效果，利用虚幻引擎建设运营隧道内部模型，展现隧道结构现状及普查结果。采用虚幻5自带的Nanite技术加载复杂模型，PBR材质技术使虚幻的效果表达更加真实，BLUI技术打通Web端和虚幻，使界面开发更为简单快速。隧道管片以环作为单体模型，其钢环加固等状态单独体现；轨道、轨枕、隧道内壁的设施设备如逃生平台、逃生门、照明设备等满足LOD2精度要求；模型构建完成后，通过平台建设，挂接结构普查结果数据。

平台包含总览视图、态势视图、实景视图。总览视图关注线路分布、地理位置及周边城市环境情况，以数字化城市风格联合各类地理数据展示地铁隧道总览全貌。态势视图关注单段隧道内的健康检测情况，以透视视角全览关注段线路情况。实景视图关注站点线路的实景化表达，采用游戏引擎的特性，如PBR材质、融合光照等进行场景烘焙渲染，采用真实纹理贴图表现隧道扫描检测结果，同时对地铁工程进行高效果可视化（图7）。

图7　实景视图中的自动漫游

2）地铁防汛监管平台

针对汛期普遍存在的人员设备管理难、数据采集综合难、预警预报及时难等问题，建立地铁防汛监管平台。根据地铁隧道口防汛等级和防汛要求，确定了"摄像头+水位计"自动监测水位变化并实现预警管理的技术路线，布设摄像头、水位计、GNSS和噪声传感器，开发智慧防汛子系统，通过前端预处理，后端软件自动分析，实现气象联动，自动感知隧道积淹情况，自动完成四级预警及工单下发，钉钉App同步处置，便于员工使用。

系统主要包括PC端、钉钉小程序、监控大屏3种展示方式，实现各部门之间的联合和联动。通过物联网、大数据等技术手段来辅助项目管理人员对防汛点的设备、环境、巡查任务进行管理，降低人员巡查成本，实时查看防汛点监测数据、监控数据（减少响应时间与排查时间），为汛期安全生产保驾护航（图8和图9）。

图8 监控大屏主界面

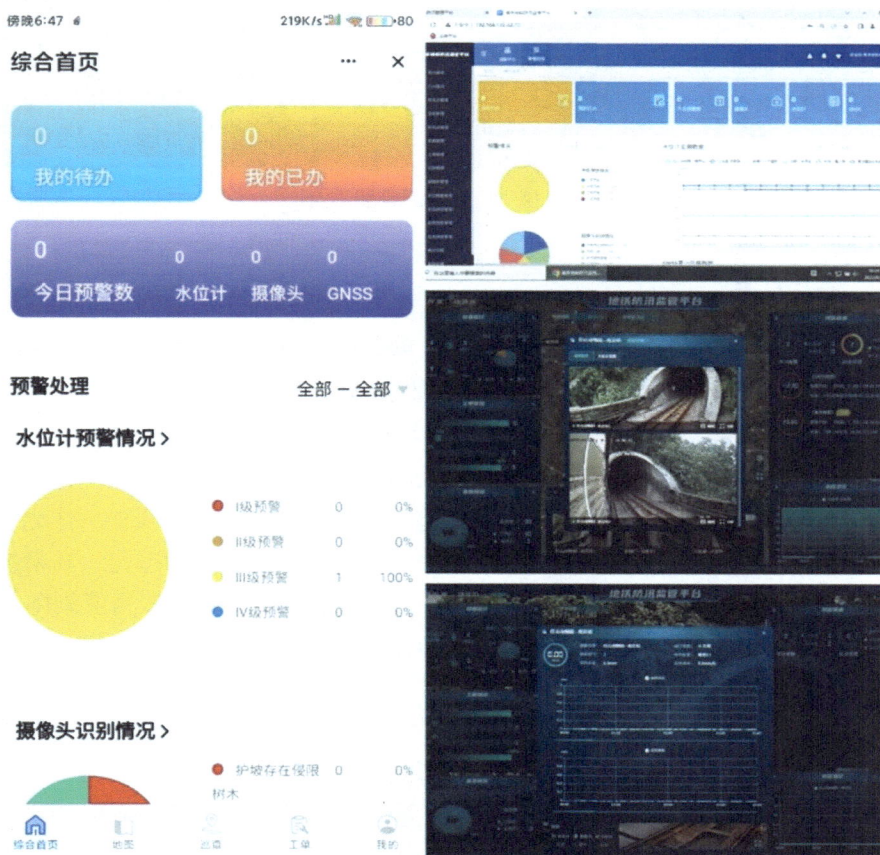

图9 多端操作

3) 地铁隧道口周边边坡安全监测

为合理布局防灾减灾配套公共设施，提升地铁线路抵御地质灾害综合防范能力，综合考虑边坡本体及周边环境提供边坡健康监测服务。采用北斗 GNSS、测斜仪、雨量计等实时监测边坡表面位移、深部位移、降雨量；采用微扰动技术定期监测滑动面位置及趋势；采用拉伸式裂缝计实时监测裂缝状态。边坡位移自动化监测系统实现监测数据的接收、管理、报警等，支持边坡、监测点、感知装置等基本信息的设置与管理，实现了监测监控、预警管理、预警信息推送，数据查询、统计、综合分析、下载等（图 10）。

图 10　边坡监测管理平台

三、创新点

1. 定制扫描摄影一体化装备，创新数据采集模式

定制的 NJCK Track One 轨道交通移动扫描摄影一体化装备集成激光、摄影等多种感知模块，以超过每秒百万点速度获取隧道结构全要素点云、影像数据；支持标准、异形隧道结构形式，实现结构变形解算、病害检测、限界检测、设备调查一体化。攻克轨道交通不同施工类型、不同仪器类型、不同搭载平台的全断面、动态化、高精度检测难题。其中，综合使用 K-Means、DBSCAN、Z-Score 等算法实现异常测值剔除，同时保留超限界、钢环加固、管片破损等真实关键数据；利用 9 组线阵彩色相机精准识别隧道结构病害，可识别长 0.1 毫米的裂缝；提出融合全局与局部特征的点云分割模型，检测隧道场景扣件、里程牌等目标，运用 AI 技术在无控制、无惯导模式下实现隧道内部定位。适用于铁路和地铁任意形状和任意施工形式隧道，实现地铁及铁路隧道快速、高精度、全断面安全检测与监测。

2. 快速高效建模，创新 SceneGIS 平台赋能场景

模型是三维场景构建的重要组成。轨道交通智慧工务综合监管平台重点完成隧道管

片单体模型及配套设施设备的构建、三维数字底座的集成与展示。为实现轨道交通海量时空数据的管理和三维轻量化展示，以自主开发的 SceneGIS 平台为基础构建 TIM 平台，综合分析隧道、轨道、土建等设施设备信息，完成基础数据标准化；以移动扫描输出成果为基础，采用自研建模工具，5 秒完成 1 千米隧道管片单体模型构建，提高模型生成以及渲染的效率，为实现"一环一档"精细化管理提供载体。

针对重点区间，以扫描摄影成果为基础构建实景模型，汇聚隧道、地铁站、道路、周边建筑物等数字孪生模型底座，接入实时、历史动态监测和检测数据，基于虚幻引擎构建隧道健康情况"一站式"态势可视化。

3. 打造"1+1+N"体系，创新工务管理模式

"1+1+N"体系是指一个工程数据中心、一套数据标准体系、N 个业务应用场景。工程数据中心是集数据接入、处理、组织、治理、服务、开发能力于一体的数据平台，支持空间数据及监测数据的存储、处理、模型解算等；综合考虑智慧工务多场景应用需要，梳理原型数据，统一数据标准，形成业务与三维数字底座的标准系统；智慧工务统一软件技术框架并定制 AI 工具集，完成工务相关数据汇聚、分析结果指导工务巡检等，目前已完成隧道、边坡、隧道洞口等业务场景。

四、应用成效

项目围绕轨道交通智慧工务建造的关键环节，大胆创新、积极探索，完成了智慧工务多个场景应用落地。防汛平台实现了"防、控、治、救"各环节的在线管理，筑牢了地铁运营防汛安全屏障，在南京地铁 10 处试点应用取得了良好成效，促进了隧道洞口监管的智慧化建设。隧道信息模型（TIM）平台完成隧道结构状态普查成果、设备设施等在线管理，该建设成果已在南京地铁 10 条运营线路、杭州、苏州等多个项目中推广应用。边坡监测试点建设验证了人工、自动化监测技术路线的可行性和适用性，具有推广价值。

五、推广价值

在国内较早地实现了基于三维数字底座的轨道交通智慧工务监管，为智慧工务的高效运维、信息化和智能化建设进一步夯实了基础。

通过收集和分析海量的设施设备基础信息、状态信息、病害信息及维修信息等，挖掘出隐藏在数据背后的规律和知识，为工务设施的优化和改进提供数据支持。通过运用大数据技术和分析方法，可对设施的运行状态、性能指标、故障模式等进行深度分析和挖掘，发现设施的薄弱环节并提出改进方向，优化设施的设计和运维策略。

基于 BIM 的建设工程全生命周期管理智慧平台建设与应用

邬毛志　孟　成　李　佳

湖北建科国际工程有限公司

一、建设背景

建设工程是为人类生活、生产提供物质技术基础的各类建筑物和工程设施的统称，是人类有组织、有目的、大规模的经济活动，与国家经济的发展、人民生活的改善有着密切的关系。建设工程包括投资决策、勘察设计、施工生产、竣工验收、运营管理等阶段，在实际的工程建设中，往往面临着投资、设计、施工、运营等环节管理割裂，数据标准不统一，数据有效性和交互度低，数据可视化表达能力不足，数据的信息化、信息的知识化深度不够等问题，对工程建设的效率、质量和项目管理的科学性造成了一定的影响。

习近平总书记在党的二十大报告中提出要"提高城市规划、建设、治理水平"的重要要求。《中华人民共和国国民经济和社会发展第十四个五年规划和 2035 年远景目标纲要》指出，要"迎接数字时代，加快数字经济、数字社会、数字政府建设，以数字化转型整体驱动生产方式、生活方式和治理方式变革"。2020 年 9 月，住房和城乡建设部等 9 部门发布的《关于加快新型建筑工业化发展的若干意见》提出，要"通过新一代信息技术驱动，以工程全寿命期系统化集成设计、精益化生产施工为主要手段，整合工程全产业链、价值链和创新链，实现工程建设高效益、高质量、低消耗、低排放，加快推进 BIM 技术在新型建筑工业化全寿命期的一体化集成应用"的要求。

在工程建设中存在以下问题。

（1）缺乏统一的数据框架体系和数据标准。

建设工程细分种类多、影响范围大，在建设前期需要对工程范围内地质、水文、环境、基础设施等相关现状进行摸底和调查。在实际工程建设和管理中，缺乏一套统一的数据框架体系和生产标准，不利于数据的规范生产、协同共享和科学使用。

（2）缺少全信息交互和数据协同应用的机制。

工程项目建设各环节数据对于工程的顺利实施有着重要的支撑作用。但由于建设工程各环节建设主体、目标、时序不同，又缺乏科学、高效的数据协同应用机制，导致了各环节数据的质量和标准不一，面临着同一数据多次生产，且输出的成果数据不能完全满足其他阶段要求的情况，降低了数据使用的效率，造成了人力、时间和成本的浪费。

（3）面向真实场景的分析、模拟和仿真能力不足。

工程建设对所在区域的生态安全、地质环境变化、居民生活出行以及公共卫生等都可能产生一定的影响，需要在工程项目投资咨询、规划设计和施工建设等阶段开展面向真实场景的科学分析和预判，为项目设计方案比选、风险预判预警、影响有效控制提供科学支撑。

（4）面向项目建设全周期管理的一体化平台。

项目建设全周期各项数据管理分散、共享困难，设计方案复用性低，协同工作和决策支撑能力不足。因此，亟须建立一套以数据为核心，以 BIM、数字孪生、人工智能等技术为支撑，面向协同设计、信息物理融合的项目建设全周期管理的一体化信息平台，提升项目建设、运营管理的能力和水平。

二、建设内容

本项目拟将 BIM 数据作为核心生产要素和关键载体，基于对统一的 BIM 数据进行分析和复用，构建以数据为驱动的数字化工程建设业务模式。依托 BIM 技术，建立与建设工程各阶段需求高度匹配的建设工程智慧管理平台，实现工程项目建设的数据可视化、工作协同化、分析智慧化和管理智能化。通过本项目，对推进智能建造、提升"中国建造"核心竞争力，提高生产效率和工程质量，解决大规模制造与建筑施工、品部件生产与建筑技术脱节等问题，实现智能建造与建筑工业化的跨越式发展有着重要的理论价值和现实意义，也为推进新型智慧城市建设提供支撑和参考。

1. 建立建设工程部件级建模标准

面向工程项目局部关键场景或重要基础设施，包括建筑、道路、园林等重要对象精细化三维模型需求，研究部件级的三维模型构建方法。结合多源数据配准和联合建模等技术，实现三维建筑物单体模型的精细构建、纹理优化以及细节重建，通过设计数据和矢量数据辅助的方法，实现参数化设施模型的自动化重建，精细还原三维对象的原始几何结构特征。

2. 建立泛空间数据的快速动态融合技术

研究基于管理单元、建筑物、构筑物、标准地址、坐标等多源数据精确融合技术，建立属性数据到空间数据的映射逻辑，设计多源数据融合的数据结构和规范框架，研发基于空间地理引擎的多源数据快速动态融合技术。

3. 搭建海量数据快速存储与可视化云平台

在实际应用中，BIM、倾斜摄影模型、三维模型等多类型空间数据往往需要叠加展示，导致场景中产生大量数据遮挡，影响使用效率。为实现地质、环境、交通、人口、经济、工程项目 BIM 模型等专题数据的多层次分析，建立海量大数据快速存储查询系统，优化计算性能，保证数据实时可视化展示。

　　4. 基于数字孪生的典型示范应用

　　梳理面向建设工程投资决策、勘察设计、施工建设、运营管理全周期的数智化需求，分析其数字化、信息化、智能化和智慧化方面的核心关键问题，开展面向真实场景典型示范应用建设，推进数字化技术在建设工程领域深度应用，为建设工程高质量发展提供支撑。

三、创新应用

　　湖北建科国际工程有限公司构建了"1+2+N"的数字化平台架构体系，即构建 1 个统一的数字孪生基础平台框架，以全过程工程咨询和工程总承包信息管理平台 2 个工程项目管理平台为支撑，围绕相关业务建立 N 个专题业务系统。

1.1 个面向建设工程全周期数字建造平台

　　平台框架如图 1 所示，平台首界面如图 2 所示。

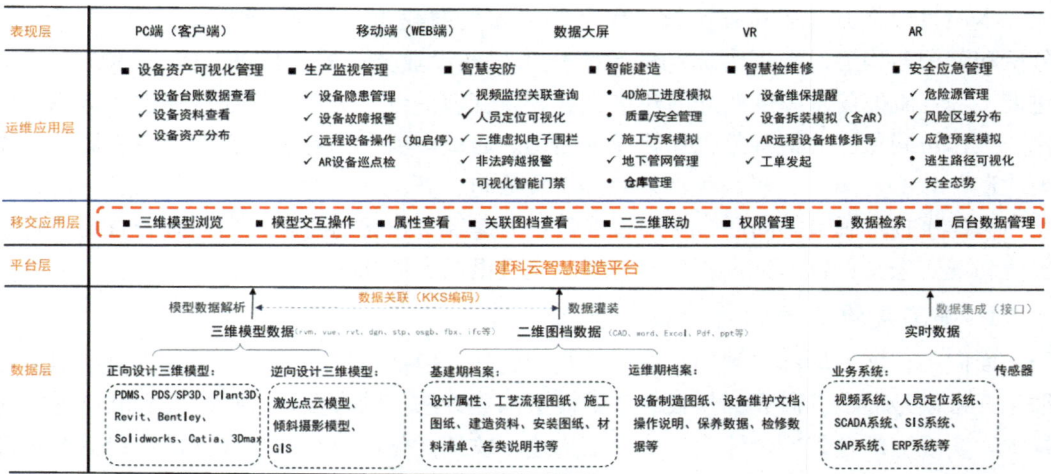

图 1　数字建造平台架构

　　主要包括以下功能模块。

　　（1）工程建设全流程的数据框架体系和数据资源目录。

　　（2）工程建设全周期多场景的智慧分析模型框架。

　　（3）基于数字孪生的复杂场景的仿真模拟功能。

　　（4）可编排的二三维空间统计和分析计算功能。

　　（5）复杂场景的三维可视化展示。

图 2 数字建造平台首届面

2.2 个工程项目管理平台

1）全过程工程咨询信息管理平台

全过程工程咨询信息管理平台框架如图 3 所示。

服务层		政府部门	业主单位	咨询单位	施工单位	其他单位
平台层		全过程工程咨询数字化管理平台				
		桌面端		驾驶舱		移动端
数据资源层	标准体系	基础地理	勘察数据	施工图	人口数据	社会经济
		项目数据	设计数据	材料设备	生态环境	其他数据
云资源层		存储资源	计算资源	网络资源	安全资源	数据资源

图 3 全过程工程咨询信息管理平台架构

主要包括以下内容。

（1）云资源层：提供平台运行的基础信息设施，包括存储资源、计算资源、网络资源、安全资源和数据资源。

（2）数据资源层：提供平台运行的数据基础，包括基础地理、勘察数据、施工图、项目数据、设计数据、材料设备数据，以及辅助项目运营、与项目深度相关的人口、社会经济、生态环境数据等。

（3）平台层：直接支撑项目管理的数字化产品，包括桌面端、移动端、驾驶舱等。

（4）服务层：所服务的用户和对象，包括政府部门、业主单位、咨询单位、施工单位和其他相关单位。

2）设计施工一体化平台

设计施工一体化平台框架如图 4 所示。

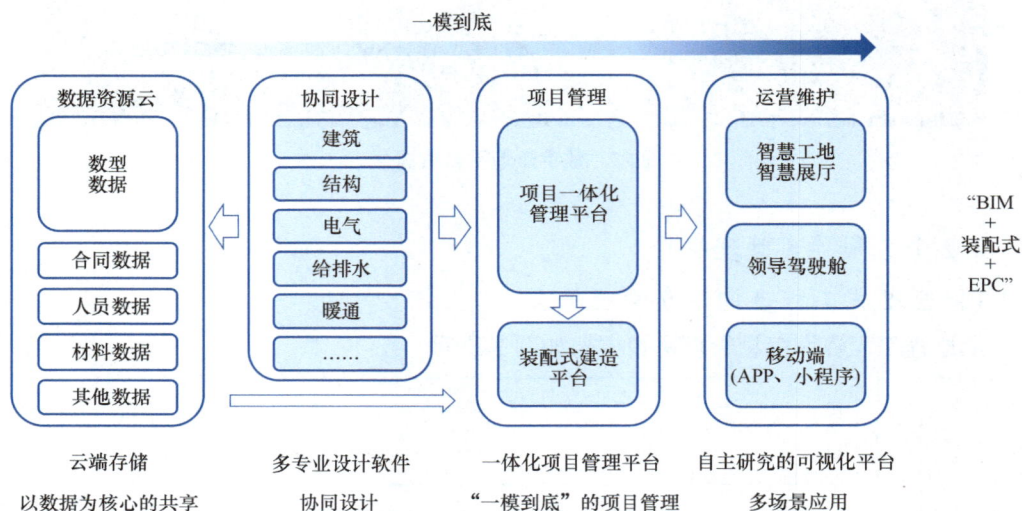

图 4　设计施工一体化平台架构

以 BIM 模型驱动，采用"BIM+装配式+EPC"的模式，实现以数据为核心，协同设计为手段，"一模到底"管理为目标的多场景应用支撑体系。

（1）数据资源云：模型数据、合同数据、人员数据、材料数据等。

（2）协同设计：建筑、结构、电气、给排水、暖通等专业设计协同。

（3）项目管理：项目一体化管理平台、装配式建造平台。

（4）运营维护：智慧工地、智慧展厅、领导驾驶舱、移动端（小程序、App）等。

3）"N"个业务应用支撑

（1）市政工程全周期管理信息平台。

项目地点：宜昌市夷陵区晨光路，起点接罗河路，终点至鄂南路，全长约 2.5 km。

项目概况：项目建设工程测量、勘察、设计、全过程咨询服务。受限于三维地理模型构建复杂、道路设计和模型制作标准高、涉及模型类型种类较多与分析和模拟需求强等情况，综合应用 BIM、GIS、数字孪生等技术，通过项目全周期管理信息平台，支撑项目全过程咨询，服务项目全周期管理。

协同平台是开展协同设计、承载设计成果、实施分析模拟的工作平台。本项目协同平台包括设计协同、项目管理和数字孪生三个层面。

设计协同主要是通过协同平台开展 BIM 设计，包括不同专业和不同环节的协同设计，在设计阶段，进行路线设计，对道路、综合管廊、隧道以及地下管网进行参数化建模，基于设计模型生成多种 VR 场景。在施工阶段，对预应力钢束及钢筋复杂的结构进行钢筋建模，对管线进行碰撞检测，提前发现碰撞的构件，提升设计和施工质量，减少不必要的返工。

项目管理主要实现基于建设工程全生命周期，依托物联网、互联网，建立云端数据管理平台，形成"端+云+大数据"的业务体系和项目管理模式，实现项目协同生产、安全高效管控。

数字孪生主要通过深化设计成果制作的全景模型，通过智慧工地设备，对全景模型进行展示。同时通过智慧分析模拟模块，基于模型开展面向场景的智慧化决策应用。

（2）新能源数字孪生平台。

项目地点：湖北恩施土家族苗族自治州来凤县大河镇、革勒车镇，场址位于来凤县与咸丰县交界的高山区域，地理位置介于 29°29′~29°38′N、119°2′~119°15′E，中心位置距来凤县城约 27 千米，海拔高度 900~1 600 米，东西跨度约 21 千米，南北跨度约 16 千米。

项目概况：项目场址区地貌为高山，地势起伏较大，周边有 G242 国道沿场区东北侧经过，场区内山脚下分布有较多村庄，通村公路较多。项目规划安装 40 台单机容量为 5 兆瓦的风电机组，总装机容量为 200 兆瓦。项目包括风能资源分析与评估、工程地质、机组选型布置及风电场发电量估算、土建工程设计、施工组织设计、环境保护与水土保持设计、劳动安全与工业卫生、工程管理设计、节能降耗分析、造价与经济评价等工作，通过 BIM、GIS 和数字孪生等技术，能够有效支撑项目的规划设计、数据展示、环境分析、生产管理、运维管理等工作。

平台功能界面如图 5、图 6、图 7 所示。

图 5　平台首页

图6　生产管理

图7　运维管理

（3）智慧工地管理平台。

项目地点：武汉市武昌区临江大道与新生路交汇处。

工程概况：项目建筑设计±0.000＝26.800米。基坑周边现状地面标高25.800～26.200米。地下室底板面标高−13.50米，北侧塔楼区域底板面标高−15.45米，外墙下承台（基础）高度为1.00～1.90米，北侧塔楼基础高度3.20米。周边开挖深度为13.60～17.95米。基坑周长约627米，面积约19 922.5平方米。

基坑安全自动化监测预警系统以物联网为基础，以结构安全自动化监测为依托，利用云计算技术实现基坑健康状态实时监测。将基坑自动化监测与物联网、云计算、互联网等技术结合，建立一套智能化的基坑动态监测系统。系统主要面向建筑、桥梁、市政、轨道交通等深基坑领域应用，具有先进的数据采集、智能化数据处理、多元化项目管理能力，能够有效降低现场作业人员、项目管理人员作业强度、及时了解项目健康动态，为生产决策提供及时可靠的项目信息，为项目顺利实施保驾护航。

平台界面如图 8 和图 9 所示。

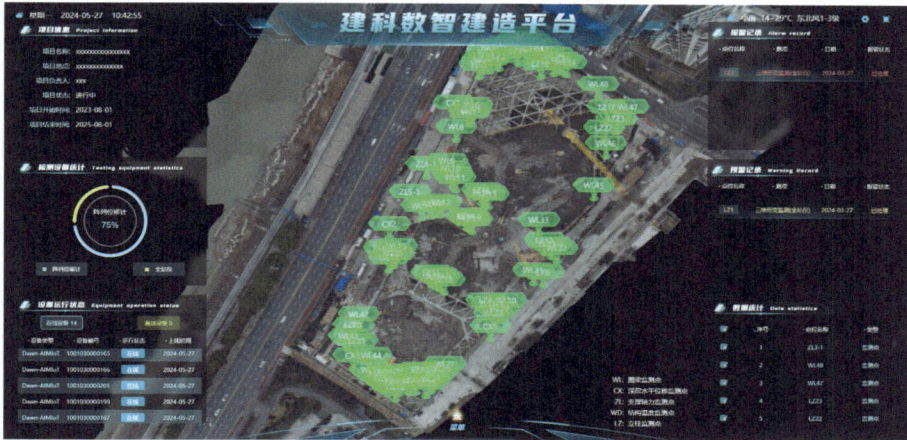

图 8　智慧工地管理平台

图 9　智慧工地视频监控模块

四、推广价值

采用信息化的思路，通过计算机、数据库、地理信息等信息技术，建立统一的数据框架、标准体系和应用模式，搭建统一的数据库和信息管理平台，实现建设工程全周期的实时、动态和科学管理。

通过案例建设，推进了项目建设的数字化共享和协作，依托统一的信息平台，以BIM 模型为核心生产要素，贯穿项目建设的全生命周期，实现基于 BIM 数据的设计、勘察、施工、运营的数据应用闭环。以 BIM 数据为载体，融合时间、成本、环境等数据，实现建设项目的全信息协同应用和交互共享，有效串联参建各方业务，实现数据生产、业务流传、信息审核的数字化协同。深化基于 BIM 的协同设计的标准化水平，构建一批面向道路工程的部件、构件级 BIM 数据库，通过建立可参数化配置的 BIM 模型，提高模型数据在项目建设工程中的复用性和使用效率。同时，通过项目建设，不断累积和更新 BIM 品部件库，不断优化和完善基于 BIM 的参数化设计模式和标准化水平。基于数字孪生、大数据、人工智能等技术，建立面向建设工程全周期中各种复杂场景下的智能分析和模拟预测模型体系和工具，通过对勘察、设计、建设、运营各阶段数据的持续收集和分析，发现建设中存在的问题，及时预警预报，通过面向场景的仿真模拟，预测建设施工对环境的影响，辅助方案优化和科学决策。

"数字智能建造"系列平台围绕工程项目全生命周期，包含数字设计、数字造价、数字供采、数字施工，数字运维等专题系统，作为产业数字化转型的数字基础设施，构建起产业通往数字孪生世界的"数字底座"，用软件和数据打造"数字生产线"，基于"数据+算法"的"项目大脑"实现项目的智能化管理，赋能企业降本增效和转型升级。

西安市雁塔区物业服务管理信息平台

乔 波 陈 俊 屠 颢

西安市雁塔区物业管理协会　北京公维电子信息技术有限公司

一、建设背景

随着城市建设的快速发展，物业管理的任务越来越重，形势越来越严峻，人民群众的期待也越来越高，社区基层治理已成为城市管理重要内容，也将越来越为社会各界所重视。这给物业行业行政主管部门提出了更高的要求，由于西安市雁塔区（以下简称"雁塔区"）物业管理情况复杂，又缺少信息化的各类数据，为了详细掌握情况，加强房屋使用安全的管理，将管理工作由"被动管理"变为"主动管理"、由"事后管理"变为"事前管理"，急需建立物业服务管理信息平台，对物业行业的情况进行详细记录，并对数据进行统计分析，形成雁塔区物业行业基础数据库。为房屋管理及行业的决策提供服务，实现社区治理、物业管理的良性发展。综上所述，物业服务管理信息平台的建立已经是刻不容缓的工作。通过该平台的建立，实现房屋管理单位对物业的数字化管理，以及对物业安全信息的掌握和日常监督管理。同时，建立物业行业动态管理机制，及时将各个小区的物业相关信息通过互联网汇总上来，实现基于互联网的管理。

二、建设内容

建立西安市雁塔区物业服务管理信息平台（以下简称"物业服务管理平台"），首先要确立好核心数据的范围以及动态更新机制。因此，基础数据动态更新机制的重要性就提升到首位。目前，雁塔区物业管理相关的数据处于纸质留存状态，部分数据还存在缺失。需要建立统一的数据标准，结合线下台账和建立的更新机制，将数据优先采集到业务平台中，按住建局日常管理模式，保障软件应用和业务机制同步运转，促使数据正确的基础上能稳定更新。

其次，物业管理的日常工作包含很多，但分析后基本按3个方面展开。（1）项目维度展开，比如服务评估、合同履约、市民热线、投诉处理、常态化评分、服务问卷等。（2）按企业维度展开：部分工作需要企业维度展开，如信用评价、预约管理、信息公示等。（3）按物业区域展开：物业区域的概念在最新的物业管理办法中提出，与项目的关系是包含关系，物业区域信息覆盖物业管理项目，如做三率统计、业委会、物管会情况统计等；在物业信息和项目管理信息结合的情况下，同各业务场景无缝对接，能形成雁塔各层级之间的业务档案数据。

最后，通过上述平台建设后，继续建立好物业市民热线投诉预警机制，根据业务动态数据的实时获取机制，将市民热线投诉分布情况在地图及平台中及时以通知形式告知各层级用户，尽早形成解决方案改变现状。同时搭建手机移动端便携操作平台，拟通过读取西安市雁塔区物业服务管理信息平台的实时数据，按手机用户浏览习惯重新设计，便于手机端展示及操作内容，方便客户实时查看数据，实现部分简单但实时性要求较高的审批操作。

核心数据的范围圈定，到数据动态更新机制的设计，将日常的物业管理线上化，协同办公提高效率。将各维度数据以看板形式展示，通过理解业务设定阈值对市民热线预警。最后延伸到手机端实时查看。以上就是本期物业服务管理平台的建设目标。

1. 总体架构设计

平台总体架构在同一的标准规范安全体系的前提下，按照使用人员、应用平台、技术支撑、基础数据等关系共分为四层技术支撑（应用层、业务层、数据层、技术支撑层）及三级数据交换（住建局级、街乡级、企业级），如图1和图2所示。

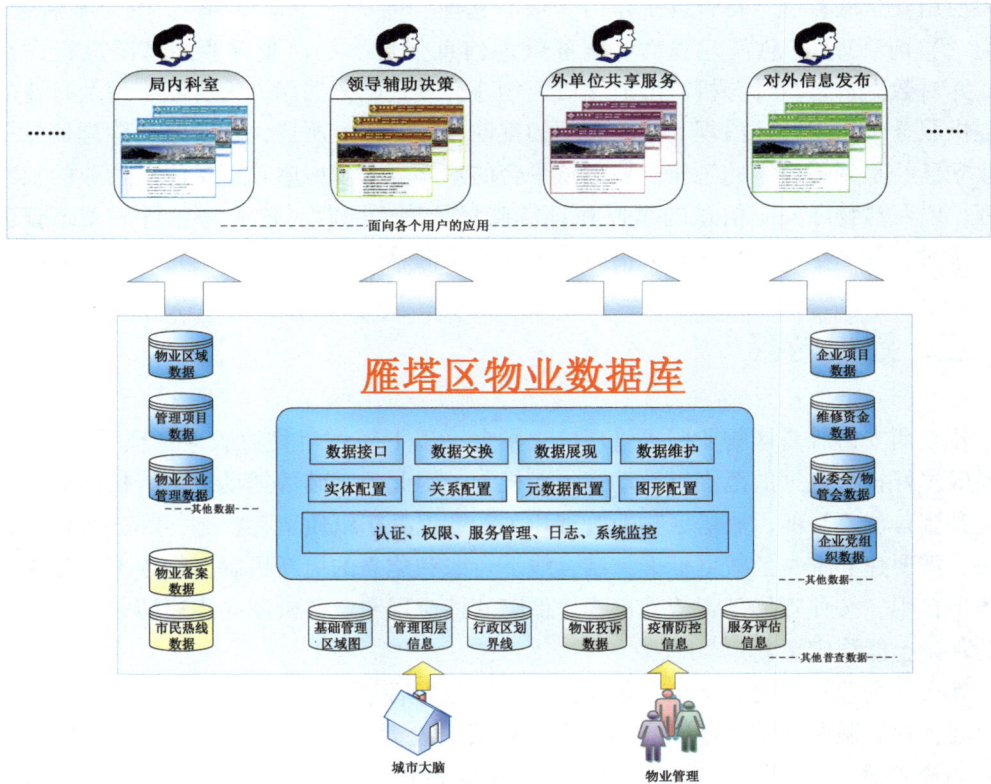

图 1　平台框架图

320

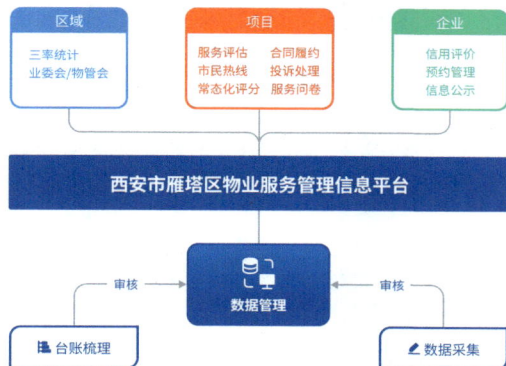

图 2　平台运行框架

（1）应用层。

根据住建局物业业务管理的需要，建立各个业务管理应用模块，包括物业基础信息管理、物业项目管理、物业企业管理及围绕项目本身产生的各类管理业务等。

（2）业务层。

以物业区域及项目为底层核心数据，将物业日常管理的各项相关业务进行分类、对比，抽象出共性的部分，形成业务管理需要的公共模块，包括上报、审批、项目管理等。

（3）数据层。

通过业务汇总数据、整理现有和历史数据建设物业管理数据平台，并应用数据交换平台和相关委办局进行数据交换共享，为物业服务管理平台提供数据支持。

（4）技术支撑层。

集成整合管理信息平台技术、地理信息技术、门户技术、业务定制技术等多种技术手段，为物业服务管理平台提供底层技术支持。

2. 基础数据及管理的构建

1）基础信息管理

物业管理区域：物业管理区域相关信息及地图范围。管理端具备增删改查相关以及审核操作的权限，街道层级具备增删改查但操作需要经过房屋管理单位审核。

基础数据采集：通过现有台账数据梳理后导入平台或进行人工现场数据采集手机录入等方式收集管理需要的行业基础信息，如图3、图4所示。

物业备案项目：物业备案项目相关信息。住建局具备新增、注销、修改、查看相关权限，街乡具备新增、注销、修改、查看、审核项目提交的修改信息等相关权限。

企业基础信息：住建局具备新增、修改、查看、审核企业提交信息相关权限。

业委会/物管会备案信息：物管会和业委会备案信息展示。

图 3　采集二维码

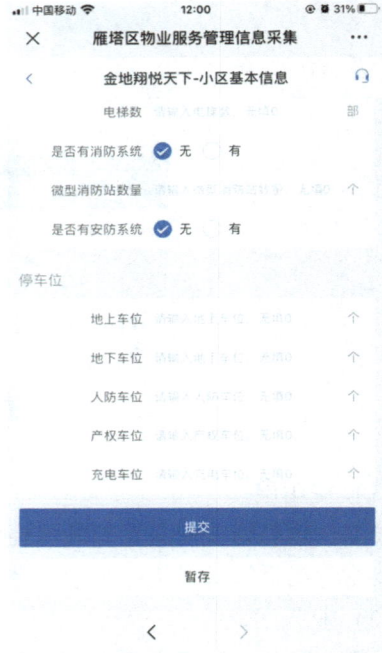

图 4　提交信息

2）统计展示

将物业三率及基础信息的统计展示，如图 5 所示。

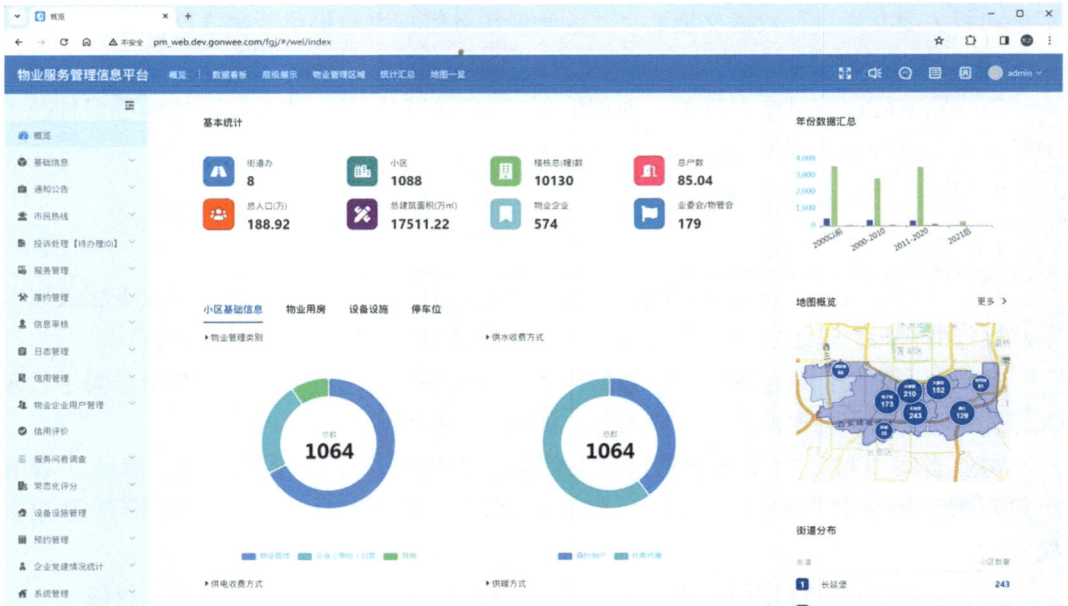

图 5　三率统计

3) 地图展示

物业区域及市民热线的热度分布在地图上进行展示和查询，如图6和图7所示。

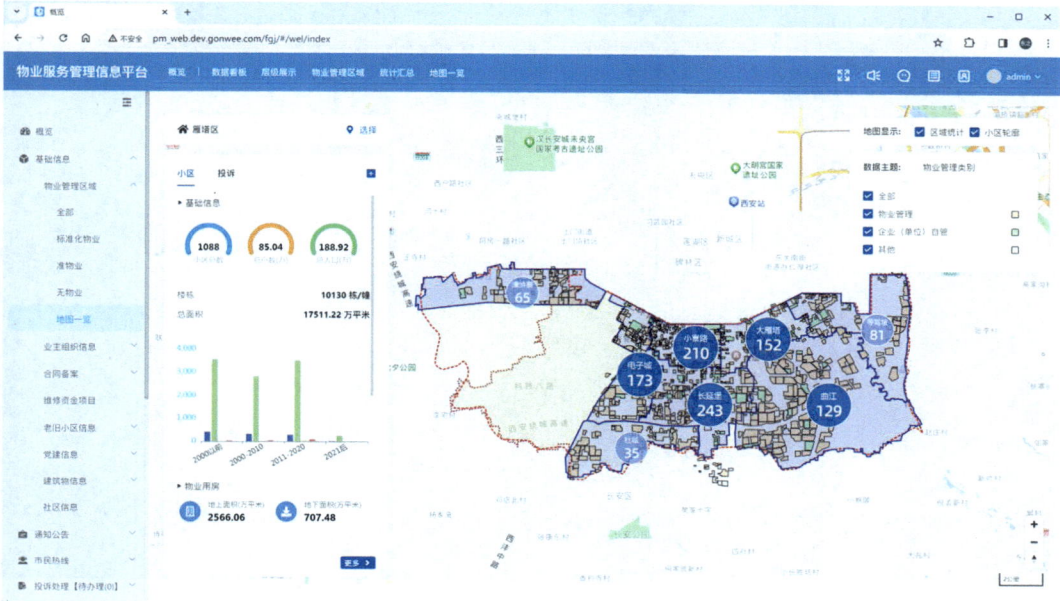

图 6　地图展示

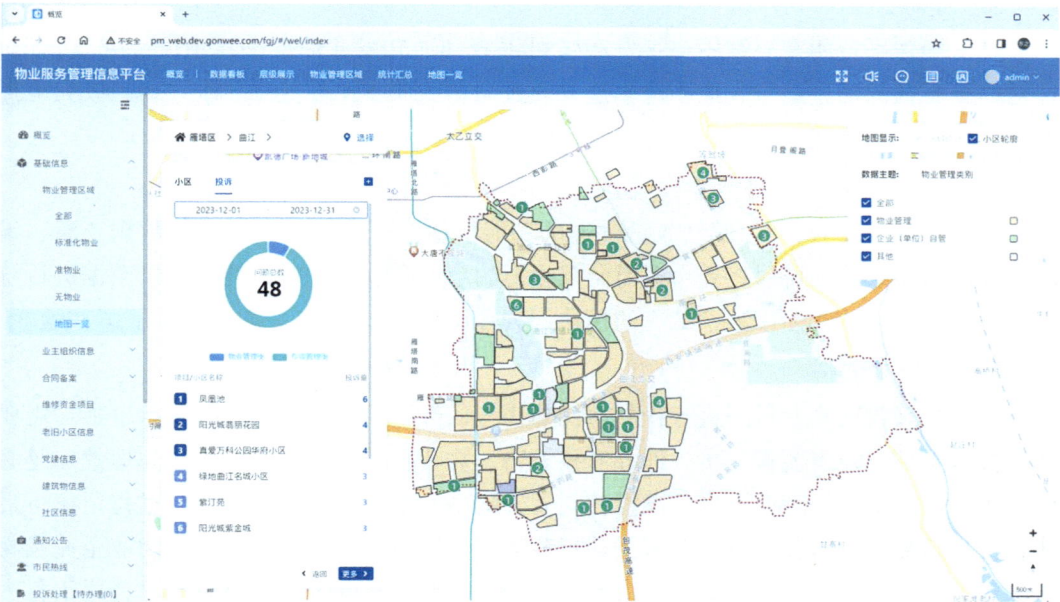

图 7　区域数量显示

4) 数据驾驶舱

决策层面关注的数据分析展示，如图8所示。

图 8　智能数据驾驶舱

3. 通知公告

功能涵盖平台所有层级用户，发布者可以看到通知发布后的阅读情况，回复情况，能对需要反馈的信息进行收集，对比过去通过微信收集 Excel 表的工作方式，极大地提升了工作效率。

4. 市民热线

专项处理区"12345"热线投诉数据的功能模块，可以对导入平台的数据查看、编辑、匹配考核结果、可以接受企业对异议投诉的申诉及复核，对最终的结果数据进行统计分析展示。目前，使用频率最高的模块，约存储数据 20 万条。如图9所示。

5. 投诉处理

专项处理需要物业科跟进流程的市民热线考核件及重点需要跟进的重点事项均需要通过投诉处理走线上流程。接诉即办考核严格，物业管理诉求量大，提高办理效率是必然要求。通过平台处理问题能精准把控时间，提高问题回复及处理效率，过程留痕可追溯，数据结果能为科室决策提供数据分析和支撑。同时，功能设计时会将物业企业及物业项目经理一并涵盖，一并处理解决业主问题。审核后数据进入结果数据库，用于科内投诉问题的决策分析使用。

6. 服务评估

服务评估是指雁塔区住建局每两年对辖区内的住房物业项目进行服务评估工作。住

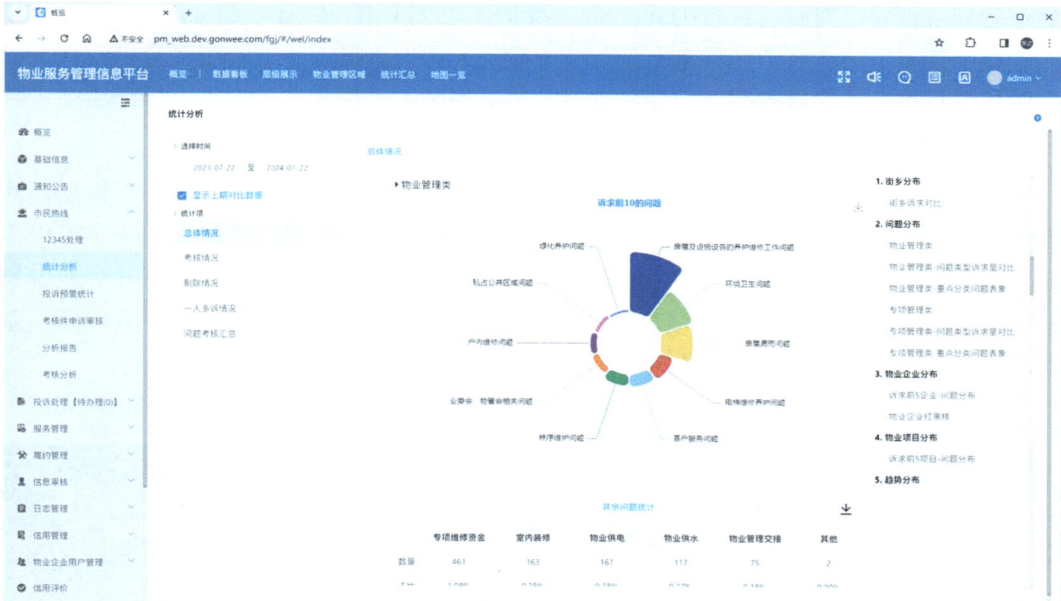

图9　市民热线统计分析

建局牵头建立年度任务，街乡、第三方评估机构作为参评人对物业项目进行五个维度的评估：业主满意度、专业评估（园区环境、设备设施）、街乡评价、主管部门评价、评价汇总；按阶段完成评价，根据分值排名，标识项目是否为优或者需要改进。评价完的数据，同时，作为物业项目的属性数据，可以在项目的档案中关联查看。

7. 履约管理

物业项目履约是以物业项目经理及物业项目从业人员为使用主体的功能，按物业合同备案内容，物业人员要对合同中的服务内容按年、月、周、日等不同频次的服务内容，手机打卡并上传相应照片。以平台任务计划的形式，反促物业项目相关人员提升服务意识，提高服务水准。

8. 信用评价

雁塔区住建局每两年展开一次对辖区内经营的物业企业进行全方位的信用评价。开展活动时物业科会在平台内建立报名渠道，企业自愿报名参加。每两年约100家物业企业、200个物业项目通过平台进行报名参评信用评价。参评企业和项目多，涉及评分单位多，参评分数项多。平台将设计科学的计算方法，能将企业填报内容自动转化得分，供评价单位作为参考依据，人工简单复核即可完成评价工作，极大提高科室办公效率。住建局根据评分结果给物业企业颁发正式证书。

9. 信息公示

信息公示包含，物业项目年度收支公示，物业项目收费标准公示，物业服务标准公示等，目前启动的是物业收支公示，功能建设是为了监督检查物业企业是否按市建委及物业管理条例要求对收支进行公式。涉及物业企业 273 家，物业项目 1104 个。按往年人工逐个排查走访，将消耗科室大量行政力量及人力人本投入。现改用平台进行情况归总收集，将极大地提高效率，减少科室对此项工作的人力投入。

10. 服务问卷

为进一步解决市民热线高峰期反馈问题不通畅等问题，同时为辖区居民增加反馈问题的渠道和提高效率。建立服务问卷模块，物业企业及项目生成二维码后，业主可以扫码查看最新的物业信息、相关公示、反馈物业问题，可以通过联系电话联系社区或者物业企业，最大化提升问题解决的时间和效率，让物业企业和物业项目提前介入问题，避免问题积压和业主矛盾升级，实现未诉先办，如图 10 所示。

图 10　填报二维码

11. 常态化评分

项目常态化评分指雁塔区每半年要求物业项目对自己进行 7 个维度的举证自评，评分结果会自动带入到信用评价中。7 个维度中，6 个是扣分项，1 个是加分项，举证后平台自动给出分数，经房管所及住建局最终确认后，分数确认，可以被其他业务调用。

12. 维修资金管理

此模块分两部分功能，一是维修资金数据展示；二是维修资金业务预约。

维修资金数据展示部分：一般维修资金审核业务是独立进展的业务有独立审批平台或线下审批业务。平台对维修资金外部数据导入同平台内的小区进行结合，形成小区档案信息的维修资金部分进行展示。

维修资金预约部分：预约管理指雁塔区管辖境内物业企业申报维修资金前需要再物

业服务管理信息平台中进行预约，通过预约合理分配企业现场咨询和审批时间，避免造成人员扎堆和无效等待。通过线上预填报，为企业作引导避免无效的往返审核。通过线上审核对业务透明化监管，提高效率过程可追溯。减少企业无效等待时间，提高科室审批效率。

13. 手机端

手机端的面向用户：包含住建局、物业企业、物业项目经理。

针对住建局手机端建设需求目标：实时读取数据，便于查看；对实时性要求较高的审批，简单化设计后可移动操作办理；针对物业企业建设需求目标：配合住建局发布通知进行回复，部分操作简单的功能将设计移动端操作回复功能。针对物业项目经理建设需求目标：设计调查服务问卷及防疫管理和项目履约的移动端操作。

手机端是在物业服务管理信息平台建设完成后，配套形成单独设计用于手机用户浏览使用的平台。功能上查看为主，实时性要求较高的审批业务单独适配。让用户能第一时间浏览动态信息，并快速操作审批，如图 11 所示。

图 11　手机三率图

三、创新应用

目前，物业管理均面临管理数据缺失，各层级业务协同难，管理办法老旧效率低下，行业数据共享难等问题。从发现痛点并投入研发进行验证，我司相继在北京市朝阳区、西安市雁塔区、港务区 3 个地域进行了尝试。包括从无到有的收集数据，依托数据搭建业务应用，配合业务相关方场景优化等，均获得了甲方及地域行业协会的认可。应用创新如下。

（1）平台底层统一规划设计调整，包含信息整合。将用户角色规划构建，包括企业注册账户的机制、注册账户后对自己企业信息维护。对项目信息维护，能认领和注销自己管理的项目，能将物业项目匹配到物业区域下并绘制项目轮廓图，形成物业区域和物业项目的统一结合。在用户层面和基础信息层面完成整合后，业务数据将作为项目单元的附属信息出现，形成完整的"一张图""一张表"概念。一张图是在物业管辖区域轮廓图上标识出不同的图层，如街乡轮廓、物业区域范围、物业项目范围等；一张表是指以物业项目为基础信息，拼凑出物业管理区域，链接上物业管理的日常业务。

（2）在上述底层基础确定的情况下，预留外部对接接口，根据平台现有使用情况分析，外来数据基本分为三类：物业企业的属性信息，如企业信用分数等；物业项目的属性信息，如物业项目的备案或者地下是备案情况等；基于图层的其他标的物信息，如房屋建筑点位信息、楼盘表信息、市政设施基础等信息。已经对此规划，会预留数据接口。同时，平台内沉淀的结果数据也会根据需要，通过接口返回给需求单位数据共享。

（3）市民热线数据是现在关乎民生和业主满意度的重要信息来源，因无法与区市民热线相关平台直接对接，是通过每日导入表格方式获取数据。第一步是处理好市民热线数据，并将投诉与物业区域和物业项目进行关联，变成物业服务管理信息平台内的数据源。第二步是将定期将结果数据根据编号匹配到平台中，用于决策分析。第三步是用规则和 AI 算法将街乡、问题分类、企业、项目进行排序。第四步是将结果同步给管理单位和企业及项目管理人员，全用户覆盖精准推送。

对市民热线功能的场景应用，从数据导入导出做到数据从相关单位对接获取，经过工作人员及平台 AI 辅助做数据处理。沉淀后的结果数据，通过 AI 和算法等实现决策分析展示。同时将处理好的数据输出返回到上一级单位，形成数据闭环。

年处理数据量 5 万条以上。

能精准地将数据推送给平台内各层级用户。

能按照规则算法计算出企业红黑榜。

能用 AI 技术自动输出月度、季度、年度报告。

能用 AI 技术给出，分析复杂的数据和情景，为决策层提供有价值的见解和建议。

（4）信用评价模块：由管理单位建立年度任务，设定任务周期和报名条件。企业自由报名，审核通过后提交申报材料。平台根据评审维度和条件，通过算法自动计算单项得分和汇总得分，给出审核人员评审意见。同时将处理好的数据输出到上级行业管理单位，可以被其他业务单位调用。

根据审核条件建立算法模型，自动将企业提交后的数据计算并汇总得分。

辅助审批人员审批。

每两年评审一次，一次约 100 家企业、200 个物业项目。每个项目约 50 个评分项内容。

（5）项目常态化评分。由管理单位建立周期任务，设定任务周期，实现企业填报，街乡、房管所、住建局协同确认。所有住宅项目参与自评，根据平台设定的评分项，上传材料。平台根据评审维度和条件，通过算法自动计算单项得分和汇总得分，给出审核人员评审意见。同时将处理好的数据输出返回上一级行业管理单位，可以被其他业务单位调用。

根据审核条件建立算法模型，自动将企业提交后的数据计算并汇总得分。

辅助审批人员审批。

每半年评审一次，一次约 500 个物业项目，7 个评分项，6 个扣分项，1 个加分项。

结果被信用评价调用。

（6）以物业项目为核心数据链上，增加项目附属属性，对项目的收支情况、收费标准、服务标准进行公示。企业填报，结果可以被街乡、行业管理单位、上级行业管理单位、物业业主查看。管理单位看公示情况，业主看公示内容。数据同步输出共享。

收支公示是年度任务，需要每年上报。

服务标准的数据后续会连接到物业项目履约中，作为履约条件。

填报内容包含照片附件、单项服务价格、汇总价格、服务内容等。

业主通过调查问卷扫码查看公示内容。

公示涉及 273 家企业、1104 个物业项目。

（7）调查问卷模块，通过企业对物业项目建立二维码，将二维码张贴在小区各入口常见区域，业主扫码可以查看物业基本信息，可以查看物业公示信息，可以对遇到的物业问题进行反馈，可以直接拨打物业客服电话，可以直接拨打社区电话。物业企业和物业项目管理应在周期内回复业主，否则按超时计算；物业企业定期上传问题整改报告，管理单位对问题进展进行监管。

约 1400 个物业项目需要参与到此功能中。

参与业主数量无法估算，预计超过 10 万+。

预计产生问题反馈数量 1000 条/日。

降低市民热线投诉 20%。

四、推广价值

1. 当前问题和建设的必要性

随着现代社会的飞速发展，传统的物业管理模式弊端逐渐显现。街乡、社区的职能日益增多。据初步统计，目前已有 100 余项工作职责，且各个物业企业相对独立的工作条线之间也没有进行整合，导致科室工作人员将大部分精力用于企业联系、填表、收集数据，占用大部分时间和精力，无暇思考优化工作。因此，物业管理对多单位资源整合、提供联合管理与服务提出很高的要求。另外，由于现在的物业管理是落后于经济发展的速度、物业管理薄弱环节的增多、利益格局的调整，导致基层矛盾纠纷增多、偶发性事件增多，又对基层物业管理工作提出更高的要求。

为加快推进物业管理应用体系建设，整合信息资源，促进信息技术在公共服务、物业管理等领域的广泛应用，发挥信息技术对经济社会发展的引领支撑作用，服务经济发展，加强社会建设，创新物业管理，进一步促进社会和谐稳定，通过信息化手段建设物业服务管理信息平台势在必行，有效整合各类物业管理信息资源，为房屋管理单位和物业行业分析和控制提供决策支持，进而推进政府职能转变、完善社会管理和公共服务，提高物业管理科学化水平。

物业管理制度改革是西安市"十三五"规划中的重要工作，是目前房屋管理单位中市民热线投诉来源的头部问题，物业管理的复杂性显性可见。解决好物业的管理将为房屋管理单位及物业行业管理的改革方案提供非常好的参考。本案例将区域的物业管理工作中存在的实际问题，总体规划，重点设计。改变管理方式、提升管理效率的同时，可以极大地降低管理单位的行政成本，充分发挥应用软件规模效应。推广价值体现以下几个方面。

（1）有利于改变雁塔区物业管理方式，提高管理效率。

随着物业管理办法改革的不断深入，物业管理需要大量的人力和巨额财政资金。建物业服务管理信息平台，将物业管理、维修管理等诸多环节纳入统一的体系当中，实现物业管理的现代化和管理程序的规范化。同时，建立物业服务管理信息平台将有利于各住建局及街乡全面、及时、准确地了解情况，进而避免决策的盲目性，提高决策的科学性，从而改变落后的管理方式，提高管理效率。

（2）有利于建立物业服务体系，规范行业发展。

随着经济改革的深入发展，社会公众对各种物业问题的急迫程度和疑问解答的需求日益迫切。因此，建立物业服务管理信息平台，通过互联网物业报修、物业投诉以信息收集，可以跨地区、跨部门地向企业提供物业管理的各种高效服务，使管理和服务时时处处得以体现，规范服务行为，推动行业发展。

（3）更全面地服务内容覆盖，更好地服务用户群体。

平台的建立不只是政府为高效工作设立的管理工具，同时也是为业务设计所有单位建立的高效协同办公工具，物业企业及项目经理也能通过平台快速上传下达相关政策，逐级汇总疫情信息，了解最新政策，管理下辖员工，快速服务相应业主等。平台的建立，是为所有涉及用户提供紧密高效的畅通联络机制，提高行政能力，企业监督力度。

2. 应用案例的产出指标

表1　应用案例的产出指标

整体目标	1. 完成基础数据库的搭建工作，科学合理的采集完善基础数据
	2. 优化业务流程和机制，确保后续数据的更新保障
	3. 以基础数据为依托，构建业务应用场景，将智能化场景在实际中应用
	4. 手机端的建设

一级指标	二级指标	三级指标（简单概述，不能一样）
产出指标	数量指标	以西安市雁塔区为例，建设西安市雁塔区物业服务管理信息平台，将服务雁塔区 8 个街乡政府、268 个社区、273 家物业企业、1104 个物业项目。实现从房屋管理单位—街乡—社区—企业—到物业项目的多层级高效率协同办公。线上涉及物业企业及项目的信息新增、审核、变更的数据量约每年 1000 条，涉及物业项目的市民热线处理信息将超过 5 万条/年
	质量指标	软件设计设计符合客户需求；底层逻辑能保证平台通畅运行 软件使用无 BUG，产品体验满足客户需求
	时效指标	满足业务科室及企业实时使用平台的需要，保障平台运行稳定

3. 经济效益和社会效益

1）经济效益

集中建设、资源共享、减少重复投资。基础数据具备权威性和唯一性，可为其他房屋管理单位提供数据共享，产生间接经济效益。

数据深加工、实现增值效益，如物业区域/项目数据、项目投诉情况、辅助决策分析维度等。

实现物业管理办公自动化，包括移动端物业事件上报、网上物业事件排发等，通过政务网络和 5G 通信手段传递信息、发布信息，实现房屋管理单位实时监控各物业项目的动态信息，有利于提供物业服务效率，提高公众对房屋管理单位及各街乡物业管理水平的满意程度。

2）社会效益

物业服务管理信息平台的运行使用，规范了物业管理的业务流程，实现了精细化管理，提升了物业管理信息化水平。

通过构建城市物业管理平台，能够及时掌握和处理公众在日常生活中遇到的物业问题，实现对物业服务的动态监管，增强各业务主管部门制定政策、重大决策的科学性和针对性，提高服务水平，减少因问题处理不及时或问题责任不清导致的民生问题。

建立了统一的物业数据标准，并且将物业日常管理中涉及到的管理区域、项目、企业、投诉等多方面数据进行结合，消除了各业务主管部门之间信息孤岛，避免了重复建设和资金的严重浪费，最大程度地实现了跨部门的信息共享与交换。

增强了各业务主管部门业务之间的横向联系，把本来业务之间存在的自然联系通过平台串联起来，实现了"互联办公"与协同工作，提高了工作效率。

通过全面、动态掌握物业服务中的管理信息及异动情况，与互联网机制结合，实现快速的信息共享，能快速地识别到物业项目管理过程中的异常状态，有利于物业企业、物业主管街乡、物业主管部门快速处置问题解决问题，有利于增强房屋管理单位的物业服务管理水平。

深圳市智慧住建项目实践与创新

荣 芳 刘 一 梁勇基

深圳市城市建设档案馆 深圳市智慧城市科技发展集团有限公司

一、建设背景

回顾深圳市住建信息化建设工作，在数据资源方面，市局各部门以自身业务为导向，建成了一批行业数据库，通过探索 BIM 技术在新建项目报建和重要建筑翻模应用，积攒了大量 BIM 成果；在系统应用方面，构建包含工程项目监管、住房管理、行业管理等 10 类共 72 个应用系统，支持全局各项日常业务开展。在此过程中数据资源分散、各业务系统割裂、未形成全局联动的信息化体系等问题也逐渐显现。为此，在技术引领和政策驱动下，结合深圳实际问题，市住建局于 2022 年正式启动"智慧住建"项目，将前沿信息技术与住建领域业务深度融合，持续推进住建的数字化转型，力争在基础底座、数据工程、BIM 应用、决策支持等方面取得突破性进展，全面提升深圳住建信息化能力和公共服务水平。

二、建设内容

1. 总体框架

遵循智慧住建顶层框架，结合局内业务及信息化建设现状，设计形成"一个平台、两项工程、三大应用"的"智慧住建"一体化体系，如图 1 所示。

1）一个平台

"一个平台"是指住房和建设局的智慧住建基础平台，在充分利用省、市电子政务公共资源提供的服务能力的基础上，补充基础组件和服务，构筑住建中台业务能力，含用户中心、智能接口服务、区块链服务、知识库、空间数据融合处理服务等。

2）两项工程

（1）住建数据工程。

建立统一住建数据体系，通过各数据源汇聚的数据进行统一清洗，提高数据服务质量，完善数据基础服务能力，实现数据资源的统一管理，开展住建主数据库和主题库建设，包括住房数据工程、建造数据工程、政务数据工程，以及住建数据与城建档案数据

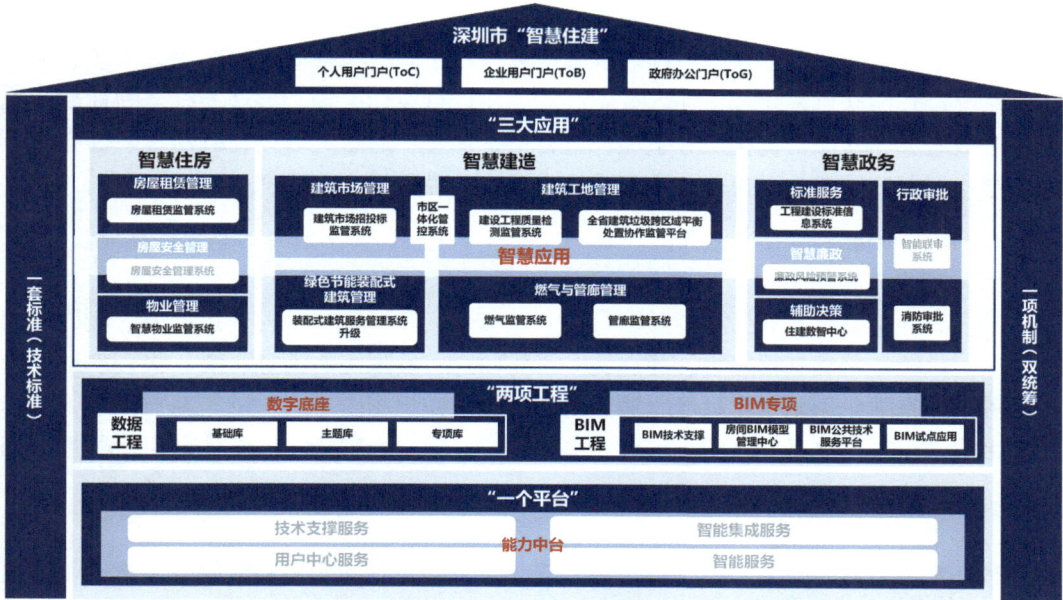

图1 "智慧住建"项目总体框架

融合等，围绕住房和建设业务领域，开展基于数据应用服务。

（2）BIM 工程。

围绕建设工程领域，建设基于 BIM 技术的报批、报建、监管和服务，推进基于 BIM 项目全生命周期的试点应用，打造 BIM 在政府监管应用的先进示范。BIM 工程含 BIM 技术支持、房建 BIM 模型管理中心、BIM 公共技术服务平台、试点 BIM 业务应用和重点示范项目建模及处理。

3）"三大应用"

（1）智慧住房。

智慧住房是在整合利用公共住房、租赁系统等现有平台基础上，升级完善租赁系统的功能；基于统一房屋编码，通过危房治理、幕墙排查、安全隐患排查等方面业务流程，建立一套实用性强、业务覆盖面广的房屋安全管理系统；通过各类物业监管与服务事项信息化，实现物业管理相关信息管理的公开和开放，提升物业小区生活质量和居民满意度，消除安全质量隐患，营造共建共治共享的社会治理格局。智慧住房包含房屋安全管理系统、房屋租赁管理系统和智慧物业监管系统。

（2）智慧建造。

围绕建设工程全流程、全业务链条，推进全市建筑工地、建筑垃圾、燃气、管廊等智慧管理。智慧城建包含市区一体化管控系统、建筑市场招投标监管系统、建设工程质量检测监管系统、全省建筑垃圾跨区域平衡处置协作监管平台、燃气监管系统、管廊监管系统和装配式建筑服务管理系统。

333

（3）智慧政务。

智慧政务是实现市住建领域高效政务服务核心措施，包括廉政风险预警系统、消防审批系统、智能联审系统及住建数智中心等。建设行业标准编制管理系统，为标准实施提供有效服务和支撑，优化服务事项，进行审批加速；通过大数据、机器学习等方式呈现关键指标、监管态势可视化，实现掌控全局，助力科学决策。

2. 建设内容

（1）能力中台建设。

整合省、市电子政务公共资源已有能力，结合创新智能技术，构建统一的应用能力中台。一是统筹基础支撑能力，建立统一工作门户，实现统一消息、统一报表、统一应用服务。二是强化创新技术赋能。通过人工智能、知识图谱、区块链等新技术引入，为图文多模态识别、要素关系挖掘等场景提供高效、即时的智能技术支撑，保障数据应用安全。

（2）数据底座建设。

结合数据编码、落图、整合等数据工程，完善住建空间底板和数据资源体系，如图2所示。一是编码设计衔接。对接建设项目编码，设计实现从建设项目到小区、建筑、房屋等管理单元和关键编码串联。二是数据集成建库。汇集整合局内外数据，建成包含小区、建筑物、房屋、项目、企业、人员、设备的十大基础库和住房、建造、政务三大业务主题库。三是重点对象落图。完成项目、小区、建筑房屋等重点对象空间落图，形成统一、规范的地理空间数据集，推进与业务数据融合可视。四是贯通业务数据链条，以项目—房屋为核心，串联工程项目建设和住房监管服务各环节业务数据，实现住建领域全生命周期数据融合和信息共享。

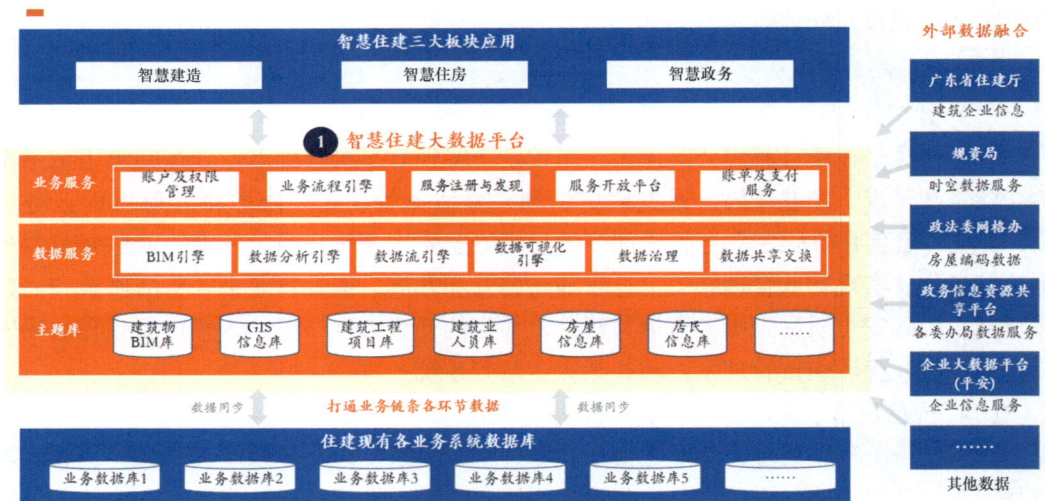

图2　统一数据底座

（3）BIM 专项建设。

立足已有 BIM 数据基础和应用需求，以建筑房屋为核心，先行打造 BIM 模型收、存、管、用全流程应用能力。一是强化 BIM 技术支撑。结合 SZ-IFC 数据格式，统筹建设 BIM 通用技术组件，支撑 BIM 梳理浏览、格式转换、轻量化等。二是搭建模型管理中心。以勘察设计、竣工验收、消防审批等环节为入口，分类归集 BIM 模型，形成权威的房建 BIM 数据管理中心，如图 3 所示。三是打造 BIM 公共服务平台。以标准化 API 和 SDK 对外提供服务，实现"拼积木式"场景应用快速搭建，如图 4 所示。四是开展 BIM 技术试点应用。围绕重点业务，开展施工图审查、消防审批、竣工验收、物业监管等试点应用，如图 5 和图 6 所示。

图 3　房建 BIM 模型管理中心

图 4　BIM 公共技术服务平台

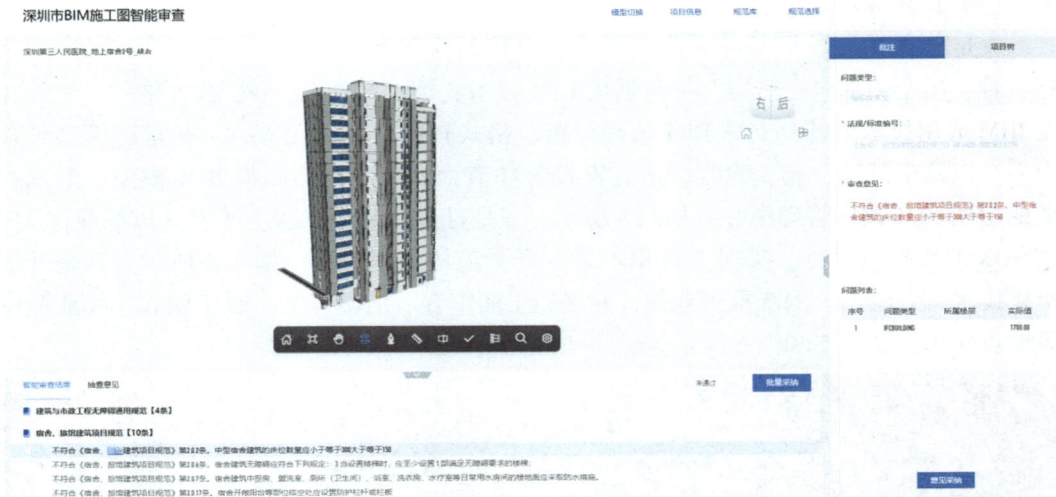

图 5　BIM 施工图智能审查功能

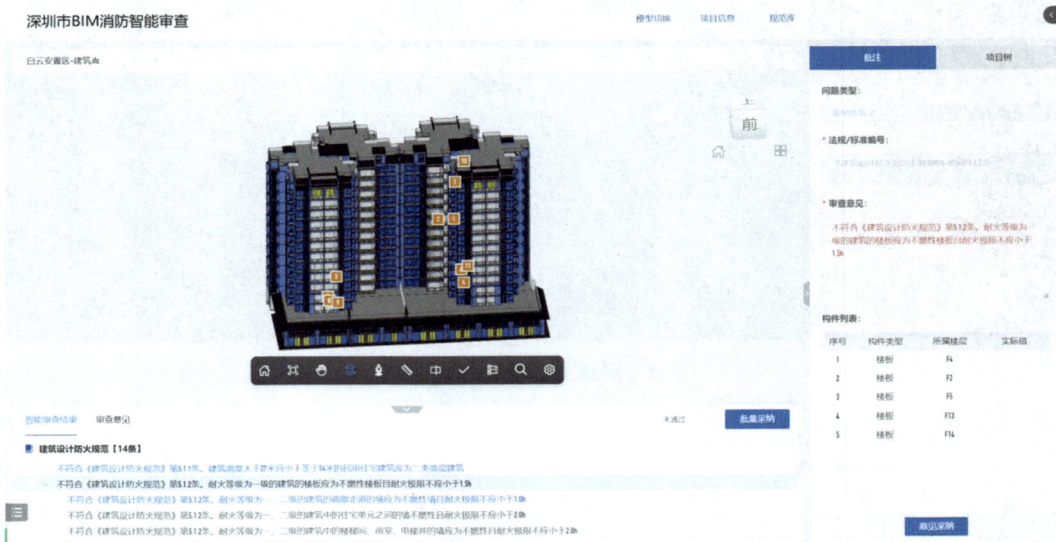

图 6　BIM 消防智能审查功能

（4）智慧应用建设。

结合建设和住房领域监管履职要求，升级完善住建应用体系，实现从被动向主动的业务监管与决策转变。一是完善智慧应用体系。通过新建或改造，完成智慧建造、住房、政务三大领域十五项应用搭建，实现业务纵横联通和市区联动监管。二是强化 BIM/CIM 融合。加强 BIM 与 CIM 的融合应用，构建数字孪生场景，实现住建业务空间化、协同化、精细化管理，如图 7 所示。三是创新技术赋能。推进 AI、区块链、物联网等新技术在住建领域的应用落地，提升施工图智能图审、房屋安全监测等重要环节的监

336

管效能。

图 7　BIM/CIM 融合

3. 建设思路

项目立足现有基础，以"内聚中台能力—夯实信息底座—统筹 BIM 应用—推进数智融合"为建设思路，构建集约高效的能力中枢、"一数一源"的数字底座、多向赋能的 BIM 支撑，赋能工程、住房、政务领域全场景智慧应用。

内聚中台能力：实现统一支撑架构下身份认证、消息服务、签章服务、网关服务、GIS 服务等通用服务能力的统筹集成，通过引入人工智能、知识图谱、区块链等新技术，有效提升智能应用服务水平，推动信息资源的安全可控和智能决策。

夯实数字底座：基于"一数一源"，全面汇聚整合住建业务数据，形成十大基础库和三大主题库，通过数据空间化落图、数据编码衔接，打通项目-住房全生命周期数据链，形成动态更新、共享开放的数据资源体系。

统筹 BIM 应用：打造 BIM 数据收、存、管、用全流程应用服务能力，实现全市房屋建筑 BIM 数据的归集建库、统一管理、对外服务和试点应用，打通 BIM 模型从数据到应用的关键路径，满足住建领域对 BIM 的应用要求。

推进数智融合：以智慧住房、智慧建造、智慧政务三大应用为锚点，通过新旧系统整合，布局和完善住建领域信息化应用体系，加强系统间的连通性和协同性，提升住建领域数字化治理能力。

三、创新应用

1. 整体创新性

从分头推进到一体化建设的集成实施。按照集约化、协同化的思路，通过深化设计和集成实施，形成"智慧住建"一体化框架，如图8所示，统筹推进平台、数据、应用各分项工作，有针对性解决技术统筹集成难、数据资源分散、各业务系统割裂、未形成全局联动的信息化体系等问题。

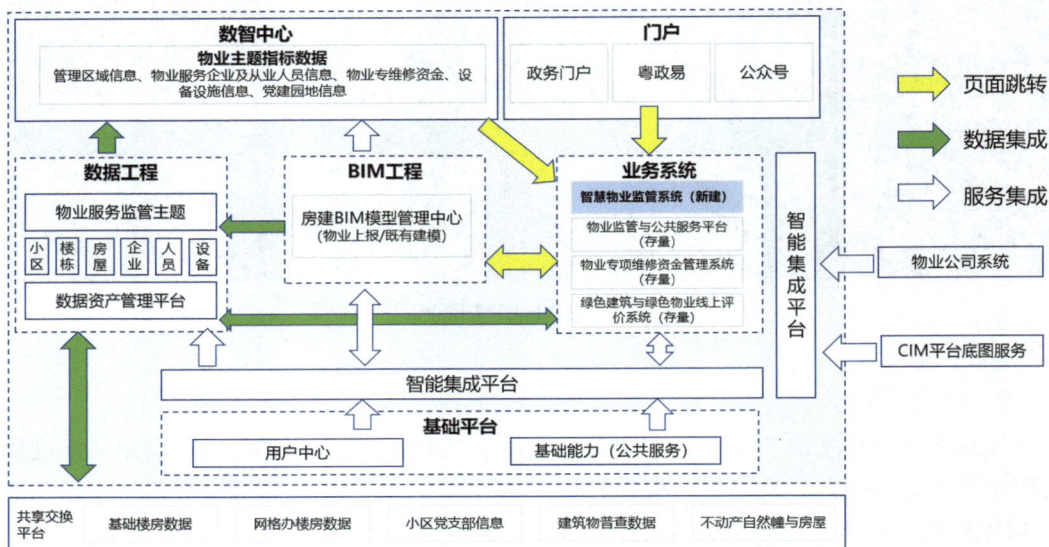

图 8　系统集成一体化建设示意（以智慧物业监管系统为例）

从数据分散到全链条打通的数据服务。按照"一数一源"的原则，结合数据编码赋码工作，实现住房和建设领域基础数据、主题数据和专题数据的全面归集、逻辑关联、时空融合、统一管理和动态更新，建立权威统一、共享开放的数据资源体系，打通工程建设项目立项、设计、施工、验收到房屋使用运营全生命周期数据链，如图9所示。

从单一应用到全流程覆盖的 BIM 支撑。跳出当前 BIM 技术多聚焦于施工图审查、竣工验收等应用的局限性，成为全国首个基于 SZ-IFC 格式，实现 BIM 模型收、存、管、用的全流程应用模式探索的城市，通过统一集约的组件管理、统一灵活的接口调用，创新打造高效集成的 BIM 技术支撑和应用服务中台，全面支撑 BIM 技术应用落地，为各地深化 BIM 管理及应用提供宝贵经验，如图10所示。

2. 技术方案创新

一是模式创新，打造了全省领先的城市房屋安全与建筑废弃物监管模式，实现城市

图 9　数据全链条打通示意

图 10　全流程 BIM 支撑示意

房屋安全从"事后被动式"监管向"事前主动预警式"监管转变，探索了广东省内建筑废弃物一体化协同处置监管模式，极大地提升了广东省城市之间建筑垃圾跨区域平衡处置及协作监管效率。二是标准创新，建立了全国首个城市级大规模、全流程、广用户尝试 IFC 存储标准，相对于国际标准和国家标准的原生 IFC，SZ-IFC 具备在业务数据上更好用、在数据组织上更小巧、在可视化上更好看、在数据安全上更可信四方面特点。三是技术创新，构建了全国首个基于 IFC+SNL+MVD 的 BIM 政府侧应用技术路线，采用新型 SNL 技术标准，推动 BIM 工程规范的数字化；基于 MVD（模型视图定义）技术的国产化创新拓展，支持 BIM 子模型的提取及"合标性"验证，有效提高数据"可信性"。

3. 创新性应用实践

（1）BIM 审查系统。

BIM 审查系统具备在网页端对 BIM 模型的自动审查能力，并能将结果同步至现有项目报建审批流程，具体功能包括项目信息、BIM 可视化、规范选择、审查结果、批注管理、二三维联审、报告管理，如图 11 所示。通过将建筑、结构、给排水、暖通、电气五大专业的规范进行拆解并数字化，形成数字化审查规则，结合 SZ-IFC 模型进行规范条文的智能审查，自动生成审查结果。

BIM 审查系统以 BIM 技术为抓手，基于 BIM 三维模型进行统筹分析，有针对性优化管理模式，实现闭环监管，促进管理服务改革，提高管理服务效率和质量。通过统一标准，提高 BIM 设计质量，形成高质量 BIM 数字资产，并推动 BIM 模型在各场景的应用，为智慧城市建设奠定基础。

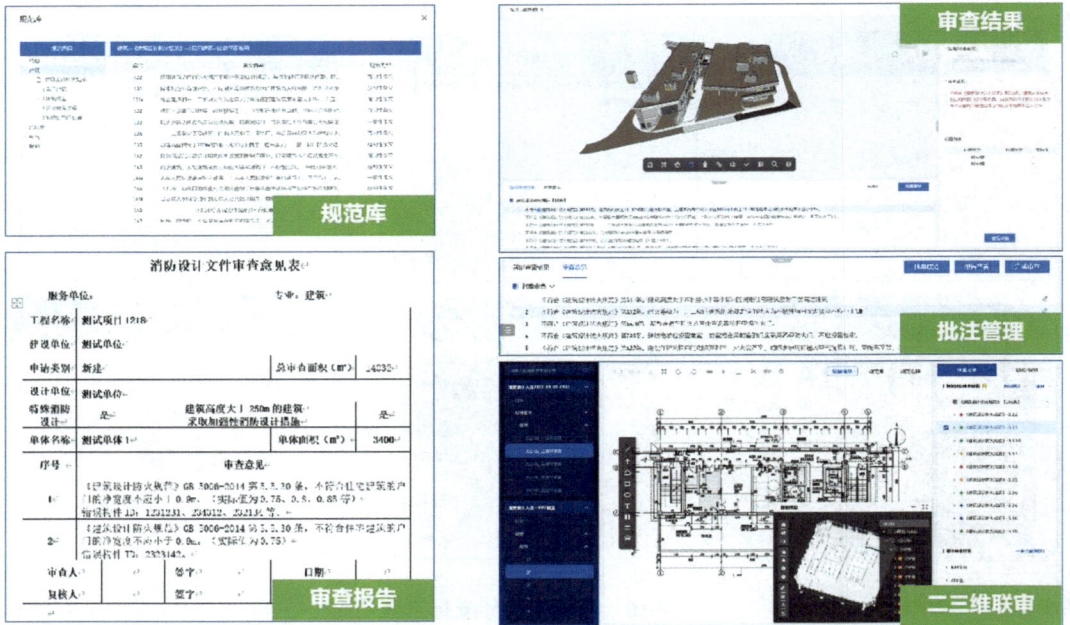

图 11　BIM 审图系统

（2）数智中心——物业监管专题。

数智中心为提升业务监管和决策支持能力，围绕市住建局的业务需求，基于住建内部业务系统和外部相关业务系统数据资源，以 GIS+BIM+IOT 技术为支撑，建设全周期、全链条、全要素业务监管数据为内容，通过与多维多尺度空间数据、物联感知数据的融合关联展示，实现住建综合主题画像展示，辅助智慧决策分析。

以物业监管专题为例，如图 12 所示，针对公共空间管理、设备资产管理、能耗管控等不同空间尺度下物业管理需求，利用 BIM/CIM 融合技术可视化、空间化、精细化优势，将重点关注的公共区域空间和重要设施设备与 BIM 模型进行关联，探索搭建小区安全运行、维修跟踪、能耗监测等智能化服务，实现物业小区智能监管，实现物业小区要素全生命周期信息追溯管理，综合提升物业监管水平。

图 12　基于 BIM/CIM 的物业小区管理

（3）房屋安全管理系统。

基于全市房屋基础数据库，依托房屋安全管理系统，开发房屋结构安全、幕墙安全监管应用场景，设置综合预览管理、三维房屋安全档案管理、三维房屋结构安全管理、三维幕墙安全管理、三维智能监测预警管理、三维房屋风险评估管理、平台协作联动管理等功能模块，支撑房屋安全隐患排查、鉴定、整治以及风险评估、监测预警等业务工作。

以房屋安全管理业务为核心，实现房屋多源数据一体化集成、多路径更新，做到楼栋一档案、责任一网格、检查一张表、智慧一管控，推动线下处置与线上联动协同，有效提高房屋安全管理水平和效率。

（4）广东省建筑垃圾跨区域平衡处置协作监管平台。

本系统主要为建筑垃圾业务主管部门或相关企业提供建筑垃圾跨区域平衡处置业务办理功能；同时满足各地市建筑垃圾业务主管部门之间的沟通交流，实现跨层级、跨地域、跨部门的日常协作监管；再者借助大数据分析，通过数据驾驶舱，为建筑垃圾业务主管部门提供有力决策数据支撑。

通过本系统，一是可提高执法效率，通过数据共享和信息交互，减少手工操作，提高了执法人员的工作效率；二是可提高监管精度，通过数据分析和挖掘，快速发现问题和异常情况，提高监管的精度和准确性；三是解决跨区域建设工程渣土平衡处置问题，为跨区域监管部门之间的协作提供平台环境。

四、推广价值

1. 经济效益

"智慧住建"项目立足深圳市已有基础，以一体化框架开展集成实施，在任务分解强化落实的基础上，向各分项任务精准传导项目实施目标，将任务"分头建设"转变为全局"一体推进"，统筹调配建设资源，统一规划实施方向路径，有效提升项目实施效率，避免冗余建设、重复投入，实现"增效、降本、抗风险"。

2. 社会效益

"智慧住建"项目在全局一体化集成实施框架的基础上，进一步定义、重构数据服务、BIM 应用等创新框架，健全住建业务应用框架，形成由点成链、由链及面的业务服务体系，拓展市局城市管理决策维度，带动全城创新技术产业发展，为其他城市提供可复制、可推广的样板案例，助推全国智慧住建体系建设有序开展。

首都医科大学附属北京儿童医院保定医院项目智能建筑应用管理

于 琦 薄跃彬 郜 凯

中铁建设集团有限公司

一、建设背景

首都医科大学附属北京儿童医院保定医院是京津冀一体化背景下首家推行公立医疗机构跨省托管医院，项目建成后能够提供 1000 张床位，日门急诊量为 3750 人次，将有力地推动儿科优质医疗资源下沉，对疏散北京非首都功能，深化京津冀协同发展意义重大。

本工程是保定市国际医疗基地的首批工程，也是保定市 2022 年重点项目。被列为保定市国际医疗基地的标杆项目。

本工程应用移动互联网、物联网、BIM 技术进行施工管理，通过对施工现场"人、机、料、法、环"等关键生产要素的全面感知和实时互联，实现工地的数字化、智能化，从而构建施工项目和施工企业间平台型关联方式，实现工人实名管理、工程质量安全管理、进度管理、降尘减噪、降低成本等目标，致力于打造施工领域信息化建设示范工程。

二、建设内容

1. 组织架构

总负责人，督导各模块应用正常进行；下设工程管理负责人、人员管理负责人、生产负责人、技术负责人、质量管理负责人、安全管理负责人、施工环境管理负责人、视频监控负责人、机械设备管理负责人；下设各分包单位，对质量、安全巡检系统中隐患问题进行整改。

2. 智能建筑主要做法

本项目将可视化管理、VR 虚拟仿真场景、远程监控、远程管理等多方面有机融合为一个整体，实现数据的统一接入、统一管理和统一应用是整合物联监测和智慧化管理的智慧建造管理平台全方位对现场进行综合信息化管控（图1）。

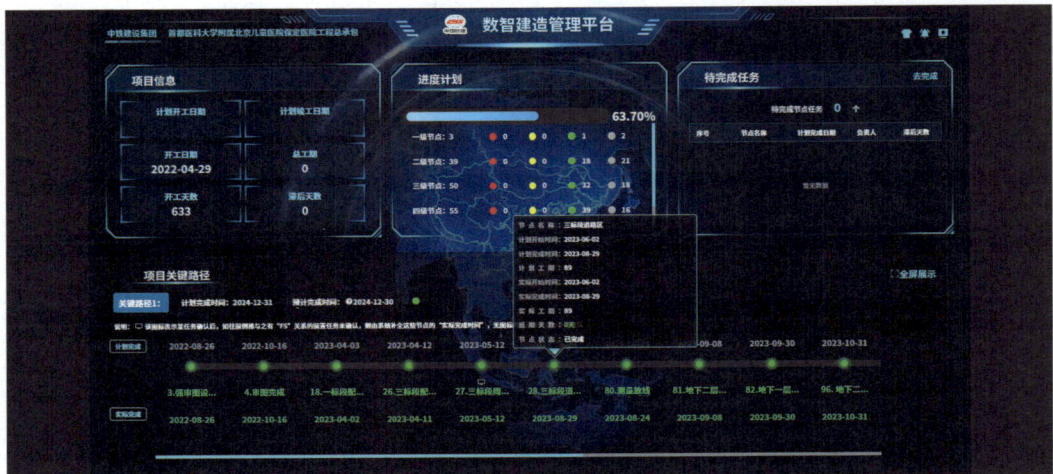

图 1　总进度计划统计分析大屏

1）人员管理模块

本项目通过闸机摄像头人脸识别功能，进行现场劳务人员出入统计，并集成门禁系统，后台可查看人员基本信息及出勤情况。

2）生产管理模块

本项目通过智慧平台建立总进度目标，以总进度目标为轴线建立节点目标实时监控工程进度并预警，也可在平台大屏展示项目信息及待完成任务。

3）技术管理模块

本项目通过平台统计汇总技术文件，实现技术文件上传、申请、审批、分类、通知公示并存储等"一站式"流程功能。

4）质量管理模块

本项目通过平台质量管理模块对现场发现的质量隐患内容进行统计分析，分为 A、B、C、D 四大类，其中，A 级隐患内容 4 项整改合格率 100%，B 级隐患内容 142 项整改合格率 100%，C 级隐患内容 41 项整改合格率 100%，D 级隐患内容 26 项整改合格率 100%。

5）安全管理模块

本项目通过安全管理模块对现场发现隐患进行统计分析共 1277 项，其中已整改内容 1068 项，未整改内容 209 项，并将各隐患内容进行类型分类，显示其中如期整改和预期整改数量、时间。

6）现场环境模块

本项目通过现场设置环境监测模块实现对实时温度、湿度、气压、风向、风力、风速、噪声、$PM_{2.5}$、PM_{10} 以及采集时间的查看。

7）视频监控模块

本项目通过现场设置智能监控实现可实时调取各区域现场监控视频，并且视频采集范围覆盖现场重点区域，包括施工现场出入口、办公区出入口、生活区出入口、重点施工作业区域、危大工程作业面、危险区域、禁止进入区域等，也可设置视频访问和配置权限，在后台控制摄像头的操作（图2）。

图2　实时视频监控

8）机械设备管理模块

本项目通过机械设备监测模块实现对现场包括塔吊、深基坑、升降机、脚手架、卸料平台等设备在线情况以及设备状态预警的监控，方便项目管理人员及时作出应对。

3. 人员管理模块应用

1）实名制管理

本项目采用读卡器自动采集人员信息，包括姓名、性别、身份证号、民族、出生年月、籍贯、家庭住址、身份证签发机关、身份证有效期限、政治面貌、人员登记日期等，采集数据的同时录入其他信息，如工种、所属班组、所在企业名、企业统一社会信用代码、企业类型等，并上传至智慧工地平台进行资料的核查及留存。

2）人员考勤管理

每位工人必须认真执行考勤制度，以加强部门管理和薪金发放工作，保证部门各项工作有序进行（图3）。

（1）迟到早退、擅离岗位、旷工均属违反制度行为。

（2）考勤制度由部门领导直接监督，考勤人员认真记录、实施。

（3）项目实行上下班打卡制度，打卡时应自觉排队、遵守纪律。

（4）工人上班按规定时间打卡，超过上班时间打卡按迟到处理；未到下班时间擅自离开即为早退。

3）人员薪资管理

本项目通过信息化管理，将用工单位与工人信息、劳务关系、工人考勤、工资支付

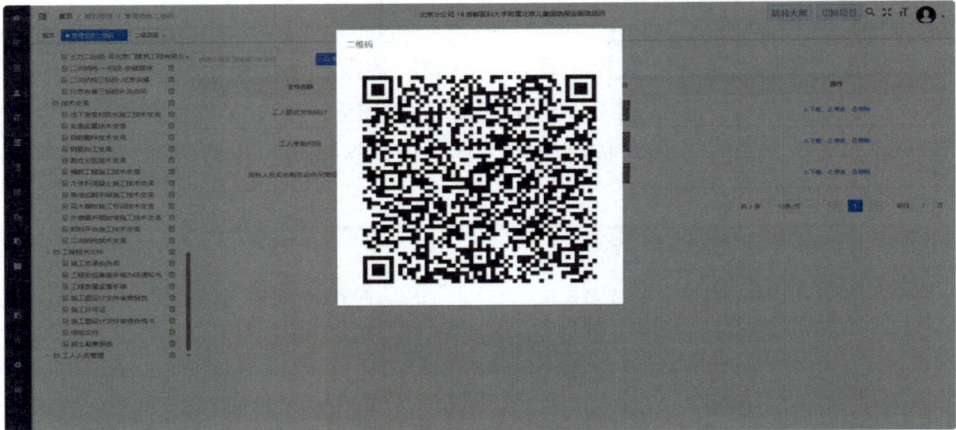

图3　平台系统生成二维码管理

等内容，纳入劳动监察部门动态监管中，支持欠薪实时预警提示，平台反应欠薪预警信息后，项目人员积极核查工资发放问题，对滞后发放工资情况及时处理，保障农民工利益，从根本上解决工人工资按时发放问题。

4）从业人员行为管理

通过现场巡查与日常工人技能比赛中采集数据信息，上传至智慧平台进行存储，施工现场采用危险区域预警，便于危险发生时疏散危险区域人员；即时感知异常情况。

5）培训教育管理

本项目平台为工人提供完善的课程库、试题库来学习，利用在线培训教育的功能在电脑端、手机端参与培训教育，最终通过在线考试，并为此制定相应的奖惩措施，VR安全培训：项目设置专门的安全体验区，在现场架设VR设备，使现场相关人员可以感受浸入式安全教育或技术操作体验（图4）。

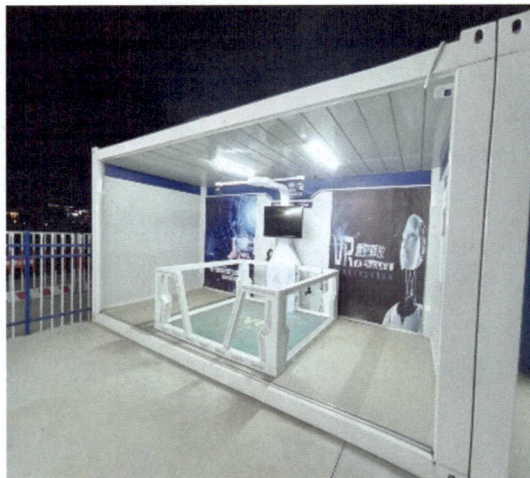

图4　VR安全教育

本项目通过培训教育系统，提高了工人的理论知识能力，对自己岗位的操作规程有了一个系统的了解，提高了员工应急处理的能力。通过培训教育考试系统，结合实际工作岗位进行考核，进一步了解工人对自身岗位安全知识的掌握情况，对自己理论知识与实操结合不稳固处有针对性了解，提高了员工发现自身问题的能力。利用智慧工地的培训考试系统培训效果良好，减少了生产事故的可能性。

6）诚信管理

智慧管理平台通过人为上传数据，建立诚信系统，对专业分包、劳务分包商进行诚信评价上榜（图5）。

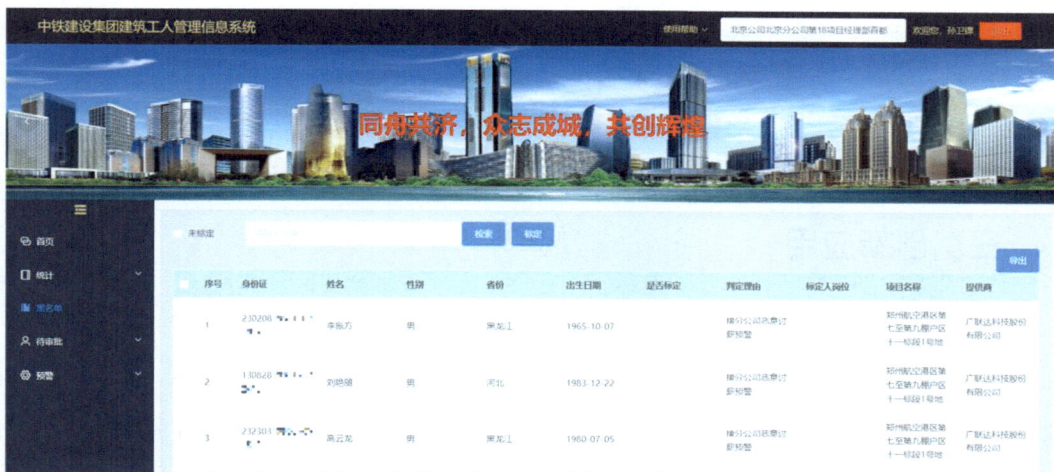

图5　工人管理诚信系统

7）人员场内定位管理

本项目采用智能安全帽通过5G及GPS技术定位、远程呼叫、报警、视频录像等功能实时统计出勤人数、作业现场人数与人员分布情况，具备与人员进场信息比对，辅助管理宜有轨迹跟踪等功能，对异常行为宜声光报警，并即时将报警信息拍照传至平台。

安全帽定位由GPS/北斗主板和大容量电池组成，本产品主要用于人员位置定位和巡逻管理，用于企业对员工的调度和管理，管理人员可通过安全帽拍照及报警按钮实现现场工人管理。

本项目共采用6个智能安全帽供安全管理人员巡检使用，人员定位系统除了传统的传感器外，同样注重资产、人员智能化管理，提高生产效率的同时也注重作业人员的人身安全。利用先进的人员定位系统，可以有效地加强对现场施工人员、技术人员的安全管理，实时定位现场人员，直观及时地反映工地内的作业情况、人员状况，提高人员安全保障的力度及效率，是人员安全监控管理的有力工具；管理人员根据安全帽发送报警信息位置及时疏散附近施工人员，并采取应急措施（图6）。

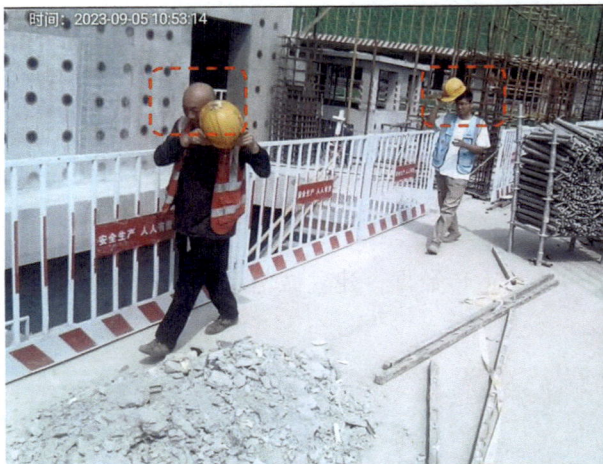

图 6　工人未规范佩戴安全帽管理

三、创新应用

1. 建立标准规范库

本项目通过智慧平台将项目各专业涉及规范标准录入进行分类并展示，并提供各专业规范标准查询功能，管理人员能通过平台查询严格执行施工规范，保证施工质量。

项目智慧平台标准规范库现存规范图集共625册，并建立了项目规范库以及使用规范的规范目录索引台账，项目标准规范库在智慧平台中已具备标准资料规范库录入、查询、展示、分类管理等功能（图7）。

中铁建设集团　有效

605	关于下发建设工程设计合同（集团公司内部使用版本）范本的通知		无	总部/法律合规部	其他	有效	2011-06-08
606	关于规范备案合同价款的通知		FGFXB-TZ-2010-013	总部/法律合规部	其他	有效	2010-11-22
607	承包合同签约和履行应该注意的风险问题		FGFXB-TZ-2010-011	总部/法律合规部	其他	有效	2010-10-21
608	关于整理并发布房产证办理流程的通知		FGFXB-TZ-2010-009	总部/法律合规部	其他	有效	2010-10-08
609	关于整理并发布房地产开发业务行政审批流程的通知		FGFXB-TZ-2010-008	总部/法律合规部	其他	有效	2010-09-15
610	分供合同签约应注意的问题		无	总部/法律合规部	其他	有效	2010-09-06
611	关于下发债权转让合同范本的通知		无	总部/法律合规部	其他	有效	2010-08-19
612	关于印发《中铁建设集团有限公司党委关于建设学习型党组织的实施方案》的通知	建党工[2010]26号	(无)	总部/党委工作部	其他	有效	2010-06-18
613	职工医疗费用解决暂行办法	建工〔2010〕6号	(无)	总部/工会工作部	制度	有效	2010-03-26
614	项目经理部企务公开实施细则	建工〔2009〕20号	(无)	总部/工会工作部	制度	有效	2009-11-02
615	"三八"红旗手评选表彰办法	建工〔2008〕25号	(无)	总部/工会工作部	制度	有效	2009-10-08
616	中铁建设集团有限公司工会动态收集职工心声信息办法	建工〔2008〕22号	(无)	总部/工会工作部	制度	有效	2009-09-09
617	关于对患重病职工急性、严重期医疗期间资助的暂行办法	建工〔2008〕21号	(无)	总部/工会工作部	制度	有效	2009-07-31
618	落实"三不让"承诺专项资金筹集和使用管理办法	建工〔2008〕12号	(无)	总部/工会工作部	制度	有效	2009-04-24
619	《关于调动人员工资发放有关问题的通知》		RLZYB-TZ-2009-4	总部/人力资源部	其他	有效	2009-02-23
620	推行企务公开制度实施办法	建工〔2008〕3号	(无)	总部/工会工作部	制度	有效	2009-01-16
621	《关于提前退休工种的有关说明》		RLZYB-2009-02	总部/人力资源部	其他	有效	2009-01-08
622	先进生产（工作）者评选表彰办法	建工〔2008〕23号	(无)	总部/工会工作部	制度	有效	2008-09-09
623	关于印发《集团公司法定代表人手签章使用管理办法》的通知	建董〔2008〕82号	(无)	总部/董事会办公室	制度	有效	2008-08-07
624	集团公司工会 集团公司关于学习借鉴"一法三卡"和"岗位安全检查表"工作法、加强事故预防和减少职业危害的落实办法	建工〔2007〕33号	(无)	总部/工会工作部	制度	有效	2007-09-19
625	关于下发《中铁建设集团有限公司职业技能鉴定实施办法》的通知	建人[2005]31号	(无)	总部/人力资源部	制度	有效	2005-04-06

< 1 2 3 4 5 6 7

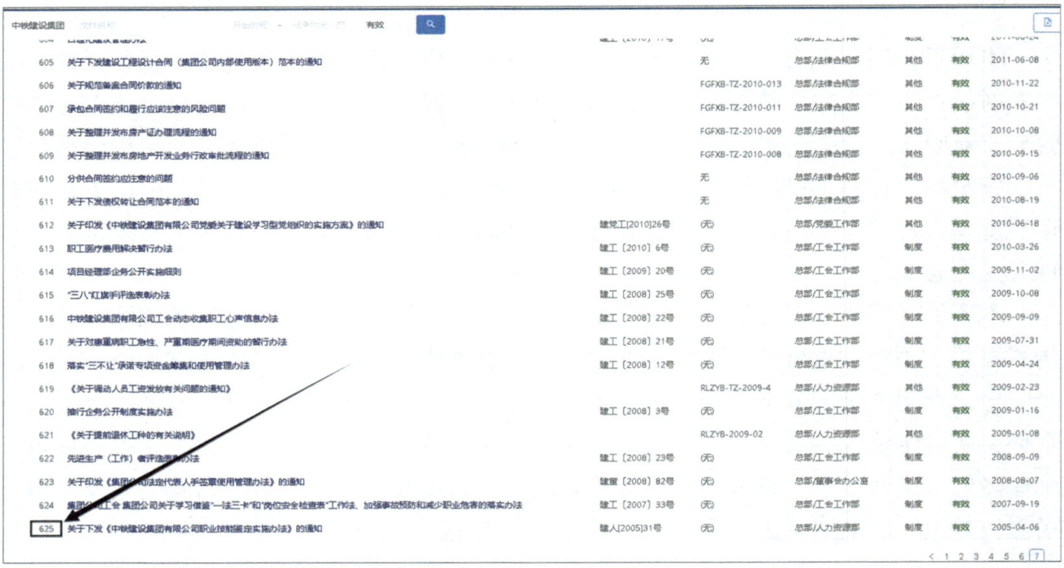

图 7　项目技术标准库

2. 建立技术文件管理系统（图8）

本项目通过利用智慧平台文件管理功能模块将技术文件及交底内容进行在线上传，平台再将文件转化为二维码形式在文件管理页面公示，管理技术人员以及施工人员可通过平台扫描二维码进行下载查阅。

图 8　技术文件管理系统

智能管理模块具备技术文件在线提交、台账管理功能、技术文件可在线查阅、在线审批等功能，技术文件也可在平台上进行公示，施工过程资料归档入库、上传公司网站共 76 份。

3. BIM 应用

本项目在智慧平台中能创建了 BIM 平面布置模拟、工序安排模拟等功能。

（1）管综深化设计。于动态仿真物理碰撞检查报告和管线综合排布方案，建立各专业施工阶段 BIM 数字信息化模型，由 BIM 机电深化组将模型整合，在遵循管综排布原则的基础之上，结合装修设计标高要求，完成机电管线综合深化设计，重点协调多专业协同穿插作业中、机房进户、地面管沟等管线密集、排布矛盾、专业冲突等问题，同时利用实时动态可视化功能进行三维与二维施工图、节点图进行指导施工（图9）。

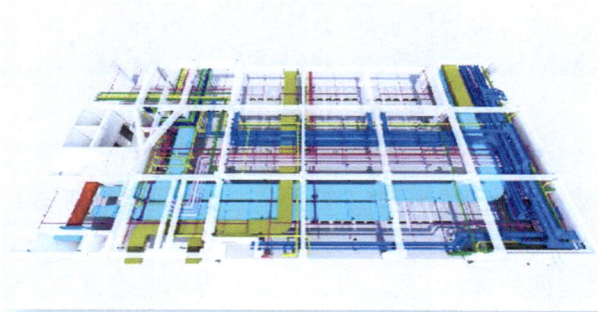

图 9　管综排布

（2）综合支吊架深化设计。在机电深化设计过程中，还将进行综合支吊架的深化优化，设计时，结合综合管线布置图，充分考虑支吊架的实体模型排布，特别在管线密集区域和空间狭小的区域，使有限的空间得到更加充分、合理地使用。待排布完成后，进行支吊架的荷载验算，确保所选支吊架满足管道荷载要求，保证支吊架施工方案的可靠性（图10）。

图 10 综合支架效果

（3）BIM 模板支撑体系计算。智能建模。选择模板支撑体系的类型并确定材料的规格与种类，依据承载情况智能生成相应的模架类型，并对模板支撑体系进行安全验算，使其满足强度、刚度及稳定性的校核，若未通过校核，系统将会自动提示预警信息，应及时作出调整及修改。

（4）BIM 脚手架建模。通过 BIM 技术，完成落地双排脚手架与悬挑双排脚手架模型创建及搭设施工方案要求，进行脚手架材料的精细化统计管理。对脚手架安全系统进行高度模拟保障，最大程度地降低施工风险，节约施工成本提高施工质量（图11）。

图 11 BIM 脚手架模型

（5）BIM 通过创建各个阶段模型制作成长视频。将各施工过程质量、安全、进度数据进行关联，实现施工过程数据与模型交互、展现，项目通过 REVIT 软件可以发现单专业本身及各专业之间的碰撞问题，并形成文档导出碰撞报告，使问题更清晰直观地显现出来。

350

本项目通过现场实测数据创建模型，各专业各类模型共计完成 45 套，其中碰撞检查功能，检查发现各专业之间的碰撞和不一致等问题，共发现了 252 个碰撞点，其中严重碰撞 13 个，并形成文档导出碰撞报告，使问题更清晰直观地显现出来（图 12）。

图 12　平面布置 BIM 模型展示

4. 建立电子图纸管理系统

本项目通过在智慧平台建立技术管理模块将各专业施工图纸进行汇总上传、存储、分发、权限分配、版本管理、图纸变更、图纸标注完成图纸优化管理，并生成二维码分发给施工人员，保证现场施工准确性与实时性（图 13）。

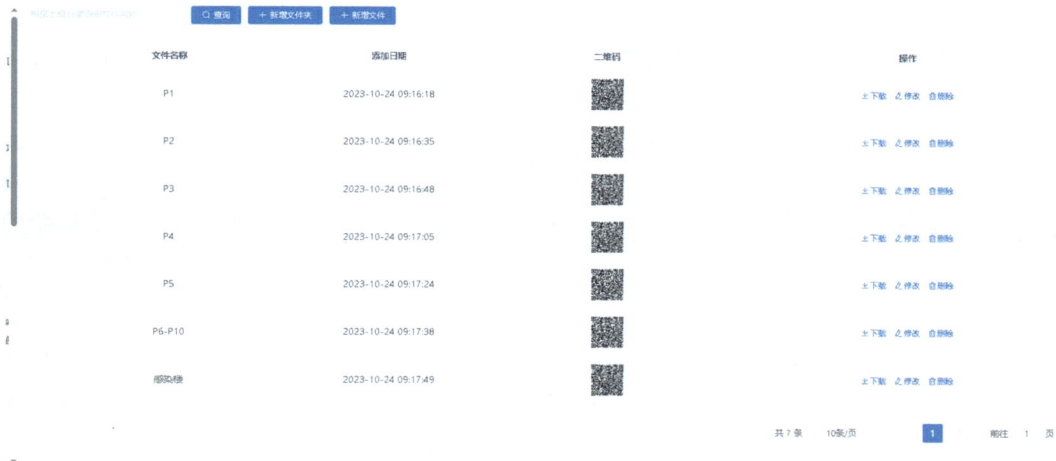

图 13　智慧平台电子图纸管理

5. 技术文件审核、审批管理系统

本项目通过施工技术文件管理信息系统将编制技术文件进行分类上传公司审核、审批，文件通过后公示在进行下发，并能够存储技术文件及历史审批记录，通过平台完成技术文件的"一站式"流程，优化了管理人员对文件审批的时间。

四、推广价值

1. 经济效益分析

在质量方面，通过 BIM 模型及与各专业施工图纸的比对，目前已解决土建专业相关问题 90 余项，机电专业相关问题 50 余项，提高了项目发现问题的速度和准确性，降低了后续施工因图纸原因导致质量问题和进度滞后的风险。

在安全管理方面，通过智能化安全管理，提高了塔吊等大型机械设备运行的安全性和稳定性，提高了现场安全管理发现问题、处理问题的时效性，提高了对各类安全隐患的可追溯性，极大地提高了安全管理水平。同时，在劳务管理、进度管理、材料管理、行政管理等方面，也极大提高了工作效率，共计节约 205.4 万元。

2. 社会效益分析

自项目开展智慧化管理以来，正积极展示中铁建设集团的智慧工地建设成果，并同步进行申报试点工程；在 2023 年 7 月，作为集团重点工地，成功承办了北京公司"'强基础，再提升'质量管理现场观摩学习活动"，向观摩的各工地项目经理、总工展示智慧工地成果。以上活动，展现了项目乃至集团公司在智慧工地建设上取得的阶段性成果，并充分体现了智慧化管理的社会效益。

3. 管理效益分析

企业管理层面：通过各种智慧管理手段的应用，依托同一个智能化管理平台，是企业各层级间实现了管理信息的同步传递，极大地提升了企业管理效率。

项目管理层面：通过各种智慧管理手段的应用，在安全、劳务、质量、进度、环保等业务领域均提升了管理效率，充分落实了上级主管部门关于"机械化换人、自动化减人"的管理要求，同时，通过一系列业内新技术的应用，验证了智慧建造对施工行业的有力支撑，为后续工程应用相关技术奠定了基础。

4. 启示

首都医科大学附属北京儿童医院保定医院项目通过在建设阶段 BIM 技术、物联技术的深度应用，为实现物联城市、虚拟城市的同生同长，探索未来建设工地的发展指明了方向，为实现智慧城市、数字城市的发展打了一针强心剂，间接提升了企业品牌知名度，推广应用价值极高。同时，本项目在工人智能设备教育应用中还没有 100% 覆盖，后期，我们将大力推广教学，争取早日实现全智能化工地理念。

东莞市智慧住房信息管理平台

胡志斌　　袁锐伦　　林泽涛

东莞市住房和城乡建设局　广东南方数码科技股份有限公司

一、建设背景

随着我国进入"十四五"时期，信息化、数字化和智能化成为各行各业转型发展的重要驱动力。在房地产领域，这些变革也显得尤为迫切。东莞，作为广东省乃至全国的经济强市，其房地产市场活跃，但同时也面临着诸多挑战，如信息不对称、市场不规范、服务效率不高等问题，政府原有的监管手段在快速发展的市场面前显得捉襟见肘。因此，为密切掌握房地产市场运行情况，加强对房地产市场的宏观调控，引导市场健康有序发展，建立具有完善功能的房地产市场信息系统被逐步提上日程。同时，伴随着大数据时代的来临，如何实现海量房地产数据的可视化和智能化采集、存储、管理，以此挖掘房地产数据信息价值，为实现房屋全生命周期的精细化管理提供技术支持和研究尝试，成为一个迫切需要解决的问题。

在这样的背景下，东莞市智慧住房信息管理平台应运而生，旨在通过信息技术手段，整合房地产市场的各方资源，提供一个公开、透明、高效的服务环境。平台的建设不仅响应了"十四五"规划中关于加强信息化建设的号召，也是东莞市房地产市场健康发展的内在需求，有助于提升东莞市房地产市场的信息化水平，促进市场规范化运行，提高政府服务效率，进而推动东莞市房地产市场的健康稳定发展。

二、建设内容

平台的建设立足于东莞市住建局对住房管理的职能与需求，按照大数据、大平台、全业务域、全流程覆盖的目标，充分利用云计算、大数据、人工智能、物联网等先进技术，对房屋"从规划建设到拆迁灭失"的全过程进行监管。涵盖从测绘成果生产到成果监管，从项目预售管理到房屋销售，从合同签订到资金监管，从物业智能管理到维修资金精细管理，从房屋安全鉴定到房屋安全整治排查，一直到房屋灭失全过程。实现了住房全业务链条的贯通，实现了房屋全生命周期数据的有效融合、业务办理、数据共享及行业智能管控。基于全生命周期的管理模式，可提升东莞市住建管理部门在决策规划、监督管理、公共服务、业务管理等方面的综合能力，为东莞市房地产市场调控提供科学、权威的决策支持参考。

同时，本平台也是"数字政府"的重要组成部分，需要融入到政府的一体化政务服务体系中。通过向上打通部、省数据汇交，向下汇聚镇、街数据集中管理，打造集规划建设、确权登记、运行维护、改造更新等数据为一体的项目全生命周期管理体系，实现"一张底图"筑基础、"一个大脑"助监管、"两大门户"优服务、"N套应用"增效率的信息化目标，建立"1+1+2+N"的平台体系。

1. "一张底图"筑基础：构建全生命周期管理体系

"一张底图"即全生命周期的住房管理大数据中心。在"数字政府"框架的支撑下，利用东莞市CIM平台服务以及BIM数据，构建"住房管理一张图"，并且通过数据治理整合房屋全生命周期过程中从工程项目审批、报建、工地监管、施工、竣工再到房屋的交易、登记、使用、维护、灭失等内部数据以及公安、民政、社保、公积金等共享数据和互联网数据，形成综合性的二、三维立体一张图数据资源中心，为业务办理、数据共享、市场监管、决策预警提供有效的数据支撑。同时基于数据中心实现业务数据化、数据资产化、资产服务化，以支撑后面"一个大脑"的服务业务化，通过循环形成标准、带动信息化升级改造、助力标准化深度应用，如图1、图2、图3所示。

图1　项目全生命周期管理

2. "一个大脑"助监管：大屏、中屏、小屏协同，建立决策监管与调度体系

"一个大脑"即数字住建数据大脑。住建数据大脑以建设新型智慧住建为抓手，以数据汇聚和共享为途径，打通住建局建设、住房、城市管理等业务数据，推动数据融合与业务融合。数据大脑的建立可对住建行业进行全面、实时、精准的监管，以助力城市建设、管理、服务等策略精细化、智能化、可持续，为住建事业高质量发展和行业监管提供强有力的智库支撑。

监测大脑分别在大屏、中屏、小屏三类监测设备上实现不同维度的监测功能。

图 2　楼栋全生命周期管理

图 3　房屋全生命周期管理

（1）大屏指东莞市住建监测调度大屏，建立东莞市统一的调度监测中心，助力局领导进行决策。

（2）中屏指 PC 端应用系统，包括各应用系统中实现的地图专题统计、监测分析驾驶舱、统计报表以及 AI 智能大脑赋能业务办理。

（3）小屏指手机端"莞 e 住建"小程序，让决策者提供便捷的移动监管，随时随地动态掌握各类信息。

1）大屏：监测调度大屏

以"监测分析、应急指挥、调度中心"为准绳，建设东莞市住建监测调度大屏，贯穿东莞市住建全业务链条，打通住建局建工、住房、城市信息等多部门的数据，整合多方数据，化局部数据为整体结构化数据，将原来的多头分散信息汇集到统一全生命周期中展示，达到"进一门看全景"的效果。通过监测调度大屏能够一目了然地掌握整个楼盘从工程建设到后期楼盘使用的各阶段管理信息，极大地缩短获取信息的时间，并直观快速地掌握全局信息，提供高效调度和全方位的综合决策监管，大大提升管理效率。如图4和图5所示。

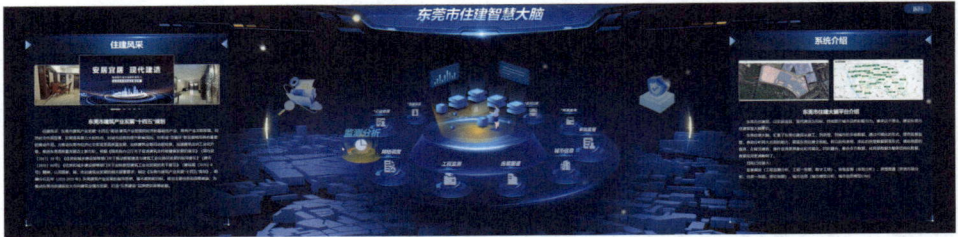

图4　监测调度大屏

图5　房地产市场监测大脑

2）中屏：PC端监测系统

结合电脑端各业务应用系统，以智能化、可视化的方式深入挖掘分析业务审批、房地产市场监管、数据共享情况等数据监测指标，形成各类丰富多样的图表、监测报告。包括地图专题统计、监测分析驾驶舱、统计报表等，助力住建管理部分日常的监管。如图6、图7、图8所示。

图6　地图专题统计

图 7 综合统计

图 8 报表统计

3）小屏：莞 e 住建小程序

通过与业务系统对接，实时获取最新的业务审批数据、工程建设数据、房地产市场交易数据，提供数据供住建管理部门随时随地进行综合监管，有助于及时发现异常情况并进行处理。如图 9 所示。

3. "两大门户"优服务：提升公众服务能力

建设房地产信息公示网站和"莞 e 住建"小程序，同时融入广东省/东莞市政务服务一体化平台，构建住房领域的公众服务平台，按照"一件事一次办""指尖办""零跑腿"等要求，为公众（开发商、老百姓、建设单位等）提供线上各类型便捷、高效、优质的服务。

其中，"莞 e 住建"小程序是东莞市住建局全新打造的住建领域专业性综合性移动应用，集业务办理、信息公示、房源查询、审查监督、统计分析、掌上任务于一体。为市民提供住建类业务办理（带押过户、房源挂牌、认购登记等），信息公示，房源查询

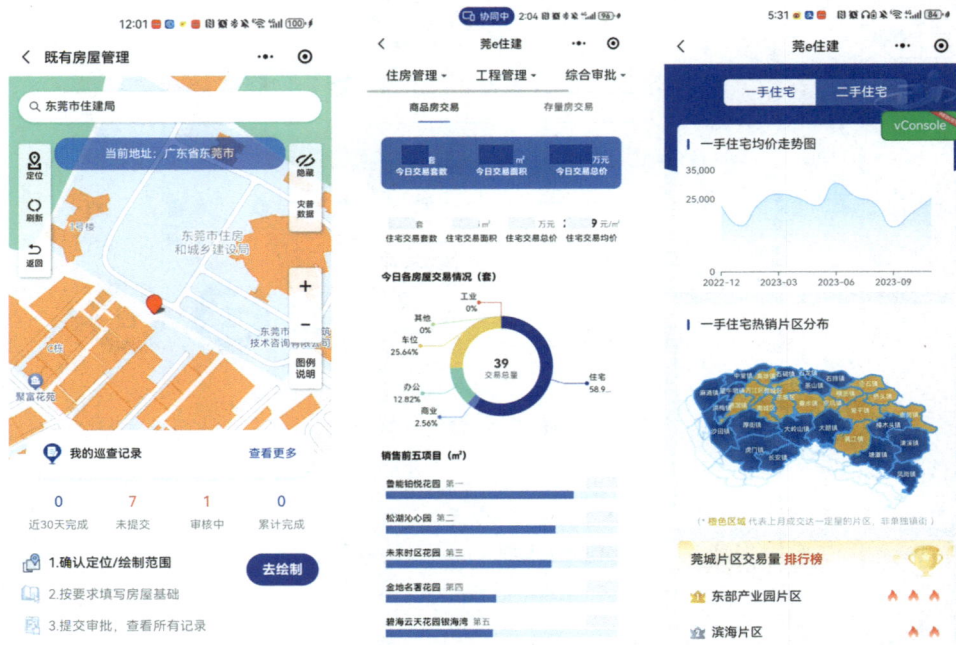

图 9　移动监管

（商品房、存量房、房价地图）的便民掌上服务，同时为管理部门提供集审查监督、统计分析、掌上任务于一体的移动办公应用。它为市民和管理部门都提供了便捷的服务，极大地推动了东莞市住建局工作的数字化和智能化进程。如图 10 所示。

图 10　"莞 e 住建"小程序

358

4. "N套应用"增效率：助力住房管理工作提质增效

以CIM一张图为基础，建设测绘成果管理、楼盘表管理、项目管理、预售许可管理、新建（存量）商品房网上备案、资金监管、物业管理、房屋安全管理等N套管理信息系统，并衔接房地产开发项目的工程管理阶段，建立房地产项目全生命周期管理模式，进一步提高了房地产管理的效率和精度，为东莞市的房地产市场健康发展提供了有力支撑。

三、创新应用

1. 实现项目、楼栋、房屋全生命周期多级管理

基于CIM一张图和智慧楼盘表对零散存放的1 000多万条房屋相关数据，在统一标准、统一规划的前提下，进行关联整合，盘活数据。从项目、楼栋、房屋3个维度对商品房、非商品房、保障房自项目立项、土地出让或划拨、设计阶段、施工阶段、竣工验收阶段、使用阶段、灭失阶段各类证书信息、业务办理记录及详细信息的全生命周期管理，实现项目、楼栋、房屋数据与业务数据关联和动态更新。

2. 电子证照助力实现"无纸化"办公

要求房地产开发企业对房地产开发项目进行立项备案，串联工程建设和房屋销售全过程。同时打通广东省电子证照系统，获取项目涉及的主要电子证照数据，包括土地出让合同信息、项目投资备案证信息、建设用地规划许可证信息、不动产权证/土地证信息、工程规划许可证信息。除此之外，在办理房屋交易及资金监管业务阶段，系统自动生成商品房合同备案证明、电子资金拨付单等电子证照，进一步实现数据共享利用和"无纸化"办理。

3. 多手段助力房地产市场调控，保障房地产市场的健康发展

为适配东莞市房地产市场调控政策，建设"莞e认购"小程序，创新购房意向登记制度，保障购房者权利，打通住房管理系统与不动产、社保、公积金之间的数据共享，实现新建商品住房项目的线上认购登记。将积分核算、摇号入围名单等进行全面监管，规范网签备案业务流程和新房销售行为，切实维护购房人的知情权和选择权，保障购房意向登记公开、公平、有序开展，实现了对房地产交易市场的有序监控。同时，为了调控房地产市场管理需要，利用信息化手段可根据限购政策对待售的房屋进行快速响应，对房屋的可售状态、首付款比例、销售价格进行调控管理。

4. 新技术助力房屋交易"不见面"网签

基于移动端，利用人脸识别、电子签名等新技术，实现商品房、存量房"不见面"网签，进一步优化东莞市房屋交易网签业务事项，为市民买卖房屋提供了更加方便、快捷、安全的房屋交易方式，提高了交易效率。"不见面"网签是东莞市住建局数字化转型和信息化建设的重要成果之一，可以为东莞市住建局提供更加高效、便捷的服务和管

理方式。

5. 政银企联动，多层次保障房屋交易安全

实施严格的资金监管机制，对接东莞市超过20家具备资金监管资质的商业银行开设监管专户，购房款全额监管到户，实现"一户一账号"，确保每一笔购房款监管到位，保障购房者的权益，并按照有关管理办法，结合实际业务的监管额度、工程进度等情况设立预售资金请款规则，确保资金合理支取，确保开发商将预售资金用于项目建设等合法用途，从而有效防止烂尾楼的出现并促进房地产市场的健康发展。除此之外，目前还对接2家支付机构，实现交易流水数据实时监控。

6. AI赋能提升政务服务效能

利用AI智能等先进技术以及结合电子证照、数据共享等数据资源服务，实现了数据自动录入、自动审查，减少了工作人员重复录入和人为审批的工作，实现了住房管理事项申报、审批、签章及办结的"不见面"全程网办，全面提升了房地产行业的管理与服务水平，进一步提高了东莞市住房管理数字化程度及环评审批事项流转速度。

7. 移动办公推动数字化转型

通过与业务系统对接，实时获取最新业务审批数据、工程建设数据、房地产市场交易数据，提供数据供管理部门随时随地进行综合监管，有助于及时发现异常情况并进行处理。移动办公也是东莞市住建局数字化转型和信息化建设的重要成果之一，能够随时随地进行工作，不再受制于时间和地点的限制，可以更好地协同工作，提高工作效率。

四、推广价值

1. 优化营商环境、便利企业办事，提高群众幸福感

按照省/市"互联网+"政务服务改革部署，推动住房管理业务事项一网通办，推进企业和群众办事"最多跑一次"政务服务改革，减轻企业和群众的办事负担，简化办事流程，避免重复提交。让企业和群众少跑腿、好办事、不添堵，提高了社会满意度，加快推进了数字政府建设，优化了政务服务和营商环境。

2. 充分利用人工智能、移动办公，提升政务服务效能

平台充分利用AI智能等技术，对各类业务办理过程中的材料检查、内容比对、智能语义分析等实现自动审批、自动录入、自动校验、自动归档统计等智能功能，辅助业务办理，可减少工作人员重复录入工作，提升政务工作人员的办事效率，同时打造移动办公新模式，通过信息化赋能的手段为提升政务服务效能和科学精准监管水平提供有力支撑。

3. 理顺数据脉络，全面监管房地产开发项目的全生命周期

房地产开发项目数据类型多样、涉及部门广，存放零散，管理部门难以全面掌握房地产开发项目的实际情况。平台打破传统的分散管理模式，通过数据汇聚、整合、治

理，以"住房管理一张图"的各种可视化对象为载体，基于时间轴，将项目、楼栋、房屋从自立项备案、设计规划、施工监管、竣工备案，以及房屋自预售监管、网签备案、交易登记、使用维护到征收拆迁的全生命周期业务数据与"一张图"进行自动关联。通过理顺数据脉络，实现数据全生命周期管理，"串珠成链"，以方便住建管理人员对项目进展、楼栋状况、房屋销售情况、使用情况进行实时监控和预警。可及时发现和解决问题，加强监管力度，确保在建项目的顺利进行和房屋的安全使用。这对于当前房地产市场的监管和调控，具备大面积推广价值和意义。

首发集团不动产智慧监管平台建设及应用

吴晨曦　王　凯　刘鹏飞

北京市勘察设计研究院有限公司

一、建设背景

随着城市建设的不断发展和城际路网交通的不断完善，首发集团作为首都高速公路建设、运营主体，其不动产（土地、房屋、路产等资产）规模逐渐增大。因此，传统的管理手段已经不能满足日益增长的快速高效管理需要，需从信息化、数字化角度进行管理模式的转型和升级，从而进一步提高不动产管理效率和领导决策水平。

《首发集团"十四五"期间房屋类资产管理和经营利用实施方案》中提出了打造综合智慧管理体系，建设信息化管理平台的相关要求。方案指出要建立信息化管理平台架构，开发智能化的管理应用平台，推进首发不动产的地理信息化。

首发集团不动产智慧监管平台结合首发集团"百年首发"战略和"十四五"时期发展规划，紧紧围绕房地资产，道路资产两个业务板块，综合运用大数据、云计算、物联网、移动互联多种技术手段开展首发集团不动产智慧监管平台的研究与应用，旨在实现不动产业务流程化、信息化、实时化、动态化管理，推进资源共享、协同办公、服务共享等应用创新，打造"互联网+不动产管理"的智慧服务。

二、建设内容

首发集团不动产智慧监管平台以打造国内智能化公路资产管理服务领域的引领者为目标，紧紧围绕房地资产，道路资产两个业务板块，以"一体系、一平台、两应用"的总体架构统筹协调首都高速公路路网资源，全方位发挥规范化管理、市场化运营、智能化应用优势，实现经营效益与社会效益显著提升。

（1）建立首发集团不动产数据标准体系。基于首发集团房屋资产、道路资产管理需要，制定相应的空间数据标准及对应的业务属性标准。针对房屋资产，建立驻地范围、房屋平面、各建筑层平面空间数据模板，同时建立房屋资产管理业务数据库；针对道路资产，建立道路边界空间数据模板，结合智慧化界桩管理需要，建立界桩空间数据库标准和监控业务数据标准。

（2）搭建首发集团不动产统一监管平台。通过对房屋资产、道路资产两大业务的融合，实现不动产业务的集成监管，通过领导驾驶舱，为房屋资产、道路资产的管理提供监控窗口，为领导决策管理提供支撑。

（3）实现首发集团房地资产全景一张图应用。基于房产测绘数据、全景扫描数据，以地图可视化技术为支撑，实现房屋资产数据全要素展示、查询、统计与交互分析等功能，通过链接房屋全景图，提高用户查询浏览体验，为房屋资产的经营和物业管理提供有力的支撑。

（4）实现首发集团电子界桩智慧运维应用。基于道路资产管理的痛点，研制电子界桩硬件设备，集成三轴姿态传感器和实时姿态定位算法，结合云端监控平台，实现界桩软硬件一体化监控，为道路运维巡检人员提供可靠的数据支撑，为道路资产边界建立实时监控与报警机制，提升运维效率。

1. 总体架构

首发集团不动产智慧监管平台的搭建以"一体系、一平台、两应用"的总体架构实现不动产业务集中展示和统一监管服务。"一体系"指不动产数据标准体系，"一平台"指不动产统一监管平台，"两应用"指房地资产全景一张图应用和电子界桩智慧运维应用，如图 1 所示。

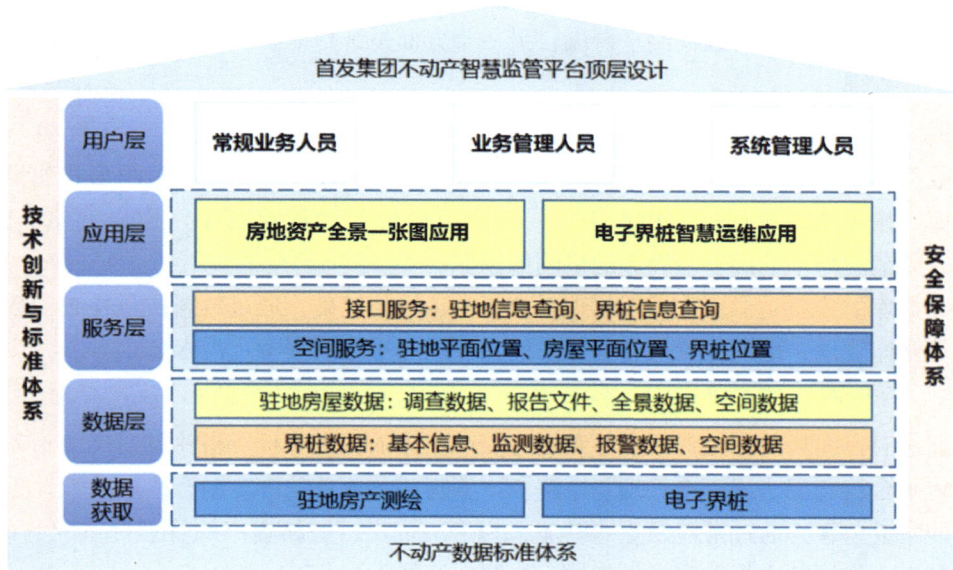

图 1　总体架构

2. 不动产数据标准体系

首发集团不动产智慧监管平台构建了不动产数据标准体系，主要包含驻地房产测绘数据采集标准、电子界桩数据采集协议、不动产数据库建设标准，对驻地空间数据、建筑空间数据、全景采集数据、电子界桩数据等采集数据进行约束，同时对平台的业务数据、空间数据以及系统数据进行规范化，如图 2 所示。

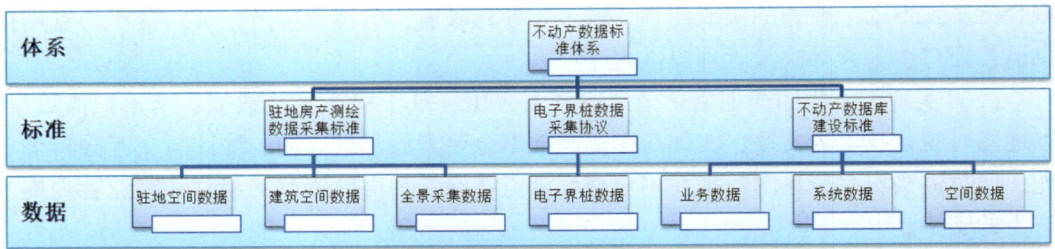

图 2 数据标准体系

1) 驻地房产测绘数据采集标准

驻地房产测绘数据采集作业依据如下：

《卫星定位城市测量技术标准》CJJ／T 73—2019；

《工程测量技术规程》DB11/T 339—2016；

《房屋面积测算技术规程》DB11/T 661—2009。

2) 电子界桩数据采集协议

电子界桩设备与平台端采用 TCP 的通信协议，两者之间的通信包括两个方面：一个方面是设备主动上传数据给平台端；另一个方面是平台端下发指令控制设备的工作状态和上传频率。

3) 不动产数据库建设

数据库是不动产智慧监管平台的核心，根据平台的需要，以多种组织形式建设管理数据库。按照"逻辑图层—物理图层—要素及属性"的层次框架，建立完整、标准、一致、规范、为不动产管理服务的空间数据库。

数据库的建立是保证数据库管理系统正常运转的基础，通过数据质量检查、数据更新、符号库管理、地图配置与管理等功能，以适应平台数据特定需求。

3. 不动产智慧监管平台

通过对首发集团房屋资产业务和道路资产业务的深入分析，搭建首发集团不动产智慧监管平台，实现房屋资产管理、道路资产管理两大业务的深度融合，有效推动不动产业务的集成监管，通过搭建领导驾驶舱，为房屋资产、道路资产的管理提供"一站式"监控窗口，为领导决策管理提供支撑，主要内容如下。

（1）搭建不动产业务管理的统一入口，通过集成两大业务应用，为用户提供"一站式"访问窗口，方便查看不动产业务的整体运行情况。

（2）搭建不动产数据共享服务，通过对房屋资产数据、道路资产数据的统一入库，建立基于数据的服务接口，方便业务之间数据的共享和调用，为满足其他业务的关联调取提供技术支撑。

（3）搭建集成化的监控服务，通过集成消息中间件、短信服务，实现房屋资产业务、道路资产业务的通知下发、公告提醒、短信提示等功能，提高用户管理效率。

（4）搭建不动产监管领导驾驶舱，通过两大业务看板内容，实现不动产业务领导驾驶舱，为用户提供房屋资产现状，道路资产现状的汇总数据。

（5）搭建不动产分项应用基础模板，通过统一认证、菜单管理、角色管理、组织架构管理、权限管理、系统配置等基础模块，为分项应用提供统一模板，方便业务的快速集成与融合。

4. 房地资产全景一张图应用

1）总体架构

房地资产全景一张图应用总体框架按照数据层、服务层、应用层，如图3所示，数据层主要提供基础的数据库支撑，包含驻地数据、房屋数据、全景数据等；服务层用于提供数据共享逻辑操作的接口；应用层提供用户交互操作的窗口，提供数据浏览查询的功能。

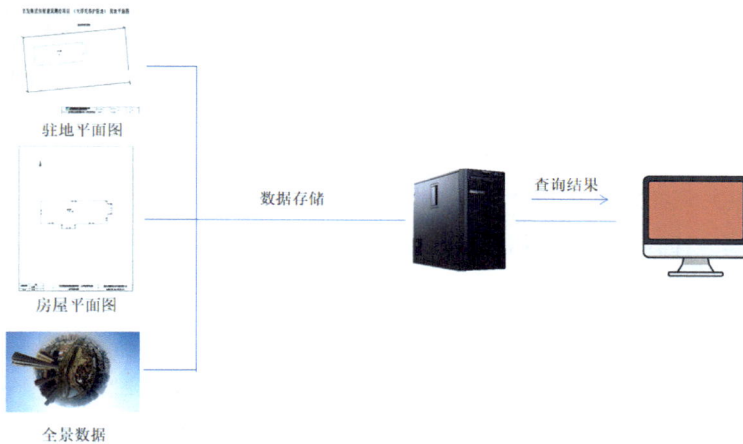

图3　房地资产全景一张图应用总体架构

2）功能设计

（1）驾驶舱。

驾驶舱通过地图展示了房地资产的分布区域，简述了项目的概况，通过照片和视频展示了房地资产，并通过行政区、道路、使用单位、分公司等信息对房地资产进行分类统计，如图4所示。

（2）信息查询。

通过地图展示房屋资产信息，通过量测、查询获取位置信息，也可通过所属分公司和驻地名称查询相关资产信息并下载资源文件，并进行定位显示。

（3）驻地房产文件管理功能。

应用实现了驻地房产文件的统一管理，通过地图交互操作，可实现驻地房产文件的查询和下载操作，方便用户快速获取更加详细的房产相关资料。

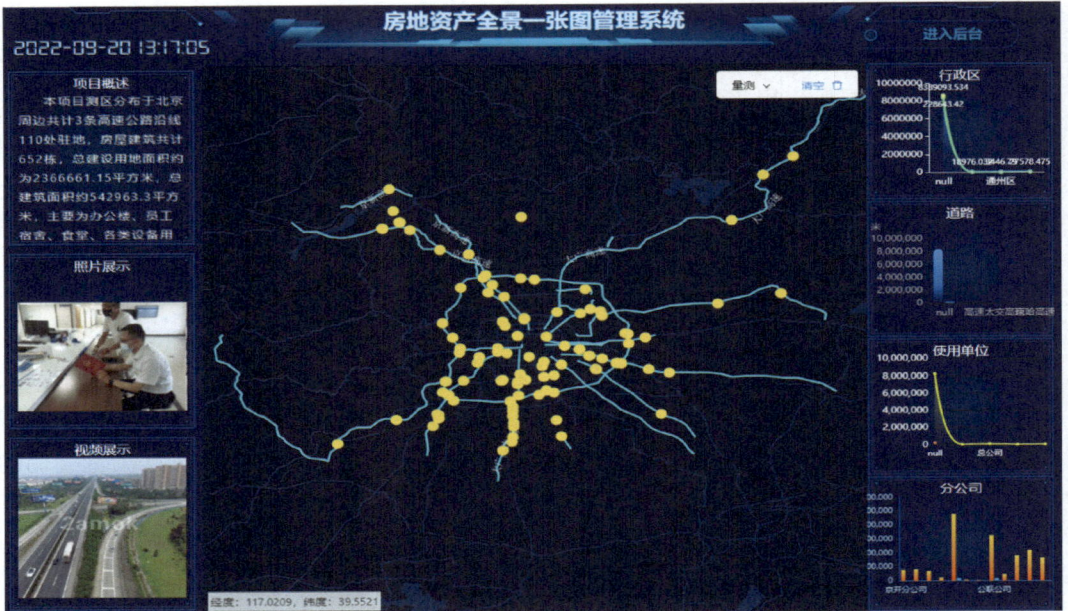

图 4　驾驶舱

（4）房屋全景图功能。

应用将全景扫描成果与驻地进行无缝衔接，通过地图交互，可按照不同的驻地房产及所属楼栋，浏览房屋全景，切实体验房屋真实场景效果，为业主其他业务如房产经营和房屋出租等提供丰富的参考资料，如图 5 所示。

图 5　全景图

5. 电子界桩智慧运维应用

1）电子界桩

电子界桩智慧运维应用采用电子界桩设备实现了智能预警。当界桩在现场安装标定之后，可开启全天候 24 小时的监测，可实现震动、角度倾斜等周边环境变化因素。同时，界桩可接收定位信息，获取实时位置。设备采用"太阳能板＋蓄电池"的供能方式，保证界桩设备的长久工作，超长待机。

366

2) 应用建设

(1) 总体架构。

结合界桩硬件的特点，电子界桩智慧运维应用通过布设于现场的界桩设备返回数据，基于服务层进行数据分发，通过应用层提供用户交互操作的窗口，主要包含驾驶舱、设备管理、地图查询、告警管理、参数配置、实时监控、设备调试、调试总览等模块，如图6所示。

图6　电子界桩智慧运维应用总体架构

(2) 功能设计。

a. 驾驶舱。

驾驶舱通过地图展示了界桩的分布区域以及完成情况，通过接入无人机实时监控展示了该项目现场情况，并通过各种条件对整个界桩数据进行分类统计。

b. 设备管理。

统筹管理接入的界桩，可一键激活界桩，可设置界桩的工作模式，可编辑界桩的基本信息，赋予设备位置信息，使其在空间上的地理位置信息得到挂接，赋予其现实的监管意义。

c. 地图查询。

可在地图上查看高速路、界桩点、故障点。提供量测、查询等功能，对界桩的图形和属性信息进行查询。

d. 告警管理。

告警管理提供所有界桩的告警信息，如图7所示。通过告警详情可以查看告警详细情况，并对报警信息作出相应的处理。

e. 参数配置。

通过参数配置可设置设备报警的阈值，如图8所示，使得用户可根据需求自主设置设备的相关信息。

图7　告警管理

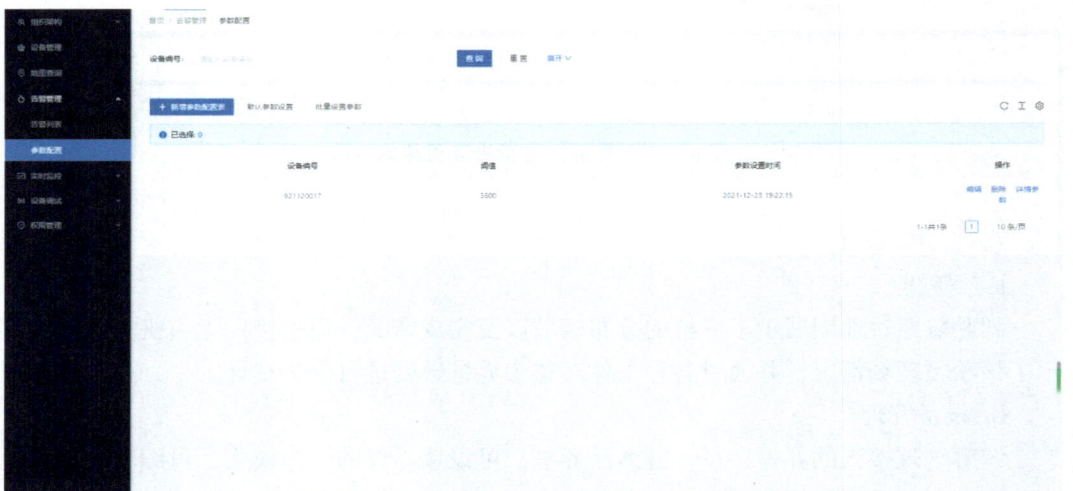

图8　参数配置

　　f. 实时监控。

　　通过实时监控可查看界桩的实时数据，数据溯源时间长，设备回传数据一目了然，如图9所示。

　　g. 设备调试。

　　通过设备调试可以统一管理所有未激活的界桩，实现电子界桩上线前的配合调试。设备调试可选择界桩设备，对相关上传参数和报警阈值进行修改。

368

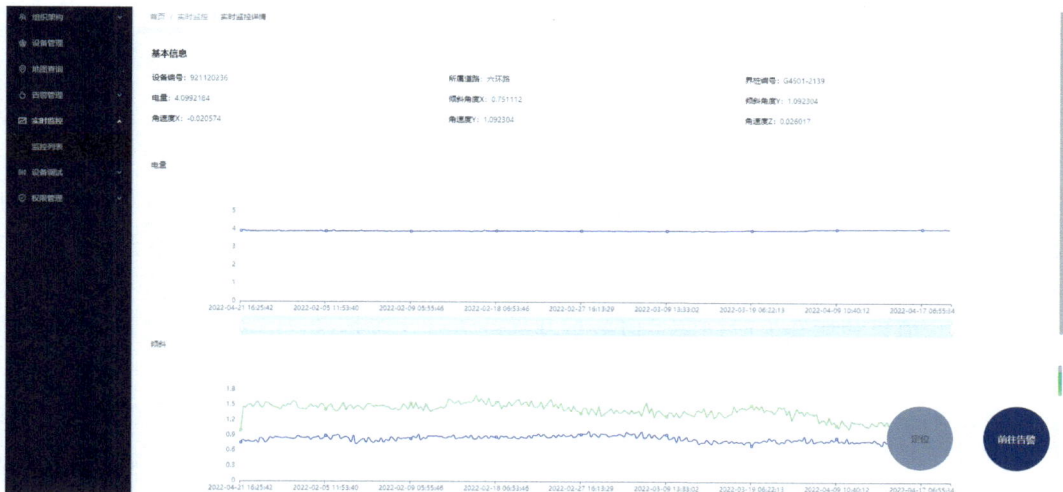

图 9 实时数据

三、创新应用

1. 房屋资产全景展示

平台接入全景技术，通过基于全景图像的真实场景虚拟现实技术实现房屋资产全方位互动式观看真实场景的还原展示。

2. 数据可视化设计

平台对大批量调查数据进行整理入库，包含地理信息数据、房屋资产属性数据、房屋资产相关多媒体数据等。数据格式多样，需进行有效的格式转换，按统一的标准要求进行调查成果整合、入库，便于基于地图的数据组织，为解决大量房屋资产数据难管理的问题奠定基础。

3. 电子界桩实现道路资产高效监管

通过电子界桩，实现无人化的智能监管，不仅效率高，而且能够全天候一直工作，大大减少了人力成本，也使道路资产的监管更加高效和便捷，以智慧化促进道路资产的科学管控。

4. 地图交互设计

基于自研 GIS 地图引擎，搭建地理信息云服务平台，创建和发布地图交互场景，通过对服务的管理和发布，实现房屋资产数据的创建、编辑、导航、查询，提供数据展示和网络发布等功能，方便在集团内部实现房屋资产信息共享。

四、推广价值

通过全景扫描技术、物联网技术、数据可视化设计、地图交互设计、领导驾驶舱设计、流程引擎技术等技术，基于首发集团不动产智慧监管平台，实现对首发集团资产的精细化、数字化、智能化管理，为将来资产经营决策、实现资产保值增值提供数据支撑。为首发不动产的管理提供清晰明了的数据支撑，解决数据多头采集、重复录入、真实性核实、项目数据缺失的问题，以数据共享的方式实现不动产管理效率的提升，切实助力首发集团高质量发展。

首发集团不动产智慧监管平台结合首发集团"百年首发"战略和"十四五"时期发展规划，紧紧围绕房地资产、道路资产两个业务板块，统筹协调首都高速公路路网资源，全方位发挥规范化管理、市场化运营、智能化应用优势，对推动首都经济和社会发展发挥重要作用。

南宁市公租房全生命周期智慧管理平台

覃寿芳　韦　选　龙慧萍　马宝林

南宁市住房保障发展中心　南宁富航资产管理有限责任公司
南宁市勘测设计院集团有限公司

一、建设背景

2019 年，住房和城乡建设部、国家发展改革委、财政部、自然资源部共同印发《关于进一步规范发展公租房的意见》（建保〔2019〕55 号），要求进一步规范发展公租房，努力实现本地区低保、低收入住房困难家庭应保尽保，城镇中等偏下收入住房困难家庭在合理的轮候期内得到保障，促进解决新就业无房职工和在城镇稳定就业外来务工人员等新市民的住房困难，不断增强困难群众对住房保障的获得感、幸福感和安全感。当前，全国各地对公租房智慧化管理方面的研究还比较欠缺，公租房资格审核效率低、分配效率低、房源状态实时管理、保障家庭状况动态监管等仍是公租房管理面临的难题。同时，公租房配房成功后，合同签订及运营管理也处于信息化欠缺，监管不力，出现转租获利、闲置房屋违法出租、房租拖欠、催缴、群租等状况。随着公租房业务规模持续扩大，需要耗费大量的人力、物力和财力，管理成本不断上升，风险防控难度加大。

二、建设目的

鉴于南宁市公租房的管理模式分政府端管理租前资格申请、选房分配，企业负责租后运营管理，南宁市通过利用区块链技术、AI 智能技术打造了"政府、企业、市民"三位一体的公租房全生命周期智慧管理平台，实现公租房各业务数据上链存证，通过数据共享基于 AI 完成智能化审核，涉及资格管理、选房分配、签约合同、补贴申请、在线缴租、查违收房、预警管理、退租等业务，全流程无纸化办理，使得业务办理更加便捷、审核更加高效、保障更加精准，全程 24 小时在线办理，让"数据多跑路，群众少跑腿"，不断增强困难群众对住房保障的获得感、幸福感和安全感。

三、建设内容

针对公租房管理中存在的保障不够精准、审核不够高效、分配效率低下、运营监管滞后等难点、堵点，南宁市对公租房管理流程进行优化改造，创新从房源、人员两个因素统筹管理的新思路，建设南宁市公租房全生命周期智慧管理平台，利用各部门共享数据以及住房保障各子系统之间的互联互通，使用"互联网+"、大数据、人工智能等技术对数据进行清理、清洗、规范整合利用，提高资源利用率，实现公租房从准入、分配、退出、运营等业务的全生命周期智慧化管理，显著提高业务办理效率以及公租房智慧化管理水平。

1. 南宁市公租房全生命周期智慧管理平台

南宁市公租房全生命周期智慧管理平台实现了公租房全生命周期管理（图1），涉及房源管理、资格审批、选房分配、退出保障、货币补贴申请、统计分析、合同签订、租金缴纳、查违举报、报修投诉、预警管理等。具体功能如下。

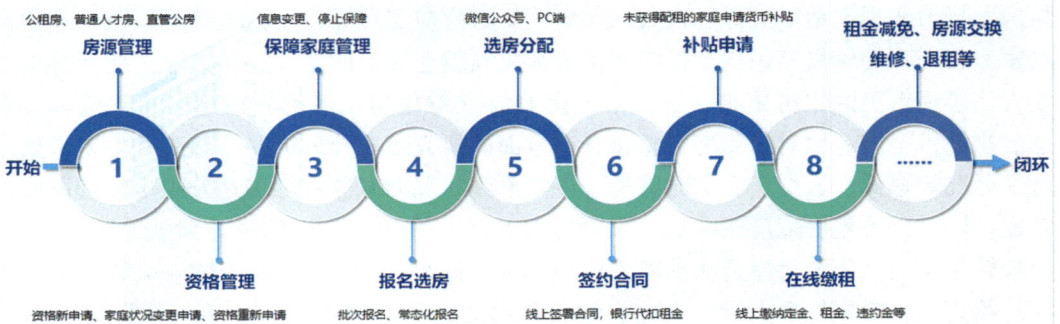

图1 公租房全生命周期管理

（1）房源管理。支持单个录入、批量导入楼盘和房源信息，实现房源导入即可纳入分配，实时掌握房源信息和房屋的分配状态，为制定选房分配策略提供数据支撑。

（2）资格申请审核。市民通过微信公众号等网络平台可以线上提交公租房保障资格申请，街道办、城区民政、城区住房保障部门、市住房保障部门等通过系统进行审核；通过系统数据共享通道核查申请家庭的房产、社保、户籍、居住证、婚姻、车辆情况，让"数据多跑路，群众少跑腿"，同时设置智能化审核以提高业务审核效率。

（3）选房分配。市民通过微信公众号等网络平台按批次进行报名选房，业务部门通过系统审核后形成选房入围名单，入围家庭在规定时间内可线上完成选房，系统每天自动检测可分配房源，生成选房入围名单，并短信通知符合条件的家庭在次日完成选房，实现即时分配（图2）。

（4）在线签约。租户在移动端线上签约（人脸+签名），再搭载电子签章功能，生成电子合同，保障电子合同的真实姓、完整性和合法性，并为承租人提供电子合同的下载服

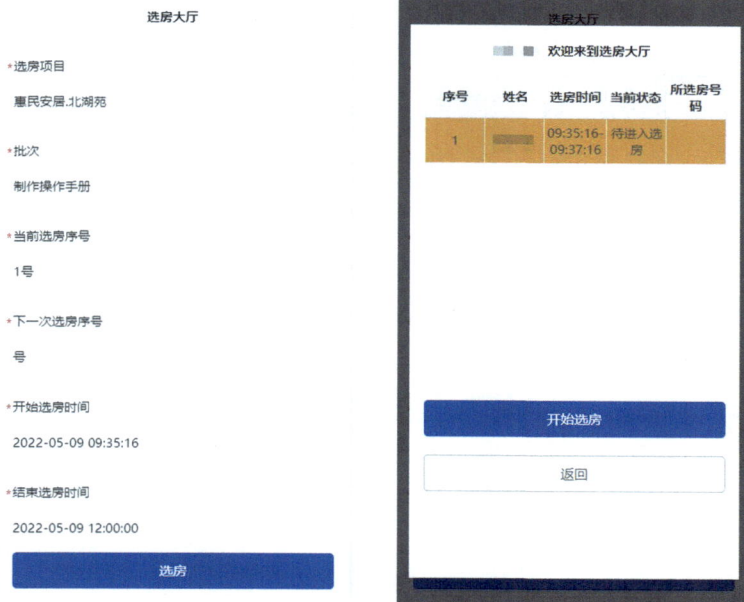

图 2　线上选房

务，满足对合同的使用需求（图 3），全程"零跑腿"不见面办理，由原来现场办理 3 小时缩短至最快 5 分钟领钥匙入住，实现电子合同、账单、保证金等电子票据无纸化管理。

图 3　合同管理

（5）缴费管理。为满足缴费便利、快捷管理，提供多种线上、线下支付手段，如微信、支付宝、银联、转账、现金、银行代扣等，满足不同场景、不同环境的支付需求，实现线上办理业务→线上选房→线上签约→线上缴费，真正做到让群众"零跑腿"。在费用管理上实现费用收取、结算、清退和财务报表等全过程、全方位闭环管理，减轻工作人员对费用管理的工作量（图4）。

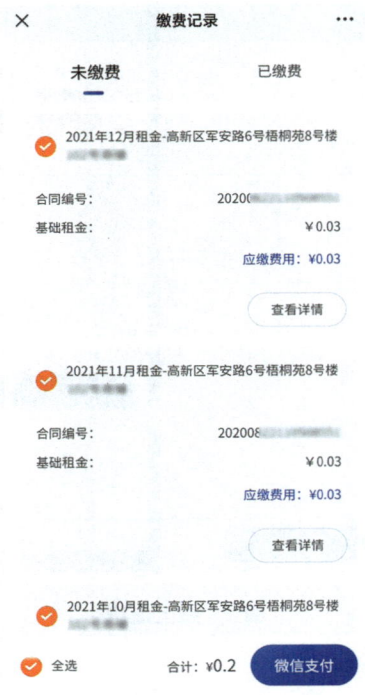

图4　在线缴租

（6）预警管理及查违举报。通过预设警戒值，提前预警资格证到期、合同到期、租金欠费等信息，采用科学化、人性化的管理方式，在不影响其居住的情况下提早通知租户线上办理业务，并确保居住人群合规合控（图5）。采用安装先进的门禁设备，摄像头识别技术（图6），以及群众举报等方式，监控人员出入、租住的异常情况，同时确保安全管理工作，并对异常情况进行上门核实，及时腾退违规租户房屋，做到事中监控监管转租转借。

图5　预警管理

姓名: 王⬛⬛
证件号: 4527⬛⬛⬛⬛⬛260017
资格证号: GZF⬛⬛⬛2799
坐落: 青秀区盘古路5号惠民安居仙菁苑11号楼⬛⬛号房
门禁点: 11栋1单元1楼
时间: 2023-10-11 14:04:27
性别: 男
年龄: 40

图6　AI人脸识别

（7）房屋报修、投诉管理。提供线上、线下报修、投诉管理功能，可对房屋、水电等问题进行报修管理，也可对工作服务者进行评价或投诉，保障租户的居住环境、生活条件等，提高居民的满意度和幸福感，做到居住有质量。如图7展示的是租户线上综合服务模块。

图7　线上综合服务

（8）房屋资产管理。房态管理，从空置→出租→退租的全过程状态监管，配合日常房屋巡查巡检上报，确保空置房源尽快再分配、已出租房源勿重复分配、维修中房源禁止分配，实现房屋资源高效利用分配，减少、避免出现房源"空置"现象，造成资源浪费。如图8所示为房屋资产管理图表。

图 8　房屋资产管理

（9）数据分析。通过智慧大屏（图9），打通并接入5G智能人脸门禁、智能监控视频等设备。通过大数据智能分析，监控房屋使用异常，整治转租转借等违规行为，加强保障房管控力度；实现陌生人进出预警，提高公租房的安全管理。图表统计数据指标，可分析的出租率、空置率情况，居住人群信息情况，租金回收情况等，为科学合理管理提供决策依据。

图 9　智慧大屏

（10）在线退房、退资格。可实现在线申请退房、退资格，采用人脸认证退出，实现房源有序轮换闭环。

2. 公租房租住业务"一站式"办理服务

南宁市已依托平台为群众提供公租房租住业务"一站式"服务，租户通过手机即可掌上办理资格申请、选房源、签合同、交租金、报维修、退出保障等业务。主要内容如下。

（1）申请受理审核方面。线上申请、线上审核，同时打通与自然资源、公安、民政、人社等部门信息壁垒，实时共享不动产、户籍、婚姻、社保等审核关键数据，公租房申请实现身份证"一证办理"。结合业务审核条件，制定智能化审核规则，并依据规则对平台相关功能模块进行改造，由系统即时自动进行数据比对、判断，通过系统智能化辅助审核，极大地提高审核工作效率。

（2）选房分配方面。提供公租房"线上选房"，依托房源管理预警模块，精准掌握房源使用状态，实现公租房"月月有房分"，大幅度提高房源分配效率。同时，系统根据南宁市公租房分配制度制定规则，坚持实物配租与租赁补贴并举，实现应保尽保。

（3）运营管理服务方面。依托住房保障管理信息平台，为公租房运营管理企业提供公租房运营管理服务系统，设置"签约、租金缴纳、房屋报修、投诉管理"等线上服务功能，租户用手机微信即可实现签合同、入住、交租、报修、退房等租住业务"一站式"办理。并试点建设人脸识别单元门禁、智能入户门锁、远程监控等智能化系统，实现小区出入识别、访客预约、安全管理等多重功能。

（4）动态监管方面。平台通过对租户水电使用情况判断空置情况，配合人工定期巡查，准确掌握公租房保障家庭实际居住情况，做到"即违即查"，确保公租房公平善用，加快房源流转速度，真正落实并保障保障户权益。

四、创新应用

1. 利用人工智能等技术实现智能化审核与自动审批

根据既有的用户家庭关系、婚姻、工作、房产、车辆、社保等信息，结合用户上传的文件资料、图像等，利用 OCR 识别、大数据分析、人工智能等技术，实现公租房资格申请、分配、退出等业务的智能化审核和自动审批，解决人工审核工作量大、成本高、效率低等问题。

2. 动态核查保障资格实现公租房精准保障

通过对保障对象的房产、婚姻、户籍、车辆、居住证、社保、健康状况等信息进行大数据动态分析，系统自动对公租房保障家庭状况进行动态核查，及时清退不符合保障条件的家庭，实现精准保障。

3. 全线上业务办理，群众"零跑腿"

系统实时共享不动产登记、人社、公安、民政、交通、银行等部门的数据，实现业务 24 小时不打烊。通过电脑端或者移动端公租房资格智能化审核、在线报名选房、在线签约（人脸+签名）合同等，租户全程"零跑腿"不见面办理，由原来现场办理 3 小时缩短至最快 5 分钟领钥匙入住。实现电子合同、账单、保证金等电子票据无纸化管理，随时随地 24 小时缴租，同时支持银行代扣和他人代缴，智能操作适老化。

4. AI 人脸识别，实现智能预警管理

一是在业务审核环节设置审核时限预警，系统通过红、黄、绿 3 种颜色分别标注超期、即将超期、未超期 3 种业务，提醒工作人员及时审核，减少审核超期现象，提高审核效率。二是开发房源预警功能，综合判断分析房源、保障资格、承租合同等数据，实时掌握房源状态、维修进度、承租合同状态等情况，提高房源动态监管水平。三是系统接入 5G 智能人脸识别门禁、智能监控视频等设备。利用人工智能对人脸数据进行分析学习，加快识别人脸的速度；对于人脸关键数据进行存储，租户变换穿戴也不影响识别正确率。使用 AI 人脸识别技术结合系统租户身份信息进行对比核验，开展陌生人预警，通过大数据智能分析发现房屋使用异常，整治转租转借等违规行为，提高公租房的安全管理工作。

5. 动态核查违规违约情况，加强公租房监管

结合公租房日常使用情况（水电表、智能门禁等），查出不满足保障家庭资格条件及异常情况，系统自动推送信息及核查记录至保障资格处置环节，提高公租房违规违约行为查处效率，切实保障符合条件的保障家庭合法权益，及时查处违规违约行为。

6. 利用"区块链+电子凭证系统"保障公租房业务数据安全可信

公租房业务各主体可根据用户权限查询所需要的主体信息数据，而对数据库中的其他信息无法调用，既满足了各主体的信息需求，又保证了数据库信息安全。结合区块链技术和密码学隐私保护技术对用户隐私数据进行加密，通过配置区块链网络的存储机制，做到隐私数据和透明数据双链存储，减轻区块链存储压力。将访问控制结构应用在密文中，实现灵活的、一对多的、细粒度的访问控制。保护密钥分发和数据隐私安全，确保各主体隐私信息受保护。

五、推广价值

1. 公租房管理"南宁经验"

截至 2023 年 11 月底，全市累计开工建设公租房 9 万多套，建成 8 万多套，在建 5 000 多套，分配 8 万多套，累计保障近 25 万住房困难群众，实现从忧居到安居的转变。形成了户型小而多、租金低标准、功能有而全、保障多类型、管理智慧化、服务专业化、进退有序化的公租房建设管理模式。2021 年，公租房建设管理模式获李克强总理肯定性批示，要求在全国予以总结推广，被誉为公租房管理"南宁经验"。

2. 公租房标准化管理

为了规范公租房管理及运营工作，提高公租房的使用效率，实现公租房可持续运

营，平台从技术上重点保障完成符合公租房管理的一套流程标准，建设的平台贯通整个公租房业务流程，全套标准化流程，有利于推广应用，提高平台可复制性及可持续性。

3. 平台建设具有良好的经济效益

平台有效推动公租房事业的全面协调发展，为政府及监管部门提高管理效率，为自动审批快速办理公租房业务提供有力的支撑，为办事群众带来更好的使用体验。

（1）提高房源分配效率。能够及时将空置可分配的房源进行分配，提高房源的入住率和分配率，进而获得更多的租金，提升财政收入。

（2）提高公租房资格审核效率。经过平台实现"智能化审核"，大大减少审核时间，审核更加高效和准确。

（3）优化公租房资格审核流程，有效提高审核效率及方便办事群众，可以减少人员成本、设备采购成本、办公耗材、办事成本等，为管理部门减少成本。

4. 平台建设具备多方面的社会效益

公共租赁住房智能化管理平台的建设，使得住房保障业务办理更加便捷、审核更加高效、保障更加精准。一方面加强了平台的数据整合及利用能力，通过与相关部门之间的信息共享、整合、利用，实现"数据多跑路，群众少跑腿"目标，不仅给办事群众带来良好的体验，还赋能南宁市"数字政府"的建设，发挥住房保障社会效益最大化，进一步促进南宁市社会和谐稳定发展；另一方面，便捷的服务和高效的办事效率，是优化营商环境的重要体现，可以提升群众满意度和南宁市政府形象，吸引更多优秀人才和企业为南宁市社会和经济发展服务。

5. 实现用户无感体验，同时又能满足公租房监管要求

平台系统接入智能人脸识别门禁、智能监控视频、智能指纹锁、智能水电表等设备。通过大数据智能分析发现房屋使用异常，整治转租转借等违规行为，一方面借助智能设备进行违规违法证据采集及留存，避免上门核查收房与违法租户扯皮，增加工作量及人工成本；另一方面实现陌生人进出预警，提高公租房的安全管理工作，保证租户的安全居住环境，同时系统自动推送信息及核查记录至保障资格处置环节，提高公租房违规违约行为查处效率。

6. 促进公租房管理可信开放共享

平台系统搭建业务提供方、服务监管方、租户之间的数据安全交互平台，建立各区域、各部门之间的多方可信计算模型，实现对公租房核心业务的底层数据建设、标准化管理与共享。通过身份认证、权限控制、数据传输等防止公租房合同被篡改、跨部门的证据流转困难等痛点问题，实现多方互信的业务活动，能够做到数据共享的同时，保证系统参与各方的隐私数据安全，从而建立规范化、标准化的公租房数据资产域，促进公租房监管服务创新示范应用，为国家"十四五"发展规划、科技惠民工程及广西"十四五"发展规划等相关重点任务的进一步落实提供方案和保障。

南宁市住房租赁市场发展服务监管平台

梁航琳　陈苏军　马宝林　黄维清

南宁市住房和城乡建设局　南宁市勘测设计院集团有限公司

一、建设背景

2020 年，南宁市入围全国第二批中央财政支持住房租赁市场发展试点城市，根据财政部、住房和城乡建设部联合下发的《关于开展中央财政支持住房租赁市场发展试点的通知》《关于组织申报中央财政支持住房租赁市场发展试点的通知》以及《南宁市人民政府办公室关于印发加快推进中央财政支持住房租赁市场发展试点工作方案的通知》等相关工作要求，贯彻落实国务院、自治区的决策部署，坚持"房子是用来住的，不是用来炒的"定位，拟以建机制、搭平台、筹房源、育主体、稳租金、活市场为重点，开展租赁平台管理信息化建设服务，着力解决租赁房源供给不足、租赁关系不稳定、租赁监管不到位等突出问题，用以加快建立多主体供给、多渠道保障、租购并举的住房制度，满足不同层次市民的住房需求。

为解决租购并举的新型住房租赁发展模式，丰富日益多元化的宜居城市，城市住房租赁信息化、智慧化、可持续化、可被监测势在必行。因此，依托 CIM 平台，运用云技术、GIS 技术、系统定位、人工智能、区块链、城市多源大数据处理和可视化分析等信息技术，研发了住房租赁服务监管平台。平台集成融合地上地下二三维数据，打造全市域、全空间、全时态的地理空间数据要素集，构建城市三维空间数据底板，服务于南宁市住房租赁全生命周期，为政府部门提供住房租赁市场秩序监管服务，实现住房租赁交易全程信息化行政监督，满足强化服务与监管，加快形成租购并举的租赁住房市场发展格局。为政府住建部门提供立体化数据支撑，推进政府数据开放共享、提升空间数据资源价值、加强数据资源整合和安全保护，赋能智慧城市建设。

二、建设内容

1. 平台整体设计

平台总体架构（图1）包括 3 个层次和 3 大体系，即设施层、数据层、服务层，以及标准规范体系、信息安全体系、运维保障体系。平台依托政府电子政务云平台进行建设，并且能兼容安全可控环境（包括但不限于国产数据库软件、国产中间件、国产操作系统及国产芯片）。

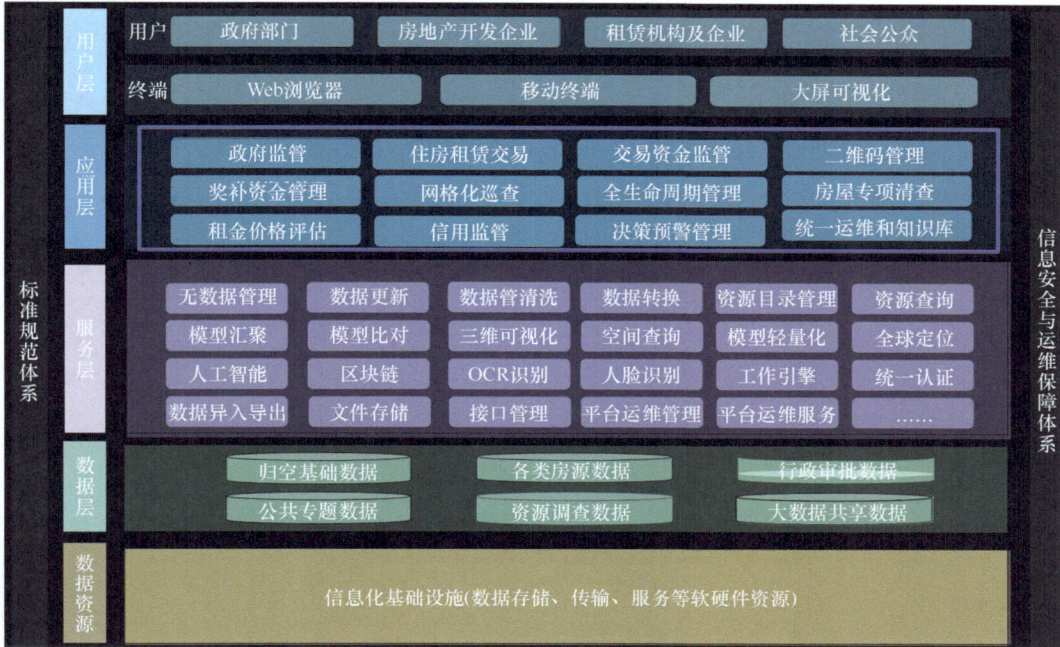

图1 平台总体架构

2. 平台建设

南宁市住房租赁市场发展服务监管平台，目标是夯实租赁行业基础数据，深化多部门业务协同，创新行业监管模式，提升科学决策能力。以 CIM 为基础的平台底座，形成 1 个租赁数据资源中心、13 个业务应用子系统、3 大辅助支撑系统的"1+13+3"的应用体系，为政府、企业、个人提供多层次、差异化的智能服务，全面提升租赁服务监管信息化、智慧化水平，有效保障监管政策全面落地、监管措施实时精准、租赁市场规范健康发展。建设内容包括住房租赁数据资源中心、智慧住房租赁业务平台、住房租赁和存量房交易技术支撑服务平台、应用支撑平台、可视化大屏系统、终端系统及通话系统。

1）CIM 可视化基础平台

推进建立全生命周期数据归集共享和"落图"机制，是住建部全面推进"数字住建"工作，加快信息系统整合的重要抓手。充分利用大数据、GIS、BIM、云计算等技术创新和实践，构建住房租赁全生命周期的 CIM 模型图层（图2）及分层分户数据（图3）底板，覆盖现状和未来数据，接入公安、公积金、房产、自然资源等共享大数据，构建集房屋数据的汇聚与治理，探索"CIM+智慧住房租赁"的场景应用，并与现有行政审批业务系统衔接，推动城市住房全流程决策信息化、智能化、数字化和科学化。

图 2　CIM 模型图层

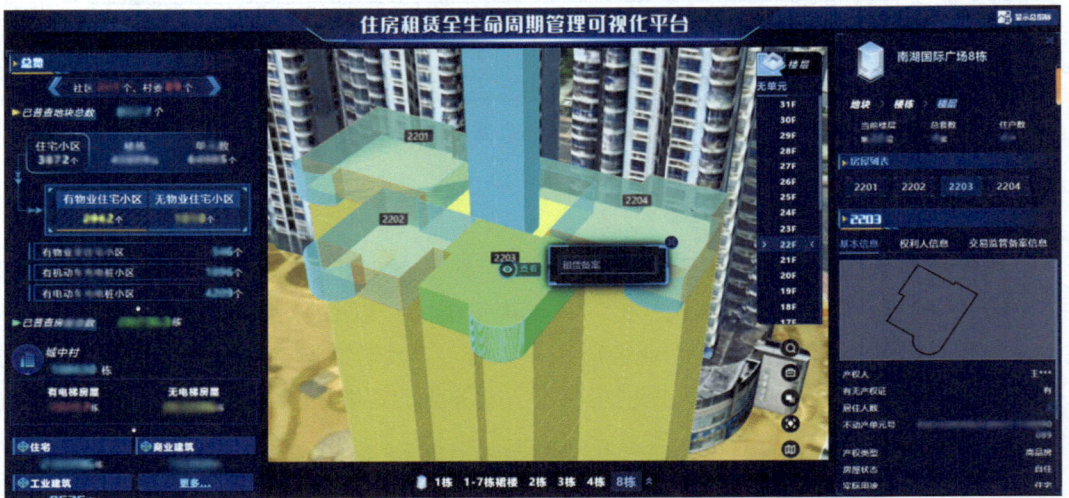

图 3　房屋分层分户数据

2）住房租赁数据资源中心

采集整合政务部门、市住建局、互联网等多源异构数据资源，并通过数据治理、数据模型、资源管理等技术，构建规范化、标准化、可用性的住房租赁数据资源中心（图4），并通过数据梳理，深入挖掘多渠道信息资源，以图表、图形、地图、专题报告等形式进行住建专题的定制和发布。以数据驱动业务为目标，以数据聚合、治理、融合、服务为核心，实现数据接入、数据存储、数据标准化、数据质量提升、数据服务等处理过程。

应用建设	数据上图	楼盘表	标签画像	数据分析	智能决策

数据服务 | 数据API | 矢量服务 | 地址查询 | 数据对比 | …

数据开发 | 数据治理

数据采集 | 数据融合 | 数据供给 | 数据规范 | 数据挂接 | 数据质量
任务开发 | 多网代理 | 无代码化 | 统一ID | 按区域 | 非空率
调度配置 | 多库联合 | 统一格式 | 命名标准 | 按系统 | 准确性
任务监控 | API融合 | 代理认证 | 专题标签 | 数据表 | 挂载率
任务运维 | 数据项融合 | 频度限制 | 统一字典 | 地址库 | 密集度

数据引擎 | SOQ引擎 | ES全文搜索 | 调度引擎 | HANLP分词 | …

数据集成 | 离线采集 | 实时采集 | 跨库查询 | 增量采集 | …

数据源 | 各业务楼盘表 | 建筑档案 | GIS图层数据 | 专项工作数据 | 其他

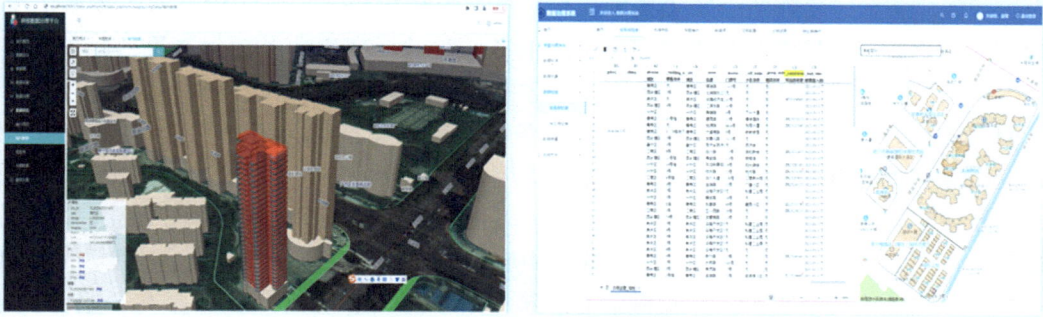

图 4　住房租赁数据资源中心

3）智慧住房租赁业务平台

平台由 13 个子系统构成，涵盖整个住房租赁业务，根据建、管、用的思路，结合实际业务需求，融合大数据、云计算、区块链、人工智能、中台等新技术，为政府、企业、个人提供多层次、差异化的智能服务，加强住房租赁市场在从业主体、企业信用、行业自律、房源筹集（居间式、托管式、集中式商改租、集中式工改租等）、网签备案等方面的监督和管理；建设租赁住房网格化动态巡查系统，实现市、区、街道、小区网格的四级联动，促进网格勘查巡查管理和统一信息发布，从而进一步推动企业和个人的住房租赁行业信用体系的建设，促进住房租赁市场的业务流程标准化、管理模式网络化、市场数据透明化，提升行业管理水平和公共服务能力。

4）住房租赁和存量房交易技术支撑服务平台

住房租赁和存量房交易技术支撑服务平台运用人脸识别、OCR 识别技术、区块链、人工智能、中台、工作流引擎等技术，构建南宁市住房租赁服务监管平台支撑服务层，为上层的业务应用提供业务支撑。中台为业务所需的标准化和个性化流程、业务流程、数据逻辑模型等提供技术支撑，实现业务建模、数据模型配置、业务报表配置、流程设计的"零代码"拖拽式构建。配置常用业务应用系统和移动应用开发建设所需的通用开发组件、协同组件。通过业务中枢设计复用公共能力，避免了重复建设，大大提高了开发效率，同时使得数据和流程可以集中得以管理和优化。住房租赁业务中台主要包括统一用户中心、统一认证中心、统一业务中心、公共服务中心、统一消息中心、统一搜索中心、统一信用中心、统一流程中心、统一管理平台、应用开放平台和微服务支撑平台。

3. 典型场景

1)"一站式"租赁业务办理

建立广西首个政府指导的"互联网+住房政务服务一体化"的公众服务平台——南宁市住房租赁市场发展服务监管平台（图5），运用人脸识别、智能审核、区块链等技术核验发布房源和交易的真实性，并提供完整的房源发布、网签备案接口、企业备案接口等服务，实现第三方商业平台与租赁监管平台互通。为方便住房租赁企业及个人办理业务，平台提供包括租赁发布、地图找房、租赁备案、合同签订、奖补申报、资金监管、公积金办理、居住证办理、保障房申报等业务"一站式"办理。

图5　南宁市住房租赁市场发展服务监管平台

2)网格化巡查

按照"条块结合、以块为主、管理重心下移"的工作原则，以GIS城市网格化需求为导向，利用移动端GIS定位巡查及大屏可视化监测（图6）等手段，结合各自区域实际，落实各级网格的具体职责，深入开展住房租赁网格化管理工作，构建区域性、网络化、社会化、信息化的租赁房源网格划分管理服务平台；实现资源共享、联动共管、动态跟踪、全面覆盖、高效快捷、科学管理和服务民生的信息化管理体系，通过信息化手段，促进社会管理由"粗放型管理"向"精细型管理"的转变；促进居民服务由"分散服务"向"一站式服务"转变。

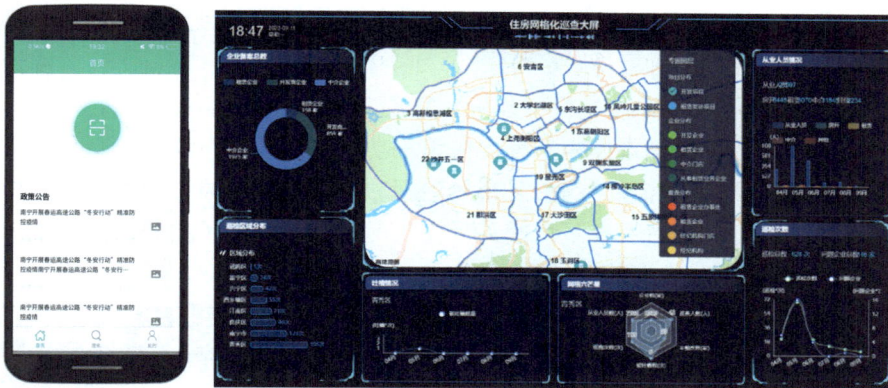

图 6　移动端 GIS 定位巡查及大屏可视化监测

3）租金价格评估

建立租金基础信息数据库，通过集成地图技术构建租金评估模型，评估模型设置主要针对专项指标和特色指标，为用户自定义指标提供关联数据使用和计算方式调取。可选择标准指标计算模型，也可设置计算公式，最终可实现不同房屋用途、不同建筑形式、不同土地性质、不同等级区片租金测定的定性定量分析，将租金参考价成果以地图形式展示，并通过政府官方渠道开放，供租赁双方或相关部门查询租金参考价。

4）房屋安全专项清查

利用 GIS 及定位技术完成移动端小程序房屋安全排查，建立房屋安全"一张图"（图 7），实现市、区、街道三级主管部门联防联控；通过线下人工巡查与线上小程序收集信息归一，实现对租赁风险房屋"识别—预警—整治解危"的闭合链条管理。

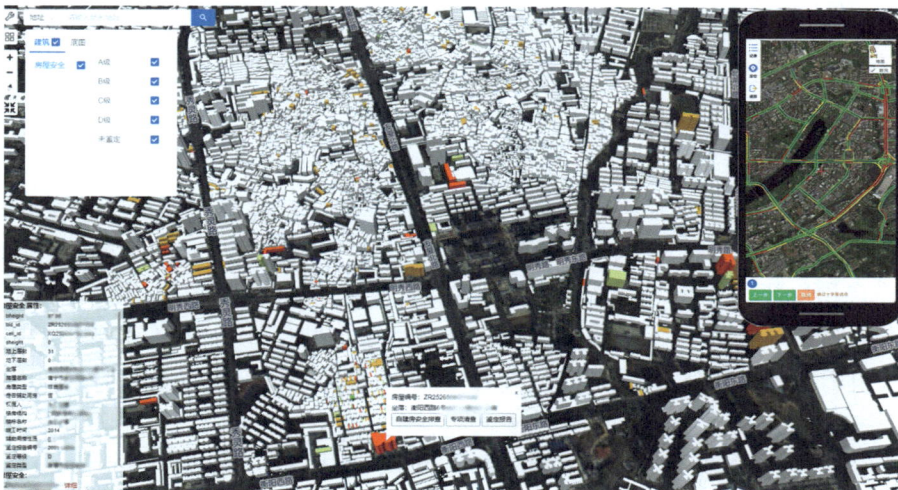

图 7　房屋安全"一张图"

5) 住房交易决策预警

运用大数据及人工智能分析技术,建立预警模型,对住房租赁数据进行监管监测及风险分析,目前已建立7种画像、6类分析、2类预警可视化系统(图8)。通过加强租赁和存量房供需状况和市场走势预测分析,实现对住房租赁市场和存量房交易市场价格、走势、供需等数据的动态监测和辅助决策等功能;通过发布租金、交易参考价等方式提升政府住房租赁市场和存量房交易市场治理和服务能力。通过租赁市场主体分析实现企业风险预警;加强租赁和存量房交易供需状况和市场走势预测分析,实现市场行情预警。

图8 预警可视化系统

三、创新应用

1. 覆盖房屋建筑全生命周期的信息关联与共享

依托 CIM 平台,形成住房租赁全生命周期管理平台,通过汇聚城市各类房源数据,用面向"块""幢""户"对象的地理实体数据组织管理方式,建立不同业务、不同生命周期阶段房屋建筑数据间的逻辑关联关系,实现各类空间信息、专题属性信息及关系信息的统一管理,可有效解决跨部门、跨时域的数据共享和集成应用问题,构建"1+N"住房租赁专题场景分析体系,建立包含南宁市住房租赁全域全量房屋基础数据库和住房租赁相关企业及从业人员的租赁数据资源中心,并与公安、住房保障、教育、公积金等部门实现信息联动,建立以备案的租赁合同申请居住证、租金补贴、公积金以及接受义务教育等机制,确保承租人享受公共服务,为行业监管和便民服务提供有力的数据支撑，通过数据发现问题、分析问题、解决问题。

2. 人工智能赋能城市住房租赁交易预警

基于时空信息与决策支持平台，围绕城市住房租赁核心业务，进行数据汇聚、态势感知和分析预警。对城市住房的产权主体、运营主体、个体租客、企业征信、房屋安全、供需关系、价格监测、市场走势等建立辅助决策分析模型，建立多维度阈值触发规则，监控各类焦点事件的状态，关联分析告警数据，以业务场景为抓手，整合不同部门、不同业务的数据，进行对比分析、趋势分析、预测分析，运用人工智能技术为城市住房的智慧化以及精细化管理提供决策依据。

3. 打造房屋租赁业务"一网通办"的智能中枢

运用 GIS、人工智能、大数据、区块链等技术，打通房产、公安、人社、民政、公积金、市场监管各部门数据，将房屋租赁相关的房源核验、房源发布、地图找房、通勤找房、在线签约、租赁备案、公寓项目管理、房源分租、信用查询、租金查询、资金监管、财政补助资金申报和保租房项目管理等业务整体纳入平台，建立房屋租赁业务"一网通办"机制，打造"一键直达"场景，企业、群众"动动指尖""足不出户"就能办理房屋租赁相关业务，以"不见面"的形式精准稳妥地推进业务办理的优化，初步形成了全线上办事、咨询互动的房屋租赁政务服务新格局。

四、推广价值

目前已完成地理信息数据覆盖范围 780 平方千米，约 28 万栋建（构）筑物，接入不动产登记、交易监管、房屋使用安全管理、公租房管理等多个系统，建立集成 54 万余套间的房屋产权、交易、租赁、物业管理等专题数据，建立 20 多个可视化分析专题，累计完成房源核验超 24 万套（间），服务群众 19 万次，房源备案超 5 万套，交易合同备案约 5 万份，发现并督促企业整改超 100 次，初步建立城市租赁价格指标体系和数据分析模型。平台的应用带来了如下效益。

1. 平台助推"四级"体系，实现住房租赁业务"全域通办"

平台坚持"以人民为中心"的发展思想，对有备案需求的企业、群众，开通线上房屋租赁登记备案业务。秉承"发展规范、四级体系、网格管理、服务下沉"的原则，通过数据共享、权限下放，构建市级指导—城区（开发区）监督—街道（乡镇）实施—社区（村）办理四级规范管理工作体系，突破"属地办理"的传统限制，打通服务下沉工作全覆盖的"最后一公里"，建立"互联网+"为基础的"全域通办"新业务办理模式，可就近线下办理，也可在网上平台无纸化办理业务，真正实现房屋租赁登记备案"就近办、一次办、线上零跑腿"。

2. 积极推进人工智能房源核验，租赁交易过程更清晰透明

平台严格执行"一房一码"核验原则，根据主管部门制定的房源信息发布制度和

规范，建立核验标准。平台运用区块链、大数据、人脸识别等新技术接入不动产数据库、租赁房源数据库、公安户籍库、民政婚姻库，对房源相关信息自动核验比对，生成房源核验码（"一房一码"）。此外，积极推进租赁房源核验码自动化，优化自动开启、获取功能，精简了操作步骤，省去了信息填写、资料上传等操作环节，核验过程更加智能化、查验过程更加快速化，成交过程更加清晰化，交易市场更加透明化，进一步规范了南宁市房源信息发布行为。

3. 平台强有力的技术支撑，促进租赁市场更加规范化

平台通过强有力的技术支撑，实现租赁市场的网格化巡查监管，保障租赁交易过程身份真实性验证、市场主体信用信息查询、资金监管等方面的安全性。身份真实性验证方面，住房租赁平台通过运用实名身份验证以及人脸识别等技术，验证中介、房东、租客的身份，确保租赁各方及房源信息的真实性，实现租房过程"放心租、安心租"；资金监管方面，住房租赁平台提供监管合同双方的租金专户流水，对交易异常等经营行为进行风险预警，防范"托管式"租赁住房交易资金转移的风险，有效保障租赁双方的合法权益；租金价格动态监管方面，住房租赁平台构建租金评估模型，实现区域租赁市场价格动态监管和预警，提供租金价格指导，保证租赁价格健康波动。通过住房租赁平台的技术手段对租赁交易市场进行风险预警、过程监管、后期参考指导等，进一步规范租赁市场交易环境。

4. 打通数据壁垒实现数据共享，拓宽住房租赁数据应用

平台打通与公积金、公安、市场监管等政府部门数据壁垒，同时将住房租赁房源和租赁网签备案信息推送至市数据平台共享，将数据广泛应用在公积金提取业务便捷办理、适龄子女义务教育阶段入学等公共服务中，实现数据互通直接调用。同时，在涉传租赁人员监测、公安入户排查核实居住人员、租金智能推荐等多场景业务中的应用，为租赁行业、社会治理、保障性租赁住房项目规划布点等提供数据支撑与参考，提高租赁市场良好健康发展的广度与深度。

南宁市住房租赁市场发展服务监管平台的搭建与推广，将一个个信息节点打造成互通互联的信息网络和数据平台，建立智能化住房租赁模式，实现"数据多跑路、群众少跑腿"，以信息化技术让政府服务效能持续增强，建立"一站式"全流程的线上租赁服务，给群众带来实实在在的获得感、幸福感和安全感。

天津市智慧住房建设租赁综合服务应用

蔺雪峰　　盛中杰　　刘玉财　　王永峰　　付海龙

天津市住房和城乡建设委员会　天津市测绘院有限公司

一、建设背景

党的十八大以来，国家高度重视住房租赁市场发展工作，先后出台了《国务院办公厅关于加快培育和发展住房租赁市场的若干意见》（国办发〔2016〕39号）、住房城乡建设部等九部委《关于在人口净流入的大中城市加快发展住房租赁市场的通知》（建房〔2017〕153号）、住房城乡建设部等六部委《关于整顿规范住房租赁市场秩序的意见》（建房规〔2019〕10号）等文件，明确要求各地区各部门要充分认识加快培育和发展住房租赁市场的重要意义，研究制定具体实施办法，落实工作责任，确保各项工作有序推进。

2020年，天津市被确定为中央财政支持住房租赁市场发展试点城市。《住房和城乡建设部办公厅 财政部办公厅关于加快推进中央财政支持住房租赁市场发展试点工作的函》（建办房函〔2021〕49号）明确要求试点城市应当建立完善覆盖全域全量的房屋基础数据库和住房租赁相关企业及从业人员数据库，搭建住房租赁管理服务平台，通过部门间信息共享、与住房租赁相关企业数据互联等方式，实现与相关部门管理服务平台的数据联网、共享租赁服务信息。天津市住房城乡建设委、市财政局《关于印发天津市中央财政支持住房租赁市场发展试点资金使用管理办法的通知》（津住建发〔2021〕1号）提出，为促进天津市住房租赁服务与监管工作顺利健康发展，进一步规范住房租赁运营平台管理，量化考核指标，全面提高政务服务效能，需建立天津市域房屋建筑基础数据和建设租赁信息平台，改善租赁住房消费环境，加快形成租购并举的格局。

近些年来，天津市住建领域信息化持续快速发展，在推动"放管服"改革、建筑业供给侧结构性改革、住房体系建设、促进住房城乡建设事业高质量发展等方面发挥了重要作用，先后建成了政务服务、房地产市场监管和住房保障等信息管理系统43个。然而这些系统由于建设日期跨度大，缺乏一体化顶层设计，系统间关联性差，数据分散，标准不一，信息共享难度大，且缺乏空间可视化的图形信息支撑，业务协同和监督执法信息化水平也不足，在满足天津市住房租赁市场发展需要，在为房地产市场健康稳定发展提供有效的系统支撑，在为住建工作决策提供充分的科学决策依据方面，还有很大差距。因此，需加快建设天津市智慧住房建设租赁综合服务平台，打通"信息孤岛"

"数据壁垒"，通过与"互联网+""CIM+"的深度融合，实现工程建设管理、房源交易、建成交付使用后的日常管理全流程带矢量图作业、带矢量图管理，提高房屋建筑全生命周期精细化管理，提高住建领域管理和服务效能。

二、建设内容

天津市智慧住房建设租赁综合服务平台以"大系统融合、大数据慧治、大服务惠民、大平台支撑"为驱动，通过业务深层梳理、信息化技术创新应用、数据分析和治理，实现房屋建筑全生命周期数据贯通、住建数据"一张图"汇聚、住建业务一平台办理、新技术赋能创新应用。同时，各部门业务系统互联互通，信息跨部门跨层级共享共用，有效消除"信息孤岛"，实现全领域数据高效采集、有效整合和安全利用，面向社会企业和公众建立"服务、互动、共治"的一体化综合服务平台（图1）。

图 1　平台总体架构

具体建设内容包括房屋基础数据采集、信息资源中心建设和业务板块开发三部分。

1. 房屋基础数据采集

房屋基础数据采集包括天津市域住房和建筑图形数据更新及编码化、天津市域城镇住宅楼盘表调查采集和中心城区新建房屋三维分层分户图制作三部分。

390

（1）基于已有数据，采用内外业结合方式，完成了天津市域范围内所有房屋建筑图形数据及属性数据更新，并按照一码串联的设计原则，结合市公安局标准地址地理编码规则，优化智慧住建编码规则，打通施工图审和预测绘各环节数据串联。

（2）完成了天津市域城镇住宅房屋建筑单元数据以及楼盘表调查采集，楼盘表按照房屋交易最小基本单元建立唯一编码，通过户编码、层编码、楼幢编码实现按小区、楼幢和套进行层级管理，同时通过编码与其他部门或组织业务系统对接，接口标准应兼顾其他相关行业的规范和标准。

（3）完成了中心城区（外环线以内）2005 年至今办理产权登记的具备房产测绘资料的住宅房屋三维分层分户图制作，为业务实现三维空间化管理奠定数据基础。

2. 信息资源中心建设

信息资源中心建设包括住建数据标准规范、一体化数据库和数据总控平台三部分。

（1）编制完成了住建数据资源编目指南、数据分类分级指南、数据生产（治理）指南、数据质量检查与更新指南、数据调用指南、数据共享交换指南、应用开发指南和系统运维管理指南等住建数据标准规范，在住建部、自然资源部发布的房屋建筑、不动产登记等相关标准基础上，结合天津实际，制定了《天津市智慧住建平台数据标准》，为统一建设住建信息资源库和住建数据总控平台提供指导，规范和支撑住房租赁平台建设、应用、共享和未来快速扩展。

（2）遵循"一数一源"原则，按照统一的数据标准规范，面向对象的统一数据模型和数据标准，将市住建委现有 43 个系统的数据库及新需应用，进行统一的数据库规划建设，形成模块融合的一体化综合数据库。对于重构和升级改造的系统，进行数据库合库，实现一体化管理，减少内部数据交换，保障数据安全；构造包括基础地理信息、房源库、项目库、企业库、人员库、法规库等内容的住建基础库，治理生成项目、单体、房屋基础表，完成空间落图，各业务模块统一使用，作为业务基础支撑；构造政务服务共享、工地管理共享、房屋管理共享和房屋交易共享 4 个业务主题库，梳理不同主题表的关联关系，实现上下游业务串联与大数据分析。

（3）建设完成由业务总控组件、应用支撑总控组件、技术总控组件和数据总控组件四部分构成的数据总控平台。

业务总控组件包括租赁支撑、业务表单、电子合同签署、图形数据更新管理、房屋基础楼盘表管理和数据知识分析挖掘等服务接口。整合了流程引擎注册、流程定义管理、流程定义控制台、流程绑定以及流程接口服务等关键组件，开发了在线表单设计工具、通用合同服务功能、图形数据更新管理功能、楼盘表管理功能和数据知识分析挖掘功能等。

应用支撑组件以"大平台、大系统、大数据、微应用"的架构模式为目标，按照"标准统一、前后端分离、差异屏蔽、组件复用、数据共享"原则，开发了住房租赁一体化的应用支撑平台组件。

技术管控组件包括开发运维一体化平台完善迁移和云服务管理平台完善迁移两部分

内容，通过将市住建委现有的微服务平台所部署的业务应用，由市住建委自有机房迁移至天津市政务云平台，保障新老系统平稳过度，业务运行有效切换。

数据管控组件包括数据汇聚系统、数据治理系统、主数据管理、数据资产管理系统和数据源服务管理系统 5 个应用系统。打造"智慧住建一张图"，在图上直观立体展示立项、土地、规划、招投标、图审、施工、质量安全、竣工验收、房产测绘、房产交易、既有房屋管理、物业管理、住房保障、房屋安全普查、征地拆迁、城市更新、老旧小区改造等项目全生命周期信息。通过可视化展示，设置个性化标注，实现态势感知、趋势预测、决策建议、智能提醒、主动预警等功能，实现住房租赁全流程智慧监管，助力住房和建设领域宏观决策。

3. 业务板块开发

打造"全业务覆盖、全周期管理"的住建业务生态体系，构建"全要素管控、全系统融通"的信息生态体系。具体包括房源交易、工程建设管理、城镇房屋管理、从业企业人员管理、住建行政效能监管和智能建造应用六大业务板块（图2）。

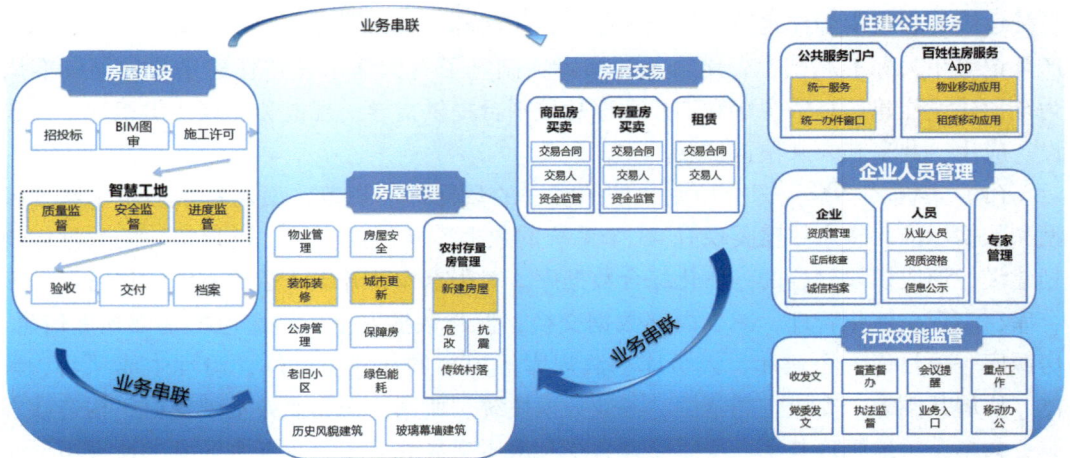

图 2　平台业务板块

（1）房源交易板块包括市场房屋租赁管理、房地产开发项目手册、存量房交易办理、存量房资金监管、经纪机构管理（含网签）、商品房销售管理、商品房资金监管、保障性租赁住房筹集管理和住房保障管理 9 个模块，为政府监管商品房交易市场、二手房交易市场、租赁市场提供了科学精准的工具，提升人民群众房源交易、租赁全程网办便捷程度，提高智慧住建服务能力。

（2）工程建设管理板块包含施工图审查管理、特殊建设工程消防设计审查管理、新建住宅商品房准入管理、安全生产事故处理管理、建筑施工机械备案管理、工程质量监督登记管理、建设工程竣工验收备案管理、建筑工程联合验收管理、建设工程业绩补录管理、建设工程招标监管、建设工程造价管理、市政基础设施初设管理、特殊建设工程消防验收（建设工程消防验收备案）管理、建设工程施工许可管理、建设项目工地

392

管理、起重机械使用登记许可 16 个模块，实现了建设工程项目招标、设计审查、施工许可、联合验收、竣工验收备案、安全生产数据处理等环节的提升，实现上下游数据贯通，许可和备案事项带图审批，对工地建设进行带图管理，提高建设项目全过程管理水平。

（3）城镇房屋管理板块包括既有住宅加装电梯信息管理、历史风貌建筑管理、小洋楼招商服务平台、老旧小区改造管理、城市更新管理、传统村落保护管理、建制镇建成区管理、抗震节能改造管理、农房危改管理、自建房结构安全风险管理、新建农房管理、玻璃幕墙管理、房屋征收管理、单位公产房管理、城镇房屋安全管理、住宅装饰装修管理、公建装饰装修管理、公用公房管理、直管公房管理、建筑节能管理、建筑科技管理、物业管理、维修资金管理、住房货币分配 24 个模块，实现了物业便捷化服务、装饰装修精细化管理、老旧小区提升改造服务，提升住房环境和舒适度，提升存量房源管理质量。

（4）从业企业人员管理板块包括专家管理、建设工程项目经理及监理人员管理、从业企业人员诚信档案管理、企业资质管理、人员资格管理 5 个模块，为住建领域提供诚信、合格的从业企业、从业人员，同时建立住建行业专家库，为住建领域绿色发展、科技创新提供支撑。

（5）住建行政效能监管包括 OA 办公、政务服务事中事后监管、建设工程执法监督 3 个模块，利用图上办公、移动办公等方式提升内部管理、决策效率，提高行政监管效能，实现执法过程全流程监督的"一站式"工作平台与合规性监管及政务服务的事中事后监管。

（6）智能建造应用板块包括应用 BIM 技术的历史风貌建筑数字化管理、搭建建筑业数字化监管平台推动落实智能建造试点城市、建筑节能双碳场景 3 个模块。应用 BIM 技术进行历史风貌建筑数字化管理的智能场景，实现历史风貌建筑的全生命周期管理，搭建建筑业数字化监管平台，探索基于 BIM 数字孪生的现场施工监管。

三、创新点

（1）以"大系统融合、大数据慧治、大服务惠民、大平台支撑"为驱动，通过对住建系统全业务链条的梳理贯通、深层治理、流程再造，形成具有天津特色的业务流程集成和统一的标准规范，构建了以"住建数字一张图"为基础的面向政府、企业和公众的一体化综合服务平台。

（2）构建了覆盖天津市、全领域的业务办理模式，实施了以房屋为核心的工程设计、建造、监督、验收和运维全过程的信息化管理，实现了房屋到户的落图赋码，全流程带图作业。在履行业务职能过程中形成高质量源数据，以数据总控平台对数据进行汇聚、治理、共享和应用，实现"一数一源""一房一码"和"一源多用"的房屋建筑全生命周期数据贯通。

（3）构建了由 1 个住建基础库和 4 个业务主题库组成的一体化综合数据库，进行汇聚、整合、入库、更新，形成横向跨住建全业务、纵向跨市区多层级、总体落图关联、应用与服务一体的创新型数据服务体系，通过对规模巨大、来源分散、格式多样的住建行业数据进行治理，实行住建行业数据统一管理、联动更新，实现住建行业"一套数、一盘棋"。

（4）以"自主可控"为目标，全面采用信创技术路线建设，服务器、操作系统、数据库和 GIS 中间件均使用国产化产品，开发和运行环境均在政务信创云，实现 IPv6 协议的全平台应用，在智慧工地管理中试点北斗技术，软硬件全面实现国产化。

（5）按照不低于网络安全等级保护三级的技术要求建设，将云端能力引入本地安全应用之中，实现本地网络安全数据与云端安全大数据深度融合，从多个维度、多个层次实现对被保护目标实时安全监测分析，有效发现隐蔽或高级攻击威胁。对数据进行分级分类管理，按照不同的安全级别采取不同的技术手段实施保护，关键个人隐私数据的应用实现国产密码算法加解密，全方位构筑安全可靠的平台安全防线。

四、应用成效

（1）住建一张图。基于统一空间坐标，汇集空间数据，实现数据共建共享，通过整合现状、房屋建筑等数据，结合不动产管理，实现对房屋数据、楼盘表信息、基础数据及其他数据成果的展示，对空间数据资源的浏览查看、空间查询、空间统计、空间分析等应用支撑。通过图形与业务数据融合，做到地图展示、业务管理和行政审批互联互通，实现住建全过程业务带图管理；通过将住房建设 BIM 模型与城市底座结合，实现以 BIM 为载体的全过程信息接入和监管；利用在建工程项目落图成果，对接工地质安监系统各类数据，实现了全市工程建设项目监控"一图统揽"（图 3）。

图 3　住建一张图

394

（2）管理一平台。统一管理端，为市、区、街镇、社区/村，提供统一管理入口，打造"全业务覆盖、全周期管理"的住建业务生态体系，构建"全要素管控、全系统融通"的信息生态体系；统一服务门户，为企业提供工程建设项目服务、房屋交易租赁类服务、房屋日常管理服务和企业人员资格类服务4大类51个主题服务；将OA办公系统与业务系统相结合，实现了高效协同办公和业务流程的无缝对接，带图办公、带图作业，办件图文一体化的实施，使得办件过程更加直观、便捷，降低了沟通成本，提高了决策效率（图4）。

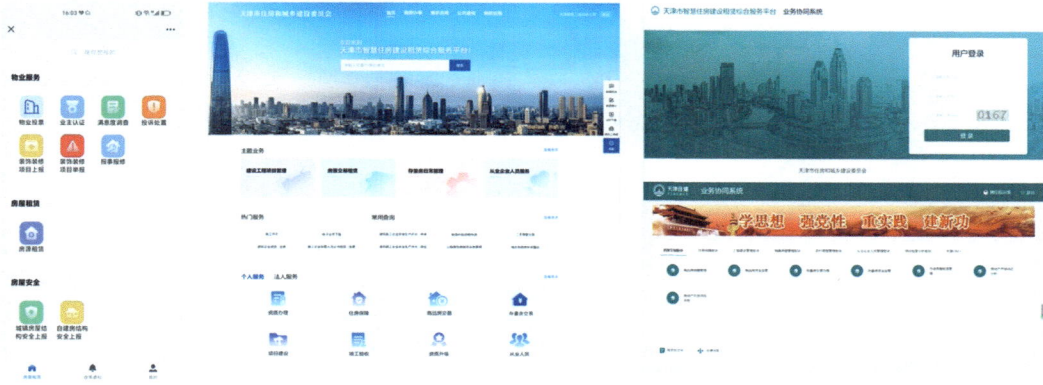

图4　统一管理入口

（3）服务一张网。面向不同用户，将应用分别部署在政务外网、政务云互联网区和本地机房，在确保数据安全的前提下实现相互间数据的交换，形成对内、对外服务一张网，通过"一网统管"形成横向跨住建全业务、纵向跨市区多层级服务体系。

（4）数据全链条。以房屋为主体，统一数据标准和规范，打通全链条数据，从施工图审查、许可、施工、买卖、交付、日常使用业务串联，实现"一码串联，一数一源"的工程建设板块业务、房屋交易板块业务和房屋管理板块业务全贯通；通过对接住建部"四库一平台"企业人员信息、市场监管委营业执照信息、人社局社保信息、发改委信用信息等内容，归集天津市住建领域从业企业、从业人员基础信息、资质信息、信用信息等，为工程建设、房屋交易、房屋租赁、日常管理及高层领导决策提供支撑。

（5）助力多应用。为城市体检提供强大地板支持，通过对城市各项指标的监测和分析，为政府和社会提供有针对性的解决方案。通过全生命周期管理理念，以数字化理念助力工程建设项目全生命周期数字化管理，为工改全生命周期奠定基础。

五、推广价值

该应用综合应用大数据思维，按照顶层设计的要求，形成"住建一张图"的总体管理模式，应用主数据库管理统筹各阶段业务数据，加强数据管理和共享，形成"一中心"的数据管理体系，全面推进"互联网+房管"建设，推动房屋管理的标准化、精细化和智能化，有效服务民生和社会经济发展。从高质服务、高效管理、精准决策三个维度建立"互联网+住建+GIS"创新模式，打造全国住建领域高质量发展天津模式。

房屋统一楼盘表数据治理与服务系统项目

周良辰　王鹏翔　吴敏睫

南京师范大学　南京市住房保障和房产局
南京泛在地理信息产业研究院有限公司

一、建设背景

　　"十四五"规划纲要和党的二十大报告均强调了智慧城市建设。智慧城市是一个以数据为核心的城市体系，激活数据要素潜能是实现智慧城市建设的基础。房屋作为城市重要组成部分，是城市精细化治理和智慧城市基础设施建设的重点。

　　目前，智慧城市基础数据框架主要采用三维建筑白模或倾斜摄影三维精模与房产分层分户数据相结合方式构建。这种数据框架在可视化方面表现出色，能够提供较为真实的三维场景，为城市规划等粗粒度管理提供了有力支撑。然而，在表达房屋内部结构和产权方面，这种数据框架存在一定的局限性。由于仅能提供"幢—层—户"粒度信息，无法满足细粒度管理需求，如房屋安全到建筑构件、分间租赁到间的管理。此外，在"一网统管"等背景下，实时数据共享和业务协同需求迫切，但政务数据源分散、数据相对割裂、应用和服务碎片化等问题导致"信息孤岛"和"数据烟囱"现象，制约着智慧城市发展。因此，需要构建高效、精准的智慧城市基础数据底座，提供实时、可靠的城市房屋 BIM 数据集，并能统筹城市房屋数据的全生命周期，推动智慧城市的持续、健康发展。

二、建设内容

1. 建设思路

　　"楼盘表"一词最早出现在房地产销售行业，是指房地产开发企业在房屋销售时所制作的用于对某一栋楼及每一套房屋的房号、面积、户型、所在层数、销售情况、价格等内容进行直观展示的表格。2015 年 9 月，住房和城乡建设部办公厅印发了《房屋交易与产权管理工作导则》，在列举房屋交易与产权管理内容时，正式提出房屋交易与产权管理中楼盘表概念，并把楼盘表管理列为重要项。从此，楼盘表被赋予了新的作用，成为开展房屋交易与产权管理工作的核心工具和数据资源。

　　随着城市的快速发展，房产业务管理趋向精细化，如房屋安全方面，管理到了建筑构件；按间出租的租赁业务，则精细到了间。楼盘表需要满足房屋安全、分间租赁、物业服务、住房保障、白蚁防治等更精细、更广泛、更深化的业务需求。南京市楼盘表是基于房产测绘数据建立的"幢—层—户"结构的基础楼盘表，仅仅满足了房屋交易与产权管理的需求，而难以应对以上精细业务需求。此外，南京市楼盘表的编码体系能够对幢、层、户进行编码，但对建筑构件、分间等支持不足，制约了数字经济时代房产业务的精细化发展。

"房屋统一楼盘表数据治理与服务系统项目"采用建筑与产权一体化的新型城市房屋基础数据 BIM 模型框架和基于北斗网格码的房屋统一编码等技术，全面升级了南京市楼盘表的底层数据模型及编码体系，构建了南京市统一楼盘表。

项目建设思路如图 1 所示。

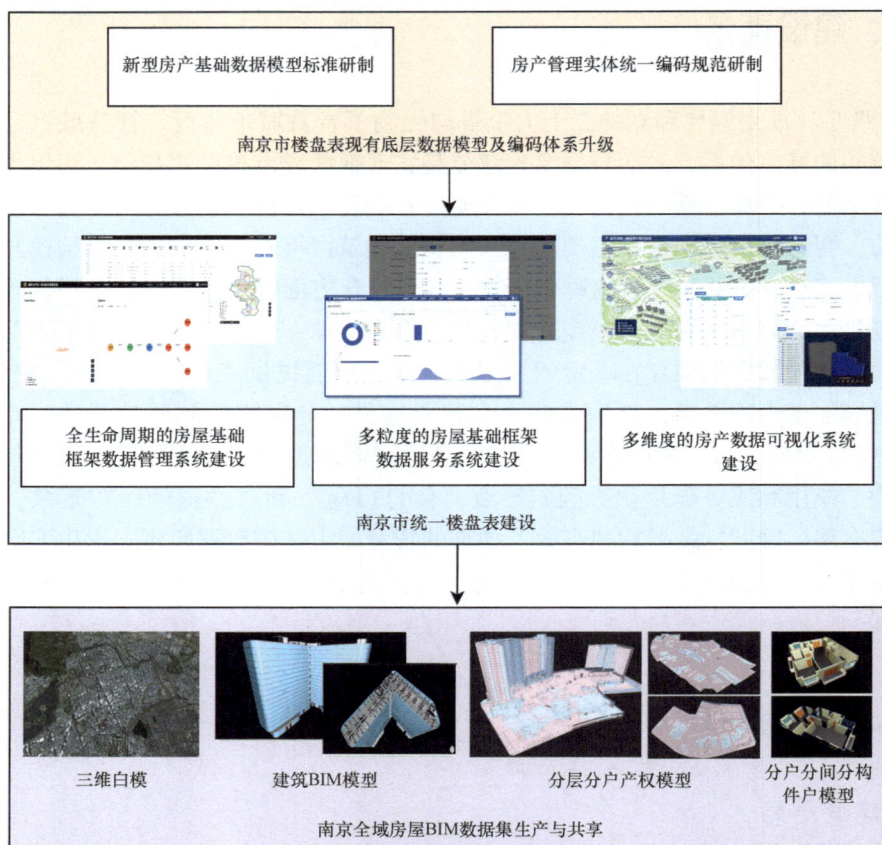

图 1　项目建设思路

项目坚持标准规范先行，通过精心研制新型房产基础数据模型标准和房产管理实体统一编码规范，对南京市楼盘表的底层数据模型及编码体系进行了全面升级。这一举措确保了南京市房产业务都基于统一的房屋基础框架数据模型与数据结构。同时，利用统一编码对南京房产数据进行了全生命周期管理，有效推进房产数据管理能力现代化。

在此基础上建设的南京市统一楼盘表，旨在实现房屋基础框架数据的有序生产和全域全量闭环管理，满足房屋安全、分间租赁、物业服务、住房保障等房产业务精细需求。同时，探索并建立城市房屋数据治理与服务新模式，为南京市"一网统管"和"四标四实"等工作的推进提供全面、可靠的实有房屋数据基础，推动了数字政府转型变革和智慧南京建设。

2. 建设框架

项目按照"2+3+1"框架建设（图2），形成统一、实时、精准的南京全域城市房屋BIM数据集，并通过发布涵盖多重分类和多重粒度的房屋数据服务，解决房产各部门、各系统之间存在的"信息孤岛"和"数据烟囱"问题，满足房屋安全、租赁、物业服务、住房保障、白蚁防治等更精细、更广泛、更深化的业务需求。同时，也为南京市"一网统管"和"四标四实"等工作的实施提供了全面、可靠的实有房屋数据基础。

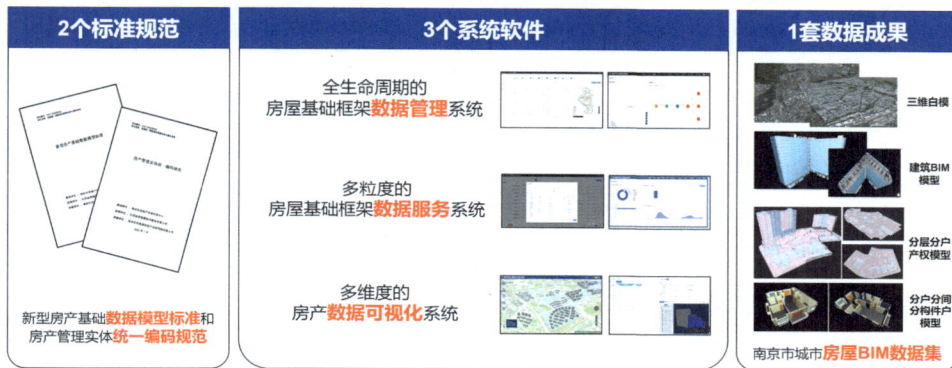

图2 项目建设框架

具体内容如下。

1）标准规范建设

（1）新型房产基础数据模型标准

突破传统以"幢—层—户"为房产管理对象的局限性，制定涵盖"物业区域—自然幢—逻辑幢—单元—层—户—间—构件"房产管理对象的新型房屋基础数据BIM模型标准，明确了房屋数据的分类和颗粒度划分体系（图3），进一步规范了房产数据的管理和使用，为数据的有序流通与融合共享奠定了基础。

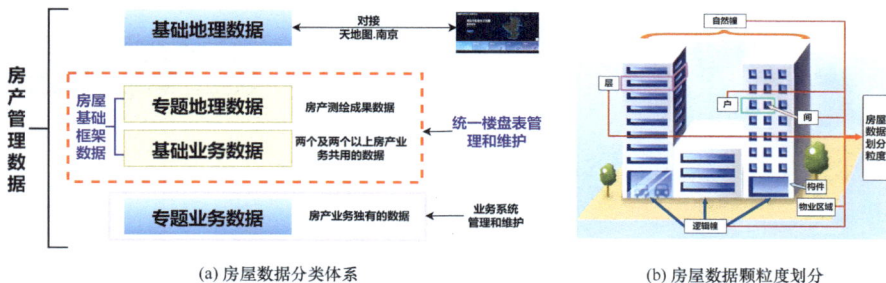

(a) 房屋数据分类体系　　　　　　(b) 房屋数据颗粒度划分

图3 房屋数据的分类和颗粒度划分体系

南京市统一楼盘表中房屋基础框架数据包括专题地理数据和基础业务数据两类,可根据各业务的不同需求定制提供,有力支撑交易登记、分间租赁、房屋安全、物业服务、住房保障、白蚁防治等精细化业务的开展,提升南京市住房管理的信息化水平。

(2)房产管理实体统一编码规范

基于北斗网格码,制定反映"物业区域—自然幢—逻辑幢—单元—层—户—间—构件"粒度的房产管理实体统一编码规范(图4),统筹房屋数据全生命周期,促进数据的有序流通与共享交换。

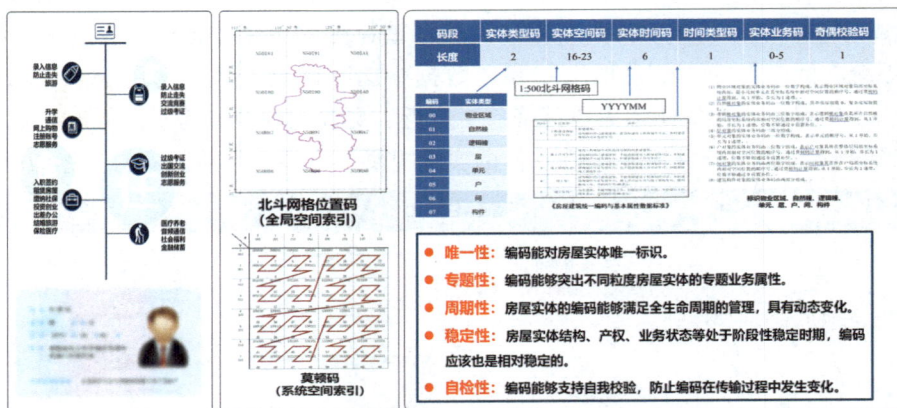

图4 基于北斗网格码的房产管理实体统一编码

以上数据标准和编码规范经过凝练和提炼,已成功发布市级标准,同时成功申报省级标准规范(图5)。标准规范的制定和发布有助于推动数据全生命周期标准化建设,促进跨区域、跨部门、跨层级数据资源管理,为数字经济产业的转型升级和智慧城市建设奠定坚实基础。

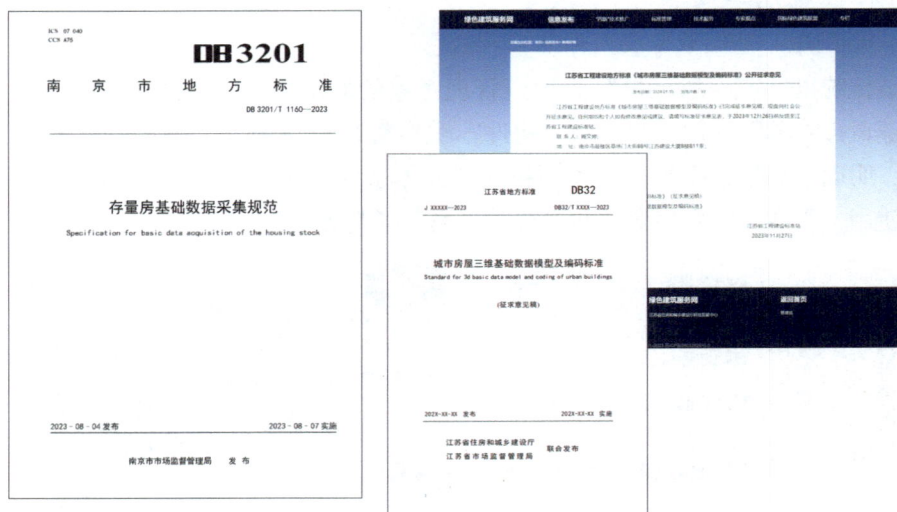

图5 市级标准和省级标准

2) 应用系统建设

（1）全生命周期的房屋基础框架数据管理系统。

在统一数据模型标准和编码规范的约束下，用一套软件、方法实现房屋基础框架数据有序化生产。全生命周期的房屋基础框架数据管理系统支持存量和增量的幢测绘数据、产权测绘数据和租赁测绘数据从汇聚、治理、溯源、服务发布、共享应用等全生命周期管理（图6）。若发现房屋基础框架数据异常，通过系统的工单反馈和消息通信功能实现楼盘数据的闭环管理。

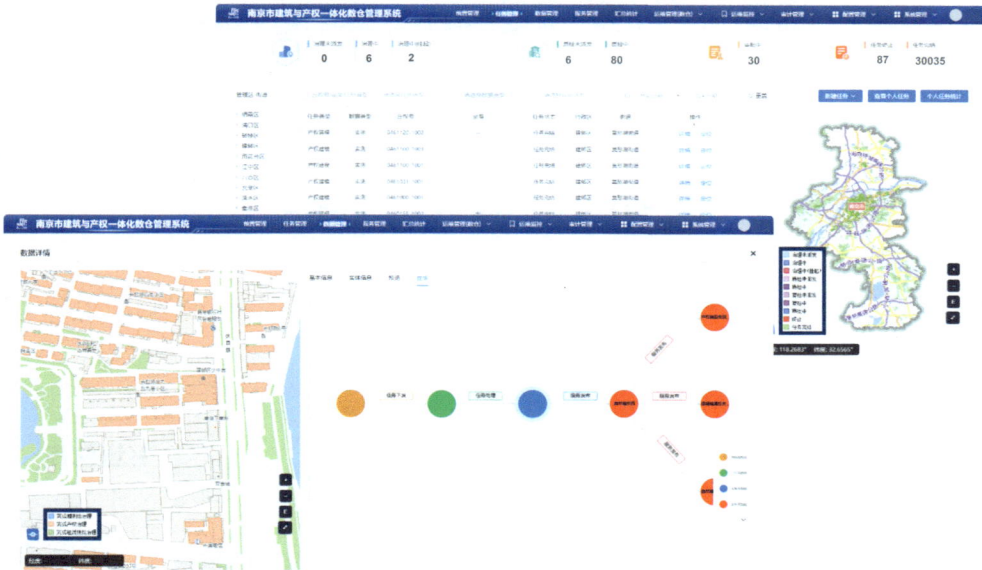

图6 全生命周期的房屋基础框架数据管理系统

（2）多粒度的房屋基础框架数据服务系统。

多粒度的房屋基础框架数据服务系统按"物业区域—自然幢—逻辑幢—层—单元—户—间—构件"层次组织和发布服务（图7），确保了房屋基础框架数据的无缝共享和高效交换，为南京市房产业务中房屋基础框架数据的闭环管理提供了有力支撑，解决了各部门、各系统之间存在的"信息孤岛"和"数据烟囱"问题。

各房产业务系统可根据实际情况定制房屋基础框架数据，也可向多粒度的房屋基础框架数据服务系统注册配置专题业务页面，用于展示各专题业务数据。

（3）多维度的房产数据可视化系统。

多维度的房产数据可视化系统是以自然幢或逻辑幢为单位，将房屋建筑三维立体产权空间实体通过拓扑变换，以二维表格的形式展开，可直观地表达产权实体的空间关系，服务于交易登记、分间租赁、房屋安全等房产精细业务需求。

房屋基础框架数据按照空间维度分为二维和三维两种形式进行可视化表达（图8）。其中，二维可视化表达主要包括二维平面图、二维分层分户图、二维分户分间图等。而

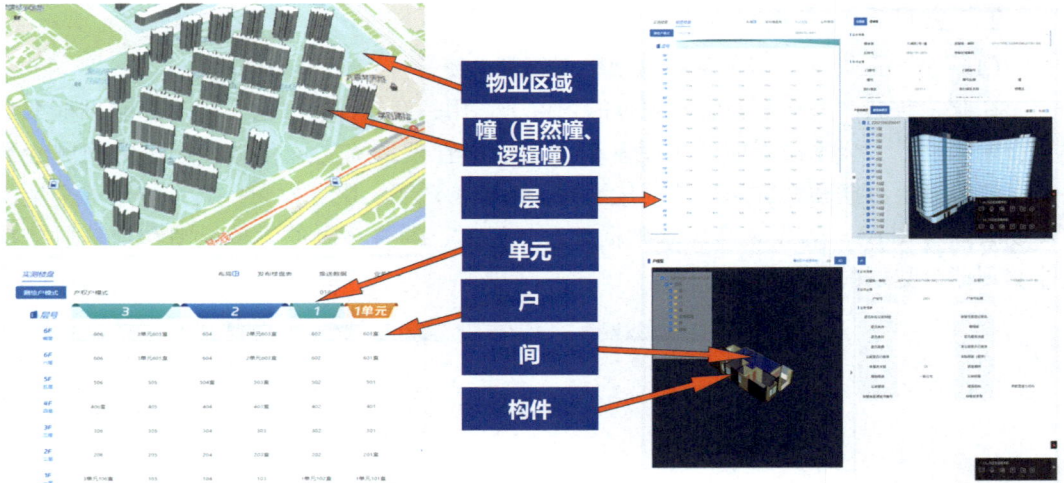

图 7　多粒度房屋基础框架数据服务体系

三维可视化表达则包括三维白模、建筑三维模型、分层分户产权三维模型、户三维模型等。

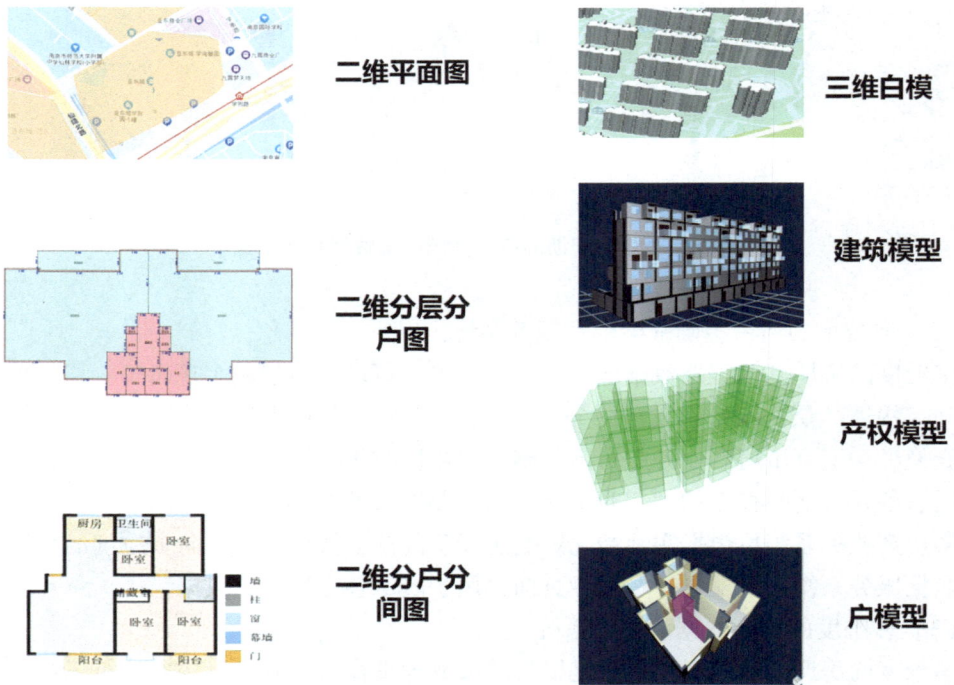

图 8　多维度（空间维度）房屋基础框架数据表达

房屋基础框架数据按照专题维度分为建筑信息和产权信息两大类进行可视化表达

（图9）。建筑信息可视化表达主要是建筑模型，用于精细展示房屋的外观、内部结构和空间布局等信息；而产权信息可视化表达则以产权模型为主，用于呈现房屋的产权归属、产权状态等信息。

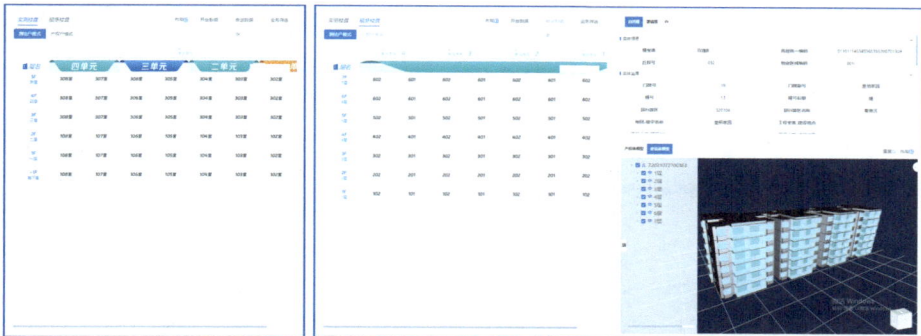

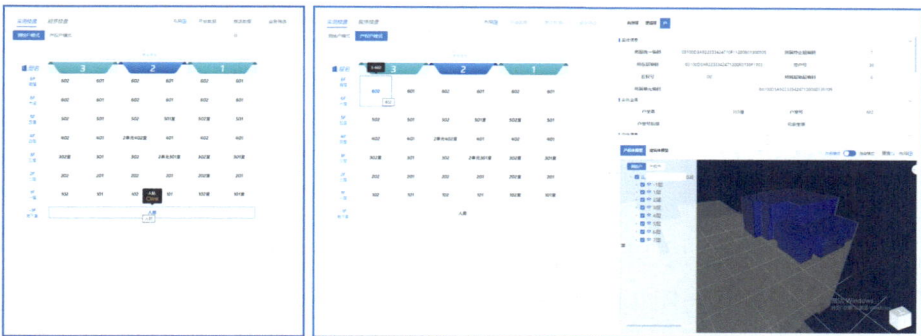

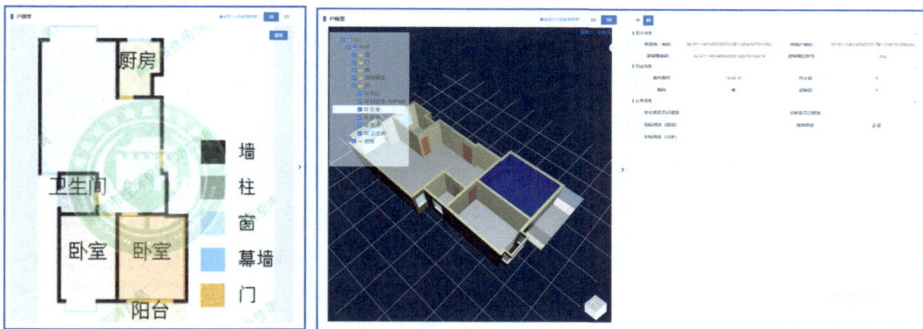

图9　多维度（专题维度）房屋基础框架数据表达

3）房屋数据治理

基于以上标准规范和系统软件开展了南京市大规模房屋数据治理工作，构建了全域房屋 BIM 数据集（图10）。南京全域房屋 BIM 数据集主要包括南京全域房屋的三维白模数据、全域租赁房屋三维 BIM 模型和轻量化数据、全域二三维分层分户产权数据等，为南京市"一网统管"和"四标四实"等工作的开展以及多部门数据融合提供全面的实有房屋数据基础。

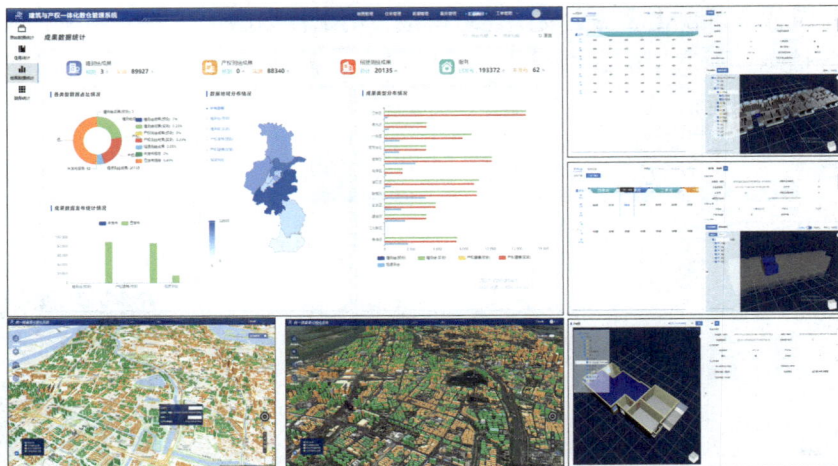

图 10　南京市城市房屋 BIM 数据集

三、创新应用

本项目的实施成功应用了南京泛在地理信息产业研究院有限公司和南京师范大学合作研发的建筑与产权一体化的新型城市房屋基础数据 BIM 模型框架、基于北斗网格码的房屋统一编码方案等技术，具体应用及效果有以下几个方面。

1. 建筑与产权一体化的新型城市房屋基础数据 BIM 模型框架应用

本项目成功应用了建筑与产权一体化的新型城市房屋基础数据 BIM 模型框架这一创新技术体系，实现了非结构化二维建筑 CAD 图纸向结构化、语义化的三维 BIM 自动转换，解决了大范围城市精细化 BIM 模型获取难题。同时，融合了主要关注建筑领域全生命周期管理的 BIM 模型和房产业务信息，构建了新型房产基础数据模型（图 11），全面支撑了房产交易、分间租赁、房屋安全、住房保障等城市房屋精细化业务需求。

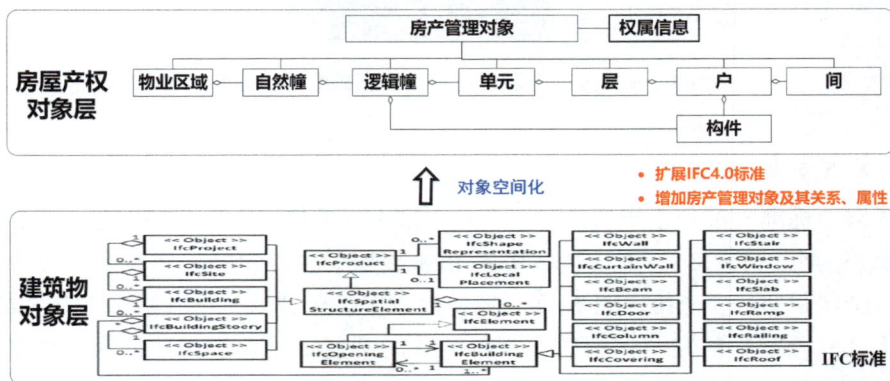

图 11　基于 IFC 标准扩展的新型房产基础数据模型

新型房产基础数据模型突破了传统"幢—层—户"为房产管理对象的局限性，明确了房产数据的分类体系和最小颗粒度。在南京市统一楼盘表中，房屋基础框架数据按照"物业区域—自然幢—逻辑幢—单元—层—户—间—构件"颗粒度进行组织。这种细粒度数据组织方式允许房产交易、分间租赁、房屋安全、住房保障等业务根据需求灵活地使用不同粒度的数据（图12），从根源解决了各部门、各系统之间存在的"信息孤岛"和"数据烟囱"问题，促进了信息的共享和业务的协调。

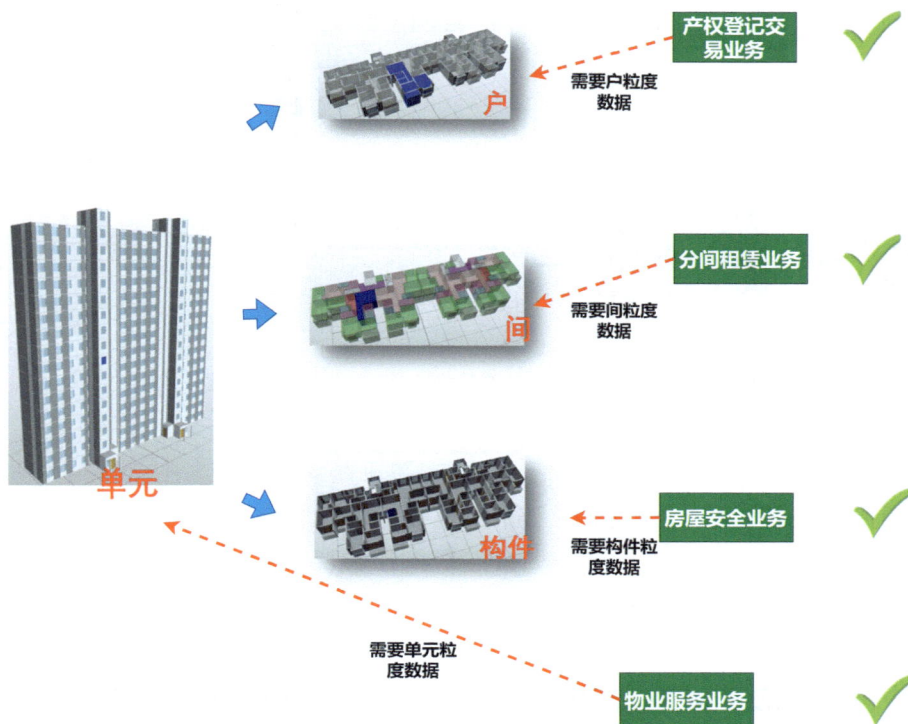

图 12　数据按需满足业务多样化需求示意

建筑施竣工 CAD 数据是城市开发、建设和竣工审批的重要依据，为房屋建筑的 BIM 化三维建模提供了宝贵的数据源。但长期以来，该技术领域被 Autodesk、Bentley、Catia 等国外厂商所垄断，导致技术门槛高且成本高昂。建筑与产权一体化的新型城市房屋基础数据 BIM 模型框架通过引入多模态深度学习技术，实现将海量非结构化二维建筑 CAD 图纸自动、高效、准确地转化为结构化、语义化的城市房屋 BIM 模型（图13）。这一创新技术不仅挖掘了海量存量建筑图纸数据的巨大价值，还显著降低了智慧城市建模的成本，为智慧城市的持续发展提供了有力支持。

南京市统一楼盘表基于建筑与产权一体化的新型城市房屋基础数据 BIM 模型框架，实现了存量和增量新型城市房屋基础数据 BIM 模型汇聚，构建了国内最大的一套城市房屋 BIM 数据集，有助于提升城市治理的效率和精准度，推动智慧城市的持续发展。

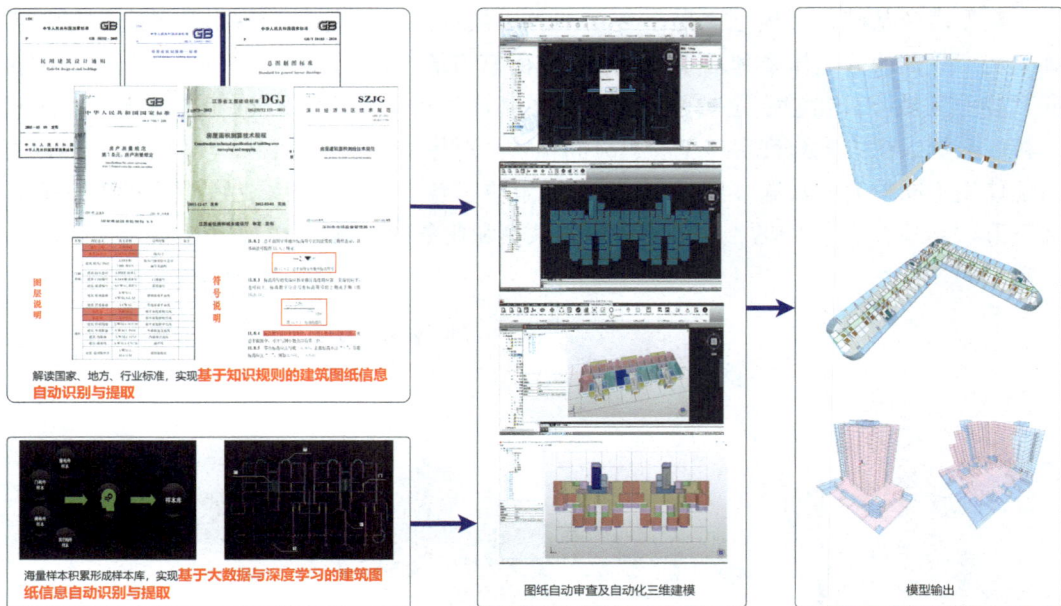

图 13 基于 CAD 数据的建筑物 BIM 模型自动化构建技术

2. 基于北斗网格码的房屋统一编码方案应用

本项目成功应用了基于北斗网格码的房屋统一编码方案，制定反映"物业区域—自然幢—逻辑幢—单元—层—户—间—构件"粒度的房产管理统一编码规范，实现对海量、多源房产数据资源的统一标识和规范管理，统筹房屋数据全生命周期，促进数据的有序流通与共享交换（图 14）。

图 14 房屋统一编码统筹数据全生命周期

房产管理统一编码规范是在兼容南京市楼盘表中现有的丘权号编码体系基础上精心设计的新型编码体系，能更好地兼容历史海量数据，为交易登记、租赁分间管理、物业管理、房屋安全等房产业务精细化开展提供有力支持。同时，新编码是基于北斗网格码编制的，确保了其广泛的推广性和兼容性，为智慧城市的建设和可持续发展奠定了坚实基础。

3. 数据全生命周期治理与服务体系应用

本项目成功应用了数据全生命周期治理与服务体系，针对南京房产业务中房屋数据的多种分类和多重颗粒度问题进行了系统性的梳理和归纳，制定了精细的房产数据的分类及颗粒度划分体系，为数据的有序流通与融合共享奠定了基础，彻底解决了各部门、各系统之间长期存在的"信息孤岛"和"数据烟囱"问题。

在此基础上，本项目打造了一个全面、科学且高效的智慧城市房屋基础框架数据治理与服务平台（图15），实现数据在可控范围内的有序流转和全周期信息追溯。同时，采用可定制、可配置的服务方式，精准满足各种房产业务的应用需求，并确保数据的持久运营和闭环管理。这一创新显著提升了"中国建造"的核心竞争力，为城市房屋精细化管理和智慧城市建设提供全面、可靠的实有房屋数据支持。

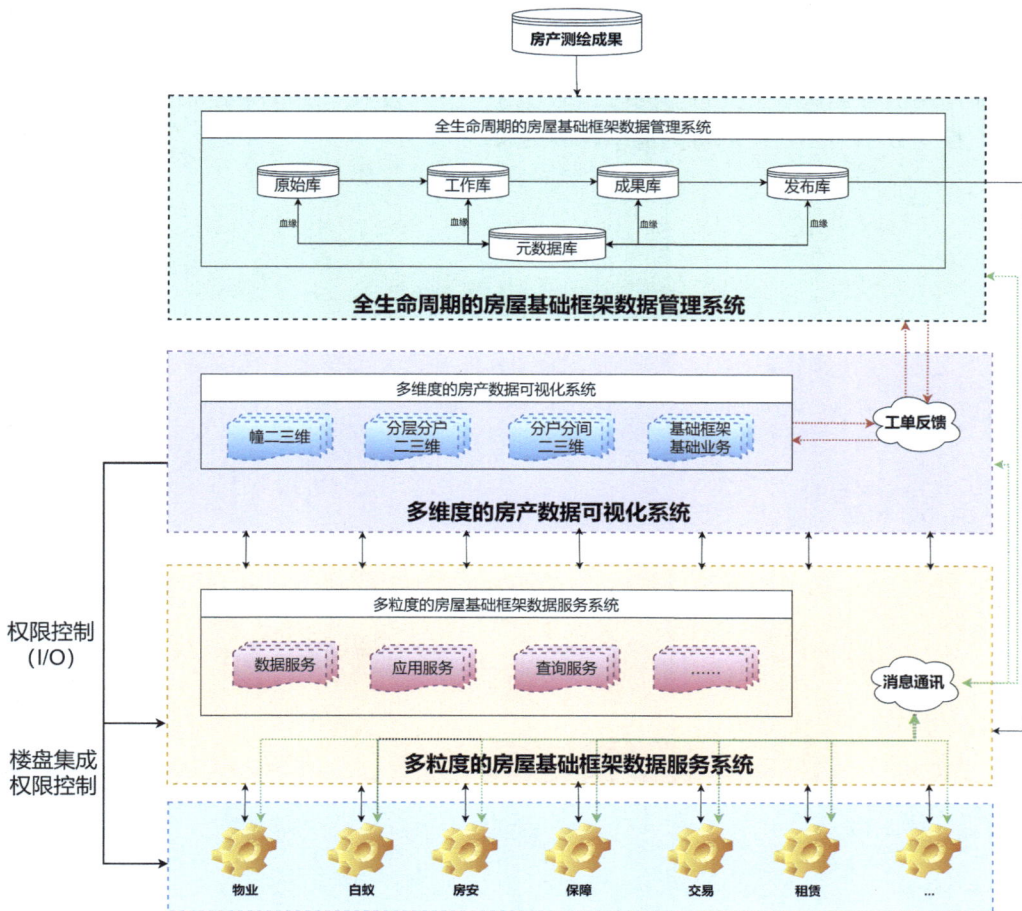

图15 房屋基础框架数据全生命周期治理与服务

407

四、推广价值

（1）本项目成功制定了《新型房产基础数据模型标准》和《房产管理实体统一编码规范》，并已正式发布为市级标准，同时申报为省级标准规范。这些标准规范的制定与发布，对数据全生命周期标准化建设具有里程碑的意义，有力促进跨区域、跨部门、跨层级数据资源管理。这一重要举措不仅为数字经济产业的转型升级奠定了坚实基础，更为智慧南京、智慧江苏的高质量发展注入了新的活力。

（2）本项目创新地探索并建立了城市房屋数据治理新模式，为南京市"一网统管"和"四标四实"工作的实施提供了全面、可靠的实有房屋数据基础。这一模式有助于多部门间数据融合共享，进一步推动业务创新和智慧城市建设。此外，这一模式已经全面支撑了南京市租赁房屋按间管理的业务需求，促进了租赁市场的规范化、智能化发展。

（3）本项目在国内率先构建了大规模的城市房屋 BIM 数据集，并创设了数据全生命周期管理与服务体系。这一创新实践确保了数据的持久运营和闭环管理，为城市房屋全生命周期治理提供有力支持。同时，通过这一实践为未来城市规划和治理开辟了更多可能，推动数字中国建设取得更加卓越的进展。

保定市不动产登记信息平台建设项目

许保刚　　刘鹏　李建新

保定市不动产登记中心　苍穹数码技术股份有限公司

一、建设背景

按照中央和省政府的相关工作部署，为全面完成不动产统一登记工作，保定市在对《不动产登记暂行条例》充分理解的基础上，遵循《不动产登记暂行条例》和信息化建设标准要求，对不动产登记数据进行深度融合，并建设形成归属清晰、权责明确、监管有效的不动产登记信息平台，实现保定市土地、房屋不动产信息的统一确权登记。

二、建设内容

1. 项目建设总体要求

充分利用原有的国土资源信息化和相关部门不动产登记信息化基础，集成整合目前分散在各部门的不动产登记数据，建成范围覆盖保定市主城区且结构稳定、可扩展性强的不动产登记数据库；利用并集成各类信息技术，建成统一标准、内容全面、互联互通的不动产登记信息平台，实现土地、房屋等不动产登记的受理、审核、登簿、发证以及查询等服务，让企业和群众办事更方便、快捷、高效。"保定市不动产登记信息平台"建设内容包括不动产登记权籍调查成果管理系统、不动产登记业务系统、不动产登记档案管理系统、不动产登记共享交换系统、不动产登记综合分析系统、不动产登记综合展示系统、不动产登记统一接入系统、不动产登记三维展示系统、不动产登记外网门户系统、不动产登记网上与申报系统、不动产登记一体机查询系统、不动产登记汇总管理系统、不动产登记监管服务系统、短信平台、与第三方系统对接。

2. 系统总体架构

系统总体框架采用分层思想设计，形成用户层、业务应用服务层、数据资源层、平台服务层、基础设施层等多层分布式应用体系架构。在软件架构设计中，分层结构是最常见，也是最重要的一种结构。分层结构可以降低层与层之间的依赖程度，需求变更时很容易用新的技术实现来替换原有层次的实现，有利于标准化和各层逻辑的复用。

系统总体框架如图 1 所示。

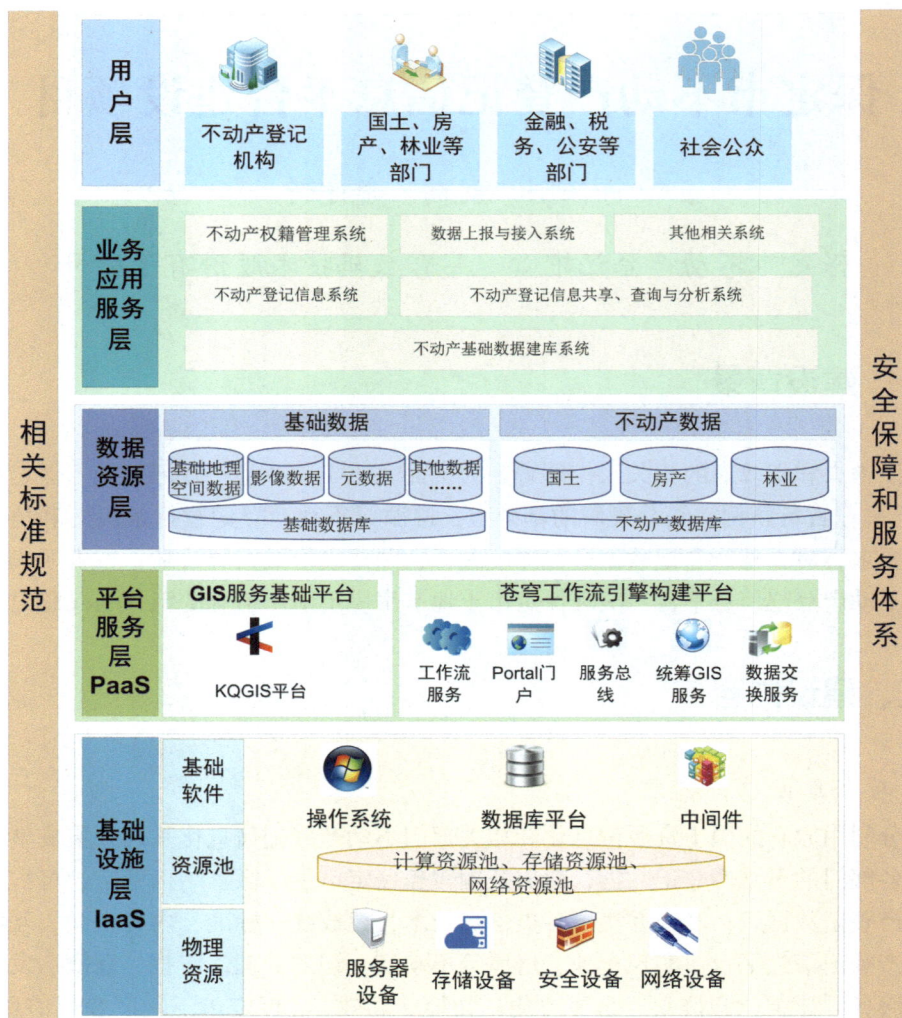

图 1　保定市不动产登记信息平台总体框架

保定市不动产登记信息平台总体框架是以现有软硬件设施为基础，以自然资源业务网、国家电子政务网、互联网为纽带，以不动产相关标准及相关技术规范为保障，以多级动态更新联动为主线，以管理登记流程和结果并对外提供共享交换、信息公开查询服务为目的，形成互联互通、贯穿上下的不动产登记信息管理体系。

1）基础设施层（IaaS）

基础设施层是系统运行的基础环境，围绕保定市不动产登记信息的管理，将服务器、存储设备、网络设备这些物理资源通过技术手段进行整合，按照云服务模式和云架构建立共享资源池，形成可按需求动态扩展的高性能计算环境、大容量存储环境，在资源池基础上配合操作系统平台、数据库平台、各类中间件服务等，为不动产登记信息平

410

台共同提供硬件和软件支撑环境，满足海量不动产登记数据存储、高并发用户登记业务办理和信息共享查询。

2）平台服务层（PaaS）

平台服务层以自主可控的 GIS 服务基础平台和工作流引擎构建平台为依托，提供各类服务组件，作为不动产登记信息平台的枢纽，负责对基础物理资源、数据资源、开发环境、通用资源、应用服务等进行统一管理、监控与调度。建立不动产登记信息平台实现资源服务目录，对各类资源进行访问管理。

3）数据资源层

不动产登记数据包括覆盖保定市主城区的，整合历年土地、房屋等管理机构积累的登记信息（空间数据、登记属性、档案数据）。不动产登记数据通过日常登记业务实时动态更新。为不动产统一登记平台、信息共享、查询与分析系统提供数据支撑。

4）业务应用服务层

业务应用服务层面向市级不动产登记机构提供登记管理服务和数据管理服务，建有不动产基础数据建库系统、不动产权籍管理系统、不动产登记信息系统、数据上报与接入系统、不动产登记信息共享查询与分析系统及其他相关系统。

5）用户层

面向各类用户，通过网络提供不动产登记信息的查询、分析、交换、共享服务和登记业务办理服务。

6）标准和制度保障体系

标准和制度保障体系包括数据和应用服务方面的技术标准规范及管理制度，确保不动产统一登记平台各组成部分之间，以及平台与外部系统交互能够有效衔接，规范运转。

7）安全保障体系

安全保障体系包括安全管理制度、安全基础设施、网络安全、主机安全、应用安全、数据安全等内容，保障数据存储、传输、访问、共享的安全。

8）体系结构

不动产登记信息管理基础平台是一款集数据建库、不动产登记应用、不动产业务办理监管、登记结果综合查询分析为一体的大型综合类应用软件平台。根据项目的建设目标，采用成熟的平台、软件产品，使用最优的体系结构来建立系统应用框架，并通过分层结构进行组织，确保系统的优越性。针对不动产登记的业务功能需求和用户群体，为保障系统高效、稳定运行，系统采用 C/S 与 B/S 结合的系统构架。采用 B/S 结构为主，C/S 结构为辅的部署应用模式，日常不动产登记受理、审核、登簿、查询、统计等功能采用 B/S 结构，涉及图形数据处理、影像文件扫描处理等功能采用 C/S 结构，采用两种结构的系统、模块之间无缝衔接，实现高效、便捷的不动产登记应用模式。

3. 技术方法

1) 平台建设采用主流成熟的技术

（1）采用 C++、PowerBuilder 语言开发，C/S 与 B/S 架构相结合。

（2）数据库采用 oracle 和 SQL Server 数据库管理软件。

（3）图文一体化业务协同平台构建。

（4）基于 Web service 接口和消息中间件的数据交换技术。

2) 标准规范

（1）《不动产登记数据库标准》。

（2）《不动产登记信息系统建设技术规范》。

（3）《不动产登记信息管理基础平台建设总体方案》。

（4）《不动产信息平台接入技术规范》。

（5）《不动产存量数据库成果汇交要求》。

（6）其他国家、省、市不动产相关政策法规、标准规范等。

3) 技术路线

"保定市不动产登记信息平台"满足根据业务实际需求进行软件功能修改，能够处理好系统中的边界问题。通过各系统共同协作，实现不动产登记业务办理流程化、网络化运行，形成纵向与上级部门节点之间互联互通，横向与同级住建、税务、金融机构等部门间的互联互通。平台建设总体框架采用分层思想设计，形成用户层、业务应用服务层、平台服务层、数据支撑层、基础建设层等多层分布式应用体系架构，可有效降低层与层之间的依赖程度，有利于标准化和各层之间的复用。

4) 工艺方法

按照既定的技术路线，设计采取下列工艺方法，具体情况如下。

（1）前期准备。熟悉用户系统目标、提出初步实施规划。

（2）项目准备阶段。建立实施组织，保定市不动产登记中心负责技术监督，参与到项目的规划、过程管理、人员调配，苍穹数码技术股份有限公司为项目主要负责单位，主要从总体上把控项目的进度。

（3）项目调研阶段。项目建设初期阶段，项目实施小组对系统开展了深入细致的调研工作，确切了解用户对系统的详细需求，制定了翔实的，可操作的项目实施计划。

（4）项目建设阶段。①项目调研完成后，调研人员向设计部提交了翔实的系统调研报告。在项目经理的带领下，调研人员、设计人员和研发部门相关工程师详细交流了用户需求，如实的反馈用户所需要的系统功能，确保项目的顺利进行。②开展城镇地籍空间数据库规范化整理、城镇地籍电子登记信息整理、电子档案挂接业务、房产自然幢空间数据整理、房产电子楼盘表数据整理、转换后房产电子登记信息对接及规范化整理、数据整合关联、原始库生成及提交、数据入库及检查、数据库检查及提交等工作。③不动产登记权籍调查数据库、不动产登记业务数据库、不动产登记汇总管理和市级监管库等数据库建设。

（5）项目安装测试及试运行阶段。项目小组在公司内部和用户的网络环境中对系统进行测试。主要测试系统的功能性、连通性、安全性、稳定性。在用户真实环境下，对用户网络及硬件设备进行测试，对软件系统进行容量、性能压力等测试及试运行。

（6）此阶段的主要工作内容为。编制测试计划、搭建测试环境及数据准备、组织测试及试运行、测试及试运行总结。

（7）维护与技术支持。项目实施小组向用户移交项目资料，对系统管理人员进行培训，项目将进入售后服务阶段。

4. 实施过程情况

项目于 2016 年 4 月立项，并启动项目团队建设，项目调研，筹备，项目实施方案、建设方案编写以及技术路线的制定。

2016 年 7 月，确定项目建设方案。

2017 年，开始进行系统设计、研发、测试、培训及上线试运行。

2018 年，顺利通过阶段性验收。

2019 年 8 月，完成了三级等保测评工作。

2021 年 11 月，顺利通过专家组的综合验收。

5. 质量情况

严格按照项目管理要求进行质量把控，包括组建团队、制定计划、分工协作、数据整合、系统试运行、上线、验收，每个环节都会形成文档成果，质检组复检核查，此外系统通过第三方公司三级等保测评以及专家组综合验收。

1）承担单位质量管理体系实施情况

承担单位苍穹数码技术股份有限公司于 2016 年 9 月通过了 ISO 9001：2015 质量管理体系认证并取得了 ISO 9001 认证证书及标志使用授权书；2019 年 8 月通过了 ISO 9001：2015 质量管理体系认证并取得了 ISO 9001 认证证书及标志使用授权书。

2）过程质量控制情况

质量管理实行"三检二验"制度。一检：作业组自己重复检查；二检：信息科联合承担单位组织作业组之间的互检；三检：信息科专职质检员检查；一验：由信息科组织检查验收；二验：组织专家验收。

数据整合采用人工目视检查、人机交互检查等方法开展，系统平台采用系统测试的方法开展，包括单元测试、集成测试和确认测试，系统平台初步完成后进行系统调试，进一步诊断、改正系统中的错误，系统平台完成后开展系统试运行，检测系统运行环境、软硬件体系支撑结构、系统各项功能指标、系统综合性能指标等是否满足用户需求。

3）成果验收方式

组织专家组对数据库和系统平台开展检查验收。检查数据库是否满足标准规范的要求，对系统平台开展测试和系统试运行，检验系统平台是否满足需求。

4）总体测试结论

保定市不动产登记中心不动产登记信息平台项目通过了大量的易用性、功能性、安全性及系统性能方面的测试。在集成测试过程中，以不同的用户权限在不同场景下的进行的测试覆盖面广，所测试的功能均能正常使用，性能达标，且各系统运行稳定，可靠性高，易于使用，操作简便，符合正式使用要求。所有系统通过了验收测试，整体符合合同要求，能正式投入运行。

三、创新应用

1. 建立保定市不动产数据共享信息系统，共享内容实现自主配置

基于已有的共享需求，建立数据共享资源池，基于住建、公积金、监察委、电力、审批局、公共维修基金等多个部门的数据实现共享服务，实现共享功能的模块化管理。对接部门访问权限、共享接口、接口内容均可自主配置，基于此，面对新的共享需求，或者原共享需求进行调整时，实现不借助开发力量，管理人员即可快速搭建好新的共享连接并开通应用。

2. "六区联办、一城通办"

打通登记系统与河北政务网"互联网+不动产登记受理系统"和冀时办 App "掌上不动产登记中心"模块路径，推行"外网申请、内网审核"的"互联网+不动产登记"服务新模式，开通网上申请、企业专区、证书核验、网上预约、不动产登记信息网上查询等便民服务，实现 24 小时不打烊，推行"六区联办、一城通办"，实现二手房转移登记与水电气联动过户"一件事一次办"，实行双休日不打烊、开通绿色通道和延时服务。

3. 便民服务创新应用

依托保定市不动产登记信息平台结构稳定、可扩展性强的定制功能模块，不断提升便民利民服务水平提供扎实基础，多项举措全省领先：2018 年，推出带图全自助打证；2019 年，实现"一窗受理、并行办理"；2020 年，实现二手房转移登记与水电气联动过户"一件事一次办"，实行双休日不打烊、开通绿色通道和延时服务；2021 年，推行 7 类高频转移登记事项"一表申请"；2022 年，建立"公证+不动产登记"和"不动产登记+住宅专项维修资金"联办机制，推出"一证一码"，在全市银行金融机构、开发企业、公证处、公积金中心等场所共设立便民服务点 140 余个，实现电子营业执照、电子备案合同数据共享；2023 年，优化窗口设置，登记时间压缩至受理完成后 1 h 办结，全面开展存量房转移登记带押过户，全面应用电子签名（签章）技术和电子合同，扩大不动产登记电子证照应用场景，创建"不动产登记+中介""不动产登记+社区"便民服务站，不动产登记便民服务网点达 60 余个，保定市营商环境不动产登记指标成绩在

2022 年全省优化营商环境评价中名列前茅。

四、推广价值

1. 经济效益

1）提高日常工作效率，降低工作成本，节省办公费用

系统优化办事流程，有效避免群众往返跑动，减少提交纸质资料，大幅度提升为群众办事及窗口工作效率，节约印刷成本、交通成本、人力成本、办公经费及管理成本。

2）提高不动产调查与审核自动化、规范化水平，大幅度降低出错率

通过数据共享，审查由形式性变为实质性，在不动产权籍调查、受理、审核阶段，可对申请双方的身份证明、婚姻证明、税费缴纳证明、企业营业执照、司法判决等情况进行核验，大幅度减少登记人为出错率，有效避免登记机构的赔偿责任。

3）提高办证效率，减少办事费用，加快资金周转与使用效率

业务流程整合，企业和个人减少出具各类证明、出图打印等费用，同时，环节的减少及办事效率的提升，加快了企业和个人的资金周转与使用效率。

4）为政府及社会百姓节省成本

"保定市不动产登记信息平台"自上线以来，共办理各类不动产登记 471 541 项，发放不动产权证书 284 533 本、不动产登记证明 163 896 本，完成与公安、民政、市场监管、卫生健康等 10 余个部门信息共享，完成土地价款征缴共计 1 亿 7364 万元，完成不动产登记费征缴共计 1 亿 2108 万元。

2. 社会效益

1）"互联网+不动产登记"提质增效便民

依托河北政务网"互联网+不动产登记受理系统"和冀时办 App"掌上不动产登记中心"模块，推行"外网申请、内网审核"的"互联网+不动产登记"服务新模式，开通网上申请、企业专区、证书核验、网上预约、不动产登记信息网上查询等便民服务，实现 24 小时不打烊，随时随地可申请。

2）不动产登记实现最多跑一次，压缩办理时限

不动产登记、税务、交易推行"一窗受理、一表申请、一窗办结"服务，全面整理不动产登记、住建和税务部门业务申请流程，统一申请材料清单，制定"综合申请表"，申请人在综合受理窗口一次性申请，不动产登记受理人员一次性收取全部材料，通过信息共享实时分发，一个窗口办结不动产登记业务，让企业和群众享受"一站式"便捷服务。进一步压缩不动产登记办理时间，不动产抵押登记、转移登记、变更登记等高频事项 1 日办结，更正登记、注销登记、查解封登记等事项即时办结。

3）"交房即交证"

在河北省率先实现不动产"交房即交证"，进一步规范开发企业，促使开发企业更

加重视楼盘质量、项目监管和服务质量，解决了交房时仍不能及时领取不动产权证书，进而使购房者在落户、子女入学、银行贷款、资产处置和收益等方面带来困扰，最终以品质、口碑、业绩来赢得购房者好的口碑。近3年来，已有233宗地实现申请即发证、交地即交证、85个新建商品房项目纳入"交房即交证"范围，在建项目继续试点"交房即交证"，2023年6月16日，首个新建商业项目卓悦中心实现"交房即交证"。目前，已有9000余名业主一手拿钥匙一手拿房本，改革经验在全省推广，并推荐至国家"放管服"改革办。

4）"老旧小区办证"

把解决人民群众"急难愁盼"问题放在首位，最大程度保障群众财产权利，满足人民安居乐业需求。一是房地产"解遗"攻坚成果丰硕，市本级149个房地产"办证难"项目，11.77万套房屋全部完成首次登记，"小房本"累计办理约10万套，办证率达85%。二是在全省率先启动推进老旧小区登记办证专项行动，涉及市主城区老旧小区住宅约4.6万套，惠及群众20余万。

5）"部门信息共享及数据整合"

坚持以登记系统信息化建设为重要支撑，建设了保定市级不动产登记共享平台，实现省级11部门19大类数据共享核验和市级7部门9大类数据共享联办。通过高质量整合历史存量数据，规范数据标准，梳理数据关联关系，精确权籍矢量数据等手段建设高质量的不动产登记数据库，将全类型不动产登记数据纳入不动产登记数据库统一管理，已完成保定市本级所有存量国有数据整合入库，全市不动产登记数据质量始终处于全省前列，为本地各部门数据共享应用提供数据支撑。

6）"创建便民服务点"

开设"不动产登记+中介""不动产登记+社区""不动产登记+金融"便民服务站，与农行、建行、工行、交通银行、河北银行实现总对总"程序直联"，创建不动产登记便民服务网点达60余个。

7）"全省试点情况"

全省试点"一网通办、税费同缴"不动产登记服务新模式，联合北京海淀、天津武清在京津冀地区率先实现不动产登记"跨省通办"。

武汉市线网指挥中心 NOCC
国家示范工程

孟宇坤　高　凡　杨博璇

中国铁道科学研究院集团有限公司　电子计算技术研究所

一、案例背景

在数字经济、数字中国、数字交通背景下，国家陆续发布《交通强国建设纲要》《国家综合立体交通网规划纲要》《"十四五"现代综合交通运输体系发展规划》，分别提出围绕数字化、智能化、网络化，大力应用新技术革命成果并与轨道交通深度融合。城市轨道交通作为城市综合交通体系中的一个组成部分，针对各大城市轨道交通快速呈现出的网络化格局，线网运营的智能调度、综合监管、服务能力、安全保障面临着更大的挑战，尤其是目前研究受限于既有信息化建设及发展模式，且偏重于线路监控管理和自动控制，而线路间的关联性、线网间的智能调度、日常调度和应急指挥合一、多中心网络化、多层级多中心多管理异地、智能化新技术应用等亟待提升。

由铁科院电子所承担的武汉地铁交通线网信息化云平台线网运营指挥中心 NOCC 作为国家级示范工程是武汉市轨道交通规划中的重要建设内容，是国内首个通过统一云平台联通 5 个控制中心，将老线迁移上云、新线建设上云，实现跨三网的城轨信息化标杆项目。NOCC 系统作为城市轨道交通运营的"最强大脑"，是协调、指挥、监督全市轨道交通线网的生产管理系统，通过云计算、大数据、AI 等智能技术，构建智能化的指挥中心平台，实现城轨线网运营调度指挥、应急联动及辅助决策，提升线网运营效率，保障地铁运营安全。

NOCC 系统依托横跨三网的城轨云与数据共享平台数字底座，设计线网指挥中心、线网应急中心、线网评价中心、线网智能中心、线网发布中心 5 个虚拟中心、8 大系统及 1 个统一的运营指挥窗口。通过网络化运营、平台统一、资源共享、数据融合，构建"一张网""一张图"，实现轨道交通统一决策、统一指挥。

二、应用内容

1. NOCC 信息化建设平台

NOCC 线网指挥中心系统定位于轨道交通多线运营的综合协调，实现监视并协调各条线路的运营状况、预警报警、突发事件的应急指挥与救援联动、运营能力评估与运能配置、线网大数据分析与客运服务支持的各项功能。基于云平台、大数据、物联网、GIS&BIM 等技术，通过对各类数据采集，实现了基于实时监控平台，接入十余类专业监控的线网综合监视系统；"一键式"应急联动快速响应指挥系统；线上线下一体化多媒体信息发布与云服务系统；基于大数据平台的统计分析评估决策系统。

1）大数据平台

NOCC 作为城市轨道交通线网级运营管理的中枢，以大数据运行环境下的数据应用为驱动，实现调度指挥人员行使监视、协调、管理和应急指挥全市城市轨道交通网运营的职能。通过协调各条线路运营，发挥网络的整体运能，使各线及轨道交通网络高效、经济、有序运行，为进一步与城市综合交通体系深度融合奠定基础。通过构建大数据平台，将综合监控、ACC、信号等实时数据接入，提供实时分析处理能力，并将结果提供给上层应急系统和大屏可视化系统；为文件、视频、图片等非结构化数据提供海量存取。将历史 Mpp 数据批量导入大数据平台，提供历史海量数据存储、分析能力。大数据平台逻辑架构如图 1 所示。

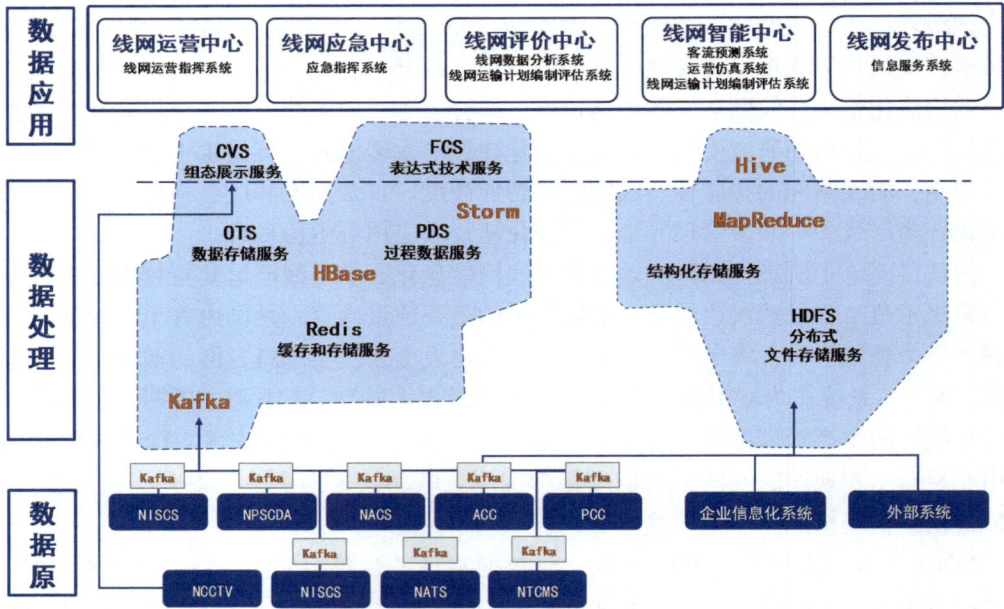

图 1　大数据平台逻辑架构

2）云平台

系统采用云资源分配方案，包括 IaaS 层虚拟机配置方案及软件部署方案。数据源数据层通过数据采集层汇聚至数据处理应用支持平台层，经过数据分析，提供给服务与工具层，最终用于应用与展示层。从各个系统采集的实时数据通过实时数据流分析，提供给实时监控、实时报警。实时数据存储进数据资源池，提供统计分析服务，实现运营指挥，应急指挥。数据存储池中数据通过数据分析平台，进行数据治理，提供运营评估、信息服务、设备状态维修服务。

图 2　基于云平台的 NOCC 软件架构

3）数据共享平台

武汉 NOCC 大数据平台通过采集线网所需数据，汇聚至数据管理平台，通过大数据引擎进行数据处理、分析，为上层应用提供数据服务。最终实现运营管理、应急辅助决策、企业管理和资源开发（图 3）。

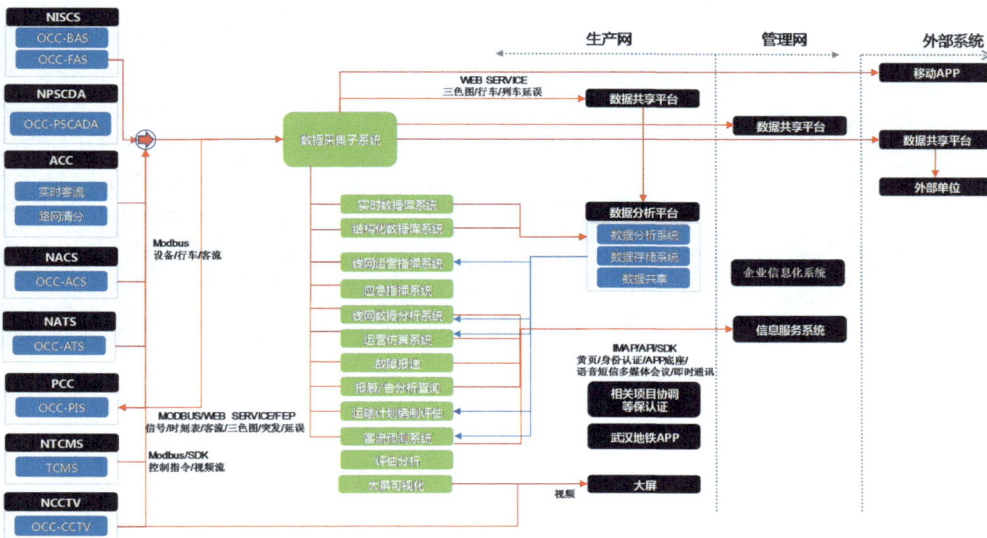

图 3　NOCC 基于数据共享平台的数据方向示意

武汉 NOCC 大数据平台需要支持海量数据存储和处理，并可以支持各种数据源，包括半结构化、非结构化和结构化数据。针对 NOCC 大数据应用场景，大数据平台分别建设非结构化（含半结构化）数据资源池和结构化数据资源池。非结构化（半结构化）数据采用 Hadoop 集群，结构化数据采用大规模并行处理关系型数据库（MPPDB）集群。

Hadoop 集群是一个分布式数据处理系统，对外提供大容量的数据存储、分析查询、全文搜索和实时流式数据处理分析能力。武汉 NOCC 建设的 Hadoop 集群要求是基于 Apache Hadoop 开源社区进行封装和增强的企业级的大数据解决方案。

2. NOCC 八大信息化系统

1）线网运营指挥系统

线网运营指挥系统面向"线网决策层、线网执行层、线路控制层"三个层次和"线网指挥、乘客服务、企业管理、数据服务"四个维度监控全线网行车组织、客流运营、综合设备状况，保障武汉市地铁行车安全、避免客流拥挤、实现线网级设备调度及大数据统计分析（图4）。

图 4　线网运营指挥主界面

2）应急指挥系统建设

全线网统一的综合应急处置及协调系统，围绕突发事件的事前、事中、事后的全过程，实现城市轨道交通的全面应急管理。缩短科学决策时间，预防事故发生，降低事故发生率，提高网络化运营管理水平和服务水平（图5）。

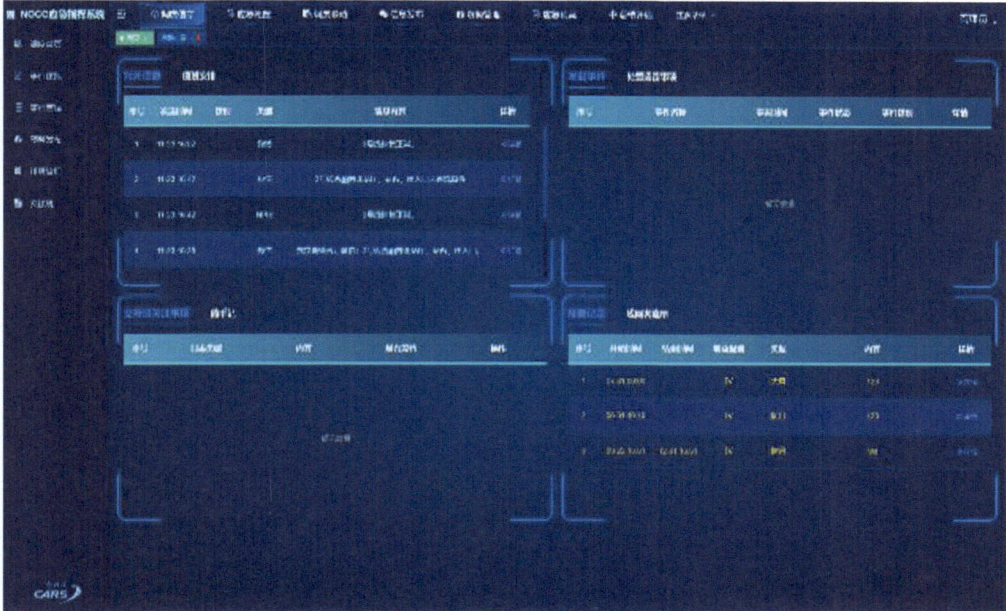

图 5　线网应急指挥主界面

3）客流预测系统

面向轨道交通网络化运营场景，在历史客流数据挖掘的基础上，应用预测模型与算法，对短时短期的大客流进行预知、预测新线开通线路客流等，提高运输效率、保障行车安全，有效提升乘客服务体验（图6）。

图 6　客流预测主界面

4) 运营仿真系统

运营仿真系统基于人工智能技术和多智能体仿真技术开发，通过"点""线""面"三个层面实现车站仿真、线路仿真和线网仿真功能，达到日常运营组织方案的仿真评估及应急处置方案的仿真推演，为线网运营指挥及应急处置提供智能化辅助手段（图7）。

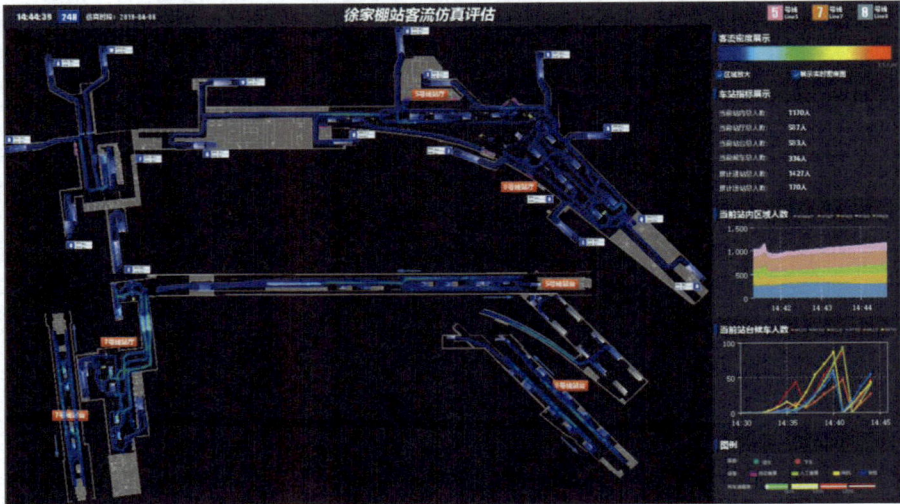

图7 运营仿真主界面

5) 线网运营计划编制评估系统

基于历史或预测客流数据、历史行车数据和运营组织条件，通过列车开行方案编制方法，铺画列车运行图。通过列车运行图技术指标、运量运力匹配性指标评估结果，指导运输计划作出调整以实现较优的编制方案（图8）。

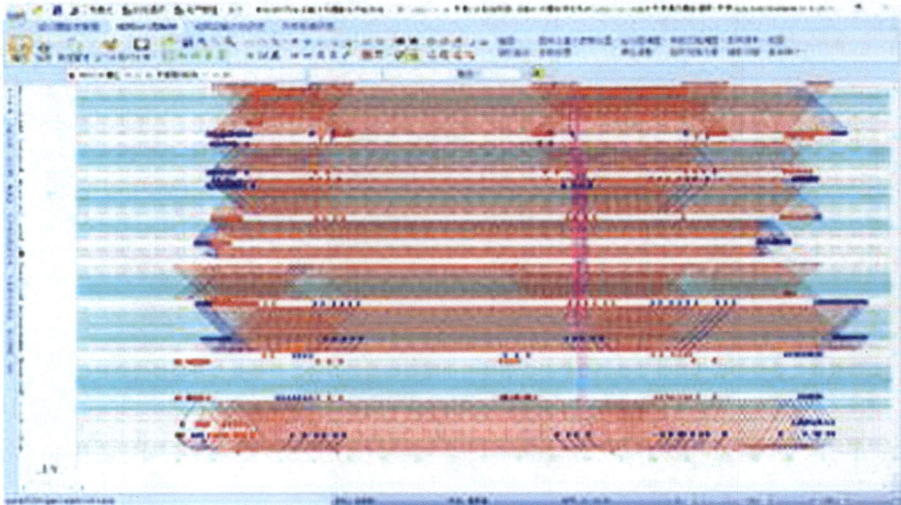

图8 运营计划编制评估主界面

6）线网运营指标统计分析系统

统计分析平台跨业务的数据整合共享，提供灵活的数据查询、强大的数据分析和挖掘功能以及可定制的报表报告功能，实现线网运营的精细化、可视化、智能化，为城市线网轨道交通系统运营决策提供支持（图9）。

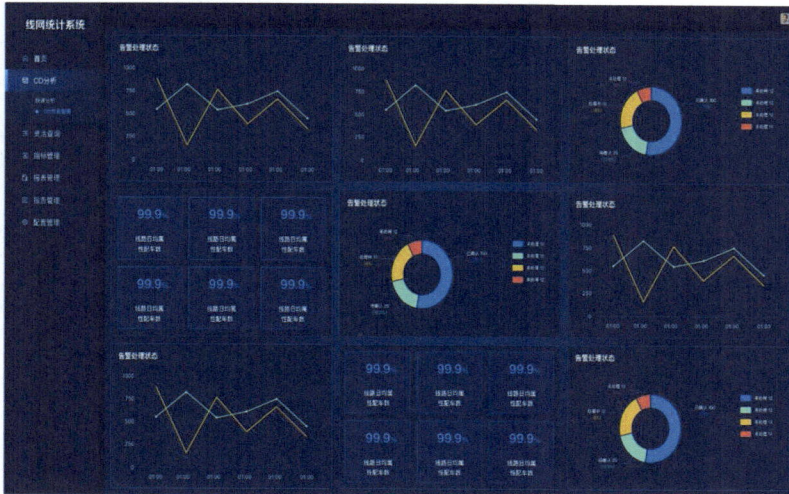

图9 运营指标统计分析主界面

7）信息服务系统

提供统一的信息发布平台，汇总线网日常运营数据，通过存储加工处理，为运营管理人员提供信息统计、分析、评估和辅助决策服务，为交通局、城市大脑等政府部门提供信息查询、数据交互服务（图10）。

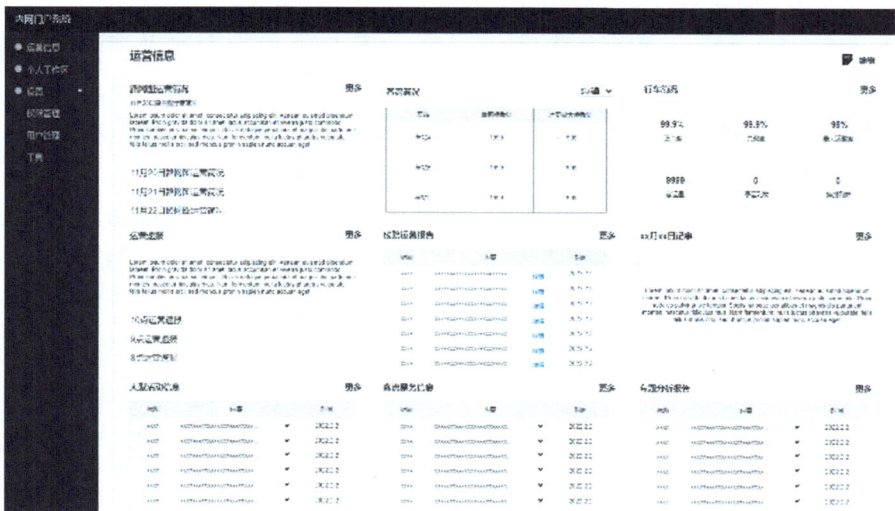

图10 信息服务主界面

8) 可视化系统

利用先进的软硬件展示技术、创新的视觉形式，实现对业务价值、数据价值、数据资产更全景，更深入地挖掘分析和展现，帮助领导及管理人员清晰直观地掌握运营的有效信息，实现透明化与可视化管理，有效提升资产管理与监控管理的效率（图11）。

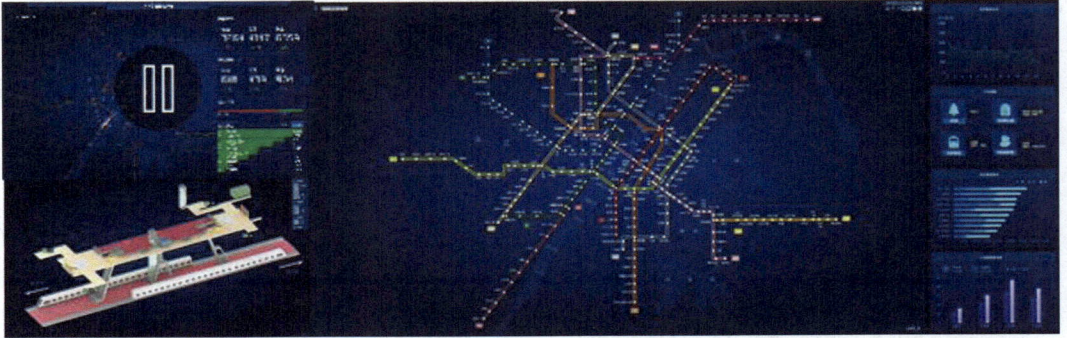

图11　大屏可视化日常模式

三、应用效果

日常情况下，通过协调各条线路运营，发挥网络的整体运能，使各线及轨道交通网络高效、经济、有序运行，提高轨道交通网络化运营管理水平，提高乘客舒适满意度；紧急情况下提高应急处置效率，减少突发事件造成的影响，保障乘客安全出行。

（1）全网实时监视。500毫秒内实现全网上千万点实时数据采集和处理，实现站、线、网运营状态综合监视，通过多系统互联互通、数据共享，提高轨道交通网络化运营管理水平、优化运营模式。

（2）一键应急联动。通过一键联动，自动匹配突发事件的应急预案、应急资源，筛选现场监控视频，关联线路 ATS、客流、设备状态等信息，通过信息组团方式直观呈现突发事件处置相关画面、数据等信息，提高应急处置效率，最大化减少突发事件造成的影响，保障乘客安全出行。

（3）多元信息服务。统一编播管理，节目源层层受控、安全验证，为乘客提供集出行与娱乐一体化的高清多媒体信息发布，以及端到端的自助式出行信息服务，提高乘客舒适满意度。上线试运行的信息服务系统基于大数据平台，并通过企业微信实现运营用户及管理人员实时查看运营数据，报告报表，大幅度提升运营管理效率以及辅助决策能力。提供统一的信息发布平台，汇总线网日常运营数据，通过存储加工处理，为运营管理人员提供信息统计、分析、评估和辅助决策服务，为交通局、城市大脑等政府部门提供信息查询、数据交互服务。

（4）精准预测。采用特征工程和人工智能技术构建预测模型，利用真实海量历史客流数据叠加多维特征标签对短时、短期、特殊情况下的全线网客流进行预测分析，

424

有力支撑武汉地铁线网化智慧调度业务。NOCC 客流预测真正实现了从"持续预测、输出预测数据、供调度精确掌控实时客流趋势",并通过 NOCC 信息服务系统以可视化呈现方式每半小时推送未来两小时的客流预测值到被授权用户的企业微信,整个过程全部由系统自动化执行,无须人工参与,真正实现"解放双手、预测准确、触达高效、内容直观",用户可随时随地查阅全线网、各分线路、各车站、断面区间的客流预测情况。

(5)车站运营管理辅助决策。从"点"的层面价值体现为以下内容。帮助用户进行车站大客流组织的方案的评估与比选,方案制定更精细,动态仿真优于传统静态分析。帮助用户开展不同客流规模构成、运力投放及客流组织等各种场景下的车站运营压力测试评估,发现车站的能力瓶颈点及隐患点,辅助车站运营措施的优化。

(6)线路运营管理辅助决策。从"线"的层面价值体现为以下 3 点。①为常规条件下列车运输组织方案的可行性确认提供列车牵引计算的工具与虚拟平台,比如供电能力能否满足多列车同时牵引的需求、列车在长大坡道上的牵引力是否足够等。②为线路突发信号或列车故障下救援方案或应急预案的制定提供虚拟场景及平台支持。③能耗分析支撑,包含牵引能耗与再生制动能利用分析评估模块,助力企业降本增效。

(7)线网运营管理辅助决策。从"网"的层面价值体现为以下 3 点。①网络化列车运行计划的综合动态评估。辅助列车运行图的制定与调整,满足上级部门对列车满载率的统一规定及要求。②网络化限流诱导方案的精细化仿真评估。辅助网络化限流诱导方案的制定。③可预知事件的影响分析。辅助网络化应对方案的制定与评估,如计划性封站事件、大型活动等。

四、创新点

(1)通过云计算、大数据中心全面构建智慧地铁体系:武汉地铁集团站在线网角度,打破传统建设模式,对轨道交通线网信息化进行了统筹规划和顶层设计,提出了"基于新 IT 架构的轨道交通线网管理指挥中心方案"构想,并对武汉轨道交通线网中心进行重新规划,利用云技术实现架构和安全的"网络化重构",统筹建设轨道交通行业示范云平台和武汉地铁大数据中心。武汉轨道交通线网信息化云平台新建"国博生产指挥中心+光谷云平台管理中心",成为武汉地铁的主备线网控制中心,为践行"智慧地铁"理念、实现"世界级地铁城市"目标打下坚实基础。

(2)数据赋能提升运营辅助决策支撑能力:客流预测系统经过算法不断优化,在历史客流数据挖掘的基础上,应用预测模型与算法,对短时短期的大客流进行预知,并预测新线开通线路客流等,提高运输效率、保障行车安全,有效提升乘客服务体验,在武汉项目中首次实现多种运营场景下的客流精准预测,对未来客流规律和发展趋势的提前预判分析,为线网智慧化运营提供更多辅助支持。

(3)围绕城轨线网超大规模网路化运营调度管理需求,研究形成了具有"多网多线互联、多运营主体、多级管控、多地多中心联动"特点、覆盖车站—线路—线网的"点、线、面"三级联动的线网运营调度管控一体化管理体系。

（4）围绕城轨线网级运营调度管理业务，构建了基于云脑平台、大数据多架构的线网级智能运营调度总体解决技术方案，为三级运营体系的运营组织、调度联动、应急指挥、乘客服务等核心业务提供基于端边云的异地线网云中心技术架构。

（5）立足于轨道交通综合运营监测与管理层面，以运营信息物联网监测、数据共享高度融合、云引擎及大数据驱动技术为支撑，基于自感知注册、标准化物模型接入、流批融合、离实协同的湖仓（LakeHouse）一体架构，建立了一套基于混合式大数据架构、多元多模态融合、标准化接口构成的大数据共享平台，为城轨线网智能调度数字业务提供海量设备物联感知、全域数据自动化采集、数据建模融合分析、数据标准化管理的技术保障体系。

（6）基于城轨线网各运营线路的运营综合协调和调度指挥管理需求，基于云脑平台、大数据应用架构研制了覆盖线网运营管理类系统、线网应急指挥类系统、线网乘客服务类系统、线网辅助决策类系统的一整套城轨线网智能调度平台，实现运营信息集中、运营监视管理、协调指挥、应急处理、运营组织、调度联动、运营策划、乘客服务、信息共享及应急发布等核心智能化业务应用，为轨道交通线网的统一运营协调与管理提供支持，为轨道交通线网提供应急处理的手段。

五、社会效益

轨道交通智慧建设是交通强国建设发展的新引擎，智慧城轨的数字化时代悄然来临。新一代信息技术推动智能交通发展、促进服务业升级、助力智慧城市建设，已经渗透到轨道交通各个领域。线网指挥中心作为城市轨道交通线网运营调度的决策指挥平台，提升了运营的安全、服务、效率、效益及管理水平，为武汉地铁运营调度的网络化、智能化转型奠定基础，提升乘客服务体验。

武汉地铁交通线网信息化云平台线网运营指挥中心 NOCC 将满足 32 条线路的上云管理，建成以生产系统为基础，以云平台为手段，实时汇聚大数据资源，实现智慧化应用的武汉轨道交通线网信息化云平台。作为武汉地铁示范工程参加国际城轨展，在城轨行业得到高度关注。深圳、宁波、福州、合肥、石家庄、杭州等新建或扩建 NOCC 系统的地铁建设单位、运营单位及设计单位、省市领导多次参观武汉地铁线网指挥中心，对系统各亮点给予了很高的评价。

南宁吴圩国际机场数字孪生底座平台

钟金明　申杨捷　陈　辉

广西机场管理集团有限责任公司　广州南方测绘科技股份有限公司
广州南方智能技术有限公司

一、建设背景

党的二十大报告提出加快建设交通强国、数字中国，优化基础设施布局、结构、功能和系统集成，构建现代化基础设施体系。《数字中国建设整体布局规划》提出，推动数字技术和实体经济深度融合，在农业、工业、金融、教育、医疗、交通、能源等重点领域，加快数字技术创新应用。

广西位于我国大陆东、中、西地带的交汇点，南临北部湾，是连接粤港澳与东盟国家的重要通道，也是西南中南地区的开放发展支点。南宁吴圩国际机场作为广西的主要机场，自治区党委、政府高度重视其建设发展，提出了打造面向东盟的门户枢纽和国际航空货运枢纽的目标。广西机场管理集团为实现这一目标，持续加大南宁吴圩国际机场基础设施建设力度。

根据习近平总书记关于"四型机场"建设的重要指示和国家民航局《中国民航四型机场建设行动纲要（2020—2035年）》的意见，结合广西交通运输数字化转型升级、以数字化推进行业治理体系和治理能力现代化的要求，南宁吴圩国际机场将智慧化建设作为重要内容，通过统一规划、统筹建设，充分考虑机场的枢纽地位和长期发展要求，深度融合GIS、BIM等数据，创建机场孪生底座平台，为工程建设、安全运行、智慧化管理等提供数据和能力支持，将推进《智慧民航建设路线图》所确定的数字化转型，创建机场大数据管理体系，实现内外部数据顺畅流转和应用融合创新，把南宁吴圩国际机场建设成"平安、绿色、智慧、人文"的品质机场，如图1所示，为广西民航高质量发展、西部交通强省建设和新时代建设作出更大贡献。

二、建设内容

1. 总体架构

平台深度融合GIS、BIM、IoT等新一代信息技术，搭建南宁吴圩国际机场数字孪生

图1 "四型机场"建设要素

底座，平台按照"一中心、一平台、N应用"的设计理念，赋能智慧机场建设。总体设计如图2所示。

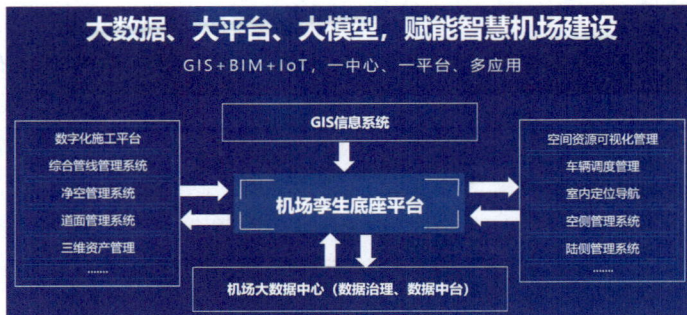

图2 数字孪生机场总体设计

平台以标准规范体系为基础，以安全运维为保障，从下到上依次划分为基础设施层、数据资源层、基础平台层和业务应用层，建立大数据、大平台、大模型，总体架构建设如图3所示。

图3 系统总体架构设计

基础设施层：搭建安全可靠、易于管理、可弹性扩展的硬件环境，能够为提高机场建设、运行、服务、管理等多种应用的弹性扩展和部署管理能力提供技术支持，同时为相关应用的不断丰富拓展提供基础环境支撑。

数据资源层：按照南宁吴圩国际机场数据资源体系，对多源异构海量 GIS+BIM 数据进行整合，实现统一集成管理。

基础平台层：通过建立集数据汇聚、管理、分析、共享为一体的 GIS+BIM 基础底座平台，有效归集时空地理、BIM 等数据，统一为机场提供多基础服务能力。包括GIS+BIM 底座管理系统、机场三维全息"一张图"引擎、云共享服务中心。

业务应用层：根据南宁吴圩国际机场当前业务系统建设的需要，基于平台支撑层，建设机场电磁管理子系统、综合定位移动端、虚拟仿真（VR）演练子系统等多个业务应用系统，支撑相关业务部门工作，提升业务工作的信息化、数字化、智能化水平。

2. 建设内容

1）GIS+BIM 数据底版建设

将 T1、T2、T3 航站楼，以及 GTC（交通中心）、ITC（航空信息部楼）、AOC（运行指挥中心）等共计约 180 万平方米 BIM 模型与机场基础测绘数据、专题数据、地下管线数据、图档数据、传感数据等数据融合关联，构建二三维、动静态、地上、地下、室内外一体化的数据底板，建设数据内容如表 1 所示。

表 1　数据建设情况图表

项目	数据名称
基础测绘数据	遥感影像
	1：500 测绘建库成果
	范围红线
	航站楼及工作区范围红线
专题数据	机场范围室外电子地图
	转运中心国内国际进出港库室内地图
	航站楼室内电子地图
	GTC 室内电子地图
	GTC 室内资源
	机场总地块数据
机场地理信息	地下管网
	飞行区灯具数据

项目	数据名称
三维成果	机场地上室外建模（大场景手工模型）
	GTC 土建和机电 BIM 模型
	地下管网三维模型
	净空限制面三维模型
图档数据	初设图

2）GIS+BIM 平台底座建设

（1）建设 GIS+BIM 底座管理系统，在 GIS+BIM 二三维信息数据基础上，提升平台对各类 GIS、BIM 数据的全生命周期管理能力。

（2）建设机场三维"全息一张图"引擎，针对各应用、各部门需求提供三维高渲染可视化引擎、BIM 模型分析交互引擎、二三维 GIS 分析引擎、"零代码"场景搭建引擎。

（3）建设 GIS+BIM 云共享服务中心，实现机场各业务系统间基于 GIS+BIM 数据底座的互联互通。

3）GIS+BIM 深化应用系统建设

基于平台底座，新建虚拟仿真培训（VR）演练子系统、领导驾驶舱、机场电磁管理子系统、综合定位移动端、设备监控可视化子系统、道面管理系统、管线管理系统、净空管理系统等多个 GIS+BIM 深化应用系统，服务于机场日常业务管理，增加信息化系统对业务应用支撑的深度和广度。

（1）机场综合管线管理平台：基于机场 GIS 系统，利用 GIS、数据库、图像处理、可视化及 WebGL 等技术，建立机场综合管线管理平台，PC 端、移动端协同应用，提供领导驾驶舱、管线一张图、巡检管理、维修管理、平台管理五大功能模块，如图 4 所示。

（2）净空管理系统：基于 GIS 开发，建立了机场净空管理系统，提供净空"一张图"、障碍物管理、档案管理、巡检管理、异常管理等功能，系统采用"Web 端+移动端"的方式，实现"低慢小"、建筑物等影响飞机安全运行的障碍物的管理，守护机场净空安全。

4）提供 API 开发接口及外部系统接口

系统提供 API 开发接口，可基于接口进行二次开发，满足各种开发需求。提供外部系统接口，为包括而不限于航站楼弱电信息系统、数字化施工平台、车辆定位系统、楼宇自控系统等进行数据对接，并为其他使用二三维 GIS+BIM 数据的应用系统提供 GIS+BIM 数据服务。

图 4   机场综合管线管理平台

三、创新应用

1. 物理机场与数字机场同步建设、同步演进

通过对现实场景、问题、要素进行机理、空间的模拟仿真，通过提供基础 GIS+BIM 数据服务、功能服务，提供精细化管理和辅助决策支持，搭建数字机场，实现平台与 T3 航站楼同步规划、同步建设、同步演进。

2. GIS+BIM 技术深化应用，服务机场建设全流程

GIS+BIM 技术将在 T3 航站楼建设过程中得到全面、深化的应用，设计 BIM、施工 BIM、竣工 BIM、运维 BIM 将与其他 GIS 数据、业务数据、传感数据融入，纳入平台集中管理，统一服务于 T3 航站楼规划、设计、施工、监理、竣工、运维等工程建设环节。

3. 统一实施，确保数据衔接、业务协同

通过统一的数据管理平台，对 T3 航站楼项目建设、竣工交付及运维各阶段数据全面记录和跟踪，实现了各阶段数据的一致性和无损失传递。同时通过有效的项目管理和协调，明确分工和一致性目标，以确保不同技术和平台之间的顺畅对接。例如，建设施工和机场整体数据底座由不同厂家负责，成功实现了系统成果的一致性，有效避免了由分歧导致的数据损失和成本增加问题。

采用集中管理和协同合作的措施，确保了数据的完整性和系统的一致性，避免不同平台和技术之间的分歧，提高整体工程的效率和质量，对于未来的机场运维工作和数字孪生机场建设工作至关重要。

通过整体实施，在 BIM 数据管理和流转、系统数据衔接、业务协同等方面有着天然优势。

（1）有利于 BIM 数据的管理和流转。通盘考虑了 GIS+BIM 综合管理与 BIM 工程全过程咨询服务的有机结合，在项目中采用项目的 BIM 数据存储模型和 BIM 轻量化技术，确保 BIM 工程全过程咨询服务所形成的 BIM 模型资产完整无损地传导到 GIS+BIM 综合管理平台，对其他接入平台的各业务系统提供准确、统一的 BIM 数据服务。

（2）有利于平台系统间的衔接。BIM 协同平台与 GIS+BIM 综合管理平台不是各自独立的孤岛，二者虽定位不同，但联系密切。整体统一实施可实现平台总体框架、技术框架、数据框架的统一、复用，以及部分功能的服务、数据或功能服务的复用，完成系统的单点登录等，用同样的投资实现最好的效果，避免系统烟囱的产生。

（3）有利于业务间的衔接。BIM 工程全过程咨询、GIS+BIM 平台接入的业务系统涉及的机场管理业务和后续的 BIM 运维业务的有效衔接。

4. 前瞻性标准设计，利于后期 BIM 运维

在实施的前期准备阶段制定兼容运维的数据标准，减少后期 BIM 竣工模型到运维模型转化的工作量，使得在 T3 航站楼及配套工程建设中和完成后形成的 BIM 模型资产能够有效地投入 BIM 运维工作。

设计非结构化的数据属性存储模型，有效整合在 BIM 服务中不同相关方提供的以构件为单位的不一致、不对齐的数据信息，做到属性信息不丢失。

设计 BIM 数据索引，将 BIM 模型的空间数据、数据模式各异的属性数据和用于三维可视化的 BIM 模型切片数据通过数据索引进行唯一关联，实现逻辑合一，物理按需分散存储。

5. 综合规划设计，助力孪生机场全面建设

GIS+BIM 综合管理平台、BIM 协同平台、智慧工地系统、BIM 建筑管理平台都是数字孪生机场实现的重要基础，在建设过程中需要整体预先考虑数字孪生机场的规划，整体统一进行系统架构、数据标准、功能框架的设计，在未来数字孪生机场建设中，实现与现有各系统间的无缝衔接。

6. 实时可视化，汇报及展示项目建设成果

T3 航站楼和配套设施工程建设将 GIS+BIM 平台形成的地理空间大场景与 BIM 工程全过程形成的建筑空间小场景相结合，将 BIM 模型数据和建设施工过程数据、进度数据等进行结合，统一管理、高逼真仿真呈现，通过平台端、大屏端进行展示汇报，使机场相关人员能够直观地了解工程的整体进展和阶段性成果。

7. 软硬件一体化，确保模实合一

充分整合南方测绘集团特长，在项目竣工阶段，通过激光点云设备实现 BIM 竣工模型与现场真实环境的模实核对，确保模实合一。将手持定位设备应用到施工巡检、运维巡检中，打通定位设备与集成软件平台的数据通路，实现软硬件一体化。

432

四、推广价值

1. 效益分析

1）经济效益

（1）应用空间广阔，直接经济效益可观。

基于南宁吴圩国际机场数字孪生底座平台的建设内容，根据各个机场的特定应用需求，将此平台按照产品化或定制化解决方案的方式推广到全国其他机场，节省大量的系统研发经费，降本增效。这种推广模式将有助于加速机场数字化建设的进程，为整个行业带来更多的效益和发展机会。

（2）节约数据与平台通用能力投资，避免重复建设。

项目数据成果作为南宁吴圩国际机场准确、完整、统一的 GIS+BIM 数据资产，可供机场智慧工地、建筑管理、楼宇控制、数据中心等系统使用，平台的 GIS+BIM 数据浏览、空间分析等功能可作为基础功能供其他系统使用。既节省了各科室用于相同数据生产的资金，也为集团数据生产节约了资金，避免国有资产的浪费。

2）社会效益

（1）物理机场与数字孪生机场同步建设、同步演进。

a. 在工程设计、施工阶段的效益。

在机场设计、施工阶段综合运用 GIS、BIM 等技术，制定相关标准规范，将设计、施工单位的 BIM 串联起来，进行协同设计、模型构建和方案分析，形成统一管理平台，提升设计论证的精细化水平。通过可视化管理工程建设，提高工作效率，减少协同问题导致的变更、进度和质量问题。实施工程计量、支付管理，制定数据标准，实现数字化交付。

b. 在运维阶段的效益。

充分利用设计、施工阶段形成的 BIM 模型资产，通过适当的调整和加工形成面向运维的 BIM 模型，衔接、集成机场运营、管理、服务涉及的资产、设备的基本信息、动态状态信息和业务关联信息，形成三维孪生运维模型，提升机场运维的精细化水平。综合汇聚机场其他运营平台数据，把机场运营数据纳入信息平台管理，加强机场运营的管理和服务水平。

c. 在应用阶段的效益。

GIS+BIM 综合管理平台通过汇聚、管理、分析数据提供统一的空间数据服务，为机场运维和新建项目提供准确、实时的数据支持。通过 GIS+BIM 数据关联同一位置、同一实体的业务信息，由业务系统按需索取，促进业务协同，减少重复建设，降低数据生产成本。实现场景搭建便利化，基于 GIS+BIM 平台的"零代码"应用快速搭建能力，快速定制可配置的软件系统，对一些特殊的应用场景免于相关开发工作，提升工作效率并节约了系统建设成本。

（2）打造智慧机场标杆，助力新时代民航强国建设。

采用先进的理念和先进的技术进行平台建设工作，可将南宁吴圩国际机场打造为全国智慧机场的标杆，建立典范，为企业的整体发展积累实践经验。探索符合南宁吴圩国际机场的智慧机场建设模式、共享模式、服务模式，可以在广西其他机场复制，提供实践经验，助力新时代民航强国建设。

（3）增智增效，加快发展。

项目平台的建设，有效地为机场安全管理、运营管理、智慧服务提供信息化、智能化、数字化的技术支撑，促进机场数字化转型，也大大提高了相关职能部门的工作效率。符合国家加快建设"四型机场"，实现高水平科技自立自强的战略，符合加快数字化发展，实现交通强国的目标。

2. 推广路径

可通过参加民航会议、智慧交通会议、公众号宣传、视频文案宣传、刊登广告宣传，以及奖项申报等方式向全国相关机场推广。同时，平台相关基础功能可应用于其他交通行业，可尝试向其他交通单位推广。

清镇市城市停车场建设项目

李金生　　陈洋洋　　卢成志

中建三局智能技术有限公司

一、建设背景

清镇市城市停车场建设项目，位于贵州省清镇市，该市有约 35.73 千米的中心城区道路。针对全市机动车保有量多、城区道路车行缓慢、交通道路网络不完善、城市通行效率低、无完整的统一环路、道路互不通畅的现状，项目为解决上述问题提出综合解决方案，涉及清镇市规划内 30 084 个停车位收费、管理及停车场配套的场内视频监控、运营指挥中心及数据中心建设等内容。

项目通过对清镇市城区范围内的停车位/场进行新建和改建，有效贯彻落实《交通强国建设纲要》《国家综合立体交通网规划纲要》以及相关中长期规划、五年发展规划、专项规划等，推进交通基础设施网与信息网融合发展。加强交通基础设施与信息基础设施统筹布局、协同建设，推动车联网部署和应用，强化与新型基础设施建设统筹，加强载运工具、通信、智能交通、交通管理相关标准跨行业协同。提升了智慧发展水平，加快了既有设施智能化。利用新技术赋能交通基础设施发展，加强既有交通基础设施提质升级，提高设施利用效率和服务水平。推进安全发展、智慧发展、绿色发展和人文建设，提升了治理能力。

实现城市便捷停车，构建城市级智慧停车体系。综合利用移动通信技术、BIM、GPS、GIS、IoT 等技术，汇聚城市中不同位置的停车场信息，实现停车位资源的实时更新、错时分享、空闲状态查询、出发前预定及行驶中导航服务，实现现有停车位资源的最大化利用和车主停车服务的最优化。

二、建设内容

坚持构建"一套标准、一个服务体系、一张信息网络图"的立体化目标，实现全面的城市资源信息互联互通。主要建设内容包含路内停车、场内停车、场内视频监控、运营指挥中心建设、城市级智慧停车运营平台等。项目架构如图 1 所示。

1. 路内停车

路内停车主要是指路边停车车位，主要以高位视频的无人收费模式为主，在不具备

图1　城市停车场建设项目架构

安装高位视频的路段区域以地磁人工收费模式为辅。

1）视频无人收费模式

采用智能摄像机作为前端车位管理感知设备，采用视频方式实现泊位状态检测、车辆停车行为检测及抓拍，以图片和视频的形式记录车辆停车的完整过程，极大地提升车位管理效率；同时形成完整的停车取证数据链，为停车逃费的追缴提供有力保障。系统架构如图2所示。

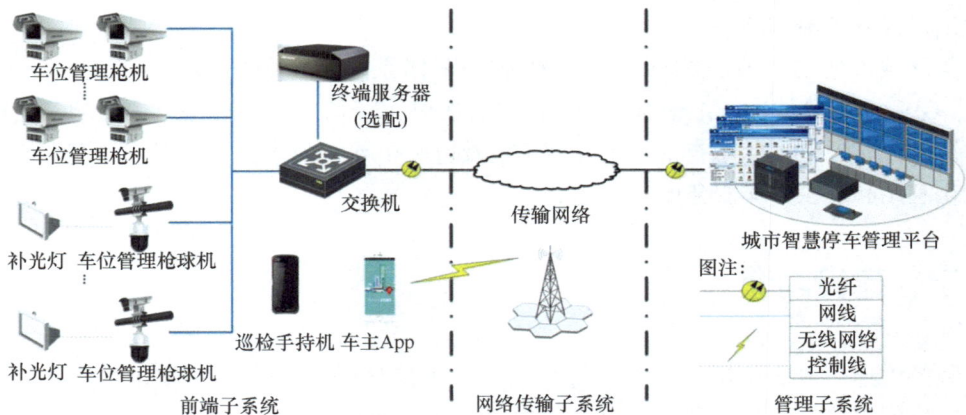

图2　视频无人收费模式架构

436

2) 地磁人工收费模式

采用地磁检测器作为泊位状态采集设备，状态信息由地磁管理器（中继器）上传至城市智慧停车管理平台，平台把信息推送至收费员的手持 POS，收费员根据提醒信息现场核实泊位状态和停车情况，并使用手持 POS 登记车辆信息，信息直接汇总到城市智慧停车管理平台。收费员配备的智能手持 POS，除可接收泊位状态变化提醒、登记车辆信息外，还兼备停车收费和小票打印等停车管理功能。系统架构如图 3 所示。

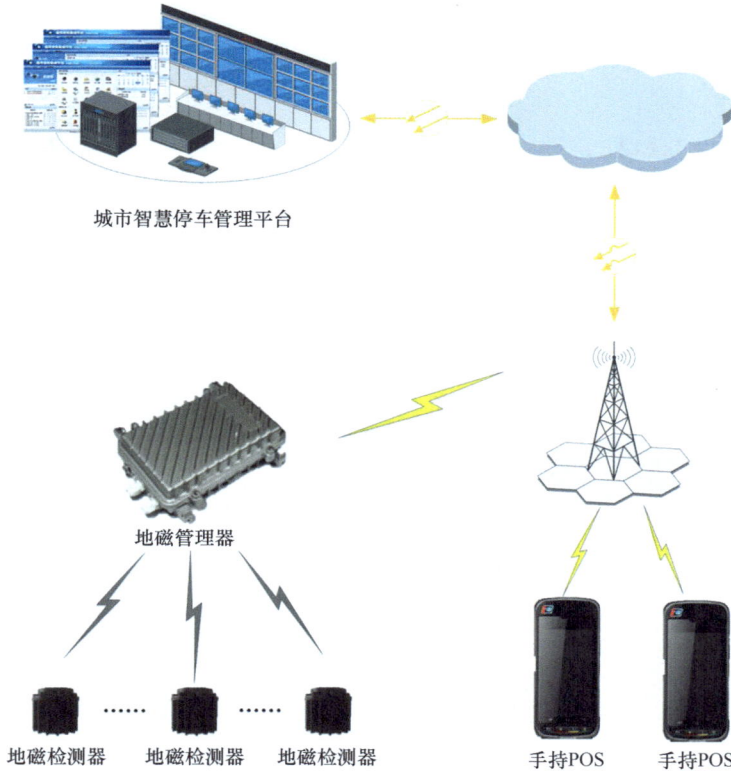

图 3 地磁人工收费模式架构

2. 停车诱导

诱导子系统通过接口获取从道路、停车场采集回来的数据进行分析处理，并将处理结果进行发布。可对多个片区路段诱导系统进行接入管理。目前，根据道路规划的情况，主要分为一级诱导、二级诱导、三级诱导三个层级。

城市主干道	城市主要道路	停车场入口
一级诱导	二级诱导	三级诱导

3. 路外停车

1) 停车场无人值守

停车场分为小型封闭式停车场和大型封闭式停车场。小型封闭式停车场一般只有一两个出入口，只需对出入口进行收费管理即可；大型封闭式停车场是指有多个出入口，且常有地面和地下停车区域的停车场，此类停车场除了对多个出入口的统一管理外，还应支持地下停车区域可扩展车位引导与反向寻车。系统架构如图4所示。

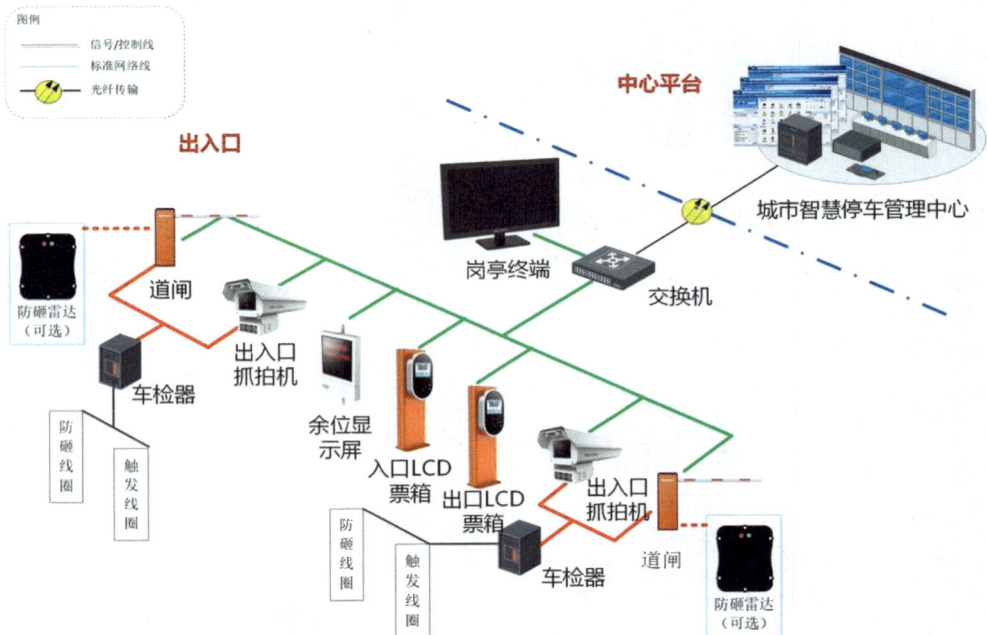

图4 封闭停车场系统架构

2) 场内停车引导

由于地下停车场或停车楼空间大，场景和标志物类似，方向不易辨别，给人员找车位停车和找车造成很大困难，因此在地下停车场和停车楼设计了视频车位引导及反向寻车系统。

车位引导与反向寻车系统是将机械、电子计算机、自控设备和智能识别算法等技术有机地结合起来，可实现车辆出入管理、自动计费存储数据、车位引导与反向寻车等功能。系统提高了停车场的信息化、智能化管理水平，给车主提供一种更加安全、舒适、方便、快捷和开放的环境，实现停车场运行的高效化、节能化、环保化，降低管理人员成本、节省停车时间，使停车场形象更加完美。系统与城市停车运营管理平台对接，实现各类信息的一体化管理。系统架构如图5所示。

4. 场内监控

场内视频监控系统作为智能化系统的重要组成部分，是相关管理部门感受现场情

438

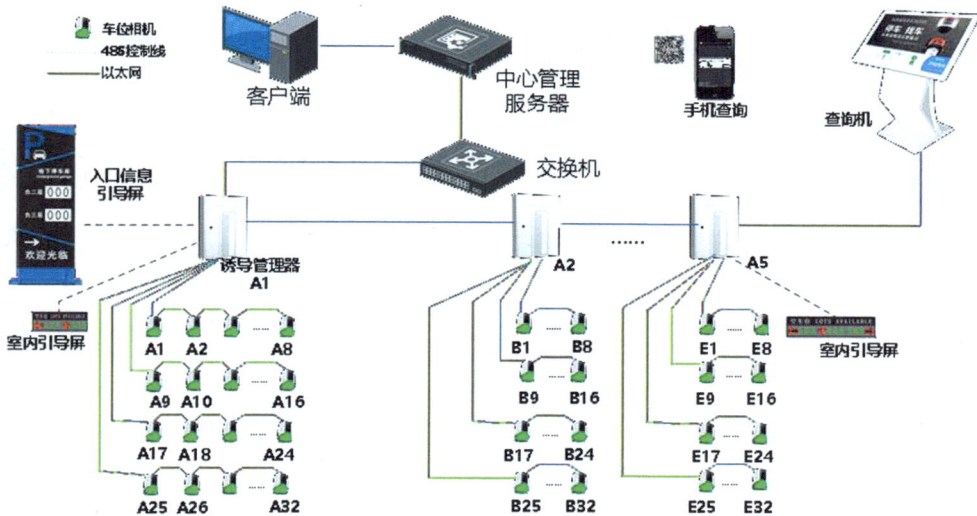

图5 车位引导系统架构

况最直观的手段之一。系统采用全高清解决方案，摄像机采用400万像素低照度网络高清摄像机；室外安装的设备采用室外专用摄像机，在低照度环境下选用带红外功能的筒式摄像机或红外快球摄像机；室内安装的设备，为配合装修多数选择半球形摄像机，如安装在出入口等光线反差较大的场景，还需选用带宽动态功能的半球形摄像机。

视频存储于前端，通过公网与运营指挥中心进行对接，运营指挥中心可以随时随地调取前端实时监控及录像；存储设备采用 IPSAN 磁盘阵列的存储模式；运营指挥中心解码上墙采用综合管理平台，配备多块解码业务板以满足解码上墙需求；电视墙采用大屏显示系统。系统架构如图6所示。

5. 运营指挥中心

清镇市城市级智慧停车运营指挥中心作为本项目管理的核心部分，承载了数据实显、分析研判、监控保障、任务处置、调度指挥、违规处理、应急值守等功能。根据功能共分为运营指挥大厅、运营数据中心机房、参观走廊、接待室等功能区域。运营指挥中心信息平台如图7所示。

6. 城市级智慧停车运营管理平台

城市级智慧停车运营管理平台作为城市停车场建设项目的核心部分，彻底打破停车"信息孤岛"，对停车泊位统筹规划，完善停车诱导，提高路网运行效率；支持多种支付体系及完善车主服务；构建统一的静态交通大数据平台，可将现有停车场联网改造并接入大数据云平台统一管理。具备高可用性、高可扩展性、高效能、低成本等特点。

平台整体功能如表1所示。

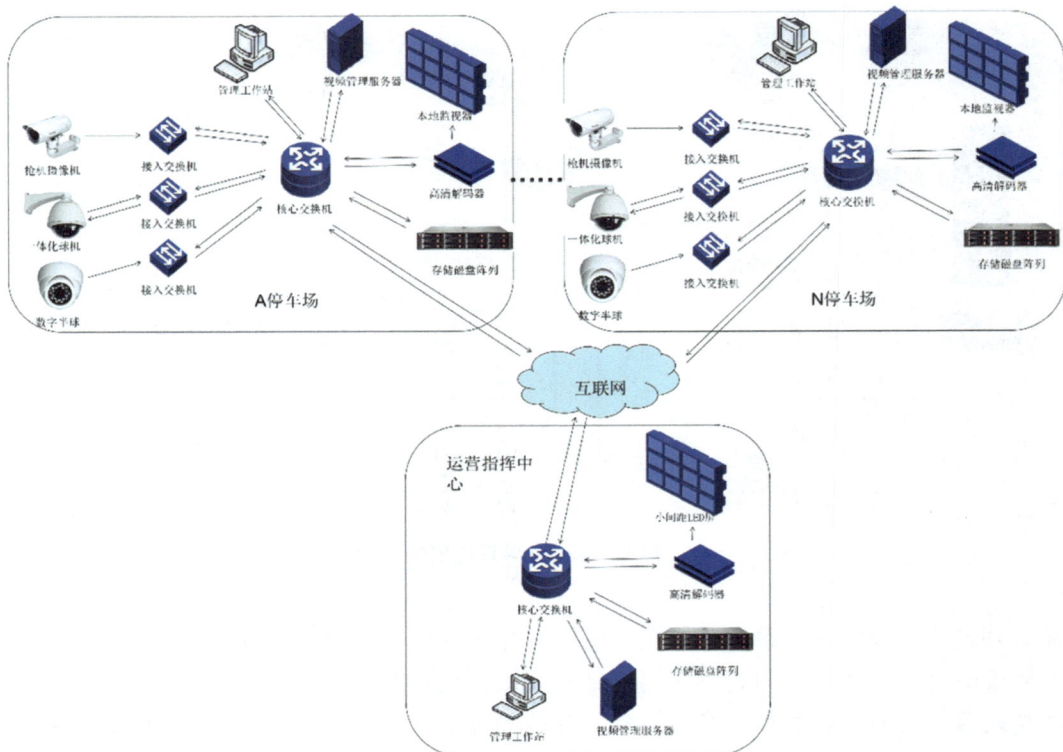

图 6 场内视频监控系统架构

图 7 清镇市城市级智慧停车运营指挥中心信息平台

表 1　平台整体功能

功能类别	详细描述
运营概况	可将城市停车所有数据进行展示，如泊位利用率、车场现况、营收信息、GIS 地图等
车场管理	可对所接入停车场进行配置管理、新增、删除、修改等操作，支持实时查看停车场出入口、路边泊位信息、收费规则等
地图	包含停车场信息地图、停车详细信息、停车场视频预览、停车场搜索、停车场坐标校对等
智能诱导	诱导屏设备管理、信息管理、发布信息、调度管理等
运营管理	包含城市停车指数、订单管理、车辆管理、用户管理、月租管理、意见反馈、员工管理、共享车位管理、车位预定、优惠券等
运营分析	包含运营分析、账单统计、支付流水、会员统计等功能
结算管理	包含财务概况、订单流水、支付流水、会员收款、收费员收款等明细及统计，车辆欠费统计、收入统计分析、商户管理
电子支付	包含微信、支付宝等主流电子支付方式
电子发票	包含平台端、小程序端、PDA 端、H5 端等电子发票开具
云客服	包含云坐席、处理记录统计、实时视频、视频回放、远程开关闸、上报问题等
系统管理	包含组织结构管理、权限管理、人员配置、支付设置等
充电桩	充电概况、充电桩管理、订单管理
移动端（App/微信公众号/小程序）	包含用户登录注册、GIS 地图查看、车牌管理、预约停车、停车缴费、钱包管理、用户信息、车位预定、包月服务、优惠券、电子发票、导航、设置等
运维管理	包含运维概况、设备监控、运维派单、运维跟踪、系统升级维护、App 升级维护等
第三方对接	支持第三方独立停车场接入 支持与交管、城管、市政、智慧城市等相关部门及业务对接

三、创新应用

通过构建城市级智慧停车体系，打造数字化管理平台，实现建造到运营全过程数字化管理，打破传统模式下停车"信息孤岛"，汇集清镇市停车数据资源，实现统一监控、统一管理、整体规划，形成全市停车信息"一张图"，大幅度提升停车周转率、泊位利用率及停车效率，为用户提供全方位的出行服务，解决了停车难、乱停车、治理难等城市停车痛点。

智慧城市，停车先行，城市智慧停车作为智慧交通的一个重要板块，是打造智慧城市建设的创新典范，能够提升城市停车泊位使用效率。

打造数字化运营模式，以城市级智慧停车项目为依托，融合政府、车主、相关商户、停车场业主方及运营方等多方需求，构建数字化平台实现智慧停车及周边服务。实现运营管理体系、运营团队能力、停车服务体验、停车缴费、客户数据、增值业务、运维能力数字化。

打造数字无人值守模式，通过采用无人值守设备及路内停车视频分析方式，自动采集车牌信息、线上缴费、设置云客服进行统一客服管理，在不影响服务体验及通行效率的情况下实现现场数字化及无人化管理，降低运营收费管理人员数量，降低运营成本，提升运营管理效率。

通过城市级智慧停车体系建设，实现"盘活存量，系统管理"，即近期将清镇市现有的路侧停车场、路外停车场进行规范设置，科学管理；远期可将企事业单位、景区公园、新旧小区、商贸购物等零散管理式的存量车位统筹盘整，纳入清镇市城市级智慧停车体系，实现智慧化管理，从而提升政府公共服务质量，助力城市建设，从根本上解决"停车难、乱停车、治理难"现状，提升城市道路安全，完善城市功能。

1. 打造城市级智慧停车体系

构建了完整的城市级智慧停车解决方案，综合利用移动通信技术、BIM、GPS、GIS、IoT、云计算等技术，汇聚城市中不同位置的停车场信息，打破停车"信息孤岛"，实现停车位资源的实时更新、错时分享、空闲状态查询、出发前预定及行驶中导航服务，实现现有停车位资源的最大化利用和车主停车服务的最优化。

2. 构建城市实时停车地图

基于 GIS 地图的形式来展现泊位、设备、人员等信息，使驾车人随时随地轻松掌握空车位分布状况，实现快捷引导与预先分流，实现城市静态交通智慧化，预留接口，与 CIM 进行对接。

3. 提出停车预约方案

通过移动端停车 App、微信公众号、小程序，为车主提供车位查询、车位在线预约、行车导航、停车诱导、反向寻车、停车缴费等一体化服务，改善公众出行体验。

4. 提出交通信息"服务到人"

通过诱导系统将停车场采集回来的数据进行分析处理，并将处理结果进行发布。信息发布方式除了停车诱导屏发布和交通广播等传统形式发布外，还将交通信息和停车信息推送到车主的停车 App，保证交通信息，停车信息"服务到人"，每个车主可用停车 App 自主选择自己需要关注的停车服务信息和交通路况信息，实现智慧出行、智慧停车，解决停车诱导难，提升公共资源的社会化运营效率。

5. 提出 BIM+GIS+CIM 综合应用平台架构

通过对城市级智慧停车中 BIM 及 GIS 的综合应用，对城市停车大数据实时分析，优化城市停车服务，通过平台让每个模型"活起来"，让管理数据"跑起来"，让城市停车场的电子版数字档案"建起来"，实现城市管理的"数字化、网络化、可视化、智慧化"，满足智慧城市更全面的需求。

四、推广价值

本项目响应国家政策要求，提升了清镇市人民政府公共服务质量，助推城市智能体系建设。从长远角度出发解决清镇市"停车难、乱停车、治理难"的问题，助推创建文明城市。同时在一定程度上解决了城市发展与土地紧缺之间的矛盾，完善了城市功能。

1. 社会效益

智慧停车是建设智慧城市的重要一环，国家相继出台各类政策促进城市停车设施的建设，通过清镇市城市停车场项目建设，通过对停车场的整合，实现统一监控、统一管理、整体规划，形成全市停车信息"一张图"，为用户提供全方位的出行服务，解决了"停车难、乱停车、治理难"等城市停车痛点。智慧城市，停车先行，打造绿色低碳智慧城市建设创新典范。

2. 经济效益

通过采用无人值守设备及路内停车视频分析方式，自动采集车牌信息、线上缴费、设置云客服进行统一客服管理，在不影响服务体验及通行效率的情况下实现现场无人化管理，降低运营管理人员数量，提升管理效率，减少运营成本。

3. 生态效益

随着清镇市城市级智慧停车运营平台的搭建，打通了一条连接停车场、停车位及停车用户的城市停车信息通道，通过智慧停车大数据平台，实现停车场和停车位大数据的联网共享，打破了单个停车场智能系统的信息孤岛，越来越多车位将加入共享车位，进一步提升车位有效利用率，增加城市"可停车位"数量，最大程度利用现有车位，减少闲置资源，有效降低碳排放，实现绿色低碳。

通过清镇市城市停车场建设项目，可为相关城市停车场建设提供合理规划及管理经验：合理制定停车设施供应规划，加强城市公共停车场建设，加强停车资源全面管理，完善公共停车场停车价格形成机制，提升停车资源管理技术等。

福建省平潭综合实验区智慧路灯管理平台

游华明　刘文明　韩　峰

平潭综合实验区城乡环境发展有限公司

一、建设背景

福建省平潭综合实验区为福建省辖行政管理区，位于福建省东部，与台湾岛隔海相望，是祖国大陆距离台湾最近的地方。平潭综合实验区有中国的"马尔代夫"之称，同时也是著名的渔业基地。平潭原为福建省福州市辖县，2009 年，正式建立"福州（平潭）综合实验区"，并于 2010 年 2 月正式更名为"福建平潭综合实验区"，升格为地市级行政级别，成为祖国大陆对台开放交流的窗口。平潭综合实验区在 2010 年已经有平潭海峡大桥和大陆相连，平潭海峡公铁两用大桥也已于 2020 年底通车。平潭综合实验区面积 372 平方千米，人口 42 万（2015 年），辖金井片区、海坛片区、君山片区、苏平片区。

随着平潭综合实验区建设的飞速发展，市政道路路灯的装灯数量、线路长度、覆盖范围都有了大幅度飞跃，城市照明维护工作量加大，管理的难度越来越大，运营成本也越来越高。传统的管理工具和管理方式存在着资产信息检索不便、统计困难、管理精细化程度不足、故障应急处置效率不高等诸多问题。基于国家智慧城市建设的战略背景、绿色照明等行业发展特点和平潭城市照明管理行业工作中存在的现实问题，有必要对平潭综合实验区市政路灯进行智慧照明综合管理系统项目建设，利用先进的信息化技术，建成集路灯监控、生产运行管理、应急指挥及资源共享等功能于一体的综合性数字化专业管理平台，统一照明监管，实现从某个管理事件触发系统管理开始到事件的处理反馈等整个事件管理流程的闭环式管理，提高日常管理效能、绿色照明技术支撑、照明节能减排以及应急处置能力。

平潭综合实验区智慧路灯管理平台作为平潭实验区道路照明的重要组成部分，将城市照明终端设备与管理平台相连接，为前端路灯设备提供一体化数据处理、智能化管理能力，为平潭综合实验区快速发展和交通安全提供重要保障，为城市节能减排提供有力的支持。同时，智能化设施设备的运行将提升照明设施数字化水平，提升整体管理能力和应急时间处理手段，实现平潭综合实验区市政道路路灯照明及附属配电设施"统一规划、统一标准、统一管理、统一支撑"。通过智能化控制与管理，实现城市照明管理、资产管理、养护管理、能耗管理、用户及权限管理需求，做到按需照明和精细化管理，结合控制设备及新型 LED 节能光源的应用，为城市照明提供全生命周期的管理方案。

二、建设内容

平潭综合实验区智慧路灯管理平台在开发过程中，以"坚持问题导向、加强顶层设计、推动资源整合、注重开放协同"为原则，结合市政智慧管理服务的定位，明确"智慧市政"的顶层架构、应用架构、技术架构、组织规范等，依托数字化、智能化先进技术，运用物联网、智能传感器、5G 网络、云服务等先进技术与信息化应用相衔接，实现感知、分析、服务、指挥、监察"五位一体"，推动平潭城市照明科学管理、高效发展。项目设计立足实际，充分运用一切成熟先进的科学技术，满足平潭综合实验区市政管理相关政策要求。项目建设统筹布局，朝高起点、高标准、高水平、高质量的方向规划，以智慧城市照明改造建设为基础，坚持系统集成的思想，提高指挥自动化、控制综合化、管理智能化的水平，建设成管理科学、信息一体、调度有序、快速响应的综合调度中心，满足市政道路照明及供配电设备相关监管、监控信息的集中展示、综合控制、日常值守、应急指挥的需求。

1. 总体架构

平台建设以智慧照明为主体，兼容现已存在的环岛路路灯控制平台接入，依据平台建设标准体系、安全体系、保障体系要求，建设基础设施，部署感知设备，应用通信网络，收集业务数据，建立业务支撑平台，实现应用场景，满足领导、主管部门、运维人员等不同用户在监控室、PC 端、移动端的使用需求。建立完整的智慧照明管理平台的同时，预留其他平台扩展接口，通过增加不同业务模块的感知设备建立相关业务数据和应用场景，实现智慧绿化管理、智慧公园管理、智慧道桥管理、智慧环卫管理等功能。具体应用系统架构如图 1 所示，应用系统架构包含如下内容。

基础设施：包括服务器资源、网络资源、安全设备、通信资源、负载均衡、虚拟化管理等。

感知设备：包括路灯单灯控制器节点、色温传感器、照度传感器、车辆传感器、集中控制器、其他设备等。

网络：负责将感知层获取的信息，安全可靠地传输到网络层，网络层把设备感知的数据安全传递到数据层，并数据可持久化。

数据层：将上传信息进行分类存储，然后根据不同的应用需求进行信息处理，同时预留数据接口用于提供给外部调用。

应用支撑层：主要为业务支撑平台，包括物联网中间件、安全服务、GIS 服务、消息服务、工作流服务、规则引擎服务等。

业务应用层：围绕智慧照明应用场景相关的业务应用，包括照明管理、资产管理、智能联动、系统管理等。

展示层：为用户的实际工作提供具体的业务处理交互界面，包括大屏可视、PC 端、移动端等。

图 1 应用系统架构

2. 系统和平台

1）硬件系统

为了提高物联网感知能力，实现对城市照明中各种资源、设施、服务和活动的全面监测和管理。平台开发过程中融合了视频监控、气象/环境/照度传感器、人员车辆监测设备。

（1）视频监控。

在重点路段和路口设置视频监控，监控重点路段及路口的路灯设施设备运行情况，监控数据通过运营商网络接入现状政务云平台储存服务器。

（2）气象/环境/照度传感器。

在平潭综合实验区中的苏平片区、君山片区、金井片区和海坛片区的空旷区域路灯控制柜周边设置 8 套一体化环境气象检测站和 8 套照度传感器，用于辅助照明管理。

（3）人员车辆监测设备。

完善照明管理人员、车辆监测设备，增加运维车辆车载系统。为了准确掌握车辆运行情况，通过安装北斗/GPS 定位（优先使用北斗定位）、车载视频、油量传感器、车机状态检测等设备实时定位车辆当前位置，查看车辆当前作业视频画面，自动统计车辆

446

出收车时间、行车里程、作业油耗等数据，实现对车辆作业过程进行规范、精细管理，对作业结果进行精确统计。为了实时获取运维人员定位数据，平台依照预设项目规划、排班计划、加班、调班等规则，精确计算人员的考勤、离岗、滞留行为，并根据现场交通路况，对人员进行提示。借助智能定位工牌，可实时任务调度和事件上报。解决传统人工考勤方式不便、易出错以及现场人员调度和取证难的问题。

（4）夜景照明设施远程控制。

通过更换兼容性存在问题的设备分控器、无线主控和智能控制模块，实现控制器的完全开放，满足夜景正常使用和远期兼容性，将夜景照明设施纳入智慧路灯管理平台进行统一管理，实现夜景照明设施远程操控、智能调控，并解决夜景设施故障维护难的问题。夜景控制原理如图 2 所示。

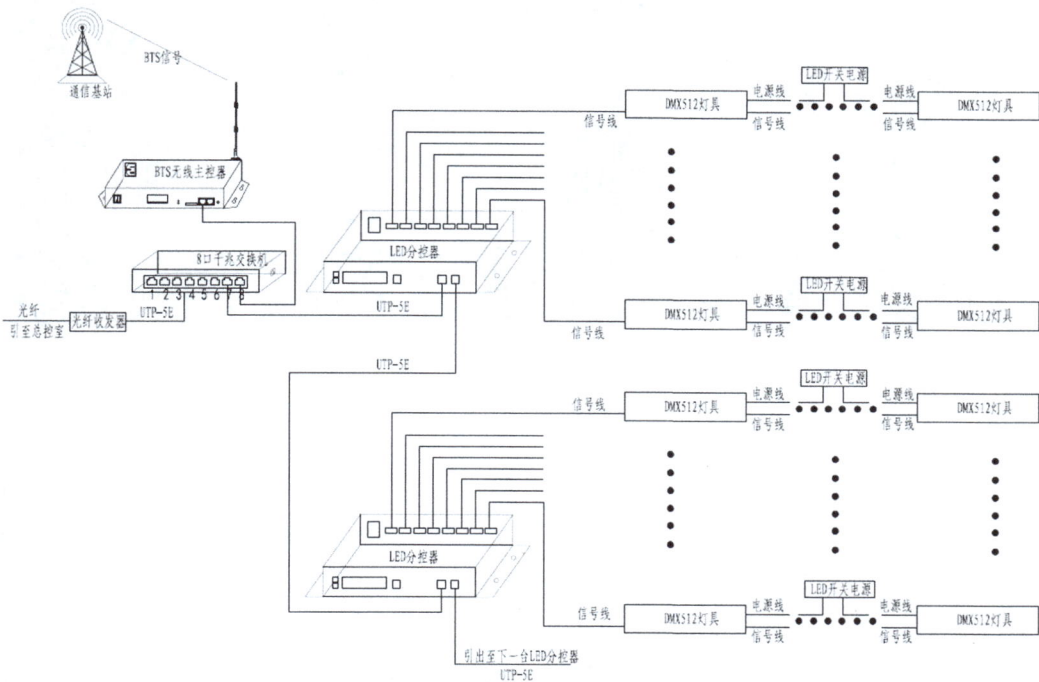

图 2　夜景控制原理

2）智慧管理平台建设

新建智慧管理平台的目的是实现同期建设的所有前端智能化设备的统一管理，所有前端设备在一个平台控制，设备信息一图尽览。智慧管理平台软件安装于政务云，智慧管理平台中智慧照明管理系统的底层架构拥有兼容性和可拓展性，方便远期拓展的管理平台在同一个智慧管理平台上运行，包含智慧环卫管理系统、智慧绿化管理系统、智慧公园管理系统、智慧道桥管理系统。实现各类型的物联网设备在系统上的统一管理与展示，通过各个物联网设备采集的数据对城市事件进行准确的监测与管理，实现设备一张图概览、设备事件全面感知、设备资产全生命周期管理、运维全流程覆盖，提高城市的管理效率，为整个智慧城市的建设提供可靠的服务支撑。通过建设一个先进的智慧管理平台，助力智慧城市发展。

智慧照明管理系统主要建设内容包括系统登录、工作台、大屏驾驶舱（图3）、照明管理子系统、智慧夜景子系统、智慧视频子系统、智慧屏幕子系统、智慧广播子系统、智慧网关子系统、智慧气象站子系统、智慧门磁子系统、智能联动子系统、资产管理子系统、仓库管理子系统、运维管理子系统、项目管理子系统、人员管理子系统、车辆管理子系统、能耗管理子系统、数据分析子系统、系统管理子系统、主管部门管理对接子系统、小程序（接入平潭通）、设备对接的建设。

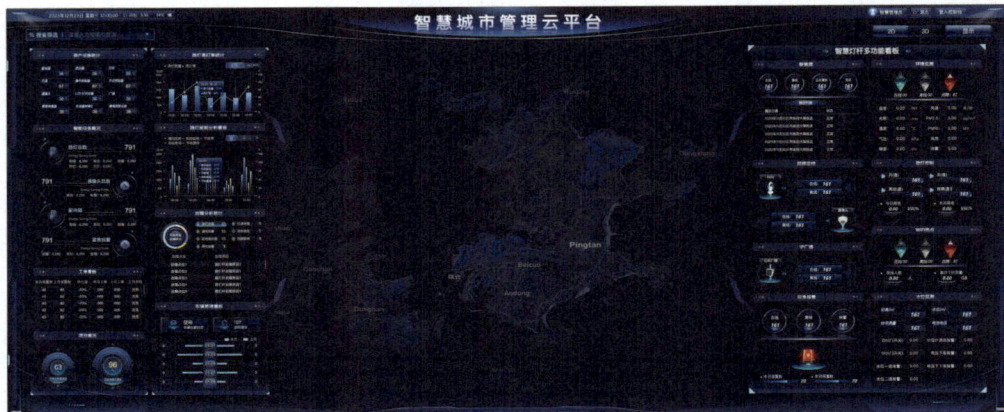

图3　大屏驾驶舱

3）监控系统

智慧灯杆的监控系统主要负责对智慧灯杆的运行状态进行实时监测和记录。通过传感器、摄像头、终端设备等之间的信息传输和控制，将信息传输到智慧灯杆控制台显示屏，如图4所示，可以及时发现和处理各种故障和异常情况，保障智慧灯杆的安全性和稳定性。

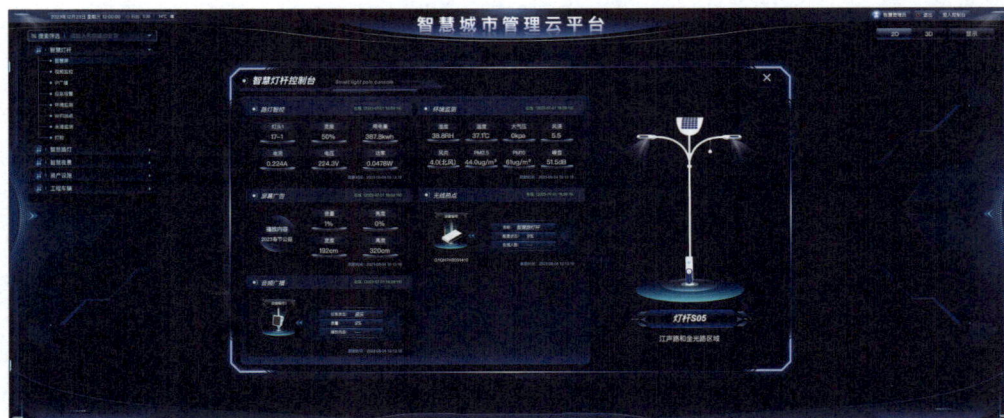

图4　智慧灯杆控制台显示屏

3. 典型应用场景

智慧城市：智慧灯杆作为智慧城市建设的重要组成部分，可以应用于城市道路、广场公园等场所，提供照明、监控、广播、信息发布等功能，提升城市的管理效率和公共服务水平。

智能交通：智慧灯杆可以搭载交通摄像头、交通流量监测设备等，实时监测交通情况，为交通管理部门提供数据支持，实现交通智能化管理。

环境监测：智慧灯杆可以集成环境传感器，监测空气质量、噪声、气象等信息，为环境保护部门提供数据支持，实现环境监测的智能化。

安全监控：智慧灯杆可以搭载摄像头、安防设备等，实现安全监控和防范，提高公共安全水平。

智慧园区：智慧灯杆可以应用于园区内道路、广场等场所，提供照明、监控、广播等功能，提高园区的安全性和管理效率。

文化旅游：智慧灯杆可以应用于景区、公园等场所，提供照明、信息发布、导游导览等功能，提升游客的游览体验。

三、创新点

1. 平台功能多样

平潭综合实验区智慧路灯管理平台除了常见城市智慧管理平台的功能外，把日常运维工作的相关功能进一步细化并形成功能模块置于智慧管理平台中，如仓库管理、运维管理、智能排班管理等子系统，集作业管理、指挥调度、监督考核、监管分析、资产管理、成本管控于一体，做到路灯照明及附属配电设施过程穿透式、可视化管理，实现智慧管护。

2. 平台拓展性强

智慧平台的底层架构拥有兼容性和可拓展性，方便远期拓展的管理平台在同一个智慧管理平台上运行，如后期开发的智慧环卫管理系统、智慧绿化管理系统、智慧公园管理系统、智慧道桥管理系统等，均可连入智慧路灯管理平台，实现各类型的物联网设备在系统上的统一管理与展示，实现设备一张图概览，逐步形成一个综合性城市市政设施智慧管理平台。

3. 平台开放度高

智慧路灯管理平台对平潭综合实验区内各主管部门的城市管理平台开放，主管部门的管理平台可以调阅智慧路灯管理平台相关信息，使不同数据中心之间的资源实现连接，消除信息孤岛，打破信息壁垒。同时，智慧管理平台软件安装于政务云，由政务云负责平台安全性，在实现高开放度的同时保证信息安全，助力实验区内各部门各单位之间数据的互联共享。

四、应用成效

（1）助力平潭智慧城市发展：通过智慧路灯管理平台的建设，对平潭综合实验区已建成的照明设备及附属设施的完善，保障照明系统高效运行，实现平潭城市公共基础设施以及信息化基础设施的集约化建设，为平潭公共基础设施运行提供网络和物理支撑平台，为平潭信息化系统建设提供基础的数据资源。

（2）降低照明设施维护难度和成本：通过智慧路灯管理平台的使用，改变传统的人工巡查模式，减少管护人员、车辆外出巡查次数，对管辖的照明设施实现智能监控、筛选，定位故障灯具，及时发现路灯故障、老化及短路等问题，全面真实地监测各功能模块故障数据，大大减轻维护人员的工作难度，并有效降低维护成本。

（3）实现路灯照明设施精细化管理：通过智慧路灯管理平台可以针对不同路段周边环境及人（车）流量的特点，根据现有巡查模式、管养机制、组织结构及人力和物力，建立一套针对不同路段不同场景的巡查、派遣、处置、监督、考核的闭环监管模式，做到分类管理、有的放矢，从而实现路灯照明设施精细化管理。

（4）提高市民夜间出行的便捷性和安全性：通过智慧路灯管理平台的应用，全面提升照明设施管理数字化水平，完善市政照明业务服务全流程保障机制。设施设备故障主动上报功能可以让管护人员及时发现故障，第一时间赶往故障地点，初步排查故障原因，提高故障处置时效，为市民夜间安全出行保驾护航。

五、推广价值

（1）提升城市管理效率：智慧路灯管理平台作为城市智能感知系统的关键设施，通过搭载各类传感器和设备，能够实时监测和收集城市环境、交通、安全等方面的信息，并通过物联网技术将数据传输至城市管理中心，有助于城市管理者及时掌握城市运行状态，提高城市管理效率。

（2）创新商业模式与创造经济效益：智慧灯杆的应用为城市运营者提供了新的商业模式和盈利渠道。例如，通过在智慧灯杆上搭载广告屏、信息发布屏等设备，可以为商家提供精准的广告投放和营销推广服务，创造经济效益。

（3）促进信息化建设与数字化转型：智慧路灯管理平台是城市信息化建设的重要组成部分，其推广应用有助于推动城市的数字化转型。通过智慧灯杆的建设，能够加速城市各领域信息化的进程，提升城市的整体数字化水平。

（4）促进节能减排：智慧路灯管理平台通过智能控制和调节灯光亮度，能够实现能源的精细化管理，有效降低能源消耗。同时，智慧灯杆使用的绿色 LED 照明技术的应用也大幅减少了碳排放量，有利于推动绿色低碳城市的建设。

（5）保障市民工作生活：通过信息化改造完善道路照明设备缺陷，并提升运行稳定性。同时智慧路灯管理平台的建设和使用可以为驾驶人员以及行人创造良好的视觉环境，达到保障交通安全、提高交通运输效率、方便人民生活、满足治安防范需求的目标。

武汉光谷科学岛全域智能驾驶场景项目

邓章铁　夏　磊　邱成祥

中建三局数字工程有限公司

一、建设背景

1. 项目实施的背景和意义

随着人工智能、物联网等技术的发展，智能交通正在逐步普及和应用。中共中央、国务院印发《综合立体交通网综合纲要》，要求加强智能化载运工具和关键专用装备研发，推进智能网联汽车（智能汽车、自动驾驶、车路协同）、智能化通用航空器应用。鼓励物流园区、港口、机场、货运场站广泛应用物联网、自动化等技术。

智能网联车路协同作为智能交通的重要组成部分，以车辆、道路和用户之间的数据互通和协同为核心，实现车路协同，提高道路安全性和交通效率，为人们提供更加便捷、高效、安全的出行服务。这一技术在全球范围内正在得到大力发展和推广，各国和地区纷纷制定相关政策和标准，推进智能网联车路协同的应用。

同时，各部委全面支持车联网先导区建设，推进车联网大规模试验和商用部署，探索运营模式与商业模式，逐步形成可复制、可推广的建设与发展模式；全面建成世界领先的智能交通系统，领跑世界智能交通的发展。

工信部、公安部、交通运输部、住建部等部门已先后支持建设了 17 个国家级智能网联汽车测试示范区、4 个国家级车联网先导区，2021 年确定 16 个城市作为"双智"试点城市，武汉市获批第一批试点城市。

当前，国家战略聚焦科技创新，武汉光谷科学岛位于武汉新城核心，作为科技创新策源高地，依托大科学装置和湖北实验室打造科学中心，引领支撑基础科学研究和前沿科技创新，通过开展智能网联车路系统建设示范，分析识别开放式运营存在的问题，为相关企业提供产业发展的技术环境，吸引智能网联、传感器、高精度地图、数据安全等相关领域的优势企业向武汉聚集。积极推动科学岛上位规划落地具有重要意义，也是贯彻落实国家全面建成世界领先的智能交通系统，领跑世界智能交通的发展规划要求。

2. 项目建设的必要性和紧迫性

为落实《武汉市交通强国建设试点实施方案》《"数字光谷"建设三年行动方案

（2023—2025）》《东湖高新区新能源智能网联汽车产业发展规划（2022—2030）》《东湖高新区智能网联车路协同创新应用实施方案》（2023—2025 年）等文件精神，实现车路协同配套产业集聚、技术创新、商业化应用，助力打造东湖高新区"光芯屏端网+车路云网图"万亿产业集群，本项目建设的必要性具体如下。

1）建设"交通强国"的需要

为与国际先进智能网联汽车技术水平保持同步发展，开发具有自主知识产权的智能网联汽车产品和技术，中共中央、国务院于 2019 年 9 月印发《交通强国建设纲要》。《交通强国建设纲要》是首份从国家层面推动我国走向"交通强国"的发展规划，对于产业发展有重大指导意义。

项目拟对东湖高新区区域交通基础设施进行提升，通过搭建 C-V2X 网络、车路协同系统等平台，构建东湖高新区完整"车路智行的生态系统"，响应国家建设"交通强国"的号召。

2）智慧城市基础设施与智能网联汽车协同发展的需要

智能网联车路协同能够加速新城建与新基建融合，引领智慧交通和智慧城市建设全面协同发展。以支撑智能网联汽车应用和改善城市出行为切入点，建设城市道路、建筑、公共设施融合的感知体系，实现"聪明的车、智能的路、智慧的城"协同发展。以"新城建"对接"新基建"，引领城市转型发展，培育新的经济增长点，发挥城市建设撬动内需的重要支点作用，推动构建新发展格局。

3）东湖高新区打造"光芯屏端网+车路云网图"万亿产业集群的需要

东湖高新区具备发展新能源智能网联汽车的良好产业基础。区内已培育和引进了 200 多家汽车产业链企业，覆盖新能源智能网联汽车上下游研发及生产企业，拥有跨产业融合配套优势。聚集了一批光电子信息产业龙头企业，可与智能网联汽车"车路云网图位"等要素融合配套。项目通过打造车路智行一体化的智能网联体系，为推动自动驾驶、V2X 等技术的研发应用进程奠定坚实基础，不断完善东湖高新区智能网联汽车产业链发展短板与不足，为智能网联汽车产业发展壮大营造氛围、提供环境。

4）积极推进光谷科学岛开发建设及上位规划落实的需要

《数字光谷建设三年行动方案（2023—2025）》《光谷科技创新大走廊发展战略规划（2021—2035 年）》《东湖高新区新能源智能网联汽车行动方案》《东湖高新区智能网联车路协同创新应用实施方案》等政策文件都明确指出，"依托武汉双智试点平台，开展核心道路智能网联车路协同环境建设，完善新型数字基础设施""将光谷科学岛整体打造高等级自动驾驶车辆商业化应用示范区，打造智能网联世界级科技创新策源高地、国家战略性新兴产业高地。"同时，本项目已列入《东湖高新区 2023 年政府及国有企业投资计划》当中，项目建设必要性充分。

二、建设内容

1. 总体架构

武汉光谷科学岛全域智能驾驶项目，总体框架以"单车智能+网联赋能"的中国方案为基础，推动全栈式技术路线部署，全面支撑高级别自动驾驶多场景落地。充分结合"互联网+"、人工智能、边缘计算等新兴技术，基于全量、连续环境信息，准确识别路网交通状态、事件、车辆等信息，提供数据采集、融合、预处理、分发等基本功能，实现对自动驾驶车辆、V2X网联车的安全辅助与效率引导支持（图1）。

图1 总体架构

系统总体架构分为：智能网联基础设施数字底座、信息服务支撑、应用平台、场景落地。

1）数字底座

包括摄像头、雷达、RSU、边缘计算单元等智能网联数字底座的感知设备。通过摄像头、雷达等智能网联数字底座的感知设备对道路、交通、车辆数据进行采集，之后利用边缘计算节点上部署的感知引擎对感知终端所采集到的数据进行数据处理和AI算法处理，从而可以获得道路上运行的车辆、人员、事件以及交通流感知和分析结果并实时传送到RSU，向车端发送。

2）服务支撑

包括云、网络、安全等为智能驾驶系统提供运行能力的IT信息支撑。为智能网联系统提供高效、稳定、安全的运行环境。

3）应用平台

包括智能网联云控平台、智能网联可视化平台、智能网联汽车综合管理平台、智能网联汽车信息安全平台、OEM综合信息服务平台，对整个区域内的交通状况进行实时分析研判，发现区域交通运行中的各种问题、事件以及趋势，同时把智能网联大数据分析的结果实时发送到车端，与车端实现信息交互。

4）落地场景

落地场景包括自动驾驶接驳、自动驾驶观光、无人清扫、无人售卖、车路协同服务、高级别自动驾驶等应用场景。通过充分实现人车路的有效协同，支持L2~L4高级别自动驾驶车辆的上帝视角、冗余感知和超视距感知需求，保证多种自动驾驶车辆的安全行驶和通行效率。

2. 技术架构

本项目总体技术路线为"智能化路侧感知设施+边缘"计算，实现车路协同自动驾驶，实现全场景自动驾驶。车路协同系统主要由智能网联数字底座、自动驾驶车辆、全场景自动驾驶应用服务平台和通信系统4个部分组成（图2）。

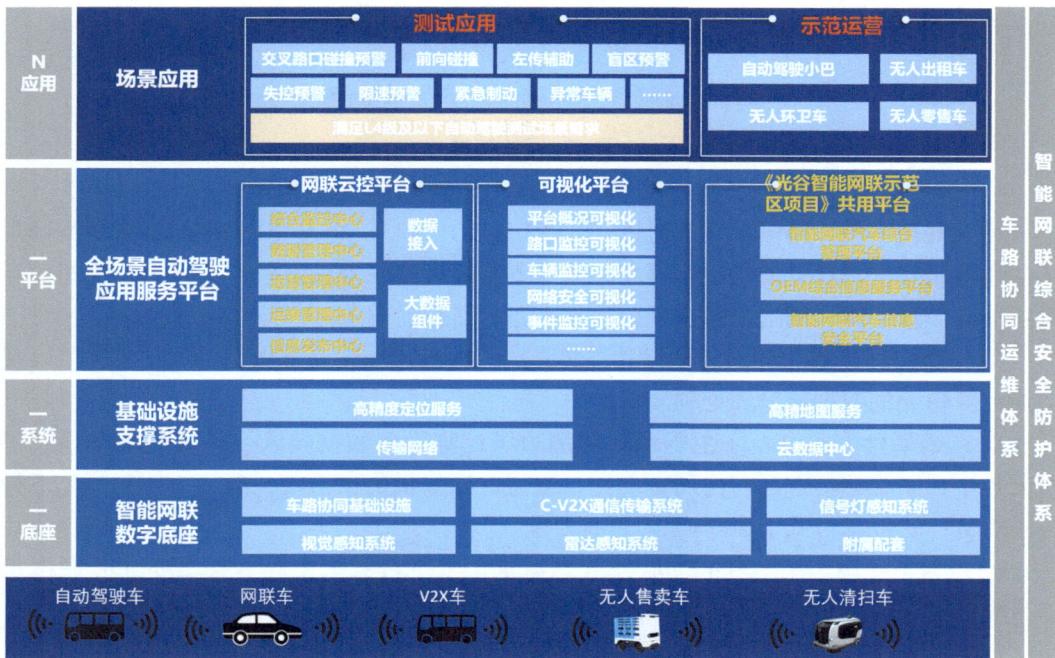

图2 技术架构

3. 网络架构

为实现平台、车辆、路侧以及可视化前端大屏等应用场景的互联互通，本项目依托第三方的安全承载网络，4G/5G网络覆盖本项目涉及的范围（图3）。

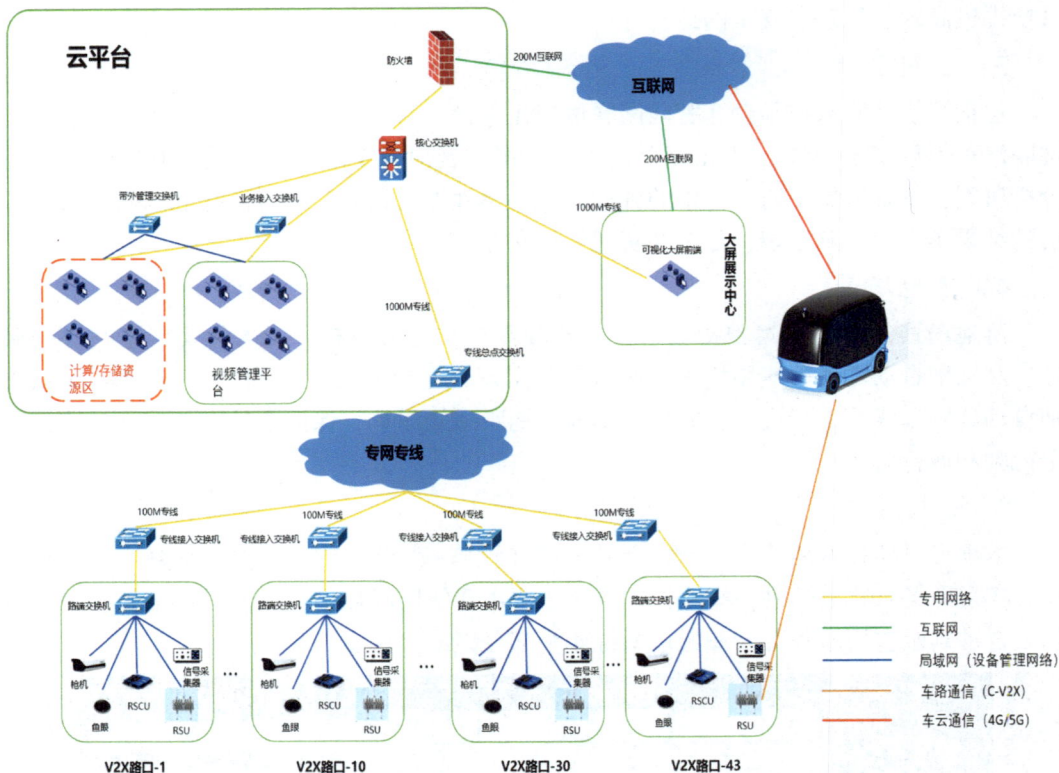

图 3　网络架构

无人驾驶车辆，路侧设备等通过 4G VPDN/5G SA/5G NSA/4G TD-LTE 等多类场景下的通信制式，实现自动驾驶车辆和路侧设备与自动驾驶专属云平台上应用系统间的互联通信与信息处理；网络贯通云平台数据中心和路侧前端。

（1）路口网络采用环形组网设计，负责路口内摄像头设备、RSU、鱼眼摄像机以及边缘计算单元的数据传输和处理。

（2）云平台数据中心（主要承载路侧边缘计算设备数据接入、可视化大屏系统以及云控平台系统的日常运营使用）与路口通过专网提供数据传输，满足 100 M（上下行各 100 M）的带宽与低于 200 ms 的延时要求。

（3）为了支撑应用平台的互联网数据需求，云平台数据中心具备 200 M 互联网出口带宽。

（4）为了支撑数据可视化系统在展厅的应用，需 200 M 互联网出口带宽。

（5）为了支撑数据可视化系统在展厅的应用，云平台数据中心通过 1000 M 专线与展厅通信。

4. 业务架构

在本项目智能网联系统当中，智能网联基础设施终端开展数据采集，通过路侧边缘计算节点上部署的感知引擎，对感知终端所采集到的数据以 AI 算法开展数据处理，从

456

而可以获得道路上运行的车辆、人员、事件以及交通流感知和分析结果，以光纤网络将这些结果传输到全自动驾驶应用服务平台（图4）。

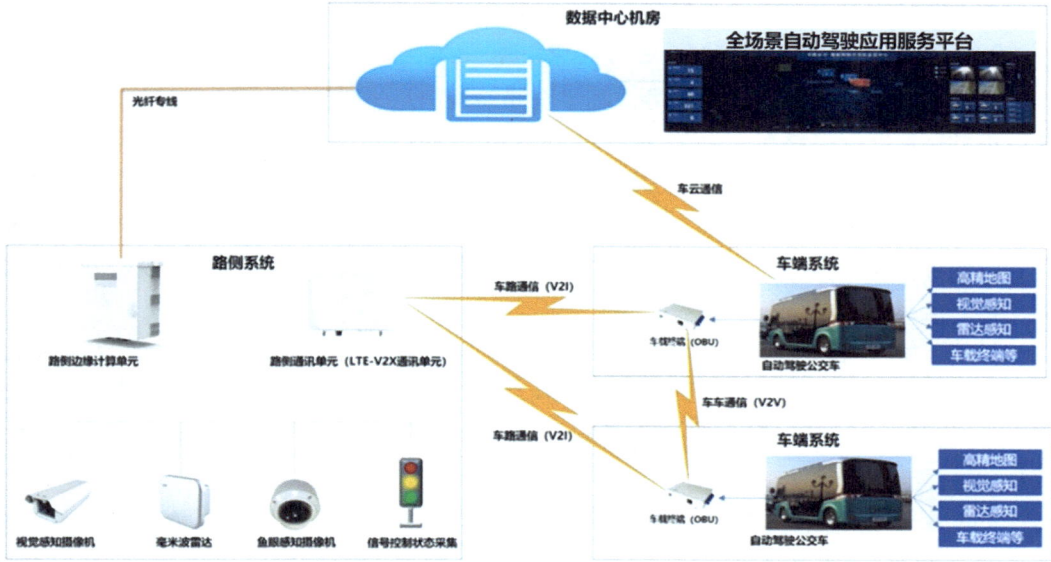

图4　系统业务架构

全自动驾驶应用服务平台，将这些精细和准确的道路交通高精动态信息，通过智能引擎平台强大的算力，对整个区域内的交通状况进行实时分析研判，发现区域交通运行中的各种问题、事件以及趋势，同时，通过智能引擎中的车路协同引擎提供的业务融合模型为业务场景提供算法支撑，通过数据引擎进行多源数据的归集融合，通过地图服务引擎对上层业务应用提供支撑，满足多类用户需求，不断提升城市智慧交通管理治理水平。

5. 典型应用场景

1）高级别自动驾驶"车"和"路"协同业务闭环应用场景

智能网联云控平台作为车路协同技术体系中枢，通过多种方式接入路侧设备、车辆和交通状态等多类数据，对汇聚于平台的动态数据进行综合处理后，为智能网联汽车与产业相关企业提供服务。平台具有实时信息融合与共享、实时计算编排、智能应用编排、大数据分析、信息安全等基础服务能力，可为智能汽车、管理及服务机构、终端用户提供辅助驾驶、自动驾驶、交通运输安全、交通管理等协同应用和数据服务，支撑高级别自动驾驶"车"和"路"协同业务闭环应用。

智能路侧设备监控服务：负责对智能路侧设备进行监控、升级及数据交互。

交通监控服务：通过路侧的数据采集，提供交通事件的通知提醒服务。

车辆监控服务：为平台运营提供针对接入平台的自动驾驶车辆、智能网联车辆的监管服务。

视频监管服务：提供所有监控点位视频的实时监控、历史回溯等服务。

运营管理服务：提供路侧设备、车辆运营、信号灯点位管理，以及用户管理。

数据管理服务：对路侧系统和车辆交互数据进行管理。

2）交通安全管理主动化应用场景

智能网联系统依托云端的能力，基于全局路网信息，得到多路段、多区域甚至是整体城市的交通状况、路况，以及突发事件等多维度的信息，以车辆、道路和环境等实时动态数据为核心，结合交通相关的设施和系统数据，精细化刻画路口交通状态，降低交通风险、提高交通效率，实现交通局部和全局的高效运行。同时，支撑智能网联技术多场景的业务应用，为智能网联场景、公众出行场景以及监管业务应用提供数据分析服务的支持。

另外，解决传统交通安全管理事后统计、被动治理的问题。结合智能感知和数据融合分析能力，对路口隐患数据进行全面研判，分析出高危路口和路口安全隐患点，有效增强隐患预防主动性，提升路口交通安全水平，实现安全管理从"被动"到"主动"的转变。

3）城市交通运行状态数字可视化应用场景

智能网联可视化平台通过1：1还原高精度数字孪生城市底座，通过路口高精度感知设备，实时感知道路交通对象的速度、位置等信息，结合高精度地图路网、建筑物白模数据、精细化典型建筑物数据模型等地图模型数据，以可视化的方式在高精度地图路网基础上叠加展示车、路、城信息，高度还原城市交通运行状态。

4）车企车联网功能应用服务场景

以运营管理与数据服务为主线，构建V2X数据服务、客户服务订阅、基础设施监测、数据服务计费等功能。平台充分提升数据价值，开放数据服务能力，为终端厂商提供数据服务，实现数据运营支撑。

通过提供电商化的产品管理和展现形式，为交通运营商提供了基本的运营载体；同时，提供了产品的属性自定义、定价、交易流程等相关功能，配套实现了整体运营流程中所需要的工具；最后通过数据统计和分析工具，对整体运营效果进行监控和分析，实现不断提升运营能力和效果的目标。

5）C端用户车联网服务场景

依托智能化设备对路口交通流状态进行实时全息感知，通过云端评估测算，向车载智能终端进行驾驶相关信息推送，采用语音和弹窗的方式，为驾驶员提供安全、效率信息服务，提高驾驶过程中的安全系数和行驶效率。

跳出智能交通行业以"管"为主的管理方式，响应交管"重教育，轻处罚"的管理理念，从服务于驾驶员的角度，向C端用户通过手机终端App、车内手机车机智能互联应用以及车内智能终端，提供广域信息，改善驾驶习惯，推送驾驶建议。

6）多场景应用

国内智能车网联商业化应用多以单一项目开发为主，包括无人公交、无人观光车、无人配送车等。单一商业化应用场景打造导致路侧设备复用性不强、商业价值低、社会效益不明显、示范环境不真实。本项目全方位考虑无人接驳车、无人驾驶售卖、无人驾驶清扫等多种商业化应用需要，通过开放式的路侧接入环境和超强的边缘计算大脑，统筹各类自动驾驶车辆，打造一个面向未来自动驾驶车辆规模大、种类全的无人驾驶环境，推进各类无人驾驶商业化应用并行发展。

三、创新应用

1. 案例核心

借助本项目建设的科学岛智能网联基础设施，通过在科学岛打造自动驾驶接驳、无人清扫、无人售卖等多类型应用场景，旨在培育面向未来的多场景智能驾驶示范应用，突出科学岛作为东湖科学城核心的科技创新引领作用，最终推动科学岛实现全域智能驾驶多场景落地。

围绕科学岛重点区域未来一路（岛内部分）、高新六路（科学岛核心区部分）、高新七路部署自动驾驶巴士接驳线路。

同时，在部分区域部署无人清扫车和无人售卖车，以此区域为智能驾驶示范应用亮点，加快推动出行服务创新模式快速落地。

2. 案例创新点

1）智能网联云控平台

目前，国内普遍存在智能车网联平台功能单一的问题。绝大部分功能是针对封闭测试场的以及自动驾驶车辆调度的，平台设计不闭环，未真正意义上考虑运营。本项目平台设计遵循两大原则：一是创新、开放、共享；二是集管理、展示、监管、服务于一体的闭环应用。基于以上原则，打造两大体系：车路智行管理与服务应用体系和智能网联交通管理与服务体系。

基于数据技术底座，利用车联网、V2X、AI等新兴技术，向网联车辆、非网联车辆以及出行服务窗口提供信息支撑，构建面向车路协同、出行服务等创新应用支撑系统。目前，国内智能网联汽车道路测试项目众多，普遍存在道路较封闭、场景较单一、社会交通参与少、网联化程度低、测试车辆少等现象，导致该类项目实用性差，难以创造价值。测试项目规模远超于自动驾驶汽车研发测试需求，导则大量道路测试项目闲置。本次科学岛全域无人驾驶项目以高级别自动驾驶车辆上路试点通行为出发点，超前部署试点环境，选择场景丰富、交通真实、需求明显的综合商务区、生态居住区、工业制造区打造上路试点区域，通过全方位、高精度、多角度的技术保障，确保高级别自动驾驶车辆安全、高效上路试点（图5）。

2）车—城市深度融合

基于智慧灯杆构建包括 C-V2X 系统、通信系统、感知系统、边缘计算系统、微气

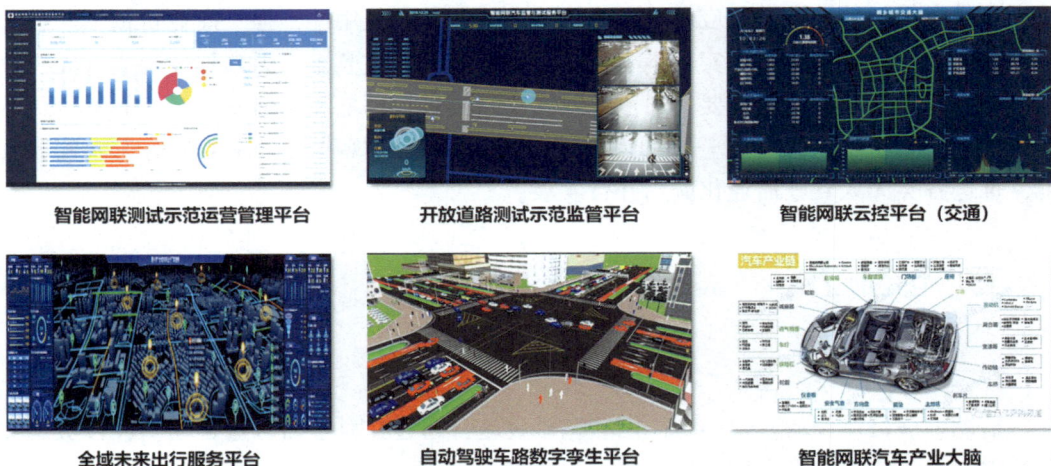

智能网联测试示范运营管理平台　　开放道路测试示范监管平台　　智能网联云控平台（交通）

全域未来出行服务平台　　自动驾驶车路数字孪生平台　　智能网联汽车产业大脑

图 5　智能网联云控平台

象和道路环境系统，实现智能交通与智慧城市的深度融合（图 6）。

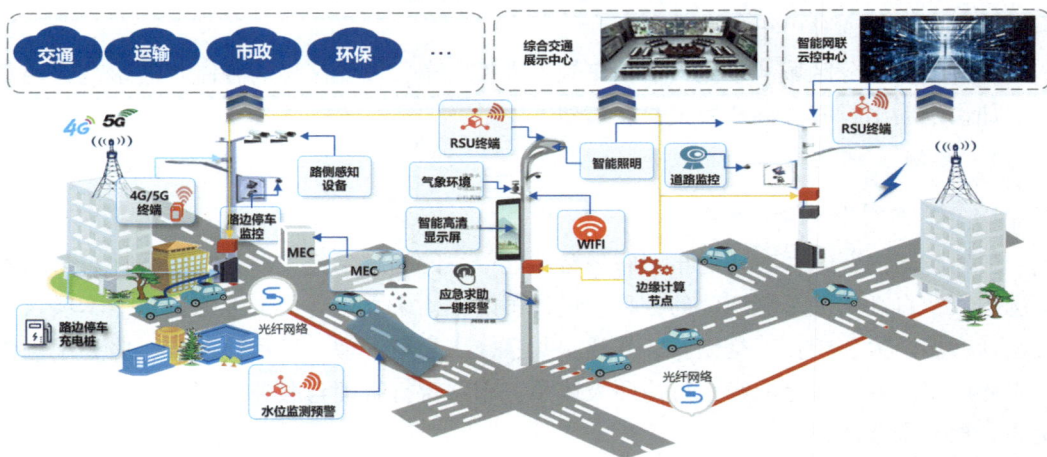

图 6　车-城市深度融合示意图

3）5G 远程驾驶

基于 5G 技术，与车辆底盘线控设备以及视频采集设备进行数据交互，实现对网联车的实时监测和管控。在监控中心发现 L4 级无人车有异常时，可人工接管车辆，通过远程驾驶将车辆行驶至安全地带；进一步提高可管可控、可视安全的运行支撑（图 7）。

四、推广价值

本项目建设的主要目的在于应用推广，将路侧通信感知设备、市政设施、公共设施

图7　5G 远程驾驶

等在内的基础设施与车辆整合到一个平台，采取统一的接口、标准及规范进行管理、运营和维护。

系统与高新区智慧城市大脑、交管平台以及城管平台等平台数据对接，实现城市智能基础平台数字底座的搭建，进而形成高新区的统一数据组织形式、统一数据格式、统一数字基础的基础地理信息，并可以直接叠加专业信息进行基于空间信息的行业管理，也可以在此基础上再进行深层次的应用开发，为城市交通的监督管理和精细化治理提供数据支持，促进智慧城市基础设施和智能网联汽车的融合发展，具有重要的推广价值。

光谷科学岛全域 L4 智能驾驶全场景项目落地后，将逐步形成车联网产业生态集群，拉动产业发展，探索网联运营的创新模式，进一步提升优势产业赋能作用，推动传统汽车产业转型升级，形成内部黏性高、产业协同力强的细分产业链。

在武汉光谷科学岛全域智能驾驶项目中以"多杆合一，多感合一"为规划原则，高标准建设科学岛智能网联数字底座，涵盖约 120 个路侧点位，覆盖 52 千米道路，筑巢引凤，逐步实现全场景测试应用落地。目前，项目已完成了包括无人巴士、无人清扫车、无人出租车、无人售卖在内的多种商业化场景应用，这些应用对其他区域来说既是可复用的也是具有推广价值的示范。

1）赋能单车智能，加速商业化落地

单车智能是指车辆在不依赖于其他车辆或基础设施的情况下，通过自身的传感器和算法实现自主驾驶。无人驾驶技术主要依赖于高级传感器（如激光雷达、毫米波雷达、高清摄像头等）、高精度地图，以及用复杂的算法来实现环境感知、决策规划和控制执行等功能。由于单车智能在处理复杂路况时的局限性，自动驾驶的实现还需要车路协同（V2X）的配合，通过路侧传感器结合密集的感知算法的计算，得到所有道路使用者（包括机动车、非机动车、行人等）的 3D 位置、速度、加速度、运动轨迹等实时信息。这些感知信息是实现无人驾驶的关键信息，自动驾驶只有获得了准确、全面、实时的感知信息，才可以进行后续的决策规划和控制，才能实现安全的无人驾驶。本次武汉光谷

461

科学岛在复杂路口建设车路协同（V2X）赋予单车智能更高的自主性，使车辆能够在复杂的道路和交通条件下安全、高效地行驶，无人驾驶技术为单车智能提供了强大的支持，并正在加速商业化落地。

2）提升道路安全，降低事故发生

武汉光谷科学岛全域智能驾驶场景项目通过建设路端感知机云端云控平台，可以通过车辆与道路之间的信息交互，实现交通智能化的优化和调整。例如，车辆可以通过与道路的交互，获取道路的实时信息（如交通信号灯、路标等），从而及时调整车速和行驶路线，避免违章和违规行为。此外，车辆还可以通过与道路的交互，获取其他车辆的信息，如位置、速度等，从而避免交通拥堵和交通事故的发生，提高交通智能化。车路协同的意义和作用不仅是提高交通效率，还包括提高交通安全性、交通环保性和交通智能化等方面。随着车路协同技术的不断发展和应用，未来的交通运输系统将会更加安全、高效、智能和环保。

3）缓解交通拥堵，提高通行效率

智能交通车路协同系统是基于车载终端、路侧设备和交通管理中心等多个组成部分构成的智能交通系统，可以实现车辆之间的信息共享和交互，提高道路安全性能和交通效率。通过车载终端收集车辆的位置、速度、方向等数据，并将数据传输到路侧设备或交通管理中心。路侧设备安装在道路上，用于与车载终端进行通信，收集车辆数据，并将路况信息传输到交通管理中心。交通管理中心负责收集和分析交通数据，识别异常路况信息，并将信息同步到其他车辆的车载终端上，提供实时的路况信息和驾驶辅助服务。武汉光谷科学岛全域智能驾驶场景项目基于交通数据和路况信息，提供各种智能交通应用服务，如实时导航、智能停车、交通信号优化等，减少交通拥堵，提高交通流量。通过交通管理中心可对交通信号进行优化，减少交通拥堵，提高交通流量，缩短行车时间，提高交通效率。

4）赋能监管运营，优化城市治理

基于无人驾驶技术收集的大量交通和环境数据，城市规划部门可以更加科学地进行城市规划。这有助于实现城市资源的合理配置，提高城市空间利用率，促进城市的可持续发展。通过优化交通运营、提高道路通行效率、降低公共交通运营成本等方式，无人驾驶技术为城市管理赋能，优化城市治理。同时，该技术还能提升市民的出行体验和生活质量，促进城市的社会和谐与发展。

5）支持从"单一商业模式探索"向"多种商业应用并行"推进

目前，国内智能车网联商业化应用多以单一项目开发为主，如无人公交、无人观光车、无人配送车等。单一商业化应用场景打造导致路侧设备复用性不强、商业价值低、社会效益不明显、示范环境不真实。本项目全方位考虑无人巴士、无人清扫车、无人出租车、无人售卖车等多种商业化应用需要，通过开放式的路侧接入环境和超强的边缘计算大脑，支持统筹各类自动驾驶车辆，打造一个面向未来自动驾驶车辆规模大、种类全的无人驾驶环境，推进各类无人驾驶商业化应用并行发展。

绘宇智能数字农业与遥感监测平台

关国翔　　向天竹　　莫仲婷

广东绘宇智能科技有限公司

一、建设背景

随着全球人口的增长和城市化进程的加快，农业面临着提高产出、节约资源、保护环境等多重挑战。在这样的背景下，我国提出了农业现代化的战略目标，而智慧农业作为现代农业发展的重要方向，其数字化平台的建设显得尤为重要。通过运用遥感、物联网、大数据、云计算、人工智能等先进技术，智慧农业数字化平台能够实现对农业生产全过程的智能化管理，提升农业生产效率、产品质量和资源利用率。

在我国，乡村振兴战略是关系国计民生的重大决策部署。《数字乡村发展战略纲要》的出台，为乡村治理提供了新的思路和方法。党的十九大报告（下文简称报告）把乡村振兴战略与科教兴国战略、人才强国战略、创新驱动发展战略、区域协调发展战略、可持续发展战略、军民融合发展战略并列为党和国家未来发展的"七大战略"，足见对其的高度重视。作为国家战略，它是关系全局性、长远性、前瞻性的国家总布局，它是国家发展的核心和关键问题。

为了促进乡村振兴，加强乡村治理体系和治理能力现代化，推动乡村振兴工作更加科学、精准、高效，绘宇智能数字农业与遥感监测平台旨在通过引进先进的信息化技术，整合乡村治理相关数据，构建一个集信息收集、分析、发布、服务于一体的乡村治理智慧平台，为乡村治理提供科学决策支持。同时，该平台也将为县、镇级行政管理部门和乡村振兴局提供更加便捷、高效、智能的乡村治理手段，提高乡村治理水平和服务能力。通过该平台，乡村振兴局将进一步推动乡村治理体系和治理能力现代化，促进乡村振兴战略的实施。

二、建设内容

1. 农业大数据中心

农业大数据中心为数字化平台，通过数据建库完成遥感监测、三维实景等基础数据和农业业务数据的初始化，向下对接"空天地"一体化的感知网络实现数据存储更新，横向与八大应用系统进行数据交换共享，向上对接数字孪生平台和大屏驾驶舱，提供分析支撑，以实现农业大数据的统一汇集、存储、处理、分发。

农业大数据中心包含的数据模型如图1所示。

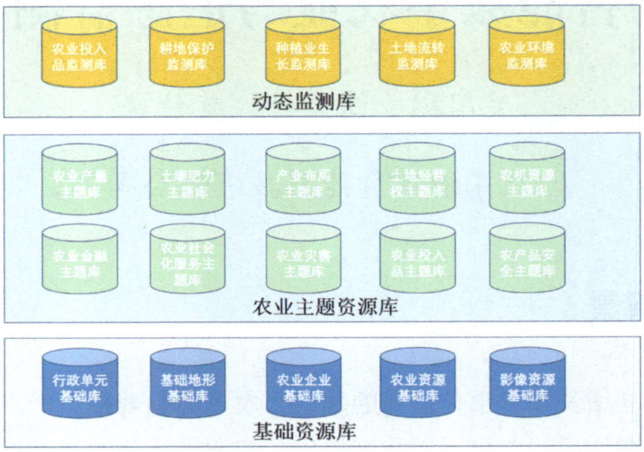

图1　农业大数据中心数据模型

2. 数字孪生平台

数字孪生"一张图"以矢量电子地图、卫星影像地图及实景三维模型为基础，融合人口、房屋、耕地、林地、畜牧、应急等业务数据，利用 GIS、CIM 等技术，将各类分散的、静动态的、结构非结构的数据基于时空、孪生的理念进行组织关联，构建多场景、多业务协同、动态交互的数字乡村立体全景"一张图"，实现以图管地、以图管产、以图智农、以图防灾、以图决策（图2）。

图2　数字孪生平台

3. "两非"综合监管系统

利用卫星遥感实现对全域"非农化"和"非粮化"的周期性监测，通过资源调查和梳理，基于"一张图"实现问题图斑的可视化呈现、对比和分析，构建两非问题核实确认、跟踪处置到结案关闭的完整业务闭环，构建以卫星遥感动态监测为手段的"两非"一体监管体系（图3）。

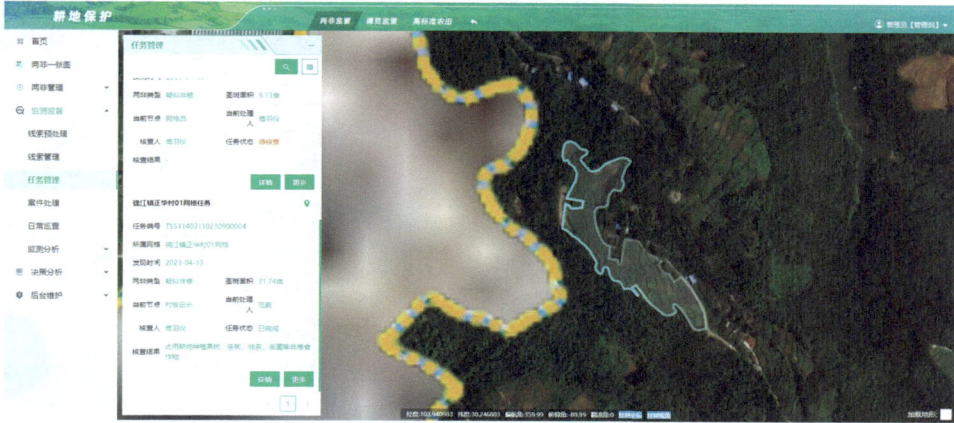

图 3　"两非"任务管理

4. 撂荒地综合监管系统

以卫星+AI为主要手段，结合视频监控、无人机、人工巡查等手段，常态化对长期闲置、撂荒的耕地进行排查和识别，实现撂荒地全面排查和监管，助力主管部门建台账、跟踪迹，整治一块、销号一块、耕种一块，让撂荒地"底子清、情况明、数据准"（图4）。

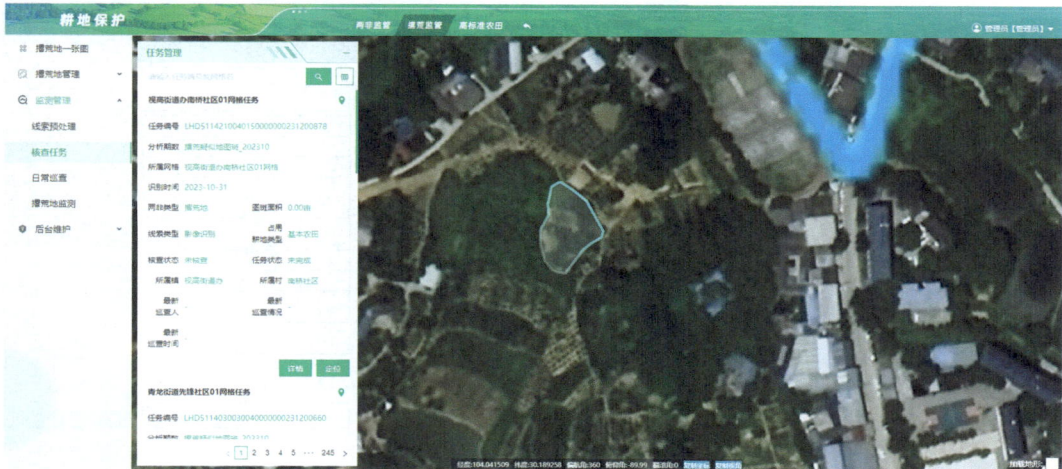

图 4　撂荒地核查任务管理

5. 农作物种植监测服务系统

依托卫星遥感技术，结合地面传感器，对主要农作物的作物类型、分布、长势、环境等进行识别和监测，建立可视化展示和分析模块，实现作物长势管理和收割管理功能，为耕地种植提供数字化技术支撑（图5）。

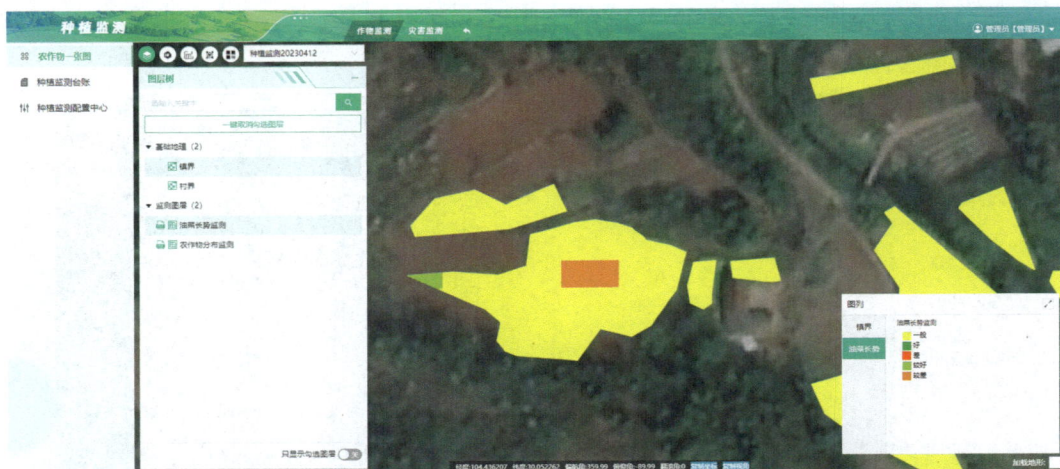

图5 农作物"一张图"

6 高标准农田综合监管系统

依托卫星遥感技术和空间分析技术，围绕高标准农田的建设规划、建中情况、建后管护，构建高标准农田的全生命周期数字化监管体系，为全域高标准农田的综合监管提供数字化支撑（图6）。

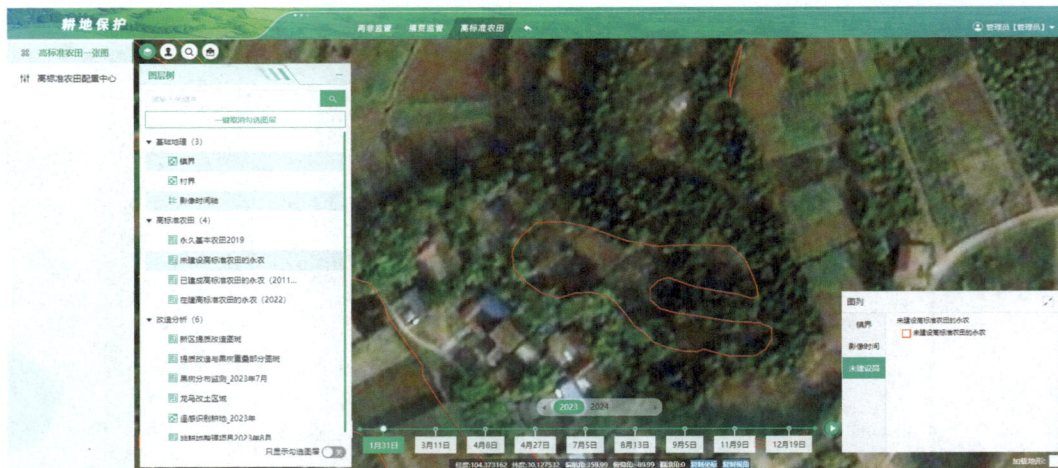

图6 高标准农田"一张图"

7. 农业灾害监管系统

建立农业灾害应急全过程数字化管理体系，利用物联网监测和卫星遥感监测，监测农业灾害发生情况、影响范围、受灾面积、受灾程度，进行灾害预警、灾中应急决策和灾后补救，减轻自然灾害给农业生产所造成的损失，全面提升农业应急指挥信息化和智慧监管水平（图7和图8）。

图7　物联设备"一张图"

图8　农业气象

8. 政策性农业保险监管服务系统

以政策性农业保险服务监管为核心，依托卫星遥感监测能力，推进政府和保险机构有效地管理和协调农业政策性金融服务，提高服务效率和质量，完善政策性保险服务体系，推动农业保险更好地服务于农业现代化。

9. 农业补贴管理服务系统

农业补贴是政府扶持农业的重要手段，以卫星遥感为技术手段，以大数据为依托，实现农业补贴发放测算、补贴记录、发放评估等功能，保障农业补贴资金的合理分配和使用，使政府农业财政补贴能够更好地服务农民和促进农业发展。

建设农业补贴管理服务系统，利用信息化手段完成农业补贴发放工作，实现发放农业补贴从确定发放名单、线上公示、补贴金额自动计算到最终补贴发放到农户的全流程管理（图9）。

图 9　经营者画像

10. 移动数字化管理系统

建设统一移动数字化管理端，依托大数据服务和底层平台能力，整合各项监管移动化业务，提供移动"一张图"、移动驾驶舱、业务管理、信息中心等功能，提供监管移动数字化支撑（图10）。

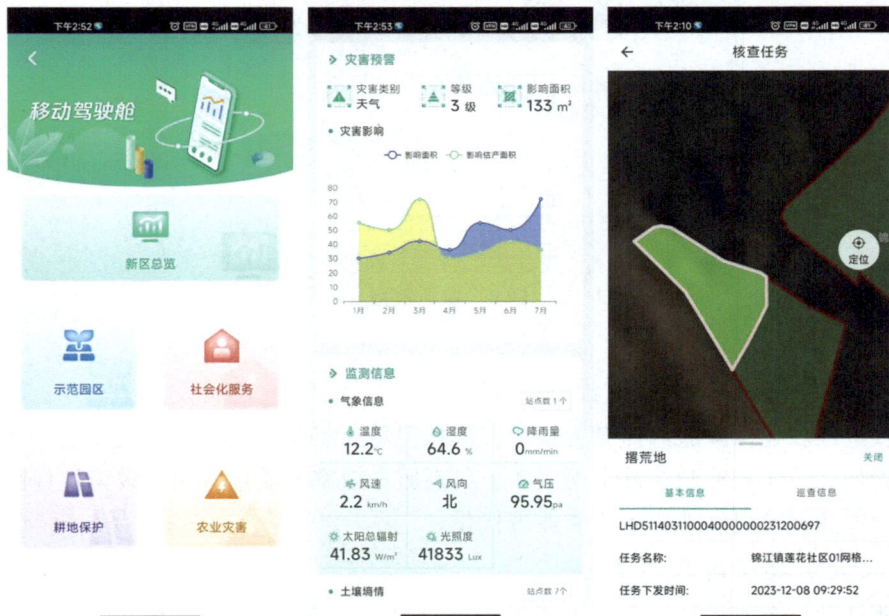

图 10　移动数字化管理系统

11. 土地流转服务管理系统

土地经营权流转，是指在承包方与发包方承包关系保持不变的前提下，承包方依法将其承包享有的土地经营权部分或者全部交由他人在一定期限内自主开展农业生产经营的行为。建设农村土地承包经营权交易流转信息化应用平台，对于全面掌握土地承包现状，促进土地承包经营权信息准确、及时、完备管理，保障农民合法权益，合理引导农村土地有序流转、发展适度规模经营等具有重要意义。

土地经营权流转系统以土地地块数据为基础、以土地流转业务为核心，构建面向各级农业单位不同需求的应用服务。可根据每个地块的实际情况建立空间专题数据库和业务专题数据库，实现农经主管部门间数据共享和面向社会的公众服务（图11～图13）。

图 11　经营权现状"一张图"

图 12　经营者管理

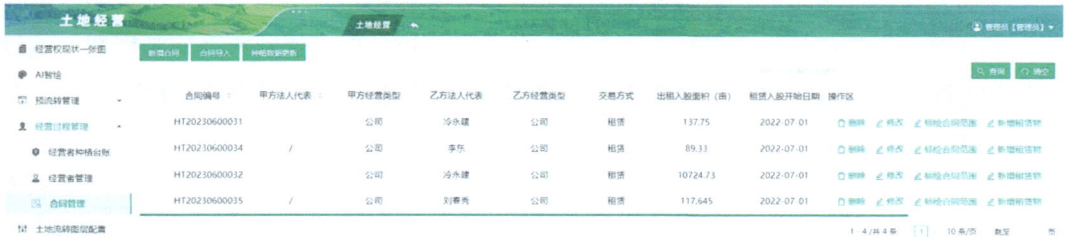

图 13　合同管理

三、创新应用

1. 主动出击保护耕地，动态监测"两非"问题图斑

耕地问题具有隐蔽性、滞后性和累积性，难以及时察觉；治理耕地问题周期长、难度大、成本高，并且有些耕地理化指标难以恢复。为了解决上述问题，平台除了完成上级下发的"两非"问题图斑巡查任务之外，还发挥平台卫星遥感监测的优势，于2023年7月平台上线后即开展了疑似"两非"问题图斑动态监测清查工作。通过将卫星主动发现识别的疑似图斑和自然资源部门的审批数据同步比对更新，将剩余2000余个疑似违法图斑根据县、镇、村、网格四级组织结构自动按责任区下发至移动端，实现疑似违法图斑的动态监测，及时发现和核实耕地问题。

2. 智绘AI，助力农经权流转引导和监管

引导农村土地经营权有序流转，发展农业适度规模经营，以推动农业发展方式转变，促进农业增效和农民增收为目标是党中央、国务院作出的重要决策。在实践中，农经权流转的发生不易掌握，许多农经权流转已经发生，但未办理权证也无完整手续。

为解决县级农业主管部门对农村土地经营权流转实行引导和监管的困难，平台通过向乡镇村的各级农经权流转业务机构和部门推广AI智能标绘系统，实现了全域农经权流转土地现状全部掌握。AI智绘虽相较于权证办理过程的实地测绘精确度有差距，但由于经营权流转多方参与，对流转土地的经营面积、种养殖类型等情况均有详细记录，对农业主管部门的引导监督工作起到极大便利。经营权通过培训和持续推广，未来将实现农经权流转发生即记录的极高即时性，实现对农经权流转的监管和引导。

3. 动态种植监测+"两非"记录，为经营者刻画数字档案

土地流转和适度规模经营是发展现代农业的必由之路。作为"开路人"的新型农业经营主体在当中起到了重要作用。但无论是家庭农场还是农业企业，在农业生产经营过程中，都缺乏一个专门的电子档案。对于发生了"两非"违法问题的主体，缺乏记录，无法有效监督和警示；对于农业保险投保，缺少经营情况的记录为这些主体也带来了投保的困难，增加了保险企业的风险。

平台通过建立经营者档案管理系统，从农经权流转标绘阶段开始采集记录经营者信息，到经营者取得权证后完善相关的资质、身份证明信息形成基础数字刻画档案。通过"两非"监管系统获取经营者违规记录；通过遥感种植监测记录经营者种植时间、类型、产量等信息形成种植情况记录；通过灾害监管系统接入的物联网设备获取气象监测记录等。系统综合各个记录维度，形成经营主体的数字刻画，既为主管部门监管提供了依据，提升了监管效率；又为金融保险机构提供了参考，降低了保险投保的风险。

4. 线上到线下，数字化平台与社会化服务站点结合

平台除了提供了丰富的线上业务系统功能外，还注重与实体社会化服务站点的线下

服务相结合，有效杜绝了重建设、轻维护、无应用的现象。通过平台的物联网管理子系统，将农机设备上的各类传感器传输到农机管理系统实现作业监管，与农机服务订单管理、成本管理等功能模块一起组成了完整的农机社会化服务链条。

四、推广价值

通过应用卫星遥感技术对耕地进行监测，将有助于提高"耕地地块"和"遥感影像图斑"图库一致性，从而夯实耕保工作的基础。数字农业+遥感的平台搭建，形成了一张全域全覆盖的"天空地"一体化遥感监测网络。利用物联网智能传感等先进技术，辅助第三方专业服务，以基层政府部门为主体，建立县、乡、村、组四级耕地用途管控网格化管理机制，实现农业生产网格化监管。

在耕地保护方面，通过遥感监测主动发现"两非"地块，能够在耕地问题扩大化之前制止违法行为，避免了因发现滞后带来的恢复原状执法成本上升问题。同时，定期监测巡查、及时发现和制止"两非"行为，将有效减轻年底集中发现、集中处理的案件数量压力，让基层能够更灵活合理地安排"两非"巡查工作。对于撂荒地等类型的"两非"问题，通过平台发现后，还能根据情况及时转为预流转地块，为后续的治理解决提供了更多方案。

在产业发展方面，数字化赋能社会化服务站点，为各类社会化服务提供了以"一张网""一平台"为基础的大数据应用支撑能力，通过经营者数字刻画，为经营主体获取农业金融服务提供了极大帮助。农经权流转现状的即时反馈更新，也为地方政府做好种植规划和发展引导提供了支撑。

广州市田长制先行县耕地资源空天地动态监测服务

李灶强　孙慧芬　赵俊祥

城乡院（广州）有限公司

一、建设背景

2021 年，中华人民共和国自然资源部办公厅发布了《关于完善早发现早制止严查处工作机制的意见》，提出推进田长制，实行县、乡、村三级联动全覆盖的耕地保护网格化监管。

2022 年，广东省自然资源厅发布了《广东省自然资源厅广东省农业农村厅广东省林业局关于严格耕地用途管制有关问题的通知》，提到县级党委和政府要建立以乡镇为主体、以行政村为单元的耕地保护网格化监管机制。随后，又相继提出建立省、市、县、乡、村级田长和网格田长"5+1"组织体系和责任体系以及开展耕地保护"田长制"先行县建设的通知。

为响应自然资源部、广东省关于推动田长制建设的工作要求，增城区作为广州市唯一田长制先行县，在全区范围内全面推行了田长制，并于 2023 年 5 月在全省率先印发实施《增城区全面推行田长制实施方案》，开展构建田长制工作体系、落实网格化监督管理、加强信息公开宣传引导、开展年度综合评价等系列工作。城乡院（广州）有限公司作为增城区本土企业，承接了增城区田长制技术服务，为广州市田长制试点工作提供有力支撑，建成了耕地资源空天地动态监测服务体系，为遏制耕地"非农化"和防止耕地"非粮化"形成了有效助力。

二、建设内容

广州市田长制耕地资源空天地动态监测服务体系整体以"多维监测+统一平台+常态机制"架构体系建设。多维监测，对应"天""空""地"三个维度，即遥感影像解译、"铁塔+无人机"、人工众采巡田三种监测手段；统一平台，指建设时空数据库管理平台，对田长制相关数据进行统一管理；常态机制，指以"四级田长"为主、"田长+"为辅的常态化巡查机制。整体架构如图 1 所示。

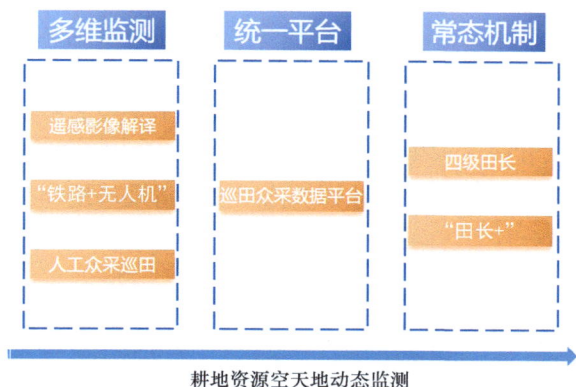

图1 整体架构

1. 多维监测

综合使用遥感影像解译、"无人机+铁塔"、人工众采巡田等手段,构建了一个"天""空""地"三个维度的立体化监控网络。通过这个网络,可以实现对耕地资源的实时监测、动态巡查和综合分析,为耕地资源管理提供全方位、多层次、高精度的信息支撑。

1) 遥感影像解译

遥感信息是地表各种地物要素的真实反映,能清晰地显示各种土地利用类型的特征与分布。高分辨率的遥感影像还能正确显示出农业内部结构调整信息,遥感影像的多光谱及多时相特性,为土地利用动态监测的定性、定量分析提供了丰富的信息,在原有土地详查图件和数据的基础上,将获取的遥感影像和原有的同区位土地利用空间信息进行叠加分析,不仅可以保证监测精度,同时可以提高工作效率,缩短工作周期。

本案例以深度学习、机器学习等算法为基础,对遥感影像进行解译具有多方面的优势,如使用高分辨率的遥感影像进行解译,可以获得耕地细节的变化、发现很多肉眼难以发现的细节及耕地中的疑似违法建筑。

2) "铁塔+无人机"

铁塔视频监测应用智能视频监控技术,对摄像机采集的海量视频数据进行自动分析,可以提取用户关注的相关信息,具有全天候监控、响应速度快、智能识别等优点。将铁塔视频监测技术应用于耕地保护中,通过在监测区域布设视频监控网点进行时序化监测,实现"早发现,早治理",不仅提高了监测效率,而且节省了人力成本。

无人机遥感技术是采用低空飞行的方式,快速、智能地获取高分辨率的地物影像信息,能实现数据处理、三维建模和应用分析的一种专业化应用技术。该技术可用于辅助各级网格责任主体开展耕地巡查工作,通过无人机智能基站结合远程控制平台,实现无人机的无人值守、自主起飞降落、远程操控、全天候作业,实现无人机"在家巡田"的工作模式。

3）人工众采巡田

人工众采巡田的方式，是通过移动端设备分发任务的形式，发动广大基层干部和群众进行巡田，以加强巡田的精度和频次，可以弥补技术手段的不足，发现和解决耕地保护工作中出现的问题，并能监察整治成果（图2）。比如遥感影像上被云雾遮挡无法看清地物的位置、航摄照片上被树木等地物遮挡无法看清现场地物的地块，均可以采用人工进行辅助。

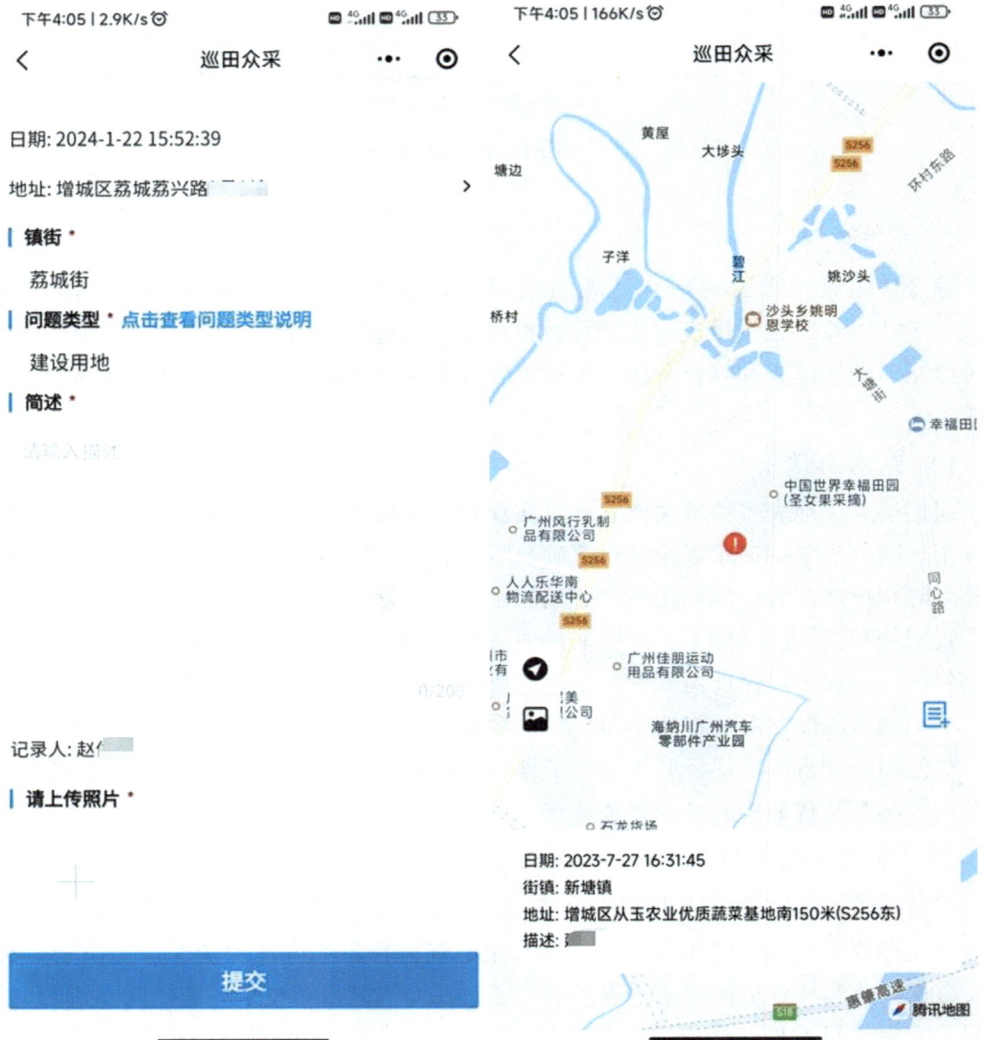

图 2　巡田众采客户端

2. 统一平台

由于全省统一下发的"田长巡田移动端"App是面向田长的，存在用户限制。为融入更多巡田监测手段，最大程度地发动群众，同时建立"自查自纠、定期上报"的常态作业模式，开发了"巡田众采数据平台"。

"巡田众采数据平台"以 Typescript 作为前后端语言、Taro 作为前端小程序框架、MongoDB 作为项目数据库、Docker 作为项目部署解决方案、腾讯 COS 作为图片存储，为该平台的产品灵活性、部署灵活性、服务稳定性提供支持，包括数据管理端、公众版小程序端及政府版小程序端。平台架构如下图 3 所示。

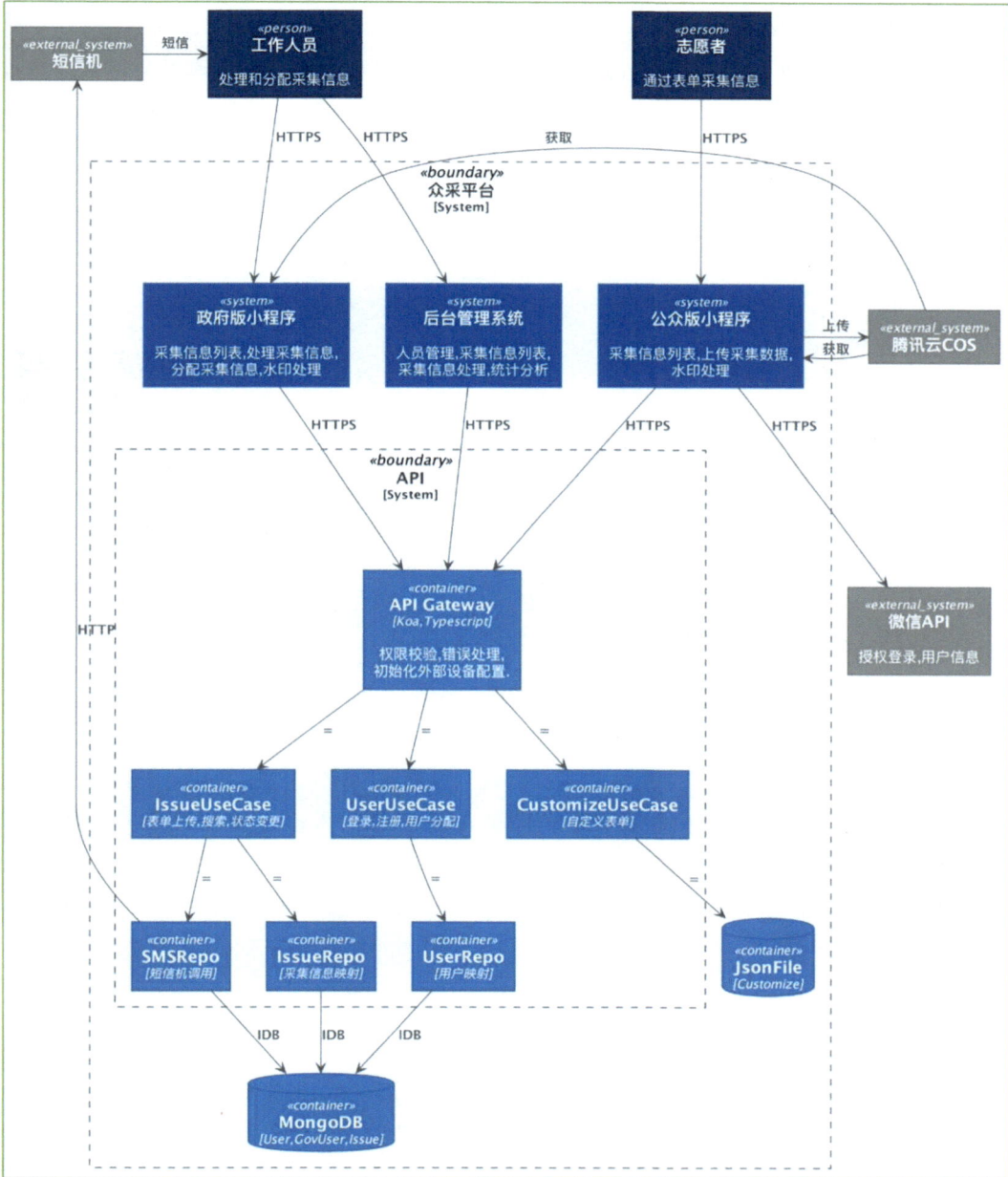

图 3　平台架构

1）数据管理

案例基于"以内业带动外业，以机器辅助人工"的思路，将带有详细图属信息的遥感解译数据，定期导入至本平台中作为巡田的初始数据。同时，以区级田长、镇级田长、村级田长、网格田长 4 个底层数据为基础，给每一块网格均赋予一个独一无二的"身份证号"及对应的田长。各级田长根据图斑的实际情况，采用无人机、铁塔、手机或平板电脑等设备进行巡田，动态更新至本平台。

2）数据可视化

地图中分颜色展示待处理、处理中、已处理、已销号 4 种巡田问题以及每个问题点的点位详情，可以直观地看到问题的分布、趋势和关联，从而发现其中的规律和特征（图 4）。

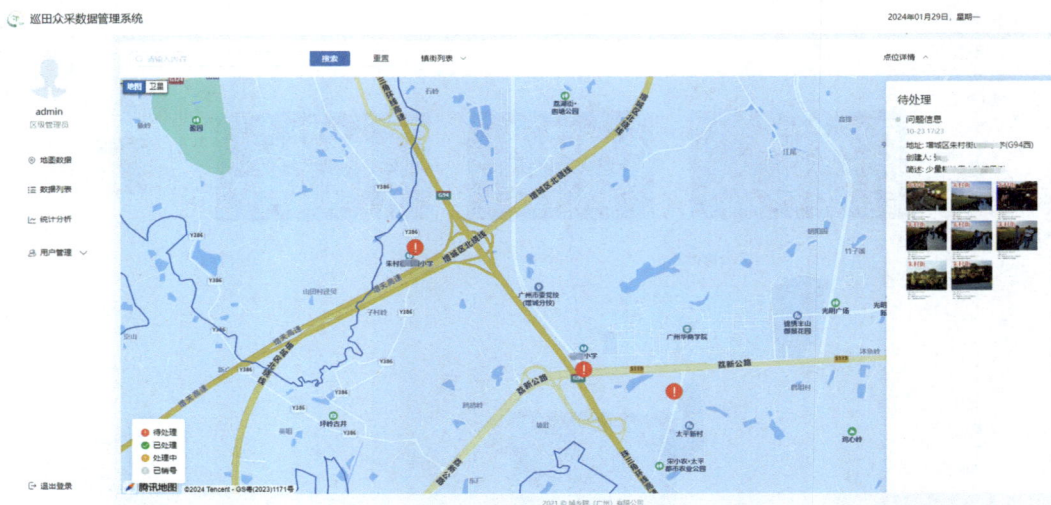

图 4　数据可视化

3）数据分析

以折线图、饼图、柱状图等丰富的形式自动化地展现数据统计结果，政府端账户、管理员、超级管理员等人员可据此了解巡查问题的变化趋势、各镇街分布、人员的巡查效率及数据处理效率等，后续可针对性地实施个性化监管和持续性服务（图 5）。

3. 常态化机制

1）"四级田长"为主

增城区总共设置了 375 个村级网格、331 个村级田长、1317 个自然村网格、510 个网格田长，这 841 个"四级田长"将执行省厅下发的专项巡查任务。并建立不定期召开全体责任单位的会议制度、通过主要媒体向社会公开田长名单的信息公开制度、镇村级田长定期全面巡查的巡查检查制度、定期通报巡查结果的工作通报制度。

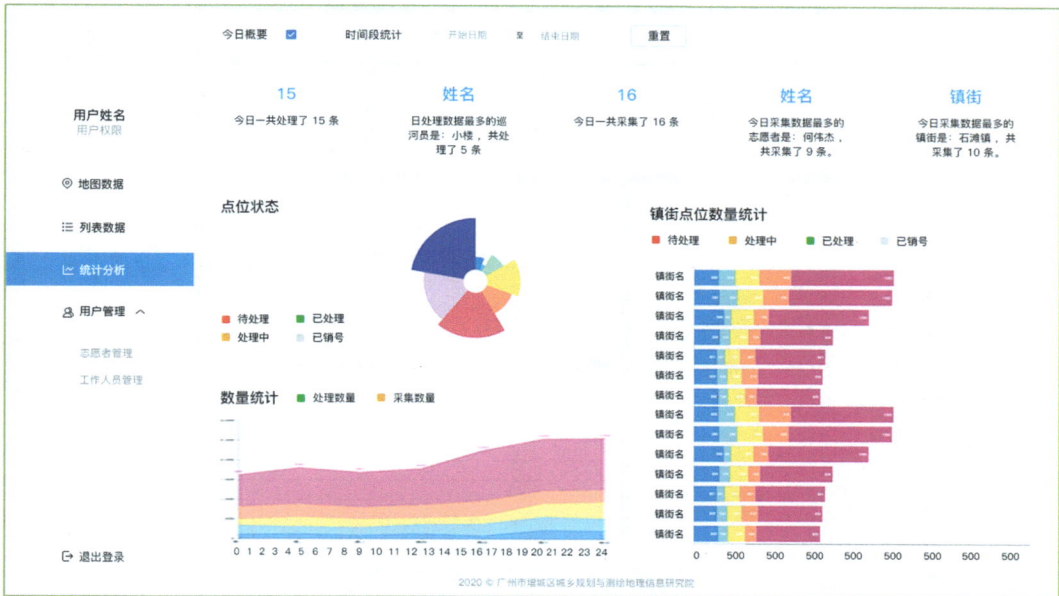

图 5　统计分析

2）"田长+"为辅

"田长+"巡查的巡查人员不局限于 841 个网格田长，党员、团员、志愿者、村民、市民、游客等都可以作为巡查人员参与巡查并上报问题。充分体现"人人都是巡查员，人人都是监督员"的理念，充分调动广大群众参与巡查的积极性，形成全民参与巡查的良好局面。

三、创新应用

1. 以众采的模式驱动"田长+"

以"巡田众采数据平台"为基础，构建属地管理、部门协同、党群参与、上下联动的工作机制，形成以众采驱动"田长+"的巡田新模式。

1）"田长+党员"

联合区委组织部开展巡田服务活动，着力组织全区各级党政机关党员干部参与"万人巡田"，逐步实现耕地保护党群联动、地空覆盖（图6）。

2）"田长+检查长"

与检察院签订联动协作实施意见并开展"双方互聘"，用法治手段进一步筑牢耕地保护安全堤坝（图7）。

3）"田长+志愿者"

与区团委共同组建"田小青"巡田志愿者队伍，广泛发动团员、青年志愿者和有

图6 党员巡田

图7 法治田长聘书

关组织参与巡田行动，组织基层团委开展耕地保护宣传教育活动（图8）。

图8 增城区青年巡田活动

2. 以空天地一体化的框架搭建监控网络

以遥感影像解译、"铁塔+无人机"、人工众采巡田为基础，实现空天地一体化的多维监控。

通过对遥感影像进行解译，从大尺度上获取耕地的分布情况、质量情况、利用情况等信息；通过在位于朱村街道的耕地集中整治示范区和位于石滩镇的全域土地综合整治区设置铁塔监控，可及时了解这两个重点耕地集中分布区的实地情况，可清晰地捕捉耕地上的违法行为；通过无人机巡田，可在充分利用无人机巡田效率高、范围大、精度高、成本低的特点的基础上，防止耕地非法占用、撂荒等多种情况（图9）；通过人工众采巡田，可发现难以用无人机或铁塔监控发现的耕地违法行为。

图9　无人机巡田

3. 以数据治理的理念助力网格化监督落地

田长制网格化监督管理，要求通过划定耕地保护网络，逐步提高综合监测能力，并加强管理系统和巡田软件的应用。在全省统一下发的初始网格的基础上，本案例遵循数据治理中"数据标准管理、元数据管理、质量管理、数据生命周期管理"等理念，对网格进行了优化。

优化后的网格，综合考虑了行政管理的衔接性、历史问题的延续性、监测手段的一致性、巡田工作量的均衡性、巡田路径的最优化，建立了网格管理的统一标准，网格数量从原来的18 840个变成1706个，缩减为之前的1/18，田长数量从原来的4419个变成903个，缩减为之前的1/5，大幅提升了监管效率；网格内农田种类的"化繁为简"，也让田长们能更快熟悉、上手，保障巡田质量。网格优化前后对比如图10所示。

同时，案例注重对网格的"身份证标识"和全生命周期管理，详细记录各级田长的姓名和联系方式、各处农田的分布和耕作属性、各个时段的整治目标和巡田结果，并自动生成独具特色的村级公示牌。通过公示牌，村民们可以轻松了解耕地的分布情况，不仅增强了村民对耕地的认识和保护意识，还为村级治理提供了有力的信息支撑。

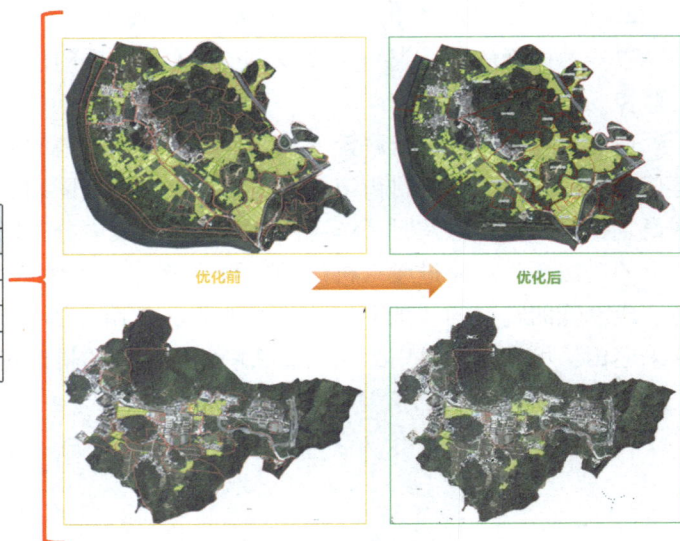

网格优化前后对比

类型	优化前		优化后	
	网格数量	田长数量	网格数量	田长数量
县级网格	1	4	1	4
镇级网格	13	58	13	58
村级网格	335	634	375	331
网格	18491	3723	1317	510
合计	18840	4419	1706	903

图 10　网格优化前后对比

四、推广价值

1. 经济效益

耕地保护巡查平台的建设、"田长+"等活动的开展，一方面节省了一定的巡田资金；另一方面助力增城区在广东省 21 个田长制先行县综合评价工作中取得了第一名的好成绩，并获得了省财政资金支持，可进一步由增城区统筹安排用于田长巡田、视频监测建设等田长制相关工作。

2. 社会效益

（1）通过市区联合举办田长制启动仪式、邀请专业团队拍摄宣传视频等方式，利用电视网络平台大力宣传，在国家、省、市、区各级媒体宣传 20 余次，充分发挥田长制正面效应，让耕地保护深入人心，动员社会力量参与耕地保护，将田长制工作从"一家管"变为"大家管"，逐步实现耕地保护党群联动、地空覆盖（图 11）。

（2）2024 年 1 月 11 日，广东省自然资源厅联合广州市人民政府在广州市增城区成功举办了广东省田长制现场推进活动，活动现场给各获奖县区颁布奖项，其中增城区获得了一等奖（图 12）。

大会的成功举办有着多方面的效益：标志着广东省成功完成了田长制试点工作，为全省乃至全国树立了一个模范试点；表明在田长制的有效实施下，广东省的耕地非粮化和非农化得到了有效遏制，耕地进出平衡得到保障，为国家 18 亿亩耕地保护任务贡献力量；通过宣传，对田长制政策有了更深入、更广泛的推广，让更多人了解和支持田长制工作。

图 11　各平台大力宣传增城区田长制

图 12　广东省田长制现场推进活动

基于煤航数云的灌区水资源
监测与管理平台

杨正辉　　左　涛　　刘　恒

中煤航测遥感集团有限公司

一、建设背景

在全球气候变化、人口增长和经济发展加速的背景下，水资源供需矛盾日益突出，水资源管理已成为各国面临的重要挑战之一。灌区作为农业生产的关键组成部分，对水资源需求量大，因此灌区水资源的监测与管理对于实现农业可持续发展、促进农业产能提升和保障粮食安全具有重要意义。

在我国，农业是经济的基础和民生的重要保障，而灌区水资源的监测与管理则是农业发展的关键环节。然而，传统的灌区水资源监测与管理方式存在许多问题，例如数据采集不及时、数据准确性不高、信息传递不畅等，难以满足农业生产和灌溉管理的需求。为了提高灌区水资源的利用效率、优化农业生产布局和保障农业可持续发展，我们的平台将充分利用现代信息技术手段，实现对灌区关键数据（如水位、流量、降雨量）的实时采集和传输。通过运用数据处理和分析算法，对采集到的数据进行深度挖掘和分析，为农业部门和农民提供决策支持和预警功能。

为了满足新时期水利高质量发展的需求，2016年10月13日，水利部办公厅印发了《关于加快推进卫星遥感水利业务应用的通知》，提出加大遥感技术在水资源管理和灌区种植面积等方面的应用。2023年1月20日，水利部办公厅印发了《2023年全国水利工作会议重点工作任务分工方案的通知》，明确提出加强灌区标准化现代化管理、推进数字孪生灌区建设和提高灌排工程运行管护水平等重点任务。然而，在灌区管理中，科学的水资源调度和决策支持仍缺乏全面、准确的水资源数据和先进的技术手段。

因此，我们迫切需要建设一套灌区水资源监测与管理系统。通过充分利用现代信息技术手段，实现对关键数据的实时采集和传输，并运用数据处理和分析算法进行深度挖掘和分析，该系统将提高灌区水资源的利用效率、优化农业生产布局，并为决策者提供准确的水资源数据和先进的技术支持。

482

二、建设内容

基于目前灌区管理的不足，立足现有技术资源，基于煤航数云和 PIE 开发一套灌区水资源监测与管理平台，可实现灌区综合数据处理与推送、综合遥感指标测算、灌区水资源计算、水源地水雨情及大坝安全监测等功能，为灌区水资源调度、环境监测以及安全运行提供参考和帮助。

系统分为桌面端和 Web 端两部分，其中桌面端基于国产软件二次开发，Web 端基于煤航数云、PIE-Engine 遥感云等国产软件平台开发，综合利用卫星遥感、宽带网络、无线网络、移动通信（5G）、WebGIS 三维可视化、倾斜摄影、BIM、物联感知、数据存储、信息服务等前沿技术，建立"零河灌区水资源监控与管理平台"，该平台可实现矢量和栅格数据加工处理，打包并推送数据到 Web 端；外业实时监测仪器传输，并对水源地全方位 24 小时实时在线监控，包括实时水位计、GNSS、视频监控、入库流量、出库流量等；提供灌区水资源合理计算，利用卫星遥感数据，可计算灌区范围内相关遥感干旱指标参数，灌区种植结构，灌区沟渠走向，进一步计算灌溉用水总量。

1. 平台架构

灌区水资源监控与管理平台系统架构如图 1 所示。

（1）运行环境。即基础设施层，是系统建设和运行分析的基础，包括软硬件系统、网络、通信、接口系统等。

图 1　灌区水资源监控与管理平台系统架构

（2）数据体系。即数据层，是整个系统的数据存储中心，包括灌区水源地水库三维模型数据、各类业务数据、系统配置数据等。数据中心依托成熟的数据库管理软件，按照统一的标准建立灌区管理信息平台数据库，实现数据的集中存储与管理，为应用系统提供数据支撑。

（3）服务层。是应用层与数据层交互的枢纽，用户做一些有效性验证，以更好地保证程序运行的健壮性。如完成数据添加、修改和查询业务等。

（4）应用层。该层是一个开放式的结构，对于后期的其他应用系统可以不断添加构建，共同组成系统应用层。应用层是系统建设的核心，当前主要包括灌溉区水源地水库三维实景平台、库区巡视系统、监测数据统计分析、AI+视频分析、遥感指标测算展示系统等，主要基于 B/S 架构。

2. 功能说明

平台主要功能模块如下。

1）灌区监测与数据处理系统

灌区监测与数据处理系统可对灌区内给类矢量栅格数据进行初步的筛选、处理和加工，结合遥感影像和目视解译，可初步勾画出灌区内各种作物矢量范围并计算其面积；遥感影像处理模块集成了基于 ISODATA 和 K-means 两种聚类算法的分类，可对灌区地物进行自动分类；专题制图模块可将处理结果制成地图；最后，通过 WebSocket 通信协议与 Web 端建立连接，可将处理好的结果推送至前端。打通了灌区矢量数据从桌面端生产到向 Web 端展示的渠道，实现了桌面端程序与 Web 端系统的互通，主界面如图 2 所示。

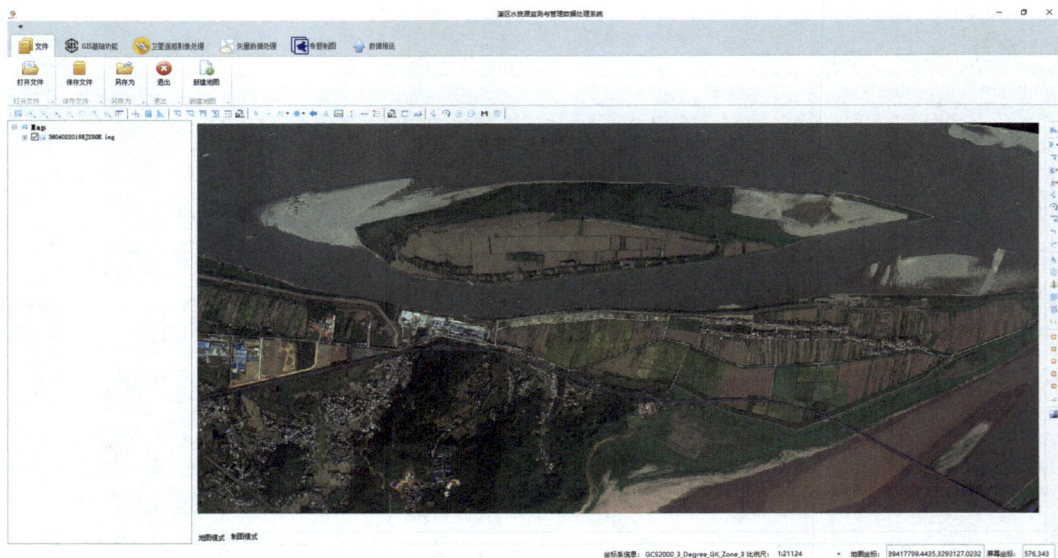

图 2　灌区监测与数据处理系统

系统支持基本的 GIS 功能，包括创建图层、要素编辑、拆分要素、合并要素、整形要素、量测工具、卷帘对比以及对数据进行点、线、面的标绘等功能，满足数据生产的要求（图3）。

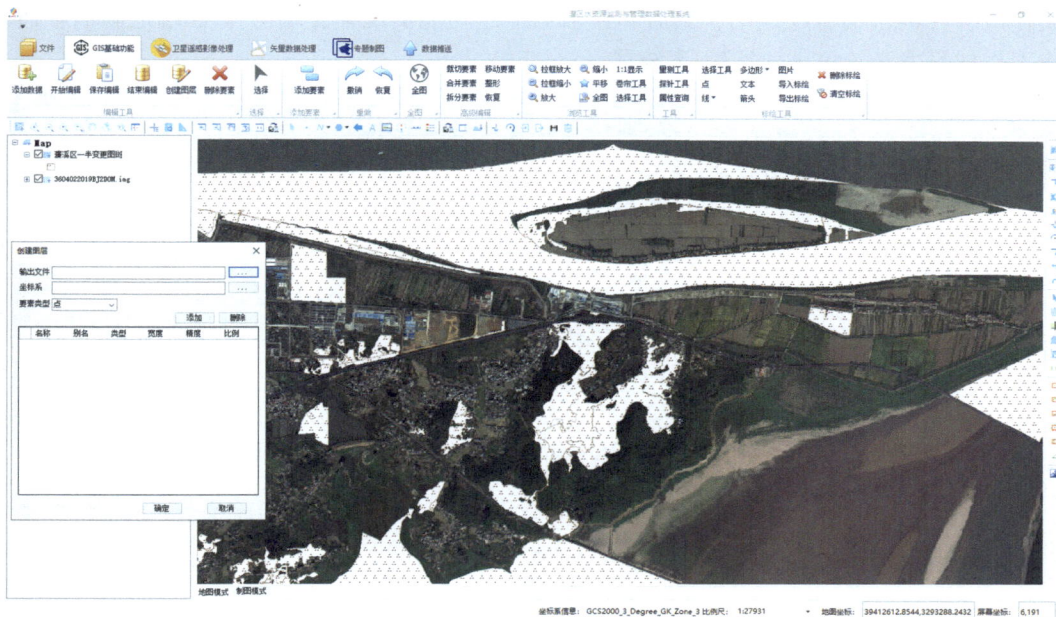

图3 GIS基础功能

系统可以对遥感影像进行监督分类。基于已知训练样本的类别属性，通过统计学的分类器对遥感影像进行分类。在监督分类中，系统已经内置了灌区有代表性的训练样本，并根据其特征建立分类模型，通过比较训练样本的光谱、纹理、形状等特征，将遥感影像划分为不同的类别。图4是系统进行监督分类后的结果卷帘展示。

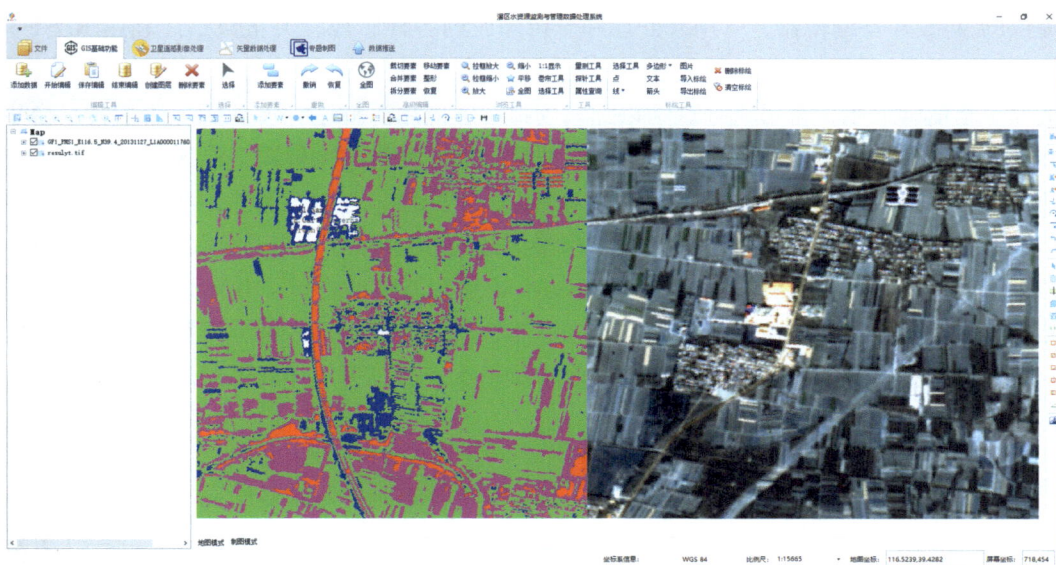

图4 监督分类卷帘展示

485

系统可实现专题制图与数据推送。专题制图是一种有效地将数据采集和处理成果可视化的一种方式，利用专题制图功能可以将灌区的矢量采集成果和遥感影像的分类成果制作成各种类型的专题地图，然后利用数据推送功能实现桌面端与 Web 端之间的互通，将工作成果发送给 Web 端用于系统展示（图 5）。

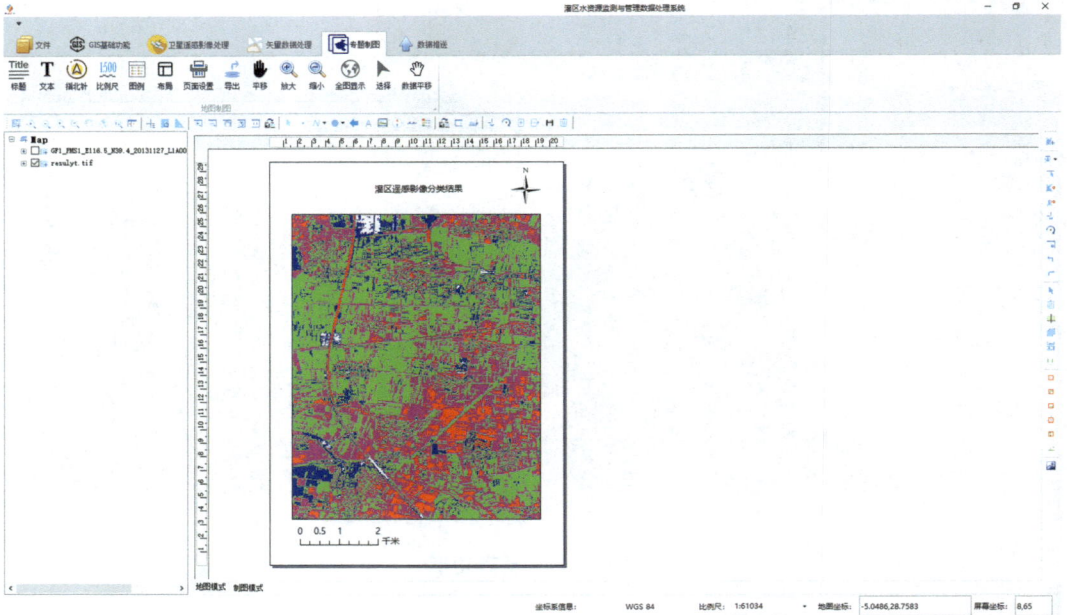

图 5 专题制图与数据推送

2）灌区水资源管理平台

灌区水资源管理平台基于煤航云计算平台开发（图 6），基于 JavaScript 语言和平台提供的 Web 开发编辑器，可用来处理和分析灌区内各种影像、矢量数据。利用 RESTful API 接口可实现前端和后台的互通，前端脚本既可以被发送至后台，后台计算结果又可被发送至前端显示，也可将处理结果加载到第三方应用进行进一步分析。图 7 为平台主界面，主要分为灌区数字底座管理、灌区监测、灌区种植结构提取、灌区水资源配置等功能模块。可实现灌区基础地理数据如范围面、水网线、正射影像等加载；同时可计算植被指数、植被覆盖度、水体分布、降雨量等遥感指标因子，实现灌区遥感动态监测；种植结构模块可选择高分系列卫星或 Landsat-8 系列卫星的影像，并对该影像进行在线分类，目前平台集成基于随机森林、最大似然、支持向量机等三种分类算法，可对灌区内地物进行分类；根据灌区内各作物的面积及用水定额，可估算灌区灌溉用水总量并经行图表化展示。主要功能模块如下。

（1）底座数据管理。

底座数据管理是一项重要的工作，它可以为灌区管理、水资源管理等相关领域提供基础数据支持。底座数据是指空间数据，包括灌区范围、沟渠水系分布、水文站点分

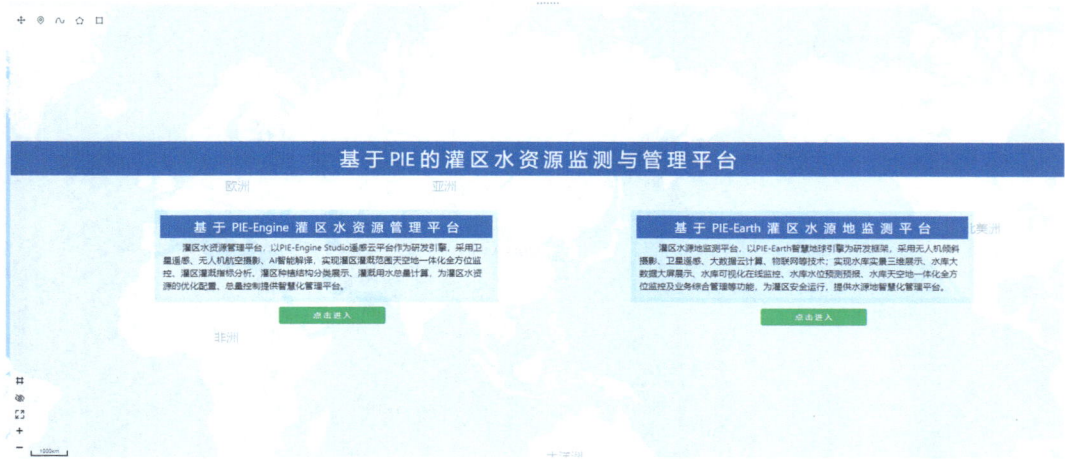

图 6　灌区水资源管理平台

布、DEM（数字高程模型）等信息。在底座数据管理中，可加载灌区范围矢量和沟渠水系矢量数据，这些数据可以呈现出灌区及其周边地物特征的空间分布和形态，为决策和规划提供支持（图 7）。

图 7　底座数据管理

（2）灌区综合监测。

利用遥感技术可以实现对灌区植被指数、植被覆盖度、降雨量、水体分布等关键指标的在线实时计算和监测。这些遥感指标提供了对灌区健康状况、水资源利用和管理的全面了解。

通过遥感数据源可以计算灌区植被指数（如归一化植被指数 NDVI）和植被覆盖度。这些指标可以反映灌区的植被生长情况和绿量变化，为农作物生长监测、灌溉水需求评估以及灾害风险预警提供依据（图 8 和图 9）。

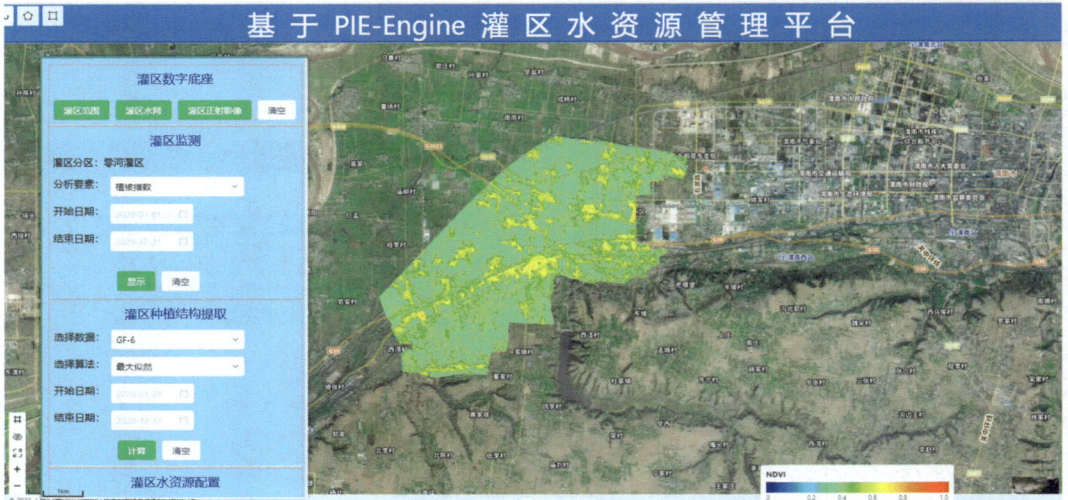

图 8　NDVI 计算

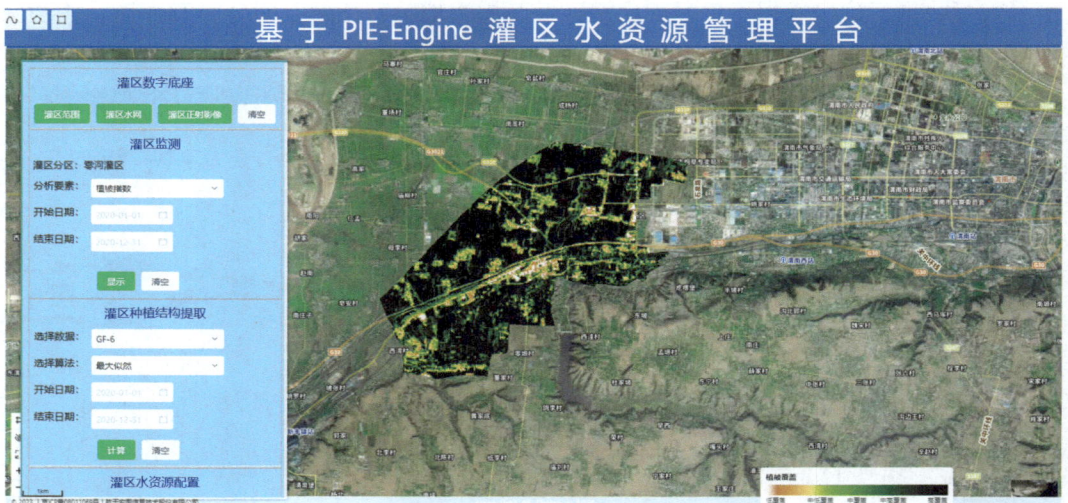

图 9　植被覆盖度计算

　　利用遥感技术可以监测和计算降雨量。可以实现对灌区降雨的实时监测和定量化，提供及时的降雨信息用于灌区的灌溉调度和防洪预警（图 10）。

　　通过分析遥感数据中水体的反射特性和水体概率模型，可以实现对灌区内水体的识别、分类和变化监测，帮助农业管理者更好地了解灌区内水资源情况，优化水资源的分配和利用。

　　（3）种植结构提取。

　　利用遥感技术实现对灌区内不同种植类型的自动识别和分类的任务。利用最大似然、随机森林等算法对灌区内地物进行分类。这种提取方式可以为农业生产管理提供帮

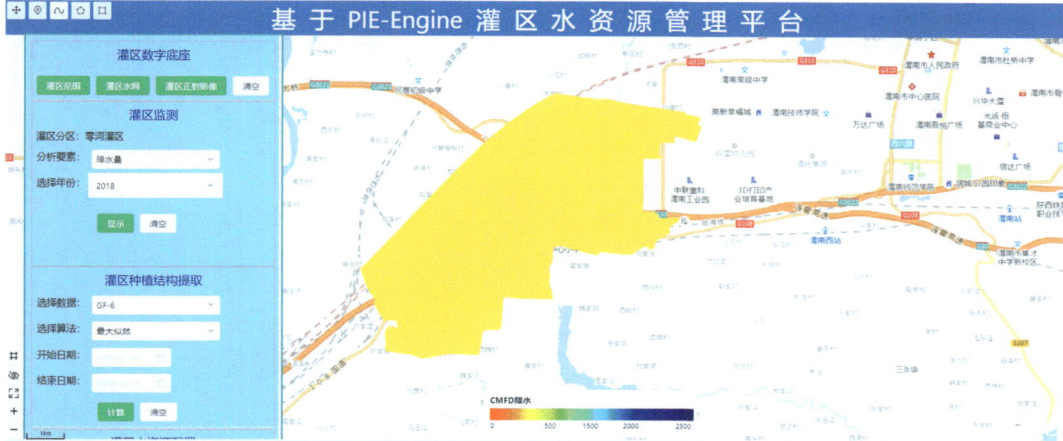

图 10　降雨量计算

助，包括农业资源评估、耕地流转、产量估计等方面。同时，可为实现智慧农业、推动农业现代化提供技术支持（图 11）。

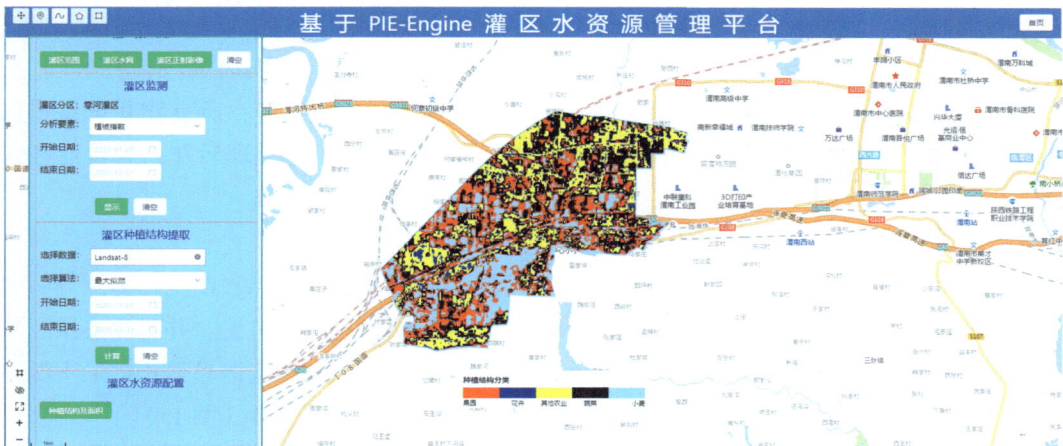

图 11　种植结构提取

（4）灌区水资源配置。

灌区水资源配置是指在保证农业生产水平的前提下，合理配置灌溉用水资源，以达到节约用水、提高节水效益的目的。为实现灌区水资源配置，首先需要加载灌区内不同作物的矢量范围，并统计其面积占比。平台利用在线卫星影像进行监测和分析。通过对灌区内不同作物的分布情况进行分析，可以更好地了解各类作物的分布、结构和特点，进行水资源的合理配置和优化（图 12）。

3）灌区水源地监测平台

灌区水源地监测平台主要针对灌区水源地水库的安全监测需求开发，前端基于

图 12　灌区水资源配置

Vue3+PIE-Earth+JavaScript+Echarts 开发，后台业务管理系统基于 Java+MySQL 开发，通过 MQTT 协议实现物联设备的在线接入，集成水源地水库实景三维模型展示、降水量、水位监测站、雨量监测站、大坝形变监测点、大坝渗流监测点、实时视频监控等功能，实现了灌区水源地可能发生灾害的分析预测、精准预报和精确预警；所有物联设备传回的实时数据通过大数据决策云平台界面统一展示。各项数据汇总整理后并入后台业务管理系统，供相关部门查阅使用。主要功能模块如下：

（1）水库三维实景平台。

可对水源地水库的实时水位、雨量、入库流量、出库流量、大坝表面变形监测等实时监测数据进行可视化分析与展示。点击右侧图标可定位至设备安装位置，并可对实景三维模型进行空间三维分析，如贴地距离分析、贴地面积测量、贴地角度测量等；记录水源地相关监测设备的布设位置与设备参数信息，同时可进行三维空间分析（图 13）。

图 13　水源地水库实景三维界面

（2）水源地水库数据决策大屏。

通过图表展示监测设备实时传输的监测数据，供库区管理人员巡视查看。主要数据有：库容信息、当前水位信息、大坝渗流量信息、大坝形变监测数据等。当相关监测值达到报警阈值时，系统可向相关管理人员发送警报短信（图14）。

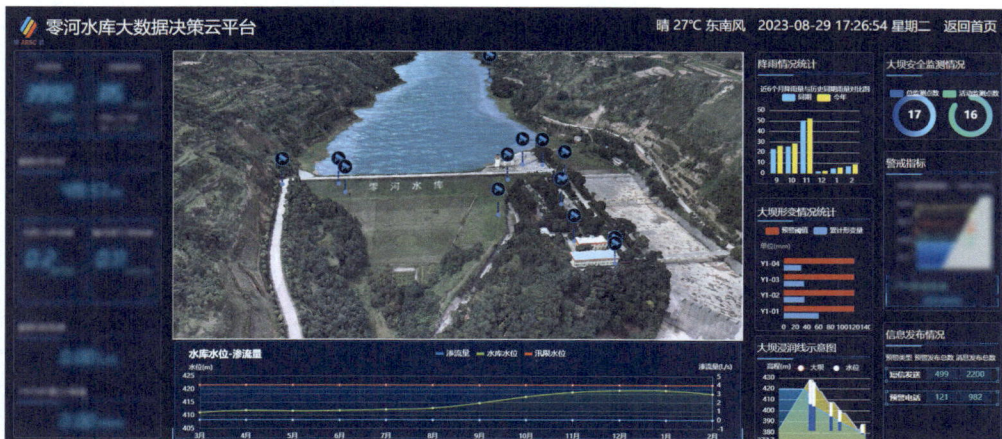

图 14　大数据决策云平台

（3）AI+视频监控。

通过智能监控摄像头和先进的人工智能算法，实现对水库的全面监控和管理。智能监控摄像头可覆盖水库的各个关键区域，捕捉到的视频数据会经过实时处理，包括目标检测、行为识别等算法的应用，实时提取出关键信息。识别水库中出现的异常事件，如溢水、漏水、人员入侵等。一旦发现异常事件，系统会及时发出预警通知，提醒相关工作人员采取相应措施，以保障水库的安全（图15）。

图 15　AI+视频监控界面

（4）业务管理系统。

对水源地水库的监测数据生成分析报表并支持一键导出，方便相关部门管理，包含水库防洪指标、汛限水位、库容曲线、水库特征值、人员非法闯入报警，显示大坝雨情、水情、形变及渗流监测成果图表，展示最新时段降雨、月逐日降雨量、年逐月降雨量、降雨极值等曲线，统计展示入库流量、输水洞下泄流量、溢洪道下泄流量等变化数据，记录大坝变形监测信息，包括测点数据及形变对比、查询不同日期的浸润线数据和流量监测图表、设置各项监测警戒指标的阈值，当实际监测值超过此值报警等信息，并可以自动生成灌区水源地综合安全监测报告供相关部门参考使用（图16）。

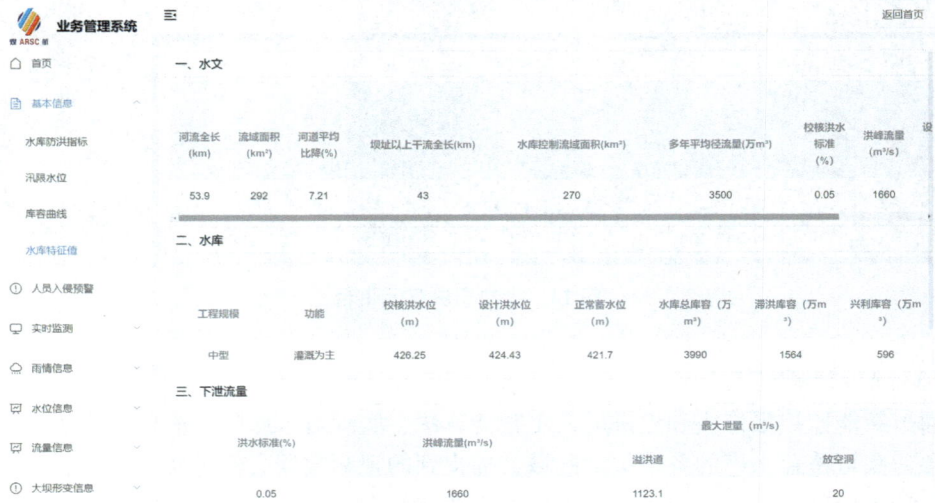

图16　业务管理系统

三、创新应用

1. 平台满足信创和安可需求，自主可控

本系统充分利用各种框架技术，通过国产自主可控的煤航数云、PIE 软件生态系统开发建立。国产软件开发包，集成了专业的遥感影像处理、辅助解译、信息提取、专题图表生成、二三维可视化等功能。底层采用微内核式架构，由跨平台的标准 C++编写，可部署在 Windows、Linux、中标麒麟等操作系统中。提供多种形式的 API，支持C++、C#、Python 等主流开发语言，提供向导式二次开发包，可快速构建遥感应用解决方案。

2. 多源数据驱动的灌区管理模型

多源数据驱动的灌区管理模型是基于灌区实测数据、卫星遥感数据和水库监测数据的综合利用与分析，旨在实现灌区管理的精细化和智能化。通过采集和获取灌区实测数据，如土壤含水量、作物生长状况等，结合卫星遥感数据提供的灌区植被覆盖、土壤湿度等参数，以及水库监测数据中的水位、流量等信息，可以全面了解灌区的水资源状况和农作物需水量。

　　基于这些多源数据，灌区管理模型可以进行水资源的动态监测与评估，实时跟踪灌区水量供需情况。模型可以精确预测灌溉用水需求，及时发现灌溉不足或过量的情况，并进行合理调度和分配。同时，利用模型，可以制定科学的灌溉方案和优化灌溉调度策略，提高灌溉效率，减少用水浪费（图17）。

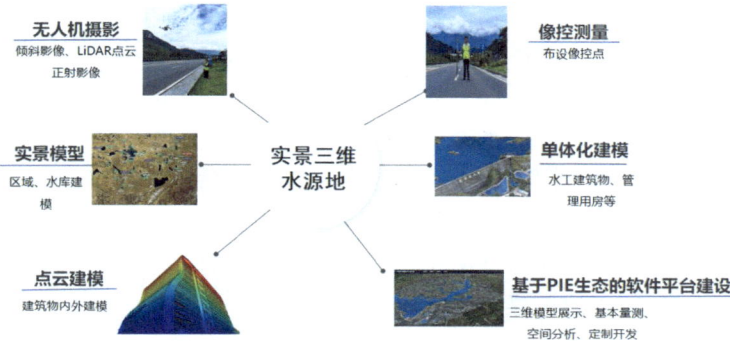

图 17　灌区多源异构数据实景三维融合模型

　　通过多源数据驱动的灌区管理模型，可以实现对灌区水资源的全面监测与管理，提高灌区的水资源利用效率，促进农业可持续发展，实现经济、社会和环境的协调发展。

3. 大数据量多源异构并行监测

　　灌区管理模型结合数据分析和机器学习技术，对历史数据进行挖掘和建模，以预测未来的水资源供需情况和农作物生长趋势，帮助决策者制定更加科学和可持续的灌区管理政策。基于遥感的灌区管理无须下载，在线加载多源卫星遥感数据，处理并分析灌区监测指标（图18）。

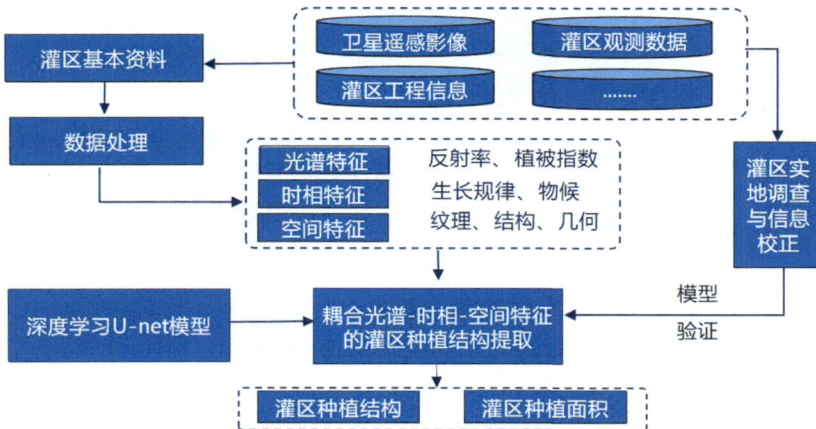

图 18　业务管理系统

四、推广价值

1. 社会价值

本项目基于多源数据构建了一套空天地一体化灌区水资源监测与管理平台,通过融合空间、地面和天空的多维信息,实现了对灌区水源地、渠系水网和灌溉范围的全方位监控、灌区灌溉指标分析、灌区种植结构分类展示以及灌溉用水总量计算等一系列高级功能。这一智慧化的管理平台不仅为灌区的监测提供了强大的技术支持,更能够优化水资源的配置和控制,引领着灌区水资源管理的创新发展。

在水资源保护与管理方面,该平台通过全方位监控灌区水源地、渠系水网和灌溉范围,不仅能够实时掌握水资源的状态和变化,还能够快速响应和解决水资源污染、浪费等问题。这样的及时干预和保障措施不仅保障了当地及周边地区的水资源安全,还为生态环境的平衡和可持续发展提供了坚实的基础。

在农业生产保障方面,通过灌区灌溉指标分析和灌区种植结构分类展示,该平台为农业生产提供了科学决策的依据。凭借着精准的数据分析和预测能力,它能够帮助农作物种植者提高产量和质量,从而保障了粮食供应,满足了人民生活和工业生产的需求。

在管理水平提升方面,这一平台实现了天空地一体化全方位监控和智慧化管理,为灌区管理部门提供了高效便捷的工具。通过实时数据的获取和分析,管理者能够更好地了解灌区的运行状况,优化资源配置和管理决策,从而提升管理水平和服务质量,推动了灌区管理现代化的蓬勃发展。

这一项目的成功实施不仅在水资源保护和农业生产方面带来了显著的社会效益,也为相关部门提供了可持续发展的支持。同时,该平台的智慧化管理理念和先进技术也为其他水资源管理领域提供了借鉴和推广的价值,为智慧水利的发展探索了新的路径。

2. 经济价值

在输配水过程中,该系统通过优化设施配置和科学管理,实现了灌区空天地协同的动态监管。它不仅实现了取水水源和渠系的动态监管,还能够实时监测灌区的种植结构变化,从而节省了大量的人力和物力资源。

在水的使用过程中,以创新为驱动,该系统实现了智慧精准的灌区耗水诊断。基于灌区信息时空诊断模型,它能够实时计算各类农作物的用水总量,并通过不断的算法优化,实现科学灌溉。这种精准用水的方式不仅提高了灌溉效率,还降低了水资源的浪费程度。

此外,该项目通过统一规划和数据互通融合,可降低各部门之间的协作沟通成本。它提供了开放的接口,支持新功能的扩展和其他系统的接入,进一步降低了后续项目的投入成本,从而间接产生了经济效益。

这一项目的经济价值不仅体现在资源的节约和效率的提升上,更体现在降低开发成本、提高工作效率和促进产业链协同发展上。它的成功应用不仅为相关行业带来了巨大的经济效益，也为智慧水利领域的发展擘画了一条可行的道路。

3. 推广价值

我国是世界上水库大坝最多的国家，共有水库9.8万多座，其中大中型水库4 700余座、小型水库9.4万多座。如此庞大的水库系统使得智慧水库建设成为智慧水利发展中不可或缺的重要组成部分。智慧水利已成为我国水利行业未来的重要发展方向，而智慧水库建设更是推动智慧水利发展的重要驱动力。

在这一潮流中，本项目的智慧化水资源监测与管理平台在灌区水资源管理方面取得了卓越成果，彰显出其举足轻重的推广价值。该平台通过创新应用和综合成果，为灌区水资源管理注入了智慧化的元素，取得了显著效果。

随着我国水利工程不断发展，智慧水利的应用将逐渐普及，从而带来广阔的市场需求。本项目的智慧化水资源监测与管理平台所取得的创新应用和成果，将为未来智慧水务和智慧水库建设提供宝贵的经验和引领作用。这一平台所提供的技术支持和前瞻性思维，将为相关行业的发展提供强有力的支持，并引领行业朝着更加智能、高效和可持续的方向迈进。借助这一项目的成功经验，我们有理由相信，智慧水务和智慧水库建设将迎来更加美好的未来。

美丽长沙生态环境智慧治理应用探索

许雄飞　肖道刚　尹长林

长沙市生态环境局　长沙数智科技集团有限公司
长沙市规划信息服务中心

一、建设背景

美丽长沙生态环境智慧治理平台建设（一期）项目认真贯彻生态环境部《关于印发〈"十四五"生态环境监测规划〉的通知》（环监测〔2021〕117号），全面落实《湖南省大气污染防治"守护蓝天"攻坚行动计划（2023—2025年）》《长沙市人民政府办公厅关于进一步加强新型智慧城市和数字政府"四梁八柱"建设的指导意见》（长政办发〔2023〕4号）等文件要求，积极落实"持续打好污染防治攻坚战，加强空气质量研判预警和管控"任务纲领，以实现长沙市生态环境局"业务全覆盖、管理全周期、系统一体化"为目标，重点建设重塑业务生态、强化数据治理和深化应用场景三方面内容。按照"一网一图一平台"总体框架，优化全局信息化顶层设计，健全"源头管控—监测预警—监控分析—调度执法"大业务体系管控闭环，解决全局业务协同不畅、数据融合困难和智慧监管不足等问题。通过项目建设达到"平台之外无事项，平台之内全监管"的目标，实现数据大融合、监管全周期、分析智能化，完成生态环境管理数字化转型。

二、建设内容

1. 重塑业务生态，实现重点全覆盖、管理全周期

围绕大气、水、土壤、自然生态、核与辐射、气候变化等要素，按照"源头管控—发现问题—分析问题—调度执法"闭环管理要求，重点对分区管控、监测监管、调度指挥、监督执法业务体系做梳理，理顺各板块内部全周期管理规则，跨板块之间数据关联关系，构建完善的业务板块框架，细化业务管理规则，重塑生态环境业务生态，解决当前业务数据管理混乱、业务关联不强问题，为上层信息化应用搭建夯实规则基础。

2. 打通数据通道，实现数据大融合、监管可追溯

按照长沙市生态环境局信息化体系的总体规划，基于长沙市生态环境局现有数据实

际情况，通过业务、系统、数据调研、历史数据汇总、空间数据分析等梳理并形成生态环境数据资源清单，建立统一的数据管理标准规范体系，同时依托长沙超脑数据中台，有序开展数据采集、汇聚、标准化、融合加工、存储、共享交换等数据全生命周期的数据治理活动，全面汇聚生态环境数据资源，深入融合生态环境数据治理，完善数据资源体系，构建全市统一的生态环境图数一体化部门数仓，为长沙市生态环境局业务运行和应用系统运转提供数据支撑和决策支持。

3. 重构整体框架，实现系统一体化、数字化转型

按照全新业务板块框架，重构全局信息化应用，构建"一网一图一平台"的信息化总体框架，基于全新框架融通生态环境领域区（园区）、县、市信息化应用平台，并结合实际应用需求，升级信息化应用底座、扩展业务覆盖范围、落实全周期协同监管、强化智慧化分析应用，实现全局信息化应用的全面集成及应用升级重组，全面提升生态环境领域信息化水平，树立长沙生态环境数字化转型品牌。

1）统一门户

统一门户按照受众的不同，建设两大统一门户：一类是面向全市生态环境领域，如图1所示；另一类是面向公众和企业用户，提供信息查询、环保知识普及和业务办理等相关服务的公共服务门户。

图1 统一门户示意

2）分区管控

分区管控是长沙市生态环境局所有工作开展的源头，如图2所示，全局所有业务开展，均依托分区管控模块中产生的证件证照和审批结果信息，通过与长沙市"互联网+政务服务"一体化平台、长沙市工改平台互联互通实现信息自动提取，确保各项信息一

处提交、处处共享，免除企业群众多处提交资料、多头跑动的难题，并应用 OCR 识别、要素化智能审查等应用减轻审查人员工作负担，提高审查效率。

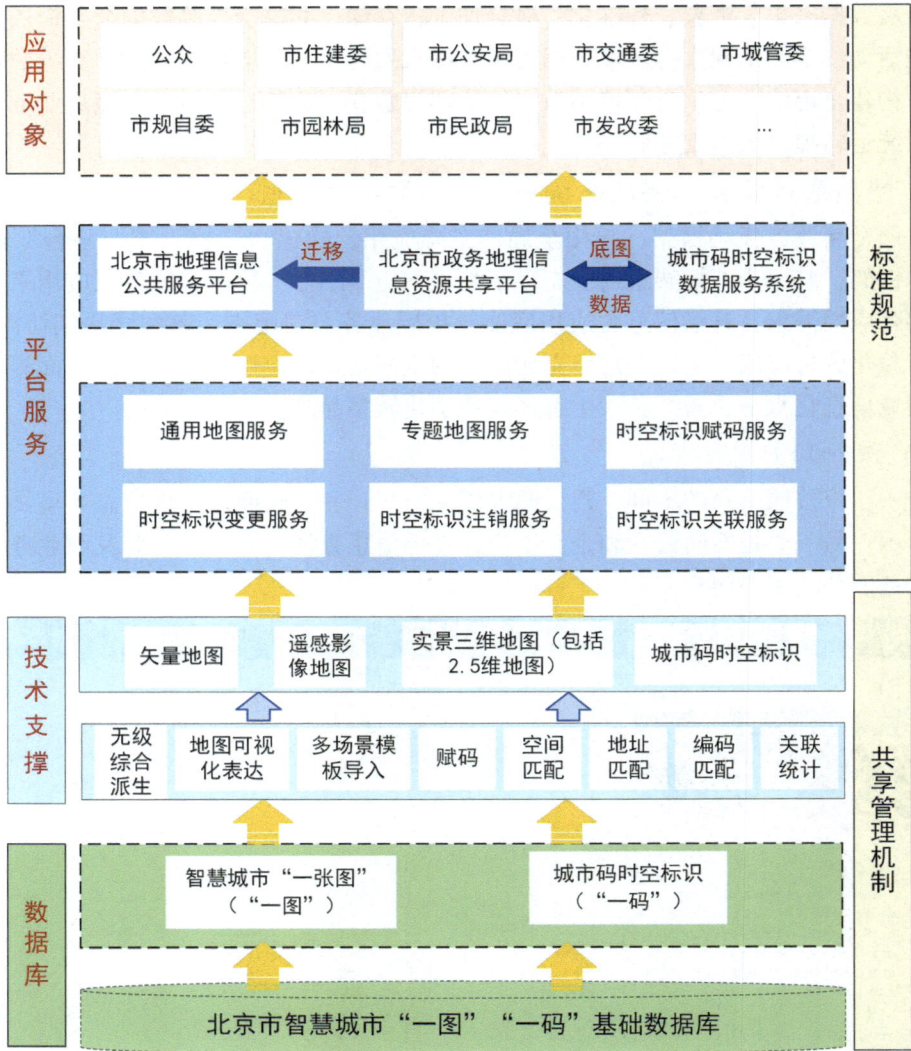

图 2　分区管控示意

3）监测监控

监测监控主要包括生态与环境质量监测和污染源监测两部分内容。通过监测监控板块掌握全市固定污染源的污染物排放状况，掌握大气、地表水、地下水、噪声、土壤等环境要素的环境质量状况和变化趋势，从而确定当地存在的污染物种类和污染状况，为后续污染防治攻坚、综合执法监管、安全生产、环境应急管理等各项工作开展提供支撑。

4） 调度指挥

生态环境调度指挥以"能看账、能预警、能调度、能决策"作为基础需求，为生态环境系统的指挥作战提供支持。围绕重点调度、日常调度、问题调度和应急调度多条业务主线，如图3所示，采用标准化的配置流程，实现调度清单的灵活配置，提取调度流程的关键时间节点，实现调度任务下发、填报、审核、汇总、延期填报和数据撤回，并对调度全流程实施跟踪机制，实时掌握指标调度进展情况，以达到任务可控、过程可查、结果可追溯的目的。

图 3 调度指挥示意

5） 监督执法

监督执法按执法业务移动执法、专项行动、环境稽查等执法工作的需求，构建执法监控、案件处置、专项行动等板块，如图4所示，通过监督执法，促进企业转型升级、提高环保管理水平，降低环境污染风险。

6） 宣传教育

从公众参与和公共服务两方面考虑，以面向公众做好生态环境政策宣教、要求下达、成果宣传为目标，制定公众参与相关栏目，为企业提供办事、咨询、查询、投诉等相关服务。

7） 美丽长沙（智慧驾驶舱）

美丽长沙体系聚焦市民群众和各业务条线对生态环境的核心需求，以蓝天、碧水、净土、固废、自然生态等作为平台各体系建设的关键词，通过串联政务管理、智能监测和精准监管等相关系统，提取各系统中与各主要业务相关的内容，并以主要业务的考核要求、服务场景为平台建设指标，通过建设丰富的模型体系，建立各主要业务总体形势

图 4   监督执法示意

研判、问题识别、综合调度、执法处置、督察管理、达标管控、综合评价的污染防治系统，如图 5 所示。

图 5   美丽长沙示意

8）移动掌上办

按照随时随地办公需求，以轻量化应用的思维，从内部需求出发，梳理全局核心及高频的应用，设计简化界面和简化流程，在移动端予以实现，满足各级各类工作人员的需求。其中面向大气污染防治和执法将设立两个专区，以满足不同场景需要。

三、关键技术

1. 基于各类物联设备的全域感知技术

全域感知技术是构建生态环境信息化体系的关键技术之一。通过在各类物联设备上安装传感器，实时采集大气、水、土壤、噪声等环境质量数据，以及污染源排放数据，实现对生态环境的全面监测。此外，结合大数据、云计算等技术，对采集到的数据进行实时分析，为生态环境管理和决策提供有力支持。

2. 基于响应预警调度需求的视频监测技术

视频监测技术是生态环境信息化体系中的重要组成部分。通过在关键区域和污染源安装高清摄像头，实时捕捉环境状况，结合人工智能识别技术，对异常情况进行自动报警。此外，结合大数据分析，可以预测环境污染趋势，实现提前预警和调度，提高生态环境管理的针对性和实时性。

3. 基于数据挖掘和智能分析的数据挖掘技术

数据挖掘技术在生态环境信息化体系中起着举足轻重的作用。通过对历史数据和实时数据的深度挖掘，发现污染规律和生态环境变化趋势，为决策者提供科学依据。同时，利用机器学习和人工智能技术，实现对生态环境数据的智能分析，预测未来环境发展趋势，为污染防治工作提供有力支持。

4. 基于云计算和大数据的环境信息管理与共享技术

云计算和大数据技术在生态环境信息化体系中具有重要作用。通过构建统一的数据平台，实现生态环境数据的集中管理和高效处理。同时，利用大数据技术，实现生态环境数据的多维度分析和可视化展示，提高数据的使用效率和决策支持能力。此外，通过建立数据共享机制，实现生态环境数据在各部门间的互联互通，提高数据资源的利用效率。

四、创新点

1. 构建以大气环境为核心的闭环管控体系

平台围绕"源头管控—发现问题—分析问题—调度执法"闭环管理要求，以信息化为抓手，串联行政许可审批、生态环境监测监控、大气污染应急调度以及执法督察各个环节，通过内外部系统之间、数据之间的互联互通，实现了污染物的产生、存储、防治和处理全过程记录，同时调动全市摄像头，通过智能判别等功能，智能监管与预警污染源作业的轨迹、现场。

2. 创建面向生态环境监管决策和服务的"智慧+"应用场景

在美丽长沙体系中，创新地提出了"智慧+"应用场景，该场景以政务管理、智能监测和精准监管为基础，覆盖了污染防治、生态保护、环境监测、执法监管等多个方面。通过构建丰富的模型体系，实现了各主要业务总体形势研判、问题识别、综合调度、执法处置、督察管理、达标管控、综合评价等全流程管理。此外，通过设立面向大气污染防治和执法的两个专区，以满足不同场景的需要。这一创新应用场景的实施，将极大地提高生态环境管理的效率和准确性，为决策者提供强有力的支持。

3. 实施以公众参与为核心的生态环境宣传教育策略

平台重视公众参与和公共服务在生态环境保护中的作用，在宣传教育板块中，以公众需求为导向，设定了生态环境政策宣教、要求下达、成果宣传等相关栏目。通过这些栏目，提高公众对生态环境保护的认识和参与度，推动企业转型升级，提高环保管理水平，降低环境污染风险，同时设计了移动端应用，以便于公众随时随地了解和参与生态环境保护工作。

4. 采用先进的技术手段，提高生态环境管理水平

在技术层面，采用了全域感知技术、视频监测技术、数据挖掘技术、云计算和大数据技术等先进手段，实现了对生态环境的全面监测、智能分析和预警调度。这些技术的应用，不仅提高了生态环境管理的实时性和针对性，还为决策者提供了科学依据和有力支持。通过这些技术创新，在污染防治、生态保护、环境监测、执法监管等方面取得显著成效，为建设美丽长沙贡献力量。

五、示范效应

美丽长沙生态环境智慧治理平台的建设与应用，有效指导了企业进行精细、精准的环境管控，实现更高效、更准确的环境管理模式，通过"量体裁衣"的方式，构建以污染指数为权重的大气污染程度考评体系，形成以智代工的大气环境闭环管理模式，突破传统大气环境管理瓶颈，为长沙市城市发展与环境保护提供有力抓手，实现了"现状可查、风险可控、未来可预"的现代化长沙大气环境管理模式。此外，通过污染源精准识别与源头治理的闭环管理模式，实现了新旧动能转换与减污降碳的协同增效。平台的建设，推动长沙市企业逐步走出粗放型发展阶段，朝着资源节约、环境友好方向发展。通过系统的筹建，建立标准化的管理模式，从而大幅度提升环境意识。在当前日益严峻的环保形势下，解决了企业环境污染现状掌握不清、污染防治重点不明以及接受监督性检查应对不充分等问题，消除环境保护工作的短板，明确治理重点、精准发力，提高大气环境治理效率。平台的建设与应用能够有效改善长沙及周边地区的环境空气质量，进而改善和提高居民的生活舒适度和生态安全感。

数治兴国（一期）建设项目

郭德鑫　陈万春　王　萌

兴国县行政审批局

一、建设背景

　　数字城市建设是贯彻网络强国战略、加快建设"数字中国"的必然要求，是推进城市治理体系和治理能力现代化的关键途径，也是实现数字经济大发展、营商环境大提升的重要抓手。按照《中华人民共和国国民经济和社会发展第十四个五年规划和2035年远景目标纲要》部署，根据江西省双"一号工程"相关文件要求，以及赣州市、兴国县关于数字经济和营商环境的相关决策部署，兴国县委、县政府大力推进"数治兴国"项目建设。通过夯实云、网、数据、城市运营指挥中心等核心基础设施支撑，奠定城市数字化发展基础；通过集约化建设融合通信、人工智能、数字孪生等共性能力支撑平台，实现为行业智能化赋能；通过深入调研、需求分析和特色定制，打造具有兴国特色的数字技术应用场景示范。数治兴国项目分为多期建设，本文介绍一期建设项目。一期项目主要是梳理确定智慧城市整体建设架构，包括业务架构、技术架构、数据架构，并夯实数字底座支撑，打造急用特色应用，搭建城市大脑框架雏形。通过数治兴国建设，将有效促进兴国县数字政府、数字经济、数字社会建设发展水平。

二、建设内容

1. 架构设计

1）总体架构

　　"数治兴国"总体架构就是"1城市数字底座+1兴国智慧大脑+N垂直领域业务应用+X跨领域业务应用"，简称"数治兴国1+1+N+X"（图1）。

　　"1城市数字底座"就是建设先进的兴国城市数字平台。数字平台是利用云计算、大数据、物联网、时空信息、视频融合、数据融合、人工智能、网络安全等先进技术构建的数据融合、业务协同、敏捷创新的统一城市数字基础设施。数字底座需要充分利用和接入已经建设的赣州政务云底座、市县两级各相关部门数据/业务应用，形成"统一资源、数据融合、共享开放、保障安全"的开放通用信息环境，构建互联互通和业务协

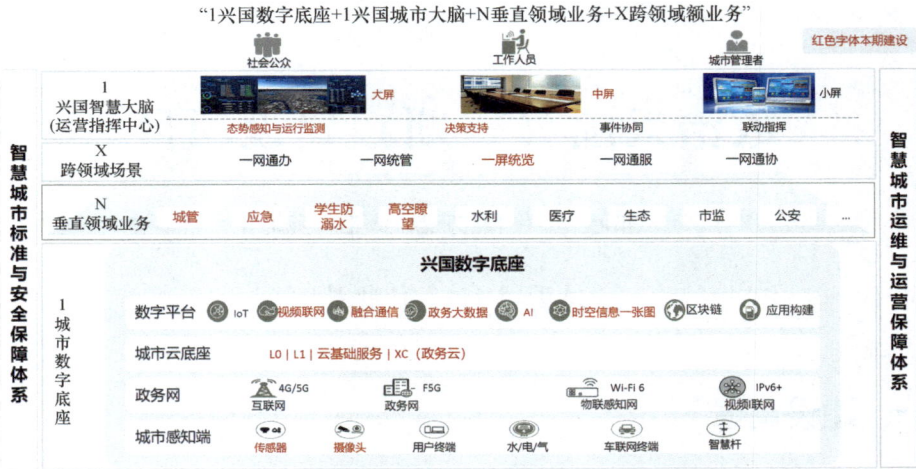

图1 "数治兴国"总体架构示意

同的格局，避免重复建设、数据孤岛和烟囱系统出现，并支撑城市各类智慧应用和城市运营指挥中心业务专题建设。

"1兴国智慧大脑"就是建设兴国统一的智慧城市运营指挥中心。智慧城市运营指挥中心主要包括三个部分：①智慧城市运营指挥中心基础环境；②智慧城市运营指挥中心支撑平台；③智慧城市运营指挥中心IOC平台。

"N垂直领域业务应用"就是推进政府治理、兴业发展、民生服务3大领域N个垂直智慧应用建设，为各部门业务管理、企业及公众服务需求提供智慧化、便捷化的支撑。

"X跨领域业务应用"是重新梳理、整合、优化政府行政管理服务流程后打造的跨领域、跨部门、跨层级的融合应用，是政府面向数字化转型的重要工作内容。

2）技术架构

数治兴国技术架构如图2所示。

图2 数治兴国技术架构

（1）智慧应用层。

智慧应用层采用 J2EE 技术架构，B/S 软件架构，WebService 技术，对象/组件开发技术，再结合大数据、人工智能、融合通信、视频云、数字孪生技术，构建示范性的智慧应用。

（2）数字平台层。

数字平台层由新一代城市信息化技术平台构成，涵盖人工智能、大数据、视频云、数字孪生等创新技术，具体包含：政务大数据平台、视频联网共享平台、融合通信平台、时空信息服务平台、人工智能平台。

①政务大数据平台。

a. 数据汇聚平台。

数据汇聚平台依托于数据集成工具、互联网爬虫等集成方式，采用数据采集技术，将政务数据、物联网数据、互联网数据、社会数据等各类不同来源、不同类型的数据资源采集并存储到统一的大数据平台中，为数据治理、数据分析挖掘、数据开放共享、数据应用、业务专题提供基础数据资源。

b. 数据治理与管控平台。

数据治理与管控平台通过对数据全生命周期、全链路透明化管控，实现"数据模型标准化、数据关系脉络化、数据加工可视化、数据质量度量化"，实现数据资产的统一管理及全业务流程的实时监控，有效解决数据资源不可知、数据质量不可控、数据关系不可联、数据脉络不清晰的痛点问题，保证兴国数据资源的质量。

c. 大数据基础平台。

大数据基础平台，提供 Spark、Hive、HDFS 等组件功能，提供针对结构化、半结构化、非结构化数据的存储与处理能力，并满足对数据的批量和实时或流式处理能力需求，并具备处理 PB 级数据的扩展性、可靠性与易用性能力，主要包括 Hadoop 和 MPPDB。

②视频联网共享平台。

视频联网共享平台采用异构计算、资源池化、智能编排调度等关键技术，支持海量数据并发处理，接入兴国县的各类视频监控摄像头，并进行视频共享与管理，同时针对视频进行城市管理事件等的识别，从而支撑智慧城管、智慧应急等相关智慧应用与业务专题的建设。

③融合通信平台。

融合通信平台通过丰富的开放接口支持多语音网络、多终端语音、多监控系统、多会议系统的全连接，实现固定电话、移动电话、会议终端等不同终端设备之间的互联互通。通过多种网络融合的语音、视频通信，有效支撑城市事件处理，实现统一指挥调度。

④时空信息服务平台。

时空信息服务平台基于地图实现城市部件、城市事件、防护目标等城市基础数据的空间分析、统计与可视化展示及视频监控图像的调阅；基于地图叠加展示实时监测数据、预测预警数据；利用统一标识符号实现事件态势、领导决策意图、指挥调度过程的图形化表达；为领导掌握兴国县运行态势，提供信息全面、重点突出、展现直观的信息表达方式，辅助领导决策。

⑤人工智能平台。

人工智能平台主要完成多算法统一管理与任务容器化异构资源统一调度，适用于部署基于框架深度学习算法的推理、批处理类应用，可广泛应用于视频分析、图像处理、日志分析等大规模并行任务计算场景，助力兴国县实现集群算力共享，降低 AI 系统成本。

（3）基础设施层。

基础设施层主要包含"数治兴国"数据中心与基础网络，以及各类业务终端的部署与接入，本次项目新建数据中心和基础网络，数字底座、应用软件和数据统一部署在政务云上。

3）数据架构

本项目数据架构总体上分为三层：数据源、数据湖、业务专题库，其中数据湖分为归集库与中心库两大部分。具体数据架构如图 3 所示。

图 3　数据架构

（1）数据源。

数据源是整个项目数据来源，是支撑各类大数据应用的基础，其主要来自政府、行业、企业、互联网、物联网等异构多源、分散多样的数据，本项目数据来源主要包括以下 5 点。

①兴国县政务数据。

主要包括兴国的地图、法人、人口、经济等基础数据和兴国政务服务业务数据。

506

②兴国县各委办局数据。

兴国县各委办局已建业务系统数据,如智慧政务、智慧交警、智慧综治、公共信用信息平台、智慧交通、智赣119等。

③视频及物联网数据。

主要包括摄像头监控视频数据、物联网感知采集的各类数据。

④第三方社会数据。

主要包括互联网及新媒体、自媒体等产生的第三方数据。

⑤数治兴国自建智慧化系统的应用数据。

数治兴国项目规划建设智慧城管、应急指挥、防溺水、高空瞭望等智慧应用。

(2) 数据湖。

数据湖是指将任何规模结构化数据、半结构化数据、非结构化数据进行集中存储,基于数据湖可以支撑上层的大数据分析挖掘、机器学习、深度学习等业务应用。本项目规划的数据湖包含了归集库与中心库两大部分。

①归集库。

通过数据采集工具将数据源数据汇聚至归集库,归集库存放与源系统一致的全量数据。归集库的数据表与数据源的库表结构及数据内容保持一致,仅对数据类型进行必要的转换。随着智慧兴国项目应用的不断丰富,归集库的内容支持通过 ETL 工具同步扩充。

②中心库。

中心库主要分为标准层与基础数据层。

标准层是基于数据标准,针对归集库数据进行清洗、转换等数据治理后,存放于中心库标准层数据库中。标准层的数据模型结构与归集库的一致,对数据取值等根据定义的数据标准进行清洗和治理处理。

基础数据层是基于业务专题的诉求,从标准层获取数据并按实体对跨委办局的信息合并整合后的通用数据模型,存放于中心库基础数据层数据库中。基础数据层包括实体、明细、参考数据,以及各个业务专题公共维度数据,数据都来自标准层。基础数据层基于专题需求定义实体及其属性,将不同智慧应用,以及跨委办局的实体原子信息进行聚合,并对每个原子信息经"一数一源"确认,原子信息表中需记录信息来源系统或部门,能够支撑多个(子)专题的实体属性信息统一定义。

(3) 业务专题库。

业务专题库是根据业务需求从中心库抽取数据并按维度建模进行加工或汇总后的数据。存储面向应用的结果数据,如指标统计结果,其包括专题指标应用相关的事实表、维度表、根据专题应用需求的汇总数据表,以及专题分析预测应用的特征数据表等。根据本次城市运营指挥中心 IOC 行业专题建设需求,设计专题包括城市总体态势、经济运行、营商环境、政务服务、重大项目和生态环境,后期可根据实际需要进行行业专题扩展。

（4）内部关系。

政务数据、社会数据等通过大数据平台的数据汇聚系统统一归集到大数据中心形成原始数据层；原始数据资源通过数据治理平台对数据的清洗加工进入中心库，再进一步对数据进行清洗、比对、标准化，形成规范可用的基础库、主题库、专题库，并以共享平台为载体，提供数据共享服务，将数据开放给政府决策支持中心或各类大数据应用，进一步发挥大数据的价值。

2. 城市运营指挥中心

城市运营指挥中心建设内容包括基础物理环境和 IOC（智慧大脑）平台两部分。

1）基础物理环境

智慧城市运营指挥中心选址在县展览馆一楼，本次项目需将场地进行规划，进行装修改造，改造后的功能区包括指挥大厅、80 人会议（发布）室、30 人会商室、接待室、办公室、休息室、领导休息室、值班室、开放式展厅、卫生间、机房等。

（1）大屏显示系统。

指挥大厅采用 P1.25 小间距 LED 大屏；决策会议室配置 LCD 拼接屏；休息室配置 65 寸电视，满足会议、会商、指挥调度显示需求。

（2）图像切换与坐席管理系统。

图像切换与坐席管理系统，包括可视化多媒体信号输入输出节点、分布式可视化业务坐席协作输入输出节点、中心管理平台以及录播服务器等，实现音视频互联互通、高清音视频切换、视频处理器推屏、KVM 坐席协作、会议录播等功能，满足指挥中心集中管理、协同操作、图像切换/推送上墙。

（3）音频扩声系统。

本期在指挥大厅及决策会议室建设一套音频扩声系统，包括音频处理器、调音台、功放、音响、无线话筒等设备，满足拾音与扩声需求。系统可满足本地会场及远程视频会议的正常召开，会议现场的会议讨论、报告、指挥决策以及其他相关功能的音频扩声需求等，实现向与会者传送稳定、准确、清晰的会议语音或其他相关的各类音频信息。

（4）数字会议系统。

数字会议系统包括数字会议主机、话筒、电源时序器等设施，进行系统前端音频信号的采集，满足本地会场及远程视频会议的正常召开，满足会议现场的会议讨论、演讲、学术报告、演示、培训、视频会议以及其他相关功能需求等。

（5）中央控制系统。

中央控制系统主要包括中控服务器、电源管理器、无线移动控制终端等，满足集中控制图像上墙、集中控制音频功能，实现指挥场所建设环境管控。

（6）综合布线系统。

建设安全可靠，高可用性，高灵活性与可扩展性，高可管理性的综合布线系统。所有区域的网络布线包括理线架、桥架、面板等，满足场地的网络、语音使用需求，包括政务外网、互联网、部门专网、监控门禁等信息点位。

（7）机房及网络系统。

建设配套的机房系统，满足政务数据汇聚、视频数据存储、智慧行业应用部署和相关设备运行等承载需要；建设指挥中心网络系统，满足指挥中心人员日常办公访问互联网及政务外网需要，以及满足相关委办局专网接入实现统一融合指挥需要；建设网络安全系统，保障互联网、政务外网、专网接入安全，保证机房和政务信息资源安全稳定运行。

（8）配套系统。

装修改造：需对原场地进行装修改造，改造后需满足会议学习、指挥调度等功能，在装修设计上应满足建筑声光要求，在装饰材料的选择上应考虑防火、防潮、吸音、环保。

消防系统：指挥中心与设备间的消防系统应保证场地内设备与人员的安全。

暖通系统：满足国家相关节能标准要求且满足日常使用。

建筑电气系统：满足《民用建筑电气设计标准》（GB 51348—2019），设备间的防雷接地应满足《数据中心设计规范》（GB 50174—2017）相关要求。

2）IOC 平台

IOC 平台是城市的一级平台，基于兴国各部门现有的大数据内容，统一设计展示效果与展示逻辑，实现城市全域态势感知，完整、深入地呈现兴国县经济社会运行状态，包括产业经济、政务服务、城市治理、营商环境等多个行业维度，并基于科学的指标体系和分析模型，准确、及时地进行预警和预判，为领导提供辅助决策。

3. 智慧应用

1）智慧城管

智慧城管主要建设内容包括城管基础设施、城管应用体系和组织机构体系。城管基础设施建设包括指挥中心配套设备、综合执法配套设备、市政公用配套设备和 AI 视频监控系统配套设备。城管应用体系包括统一工作门户、公众服务系统、指挥协调系统、行业应用系统（综合执法系统、市政公用管理系统、市容环卫管理系统）和移动门户。组织机构体系建设包括组织机构管理设计、系统运行人员设置、管理制度建设和考核评价体系。

2）应急指挥

应急指挥系统旨在提升县政府和县应急管理局的融合业务能力，系统除了需具备强大的资源整合能力外（包含人员、终端、车辆、摄像头、记录仪等），还应提供一体化的融合通信方式（包含语音点呼、视频查看、视频点呼、轨迹回放、短消息等），并且能支持更加丰富便捷的视频会商功能。应急指挥系统可以广泛应用于城市日常管理、重大活动保障、疫情防控、应急救援等场景。平台建设功能包括应急指挥平台音视频调度功能、会议会商、图上指挥、值班值守、事件追踪、预案管理、辅助决策等。

3）学生防溺水系统

防溺水视频预警系统建设的主要目的就是保障学生在校外的生命安全，其核心是在人、流程和信息三个层面的全面整合。建设目标是能够将区域内的所有学生进行统一的监管；能够在发送危险之前提前预警，并能够通过预先配置好的管理流程将相关安全责任人连接起来，实现联防联控；能够实现应用系统间的信息的共享和统一。主要建设内容包括视频监控、室外音柱、人脸智能识别服务器、防溺水软件平台和配套支撑设备。

4）高空瞭望系统

高空瞭望系统作为现代城市安全保障系统的一个组成部分，随着现代城市的快速发展已越来越多地显示出其重要性。充分利用现有通信基站的基础设施，通过在高点安装红外多光谱云台摄像机，实现对城市交通运行、城市火灾、城市违法建筑、森林火灾、重点矿产资源、大气污染保护等领域的安全监控和预警指挥，提升主动发现和快速处置的数字治理能力，为城市安全和生态资源保护提供有力保护。

4. 数字底座

1）融合通信平台

融合通信平台通过打通跨层级、多部门、多种异构网络和多种制式音视频通信系统，实现全县各部门相关电话座机、手持终端、视频监控、无人机、视频会议、窄带集群、宽带集群、广播等的融合通信，支撑联合执法和应急事件的统一指挥调度和应急决策信息的快速传达，保障"数治兴国"的协同指挥、公共安全、应急管理等核心业务稳定、高效、有序运转。

2）视频联网共享平台

多渠道汇聚融合兴国县政府、社会等各类视频资源，为各相关部门提供视频共享、监控预警、应急指挥等业务支撑，建设具有视频管理、视频解析、视频大数据等能力的"数治兴国"视频联网共享平台，实现公共安全、环境监测等视频监控建设联网应用"全域覆盖、全网共享、全时可用、全程可控"。视频联网共享平台建设功能包括运营管理中心、点位治理、一机一档、视频标签、视频预加载、视频转码、运行状态监控、监控告警管理、运维统计分析、业务运维统计、南向接口对接等。

3）政务信息资源体系

建设兴国政务信息资源体系，包括数据共享交换、数据治理、数据资源目录、"一表通享"数据填报系统等，实现全县数据统一汇聚、治理、共享、开放，减少基层重复填表报数，让基层工作人员有更多的时间和精力为群众提供更好的服务，构建跨部门、跨层级、跨领域的数据共享共用新格局。并通过政务数据、城市数据和互联网等数据的汇聚、清洗和融合，建设统一权威的人口、法人、地理信息等基础数据库，为"数治兴国"建设提供大数据基础支撑服务。

4）人工智能 AI 平台

兴国人工智能 AI 平台旨在打造智能视频分析统一管理中心，包括统一的算法管理、统一的计算资源管理、统一的计算任务管理和统一的标准化 API 接口。通过深度学习等人工智能技术，让城市违规事件发现从被动响应到主动防范，从大量人工处理转为自动发现和半自动处理，从重点区域人工查看到全域自动监看，从人工交接转换为自动化接口交办，解放人力实现精准研判、精准处理和持续性改进。

5）时空信息一张图

建设"数治兴国"时空信息一张图，为城管、应急、公安、综治、水利、生态环境、市场监管等部门提供快速、多元的二三维地理信息服务。具体包括数据层建设基础地理空间信息数据库，支撑层打造地理信息公共服务平台、基础地理信息数据库管理系统、空间服务引擎，为已建立的各类 GIS 系统提供空间数据交换下载服务，为业务管理信息系统提供专题地图在线可视化服务，为地理表格数据提供专题图层生成服务。

三、创新场景

1. 智慧城管

立足于兴国县城管局的业务定位和需求建立"1 张网、1 张图、1 中心、1 平台、1 个终端应用"的智慧城管架构体系，率先实现城市管理"一键可知全局""一图全面感知""一体运行联动"。

1）智能预警、主动上报

利用视频监控、市政公共感知设备、综合执法远程终端，实现空天地全方位覆盖，从人工路巡到智能监测、预警、上报、取证、派遣、处置一体化，更安全、更高效、更智慧。

2）城市管理事件一网协同

通过"信息收集—案件建立—任务派遣—任务处理—任务反馈—核查结案—综合评价"的七步闭环流程，实现统一受理、智能分拨、限时办结、过错问责，可督办、可评价、可考核、可预判的智慧管控中心。

3）城市管理"精管、智管"

建设行业应用系统，通过物联智能感知结合人工巡查，对重点区域、重要设施的重要运行指标进行全天候实时监测，及早发现和处置问题隐患，保障市政设施完好、市容环卫整洁、园林绿化舒适、综合执法有序等，实现城市运行的精细化管理、管理智能化、维护扁平化。

4）城市综合管理执法"立体创新"

聚焦"视频看、地上查"立体综合监测模式，结合视频实时动态感知能力，构建智能监控识别、远程劝阻、精准短信发送、智能知识库、移动化线上执法办案等科技能力，打造立体执法新模式，提高城市管理执法服务的水平与效率。

5）城市公共服务：公众参与、多元共治

企业公众服务系统，集合对城市管理的政策宣传、信息发布、网上信访、网上投诉等功能，市民可以通过关注公众号实现事件上报、公共信息查询，实现"人民城市人民

管，管好城市为人民"的全民城管服务目标。

6）全移动办公平台

用一个移动端，连接城市管理涉及的领导、部门、处置、巡查等一系列人员，依托部门、岗位、人员，划分移动工作平台终端权限，实现全移动办公、全移动共享与全移动决策分析，一个 App，连接城市管理的一切人、一切事。

2. 防溺水系统

防溺水系统针对河道沿线等重点区域安装防溺水摄像头，实施全方位监控覆盖。针对这些重点区域部署"智慧防溺水预警监控系统"，监控摄像头对重点区域进行 24 小时动态捕捉跟踪，当学生越过警戒线时，将会触发报警规则，相机对外输出报警信号，报警信号直接触发前端的音箱设备播放预先设置好的语音报警提示音，提醒学生不要靠近危险区域。实时监控河边、水库周边情况及预警、远程喊话，一定程度上可以有效预防溺水事件发生。

3. 高空瞭望系统

建立一套先进的基于云的智慧防火预警监控系统，在高空瞭望点位附近有相关农田场景的视频点位，可同时对秸秆焚烧、工地扬尘和垃圾焚烧等污染大气的事件进行实时监控，一旦有可疑事件立即生成告警信息发送相关人员。实时监控森林、燃气、石化周边情况及预警，可以有效预警火灾发生、水源污染等事件。

4. 应急指挥

兴国县土地总面积 428 万亩，其中山地 336 万亩，森林覆盖率为 72.2%，保护森林资源就是保护可持续发展的重要资源。本次应急指挥模块结合兴国地形特点，打造森林防灭火应急指挥场景，并根据火灾可控制范围分为乡镇森林火灾扑救场景和县级森林防灭火扑救场景。

1）乡镇森林火灾扑救场景

乡镇森林火灾扑救场景中首先派遣乡镇半专业队以及村防灭火力量直接扑灭，如果扑救过程中需要协调其他部门协同求助的可以联系相关部门，如派出所、卫生院、供电公司等，并同步由公安机关针对起火原因进行查看，并作出处罚警示，并对处罚警示确认后关闭任务，存档。

到发展到县级防灭火扑救时，火情已经在乡镇力量无法控制的状态。

2）县级森林防灭火扑救场景

县级森林防灭火扑救场景，需要通过视频会议建立专家会商，组织相关专家以及乡镇灭火人员分析现场视频，研判火情情况，并且根据相关火情情况启动响应等级预案，针对不同等级的预案设立不同的现场工作组和单位领队，包括现场扑救组、带路组、清障组、后勤保障组、乡镇半专业队各队长（非组）等通信资源，现场指挥人员可以通过在地图上结合无人机视频拍摄图片形成火场场景图（视频套图方式），并在场景图上通过协同标绘的方式进行扑救工作指挥，同时根据图上气象信息以及地图上标识出的化工厂、学校、油气厂等危险区域以及悬崖、道路、河流等可阻断火场扩展区域进行分别指挥，进行疏散人员以及阻断火情等指挥操作，并且通过协同标绘作战地图同步推送给其他调度台以及工作组组长的 App 上，保障快速扑灭林火，另外，在指挥过程中针对不同的火情，委办单位以及扑救工作组组长等人也可通过备注电话进行呼叫，保障人员多种方式的信息畅通。

同时，工作组人员也可以通过 App 接收相关救火工作的通知以及地图，查看扑救组相关人员以及队伍分布，了解现场人员分布情况，并可进行音视频通话。另外，也可以通过 App 接收救火间隙的相关通告，方便补给。

此外，由于县森林防灭火办指挥过程中，可能涉及相关单位协助，如人员受伤需要卫建委协助救援、火情追责需要公安局协助、断电需要供电局协助。指挥人员可以通过直接呼叫系统中相关委办单位电话或者在火情研判中直接指挥相关部门做好保障工作，保证各部门有序协助救火。

当火势较大，县森林防灭火指挥部将视火势情况向上级指挥部（省/市森林防火办）请求支援。

四、推广价值

1. 智慧城管

兴国县智慧城管平台的建设充分结合新技术的优势，通过技术创新、资源整合、功能拓展，解决城市管理痛点、难点问题，实现全县的精细化、规范化、智慧化管理，具有较大的推广价值：

1）通过 AI 人工智能让问题发现更加主动智能

通过建设 AI 人工智能平台，以及新建和接入城市现有视频大数据资源，通过深度学习人工智能技术，让占道堆放物品、占道经营、出店经营、违规晾晒、非机动车乱停、违规悬挂横幅、建筑垃圾等十多类城市违规事件发现从被动响应到主动防范，从大量人工处理转为自动发现和半自动处理，从重点区域人工查看到全域自动监看，从人工交接转换为自动化接口交办，解放人力实现精准研判、精准处理和持续性改进。

2）建设城运服中心让问题处置更加快速高效

通过建设城市运行管理服务监督指挥中心，实现对城市运行管理相关各业务部门的统一指挥协调，协同联动。充分利用移动终端智能设备，使业务部门第一时间处置问题，实现扁平化指挥派遣，提高问题处置效率。

3）打造面向事前、事中、事后的执法全过程监管

通过规范审批流程、规范文书模板和规范执法事项实现事前监管的效用；通过将执法全过程记录制度全面贯彻落实在系统的建设之中丰富了执法过程的事中监管效用；依托城市管理综合执法监督管理平台的一系列数据分析以及法制部门定期对执法案卷进行

评查工作实现事后监管的效用，以此打造事前、事中、事后的执法监管工作体系。

4）强化大数据应用，完成从"被动治理"到"主动预防"的转变

项目建设进一步强化了城市管理数据的规范化、标准化、多元化应用能力，通过辅助决策系统直观呈现城市运行态势，为领导决策和事件研判提供科学的数据支撑，完成城市管理由"被动治理"向"主动预防"的转变，真正实现城市管理智慧化变革。

2. 防溺水系统

防溺水视频智能预警系统主要目的就是保障学生在校外的生命安全，系统能够在第一时间发现并预警溺水事故，救援人员可以更快地到达现场，减少救援的响应时间，降低救援成本，能够保护人们的生命安全、提高安全意识，通过推广防溺水系统，可以进一步提升政府在公共安全领域的服务水平。

3. 高空瞭望系统

高空瞭望系统能够实现大区域、大场景超视距、立体化、全天候的精准监控和事件预警，可以实时监测城市环境、交通状况以及其他关键指标的变化情况，及时发现异常情况并发出预警，为管理者提供决策依据，有效提升城市运行的安全性和稳定性，在城市管理中具有广泛的应用价值，能够提升城市管理效率、促进城市智能化发展、辅助决策与规划等。

4. 应急指挥

在兴国县进行防灭火扑救场景的打造有典型的示范作用，可推广价值有如下4个方面。

（1）等级响应：一般火情由乡镇处理，乡镇处置不了再上报县，县级资源不够则上报市级，这样的做法可以有效地进行资源的分配和调用。

（2）队伍协调：将应急的主要单位进行日常工作的同步拉通，如交通、公安、医疗等部门，形成固定的协同机制，为战时使用提供有力的保障。

（3）研判经验：根据地形（卫星地图套图）、风向（气象局）、植被、林像（郁闭度等），将日常积累的经验数字化和信息化，形成有效的知识库储备，可直接进行专业经验的传承。

（4）阵型打法：根据研判的情况，快速形成多股力量的合围，并实时跟进灭火的进度情况，对打法的布置、调整和收尾形成闭环总结，是实战经验的现场体现，也是战法经验的摸索，可为森林灭火实战提供打法数据库积累。

"粤无废"广东固体废物全过程管理
数字孪生示范项目

沙默泉　文　亮　陈　龙

中国联合网络通信有限公司智能城市研究院
联通（广东）产业互联网有限公司
中国联合网络通信有限公司广东省分公司

一、建设背景

1. 案例背景

"无废城市"是以创新、协调、绿色、开放、共享的新发展理念为引领，通过推动形成绿色发展方式和生活方式，持续推进固体废物源头减量和资源化利用，最大限度减少填埋量，将固体废物环境影响降至最低的城市发展模式，也是一种先进的城市管理理念（图1）。

图1　"无废城市"建设指导思想

2021年12月15日，生态环境部、国家发展和改革委员会、工业和信息化部、财政部、自然资源部、住房和城乡建设部、农业农村部、商务部、文化和旅游部、国家卫生健康委员会等18个部门联合印发《"十四五"时期"无废城市"建设工作方案》，方案

515

提出，其工作目标是推动100个左右地级及以上城市开展"无废城市"建设，到2025年，"无废城市"固体废物产生强度较快下降，综合利用水平显著提升，无害化处置能力有效保障，减污降碳协同增效作用充分发挥，基本实现固体废物管理信息"一张网"，"无废"理念得到广泛认同，固体废物治理体系和治理能力得到明显提升。

综上所述，"无废城市"建设正进入快速发展期和产业红利期。在此背景下，项目团队结合广东"无废城市"建设实际情况，融合5G无线传输+数字孪生技术建设"粤无废"广东固体废物全过程管理数字孪生示范项目，推动传统的城市固体废物信息化管理，向"无废城市"智慧化管理全面升级。

2. 实施意义

1) 建设美丽中国的重要举措

开展"无废城市"建设是深入落实党中央、国务院决策部署的具体行动，是从城市整体层面深化固体废物综合管理改革和推动"无废社会"建设的有力抓手，是提升生态文明、建设美丽中国的重要举措。

基于"无废城市"建设的时代背景，"粤无废"广东固体废物全过程管理数字孪生示范项目依托广东省固体废物环境监管平台，选取东莞市东实环境和揭阳东江国业两个固废经营处置园区作为试点区域，在5G MEC边缘云上部署数字孪生融合平台并接收存储管理园区的三维影像数据、物联感知数据以及固废业务数据，与三维模型进行关联、展示、分析，从而推进试点工程三维可视化的智慧监管，提升固体废物全过程可视化、精细化、智能化能力，实现重点区域内各类固体废物模拟现实的全过程动态管理。

2) 广东"一网统管"建设的发展要求

广东作为改革先行示范区，2017年全面启动数字政府改革建设工作，在全面建设社会主义现代化国家新征程中走在全国前列。广东省政府先后印发数字政府改革建设方案和总体规划（2018—2020年）、数字政府省域治理"一网统管"三年行动计划、广东省数字政府改革建设"十四五"规划，数字政府改革建设呈现良好发展势头，政务服务水平在国内处于排头兵位置。

"粤无废"广东固体废物全过程管理数字孪生示范项目将"一网统管"生态环境专题拓展至固体废物监管场景，借助数字政府地公共支撑平台和态势感知体系，开展对固体废物产生、储存、转移、处置各环节的全过程监管，推动固体废物规范化、全程化信息管理，全面提升固体废物监管能力和水平。

二、建设内容

1. 总体架构

交互层：指用户交互界面，面向领导及决策者、固废管理人员和涉废企业，提供人机交互服务界面、提升用户体验。项目涉及的交互门户主要为生态环境门户和固废监管门户，生态环境门户主要指广东省生态环境云平台，固废监管门户指的是广东省固体废物环境信息监管平台。

业务层：指固体废物管理业务运营，运营内容包括"无废城市"建设试点创建运营服务、"粤无废"省市管理端业务运营服务、"粤无废"企业服务端业务运营服务。

支撑层：依托省数字政府平台、生态环境厅现有公共支撑服务，支撑上层固体废物环境监管业务，使省固废平台业务应用按照统一的规范快速、低成本的运营，达成更快的业务需求响应以及更敏捷的服务提供。

数据层：指厅数据中心固废数据资源专区，呈现"纵横交互"结构，横向实现跨部门数据共享，依托省市两级省数据资源"一网共享"平台实现与住建、卫健、交通等部门跨部门数据共享交换；纵向实现固废业务数据贯通，向上与生态环境部实现业务数据共享交换，向下与市生态环境局实现常态化业务数据的共享交换。

设施层：包括物联感知、网络环境、政务云资源，物联感知是业务信息的重要来源，包括视频监控、在线监控、GPS、地磅称重、移动终端采集来源，实时采集固废从产废、运输、处置整个闭环的全过程信息。网络环境和政务云资源提供数据和应用系统运行的操作环境，包括计算服务、存储服务、安全服务和网络资源池等。

本项目总体架构如图 2 所示。

2. 应用场景

（1）固体废物数据云申报。

针对产废单位、运输单位、处置单位、收集单位及环保部门实现相应的固废数据云申报管理功能，不同的单位需要将与固废相关的日常业务数据通过云申报系统进行申报（图 3）。

（2）固体废物转移联单管理。

固废转移联单管理主要是管理固废在转移过程中的电子联单信息，固废在产废单位、收集单位、运输单位、处置单位中流转主要通过电子联单进行固废信息的管理和确定，确保固废从产废单位、收集单位、运输单位、处置单位的流转过程中固废信息的一致性、可跟踪、可溯源。

固废转移联单信息在构建的三维可视化示范园区进行详细展示，并通过联单信息呈现固废从进入园区到处置的全过程（图 4）。

（3）数据文件传输报送。

将省中心和各市县（区）环保机构、企业、其他相关部门相关固废应用系统联系起来整合成一个整体，形成一个跨区域跨部门的大系统（图 5）。同时，各系统仍是互相独立的系统，系统之间不会由于数据交换而受到干扰影响正常运行。

（4）危废经营许可证技术评审。

对评审业务全过程进行管理，为用户各评审环节评审工作提供支持。集中管理评审

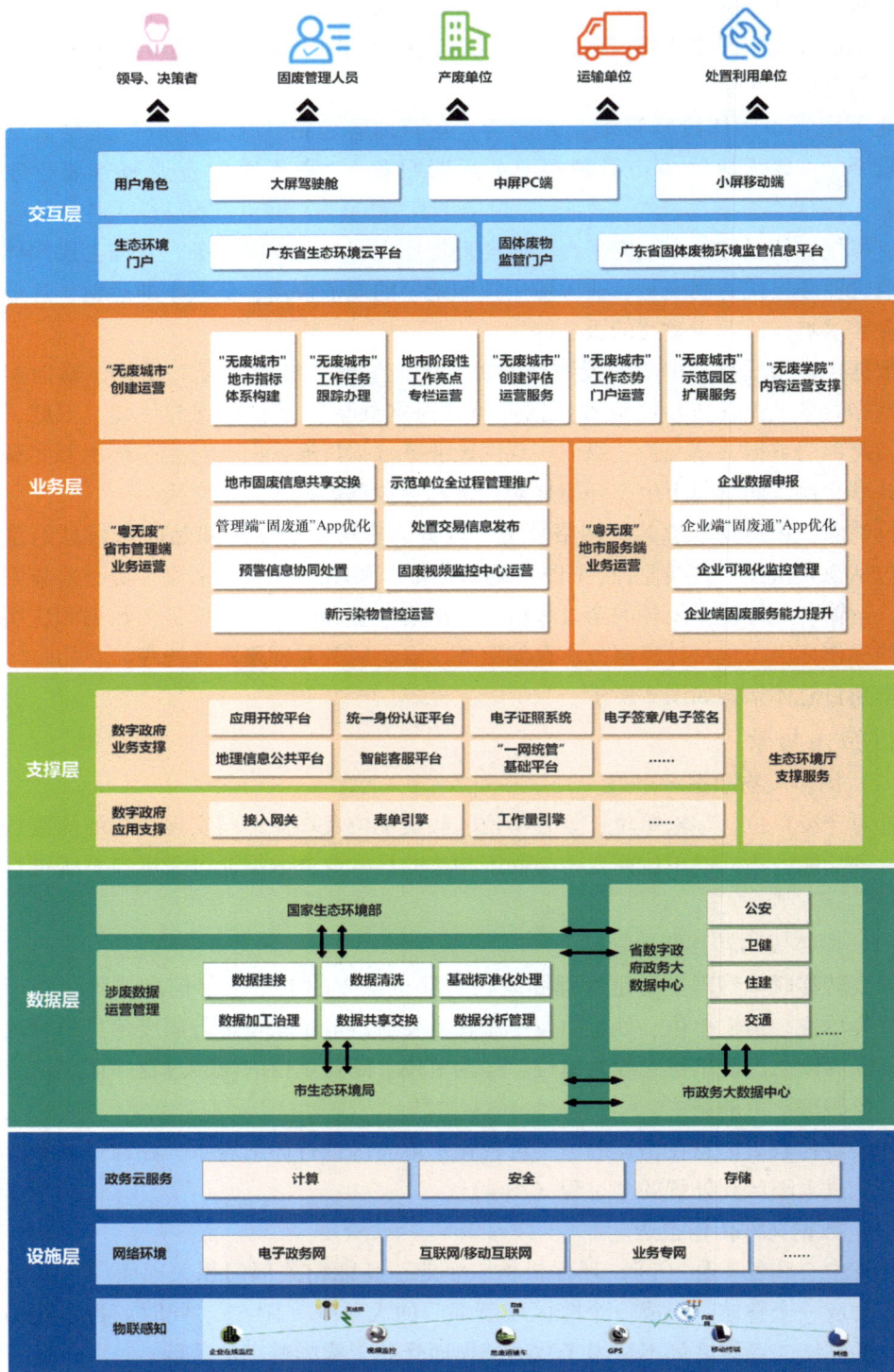

图 2　项目总体架构设计

518

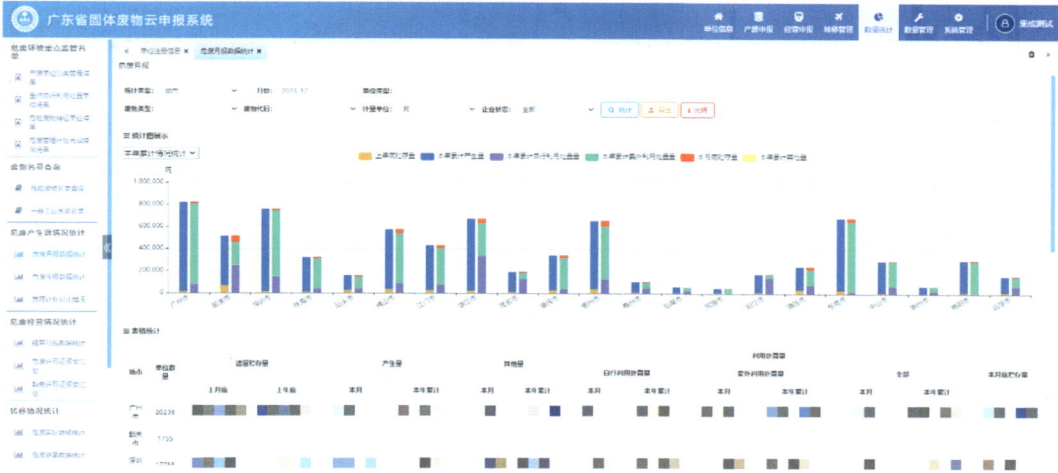

图 3 固体废物数据云申报功能

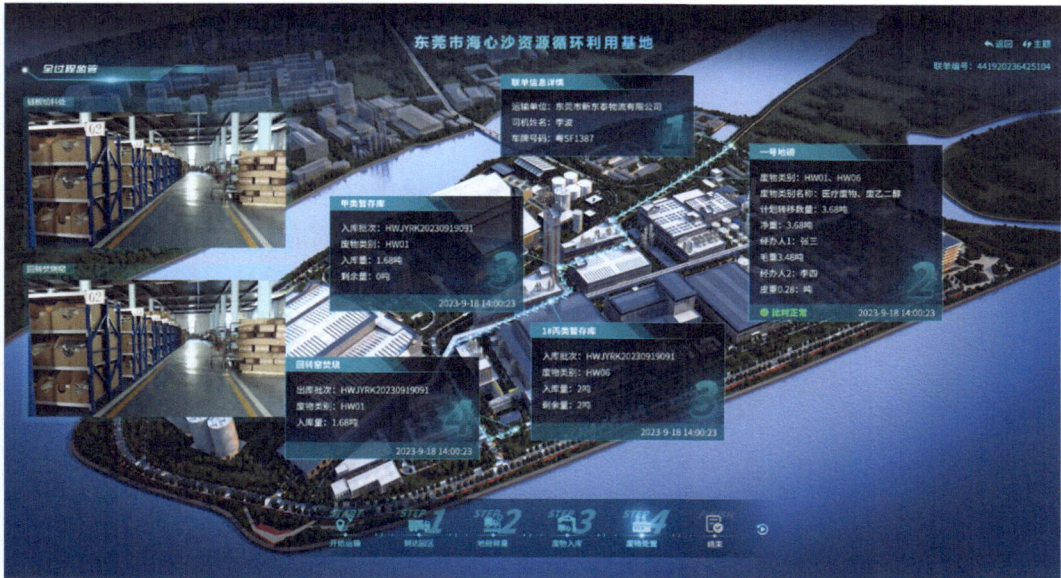

图 4 固体废物转移联单管理功能

专家的基本信息,同时建立对专家的随机抽查管理,实现评审专家的工作评价记录管理。提供现场核查功能,主要针对现场核查情况进行管理,提供现场核查表的填写功能,并根据现场核查情况在评审表中记录评审结果。

(5)汽修行业危废管理。

率先在汽修行业针对性设计汽修行业固废管理系统,精细化对汽修行业的机油和铅蓄电池进行管理,全过程跟踪把控全省汽修行业的机油和铅蓄电池来龙去脉,实现"无废城市"的创新化探索管理。

图 5　广东省固体废物环境监管数据开放平台

（6）废电器拆解审核数据管理。

通过数据交换系统汇聚废电器定点拆解企业数据，转入数据仓库，定制数据查询、月/季/年度统计分析报表管理软件，服务废电器拆解情况审核。

（7）无人机航拍数据建模管理。

通过定期使用无人机对 16 个试点固体废物堆存场进行航拍并通过对航拍数据进行处理建立渣场的三维模型，通过前后多次的模型对比分析，对时间间隔内的废渣增量进行估算，摸清底数、掌握重点风险防控场所的动态变化情况（图 6）。

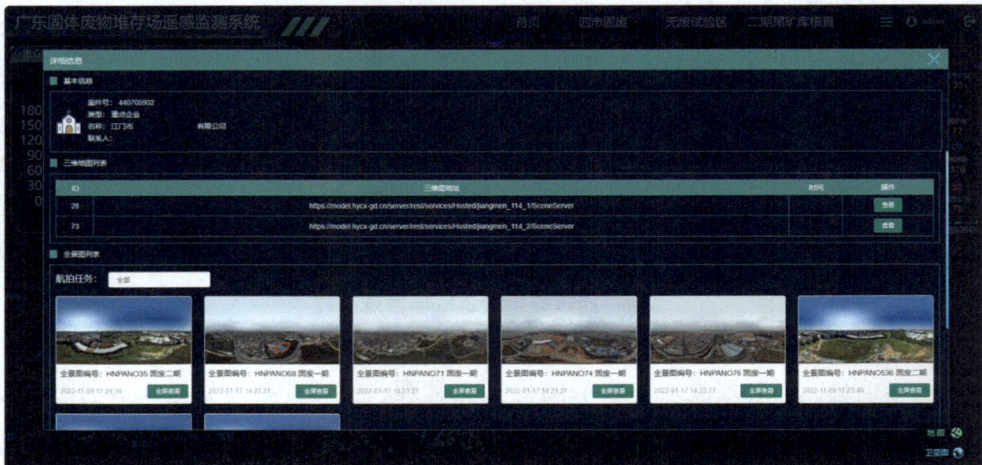

图 6　广东固体废物堆存场遥感监测系统

（8）医疗废物管理。

医疗机构基本信息管理、医疗废物条码收运管理、医疗废物产生、处置情况数据申报管理。该子系统实现了医疗废物转运过程的可视化监控，处置企业转运人员通过该系统将医废转运信息上传至服务器端，主要功能包括医废转运人员扫码收集医废、医院负责人确认签字、医废转运数据上传、医废转运车辆 GPS 轨迹监控、医疗废物出入库过磅、转运人确认签字、医废转运信息展示等。

（9）固体废物移动应用。

固废移动应用子系统，将固废业务日常监管、企业日常监督检查、企业危险废物规范化管理检查、固废数据查询、固废业务办理等工作延伸到移动端，打破时间和空间的限制，提供企业足不出户便捷的固废产生、转移、处置信息申报渠道，提供固废管理部门工作人员随时随地的进出固废转移全过程监管和固废业务办理的便捷平台。

三、创新应用

1. "无废城市" 数字化建设专题

按照生态环境部关于"无废城市"建设的工作要求，通过专题建设健全固体废物统计制度，统一和完善固体废物数据统计范围、口径和方法，开展无废指数分级分类管理，调研、评估其他部门关于"无废城市"建设的数据指标收集情况，接入可用数据；建立标准化收据同步机制，促进地市建立完整的"无废城市"建设指标体系，定期归集；建立"无废城市"重点项目评价模型，通过模型对项目进展情况进行跟踪，模型包括形成成果和经验的"定性"类结论，也包括用于测算建设成效的"定量"数字化工具。通过汇聚业务过程运行数据、综合评价数据和指标达成等多维数据，提升管理、决策综合能力，促进跨部门协作机制建立。通过专题自动生成固体废物统计年报，汇总分析工作现状，提出存在问题列出解决途径，为政府决策提供参考。

2. "粤无废" 企业服务端门户

为提升省固废环境监管信息平台与企业的黏合度，推进与企业实际工作有机结合，建立省中心和各企业的数据交换报送系统，实现省中心和试点企业 ERP 系统互联互通和数据的定期传输报送，满足重点试点企业数据自动采集传输的需要。

建设"固废云学院"在线学习平台，包括固废知识百科、在线学习、在线考试、教学资源管理等内容，利用互联网信息化手段将省、市生态环境部门以及企业组织的固体废物相关的法律法规、政策标准等知识的集中课堂培训移至网络，形成固体废物只是检索查阅、网上在线学习测试为基础的学习、培训、评价平台（图 7）。

3. "粤无废" 省市管理端门户

首先，针对当前省固体废物环境监管信息平台存在的应用能力跟不上、操作相对繁琐、数据关联效果欠佳等问题，建立固废数据交换汇聚管理子系统进行决策应用，实现对各类云申报、自动采集、系统运行产生等来源的固废数据进行统一集中管理、存储，并在此基础上进行上层固废数据的分析决策和可视化应用，提供固废管理部门多维度、多层次的数据分析和展示；结合 GIS 及可视化技术，对全省固废数据进行 GIS 统计分

图7 在线学习平台

析，形成固废监管一张图，构建分析模型，进行固废数据价值的深入挖掘，通过对系统应用过程中产生、形成的各类固废数据采集、汇聚、存储和建模分析，多方面、多角度挖掘数据，从而帮助固废管理部门管理人员及时发现找出固废管理中心存在的问题、预警提醒、预测发展趋势，辅助管理决策。

其次，在原省固废平台上增加危废经营许可证申领技术评审管理系统，系统可根据不同的行政区划、管理级别对涉废企业进行随机抽查，形成规范化评估任务清单，可于系统中跟踪任务执行情况，增加数据许可证管理模块，对已有许可证的企业补发电子许可证，而对豁免、应急等特定类型的企业可依申请颁发电子许可证，系统可对申请、审核、颁发等全业务流程进行管理，可发布电子许可证，为依证管理奠定基础。

最后，打造二维码标签监管模式，推广危险废物"一物一码"对于"数据互联中心"接入的数据，与危废电子联单进行充分的关联管理，在前期项目管理基础上推进严格的危废溯源追踪管理机制，完全实现产废单位及经营单位的危废出入库跟踪管理。

4. "一网统管"固废全过程管理专题

"一网统管"固废全过程管理专题包括宏观态势数据展示、数字孪生试点建设和全过程业务管理三大模块。

（1）宏观态势数据展示模块主要应用大数据分析技术，对固废数据进行全域、全

522

行业、全周期统计分析，按照地市、行业、废物类型等类别进行分析解读，挖掘危险废物、一般工业固废、医疗废物、新污染物等主要固体废物的深层次问题，继而匹配、提出完善现行管理、优化现有流程的建议（图8）。

图 8　宏观态势数据展示

（2）数字孪生试点建设模块聚焦省内处置规模大的固废处置园区，依托遥感、数字孪生、人工智能、大数据等技术，构建立体化的固体废物全过程管理示范场景，实现处置末端的可视化监管和信息化追溯，打造省内"无废城市"工作亮点（图9）。

图 9　固体废物全过程管理示范场景

（3）全过程业务管理模块关注危废从产生、转移到储存、利用处置的过程状况，实现全过程监管数据智能化查询展示，对过程中风险事件进行告警和预警；同时充分发挥示范单位的指导及示范作用，接入有条件的重点单位的危险废物全过程数据化监控与管理数据，打通示范单位的业务支持工作。

四、推广价值

1. 社会效益

1）落实地方政府部门环境责任，强化固废污染防治攻坚

帮助地方政府掌握大量环境信息，抓住固体废物污染防治的关键因素，进一步推动固体废物污染物排放指标与经济增长指标挂钩，有效落实地方政府环境责任。通过完善的监督管理机制，推动各级部门协作形成有效监管合力，进而提高生态环境保护质量，大力提升我省固体废物监管水平，实现固废管理从粗放到精细化管理的转变。

2）实现固体废物精细化治理，进一步提升监管能力

强化固体废物数据交互和业务应用，为生态环境科学决策、精准监管、高效服务提供战术锦囊和战略沙盘，实现了环境管理手段的创新，推动了政府管理理念和社会治理模式进步，逐步迈向政府治理能力现代化。

3）落实"无废城市"建设工作要求，提升民众满意度

固体废物污染防治是"无废城市"建设的核心工作内容，也是打好"十四五"时期污染防治攻坚战的重要组成部分。项目通过强化政府部门的固体废物监管能力，促进固体废物管理方面民生服务水平的优化，从而提升民众对"无废城市"建设成效的获得感和满意度。

2. 经济效益

1）降低业务运营成本，减少财政支出

进一步推进全省固体废物监管信息共享，推进数据互通和利用，消除信息孤岛，推行公开透明服务，降低制度性交易成本，促进有效合理地分配资源，职能工作整体的运行效率、效能将得到极大的提高。

2）整合固体业务数据资源，数据潜在价值最大化

整合生态环境内外部厅局数据资源，利用大数据综合分析、人工智能等先进技术，提升固废监管的水平，提升生态环境数据利用价值，使数据价值最大化，使省级固体废物管理更加智能化、更加精细化。

3）统筹管理全省固废监管信息资源，提高政府监管能力

整合省、市、县三级以及重点涉废单位的固体废物监管信息资源，完善固体废物监管制度，明确监管人员，落实监管责任，落实监管经费、装备，强化监管人员业务培训。

土壤环境质量监测管理平台

叶玉强　高旭龙　刘端强

武汉智博创享科技股份有限公司

一、建设背景

《土壤污染防治行动计划》（以下简称《行动计划》）的颁布，是党中央、国务院推进生态文明建设，坚决向污染宣战的一项重大举措，《行动计划》明确要求开展土壤污染调查的同时，提升土壤环境信息化管理水平，以改善土壤环境质量为核心，以保障农产品质量和人居环境安全为出发点，坚持预防为主、保护优先、风险管控，突出重点区域、行业和污染物，实施分类别、分用途、分阶段治理，严控新增污染、逐步减少存量，形成政府主导、企业担责、公众参与、社会监督的土壤污染防治体系，促进土壤资源永续利用，为建设"蓝天常在、青山常在、绿水常在"的美丽中国而奋斗。

为贯彻响应以上目标要求，将土壤环境信息管理作为其中一项重要的工作内容，利用生态环境、自然资源、农业农村等部门相关数据，建立土壤环境基础数据库，构建土壤环境信息化管理平台，借助移动互联网、物联网等技术，拓宽数据获取渠道，实现数据动态更新。加强数据共享，编制资源共享目录，明确共享权限和方式，发挥土壤环境大数据在污染防治、城乡规划、土地利用、农业农村生产中的作用。

通过相关部门已有土壤质量调查监测数据资源的共享整合与分析，建立起本行政区域内统一、多部门共建共享、支持动态更新的土壤环境数据库；基于土壤质量地质调查成果和土壤详查成果建立起符合市情的土壤环境质量综合管理利用体系，划定全市耕地（包括基本农田示范区）、污染地块以及未利用地的土壤质量类别，建立土壤质量（地球化学）档案。

二、建设内容

1. 系统架构

平台采用 B/S 和 C/S 结合的形式，旨在研发一个能实现土壤质量监测信息专业数据的导入、编辑、信息共享、成果生产、分析应用等功能的 GIS 平台系统体系结构（图1），建立土壤质量监测数据中心，实现土壤质量监测资料的收集、数字化处理和集群化管理；通过数据标准化处理后进行整合和一体化处理；利用计算机智能系统对数据信息进行统一分析处理，利用人工智能自动识别技术对大量非同源的数据进行自动解释和再定义，并用通用的数据结构表示；输出的文件格式可以与其他常用的工程软件实行对接，直接打开、浏览、编辑等。

平台主要围绕建设用地、农用地两大管理流程，建立数据中心、评价统计子系统、风险评估子系统、运移模拟子系统、三维可视化子系统、专题制图、B/S端业务管理、系统维护与权限管理等八大子系统。

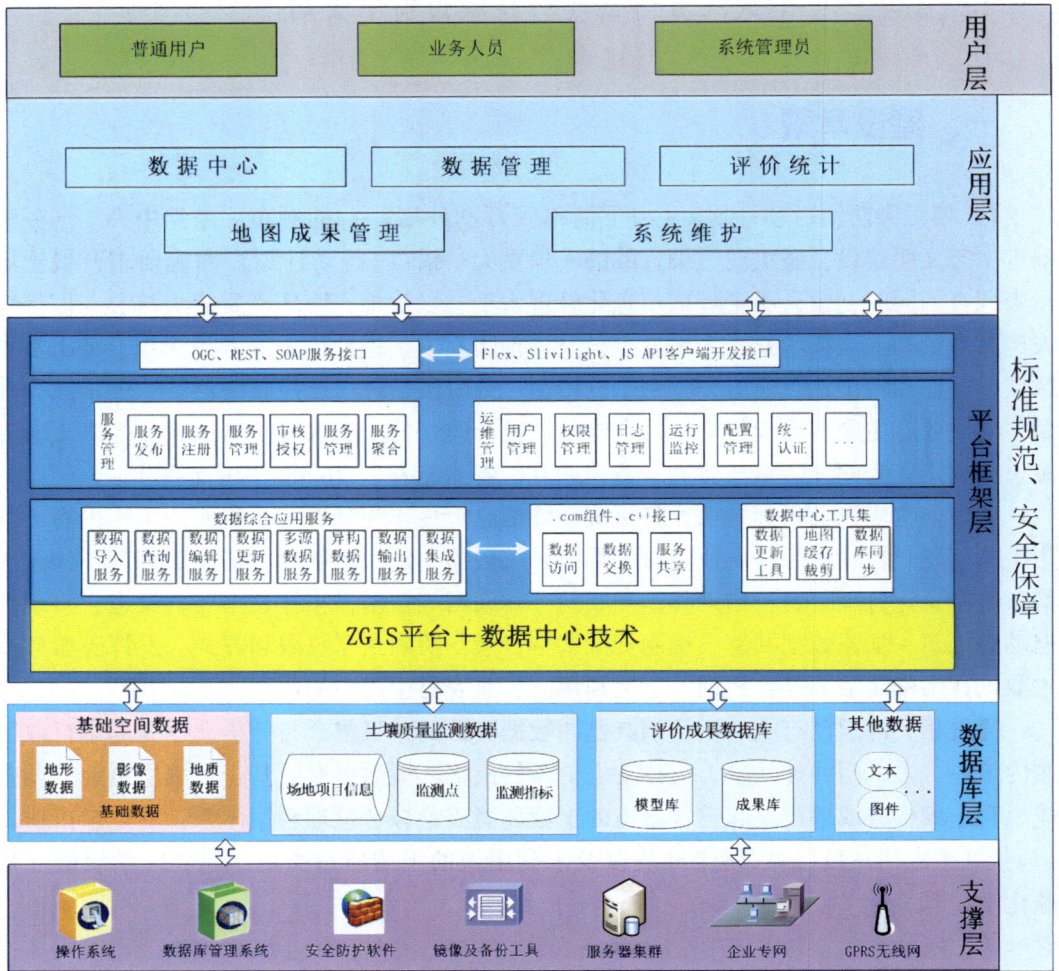

图1　平台架构

2. 建立全市统一的土壤环境数据库

目前，土壤环境质量数据覆盖面较广、涉及领域较多，但这些数据大多分散在各业务部门中，收集整合自然资源、生态环境、农业农村等多个部门土壤污染状况调查、土壤环境质量例行监测试点、污染源普查、农产品产地土壤重金属污染状况调查、土壤污染状况详查等土壤环境监测数据，建立统一的数据整合标准体系，实现数据集成的标准化和规范化，建立起区域内统一、多部门共建共享、数据动态更新的土壤环境信息化管理平台，形成全市统一的土壤环境数据库。加强数据共享，编制资源共享目录，明确共享权限和方式，发挥土壤环境大数据在污染防治、农业生产、粮食收购、土地流转、空间规划、土地规划、城乡规划中的作用。

3. 形成全市共享多专业一张图基础底座

在日常工作过程中，各部门积累了大量的专题数据及图件，如基础的底图数据、土地质量地球化学数据以及基本农田监测数据，存于国土空间规划"一张图"系统以及相关业务部门，农用地土壤详查数据、年度土壤监控点、农用地普查数据等存于农业农村部门，重点行业企业土壤污染调查数据存于生态环境部门。在积累大量数据的实际情况下，却没有一个权威的数据共享及服务机制，造成了各种数据之间关联性差、应用系统之间无法互通的情况，严重制约了各业务部门的数据共享、服务和土壤污染综合防治工作的发展。

土壤环境治理监测管理平台建立了共享机制，统一管理了所有专题，以时空基础数据、公共专题数据、土壤资源调查数据、规划管控数据等专题数据，构建全市坐标一致、边界吻合、上下贯通的一张底图，为建设用地和农用地管理流程、污染地块和农用地安全利用空间管理等空间分析提供便捷、丰富、准确的可视化数据基础（图2）。

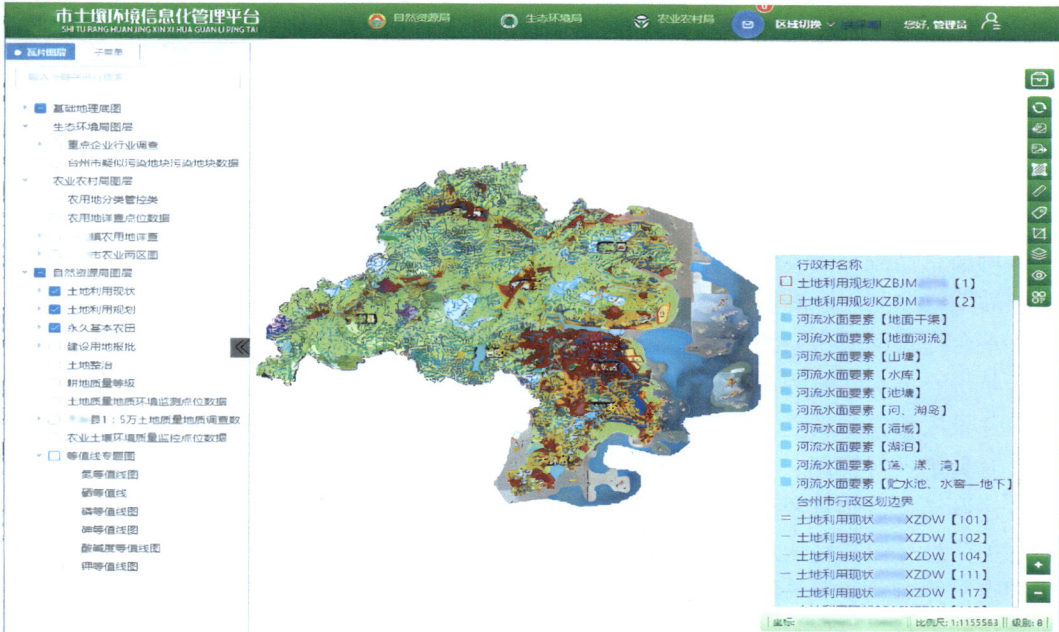

图2　专题数据共享

4. 实行对重点行业企业统一管理

平台实现了全市300多家高风险和800多家低风险企业的监管，包括对重点企业基本信息、行业用地土壤污染状况调查成果和监测点位数据的管理。平台提供土壤环境重点监管企业名单、重点行业企业用地土壤污染状况调查项目初审意见、项目验收报告、项目成果报告等相关资料的分类上传、浏览、下载功能。支持企业行业数据及监测点位数据上传，支持企业风险级别查询及定位，用户可自定义一个或多个条件对重点行业企业和监测点数据进行查询统计，条件包括行政区划、风险等级，协助生态环境部门对风险企业进行监管（图3）。

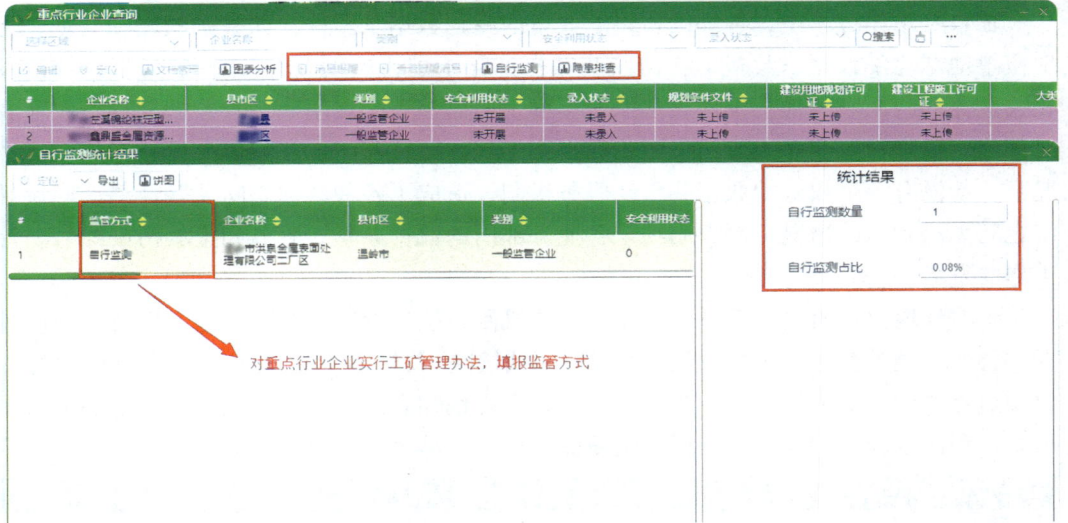

图 3　重点行业企业管理

5. 实现疑似污染地块全生命周期管理

多部门协同办公，对污染地块/疑似污染地块名单进行多部门联合录制，实现多部门协调消息提醒。支持部门协同调查、调查进度及时更新与催办、调查结果及时上传及地块后期安全利用跟踪管理。

平台提供疑似污染地块名单模板下载功能，用户根据模板填写信息，选择行政区划、年份、批次，然后将污染地块名单上传到平台，并通过平台绘制疑似污染地块图斑，并录入相应的属性，同时可以对图斑进行修改和删除。平台按照行政区划、年份和批次对名单进行管理。生态环境局可以将疑似污染地块名单发送给自然资源局、住房和城乡建设局。自然资源局和住房和城乡建设局接收到疑似污染地块名单后，通过平台填写相关信息，填写完成后保存并发送给生态环境局，生态环境局对疑似污染地块进行初步调查，并对地块风险筛选/分级，上传相关资料，根据调查资料使用桌面端系统进行风险评估，对于可接收的风险直接进行安全利用，对于不可接收的风险则需要进行修复治理和风险管控，治理效果评估后再进行安全利用，后期保持对疑似污染地块的监管（图4）。

6. 永久基本农田监测管理

每个行政村都会有一张永久基本农田土地质量档案编码图，平台提供编码图的上

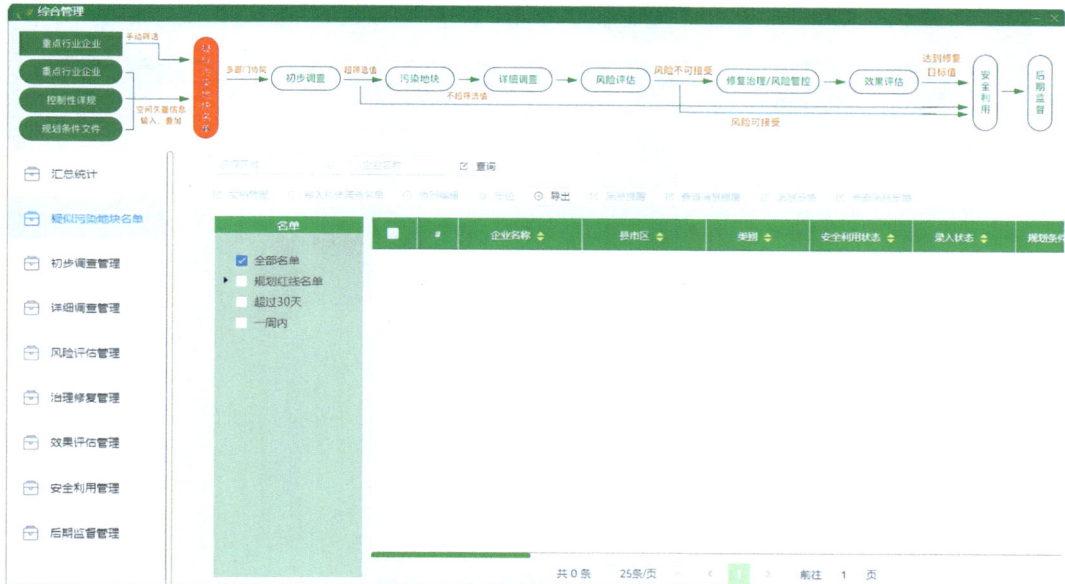

图4 污染地块生命周期管理

传、删除、浏览、下载功能。通过关键字或选择条件，查询符合条件的永久基本农田土地质量档案编码图。用户可以逐个或批量将基本农田质量记录卡（Word 文档）上传至平台，平台根据行政权属进行分级管理和展示，形成基本农田档案目录树。质量记录卡片和矢量图斑进行关联，在基本农田档案目录树上可以直接查看记录卡片文档信息。同时点击档案编号可以迅速定位到地图上对应的矢量图斑，点击矢量图斑也可以查看对应的记录卡片文档信息。

7. 土壤环境质量监控管理

对于常态监测点全市进行统一管理，包括监测点编号、监测点类型、用地类别等信息（图5）。根据《土壤环境质量 农用地土壤污染风险管控标准（试行）》（GB 15618—2018），自动对各指标元素进行分析，对超出管控值的监测点，可通过系统启动相应等级的风险管控措施。对异常监测点进行提示预警，当监测点有异常时，可一键查询周边存在的企业以及生态环境局布下的监测点（企业名称、污染物类型），形成意见抄送生态环境局，然后实地进行查询。同时支持按年度对监测点的各项指标进行统计分析，生成柱状图、折线图、饼状图和表格（异常点位清单）。

8. 农用地全流程化管理

将土壤污染状况详查管控方案、数据成果分布情况等在平台上进行共享展示。通过数据成果与自然资源基本农田图形数据的叠加分析，将优先保护类耕地划入基本农田保护区。基于农用地长期监测点的历年数据对比结果、农用地详查点位监测结果、农用地详查分类成果等，对各部门规划利用、监督管理等业务流程提供参考依据（图6）。

可自定义根据行政区划导出安全利用率清单，并可通过点击被安全利用的受污染耕

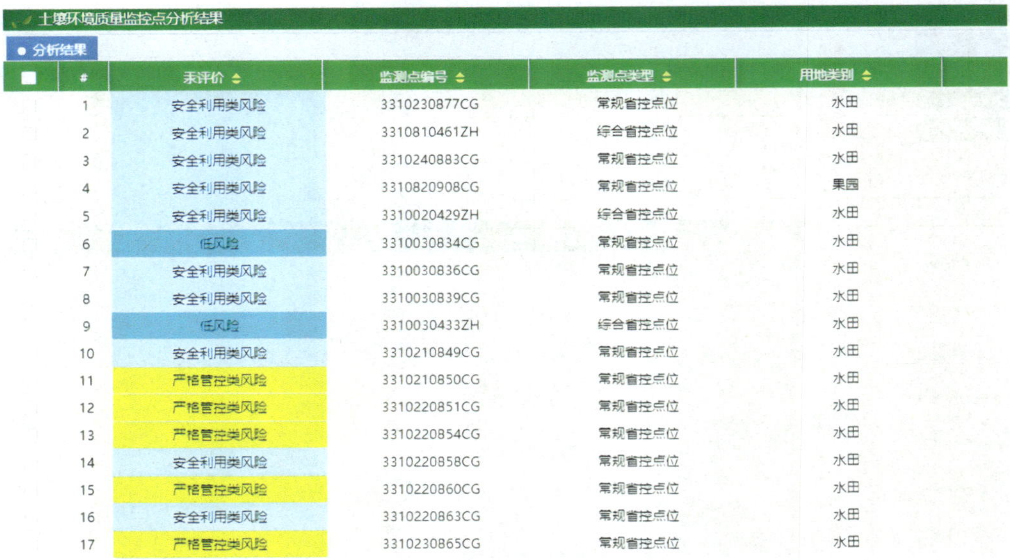

#	耒评价	监测点编号	监测点类型	用地类别
1	安全利用类风险	3310230877CG	常规省控点位	水田
2	安全利用类风险	3310810461ZH	综合省控点位	水田
3	安全利用类风险	3310240883CG	常规省控点位	水田
4	安全利用类风险	3310820908CG	常规省控点位	果园
5	安全利用类风险	3310020429ZH	综合省控点位	水田
6	低风险	3310030834CG	常规省控点位	水田
7	安全利用类风险	3310030836CG	常规省控点位	水田
8	安全利用类风险	3310030839CG	常规省控点位	水田
9	低风险	3310030433ZH	综合省控点位	水田
10	安全利用类风险	3310210849CG	常规省控点位	水田
11	严格管控类风险	3310210850CG	常规省控点位	水田
12	严格管控类风险	3310220851CG	常规省控点位	水田
13	严格管控类风险	3310220854CG	常规省控点位	水田
14	安全利用类风险	3310220858CG	常规省控点位	水田
15	严格管控类风险	3310220860CG	常规省控点位	水田
16	安全利用类风险	3310220863CG	常规省控点位	水田
17	严格管控类风险	3310230865CG	常规省控点位	水田

图 5　土壤环境质量监控管理

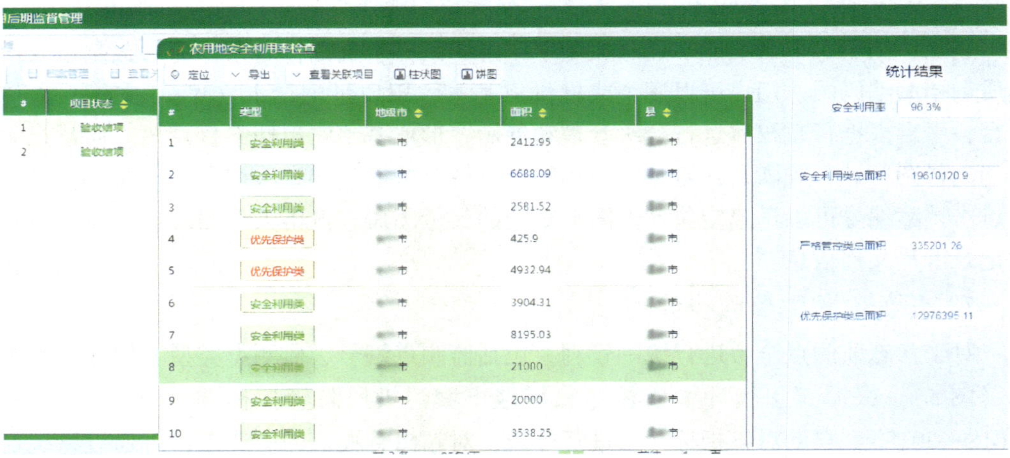

图 6　农用地安全利用率检查

地，查询具体地块的安全利用率。采取农艺调控、替代种植等措施，降低食用农产品超标风险；对严格管控类耕地，通过种植结构调整、退耕还林还草、治理修复等措施，实施安全利用，切实提高受污染耕地安全利用率。

9. 土壤污染物运移模拟

系统可对运移参数进行设置，提供井设置、河流设置、定水头设置、渗透系数设置等，通过对土壤污染进行三维空间上的分析，并结合污染随时间的变化情况，进行土壤污染时空动态演变模拟，直观地展示土壤污染随时间的扩散过程，为预测土壤污染扩散态势提供主要依据（图 7）。

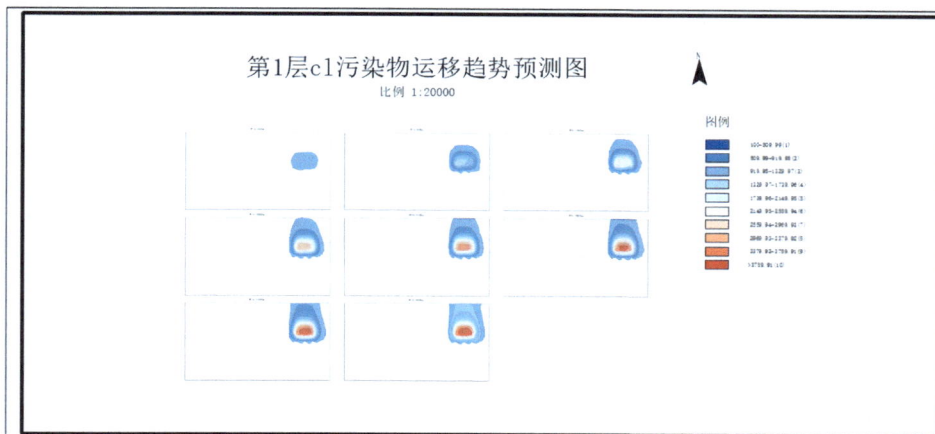

图 7　污染物运移趋势预测

10. 污染场地评价及风险性评估

　　系统提供对土壤监测点数据分布、指标浓度数据评价预处理、单指标评价、多指标综合评价以及土壤质量地球化学综合评价等功能。如支持土壤污染单项污染因子评价、加权平均指数法评价、图斑插值、插值数据合并、图斑赋值、土壤重金属、有机质等环境单指标评价、土壤环境综合评价、土壤质量综合评价等。支持按照国家、地方、行业等的不同标准，提供采样深度区间分层，进行各层的风险性评估，根据用户需求选择暴露途径模型，对选定的污染指标及选择的深度范围进行健康风险评估、致癌风险和非致癌风险的评估、风险贡献率的评估，并根据评估结果计算修复面积和修复体积，给出建议修复方案。通过选择的污染指标以及深度范围，生成分类专题图、叠加专题图、致癌风险等值线、危害商等值线等多种专题图件（图8）。

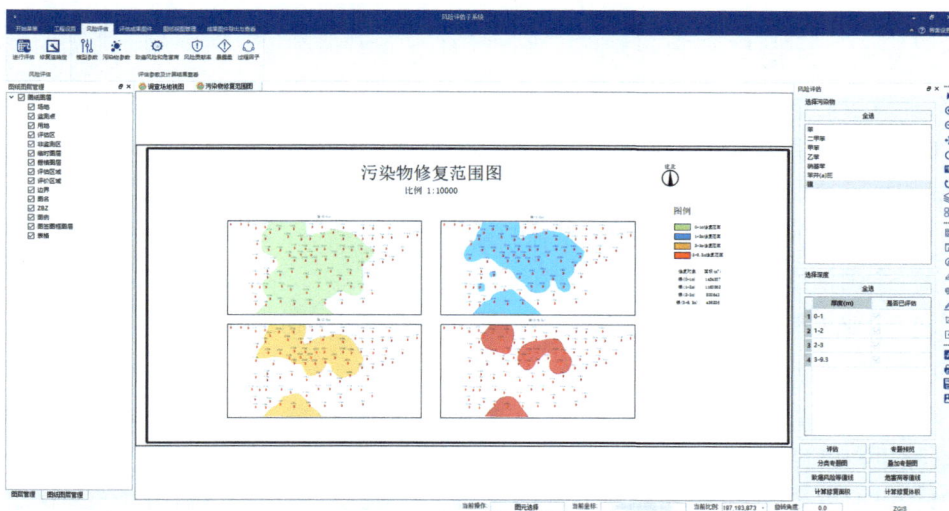

图 8　污染场地各层评估修复范围

三、创新应用

1. 全流程管控

在申报新增建设用地时，对列入污染地块名录的土地进行建设用地管理过程，通过初步调查、详细调查、风险评估、治理修复合格后方可申报用地，不合格的不予申报用地。在后期监督阶段还将基于流程数据进行建设用地安全利用率管理（图9）。

在农用地管理流程方面对农用地详查数据进行管理，对农用地详查划分出来的优先保护类、严格管控类通过项目库的形式进行立项管理，对项目实施过程进行全流程监督，实现受污染耕地的安全利用率监督管理。

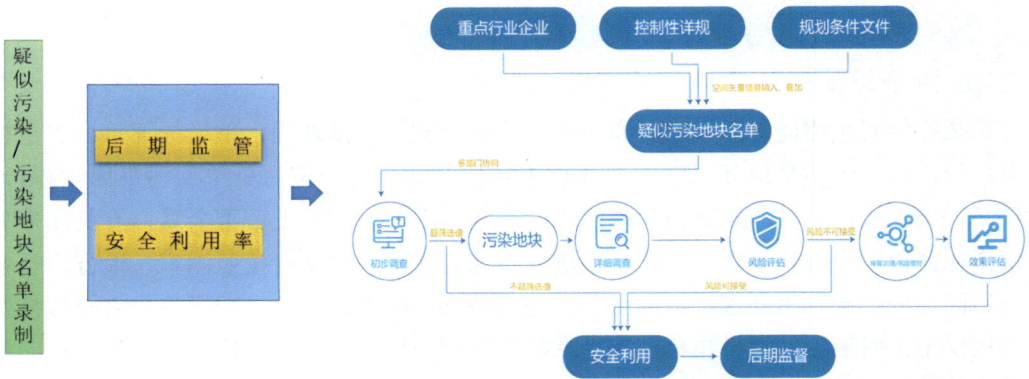

图9　建设用地多部门协同管控流程

2. 多平台互通

平台与国土空间规划"一张图"、全国污染地块信息系统等多个系统对接，打破了不同部门、不同系统的信息孤岛，避免了重复建设工作，最大程度地实现了数据的整合与共享，并通过双因子校验技术，保障数据安全。

（1）国土空间规划"一张图"系统对接。

（2）全国污染地块土壤环境管理系统对接。

（3）企业填报端口开放，方便企业办事，落实便民、利民服务。

3. 数字化分析

平台提供了丰富的统计分析功能，从多种数据源获取数据，对各个部门不同类型的土壤数据进行统计分析。进行数据的预处理、数据存储、数据动态监测、数据统计分析等，最后以图表的方式呈现可视化的汇总结果，实现污染地块安全利用率和受污染耕地安全利用率自动计算。同时根据时间维度、区域维度，对纳入平台进行管理的数据进行年度对比分析，并对异常数据进行自动预警提示（图10）。

图 10　农用地管控流程及辅助分析

四、推广价值

以建设用地和农用地土壤环境流程管理为主线进行建设，对自然资源、生态环境、农业农村等多个部门有关土壤的数据进行共享整合与分析，建立起区域内统一、多部门共建共享、数据动态更新的土壤环境信息化管理平台。同时打通多平台数据壁垒，实现与国土空间规划"一张图"管理、全国污染地块土壤环境管理系统、全国重点企业行业管理系统等多个平台对接，打破不同部门、不同系统的信息孤岛，避免了重复建设工作，最大程度地实现了数据的整合与共享，多部门联动办公。

土壤质量监测信息平台是以土地、地球化学、软件工程、系统工程、数理统计等相关理论知识为指导，以《土壤质量地球化学调查评价及数据库建设规范》为准则，以建立土壤质量地球化学评估数据库和土壤污染详查数据库为基础，以开展土壤质量档案管理为主线，以实现土壤质量的分等和统计评价为目标，利用大型空间数据库、地理信息系统、网络技术等多种现代信息技术，建设一个集多源异构数据导入、查询、编辑、统计分析、成果输出为一体的信息平台，满足土壤质量管理的信息化需求，支持全自然资源局工作，从而使得土壤污染加重趋势得到初步遏制，土壤环境质量总体保持稳定，农用地和建设用地土壤环境安全得到基本保障，土壤环境风险得到基本管控。

青岛能源集团燃热一体物联网管理平台

段旭宝　赵　鹏　刘　璐

青岛能源集团有限公司　海纳云物联科技有限公司

一、建设背景

近年来，城市燃气取得了巨大的发展，但由于城市燃气业务涉及城市安全、百姓服务满意、企业自身盈利、区域能源供需平衡等多方挑战，燃气企业运营也一直存在诸多管理难题。

1. 抄表难、收费难、缴费难

城市燃气企业商业运营模式就是通过管网输送商品，通过表具进行计量和贸易结算，完成供气、销气和服务的。燃气抄表的精准度、频度和用户缴费的及时率，直接影响到企业的效益和资金回笼率。

由于传统人工抄表效率低下，后台计费系统往往月末待集中进行计费出账，纸质账单分发送达客户后，老百姓才能到达指定营业厅进行缴费，费时费力。

当前，青岛能源集团有二十多套数据采集系统，不同业务数据分散在各个系统中。目前，各企业多套业务系统各自为政、各自建户，新增用户需长期持续进行数据比对工作，重复劳动，工作量大、出错率高，不利于后续服务工作开展，无法协同发挥数据价值。

2. 供气和用气安全

对于公共事业企业，管网供销差、输配漏损是企业效益的另一大天敌。管网的物理漏算、表具的计量误差，以及用户偷盗气行为不能及时有效监控带来的输差损失，导致燃气企业损失巨大。

同时，燃气管网又关乎燃气安全。管网腐蚀、漏气、压力过大、温度过高及用户的不安全用气行为，需通过远程实时监控及时解决，才能预防与消除危险。

因此，燃气企业急需技术手段加强管网温度、压力实时监测、用户的用气行为监控，实时对终端异常发出报警或进行远程管阀控制。

3. 阶梯价和节能减排

为促进天然气行业健康发展，充分利用价格杠杆调节区域供需平衡，引导用户节能减排。近年来，天然气价格改革不断深化，非居民用气价格市场不断放开，居民用气阶

534

梯价也已在全国多地进行实施落地。复杂的计费和频繁的调价需要精准的计量依据，传统的管理模式已经不再适用。

4. "互联网+"燃气创新服务

物联网、移动互联网、大数据的应用为能源企业的管理与服务提出了更高的要求。部分城市燃气企业已经试水"互联网+"燃气创新服务，支付方面积极利用企业微信、支付宝、企业 App 等新渠道，挖掘海量用户资源，开展燃气保险、燃气灶具增值销售；在安全运营方面，部分企业已开始基于物联网平台的实时数据进行燃气调压设备、换热站设备的预警性维护算法研究及应用，这些为新经济下的燃气供热企业注入了新的活力。

随着物联网技术的发展，迫切需要一个物联网平台来整合和接入生产、运营及经营的数据，来支撑智慧燃气的应用。

二、建设内容

1. 智慧能源物联网平台建设

按照"万物互联、实时感知"为原则，整合燃气、供热两个领域，将燃热计量表具（含居民用户、工商用户）、管网、燃气场站、换热站、热源等监测物联感知海量设备接入物联网平台，监测数据实时上传至平台。同时，平台具备设备管理、数据管理和其他既有系统接入与分析等功能，并可将设备数据灵活流转到其他服务或消息中间件，实现物联网业务全面运转，提供数据集成、汇总工作，为数据分析、数据研判和决策数据支持。通过物联网、大数据、建模仿真、人工智能、GIS 等技术手段，最终完成与实际物理能源系统"源—网—站—户"全过程相映射的数字化孪生模型的构建，形成集团运营全景图，实现对运营服务的精准管控。打造智慧能源领域标杆产品，建立丰富的能源终端产品模型库，同时为全能源行业 SaaS 平台进行物联设备接入能力和设备管理能力的赋能。

2. 系统整体架构

智慧能源物联网平台，支持云边混合能力，主要包括 AIoT 平台、网络层、感知层和数据转发层四层架构，为终端能源设备之间、终端能源设备与上层 SaaS 应用之间的交互提供了整体技术解决方案，如图 1 所示。

1）AIoT 平台层

AIoT 平台南向提供设备接入、鉴权、消息解析和入库、设备控制等服务，北向通过微服务集群和自建 IoT 网关对外提供设备管理服务和 Open API 服务实现第三方系统服务接口。平台也提供 Web 门户以供客户创建和管理产品和设备，此外平台也可以通过规则引擎向第三方应用或者消息队列转发数据。

2）网络层

直连设备和网关子设备可以通过 MQTT、HTTP、CoAP、LwM2M 等多种协议以 3G/

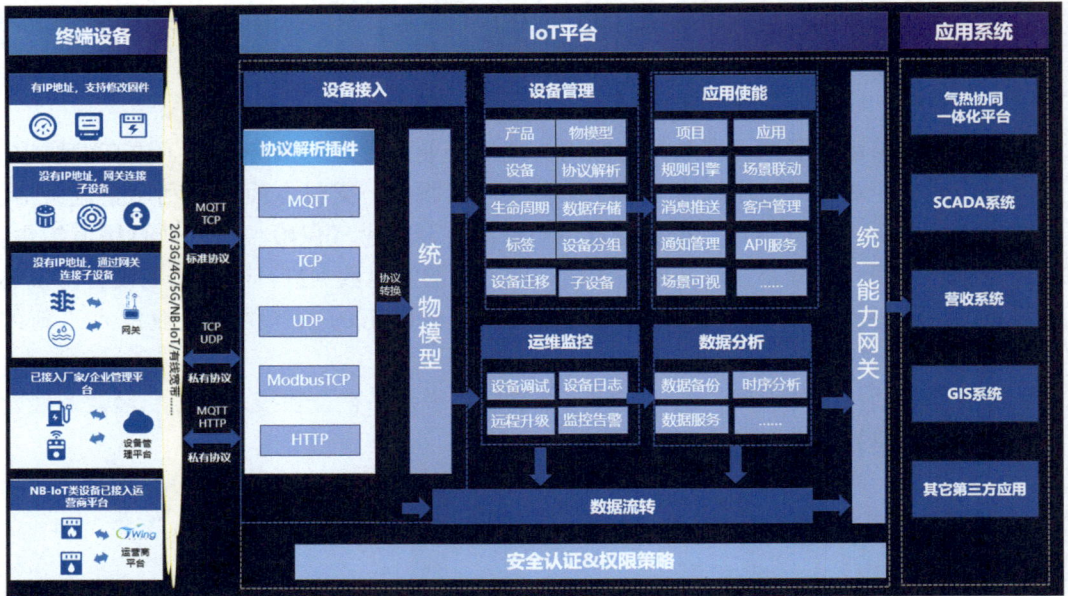

图 1　系统整体架构

4G/5G、NB-IoT 等多种通信方式连接到平台；支持 WiFi、蓝牙、zigbee、NFC、opc、modbus 等近场通信网络。

　　3）感知层

　　包括直连设备、网关设备、网关子设备等多种类型能源终端设备。直连设备和网关设备可以直接与平台连接；网关子设备与网关设备进行连接，通过网关设备实现与平台的对接和数据交互。从而涵盖了热源端，换热站，供热管网阴极保护等多类型多品牌的能源终端设备接入，并实现了能源设备与上层应用的数据交互。

　　4）数据转发层

　　物联感知云平台提供基于 Kafka 消息队列推送的数据转发和规则引擎功能，将设备相关属性数据和告警事件等信息，以 API 接口等方式，推送到北向 SaaS 管理平台，实现实时告警，实时数据传输，实时设备管理等业务逻辑功能。

　　3. 系统主要功能

　　平台以能源集团物联感知终端接入为基础，涵盖物产网燃气表、热量表、物联网阴极保护等物联感知设备，实现多品牌物联感知数据汇聚，为保障各类数据独立接入管理，专门为各类场景设备设立的独立分区库表用于接入管理物联感知设备数据，数据汇聚后可同时转各第三方应用平台，构建物联感知设备和数据统一服务体系、支撑能源集团各类业务场景的快速搭建，如图 2 所示。

　　感知设备接入管理：对于传感器类物联感知设备，可以通过各厂家接口协议直接接入物联感知平台。本项目中各专题设备支持 4G 专线、NB-IoT、物联感知专线网络连接

536

图 2　青岛能源物联网平台

设备，通过 MQTT、TCP、HTTP 等数据协议快速接入平台。

数据服务：物联感知平台接入各类感知设备的基础数据和报警数据后，将数据根据平台的接入标准和接口规范，通过统一的 API 接口传输到数据中台和各第三方应用系统。

1) 感知设备接入

本项目所有设备可通过 4G 专线、NB-IoT 无线蜂窝网络接入、物联感知专线接入，支持 MQTT、HTTP 行业标准协议接入。提供端到端安全接入认证机制，支持对接入平台的设备进行鉴权、接收设备上报的数据。鉴权方式支持"一型一密"，即每个型号设备具备唯一的鉴权参数，确保所有接入平台的设备都是授信的，避免非法设备接入平台。

（1）标准协议接入。

目前，物联感知平台建设存在建设周期长、重复建设多、互联互通互操作能力差、物联网应用系统开发过程复杂、开发门槛高等问题。针对这些问题，物联感知平台建立一套标准的架构体系，可以屏蔽底层物体差异，为物联网应用呈现统一的服务调用接口，能方便快速地构建物联网应用，实现物联应用快速开发，并保证系统之间的互联互通互操作能力。

（2）消息协议管理。

针对本项目各物联设备厂商私有协议设备接入，平台提供数据解析功能，支持通过编写协议包实现自定义数据格式（二进制）与标准物模型数据格式之间的转换。

（3）网络组件管理。

网络组件管理是平台自定义协议插件的信息包装与使用权限配置板块，通过该功能可完成自定义协议插件的信息配置等工作。

（4）协议插件与产品匹配。

对接协议插件在完成开发后，需将协议与产品进行一对一匹配关联，并完成相关配置，完成平台与设备平台数据联通准备工作。通过完成弹窗中平台、产品、对接说明配置，完成对接中产品与协议插件匹配。

2）感知设备管理

（1）产品管理。

产品支持能源集团使用人员根据设备特点主动创建，具有产品信息使用/查看、物模型、主题、产品元数据、设备元数据定义及订阅管理等权限。

（2）设备动态管理。

系统可提供基础设备动态管理功能，支持设备添加、编辑、删除、查询、状态监控、批量导入、启用/禁用、设备信息查看、物模型、服务调用、设备元数据等功能。

（3）设备分组。

平台提供设备分组功能，用于在单个项目下实现自定义的设备资源组合及分组权限控制。分组管理中，可以通过输入分组名称及描述创建分组。

（4）物模型管理。

物模型是对设备的数字化抽象描述语言，是感知设备接入的核心，描述该型号设备是什么，提供什么感知数据，能对外提供哪些服务。物模型将物理空间中的实体设备数字化，在平台构建该实体的数据模型，帮助用户感知设备数据模型标准化，促进更加便捷的设备数据管理。

（5）子设备管理。

平台提供通信设备下的子设备管理功能，支持网关设备接入，并支持管理网关与子设备的父子关系。用户在设备拓扑管理页面，可进行关联子设备、解绑子设备，并且同步拓扑关系给网关子设备的操作。

（6）设备迁移。

平台支持账号下已有产品下设备向其他账号迁移功能，即改变设备所关联账号关系。支持以产品维度进行设备迁出功能，在产品迁出弹窗中选择迁出目标账号、选择产品、迁入迁出说明相关配置，即可完成操作。

3）感知数据分发

物联感知平台完成能源集团传感器数据采集后提供数据分发能力，支持 HTTP、MQTT 推送两种方式。HTTP 推送对接流程简单，研发工作较小；MQTT 推送采用 MQTT 消息中间件，通用性强、适用范围广，可同时支持多个应用子系统的数据集成需求；两者相互结合，满足多场景的消息推送需求。

（1）规则引擎。

规则引擎是提供用户进行数据流转的核心服务，用户可自定义规则，对平台设备所有相关数据进行筛选过滤，并将数据转发至平台通信组件，方便上层应用开发，规则引擎可以分为消息源、消息处理、消息分发三个模块。

（2）场景联动。

设备场景联动支持通过配置方式完成平台中不同设备之间触发联动的规则设置。

（3）通知管理。

通过通知配置创建，对应通知模板匹配，关联规则引擎，实现平台向已维护好的本网络内的邮件等形式的设备数据推送功能。

（4）告警中心。

平台支持将规则引擎中数据推送转发告警通知服务，可预先设置相关设备上行触发数据推送规则，在触发规则后可及时接收告警信息。

三、创新应用

此次物联网平台的建设及运营数据的全面整合和升级将助力集团打造能源信息化"一张网"，规范数据标准，统一技术路线，注入智能力量，深化系统应用，持续提升企业的运营管理水平，提升客户服务体验，实现全市燃热同网、同质、同服务。平台的核心应用及创新亮点如下。

1. 核心应用

泛协议插件化解析：全域物联感知数据统一标准，平台基于 IoT 物模型标准，解决不同厂商的同类型物联网设备数据标准不统一、设备不兼容、应用不互通等痛点问题，为客户后续所使用到的 30 余类物联网设备实现感知数据统一标准、设备应用即插即用。

多租户独享体验。①基于多租户数据隔离架构和权限控制体系的开放平台，提供统一设备接入与数据共享，将设备与业务应用解耦，灵活衍生场景化应用。②用户在所属账号权限下，通过"物模型"自由定义产品，在可视化界面自助实现"创建产品–设备调试–数据治理–应用开发"。平台的开放性解决了原来每使用一款物联网设备就需要配套一个设备平台的问题。平台支持多租户应用，能源集团公司旗下有很多二级及三级子公司，这些公司的业务又是相互独立的，因此平台的开放性及灵活的权限管理功能对此起到了很好的支撑。

多设备场景联动。跨种类多设备自动化协同：通过场景联动规则配置，当项目数据满足预设条件时，由系统自动执行预定义的业务逻辑，实现对设备的联动控制。为便于第三方应用系统高效对接 IoT 平台，获取设备上行数据及下行控制，平台提供多种操作方式和数据交互方式。

时序数据库。通过创新的存储设计，并采用无锁设计和多核技术，让数据插入和查询的速度比现有专业的时序数据库提高了 10 倍以上。

微服务架构。充分考虑今后客户需求升级，技术革新等因素，系统按照业务特点将服务分拆成多个进程服务，当设备接入数量增加或设备上报数据并发量上涨时，可快速对服务进行横向扩展。虽然能源集团用户规模的不断扩大，物联网平台设备的越来越多，目前已接入 200 万+物联网设备数据，平台通过先进的集群设计，保证了系统处理能力的水平扩展，而且让数据库不再依赖昂贵的硬件和存储设备，不存在任何单点瓶颈和故障。

2. 创新亮点

1）助力提高企业效率和安全运营

燃气热力企业以安全运营为企业第一目标，整合接入各专业业务系统数据，通过数据整合与分析，既可以监测现场设备运行状态，也可以分析运行规律，进而预判，避免出现事故，提高生产安全可靠性。

2）助力信息资源共享

通过平台的建设，企业可以围绕信息共享和协调工作为目标，解决企业内部应用系统之间的"信息孤岛"问题，避免重复投资，为进一步系统规划和实施奠定基础。

促进数据分析和挖掘：统一的数据采集标准可以为数据分析和挖掘提供更加全面和准确的数据源，有助于发现数据的潜在价值和规律，从而为企业决策提供更加有力的支持。

降低数据管理成本：统一的数据采集标准可以降低数据管理的复杂性和成本，减少数据冗余和重复存储的情况，提高数据管理的效率和效益。

3）建立科学的管理标准体系

通过建设物联网平台可建立统一的数据采集标准、网络接入标准、安全加密标准，形成企业级的管理标准体系。可以带来如下优点。

提升数据质量：统一的数据采集标准可以确保数据的准确性和一致性，降低数据异常和冗余的情况，提升数据质量。

增强数据安全性：通过统一的数据采集标准，可以制定更加完善的数据安全策略，包括数据的加密、备份、恢复等方面，从而增强数据的安全性。

提高数据可集成性：统一的数据采集标准可以方便地将不同来源的数据进行整合，实现数据的集中管理和共享，提高数据的可集成性。

四、推广价值

本项目建立了集团物联网平台，实现"万物互联，数据真实；查询方便，统计快速；分析精准，管控到位"的目标。搭建物联网平台实现物联网终端的安全接入，完成如协议解析、设备管理、数据处理、存储和路由、告警生成等功能，实现与主流户端管理平台双向数据传输通过信息化标准的建立，数据资源规范化的管理，实现集团据能够通过系统完成自下而上的数据采集，实现数据的实时采集和全面集中管理，不断地提升感知数据的及时性、完整性和准确性，为数据综合查询分析及大数据应用提供数据支撑。产生的社会、经济效益如下。

1. 社会效益

提升公共安全：物联网平台能够实时监控燃气热力管道的运行状态，及时发现并预防潜在的安全隐患，确保城市供热的稳定和安全，减少燃气泄漏等事故的发生，提升公共安全。

改善民生：通过物联网技术，燃气热力企业能够更加精准地控制供热温度和供热质量，提高供热效率，为市民提供更加舒适的生活环境，改善民生福祉。

推动绿色发展：燃气热力企业物联网平台的应用有助于降低能耗和减少排放，推动绿色低碳的能源消费模式，促进城市的可持续发展。

提升公共服务水平：借助物联网平台采集的实时数据并共享给营收客服等系统，燃气热力企业可以提供更加智能化、便捷的服务，如在线报修、智能客服等，提升公共服务水平和社会满意度。

2. 经济效益

降低运营成本：物联网技术可以帮助燃气热力企业实现远程监控和维护，减少人工巡检的需求，降低运营成本。同时，通过数据分析和优化，可以提高设备的运行效率，进一步降低成本。

提高生产效率：通过实时监控和智能调度，物联网平台可以优化燃气热力的生产和供应过程，提高生产效率，满足市场需求。

拓展业务领域：借助物联网技术的创新应用，可以支撑燃气热力企业拓展新的业务领域，如智能燃气安全报警服务、工业用热等，为企业创造新的增长点。

增强市场竞争力：通过提升运营效率和提供优质服务，燃气热力企业物联网平台可以帮助企业在市场竞争中占据优势地位。

3. 推广价值

推动产业转型升级：物联网平台的建设可以帮助企业采集并积累日常运营数据，为数据资产的沉淀打下基础，推动能源产业的数字化转型升级，实现由传统能源向清洁能源、智慧能源的转变。

通过物联网平台通过实时监测、数据分析和智能调度等技术手段，优化燃气热力的生产和供应过程。这不仅有助于降低能耗和减少排放，还有助于提高生产效率，满足市场需求。同时，借助物联网平台，企业可以拓展新的业务领域，如智能家居供暖、工业用热、设备的预测性维护等，为企业创造新的增长点。

物联网平台的推广应用将引领燃气热力企业走向数字化、智能化的发展道路、推动产业的升级发展。通过数据统一采集共享和信息交互，企业可以更好地了解客户需求，提供个性化的服务。同时，借助大数据分析，企业可以优化决策过程，提升运营效率。这将为企业带来更强的市场竞争力，实现可持续发展。

引领行业创新：青岛能源集团燃气热力企业物联网平台的成功应用，建立了国内第一个燃气及热力统一的物联网平台，实现具有较好的示范效应。通过推广燃气热力企业物联网平台的应用，可以引领整个行业不断创新发展，探索新的商业模式和业务领域。

4. 物联网平台的标准化实施路径

需求分析：对物联网平台的标准需求进行分析，包括行业需求、应用需求、技术需求等。这需要深入了解物联网平台的应用场景、技术瓶颈和产业发展趋势，从而确定标准化的重点方向和目标。

标准制定：根据需求分析的结果，制定物联网平台的标准。标准的内容应该包括平台架构、接口规范、数据交换格式、安全和隐私保护等方面的规定。在制定标准的过程中，需要充分考虑兼容性、可扩展性和互操作性等方面的问题。

试验验证：制定完成标准后，需要进行试验验证，如燃气热力行业可以先选择部分小区的物联网燃气表或者热量表进行采集验证，以确保标准的可行性和有效性。试验验证可以采用模拟环境或者实际应用环境，对物联网平台的各项功能和性能进行测试和评估。

推广应用：试验验证通过后，需要将物联网平台的标准在公司或集团层面进行推广应用。可以通过组织培训、宣传推广、总部技术支持等方式，推动物联网平台的标准化应用和发展，从而在整个公司或集团层面全面应用。

反馈优化：在推广应用过程中，需要及时收集反馈信息，对标准进行持续优化和改进。同时，也需要关注物联网平台技术的发展动态和应用趋势，不断更新和完善标准内容，以及借助新的技术对物联网平台进行升级完善。

新航城综合市政数智运维平台

毛旭阳　张　丹　邓成云　李雪松

中冶京诚工程技术有限公司　北京新航城城市运营管理有限公司

一、建设背景

随着城镇化进程的加速，城市管理的复杂性和挑战性不断增加，传统的市政管理模式因信息孤岛、反应迟缓、资源配置不均等问题变得越来越无法满足现代社会的需求。2020 年 8 月 11 日，住房和城乡建设部等七部委发布《关于加快推进新型城市基础设施建设的指导意见》，重点任务中提出实施智能化市政基础设施建设和改造，建立基于 CIM 平台的市政基础设施智能化管理平台。2020 年 12 月 30 日，住房和城乡建设部印发《关于加强城市地下市政基础设施建设的指导意见》并指出，有条件的地区要将综合管理信息平台与城市信息模型（CIM）基础平台深度融合，扩展完善实时监控、模拟仿真、事故预警等功能，逐步实现管理精细化、智能化、科学化。北京大兴国际机场临空经济区作为北京市重点发展区域，从"夯实综合市政运维基础，驱动业务精细管理"角度出发，迫切需要建设一个集数据感知、智能分析、决策支持和服务于一体的综合市政设施智能化运营管理系统，实现精细化管理、智慧化运营。

在临空区规划建设的起步阶段，秉持着"一张蓝图干到底"的城市建设理念，中冶京诚工程技术有限公司于 2019 年为临空区搭建了基于 BIM、GIS 技术，融合应用物联网、大数据等新一代信息技术的 CIM 平台，形成了临空经济区规划、建设、运营的数字化底座。2023 年，中冶京诚结合临空区综合市政设施运维需求，在临空经济区 CIM 基础上叠加了综合市政设施 BIM、物联网等数据，形成"CIM+"拓展应用场景——综合市政数智运维平台。平台系统整体实现了新航城综合保税区综合市政设施的巡检、报修、维修、验收、分类统计、病害分析等一体化智能运营管控，可实时、动态、直观地对区域内道路、路灯、地下管线、管井及周边地块进行全方位管理和智能化决策分析，优化了设施维护方案并提升了市政设施运维效率。

二、建设内容

为实现新航城综合保税区综合市政设施的可视化数智运维，确保系统高可靠性、实用性和技术经济合理性，本项目采用"大屏端、PC 端、App 端"三端联动系统搭建模式，建立一个集巡视巡查、业务管理、态势感知、集中监管于一体的数字孪生综合市政数智运维平台。

1. 系统概况

平台包含 GPS 定位、路灯运维、道路养护、清扫保洁、雨污管孔运维、地块看护 6 大应用模块，可实现人员与车辆 GPS 定位、市政业务巡检、报修维修、验收管理、保洁管理、有限空间作业管理、用户管理、考勤打卡管理、台账管理、市民报障管理、视频监控、巡检问题统计分析、维修项目统计分析、制订下阶段巡检维修计划、考勤信息统计等功能。系统架构如图 1 所示。

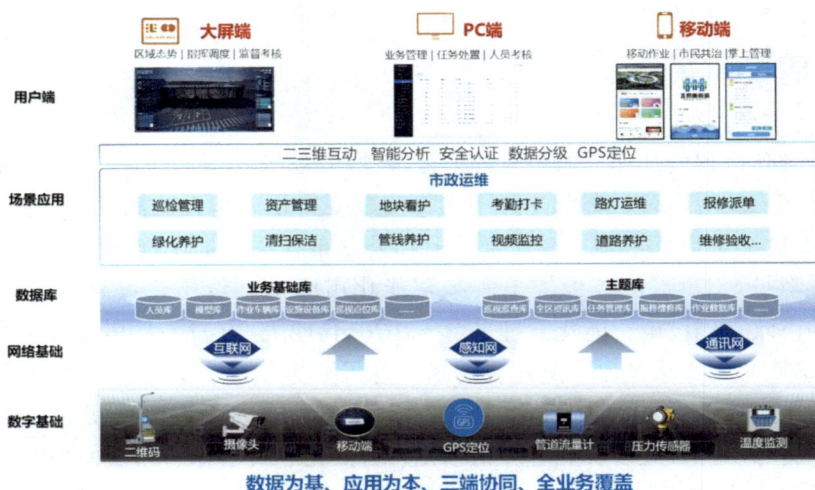

图 1　系统架构

2. 综合市政数智运维平台大屏端

大屏端是平台的综合展示窗口，可通过实时数据流、数据对比分析、用户活动追踪等手段实现日常运维的监测和预警，提升了运营效率和决策质量。其中，"业务入口"模块是进入综合市政运维业务管理 PC 端的端口；"GPS 定位"模块可以在大屏端三维虚拟交互空间查询人员及车辆的定位信息；综合市政设施运维模块包含"路灯运维""道路养护""清扫保洁""雨污管孔""地块看护"，集成了路灯、道路、雨污管线、管井及周边地块的运维业务数据，实现了运维统计分析数据可视化。大屏端首页面如图 2 所示。

1）业务入口

通过业务入口可进入新航城综合市政数智运维平台 PC 端，包含考勤管理、巡检管理、报修/维修管理、验收管理、有限空间作业管理、保洁管理、用户管理。业务入口如图 3 所示。

2）GPS 定位

针对作业区域设置电子围栏，作业人员和车辆进出作业区域第一时间上传提醒信

544

图 2　平台大屏端首页面

图 3　业务入口

息，大屏端可随时随地查看作业人员和车辆的位置动向，便于管理和人员调度。可追溯对应日期作业轨迹，为上岗情况分析和绩效考核提供数据基础。GPS 定位如图 4 所示。

图 4　GPS 定位

3) 综合市政设施运维

可对新航城综合保税区市政道路、路灯、雨污管线、管井及周边地块进行运维养护，旨在对综合市政设施实物资产进行全生命周期管理。对区域存量设施如编号、物资名称、位置坐标、归属单位、运行状态、投入使用时间、联系方式等基础数据进行信息采集、梳理、建档等，并通过巡检、报修、派单、维修、验收5大业务流程进行周期性运营维护。

道路和雨污管线管井巡检包含日常巡检、定期巡检，路灯和周边地块巡检包含白天巡检、夜间巡检。一线巡检人员通过 App 进行巡检问题上报，管理人员可通过 App 或 PC 端对巡检问题进行审核，审核无误后批量报修并下派维修任务，一线维修人员可通过 App 接收维修任务，维修完成后通过 App 进行维修成果上报，管理人员可通过 App 或 PC 端对维修成果进行验收。

通过综合市政设施 5 大业务流的数据累计和统计，大屏端开发出了 5 大业务的巡检高频问题、维修高频事项数据可视化对比分析功能，便于管理人员确定问题的根本原因，规划高频问题的解决方案，持续监控、评估并制订下阶段巡检和维修计划；周期性业务数据可自动生成报表，便于上级单位考核。综合市政设施运维如图 5 所示（以路灯运维为例）。

图 5　路灯运维

3. 综合市政数智运维平台 PC 端

通过业务入口可进入新航城综合市政数智运维平台 PC 端，其中业务管理包含道路、雨污管线管井、路灯及周边地块的巡检、报修、派单、验收管理功能，还包含有限空间作业管理及考勤打卡管理功能。统计分析是将以上业务流所有数据进行分类统计，按不同道路路段分析病害类别、严重等级、维修频次等对比分析功能。PC 端还设置台账管理、市民路灯报障管理、用户管理、打卡时间设置功能。

PC 端汇聚整合了全区的综合市政设施运维数据资源，将各个业务数据连接起来关联分析，集成业务系统并发挥数据整合优势，实现常态化作业全过程监测、业务管理与调度、监督检查与考核，方便各部门准确全面地掌握业务数据动态，更好地服务运维单位，提高运维效率和管理水平。平台 PC 端如图 6 所示。

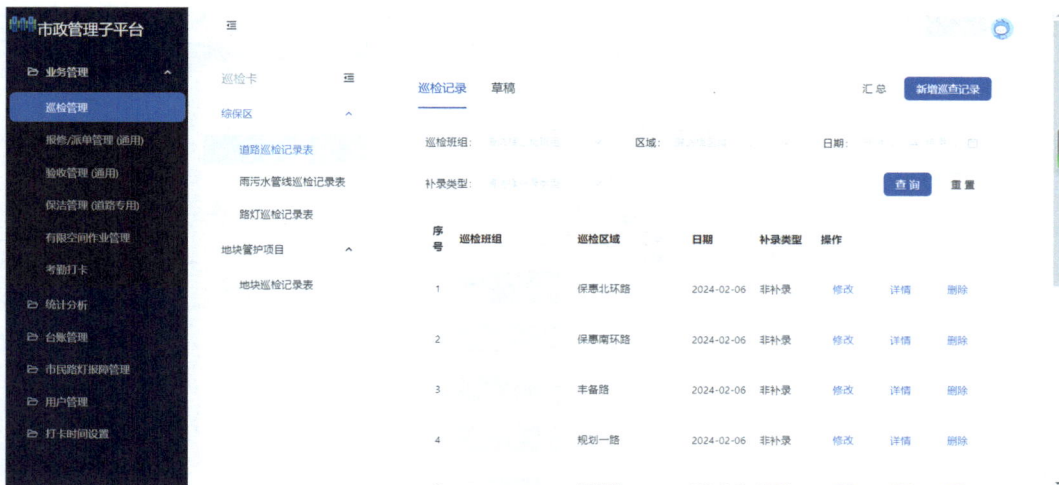

图 6　平台 PC 端

4. 综合市政数智运维平台 App 端

App 端主要包括考勤打卡模块、巡检管理模块、报修管理模块、派单管理模块、维修管理模块、维修作业、验收管理模块，是一线人员掌上作业神器，是业务数据的收集端。通过对运维区域设置电子围栏，一线作业人员进入工作区内才可以通过 App 进行考勤打卡。根据作业权限划分，分为管理员、巡检人员、维修人员，管理员可通过 App 查询、管理所有作业任务。巡检和维修人员通过 App 进行路灯、道路、雨污管线管井及周边地块的业务作业，所有业务数据传输至 PC 端数据库进行数据清洗、统计及分析。

市政运维 App，一方面，可以通过数字化处理业务的流程、报表和工作请求，提升问题解决的效率，可以实时公开运维进度、服务状态等信息，让管理者更加了解市政运维情况，增加运维业务的透明度。另一方面，通过数字化手段减少纸质文书工作，并优化流程减少人力资源的需求，可以为运营部门节约运营成本，收集的数据可以帮助运营部门作出更加明智的决策。平台 App 端如图 7 所示。

5. 市民共治端

平台数字孪生模型库中包含全区内的路灯数据，平台可自动生成路灯唯一标识——二维码。城区每一组路灯都拥有了自己的"身份证"，详细记录其道路、位置、故障内容等属性信息，方便群众参与城市治理。打开微信小程序扫描路灯二维码，弹出报修页面进行故障上报，在故障上报页面可填写建议内容、详情描述、照片上传、联系方式等相关信息。

路灯实现二维码管理并可以线上反映设施破损情况，拓宽了居民参与城市公共管理途径。通过线上受理，提高了管理部门处置效率，从传统的作业人员巡查模式转向作业人员与市民的"智慧管理"模式，解决了巡查人员不足、维修不及时等问题，提升了综合市政设施管理精细化水平。市民微信扫码报障如图 8 所示。

图 7　平台 App 端

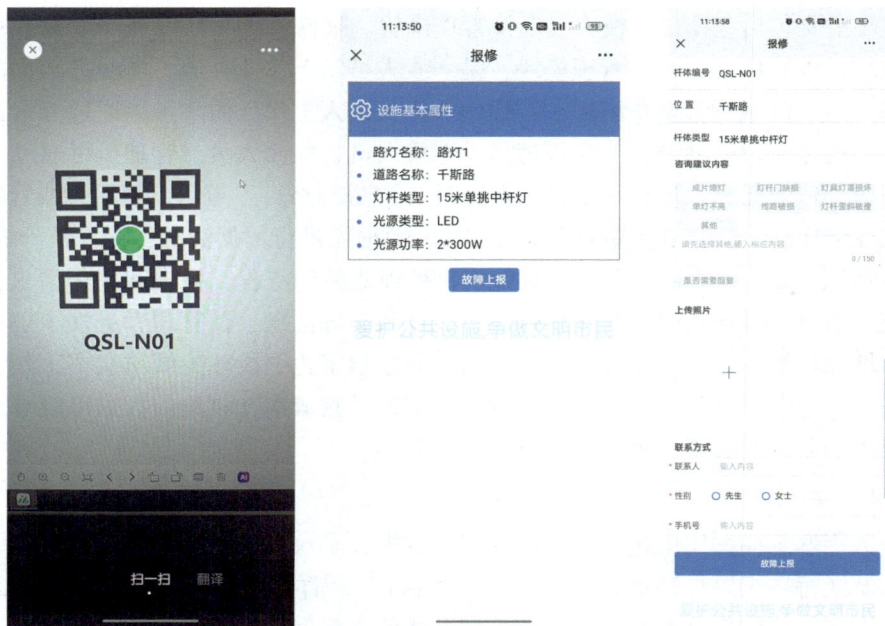

图 8　市民微信扫码报障

三、创新应用

1. 打造区域 CIM 一张蓝图

从单专业 BIM 应用拓展形成多专业 BIM、片区级一张 CIM 蓝图，在 CIM 平台基础上，打造模块化应用功能，解决各专项场景功能之间的层级和逻辑关系、功能表达形式、信息精度控制难题，实现通用底板和个性需求拓展之间的平衡和快速衔接，进而形成多维立体、互联互通、智慧应用、一张蓝图干到底、一张蓝图管到底的崭新局面。

2. 数字孪生场景数字化交付与价值化应用

针对综合市政工程领域数据孤立、零散，横向信息不同步、纵向信息传递丢失、效率低等问题，通过深度解构综合市政业务，创新研发"标识码为纲，物料码为目"动态融合的双编码系统，保障BIM数据空间唯一、属性统一。创新应用"标准控制+单体轻量化"模式解决大体量BIM数据的融合应用问题，结合平台功能需求，严控精细化模型需求总量，在BIM信息提取和交付技术基础上实现BIM模型轻量化和交付，减小单体模型体量，为城市数字治理奠定静态数据基础。

针对综合市政管理部门众多、协同成本高、缺乏有效管理手段等难题，基于复杂性科学理论，建立城市治理冰山解析模型，剖析物理空间、系统环境及其深层相互作用，融合应用机理模型与数据模型，创新实现基于数字孪生的综合市政设施运维价值化应用。

3. 业务精细化管理

对区域范围内综合市政设施进行全要素数字化、孪生化表达，建立了孪生场景与市政运维业务虚实映射关系，以孪生场景BIM静态数据为载体，结合物联网、业务数据模型、一张CIM蓝图的综合市政设施运维研究，打通运营业务数据壁垒。以运营业务类型、资产和成本等分析，动态呈现运营发展态势，统一管理区域内人、事、物。平台实现路灯、道路、雨污管线、管井及周边地块等运营和管理转型，通过大数据、优化算法对业务数据不断丰富、分析，帮助运营管理部门更精细地掌握业务逻辑与协作关系，统筹运营业务调度，实现低成本管控，做到业务精细化管理，打造全区域市政业务数据融合、时空多维呈现、业务要素合理分配的市政运维新模式。

四、推广价值

1. 助力新航城全域市政设施运营平台建设

新航城综合市政数智运维平台便于各级管理者快捷、方便地掌握运营信息，增强运营调度、监督考核的主动性和科学性。通过对获取到的业务信息进行统计分析后，提取运营关键节点和重要部分信息，为高频病害事件提供动态化、持续性的信息支撑，为领导决策和应急管理提供信息资源服务。同时，该平台可以实现各部门的协同运作，实现跨系统的业务协同，提升运营的前瞻预判、决策能力和智能化水平，提高管理和服务效率，更好地服务于综合保税区内的企业和工人的生产、生活。

对综合保税区的综合市政运营业务数据即时分析、管理、调动，协助新航城管理单位及时发现市政运营管理工作中的迫切需求，并基于数字孪生为领导、员工、协作单位提供创新化、智慧化场景和服务应用，提升区域的运行效能。建设"CIM+"智慧应用的综合市政运营平台，是打造新航城全域市政设施运营平台建设的样本工程，平台可拓展复制新航城其他区域，促进新航城智慧化建设广覆盖、广应用，业务管理更加人性化、精细化和便捷化。

2. 降低业务运营成本，促进高质量发展

通过统筹规划建设综合市政数智运维平台，解决了作业监管难、用工成本高、业务难协同、数据难利用的问题。降低了市政运营各部门协同协作成本，节省了承包管控成本，提高了信息利用率和时效性并产生直接经济效益。同时，平台为后续各类系统扩展提供开放接口，有助于降低项目后续投入，从而达到降低整体资金投入、间接产生经济效益的目的。系统于2023年5月投入运行，通过平台应用服务，为各部门的业务系统的建设提供宏观指导。通过对业务的线上协调管理，优化了巡检、报修、派单、维修、验收业务流程，直接降低了运营成本。根据测算减少季度资料上报人工时2小时/天，节省人工成本30%。

合肥经开区智慧排水综合管理平台

邹　超　韩功元　任会峰

合肥经济技术开发区公用事业发展有限公司　海纳云物联科技有限公司

一、建设背景

近年发布的政策文件《水污染防治行动计划》《安徽省人民政府关于印发安徽省水污染防治工作方案的通知》及《城镇污水处理提质增效三年行动方案（2019—2021年）》的通知中均提出要求城市建成区基本无生活污水直排口，基本消除黑臭水体，城市生活污水集中收集效能显著提高。要加快推进生活污水收集处理设施改造和建设，实施管网混错接改造、管网更新、破损修复改造等工程，实施清污分流，全面提升现有设施效能。同时，我国在"十四五"生态环境监测规划中提出要全面提升水环境监测预警。

城区地下管网复杂，并且由于底数不清，部分管网主干管不完善，存在工业企业、住宅小区、临街商户等自建、改建、偷排、错接、断头、超标排放等情况，导致入河排口污水来源未知，源头水体分布复杂等问题。

传统监测手段不能快速精准定位到超排偷排的企业，不能快速锁定雨污混接点，且缺乏地表水水质在线监测系统，存在污染发生后对污染源头的执法处罚过程中经常会遇到执法难的情况。合肥经开区的水污染防治和监察工作面临错综复杂的局势，监察的难点表现为污染源数量多，规模小，分布广，管网长，出现偷排超排废水的时候，难以锁定偷排企业，难以定位暗管和排口位置，缩小排查范围，当前存在无法及时预警排水户异常排水行为，对外区来水情况不能量化感知的问题，急需通过对排水户、雨污管网等重点关注涉水要素进行全面监管，才能实现水污染源头监管，实现排水系统的提质增效。

二、建设内容

本项目拟对部分重点排水户排口、区界点、冒溢点和排水管网重要节点开展监测监管。通过中心端系统功能和手机移动应用，形成监测预警—问题处置—结果反馈的排水管网监测信息化指挥平台和 App（或微信小程序），配置含监控大屏幕、高配置台式电脑 1 台，完善排水户及区界雨水管网、冒溢点监测。

1. 总体架构

根据合肥经开区排水管理业务现状及需求分析，对经开区重点排水户及区界监测监管项目进行总体设计，总体架构如图1所示。

图1　总体架构

1）设施层

主要包括本次项目管理与监测的主要设施对象，包括排水户、雨污水管网、河湖排口等。

2）感知层

感知层是提供各种信息数据来源的主要入口，感知设备主要包含液位计、流量计、数采仪、摄像头。

3）平台层

平台层主要包括系统运行所需要的各种硬件、软件运行环境，包括云平台、数据存储、数据传输网络、数据库管理平台等。

4）应用层

应用层主要指经开区管网监测信息化指挥平台，根据不同角色用户群体按不同场景划分提供多种应用及服务，提供生产运行监控、GIS展示与调用、在线监测与报警、一张图展示、数据趋势分析、统计报表生成等功能，提升排水运营管理能力。

5）展示层

展示层主要包括大屏幕展示系统、工作电脑和移动应用 App（或微信小程序）。

2. 排水管网监测信息化指挥平台

本项目基于排水管网信息化平台，建立物联感知网络，能够适配不同类型传感器的通信协议，实时获取各类传感器流量、液位等的感知数据，并对获取的感知数据进行处理、解析，为雨水管网监测应用提供在线的物联网感知数据服务，最终实现对经开区重点排水户及区界监测监管工程项目的相关内容及数据实现信息化管理，包括水位监测、流量监测、GIS 地图搭建，以及一系列的相关分析功能。

1）数据采集及传输

本项目基于排水管网信息化平台，建立排水监测物联感知网络，能够适配不同厂家、品牌类型传感器的通信协议，实时获取各类传感器的感知数据，对获取的感知数据进行处理、解析、传输，为雨水、污水管网监测应用提供在线的物联网感知数据服务。数据采集及传输流程如图 2 所示。

图 2　物联网平台实现海量数据采集与传输

2）设备消息通信协议管理与支持

排水管网信息化平台能够支持多种物联网主流通信协议，如 HTTP、TCP、MQTT、GB 28181、ONVIF 等主流物联网通信协议，能够更高效的将流量计、液位计等设备连接到排水管网监测系统，进而实现设备联网，为传感器数据采集及传输提供基本条件。设备消息通信协议管理与支持如图 3 所示。

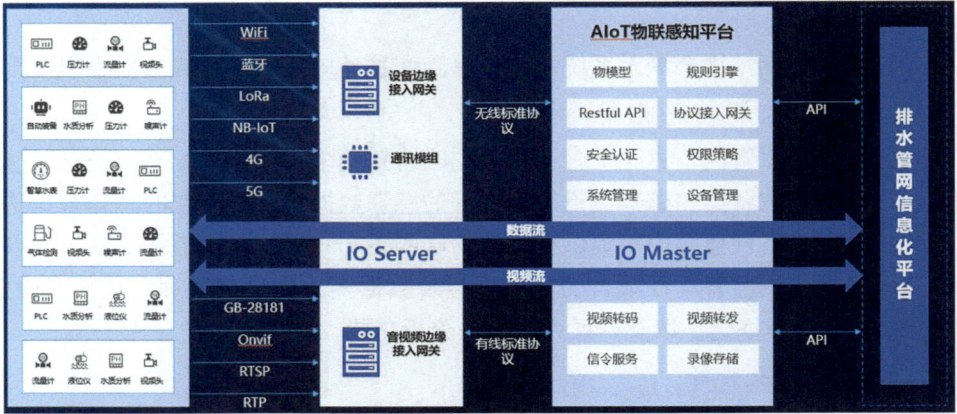

图 3　消息通信协议管理与支持

3)　多类型数据采集编码、感知数据库

如图 4 所示，本项目根据设备类型、数据类型、数据用途、使用单位等的不同，对感知数据进行分类编码，建立多类型、多时态的感知数据库，为感知数据服务应用提供数据来源。

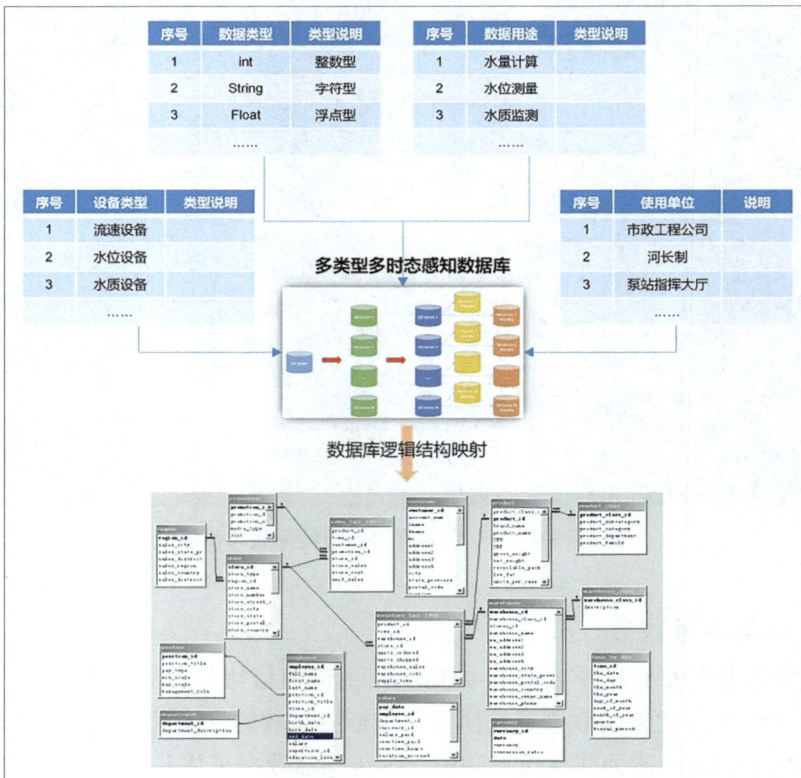

图 4　多类型多时态感知数据库

554

4）数据实时调阅

数据实时调阅功能提供对分散在管网重要节点的流量计、水位计、水质自动监测仪器等在线监测设备采集的数据的显示、查询、储存和管理功能。系统能提供在线监测设备信息、实时监测数据的显示；统一查看不同监测点、不同时间段、不同监测设备的数据，并能够通过地图、曲线、表格等方式直观地显示液位、流量、水质等在线监测数据，如图5所示；支持对所有监测点的实时数据和历史数据的筛选查询下载，以全面了解整个排水管网的运行状况，如图6所示。

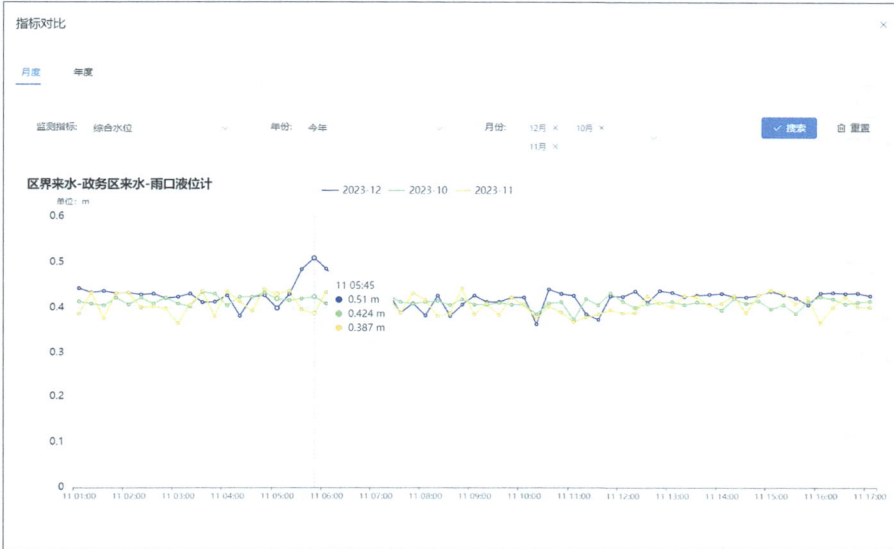

图 5　管网液位数据分析

	A	B	C	D	E	F	G	H	I	J
1	设备编码	设备名称	上报时间	综合水位	电池电压	超声波水位	投入式液位	投入式水位		
2	SYP-QJLS-Y255	区界来水-政务区来水-雨口液位计	2023-12-01	0.418	3.64	0.418	0	1.6		
3	SYP-QJLS-Y255	区界来水-政务区来水-雨口液位计	2023-12-01	0.396	3.64	0.396	0	1.6		
4	SYP-QJLS-Y255	区界来水-政务区来水-雨口液位计	2023-12-01	0.383	3.64	0.383	0	1.6		
5	SYP-QJLS-Y255	区界来水-政务区来水-雨口液位计	2023-12-01	0.381	3.64	0.381	0	1.6		
6	SYP-QJLS-Y255	区界来水-政务区来水-雨口液位计	2023-12-01	0.427	3.64	0.427	0	1.6		
7	SYP-QJLS-Y255	区界来水-政务区来水-雨口液位计	2023-12-01	0.368	3.64	0.368	0	1.6		
8	SYP-QJLS-Y255	区界来水-政务区来水-雨口液位计	2023-12-01	0.421	3.64	0.421	0	1.6		
9	SYP-QJLS-Y255	区界来水-政务区来水-雨口液位计	2023-12-01	0.425	3.64	0.425	0	1.6		
10	SYP-QJLS-Y255	区界来水-政务区来水-雨口液位计	2023-12-01	0.365	3.64	0.365	0	1.6		
11	SYP-QJLS-Y255	区界来水-政务区来水-雨口液位计	2023-12-01	0.354	3.64	0.354	0	1.6		
12	SYP-QJLS-Y255	区界来水-政务区来水-雨口液位计	2023-12-01	0.374	3.64	0.374	0	1.6		
13	SYP-QJLS-Y255	区界来水-政务区来水-雨口液位计	2023-12-01	0.376	3.64	0.376	0	1.6		
14	SYP-QJLS-Y255	区界来水-政务区来水-雨口液位计	2023-12-01	0.393	3.64	0.393	0	1.6		
15	SYP-QJLS-Y255	区界来水-政务区来水-雨口液位计	2023-12-01	0.43	3.64	0.43	0	1.6		
16	SYP-QJLS-Y255	区界来水-政务区来水-雨口液位计	2023-12-01	0.367	3.64	0.367	0	1.6		
17	SYP-QJLS-Y255	区界来水-政务区来水-雨口液位计	2023-12-01	0.434	3.64	0.434	0	1.6		
18	SYP-QJLS-Y255	区界来水-政务区来水-雨口液位计	2023-12-01	0.438	3.64	0.438	0	1.6		
19	SYP-QJLS-Y255	区界来水-政务区来水-雨口液位计	2023-12-01	0.44	3.64	0.44	0	1.6		
20	SYP-QJLS-Y255	区界来水-政务区来水-雨口液位计	2023-12-01	0.369	3.64	0.369	0	1.6		
21	SYP-QJLS-Y255	区界来水-政务区来水-雨口液位计	2023-12-01	0.369	3.64	0.369	0	1.6		
22	SYP-QJLS-Y255	区界来水-政务区来水-雨口液位计	2023-12-01	0.438	3.64	0.438	0	1.6		
23	SYP-QJLS-Y255	区界来水-政务区来水-雨口液位计	2023-12-01	0.375	3.64	0.375	0	1.6		
24	SYP-QJLS-Y255	区界来水-政务区来水-雨口液位计	2023-12-01	0.367	3.64	0.367	0	1.6		
25	SYP-QJLS-Y255	区界来水-政务区来水-雨口液位计	2023-12-01	0.375	3.64	0.375	0	1.6		
26	SYP-QJLS-Y255	区界来水-政务区来水-雨口液位计	2023-12-01	0.364	3.64	0.364	0	1.6		
27	SYP-QJLS-Y255	区界来水-政务区来水-雨口液位计	2023-12-01	0.371	3.64	0.371	0	1.6		
28	SYP-QJLS-Y255	区界来水-政务区来水-雨口液位计	2023-12-01	0.369	3.64	0.369	0	1.6		
29	SYP-QJLS-Y255	区界来水-政务区来水-雨口液位计	2023-12-01	0.386	3.64	0.386	0	1.6		

设备数据　设备信息　+

图 6　历史数据查询下载

5) 在线监测及报警

基于物联网监测设备在线监测数据，排水管网信息化平台可对排水管网及相关设施运行状态进行分析判断，并对运行过程中出现的各类异常情况进行报警。平台根据预先定义的条件对采集到的数据进行分析判断，若发现管网设施运行状态异常或监测指标超出警戒值，以地图图标闪烁、声音提示的方式向平台使用人员报警，并以短信、电话等方式向不同权限用户发出报警信息，并以对应逐级上报周期和路径进行上报；且系统能够查询统计历史报警信息，如图7所示。

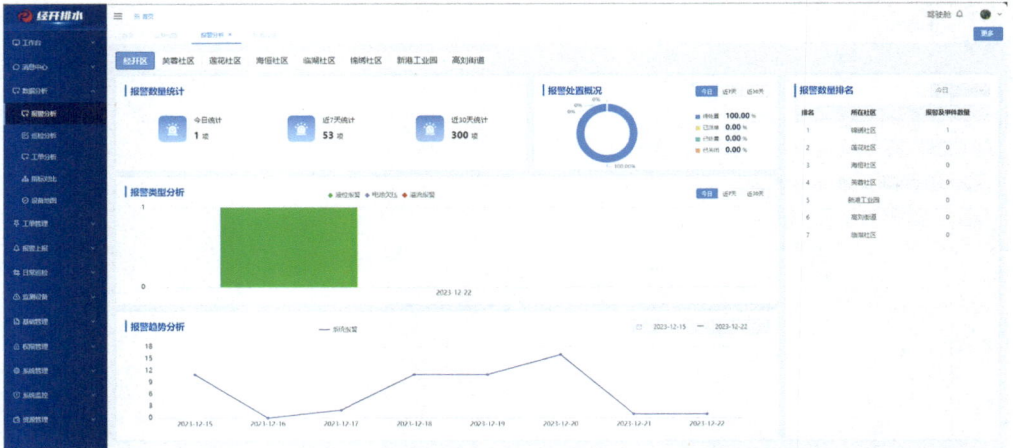

图7 报警统计分析

6) 平台设备管理

排水管网信息化平台可实现感知设备资产的全生命周期管理，主要包括感知设备资产管理、一张图展示、运行状态显示、远程维护、故障分析等功能。功能界面如图8所示。

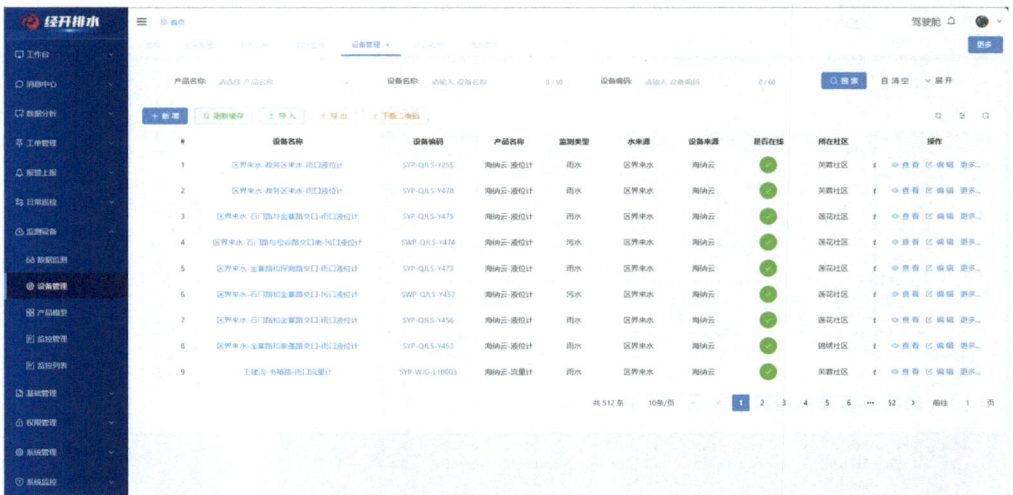

图8 设备资产管理

7）感知设备巡检

感知设备巡检主要用于感知设备的巡视检查管理工作，提供巡检计划、问题上报、问题处理、巡检记录等功能，满足感知设备巡视检查管理要求。功能界面如图9所示。

图9　感知设备巡检管理列表

8）视频管理系统

该模块可针对已建与在建中的视频探头及视频流数据建设管理功能界面。可支持单画面、多画面显示分屏显示，可将监控现场在特定的时间间隔内按顺序轮流切换，也可在一个图像框内轮换显示全部的摄像机画面，画面切换间隔时间可灵活设置，画面间隔时间可调节。支持通过积水情况、区域范围等条件进行筛选和多屏展示，实现对视频点位分布、视频探头分类、查看等功能。实时监控如图10所示。

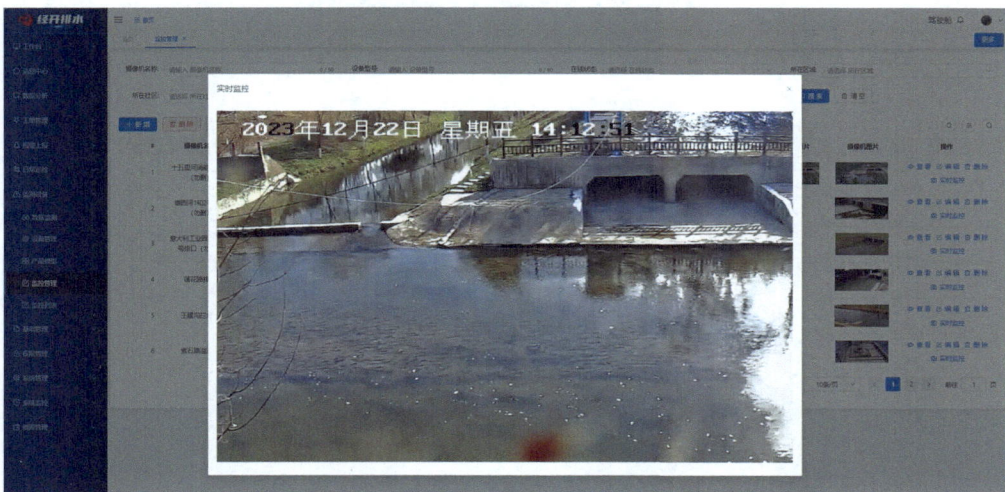

图10　实时监控

9） 大屏幕系统建设

（1）监测一张图。

监测一张图将所有监测点对应的设备在图上用不同图层显示，选中液位计、流量计设备，可以显示设备名称、设备厂家、设备编号等相关信息，选中视频监控点，可显示实时监控视频、图片抓拍、录像回放按钮。监测一张图界面如图11所示。

图 11　监测一张图

（2）报警一张图。

报警信息上报图，按所在社区/所属企业/所属河流/所属网格，显示报警点信息，并图表分类统计。一张图显示液位计、流量计的运行状态、报警状态。报警一张图界面如图12所示。

图 12　报警一张图

（3）工单一张图。

工单一张图显示各个工单状态信息、一级网格队伍人员数量，支持按日/周/月统计各个工单状态的工单数量、历史工单数量、各个工单内容的数量，并用图表显示。工单一张图界面如图 13 所示。

图 13　工单一张图

（4）全员一张图。

全员一张图显示人员组织、人员信息，人员实时位置。全员一张图如图 14 所示。

图 14　全员一张图

10) 移动客户端

移动客户端支持小程序或者 App，配合 Web 端业务管理系统，用于户外工作业务人员手持移动终端使用，支持设立分级权限，实现对现场人员的日常业务操作应用，包括但不限于设备一张图展示、实时数据查看、图表展示、历史数据调阅、数据可视化分析、报警信息推动、巡检管理、工单处理等功能。

3. 典型应用场景

本项目可应用于排水管网综合管控、排水安全风险综合监测预警、排水设施资产管理等场景，实现排水管网监测、黑臭水体治理、重点排水户监控、厂站网联合调度、排水系统综合管理、排水管网和重要设施的安全风险监测预警处置、排水资产设施全生命周期管理、巡检运维、工程项目管理等功能。项目能够解决以下问题。

（1）管网、泵站等设施运行监测体系不健全，运行状况评估缺少数据支撑，堵塞、冒溢等问题发现不及时。

（2）信息化系统建设分散，未能实现资源有效整合，无法通过一个平台实现所有数据信息的获取与展示，无法实现数据联合分析，无法辅助排水设施联合调度。

（3）排水设施家底不清晰。

（4）缺少科学合理的数据分析算法，管网混接、偷排等问题难以发现。

（5）污水全环节管控能力薄弱。

三、创新应用

1. 排水管网在线监测数据分析

排水管网在线监测可以通过实时在线的方式不间断地对排水管网中的水位、流速、流量等基本排水管网数据进行监测。在排水管网中雨污管道混接、管道淤积堵塞、偷排漏排、溢流和内涝等现象时有发生，结合排水管网 GIS 系统、排水泵站自动监控系统、城市河道管理系统等不同模块系统中的在线监测数据，对这些数据进行统计分析处理，可以快速找到原因、事故地点和发生时间。可以帮助客户快速发现问题和定位到事故地点，减少事故损失，提高解决问题的效率，同时也减少了人员排查的难度以及高昂的费用，也保障了人员生命安全。实现排水管网科学有效的调度管理。有助于建设和完善现代化、智能化、信息化的排水系统，对建立智慧城市、智慧水务、智慧排水具有十分重要的意义。

1) 管道淤积堵塞（普通位置监测）

（1）正常状态。

非降雨时段，排水管网内的长期保持一定水位，并小幅度波动。

（2）监测数据显示。

非降雨时段，短时间内某监测点水位持续升高，在线监测数据如图 15 所示。

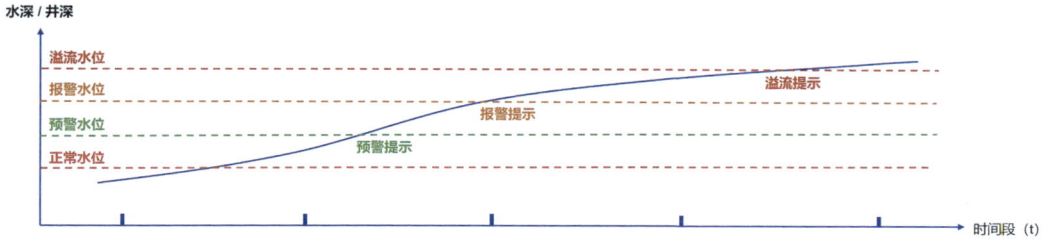

图 15 单点水位分析

关联该水位异常监测点上、下游进行分析，同一时刻上、下游各监测点在线监测数据如图16所示，在异常监测点处形成明显波峰。

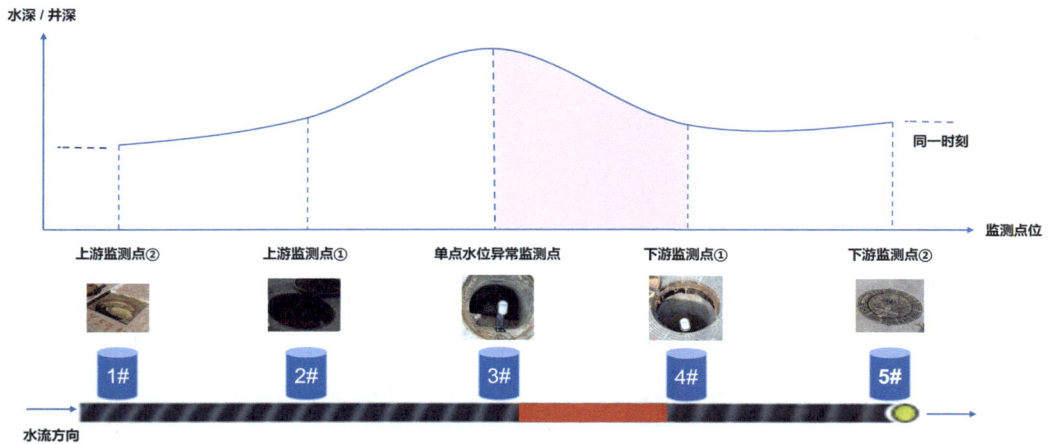

图 16 上、下游关联分析

（3）判断结论。

在单点水位异常监测点和它下游监测点①之间存在淤积堵塞。

2）管道淤积堵塞（重点位置监测）

（1）正常状态。

非降雨时段，排水管网内的长期保持一定水位和流速，并小幅度波动。

（2）监测数据显示。

非降雨时段，短时间内某监测点水位持续升高，流速持续下降，在线监测数据如图17所示。

（3）判断结论。

在该监测点下游存在淤积堵塞现象。

3）污水入雨水管道（混接错接）

（1）正常状态。

非降雨时段，雨水管道内水位、流速为零。

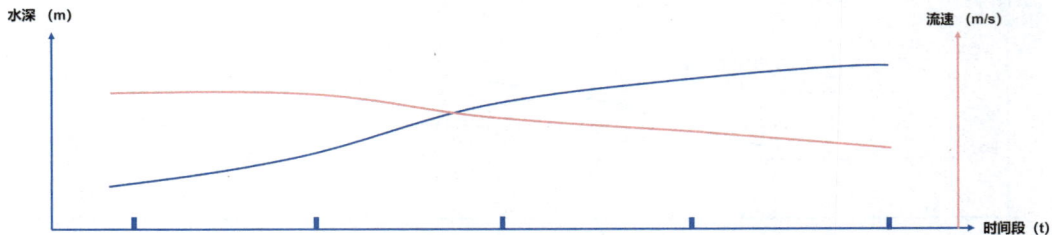

图 17　重点位置监测数据分析

（2）监测数据显示。

非降雨时段，雨水管道监测点处流量、流速波动较大，且在每天早 8：00 和晚 20：00前后形成波峰，波动曲线形状与居民生活排水高度吻合。在线监测数据如图 18 所示。

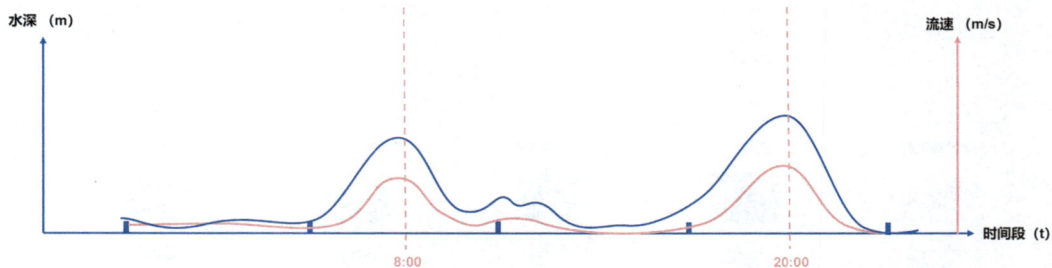

图 18　雨水管道监测数据分析

（3）判断结论。

在该监测点上游存在生活污水排入雨水管道现象，可向上游追溯管道混接、错接源头。

4）污水入雨水管道（偷排、漏排）

（1）正常状态。

非降雨时段，雨水管道内水位、流速为零。

（2）监测数据显示。

非降雨时段，雨水管道监测点处夜间经常性地出现明显的流水现象，而且持续一小段时间之后便恢复正常。在线监测数据如图 19 所示。

（3）判断结论。

在该监测点上游企业或是商户存在偷排、漏排的行为。

5）雨水入污水管道（混接、错接）

（1）正常状态。

在非降雨时段，污水管道的运行状态呈现规律性变化。在降雨时段，污水管道内的

562

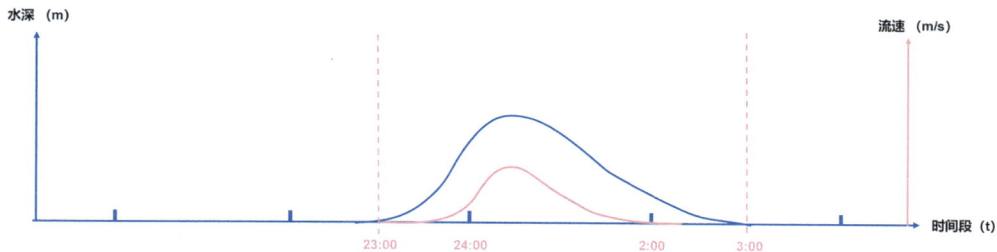

图 19　偷排、漏排分析

流速、水位虽然会上升，但不会剧烈变化，尤其是快速变大。

（2）监测数据显示。

发生降雨时，污水管道监测点水位和流速快速变大。在线监测数据如图 20 所示。

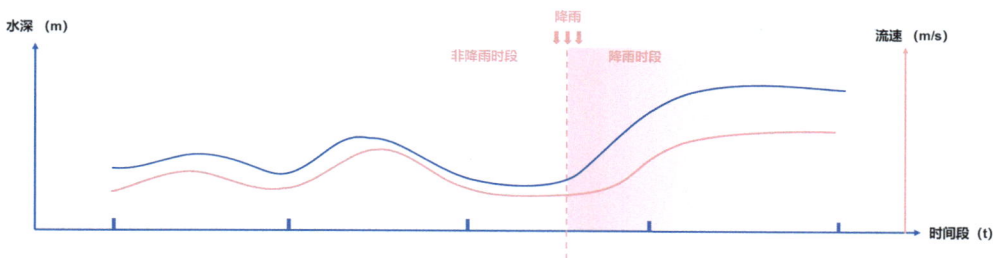

图 20　污水管道监测数据分析

（3）判断结论。

在该监测点上游存在管网混接、错接现象。

2. 线上工单处理

系统报警、随手拍、外单位协同信息可上报管网监测信息化指挥平台，形成工单，负责人根据上报情况，可线上派单到指定人员，并随时查看工单流程，工单结束后，工单提交，由验收小组验收，验收通过后，工单关闭，计入软件平台。平台提供"报警—派单—处置—反馈"全过程跟踪支持，如图 21 所示，实现所有隐患的全流程闭环管理，保障排水管网安全运行。

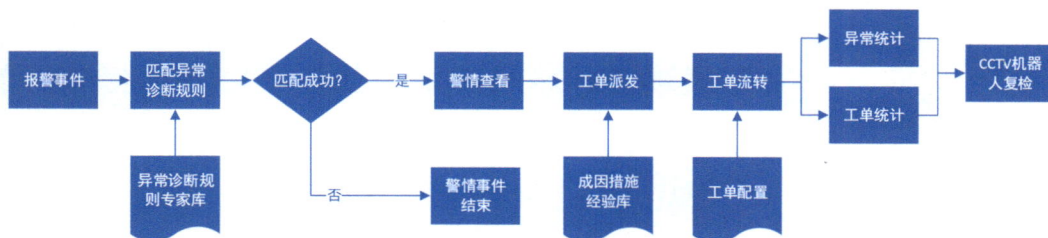

图 21　"报警—派单—处置—反馈"全过程跟踪

四、推广价值

本项目改善了合肥经开区环境品质，减少了排水管网冒溢现象，避免降雨道路积水；提升了城市治理水平，非开挖修复降低了对城市运行的影响，减少市民百姓投诉情况；提高了工作效率，节省人力、物力成本，节省管网巡检人力、物力投入，能快速发现定位管网问题，具有很高的环境效益、社会效益和经济效益。

本项目结合经开区当前在雨污水管网建设管理及水环境监管方面的实际需求，综合利用物联网、大数据、GIS 等技术，建设排水管网监测信息化指挥平台，将精细化监管范围逐渐扩大到经开区南区，进而进一步扩大到整个经开区，构建覆盖经开区"排水户—雨污管网"的精细化监测防控网，通过精细化监测监控网为排水系统进行常态化"体检"，用数据为经开区水质水量预警、执法联动以及排水系统的提质增效和领导决策提供技术支撑，打造全国样板，提供排水先进经验，为其他单位开展同类工作提供启示，具备极高的推广价值。